# Hamburg von A–Z



Hamburger Stadtillustrierten Verlagsgesellschaft mbH

# Impressum

**HAMBURGER STADTILLUSTRIERTEN VERLAGSGESELLSCHAFT MBH**
**Schulterblatt 120–124, 20357 Hamburg**
**Telefon (040) 43 28 42-0, Fax (040) 43 28 42-30**
**E-Mail: sonderobjekte@szene-hamburg.de**
**Homepage: www.szene-hamburg.de**
**ISDN: (040) 43 28 42 50**

**Geschäftsführung:**
Thomas Albrecht, Jens Berendsen, Gerhard Fiedler

**Redaktionsleitung:** Arabelle Stieg

**Gestaltung:** Ariane Semmler

**Redaktion:** Tobias Baeumer, Stefanie Conrad, Mandy Fischer, Hanne Hagemann, Julia Kappes, Carmen Meyer, Gabriel Rodriguez Silvero, Pawel Sprawka Nicole Trötzer

**Schlussredaktion:** Jörg Alsdorf, Inken Baberg

**Layout:** Uwe Just

**Autoren:** Julia Mummenhoff, Andrea Ritter, Anne-Ev Ustorf

**Fotos:** Jens Pölkner, Lale Özdönmez
Claas Adler (Seite 175), Holger Badekow (Seite 303), Peter Ginter (Seite 41), Frank Egel (Seite 232), Stefan Malzkorn (Seite 243)

**Illustration:** Aljoscha Blau

**Anzeigen:** E-Mail: anzeigen@szene-hamburg.de

**Leitung:** Thomas Albrecht (-18)

**Verkaufsleitung:** Britta Michaelis (-47)

**Verkauf:** Kerstin Esther-Brosch (-43), Stefanie Janotta (-40), Dalia Salaw (-78), Nadia Taghizadeh (-16), Sven Weißberg (-41), Manuela Fiedler (-42)

**Anzeigengestaltung:** SZENE-Grafik-Service
Jessica Frische, Kit ying Kou, Anne Lehmann, Melanie Nehls

**Vertrieb:** E-Mail: vertrieb@szene-hamburg.de
Herbert Niemann (-20), Sven Rachold (-34)

**Promotion:** E-Mail: promotion@szene-hamburg.de
Carina Meyer (-45), Verena Steinkamp (-44)

**Online:** E-Mail: online@szene-hamburg.de
**Projektleitung:** Dirk Ranalder (-55)
**Redaktion:** Arabelle Stieg (-39), Sabine Rodenbäck (-54), Nicole Trötzer (-56)

**Druck:** Wullenwever Print + Media, Lübeck

Redaktionsschluss für Adresseinträge: 7. 4. 2002



Erscheinungsort und Gerichtsstand: Hamburg

Viel Lärm, eine neue Glastür für die Redaktion und 500 Seiten voller nützlicher Tipps. Das brachten unsere Recherchen für die vorliegende Ausgabe des großen City-Guides SZENE HAMBURG VON A–Z. Immer wieder hatten die SZENE HAMBURG-Stammredakteure eine akustische Trennung vom wuselig lauten, manchmal hektischen A–Z-Team gefordert. Drei Monate und tausende von Telefonaten später ist es so weit: Die schalldämmende Tür ist eingebaut (zu spät) und die Recherche abgeschlossen.

Herausgekommen ist die 11. vollständig aktualisierte Ausgabe unseres großen schlauen Hamburg-Buches. Darin zeigen wir Besuchern und Bewohnern unserer Stadt, dass Hamburg jenseits von Hafentörn und Fischbrötchen viele faszinierende Facetten hat. Im ersten Teil des Buches reihen sich von A wie Aalsuppe bis Z wie Zoo 510 Stichwörter aneinander, die Hamburgs Vielseitigkeit beweisen. Dass wir dabei Hamburgs Sehenswürdigkeiten nicht außer Acht lassen, ist Ehrensache. Erstmals haben wir Touristenattraktionen aufgenommen und mit einer kleinen Kamera gekennzeichnet. So wissen Sie auf einen Blick, was nicht nur Touristen, sondern auch Hamburger kennen sollten.

In den folgenden, farblich hervorgehobenen Rubriken „Essen + Trinken", „Nightlife" und „Ausflüge" verraten wir, wo Hamburg am besten isst, trinkt und tanzt und welches die attraktivsten Ausflugsziele im Hamburger Umland sind. Zwei Register am Ende des Buches erleichtern die Suche nach Stichwörtern, Namen und Adressen. Stadtpläne und Verkehrsanbindungen von Bussen und Bahnen ergänzen den Service.

Übrigens, Handwerker, die eine Glastür einbauen können, finden Sie im SZENE HAMBURG VON A–Z unter der Rubrik „Handwerker". Diese und weitere 3462 ausgesuchte Adressen der Stadt haben wir für Sie in diesem Buch zusammengestellt. Viel Spaß beim Stöbern und Lesen wünscht im Namen der Redaktion:

Arabelle Stieg

Arabelle Stieg, Redaktionsleitung

PS: Sie vermissen etwas oder besitzen Informationen, die wir gebrauchen könnten? Wir freuen uns über jede Zuschrift. Bei Berücksichtigung Ihres Hinweises im nächsten SZENE HAMBURG VON A–Z winkt Ihnen ein Freiexemplar unserer nächsten Ausgabe.

# Hamburg von A–Z

## Das Buch zur Stadt.

Hamburger Hafen

Fahnen und Flaggen

Tauben vor den Alsterarkaden

Vorsicht Kamera:
Wir haben die Sehenswürdigkeiten der Stadt gekennzeichnet, damit Sie wissen, was sich zu sehen lohnt.

# HAMBURG
# von
# A-Z

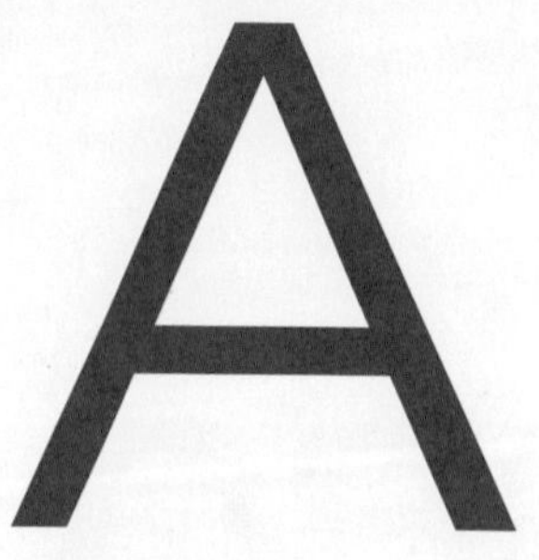

## Aalsuppe

Die Experten streiten immer noch, ob die traditionelle Hamburger Aalsuppe ihren Namen dem langen Fisch verdankt. Oder war die süßsaure Suppe einfach nur ein Restegericht, in das „alls" reingekippt wurde? Tatsache ist, dass Aalsuppe heute in den unten aufgeführten Restaurants mal mit und mal ohne Fisch gereicht wird. Alles Weitere darüber, wo man in Hamburg am besten Hunger und Durst bekämpft, finden Sie in der Rubrik *Essen+Trinken*.

- Alt Hamburger Aalspeicher: Deichstraße 43, 20459 Hamburg (Altstadt), Telefon 36 29 90, Mo-So 12–24 Uhr, Kreditkarten: alle
- Dübelsbrücker Kajüt: Elbchaussee 303, 22609 Hamburg (Teufelsbrück), Telefon 82 87 87, Fax 8 40 64 39, Di-So 11–23 Uhr, Kreditkarte: EC
- Old Commercial Room: Englische Planke 10, 20459 Hamburg (Neustadt), Telefon 36 63 68, Fax 36 68 14, Mo-So 12–1 Uhr, Kreditkarten: alle; www.oldcommercialroom.de

## Abzeichen

Wenn es für das Bundesverdienstkreuz nicht reicht oder Ihnen beim Seepferdchen die Puste ausgegangen ist, bei FahnenFleck gibt es Abzeichen zu kaufen, auf Wunsch auch nach Ihren Ideen gefertigt. Außerdem im Sortiment des Traditionshauses: Banner, Flaggen und Deko-Accessoires.

- FahnenFleck: Neuer Wall 57, 20345 Hamburg (Innenstadt), Telefon 32 08 57 70, Fax 32 08 57 79, Mo-Fr 10–19, Sa 10–16 Uhr, Kreditkarten: EC; E-Mail: fahnen@t-online.de, www.fahnenfleck.com

## Adoption

Adoption ist ein sensibles Thema, gleichermaßen für Adoptiveltern, Adoptivkinder und Eltern, die ihre Kinder zur Adoption freigeben. Bei den Betroffenen macht sich nicht selten Unsicherheit durch mangelnde Aufklärung breit. Hier die wichtigsten Beratungsstellen:

- Beratungsstelle im Pflege- und Adoptivbereich/ Freunde der Kinder e. V.: Langenhorner Chaussee 93, 22415 Hamburg (Langenhorn), Telefon 59 49 00, Fax 59 82 87, Mo-Do 10–13 Uhr; www.freunde-der-kinder.de
  Kontakte zu anderen Pflege-und Adoptiveltern, Bildungswochenenden, anonyme Beratung für Eltern, die ihre Kinder abgeben wollen
- Gemeinsame Zentrale Adoptionsstelle: Feuerbergstraße 43, 22337 Hamburg (Alsterdorf), Telefon 42 84 92 02, Termine nach Absprache
  Infos über Voraussetzungen, Bedingungen und Ablauf von Adoptionen, jedoch nur von schwer vermittelbaren Kindern
- ICCO (International Children Care Organisation): Große Theaterstraße 1, 20357 Hamburg (Innenstadt), Telefon 4 60 07 60, Fax 46 00 76 66, Mo-Do 8–17, Fr 8–14 Uhr; E-Mail: hamburg@icco.de; www.icco.de
- LUX/Forum Adoptierter: Kontakt über KISS Altona, Gaußstraße 21, 22765 Hamburg (Altona), Telefon 39 57 67, Mo, Do 10–12 und 16–19, Mi 10–12 und 15–17 Uhr; www.kiss-hh.de
  Einmal im Monat trifft sich die anonyme Selbsthilfegruppe von Adoptierten
- Offene Kirche/Fachbereich evangelische Familienbildung: Loogeplatz 14, 20249 Hamburg (Eppendorf), Telefon 4 60 79 33 19, Fax 47 37 77, Mo-Fr 9–12, Mo, Di, Do 15.30–19, Mi 15.30–18, Fr 15–16 Uhr; E-Mail: werk.ok@t-online.de
  Gesprächsgruppen für junge Erwachsene, die adoptiert wurden
- PFIFF e. V. (Pflegekinder und ihre Familien Förderverein): Holsteinischer Kamp 80, 22081 Hamburg (Barmbek), Telefon 29 12 84, Fax 41 09 84 89, Mo-Do 8–17, Fr 8–14 Uhr; www.pfiff-hamburg.de
  Infoabende, Supervision für Eltern, Begleitung und Unterstützung auf dem Weg der Pflegschaften, außerdem gibt PFIFF alle drei Monate das Magazin „Blickpunkt Pflegekinder" heraus, zu beziehen bei PFIFF oder bei allen sozialen Diensten in den Bezirksämtern

## Afroshops

Die Vielzahl afrikanischer Shops mit Hair- & Beautysalon liefern den Beweis: Afrikanische und afroamerikanische Kultur ist in Hamburg präsent. Yams, Plantains, Ogbono oder Water-Gari gehören zu den Grundnahrungsmitteln in Schwarzafrika und zur Ausstattung jedes Afroshops. Außerdem gibt es Kakaobutterlotion, Kräuter gegen Übergewicht oder Wurzeln gegen Pickel. Alles garantiert hautfarbenirrelevant. Auch bei weißhäutigen Rote-Flora-Gängern häufig zu beobachten: die Rastafrisur. Im Afroshop muss man für die zeitintensive Herstellung der Zopfpracht ungefähr 770 Euro berappen, aber wer häufiger diese Läden frequentiert, weiß Kontakte zu günstigeren Quellen zu knüpfen.

- African Collections GmbH: Wandsbeker Marktstraße 167, 22041 Hamburg (Wandsbek), Telefon 68 41 81, Fax 68 30 05, Mo-Fr 9.30–18, Sa 9.30–16 Uhr, Kreditkarten: alle
- Afro Shop International Hair: Adenauerallee 2, 20097 Hamburg (St. Georg), Telefon 24 03 23, Fax 24 04 23, Mo-Fr 9–16, Sa 9–14 Uhr, Kreditkarten: alle
- Kam's Boutique: Klosterwall 6, 20095 Hamburg (Innenstadt), Telefon 32 74 05, Mo-Fr 9.30–19, Sa 9.30–16 Uhr, Kreditkarten: alle

## Aids

Noch immer gibt es in Sachen HIV keine Entwarnung. Die Zahl der neu Infizierten im Jahr 2000 waren zwar mit 2000 relativ stabil, doch die Neuinfektionen bei Frauen nehmen erschreckend zu. Ende 2001 lebten in Deutschland 38 000 infizierte Menschen, davon 29 500 Männer. Hamburg liegt mit 1802 HIV positiven Menschen in Deutschland an sechster Stelle. Weit führend ist Berlin. Weitere Informationen und Zahlen erhält man vom Robert-Koch-Institut in Berlin oder unter www.rki.de. Folgende Einrichtungen helfen bei Fragen:

- AIDS-Hilfe Hamburg e. V.: Paul-Roosen-Straße 43, 22767 Hamburg (Altona), Telefon 3 19 69 81, Fax 3 19 69 84, Mo-Fr 9–12, Mo, Mi, Do 13–16 Uhr; www.aidshilfe-hamburg.de
  Infoveranstaltungen, Selbsthilfegruppen, Beratung und Begleitung von Positiven und Aidskranken, Angebote für Angehörige
  Di 16–19 Uhr offene Sprechstunde
  Mi 10–12 Uhr medizinische Sprechstunde und soziale Beratung
  24-Stunden-Sorgentelefon: 07 00/4 45 66
- Beratungsstelle Gesundheit Aids-Beratung der Behörde für Umwelt und Gesundheit (BUG): Lübeckertordamm 5, 20099 Hamburg (St. Georg), Telefon 4 28 63 63 63, Mo, Mi 10–13 und 14–16, telefonische Beratung Fr 10–13 Uhr; E-Mail: beratungsstelle.gesundheit@bug-hamburg.de, www.hamburg.de
  Kostenloser und anonymer HIV-Test: Mo und Do 16–19 Uhr, Beratung nur nach Terminvergabe unter Telefon 4 28 63 60 00; psychologische Unterstützung und soziale Beratung von HIV-Infizierten und Aidskranken

**Afroshops: Für eine Frisur im Rastalook sollten Sie bei International Hair Sitzfleisch mitbringen**

**Alsterrundfahrt: Das Pflichtprogramm für Touristen beginnt auf der Binnenalster am Jungfernstieg**

- big spender e. V.: Brennerstraße 90, 20099 Hamburg (St. Georg), Telefon 24 00 62, Fax 24 01 53, Mo-Fr 10–18 Uhr; www.bigspender.de
  Spendenkonto 1616, Commerzbank Hamburg, BLZ 200 400 00, Förderverein für diverse Aidshilfe-Institutionen, Veranstaltungen wie „Um die Alster gegen Aids“ oder „Red Hot and Dance“ werden organisiert und umgesetzt
- Café Sperrgebiet: Rostocker Straße 4, 20099 Hamburg (St. Georg), Telefon 24 66 24, Fax 24 07 50 83, Mo 17–20, Di 17–22, Do, Fr 11–16 Uhr
  Bietet Infos und Beratung für drogenabhängige minderjährige Mädchen und junge erwachsene Frauen, die der Beschaffungsprostitution nachgehen; Mo-Do, Sa 22–1 Uhr Nachtcafé mit anschließender Übernachtungsmöglichkeit
- Hamburg Leuchtfeuer: Unzerstraße 1–3, 22767 Hamburg (St. Pauli), Telefon 38 73 80, Fax 38 61 10 12, Mo-Fr 9–16; www.hamburg-leuchtfeuer.de
  Ambulante Pflegehilfe, Wohnraumagentur, psychosoziale Betreuung, Hospiz
- Hein & Fiete: Pulverteich 21, 20099 Hamburg (St. Georg), Telefon 24 06 75, Mo-Sa 16–21 Uhr; www.heinfiete.de
  Informationen über HIV, AIDS und schwules Leben in Hamburg

## Akupunktur

Hatschi! Achtung, Pollen und Hausstaub – und die Tempos sind fast alle. Wie wäre es mit Akupunktur? Die alternative Heilmethode ist dank der grünen Gesundheitspolitik auf dem Weg zur anerkannten Therapieform. Die Nadeln bringen blockierte Energien wieder zum Fließen und können bei Allergien, Kopfschmerzen und Problemen wie Nikotin-, Drogen- oder Fresssucht helfen. Der Landesverband der Deutschen Heilpraktiker berät kompetent zur Frage, welcher auf Akupunktur spezialisierte Heilpraktiker für den Anrufer in Frage kommen könnte. Die Ärztekammer unterhält ein allgemeines Beratungstelefon, ihre Beratung erfolgt kostenlos.

- Ärztekammer: Humboldtstraße 56, 22083 Hamburg (Barmbek), Telefon 22 80 20, Fax 2 20 99 80, Mo-Do 9–15.30, Fr 9–12 Uhr; www.aerztekammer-hamburg.de
  Allgemeine kostenlose Beratung unter Telefon 22 80 26 50, Mo-Di 9–12 und 14–16, Mi 9–12 und 14–16, Do 9–13 und 14–18, Fr 9–12 Uhr
- Fachverband Deutscher Heilpraktiker Landesverband e. V.: Conventstraße 14, 22089 Hamburg (Eilbek), Telefon 25 75 75, Mo, Di, Do 10–14 Uhr; www.heilpraktikerhamburg.de

## Alarmanlagen

Bei Anruf Einbruch? Bei Einbruch Anruf? Alles falsch, Sie sollten zum Telefon greifen, bevor bei Ihnen eingebrochen wird. Wenn Sie die Nummer vom Landeskriminalamt wählen, werden Sie von echten Fachleuten über den besten Einbruchsschutz informiert. Zusätzlich gibt es für private Haushalte weitere Beratungsstellen in den Polizeidirektionen.

- Landeskriminalamt/Kripo Beratungsstelle: Bruno-Georges-Platz 1, 22297 Hamburg (Alsterdorf), Telefon 4 28 67 15 26, Fax 4 28 67 15 29, Termine nach telefonischer Vereinbarung; www.polizei.hamburg.de

## Alsterarkaden

Wie eine besessene Hausfrau bohnert und wienert die Stadt an ihrem Image und heuert sogar Fachleute für Werbekampagnen an, damit die ganze Welt erfahren soll, wie schön die Elb-Metropole ist. Und wirklich: Die Stadt hat zahlreiche architektonische Perlen vorzuweisen. Bestes Beispiel hierfür sind die Alsterarkaden, die mit ihren Designergeschäften und Edelläden an die Prachtboulevards in aller Welt heranreichen. Die südländisches Flair vermittelnden Alsterarkaden wurden 1842/43 von Alexis de Chateauneuf direkt neben der Kleinen Alster als vornehme Ladenpassage im klassizistischen Stil entworfen. Von der ursprünglichen Bebauung stehen noch vier Häuser. Im Schatten der Arkaden laden viele Straßencafés dazu ein, mit Blick aufs Wasser, die Füße auszuruhen, sich bei einer Tasse Kaffee ein bisschen wie in Venedig oder Paris zu fühlen und den Wärter der Alsterschleuse bei der Arbeit zu beobachten.

- Alsterarkaden: Rathausmarkt, 20354 Hamburg (Innenstadt)

## Alsterschifffahrt

Wer Hamburg nie vom Wasser aus gesehen hat, kennt die Stadt nicht. Eine Alster-Rundfahrt zählt neben dem „Michel" und dem Hafen zum touristischen Pflichtprogramm. Am einfachsten lassen sich die vielen innerstädtischen Wasserwege vom Anleger am Jungfernstieg aus mit den Alsterdampfschiffen erkunden. Die fünfzigminütige Alster-Rundfahrt bietet einen schönen Panoramablick auf die Stadt. Rundfahrten starten täglich, jede halbe Stunde von 10 bis 18 Uhr (April bis Oktober). Wer auch gern zu Fuß unterwegs ist oder nur mal auf die andere Seite der Alster übersetzen möchte, der sollte sich für die Alster-Kreuzfahrt entscheiden. Stündlich von 10.15 bis 17.15 Uhr (April bis September) fahren die Dampfer zu neun verschiedenen Anlegern. Durch Hamburgs weit verzweigtes Kanalsystem geht die zweistündige Kanal-Fahrt. Die Teich-Fahrt führt in stillere Gewässer mit geheimnisvollen Namen wie „Feenteich". Durch eine Schleuse in den Hamburger Hafen und weit in die Speicherstadt hinein führt die Fleet-Fahrt. Einen längeren Ausflug durch die Vierlande bietet die dreistündige Tour nach Bergedorf, von der Innenstadt aus täglich um 10.15 Uhr, außer dienstags (Mai bis September). Außerdem im Programm der Alster-Touristik: Dämmertörn, Punschfahrt, Hochzeitstouren und private Charterfahrten mit Büfett und Livemusik. Tipp für Literaturliebhaber: Die Literarische Alster-Rundfahrt gibt bekannten Hamburger Dichtern aus drei Jahrhunderten die Ehre beziehungsweise das Wort: von April bis Oktober jeden Sonntag, Abfahrt 10.30 Uhr, Dauer: zwei Stunden.

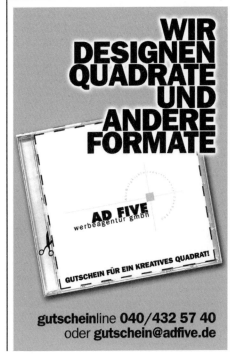

- ATG-Alster-Touristik GmbH: Anleger Jungfernstieg, 20354 Hamburg (Innenstadt), Telefon 3 57 42 40, Fax 35 32 65, im Sommer täglich bis 18 Uhr, im Winter: Mo-Fr bis 16 Uhr, Kreditkarten: Eurocard; EC-Karte, Visa; www.alstertouristik.de
  Die Schiffe können auch für private Feiern gemietet werden
- Kartenvorverkauf Hamburger Abendblatt Stadt-Geschäftsstelle: Rathausmarkt 10, 20095 Hamburg (Innenstadt), Telefon 3 03 73 20, Fax 34 72 50 49, Mo-Fr 9–18, Sa 10–14 Uhr; www.hamburger-abendblatt.de
  Karten für Alsterschifffahrten können nur von März bis Oktober gekauft werden

## Alstervergnügen

Jedes Jahr am letzten August-Wochenende der gleiche Anblick: Die Hamburger und jede Menge Touristen vergnügen sich an der Alster. Vier Tage und Nächte lang geben sich die kühlen Hanseaten Wein, Weib und Gesang hin. Unterstützt werden sie dabei von Bands und Interpreten aus der Hamburger Musikszene, vor allem aber von unzähligen Wurstbuden und Caipirinha-Zelten.

▸ *Kirschblütenfest*

- Kulturprogramm – Carl-Heinz Hollmann Produktion: Waldring 20, 21376 Luhmühlen, Telefon 0 41 72/72 00, Fax 0 41 77/76 56, Mo-Fr 9–18 Uhr; E-Mail: CHHollmann@t-online.de
- Standvergabe – Werbegesellschaft des ambulanten Gewerbes und der Schausteller: Sternstraße 108, 20357 Hamburg (Schanzenviertel), Telefon 4 39 90 94, Fax 4 39 98 68, Mo-Do 8.30–16.30 Uhr

## Altenpflege

▸ *Pflege*

## Alter Elbtunnel

Ohne Boot und Tauchausrüstung trockenen Fußes ans andere Elbufer zu gelangen, bedarf keiner Zaubertricks. Schließlich gibt es den Alten Elbtunnel. Der entstand zwischen 1907 und 1911 und verbindet die St. Pauli Landungsbrücken mit der Hafeninsel Steinwerder. Mit dem Tunnel gelang den Ingenieuren zum ersten Mal auf dem europäischen Kontinent die Untertunnelung einen Flusses. Die Verbindung entlastete damals die Fährschifffahrt und ersparte den Kraftfahrzeugen einen sechs Kilometer langen Umweg über die Elbbrücken. Der Tunnel ermöglichte auch den im Hafen beschäftigten Arbeitern einen schnellen und bequemen Zugang zu ihren Arbeitsstätten. Die beiden gekachelten Röhren besitzen je eine Fahrspur, sind 448,5 Meter lang, 4,7 Meter breit und mit ihren 4,5 Metern gerade eben so hoch, dass „ein Fuhrwerk mit aufgestellter Peitsche" durch den Tunnel fahren kann. Heute benutzen die Fahrzeuge die rechte Röhre, Fußgänger die linke. An jeder Seite befindet sich ein runder Zugangsschacht, in dem je vier PKW- und zwei Personenaufzüge installiert sind. Noch heute ist der Alte Elbtunnel für die Autofahrer und Fußgänger die kürzeste Verbindung zwischen dem Stadtgebiet und dem Hafen.

- Alter Elbtunnel: St. Pauli Landungsbrücken, 20359 Hamburg (St. Pauli), Telefon 31 09 37, Mo-Fr 5.30–21, Sa 5.30–16.30 Uhr; So kein PKW-Verkehr

## Altonaer Rathaus

Der Überlieferung nach haben die Hamburger Ratsherrn im Jahre 1536 das Ersuchen des Fischers Joachim von Lohe, ein Wirtshaus am Grenzbach Pepermöhlenbek zu errichten, mit dem Hinweis „Dat is all to nah" abgelehnt. Doch von Lohe scherte sich nicht darum und eröffnete sein Lokal „Krug Altona". Die Ratsherrn ahnten damals nicht, dass hier in wenigen Jahren eine bedeutende Stadt vor den Toren Hamburgs entstehen sollte, die erst 1937 eingemeindet wurde. Architektonisch fand das Selbstbewusstseins der Altonaer Bürger gegenüber der großen Nachbarstadt Ausdruck im monumentalen Altonaer Rathaus. Besonderes Merkmal des Baus, der sich mit seiner mächtigen Vierflügelanlage an die barocke Schlossarchitektur anlehnt, ist die geglückte Integration des alten Bahnhofs aus dem Jahre 1844, der im Südflügel des Gebäudes noch deutlich zu erkennen ist. Dabei haben sich der Stadtbaumeister Emil Brandt und der Stadtbaurat Joseph Brix am schlichten klassizistischen Stil der Villen in der benachbarten Palmaille und Elbchaussee orientiert. Heute ist das prunkvolle Gebäude Sitz der Bezirksversammlung und des Bezirksamtes Altona.

- Altonaer Rathaus: Platz der Republik 1, 22765 Hamburg (Altona), Telefon 42 81 10, Mo, Mi 8–16, Di 7–16, Do 8–18 Uhr

## American Football

Wer bei der Greencard-Verlosung verloren hat, kann seinen Frust auf einer der Post-Game-Partys der Hamburg Blue Devils runterspülen. Vielleicht lernt er unter den 150 Cheerleadern auch seine Zukünftige kennen. Dann steht einem Ausflug in die AOL-Arena nichts mehr im Weg, am besten zu einem der Endspiel-Highlights, dem Eurobowl im Juli und dem Germanbowl im Oktober, wenn die Devils es denn schaffen sollten. Bei allen American-Football-Vereinen sind Mitglieder willkommen, und bis zur nächsten Greencard-Verlosung kann fleißig trainiert werden.

- American Football Verband: Otawiweg 10b, 22763 Hamburg (Ottensen), Telefon 8 80 84 73, Fax 8 80 43 07; www.afvhamburg.de
  Im Dachverband sind sechs Vereine Hamburgs organisiert mit knapp tausend Mitgliedern
- Hamburg Blue Devils: Lübecker Straße 87, 22087 Hamburg (Wandsbek), Telefon 7 80 18 10, Fax 7 80 18 1 23, Mo-Fr 8–18 Uhr; www.h-b-d.org
  Das Aushängeschild des Hamburger Footballs. Zu den Spielen kommen bis zu 10 000 Fans. Die Devils spielen seit 1995 in der German Football League, die Deutschen Meister von 1996 räumten den Euro-

bowl gleich mehrmals ab. Sie sind in vier Altersklassen (ab 7 Jahren) organisiert, jeweils auch mit Cheerleadern; der Fanshop befindet sich ebenfalls in der Lübecker Straße 87

- Hamburg Maniacs : Hafenstraße 13 c/o Nicole Nütz, 22880 Wedel, Telefon 0 41 03/1 81 10
Los Mädels. Raus aus den Puschen, und unterstützt die Mannschaft auf dem Feld. Die Maniacs bekommen bei weitem nicht so viel Aufmerksamkeit wie die Männer, und das muss sich ändern!
- Hamburg Pioneers: Dreistücken 11 c/o Philipp-E. Runk, 22297 Hamburg (Winterhude), Telefon 5 11 40 46, Fax 5 11 40 61, www.pioneers.de
- Hamburg Wild Huskies: Hogenlietgrund 7 c/o Wolfgang Schulz, 22417 Hamburg (Langenhorn), Telefon 5 20 44 69, Fax 53 05 18 19
- HTB Brubaker Ducks: Ehestorfer Weg 188, 21075 Hamburg (Eißendorf), Telefon 79 14 33 23, Fax 79 14 33 24, Mo-Do 9–12, Do 16–18 Uhr; www.harburger-turnerbund.de
Jungs können hier ab sechs Jahren anfangen zu spielen. Die Mädels dürfen anfeuern kommen!

## Amnesty International

Nach wie vor verschwinden jedes Jahr unzählige Menschen unter ungeklärten Umständen, in vielen „zivilisierten" Staaten, etwa den USA, gibt es die Todesstrafe, noch immer wird in manchen Systemen gefoltert. Und es bleibt Amnesty International überlassen, dagegen zu protestieren. Die ehrenamtlichen Fighter der Gefangenenhilfsorganisation vertreten weltweit die Interessen von Häftlingen, die aus politischen, rassistischen oder religiösen Gründen verfolgt werden und ihre Überzeugung gewaltfrei leben. Einen Überblick über die Arbeit von Amnesty International bietet der Jahresbericht, der im Fischer Taschenbuch Verlag erscheint. Jeden dritten Montag im Monat findet um 19 Uhr ein Informationsabend über Möglichkeiten der Mitarbeit und Unterstützung von Amnesty statt. Statt Zeit kann auch Geld gespendet werden, Spendenkonto 80 90 100, Bank für Sozialwirtschaft Köln, BLZ 370 205 00, Verwendungszweck 32 00 (für die Hamburger Gruppe).

- Amnesty International e. V.: Immenhof 8, 22087 Hamburg (Uhlenhorst), Telefon 2 20 77 47, Fax 2 20 77 40, Mo 14–18, Di, Mi, Do 17–20 Uhr; www.amnesty-hamburg.de

## Analphabeten

Lesen und Schreiben ein Kinderspiel? Leider nicht, denn richtig gelernt haben muss man es schon. Schul-

**Alter Elbtunnel: Die gekachelten Röhren sind die kürzeste Verbindung zwischen Stadtgebiet und Hafen**

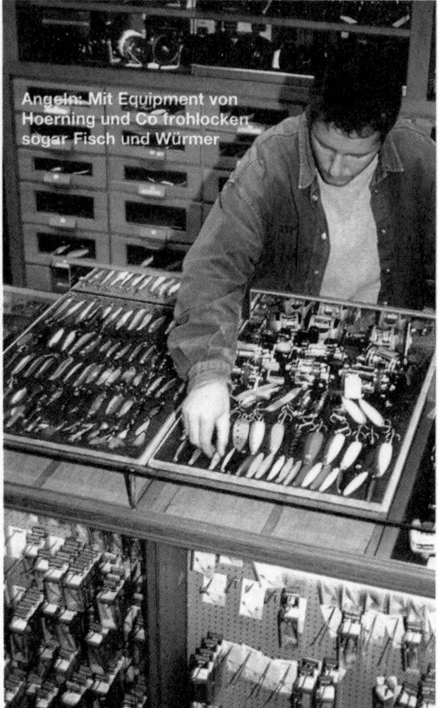
Angeln: Mit Equipment von Hoerning und Co frohlocken sogar Fisch und Würmer

abschluss und Volljährigkeit allein helfen dabei nicht unbedingt. Für manche Menschen sind geschriebene Wörter eine einzige Buchstabensuppe. Das muss nicht so bleiben. Wer Lesen und Schreiben lernen will oder Lese- und Schreibhemmungen überwinden möchte, kann bei folgenden Organisationen Kurse belegen:

- Arbeitsgemeinschaft Karolinenviertel e. V. (AGKV): Grabenstaße 28, 20357 Hamburg (Karolinenviertel), Telefon 4 39 25 82, Fax 43 18 33 02, Mo-Fr 9.30–18 Uhr
  Alphabetisierungskurse in Deutsch und Mathe für multinationale Lerngruppen ohne Deutschkenntnisse! Der Unterricht ist kostenlos, es gibt jedoch eine Warteliste
- Hamburger Volkshochschule Stadtbereich Mitte und Zentrale: Schanzenstraße 75–77, 20357 Hamburg (Schanzenviertel), Telefon 4 28 41 27 52, Fax 4 28 41 27 88, Mo, Di, Mi 10–13, Mo, Do 14–18.30 Uhr; www.vhs-hamburg.de
  Lese- und Schreibkurse auf unterschiedlichen Niveaus für deutschsprachige Menschen
- Projekt Alphabetisierung, Gesellschaft zur Berufsbildung: Fuhlsbüttler Straße 113, 22305 Hamburg (Barmbek), Telefon 69 79 77 16, Fax 69 70 26 10, Mo-Fr 9–14 Uhr;
  E-Mail: d.herbst@alphabetisierung.de
  Lese- und Schreibkurse für Menschen aller Herren Länder, vorausgesetzt, sie können in der deutschen Sprache kommunizieren. Intensivkurse mit nur acht Teilnehmern

## Angeln

Rute basteln, Würmer sammeln und dann zum nächsten Teich schleichen? So einfach läuft das nicht. Bevor Sie auf die Fische losgehen, will die Prüfung für den Fischereischein bestanden sein, zum Beispiel beim Angelverein Alster e. V. Mit Urkunde, Personalausweis und Passfoto geht's dann weiter zum Wirtschafts- und Ordnungsamt. Gegen eine einmalige Gebühr von 7,50 Euro bekommen Sie den Angelschein, der jedes Jahr 5 Euro kostet. Fehlt noch das passende Equipment. Das gibt's bei Hoerning und Co. Auch wenn das fast 200 Jahre alte Familienunternehmen auf den ersten Blick etwas antiquiert aussieht, die hochwertigen Angelgeräte und der Service überzeugen mit Wissen und Qualität. Und damit sie nicht allein am Ufer stehen müssen, vermittelt Ihnen der Angelsport-Verband den richtigen Verein. Wenn Ihnen dann die heimischen Gewässer irgendwann zu langweilig werden, buchen Sie bei Völgers Angelreisen eine Hochsee-Angeltour.

- Angelsport-Verband Hamburg e. V.: Schäferkampsallee 1, 20357 Hamburg (Eimsbüttel), Telefon 41 90 82 71, Fax 41 90 82 71, Di, Do 14–17 Uhr; E-Mail: asvhhgesch@aol.com, www.asvhh.de
- Anglerverein Alster e. V.: Norbert-Schmid-Platz 4, 22399 Hamburg (Poppenbüttel), Telefon 6 02 02 77, Fax 6 02 02 60, Mo 17.30–20 Uhr
  Freut sich auf neue Mitglieder. Die Mitgliedschaft kostet 11 Euro
- Hoerning und Co: Lilienstraße 2–8, 20095 Hamburg (Innenstadt), Telefon 33 51 29, Fax 32 75 55, Mo-Fr 9–18, Sa 9–16 Uhr; Kreditkarten: alle; E-Mail hoerning@hansenet.de
- Vöglers Angelreisen/Angelcenter: Billstedter Hauptstraße 69, 22111 Hamburg (Billstedt), Telefon 7 36 05 70, Fax 7 32 97 37, Mo-Fr 9–18.30, Sa 9–13 Uhr; www.angelreisen.de
- Wirtschafts- und Ordnungsamt: Klopstockstraße 15, 22767 Hamburg (Altona), Telefon 4 28 11 20 76, Fax 4 28 11 15 44, Mo 8–16, Di 8–12.30, Do 8–15.30 Uhr

## Anthroposophie

Die von Rudolf Steiner begründete Lebensphilosophie beinhaltet mehr, als seine Kinder in handgewebte Kleidchen zu stecken und ihnen farblose Holzbauklötze vor die Nase zu setzen. Wer Näheres über Anthroposophie erfahren möchte, hat in Hamburg vielfältige Möglichkeiten, denn inzwischen ist ein weit verzweigtes Netz anthroposophischer Einrichtungen entstanden. Interessierte erhalten Auskunft und Adressen über:

- Rudolf Steiner Haus, Anthroposophische Gesellschaft Hamburg: Mittelweg 11–12, 20148 Hamburg (Pöseldorf), Telefon 4 13 31 60, Fax 41 33 16 43, Mo-Fr 16–21 Uhr; E-Mail: bau-verein@web.de
  Hier finden unter anderem geisteswissenschaftliche und künstlerische Kurse und Seminare in den Abendstunden statt

## Antifaschisten

Immer wieder hört man von Übergriffen auf Immigranten und andere Minderheiten, wird mit Rassismus und einem erstarkenden Neofaschischmus konfrontiert. Anstatt wegzusehen, organisieren sich Naziopfer, Zeitzeugen und Jugendliche in der Antirassismusbewegung. Sie arbeiten die Vergangenheit auf, leisten Aufklärungsarbeit und organisieren Demos gegen Neonazis und Fremdenfeindlichkeit. Die ersten Widerstandskämpfer gründeten nach der Zerschlagung des Naziregimes die Vereinigung der Verfolgten des Naziregimes (VVN). Ihre Visionen und Hoffnungen auf eine „neue Welt des Friedens und der Freiheit" sind bis heute nicht in Erfüllung gegangen. Mehr Infos über die Aktivitäten des VVN bei:

- Vereinigung der Verfolgten des Naziregimes (VVN): Hein-Hoyer-Straße 41, 20359 Hamburg (St. Pauli), Telefon 31 42 54, Mi 14–18 Uhr
- VVN-BdA: Hein-Hoyer-Straße 41 (St. Pauli), Telefon 31 42 54, Fax 3 19 37 95; E-Mail: vvn-bda.hh@t-online.de; www.vvn-bda.de

## Antiquitäten

Einmal den Feierabend im Louis-Seize-Sessel genießen? Kein Problem, in Hamburg ist von klassischen Antiquitäten bis hin zu witzigem Sperrmüll alles zu haben. Entsprechend breit gefächert ist das Preisniveau. In den traditionellen Antiquitätenläden der Innenstadt kann man für eine Kleinigkeit schon mal einen Kleinwagen versetzen. In Eppendorf sieht es für den Geldbeutel schon rosiger aus. Und in Stadtteilen wie Altona oder dem Karoviertel kann man seine Leidenschaft für Gebrauchtes mit preiswertem Einkaufen verbinden:

- Anno 1900 bis 1930: Martinistraße 20, 20251 Hamburg (Eppendorf), Telefon 48 38 84, Fax 48 38 84, Di-Fr 12–18.30, Sa 10–14 Uhr, Kreditkarten: EC
  Interessierte finden hier zum Einrichten des Wohnbereichs im Art-déco-Stil so ziemlich alles. Das Angebot reicht von Essgruppen und Teewagen bis hin zu Skulpturen und Spiegeln. Besondere Attraktion ist der seltene Bakelitschmuck aus Frankreich und Amerika
- Antik-Center am Hauptbahnhof (Markthalle): Klosterwall 9–21, 20095 Hamburg (Innenstadt), Telefon 33 66 55, Di-Fr 12–18, Sa 10–14 Uhr, Kreditkarten: alle; EC-Karte
  Das große Kellergeschoss beherbergt 39 Antiquitätenläden, die sich aneinander reihen wie Buden auf dem Jahrmarkt. Im Euro-Antique Market werden überwiegend englische Möbel im viktorianischen, Art-déco- und Jugendstil verkauft
- Antiquitäten in Jersbek: Langereihe 21, 22941 Jersbek, Telefon 0 45 32/54 72, Fax 0 45 32/76 72, Mi, Do, Fr 11–18 und Sa, So 11–18 Uhr
  Großhandel, Import/Export, An-und Verkauf von ausgesuchten und teils ausgefallenen Antikmöbeln quer durch die Epochen des 19. Jahrhunderts, im Originalzustand oder wohnfertig restauriert; Gemälde und Kleinkunst; Einrichtungsberatung

Antiquitäten: Bei Anno 1900 bis 1930 gibt's ausschließlich Schmuck und Wohnaccessoires aus dem Art déco

- Hamburger Flohmarkt: Weidenstieg 20, 20259 Hamburg (Eimsbüttel), Telefon 49 36 72, Fax 40 19 71 01, Mo-Fr 9–18, Sa 9–14 Uhr, Kreditkarten: EC
Biedermeier-, Gründerzeit- und Jugendstil-Möbel; Restaurierung; Möbelbau
- Musik-Antik Laden: Weidenstieg 14, 20259 Hamburg (Eimsbüttel), Telefon 40 02 72, Fax 0 41 01/40 60 11, Sa 10–14 Uhr, Sa 10–14 Uhr; E-Mail norbert.noritz@t-online.de; www.musik-antik-records.de
Schellackplatten und Grammofone; außerdem CD-Produktion (speziell Hamburger Volkssänger)
- Phönix-Antikmarkt: Ruhrstraße 158, 22761 Hamburg (Altona), Telefon 8 50 40 41, Fax 8 50 67 93, Mo-Fr 9–18, Sa 10–14 Uhr; www.phoenix-abbeizbetrieb.de
Holzmöbel aus dem 18. und 19. Jahrhundert sowie Anfertigung und Abbeizen von Möbeln
- Speer Antiquitäten: Tornescher Weg 105, 25436 Hamburg (Uetersen), Telefon 0 41 22/ 4 43 30, Fax 0 41 22/25 78, Mo-Fr 7–18 und Ausstellungsraum: Mo-Fr 13–18 und Sa 10–15 Uhr, Kreditkarten: EC; www.speer-antiquitaeten.de
An- und Verkauf, Auftragsarbeiten für Möbelrestaurierung und Neuanfertigung moderner Möbel sowie ökologisches Abbeizen. Helle ländliche Antikmöbel, Biedermeier zum Beispiel Sonnenschränke aus Bremen und alte Ladentresen
- Stefan A. Dzubba: Milchstraße 23, 20148 Hamburg (Rotherbaum), Telefon 44 99 36, Fax 45 03 82 09, Mo-Fr 11–18.30, Sa 11–14 Uhr, Kreditkarten: alle
Möbel des 18. und frühen 19. Jahrhunderts sowie Kleinkunst; außerdem werden Inneneinrichtungen und Holzarbeiten individuell angefertigt

## Anzeigen

▶ *Kleinanzeigen*

## Anzüge

▶ *Mode für Männer*

## Arbeitslosigkeit

Dienstagvormittags den Garten umgraben oder nach Övelgönne zum Picknick radeln – für manche wird dieser Traum zum Albtraum. Arbeitslos zu sein, reduziert das Selbstwertgefühl, grenzt aus und führt nicht selten zu Depressionen. Um das Schlimmste zu verhindern, können Arbeitsuchende zum Arbeitsamt gehen. Dort werden neben der finanziellen Hilfe Weiterbildungs- und Umschulungsmaßnahmen angeboten, die Arbeitsuchende wieder in den Arbeitsmarkt eingliedern sollen. Im Rahmen von sozial orientierten Arbeitsbeschaffungsmaßnahmen sollen sich Arbeitslose wieder an das Berufsleben gewöhnen. Außerdem gibt es Programme zur Förderung der Selbständigkeit, und im Job-In-Club können Mitglieder Büroräume mit Telefon, Fax und PC nutzen sowie angeleitetes Bewerbungstraining und Jobsuche via Internet in Anspruch nehmen. Gegen den Alltagsfrust bieten stadtteilbezogene Initiativen regelmäßige Treffpunkte und vertrauliche Beratungsgespräche über soziale oder rechtliche Probleme. Auch Kreativangebote wie Malkurse oder Holzwerkstätten und Frauengruppen sollen gegen Frust und Langeweile helfen.

- Arbeitsamt Altona: Kieler Straße 39, 22769 Hamburg (Altona), Telefon 38 01 40, Mo, Di, Mi, Fr 7.30–13, Do 7.30–18 Uhr; E-Mail: Hamburg-Altona@arbeitsamt.de
- Arbeitsamt Bergedorf: Johan-Meyer-Straße 55, 21031 Hamburg (Bergedorf), Telefon 7 25 76 25, Mo, Di, Mi, Fr 7.30–13, Do 7.30–18 Uhr; E-Mail: Hamburg-Bergedorf@arbeitsamt.de
- Arbeitsamt Eimsbüttel: Eppendorfer Weg 24, 20259 Hamburg (Eimsbüttel), Telefon 43 19 90, Mo, Di, Mi, Fr 7.30–13, Do 7.30–18 Uhr; E-Mail: Hamburg-Eimsbüttel@arbeitsamt.de
- Arbeitsamt Hamburg-Nord: Langenhorner Chaussee 92–94 (Fuhlsbüttel), Telefon 53 20 70, Mo, Di, Mi, Fr 7.30–13, Do 7.30–18 Uhr; E-Mail: Hamburg-Nord@arbeitsamt.de
- Arbeitsamt Harburg: Harburger Ring 35, 21073 Hamburg (Harburg), Telefon 76 74 40, Mo, Di, Mi, Fr 7.30–13, Do 7.30–18 Uhr; E-Mail: Hamburg-Harburg@arbeitsamt.de
- Arbeitsamt Mitte: Norderstraße 103, 20097 Hamburg (Hammerbrook), Telefon 2 48 50, Fax 24 85 12 55, Mo, Di, Mi, Fr 7.30–13, Do 7.30–18 Uhr; E-Mail: Hamburg@arbeitsamt.de, www.arbeitsamt.de/hamburg/ index.html
- Arbeitsamt Wandsbek: Wandsbeker Chaussee 220, 22089 Hamburg (Wandsbek), Telefon 20 20 20, Mo, Di, Mi, Fr 7.30–13, Do 7.30–18 Uhr; E-Mail: Hamburg-Wandsbek@arbeitsamt.de
In der Wandsbeker Chaussee werden die gewerblichen Berufe bearbeitet. Jobs im kaufmännischen und medizinischen Bereich werden in der Pappelallee 30 vermittelt
- Arbeitsinitiative Harburg, Haus der Kirche: Hölertwiete 5, 21073 Hamburg (Harburg), Telefon 76 60 41 65, Fax 76 60 41 43, Mo, Do 13–15, Di 11–13 Uhr; E-Mail: arbeitsloseninitiative-harburg@web.de, Bewerbungshilfe, Englischkurse und Spieleabende

- Arbeitslosen Telefonhilfe e. V.: Bachstraße 113b, 22083 Hamburg (Barmbek), Telefon 08 00/1 11 04 44 (kostenlos für Hamburg), aus anderen Bundesländern 040/22 75 74 73, Fax 2 27 30 15, Mo-Do 9–17, Fr 9–14 Uhr; www.arbeitslosen-telefonhilfe.de
  Alle zwei Monate findet ein dreitägiges Bewerbungstraining statt; Beratungen in Deutsch, Türkisch, Spanisch und Englisch; vier Geschäftsstellen
- Arbeitsloseninitiative Wilhelmsburg: Vogelhüttendeich 55/im Alten Deichhaus, 21107 Hamburg (Wilhelmsburg), Telefon 7 53 42 04, Fax 7 53 42 04
  Soziale Beratung Do 13–15 Uhr, Frauencafé Di 15–17 Uhr
- Arbeitslosenzentrum Altona e. V.: Thedestraße 99, 22767 Hamburg (Altona), Telefon 3 89 55 12, Fax 3 89 55 12, Mo 10–16, Di, Mi 10–17, So 13–21 Uhr
- Job-In-Club im Deutsche Angestellten-Akademie Haus (DAA): Hammer Landstraße 12–14, 20537 Hamburg (Hamm), Telefon 2 51 52 90, Fax 25 15 29 50, Mo-Do 8–18, Fr 8–15 Uhr; www.job-club.de
- Kirchlicher Dienst in der Arbeitswelt – KDA: Schillerstraße 7, 22767 Hamburg (Altona), Telefon 30 62 32 00, Fax 30 62 32 30, Mo-Fr 9–15 Uhr; E-Mail: kda-hamburg@kda-nordelbien.de

## Arbeitsvermittlung

Trotz Kritik an Jagoda und Co, der Gang zum Arbeitsamt ist nicht von vornherein umsonst. Die SIS-Computer (Stellen-Informations-Service, ASIS für Ausbildungen) stehen Jobsuchenden in den Ämtern und online zur Verfügung. Aus Angst vor jugendlichen Graffitisprayern und Messerstechern sind Sofortpakete wie JUMP entwickelt worden, die Arbeitslose unter 25 Jahren vermitteln wollen. Im Berufsinformationszentrum BIZ kann sich jeder mithilfe von Print- und Filmmedien mit seinen Berufswünschen auseinander setzen.

- Berufsinformationszentrum (BIZ): Kurt-Schumacher-Allee 16/im Arbeitsamt, 20097 Hamburg (Hammerbrook), Telefon 24 85 20 99, Fax 24 85 23 33, Mo, Di 8.30–17, Mi, Fr 8.30–12.30 Uhr
- Bezirks-Arbeitsamt Mitte: Norderstraße 103, 20097 Hamburg (Hammerbrook), Telefon 2 48 50, Fax 24 85 12 55; www.arbeitsamt.de
- Gesamthafen-Betriebsgesellschaft: Georgswerder Bogen 1, 21109 Hamburg (Wilhelmsburg), Telefon 36 12 80, Fax 38 12 82 90, Mo-Fr 8–16 Uhr
  Vermitteln tageweise arbeitswillige Männer mit Papieren zum Kaffeesäckeschleppen oder Containerentleeren in Hafenbetriebe
- Hamburger Arbeits-Beschäftigungsgesellschaft: Bahngärten 11, 22041 Hamburg (Marienthal), Telefon 65 80 40, Fax 65 80 41 19, Mo-Fo 7–16.30, Fr 7–15.30 Uhr
  Vermitteln in Zusammenarbeit mit Unternehmen befristete Arbeit an langzeitarbeitslose Sozialhilfeempfänger in den Bereichen Gewerbe, Technik, Dienstleistung, Büro, Gartenbau
- Hochschulteam des Arbeitsamtes: Nagelsweg 9, 20097 Hamburg (Hammerbrook), Telefon 24 85 22 33, Fax 24 85 20 10, Mo, Di 9–16, Do 10–18 Uhr; www.arbeitsamt.de
  Infos für Studierende, Beratung, Seminare. Neu ist der Start-Club, der Hochschulabsolventen fit macht für den Einstieg in die Arbeitswelt, offene Praktikums- und Volontariatsbörse
- Allgemeine Jobvermittlung des Arbeitsamtes: Nagelsweg 9, 20097 Hamburg (Hammerbrook), Telefon 24 85 13 57, Mo-Do 7.30–14.30, Fr 7.30–12.30 Uhr
  Hier werden Jobs vermittelt, die eine Beschäftigungszeit von mindestens einer Woche garantieren
- Künstlerdienst des Arbeitsamtes: Kurt-Schumacher-Allee 16, 20097 Hamburg (Hammerbrook), Telefon 24 85 13 06, Fax 24 85 14 57, Mo-Fr 8–12.30 Uhr
  Sparten: 1. Show , Artistik, Unterhaltung, Telefon 2 48 13 06;
  2. Film, TV, Komparsen & Kleindarsteller Telefon 24 85 14 39;
  3. Orchester, Musiker, Bands, DJs, Telefon 24 85 13 08;
  4. Models und Dressmen Telefon 24 85 13 07
- Messepersonal-Vermittlung des Arbeitsamtes: Kurt-Schumacher-Allee 16, 20097 Hamburg (Hammerbrook), Telefon 24 85 13 02, Termine nach Vereinbarung
- PersonalMarkt: Hoheluftchaussee 15, 20253 Hamburg (Hoheluft), Telefon 42 91 33 71, Mo-Fr 9–18 Uhr; www.personalmarkt.de
- Studenten-Job-Vermittlung des Arbeitsamtes: Kurt-Schumacher-Allee 16, 20097 Hamburg (Hammerbrook), Telefon 24 85 21 51, –56, –62, Fax 24 85 15 93; Vermittlung langfristiger Jobs: Mo-Do 7–14, Fr 7–12 Uhr; Tagesjobs: Mo-Fr 7–11 Uhr
- Tagesjob-Vermittlung des Arbeitsamtes: Norderhof/Eingang C, 20097 Hamburg (Hammerbrook), Telefon 24 85 13 10, Mo-Fr 6–9 Uhr
  Allgemeine Tagesjobvermittlung vorwiegend für Männer, nur gewerbliche Tätigkeiten
- Zentrale Bühnen-, Film- und Fernsehvermittlung der Bundesanstalt für Arbeit: Kreuzweg 7, 20099 Hamburg (St. Georg), Telefon 2 84 01 50, Fax 28 40 15 44 05, Mo-Mi 9–17, Do 9–18 Uhr, Fr 9–16 Uhr;
  E-Mail: hamburg-ZAV.schauspiel@arbeitsamt.de, Nur für Opernsänger und Schauspielschulabsolventen im Bereich Theater;

Jenfelder Allee 80, Wandsbek, Telefon 66 88 54 00
Nur für ausgebildete Schauspieler im Bereich Film und TV

## Archive

Obwohl Staub ein ständiger Untermieter ist, sind Hamburgs Archive stets dem frischen Wind ausgesetzt, den wissbegierige Hornbrillenträger aufwirbeln. Rund 500 Archive gibt es in Hamburg, vom großen Staatsarchiv bis zur kleinen Privatsammlung. Bisher war der „Archiv- und Dokumentationsführer Hamburg" bei der Suche nach dem geeigneten Rechercheort sehr hilfreich. Leider ist er jedoch mittlerweile vergriffen, liegt aber noch in der Staats- und Universitätsbibliothek aus.

▸ *Zeitschriften*

- Filmarchiv Metropolis: Dammtorstraße 30a, 20354 Hamburg (Innenstadt), Telefon 34 23 53 und 24 55 70, Mo-Fr 10–17; www.kinemathek-hamburg.de
  Filmfotos, -kritiken und -kataloge
- Forschungsstelle für Zeitgeschichte in Hamburg: Schulterblatt 36, 20357 Hamburg (St. Pauli), Telefon 43 13 97 20, Fax 43 13 97 40; Mo-Do 9.30–17, Fr 9.30–14 Uhr; www.rrz.uni-hamburg.de/FZH
  Dokumentationsarchiv mit Orginalschriftgut, Presseausschnitten und Flugblättern; angegliedert ist

**Artisten: Einradfahrer Lutz begeistert Groß und Klein**



  eine der bestbestückten Bibliotheken Norddeutschlands über den Nationalsozialismus
- Hamburgisches Architekturarchiv: Bramfelder Straße 138, 22305 Hamburg (Barmbek), Telefon 6 91 38 36, Fax 6 91 38 23, Mo-Do 10–13, 14–17, Fr 10–13 Uhr; E-Mail: hakarchiv@aol.com; www.architekturarchiv.de
  Bücher und Zeitschriften über Architektur, Stadtplanung und verwandte Gebiete; außerdem Fotos, Dias und Pläne Hamburger Architekten
- Hamburgisches Welt-Wirtschafts-Archiv (HWWA): Neuer Jungfernstieg 21, 20354 Hamburg (Neustadt), Telefon 42 83 40, Fax 42 84 51, Zeitungsarchiv: Mo-Fr 10.30–12, Di-Fr 15–16.30; Firmenarchiv: Mo 10–14, Di-Fr 10–18 Uhr; wissenschaftliche Bibliothek: Mo 9–15, Di-Fr 9–19 Uhr; E-Mail: hwwa@hwwa.de, www.hwwa.de
  Das Zeitungsarchiv bietet ausgewählte aufgearbeitete Presseausschnitte, es gehört zu den führenden öffentlich zugänglichen Einrichtungen in Europa
- Staats-und Universitätsbibliothek Carl von Ossietzky: Von-Melle-Park 3, 20146 Hamburg (Univiertel), Telefon 4 28 38 22 33, Fax 4 28 38 33 52, Mo-Fr 9–21, Sa 10–13 Uhr; www.sub.uni-hamburg.de
- Staatsarchiv: Kattunbleiche 19, 22041 Hamburg (Wandsbek), Telefon 4 28 31 32 00, Fax 4 28 31 32 01, Mo-Di 9–13, Mi 9–18, Do-Fr 9–16 Uhr; www.staatsarchiv.hamburg.de
  Quellen zur Geschichte Hamburgs ab dem 12. Jahrhundert
- Theatersammlung: Von-Melle-Park 3, 20146 Hamburg (Univiertel), Telefon 4 28 38 48 26, Mo 13–16, Di 13–18, Mi 10–16, Do 10–16, Fr 10–13 Uhr; E-Mail: theaterbib@uni-hamburg.de, Theaterbücher, -kritiken und -bildmaterial

## Artisten

Scheinwerfer strahlen, und die Menge tobt. Nur ein Traum? Muss nicht sein, bei Pappnase & Co. sowie bei der SCHALKerie finden Profis und Laien die nötigen Requisiten von Einrädern über Jonglierbälle bis hin zu Zirkuszelten; und Frenchy's schneidert die passenden Kostüme. Wer Artisten buchen will, setzt sich mit der Agentur Event-Store in Verbindung, die bei Bedarf auch die perfekte Show organisiert. Wer's eine Nummer kleiner mag, wendet sich an Artistics.

- Artistics-Helge Nissen: Zoppoter Straße 5, 22049 Hamburg (Wandsbek), Telefon 6 92 91 09, Fax 27 09 83 63

- Event-Store GmbH: Budapester Straße 38, 20359 Hamburg (St. Pauli), Telefon 33 39 91 33, Fax 33 39 91 00; www.event-store.de
- Frenchy's: Valentinskamp 34, 20354 Hamburg (Innenstadt), Telefon 34 44 40, Fax 35 71 96 07, Di-Fr 11.10–18, Sa 11.10–13 Uhr, Kreditkarten: EC
- Pappnase & Co: Grindelallee 92, 20146 Hamburg (Univiertel), Telefon 44 97 39, Mo-Mi 10–18.30, Do, Fr 10–19, Sa 10–15 Uhr; www.pappnase.de
- SCHALKerie GmbH: Grindelallee 116, 20146 Hamburg (Univiertel), Telefon 4 13 30 08 11, Fax 4 13 30 08 14, Mo-Fr 9.30–19, Sa9.30–15 Uhr, Kreditkarte: EC; www.schalkerie.de

## Astrologie

Ihr Tageshoroskop in der Mopo reicht Ihnen nicht mehr? Das Ausbildungszentrum des Deutschen Astrologen Verbandes (DAV) verschickt auf Anfrage Adressenlisten von geprüften Astrologen und bietet eine berufsbegleitende Ausbildung an, die in drei Jahren zum DAV-geprüften Astrologen führt. An der staatlichen Anerkennung wird gearbeitet. Mehr Infos gibt's im Internet unter www.dav-astrologie.de. Die Buchhandlung Wrage verkauft neben Büchern diverse Fachzeitschriften und PC-Programme zu Astrologie. Wer Angaben zu Geburtszeit und -ort mitbringt, kann verschiedene Analysen erstellen lassen. Der Laden Hier & Jetzt führt außerdem Schmucksteine für die einzelnen Sternzeichen.

- Astrologische Studiengesellschaft e. V.: Olenland 24, 22415 Hamburg (Langenhorn), Telefon 5 20 22 34, Fax 5 20 43 67; www.hamburgerschule.de
  Forschen autodidaktisch nach wissenschaftlichen Grundlagen und neuen Erkenntnissen
- Ausbildungszentrum des Deutschen Astrologen Verbandes (DAV), Rafael Gil Brand: Gneisenaustraße 39, 20253 Hamburg (Hoheluft), Telefon 42 91 01 17, Fax 42 91 01 16; E-Mail: rafaelgil@freenet.de; www.dav-astrologie.de
- Buchhandlung Wrage: Schlüterstraße 4, 20146 Hamburg (Univiertel), Telefon 4 13 29 70, Fax 44 24 69, Mo-Fr 10–19.30, Sa 10–16 Uhr, Kreditkarten: EC; Eurocard, Visa; E-Mail: wrage@wrage.de, www.wrage.de
- Hier und Jetzt: Erzbergerstraße 10, 22765 Hamburg (Ottensen), Telefon 39 57 84, Fax 3 90 07 33, Mo-Fr 10–19.30, Sa 10–16 Uhr, Kreditkarten: EC; E-Mail: hierundjetzt@info.de; www.hierundjetzt.de

## Asylbewerber

Wer an der Elbe Richtung Museumshafen spazieren geht, kommt an den grau-roten Containerschiffen vorbei. Dort warten gut tausend Asylbewerber auf die Bearbeitung ihrer Fälle durch die Behörden. Das kann dauern und wird oft negativ beschieden. Dann müssen Anwälte mobilisiert, Übersetzer geholt und die Anträge erneut verhandelt werden. Unterstützung finden die Asylsuchenden bei gemeinnützigen Organisationen. Doch zunächst müssen die Anträge auf Asyl gestellt werden.

- Amnesty International e. V.: Immenhof 8, 22087 Hamburg (Uhlenhorst), Telefon 2 20 77 47, Fax 2 20 77 40, Mo 14–18, Di, Mi, Do 17–20 Uhr; www.amnesty-hamburg.de
  Sprechstunde für Asylbewerber Mi 18–20 Uhr
- Arbeiterwohlfahrt LV Hamburg e. V. , Pestalozzistraße 30, 22305 Hamburg (Barmbek), Telefon 61 07 76, Fax 61 07 76, Mo-Fr 10–17
  Allgemeine Beratung für Flüchtlinge und Ausländer zu Asylverfahren, Ausländerrecht, Konflikten mit Arbeitgeber/Ausländerbehörde und anderem
- Arbeiterwohlfahrt LV Hamburg e. V. , Beratungsteam für Zuwanderer: Nernstweg 32, 22765 Hamburg (Altona), Telefon 3 98 48 00, Fax 39 84 80 16, Mo-Mi 9–16, Do 13–16, Fr 9–12 Uhr
  Beraten in persönlichen oder sozialen Fragen
- Behörde für Inneres, Ausländerbehörde im Einwohner-Zentralamt, Erstaufnahmeeinrichtung: Amsinckstraße 28, 20097 Hamburg (Hammerbrook), Telefon 42 83 90, Mo, Di 8–12, Do, Fr 8–12 Uhr; E-Mail: service.asyl@bfi-e.hamburg.de
  Entscheidet über Antragstellung. Zuständig für Asylbewerber, Flüchtlinge und Duldungsinhaber
- Bundesamt für die Anerkennung ausländischer Flüchtlinge: Außenstelle Hamburg, Sachsenstraße 12–14, 20097 Hamburg (Hammerbrook),

**Auktionen: Das Fundbüro versteigert auch Drahtesel**

Telefon 23 50 10, Fax 23 50 11 99
Prüft und bearbeitet die Anträge der in Hamburg verbleibenden Asylsuchenden

- Deutsches Rotes Kreuz, Landesverband Hamburg e. V., Zentrale Beratungsstelle für Flüchtlinge: Adenauerallee 9, 20097 Hamburg (Innenstadt), Telefon 3 23 20 90, Fax 32 62 34, Mo, Di 9–13, Mi 13–16, Fr 9–12 Uhr
- Diakonisches Werk: Königstraße 54, 22767 Hamburg (Altona), Telefon 30 62 03 42, Fax 30 62 03 40, Di, Do 13.30–16 Uhr; www.diakonie-hamburg.de
  Hat die Aktion Brückenschlag ins Leben gerufen, zu der Begegnungstreffen zwischen ausländischen Flüchtlingen und Deutschen gehören
- Flucht Punkt : Eifflerstraße 3, 22769 Hamburg (Altona), Telefon 43 25 00 80, Mo, Mi 10–14 Uhr; E-Mail: fluchtpunkt@t-online.de; www.hamburgasyl.de
  Kirchliche Hilfsstelle für Flüchtlinge im Ev.-Luth. Kirchenkreis Altona; hilft auch bei der Anfechtung von Abschiebungsbescheiden
- Gesellschaft zur Unterstützung von Gefolterten und Verfolgten e. V.: Durchschnitt 27, 20146 Hamburg (Univiertel), Telefon 44 85 76, Fax 4 48 06 03, Mo, Di 10–17, Mi 13–17, Do, Fr 10–17 Uhr; E-Mail: gugev@compuserve.de,
  Bietet als einziger Verein im norddeutschen Raum psychologische Beratung in Form von Einzel- oder Paartherapien. Die Mitarbeiter begleiten zu den Behörden, besorgen Anwälte und organisieren Deutschkurse. Außerdem: eine Frauengruppe mit Kinderbetreuung
- Hamburger Arbeitskreis ASYL e. V.: Nernstweg 32, 22765 Hamburg (Altona), Telefon 3 90 88 62, Fax 39 90 10 12, Do ab 20 Uhr
  Setzen auf Öffentlichkeitsarbeit, um über die psychosoziale, rechtliche und politische Lage der Flüchtlinge aufzuklären und sie zu verbessern

## Au Pair

Up and away! Die Schule ist erfolgreich beendet, und das Fernweh ruft. Warum nicht als Au Pair ins Ausland gehen? Der Verein für internationale Jugendarbeit und der Verein „In Via“ bieten Aufenthalte in England, Frankreich, Spanien und Italien. Bedingungen sind: dreißig Wochenstunden Arbeit im Haushalt der Gastfamilie und Babysitting am Abend. Als Gegenleistung bietet die Gastfamilie ein Zimmer, Verpflegung und Krankenversicherung. Die Bewerber sollten zwischen 18–25 Jahre sein und Grundkenntnisse der Landessprache mitbringen. Außerdem vermitteln beide Organisationen ausländische Au Pairs in Hamburger Familien.

- In Via: Lattenkamp 20, 22299 Hamburg (Alsterdorf), Telefon 51 44 04 40, Fax 51 44 04 50
- Verein für internationale Jugendarbeit: Schillerstraße 7, 22765 Hamburg (Altona), Telefon 30 62 32 40, Fax 30 62 32 41, Mo 15–17, Di, Mi, Do 10–12 Uhr

## Auktionen

Wer bietet mehr? Falls Sie eine Auktion besuchen wollen, sollten Sie ihre Gesichts- und Körpermuskulatur gut im Griff oder ein dickes Portmonee haben. Die meisten Auktionshäuser versteigern Antiquitäten, Kunst und Schmuck, nicht wenige sind aber auf ein gut betuchtes Publikum eingestellt und entsprechend hochnäsig im Umgang mit dem „gemeinen Volk“. Einige Auktionshäuser geben auch Kataloge heraus, in denen man sich im Voraus informieren kann.

- Auktionsgesellschaft Bergstädt & Partner mbH: Lippeltstraße 1, 20097 Hamburg (Innenstadt), Telefon 32 73 28, Fax 32 62 49, Kreditkarte: EC;

**Kennt Hamburg aus dem Effeff: Taxifahrer Allan**

www.auktionbergstaedt.de

- Auktionshaus Hans Stahl: Hohe Bleichen 28, 20354 Hamburg (Innenstadt), Telefon 34 23 25, Fax 3 48 04 32, Mo-Fr 10–18, Sa 10–13 Uhr; www.auktionshaus-stahl.de
  Hauptsächlich Gemälde und Kunst aus den Epochen Biedermeier und Barock, Werke bekannter Hamburger Maler, Meißener Porzellan und Varia
- Christie's: Wentzelstraße 21, 22301 Hamburg (Winterhude), Telefon 2 79 40 73, Mo-Fr 9–13, 14–18 Uhr; www.christies.com
  Internationales Auktionshaus; bietet Beratungen und Schätzungen, aber auch telefonische Liveschaltungen zu Auktionen in den Haupthäusern
- Hauswedell & Nolte: Pöseldorfer Weg 1, 20148 Hamburg (Pöseldorf), Telefon 4 13 21 00, Fax 41 32 10 10; www.hauswedell-nolte.de
  Kunst, Bücher und Autografen
- Ketterer Kunst Hamburg: Messberg 1, 20095 Hamburg (Innenstadt), Telefon 3 74 96 10, Fax 37 49 61 66, Mo-Fr 9–18 Uhr, Kreditkarte: EC; www.kettererkunst.de
  Moderne Kunst und Werke alter Meister
- Schopmann & Sohn: Speersort 1, 20095 Hamburg (Innenstadt), Telefon 3 23 23 90, Fax 3 23 23 98, Di-Fr 10–19, Sa 11–16 Uhr, Kreditkarte: EC; www.schopmann.de
  Antiquitäten, Kunst, Schmuck und Immobilien
- Sotheby's: Tesdorpfstraße 22, 20148 Hamburg (Pöseldorf), Telefon 44 40 80; www.sothebys.com
  Internationales Auktionshaus; bietet Beratungen und Schätzungen sowie telefonische Liveschaltungen zu Auktionen in den Haupthäusern
- Städtisches Fundbüro: Bäckerbreitergang 73, 20355 Hamburg (Innenstadt), Telefon 35 18 51, Fax 4 28 41 14 85, Mo 8–16, Di, Mi 8–12, Do 8–18 Uhr; E-Mail: zentralesfundbuero@hamburg-mitte.hamburg.de; www.hamburg.de
  Zwanzig Versteigerungen im Jahr, bei denen Fundsachen und Fahrräder die Besitzer wechseln. Termine erfährt man unter www.hamburg.de

## Ausbildung

▶ *Schulen*

## Ausflüge

▶ *Anhang/Ausflüge in Norddeutschland*

## Ausländer

Welcome to Hamburg. Dieser Satz sollte nicht nur für Touristen gelten, sondern auch für Migranten, die sich hier niederlassen möchten. Doch zunächst droht das Behördenlabyrinth … für Aufenthaltsgenehmigungen sind seit geraumer Zeit die neun Ausländerdienststellen der Hansestadt zuständig. Welche der Behörden in Ihrer Nähe liegt, erfahren Sie unter www.eza.hamburg.de.

- Amt für Ausländerangelegenheiten: Amsinckstraße 34, 20097 Hamburg (Hammerbrook), Telefon 42 83 90, Mo, Di 8–12, Do, Fr 8–12 Uhr; www.eza.hamburg.de
  Zuständig für Einreiseangelegenheiten und Einbürgerung
- Arbeiterwohlfahrt (Geschäftsstelle): Rothenbaumchaussee 44, 20148 (Rotherbaum), Telefon 4 14 02 30, 41 40 23 36, Fax 41 40 23 37, Mo-Fr 8–17 Uhr; www.awo.org
- Arbeiterwohlfahrt Landesverband Hamburg e. V. Begegnungsstätte St. Georg e. V.: Lange Reihe 30–32, 20099 Hamburg (St. Georg), Telefon 2 80 27 95, Fax 24 91 12, Sozialberatungszeiten: Mo, Di, Do, Fr 10–13, Mo, Mi 14.30–16 Uhr
  Unter anderem: lateinamerikanische Frauengruppe
- Ausländerbeauftragte des Hamburger Senats, Prof. Dr. Ursula Neumann: Osterbekstraße 96, (Barmbek), Telefon 4 28 63 57 50 sowie 4 28 63 57 54, Fax 4 28 63 58 40, Mo, Mi 9–11.30, Do 14–16 Uhr; www.hamburg.de/behoerden/auslaenderbeauftrag-

ter/welcome.htm
Hilft bei der Integration und Gleichstellung

- Ausländerstelle des Arbeitsamtes: Kurt-Schumacher-Allee 16, 20097 Hamburg (Hammerbrook), Telefon 2 48 50, Fax 24 85 18 24, Mo-Fr 7.30–13, Do 7.30–18 Uhr
Hier kann man eine Arbeitserlaubnis beantragen
- Behörde für Soziales und Familie, Referat Zuwanderung und Integration: Hamburger Straße 47, 22083 Hamburg (Wandsbek), Telefon 42 86 30
Gibt die Broschüre „Sozialberatung für ausländische Mitbürgerinnen und Mitbürger" mit den wichtigsten Adressen von Beratungsstellen heraus
- Bürgerinitiative Ausländische Arbeitnehmer e. V.: Rudolfstraße 5, 21107 Hamburg (Wilhelmsburg), Telefon 75 15 71, Fax 3 07 83 31, Mo, Di, Do 10–17, Mi 14–18 Uhr
Betreibt zahlreiche Stadtteilbüros (Veddel, Neuenfelde, Harburg)
- Caritas e. V.: Danziger Straße 66, 20099 Hamburg (St. Georg), Telefon 28 01 40 37, Fax 28 01 40 96, Di, Do 9–12, Di 15–18, Do 15–17 Uhr sowie nach Vereinbarung; www.caritas-hamburg.de
Zahlreiche Beratungsstellen, nationalitätsübergreifend
- Deutsch-Institut für Ausländer e. V.: Heimhuder Straße 39, 20148 Hamburg (Harvestehude/Rotherbaum), Telefon 44 00 79, Fax 44 80 94 12, Mo-Fr 8.30–13, Mo, Do 17.30–20 Uhr; www.deutsch-institut.de
Sprachkurse für 4,10 bis 5 Euro pro Stunde
- Diakonisches Werk: Königstraße 54, 22767 Hamburg (Altona), Telefon 30 62 03 70, Fax 30 62 03 40, Di, Do 13.30–16 Uhr; www.diakonie-hamburg.de
Sozialberatung
- Evangelische Studentengemeinde (ESG): Königstraße 54, 22767 Hamburg (Altona), Telefon 30 62 03 82, Fax 30 62 03 83; www.esg-hamburg.de
Seelsorge, finanzielle Beratung und ein Studienbegleitprogramm für ausländische Studierende, außerdem internationale Abende (jeden Do im Semester, 19 Uhr)
- Internationaler Treffpunkt für Mädchen und Frauen e. V.: Marktstraße 119, 20357 Hamburg (Karolinenviertel), Telefon 4 39 27 81, Mo-Fr 10–14 Uhr; E-Mail: karogirls@aol.com
Mädchencafé Mo 17–21 Uhr, Schularbeitenhilfe und Sozialberatung Di 9.30–12.30, Do 16.30–18.30 Uhr
- STUBENord-Studienbegleitprogramm: Königstraße 54, 22767 Hamburg (Altona), Telefon 30 62 03 57, Fax 30 62 03 83; E-Mail: neseker@diakonie-hamburg.de, www.stube-nord.de
Seminare und Praktikantenprogramm für ausländische Studenten

## Aussiedler

Immer wieder kriegen sich Union und Rot-Grün in Sachen Zuwanderung in die Haare. Seit der Gesetzesänderung von 1993 kommen fast nur noch Aussiedler aus der ehemaligen Sowjetunion, deren Vorfahren die deutsche Kultur pflegten und dafür verfolgt wurden. Vor allem jüngere Russlanddeutsche mit Kindern sehen in einer Aussiedlung eine Chance, ihre Lebenssituation zu verbessern.

- Arbeiterwohlfahrt – JGW-Jugendgemeinschaftswerk: Kreuzkirchenstieg 6, 22111 Hamburg (Billstedt), Telefon 7 32 81 18, Mo-Do 14–18 Uhr und nach telefonischer Vereinbarung
Sozialberatung, Info-Veranstaltungen und Kursangebote
- Behörde für Soziales und Familie, Abteilung Landesdienst, Referat Leistung für Spätaussiedler, jüdische Immigranten, politische Häftlinge: Kaiser-Wilhelm-Straße 85, 20355 Hamburg, Telefon 4 28 41 20 65, Fax 4 28 41 18 96, Mi, Do 9–12, 13–15.30 Uhr
Für Spätaussiedler die erste Anlaufstelle in Bescheinigungsverfahren, für finanzielle Hilfen, und Deutschkurse
- Caritas e. V.: Danziger Straße 66, 20099 Hamburg (St. Georg), Telefon 28 01 40 37, Fax 28 01 40 96, Mo, Do 10–12, 13.30–15, Di 16–18 Uhr
KiFaZ, eine Einrichtung der Caritas für Allermöhe und Umgebung, Di 16-18 Uhr, KiFaZ Lohbrügge, Di 14–15.30 Uhr; www.caritas-hamburg.de
Soziale Beratungsstelle, Stadtteilprojekte, Sprachhilfen, Förderunterricht, Jugendwerkstatt und Berufsorientierung
- Diakonisches Werk, Spätaussiedlerberatungsstelle: Königstraße 54, 22767 Hamburg (Altona),

Telefon 30 62 03 21, 30 62 03 22, Fax 30 62 03 11; www.diakonie-hamburg.de
Sozial-und Rechtsberatung

- Internationaler Bund für soziale Arbeit, Jugendhilfe Hamburg-Bergedorf: Von-Halem-Straße 23, 21035 Hamburg (Neuallermöhe), Telefon 73 58 07 53, Fax 73 58 07 54; E-Mail: sahe60-hamburg@internationaler-bund.de Integration, Sprachförderung,pädagogische Mittagstische, Schularbeitenhilfe, Streetworker vor Ort, Betreuung im Migrationszentrum (Mixx) Brookdeich 180, 21029 Hamburg (Bergedorf), Telefon 73 92 47 14; Jugendclub Neuallermöhe Ost, M.-Damkowski-Kehre 14, 21035 Hamburg (Neuallermöhe), Telefon 7 35 15 81

## Auswandern

Falls es Venezuela sein soll, vergessen Sie es. In keinem anderen Land der Welt ist es schwieriger, einzuwandern. Das Raphaels-Werk steht mit Infos zu fast allen anderen Staaten zur Seite. Ebenfalls Hilfestellung beim Auswandern leisten die Evangelische Auslandsberatung e. V. und der BDAE. Die Beratung ist teilweise kostenpflichtig.

- Dienstleistungsgesellschaft für den BDAE mbH: Königstraße 30, 22767 Hamburg (Altona), Telefon 30 68 74 30, Fax 30 68 74 90, Mo-Do 9–17, Fr 9–15 Uhr; E-Mail: skoenig@bdae.de; www.bdae.de Für 30 Euro erhält man ein Infopaket inklusive telefonischer oder persönlicher Beratung
- Evangelische Auslandsberatung e. V.: Rautenbergstraße 11, 20099 Hamburg (St. Georg), Telefon 24 48 36, Mo-Do 10–16 Uhr; E-Mail: kunkel-mueller@debitel.net Termine nach Voranmeldung
- Raphaels-Werk: Adenauerallee 41, 20097 Hamburg (St. Georg), Telefon 2 48 44 20, Fax 24 84 42 26, Mo-Do 9–16, Fr 9–15 Uhr; www.raphaels-werk.de Beratung für Paare in binationalen Partnerschaften und für Flüchtlinge, die in ein Drittland weiterwandern beziehungsweise in ihr Heimatland zurückkehren möchten



## Auto

Während der englische Philosoph Roger Bacon im 13. Jahrhundert noch die Zügel in die Hand nehmen musste und verkündete: „...auch wird es möglich sein, Wagen zu bauen, welche sich ohne Zugtiere mit unvorstellbarer Kraft bewegen", saß 1769 der Franzose Cugnot auf dem ersten „Auto" der Welt. Die Fahrt auf der rollenden Dampfmaschine nahm jedoch mit 4 km/h an einer Mauer ihr jähes Ende. Heute fahren laut Statistik des Kraftfahrt-Bundesamtes allein über 822 000 PKW mit Hamburger Kennzeichen auf den Straßen. Wenn Sie eines davon haben, Gratulation! Denn es soll ja immer noch enorm zur Imagesteigerung beitragen!

**Car-Sharing:** Das Leben in der Großstadt bedeutet Kampf. Im Supermarkt um den Joghurt, am Telefon um den Termin beim Arzt und auf der Straße um den letzten Parkplatz. Das Auto, heiß geliebte Rennmaschine, praktisches Fortbewegungsmittel und Statussymbol für die einen, Relikt aus alten Tagen und verhasste Dreckschleuder für die anderen. Den halben Stress und doppelten Spaß bietet das geteilte Auto, die umweltfreundliche Alternative zum Egotrip kostet nicht viel und beruhigt das Gewissen.

- Drive-Stattauto CarSharing AG: St. Georgs Kirchhof 3, 20099 Hamburg (St. Georg), Telefon 24 82 30, Fax 24 82 32 00, Mo, Di 10–18, Mi 10–20, Do, Fr 10–18 Uhr; www.stattauto.de Ermäßigte Konditionen für HVV-Abonnenten

**Kauf:** Das könnte der Start ins Glück sein. Ein maskierter Überfall auf die Bank, anschließend die druckfrischen Euro für das Kabrio beim Porsche-Gebrauchtwagenhändler auf den Tisch blättern und ab über die Grenze. Unauffälliger erwirbt man ein Auto über eine Kleinanzeige (▶ *Kleinanzeigen*). Ist da nicht der passende dabei, bleiben Automarkt oder Autohändler. Wer von einem Polizeiwagen mit Blaulicht träumt, kann bei der Finanzbehörde sein Glück probieren, dort werden Behördenfahrzeuge versteigert. Auch bei der Post kommen alte Modelle unter den Hammer (www.evita.de/postauto)

- Autoport Oettinger & Wilde GmbH, Porsche Gebrauchtwagen und Reparaturwerkstatt: Hegholt 61, 22179 Hamburg (Bramfeld), Telefon 6 41 60 89, Fax 6 41 84 29, Mo-Do 8–18, Fr 8–14, Sa 10–14 Uhr Porsches in jeder Preislage

- Centro Automobile Hamburg GmbH: Nedderfeld 30, 22529 Hamburg (Lokstedt), Telefon 5 53 00 30, Fax 5 53 00 31 62, Mo-Fr 9–18.30, Sa 9–14 Uhr; E-Mail: webmaster@centro-hh.de, www.centroautomobile.de
  Alfa-Romeo-, Lancia- und Fiat-Händler
- Finanzbehörde: Gänsemarkt 36, 20354 Hamburg (Innenstadt), Telefon 4 28 23 13 71, Fax 4 28 23 13 64; E-Mail: dieter.grieser@fb.hamburg.de; www.ausschreibungen.hamburg.de
- Gebrauchtwagencenter: Ausschlägerweg 67, 20537 Hamburg (Hamm), Telefon 2 51 51 60, Fax 24 19 58 44, Mo-Fr 9–18, Sa 10–13 Uhr; www.junge-online.de
- Großmarkt: Amsinckstraße (Hammerbrook)
- Mercedes Benz Quickshop: Friedrich-Ebert-Damm 115, 22047 Hamburg (Wandsbek), Telefon 69 41 49 08 (Gebrauchtwagen), Mo-Fr 9–19, Sa 9–16 Uhr; www.mercedes-hamburg.de

**Pannenhilfe:** Alles hatte so schön angefangen: die Katze beim Nachbarn und die Kinder im Feriencamp abgegeben, dann ab nach Milano, endlich Sonne, Pizza et cetera. Und dann bleibt die Karre stehen – einfach so. Porco dio, denkt der genervte Fahrer und fängt an zu schieben. Muss er nicht. Mit dem Schutzbrief (zwischen 9 und 71 Euro) kommt das Auto schneller zurück. Von Versicherungen und Automobilclubs angeboten, bietet er den Rücktransport von liegen gebliebenen Wagen und Fahrern, Übernachtung im Hotel und das Nachschicken von Ersatzteilen oder Medikamenten. Alles europaweit, in Ausnahmefällen auch weiter. Außerdem hilft der Schutzbrief bei Pannen in der Heimat. Falls man keinen hat, müssen private Abschleppdienste gerufen werden, das kostet ab 80 Euro pro Stunde. Billiger wird es sicherlich, wenn Sie bei einem Pannenkurs der Volkshochschulen das Reifenwechseln üben.

- ADAC: Amsinckstraße 39, 20097 Hamburg (Hammerbrook), Telefon Info 0 18 05/10 11 12, Fax 0 18 05/30 29 28, Mo-Fr 8.30–17, Do 8.30–19, Sa 9–13 Uhr; www.adac.de
  24-Stunden-Pannenhilfe 01 80/2 22 22 22, schleppt gegen Bezahlung auch Nichtmitglieder ab
- Hamburger Volkshochschule Stadtbereich Mitte und Zentrale: Schanzenstraße 75–77, 20357 Hamburg (Schanzenviertel), Telefon 4 28 41 27 52, Fax 4 28 41 27 88, Mo, Di, Mi 10–13, Mo, Do 14–18.30 Uhr; E-Mail: mitte@vhs-hamburg.de; www.vhs-hamburg.de

**Schrottplatz:** Das ist die letzte Möglichkeit, Ihren Süßen loszuwerden. Zum Abschied im schwarzen Anzug auf den Autofriedhof. Ein letztes Drücken auf die Hupe und dann den Schlüssel beim Verwerter abgeben. Aber erst, nachdem man mit dem Herzlosen ein geringes Entgeld für die funktionstüchtigen Teile ausgehandelt hat. Sonst müssen für die Entsorgung 50 bis 78 Euro berappt werden. Zu Tausenden liegen die Autowracks dann zum Ausschlachten auf dem Platz. Wer sich die Hände nicht schmutzig machen will, sucht die Teilehallen auf. In Hamburg warten gut drei Dutzend Verwertungsfirmen auf ihre Opfer. Eine kleine Auswahl:

- Autoverwertung Arno Wieben: Stresemannstraße 260, 22769 Hamburg (Altona), Telefon 85 96 60, Fax 0 48 33/21 43, Mo-Fr 8–17.30 Uhr; E-Mail autoverwertung@t-online.de; www.autoverwertung100.de
  Werkstatt im Haus
- Kiesow: Beim Umspannwerk 153, 22844 Norderstedt, Telefon 5 35 35 30, Fax 53 53 53 42, Mo-Fr 8–18 (im Winter bis 17 Uhr), Sa 8–13 Uhr; www.kiesow.de
  Große Auswahl, Werkstatt und Gebrauchtwagencenter auf dem Gelände

**Selbsthilfe:** Preisgünstiger als der Profi-Reparaturservice ist die Fahrt zur Selbsthilfe, die nach dem Motto „Eine Hand wäscht die andere“ funktioniert. In den Hallen der Selbsthilfe-Werkstätten hilft man oder frau sich gegenseitig. Zum Selbstkostenpreis kann geschraubt werden, was die Schlüssel halten. Und wenn gar nichts mehr geht, helfen kundige Mitarbeiter aus der Not.

**Auto: Auch Katzen mögen Cinquecentos**

- Auto Hobby Werkstatt SB: Rondenbarg 1, 22525 Hamburg (Bahrenfeld), Telefon 8 50 38 31, Fax 8 51 35 99, Mo-Fr 9–20, Sa 9–18 Uhr
  Lackierarbeiten, Kabinen zum Mieten, 50 Euro pro Stunde
- Autoselbsthilfe T. Weinland GmbH: Gustav-Adolf-Straße 15, 22043 Hamburg (Wandsbek), Telefon 6 56 70 21, Fax 6 57 09 81, Mo-Fr 9–22, Sa 9–19.30 Uhr
- KGB-Autoselbsthilfe GmbH: Ruhrstraße 114–116, 22761 Hamburg (Ottensen), Telefon 8 50 10 51, Fax 85 37 01 51, Mo-Fr 9–20, Sa 9–18 Uhr, Kreditkarten: EC; E-Mail: kgb-autoselbsthilfe@t-online.de
  4,50 Euro pro Stunde, mit Hebebühne 6,50 Euro pro Stunde, günstige Ölwechsel
- Pfiffigunde e. V.: Gaußstraße 194, 22765 Hamburg (Ottensen), Telefon 3 90 25 78, Fax 39 90 90 46; www.pfiffigunde.org
  Frauenwerkstatt für Auto-, Motorrad- und Metallselbsthilfe

**Vermietung:** Das Wochenende steht vor der Tür und mit ihm die Beachparty in Timmendorf. Aber wie hinkommen? Der HVV fährt nur bis Ahrensburg, und fürs Rad fahren reicht das Wochenende nicht. Also ein Auto mieten. Polos ab 25 Euro pro Tag, Transporter für die Volleyballmannschaft ab 39 Euro oder Wochenend-Specials. Noch günstiger sind Gebrauchtwagenverleihe. Kleine und große Stars mieten einen Porsche Boxter oder eine Limousine. Natürlich mit Chauffeur, der die Frage nach der Minibar sogar auf Französisch beantworten kann.

- Autovermietung Richter: Bandwirkerstraße 20, 22041 Hamburg (Wandsbek), Telefon 66 66 70, Fax 68 78 02, Mo-So rund um die Uhr; E-Mail: hamburgerlimousinenservice@t-online.de; www.hlsr.de
  Nobel-Limousinen mit mehrsprachigen Chauffeuren, Stunde 75 Euro
- My Car: Arnold-Heise-Straße 16, 20249 Hamburg (Eppendorf), Telefon 47 48 51, Mo-Fr 8.30–18 Uhr, Kreditkarte: EC; www.mycar.de
  VW Lupo ab 29 Euro/Tag, 70 Euro /Wochenende, Kleintransporter ab 39 Euro/Tag
- profi rent: Ziethenstraße 14, 22041 Hamburg (Wandsbek), Telefon 6 56 95 95, Fax 65 69 59 65, Mo-Fr 7.30–18.30, Sa 9–12, So 9–10 Uhr; www.profirent.de
  Polos ab 25 Euro/Tag, 45 Euro fürs WE, Kabrio MG 55 Euro/Tag, Jeeps, Chrysler-Limousine
- Schrader Gebraucht-Auto-Verleih: Bahrenfelder Steindamm 2, 22761 Hamburg (Bahrenfeld), Telefon 38 13 60, Fax 85 15 86 36, Mo-Fr 9–18, Sa 10–13 Uhr; E-Mail: schraders@web.de; www.leiwa.de
  Panda ab 16 Euro/Tag, Transporter ab 41 Euro/Tag, Oldies im Kommen

**Autokino: Mit Händchenhalten geht's los, der Rest ist bekannt aus amerikanischen Filmen**

- Sixt-Budget: Spaldingstraße 110, 20097 Hamburg (Hammerbrook), Telefon 23 23 93, Fax 23 40 28, Mo-Fr 7–19, Sa 7.30–12Uhr, Kreditkarten: alle; www.e-sixt.de
  Günstige Buchungen am Automaten im Flughafen oder per Internet (www.e-sixt.de); Limousinenservice auf Anfrage. Keine Barzahlung!
- star car: Jenfelder Allee 2–4, 22043 Hamburg (Jenfeld), Telefon 6 54 41 10, Fax 65 44 11 30, Mo-Fr 7.30–18.30, Sa 9–12, So 9–10 Uhr; www.starcar.de
- Wucherpfennig: Stresemannstraße 269, 22769 Hamburg (Altona), Telefon 43 10 01, Fax 8 50 60 15, Mo-Fr 7–18 Uhr, Kreditkarten: alle; www.wucherpfennig.de
  Von Polo bis LKW, Corsa Freitagmittag bis Montagfrüh 97 Euro, Transporter ab 59 Euro/Tag

**Werkstätten:** Schafft es die Gurke noch durch den TÜV, oder werden die Wölfe der Autoverwertung sich darüber hermachen? Bei dringendem Rettungsbedarf wendet man sich an die Innung für Karosserie und Fahrzeugbautechnik. Dort bekommt man die Adressen der besten Autoschrauber der Stadt – und auch die der anderen.

- Innung Karosserie & Fahrzeugbautechnik: Holstenwall 12, 20355 Hamburg (Innenstadt), Telefon 3 57 44 60, Fax 35 74 46 50 11; E-Mail: vig-hamburg@online.de; www.handwerk.via.t-online.de

**Zubehör:** Ja, wat wollen Se denn nu? Alarmanlagen, Auspuffe, Behindertenzusatzgeräte, Bremsen, Elektrik, Gepäckträger, Getriebe, Glas, Heizungen, Klimaanlagen, Kühler, Kupplungen, Lacke, Leder, Motoren, Navigationssysteme, Pflege, Reifen, Reinigung, Restaurierungen, Rostschutz, Schiebedächer, Schilder, Schonbezüge, Sitze, Stoßdämpfer, Tachodesign, Tuning, Turbolader… Könnense allet kriejen. Adressen in den „Hamburger Branchen". Oder doch lieber ein Fahrrad? Mit Snoopyhupe.

- Lentz Fahrzeugtechnik: Ruhrstraße 158, 22761 Hamburg (Bahrenfeld), Telefon 85 60 76, Fax 85 85 09, Mo-Do 8.15–18; Fr 8.15–17 Uhr, Kreditkarten: EC; www.lentz-hamburg.de
- OHM Autovertriebs-GmbH: Osdorfer Landstraße 168, 22549 Hamburg (Osdorf), Telefon 80 20 21, Fax 8 00 26 84, Mo-Fr 8.30–18 Uhr, Kreditkarten: EC; Eurocard; www.ohm-gmbh.de
- Pötter Car HiFi: Goebenstraße 36, 20253 Hamburg (Eppendorf), Telefon 49 85 88, Fax 49 85 50, Mo-Fr 8–17.30 Uhr, Kreditkarten: EC; www.poetter-car-hifi.de
- Wichmann Kommunikation: Eiffestraße 420, 20537 Hamburg (Hamm), Telefon 2 51 52 00, Fax 25 15 20 20, Laden Mo-Fr 8–18.30, Sa 9–13, Werkstatt Mo-Do 8–17, Fr 8–15 Uhr, Kreditkarten: Amex, Visa, Eurocard; EC-Karte www.wichmann-gmbh.de

## Autogenes Training

Auto was? Autogenes Training wird oftmals nicht ernst genommen. Zu Unrecht, hilft es doch gegen Schlafstörungen, Schmerzen und hektische Flecken. Wer auf der Suche nach Entspannung und Konzentration ist, sollte einen Kurs für Autogenes Training an der Hamburger Volkshochschule besuchen. Für zirka 48 Euro werden an 16 Abenden die Grundlagen dieser „konzentrativen Selbstentspannung" gelehrt. Weitere Anlaufstellen vermitteln die Ärztekammer Hamburg und der Fachverband für Deutsche Heilpraktiker.

- Ärztekammer: Humboldtstraße 56, 22083 Hamburg (Barmbek), Telefon 22 80 20, Fax 2 20 99 80, Mo-Do 9–15.30, Fr 9–12 Uhr; www.aerztekammer-hamburg.de
  Beratungstelefon: 22 80 26 50, Mo, Di, Mi 9–12, 14–16, Do 9–13, 14–18, Fr 9–12 Uhr
- Fachverband Deutscher Heilpraktiker: Conventstraße 14, 22089 Hamburg (Eilbek), Telefon 25 75 75, Fax 25 75 76, Mo, Di, Do 10–14 Uhr; www.heilpraktikerhamburg.de
- Hamburger Volkshochschule Stadtbereich Mitte und Zentrale: Schanzenstraße 75–77, 20357 Hamburg (Schanzenviertel), Telefon 4 28 41 27 52, Fax 4 28 41 27 88, Mo, Di, Mi 10–13, Mo, Do 14–18.30 Uhr; www.vhs-hamburg.de

## Autokino

Mit quietschenden Reifen aufs Gelände rauf, den Sixpackvorrat vorher an der Tanke gekauft und die Kippe cool im Mundwinkel. Weitere Verhaltensregeln: Vollbremsung neben einem Opferauto und Ausschau halten – nach Ärger oder Wasserstoffblondinen. So ungefähr müssen Sie sich aufführen, wenn Sie im Autokino nicht auffallen wollen. Auf der Leinwand liefern sich derweil Actionhelden wilde Verfolgungsjagden. Der Rest ist bekannt aus amerikanischen Filmen.

- Autokino Billbrook: Moorfleeter Straße 2, 22113 Hamburg (Billbrook), telefonische Programmansage 7 32 11 11, Sommer: ab 21.30, Winter: ab 20 Uhr; www.autokino-deutschland.de

## Backpackers

Eskimos, Mexikaner, Australier, Dänen, Spanier, Amerikaner, Venezolaner oder Letten – Rucksackreisende (Backpackers) aller Länder bekommen in Hostels auf der ganzen Welt preiswert ein Dach über dem Kopf. Auch in Hamburg: Ob für einen Tag, eine Woche oder länger, Instant sleep und Schanzenstern bieten den Backpackers eine echte Alternative zur Jugendherberge. Die Rezeption von Instant sleep ist von 8 bis 2 Uhr besetzt, es gibt einen Internetzugang, und willige Waschmaschinen warten auf schmutzige Socken. Der Schanzenstern hat zwar rund um die Uhr geöffnet und auch Waschmaschinen, jedoch gibt es keinen Internetanschluss. Die zentrale Lage im Schanzenviertel machen Instant sleep und Schanzenstern nicht nur für Reisende attraktiv, deren Rücken sich unter schweren Säcken krümmen.

- Hotel Schanzenstern: Bartelsstraße 12,
  20357 Hamburg (Sternschanze), Telefon 4 39 84 41,
  Fax 4 39 34 13, 24 Stunden geöffnet;
  www.schanzenstern.de
  Ein- bis Fünfbettzimmern; im Restaurant stehen nur Speisen aus kontrolliert biologischem Anbau auf der Karte; sonntags Brunch
- Instant sleep: Max-Brauer-Allee 277,
  22769 Hamburg (Schanzenviertel),
  Telefon 43 18 23 10, Fax 43 18 23 11, Mo-So 8–2 Uhr,
  Kreditkarten: keine; www.instantsleep.de
  Nur Bares ist Wahres! Instant sleep nimmt nur Cash!

## Badezimmer

„Meine Fresse, wie sehe ich denn wieder aus?" Durch so eine ernüchternde Begegnung mutieren viele zum Morgenmuffel. Dabei würde eine Renovierung des Badezimmers vielleicht schon helfen. Neben abgehängten Spiegeln bieten die Badezimmerausstatter speziell konzipierte Minibäder ab drei Quadratmetern mit raumsparenden Wannen oder raffinierten Lichtflutern an. Für Rollstuhlfahrer heißt das Motto „Bahn frei", für Kinder stehen Janosch-Duschköpfe auf dem Programm. Von Hausbesuch bis Planung und Einbau reicht der Service der Ausstatter. Auch die exklusivsten Wünsche können realisiert werden. Fällt das Deo in die Wanne und hinterlässt Risse in der Keramik, rückt der Badewannen-Doc an. Kurz und schmerzlos bessert er den Schaden aus (ab 120 Euro) oder fertigt gleich eine Acrylwanne (Wanne in Wanne ab 590 Euro). Wem dann noch bunte Handtücher fehlen oder eine neue Seife, der fährt ins Hanseviertel zu Bad & Baden.

- Bad & Baden: Poststraße 36, 20354 Hamburg
  (Innenstadt), Telefon 34 51 13, Fax 34 51 13,
  Mo-Fr 10–20, Sa 10–16 Uhr
  Sechs Filialen in Hamburg; Accessoires rund ums Bad, viele Handtücher und Bademäntel, Bademoden, Natur- und Badekosmetik
- Badewannen-Doc: Klaus-Groth-Straße 11,
  21465 Reinbek, Telefon 7 27 85 04, Fax 7 22 97 30,
  Mo-Do 7.30–16.30, Fr 7.30–13 Uhr;
  www.badewannendoktor.de;
  Hausbesuche, Reparaturen, Beschichtungen, Einsätze, Acrylwannenpolierung
- Bäder Schröder: Grindelallee 37–39,
  20146 Hamburg (Univiertel), Telefon 44 05 25,
  Fax 44 28 68, Mo-Fr 9.30–18, Sa 9.30–14 Uhr,
  Kreditkarten: EC-Karte
  Exklusive Bäder, modern bis klassisch
- Minibäder Dunkelmann: Litzowstraße 17,
  22041 Hamburg (Wandsbek), Telefon 6 52 10 49,
  Fax 6 52 10 40, Mo-Fr 10–13, 13.30–18, Sa 9–13,
  So 11–18 Uhr, Kreditkarten: keine
  Komplette Einrichtung von Badezimmern ab drei Quadratmetern!
- Mückel bäder.contor: Große Elbstraße 68,
  22767 Hamburg (Altona), Telefon 30 62 11 06,
  Fax 30 62 11 08, Mo-Fr 11–20, Sa 11–16 Uhr;
  www.mueckel.de
  Übernahme kompletter Planung und Ausführung aller Handwerksarbeiten; Accessoires
- Sanitär-Discount: Pappelallee 16–18,
  22089 Hamburg (Wandsbek), Telefon 2 00 55 05,
  Fax 2 09 94 96, Mo-Fr 9–18, Sa 9.30–14 Uhr, Kreditkarten: EC; www.sanitaer-discount-hamburg.de
  Handwerkerservice mit Bäder-und Küchenausstellungen

## Badminton

Kommen Sie bloß keinem Badmintonspieler mit dem Begriff Federball – nach dem Motto: Gemütlich ein paar Ballwechsel schlagen und danach in der Sauna Dampf ablassen. Ein Badminton-Match bringt Sie auch ohne Saunagang ins Schwitzen. Einen geeigneten Verein von insgesamt 78 oder ein Badminton Center in Ihrer Nähe nennt der Hamburger Badminton-

Verband. Und im Club Netzwerk gibt es neben Spielfeldern dann doch eine Sauna.

- Hamburger Badminton-Verband:
  Chateauneufstraße 1, 20535 Hamburg (Hamm), Telefon 20 13 00, Fax 20 13 44, Mo-Do 9–13 Uhr; www.hamburg-badminton.de
- Netzwerk: Ohlsdorfer Straße 37a, 22299 Hamburg (Winterhude), Telefon 47 76 77, Fax 47 72 00, Mo-Fr 10–24, Sa 11–20, So 20–21 Uhr, Kreditkarten: EC-Karte; www.netzwerk-hh.de
  Neben einem Abstecher in die American Sports Bar lohnt sich auch der Besuch einer der vielen anderen Netzwerk-Veranstaltungen, etwa den Benefizpartys zu Gunsten von big spender

## Bäckerbreitergang

Hamburg ist eine Kaufmannsstadt. Hier geht man mit der eigenen Geschichte anders um als in Berlin oder München. Totenkult um irgendwelche Dynastien oder Wiederaufbau-Diskussionen sind den Hamburgern ganz und gar wesensfremd. Obwohl die Stadt aussieht, als ob sie erst vor 150 Jahren entstanden wäre, hat sie auch einige Bauten älteren Datums. Zum Beispiel den Bäckerbreitergang. Die Fachwerkhäuser im Bäckerbreitergang gehören zu den letzten Resten des dicht bevölkerten Gängeviertels, das ab dem 17. Jahrhundert als Wohnquartier für Arbeiter und Arme entstand. Die Gänge waren typisch für Hamburgs Alt- und Neustadt. Sie bestanden aus einem Labyrinth dicht bebauter Häuserzeilen, enger Straßen und Hinterhöfe. Für die staatliche Obrigkeit waren die Gänge ein Dorn im Auge, denn sie galten als Brutstätte politischer und sozialer Unruhen. Ende des 19. Jahrhunderts wurden große Teile das Gängeviertel der Stadtsanierung geopfert. Weitere Reste des Viertels haben die Nazis abgerissen, nicht zuletzt, weil die Gänge eine Hochburg der Kommunisten und Sozialdemokraten waren.

- Bäckerbreitergang: 20355 Hamburg (Neustadt)

## Bälle

Der Hanseat hat's gern traditionell, zumindest was das Geschiebe auf dem Parkett angeht. Echte und vermeintliche VIPs etwa auf dem Presseball, alias „Ball Hotel Hamburg“, wie auch dem „Ball über den Wolken“ im Atlantic. Im Hotel Inter-Continental erfreut sich der „Wiener Ball“ großer Beliebtheit. Kostengünstiger kann man das Parkett im Curio-Haus unsicher machen, viele Sportlerbälle, der „Ball der Seefahrer“, der Jazz- und der Tangoball stehen hier zur Auswahl. Nicht zu vergessen sind der traditionelle „Ball Paradox“ oder der Faschingsball im wieder eröffneten Café Keese.

**Bäckerbreitergang: Die Fachwerkhäuser gehören zu den letzten Überresten des Gängeviertels**

Balkonservice: Auch auf wenigen Quadratmetern lässt sich eine grüne Welt zaubern

- Café Keese: Reeperbahn 19–21, 20359 Hamburg (St. Pauli), Telefon 3 19 93 10, Fax 31 99 31 50, Mo-Fr 7–2 Sa, So ab 7 Uhr, Kreditkarten: alle; EC-Karte; www.cafe-keese-hamburg.de Verschiedene Veranstaltungen wie Weinseminare, Tanztee, Lesungen, „Ball Paradox"; Küche mindestens bis 24 Uhr geöffnet
- Curio-Haus: Rothenbaumchaussee 11, 20148 Hamburg (Rotherbaum), Telefon 4 13 34 80, Fax 14 33 48 33, Mo-Fr 12–14.30 und 18–23 Uhr, Sa 18–23 Uhr, Kreditkarten: EC-Karte; Visa, Eurocard; www.curiohaus.de
- Hotel Inter-Continental: Fontenay 10, 20354 Hamburg (Rotherbaum), Telefon 4 14 20, Fax 41 42 22 99; www.interconti.com/germany/hamburg/hotel-hamic.html
- Kempinski Hotel Atlantic: An der Alster 72–79, 20099 Hamburg (St. Georg), Telefon 2 88 80, Fax 24 71 29, Kreditkarten: alle; EC-Karte; www.kempinski.atlantic.de

## Balkonservice

Urlaub auf Balkonien und eine Kiste Astra dazu? Das muss nicht in Tristesse enden. Die begeisterte Pflanzenfee Petra Weinstein kümmert sich um Ihren Balkon, von der Bepflanzung bis hin zur Dekoration. Eine individuelle Anfangsberatung kostet 60 Euro, ab dann kommt es darauf an, was ausgewählt wird.

- Petra Weinstein: Telefon 6 42 51 02, Fax 41 16 79 22, Mo-Fr 20–22, Sa, So 11–21 Uhr; E-Mail: p.weinstein@web.de, Kreditkarten: keine Termine nach Vereinbarung

## Ballett

Das Hamburg Ballett zählt heute dank John Neumeier zu den führenden Ballett-Ensembles der Welt. Es begann im Spätsommer 1973, als August Everding, damaliger Opernleiter, den damals 31-jährigen Amerikaner Neumeier nach Hamburg holte. Mit der Gründung der Ballettwerkstatt ließen die Erfolge nicht lange auf sich warten. 1978 eröffnete Neumeier die Hamburger Ballettschule. Hier werden Jugendliche aus aller Welt im Alter zwischen zehn bis 18 Jahren ausgebildet.
▸ *Tanzen/Ausbildung*

- Ballett Zentrum Hamburg – John Neumeier: Caspar-Voght-Straße 54, 20535 Hamburg (Innenstadt), Telefon 21 11 88 16, Fax 21 11 88 88; www.hamburgballett.de

## Ballonflüge

Haben Sie sich bei ihrem letzten Candle-Light-Dinner zu Tode gelangweilt? Wenn ja, versuchen Sie es doch mal im Heißluftballon. Das Airport Office bietet exklusive Ballonflüge: ein romantisches Dinner in schwindelnder Höhe etwa, zubereitet von Starköchen wie Viehhauser, oder eine Nachtfahrt bei Vollmond. Wem das zu teuer und der einfache Flug schon aufregend genug ist, der sollte bei Taucher-Air buchen. Kein Schnickschnack, dafür aber eine garantierte Flugdauer von mindestens 90 Minuten. Und falls Sie sich selbst nicht trauen sollten, schicken Sie doch einfach bei Ballons über Hamburg Ihre Werbung in den Himmel.

- Airport Office Flughafen Hamburg: Flughafenstraße 1–3, 22335 Hamburg (Fuhlsbüttel), Telefon 50 75 10 10, Fax 50 75 21 49, Mo-So 6–23 Uhr; www.hamairport.de Vermittelt Ballonfahrten, Fallschirmsprünge und Rundflüge mit diversen aufregenden Flugobjekten, etwa dem Wasserflugzeug im Hafen oder einem offenen Doppeldecker
- Ballons über Hamburg: Schrammsweg 25, 20249 Hamburg (Eppendorf), Telefon 48 46 77, Fax 4 80 47 42, Oktober bis April 10–17 Uhr, Mai bis September 9–18 Uhr; E-Mail: BallonHH@aol.com, www.ballons-ueber-hamburg.de

Bereits seit 13 Jahren bieten Ballons über Hamburg Geschenke für Schwindelfreie

- Taucher-Air: Othmarschen-Park/Johann-Mohr-Straße, 22763 Hamburg (Othmarschen), Telefon 38 11 18, Fax 3 89 39 53 (Faxabruf), www.ballonwelt.de
  Taucher-Air garantiert eine private Atmosphäre mit maximal vier Personen in einem Korb

## Bars

▶ *Nightlife*

## Baseball

Das Trikot à la Klinsi leger über der Hose getragen – das kann beim Base- und Softball schon mal einen deftigen Anschiss vom Schiri geben. Das Hemd hat adrett in der Hose zu stecken. Männer schwingen die Keule beim Baseball, Frauen hingegen bevorzugen die Variante mit dem größeren Ball und dem kleineren Spielfeld, was insgesamt zu mehr Schnelligkeit im Spiel führt. Wie rasant es bei den über 600 aktiven Mitgliedern zugeht, können Interessierte in einer der 25 Hamburger Mannschaften selbst ausprobieren. Infos erteilt André Ellhof vom Hamburger Baseball- und Softballverband.

- Hamburger Base- und Softballverband: c/o André Ellhof, Detmerstraße 6, 22305 Hamburg (Barmbek), Telefon 6 92 93 11, Fax 43 20 88 36; www.hbvnet.de
  Ab sechs Jahren; sowohl Bundesligamannschaften als auch lockere gemischte Mannschaften unter anderem im Stadtpark

## Basketball

Nachfolger von Michael „Air" Jordan sollten mindestens 1,86 Meter groß, muskelbepackt und Träger von abgehakten Turnschuhen sein. Wenn sie dazu noch im rücksichtslosen Einsatz den Ball, um alle Hindernisse herum zum Korb dribbeln und damit die Mannschaft zum Erfolg bringen, stehen die Chancen gut für eine Karriere im Hamburger Basketball. Neben zahlreichen anderen Vereinen im Hamburger Basketball Verband zeigen vor allem die Spieler des BC Johanneum mit ihrer Profimannschaft, was mit einem Ball alles möglich ist. Außerdem werden unregelmäßig Streetballturniere in Hamburg ausgerichtet, ob von der Saga oder von Adidas. Termine entnehmen Sie bitte SZENE HAMBURG oder der Tagespresse.

- BC Johanneum: Am Neumarkt 36, 22041 Hamburg, Telefon 65 69 79 50, Fax 65 69 79 99; www.bcj-tigers.de
- Hamburger Basketball Verband: Schäferkampsallee 1, 20357 Hamburg (Eimsbüttel), Telefon 41 90 82 44, Fax 41 90 81 44, Di 16–18, Mi 14–17 Uhr; www.hamburg-basket.de

## Bastelläden

Kaufen kann jeder – selbst machen ist angesagt! Die wichtigsten Depots für Balsaholz und Sekundenkleber:

- Bastelbasar: Hoheluftchaussee 116, 22552 Hamburg (Hoheluft), Telefon 46 49 96, Mo-Fr 8–18, Sa 8–13 Uhr, Kreditkarten: keine
  Farben, Pinsel, Holz, Ton, Draht und Gips – alles, was ein leidenschaftlicher Bastler eben so braucht
- Bastelfreund: Industriestraße 1b, 22869 Hamburg (Schenefeld), Telefon 8 39 18 53, Fax 8 39 18 54, Mo-Fr 10–20, Sa 9.30–16 Uhr, Kreditkarten: EC
  Riesige Auswahl auf 160 Quadratmetern
- Bastelstunde: Haseldorferstraße 130, 22179 Hamburg Telefon 6 41 83 06, Fax 63 64 75 03, Di 14.30–19 Uhr; E-Mail: k.siemt-bastelstunde@t-online.de
  Mo-Do verschiedene Bastelkurse
- Die Druckerei: Schanzenstraße 6, 20357 Hamburg (Schanzenviertel), Telefon 4 39 68 32, Fax 4 30 16 37, Mo-Fr 9.30–18, Sa 10–14 Uhr
- Kreativ Markt: Königsreihe 4, 22041 Hamburg (Wandsbek), Telefon 6 82 90 77, Fax 6 82 90 04, Mo-Fr 9–20, Sa 9–16 Uhr, Kreditkarten: EC-Karte; www.kreativmarkt.com

Baseball: Das Hemd gehört vor dem Keuleschwingen in die Hose

**Bayern: Im Franziskaner wird die blau-weiße Tradition gepflegt, zünftig mit Bier und Brotzeit**

Der Kultshop für Bastler. Auf mehr als 2700 Quadratmetern gibt es in drei Filialen wirklich alles, was das Künstlerherz begehrt. Zum Beispiel das größte Papiersortiment Deutschlands mit über 500 verschiedenen Sorten

## Baumärkte

Familienausflug in die weiten Flure der Baumarkthallen. Oma bekommt den Spiegelschrank, Mutti die Dekoleiste für die Küche, Klein-Joschka klemmt sich die Wasserpistole untern Arm, und Papa nimmt den Rest. Draußen steht der Kombi, der alle Zutaten zum Bau des Eigenheims ins Grüne transportiert. Nach dem Auspacken fehlt der Akkubohrer – also noch mal zurück. Kost' ja fast nix.

- Bauhaus: Telefon 08 00/3 90 50 00, Mo-Fr 9–18 Uhr, www.bauhaus-ag.de
  Die kostenlose Hotline gibt Ihnen Auskunft über die Adressen der sechs Filialen in Hamburg
- EGN Baumarkt: Max-Brauer-Allee 179, 22765 Hamburg (Altona), Telefon 4 39 30 34, Fax 4 32 20 39, Mo-Fr 8–20, Sa 8–16 Uhr, Kreditkarten: EC-Karte
  Kleiner Baumarkt mit viel Service
- Lüchau Bauzentrum: Rissener Straße 142, 22880 Wedel, Telefon 0 41 03/8 00 90, Fax 0 41 03/1 60 88, Mo-Fr 8–18, Sa 8–14 Uhr, Kreditkarten: EC; www.luechau-bauzentrum.de
  viermal in und um Hamburg
- Max Bahr: Wandsbeker Zollstraße 91, 22041 Hamburg (Wandsbek), Telefon 65 66 60, Fax 65 68 77 19, Mo-Fr 9–18 Uhr, Kreditkarten: EC-Karte; www.maxbahr.de
  13 Filialen
- Obi: Großmoordamm 98, 21079 Hamburg (Harburg), Telefon 7 66 16 70, Fax 76 61 67 91, Mo-Fr 7–20, Sa 7–16 Uhr, Kreditkarten: EC-Karte; ww.obi.de
  Zentralruf: 0 21 96/76 01; insgesamt fünf Filialen
- Praktiker: Hörgensweg 6, 22523 Hamburg (Eidelstedt), Telefon 5 71 98 20, Fax 5 71 98 28 88, Mo-Fr 8–20, Sa 8–16 Uhr, Kreditkarten: EC-Karte; www.praktiker.de
- Toom Baumarkt: Bargteheider Straße 83–87, 22143 Hamburg (Rahlstedt), Telefon 64 87 10, Fax 6 48 71 10, Mo-Fr 8–20, Sa 8–16 Uhr, Kreditkarten: alle; EC; www.toom-baumarkt.de
  Drei Filialen

## Bayern

Franz Josef Strauß ist nun schon viele Jahre tot. Aber immerhin gibt es noch den Schnaderlhüpfer – echtes urbayerisches Liedgut. Doch pflegen nur noch zwei Vereine in Hamburg die weiß-blaue Tradition: Der 1908 gegründete traditionsbewusste Gebirgstrachten-

verein Edelweiß mobilisiert leider nur noch sage und schreibe 30 Mitglieder, die sich zweimal im Monat treffen – zum Ratschen, Weißwurscht-Essen, Musizieren und Tanzen, so gut es noch geht. Miesbacher Tracht oder Dirndl sind hier Pflicht. Beim Verein der Bayern geht's etwas legerer zu. Doch einmal im Monat haben auch sie Hummeln im Hintern und gehen wandern …

- Gebirgstrachtenverein Edelweiß: Korachstraße 4c, 21131 Hamburg (Bergedorf), Telefon 7 38 57 73
  Jeden zweiten und vierten Fr Treffen im Gemeindesaal der St. Theresiengemeinde Altona, Dohrnweg 8
- Verein der Bayern: Telefon 01 73/8 54 57 61, Herr Kriebel; www.verein-der-bayern-in-hamburg.de
  Wer Bayern live erleben möchte, kann dies bei ihrem wöchentlichen Treffen im Franziskaner in den Colonnaden – bayrisches Blut bevorzugt!

## Beachvolleyball

▶ *Volleyball*

## Behinderte

Körperlich oder geistig behindert zu sein heißt, eine Reihe von Handicaps in Kauf zu nehmen und dabei die gute Laune zu bewahren. Um den Alltag leichter bewältigen zu können, helfen Behörden, Verbände und Selbsthilfegruppen. Immer mit im Gepäck sollte das Infobuch von der Hamburger Landesarbeitsgemeinschaft für Behinderte sein, das über die wichtigsten Lebensbereiche Auskunft gibt.

- Arbeitsamt: Kurt-Schumacher-Allee 16, 20097 Hamburg (Hammerbrook), Telefon 24 85 11 30, Termine nach Vereinbarung
  Ab 1. 9. 2002 gibt's in jedem Arbeitsamt eine Reha-Beratungsstelle, die Jobs vermittelt
- Behinderten- und Rehabilitationssport Verband Hamburg e. V.: Schäferkampsallee 1, 20357 Hamburg (Eimsbüttel), Telefon 85 99 33, Fax 8 51 21 24, Mo 13–16, Di-Do 10–13 Uhr, www.behindertensport.de
  Das Angebot der einzelnen Vereine reicht von Rollstuhlbasketball bis hin zu Krebs-Nachsorge-Gruppen. Über 400 Sportgruppen findet man in der kostenlosen Info-Broschüre
- Beratungs- und Unterstützungs-Zentrum für körper- und sinnesbehinderte Jugendliche und junge Erwachsene beim Übergang in Ausbildung und Beruf (BUZ): Carl-Cohn-Straße 2, 22297 Hamburg (Alsterdorf), Telefon 4 28 88 07 01, Fax 4 28 88 07 22, Mo-Fr 8–12 Uhr
  Informiert und unterstützt Betriebe; Ziel ist es, eine dauerhafte Integration für Betroffene auf dem Arbeitsmarkt zu erreichen
- Blinden- und Sehbehindertenverein Hamburg e. V.: Holsteinischer Kamp 26, 22081 Hamburg (Barmbek), Telefon 2 09 40 40, Fax 20 94 04 30, Di 9–19 Uhr; E-Mail: bsv-hamburg@t-online.de, www.bsvh.org
  Jeden Dienstag können hier Hilfsmittel probiert werden
- Gebrüder Stambula OHG Behindertenfahrdienste: Marschnerstraße 6, 22081 Hamburg (Barmbek), Telefon 20 00 11 22 , Fax 20 00 11 25, Mo-Fr 6–21, Sa 6–13 und 16.30–19.30 Uhr
- Hamburger Landesarbeitsgemeinschaft für Behinderte e. V.: Richardstraße 45, 22081 Hamburg (Barmbek), Telefon 29 99 56 66, Fax 29 36 01; www.lagh-hamburg.de
  Schulungs-und Trainingsprogramm für mobilitätseingeschränkte Menschen. Hier erhältlich: der Stadtplan für Rollstuhlfahrer, der über behindertengerechte Zugänge zu Bussen und Bahnen, Ämtern, Verwaltungen und Dienstleistungen aufklärt.
- Künstlerisches Therapeutikum Hamburg e. V.: Alfredstraße 37, 20535 Hamburg (Borgfelde), Telefon 25 69 69, Fax 2 51 25 63, Mo-Fr 9–13 Uhr; www.kuenstlerisches-therapeutikum.de
  Betreut behinderte Kinder in einer anthroposophisch ausgerichteten Kindertagesstätte, veranstaltet Elternseminare und Therapien; angeschlossene Naturheilpraxis
- Schulinformationszentrum: Hamburger Straße 35, 22083 Hamburg (Barmbek), Telefon 4 28 63 19 30, Mo-Mi 9–17, Do 10–18, Fr 9–13 Uhr
  Kennt die Adressen aller Hamburger Sonderschulen und informiert über Integrationsklassen
- Therapeutisches Reitzentrum: Hegenredder 34, 22117 Hamburg (Billstedt-Öjendorf), Telefon 7 12 05 56, Fax 7 12 05 56
  Hippotherapie für neurologische und heilpädagogische Behandlungen oder Behindertensport; keine festen Öffnungszeiten

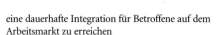

## Behörden

Behörden stehen wirklich nicht im Ruf, serviceorientiert zu sein. Doch es gibt sie, die Hilfe durch den Behördendschungel: Machen Sie sich schlau im Internet unter www.hamburg.de und www.dibis.dufa.de oder besorgen Sie sich das „Hamburg Handbuch", in dem alle Namen, Telefonnummern und Adressen der Hamburger Behörden zu finden sind. Es liegt kostenlos in allen Orts- und Bezirksämtern sowie öffentlichen Bücherhallen und großen Post- und Haspa-Filialen aus.

- Bürgerbüro: Poststraße 11, 20038 Hamburg (Innenstadt), Telefon 4 28 31 24 11, Fax 4 28 31 28 25, Mo-Fr 8.30–12, Fr 13.30–18 Uhr; E-Mail: buergerbuero@sk.hamburg.de
- Kommunales Call Center: (Harburg), Telefon 4 28 74 74, Mo-Fr 8–18 Uhr Gibt bereitwillig Auskunft bei Fragen zu Behörden und nennt die Adressen von öffentlichen Beratungsstellen und kulturellen Einrichtungen

## Benimmschulen

Begrüßt man beim Geschäftsessen erst den Chef oder doch dessen Frau? Ist ein Handkuss *comme il faut* oder megaout? Und wie bedient man eine Schneckenzange? Frau Montag weiß es und zeigt es allen, die nach allen Regeln Knigge'scher Kunst im Gesellschaftsleben bestehen wollen. Ein vier- bis fünfstündiges Abendseminar mit zehn bis 15 Schülern kostet etwa 150 Euro und beinhaltet ein mehrgängiges Menü. Eine Investition, die sich lohnt: Hamburgs gehobene Gastro-Szene erwartet Sie!

- Marianne Montag: Ginsterweg 34, 59425 Unna, Telefon 0 23 03/49 05 04, Fax 0 23 03/49 05 05; www.marianne-montag.de Veranstaltet Kurse auf dem Gut Basthorst

## Berufsberatung

Den richtigen Job zu finden ist auch ein Beruf. Nicht jeder weiß von Kindesbeinen an, dass er einmal Feuerwehrmann werden wird. Außerdem wird in Zukunft kaum jemand sein Leben lang in nur einem Job bleiben. Umso wichtiger sind Informationen. Die bekommt man etwa im Berufsinformationszentrum (BIZ) in Form von Film, Infoblatt oder Kassette. Wer sich über die Richtung der beruflichen Laufbahn nicht im Klaren ist oder eine Umschulung anstrebt, sollte sich außerdem mit seinem zuständigen Arbeitsamt zusammensetzen, Adressen der Arbeitsämter unter
▶ *Arbeitslosigkeit/Arbeitsvermittlung*

- BIZ: Kurt-Schumacher-Allee 16, 20097 Hamburg (Hammerbrook), Telefon 24 85 20 99, Fax 24 85 23 33, Mo, Di 8.30–17, Mi, Fr 8.30–12.30, Do 8.30–18 Uhr
- Hochschulteam des Arbeitsamtes: Nagelsweg 9, 20097 Hamburg (Hammerbrook), Telefon 24 85 22 33, Fax 24 85 20 10, Mo, Di 9–16, Do 10–18 Uhr; E-Mail: Hamburg@arbeitsamt.de, www.arbeitsamt.de

## Beschweren Sie sich!

Na los doch. In der Cornflakes-Packung waren schon wieder zehn Gramm weniger als angegeben, oder Ihnen ist der falsche Zahn gezogen worden? Schlucken Sie ihn und Ihre Wut nicht einfach herunter. Wer sich beschwert, ist noch lange kein notorischer Meckerpott. In Hamburg gibt es Einrichtungen für fast jede Art von – sagen wir mal – Verbraucherfragen:

- Ärztekammer: Humboldtstraße 56, 22083 Hamburg (Barmbek), Telefon 22 80 20, Fax 2 20 99 80, Mo-Do 9–15.30, Fr 9–12 Uhr; www.aerztekammer-hamburg.de
- Bürgerbüro: Poststraße 11, 20038 Hamburg (Innenstadt), Telefon 4 28 31 24 11, Fax 4 28 31 28 25, Mo-Fr 8.30–12, Fr 13.30–18 Uhr; E-Mail: buergerbuero@sk.hamburg.de
- Eichdirektion: Nordkanalstraße 50, 20097 Hamburg (Hammerbrook), Telefon 4 28 54 27 94, Fax 4 28 54 26 84, Mo-Do 8–15.30, Fr 8–14.30 Uhr; E-Mail: eichdirektion@wb.hamburg.de
- Fluglärmschutzbeauftragte der Behörde für Umwelt und Gesundheit (BUG): Flughafen Hamburg/Gebäude 369, 22335 Hamburg (Fuhlsbüttel), Telefon 50 75 23 48, Fax 50 75 23 49, Mo-Fr 8–16 Uhr; www.fluglaerm-hh.de
- Umwelttelefon im Informationszentrum für Umwelt und Entsorgung: Hermannstraße 14, 20095 Hamburg (Innenstadt), Telefon 34 35 36, Fax 4 28 86 42 10, Mo-Do 9–16, Fr 9–14 Uhr; E-Mail: umwelttelefon@bug.hamburg.de, www.hamburg.de Persönliche Beratungen für Heim und Garten zu folgenden Zeiten: Mo-Fr 10–18 Uhr
- Verbraucher-Zentrale Hamburger e. V.: Kirchenallee 22, 20099 Hamburg (St. Georg), Telefon 24 83 20, Fax 24 82 32 90, Mo-Do 10–18, Fr 10–14 Uhr; www.vzhh.de

## Bestattungen

Der Ägypter Tutenchamun nahm seinen gesamten Hausrat mit in die goldene Grabkammer. Allein die hohen Beerdigungskosten lassen jedoch selten derartige Eskapaden zu. Spleenige Bestattungswünsche werden dennoch erfüllt, ob bunte Designersärge und Dixielandmusik oder Rolex und Tagebuch als Beigabe, je nach Friedhofsordnung ist so einiges möglich. Für gewöhnlich sind Grabbeigaben jedoch eher unerwünscht, entsprechen sie doch meist nicht den Umweltvorschriften. Neben Erd- und Feuerbestattungen sind in der Hafenstadt natürlich Seebestattungen populär. Nach dem Motto „Alles Leben kommt aus dem Wasser und geht dahin wieder zurück“ wird die Asche in Urnen aus ökologischem Seetanggemisch auf hoher See ins Meer gestreut. Die Angehörigen erhalten

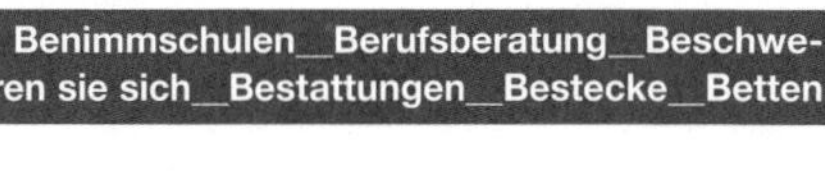


Betten: „Sierra Nova" heißt diese Liegestatt, stammt von Aquacom und schaukelt sanft

einen Logbuchauszug und eine Seekarte mit der genauen Position. Es können auch Wunschpositionen, wie etwa die der gesunkenen Titanic, angesteuert werden. Immer beliebter werden Wunschpositionen von Urlaubszielen der Verstorbenen, etwa Mallorca oder Fuerteventura. Die Kosten für Seebestattungen sind wesentlich niedriger als für Erdbestattungen (ab 775 Euro), da die Grabpflege entfällt. Bei anonymen Erdbestattungen fällt nur die Platzmiete an. Kosten für Grabpflege entstehen nicht.

- Bund freier Bestatter: Telefon 02 01/68 73 95
- Erste Deutsche und Hamburgische Reederei für Seebestattung GmbH: An der Alster 11, 20099 Hamburg (St. Georg), Telefon 2 80 20 80, Fax 2 80 30 03, Mo-Fr 9–17 Uhr; www.internationale-seebestattungen.de
- Landesfachverband Bestattungsgewerbe Hamburg e. V.: Rantzaustraße 1, 22041 Hamburg (Wandsbek), Telefon 6 52 36 58
  Zirka 125 Mitglieds-Bestatter in Hamburg

## Bestecke

Tischlein, deck dich! Ist Ihr Essbesteck-Sortiment aus Vorkriegszeiten oder hat ein natürlicher Schwundprozess stattgefunden, ist es an der Zeit für eine Neuanschaffung. Bunte und meist preisgünstige Varianten gibt's in zahlreichen Einrichtungshäusern (▶ *Möbel*). Wer lieber vom Silberlöffel speist, kauft am besten im Fachhandel.

- Porzellanhaus Lenffer & Sohn KG: Großer Burstah 31, 20457 Hamburg (Innenstadt), Telefon 3 69 82 20, Fax 36 98 22 22, Mo-Fr 10–19, Sa 10–16 Uhr, Kreditkarten: alle; EC-Karte
  Ein Besteckparadies auf 200 Quadratmetern: Edelstahl-Mattbestecke von Pott, WMF, Wilkens oder Alessi, Silbermodelle klassisch präsentiert, R&B oder Christofle im Jugendstil, außerdem Acrylbestecke. Günstige, farbige Sorten gibt's von Villeroy & Boch, WMF und Skof
- Robbe & Berking: Jungfernstieg 22–25, 20354 Hamburg (Innenstadt), Telefon 34 55 82, Fax 3 58 98 79, Mo-Fr 10–19, Sa 10–16 Uhr, Kreditkarten: alle; EC-Karte; www.robbeberking.de
  Verkauf von Tafelgeräten sowie Tafelbestecken aus Sterlingsilber oder schlicht versilbert

## Betten

Den Großteil unserer Zeit auf Erden verbringen wir schlafend, und die restliche Zeit kann nur fröhlich verlebt werden, wenn der Schlaf wohltuend und tief war. Kein Wunder also, dass es allerlei Fetischisten auf diesem Gebiet gibt. Die einen schwören auf harte, kernige Futonmatratzen, andere fühlen sich nur im Gewabbel eines Wasserbettes wohl, das auch noch wärmereguliert werden kann. Für manche ist biologisch schonende Verarbeitung das A und O, schließlich will man nicht unfreiwillig in der eigenen Schlafstätte Lösungsmittel schnüffeln. Mit dem Bett allein ist es jedoch nicht immer getan, die Bettwäsche ist Wohlfühlfaktor Nummer zwei. Wasseradern müssen Sie selbst suchen, die besten Fachhändler nennen wir Ihnen.

- A–Z Matratzenparadies: Große Bergstraße 145–147, 22767 Hamburg (Altona), Telefon 38 12 68, Mo-Fr 10–19, Sa 10–16 Uhr, Kreditkarten: EC-Karte
  Wie der Name schon sagt
- Aquacom Wasserbetten: Große Bleichen 31, 20354 Hamburg (Innenstadt), Telefon 35 14 02, Fax 35 14 69, Mo-Mi 10–19, Do, Fr 10–20, Sa 10–16 Uhr, Kreditkarten: alle; EC-Karte; www.aquacom-wasserbetten.de
  Der Schwerpunkt liegt auf $H_2O$, auch mit eingebauter Musikanlage, Bettgestelle vom italienischen Eisenbett bis zum Bambusmodell aus Java, Bettwäsche in knalligen Farben
- Bettenhaus Bürger: Eppendorfer Baum 31, 20249 Hamburg (Eppendorf), Telefon 46 33 80, Fax 46 37 60, Mo-Fr 9–19, Sa 9–15 Uhr, Kreditkarten: EC-Karte
  Größte Auswahl Hamburgs rund ums Bett, auch in Sondergrößen und für Allergiker, größte Bettwäscheauswahl, Frottierwaren und Bademäntel
- Better Times: Schulterblatt 104, 20357 Hamburg (Schanzenviertel), Telefon 4 39 87 73, Mo-Fr 10–19,

Sa 10–16 Uhr, Kreditkarten: EC; Eurocard; www.bettertimes.de
Das Motto lautet: „Gesund schlafen" mit Naturkautschuk-Matratzen, Holz- und Metallbetten, Betten aus eigener Produktion; außerdem witzige Wohnaccessoires

- Der Bettwäscheladen:
Sierichstraße 38, 22301 Hamburg (Winterhude), Telefon 2 79 07 24, Fax 27 82 47 20, Mo-Fr 10–13 und 14–18, Sa 10–13.30 Uhr und nach Vereinbarung, Kreditkarten: EC-Karte
Großes Angebot an Bettwäsche in edlen Qualitäten; alle Sondermaße und -wünsche werden erfüllt, Daunen- oder Tagesdecken werden auch in Übergrößen geliefert
- Die Wohnkultur: Eimsbütteler Chaussee 57, 20259 Hamburg (Eimsbüttel), Telefon 43 25 26 90, Fax 43 25 26 91, Mo-Fr 10–19, Sa 10–16 Uhr, Kreditkarten: EC-Karte
Metallfreie Betten aus Buche, Erle, Kirsche oder – noch exklusiver – Nussbaum, werden entweder mit ökologischem Ölwachs oder roh für den Selbstanstrich angeboten. Außerdem werden Kindermöbel angeboten; alle Holzprodukte aus nachhaltiger Forstwirtschaft
- Futonia: Stresemannstraße 232–238, 22769 Hamburg (Altona), Telefon 6 75 03 70, Fax 67 50 37 29, Mo-Fr 10–20, Sa 10–16 Uhr, Kreditkarten: EC; www.futonia.de
Nicht nur Futons, sondern auch Biomöbel für die ganze Wohnung aus Bambus, Buche, Erle oder Kirsche; außerdem Bettwäsche
- Holzconnection: Holstenstraße 160, 22765 Hamburg (Altona), Telefon 38 22 99, Fax 38 59 42, Mo-Fr 11–19, Sa 10–14 Uhr, Kreditkarten: EC-Karte; www.holzconnection.de
Bietet überwiegend Massivholzbetten aus Buche und Erle an, aber auch Futons und andere Matratzen. Außerdem Regale nach Maß in allen Kombinationen, Kleiderschränke und Bücherkästen mit Glashebetüren aus Buche, Erle oder Kiefer
- König: Halbenkamp 1, 22305 Hamburg (Barmbek), Telefon 23 15 76, Fax 2 36 95 89, Mo-Fr 11–18, Sa 10–14 Uhr und nach Rücksprache, Kreditkarten: EC; www.koenig-wohnen.de
Massivholzbetten aus Buche, Erle, Kiefer von Kinderbetten bis zu Extragrößen. Kombination diverser Extras wie Schubladen, Nachttische oder besondere Kopfteile
- Matratzen Concord: Holstenstraße 73, 22767 Hamburg (Altona), Telefon 4 30 48 19, Fax 4 30 48 19, Mo-Fr 10–19, Sa 9.30–14 Uhr, Kreditkarten: EC-Karte; www.matratzen-concord.de
Matratzen aller Art und Größe; insgesamt 13 Filialen in Hamburg
- Mein Lädchen: Hegestraße 29, 20249 Hamburg (Eppendorf), Telefon 47 41 04, Fax 47 41 14, Mo-Fr 10–18.30, Sa 10.30–16 Uhr, Kreditkarten: alle; EC
Bett- und Tischwäsche nach Maß, internationale Hersteller (Italien, Frankreich, Schweiz), viele Angebote; Home Wear
- Regale Bettenstudio GmbH: Hamburger Straße 207, 22083 Hamburg (Barmbek), Telefon 29 13 09, Fax 2 98 61 89, Mo-Fr 9–19, Sa 9–16 Uhr, Kreditkarten: alle; EC-Karte; www.regalecenter.de
Schubladen-Kombi-Betten aus massivem Kiefernholz, Erle und Buche, Wasserbetten und mit Rosshaar, ökologischer Baumwolle und Schurwolle verarbeitete Naturmatratzen
- Traumstation: Gertrudenstraße 3, 20095 Hamburg (Innenstadt), Telefon 32 25 36, Fax 32 25 47, Mo-Fr 10–19, Sa 10–16 Uhr, Kreditkarten: Diners; www.traumstation.de
Matratzentestplatz für die Anfertigung einer „maßgeschneiderten" und schadstoffgeprüften Latexmatratze.Vollholzbetten mit natürlichen Oberflächen. Sofas, Schränke für den Wohn- und Schlafbereich sowie ergonomische Sitzmöbel

## Bezirksämter

Ihr Personalausweis ist abgelaufen, oder Sie wollen ein Zeugnis beglaubigen lassen? Dann müssen Sie wohl oder übel das Bezirksamt aufsuchen. Passen Sie nur auf, dass Sie nicht vor verschlossener Tür stehen. Denn selbst intern haben Bezirksämter zum Teil unterschiedliche Öffnungszeiten. Rufen Sie also lieber vorher an. Übrigens: Wenn Sie einen neuen Führerschein brauchen, müssen Sie nicht mehr zum Ausschläger Weg. Suchen Sie einfach ein Kundenzentrum in Ihrer Nähe auf.

- Bezirksamt Altona: Platz der Republik 1, 22765 Hamburg (Altona), Telefon 4 28 11 01, Fax 4 28 11 28 21,
- Bezirksamt Bergedorf: Wentorfer Straße 38, 21029 Hamburg (Bergedorf), Telefon 4 28 91 20 02, Fax 4 28 91 30 60;
E-Mail: bezirksamtsleitung@bergedorf.hamburg.de
- Bezirksamt Eimsbüttel: Grindelberg 62–66, 20139 Hamburg (Eimsbüttel), Telefon 42 80 10, Fax 4 28 01 34 99
- Bezirksamt Hamburg-Mitte: Klosterwall 8, 20095 Hamburg (Hammerbrook), Telefon 42 85 40, Fax 4 28 54 45 40
- Bezirksamt Hamburg-Nord: Kümmellstraße 5–7, 20249 Hamburg (Eppendorf), Telefon 42 80 40, Fax 4 28 04 27 31
- Bezirksamt Harburg: Harburger Rathausplatz 1, 21073 Hamburg (Harburg), Telefon 42 87 10, Fax 4 28 71 25 38

- Bezirksamt Wandsbek: Schloßstraße 60, 22041 Hamburg (Wandsbek), Telefon 42 88 10, Fax 4 28 81 20 23
- Kundenzentrum Altona: Ottensener Marktplatz 10, 22765 Hamburg (Ottensen), Telefon 4 28 11 36 36, Fax 4 28 11 33 22, Mo, Di 7–16, Mi 8–13, Do 8–18 Uhr; E-Mail: einwohneramt@altona.hamburg.de
- Kundenzentrum Fuhlsbüttel: Hummelsbütteler Landstraße 46, 22335 Hamburg (Fuhlsbüttel), Telefon 4 28 04 42 22, Fax 4 28 04 41 62, Mo 8–13, Di 8–16, Do 8–19, Fr 8–12 Uhr; E-Mail: Einwohneramt.Fuhlsbüttel@ hamburg-nord.hamburg.de
- Kundenzentrum Hamburg-Mitte: Steinstraße 1, 20095 Hamburg (Innenstadt), Telefon 4 28 54 54 54, Fax 4 28 54 54 55, Mo 8–18, Di 7–13, Mi 8–16, Do 8–19, Fr 8–13 Uhr; E-Mail: Einwohneramt.Kundenzentrum-mitte@ hamburg-mitte.hamburg.de,
- Kundenzentrum Hamburg-Nord: Lenhartzstraße 28, 20249 Hamburg (Eppendorf), Telefon 4 28 04 20 00, Fax 4 28 04 29 90, Mo 8–14, Di 8–16, Mi 7–14, Do 8–19 Uhr; E-Mail: BA-Nord.Einwohneramt@ hamburg-nord.hamburg.de
- Kundenzentrum St. Pauli: Simon-von-Utrecht-Straße 4a, 20359 Hamburg (St. Pauli), Telefon 4 28 54 79 99, Fax 4 28 54 79 19, Mo 8–16, Di 7–12, Mi, Fr 8–12, Do 8–18 Uhr; E-Mail: Einwohneramt.Kundezentrum.St.Pauli@ hamburg-mitte.hamburg.de
- Kundenzentrum Wandsbek: Schloßstraße 60, 22041 Hamburg (Wandsbek), Telefon 4 28 81 27 68, Fax 4 28 81 27 44, Mo, Mi, Fr 7.30–13, Di 7.30–16, Do 10–18 Uhr; E-Mail: KundenzentrumWandsbek@ Wandsbek.hamburg.de

## Bibliotheken

Hamburger Bibliotheken sind vielzählig und bieten ein reichhaltiges Programm. Wenn auch das Angebot an öffentlichen Bücherhallen unter dem Haushaltsloch der letzten Jahre erheblich leiden musste, sind sie noch längst nicht eingestaubt:

- Centralbibliothek für Blinde und Norddeutsche Blindenbücherei: Herbert-Weichmann-Straße 44–46, 22085 Hamburg (Uhlenhorst), Telefon 2 27 28 60, Fax 22 72 86 20, Mo-Do 8–16 Uhr; www.blindenbuecherei.de
  Große Auswahl, sowohl in der Punktschrift-, als auch in der Hörbücherei. Zusendung erfolgt kostenlos nach telefonischer Bestellung
- Commerzbibliothek: Adolphsplatz 1, 20457 Hamburg (Innenstadt), Telefon 36 13 83 73, Mo, Di, Fr 10–15, Do 10–19 Uhr
  Literatur zu den Wirtschafts- und Sozialwissenschaften und zu Handels-, Steuer- und Wirtschaftsrecht
- Film- und Videobibliothek: Friedensallee 9, 22765 Hamburg (Altona), Telefon 3 90 88 71, Fax 3 90 39 99, Mo, Di, Mi, Fr 12–18, Do 12–18 Uhr; www.buecherhallen.hamburg.de
  Neben Videokassetten, DVDs und CD-ROMs auch Literatur zum Thema Film
- Hamburger Öffentliche Bücherhalle (HÖB): Zentralbibliothek Große Bleichen 23–27, 20354 Hamburg (Innenstadt), Telefon 42 60 62 15, Fax 42 60 62 16, Di-Fr 11–19, Sa 10–13 Uhr; E-Mail: zentralbibliothek@ buecherhallen.hamburg.de, www.buecherhallen.de
  Betreibt 48 Filialen im Stadtgebiet, inklusive dreier fahrbarer Bibliotheken; eine Filiale nur mit Kinderbüchern in Altona
- Hans-Bredow-Institut: Heimhuder Straße 21, 20146 Hamburg (Innenstadt), Telefon 45 02 17 0, Fax 45 02 17 77, Mo 10–14, Di 10–19, Mi, Do 10–17, Fr 10–14 Uhr; www.hans-bredow-institut.de
  Medienforschung
- HWWA-Institut für Wirtschaftsforschung:

Neuer Jungfernstieg 21, 20347 Hamburg (Innenstadt), Telefon 42 83 40, Fax 42 83 44 51, Mo 9–15, Di-Fr 9–19 Uhr; www.hwwa.de
Bietet fast alles über Ökonomie und Finanzen

- Institut für Allgemeine Überseeforschung: Neuer Jungfernstieg 21, 20354 Hamburg (Innenstadt), Telefon 42 82 55 93, Fax 42 82 55 47; E-Mail: duei@duei.de, www.duei.de
- Kupferstich-Kabinett-Bibliothek: Glockengießerwall 1, 20095 Hamburg (Innenstadt), Telefon 4 28 54 26 16, Fax 4 28 54 24 82, Di-Sa 11–17 Uhr; www.hamburger-kunsthalle.de
  Neben der Kunst des 20. und Grafik des 14. und 15. Jahrhunderts Sammlungen und 154 000 Bücher aus dem Bereich Kunstgeschichte sowie Kataloge
- Musikbibliothek: Große Bleichen 23–27, 20354 Hamburg (Innenstadt), Telefon 42 60 62 10, Fax 42 60 62 16, Di-Fr 11–19, Sa 10–12 Uhr; E-Mail: musikbibliothek@buecherhallen.hamburg.de, www.buecherhallen.de
  65 000 Notenausgaben, 15 000 CDs, CD-ROMs sowie 20 000 Bücher ausschließlich aus dem Bereich Musik
- Staats-und Universitätsbibliothek Carl von Ossietzky: Von-Melle-Park 3, 20146 Hamburg (Univiertel), Telefon 4 28 38 22 33, Fax 4 28 38 33 52, Mo-Fr 9–21, Sa 10–13 Uhr; E-Mail: auskunft@sub.uni-hamburg.de, www.sub.uni-hamburg.de
  Bücherausgabe: Mo-Fr 10–18, Sa 10–13 Uhr; Selbstausleihbereich Mo-Fr 10–18 Uhr; größte wissenschaftliche Allgemeinbibliothek in und um Hamburg, 3 Millionen Bände aus fast allen Bereichen
- Zentrum für Theaterforschung: Von-Melle-Park 3, 20146 Hamburg (Univiertel), Telefon 4 28 38 48 26, Mo 13–16, Di 13–18, Mi, Do 10–16, Fr 8–13 Uhr; E-Mail: theaterbib@uni-hamburg.de
  Texte, Rezensionen und Musik aus dem Bereich Theater

## Bildagenturen

Die Titelfotos der Zeitschriften empfinden Sie oft als unpassend und nichts sagend? Holen Sie die alte Leika vom Boden, und machen Sie es besser. Ob die Fotos zu gebrauchen sind, wird das Team von plainpicture entscheiden, die sind immer auf der Suche nach gutem Bildmaterial – auch von Hobbyfotografen. Bilderberg dagegen arbeitet ausschließlich mit Profis. Auf der Suche nach einem perfekten Foto für die Vereinszeitschrift ruft man am besten beide an. Aber: Das Foto gibt es sicher nicht als Vereinsspende!

- Bilderberg GmbH: Schulterblatt 120, 20357 Hamburg (Schanzenviertel), Telefon 4 32 84 40, Fax 4 20 78 76; www.bilderberg.de
  1983 von Fotografen gegründet; nehmen internationale Fotografen und ihre Bilder auf und vermarkten sie durch weitere Filialen weltweit
- plainpicture: Bellealliancestraße 39, 20259 Hamburg (Eimsbüttel) Telefon 43 18 30 83, Fax 43 18 30 84, Mo-Fr 10–18 Uhr; www.plainpicture.de
  Online-Bildagentur. Machen nur Werbung mit Fotos aus dem wirklichen Leben, nicht aus dem Atelier; arbeiten auch mit Semiprofis; Bestellung und Kauf von Bildern nur online

## Bilderrahmen

Sobald sie das teure Stück umfassen, fallen sie nicht mehr auf, jedenfalls wenn sie gut gewählt sind. Denn ein Rahmen muss zu seinem Bild passen und umgekehrt

- Besch-Atelier Inh. Gabriele Mikonauschke: Theodorstraße 41h, 22761 Hamburg (Bahrenfeld), Telefon 89 29 32, nach Terminabsprache; www.besch-atelier.de
  Restaurierung und Reinigung von antiken Bilder- und Spiegelrahmen und Gemälden; Anfertigung von Ornamenten
- Bilderrahmen Anton Rötger: Pinneberger Weg 22–24, 20257 Hamburg (Eimsbüttel), Telefon 8 50 85 12, Fax 8 50 18 30, Mo-Fr 9–17 Uhr, Kreditkarten: keine
  Anfertigung handgearbeiteter, vergoldeter Rahmen in verschiedenen Stilrichtungen
- Blickpunkt: Lilienstraße 3, 20095 Hamburg (Altstadt), Telefon 32 68 29, Fax 30 08 79 46, Mo-Fr 10–18, Sa 10–13 Uhr, Kreditkarten: EC; www.blickpunkt-bilderrahmen.de
  Über 4000 Musterleisten in vielen verschiedenen Formen, Größen und Farben, die individuell angefertigt werden können. Wie wär's zum Beispiel mit einem goldenen Schnörkelrahmen im Barockstil für den röhrenden Hirsch?
- Galerie Palme: Marktstraße 133, 20357 Hamburg (Karolinenviertel), Telefon 43 53 85, Mo-Fr 14–18, Sa 10–14 Uhr, Kreditkarten: keine; Spezialist für Wechselrahmen aus Holz oder Aluminium in allen Farben und Formen zu günstigen Preisen
- Huelsmann F.K.A: Hohe Bleichen 15, 20354 Hamburg (Innenstadt), Telefon 34 20 17, Mo-Fr 10–18, Sa 10–14 Uhr, Kreditkarten: alle; EC
  Verkauf alter Bilder und Rahmen vom 17. bis zum 19. Jahrhundert
- Kunst + Rahmen: Eppendorfer Weg 77, 20259 Hamburg (Eimsbüttel), Telefon 4 90 43 89, Fax 4 90 52 85, Mo-Mi, Fr 10–18, Do 10–19, Sa 10–13 Uhr; www.kunst-und-rahmen.de
  Verkauft in Kommission Bilder qualifizierter

junger internationaler Künstler. Schöne Rahmen. Wer eigene Ausstellungen organisiert, kann sich von Kunst + Rahmen mit allem Notwendigen beliefern lassen, die Hängesysteme werden montiert, auch Beleuchtungseffekte für die mitternächtliche Vernissage sind im Programm

## Billard

Ein verrauchter Spiegelsaal der 20er Jahre war zu seiner Zeit ohne Billardtisch kaum vorstellbar. Während schöne Frauen lasziv an ihren Zigarettenspitzen nuckelten, versuchten die Herren der Schöpfung bunte Elfenbeinkugeln in die richtigen Löcher zu jagen. Obwohl die Billardkugeln mittlerweile aus einem Kunststoff namens Aramith sind, macht das Kugelnversenken auch heute noch Spaß. Bei New Games and Sports gibt es die entsprechende Ausstattung, und bei den unten aufgeführten Billardsalons können Sie getrost eine ruhige Kugel schieben. Wer auf höherem Niveau spielen möchte, sollte einfach Kontakt mit dem Billard Club Harburg-Wandsbek aufnehmen. Die Tisch-Strategen spielen professionell in der Regional- und Oberliga und würden sich riesig über Zuwachs freuen.

- Billard-Club Harburg-Wandsbek e. V.: Geibelstraße 54, 22303 Hamburg (Winterhude), Telefon 2 71 92 27, Fax 2 71 92 27, Di, Do ab 16 Uhr; www.bchw.de
  Der 1987 gegründete Club mit 15 Mitgliedern bringt Hobby-Spieler groß raus. Die Monatsmitgliedsschaft beträgt 45 (25) Euro
- Billardcafé Chicago: Eiffestraße 205, 20537 Hamburg (Hamm), Telefon 2 10 20 45, Di-Do ab 17, Fr-So ab 16 Uhr
  Mit Gastronomie, Internet-Terminal, Dart und Automaten
- Billardsaal am Spielbudenplatz: Spielbudenplatz 7, 20359 Hamburg (St. Pauli), Telefon 31 58 15, Di-Fr 15–4, Sa, So 12–4 Uhr
  Das mit 42 Jahren wohl älteste Billardcafé Hamburgs könnte das Herz vom Kiez sein; 21 Billardtische
- New Games and Sports: Ulzburger Straße 5, 22850 Hamburg (Garstedt), Telefon 5 29 61 91, Fax 5 24 86 80, Mo-Fr 10–18, Sa 10–13 Uhr; www.newgamesandsports.com
  Professionelle Sportgeräte aus den Bereichen Billard, Dart und Drachenflug
- Village: Osdorfer Landstraße 7, 22607 Hamburg (Klein Flottbek), Telefon 82 03 44, Fax 82 13 27, Mo-Do 19–1, Fr-So 18–3 Uhr

**Bildagenturen: Immer auf der Suche nach dem perfekten Foto**

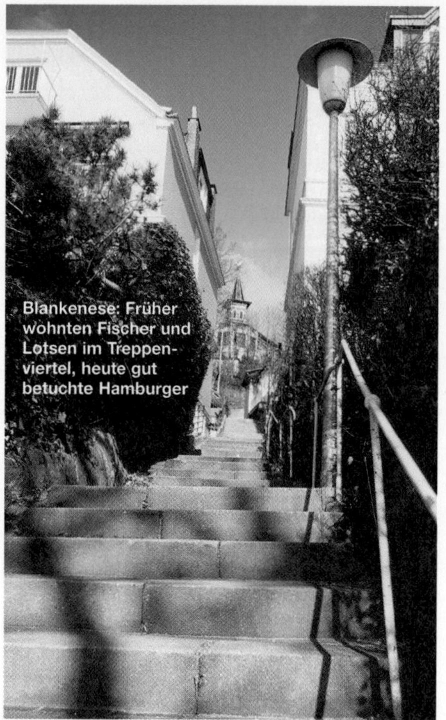

Blankenese: Früher wohnten Fischer und Lotsen im Treppenviertel, heute gut betuchte Hamburger

## Billetts

Verkaufen Sie doch mal bei Ihrer nächsten Party Eintrittskarten fürs Klo, Ihre Gäste werden dafür bestimmt viel Verständnis haben. Bei Beckerbillett gibt es tausend Stück schon für knapp 7 Euro. Etwas kostspieliger wird es bei individuell gedruckten Tickets, da werden schon mal rund 100 Euro fällig.

- Beckerbillett: Am Felde 29, 22765 Hamburg (Altona), Telefon 3 99 20 20, Fax 39 07 2 33, Mo-Fr 8–17 Uhr; www.beckerbillett.de

## Billigläden

Sie heißen Ottos Schnäppchenhit und retten jede Ehe, in der Sockenlöcher die Erotik killen: Schnell aus dem Bett, für eine Mark die fabrikneuen Fußwärmer kaufen und dem Herzblatt aufs Nachtschränkchen legen. Die Ramschläden, in denen neben fünf Kugelschreibern für 'nen Euro auch völlig sinnlose Artikel wie nach Musik tanzende Sonnenblumen (13 Euro) zu schnappen sind, haben die Stadt erobert – und die Herzen der preisbewussten Aldi-Einkäufer. Ob die Waren von gesunkenen Schiffswracks oder Pleite gegangenen Arabershops stammen, tut überhaupt nichts zur Sache. Entscheidend ist der Preis. Und der ist niedrig. Basta.

- An-und Verkauf: Methfesselstraße 63, 20257 Hamburg (Eimsbüttel), Telefon 43 27 36 82, Mo-Fr 10–19, Sa 10–14 Uhr
- Der 99 Cent Markt Handels GmbH: Telefon 66 97 61 90, Fax 66 97 61 92 13 Filialen mit unterschiedlichen Öffnungszeiten
- Für 'ne Hand voll CENT: Methfesselstraße 62, 20257 Hamburg (Eimsbüttel), Telefon 4 90 80 40, Di-Fr 10–18.30, Sa 10–14 Uhr
- Ottos Schnäppchenhit: Schulterblatt 18, 20357 Hamburg (Schanzenviertel), Telefon 43 70 97, Fax 4 39 76 32, Mo-Fr 9.30–19.30, Sa 9.30–16 Uhr; E-Mail: ksmaya@web.de, www.hamburg-restposten.de

## Billy

Barbie-Puppen sind nur etwas für die Grundschulfraktion weiblichen Geschlechts? Weit gefehlt, die erste schwule Barbie-Puppe der Welt hieß Billy und ist für etwa 50 Euro zu haben, je nach Outfit, das von Cowboy und Baseballspieler reicht. Doch damit nicht genug. Denn zu Billy haben sich seine farbigen Freunde gesellt: Carlos, der rassige Argentinier, und sein vor Kraft strotzender Freund aus Afrika, Tyson. Alle Jungs, ob einzeln oder im Dreier, sind zu bekommen bei:

- Clemens: Clemens-Schultz-Straße 77, 20359 Hamburg (St. Pauli), Telefon 31 79 17 63, Fax 31 79 17 64, Mo-Fr 11–19, Sa 11–16 Uhr; www.homodreams.de

## Blankenese

Als die Deutsche Bundespost in grauer Vorzeit die stolze Anschriftenzeile „Hamburg-Blankenese" in ein schlichtes bürokratisches „Hamburg 55" verwandelte, ging das vielen Blankenesern viel zu weit. Prompt zeigten sie lokalpatriotisches Protestverhalten und aus „Hamburg 55" wurde „Hamburg 55-Blankenese". Diese für andere Hanseaten unverständliche Empfindlichkeit rührt daher, dass der gemeine Blankeneser erst einmal ein Blankeneser und in zweiter Linie ein Hamburger ist. Deswegen ist es wohl auch für manche gesellschaftlich ambitionierten Hamburger erstrebenswert, ein Blankeneser zu sein. „Mehr als Blankeneser kann ein Hamburger nicht werden", titelte einmal eine überregionale Zeitung. Ja, die Bewohner dieses alten Fischerdörfchen sind schon etwas Besonderes. Oder? Die Meinungen sind, je nach geografischer Provenienz der Befragten, unterschiedlich. Auf jeden Fall verdienen die Menschen in Blankenese nicht schlecht.

Blankenese führt beim Haushaltsnettoeinkommen in Hamburg und liegt mit seiner Kaufkraft rund 100 Prozent über dem Bundesdurchschnitt. Hier gibt es Villen und Häuser, die auf traumhaften Grundstücken mit schönstem Grün und Elbblick. Anthropologisch interessierte Besucher, die das hanseatisch-anglophile Understatement der Einheimischen aus nächster Nähe beobachten möchten, sollten sich in das altehrwürdige „Sagebiels Fährhaus" begeben. Das Restaurant im Treppenviertel ist der Treffpunkt der Blankeneser. Bei traditioneller hanseatischer oder chinesischer Küche und einem traumhaften Blick über die Elbe lässt sich die Feldforschung über den „Homo Blankenensis" sehr gemütlich gestalten.

- Sagebiels Fährhaus: Blankeneser Hauptstraße 107, 22587 Hamburg (Blankenese), Telefon 86 15 14, Fax 86 82 85, Mo-So 12–23 Uhr, Kreditkarten: alle
  Allein der Ausblick von „Sagebiels Fährhaus" ist einen Ausflug nach Blankenese wert

## Blumen

Sie brauchen sie ja nicht gleich ins Haar zu stecken und „Let the sunshine…" singen. Blumen kann man zu allen Gelegenheiten loswerden: Geburtstage, Beerdigungen oder Feinschmeckertreffen. Gänseblümchen etwa schmecken besonders gut im Salat. Von der Ananasstaude bis zur Zuchtrose kann der Blumenfreund alles in Hamburg kaufen. In vielen Läden stehen die Blumen selbst im Vordergrund, bei anderen werden auch aufwändige Dekorationen angeboten. Folgende Geschäfte haben sich auf Trends und Dekorationen spezialisiert:

- Blumen Hahn: Poelchaukamp 21, 22301 Hamburg (Winterhude), Telefon 27 66 50, Fax 2 79 20 96, Mo-Fr 8–18, Sa 8–13 Uhr
  Gehört zur Top Ten der Hamburger Blumenläden, bietet Dekorationen aller Art an. Tische, Hotels und Schiffe werden von erstklassigen Floristinnen verschönert
- Blumen Lund: Grindelhof 68, 20146 Hamburg (Univiertel), Telefon 44 84 96, Fax 44 69 47, Mo-Fr 8–18, Sa 8–13 Uhr
  Familienbetrieb, der von Schnittblumen bis hin zu Orangenbäumchen fast alles anbietet
- Blumenkunst und Antiquitäten: Papenhuder Straße 58, 22087 Hamburg (Uhlenhorst), Telefon 22 27 96, Mo-Fr 8–18, Sa 8–13 Uhr
  Hat hauptsächlich englische Rosen im Sommer, Kunst und Antiquitäten im Angebot
- Gültekin: Schulterblatt 16, 20357 Hamburg (Schanzenviertel), Telefon 4 30 70 42, Mo-Fr 8–19, Sa 8–17 Uhr
  Hübsche Gebinde für wenig Geld, außerdem exotisch Ausgefallenes wie Bananenstauden
- Saxi Fraga: Glashüttenstraße 100, 20357 Hamburg (Karolinenviertel), Telefon 43 73 55, Fax 43 73 55, Mo-Fr 10–13, Sa 10–14 Uhr
  „Saxi Fraga" (Steinbrechgewächse) steht für individuelle Blumenarrangements. Inhaberin Carola Wineberger zaubert originelle Dekos für Läden, Partys und Privatpersonen. Außerdem gibt's Vasen mit humorigen Sprüchen wie „Geduld bringt Rosen"
- Stilblüte: Schmuggelstieg 6, 22848 Hamburg (Norderstedt), Telefon 5 29 28 12, Mo-Fr 9–13 und 14–18, Sa 9–13 Uhr, Kreditkarten: keine
  Bietet alles, was etwas außer der Norm ist: von exotischen Sträußen und Schnittblumen in ausgefallenen Farben bis zum 1,50 Meter langen Riesenspargel und dekoriert Hochzeiten, Trauerfeiern und Säle
- Tagblume: Neuer Pferdemarkt 6, 20359 Hamburg (St. Pauli), Telefon 4 39 50 57, Mo 9–19, Di, Mi 11–19, Do, Fr 9–19, Sa 11–16 Uhr
  Vielfältiges, ausgefallenes Angebot, die Sträuße werden sehr modern gebunden

## Blutspenden

Jeden Tag eine gute Tat! Übertreiben sollte man es aber auch nicht. Frauen können alle zwölf, Männer alle acht Wochen Blut spenden. Abgesehen von kostenlosen Mahlzeiten und Getränken, lohnt sich eine Spende nicht nur für den Empfänger. Das Blut des Spenders wird kostenlos auf HIV, Hepatitis und Cholesterin untersucht. Regelmäßige Spender werden genauso regelmäßig einem ärztlichen Gesundheitscheck unterzogen. Und zur hundertsten Blutspende wird im Rathaus die goldene Nadel verliehen.

- Universitätsklinik Eppendorf: Martinistraße 52, 20246 Hamburg (Eppendorf), Telefon

4 28 03 26 16, Fax 4 28 03 34 00, Mo, Do, Fr 7–14, Di, Mi 11–18 Uhr; E-Mail: blutspende@uke.uni-hamburg.de, www.uke.uni-hamburg.de

- Zentralinstitut für Transfusionsmedizin: Eilbektal 111, 22089 Hamburg (Eilbek), Telefon 20 92 25 66, Fax 20 92 25 03, Mo 7.15–12, Di 10.15–18, Mi 7.15–15, Do 11.15–19, Fr 7.15–12.30 Uhr; www.zit.lbk-hh.de
  Außenstellen können erfragt werden

## Boccia

Nur Pseudoindividualisten spielen rotweintrinkenderweise Boule, wahre Genießer greifen zu den bunten, mit Wasser gefüllten Plastikkugeln und genehmigen sich dazu eine Bluna. Damit wird jede Gartenparty zum Sportereignise. Ein Set Boccia-Kugeln kostet etwa 20 Euro und ist in den meisten Spielwarengeschäften zu haben. Unter anderem bei:

- Die Druckerei: Schanzenstraße 6, 20357 Hamburg (Schanzenviertel), Telefon 4 39 68 32, Fax 4 30 16 37, Mo-Fr 9.30–18, Sa 10–14 Uhr
  Neben Bocciakugeln findet sich hier ein breites Spielzeugsortiment für Kinder von 0 bis 10 Jahren. Schwerpunkt: Holzspielzeug
- Spielschiff: Im Alten Dorfe 31, 22359 Hamburg (Volksdorf), Telefon 6 77 62 65, Fax 60 95 14 26, Mo-Fr 9–18, Sa 9–13 Uhr
  Neben vielen schönen Holzspielsachen auch ausgefallene Marionetten

## Body Painting

Körperbemalung liegt im Trend. Kein Wunder, ist sie doch schmerzfrei und kitzelt angenehm. Leider verschwindet das Kunstwerk nach ungefähr einer Woche im Abfluss. Bei der aus dem Orient stammenden Version des Bodypaintings in rot-braun oder schwarz wird Henna benutzt. Bei der neueren Form wird mit künstlichen Farben gearbeitet, sie sind satter und in den verschiedensten Nuancen zu haben, halten jedoch nur ein bis zwei Tage. Bei „Mehndi Temple“ kann man sich bemalen lassen oder das Zubehör als Set für zu Hause kaufen, beides ist ab 15 Euro zu haben.

- Mehndi Temple: Eppendorfer Marktplatz 15, 22393 Hamburg (Eppendorf), Telefon 30 39 98 11, Fax 30 39 26 00, Mo-Fr 11–18, Sa 11–16 Uhr; www.mehndi-tempel.com

## Bodyguards

Gehören Sie auch zu den Typen, die gern das Maul aufreißen und hinterher das Echo nicht vertragen können? Wie wär's mit einem Bodyguard? Beim SDS Sicherheitsdienst sind alle Angestellten ehemalige Polizisten mit Personenschutzausbildung nach Richtlinien des Bundeskriminalamtes. Einen Hauswächter oder Türsteher gibt es bei der A. B. und S. D. GmbH.

- Pütz Security AG: Carl-Zeiss-Straße 38–40, 24568 Kaltenkirchen, Telefon 0 41 91/9 96 60, Fax 0 41 91/99 66 33, 24 Stunden; www.puetz-security.de
  Sechs Niederlassungen, sogar eine auf Mallorca
- SDS/Sicherheitsdienst Stadion: Saseler Chaussee 166, 22393 Hamburg (Sasel), Telefon 66 66 55, Fax 6 93 93 10, Mo-Fr 8–17 Uhr; www.sds-hamburg.de
  SDS ist 24 Stunden für Sie erreichbar

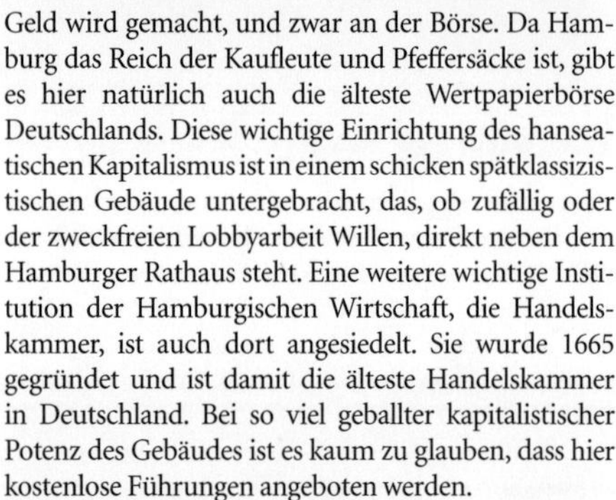

## Börse

Geld wird gemacht, und zwar an der Börse. Da Hamburg das Reich der Kaufleute und Pfeffersäcke ist, gibt es hier natürlich auch die älteste Wertpapierbörse Deutschlands. Diese wichtige Einrichtung des hanseatischen Kapitalismus ist in einem schicken spätklassizistischen Gebäude untergebracht, das, ob zufällig oder der zweckfreien Lobbyarbeit Willen, direkt neben dem Hamburger Rathaus steht. Eine weitere wichtige Institution der Hamburgischen Wirtschaft, die Handelskammer, ist auch dort angesiedelt. Sie wurde 1665 gegründet und ist damit die älteste Handelskammer in Deutschland. Bei so viel geballter kapitalistischer Potenz des Gebäudes ist es kaum zu glauben, dass hier kostenlose Führungen angeboten werden.

- Börse: Adolphsplatz, 20095 Hamburg (Innenstadt), Telefon 3 61 30 20

## Bogenschießen

Dieser eher bewegungsarme Sport braucht keine großen Muskelpakete, fördert aber Konzentration und Zielsicherheit. Der Verein Hamburger Bogenschützengilde von 1930 e. V. hat stolze 160 aktive Mitglieder. Wer mitschießen will, sollte sein zehntes Lebensjahr vollendet haben, ansonsten gibt es keine Eingangsvoraussetzungen.

- Landesreferent Bogen: Kielortring 20b, 22850 Norderstedt, Telefon 5 24 21 74

## Boote

„Er hat ein knallrotes Gummiboot, mit diesem Gummiboot fahren wir hinaus, er hat ein knallrotes Gummiboot, und erst im Abendrot kommen wir nach Haus.“ Was Wencke Myhre in den Siebzigern in vollen Tönen besang, ist theoretisch gesehen weniger klang-

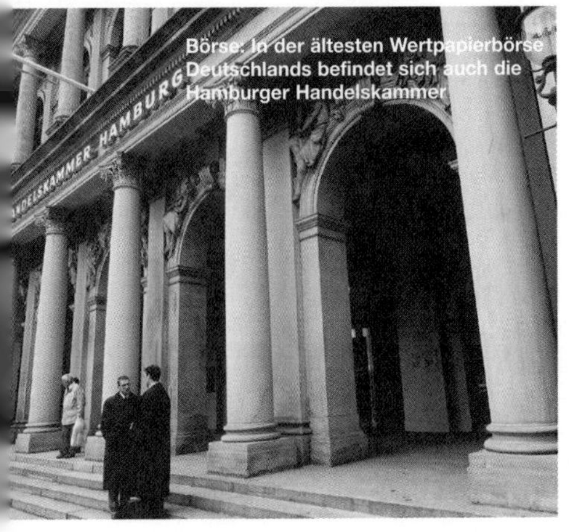

Börse: In der ältesten Wertpapierbörse Deutschlands befindet sich auch die Hamburger Handelskammer

voll: Wasserfahrzeuge mit einer Länge von weniger als 20 Metern gelten als Boote, bei mehr als 20 Metern handelt es sich um Schiffe. Ob kurz oder lang, zum Selbstpaddeln oder nicht, jede Landratte sollte beizeiten einen kleinen Ausflug zu Wasser unternehmen. Nicht nur wegen des herrlichen Ausblicks und des Gefühls „Wir sitzen alle in einem Boot".

**Charter:** Vor allem Zugezogene beeindrucken ihre Gäste gern mit einer Party vor klassischer Hamburger Kulisse, sprich mit einer Bootstour. Und zumindest bei der Wahl der Route (Alster, Kanal, Fleet oder Hafen) dürfen sie in die Rolle des Kapitäns schlüpfen. Die Dampfer der Hadag Seetouristik schippern mit 50 bis 500 Personen an Bord überall hin, wo ausreichend Wasser unterm Kiel ist und die Brücken hoch genug sind. Der kleinste Pott kostet bei einer Mindestmietzeit von zwei Stunden 665 Euro, der größte 1220 Euro. Jede weitere Stunde schlägt mit 220 Euro beziehungsweise 440 Euro zu Buche. Bordpartys oder eine romantische Hochzeit auf dem Wasser bietet die weiße Flotte der ATG-Alster Touristik GmbH. Die Mietpreise gehen, ebenfalls bei einer Mindestmietzeit von zwei Stunden, bei 556 Euro los. Jede weitere angefangene Stunde erleichtert Ihr Portmonee um 220 Euro. Die Speicherstadt bis zum Hamburger Rathaus lässt sich auf einer Fleetfahrt mit Harald Glitscher erkunden. Und nach Bergedorf führt nicht nur die S21, sondern auch ein Wasserweg über die Dove-Elbe. Die Barkassen können für 120 Euro gebucht werden und bieten 85 Personen Platz. Auf allen Schiffen kann gegen Zusatzhonorar ein gastronomischer oder musikalischer Service genutzt werden. Es darf aber auch selbst gesungen werden.

- ATG-Alster-Touristik GmbH: Anleger Jungfernstieg, 20354 Hamburg (Innenstadt), Telefon 3 57 42 40, Fax 35 32 65, Mo-So 8–18 Uhr, Kreditkarten: Eurocard, EC-Karte, Visa; www.alstertouristik.de
- Hadag Seetouristik & Fährdienst AG: St. Pauli Fischmark 28, 20359 Hamburg (Altona), Telefon 31 17 07 17, Fax 31 17 07 10, Mo-Fr 7.30–16 Uhr; www.hadag.de
- Harald Glitscher: St. Pauli Landungsbrücken, Brücke 6, 20359 Hamburg (St. Pauli), Telefon 7 37 43 43, Fax 7 37 40 77, Mo-So 8–16 Uhr; www.glitscher-hamburg.de

**Verleih:** Wegen seiner 2427 Brücken und über 100 Kilometer befahrbarer Wasserläufe wird Hamburg gern „Venedig des Nordens" genannt, na ja. Dennoch, wer mit seinem Liebsten mal an einem lauen Sommerabend rudern war, weiß: Es gibt nichts Romantischeres, als den anderen für sich schwitzen zu sehen. In Hamburg kann man fast überall, wo Wasser ist, ein Boot zum Treten, Segeln, Paddeln oder Rudern mieten.

- Bobby Reich: Fernsicht 2, 22301 Hamburg (Harvestehude), Telefon 48 78 24, Fax 4 80 18 70, Mo-So 9–20 Uhr (von April bis Oktober); www.bobby-reich.de
  Ruder-und Segelboote sowie Kanus
- Bodo's Bootssteg: Harvestehuder Weg 1b, 20148 Hamburg (Harvestehude), Telefon 44 06 54, Fax 22 71 51 61, Mo-Sa 11–21, So 10–21 Uhr (Ende März bis Oktober); E-Mail: info@bodosbootssteg.de
  Ruder-, Tret- und Segelboote; auch Liegestühle
- Bootshaus Marienhof: Marienhof 4, 22399 Hamburg (Poppenbüttel), Telefon 6 06 66 77, Di-So 10–20 Uhr
  Kanus (7 Euro/Stunde) und Kajaks (ab 7 Euro/ Stunde); Fahrradvermietung; spezielle Preise für Schulklassen und Jugendgruppen
- Bootshaus Silwar: Eppendorfer Landstraße 148b, 20251 Hamburg (Eppendorf), Telefon 47 62 07, Fax 6 08 46 57, Mo-So 9–22 Uhr (von April bis September)
  Kajak, Kanu und Tretboote
- Bootshaus W. Töns: Ratsmühlendamm 2, 22337 Hamburg (Fuhlsbüttel), Telefon 59 94 98 (von März bis Oktober) Ruder- und Tretboote (1–2 Personen 8,50 Euro/Stunde; 3–4 Personen 10 Euro/Stunde), Kanus
- Bootsvermietung Dornheim: Kaemmererufer 25, 22303 Hamburg (Winterhude), Telefon 2 79 41 84, Fax 2 71 32 30, Mo-Fr 9–22, Sa, So 9.30–23 Uhr (von April bis Oktober), Kreditkarten: EC-Karte; E-Mail: dornheim@web.de, www.bootsvermietung-dornheim.de
  Nachtfahrt oder venezianische Gondelfahrt sind

möglich! Kajak, Kanu, Tret-und Ruderboote, Mannschaftsboote; Einer-Kajak 5 Euro/Stunde, Sechser-Kanu 12 Euro/Stunde, Ruderboot (4 Personen) 9 Euro/Stunde

- Bootsvermietung Stadtparksee:
  Südring 5a, 22303 Hamburg (Winterhude),
  Telefon 27 34 16, Mo-So 10–20 Uhr
  (von April bis September)
  Kanus, Tret- und Ruderboote; ab 9 Euro/Stunde
- G. Wüstenberg Bootslagerung:
  Deelbögenkamp 2–3, 22297 Hamburg (Alsterdorf),
  Telefon 51 77 01, Fax 5 11 17 59, Mo-Fr 10–20,
  Sa, So 9–20 Uhr (von April bis Oktober)
  Kanus (ab 7 Euro/Stunde), Ruder- und Tretboote
- Kübi's Bootshaus:
  Poßmoorweg 46e, 22301 Hamburg (Winterhude),
  Telefon 2 79 67 41
- Paddel-Meier:
  Heinrich-Osterath-Straße 256, 21037 Hamburg
  (Kirchwerder), Telefon 7 37 22 70, Fax 7 37 24 57,
  Mo-So 10–18 Uhr oder nach Vereinbarung
  (Verleih ganzjährig), Kreditkarten: EC-Karte;
  www.paddel-meier.de
  Kanus, Kajaks und Ruderboote;
  Elfer-Kanu 33 Euro/Stunde,
  Ruderboot 9 Euro/Stunde
- Paddeleih Bootsvermietung:
  Allermöher Deich 412, 21037 Hamburg
  (Allermöhe), Telefon 7 23 44 33, Fax 7 23 36 50,
  Di-So 10–19 Uhr (von Mai bis September);
  www.paddeleih.de
  Kanus (ab 5 Euro/Stunde), Kajaks, Ruderboote
  (12 Euro/Stunde); Fahrradvermietung

## Botanik

Bei der Wissenschaft von den Pflanzen gibt es mehr zu erleben als das stumpfsinnige Pauken von Vokabeln wie Dianthus gratianopolitanus (Pfingstnelke). Wer sich zu einem Spaziergang durch den Botanischen Garten in Klein Flottbek aufmacht, kann sich selbst davon überzeugen. Der 24 Hektar große Garten wird zu den bedeutendsten Gärten Europas gezählt. Für Wissbegierige veranstaltet die Gesellschaft der Freunde des Botanischen Gartens Hamburg dort auch Vorträge. Aber auch Hamburgs Innenstadt bietet mit dem Park Planten un Blomen auf 45 Hektar zwischen Dammtorbahnhof und Millerntor Natur in allen Facetten – mit Rosenhof, Tropenhaus und japanischem Garten. Wer richtig in die Materie einsteigen will, fährt in den Sommermonaten mit dem Botanischen Verein zu Hamburg raus in die Natur oder besucht in den Wintermonaten einen ihrer Vortragsabende.

- Botanischer Garten: Ohnhorststraße 18,
  22609 Hamburg (Klein Flottbek), Telefon 42 81 64 76
  (Mo-Do 13–15 Uhr), Fax 42 81 64 89, Sommer:
  zirka 9–20 Uhr, Winter: zirka 9–16 Uhr

Boule: Wie Sie lässig eine Kugel schieben, lernen Sie beim Altonaer Boule Club

- Botanischer Verein zu Hamburg e. V.:
  Op de Elg 19a, 22393 Hamburg (Sasel),
  Telefon 6 01 60 53, Fax 6 00 71 60;
  www.botanischerverein.de
- Gesellschaft der Freunde des Botanischen Gartens
  Hamburg e. V.: Hesten 10, 22609 Hamburg
  (Klein Flottbek), Telefon Infotelefon: 82 29 31 64,
  Faxabruf: 82 29 31 65, Mi 10–12 Uhr;
  E-Mail: hortus@botanik.uni-hamburg.de
- Institut für allgemeine Botanik:
  Ohnhorststraße 18, 22609 Hamburg
  (Klein Flottbek), Telefon 42 81 60, Fax 42 81 63 57;
  www.biologie.uni-hamburg.de/ ialb/ialbinh
- Institut für angewandte Botanik:
  Ohnhorststraße 18, 22609 Hamburg
  (Klein Flottbek), Telefon 42 81 65 56, Fax 42 81 65 57;
  www.biologie.uni-hamburg.de
  Serviceleistungen: Pilz-, Pflanzen-und Pflanzenschutzberatung, Bodenuntersuchungen
- Planten un Blomen: Wallanlagen (Innenstadt),
  Sommer 7–23 Uhr, Winter 7–20 Uhr, in den
  Großen Wallanlagen bis 22.30 Uhr (dank der Eislaufbahn); www.plantenunblomen.hamburg.de
  Eingänge Rentzelstraße, Jungiusstraße, Marseiller
  Straße, Tiergartenstraße, Stephansplatz; die Rollschuhbahn wird im Winter zur Eislaufbahn
  umfunktioniert

## Boule

Während ein Südfranzose in Avignon Ende Januar mit der Frage nach einer Partie Boule seinen *bon copain* noch vom Fernseher ins Freie locken kann, hat sein germanischer Artgenosse da wohl eher Schwierigkeiten. Pétanque funktioniert in Hamburg während der

Wintermonate nicht ohne Frostbeulen, tiefgefrorenem Boden und matschige Bahnen. Der Altonaer Boule Club (ABC) kümmert sich um Spielmöglichkeiten auch in den Wintermonaten, um Turniere und Trainingsmöglichkeiten in und um Hamburg. Wer dem ABC beitritt, zahlt jährlich 36 Euro und erhält eine Lizenz des Deutschen Pétanqueverbandes. Diese Lizenz berechtigt zur Teilnahme an offiziellen Turnieren und Meisterschaften des Verbandes, bei denen der ABC dreimal in Folge Vereinsmeister geworden ist. Die monatlich erscheinende Fachzeitschrift Pétanque International informiert über Turniere und Weltmeisterschaften und berichtet über alles, was mit Boule tun hat (Jahresabo 37 Euro). Bei trockenem Wetter kann man hervorragend im Stadtpark am Eisbär-Denkmal, in Altona am Platz der Republik und im Schanzenpark um die Gunst des Schweinchens (der kleinen Zielkugel) boulen. Gesellige Bouler lassen Interessierte auch mal am Spiel partizipieren. Die besten Boule-Kugeln erhält man bei „Haste Töne?!". Ein Sortiment von rund 200 verschiedenen Sätzen Wettkampfkugeln, Freizeit- und Anfängerkugeln zwischen 15 und 220 Euro führt das Musikstudio.

- Altonaer Boule Club Hamburg (ABC Hamburg) e. V.: Sommerhuder Straße 25, 22769 Hamburg (Altona), Telefon 43 75 95, Fax 49 22 29 85; www.altonaerbc.de
- Haste Töne?! Musikstudio: Lappenbergsallee 28, 20257 Hamburg (Eimsbüttel), Telefon 40 86 91, Fax 40 19 65 02, Mo, Mi 9–12.30, Do 15.30–18.30, Sa 12–14 Uhr und nach Vereinbarung; E-Mail: hgolze@aol.com
- Pétanque International-Magazin für Boule und Wettkampfsport, Pétanque Verlag: Kaninenberghöhe 50, 45136 Essen Telefon 02 01/8 94 14 12, Fax 02 01/26 00 94; www.boule-pi.de

## Bowling

„Nobody fucks with Jesus." Spätestens seit den legendären Bowlingszenen in „The Big Lebowski" von den Coen-Brüdern, in dem ein Spieler namens Jesus, in lila Stretchhosen gekleidet, baletttänzergleich über die Bowlingbahn fegt, warten alle auf das große Revival dieser Sportart, die mitnichten nur für Bandscheibenvorfälle und gebrochene Finger gut ist. Vor allem zählen hier viel Ballgefühl, Taktik und eine gewisse Dehnbarkeit der Muskulatur um den Allerwertesten herum. Außerdem steht beim Bowling natürlich die Geselligkeit ganz weit vorn.

- Bowling Center Norderstedt: Ulzburger Straße 310, 22846 Norderstedt Telefon 5 22 20 53, Fax 5 22 98 39, Mo-Fr ab 17, Sa, So, feiertags ab 15

Uhr und nach Vereinbarung, www.bowlingcenter-norderstedt.de
Regelmäßige Sonderveranstaltungen wie Moonlight- oder Brunch-Bowling
- Bowling Center U. S. Play by Brunswick: Wagnerstraße 2, 22081 Hamburg (Barmbek), Telefon 29 10 32, Fax 29 12 09, Mo-So 10–24, Fr, Sa 10–1 Uhr; E-Mail: us-play-hamburg@brunbowl.com; www.us-play.com
28 Bahnen
- Bowling Treff: Winsener Straße 54, 21077 Hamburg (Harburg), Telefon 76 75 20 18, Mo-Fr 16–24, Sa 14–24, So 14–18.30 Uhr
Kleinstes Bowlingcenter Hamburgs, sechs Bahnen
- Gilde Bowling 44 GmbH: Bauerstraße 2, 22605 Hamburg (Othmarschen), Telefon 88 12 85 55, Fax 88 12 85 50, Mo-Do 14–1, Fr ab 14, Sa ab 11, So 11–1 Uhr; E-Mail: gildebowling@t-online.de, www.gildebowling.de
Mit 44 Bahnen größtes und modernstes Bowling-Center Europas
Zweite kleinere Filiale: Wandsbeker Zollstraße 25–29, 22045 Hamburg (Wandsbek), Telefon 68 01 69, Fax 68 02 69

## Boxen

Für die einen klingt der Faustkampf nach sinnlosen Schlägereien und Gehirnzellenverlusten, für die anderen ist es ein faszinierender Sport, in dem Fitness und Fairplay genauso selbstverständlich sind wie bei jedem anderen auch. Boxen wird zunehmend gesellschaftsfähig, bei den Großveranstaltungen in der Alsterdorfer Sporthalle etwa drängelt sich die Prominenz neben Halbweltlern und plattnäsigen Kampfveteranen am Ring. Auf den aktiven Bereich hat das noch keine Auswirkungen gehabt. Dabei gibt es immerhin 19 Vereine im Hamburger Amateur-Box-Verband. Von reinen Sonntagssportlern bis zu ehrgeizigen Wettkämpfern sind alle willkommen. Trotz geringer Nachfrage wird auch Boxen für das weibliche Geschlecht angeboten. Wer nur das vielseitige Boxtraining nutzen will, ohne dabei blaue Augen zu kassieren, kann in mehreren Fitnessclubs Box-Fitness-Training absolvieren.

- Hamburger Amateur-Box-Verband: Frickestraße 77, 20251 Hamburg (Eppendorf), Telefon 47 37 35, Fax 47 37 35; E-Mail: jens.hoyer@t-online.de, www.habv.de

## Branding

Für alle Freunde ausgefallenen Körperschmucks, die nach Tattoo und Piercing noch immer nicht genug haben, hier kommt die Erfüllung: Beim Branding werden ein oder mehrere geformte Eisenteile erhitzt und dann bei ungefähr 800 bis 1000 Grad auf die Haut gedrückt. Was bleibt, sind eine schmerzhafte Erinnerung und eine Brandnarbe, die aussieht, als hätte man sich kunstvoll mit heißem Öl bekleckert. Wer's mag, meldet sich bei:

- Stahlstich: Erichstraße 1, 20359 Hamburg (St. Pauli), Telefon 3 17 43 98, Fax 31 32 04, Termine nach Vereinbarung, Kreditkarten: EC-Karte; www.stahlstich.de

## Bridge

Bridge – wer denkt da nicht an ein Tässchen duftenden Tee, ein prasselndes Kaminfeuer und ein paar leckere Scones? Der Denksport ist aber keinesfalls nur für silbrig gelockte Damen britischer Herkunft reserviert. Das Hamburger Bridge Center bietet Kurse und Wochenendseminare für Anfänger und Fortgeschrittene. Ebenso finden Turniere statt. Gäste sind nach telefonischer Voranmeldung herzlich willkommen. Beim Bridge Club Elbvororte e. V., dem größten Privaten Norddeutschlands, darf man für 19 Euro ebenfalls gern als Gast reinschnuppern. Hinein ins gediegene Leben!

- Bridge Club Elbvororte e. V.: Elbchaussee 392, 22609 Hamburg (Nienstedten), Telefon 82 27 93 55, Fax 82 27 93 45, Mo-Fr 9–22 Uhr; E-Mail: awekezer@aol.com
- Bridge-Akademie DTB-Gebäude: Hallerstraße 89, 20149 Hamburg (Harvestehude), Telefon 44 80 93 01 Unterricht, Rubber, Turniere
- Hamburger Bridge Center: Hamburger Straße 213, 22083 Hamburg (Barmbek), Telefon 29 82 05 55, Fax 6 72 16 73; E-Mail: josef.piekarek@t-online.de

## Briefmarken

Irgendwie haben sie diese dummen Witzchen über ihr Hobby nicht verdient. Es gibt doch viel blödere Sammlerobjekte, Überraschungseifiguren, Kronkorken oder Waffen etwa. Freunde der weit gereisten Klebebildchen finden in Hamburg immerhin sieben Vereine, von denen der Verein Briefmarkensammler BuW der größte ist. Im Philatelisten-Verband Norddeutschland sind alle Vereine der Region organisiert. Er veranstaltet Tauschbörsen, Ausstellungen und gemeinsame Ausflüge. Seit 1891 besteht Hamburgs ältestes Briefmarkenhaus Sellschopp, das auf Westeuropa, die deutschen Kolonien sowie Alt-Hamburg spezialisiert ist. Die „Blaue Mauritius" wird man hier wohl nicht finden, aber die gezahnten Ansichten der Hansestadt haben auch ihre Liebhaber.

- Briefmarkensammler BuW e. V.: Kottwitzstraße 28, 20253 Hamburg (Hoheluft), Telefon 4 22 90 85, Fax 4 22 90 85
- Philatelisten-Verband Norddeutschland e. V.: Abrahamstraße 37, 22145 Hamburg (Berne), Telefon 6 78 36 49; www.philatistenverband-norddeutschland.de
- Sellschopp: Paulstraße 6, 20095 Hamburg (Altstadt), Telefon 32 45 12, Fax 33 03 87, Mo-Fr 10–18, Sa 10–13 Uhr, Kreditkarten: EC; www.sellschopp.de

## Buchbindereien

Wenn in der Familienbibel der Wurm drin ist oder das Skizzenbuch einen edlen Einband verdient hat, dann hilft der Buchbinder. Sein Metier sind jegliche Arbeiten aus Papier und Pappe, die auch über das eigentliche Buchbinden hinausgehen dürfen. Vertreter dieser Kunst sind Christian und Thomas Zwang. Sie gestalten individuelle Einzelbände, restaurieren alte Bücher und fertigen Mappen und Kassetten an. Bei der Buchbinderei Metz, die auch schon die Gutenbergbibel restaurierte, bleibt kaum ein Wunsch unerfüllt. Neben Einzel-und Sonderanfertigungen bietet sie Werkkurse und Buchbindermaterial für die Do-it-yourself-Fraktion. Im Laden von Hella Semmelhack kann der Kunde Kästen und Buchdeckel mit den verschiedensten Materialien beziehen lassen. Aber auch sonstige Papier- und Prägearbeiten übernimmt sie in kleiner Stückzahl.

- Christian Zwang: Paulinenallee 28, 20259 Hamburg (Eimsbüttel), Telefon 43 76 43, Fax 4 30 42 07, Termine nach Vereinbarung; E-Mail: zwang@planet-interkom.de
- Hella Semmelhack: Uhlenhorster Weg 30, 22085 Hamburg (Uhlenhorst), Telefon 2 20 51 93,

Fax 2 20 34 53, Mo-Fr 8–17 Uhr

- Metz-Buchbinderei und Restaurierwerkstatt: Kirchenredder 20, 22339 Hamburg (Wandsbek), Telefon 5 38 32 53, Fax 5 38 66 79, Mo-Do 8.30–16, Fr 8.30–12 Uhr und nach Vereinbarung; www.buchbinderei-metz.de

## Buchhandlungen

Wer der aktiven Selbstverdummung durchs Fernsehen entkommen will, kann in den großen Buchläden der Stadt viel Zeit verbringen. Das gemischte Angebot stellt jeden Lesefreak zufrieden.

▶ *Kunst/Buchhandlungen*

### Allgemein:

- Boysen + Maasch: Hermannstraße 31, 2 0095 Hamburg (Innenstadt), Telefon 3 02 07 02, Fax 30 20 72 12, Mo-Fr 10–20, Sa 10–16 Uhr, Kreditkarten: EC; www.boysen-maasch.de
  Schwerpunkte EDV, Architektur, Maschinenbau, Naturwissenschaften; Abend- und Tagesveranstaltungen mit Fachreferenten; Buchversand
- Buchhandlung am Mühlenkamp: Mühlenkamp 39–41, 22303 Hamburg (Winterhude), Telefon 27 20 97, Mo-Fr 9.30–19, Sa 9.30–16 Uhr, Kreditkarten: EC-Karte
  Kleiner, sympathischer Laden mit guter Auswahl
- Buchhandlung C. Boysen: Große Bleichen 31, 20354 Hamburg (Innenstadt), Telefon 3 50 89 90, Fax 34 36 12, Mo-Fr 9.30–19, Sa 10–16 Uhr, Kreditkarten: alle; EC-Karte; www.cboysen.de
  Bietet alles von Recht und Wirtschaft bis hin zu Philosophie und Geschichte, auch Belletristik und Hamburgensien
- Buchhandlung in der Osterstraße: Osterstraße 171, 20255 Hamburg (Eimsbüttel), Telefon 4 91 95 60, Fax 4 90 87 06, Mo-Fr 9–19, Sa 9–14 Uhr, Kreditkarten: EC; E-Mail: buchladen_osterstraße@t-online.de
  Hat neben Belletristik und Literatur für Kinder- und Jugendliche Bücher zur aktuellen gesellschaftpolitischen Situation; außerdem gibt es Hör- und Reisebücher und ein großes Regal mit Lesestoff zur Philosophie
- Buchhandlung Kurt Heymann: Eppendorfer Baum 27, 20249 Hamburg (Eppendorf), Telefon 48 09 30, Fax 4 60 43 68, Mo-Fr 9–20 Uhr, Sa 9–16 Uhr, Kreditkarten: EC-Karte; E-Mail: heymann-buecher@t-online.de, www.heymann-buecher.de
  Die Buchhandlung Heymann, mittlerweile mit zwölf Filialen in Hamburg vertreten, führt neben ihrem allgemeinen Sortiment auch eine große Abteilung mit medizinischer Fachliteratur
- Buchhandlung Marissal: Gerhart-Hauptmann-Platz 48k, 20095 Hamburg (Innenstadt), Telefon 33 85 41, Fax 30 38 10 96, Mo-Mi 10–19.30, Do, Fr 10–20, Sa 10–16 Uhr, Kreditkarten: EC; alle außer Amex, www.marissal.de
  Allgemeines Sortiment; ebenso in der Filiale am Rathausmarkt 7 (Innenstadt)
- Buchhandlung Weiland/Wandsbeker Buchhaus: Quarree 8–10, 22041 Hamburg (Wandsbek), Telefon 6 89 46 70, Fax 68 94 67 19, Mo-Fr 9.30–20, Sa 9–16 Uhr, Kreditkarten: EC; www.weiland.de
  Ottenser Hauptstraße 10, 22765 Hamburg (Ottensen), Telefon 3 98 84 90, Fax 39 88 49 19, Mo-Fr 10–20, Sa 9.30–16 Uhr, Kreditkarten: EC-Karte; www.weiland.de
  Allgemeines Angebot, auch Autorenlesungen
- Bücherstube Felix Jud & Co.: Neuer Wall 13, 20354 Hamburg (Innenstadt), Telefon 34 34 09, Fax 34 18 48, Mo-Fr 10–18.30, Sa 10–15 Uhr, Kreditkarten: EC; alle außer Diners; www.felix-jud.de
  Einer der schönsten Buchläden in Hamburg, der hauptsächlich bibliophile Erstausgaben, Klassiker und Belletristik anbietet
- Heinrich-Heine-Buchhandlung: Grindelallee 24–28,

20146 Hamburg (Univiertel), Telefon 4 41 13 30, Fax 44 11 33 22, Mo-Fr 9.30–19, Sa 10–16 Uhr, Kreditkarten: EC; www.heinebuch.com
Fachbücher, Kinder- und Jugendbücher, modernes Antiquariat und vieles mehr; zweite Filiale in der Schlüterstraße 1, 20146 Hamburg

- K Presse und Buch: 20095 Hamburg (Innenstadt), Telefon 32 17 24, Fax 33 55 73, Mo-Fr 5–23, Sa, So 6–23 Uhr, Kreditkarten: alle; EC-Karte
  Auf 1060 qm findet der Lesehungrige genug Stoff: unter anderem Belletristik, ausländische Literatur, Comics, Literatur für Homosexuelle, Bücher über Eisenbahn, Computer, Gartenpflege; Leser, die den Rummel der Wandelhalle scheuen, besuchen eine der 42 weiteren Filialen in und um Hamburg
- Mauke: Johannes-Brahms-Platz 12, 20355 Hamburg (Innenstadt), Telefon 34 52 41, Fax 34 27 87, Mo-Fr 9–18, Sa 10–13.30 Uhr; E-Mail: mauke@schweitzer-online.de, www.schweitzer-online.de
  Filiale: Schlüterstraße 16, 20146 Hamburg (Univiertel), Telefon 44 18 31 22, Fax 44 18 31 30, Mo-Fr 9–18.30, Sa 10–13 Uhr, Kreditkarten: EC; Die 1796 gegründete Buchhandlung besitzt die größte Lagerpräsenz an juristischer und wirtschaftlicher Fachliteratur in Hamburg, auch Informatik, Natur- und Sprachwissenschaften sind hier vertreten

- Reuter + Klöckner: Schlüterstraße 44, 20146 Hamburg (Univiertel), Telefon 4 14 79 50, Fax 41 47 95 25, Mo-Fr 9.30–18, Sa 10–13 Uhr, Kreditkarten: EC; Eurocard, Visa; www.reuterbuch.de
  Ob Anglisten oder Romanisten, Sprachstudenten kommen an Reuter + Klöckner nicht vorbei. Bereits in den Semesterferien stapelt sich die Pflichtlektüre auf den kleinen Tischen, übersichtlich nach Seminaren geordnet. Auch Literatur der Fachbereiche Jura, Pädagogik und anderer Geisteswissenschaften
- Th. Christiansen: Bahrenfelder Straße 79, 22765 Hamburg (Altona), Telefon 3 90 20 72, Fax 3 90 68 87, Mo-Fr 10–19, Sa 10–15 Uhr, Kreditkarten: EC-Karte; www.buecher-christiansen.de
  Allgemeines Sortiment – von Belletristik über Taschenbücher bis zu Kinderbüchern
- Thalia-Buchhandlungen: Spitalerstraße 8, 20095 Hamburg, Telefon 3 02 07 01, Fax 30 20 71 81, Mo-Fr 10–20, Sa 10–16 Uhr, Kreditkarten: EC-Karte; www.thalia.de
  Mit rund 3200 qm Verkaufsfläche die größte der zwölf Thalia-Filialen in Hamburg. Großes allgemeines Sortiment, außerdem CD-ROMs, Hörbücher, DVDs
- Wohlthat'sche Buchhandlung: Grindelallee 42, 20146 Hamburg (Univiertel), Telefon 44 54 46, Fax 44 62 56, Mo-Fr 9–19.30, Sa 9–15 Uhr, Kreditkarten: EC; Visa, Eurocard; www.wohlthat.de

## Antiquariate:

- Altonaer Antiquariat: Am Felde 91, 22765 Hamburg (Ottensen), Telefon 39 69 70, Mo-Fr 13–19, Sa 11–14 Uhr
  Anspruchvolle antiquarische Bücher vom Taschenbuch bis zur Gesamtausgabe
- Antiquariat am Gertrudentor, Hubert Matschnigg: Gertrudenkirchhof 4, 20095 Hamburg (Innenstadt), Telefon 33 60 50, Fax 32 48 20, Mo-Fr 11–18, Sa 10–15 Uhr, Kreditkarten: Visa, Eurocard; EC-Karte; E-Mail: agt-hm@web.de
  Bietet ein breit gefächertes Angebot in den Bereichen Literatur, Kunst, Philosophie, Geschichte
- Antiquariat Paul Hennings: Altstädter Straße 15, 20095 Hamburg (Innenstadt), Telefon 32 60 74, Mo-Fr 9–18, Sa 9–14 Uhr; E-Mail: antiquariat.hennings@t-online.de, www.antiquariat-hennings.de
  1931 gegründetes Antiquariat, führt über 60 000 Titel aus den Bereichen Kunst, Musik und Naturwissenschaften, Bücher aus dem 17. Jahrhundert
- Bilderträume: Fruchtallee 132, 20259 Hamburg (Eimsbüttel), Telefon 40 77 81, Fax 4 90 83 63, Mo-Fr 10–18.30, Sa 10–14 Uhr; www.comic-antiquariat.de
  Führt nicht nur unschuldige Filmprogramme und

**Bücher: Gemütlich Schmökern bei Jud & Co**



„Bravos", sondern auch sündige Erotikbildbände

- Comic Laden Kollektiv: Fruchtallee 130, 20259 Hamburg (Eimsbüttel), Telefon 40 77 81, Fax 4 90 83 63, Mo-Fr 10–18.30, Sa 10–14 Uhr; www.comic-antiquariat.de
  Comics und Figuren
- Libresso: Edmund-Siemers-Allee 1, 20146 Hamburg (Univiertel), Telefon 41 49 81 55, Fax 41 49 81 33, Mo-Fr 11–18 Uhr; www.libresso-uhh.de
  Das Antiquariat mit Café bietet hauptsächlich Werke aus Kunst und Geisteswissenschaften
- Lüders: Heussweg 33, 20255 Hamburg (Eimsbüttel), Telefon 40 57 27, Fax 4 90 53 29, Mo-Fr 9–20, Sa 9–16 Uhr, Kreditkarten: EC-Karte; Eurocard, Visa; E-Mail: buchhandlunglueders@t-online.de, www.buchhandlunglueders.de
  Antiquarisches Allgemeinsortiment
- Reinhold Pabel, in den Krameramtsstuben: Krayenkamp 10b, 20459 Hamburg (Neustadt), Telefon 36 48 89, Mo-Fr 10–18, Sa 10–18, So 10–17 Uhr
  Englische Planke 6 (Neustadt), Mo-Fr 10–18, Sa 10–13.30 Uhr, Fax 3 74 33 91, Kreditkarten: alle; EC-Karte; www.antiquariat-pabel.de
  Legt besonderes Gewicht auf regionale Geschichte und die des Judentums
- Susanne Koppel: Parkallee 4, 20144 Hamburg (Harvestehude), Telefon 45 44 07, Fax 45 30 13; E-Mail: info@antiquariat-koppel.de
  Besuch nach telefonischer Absprache, führt deutsche Literatur- und Reisebücher aus dem 18./19. Jahrhundert sowie Autografen
- Text + Töne: Grindelallee 80, 20146 Hamburg (Univiertel), Telefon 45 03 64 67, Fax 45 03 64 68, Mo-Fr 10–20, Sa 10–16 Uhr
  Eppendorfer Baum 34, 20249 Hamburg (Eppendorf), Telefon 46 07 00 91, Fax 45 03 64 68, Mo-Fr 10–20, Sa 10–16 Uhr, Kreditkarten: EC; Eurocard, Visa; E-Mail: textundtoene@t-online.de
  Secondhand-Bücher zu angemessenen Preisen; keine Raritäten

## Esoterik:

- Buchhandlung Wrage: Schlüterstraße 4, 20146 Hamburg (Univiertel), Telefon 4 13 29 70, Fax 44 24 69, Mo-Fr 10–19.30, Sa 10–16 Uhr, Kreditkarten: EC; Eurocard, Visa; www.wrage.de
  Neben Büchern gibt es Traumfänger, Steine, Blumenelfen, Aurasoma und Windspiele; regelmäßige Autorenveranstaltungen
- Bücher-Insel: Eppendorfer Weg 258, 20251 Hamburg (Eppendorf), Telefon 4 20 88 12, Mo-Fr 11–19, Sa 10–14 Uhr, Kreditkarten: EC; Fachbücher, Musik und Geschenkideen aus dem esoterischen Bereich
- Hier und Jetzt: Erzbergerstraße 10, 22765 Hamburg (Ottensen), Telefon 39 57 84, Fax 3 90 07 33, Mo, Mi, Do, Fr 10–19.30, Di 10.30–19.30, Sa 10–16 Uhr, Kreditkarten: EC; www.hierundjetzt.de
  Bücher zur Esoterik, größtes Antiquariat esoterischer Bücher in Norddeutschland, Musikangebot, Fengshui, Kleinteile, Lampen, Silberschmuck
- Mandala – Ada Rompf: Rutschbahn 7, 20146 Hamburg (Univiertel), Telefon 45 46 06, Fax 44 97 51, Mo-Fr 10–18.30, Sa 10–14 Uhr, Kreditkarten: EC-Karte
  Fachbuchhandlung für Esoterik; unter anderem Zubehör für die moderne Hexe, Feng-Shui-Artikel, Zimmerspringbrunnen
- Rudolf Steiner Buchhandlung: Rothenbaumchaussee 103, 20148 Hamburg (Rotherbaum), Telefon 44 49 42, Fax 4 10 75 26, Mo-Fr 9–18, Sa 9–14 Uhr, Kreditkarten: EC; E-Mail: rudolf-steiner-buchhandlung@t-online.de
  Fachbücher für Anthroposophie, Kinder-und Jugendbücher, allgemeines Sortiment, Kunstdrucke, Postkarten, Kerzen
- Sommernachtstraum: Lange Reihe 93, 20099 Hamburg (St. Georg), Telefon 24 31 08, Mo-Fr 11–19, Sa 10–14 Uhr, Kreditkarten: EC; E-Mail: bhlg.sommernachtstraum@t-online.de
  Spirituelle Literatur, Traumfänger und tibetanische Klangschalen, Meditationsmusik und -kissen

## Frauen und Männer:

- Blendwerk: Lange Reihe 73, 20099 Hamburg (St. Georg), Telefon 24 00 03, Fax 24 00 03, Mo-Fr 11–19, Sa 11–16 Uhr, Kreditkarten:

**Kunstbuch: Bei Sautter & Lackmann warten über 40 000 Titel auf Kunstliebhaber**

EC-Karte; alle außer Amex;
E-Mail: bhlg.sommernachtstraum@t-online.de
Gehört zur Buchhandlung Männerschwarm, bietet neben Literatur viele Geschenkartikel wie CDs von hauptsächlich schwulen Künstlern

- Frauenbuchladen: Bismarckstraße 98, 20253 Hamburg (Hoheluft), Telefon 4 20 47 48, Fax 42 93 64 60, Mo-Fr 10–19, Sa 10–15 Uhr, Kreditkarten: EC-Karte; www.frauenbuchladen-hh.w4w.de
  Bücher von Frauen für Frauen und Lesbenliteratur, außerdem Regenbogenartikel, Sex-Toys, Papeterie, Videos, Musik und Hörbücher
- Kibula: Schenkendorffstraße 20, 22085 Hamburg (Uhlenhorst), Telefon 2 20 73 58, Fax 2 20 90 12, Mo-Fr 9.30–13, 15–18, Sa 9.30–12 Uhr
  Gemütliche Atmosphäre, gute Beratung; im Angebot sind unter anderem Kinder-und Jugendbücher sowie MCs und CDs
- Männerschwarm: Neuer Pferdemarkt 32, 20359 Hamburg (St. Pauli), Telefon 43 60 93, Fax 43 02 29 32, Mo-Fr 10–19, Sa 10–16 Uhr, Kreditkarten: EC-Karte; alle außer Diners; www.maennerschwarm.de
  Hat alles, was ein schwules Publikum so braucht: neben Literatur auch Videos, DVDs und CDs

### Hörbuch:

- Litraton: Große Bleichen 34, 20354 Hamburg (Innenstadt), Telefon 35 71 35 77, Fax 35 71 35 78, Januar bis November: Mo-Fr 10–19, Sa 10–16 Uhr, Dezember Mo-Fr 10–20, Sa 10–18 Uhr, Kreditkarten: EC-Karte; Eurocard, Visa; E-Mail: LITRATON@aol.com
  Von aktuellen wie „Herr der Ringe“ bis zu Klassikern von Goethe und Fontane ist hier als Hörbuch fast alles zu bekommen

### Kinder:

- Buchhandlung im Schanzenviertel, Kinderbücher und Pädagogik, c/o Die Druckerei: Schanzenstraße 6, 20357 Hamburg (Schanzenviertel), Telefon 4 30 08 88, Fax 43 38 11, Mo-Do 9.30–18, Fr 9.30–18.30, Sa 10–14 Uhr, Kreditkarten: EC
- Päki – Pädagogik & Kinderbuch: Hartungstraße 22, 20146 Hamburg (Univiertel), Telefon 45 43 40, Fax 45 89 44, Mo-Fr 10–18.30, Sa 10–14 Uhr, Kreditkarten: EC; alle außer Amex
  Hat neben Büchern und Spielen einen großen Bestand an Unterrichtseinheiten und CD-ROMs

### Kunst:

- Buchhandlung von der Höh: Große Bleichen 21, 20354 Hamburg (Innenstadt), Telefon 34 63 88,

Fax 34 62 72, Mo-Fr 10–20, Sa 10–16 Uhr, Kreditkarten: EC; alle außer Diners; www.von-der-hoeh.de
Literatur für Kunst, Design, Fotografie, Werbung, Mode, Bühne, Architektur, Kataloge, Monografien, Kunstpostkarten-Sortiment, Musik-Bücher über Klassik, Jazz, Rock, Pop, modernes Antiquariat

- Bücherstube Felix Jud & Co.: Neuer Wall 13, 20354 Hamburg (Innenstadt), Telefon 34 34 09, Fax 34 18 48, Mo-Fr 10–18.30, Sa 10–15 Uhr, Kreditkarten: EC; alle außer Diners; www.felix-jud.de
Neben umfangreichem Literatursortiment aufwändige Kunstbände, Kataloge und Künstlerbiografien
- Hermann Laatzen: Warburgstraße 18, 20354 Hamburg (Innenstadt), Telefon 44 41 60, Fax 45 32 32, Mo-Fr 9–18, Sa 10–14 Uhr (Juni, Juli, August Sonnabend geschlossen)
Esplanade 30, 20354 Hamburg (Innenstadt), Telefon 35 22 83, Mo-Fr 9.30–19, Sa 10–15 Uhr, Kreditkarten: EC; www.buchhandlung-laatzen.de
- Kunstantiquariat Joachim Lührs: Michaelisbrücke 3, 20459 Hamburg (Innenstadt), Telefon 37 11 94, Fax 37 11 03, Mo-Fr 11–18.30, Sa 10–14 Uhr und nach Vereinbarung, Kreditkarten: EC-Karte; Eurocard, Visa
Auch Zeichnungen, Grafik aus dem 16. bis 20. Jahrhundert, Hamburgensien, alte Landkarten, Fotos
- Sautter & Lackmann: Admiralitätstaße 71–72, 20459 Hamburg (Innenstadt), Telefon 37 31 96, Fax 36 54 79, Mo-Fr 10–18.30, Sa 10–16 Uhr, Kreditkarten: EC; www.sautter-lackmann.de
Führt über 40 000 Titel, Schwerpunkte auf Kunst, Kunsthandwerk, Architektur, Grafik und Produktdesign, Werbung, Mode, Film und Fotografie

## Schifffahrt und Verkehr:

- Eckhardt & Messdorf Schiffahrtsbuchhandlung: Rödingsmarkt 16, 20459 Hamburg (Innenstadt), Telefon 3 74 84 20, Fax 37 50 07 68, Mo-Fr 9–18, Sa 9.30–14 Uhr, Kreditkarten: EC-Karte; Eurocard, Visa; www.seekarten-hamburg.de
Hat von Segel- und sonstiger Schifffahrtsliteratur und elektronischen Seekarten alles, was das Seemannsherz begehrt
- Wede im Hanseviertel: Große Bleichen 36, 20354 Hamburg (Innenstadt), Telefon 34 32 40, Fax 35 25 19, Mo-Fr 10–20, Sa 10–16 Uhr, Kreditkarten: alle; EC-Karte
Literatur über Schiff- und Luftfahrt, Yachtsport, Auto und Eisenbahn
- Wolfgang Fuchs Maritime Literatur: Johannisbollwerk 19, 20459 Hamburg (Innenstadt), Telefon 3 19 35 42, Fax 3 19 25 52, Mo-Fr 9.30–13, 14–18, Sa 9.30–15 Uhr, Kreditkarten: EC; Eurocard, Visa
Neue und antiquarische Bücher zur Schifffahrt, großes Fotoarchiv hauptsächlich deutscher Handelsschiffe von 1870 bis heute

## Sprachen und Länder:

- Arkady Kunst-und Buchhandlung: St.-Pauli-Hafenstraße 104, 20359 Hamburg (St. Pauli), Telefon 34 60 47, Fax 34 67 91, Mo-Fr 10–18, Sa 10–16 Uhr, Kreditkarten: Eurocard, Visa;
E-Mail: arkady@t-online.de,
Hauptsächlich polnische und russische Literatur; ansonsten unter anderem Bernsteinschmuck und Militaria
- Buchhandlung Tuchel & Kerckhoff: Alsterarkaden 21, 20354 Hamburg (Innenstadt), Telefon 3 60 01 70, Fax 36 00 17 15, Mo-Fr 10–18.30, Sa 10–14 Uhr, Kreditkarten: EC-Karte
Englische, spanische, französische und italienische Bücher unterschiedlichster Themengebiete; ein weiterer Schwerpunkt: Theologie; zirka 200 Bibeln in verschiedenen Sprachen
- Colón Fremdsprachenbuchhandlung: Colonnaden 96, 20354 Hamburg (Innenstadt), Telefon 34 44 38, Fax 35 29 65, Mo-Fr 9–18.30, Sa 10–14.30 Uhr, Kreditkarten: alle; EC-Karte;
E-Mail: books@colon.de
Belletristik in Englisch, Spanisch, Französisch, Italienisch und Portugiesisch, Sprachlehrwerke sind in vielen Sprachen vorhanden
- Dr. Götze Land & Karte : Alstertor 14–18, 20095 Hamburg (Innenstadt), Telefon 3 48 03 13, Fax 35 74 63 44, Mo-Fr 10–20, Sa 10–16 Uhr, Kreditkarten: EC; alle außer Diners; www.drgoetze.com
Wer genug in den Reisebüchern, Stadtführern und Landkarten bei Dr. Götze geschmökert hat, kann gleich im dazugehörigen Reisebüro buchen
- Librairie Française Charivari: Rappstraße 1a, 20146 Hamburg (Rotherbaum), Telefon 44 55 01 (telefonisch immer zu erreichen), Fax 4 10 81 17,
E-Mail: jnonnon@aol.com
Termine nach telefonischer Vereinbarung, serviert französische Belletristik, Schallplatten und Videos à la carte; Bestellungen und Suche vergriffener Titel
- Marissal Frensche International Books: Spitalerstraße 26c, 20095 Hamburg (Innenstadt), Telefon 32 75 85, Fax 32 34 71, Mo-Mi 10–19.30, Do, Fr 10–20, Sa 10–16 Uhr, Kreditkarten: EC; alle außer Amex; www.marissal.de
Sollten Sie die deutsche und englische Ausgabe von „Harry Potter" satt haben, greifen Sie doch auf die türkische oder neugriechische bei Marissal zurück. Oder überraschen Sie Ihre Angebetete mit kulinarischen Genüssen aus einem russischen Kochbuch. Sollten Sie noch nicht über ausreichende Sprachkenntnisse verfügen, steht Ihnen ein umfangreiches Sortiment an Sprach-und Wörterbüchern gegenüber

## Büromöbel

Wer ein Büro einrichtet, muss viele Aspekte beachten, so trocken dieses Unterfangen auf den ersten Blick auch sein mag. Praktisch soll es sein, aber nicht zu trist, ein bestimmtes Image vermitteln und trotzdem Rücken und Sehkraft der sitzgeplagten Mitarbeiter nicht völlig ruinieren. Usus vieler Büroeinrichtungshäuser ist inzwischen Beratung und Planung vor Ort von eigenen Innenarchitekten, die auch Wandfarbe und Teppich mit abstimmen und das ganze zur Demonstration schon mal als 3-D-Animation auf den Computer zaubern. Zu guter Letzt gehören natürlich auch noch Lieferung und Montage dazu.

- BOS Büro Objekt Wohnen: Große Elbstraße 68, 22767 Hamburg (Altona), Telefon 30 62 11 11, Fax 30 62 11 19, Mo-Fr 11–20, Sa 11–16 Uhr, Kreditkarten: alle; EC; www.stilwerk.de/hamburg/bos
  Außer im stilwerk findet man noch eine große Auswahl Büromöbel in der Filiale an der Elbchaussee 5, 22765 Hamburg (Altona)
- Büromöbel Bunke: Großlohrering 68–70, 22143 Hamburg (Rahlstedt), Telefon 6 75 30 00, Fax 6 75 30 01, Mo-Do 11–18, Fr 11–15, Sa 10–13 Uhr; www.hans-bunke.de
  Secondhand-Büromöbel, An-und Verkauf
- Ergo: Burchardstraße 6, 20095 Hamburg (Innenstadt), Telefon 3 09 69 20, Fax 30 96 92 92, Mo-Fr 10–18, Sa 11–16 Uhr, Kreditkarten: EC-Karte; www.ergoweb.de
  Ergo-Konzept-Artikel für den Wohn- und Arbeitsalltag; Stühle, Sessel, Betten, Tische und
- Gärtner Bürogestaltung: Große Bleichen 23, 20354 Hamburg (Innenstadt), Telefon 3 56 00 90, Fax 35 60 09 39, Mo-Fr 10–20, Sa 10–16 Uhr, Kreditkarten: EC; www.gaertnermoebel.de
  Büroeinrichtungen der gehobenen Klasse, zum Beispiel Vitra, USM und Thonet . Italienisches Design nimmt den vordersten Platz ein, aber auch einige Skandinavier sind vertreten



- KIRSCH Planen und Einrichten: Große Elbstraße 68, 22767 Hamburg (Altona), Telefon 30 62 11 90, Fax 30 62 11 99, Mo-Fr 11–20, Sa 11–16 Uhr, So Schautag 14–18 Uhr; www.kirsch-einrichten.de
  Hier gibt es alles aus einer Hand: Beratung, Planung, Einrichtung und logistische Unterstützung
- NACK Büroeinrichtungen: Hammer Straße 25, 22041 Hamburg (Wandsbek), Telefon 6 58 00 20, Fax 65 80 02 22, Mo-Do 8.30–17, Sa 8.30–15 Uhr und nach Absprache; www.nack.de
  Mehr gesundheits- und funktionalitäts- als designorientiert präsentiert sich die Auswahl des kleinen Teams bei NACK. Hier findet außerdem tatkräftige Hilfe, wer mit komplizierten EU-Richtlinien ins Schlingern kommt, denn Büroeinrichtungen unterstehen strengen Vorgaben aus Brüssel
- Office Kontor Lütjohann Büroeinrichtungen GmbH: Ruhrstraße 11a, 22761 Hamburg (Bahrenfeld), Telefon 8 51 50 10, Fax 85 15 01 11, Mo-Fr 9–17 Uhr; www.ok.luetjohann.de
- punct object: Große Elbstraße 68, 22767 Hamburg (Altona), Telefon 30 62 12 60, Fax 30 62 12 69, Mo-Fr 11–20, Sa 11–16 Uhr; www.punct-object.de

## Büroservice

Das Telefon klingelt, ein wichtiges Gespräch wartet, und ein Geschäftsbrief muss aufgesetzt werden. Ein Selbständiger hat es nicht leicht. Hier kommt die Lösung: Bei einem Büroservice kann man ein komplettes Servicepaket inklusive einer Sekretärin, einer Geschäftsadresse und einem eingerichteten Büroraum mieten.

- Das Kontor: Hamburger Straße 11, 22083 Hamburg (Uhlenhorst), Telefon 22 81 81 81, Fax 22 81 81 82, Mo-Fr 8.30–17 Uhr; www.hh-kontor.de
- Hamburg Business Center: Poststraße 33, 20354 Hamburg (Innenstadt), Telefon 35 08 50, Fax 3 50 85 80, Mo-Do 9-17, Fr 9–15.30 Uhr; www.wbc.de
- Pedus Office: Glockengießerwall 26, 20095 Hamburg (Innenstadt), Telefon 30 10 40, Fax 30 10 42 99, Mo-Fr 9–18 Uhr; www.dussmann.de

## Bumerangs

… und da isser wieder. Oder auch nicht. Eine Unterrichtsstunde in diesem australischen Geduldssport gibt es ab 30 Euro bei Winfried Gorny. Wer nur einen guten Tipp zum richtigen Wink sucht, ruft am besten Bumerangfachmann Wilhelm Bretfeld an. Begriffe wie Spinning, Hope, Ucon, Viper oder Fusion sind Ihnen nicht fremd? Bei „Windspiele“ sind Sie richtig. Alle Anfänger auch, denn hier wird Beratung groß geschrieben.

- Wilhelm Bretfeld: Langer Kamp 87, 22850 Hamburg (Norderstedt), Telefon 5 25 29 85, Fax 52 55 07 17, E-Mail: WBretfeld@t-online.de,
- Windspiele: Weidestraße 147, 22083 Hamburg (Barmbek), Telefon 22 25 55, Fax 2 20 16 45, Mo-Fr 10–19, Sa 10–15 Uhr, Kreditkarten: alle; EC-Karte; www.windspiele.org
- Winfried Gorny: Berner Allee 28, 22159 Hamburg (Berne), Telefon 6 44 04 59, Fax 64 49 21 89, E-Mail: bumerang.projekt@t-online.de,

## Bungee

Einmal Lust zum lebendigen Jo-Jo umfunktioniert zu werden? Kein Problem! Die Jochen Schweizer GmbH bietet allen Menschen mit starken Nerven und einem Körpergewicht über 50 Kilogramm den ultimativen Kick. Von einer acht Meter langen Rampe, die aus der Panorama-Kanzel des Heinrich-Hertz-Turms ragt, geht's in die Tiefe. Zur Belohnung erhält der Springer Urkunde, Clubkarte (10 Prozent Ermäßigung auf den nächsten Sprung) und Info-Video gratis dazu. Wer's sich doch anders überlegt, lässt nicht nur sein wertvolles Ticket (ab 99 Euro) verfallen, sondern muss auch auf ein „I did it"-T-Shirt verzichten. Das gibt's nur für Helden.

- Jochen Schweizer GmbH: Telefon 0 89/60 60 89 20 (Infos und Tickets), Fax 0 89/60 60 89 24, Mo-Do 9–17.30, Fr 9–15 Uhr, Kreditkarten: alle; www.jochenschweizer.de

## Busse und Bahnen

Verkehrschaos und dicke Luft. Gründe dafür, auf Hamburgs öffentliche Verkehrsmittel umzusteigen, gibt es genug. Immerhin bietet der Hamburger Verkehrsverbund (HVV) ein Netz von 3258 Haltestellen und 3603 Kilometer Linienlänge. Obwohl die Zahl der Nutzer zunimmt, ist das eigene Auto nach wie vor das meistbenutzte Fortbewegungsmittel. Der HVV versucht mit allerlei Innovationen zu locken: Monitore flimmern in einigen U-Bahnen, Fahrpläne sind im Internet einsehbar und Niederflurbusse helfen beim Einstieg. Umschlagplatz für Busreisen ins In- und Ausland ist der ZOB (Zentraler Omnibus-Bahnhof).

- HVV-Auskunft: Fahrplanauskünfte und Informationen unter Telefon 1 94 49; www.hvv.de
- Zentraler Omnibus-Bahnhof: Adenauerallee 76, 20097 Hamburg (St. Georg), Telefon 24 75 75, Fax 2 80 44 97; www.verkehrsinfo-hamburg.de

**Bumerang: Profi Winfried Gorny fängt das flinke Ding mit links**

Chilehaus: Flaggschiff aus Stein

## Cafés

▶ *Essen + Trinken*

## Camping

Ein nettes Zeltplätzchen an der Kieler Straße gefällig? Ganze zwei Campingplätze gibt es in Hamburg. Und die bestechen nicht gerade durch ihre Lage. Dennoch, wer sein Geld lieber für Shoppen und Kneipe als für teure Unterkünfte ausgibt, ist auf dem Campingplatz genau richtig. Einen Campingführer für Europa erhält man beim Deutschen Camping-Club/Landesverband Hamburg.

- Camping Buchholz: Kieler Straße 374, 22525 Hamburg (Stellingen), Telefon 5 40 45 32, Fax 5 40 25 36, Bürozeiten 7–20 Uhr (1. 5.–31. 10.) beziehungsweise 8–11 Uhr (1. 11.–1. 4.); www.camping-buchholz.de
- Campingplatz Schnelsen Nord: Wunderbrunnen 2, 22457 Hamburg (Schnelsen), Telefon 5 59 42 25, Fax 5 50 73 34, Bürozeiten 8–22 Uhr (1. 4.–20. 6. und 6. 7.–31. 10.), Kreditkarte: EC-Karte; E-Mail: campingplatz-hamburg@t-online.de; www.campingplatz-hamburg.de
- Deutscher Camping-Club/Landesverband Hamburg e. V.: Telefon 6 41 60 78, Fax 6 41 60 78; www.camping-lv-hh.de

## Chilehaus

Als „Flaggschiff aus Stein“ wird das bekannteste Hamburger Kontorhaus, das Chilehaus, bezeichnet. Im Osten laufen die Fassaden des zehnstöckigen Bauwerks zu einem monumentalen Schiffsbug zusammen, dessen Spitze die Plastik eines Kondors (chilenischer Wappenvogel) trägt. 1922–1924 nach den Plänen des Architekten Fritz Högers erbaut, sollte es den Aufschwung der hanseatischen Wirtschaft nach dem ersten Weltkrieg symbolisieren. Benannt wurde es nach dem Land, in dem der Bauherr Henry B. Sloman drei Jahrzehnte lang im Salpetergeschäft tätig war. Heute beherbergt das Hauptwerk des „Klinker-Expressionismus“ hauptsächlich Büros. Im Erdgeschoss befinden sich aber auch Geschäfte, Restaurants, Cafés und ein Reisebüro. Die Hamburger Tourismuszentrale bietet in der Zeit von April bis Oktober jeden Montag von 14.30 bis 16.30 Uhr Führungen zum Thema „Kontorhäuser – typisch für Hamburg“ an.

- Chilehaus: Burchardplatz/Pumpen, 20095 Hamburg (Innenstadt), Mo-Fr zirka 8–18 Uhr
- Tourismuszentrale Hamburg GmbH: Steinstraße 7, 20095 Hamburg (Innenstadt), Telefon 30 05 13 00, Fax 30 05 13 33, Mo-So 8–20 Uhr, E-Mail: info@hamburg-tourism.de; www.hamburg-tourism.de

## Chöre

Egal ob Sie „Hoch auf dem gelben Wagen“ schmettern möchten, sich nach poppigen Tönen sehnen oder wohl klingende klassische Laute aus dem eigenen Munde erhoffen, beim Chorverband Hamburg sind Sie sicher gut aufgehoben. Präsidentin Gertrud Schüttler erteilt Auskunft über die 100 registrierten Chöre des Sängerbundes. Vom Brauereichor Hopfen und Malz bis zum schwulen Männerchor findet sich für jeden Laien, ob jung oder alt, der passende Einstieg. Geübte Amateursänger nimmt der Schubert Chor auf, geprobt wird donnerstags in der Musikhalle. Ein sehr gutes Gehör und eine entwicklungsfähige Stimme sowie Freude am gemeinsamen stimmlichen und musikalischen Training braucht der potenzielle Pavarotti für die Aufnahme im Hamburger Opernchor.

- Chorverband Hamburg e. V. c/o Gertrud Schüttler: Große Straße 57, 21465 Reinbek, Telefon 0 41 04/71 91, Fax 0 41 04/96 15 31; www.chorverband-hamburg.de
- Hamburger Opernchor: Postanschrift: Winterhuder Weg 136, 22085 Hamburg (Uhlenhorst), Telefon 22 19 31, Fax 2 27 67 57
- Schubert Chor: Telefon 4 30 59 55; www.schubert-chor.de

## Clowns

Ist einer in der Nähe, sind Kinder nicht zu halten. Wer Danny den Zauberclown engagiert, kann sich auf ein einstündiges Programm mit Späßen, Zauberei und Luftballon-Tieren gefasst machen. Tilla auf der Wolke amüsiert Erwachsene mit mittelalterlichen Clownspielen samt Prinzessinnen, Rittern und dazu passender Musik.

- Danny der Zauberclown: Schopstraße 7, 20255 Hamburg (Eimsbüttel), Telefon 49 94 76
- Pauli der Partyschreck: Thomas-Mann-Straße 7, 22175 Hamburg (Bramfeld), Telefon 6 40 43 91
- Tilla auf der Wolke: Sandort 17, 22549 Hamburg (Osdorf), Telefon 8 00 66 26; www.tilla.de; Auch Stelzenlauf und Kinderschminken

## Clubs

▸ *Nightlife*

## Cocktailbars

▸ *Essen + Trinken*

## Coffeeshops

▸ *Essen + Trinken*

## Comics

In Deutschland haben es die Comic-Helden nicht leicht! Erste zaghafte Schritte vor und zwischen den Kriegen wurden zuerst von den Nazis, später von übereifrigen Pädagogen gebremst. Zu den Wegbereitern des Comics zählt Wilhelm Busch mit Bildgeschichten wie „Max und Moritz". Doch insgesamt wird der deutsche Markt vorwiegend von Importen aus den Comic-Hochburgen USA, Japan und Frankreich/Belgien beherrscht. Im frankobelgischen Raum sind Comics voll etabliert und werden als Kunstform betrachtet. Und wer kennt nicht „Asterix" oder „Tim und Struppi". Auch Mangas, wie Comics in Japan genannt werden, finden im Westen guten Absatz. Die darin oft freizügig dargestellte Sexualität ist eines der Tabuthemen, die den weltweiten Erfolg von Comics begründen. Den Markt in den USA dominieren vorwiegend große Verlage, deren Produkte teilweise zum „Schund"-Image der Comics beigetragen haben. Doch die Superheroes von „Superman" und „Batman" bis „Spiderman" kommen auch in deutschen Gefilden an. Ganz zu schweigen von „Mickey Mouse" und der Duck-Sippe. Seit den Neunzigern erfährt der Comic-Markt einen stetigen Aufschwung, unter anderem durch die Neuauflage von „Batman" – vielleicht auch bald in Deutschland!? Bilden können sich interessierte Laien wie Fachpublikum in Seminaren und Vorlesungen der Arbeitsstelle für grafische Literatur – und in der Bibliothek in allerlei buntem Bildmaterial versinken.

- Arbeitsstelle für grafische Literatur: Heimhuder Straße 71, 20148 Hamburg (Univiertel), Telefon 4 28 38 65 13, Fax 4 28 38 62 12, Do 14–16 Uhr; E-Mail: argl@uni-hamburg.de

**Ausstellungen:** „Comic ist der Rock 'n' Roll der Kunst" – so die Website der Initiative Comic-Kunst e. V. Direkt, provokativ und tabubrechend. Nicht mehr die Problemchen der tollpatschigen Tick, Trick und Track beschäftigen die Leserschaft. Heiße Eisen wie Aids oder Faschismus werden offen angepackt. Die Initiative Comic-Kunst e. V., 1990 gegründet, schreibt sich die Förderung deutscher Zeichner auf die Fahnen, der Großteil der Mitglieder sind Zeichner. Vier Ausstellungen unter verschiedenen Mottos wurden bereits veranstaltet. „Die vierte Dimension" im Jahr 1997 schickte die Besucher durch einen „Time-Tunnel" und ließ sie auf wackeligen Ebenen gehen – ein synästhetisches Erlebnis aus Sehen, Hören, Riechen und Fummeln. Wie häufig bei förderungswürdiger Kunst sind in den letzten Jahren die Mittel geschrumpft, die Kulturbehörde hat der Initiative die Gelder gestrichen, und somit steht die nächste Ausstellung in den Sternen. Außerdem stehen die Arbeiten einiger Künstler im Internet unter www.inc-comic.org.

- Initiative Comic-Kunst e. V.: Jaffestraße 10, 21109 Hamburg (Eimsbüttel), Telefon 40 53 80, Thomas Wittek, Fax 40 53 80, E-Mail: wittekcomix@aol.com; www.inc-comic.org

**Kauf:** Bereits 1989 öffnete die Norddeutsche Comic-Börse ihren Pforten und entwickelte sich schnell zum riesigen Event mit 350 Ausstellern: Gewerbliche und private Händler, Galeristen und Zeichner, die ihre

Comics signieren, locken bis zu 5000 Besucher in die Uni-Mensa. Jedes Jahr am ersten Samstag im März und Oktober steigt die studentische Futterkiste zum Comic-Trefffpunkt Nummer eins auf. Ebenfalls eine exzellente Auswahl findet man in den Wahnsinn-Comics-Läden. Während jedoch in St. Georg eher auf antiquarische Hefte und Alben gesetzt wird, hält der Laden in der Grindelallee ein reichhaltiges Angebot an Merchandising-Produkten bereit. Der Comic-Laden bietet neben deutschen Verlagscomics eine Unmenge an US-Importen sowie Poster und Mangas an. Das Comic Laden Kollektiv besitzt laut eigener Aussage das größte Antiquariat Norddeutschlands.

- Borgweg-Records: Borgweg 5, 22303 Hamburg (Winterhude), Telefon 2 70 36 93, Mo-Fr 14–18, Sa 11–14 Uhr; Comics von A–Z, außerdem Schallplatten und CDs
- Comic Cave: Bornstraße 1, 20146 Hamburg (Univiertel), Telefon 45 91 99, Fax 45 91 79, Mo-Fr 12–18, Sa 11–14 Uhr; www.comiccave.de Englischsprachige Comics, reichhaltiges Angebot an Merchandising-Produkten aus den USA und Japan
- Comic Laden Kollektiv: Fruchtallee 130, 20259 Hamburg (Eimsbüttel), Telefon 40 77 81, Fax 4 90 83 63, Mo-Fr 10–18.30, Sa 10–14 Uhr; E-Mail: info@comicladen-kollektiv.de; www.comic-antiquariat.de Besitzt laut eigener Aussage das größte Antiquariat Norddeutschlands
- Comics Total: Grindelallee 92, 20146 Hamburg (Univiertel), Telefon 45 16 29, Fax 45 00 04 99, Mo-Mi 10–18.30, Do, Fr 10–19, Sa 10–15 Uhr, Kreditkarte: EC; www.hummelcomic.de Laut Besitzer gibt's dort „alles, was den Comic-Markt ausmacht"
- Der Comic-Laden: Mundsburger Damm 48, 22087 Hamburg (Uhlenhorst), Telefon 2 29 65 63, Fax 2 29 64 07, Mo-Fr 10.30–18.30, Sa 10–16 Uhr; www.der-comic-laden.de Neben deutschen Verlagscomics eine Unmenge US-Importe, Poster und Mangas
- Norddeutsche Comic-Börse: Telefon 6 51 49 64, Georg Gössler, Fax 6 51 85 63; E-Mail: bonprix@msn.de, Die Hamburger Comic-Börse findet jährlich am ersten Samstag im März und Oktober statt: Uni-Mensa, Schlüterstraße 7, 20146 Hamburg (Univiertel)
- Wahnsinn-Comics: Lange Reihe 113, 20099 Hamburg (St. Georg), Telefon 2 80 31 08, Grindelallee 92, Fax 2 80 27 72, Mo-Fr 10–18.30, Sa 10–14 Uhr; www.hummelcomic.de Antiquarische Hefte und Alben, deutsche und amerikanische Comics, Mangas

## Computer

Ohne sie geht heutzutage kaum noch etwas. Die einst kühlschrankgroßen Rechenmaschinen sind längst kleineren, klügeren Hightech-Tools gewichen, die das Leben daheim und im Büro erleichtern sollen. Leider tun sie zuweilen genau das Gegenteil, sind krank, alt oder einfach hin. Für solche und andere Sorgen und Fragen rund um den Computer gibt es zahlreiche Spezialisten. Zum Glück.

**Chaos Computer Club:** Gehackt wurde beim Chaos Computer Club schon 1981. Heute versuchen die Mitglieder des CCC, „die Transparenz von Technologie und ihren gesellschaftlichen Auswirkungen zu fördern". Einmal im Jahr findet ein „Chaos Communication Congress" statt, daneben gibt es zahlreiche Treffs, und natürlich tauscht man sich über die üblichen elektronischen Wege aus. Der CCC befasst sich mit dem Gesamteinfluss elektronischer Medien, veranstaltet aber weder legal fragwürdige Sachen noch gibt es Computer- und Softwareschulungen!

- Chaos Computer Club e. V. Dezentrale Hamburg: Lokstedter Weg 72, 20251 Hamburg (Eppendorf), Telefon 4 01 80 10, Fax 40 18 01 41, jeden 2.–5. Di ab 19 Uhr; E-Mail: mail@hamburg.ccc.de; www.hamburg.ccc.de

**Entsorgung:** Ihr Computer ist überfordert, kaufen will ihn keiner mehr, und die Wohnung quillt von überflüssigem Krams über? Dann packen Sie ihn an der Maus und schleifen ihn raus. Zum nächsten Recyclinghof, hier wird ihr ehemals bestes Stück kostenlos entsorgt. Bei großen Mengen muss allerdings ein Entsorgungsunternehmen, etwa GDW, mit dem Massenbegräbnis beauftragt werden – und das kostet Geld.

- GDW Nord: Sandwisch 66, 22113 Hamburg (Moorfleet), Telefon 78 04 52 31; www.gdw-nord.de
- Recyclinghof: Offakamp 9, 22529 Hamburg (Lokstedt), zentrales Infotelefon 2 57 60, Mo 8–16, Di 9–19, Mi-Fr 9–16, Sa 8–14 Uhr
- Recyclinghof: Feldstraße 69, 20359 Hamburg (St. Pauli), zentrales Infotelefon 2 57 60, Mo 8–16, Di 9–19, Mi-Fr 9–16, Sa 8–14 Uhr
- Recyclinghof: Krähenweg 22, 22459 Hamburg (Niendorf), zentrales Infotelefon 2 57 60, Mo 8–16, Di 9–19, Mi-Fr 9–16, Sa 8–14 Uhr
- Recyclinghof: Rahlau 75, 22045 Hamburg (Tonndorf), zentrales Infotelefon 2 57 60, Mo 8–16, Di 9–19, Mi-Fr 9–16, Sa 8–14 Uhr
- Recyclinghof: Volksdorfer Weg 196, 22393 Hamburg (Sasel), zentrales Infotelefon 2 57 60, Mo 8–16, Di 9–19, Mi-Fr 9–16, Sa 8–14 Uhr

**Kauf:** Beim Run auf den Aldi-Computer verloren? Auch Elektrogroßmärkte bieten Hardware für das kleine Budget, allerdings fehlt es dort oft an kompetenter Beratung. Bei den aufgeführten Fachgeschäften sind die Rechner eventuell etwas teurer, dafür gibt es aber ausführliche Infos und die Möglichkeit, sich seinen Computer nach eigenen Vorstellungen zusammenbauen zu lassen.

- Brinkmann GmbH: Spitalerstraße 10, 20095 Hamburg (Innenstadt), Telefon 3 00 40, Fax 33 60 05, Mo-Fr 9.30–20, Sa 9–16 Uhr, Kreditkarte: EC; www.brinkmann.de
- BWZ: Angerburger Straße 20, 22047 Hamburg (Wandsbek), Telefon 69 67 81 00, Fax 69 67 81 10, Mo-Fr 9–18.30 Sa 10–4 Uhr, Kreditkarte: EC; www.bwz.de
- compument systemhaus: Ochsenwerder Elbdeich 319, 21037 Hamburg (Ochsenwerder), Telefon 6 89 41 20, Fax 68 94 12 13, Mo-Fr 9–17 Uhr, Kreditkarte: EC; www.compument.com
- ComSpot: Herderstraße 27, 22085 Hamburg (Winterhude), Telefon 22 73 90 15, Fax 22 73 90 16 Rentzelstraße 36–40, 20146 Hamburg (Univiertel), Telefon 22 71 34 36, Fax 22 71 34 37, Mo-Fr 10–19, Sa 10–16 Uhr, Kreditkarte: EC; www.comspot.de
- Gigastore: Hamburger Straße 134, 22083 Hamburg (Uhlenhorst), Telefon 20 98 61 61, Fax 20 98 61 79, Mo-Fr 10–13, 14–18, Sa 10–13 Uhr, Kreditkarte: EC; www.giga-store.com
- Makro Markt: Kieler Straße 433, 22525 Hamburg (Stellingen), Telefon 54 74 20, Fax 54 74 21 87, Mo-Fr 9.30–20, Sa 9–16 Uhr, Kreditkarte: EC; www.makromarkt.de
- Media Markt: Nedderfeld 70, 22529 Hamburg (Lokstedt), Telefon 48 09 90, Mo-Fr 10–20, Sa 9.30–16 Uhr, Kreditkarte: EC; www.mediamarkt.de
- Siggelkow Computer: Nordkanalstraße 53, 20097 Hamurg (Hammerbrook), Telefon 2 36 03 30, Fax 23 10 18, Mo-Fr 8–20, Sa 10–16 Uhr, Kreditkarte: EC Beim Schlump 26 (Eimsbüttel), Telefon 2 36 03 30, Fax 23 10 18, Mo-Fr 10–20, Sa 10–16 Uhr; www.siggelkow.de; weitere Filiale in der Wandsbeker Chaussee 285 (Wandsbek)
- Vobis: Große Bergstraße 179, 22767 Hamburg (Altona), Telefon 3 89 51 42, Fax 3 89 48 31, Mo-Mi 10–18, Do, Fr 10–19, Sa 10–14 Uhr, Kreditkarte: EC; www.vobis.de

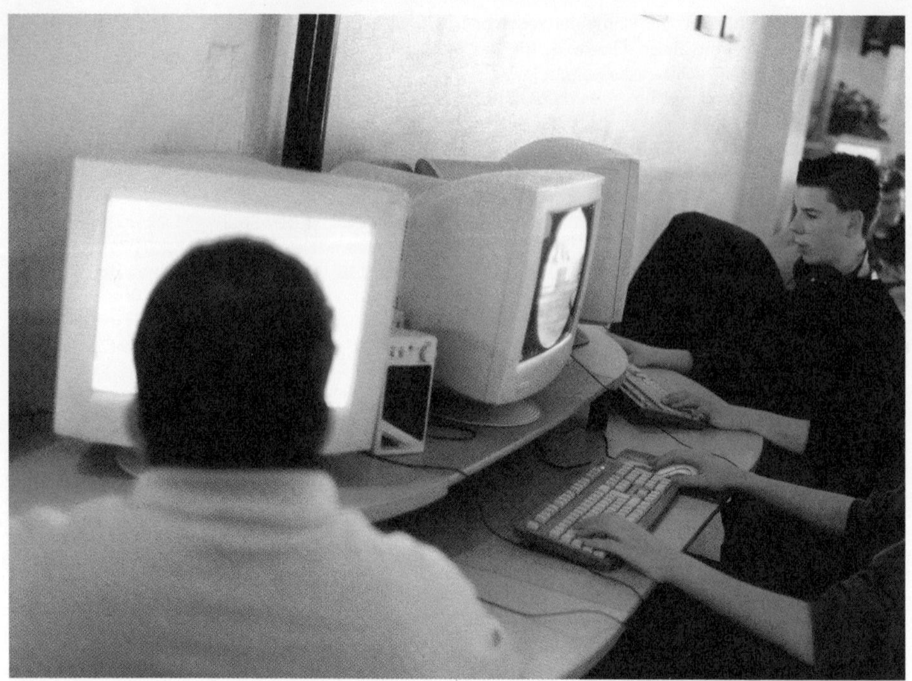

**Computer: Daddeln, ballern, schreiben, chatten ... nix geht ohne sie**

**Kurse:** Es wird niemandem entgangen sein, dass man sowohl im Arbeitsleben als auch im privaten Bereich am Umgang mit Computern kaum noch vorbeikommt. Unternehmen für Computerschulung und -training schießen wie Pilze aus dem Boden. So macht sich leicht Orientierungslosigkeit beim lernwilligen Laien breit.

- ada soft FrauenComputerSchule: Segeberger Chaussee 36, 22850 Norderstedt, Telefon 52 98 38 91, Fax 52 98 38 92; E-Mail: fcs@adasoft.de; www.adasoft.de
  Computerkurse von Frauen für Frauen und Mädchen aller Altersgruppen, eine andere, weibliche Lernweise soll berücksichtigt, Hemmungen im PC-Umgang sollen abgebaut werden
- Com Center Hamburg: Mönckebergstraße 11, 20095 Hamburg (Innenstadt), Telefon 30 97 25 16, Fax 30 97 25 19, Mo-Fr 9–18 Uhr; www.com-training.com/hamburg
  Praxisorientierte PC-Anwender-Trainings, für Firmen auch individuelle Schulungen und Betreuung am Arbeitsplatz
- ComFit: Heinrich-Barth-Straße 1, 20146 Hamburg (Univiertel), Telefon 45 03 63 66, Fax 41 33 95 65, Mo-Do 10–13, 16–19, Fr 10–13, 16–18 Uhr; www.comfit.de
  Schulungen in Vierer- bis Fünfergruppen; auch Einzel-,Wochenend-, Ferien- und Tageskurse
- Computer Akademie: Frankenstraße 12, 20097 Hamburg (Hammerbrook), Telefon 23 05 38, Fax 23 27 32; www.computer-akademie-online.de
  Zusätzlich zur Weiterbildung bietet die Computer Akademie Fortbildungen zum Netzwerkadministrator und CAD-Programmierlehrgänge an, Förderung durch das Arbeitsamt kann beantragt werden
- Computerschule für Kinder: Schulweg 48, 20259 Hamburg (Eimsbüttel), Telefon 40 17 17 00, Fax 40 17 17 02; www.computerschulen.de
  Kinder ab vier Jahren können in Kleingruppen den Umgang mit dem Computer lernen, außerdem gibt es Nachhilfe und Hausaufgabenbetreuung, Workshops in Schulen und Kindergärten und auch „normale“ Kurse für Erwachsene oder Firmen
- CPI Beratung-Entwicklung-Schulung: Schillerstraße 43, 22767 Hamburg (Altona), Telefon 3 06 80 60, Fax 30 68 06 11; www.cpi.de
  Beratung und Entwicklung problemangepasster Programme und Firmenschulungen für Firmen, außerdem Internetdesign
- DTP-Akademie: Schulterblatt 120, 20357 Hamburg (Eimsbüttel), Telefon 43 18 82 50, Fax 43 18 82 80, Mo-Fr 8–17 Uhr; E-Mail hh@dtp-akademie.de;

www.dtp-akademie.de
Berufliche Weiterbildung, Kurse am Abend, Wochenende und sogar am eigenen Arbeitsplatz

- Hamburger Volkshochschule EDV- und Berufsbildungszentrum: Mönckebergstraße 17, 20095 Hamburg (Innenstadt), Telefon 2 09 42 10, Fax 20 94 21 44, Mo 9–18.30, Di 9–14, Mi 9–16, Do 9–20, Fr 9–16, Sa 10.30–12.30 Uhr; www.vhs-hamburg.de
EDV-Kurse von Textverarbeitung über Programmiersprachen bis zum Internet, anerkannte Bildungsurlaub-Kurse
- Indisoft-Gesellschaft für Weiterbildung: Amsinckstraße 71d, 20097 Hamburg (Hammerbrook), Telefon 23 62 10, Fax 23 62 12 99, Bürozeiten: Mo-Fr 8–18 Uhr; E-Mail: info@indisoft.com; www.indisoft.com
Schulungsprogramme und Seminare zur Weiterbildung für folgende Zielgruppen: Männer und Frauen mit oder ohne Berufsabschluss, Fach- und Hochschulabsolventen, im Baubereich Tätige und Facharbeiter; eine Finanzierung durch das Arbeitsamt kann beantragt werden
- @mos.Computerschule für Frauen: Friedensallee 62a, 22765 Hamburg (Ottensen), Telefon 39 90 20 06, Fax 39 90 20 07, Mo-Fr 10–12, 16–18 Uhr; E-Mail: computerschule.amos@w4w.net; www.amos-computerschule.de
Schulungen an den Betriebssystemen Windows und MacOs; wichtige EDV-Grundlagen und Anwendungen, unter anderem Word, Internet, Grafikprogramme, Webdesign
- Sae College: Heidenkampsweg 84, 20097 Hamburg (Hammerbrook), Telefon 23 68 80 80, Fax 23 36 02, Mo-Fr 10–22, Sa 10–20 Uhr; E-Mail: saehamburg@saecollege.de; www.sae.edu
Mehrmonatige Ausbildungen für folgende Branchen: Audio, Multimedia, Film und Fernsehen; auch berufsbegleitende Kurse

**Notdienste:** Computertechnik übersteigt nicht selten den Benutzerhorizont. Gut, wenn man jemanden weiß, der sich damit auskennt. Wenn der kompetente Nachbar gerade mal nicht kann, die Hotline des Herstellers dauerbesetzt ist und Ihr Geduldsfaden kurz vorm Zerreißen, rufen Sie sich lieber einen Fachmann ins Haus.

- AD-Express – 24-Stunden-Service (PC) Funke & Co: Hammer Baum 24, 20537 Hamburg (Hamm), Telefon 2 50 65 17
- comDoc – Schnelle Hilfe für PCs: Telefon 08 00/2 00 02 20, Fax 42 93 81 11, Mo-Fr 8–20 Uhr; E-Mail help@comdoc.de, www.comdoc.de
- Fischer EDV-Systemberatung (Macintosh): Telefon 28 05 51 76, Fax 28 05 51 77; E-Mail: fischer@friesenpower.de
- Hot Line Hamburg Computer-Schnell-Service: Telefon 01 71/8 31 15 01, Fax 4 50 47 97, Mo-So 8–22 Uhr; E-Mail: hjloewer@aol.com,

**Spiele:** Mama hat früher immer gesagt, daddel nicht so viel, da wirst du blöd von. Heute sieht sie das vielleicht anders, denn Spiele gibt es für die ganz Kleinen und für die ganz Großen – vom harmlosen Schäfchenzählen bis hin zum Hightech-Abschlachten. Bei Spiele Netzwerk kann man für 2,50 bis 4 Euro pro Stunde das gewünschte Gemetzel vor dem Kauf testen. In den großen Kaufhäusern wie Karstadt findet man auch Lern- und Strategiespiele für Kinder weit unter der 25-Jahres-Marke.

- Game Castle: Kurze Mühren 4, 20095 Hamburg (Innenstadt), Telefon 33 16 23, Fax 32 52 58 51, Mo-Fr 8–20, Sa 9–16 Uhr
Bahrenfelder Straße 187, (Altona), Telefon 3 90 50 61, Fax 3 90 50 62, Mo-Fr 10–20, Sa 9–16 Uhr, Kreditkarte: EC-Karte; www.game-castle.com
- Karstadt: Mönckebergstraße 16, 20095 Hamburg (Innenstadt), Telefon 3 09 40, Fax 3 09 48 30, Mo-Fr 9–20, Sa 9–16 Uhr, Kreditkarte: EC; www.karstadt.de
- Spiele Netzwerk: Kleiner Schäferkamp 24, 20357 Hamburg (Eimsbüttel), Telefon 45 03 82 10, Fax 45 03 82 12
Hamburger Straße 1, 22083 Hamburg (Uhlenhorst), Telefon 22 92 71 36, Mo-So 10–24 Uhr; www.spielenetzwerk.com

## Curling

Es geht um weit mehr, als einen Granitstein über eine Eisfläche zu fegen. Beim Curling zählen Teamgeist, Körperbeherrschung, Zielsicherheit – vor allem aber Taktik. Wer den Schritt aufs Glatteis nicht fürchtet, sollte ihn jetzt machen. Vielleicht ist Curling nach den Achtungserfolgen der deutschen Olympiateams in Salt Lake City schon morgen too hip to be handled. Anfänger dürfen beim Curling Club Hamburg eine halbe Saison umsonst mitcurlen. Gespielt wird jeden Montag ab 20 Uhr in der Halle an der Hagenbekstraße 132a in Stellingen.

- Curling Club Hamburg c/o Dr. Lenard Schulze: Hagedornstraße 4, 20149 Hamburg (Harvestehude), Telefon 44 15 33, Fax 45 43 67; www.curlingclubhamburg .de

Dammtorbahnhof: Der „Kaiserbahnhof“ feiert im Jahr 2003 seinen 100. Geburtstag

## Dammtorbahnhof

Mit dem repräsentativen Jugendstil-Gebäude kann sich Hamburg sehen lassen. Kaiser Wilhelm II weihte es am 20. Juni 1903 ein. Benannt wurde es nach dem Damm-Tor der ehemaligen Wallanlagen. Es diente fortan als Empfangsbahnhof gekrönter und berühmter Häupter und erhielt dadurch den Beinamen „Kaiserbahnhof“. Heute ist der unter Denkmalschutz stehende Hallenbau Haltepunkt für Fernverkehr und S-Bahn mit direkter Anbindung an das Messegelände. Trotz Renovierungen in den 80er und 90er Jahren und der Generalüberholung des Erdgeschosses, welches im Januar 2002 mit 27 Geschäften neu eröffnete, gilt der Dammtorbahnhof als der architektonisch reizvollste der Hamburger Bahnhöfe.

- Dammtorbahnhof: Theodor-Heuss-Platz 1, 20354 Hamburg (Rotherbaum)

## Darts

Wer den Sport ernsthaft betreiben will, wendet sich an den Landes Dart Verband Hamburg e. V. und lässt sich an einen Verein weitervermitteln. Die nötige Ausstattung gibt es beim Hamburger Dartservice. Und wer in seiner Stammkneipe eine elektronische Dartscheibe mit Münzeinwurf vermisst, schickt seinen Wirt zur Bally Wulff Vertriebs GmbH

- Bally Wulff Vertriebs GmbH: Mexikoring 33, 22297 Hamburg (City-Nord), Telefon 63 92 90 00, Fax 6 30 90 30, Mo-Do 8–17, Fr 8–14 Uhr; www.bally-wulff.de
- Hamburger Dartservice: Geschwister-Scholl-Straße 37, 20251 Hamburg (Eppendorf), Telefon 4 80 12 07, Fax 47 38 65, Mo-Fr 14–18, jeden ersten Sa 10.30–16 Uhr; www.alfadarts.de
- Landes Dart Verband Hamburg e. V.: c/o Thorsten Sell, Dehnhaide 14, 22081 Hamburg (Barmbek), Telefon 29 69 62, Fax 54 76 73 19; www.ldvh.de

## Datenschutz

Haben Sie schon wieder Werbepost von Firmen bekommen, denen Sie nie Ihre Adresse gegeben haben? Wer an einem Preisausschreiben teilnimmt, sollte damit rechnen, dass seine Anschrift in die Fänge des deutschen Adressenhandels gerät. Beratung, Infos und Hilfe, wie man sich wehren kann, gibt es beim Hamburger Datenschutzbeauftragten. Hier werden auch Verwaltung und Wirtschaft auf die Einhaltung der Datenschutzrichtlinien kontrolliert. Eine Garantie, dass Ihre persönlichen Daten immer geschützt sind, gibt es aber nicht.

- Der Hamburgische Datenschutzbeauftragte, Dr. Hans-Hermann Schrader: Baumwall 7, 20459 Hamburg (Innenstadt), Telefon 4 28 41 20 44, Fax 4 28 41 23 72, Mo-Fr 8–16 Uhr; www.hamburg.datenschutz.de

## Deichstraße

Die Straße verläuft auf einem Deich. Der sollte seit dem 13. Jahrhundert neu bebaute Gebiete wie das Rödingsmarktviertel schützen. Durch den „Großen Brand“ im Mai 1842, der in Nummer 38 ausbrach, drei Tage wütete und 51 Menschenleben forderte, wurde jedoch ein Drittel der Hamburger Altstadt und ein beträchtlicher Teil der Deichstraße zerstört. Dass heute noch Fachwerkhäuser aus dem 17. bis 19. Jahrhundert in voller Pracht erstrahlen, ist vor allem privater Initiative zu verdanken. Die mehrstöckigen Bürgerhäuser, damals kombinierte Wohn-und Speicherhäuser mit Wasserzugang, gehören zu den meistbesuchten Baudenkmälern Hamburgs. In den verschiedenen

Häusern befinden sich nun Althamburgische Gaststätten und Geschäfte. Führungen durch die Deichstraße bietet der Verein Stattreisen Hamburg.

- Stattreisen Hamburg e. V.: Bartelsstraße 12, 20357 Hamburg (Schanzenviertel), Telefon 4 30 34 81, Fax 4 30 74 29, Mo-Fr 9–13 Uhr; www.stattreisen-hamburg.de

## Dekorateure

Wallende Vorhänge, Wohnaccessoires, neu gepolsterte Sessel: Eine persönliche Note erhalten die eigenen vier Wände in den Händen von Inneneinrichtern. Für Unsichere wird auch ein Rund-um-Service mit Beratung direkt vor Ort angeboten.

- Bodo Heye Inneneinrichtung: Stahlwiete 16, 22761 Hamburg (Altona), Telefon 85 37 47 73, Fax 85 37 45 69, Mo-Fr 11–19, Sa 11–16 Uhr; E-Mail: kontakt@bodoheye.de; www.bodoheye.de
  Innenausbau, Möbel, Lampen, Accessoires, große Stoffauswahl; hier gibt es alles aus einer Hand und auf Wunsch auch von A–Z geplant
- Cornelia: Mittelweg 125c, 20148 Hamburg (Pöseldorf), Telefon 44 19 58 85, Fax 44 19 58 99, Mo-Fr 10–19, Sa 11–16 Uhr; www.cornelia-hamburg.de
  Inneneinrichtungs- und Designladen: unter anderem Dekoartikel und Stoffe, auch Einzelanfertigungen, bieten Service aus einer Hand, da Handwerksbetriebe wie Tischler, Raumausstatter, Elektroniker et cetera der Firma angehören
- Albrecht: Mühlenkamp 64, 22303 Hamburg (Winterhude), Telefon 27 74 45, Fax 27 74 71, Mo-Fr 10–13 und 15–18, Sa 10–13 Uhr
  Eigene Werkstätten (wie Nähatelier, Polsterei), Spezialität ist die Anfertigung von Raffrollos, umfangreiches Stoffangebot, kleines Möbel- und Leuchtensortiment, Accessoires
- Dirala – Blankeneser Werkstätten GmbH: Elbchaussee 538–540, 22587 Hamburg (Blankenese), Telefon 8 66 30 31, Fax 86 11 13; www.dirala.de
  Bieten alles im Bereich Raumausstattung, zum Beispiel Polsterei, Dekoration, Teppiche, Tapeten, Wandbespannung, Malerarbeiten, reichhaltige Stoffauswahl, Mo-Fr 9–13 und 14–18, Sa 9–12 Uhr

## Dekoration

Eine bunte Lichterkette um das Fenster, ein künstlicher Ficus Benjamini davor? Wer sich dem Dekotrend bereits in irgendeiner Form hingegeben hat, weiß worum es geht: kleine Fummeleien, meist in den eigenen vier Wänden. Die nötigen Materialien gibt es in den folgenden Läden:

- Das Depot: Bornkampsweg 2, 22761 Hamburg (Bahrenfeld), Telefon 89 62 19, Fax 89 62 19, Mo-Fr 9.30–18, Sa 9.30–14 Uhr, Kreditkarte: EC
  Berner Heerweg 173–175, 22159 Hamburg (Berne), Telefon 6 43 43 03, Fax 64 42 53 85, Mo-Fr 10–20, Sa 9.30–16 Uhr, Kreditkarte: EC
  Dekorationen den Jahreszeiten entsprechend
- Home im Hotel Atlantic: An der Alster 72, 20099 Hamburg (Innenstadt), Telefon 24 34 84, Fax 2 80 38 45, Mo-Fr 10–18, Sa 10–14 Uhr, Kreditkarten: alle; EC;
  E-Mail: home.flowers@t-online.de
  Gehobener Blumenbringdienst mit eigener Blumenwerkstatt, Designobjekte und Accessoires für das schöne Wohnen, zählt zu den 1000 schönsten Läden in Europa
- Szenario: Dorotheenstraße 103, 22301 Hamburg (Winterhude), Telefon 4 20 82 22, Fax 4 20 40 52, Mo-Fr 10–19, Sa 10–16 Uhr, Kreditkarte: EC;
  E-Mail: SZENARIO_HH@t-online.de, www.szenario-collection.com
  Spezialisiert auf Schönes fürs Badezimmer, aber auch Anfertigung und Verleih von Dekorationen;

Design: Der 1,60 Meter hohe Paravent „Sahara" von Ecoarte teilt Räume und sorgt für warmes Wüstenlicht

Sonderwünsche sind gut aufgehoben, da die Inhaberin als Stylistin gute Kontakte besitzt und auch Komplettpakete wie die Ausrichtung einer Party von Büfett bis Blumenarrangement anbietet

## Derby

Mit Schirm, Charme und Melone zog es die Highsociety schon 1869 zum ersten Norddeutschen Derby an die Horner Rennbahn (Rennbahnstraße). Alten Traditionen fühlt sich bis heute noch der Hamburger Renn-Club verbunden. Zählen doch von 450 Galopp-Derby-Begeisterten die Herren als Voll-, die Damen als Halbmitglieder. Während des achttägigen Rennens wird die Zeitschrift *Hamburger Derby-Woche* kostenlos verteilt, kann aber auch beim Lokal-Anzeiger Verlag angefordert oder im Internet eingesehen werden. Sie bietet detaillierte Derby-Infos von A–Z. Das ebenfalls jährlich für vier Tage stattfindende Spring-und Dressur-Derby in Klein Flottbek, Jürgensallee/Ecke Baron-Voght-Straße veranstaltet der Norddeutsche und Flottbeker Reiterverein. Im Jahr 2002 geht das Spring-Derby wie gewohnt im Mai (9.–12. Mai) über die Bühne, dagegen ringen die Veranstalter und Stadt Hamburg noch um die Austragung des Dressur-Derbys.

- Hamburger Renn-Club e. V.: Rennbahnstraße 96, 22111 Hamburg (Horn), Telefon 6 51 82 29, Fax 6 55 66 15; www.galopp-derby.de
- Lokal-Anzeiger Verlag: Kattunbleiche 37–39, 22014 Hamburg, Telefon 68 19 88, Fax 68 76 40; www.derby-woche.de
- Norddeutscher und Flottbeker Reiterverein e. V.: Hemmingstedter Weg 2, 22607 Hamburg (Groß Flottbek), Telefon 82 81 82, Fax 82 10 91; Ticket-Hotline 07 00/44 77 63 28

## Design

Design – ein weit reichender Begriff. In Hamburg hat die gestalterische Kunst viele Gesichter, und der Stil des Besonderen hat hohen Stellenwert. Ein Designerstück muss dabei nicht zwangsläufig teuer sein, ist es aber meistens. Eine Auswahl entsprechender Anbieter:

- Casa Giardino: Eppendorfer Landstraße 45, 20249 Hamburg (Eppendorf), Telefon 4 80 25 12, Fax 48 28 06, Mo-Fr 11–19, Sa 11–16 Uhr, Kreditkarte: EC; www.casagiardino.de
  Schwerpunkt: italienisches Design; vom Möbelstück bis zur Gartengestaltung
- DOM Christian Kuban: Große Bleichen 34, 20354 Hamburg (Innenstadt), Telefon 34 06 08, Fax 34 26 28, Mo-Fr 11–20, Sa 10–16 Uhr, Kreditkarten: alle; EC; www.dom-ck.com
  Möbel, Bad- und Küchenaccessoires im Future-Trend, schrille Farben und Formen neben puristischen Gegenständen
- Ecoarte Möbel & Objektdesign: Am Überwinterungshafen 6, 21079 Hamburg (Harburg), Telefon 7 65 34 98, Fax 32 90 86 11, Mo-Fr 7–17 Uhr, Sa nach Vereinbarung; www.ecoboot.de
  Die hier kreierten Möbel verkörpern einen harmonischen Dialog zwischen Möbelkunst und Elementen des Bootsbau-Handwerks. So entstehen neben Einzelstücken und Kleinserien für Heim und Büro auch Möbel für Laden-, Apotheken- und Hoteleinrichtungen. Die Originale werden aus heimischen Edelhölzern angefertigt, vorweg gibt es erst einmal ein maßstabsgerechtes Modell
- Felix Hellenkamp: Neuhöfer Straße 23, 21107 Hamburg (Wilhelmsburg), Telefon 7 52 80 35, Fax 7 52 80 35, Termine nach Vereinbarung
  Die Metallwerkstatt entwirft und baut Läden und Showrooms sowie individuelle Auftragsarbeiten von Möbelstücken
- Freistil: Gertigstraße 13, 22303 Hamburg (Winterhude), Telefon 2 79 70 22, Fax 2 79 07 43, Di-Fr 13–18.30, Sa 11–15 Uhr
  Ankauf, Verkauf und Verleih von Antiquitäten und Klassikern des 20. Jahrhunderts, Art déco, Korpusmodelle und Sideboards, italienische Glaskunst und Bauhaus-Leuchten, außerdem professionelle Beratung zur individuellen Raumgestaltung
- Habitat: Neuer Wall 54, 20354 Hamburg (Innenstadt), Telefon 3 57 65 80, Fax 35 76 58 15,

Mo-Fr 10-20, Sa 10-16 Uhr, Kreditkarten: alle; EC; www.habitat.de
Der neue Habitat-Store präsentiert Möbel und Accessoires junger Designer, daneben neu aufgelegte Klassiker und besonders Schönes aus aller Welt; kurz gesagt: modernes und funktionales Design zu erschwinglichen Preisen; größere Stücke werden innerhalb Hamburgs kostenlos geliefert

- Holger Schmidtchen: Ludolfstraße 40, 20249 Hamburg (Eppendorf), Telefon 5 60 26 20, Termine nach Vereinbarung
  Werkstatt: Lokstedter Steindamm 29, 22529 Hamburg (Lokstedt); der Showroom bietet Polstermöbel der 30er Jahre und Metallmöbel sowie aufgearbeitete Schreibtische. In der Polstereiwerkstatt werden Polstereiarbeiten aller Art von der Aufarbeitung bis zur Neuherstellung und Oberflächenbehandlung von Metallmöbeln durchgeführt
- Konus: Bahrenfelder Straße 59, 22765 Hamburg (Ottensen), Telefon 39 29 80, Fax 39 90 41 41, Mo-Fr 11–18.30, Sa 11–15 Uhr, Kreditkarten: EC; E-Mail: konus.sc@t-online.de
  Antike Kühlschränke und Toastermodelle aufgearbeitet, Kaiserzeit-Lampen, Bauhaus-Klassiker, Vasen, Trinkgläser, Skulpturen, Anfertigung von Kleinmöbeln
- Maßstab: Kaiser-Wilhelm-Straße 115, 20355 Hamburg (Innenstadt), Telefon 34 44 55, Fax 34 44 45, Mo-Fr 10–19, Sa 10–14 Uhr, Kreditkarten: alle außer Amex und Diners; EC E-Mail: massstab@hotmail.com; www.massstab-hamburg.de
  Möbel und Wohnaccessoires, gemischter Stil
- Moderne Zeiten: Herderstraße 23, 22085 Hamburg (Uhlenhorst), Telefon 2 20 03 88, Di-Fr 13–18, Sa 11–14 Uhr; E-Mail: sheyderhoss@aol.com
  Kleinmöbel und etliche Accessoires der 50er, 60er und 70er Jahre
- Peter A. Bauer: Moorfleeter Straße 15, 22113 Hamburg (Billstedt), Telefon 7 32 33 13, Fax 7 32 33 26, Mo-Do 7–17, Fr 7–14 Uhr; E-Mail: schlosserei-bauer@t-online.de; www.schlossereibauer.de
  Metallgestaltung für Ladeneinrichtungen, Schaufenster, Podeste, Vitrinen, Geländer, Treppen, Türen und Möbel, auch Balkonanlagen
- Shoji-Art: Heinrich-Hertz-Straße 137, 22083 Hamburg (Uhlenhorst), Telefon 2 70 14 97, Fax 2 79 84 09, Mo-Fr 9–18 Uhr, Sa nach Vereinbarung
- stilwerk: Große Elbstraße 68, 22767 Hamburg (Altona), Telefon 30 62 11 00, Fax 30 62 11 03, Mo-Fr 11–20, Sa 11–16, So (= Schautag) 14–18 Uhr, Kreditkarten: EC; www.stilwerk.de
  Auf sieben Etagen 17 verschiedene Designergeschäfte mit unterschiedlichen Schwerpunkten

- Wohnkultur 66: Sternstraße 66, 20357 Hamburg (Schanzenviertel), Telefon 43 60 02, Fax 4 30 31 60, Di-Fr 12–19, Sa 10–16 Uhr, Kreditkarten: alle; EC-Karte; www.wohnkultur66.de
  Designklassiker von Arne Jacobsen, Hans J. Wegner, Artifort, Louis Poulsen oder Verner Panton begleitet von wechselnden Fotoausstellungen

## Dessous

… sind längst aus der verpönt-vergötterten Atmosphäre des Moulin Rouge ins Schlafzimmer von Otto Normalverbraucher eingezogen. Entsprechend groß ist die Auswahl an Fachgeschäften:

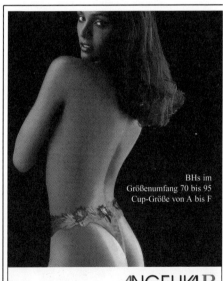

- Angelika B. Frohmestraße 26, 22457 Hamburg (Schnelsen), Telefon 5 59 14 30, Fax 5 59 14 30, Mo-Fr 10–18, Sa 10–13 Uhr; www.angelika.b.de
  Ob schlicht, sportlich, sexy oder elegant – attraktiv sind sie alle: BHs von 70–95 in Cup-Größen A-F in modischen Farbtönen; zum Drehen und Wenden steht die 15 qm große Anprobe zur Verfügung; bei Bedarf auch Farb- und Stilberatung

- Babette: Blankeneser Bahnhofstraße 4, 22587 Hamburg (Blankenese), Telefon 86 15 59, Fax 86 64 74 59, Mo-Fr 9–13, 14.30–18, Sa 9–13 Uhr, Kreditkarte: EC
Die BHs sind in modischen Sommer-und Winterfarben ab zirka 30 Euro zu haben; A- bis D-Cup-Trägerinnen können zwischen einem Angebot von Simone Perele über Marie Jo bis Gemma wählen; wem das noch nicht genügt, der sieht sich bei Bademode und feiner Wäsche für die Nacht um
- Bella Donna Mieder und Dessous GmbH: Alsterdorfer Straße 30, 22299 Hamburg (Winterhude), Telefon 47 83 75, Mo-Fr 9.30–18.30, Sa 10–14 Uhr, Kreditkarte: EC
Dessous von Chantelle, Prima Donna und anderen in den unterschiedlichsten Farbnuancen von 70A bis 100F; außerdem Bademode und Nachtwäsche
- Devine: Mühlenkamp 32–34, 22303 Hamburg (Winterhude), Telefon 2 70 39 65, Mo 11–19, Di-Fr 11–20, Sa 11–16 Uhr, Kreditkarten: EC
Dessous von 28 bis 255 Euro für Jung und Alt. Neben Wäsche werden auch Bademoden und Strümpfe geführt, die ja schließlich durchaus erotisches Potenzial bieten
- Die Strumpf-Box: Hudtwalkerstraße 29, 22299 Hamburg (Winterhude), Telefon 47 88 91, Fax 47 36 68, Mo-Fr 10–19, Sa 10–16 Uhr, Kreditkarten: alle; EC; www.diestrumpfbox.de
Der Name täuscht, hier findet man neben Damen- und Herrenstrümpfen eine riesige Auswahl erotischer Wäsche für den Mann. Verspieltes in Lack, getigert oder mit Reißverschlüssen von Man Store und Body Art; außerdem Klassisches von Olaf Benz
- Easy Rider: Wexstraße 39, 20355 Hamburg (Innenstadt), Telefon 35 39 88, Mo-Fr 11–21, Sa 10–20, So, feiertags 14–20 Uhr, Kreditkarten: Eurocard, Visa; EC; www.easyrider-fashion.de
Lack und Leder, ein Catsuit à la Emma Peel, Tangas und alles, was der geschlechtsreife Großstädter zur Paarungszeit sonst noch begehrt
- Hautnah: Eppendorfer Landstraße 49, 20249 Hamburg (Eppendorf), Telefon 47 09 04, Fax 47 09 01, Mo-Fr 10–19, Sa 10–16 Uhr, Kreditkarten: alle; EC; www.hautnah-hamburg.de
Warmherzige Atmosphäre, persönliche Beratung und eine feine Auswahl an Spitzen-BHs und hochwertiger Wäsche zu vernünftigen Preisen
- Joseph & Josephine: Eppendorfer Baum 3, 20249 Hamburg (Eppendorf), Telefon 48 30 93, Fax 4 80 47 63, Mo-Fr 9.30–19, Sa 10–16 Uhr, Kreditkarten: alle; EC
Während die Dame bei Josephine stöbert, kann Mann sich nebenan bei Joseph beraten lassen. Dort findet er von Grigio Perla und CK sportliche und feine Unterwäsche sowie Bademoden. Zudem gibt es eine edle Auswahl an flauschigen Bademänteln und Schlafanzügen. Bei den Damen finden Sie von La Perla bis Dolce & Gabbana alle hochwertigen Firmen, bei zu wenig Oberweite kann mit Silikoneinlagen in unterschiedlichen Größen nachgeholfen werden
- La Perla: Neuer Wall 50, 20354 Hamburg (Innenstadt), Telefon 36 80 19 11, Fax 36 80 19 12, Mo-Fr 10–19, Sa 10–16 Uhr, Kreditkarten: alle; EC; www.laperla.com
Die vielen Ko-Brands des mittlerweile zur Luxusmarke avancierten italienischen Labels decken die gesamte Bandbreite des Wäschesegments ab; die Prêt-à-porter-Kollektion transportiert den edlen Wäschecharme auch über die elegante Oberkleidung
- Les Dessous: Sachsentor 5, 21029 Hamburg (Bergedorf), Telefon 7 24 87 51, Mo-Fr 10–18, Sa 10–15 Uhr, Kreditkarten: alle; EC
Dessous in vorwiegend schwarz, weiß und champagner, aber auch in gängigen Modefarben; Bademode, Nachtwäsche und Morgenmäntel in 38–54
- Löding: Schwarzenbergstraße 12, 21073 Hamburg (Harburg), Telefon 77 90 75, Fax 76 75 07 73, Mo-Fr 9.30–18, Sa 10–13 Uhr, Kreditkarten: EC;
Neben Dessous von 75A–95F gibt es eine große Bade- und Freizeitmodeabteilung
- macnee bodywear: Talstraße 17, 20359 Hamburg (St. Pauli), Telefon 31 79 12 30, Fax 31 79 12 29, Mo-Fr 10–19, Sa 10–16 Uhr, Kreditkarten: alle außer Amex; EC; www.macnee.de
Vielfältiges Angebot für Männer, die eine Verschönerung ihres Bodys nicht für ihrer unwürdig oder überflüssig halten. Unterwäsche, Bademode, aber auch schlichte Shirts stehen auf dem Programm
- Zweite Liebe: Hofweg 1, 22085 Hamburg (Uhlenhorst), Telefon 2 29 56 35, Fax 22 69 53 97, Mo-Fr 11–19, Sa 11–15 Uhr, Kreditkarten: EC
Wer seine erste Liebe verzaubern möchte, sollte zu Zweite Liebe gehen. Neben ausgewählter Wäsche findet der preisbewusste Markenliebhaber auch Designermode zu extrem günstigen Preisen

## Detektive

Auf den Spuren von Miss Marple kann man mit etwas Mühe einiges entdecken. Mit einem Gewerbeschein steht der Karriere als Detektiv nichts im Wege. Wer sich auf der Suche nach der Wahrheit lieber auf einen Profi verlassen will, wendet sich an den Bundesverband Deutscher Detektive, der auf Anfrage auch Adresslisten Hamburger Detekteien verschickt.

- Bundesverband Deutscher Detektive e. V.: Köhlstraße 16, 53125 Bonn, Telefon 02 28/29 80 85, Fax 02 28/29 80 91, Bürozeiten: Mo-Fr 9–13, 14–16 Uhr; E-Mail: bddev@t-online.de; www.bdd.de

## Deutsche Bahn

Wenn einer eine Reise tut und diese nicht mit dem Auto, dem Flugzeug oder zu Fuß, dann wahrscheinlich mit der Deutschen Bahn. Fahrpreise, Strecken und Zeiten erfährt man beim Reiseservice der Deutschen Bahn AG. Falls nach der Fahrt Mängel zu beanstanden sind, haben die Damen und Herren von der Kundenbetreuung ein offenes Ohr.

- Deutsche Bahn AG: Telefon 3 91 80, 24-Stunden
- Kundenbetreuung der Deutschen Bahn AG: Telefon 39 18 86 38, Fax 39 18 88 98, Mo-Fr 9–18 Uhr; E-Mail: kundendialogNord@bku.db.de; www.bahn.de
- Reiseservice der Deutschen Bahn AG: Telefon 01 80/5 99 66 33, 24-Stunden-Service; www.bahn.de

## Dialog im Dunkeln

Die Ausstellung „Dialog im Dunkeln" fordert alle Sinne außer dem Sehen auf ganz ungewohnte Weise. Denn wie beschrieb schon Antoine de Saint-Exupéry im „Kleinen Prinz": „Das Wesentliche ist für das Auge unsichtbar." Die regulär 60-minütige Führung wird von blinden und sehbehinderten Menschen begleitet, die dem Besucher in absolut abgedunkelten Räumen ihren „Blick" auf die Welt eröffnen. Jeder der maximal acht Teilnehmer ertastet die Umgebung mithilfe eines Blindenstocks, nimmt Straßenlärm oder das Rauschen eines Baches in völlig neuen Zusammenhängen wahr, erriecht Gerüche, die in unserer stark visuell ausgerichteten Gesellschaft sonst kaum dominieren, und schmeckt den Kaffee, der an der Unsicht-Bar serviert wird, ganz anders als noch am Morgen beim Frühstück. Wie auf der Website erwähnt: „Eine Ausstellung, in der es garantiert nichts zu sehen gibt, aber jede Menge zu entdecken." Empfehlenswert ist auch „Dinner in the dark", eine der angebotenen Sonderveranstaltungen.

- Dialog im Dunkeln: Alter Wandrahm 4, 20457 Hamburg (Innenstadt), Telefon Buchungen über 07 00/44 33 20 00, Di-Fr 9–17, Sa, So 12–19 Uhr; www.dialog-im-dunkeln.de

**Eine Ausstellung der besonderen Art in der Speicherstadt: Sinnlich erfahren, was Blindsein bedeutet**

**Drehorgelverleih: Bei Herrn Siefkes haben die Drehorgeln acht Lieder im Repertoire**

## Direkt ins Haus

▸ *Essen + Trinken*

## Diskotheken

▸ *Nightlife*

## Dom

Zuckerwatte, Liebesäpfel oder Schmalzgebäck werden Sie am besten im Airwolf wieder los – und zwar oben raus. Und wer ein Vergnügen sucht, bei dem nicht der Magen von innen nach außen gestülpt wird, steigt ins Riesenrad oder geht ins Spiegelkabinett. Der Hamburger Dom findet dreimal im Jahr auf dem Heiligengeistfeld statt und ist mit rund 9 Millionen Besuchern im Jahr das größte Volksfest des Nordens

- Hamburger Dom: Heiligengeistfeld, 20359 Hamburg (St. Pauli), Mo-Do 15–23, Fr, Sa 15–24 (Sommerdom bis 0.30 Uhr), So 14–23 Uhr; www.hamburger-dom.de

## Donaldisten

Alle lieben den kleinen Wüterich aus Entenhausen, vor allem den aus der Feder des Kultzeichners Carl Barks. Kein Wunder, dass es Donaldisten gibt, die sich mit viel Witz und Engagement der Erforschung des Donaldismus widmen. Kontakt zu der internationalen Vereinigung bekommt man am einfachsten übers Internet. Auf einer Homepage voller bunter Bilder können Fans erfahren, wann etwa der nächste D.O.N.A.L.D.-Kongress stattfindet.

- Donaldisten: www.donald.org

## Drachen

Fliegen ist seit jeher der größte Traum der Menschheit. Drachen steigen lassen ist eine Möglichkeit, diesem Ziel ein Stück näher zu sein, ohne seine Höhenangst überwinden zu müssen. Aber wehe, der Drachen ist zu groß oder der Wind zu stark. Wer es wagen möchte: Den passenden Flieger gibt es neben Bumerangs, Frisbees und Geschenkartikeln bei „Wolkenstürmer“. Dort wird er auch repariert, wenn er den letzten Absturz nur glimpflich in einem Baum überlebte. Bei Luftpirat findet man ausschließlich Drachen.

- Luftpirat: Kieler Straße 685, 22527 Hamburg (Eidelstedt), Telefon 5 70 92 01, Fax 5 70 85 55, Mo-Fr 10–12.30, 14–19, Sa 10–14 Uhr, Kreditkarte: EC; E-Mail: luftpirat@t-online.de; www.luftpirat-drachen.de
- Wolkenstürmer: Osterstraße 20, 20259 Hamburg (Eimsbüttel), Telefon 45 49 71, Fax 4 91 48 34, Mo-Fr 10–19, Sa 10–14 Uhr, Kreditkarten: Amex, Eurocard, Visa; EC; www.wolkenstuermer.de

## Drachenboot

Erst seit 1989 haben Drachenboote aus China ein Zuhause im kalten Nass der Alster gefunden. Zwanzig Paddler, ein Steuermann und ein Trommler – so werden die zwölf Meter langen und mit einem gruseligen Drachenkopf verzierten Boote voranbewegt. Dabei zählt weniger Muskelschmalz als vielmehr ausgeprägter Kollektivsinn und Koordination. Da nämlich jeweils zwei Sportler eng nebeneinander auf einer Holzbank sitzen, ist die Gefahr, Kopfnüsse zu verteilen, relativ groß.

- 1. Hamburger Drachenbootclub: Hamburg Telefon 2 70 46 96, Fax 27 80 52 05; www.drachenboot.de
  Die Teams suchen noch Paddler, Monatsbeitrag zirka 10–15 Euro (je nach Team)
- Hochschulsport Hamburg: Mollerstraße 2, 20148 Hamburg (Univiertel), Telefon 4 28 38 72 00, Fax 4 28 38 56 61, Bürozeiten: Mo-Fr 13–19 Uhr; E-Mail: hsp@sport.uni-hamburg.de; www.hochschulsport-hamburg.de

Anfängerkurse (13 Termine) kosten zirka 30 Euro, Bootshaus: Am Isekai 1b, 20249 Hamburg (Eppendorf)

- Lady Dragon/Caipiranhas: Telefon 41 42 54 30; E-Mail: diethmar_taurit@gmx.de; www.hochschulsport-hamburg.de
  Mi, So ab 19 Uhr kostenfreies Schnuppertraining, Mitgliedsbeitrag zirka 75 Euro im Jahr; Bootshaus: Am Isekai 1a, 20249 Hamburg (Eppendorf)
- Team Hansematz: c/o Michael Dubberatz, Telefon 39 90 20 23, Fax 2 79 73 42; www.hansematz.de
  Mo, Do ab 19 Uhr kostenfreies Schnuppertraining (viermal möglich), Mitgliedsbeitrag zirka 12 Euro/Monat; Bootshaus: Hanseat VfW e. V., Kaemmererufer 28, 22303 Hamburg (Winterhude)

## Drehorgelverleih

Wer kein Musikinstrument beherrscht, aber eine musikalische Untermalung plant, kann sich bei Siefkes eine Drehorgel mit acht fest installierten Liedern borgen – von „La Paloma“ bis hin zu „Schneeballwalzer“ oder Weihnachtsliedern ist fast alles möglich. Eine Orgel kostet für 24 Stunden 55 Euro.

- Siefkes: Reichsbahnstraße 5, 22525 Hamburg (Eidelstedt), Telefon 5 70 94 57

## Dritte-Welt-Läden

Das Angebot der Dritte-Welt-Läden basiert auf dem alternativen Handel verschiedener Organisationen, die unter dem Slogan „No Profit“ den Zwischenhandel ausschließen. Das bekannteste Produkt der Dritte-Welt-Märkte ist sicherlich der TransFair-Kaffee. Doch das Angebot ist weitaus bunter und umfasst neben diversen Köstlichkeiten auch einiges aus dem Bereich Kunsthandwerk. Der Kunde hat die Chance, die Kultur der so genannten Entwicklungsländer kennen zu lernen, und leistet mit dem Kauf eines Produktes einen existenziellen Beitrag zu Gunsten der Hersteller.

- Bramfelder Laterne/Welt-Laden: Berner Chaussee 58, 22175 Hamburg (Bramfeld), Telefon 6 41 50 23, Fax 6 41 50 23; Mo, Di, Do, Fr 16–18, Mi, Sa 10–12 Uhr; E-Mail: bramfelder.laterne@weltlaeden-hamburg.de; www.simeonkirche.de
  Die Medienstelle „dritte Welt“ bietet Unterrichtseinheiten, Diaserien, Spiele und Bücher an
- fairwind e. V.: Königstraße 54, 22767 Hamburg (Altona), Telefon 30 62 03 18, Fax 30 62 03 04, Mo 10–18.30, Di-Do 10–15, Fr 10–14 Uhr; www.fairwind-weltladen.de

Neben fair gehandelten Lebensmitteln gibt es unter anderem Glas- und Papierwaren und Schmuck

- Omnibus Naturkost/Dritte-Welt-Laden: Heschredder 90, 22335 Hamburg (Fuhlsbüttel), Telefon 59 95 52, Fax 59 95 52, Mo-Fr 9–12.30, 15–18, Sa 9–13 Uhr
- Süd-Nord-Kontor: Stresemannstraße 374, 22761 Hamburg (Altona), Telefon 89 60 77, Fax 8 99 74 52, Di-Fr 10–18, Sa 10–14 Uhr, Kreditkarten: EC; E-Mail: gepa-nord@sued-nord-kontor.de
  Bietet auch eine Fachbuchhandlung und Non-Food-Produkte wie Spielzeug und Musikinstrumente
- Weltladen Osterstraße: Osterstraße 171, 20255 Hamburg (Eimsbüttel), Telefon 44 08 21, Fax 43 09 22 50, Mo-Fr 10–19, Sa 10–16 Uhr, Kreditkarten: EC; E-Mail: weltladen.osterstraße@hamburg.de; www.members.aol.com/welt3markt
  Angegliederte Ausleih-Bibliothek mit Sachliteratur zu entwicklungspolitischen Themen sowie Belletristik von Autoren aus der „dritten Welt“

## Einkaufsberatung

Gepunktete Leggins mit Lackschnürschuhen und Nadelstreifenblazer? Klar, wem's gefällt. Aber man soll nicht meinen, mit diesem Mode-Fauxpas den Zuspruch anderer zu erlangen. Mode ist eine Stilfrage. Den passenden Look zu finden – für die einen kein Problem, für die anderen eine unlösbare Aufgabe. Einkaufsberater helfen bei der Suche.

- Style-Service Maria Hans: Telefon 20 97 77 88, E-Mail: maria.hans@style-service.de; www.style-service.de
  Kompetente Beratung zu jedem Anlass für Garderobe, Make-up und Frisur; Shoppingbegleitung auch als Gutschein zum Verschenken

## Einkaufszentren

Das alte, schmuddelige Einkaufszentrum der 70er Jahre mit Bierautomaten, Schnellimbiss und rumlungernder Jugendgang hat ausgedient. Mittlerweile versprechen moderne Konsumtempel aus Glas und Chrom Sicherheit, Sauberkeit und Luxus. Die schönsten und größten Einkaufszentren der Stadt:

- Alstertal Einkaufszentrum: Heegbarg 31, 22391 Hamburg (Poppenbüttel), Telefon 6 11 67 70, Fax 6 11 67 79 99, Mo-Fr 9.30–20, Sa 9.30–16, So 10–16 Uhr, Kreditkarten: EC-Karte; www.ece.de
  Insgesamt 160 Geschäfte. Ganz ohne Stress und Gedränge auch bei Regen shoppen und flanieren. Die schöne Glaskuppel lässt Tageslicht einfallen, donnerstags und freitags gibt es Livemusik vom Piano Man
- Einkaufszentrum Hamburger Straße: Hamburger Straße 19–49, 22083 Hamburg (Mundsburg), Telefon 2 27 18 40, Fax 2 20 71 84 22, Mo-Fr 10–20, Sa 9.30–16, So 9–19 Uhr, Kreditkarten: EC-Karte; www.itcm-immo.de
  Das erste Shoppingcenter Hamburgs hat so einiges zu bieten. Es besticht zwar nicht durch Eleganz, verfügt aber über eine große Angebotsvielfalt mit 120 Geschäften auf 43 000 Quadratmetern. Von Wurstwaren über Reizwäsche bis zu Möbeln und Büchern lässt sich alles finden
- Einkaufszentrum Wandsbek Quarree: Quarree 8–10, 22041 Hamburg (Wandsbek), Telefon 6 58 78 90, Mo-Fr 10–20, Sa 9–16, So 9–20 Uhr; www.quarree.de
  95 Fachgeschäfte auf 4000 Quadratmetern, außerdem Veranstaltungen wie Gesundheitswochen, Kino und Oldiepartys
- Elbe Einkaufszentrum: Julius-Brecht-Straße 6, 22609 Hamburg (Osdorf), Telefon 8 07 86 70, Fax 80 78 67 67, Mo-Fr 10–20, Sa 9.30–16 Uhr, So 11–18 Uhr (September bis April), Kreditkarten: EC-Karte; www.ece.de
  Ist schon klar, dass zwischen Blankenese und Othmarschen kein gewöhnliches Shoppingzentrum zu erwarten ist. Die sternförmige Architektur sowie eine erlesene Auswahl an Geschäften zeichnen den geschmackvollen Konsumtempel aus. Im Erdgeschoss erstrecken sich Welten für jegliche Form kulinarischen Genusses, oft finden Veranstaltungen wie Kinderbasteln, Modenschauen, Märkte oder Ausstellungen statt
- Gänsemarktpassage: Gänsemarkt 50, 20354 Hamburg, (Innenstadt), Mo-Fr 10–20, Sa 10–16 Uhr
  Ein bisschen wie in Paris: Große Designernamen wie Joop!, Armani, Versace und René Lezard leuchten schon am Eingang. Auch die Damenbekleidung fällt edel aus. Ebenso exklusiv ist das kulinarische Angebot, das nicht nur den Geldbeutel

**Gänsemarktpassage: Shoppen in modernem Ambiente**

leert, sondern auch den Bauch füllt und sogar sonntags zur Verfügung steht

- Galleria: Große Bleichen 21, 20354 Hamburg (Innenstadt), Telefon 34 69 62, Fax 34 06 20, Mo-Fr 10–20, Sa 10–16 Uhr
  Entspanntes Shopping in gediegenem Ambiente, neben vielen anderen Geschäften vor allem einige hochklassige Parfümerien
- Hamburger Hof: Poststraße 12, 20354 Hamburg (Innenstadt), Mo-Fr 10–20, Sa 10–16 Uhr, Kreditkarten: alle; EC-Karte
  Die Lichtinstallation von Ingo Maurer lässt diese Passage noch edler erscheinen, als sie sowieso schon ist. Mittags treffen sich hier Businessmenschen zu Snack und Wein, und feine Damen kaufen exklusive Kosmetik in der Hamburger-Hof-Parfümerie. Die Nähe zum Jungfernstieg ist deutlich spürbar
- Hanse Viertel: Poststraße 33–35, 20354 Hamburg (Innenstadt), Telefon 36 17 43 50, Fax 36 17 43 77, Mo-Fr 10–20, Sa 10–16 Uhr, Kreditkarten: alle; EC-Karte; www.hanse-viertel.de
  Inmitten von Hummern und Mövenpick-Eis kann man Schampus schlürfen, Leute beobachten, Puppenzubehör kaufen, Buddelschiffe begutachten und sich vor dem Regen retten. Und shoppen natürlich
- Levantehaus: Glockengießerwall 1, 20095 Hamburg (Innenstadt), Telefon 32 68 16, Fax 33 15 48, Mo-Fr 10–20, Sa 10–16, So 10–18 Uhr, Kreditkarten: alle; EC-Karte; www.levantehaus.com
  Die Atmosphäre ist edel, die Geschäfte sind es auch. Die kleine Passage mitten auf der belebten Mönckebergstraße bietet erstklassige Damen- und Herrenmode, Antiquitäten, dazu eine Schweizer Confiserie. Sehr stilvoll ist auch das Café im ersten Stock. Über der Passage befindet sich das Hyatt-Hotel
- Mercado Einkaufszentrum: Ottenser Hauptstraße 10, 22765 Hamburg (Ottensen), Telefon 3 98 68 40, Fax 39 86 84 88, Mo-Fr 10–20, Sa 10–16 Uhr; www.mercado-hh.de
  Buntes Treiben im Herzen von Ottensen, neben zahlreichen kleinen Lebensmittelläden unter anderem Görtz, Hennes & Mauritz, Schaulandt und die Buchhandlung Weiland

## Eisbahnen

Wenn der Winter zu wünschen übrig lässt, bleibt Schlittschuhläufern nur die Flucht auf die Eisbahn. Da müssen sie dann wie die Zirkuspferde im Kreis kurven, dafür gibt's beim Richtungswechsel den ganz besonderen Kick. Falls es doch mal friert, bieten sich in der Wasserstadt Hamburg neben der Alster viele andere Seen zum Schlittern an: der Stadtparksee, der Kupferteich (Poppenbüttel), der Bramfelder See, der Außenmühlenteich (Harburg) oder der Öjendorfer See

- Eisbahn Große Wallanlagen: Holstenwall, gegenüber der Handwerkskammer, 20355 Hamburg (Innenstadt), Telefon 3 19 35 46, Mo-So 10–12, 13–15, 16–18, 20–22 Uhr, Mitte November bis Mitte März; www.eisbahn.info
  Erwachsene 3,10 Euro, Kinder 2,05 Euro; Schlittschuhverleih ab 2,60 Euro, Schuhgrößen 25–50; Flirt- oder Faschingspartys; von April bis Oktober kostenloses Inlineskaten von 7–21 Uhr
- Eisbahn Stellingen: Hagenbeckstraße 124, 22527 Hamburg (Stellingen), Telefon 54 31 52, Di-Fr 10.30–12.30 und 15–17, Sa, So 10–12 und 15.30–17.30 Uhr, Anfang Oktober bis Ende März
  Erwachsene 3,10 Euro, Kinder, Jugendliche bis 15 Jahre 1,50 Euro; speziell für Vater Mutter, Kind und Senioren: Mi, Do, Fr 13.30–14 Uhr
- Eissporthalle Farmsen: Berner Heerweg 152, 22159 Hamburg (Farmsen), Telefon 6 43 32 00, Di-So 11.30–14 und 15–17.30, Di, Do, Sa 20–22 Uhr

## Eisdielen

▶ *Essen + Trinken*

## Eishockey

Auf der eisigen Spielfläche befinden sich jeweils nur sechs Spieler einer Mannschaft, 22 weitere sitzen dafür einsatzbereit auf der Bank, denn alle dreißig Sekunden wird beim Eishockey ausgetauscht. Mittelpunkt des Geschehens ist eine kleine Hartgummischeibe, in Fachkreisen Puck genannt. Mit einer geübten Spielstrategie und geschickter Schlägerführung gleiten die Spieler in gebückter Haltung über das Spielfeld, immer bemüht, das Tor des Gegners zu treffen. Vor allem aber gilt es, den einen oder anderen deftigen Bodycheck zu überstehen, und zwar möglichst mit allen Zähnen im Mund. Eishockey ist ein schnelles, sehr dynamisches und abwechslungsreiches Spiel. Wer das nachprüfen will, kann die Crocodiles aus der Unterliga in der Eishalle Farmsen anfeuern. Spiele und Trainigsstunden finden in der Eishalle in Farmsen und auf der Kunstbahn in Stellingen statt. Ehrgeiziger Nachwuchs, ab dem fünften Lebensjahr, und Eishockeyprofis trainieren nicht nur bei den Crocodiles, sondern auch beim Hamburger Sportverein. Eine weitere Adresse für Eishockey ist der Altonaer Schlittschuhläufer-Verein.

- Altonaer Schlittschuhläufer-Verein: Appuhnstraße 4, 22609 Hamburg (Nienstedten), Telefon 82 05 48, E-Mail: asv.w.beier@t-online.de; www.altonaer-sv.de Für Kinder und Erwachsene Eishockey; Eiskunstlauf und Eisschnelllauf; Mannschaftenshockey für Kinder ab vier Jahren
- Crocodiles Hamburg im Farmsener Turnverein: Berner Heerweg 187b, 22159 Hamburg (Farmsen), Telefon 64 55 11 14, Fax 64 55 11 15, Mo 13–20, Mi 9–13 Uhr; www.farmsenertv.de
- Eishalle Farmsen: Berner Heerweg 152, 22159 Hamburg (Farmsen), Telefon 6 43 32 00, Di-So 11.30–14 und 15–17.30, Di, Do, Sa 20–22 Uhr, Anfang Oktober bis Ende März
- Hamburger Sportverein: Gottschalkweg 31, 22453 Hamburg (Niendorf), Telefon 5 52 22 88, Fax 52 59 44 57; www.hsv-hamburg.de Jugendwart ist Enno Hanisch: Telefon 54 35 86
- Kunstbahn Stellingen: Hagenbeckstraße 124, 22527 Hamburg (Stellingen), Telefon 54 31 52, Eishockey-Trainings- und -spielbetrieb von Oktober bis März



## Eisstockschießen

... ist wie Curling ohne Fegen. In den Alpenländern verbreitet wie bei uns das Kegeln, fehlt den Hamburger Eisstockschützen der Nachwuchs. „Für jedes neue Mitglied sind wir dankbar!“, berichtet Ursula Faber, seit über 35 Jahren Referentin für Eisstockschießen im Altonaer Schlittschuhläufer-Verein. Zum Schnuppertraining sind Neugierige während der Wintersaison von Oktober bis März immer willkommen. Genauere Termine gibt's hier:

- Altonaer Schlittschuhläufer-Verein: Appuhnstraße 4, 22609 Hamburg (Nienstedten), Telefon 82 05 48, E-Mail: asv.w.beier@t-online.de; www.altonaer-sv.de
- Hamburger Eislaufverein: Buschkoppel 25, 22309 Hamburg (Bramfeld), Telefon 6 30 06 61, www.hh-eislaufverein.de Im Winter regelmäßiges Training von Eiskunstlauf, Eisschnelllauf und natürlich Eisstockschießen; im Sommer ist Rollkunstlaufen in den Wallanlagen angesagt

## Elbchaussee

Der Dichter Detlef von Liliencron nannte sie die „schönste Straße der Welt“. An der ursprünglich 8,5 Kilometer langen, einfachen Landstraße, die von Ottensen nach Blankenese führt, ließen sich reiche Reeder und Kaufleute nieder und bauten sie 1830 zur Chaussee um. Einige Häuser, zum Teil mit großen, meist öffentlichen anliegenden Parks, stammen noch aus dem Jahre 1789. Treppen und schmale Wege führen zur Elbe hinab. Noch heute gilt die Elbchaussee als die schönste und teuerste Straße Deutschlands.

- Gartenhaus des Bankiers Salomon Heine: Elbchaussee 31, 22765 Hamburg (Altona), Di-Fr 10–19, Sa 11–16 Uhr, zwischen Mitte Juli und Mitte August geschlossen

## Elbe

Die Elbe gehört zu Hamburg wie der Matrose aufs Schiff. Ein Elbspaziergang ist deshalb ein Muss für jeden Hamburg-Besucher (▶ *Blankenese, Övelgönne*). Toll, dass die Qualität des Wassers, dank Kläranlagen und verbesserter Industrie im Osten, gestiegen ist und die Artenvielfalt der Fische deutlich zugenommen hat.

Elbchaussee: Das Hotel Jacob ist eine der besten Adressen der Stadt

Dennoch sollte man dem selbst geangelten Fisch lieber die Freiheit schenken, da im Hafenschlick weiterhin einige Schadstoffe enthalten sind. Der Förderkreis „Rettet die Elbe e. V.", 1978 von Elbfischern gegründet, engagiert sich für die Säuberung und Sanierung der Elbe. Bei alternativen Hafenrundfahrten informiert er über alles, was mit Elbe, Hafen und Umwelt zu tun hat. Auch das Umwelttelefon beantwortet Fragen zum Fluss und vermittelt die richtigen Ansprechpartner. Außerdem liegen dort der Umweltatlas und der letzte Wassergüte-Bericht aus.

- Förderkreis „Rettet die Elbe" e. V.: Nernstweg 22, 22765 Hamburg (Altona), Telefon 39 30 01, Do 17–19 Uhr; www.rettet-die-elbe.de
  Von April bis Oktober regelmäßig alternative Hafenrundfahrten, jeden Fr um 17 Uhr ab Anleger „Vorsetzen" an der U-Bahn-Station Baumwall (8 Euro für 90 Minuten)
- Umwelttelefon im Informationszentrum für Umwelt und Entsorgung: Hermannstraße 14, 20095 Hamburg (Innenstadt), Telefon 34 35 36, Fax 4 28 86 42 10, Mo-Do 9–16, Fr 9–14 Uhr; E-Mail: umwelttelefon@bug.hamburg.de; www.hamburg.de
- Wassergütestelle Elbe: Nestdeich 120–121, 21129 Hamburg (Finkenwerder), Telefon 4 28 54 77 70, Fax 4 28 54 77 78, Mo-Fr 8–16 Uhr; www.arge-elbe.de

## Eltern

Der Verband alleinerziehender Mütter und Väter bietet Alleinerziehenden unterschiedliche Hilfestellungen an. Neben psychologischer Beratung auch Hilfe beim Umgang mit Behörden, Gerichten und Rechtsanwälten. Es gibt unter anderem Krabbelgruppen, Schwangerentreffen und jeden Mittwoch um 16 Uhr eine offene Teestube. Die schrecklichste vorstellbare Situation im Leben von Eltern ist sicherlich der Verlust eines Kindes durch dessen Tod. In dieser traumatischen Lage versucht die Einrichtung Verwaiste Eltern Hamburg e. V. mit Gesprächsgruppen und Seminaren, teilweise von Psychologen begleitet, zu helfen. Kostenlos wird an die betroffenen Eltern Informationsmaterial geschickt.

- Katholische Frauen- und Familienbildungsstätte Hamburg e. V.: Graumannsweg 42, 22087 Hamburg (Hohenfelde), Telefon 2 29 12 44, Fax 2 29 15 48, Mo-Fr 9–12, Mo-Do 15–17 Uhr; E-Mail: FFStHamburg@t-online.de
  Angeleitete Gruppen zu Themen wie Babymassagen oder gute Ernährung für Kinder
- Verband alleinerziehender Mütter und Väter, Landesverband Hamburg e. V.: Horner Weg 19, Hamburg (Hamm), Telefon 21 44 96, Fax 21 98 33 77, Mo, Di, Do, Fr 9–12 Uhr
- Verwaiste Eltern Hamburg e. V. c/o Evangelische Akademie Nordelbien: Esplanade 15, 20354 Hamburg (Innenstadt), Telefon 35 50 56 43, Fax 35 71 87 67, Mo-Fr 10–12, Fr 14–17 Uhr; www.verwaiste-eltern.de
  Der Anrufbeantworter sagt Telefonnummern von Trauerbegleiterinnen an

### Mütter:

- Mütterzentrum: Müggenkampstraße 30a, 20257 Hamburg (Eimsbüttel), Telefon 40 17 06 06, Fax 4 90 39 26, Mo-Fr 9–13 Uhr (Büro), Mo-Fr 9–18 Uhr (Mütterzentrum); www.muetterzentren-bv.de
  Treffen für allein erziehende Mütter mit Kind; verschiedene Kurse; soziale Beratung

**Schulen:** Kinder, ihr macht mich fertig! Sie sind zwar niedlich, überfordern aber nicht selten ihre Erzeuger. Für derartig gestresste Erziehungsbepflichtigte sind Elternschulen die Rettung. Sie helfen mit Gesprächskreisen, Erziehungsberatung oder Babysitterkursen.

- Elternschule Barmbek: Alter Teichweg 200, 22049 Hamburg (Barmbek), Telefon 4 28 97 72 74, Fax 4 28 97 72 74 , Mo 10–12, Do 16–18 Uhr
- Elternschule Eimsbüttel : Doormannsweg 12, 20259 Hamburg (Eimsbüttel), Telefon 4 28 01 37 75, Fax 4 28 01 37 75, Mo-Mi 10–12 Uhr
  Für Familien aus dem Stadtteil mit Kindern bis zu drei Jahren; Herstellung von Kontakten; Beratun-

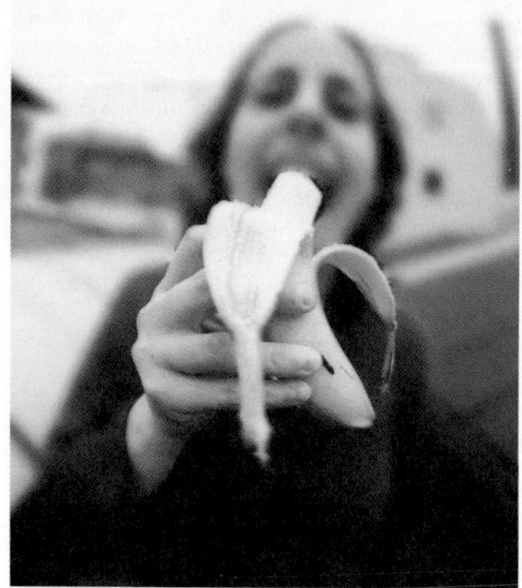


**Ernährung: An apple a day keeps the doctor away. Bananen bringen's auch!**

gen, Informationsveranstaltungen

- Offene Kirche/Evangelische Familien-Bildungsstätte: Loogeplatz 14–16, 20249 Hamburg (Eppendorf), Telefon 46 07 93 19, Fax 47 37 77, Mo-Fr 9–12, Mo, Di, Do 15.30–19, Mi 15.30–18, Fr 15–16 Uhr
  Verschiedene feste und lose Spielgruppen für Kinder bis 7 Jahren; informative Treffen für Eltern

### Väter:

- Väteraufbruch für Kinder – LV Hamburg e. V. (VafK): Steendiek 40, 21129 Hamburg (Finkenwerder), Telefon 31 76 83 13; www.vafk.de/hamburg
  Unterstützt beratend Väter im Bereich Sorge-, Umgangs- und Familienrecht; Stadtteilgruppen; gemeinsame Vater-Kind-Veranstaltungen

## Ernährung

Zum Frühstück Rührei mit Speck, mittags Pommes rot-weiß und vor der Glotze 'ne gehörige Portion Chips mit Cola. Das lässt jeden Ernährungsberater schleunigst den Diätplan hervorholen. Die AOK bietet für Mitglieder auf ärztliche Empfehlung kostenlose Einzelberatungen zum Thema gesunde Ernährung an. Bei kirchlichen Einrichtungen kann man Kochkurse besuchen, bei denen es unter anderem Tipps für die richtige Ernährung von Kindern gibt. Nach einem der dreieinhalbstündigen Kurse (ab 14 Euro) der HEW ist jeder im Stande, leicht und lächelnd ein Drei-Gänge-Menü zu brutzeln. Die Verbraucher-Zentrale bietet ein „Einkaufstraining für Singles“ (13 Euro) und führt einen zehnwöchigen Kurs „Gewicht im Griff“ für 153 Euro durch, der zum Teil von der Krankenkasse mit finanziert wird (50 Prozent).

▸ *Wellness*

- AOK Ernährungsberatung: Pappelallee 22–26, 22089 Hamburg (Eilbek), Telefon 20 23 15 16, Fax 20 23 15 07, Mo-Do 9–16, Fr 9–13 Uhr; E-Mail: katharina.titzck@aok.de, www.aok.de
  Schriftliche Beratung für Nichtmitglieder per E-Mail in ganz Deutschland möglich; persönliche Beratung für Mitglieder
- HEW: Spitalerstraße 22, 20095 Hamburg (Innenstadt), Telefon 63 96 50 80, Fax 63 96 53 64, Mo-Fr 10–18 Uhr; E-Mail: veranstaltungen@hew.de; www.hew.de
- Katholische Frauen- und Familienbildungsstätte Hamburg e. V.: Graumannsweg 42, 22087 Hamburg (Hohenfelde), Telefon 2 29 12 44, Fax 2 29 15 48, Mo-Do 9–12.30 und 14–17, Fr 9–12 Uhr; E-Mail: FFStHamburg@t-online.de
- Offene kirche/Evangelische Familien-Bildungsstätte: Loogeplatz 14–16, Hamburg (Eppendorf), Telefon 46 07 93 19, Fax 47 37 77, Mo-Do 9–12, Mo, Di, Do 15.30–19, Mi 15.30–18, Fr 15–16 Uhr
- Slow Food: Basselweg 43, 22527 Hamburg, Telefon 5 40 41 35, Fax 5 40 41 35; www.slowfood-hamburg.de
  Slow Food ist eine Verbraucherorganisation, die sich dem gutem Essen und Trinken und traditionellen und ökologischen Verarbeitungsmethoden verschrieben hat; Slow Food fördert Veranstaltungen wie den Markt „Käse aus dem Norden“ beim Freilichtmuseum Kiekeberg
- Verbraucher-Zentrale Hamburg: Kirchenallee 22, 20099 Hamburg (St. Georg), Telefon 24 83 22 40, Di-Do 10–14 Uhr (telefonisch), Di, Mi 14–18 Uhr (persönlich); www.vzhh.de

## Erste Hilfe

Wer an einem Erste-Hilfe-Kurs teilnimmt, hat gute Aussichten, bei Unfällen nicht planlos rumstehen zu müssen. Außerdem bekommt niemand einen Führerschein, ohne einen solchen Kurs für lebensrettende Sofortmaßnahmen absolviert zu haben. Diese und diverse andere Kurse kann man beim Deutschen Roten Kreuz (DRK), beim Arbeiter-Samariter-Bund (ASB) und bei den Johannitern machen – Kostenpunkt: 20 bis 25 Euro. Außerdem können ehrenamtliche Mitglieder des DRK und ASB sich dort zum Sanitäter ausbilden lassen.

- Arbeiter-Samariter-Bund (ASB): Lupinenweg 12, 22549 Hamburg (Osdorf), Telefon 83 39 80, Fax 83 39 81 23, Mo-Do 8–16, Fr 8–13 Uhr; www.asb-hamburg.de
- Deutsches Rotes Kreuz (DRK): Gustav-Adolf-Straße 88, 22043 Hamburg (Wandsbek), Telefon 6 57 00 41, Fax 6 57 01 51, Mo-Fr 8.30–15.30 Uhr
- Johanniter-Unfallhilfe: Barmbeker Straße 19, 22303 Hamburg (Barmbek), Telefon 65 05 41 31, Fax 65 05 42 36, Mo-Fr 9–15 Uhr; www.joh-nord.de

## Esoterik

Raus aus der Großstadt-Hektik, stillstehen, nach innen lauschen. Geht es mir wirklich so gut, wie meine tausend Termine vorspiegeln? In die tieferen Schichten der Persönlichkeit vorzudringen, kostet Mut und Kraft. Anleitung und Hilfestellung geben verschiedene Einrichtungen:

- Bum Shanka: Spritzenplatz 6, 22765 Hamburg (Altona), Telefon 3 90 38 47, Mo-Fr 11–19, Sa 10–16 Uhr; www.bumshanka.de
  Seit 25 Jahren der originelle Laden für Buddhismus- und Meditations-Freaks sowie Goa-Party-Gänger; Räucherstäbchen, Buddha-Figuren
- Paramed, Forschungsgruppe und Schule für Paramedizin: Lindenallee 35, 20259 Hamburg (Eimsbüttel), Telefon 43 25 21 39
  Die von Veit Urbasic 1988 gegründete Schule will der „Enstehung des Leidens“ auf den Grund gehen; im Angebot: praktische Übungen als Vorstufe zur Meditation, Vokalübungen
- Tibetanisches Zentrum Hamburg e. V.: Hermann-Balk-Straße 106, 22147 Hamburg (Rahlstedt), Telefon 6 44 35 85, Fax 6 44 35 15, Mo, Mi-Fr 13–16, Di 13–18.30 Uhr; www.tibet.de
  Jeden Dienstag kostenloser Meditationskurs ab 19 Uhr; für Neulinge Einführung in den Tempel ab 18.30 Uhr; buddhistischer Glaube ist nicht Voraussetzung, es unterrichten tibetanische Mönche; integrierter Buchladen „Tsung Kang“, Telefon 6 44 98 28, Di-Fr 15–19 Uhr
- Toulouse Institut: Beerenweg 1d, 22761 Hamburg (Bahrenfeld), Telefon 3 90 59 91, Fax 3 90 10 27, Di, Fr 10.30–13 Uhr; www.toulouse.de
  Freies spirituelles Veranstaltungszentrum, Kurse in Yoga und Meditation; Raumvermietung

## Existenzgründung

Lesen Sie sich selbst ordentlich die Leviten, bevor wieder ein Wochenende voller Überstunden ansteht. Für manche ist Selbstständigkeit ein Traum, andere sprechen von Selbstausbeutung. Folgende Institutionen stehen bei der Existenzgründung zur Seite:

- CatCap – The Catalyst for Capital: Alstertor 12, 20095 Hamburg (Innenstadt), Telefon 3 00 83 60, Fax 30 08 36 22, Mo-Fr 9–18 Uhr; www.catcap.de
  Beraten bei Existenzgründung / Expansion; Hilfestellung bei der Suche nach Kapital
- Gründer-Info St. Pauli der STEG: Neuer Kamp 30, 20357 Hamburg (St. Pauli), Telefon 43 13 93 42, Mo-Do 9–16, Fr 9–14 Uhr; www.gruender-info.de
  Für Existenzgründer aus dem Raum St. Pauli; Standortberatung und Vermietung von günstigen Räumen im ehemaligen Rinderschlachthof „Etage 21“, Neuer Kamp 30, in der Bernstorffstraße 120 (www.sprungschanze.de) und in der Marktstraße
- Hamburger Existenzgründungsprogramm (hep): Harburger Schloßstraße 6–12, 21079 Hamburg (Harburg), Telefon 76 61 80 80, Fax 76 61 80 88, Mo-Do 9–17, Fr 9–16 Uhr; www.hep-online.de
  Kostenloses Programm für technologieorientierte Unternehmens- oder Dienstleistungsideen
- Handelskammer Hamburg: Adolphsplatz 1, 20457 Hamburg (Innenstadt), Telefon 36 13 81 38, Fax 36 13 84 01, Mo-Do 8–16.30, Fr 8–15 Uhr; www.hk24.de
  Allgemeine Informationen
- Rat & Plan Betriebsberatung Wolfgang Düser: Am Felde 2, 22765 Hamburg (Altona), Telefon 3 90 81 06, Fax 3 90 81 86, Mo-Fr 9–13 Uhr
  E-Mail: rat-plan@dueser.org
  Beratungsprogramm für mittelständische Betriebe; Grundlagenkurs „Selbständig machen und bleiben“; Organisationsberatung
- Start Club: Nagelsweg 9, 20097 Hamburg (Hammerbrook), Telefon 24 85 22 33, Fax 24 85 20 10, www.arbeitsamt.de/hamburg
  Ein Projekt des Hochschulteams des Arbeitsamtes Hamburg und der WBS Training AG, das sich an Akademiker/-innen wendet.

Fahnen: Fröhliches Flattern garantiert die steife Brise in der Hansestadt

## Fässer

Sie wollten immer schon in einem Fass Bier baden? Bei der Firma Wulf ging schon mal ein 30 000-Liter-Bottich über den Tresen – als privater Swimmingpool. Seit 1880 handelt der Familienbetrieb mit Fässern aus Holz, Plastik, Metall oder Pappe. Fässer aus Pappe sollen stabiler sein als jeder Karton.

- Wulf: Dratelnstraße 29, 21109 Hamburg (Wilhelmsburg), Telefon 75 80 31, Fax 7 52 85 16, Mo-Fr 6.30–17 Uhr

## Fahnen und Flaggen

Das Boot wartet, und der Kapitän wird schon ungeduldig, weil die richtige Flagge fehlt. Das muss nich' sein, Hein. Tisch-und Hissflaggen, Transparente und Vereinswimpel findet man bei Alfred Lehner. Die Preise variieren je nach Arbeitsaufwand. Seit 1882 fertigt FahnenFleck Fahnen und Flecken, äh pardon, Flaggen nach individuellen Wünschen.

- Alfred Lehner: Kleine Bahnstraße 5, 22525 Hamburg (Stellingen), Telefon 8 50 10 81, Fax 8 50 70 14, Mo-Do 8–16, Fr 8–13 Uhr; www.alfred-lehner.de
- FahnenFleck: Neuer Wall 57, 20354 Hamburg (Innenstadt), Telefon 32 08 57 70, Fax 32 08 57 79, Mo-Fr 10–19, Sa 10–16 Uhr, Kreditkarten: Visa; EC-Karte; E-Mail: fahnen@t-online.de, www.fahnenfleck.com

## Fahrradkuriere

▶ *Kuriere*

## Fahrräder

Das hautenge, bunt gemusterte Trikot klebt am Körper. Auf der Stirn perlt der Schweiß. Am Rücken baumelt ein kleiner Rucksack oder eine trendige Allwettertasche. Hurtig geht es vorbei an langen Schlangen im Stau stehender Autos. Das ist das Feeling der großen Zweiradfreiheit, die auch ohne modernes Outfit fit hält.

**Auktionen:** Wem das Geld für das neue Fahrrad fehlt, der sollte sich zu einer Fahrradauktion aufmachen. Schon ab 5 Euro kann man beim Städtischen Fundbüro Fahrräder ersteigern. Die Termine sind beim Fundbüro zu erfragen oder im Internet unter www.hamburg.de einsehbar. Auch im Bergedorfer Fahrradladen Marcks findet einmal im Monat eine Fahrradbörse statt, auf der kräftig gehandelt werden kann. Die Versteigerungstermine sind im Geschäft zu erfragen oder direkt im Internet zu finden. Hier lohnt es, auch ohne Auktion mal vorbeizuschauen: An die 700 Räder stehen zum Testen und Kaufen bereit. Eine Fahrradwaschanlage, eine Reparaturwerkstatt und eine große Bekleidungsabteilung gehören zum Service, und seit neuestem gibt's eine Heimsport-Abteilung für Menschen, die sich sogar noch in den eigenen vier Wänden abstrampeln möchten.

- Marcks GmbH: Curslacker Neuer Deich 38, 21029 Hamburg (Bergedorf), Telefon 7 24 15 70, Fax 72 41 57 20, März bis August: Mo-Fr 10–20, Sa 9–16 Uhr, September bis Februar: Mo-Fr 10–19, Sa 9–16 Uhr, Kreditkarten: EC-Karte; www.marcks-gmbh.de

- Städtisches Fundbüro: Bäckerbreitergang 73, 20355 Hamburg (Innenstadt), Telefon 35 18 51, Fax 4 28 41 14 85, Mo 8–16, Di, Mi 8–12, Do 8–18 Uhr; E-Mail: zentralesfundbuero@hamburg-mitte.hamburg.de; www.hamburg.de
  Allgemeine Infos unter Telefon 4 28 41 17 35 (Telefonzentrale)

**Fahrradläden:** Mit dem Fahrradboom der letzten Jahre hat eine Vielzahl guter Fahrradläden eröffnet und bereichert nun das Hamburger Mehrradterrain. Die folgenden Tipps können nur eine grobe Übersicht geben. In jedem Stadtteil finden sich mittlerweile kompetente Händler:

- B. O. C.: Stresemannstraße 342, 22761 Hamburg (Altona), Telefon 85 41 99 90, März bis Dezember: Mo-Fr 9–20, Sa 9–14 Uhr (langer Sa bis 16 Uhr), Januar bis Februar: Mo-Fr 10–20, Sa 9–14 Uhr, Kreditkarten: EC-Karte; www.boc24.de
  Auf über 2000 qm günstige Preise; eigene Fahrradwerkstatt und eine riesige Auswahl an Markenartikeln aus den Bereichen City, Trekking, Cross, MTB, Race; außerdem Zubehör und Kinderräder
- Bicycles: Barmbeker Straße 152, 22299 Hamburg (Winterhude), Telefon 46 41 66, Fax 46 41 67, Mo-Fr 10–19, Sa 10–16 Uhr, Kreditkarten: EC-Karte; E-Mail: hamburg@bicycles.de, www.bicycles.de
  Hochwertige Sporträder unter anderem von Gudereit und Felt; Zubehör, Bekleidung
- CNC – Christoph Nies Cycles: Stresemannstraße 124–126, 22769 Hamburg (Altona), Telefon 4 30 78 23, Fax 4 30 78 23, Mo-Fr 12–19.30, Sa 10–14 Uhr, Kreditkarten: EC-Karte; www.cnc-bike.de
  Auf 500 qm gibt's alles vom Gebrauchtrad bis zum High-End-Cycle
- Der Fahrradladen: Barnerstraße 28, 22765 Hamburg (Altona), Telefon 3 90 38 24, Mo-Mi 10–13 und 14.30–18, Do, Fr 10–13 und 14.30–19, Sa 10–13 Uhr, Kreditkarten: EC-Karte; E-Mail: derfahrradladen@t-online.de; www.derfahrradladenaltona.de
  Individueller Fahrradbau ab 409 Euro, Probefahrten sind möglich
- Die Luftpumpe: Lübecker Straße 114, 22087 Hamburg (Hohenfelde), Telefon 25 49 28 00, Fax 25 49 28 01, Di-Fr 10–13 und 14.30–19, Sa 10–14 Uhr, Kreditkarten: EC-Karte; E-Mail: lupu-hh@t-online.de; www.dieluftpumpe.de
  Fahrräder im Baukastensystem für Stadt, Trekking oder Reise; Spezialräder für Behinderte
- Fahrrad Nielandt: Straßburger Straße 9–11, 22049 Hamburg (Wandsbek), Telefon 61 22 80, Fax 61 93 14, Oktober bis Februar: Mo-Fr 10–18 Uhr, März bis September: Mo-Fr 9–19 Uhr, Kreditkarten: Comfort-Card, EC-Karte; www.fahrrad-nielandt.de
  Fahrradmarken wie Patria und Utopia, Lasten- und Kinderanhänger, Tandems
  Filiale: Friedrich-Ebert-Damm 30–32, 22049 Hamburg (Wandsbek), Telefon 6 93 00 20, Fax 6 93 00 40
  Hauptsächlich Koga-Miyata-Räder (der Mercedes unter den Fahrrädern); außerdem Rennräder und Bekleidung
- Fahrrad Richter: Barmbeker Straße 16, 22299 Hamburg (Winterhude), Telefon 27 31 00
  Angebot vom gemütlichen Stadtrad übers Tourenrad bis zum Rennradflitzer. Auch kuriose Einräder oder Transportfahrräder sind zu haben. Auf individuell angefertigte Räder muss man etwa vier Wochen warten. Reparaturen werden innerhalb eines Tages durchgeführt
- Fahrradladen St. Georg: Schmilinskystraße 6, 20099 Hamburg (St. Georg), Telefon 24 39 08, Fax 24 39 08, Mo-Fr 10–19, Sa 10–13 Uhr, Kreditkarten: EC-Karte
  Breite Palette an Fahrrädern; was sich hinter dem Pedersen-Hängemattenfahrrad verbirgt, sollte man selbst erkunden; es können auch Fahrräder geliehen werden
- Marcks GmbH: Curslacker Neuer Deich 38, 21029 Hamburg (Bergedorf), Telefon 7 24 15 70, Fax 72 41 57 20, März bis August: Mo-Fr 10–20, Sa 9–16 Uhr, September bis Februar: Mo-Fr 10–19, Sa 9–16 Uhr, Kreditkarten: EC-Karte; www.marcks-gmbh.de
  ▸ *Fahrräder/Auktionen*
- M. S. P.: Rentzelstraße 7, 20148 Hamburg (Univiertel), Telefon 45 03 61 80, Fax 45 03 61 81, Mo-Fr 10–19, Sa 10–15 Uhr; www.msp-hamburg.de
  Alles von Kinderrädern bis zum Tandem, besonders hip sind zurzeit Cruiser in allen Varianten; auch Reparaturen
- Rad und Tat: Am Felde 2, 22765 Hamburg (Altona), Telefon 39 56 67, Fax 39 21 54, Mo 13–19, Di-Fr 10–19, Sa 10–14 Uhr, Kreditkarten: EC-Karte; E-Mail: radundtathh@t-online.de
  Ist mit eigener Fahrradmarke auf dem Markt und führt das Gesamtprogramm der Bremer VSF-Fahrradmanufaktur; Fahrradreparatur innerhalb von 24 Stunden

- Radsport von Hacht: Breitenfelder Straße 9, 20251 Hamburg (Eppendorf), Telefon 48 06 04 17, Fax 46 58 42, Mo-Mi 10–18.30, Do, Fr 10–20, Sa 10–14 Uhr, Kreditkarten: EC-Karte; www.radsportvonhacht.de
Ein vollständiges Angebot an Fahrrädern und Zubehör samt Bekleidungsshop, spezialisiert auf sportliche Montainbikes, Crossbikes und Tourenräder
- Radsport Wulff: Frohmestraße 64, 22459 Hamburg (Schnelsen), Telefon 5 50 84 72, Fax 5 59 23 07, Mo-Fr 9–18, Sa 9–14 Uhr, ab Frühjahr Mo-Fr bis 19 Uhr geöffnet, Kreditkarten: EC-Karte;
City- und Mountainbikes, Renn-und Kinderräder, Zubehör, Bekleidung
- Speiche „St. Pauli“: Bleicherstraße 17, 22767 Hamburg (St. Pauli), Telefon 31 44 54, Di-Fr 11–13, 15–18, Sa 11–13 Uhr
Der gelernte Dreher Rainer liest jeden auch noch so verrückten Reparaturwunsch von den Lippen ab und führt ihn zu äußerst günstigen Preisen aus
- Winter Zweirad Handelsgesellschaft: Holstenstraße 113, 22767 Hamburg (Altona), Telefon 43 89 90, Fax 4 30 31 31, Mo-Fr 9–18 Uhr, Kreditkarten: EC-Karte; www.zweirad-winter.de
Großes Sortiment an Italo-Rollern „Piaggio-Center“; Fahrradangebot: Mountainbikes, Rennräder, Trekkingräder

**Initiativen:** Wer nicht auf eigene Faust strampeln will, kann über den Allgemeinen Deutsche Fahrrad-Club (ADFC) organisierte Ausflüge mitmachen. Sie finden regelmäßig an den Wochenenden und nach Feierabend in und um Hamburg statt. Der ADFC ist eine Interessenvertretung von Alltags- und Freizeitradlern, die mit einer Vielzahl an Broschüren umfassend zum Thema Fahrrad informiert. Im ADFC-Shop (Katalog wird auf Anfrage zugeschickt) kann man sich mit praktischen Utensilien wie regenfester Kleidung, Fahrradtaschen oder Reparaturbüchern eindecken. Auch die Radler-Info-Börse hält Fahrradfreunde über Wissenswertes rund ums Zweirad auf dem Laufenden. Ob Feriengebiete oder Tourenplanungen innerhalb Deutschlands, hier gibt's Rat. Wer in der Stadt wohnt, hat häufig nicht nur Probleme, einen Parkplatz fürs Auto zu finden. Es ist auch nicht einfach, sein Fahrrad sicher und trocken aufzubewahren. Hier hat sich die Altonaer Arbeitsförderungsgesellschaft (afg) verdient gemacht. In Altona ist die unkonventionelle Methode der Drahteselverwahrung in zwölfeckigen, abschließbaren Fahrradhäuschen schon länger erprobt. Auch in Eimsbüttel und Eppendorf sind sie mittlerweile typisch fürs Straßenbild. Auf knapp sechs Quadratmetern Grundfläche können ein Dutzend Räder aufbewahrt werden. Ein Fahrradhäuschen kostet etwa 4400

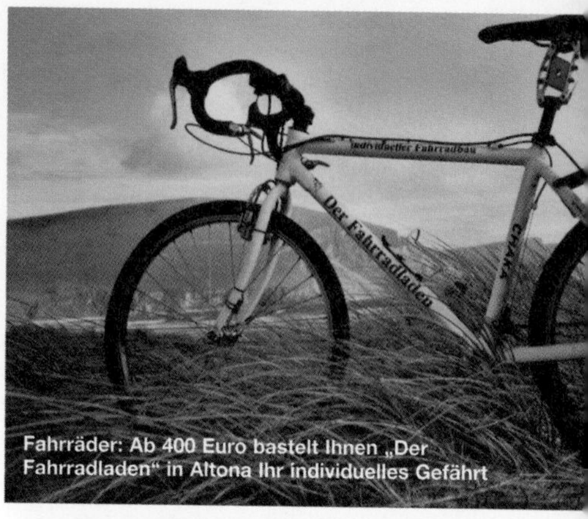

Fahrräder: Ab 400 Euro bastelt Ihnen „Der Fahrradladen“ in Altona Ihr individuelles Gefährt

Euro. Die afg kümmert sich im Vorfeld um die notwendigen Genehmigungen und hilft bei der Beantragung von Zuschüssen. Bei Campusrad können während des Semesters Fahrräder gegen Pfand ausgeliehen, das eigene kann bewacht geparkt oder unter fachkundiger Anleitung repariert werden. Für die Zukunft planen die Betreiber einen Service, der von Tourenberatung bis zu Tickets für Radreisende reichen soll. Die emsige Gemeinde Wedel hat mit dem Projekt Arbeitslosenselbsthilfe „Arbeit für Alle“ zwei Fliegen mit einer Klappe geschlagen. Sie verwirklichte die Idee „kommunales Fahrrad“: Etwa 150 blaue Fahrräder, gespendet von Wedeler Bürgern, warten nun mehr auf ihren Einsatz. Sie sind auf verschiedene Standorte im Städtchen verteilt. Wer den Schlüssel hat, kann die Räder kostenlos nutzen. Auch Touristen können die Fahrräder per Nutzungsvertrag leihen. Sie melden sich im Wedeler Yachthafen beim Hafenmeister, im Theaterschiff Batavia oder direkt bei der Arbeitslosenselbsthilfe. Ein Beschäftigter ist für die Wartung der Räder, notwendige Reparaturen und für die Kontrolle der Standplätze zuständig. Für Infos und organisatorische Fragen stehen die ehrenamtlichen Mitarbeiter zur Verfügung. Straßenrennsport, Mountainbike- und Bahnradsport sind die Disziplinen der 16 Hamburger Radsportvereine. Einzelne Vereine bieten weitere Möglichkeiten wie Kunstradfahren oder Radball. Neben dem großen Angebot an Radtourenfahrten für den sportlich ambitionierten Amateur können auch gemütlichere Radtouren der Radwanderfahrer genossen werden. Weitere Infos zu den entsprechenden Vereinen erteilt der Radsport-Verband Hamburg e. V.

- Allgemeiner Deutscher Fahrrad-Club (ADFC): Wandsbeker Marktstraße 18, 22041 Hamburg (Wandsbek), Telefon 39 39 33, Fax 3 90 39 55, Bürozeiten: Mo, Mi 18–20, Fr 10–14 Uhr, E-Mail: adfc-hh@t-online.de; www.hamburg.adfc.de

Zweigstelle: Im Grünen Grunde 1c,
22337 Hamburg (Ohlsdorf), Telefon 50 04 88 25,
Bürozeiten: Di, Do 18–20 Uhr, von November bis zum 31. Januar nur dienstags

- Altonaer Arbeitsförderungsgesellschaft mbH (afg), Fachbereich Technik: Paul-Ehrlich-Straße 3, 22763 Hamburg (Ottensen), Telefon 88 90 59 40, Fax 88 90 59 15; E-Mail: bw@afg-hbg.de; www.afg-hbg.de
- Arbeitslosenselbsthilfe „Arbeit für Alle“: Rosengarten 17d, 22880 Wedel, Telefon 0 41 03/1 62 21, Fax 0 41 03/97 02 17, Mo-Do 8–17, Fr 8–14 Uhr, am Wochenende nach Vereinbarung; E-Mail: arbeitslosenselbsthilfe-wedel@t-online.de; http://home.t-online.de/home/Arbeitslosenselbsthilfe-Wedel
- Campusrad: Von-Melle-Park 8, 20146 Hamburg (Univiertel), Telefon 41 33 95 59, Fax 41 33 95 59, Mo-Fr 9–17 Uhr
  Campusrad hat auch während der Semesterferien geöffnet!
- Radler-Info-Börse e. V.: Postfach 33 05, 22826 Norderstedt, Telefon 52 87 62 17; www.radler-info-boerse.de
- Radsport-Verband Hamburg: c/o Alexander Jaeger, Im Grünen Grunde 4a, 22337 Hamburg (Ohlsdorf), Telefon 63 96 23 76, Fax 63 96 51 82; E-Mail: alexander.jaeger@t-online.de
- Tandem Club Weiße Speiche Hamburg e. V.: c/o Ulli Staniullo, Telefon 8 31 64 01, Fax 8 31 64 01; www.tandemclub.de

**Touren:** Nicht nur per pedes sondern auch per Zweirad lässt sich das Hamburger Umland gut erkunden. An Kartenmaterial sollte es dabei nicht mangeln. Allein achtzig Radtouren und Tipps bietet das Buch „Hamburg. Mit dem Fahrrad auf Entdeckertour“ von Jürgen Lürtzing (Stadt- und Freizeit-Verlag, 160 Seiten, 17,90 Euro). In der Rubrik „Ausflüge“ sind die Touren samt touristischen Sehenswürdigkeiten beschrieben. Eine große Auswahl an Fahrradplänen, aber auch an Radreiseführern hat Dr. Götze Land & Karte. Einfach mal hingehen und stöbern. Nützliche Hinweise zu Radtouren in die Umgebung von Hamburg, Kiel, Lübeck und die Holsteinische Schweiz bieten zudem die Regionalkarten vom ADFC. Sie geben zum Beispiel praktische Hinweise zum Fahrkomfort der Radwege, zu Fahrradvermietungen, Reparaturläden oder Bahnhöfen mit Fahrradbeförderung. Wer es ganz bequem haben möchte, erkundet auf asiatische Art die Hamburger Innenstadt. Der hansemobil 3rad dienst von Michael Erfurt und Lothar Kulle kutschiert seine Gäste mit Rikschas durch das Verkehrgewühle am Jungfernstieg. Selbst rund um die Außenalster und zum Hafenrand kann man sich fahren lassen (▶ *Rikschas*). Wenn es mal ganz schnell gehen soll, kann man sein Fahrrad auch in den U- und S-Bahnen des HVV (Hamburger-Verkehrsverbund) mitnehmen. An den Wochenenden ist dies ganztägig möglich, in der Woche zwischen 9 und 16 Uhr und dann wieder ab 18 Uhr. Was viele nicht wissen: Auch in einigen Buslinien des HVV darf man Fahrräder mitnehmen; welche dies sind, ist im Internet unter www.hvv.de zu erfahren. Bei weiteren Touren bietet sich der Transportservice der Deutschen Bahn an. In Nahverkehrszügen können Fahrräder für 3 Euro pro Rad mitgenommen werden. Bei über hundert Kilometern kostet der Radtransport mit Bahn Card 6 und ohne 8 Euro pro Rad. Es ist auch möglich, sein Fahrrad im ICE mitzunehmen. Bei Fahrten ab 100 Kilometern empfiehlt es sich grundsätzlich zu reservieren. Als Kuriergepäck (23,50 Euro fürs erste Rad und 18,40 Euro für jedes weitere) kann der gut verpackte Drahtesel auch von Haus zu Haus verschickt werden.

- Allgemeiner Deutscher Fahrrad-Club (ADFC): Wandsbeker Marktstraße 18, 22041 Hamburg (Wandsbek), Telefon 39 39 33, Fax 3 90 39 55, Bürozeiten: Mo, Mi 18–20, Fr 10–14 Uhr; E-Mail: adfc-hh@t-online.de; www.hamburg.adfc.de
- Deutsche Bahn AG: Telefon 0 18 05/15 14 15 (Radfahrer-Hotline); www.bahn.de
- Dr. Götze Land & Karte: Alstertor 14–18, 20095 Hamburg (Innenstadt), Telefon 3 48 03 13, Fax 35 74 63 44, Mo-Fr 10–20, Sa 10–16 Uhr, Kreditkarten: alle außer Diners; EC-Karte; www.drgoetze.com
- hansemobil 3rad dienst: Holstenstraße 114, 22767 Hamburg (Altona), Telefon 38 61 52 86, Fax 38 61 52 86; E-Mail: hansemobil@web.de; www.rikscha.com

## Fahrschule

Harte Zeiten für neue Hit-the-Road-Club-Mitglieder: Hamburgs Prüfungen sollen nach Aussagen kompetenten Fachpersonals äußerst schwierig sein, kein Wunder in dem Großstadt-Dschungel. Je nach Fahrbegabung variiert die abzudrückende Summe für den Lappen. Die Grundgebühr ist von Fahrschule zu Fahrschule unterschiedlich, 45 Minuten kosten bei Hamburgs einziger Frauenfahrschule 27,60 Euro, bei der Fahrschule Kaifu 28,50 Euro, bei Fahrschule Bremer 31,50 Euro. Sonderfahrten wie die Nachtfahrt oder die auf der Autobahn werden bei der Frauenfahrschule und bei Bremer mit etwas mehr berechnet. Realistische Berechnungen haben ergeben, dass man derzeit mindestens 1200 Euro berappen muss, um in den Besitz des begehrten FSK3-Lappens zu kommen. Allgemeine Auskünfte und Infos über spezielle Angebote, zum Beispiel für Behinderte oder zum Theorieunterricht in gängigen Fremdsprachen wie Französisch oder Türkisch, erteilt der Fahrlehrerverband.

- Fahrlehrerverband Hamburg:
  Spaldingstraße 64, 20097 Hamburg (Innenstadt),
  Telefon 23 33 40, Fax 23 07 52, Mo-Fr 10–13 Uhr;
  E-Mail: fahrlehrerverband-hh@gmx.de;
  www.fahrlehrerverband-hamburg.de
- Fahrschule Bremer:
  Lornsenstraße 86 a/b, 22869 Hamburg
  (Schenefeld), Telefon 8 30 24 30,
  Fax 8 30 17 35, Mo-Fr 9–19 Uhr;
  www.ferien-fahrschule-hamburg.de
- Fahrschule Kaifu:
  Osterstraße 2, 20259 Hamburg (Eimsbüttel),
  Telefon 40 06 92, Fax 40 06 92, Mo, Mi, Fr
  14.30–18.30, Di, Do 14.30–19.30 Uhr,
  E-Mail: kaifu-fahrschulen@t-online.de;
  www.fahrschulen.de
- Frauenfahrschule:
  Lindenallee 31, 20259 Hamburg (Eimsbüttel),
  Telefon 39 90 61 22, Fax 39 90 62 25,
  Bürozeiten: Di 16–18, Do 17–19 Uhr

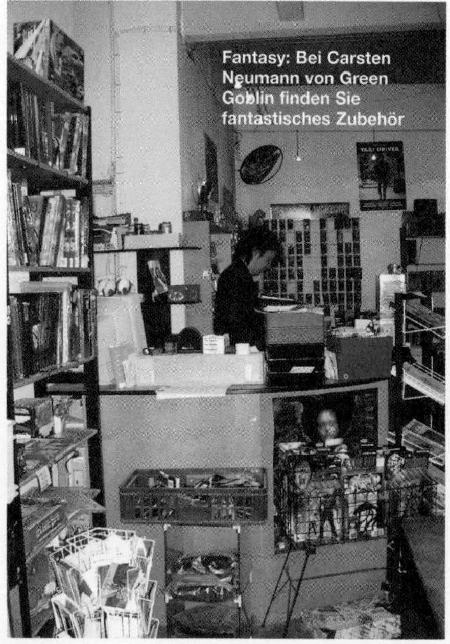
Fantasy: Bei Carsten Neumann von Green Goblin finden Sie fantastisches Zubehör

## Fallschirmspringen

Ja ja, der gute Michelangelo, wie oft mussten er und der Traum vom Fliegen schon für uninspirierte Einleitungen herhalten. Wie wär's denn mal alternativ mit den Stichworten „Todessehnsucht" oder „Schließmuskeltraining". Den freien Fall aus 4000 Meter Höhe kann man bei Albatros Skydiving wagen. Angeboten werden Tandemsprünge (ab 170 Euro). Außerdem kann man sich in verschiedenen Kursen, wie etwa einem Grund- oder AFF-Kurs (Accelerated Free Fall, ab 200 Euro) ausbilden lassen. Die Chance für all die Mutigen unter uns, ein unvergessliches Erlebnis zu haben, bietet „Fallschirmsport Hamburg". Zur Auswahl stehen hier Tandemsprünge (175 Euro) oder, für die absoluten Anfänger, Schnuppersprünge (180 Euro). Außerdem ist die Teilnahme an einem der vielen Kurse möglich. Der Luftsportverband Hamburg informiert alle Flugbegeisterten, die zwar schon fest entschlossen sind, jedoch noch nicht wissen wann, wo und wie sie Fallschirmspringen wollen.

- Albatros Skydiving: Flugplatz Hartenholm,
  24640 Hasenmoor, Telefon 0 41 95/9 97 70,
  Fax 0 41 95/99 77 77, April bis Oktober:
  Mo-Fr 9–18, Sa, So 8.30–18 Uhr, November bis
  März: Mo-Fr 9–18 , So 11–17 Uhr;
  www.my-skyworld.de
- Fallschirmsport Hamburg: Schloßstraße 14,
  22041 Hamburg (Wandsbek), Telefon 68 91 23 34,
  Fax 68 91 23 35; www.fallschirmsport-hamburg.de
- Luftsportverband Hamburg, Referentin für Fallschirmsport Frau Broscheit: Vogelhüttendeich 17,
  21107 Hamburg (Wilhelmsburg),
  Telefon 7 53 10 32, Fax 7 53 10 32

## Fantasy

Live-Rollenspiele versprechen Abenteuer. Weniger sportliche Fantasyfreaks können alternativ auf dem Wohnzimmertisch die Tabletops spielen und Armeen von angemalten Zinnfigürchen als Elfen oder Orks gegeneinander antreten lassen. Für beide Rollenspielvarianten kann in Hamburgs Fantasyläden das Zubehör gekauft werden, außerdem im Angebot: Literatur, Comics, Trading-Card-Games, Videos und Brettspiele. Spieler treffen sich jedes Jahr Ende Mai auf der Nordcon-Messe im Hamburg-Haus Eimsbüttel. Weitere Informationen sind im Internet zu finden unter: www.nordcon.de. Der Verein für Rollenspiel Hamburg trifft sich jeden Donnerstag ab 18 Uhr und jeden 2. und 4. Sonntag im Monat ab 15 Uhr im Eidelstedter Bürgerhaus. Interessierte können sich vorab auf der Website einen kleinen Eindruck verschaffen. Zum fantastischen Genre gehört auch Science-Fiction. In einigen Läden warten Modellbausätze, Action-Figuren und alles, was bei „Krieg der Sterne“ und „Star Trek“ Rang und Namen hat. Trekkis beamt euch ran!

- Andere Welten: Grindelallee 77, 20146 Hamburg (Univiertel), Telefon 44 31 18, Fax 44 95 48, Mo-Fr 10–19, Sa 10–16 Uhr, Kreditkarten: EC-Karte; E-Mail: anderewelten@compuserve.com; www.anderewelten.de
- Das Drachenei: Lübecker Straße 127, 22087 Hamburg (Hohenfelde), Telefon 2 27 86 28, Fax 2 29 54 44, Mo-Fr 10–20, Sa 10–16 Uhr; www.drachenei.de
- Green Goblin GbR: Weidenallee 21, 20357 Hamburg (Eimsbüttel), Telefon 4 39 27 57, Fax 4 39 28 99, Mo-Fr 10–20, Sa 10–16 Uhr
- Haus der Fantasy: Borgweg 14, 22303 Hamburg (Winterhude), Telefon 2 79 20 85, Fax 2 79 20 85, Mo, Di, Mi, Fr 9.30–18.30, Do 11–20, Sa 9.30–14 Uhr, langer Samstag bis 16 Uhr, Kreditkarten: EC-Karte; E-Mail: sales@hdf-hh.de; www.hdf-hh.de
- Sodalitas dei Nomine Vacantis e. V. – Verein für Rollenspiel Hamburg im Eidelstedter Bürgerhaus: Alte Elbgaustraße 12, 22523 Hamburg (Eidelstedt), Telefon 5 70 69 26; www.sdnv.de Ansprechpartner: Jörg Lüdtke
- Star Toys: Dammtorstraße 22, 20354 Hamburg (Innenstadt), Telefon 35 71 38 13, Fax 35 71 38 14, Kreditkarten: Eurocard, Visa; EC-Karte; www.startoys.com

## Farben

Wem das Geld für eine Reise in den Süden fehlt, der malt ihn sich zu Hause an die eigenen vier Wände. Farben beeinflussen Laune und Gesundheit der Heimwerkler und sind am unbedenklichsten in der Ökovariante, biologisch abbaubar und ohne chemische Lösungsmittel. Den besonderen Schic vermitteln Strukturputze oder die mit Schwämmen aufgetragene Wischtechnik. Die besondere Beratung bieten Fachmärkte, die auch wunschgenau Farben anmischen.

- Baubiologische Handels- und Beratungsgesellschaft mbH: Eckerkoppel 4, 22159 Hamburg (Farmsen), Telefon 6 45 57 60, Fax 64 55 76 20
- Brillux GmbH: Rödingsmarkt 19, 20459 Hamburg (Neustadt), Telefon 37 87 90 50
- Die Wohnkultur: Eimsbütteler Chaussee 57, 20259 Hamburg (Eimsbüttel), Telefon 43 25 26 90, Fax 43 25 26 91, Mo-Fr 10–19, Sa 10–16 Uhr, Kreditkarten: EC-Karte
- Farbenhaus Metzler: Saseler Chaussee 162, 22393 Hamburg (Sasel), Telefon 6 00 11 00, Fax 60 01 10 31, Mo-Fr 8.30–18.30, Sa 8.30–13.30 Uhr, Kreditkarten: EC-Karte; E-Mail: braun@farbenhaus-metzler.de; www.farbenhaus-metzler.de
- Waldemar Binne: Walddörferstraße 128, 22041 Hamburg (Wandsbek), Telefon 6 52 90 01, Fax 6 52 88 04, Mo-Fr 9–19, Sa 9–16 Uhr, Kreditkarten: EC-Karte

## Fast Food

▶ *Essen + Trinken*

## Fechten

Säbelrasselnden Vorbildern wie den drei Musketieren kann auch leibhaftig nachgeeifert werden. Die Hansestadt bietet zwölf Vereine, in denen dieser elegante Sport praktiziert wird. Zum Schnuppertraining oder Reaktionstest sind alle willkommen. Infos gibt's beim Hamburger Fecht-Verband.

- Hamburger Fecht-Verband e. V.: Haus des Sports, Schäferkampsallee 1, 20357 Hamburg (Eimsbüttel), Telefon 41 90 82 52, Fax 41 90 82 71, Di, Do 14–17 Uhr; www.fechten-hamburg.de

## Feinkost

▶ *Essen + Trinken*

## Feldenkrais

Solange Sie nicht wissen, was Sie tun – wie können Sie jemals tun, was Sie wollen?“, fragt Moshe Feldenkrais. Der Physiker und Judolehrer entwickelte eine nach ihm benannte Methode, bei der es darum geht, die eigene Bewusstheit und Selbstbestimmung freier und kreativer zu leben. Mit Feldenkrais-Lektionen soll die kindliche Bewegungsfreude, bei Erwachsenen oftmals abhanden gekommen, wieder entdeckt werden. Interessierte sollten sich an das Feldenkrais-Info-Telefon Hamburg wenden. Hier gibt es Adressenlisten mit Feldenkrais-Lehrern sowie Info-Material zu Veranstaltungen und Workshops.

- Feldenkrais-Info-Telefon: 2 71 95 70; www.feldenkrais.de

## Feng-Shui

Feng-Shui ist die 5000 Jahre alte Lehre des Wohnens. Wörtlich übersetzt heißt es „Wind und Wasser“, trägt durch die Auswahl richtiger Standorte, Farben und Materialien zum positiven Raumklima und Wohlbefinden der Nutzer bei. Wer Hilfe braucht beim Schränkerücken, bei The Feng Shui Factory muss man sich um nichts kümmern, vom Innen- bis zum Landschaftsarchitekten sind alle auf Feng-Shui eingestellt. Wer lieber selbst Hand anlegt, kann bei „Lebensraum" Seminare in Feng-Shui belegen (Unterlagen können unter angegebener Telefonnummer angefordert werden). Ab Frühjahr 2003 wird auch eine Ausbildung zum Feng-Shui-Berater angeboten. Eine ähnliche Möglichkeit erhält man in monatlich stattfindenden Wochenendschulungen an der Feng-Shui-Schule. Dort gibt es auch ein Kursangebot zu der alten chinesischen Kunst.

- Hamburger Feng-Shui-Schule: Thadenstraße 7, 22767 Hambaurg (Altona), Telefon 39 90 93 98, Fax 39 90 93 97, Mo-Fr 9–18 Uhr; www.dockendorf-gill.de
- Lebensraum: E. Prignitz, Glashüttenstraße 91, 20357 Hamburg (Karolinenviertel), Telefon 43 27 41 29, Fax 43 27 41 28; E-Mail: lebensraum@evaprignitz.de; www.evaprignitz.de
- The Feng Shui Factory: Bargacker Damm 11a, 22179 Hamburg (Bramfeld), Telefon 63 27 00 99, Mo-Fr 9–20 Uhr; www.fengshui-factory.de

## Fernsehen

▶ *Unterhaltungselektronik*

## Fernsehturm

Mit seinen 279,80 Metern überragt er Hamburgs Wahrzeichen, den „Michel", und wird deshalb im Volksmund „Tele-Michel" genannt. Die Rede ist vom Heinrich-Hertz-Turm. Mitte der 60er Jahre als Fernmeldeturm der Deutschen Post gebaut, trägt er den Namen des aus Hamburg stammenden Physikers. Jahrzehntelang beherbergte er ein Drehrestaurant und bot mit seiner Aussichtsplattform in 128 Metern Höhe bei klarem Wetter einen Blick über Hamburgs Grenzen hinaus. Wegen umfassender Sanierungsarbeiten werden Schwindelfreie bis mindestens Herbst 2002 auf Kaffee und Kuchen sowie den eindrucksvollen Ausblick verzichten müssen (Termin der Wiedereröffnung stand bei Redaktionsschluss noch nicht fest). Es sei denn, Sie suchen den Nervenkitzel. Das Bungee-Sprungzentrum besteht nach wie vor in luftiger Höhe.

▶ *Bungee*

- Fernsehturm: Lagerstraße 2–8, 20357 Hamburg (St. Pauli); www.fernsehturm-hamburg.de

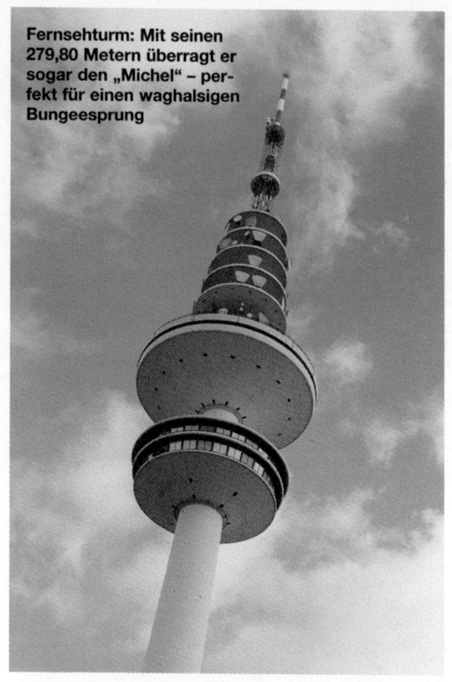

**Fernsehturm: Mit seinen 279,80 Metern überragt er sogar den „Michel" – perfekt für einen waghalsigen Bungeesprung**

## Festreden

„Festgedichte, flotte Reden, schreibt gekonnt und gut für jeden..." – Hans Krause ab 150 Euro. Originelles zum Lachen, Weinen oder Nachdenken. Denn mal ehrlich, langweilige Ansprachen nutzen allenfalls als Auszeit auf einer dieser immer wiederkehrenden Familienveranstaltungen, an denen man mit schöner Regelmäßigkeit „wirklich das letzte Mal" teilnimmt.

- Hans Krause: Lehárstraße 85b, 22145 Hamburg (Rahlstedt), Telefon 6 78 43 02

## Fetisch

„Fetischismus" wird im Fremdwörterbuch unter anderem definiert als sexuelle Fehlhaltung. Für andere ist es Kult und absolutes Nonplusultra. Schmerzhaftes und Fesselndes gibt es in der Boutique Bizarre. Außerdem viel Glitter und Glimmer für Go-go-Girls und für die nächste Strip-Show sowie Clubwear und Young Fashion, um sich für den nächsten Kiezbesuch ins rechte Licht zu rücken. Die Veranstalter der „Extravaganza", das Ehepaar Jungbluth, betreiben schon seit Jahren einen gleichnamigen Laden, in dem Silvie sich um die Mode und Charly um die Körper und das nette Gespräch kümmert. Für das schwule Fetisch-Leben gibt es in Hamburg Mr. Chaps. Die hauseigene Schneiderei verwandelte Latex und Leder in Kleidung und Toys, außerdem gibt's Zeitschriften und Accessoires für den etwas extravaganteren Geschmack.

- Boutique Bizarre: Reeperbahn 35, 20359 Hamburg (St. Pauli), Telefon 31 76 96 93, Fax 31 76 96 99, Mo-So 10–24 Uhr, Kreditkarten: alle; EC-Karte; www.boutique-bizarre.de
- Jungbluth: Marktstraße 108, 20357 Hamburg (Karolinenviertel), Telefon 4 30 40 04, Fax 4 30 40 04, Mo-Fr 12–19, Sa 11–16 Uhr, Kreditkarten: Visa, Eurocard; EC-Karte; www.jungbluth-design.de
- Mr. Chaps: Gurlittstraße 47, 20099 Hamburg (St. Georg), Telefon 24 59 79, Fax 24 60 97, Mo-Fr 11–19, Sa 11–16 Uhr, Kreditkarten: alle außer Diners; EC-Karte; www.mr-chaps.de

## Feuerwehr

▶ *Notdienste*

## Film

„Die Filmaufnahme bietet viele Möglichkeiten, von der Wirklichkeit abzuweichen" (dtv-Lexikon). Hört, hört, wer hätte das gedacht. In Hamburg wird von dieser Möglichkeit ausgiebig Gebrauch gemacht: Die Zahl der in der Filmherstellung engagierten Firmen beträgt über siebzig, die Zahl der filmbegeisterten Festivalgänger und Amateurregisseure wächst von Jahr zu Jahr.

**Ausbildung:** An der Hochschule für bildende Künste (HfbK) (▶ *Kunst*) gibt es den Studiengang Visuelle Kommunikation, in dem neben Fotografie der Schwerpunkt Film studiert werden kann. Bewerber müssen über Fachabitur oder Abitur verfügen und Arbeitsproben vorlegen. Der Fachbereich Sprach-, Literatur-und Medienwissenschaft an der Universität bietet regelmäßig Veranstaltungen zu Film- und Medienthemen (▶ *Hochschulen*). Potenzielle Spielbergs oder solche, die gerade nicht so werden wollen, können sich alle zwei Jahre an der Universität Hamburg für den Aufbaustudiengang Film unter der Leitung von Hark Bohm bewerben. Vier Bereiche – Produktion, Drehbuch, Regie, Bildregie (Kamera) – stehen zur Auswahl. Voraussetzungen sind ein abgeschlossenes Hochschulstudium oder Berufserfahrungen, Ausnahmen bestätigen jedoch auch hier die Regel. Der 1994 gegründete Verein „Medien und Kulturarbeit" bietet Berufseinsteigern und Tätigen aus der Film- und Fernsehbranche ein Fort- und Weiterbildungsprogramm. Die Schwerpunkte sind: Drehbuchschreiben, Film-Workshops, die einjährige Fortbildung „Autorenschule Hamburg" und die halbjährige Weiterbildung „Regieassistenz".

- Hochschule für bildende Künste (HfbK): Lerchenfeld 2, 22081 Hamburg (Hohenfelde), Telefon 4 28 32 32 00, Fax 4 28 32 22 79, Bürozeiten: Di, Mi 10–12, 14–16, Do 10–12 Uhr; www.kunsthochschule.uni-hamburg.de
- Filmstudium – Weiterführendes Studium Film der Universität Hamburg: Friedensalle 9, 22765 Hamburg (Ottensen), Telefon 4 28 38 41 43 (Bewerbung), 4 28 38 41 63 (Studiengespräche), Fax 4 28 38 41 68; E-mail: filmstud@uni-hamburg.de, www.filmstudium-hh.de
- Hamburger Filmwerkstatt e. V.: Friedensallee 9, 22765 Hamburg (Ottensen), Telefon 3 91 09 60, Fax 39 10 96 10; www.hamburger-filmwerkstatt.de Führt den praktischen Teil der Ausbildung zum Drehbuchautor, Regisseur, Produzenten und Kameramann im Rahmen des Aufbaustudiums Film durch
- Medien und Kulturarbeit: Friedensallee 7 (im Filmhaus), 22765 Hamburg (Ottensen), Telefon 39 90 99 31, Fax 3 90 95 00, Mo-Do 10–16, Fr 10–15 Uhr; www.medienundkultur.hamburg.de

### Bilder, Videos, Plakate und Filme:

- Nullachtsechzehn: Wohlwillstraße 20, 20359 Hamburg (St. Pauli), Telefon 31 79 48 91, Mi-Fr 14–20 Uhr, Zubehör für 8/16 mm: Kameras, Projektoren, Spielfilme, Tier- und Werbefilme, Wochenschauen et cetera
- Film- und Videobibliothek in den Zeise Hallen: Friedensallee 7–9, 22765 Hamburg (Ottensen), Telefon 3 90 88 71, Fax 3 90 39 99, Mo, Di, Mi, Fr 12–18, Do 12–20 Uhr; E-mail: filmbibliothek@buecherhallen.hamburg.de, www.buecherhallen.hamburg.de 8000 Videos und 800 DVDs (Originalfassungen in 47 Sprachen), die man in den gängigen Videotheken vergeblich sucht. Außerdem 6000 Buchtitel zum Ausleihen, 320 Nachschlagewerke, 42 Zeitschriften zum Einsehen, Soundtrack-CDs (zirka 1150 Titel) und CD-ROMs
- Sautter & Lackmann: Admiralitätstraße 71–72, 20459 Hamburg (Neustadt), Telefon 37 31 96, Fax 36 54 79, Mo-Fr 10–18.30, Sa 10–16 Uhr, Kreditkarten: EC-Karte; www.sautter-lackmann.de Bücher über Filmtechnik, Biografien von Filmstars, Filmlexika und Fachzeitschriften,
- Kulturbuch: Grindelallee 83, 20146 Hamburg (Univiertel) Telefon 45 25 25, Fax 41 35 38 12, Mo-Fr 11.05–18.35, Sa 11.05–15.05 Uhr;

E-Mail: kulturbuch@t-online.de,
www.kulturbuch-hh.de oder www.jazzplakate.de
Neue und antiquarische Filmbücher,
-plakate, -fotos und -postkarten

- Hans Bredow Institut: Heimhuder Straße 21, 20148 Hamburg (Rotherbaum), Mo 14–19, Di 10–19, Mi, Do 10–17, Fr 10–14 Uhr, Spezialbibliothek zum Thema Medien/Medienforschung, insgesamt 23 500 Bände und 160 Zeitschriften warten auf Leser

**Festivals:** Was 1984 als No-Budget-Festival begann, ist seit 1994 das im Juni stattfindende Internationale KurzFilmFestival: Forum der Präsentation des internationalen Kurzfilmschaffens mit jährlich wechselnden Sonderprogrammen wie zum Beispiel Länderschwerpunkten (2002: BeNeLux). Wettbewerbsprogramme sind: Internationaler Wettbewerb, No-Budget, Flotter Dreier (Thema 2002: Durst), Bitfilm, Made in Germany und Made in Hamburg. Das Publikum entscheidet über einen Preis. In das Festival ist das KinderFilmFestival integriert. Der allabendliche Festivalclub bietet neben Zerstreuung stets überraschende Spontanvorführungen. – Alle September wieder führen die Hamburger Kinos beim Filmfest Hamburg aktuelle Spiel-, Dokumentar-, Animations- und Kurzfilme vor. Im Zentrum steht das internationale „Young Cinema". Die Reihe „TV Movies made in Hamburg" dagegen führt, wie der Name schon sagt, ausschließlich Fernsehfilme lokaler Produktionsfirmen vor. – Lichtjahre entfernte Welten, Gnome und Feen längst vergangener Zeiten, Terror aus Jen- und Diesseits. Cineastische Holo-Decks warten bei dem jährlich im August stattfindenden Fantasy Filmfest darauf, von Fantasten betreten zu werden. – Bereits zum 13. Mal finden im Oktober 2002 die lesbisch-schwulen Filmtage in Hamburg statt. Die Kurz- und Langfilme, die das Festival vorführt, sind als ein Forum der homosexuellen Szene auch für Heteros lohnend.

- Fantasy Filmfest: www.fantasyfilmfest.com
- Filmfest Hamburg GmbH: Friedensallee 44, 22765 Hamburg (Ottensen), Telefon 39 91 90 00, Fax 3 99 19 00 10, Mo-Fr 9–18 Uhr; E-Mail: office@filmfesthamburg.de; www.filmfesthamburg.de
- KurzFilmAgentur Hamburg e. V.: Friedensallee 7, 22765 Hamburg (Ottensen), Telefon 3 91 06 30, Fax 39 10 63 20, Bürozeiten Mo-Fr 10–18 Uhr; E-Mail: kfa@shortfilm.com; www.shortfilm.com
- Querbild e. V.: Schanzenstraße 45, 20357 Hamburg (Schanzenviertel), Telefon 3 48 06 70, Fax 3 48 06 70; E-Mail: mail@lsf-hamburg.de; www.lsf-hamburg.de

**Filmhaus:** Das Filmhaus liegt im Zeise-Medienzentrum und ist seit Jahren ein wichtiger Produktionsstandort für Film und Fernsehen in Hamburg. Es verfügt über ein breites Angebot an technischen Dienstleistungen. Außerdem stehen ein Schneideraum und

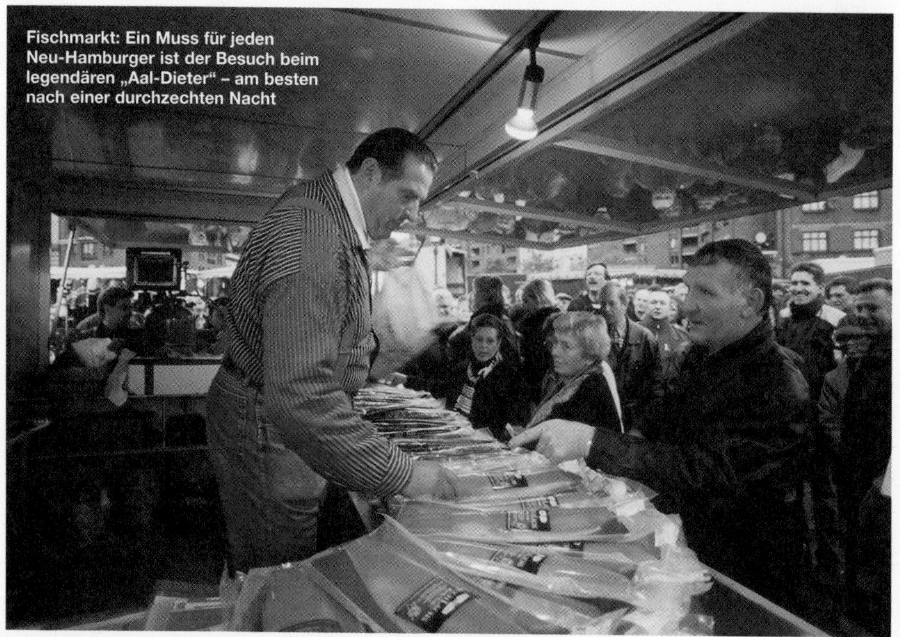
Fischmarkt: Ein Muss für jeden Neu-Hamburger ist der Besuch beim legendären „Aal-Dieter" – am besten nach einer durchzechten Nacht

Veranstaltungsräume für Seminare und Pressekonferenzen zur Verfügung. Ebenso kann ein kleines Studiokino für Filmvorführungen genutzt werden. Neben zahlreichen Agenturen (Casting), Firmen, Galerien und der Buchhandlung Nautilus (▶ *Buchhandlungen*) befinden sich das Restaurant Eisenstein und die Filmhauskneipe auf dem Filmhausgelände.

- Zeise Hallen (Verwaltungsgesellschaft mbH): Friedensallee 7–9, 22765 Hamburg (Ottensen), Telefon: 3 90 87 70; E-Mail: info@zhv.de

**Förderung:** Die Filmförderung Hamburg GmbH entstand 1995 durch die Zusammenlegung des Film Fonds und des Filmbüros (Förderungsinstutionen). Gefördert werden Projekte jeder Länge und aller Genres (Kurzfilm, Dokumentation, Spielfilm, Fernsehfilme und Animationsfilme). Die Bedingungen für eine Förderung sind: überzeugendes Drehbuch, möglichst hoher Hamburg-Bezug und innovative Nachwuchsprojekte.

- Filmförderung Hamburg GmbH: Friedensallee 14–16, 22765 Hamburg (Ottensen), Telefon 3 9 83 70, Fax 3 98 37 10, Mo-Do 9–17.30, Fr 9–16 Uhr; www.ffhh.de oder www.lbhh.de

**Vereine:** Super 8 – Papi filmt für den Heimbedarf mittlerweile auf Betacam. Kein Wunder, dass bei wirklich coolen Filmfreaks Super 8 schon lange groß im Kommen ist. Und das nicht nur, weil sie so prima zu Schlaghosen und dicken Koteletten passt. ANRRP (All Nizo restricted revolution pictures) ist ein gemeinnütziger Verein, der sich für das Überleben der Super-8-Kamera stark macht. Leider scheitern größere Projekte zurzeit am Geld. Doch Infos über weitere Entwicklungen gibt die Website, und vielleicht können interessierte Filmer bald wieder in einer Werkstatt filmen und schneiden. Ziel des Vereins CineGraph ist die Förderung und Vermittlung der filmwissenschaftlichen Forschung, deren Ergebnisse seit 1988 jeden November auf dem Internationalen Filmhistorischen Kongress in Hamburg präsentiert werden. Verdienst von CineGraph ist auch das seit den Achtzigern erscheinende bio-filmographische Loseblattlexikon (CineGraph – Lexikon zum deutschsprachigen Film, Verlag edition text+kritik, München, zwei bis dreimal im Jahr), zu dem eine umfangreiche Datenbank zur deutschen Fimgeschichte (CineBase) angelegt wird.

- All Nizo restricted revolution pictures (ANRRP): Telefon 41 49 83 75; www.anrrp.org
- CineGraph e. V.: Gänsemarkt 43, 20354 Hamburg (Innenstadt), Telefon 35 21 94, Fax 34 58 64; www.cinegraph.de



## Fisch

▶ *Essen + Trinken*

## Fischmarkt

Aufnahmeprüfung für jeden Neu-Hanseaten: nach durchzechter Nacht morgens um 6 auf den Fischmarkt und ein Krabbenbrötchen mit viel Mayo essen. Wenn's drin bleibt, ist alles paletti, ansonsten heißt es: üben, üben und nochmals üben! Neben den Zechern vom Kiez schieben sich zielstrebige Wochenendeinkäufer, früh aufgestandene Touristen, Flohmarktjunkies und Bummler ohne feste Absichten durch das Kreuzfeuer von Marktschreiern. Wer ein Frühstück in den Magen bekommen will, sollte sich in die Fischauktionshalle begeben. Dort kann man auf der Galerie brunchen und sich von einer Band bedudeln lassen, während man auf die Hektik des Marktes und die hoffentlich sonnige Elbe hinunterblickt. Der Fischmarkt ist aber keinesfalls von den Launen des norddeutschen Wetters abhängig: Seit 1703 findet er ohne Ausnahme jeden Sonntag statt.

- Fischmarkt: Große Elbstraße/St. Pauli Fischmarkt, 22767 Hamburg (Altona), April bis September: So 5–9.30, Oktober bis März: So 7–9.30 Uhr, westlich der St. Pauli Landungsbrücken (U/S-Bahn-Station)

## Fitnessclubs

Hamburg ist Fitness-Hochburg. Ob schweißtreibender Workout, Kardiotraining oder Steppaerobic – vielfältig sind die Möglichkeiten, ein paar Pfunde loszuwerden oder in Form von Muskelpaketen aufzubauen, ob im luxuriösen Meridian oder preiswert im schlichteren Eimsbütteler Turnverband. Die neuesten Trends heißen Thai Do, eine asiatische Entspannungs- oder Stretchtechnik, oder Caipoeira, ein brasilianischer Kampftanz.

- Altonaer Turnverein von 1845 e. V.: Kirchenstraße 21, 22765 Hamburg (Altona), Telefon 38 30 16, Fax 38 50 58 33, Mo-Fr 16–20 Uhr; www.atv–1845.de
  Bietet diverse Fitness-, Gymnastik-, Tanzkurse und Mannschaftsspiele sowie einen Geräteraum; Erwachsene zahlen 10 Euro/Monat
- Body Fit Company: Hamburger Straße 178, 22083 Hamburg (Barmbek), Telefon 29 11 99, Fax 29 69 81, Mo-Fr 7–23, Sa, So 10–20 Uhr;

www.bodyfit.de
Eines der sieben zertifizierten Gesundheitsstudios in Hamburg, über 60 Kurse wie Tae Bo, Tai-Chi, Hot Iron; Aufnahmegebühr 75 Euro, monatliche Gebühr je nach Tarif zwischen 40–75 Euro, täglich geöffneter 60 qm großer Kinderhort

- Eimsbütteler Turnverband (ETV): Bundesstraße 96, 20144 Hamburg (Eimsbüttel), Telefon 4 01 76 90, Fax 40 17 69 69, Mo-Fr 9–22, Sa, So 9–19 Uhr; www.etv–hamburg.de
Grundaufnahmegebühr 24,60 Euro, Grundpreis 16,40 Euro/Monat; bei Nutzung des Fitnessstudios kommen zur Aufnahmegebühr 74,40 Euro und ein Sonderbeitrag von 29,65 Euro/Monat hinzu;
- Elixia-Bahrenfeld: Gasstraße 2, 22761 Hamburg (Bahrenfeld), Telefon 85 34 40 00, Fax 85 34 40 10, Mo-Fr 6.30–23, Sa, So 10–22 Uhr; www.elixia.com
Ein 25-Meter-Schwimmbad, ein Pool für Aqua-Aerobic, Fitness- und Krafttraining, Kardiotraining, Sauna und Dampfbad, Kinderbetreuung, Café
- Fitness Company: Rödingsmarkt 9, 20459 Hamburg (Innenstadt), Telefon 3 68 02 80, Fax 36 80 28 29, Mo, Mi 7–23, Di 9–23, Do 9–22, Fr 7–22, Sa, So 10–20 Uhr; www.fitcom.de
Wellness-, Kardio-, Gerätebereich, Kinderbetreuung
- Geschäftsstelle Sportspaß e. V., Sportcenter Berliner Tor: Westphalensweg 11, 20099 Hamburg (St. Georg), Telefon 4 10 93 70, Fax 41 09 37 11, Mo-Fr 9.45–22.15, Sa, So 9.45–18.15 Uhr; E-Mail: sportberatung@sportspass.de; www.sportspass.de
Monatlicher Beitrag zwischen 22 und 26 Euro, einmalige Aufnahmegebühr 15 Euro
- GESundAKTIV: Steinwiesenweg 30, 22527 Hamburg (Eidelstedt), Telefon 5 71 00 91, Fax 5 70 82 74, Mo-Fr 10–22, Sa 14–18, So 10.30–14.30 Uhr; www.eidelstedter-sv.de
Aufnahmegebühr 80 Euro, monatlicher Beitrag 37,20 Euro, ermäßigt 31,30 Euro; Yoga, Qigong und HipHop, familiäre Atmosphäre, Workshop-Programm auch für Nichtmitglieder
- Gym: Weidestraße 118c, 22083 Hamburg (Barmbek), Telefon 2 79 00 91, Fax 27 11 98, Mo-Fr 6.30–23, Sa, So 11–20 Uhr; www.gym.de
Aufnahmegebühr 95 Euro, ermäßigt 65 Euro; der monatliche Beitrag ist abhängig von Trainingszeiten und Vertragslaufzeit; zwei Aerobic-Studios, großzügiger Fitnessbereich, Sauna, Solarium, Dampfbad, Sportshop
- Kaifu-Lodge: Bundesstraße 107, 20144 Hamburg (Eimsbüttel), Telefon 40 12 81, Fax 4 90 56 43, Mo, Fr 8–24, Di, Mi, Do 7–24, Sa, So 8–23 Uhr; www.kaifu-lodge.de
220 Kurse, 4 Studios, zirka 80 Trainer, vielseitiges Angebot, angeschlossenes Frei- und Hallenbad, beim Jahresvertrag 82,50 Euro/Monat für Erwachsene, einmalige Aufnahmegebühr 105 Euro; für Schüler und Studenten 70 Euro/Monat, Aufnahmegebühr 80 Euro
- Kieser Training: Schumacherstraße 17, 22767 Hamburg (Altona), Telefon 38 28 44, Fax 38 28 45, Mo-Fr 7.30–21.30, Sa, So 9–18 Uhr; E-Mail: hamburg4@kieser-training.com; www.kieser-training.com
Weitere Studios: Bergedorf, City (zieht im Sommer 2002 nach Eimsbüttel), Harburg, Winterhude; gesundheitsorientiertes Krafttraining für den ganzen Körper, jedem Studio ist eine medizinische Kräftigungstherapie angeschlossen
- Lady Fitness Center: Schillerstraße 44, 22767 Hamburg (Altona), Telefon 3 89 45 98, Fax 3 80 95 80, Mo-Fr 8–22, Sa, So 11–18 Uhr; E-Mail: mail@lady-fitness-center.de; www.lady-fitness-center.de
Beiträge: ein Jahr 51 Euro monatlich, halbes Jahr 59 Euro monatlich, Vierteljahr 69 Euro monatlich (plus 25,60 Euro jährlich für die Bearbeitung und Versicherung); gemütliche, persönliche Atmosphäre, bietet alles, was frau für Gesundheit, Entspannung und Figur braucht: individuelle Trainingspläne, Sauna, Solarium; 110 Geräte auf 1340 qm
- MeridianSpa: Schaarsteinweg 6, 20459 Hamburg (Innenstadt), Telefon 6 58 90, Fax 65 89 11 99, Mo-Fr 7–23, Sa, So 9–22 Uhr; www.meridianspa.de
Aufnahmegebühr ab 150 Euro, Monatsbeitrag ab 59 Euro

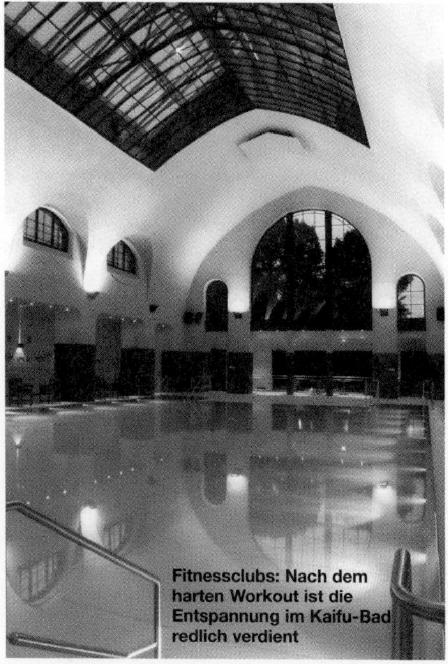
**Fitnessclubs: Nach dem harten Workout ist die Entspannung im Kaifu-Bad redlich verdient**

Weitere Filialen: Quickbornstraße 26, 20253 Hamburg (Eimsbüttel), Telefon 6 58 90, Fax 6 58 92 13 99, Mo, Di, Do 9–23, Mi, Fr 7–23, Sa, So 9–22 Uhr; www.meridianspa.de
Wandsbeker Zollstraße 87–89, 22041 Hamburg (Wandsbek), Telefon 6 58 90, Fax 65 89 10 99, Mo, Mi, Fr 9–23, Di, Do 7–23, Sa, So 9–22 Uhr
Die Zentrale in Wandsbek stellt 16 000 qm für körperliche Arbeit (Kraft-und Aerobicräume) und Entspannung (Whirlpools, Saunen, Solarien et cetera) zur Verfügung. Es gibt unter anderem Aerobic-, Tanz- und Indoorcyclingkurse; das Angebot in den Filialen ist ähnlich; in Eimsbüttel und Wandsbek großes Beauty-Angebot

- On stage-Studio: Poolstraße 21, 20355 Hamburg (Innenstadt), Telefon 35 43 54 , Fax 35 54 07 11, Mo-Fr 10–22, Sa, So 12–18 Uhr; www.stageschool.de
  Weitere Filialen in der Innenstadt, in Bahrenfeld und in Winterhude; Auskünfte erteilt die Zentrale; kein gewöhnliches Fitnessstudio, Unterricht von internationalen Tanzdozenten; Fitnesskurse, Sauna, Solarium und in fast allen Studios Gerätetraining
- Racket Inn: Königskinderweg 200, 22457 Hamburg (Schnelsen), Telefon 5 50 10 53, Fax 5 50 02 68, Mo-Fr 8–23, Sa, So 8–22 Uhr; www.racketinn.de
  Aufnahmegebühr 25 Euro, Monatsbeitrag 44 Euro bei Jahresvertrag, ermäßigt 39 Euro; zirka 36 Kurse, Kraftraum, Sauna, Solarium, Squash (für Mitglieder kostenlos), für zusätzliche 18 Euro kann die Mitgliedschaft im Tennisclub erworben werden
- Royal Sports Club: Eulenkrugstraße 68, 22359 Hamburg (Volksdorf), Telefon 6 09 18 00, Fax 60 91 80 18, Mo-Fr 9–22.30, Sa 12–20, So 10–20 Uhr; www.royalsports.de
  Auf 1300 qm bietet der erste nach Feng-Shui gebaute Club in Deutschland anspruchsvollen Kunden mehr als nur Fitness; persönlicher Kontakt und sportärztliche Unterstützung sind selbstverständlich
- Shape Sport & Golf Club Hotel: Osttangente 200, 21423 Winsen/Luhe, Telefon 0 41 71/78 90, Fax 0 41 71/78 91 99, Mo-Fr 7–22, Sa 12–20, So 10–20 Uhr, Kreditkarten: Eurocard, Visa; EC-Karte; www.shape-sport.de
  Über 90 Fitnessgeräte von konventionellen Gewichtsmaschinen bis zu computergesteuerten Rudergeräten; einmaliges Fahrradkino, Aerobic-Kurse, Sauna
- Sportspaß e. V. Sportcenter City Nord: Mexikoring 7, 22297 Hamburg (Winterhude), Telefon 6 31 66 06, Fax 63 97 46 36, Mo-Fr 10–22, Sa, So 10–18 Uhr; www.sportspass.de
  Monatliche Gebühr 20–26 Euro, einmalige Aufnahmegebühr von 15 Euro; die Angebotspalette aller drei Sportspaß-Center umfasst über siebzig verschiedene Kursarten, 750 Sportangebote (Gymnastik, Tanzkurse, Entspannungskurse, Inlineskating, Kinderkurse und, und, und), dezentral in über siebzig Schulsporthallen und 37 Stadtteilen; Sportspaß ist der größte Freizeitsportverein Deutschlands
- Swiss Training: Wandsbeker Allee 15, 22041 Hamburg (Wandsbek), Telefon 68 62 99, Mo-Fr 10–22, Sa 10–17 Uhr; www.swiss-training.com
  Jahresgebühr 299 Euro, bietet Aerobic-Kurse, Gerätetraining (auch zur Reha), Sauna, Solarium; kostenloses Probetraining
  Zweite Filiale: Leverkusenstraße 54, 22761 Hamburg (Bahrenfeld), Telefon 8 50 56 41, Mo-Fr 10–22, Sa 10–17 Uhr

## FKK

Arme Ossis, seit der so genannten Wiedervereinigung wird ihnen sogar die freizügige Errungenschaft, an allen Stränden hüllenlos baden zu dürfen, von den spießigen Wessis madig gemacht. Die wollen die Nackedeis am liebsten in FKK-Areale sperren. Denn in den alten Bundesländern werden sogar eigens Vereine für Nudisten betrieben – das ist auch in Hamburg nicht anders. Der Hamburger Bund für FKK und Familiensport e. V. hat ein eigenes Gelände am Moorbekweg in Volksdorf gepachtet, wo alle Hüllen fallen. Mitglieder erhalten einen Schlüssel dafür und können es nutzen, wann sie wollen. Bei der Liga für freie Lebensgestaltung kann man von Anfang Mai bis Ende September ein Gelände mit Sportschwimmbad nutzen und dort sogar sein Urlaubslager aufschlagen, Hütten und Wohnwagen sind vorhanden; die Mitgliedschaft ist allerdings Voraussetzung. In einem preisgekrönten Naturschutzgebiet mit exklusiver Flora und Fauna und zwei Badeseen, befindet sich das Gelände des Hamburger Sport- und Naturistenclubs. Wer Salzwasser bevorzugt, findet etwa auf Amrum einen Tummelplatz oder am Rosenfelder Strand in Grube an der Ostsee, beide Plätze sind auch Campinggelände. Insgesamt gibt es zahlreiche FKK-Strände, die schleswig-holsteinische Tourismus-agentur sendet auf Anfrage das Themenmagazin „aktiv*“ mit Informationen von Nord- und Ostsee zu.

- Hamburger Bund für Freikörperkultur und Familiensport e. V.: Moorbekweg 100, 22359 Hamburg (Volksdorf), Telefon 6 03 47 30 (Badegelände), Fax 60 31 53 99

- Hamburger Sport- und Naturistenclub e. V.: Wüsthofweg 28, 22339 Hamburg (Hummelsbüttel), Telefon 5 38 52 69, Fax 5 38 52 69; E-Mail: HSNeV@aol.com; Öffnungszeiten der Geschäftsstelle: jeden 2. und 4. Sa im Monat 10–12 Uhr
- Liga für freie Lebensgestaltung e. V.: Eidelstedter Weg 3, 22869 Schenefeld, Telefon 8 30 82 96, Fax 8 30 82 96; www.dfk.org
- Tourismusagentur Schleswig-Holstein GmbH: Telefon 0 18 05/60 06 04, Fax 0 18 05/60 06 44, Mo-Fr 8–17 Uhr; www.sh-tourismus.de

## Fledermäuse

Es kommt im Sturzflug, krallt sich am Hals fest, ein Zwicken an der Hauptschlagader und das irdische Leben schwindet. So oder so ähnlich stellt man sich Begegnungen mit Fledermäusen vor. In der Realität bevorzugen blutleckende Arten den dicken Zeh des Menschen, und das auch nur in Mittel-und Südamerika. In Hamburg brauchen diese Nutztiere Hilfe. Der Bund für Umwelt und Naturschutz Deutschland (BUND) baut ehemalige Transformatorenhäuschen der HEW zu Fledermausquartieren um und benötigt noch freiwillige Helfer. Auch Schulklassen sind herzlich willkommen.

- Bund für Umwelt und Naturschutz Deutschland, Landesverband Hamburg e. V.: Lange Reihe 29, 20099 Hamburg (St. Georg), Telefon 6 00 38 60, Fax 60 03 87 20, Mo-Fr 9–17 Uhr; E-Mail: bund.hamburg@bund.net; www.bund.net/hamburg

## Fliesen

Vor dem industriellen Zeitalter war Fliesenherstellung reines Handwerk, und Fliesen schmückten vorwiegend herrschaftliche Bauwerke. Heute sind die keramischen Produkte in den verschiedensten Ausführungen für jedermann erschwinglich. Im Trend liegt vor allem das Großformat, bevorzugt werden helle, frische Farben. Beratung direkt vor Ort bieten Fliesenleger. Sie stehen auch bei Fragen zu Sanitärprodukten mit Rat und Tat zur Seite.



- André Winter Fliesenlegermeister: Sonnenland 55a, 22115 Hamburg (Billstedt), Telefon 53 79 55 71, Mo-Fr 9–16 Uhr
- Fliesenbau K. & S. GmbH: Rahlau 36, 22045 Hamburg (Tonndorf), Telefon 66 97 84 78, Fax 66 97 85 78

**Kauf:**

▶ *Fliesen/Malerei und Reparatur*

- Matthiesen & Noesselt: Bürgerweide 10–12, 20535 Hamburg (Borgfelde), Telefon 2 54 88 50, Fax 2 50 32 00, Mo-Fr 9.30–17.30, Sa 10–13 Uhr; E-Mail: matthiesen_noesselt@t-online.de; www.matthiesen-noesselt.de
- raab karcher fliesenwelt: Schnackenburgsallee 160, 22525 Hamburg (Stellingen), Telefon 7 52 47 90, Fax 3 07 99 63, Mo-Fr 9–17, Sa 9–13 Uhr, Kreditkarten: EC-Karte; www.keramundo.de
- Terdenge + Möller: Robert-Koch-Straße 23, 22851 Norderstedt, Telefon 5 24 08 92, Fax 5 24 11 86, Di-Fr 9–18, Sa 9–13 Uhr, Kreditkarten: EC-Karte; www.terdenge.de
  Filiale: Ruhrstraße 61, 22761 Hamburg (Altona), Telefon 8 53 78 00, Fax 85 37 80 81, Mo-Fr 7–18, Do 7–19.30, Sa 10–14.30, So (= Schautag) 14–18 Uhr; www.terdenge.de

**Malerei und Reparatur:** In Spanien befindet sich die Fliesenstadt Sevilla, in Hamburg der Fliesenbemaler Konrad Schittek. Über die Stadtgrenzen hinaus ist er berühmt für seine 400 000 Fliesen umfassende Sammlung aus zwei Jahrhunderten. Alte Reparaturfliesen, vor allem Jugendstil, die andere nicht mehr haben, befinden sich in seinem Sortiment oder können aufgetrieben werden. Auch die Firma Matthiessen & Noesselt malt individuell nach Wunsch, hat aber von einfachen Keramikfliesen ab 30 Euro pro Quadratmeter bis zu exklusiven Lava-, Marmor-, Cotto-Tonfliesen und Natursteinen alles im Lager.

- Fliesenhandel Konrad Schittek GmbH: Hohenwischer Straße 199a, 21129 Hamburg (Francop), Telefon 7 45 88 50, Fax 7 45 20 45, Mo-Fr 8–17 Uhr, Kreditkarten: EC-Karte; E-Mail: kschittek@t-online.de; www.fliesenhandel-schittek.de
- Matthiesen & Noesselt: Bürgerweide 10–12, 20535 Hamburg (Borgfelde), Telefon 2 54 88 50, Fax 2 50 32 00, Mo-Fr 9.30–17.30, Sa 10–13 Uhr;

E-Mail: matthiesen_noesselt@t-online.de;
www.matthiesen-noesselt.de

## Flohmärkte

Toaster, Schlumpfsammlungen, Batiktücher und Schallplatten von Heintje – so ein wunderbares Sammelsurium bietet nur ein Flohmarkt. Gerade die kleineren, etwas unprofessionelleren Flohmärkte sind, was die Werbung in eigener Sache angeht, etwas zaghaft. Zwei Broschüren zu je 1,50 Euro geben einen umfassenden Überblick über Floh-, Antik-, Kunsthandwerkmärkte, auch über die Grenzen Hamburgs hinaus. Aber gerade die kleineren Märkte fallen hier durchs Sieb. Es lohnt sich, auf Flyer zu achten und die Tagespresse zu lesen. Flohmarkt-Termine stehen am Donnerstag im „Plan 7", einer Beilage der *Morgenpost*, in „Hamburg Live" des *Abendblattes* und natürlich jeden Monat in der SZENE HAMBURG. Folgende Flohmärkte finden jeden Samstag statt:

- Flohmarkt Hellbrookstraße 5, DB-Gelände, 22305 Hamburg (Barmbek), 7–16 Uhr
- Antik- und Flohmarkt „Flohschanze", rund um die „Alte Rinderschlachthalle", Neuer Kamp 30, 20357 Hamburg (St. Pauli), 8–16 Uhr
- Hallenflohmarkt Horner Rennbahn, Rennbahnstraße, 22111 Hamburg (Horn) 8–16 Uhr

Die folgenden Broschüren zum Thema gibt's in fast allen Zeitschriftenläden:

- Flohmarkt-Bote: Hellkamp 76, 20255 Hamburg (Eimsbüttel), Telefon 40 17 08 09 (Flohmarkt-Terminansage), Fax 40 17 08 19, Bürozeiten: Di-Fr 9–14 Telefonzeiten: Di–Fr 10–13 Uhr; E-Mail: flohmarkt-bote@t-online.de; www.Flohmarkttheft.de
- Menschen & Märkte: c/o Menschen + Märkte Verlag: Alte Landstraße 34a, 22339 Hamburg (Hummelsbüttel), Telefon 5 31 55 84, Fax 5 31 91 19, Mo-Fr 9–13 Uhr; www.menschenundmaerkteverlag.de Anmeldungen für einen Flohmarkt unter Telefon 53 00 47 11 oder persönlich: Krohnstieg 57, 22415 Hamburg (Langenhorn)

### Veranstalter:

- C. Hochberg Veranstaltungen & Organisation GmbH & Co. KG: Bogenstraße 47, 22926 Ahrensburg, Telefon 0 41 02/3 19 39, Fax 0 41 02/8 19 90, Mo-Fr 10–12.30, 13.30–16, Sa 11–15 Uhr; www.c-hochberg.de
- Euro Art & Event GmbH: Krohnstieg 61, 22415 Hamburg (Langenhorn), Telefon 5 31 67 67, Fax 5 31 99 57, Mo, Mi, Fr 10–16 Uhr; E-Mail: euro-art-event@t-online.de
- Hennings-Märkte: Weißenhof 7e, 22159 Hamburg (Farmsen), Telefon 6 43 00 01, Fax 6 43 29 22, Mo-Fr 10–16 Uhr Auch Stände für Hafengeburtstag, Alstervergnügen
- Kreaktiva GmbH: Telefon 0 48 27/24 79 (Infos und Reservierungen), Fax 0 48 27/12 20, Mo-Fr 10–16 Uhr
- Marktkultur: Jarrestraße 20–24, 22303 Hamburg (Winterhude), Telefon 2 70 27 66, Fax 27 87 79 65, Mo-Fr 10–18 Uhr; www.marktkultur-hamburg.de
- Melan macht Märkte: Barkhausenweg 11, 22339 Hamburg (Hummelsbüttel), Telefon 53 89 30 30, Fax 53 89 30 70, Di-Fr 14–18 Uhr; www.melan.de
- Scala-Veranstaltungs-Agentur: Krohnstieg 59, 22415 Hamburg (Langenhorn), Telefon 5 31 91 29, Mo, Mi, Fr 10–16 Uhr; E-Mail: scala-agentur@t-online.de

## Flüge

Wer hat nicht manchmal das Bedürfnis, dem öden Erdenleben für ein Weilchen zu entkommen und neue Perspektiven zu gewinnen? Da lässt sich Abhilfe schaffen, allerdings ist das Abheben nicht eben preiswert.

- Wasserflugstation Hamburg: City-Sporthafen/ Baumwall, 20459 Hamburg (Innenstadt), Telefon 37 83 41, Fax 37 83 41, Di-So 10–18 Uhr; www.himmelsschreiber.de

Flohmärkte: Der frühe Vogel fängt den Wurm auf der „Flohschanze" rund um den Schlachthof

**Charter/Vermietung:** Die Flugschule Hamburg leiht ehemaligen Schülern, aber auch anderen Piloten ab 100 Euro pro Stunde ihre Cessnas (Zwei- bis Viersitzer). Wem Hubschrauber sympathischer sind, der ist beim Helicopter Service gut aufgehoben. Der Preis variiert je nach Modell und wird pro Flugminute berechnet. Möglich sind Personen- und Lastentransporte, Film- und Fotoflüge sowie Rundflüge über Hamburg. Gruppen und Geschäftsleute chartern große Vögel bei der Nordavia Fluggesellschaft. Bis zu zehn Passagiere werden bis zu 2200 Kilometer weit geflogen. Auch reine Frachtbeförderung ist möglich.

- Flugschule Hamburg: Kleine Bahnstraße 8, 22525 Hamburg (Eimsbüttel), Telefon 85 15 85 43, Fax 85 37 40 05, Mo-Fr 9–19 Uhr; E-Mail: takeoff@flugschule-hamburg.de; www.flugschule-hamburg.de
- Helicopter Service Wasserthal GmbH: Weg beim Jäger, 22335 Hamburg (Fuhlsbüttel), Telefon 6 40 10 81, Fax 50 09 03 51, Mo-Fr 8–17 Uhr; E-Mail: helicopter@wasserthal.com; www.wasserthal.com
- Nordavia Fluggesellschaft mbH: Innocentiastraße 32, 20144 Hamburg (Harvestehude), Telefon 44 00 40, Fax 45 84 33, Mo-Fr Mo-Fr 9–18 Uhr; E-Mail: sales@nordavia.com, www.nordavia.com

**Rundflüge/Mitfliegen:** Täglich außer montags bietet Azur Himmelsschreiber GmbH Rundflüge über Hamburg an. Das Wasserflugzeug startet und landet auf der Elbe, im City Sporthafen unterhalb der U-Bahn-Station Baumwall. Die Saison geht von März bis Dezember, für dreißig Minuten müssen Erwachsene 85 und Kinder 35 Euro berappen. Wenn einen die Flugleidenschaft packt, sollten Wochenendtermine zwei bis drei Wochen im Voraus reserviert werden. Eine Mitflugzentrale für kleine Privatflugzeuge unterhält das Reisebüro Fairlines. Die Vermittlung ist kostenlos, der Mitfliegende zahlt pro 200 Flugkilometer zirka 25 Euro an den Piloten. Es werden Ziele bis etwa 800 Kilometer Entfernung angeflogen. Allerdings sollte man nicht das entscheidende Vorstellungsgespräch auf diesem Wege anpeilen, denn mit Unwägbarkeiten, die den Start in letzter Sekunde verhindern, muss man immer rechnen. Der Flugplatz Hartenholm staffelt die Rundflüge nach Zeit (15,30 oder 60 Minuten) und Anzahl der Passagiere (zwei oder drei), die Preisspanne beträgt 150 bis 490 Euro.

- Azur Himmelsschreiber GmbH: Weg beim Jäger/ Flughafen Hamburg-Geschäftsfliegerzentrum, 22335 Hamburg (Fuhlsbüttel), Telefon 50 75 20 09, Fax 50 75 14 61, Di-Fr 10–18 Uhr; www.himmelsschreiber.de
- Fairlines Reisebüro: Kleiner Schäferkamp 32, 20357 Hamburg (Eimsbüttel), Telefon 44 14 56, Fax 44 05 70, Mo-Fr 9–13, 14–18, Sa 10–13 Uhr; www.fairlines.de
- Flugplatz Hartenholm: 24640 Hasenmoor, Telefon 0 41 95/9 97 90, Fax 0 41 95/99 79 79; www.flugplatz-hartenholm.de
- Helicopter Service Wasserthal GmbH: Weg beim Jäger, 22335 Hamburg (Fuhlsbüttel), Telefon 6 40 10 81, Fax 50 09 03 51, Mo-Fr 8–17 Uhr; E-Mail: helicopter@wasserthal.com; www.wasserthal.com

Flughafen Fuhlsbüttel: Vom Terminal 4 aus geht's nicht nur ab nach Malle oder Fuerte

**Schulen:** Um selbst aerosportlich aktiv zu werden, kann man beim Luftsportverband Hamburg e. V. Infos zu einzelnen Vereinen (neben Motorflug auch Segelflug, Modellflug und Fallschirmspringen) anfordern. Unterricht erteilt die Flugschule Hamburg (Theorie im Büro in Eimsbüttel, Praxis auf dem Flugplatz in Uetersen).

- Flugschule Hamburg: Kleine Bahnstraße 8, 22525 Hamburg (Eimsbüttel), Telefon 85 15 85 43, Fax 85 37 40 05, Mo-Fr 9–19 Uhr; E-Mail: takeoff@flugschule-hamburg.de; www.flugschule-hamburg.de
- Luftsportverband Hamburg e. V.: Rahewinkel 20, 22115 Hamburg (Mümmelmannsberg), Telefon 71 67 88 93, Fax 71 67 88 97; www.luftsport-hamburg.de

## Flughafen

Über den Zentralruf des Flughafens (Telefon 5 07 50), erhalten Sie Informationen über Ankunftszeiten, Abflüge, Flugverbindungen und spezielle Parkmöglichkeiten. Unter www.ham.airport.de hält das Internet weitere Infos bereit. Der Parkplatz P6 bietet alle 15 Minuten einen kostenlosen Shuttle-Service zu den verschiedenen Terminals.

- Air France: Telefon 01 80/5 83 08 30 (Infos und Reservierungen), Fax 5 00 47 60, Mo-Fr 6–19.30 Uhr; www.airfrance.de
- Alitalia: Telefon 01 80/5 07 47 47 (Reservierungen), Fax 0 69/69 50 52 57, Mo-Fr 9–18.30 Uhr; www.alitalia.de
- British Airways: Telefon 0 18 05/35 93 22 (Reservierungen), Mo-Fr 6–22, Sa, So 8–20 Uhr; www.britishairways.com
- Delta Airlines: Telefon 0 18 03/33 78 80 (24-Stunden-Service); www.delta.com
- KLM: Telefon 0 18 05/21 42 01 (Infos und Reservierungen), Mo-Fr 8–18 Uhr; www.klm.com
- Lufthansa AG: Telefon 0 18 03/80 38 03 (allgemeine Infos, Reservierungen, 24-Stunden-Service), Fax 02 21/8 26 26 66; www.lufthansa.com
- S. A. S.: Telefon 0 18 03/23 40 23; www.scandinavian.net
- Swiss Air Lines: Telefon 0 18 03/00 03 34 (Infos und Reservierungen, 24-Stunden-Service)

**Verkehrsanbindungen:** Die U/S-Bahn-Verindung zum Flughafen ist im Bau begriffen, aber bis mindestens 2004 werden Sie noch auf überirdische Verkehrsmittel zurückgreifen müssen. Zum einen fahren drei Airport-Express-Linien der Firma Jasper zum Flughafen, von Altona ZOB (Linie 52), vom U/S-Bahnhof Ohlsdorf (Linie 110) und vom Hauptbahnhof (Kirchenallee, City-Airport-Line). Alle Verbindungen gehen auch retour, von Terminal 1 und 4. Auch HVV-Linienbusse fahren zum Flughafen: Stadtbus 292 ab U-Bahn Ochsenzoll, Stadtbus 172 ab U/S-Barmbek, MetroBus 26 ab S-Rahlstedt, Schnellbus 39 ab Teufelsbrück, Fähre und Nachtbus 606 ab Rathausmarkt. Die Busse halten im Ankunft- und Abflugbereich des Flughafens.

- HVV-Auskunft: Telefon 1 94 49 (Infos und Fahrpläne); www.hvv.de
- Jasper: Mühlendamm 86, 22087 Hamburg (Hohenfelde), Telefon 2 27 10 60, Fax 22 71 06 25; www.jasper-hamburg.de

## Fotografie

**Ausstellungen:** Inzwischen hat die Medienstadt Hamburg auch der Fotografie den ihr gebührenden Raum zugestanden und hat einiges zum Thema zu bieten. Attraktive Ausstellungen finden regelmäßig in den Deichtorhallen statt. Auch im Druck- und Verlagshaus Gruner + Jahr können sich Kunstinteressierte Expositionen zum Thema Fotografie ansehen. Sie werden in der Eingangshalle des Verlagshauses veranstaltet. Die entsprechenden Termine finden Sie in der Tagespresse und natürlich jeden Monat in SZENE HAMBURG.



- Deichtorhallen-Ausstellungs GmbH: Deichtorstraße 1–2, 20095 Hamburg (Innenstadt), Telefon 32 10 30, Fax 32 10 32 30, Ausstellungen Di-So 11–18 Uhr; www.deichtorhallen.de
- Gruner + Jahr AG & Co.: Am Baumwall 11, 20459 Hamburg (Innenstadt), Telefon 3 70 30, Fax 37 03 56 17, Mo, Di, Do, Fr 10–18, Mi 10–20 Uhr; www.guj.de

**Flohmarkt:** Wem das Geld für eine neue Fotoausrüstung fehlt, der kann getrost über einen Fotoflohmarkt schlendern. Die finden fünfmal jährlich im Hamburg Haus statt. Hier kann man natürlich auch selbst einen Tisch mieten und die eigene Ausrüstung feilbieten. Auskünfte erteilt Herr Rüding, der Mitorganisator dieses Forums für Händler und Fotoamateure ist. Außerdem finden im Hamburg Haus jedes Jahr im November die Hamburger Fototage statt.

- Hamburg Haus: Doormannsweg 12, 20259 Hamburg (Eimsbüttel), Telefon 66 29 11; E-Mail: heinz.rueding@hamburg.de; www.hamburger-fototage.de

**Kauf und Entwicklung:**

- 1000 Töpfe: Lange Reihe 102, 20099 Hamburg (St. Georg), Telefon 85 30 30, Fax 24 59 56, Mo-Fr 9.30–19.30, Sa 9.30–16 Uhr, Kreditkarten: EC-Karte; E-Mail: fotofundgrube@t-online.de; www.1000toepfe.de
  Gebrauchte Fotoapparate in großer Auswahl und preiswerte Diafilme, Labormaterial und allerlei anderes Zubehör
- Dormoolen: Kleiner Kielort 6–8, 20144 Hamburg (Eimsbüttel), Telefon 4 14 61 60, Fax 41 46 16 44, Mo-Fr 7.30–21.30, Sa 10–18 Uhr, Kreditkarten: alle; EC-Karte; www.dormoolen.de
  Für ganz Ungeduldige bietet Dormoolen einen schnellen Entwicklungsservice für Dias an. Binnen 75 Minuten können die Lichtbilder fertig gerahmt abgeholt werden
- Foto Wörmer: Weidenallee 56–58, 20357 Hamburg (Eimsbüttel), Telefon 45 54 36, Fax 4 50 05 77, Mo-Fr 9–18 Uhr, Kreditkarten: EC-Karte; E-Mail: foto-woermer@gmx.de; www.foto-woermer.de
- Lazarus-Feinprint: Pilatuspool 7a, 20355 Hamburg (Innenstadt), Telefon 35 71 92 22, Fax 35 71 39 00, Mo-Fr 9–18 Uhr,
  Das Fachlabor für Schwarzweiß; im Laden gibt es keinen Tresen, stattdessen bespricht man seine individuellen Wünsche mit Larry Lazarus bei einer

Tasse englischem Tee. Der einzige Feinprinter in Hamburg ist zwar nicht ganz billig, aber auf jeden Fall seinen Preis wert

- LEOLAB Fachlabor für Fotografie: Königstraße 30, 22767 Hamburg (Altona), Telefon 38 60 05 40, Fax 38 60 05 60, Mo-Fr 7–22, Sa 10–18 Uhr, Kreditkarten: alle außer Amex und Diners; EC-Karte; www.leolab.de
  Nette und kompetente Beratung, falls einmal versehentlich der 100-ASA-Dia-Film mit einer 400-ASA-Einstellung belichtet wurde, gibt es hier auch Hilfe
- PPS (Professional Photo Service)
  Zentrum für Bildkommunikation: Feldstraße 66, 20359 Hamburg (St. Pauli), Telefon 43 17 82 00, Fax 43 17 82 79, Mo-Fr 9–18.30, Sa 10–13 Uhr; Labor: Mo-Fr 8–22, Sa 10–16 Uhr, Kreditkarten: alle; EC-Karte; www.pps-online.de
  Für Berufsfotografen und Hobby-Knipser gleichermaßen die wichtigste Adresse in Hamburg. Hier finden Fotofreunde alles, von der digitalen Bildbearbeitung bis hin zum Verleih von Profi-Ausrüstungen. Auch der großen Auswahl an Fotobänden wegen lohnt sich der Besuch
- Schwarz-Weiß Fotolabor Asmus Henkel: Bahrenfelder Straße 1, 22765 Hamburg (Ottensen), Telefon 39 90 50 01, Fax 39 90 50 02, Mo, Mi, Fr 10–15, Di, Do 10–18 Uhr und nach Vereinbarung; E-Mail: foto.henkel.labor@gmx.net; www.foto-henkel-labor.de
  Filmentwicklungen und professionelle Vergrößerungen zu erschwinglichen Preisen
- Wiesenhavern: Mönckebergstraße 11, 20095 Hamburg (Innenstadt), Telefon 3 33 01 00, Mo-Fr 9.30–20, Sa 9.30–16 Uhr, Kreditkarten: EC-Karte

**Kurse:** Fotografieren bringt Freude, wenn man's kann. Eine interessante Auswahl an Fotokursen bietet die Hamburger Volkshochschule (VHS) an. Wer erst mal ins Knipsen reinkommen will, kann dies bei den aufeinander aufbauenden Kursen Fotografie I, II und III lernen. Darüber hinaus besteht die Möglichkeit, sich unter fachkundiger Anleitung mit Porträtfotografie oder der Schwarzweiß-Laborarbeit vertraut zu machen. Für Fortgeschrittene ist die Projektwerkstatt das Richtige, in der bis zu zehn Teilnehmer zu einem bestimmten Motto Innen-, Außen- und Studio-Aufnahmen herstellen.



- Hamburger Volkshochschule Stadtbereich Mitte und Zentrale: Schanzenstraße 75–77, 20357 Hamburg (Schanzenviertel), Telefon 4 28 41 27 52, Fax 4 28 41 27 88, Mo, Di, Mi 10–13, Mo, Do 14–18.30 Uhr; E-Mail: Mitte@vhs-hamburg.de; www.vhs-hamburg.de

## Frauen

Frauenpower steht nicht nur auf den Damentoiletten der Kneipen im Schanzenviertel. Wenn sich Kleopatra nur um ihren Lidstrich gekümmert hätte oder Simone de Beauvoir um ihren Sartre, würde die Frauenbewegung heute immer noch in den Kinderschuhen stecken. Vom Häkelkissen- und Betüddel-Image der Biedermeierzeit über Alice Schwarzer und die Strickpulli-Emanzen der Achtziger, Girlies und Powerfrauen der Neunziger bis hin zu Glitter- und Glamourdamen des 21. Jahrhunderts. Frauen sind die halbe Welt. Dementsprechend warten unzählige Beratungsstellen auf Informationssuchende. Trotz guten Willens können hier nicht alle einschlägigen Adressen aufgeführt werden. Zum Glück wurden zwei Broschüren gedruckt, in denen die meisten der Hamburger Fraueninstitutionen aufgelistet sind:
▶ *Eltern / Mütter*

- escape: c/o Gunda Schütt, Lastropsweg 29, 20255 Hamburg (Eimsbüttel), Telefon 43 27 22 26, Fax 36 03 77 42 18; E-Mail: HamburgEscape@aol.com; www.escapebutwhere.de
  Die Zeitschrift für Frauen und Lesben: Termine, Kontakte, News, Adressen, Kino, Bücher, Ausstellung, CD-Tipps und Kleinanzeigen
- „Rat und Hilfe für Frauen", vom Senatsamt für Gleichstellung: Alter Steinweg 4, 20459 Hamburg (Innenstadt), Telefon 4 28 41 33 26 (Frau Jilko), Fax 4 28 41 33 41; E-Mail: maria.jilko@sfg.hamburg.de,

### Allgemein:

- BIFF/Psychosoziale Beratung und Information für Frauen e. V.: Rothestraße 68, 22765 Hamburg (Altona), Telefon 39 67 62, Fax 39 90 25 80, Mo 13–15, Do 15–17 Uhr; www.bifff.de

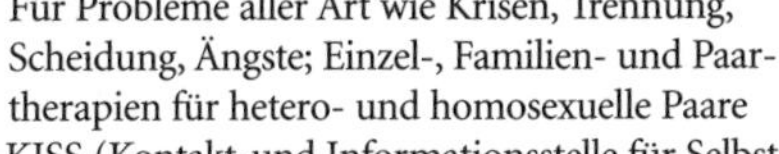

Für Probleme aller Art wie Krisen, Trennung, Scheidung, Ängste; Einzel-, Familien- und Paartherapien für hetero- und homosexuelle Paare

- KISS (Kontakt-und Informationsstelle für Selbsthilfegruppen): Gaußstraße 21, 22765 Hamburg (Altona), Telefon 39 57 67, Fax 39 60 98, Beratungszeiten persönlich (nur bis 18 Uhr) und telefonisch: Mo, Do 10–12, 16–19, Mi 10–12, 15–17 Uhr; E-Mail: altona@kiss-hh.de; www.kiss-hh.de

## Ausgehen:

▸ *Nightlife*

- Frauenkneipe:
  Stresemannstraße 60,
  22769 Hamburg (St. Pauli), Telefon 43 63 77,
  So-Fr ab 20, Sa ab 21 Uhr, Di geschlossen;
  www.frauenkneipe-hamburg.de
  Ältestes durchgehendes Frauenprojekt Deutschlands (mittlerweile schon 25 Jahre), Frauenraum mit politischen und kulturellen Schwerpunkten, aber oft auch einfach nur zum gemütlichen Biertrinken; jeden Freitag Tanzparty, jeden Samstag Musik-Specials
- Haus Drei – Stadtteilzentrum:
  Hospitalstraße 107, 22767 Hamburg (Altona),
  Telefon 38 89 98, Programmansage 38 61 41 08,
  Fax 3 89 30 63, Bürozeiten: Mo 11–13, Di 15–17,
  Mi-Fr 10–13 Uhr, Raumvergabezeiten: Di 16–18,
  Do 9–13 Uhr; www.haus-drei.de
  Frauentanzcafé (jeden 4. Dienstag ), aktives Frauen/Lesbenprogramm
  ▸ *Stadtteilzentren*
- Seute Deern: Kohlhöfen 15, 20355 Hamburg (Innenstadt), Telefon 34 26 63, Di-So ab 17 Uhr; www.seute-deern-hamburg.de
  Gutbürgerliche Klönschnackkneipe; „seute Deern" = süßes Mädchen

**Beratung:** Für alle, die die erwähnten Hefte partout nicht auftreiben können, hier in Kürze einige interessante Adressen. Exklusiv für Frauen und solche, die es werden wollen.

- 1. Hamburger Frauenhaus: c/o Frauen helfen Frauen e. V., Postfach 201701, 20207 Hamburg, Telefon 1 97 02
- 2. Hamburger Frauenhaus: c/o Frauen helfen Frauen e. V.: Postfach 730432, 22124 Hamburg, Telefon 1 97 10
- 3. Hamburger Frauenhaus: c/o Frauenhaus Hamburg e. V.: Postfach 902102, 21055 Hamburg, Telefon 1 97 14
- 4. Hamburger Frauenhaus: c/o Frauenhaus Hamburg e. V.: Postfach 306131, 20327 Hamburg, Telefon 1 97 04

Frauenpower: Auf dem Internationalen Frauentag am 8. März demonstrieren Frauen gut gelaunt

- 5. Hamburger Frauenhaus: c/o Frauenhaus Hamburg, Postfach 203240, 20222 Hamburg, Telefon 1 97 15
- Allerleirauh e. V.: Menckesallee 13,
  22089 Hamburg (Wandsbek), Telefon 29 83 44 83,
  Fax 29 83 44 84, Mo, Mi, Fr 10–12, Mo, Mi
  14–17 Uhr; E-Mail: allerleirauh@bigfoot.de;
  www.allerleirauh.de
  Beratungsstelle bei sexuellem Missbrauch, Prävention und Fortbildung; berät Mädchen und junge Frauen
- Amnesty for Women: Große Bergstraße 231,
  22767 Hamburg (Altona), Telefon 38 47 53,
  Fax 38 57 58, Mo-Do 10–18, Fr 10–13 Uhr;
  E-Mail: amnesty4women@t-online.de;
  www.amnestyforwomen.de
- Familienplanungszentrum:
  Bei der Johanniskirche 20, 22767 Hamburg
  (Altona), Telefon 4 39 28 22, Fax 43 74 91,
  Mo, Mi, Do, Fr 10–13 Uhr (telefonisch),
  Mi 16–19, Do 15–18 Uhr (persönlich);
  www.familienplanungszentrum.de
  Beratung und medizinische Hilfestellung bei den Themen Sexualität, Schwangerschaft, Schwangerschaftsabbruch, Kinderwunsch; Sexualpädagogik, Fortbildung für Lehrer, Schüler und Erwachsene
- IKB – Interkulturelle Frauenbegegnungsstätte St. Pauli: Rendsburger Straße 10, 20359 Hamburg (St. Pauli), Telefon 3 19 27 30, Fax 31 76 71 88, Bürozeiten: Mo-Fr 10–17 Uhr; Beratung täglich außer Mittwoch; E-Mail: ikb-stpauli@freenet.de; www.ikb-frauen.de
- Kemenate-Frauen-Wohnen e. V.:
  Charlottenstraße 30, 22257 Hamburg (Eimsbüttel),

Telefon 4 30 49 59, Fax 40 17 09 40,
Mo, Do, Sa, So 14–19, Mi 10–15 Uhr;
E-Mail: kemenate-tagestreff@t-online.de;
www.kemenate-hamburg.de
Tagesaufenthaltsstätte für Frauen; Betreuung von wohnungslosen und von der Wohnungslosigkeit bedrohten Frauen

- Notruf für vergewaltigte Frauen und Mädchen e. V.: Hohenfelder Straße 28, 22087 Hamburg (Hohenfelde), Telefon 25 55 66, Fax 25 55 66, Mo-Fr 9.30–13, Mo, Do 15–19, Di, Mi 15–16 Uhr;
E-Mail: notruf-hamburg@t-online.de

**Bildung und Kultur:** Die durch einen Unfall schwer geprüfte Mexikanerin Frida Kahlo fand ihre Erfüllung im Malen. Für alle Frauen, die noch suchen, können folgende Adressen interessant sein:

- Bildwechsel: Kirchenallee 25, 20099 Hamburg (St. Georg), Telefon 24 63 84, Fax 24 68 56, Mi 14–19 Uhr; www.bildwechsel.org
Dachverband für Frauen, Medien und Kultur
- Frauenbildungszentrum Denk(t)räume: Grindelallee 43, 20146 Hamburg (Univiertel), Telefon 4 50 06 44, Fax 44 78 84, Mo 15–21, Di–Do 15–19 Uhr; www.denktraeume.de
Umfangreiche Bibliothek, Videoarchiv; veranstalten Lesungen, Programmheft kann bestellt werden
- FrauenLesben-Rat des AStA der Uni Hamburg: Von-Melle-Park 5, 20146 Hamburg (Univiertel), Telefon 45 02 04 38, Fax 4 10 72 24 (ASta-Fax), Di 12–14 Uhr; E-Mail: flr@Asta.uni-Hamburg.de; www.flr.asta.uni-Hamburg.de
▸ *Lesben*
- Frauenmusikzentrum: Große Brunnenstraße 63a, 22763 Hamburg (Ottensen), Telefon 39 27 31, Fax 39 10 98 30, Mo, Do 16–18, Di, Mi 10–12 Uhr; E-Mail: fmz@espressiva.de; www.espressiva.de
Übungsräume, Konzerte, Workshops für musikinteressierte Frauen
- Galerie GEDOK: Koppel 66, 20099 Hamburg (St. Georg), Telefon 2 80 31 24, Fax 2 80 41 73, Di-Fr 11–18, Sa 11–14 Uhr;
www.gedok-hamburg.de
Bieten Kunstforum für Frauen: Ausstellungen, Lesungen, Konzerte, Vorträge; aktuelle Termine auf der Homepage
- Koordinationsstelle für Frauenstudien/-forschung: Binderstraße 34, 20146 Hamburg (Univiertel), Telefon 4 28 38 59 66, Fax 4 28 38 67 63, Bürozeiten: Mo-Fr 9–17 Uhr, Öffnungszeiten der Bibliothek: Di, Mi, Do 10–12, 13–15 Uhr;
E-Mail: frauenstudien@hwp-hamburg.de;
www.frauenforschung-hamburg.de
Unter anderem gibt es eine Bibliothek mit folgenden Schwerpunkten: feministische Theorie, Frauenforschung, Gender Studies

**Business:** Die Zeiten, in denen sich Frauen als Männer verkleiden mussten, um Karriere zu machen, sind vorbei. Heute kann auch mit Dauerwelle und Spaghettitop regiert werden.

- FrauenFinanzGruppe: c/o S. Kazemieh: Grindelallee 176, 20144 Hamburg (Harvestehude), Telefon 41 42 66 67, Fax 41 42 66 68, Mo-Fr 10–18 Uhr, Beratung nach Vereinbarung; www.frauenfinanzgruppe.de
Finanzberatung für Frauen
- Schöne Aussichten – Verband selbständiger Frauen e. V.: Tinsdaler Kirchenweg 241, 22559 Hamburg (Rissen), Telefon 45 03 81 18, Fax 45 03 81 19, Mo-Do 10–18 Uhr; E-Mail: caspari@netznord.de; www.netznord.de
Herausgeber des regionales Branchenbuchs „Frauenunternehmen Nord“ mit Inseraten von Computerschulen (▸ *Computer*) und Ähnlichem

**Medien:** Print, Radio und TV – Hamburgs Ruf als Medienstadt wird auch den Hanseatinnen gerecht. Wer feministische Interessen aktiv vertreten will, kann mit den folgenden Medien Kontakt aufnehmen.

- Frauenbuchladen: Bismarckstraße 98, 20253 Hamburg (Hoheluft), Telefon 4 20 47 48, Fax 42 93 64 60, Mo-Fr 10–19, Sa 10–15 Uhr, Kreditkarten: EC-Karte;
www.frauenbuchladen-hh.w4w.de
Printmedien und CDs, hat unter anderem das schwul-lesbische Magazin *queer*, die bundesweite Lesbenzeitschrift *Lespress*, die Hefte *diva* und *curve* aus den USA und das Frauen-Terminheft *escape.*
Buchtipp: Ute Karen Seggelke „Freundinnen“ (Gerstenberg Verlag, gebunden, 235 Seiten, 29,90 Euro)
- FSK – Freies Sender Kombinat: Schulterblatt 23c, 20357 Hamburg (Schanzenviertel), Telefon 43 43 24, Fax 4 30 33 83, telefonisch erreichbar Mo-Fr 11.45–17.15 Uhr;
E-Mail: postbox@fsk-hh.org; www.fsk-hh.org
Sendet Do ab 17 Uhr „Radio St. Paula“, Sa 14–17 Uhr Mädchenradio; das Programmheft *transmitter* liegt aus oder kann bestellt werden

**Reisen:** Für Frauen, die im Urlaub lieber unter sich bleiben.

- Nouwelle – FrauenAktivReisen: c/o Fairlines-Reisebüro, Kleiner Schäferkamp 32, 20357 Hamburg (Eimsbüttel), Telefon 44 14 56, Fax 44 05 70, Mo-Fr 9–13, 14–18, Sa 10–13 Uhr;

www.fairlines.de
Organisieren Erlebnisreisen für Frauen, wie etwa Windsurfen an der Ostsee oder Motorradtouren

**Übernachtung:** Allein unter Frauen die Prinzessin auf der Erbse spielen – das kann in den Betten folgender Adressen geschehen:

- Frauenhotel Hanseatin:
  Dragonerstall 11, 20355 Hamburg (Innenstadt), Telefon 34 13 45, Fax 34 58 25, Mo-So 6–24 Uhr, Kreditkarten: EC-Karte;
  E-Mail: frauen@hotel-hanseatin.de;
  www.hotel-hanseatin.de
  EZ ab 49 Euro, viele Geschäftsreisende, mit Garten und Hauscafé „endlich"; das Team des Café „endlich" organisiert im Sommer auch Frauenmessen und Alsterschipperfahrten
- Privatzimmervermittlung bed & breakfast:
  Müggenkampstraße 35, 20257 Hamburg (Eimsbüttel), Telefon 4 91 56 66, Fax 4 91 42 12, Mo-Fr 9–13, 14–18 Uhr;
  E-Mail: hamburg@bed-and-breakfast.de;
  www.bed-and-breakfast.de
  Frauen können bei Vermieterinnen schlafen;
  ▸ *Hotels*

**Werkstätten:** Für Frauen, die lieber allein mit dem VW-Bus nach Südafrika fahren als auf den neuen Freund und seine vermeintlichen KFZ-Kenntnisse zu warten.

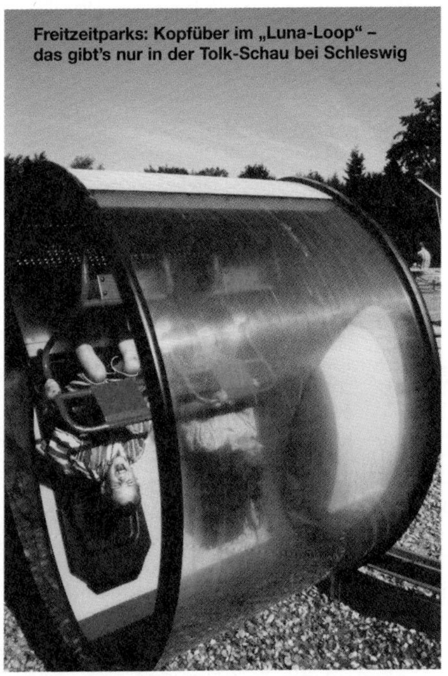
Freitzeitparks: Kopfüber im „Luna-Loop" – das gibt's nur in der Tolk-Schau bei Schleswig

- Frauenhandwerkstatt e. V.:
  Elsässer Straße 4, 22049 Hamburg (Dulsberg), Telefon 6 96 19 49, Fax 6 96 19 49, Mo-Fr 10–13 Uhr Werkstattnutzung, d. h. Tischlerei und Töpferei (0,57 Cent–1,50 Euro/Stunde), Kurse für Holz und Ton; E-Mail: FrauenhandWerkstatt@web.de
- Haus Drei – Stadtteilzentrum:
  Hospitalstraße 107, 22767 Hamburg (Altona), Telefon 38 89 98 und 38 61 41 08 (Programmansage), Fax 3 89 30 63, Bürozeiten: Mo 11–13, Di 15–17, Mi-Fr 10–13 Uhr, Raumvergabezeiten: Di 16–18, Do 9–13 Uhr; www.haus-drei.de
  Jeden Dienstag (= Frauentag) Holz-und Metallwerkstatt 17–21 Uhr, Kulturprogramm, jeden 4. Di im Monat findet das Frauentanzcafé statt
- Pfiffigunde e. V.:
  Gaußstraße 194, 22765 Hamburg (Ottensen), Telefon 3 90 25 78, Fax 39 90 90 46;
  www.pfiffigunde.org
  Metall-, Motorrad- und Autoselbsthilfe sowie Kurse; keine festen Öffnungszeiten; Termine nach Vereinbarung
- Schraubstelle-Fahrradselbsthilfewerkstatt:
  Glashüttenstraße 112, 20357 Hamburg (Karolinenviertel), Di 17–19.30 Uhr, feiertags geschlossen

## Freizeitparks

Einmalig in Europa: Das Rendezvous zweier Achterbahnen im Riesenloop des Rollercoasters „Nessie" im Hansa-Park, Deutschlands einzigem Erlebnispark am Meer (46 Hektar Fläche). Wasser ist hier das dominierende Spielelement. Dazu ein breites Spektrum aufwändiger Liveshows und Themenwelten. Im Heide-Park Soltau (90 Hektar Fläche) gibt es neben Weltmeisterschaften im Pfahlsitzen diese und jene Höhepunkte, wie etwa die Bobbahn, auf der übrigens schon das deutsche Frauenbobnationalteam schlitterte. Für erholsame Zerstreuung sorgt der Nachbau eines Hollanddorfes, mit Stadttor und Grachtenfahrt. Noch beschaulicher geht es im Freizeitpark Tolk-Schau bei Schleswig zu. Die gesamte Anlage liegt in einem Naturgelände mit sehr viel Grün – ideal für Familien mit kleinen Kindern. Klettern, Rutschen, Schaukeln oder Minigolf – für jeden Geschmack ist etwas dabei. Tollkühnere zieht's in die Achterbahn, auf die Wasserrutsche, die Trampolin-Großanlage, die 700 Meter lange Sommerrodelbahn oder in die mittelalterliche Ministadt Schleswig im Maßstab 1:10. Im Magic Park Ver-

Friedhöfe: Der Parkfriedhof Ohlsdorf ist mit seinen 400 Hektar nicht nur der weltgrößte, sondern eine unerlässliche Naturoase für gestresste Städter

den ist die eigene Muskelkraft gefragt. Die Schwebebahn per Kettenantrieb braucht Papis starke Waden, denn er muss hier richtig in die Pedale treten. Eine Fungolf-Anlage lockt den „Pitcher & Putter"-Nachwuchs, im Märchenwald verzaubern „Hänsel und Gretel" oder „Hase und Igel".

- Hansa Park: Am Fahrenkrog 1, 23730 Sierksdorf, Telefon 0 45 63/47 40, Fax 0 45 63/47 41 00, 28. März bis 20. Oktober Mo-So 9–18 Uhr; Kassenschluss 16 Uhr, Kreditkarten: Visa; EC-Karte; www.hansapark.de
  A1 Richtung Puttgarden, Abfahrt Neustadt Süd, Eintritt Erwachsene 19 Euro, Kinder 4–14 Jahren und Erwachsene ab 60 Jahren 17 Euro
- Heide-Park Soltau: Heidenhof, 29614 Soltau, Telefon 0 51 91/91 91, Fax 0 51 91/9 11 11, 23.März bis 27.Oktober Mo-So 9–18 Uhr; Einlass bis 16 Uhr, Kreditkarten: Visa, Eurocard, EC-Karte; www.heide-park.de
  A7, Autobahnausfahrt Soltau Ost, zirka 45 Minuten Fahrt von Hamburg, Eintritt 22 Euro, Kinder unter 4 Jahren Eintritt frei, Kinder- und Jugendgruppen ermäßigt, Zwei-Tages-Karte für 37 Euro
- Magic Park Verden GmbH: Heideweg 5–7, 27283 Verden/Aller, Telefon 0 42 31/66 11 11, Fax 0 42 31/66 11 77, Mo-So 9–18 Uhr (23. März bis 31. Oktober), Kreditkarten: EC-Karte;
  A1 Richtung Bremen oder A7 Richtung Soltau, dann A27 Verden Ost; Kinder ab drei Jahren und Erwachsene zahlen 10 Euro; Gruppenpreise (ab 10 Personen): 6 Euro pro Perseon; spezielle Angebote: für Kindergruppen inklusive Spaghetti-Essen: 7 Euro pro Person; für Erwachsenengruppen inklusive Kaffee und Kuchen: 7 Euro pro Person
- Tolk-Schau: Finkmoor 1, 24894 Tolk bei Schleswig, Telefon 0 46 22/20 84, Fax 0 46 22/9 23, 29. März bis 3. Oktober: Mo-So 10–18 Uhr, 4. Oktober bis 27. Oktober: Mi, Sa, So 10–18 Uhr; Einlass bis 16 Uhr, Kreditkarten: EC-Karte; www.tolk-schau.de
  A1 Abfahrt Schuby, 201 Richtung Kappeln, Erwachsene und Kinder über 90 Zentimeter zahlen 13 Euro, für kleinere Kinder ist der Eintritt frei; Familientarif 12 Euro

## Frieden

„Frieden ist zwar nicht alles, aber ohne Frieden ist alles nichts", so Willy Brandt in den 70er Jahren. Dieser Satz behält nach wie vor seine Gültigkeit. So machen zum Beispiel die Kriege im ehemaligen Jugoslawien und der Nah-Ost-Konklikt das Grauen und die Sinnlosigkeit militärischer Auseinandersetzungen schmerzlich bewusst. Sich für Frieden zu engagieren, ist nicht nur ehrenwert, sondern unerlässlich. Einige Einrichtungen haben sich die Friedensarbeit zur Aufgabe gemacht. Das 1971 gegründete Institut für Friedensforschung und Sicherheitspolitik an der Universität Hamburg (IFSH) forscht und publiziert in Sachen Frieden und veranstaltet Vorträge und Diskussionsbeiträge. Die Arbeitsgemeinschaft Kriegsursachenforschung im Institut für Politische Wissenschaft der Uni Hamburg beobachtet und analysiert das weltweite Kriegsgeschehen: unter anderem Ermittlung statistischer Tendenzen und theoretische Erklärung kriegerischer Gewalt. Neben akademischer Auseinandersetzung beinhaltet Friedensarbeit aber auch: das Eintreten für Minderheiten, Randgruppen und Gerechtigkeit sowie Mahnwachen und Diskussionen. Die Ökumenische Arbeitsstelle im Kirchenkreis Storman gibt einen Überblick über das breite Spektrum an Inititiativen. Pax Christi setzt sich seit Jahrzehnten beispielsweise mit Gesprächen in Gefängnissen für Frieden und Gerechtigkeit ein. Außerdem engagiert man sich gegen Rechtsradikalismus und Antisemitismus. Über Alternativen zum Dienst an der Waffe informiert der Kirchliche Dienst für Kriegsdienstverweigerer und Zivis. Neben tatkräftiger Unterstützung werden auch Fahrten, Workshops und Tagungen veranstaltet. Aktion Sühnezeichen ist mit 150 Projekten weltweit engagiert. Interessierte ab 18 Jahren können zum Beispiel in einem israelischen Kindergarten für 1 1/2 Jahre arbeiten. Die zwei- bis dreiwöchigen „Sommer-Workcamps“ geben einen guten Vorgeschmack. Jüdische Friedhöfe werden gepflegt, Gedenkstätten in Stand gesetzt. Aktion Sühnezeichen besitzt kein festes Büro, veranstaltet halbjährliche Info-Tage in wechselnden Hamburger Gemeinden. Die Deutsche Liga für Menschenrechte e. V. engagiert sich in der Friedensarbeit, hilft Ausländern wie auch Einheimischen nicht nur bei Behördengängen, sondern organisiert zudem Familienzusammenführungen und betreut Gefangene.

- Aktion Sühnezeichen : Jean-Dolidier-Weg 39, 21039 Hamburg (Neuengamme), Telefon 42 89 65 20, Mo-Fr 9–15 Uhr; E-Mail: hamburg@asf-ev.de; www.asf-ev.de Ansprechpartner der Regionalgruppe Hamburg: Herr Flemming, Telefon 28 66 98 99
- Deutsche Liga für Menschenrechte e. V.: Schiffbeker Weg 65, 22119 Hamburg (Jenfeld), Telefon 7 32 12 04 (1. Vorsitzender Herr Kegler), Fax 7 32 12 02; www.dlfm.de
- Forschungsstelle Kriege, Rüstung und Entwicklung (FKRE) / Arbeitsgemeinschaft Kriegsursachenforschung (AKUF) im Institut für Politische Wissenschaft der Universität Hamburg: Allende-Platz 1, 20146 Hamburg (Univiertel), Telefon 4 28 38 36 89, Fax 4 28 38 24 60, Mo-Fr 10–18 Uhr; E-Mail: akuf@sozialwiss.uni-hamburg.de; www.akuf.de
- Institut für Friedensforschung und Sicherheitspolitik der Universität Hamburg (IFSH): Falkenstein 1, 22587 Hamburg (Blankenese), Telefon 8 66 07 70, Fax 8 66 36 15, Mo-Fr 9–16.30 Uhr (Kernzeiten); E-Mail: ifsh@rrz.uni-hamburg.de; www.ifsh.de
- Nordelbische Ev.-Luth. Kirche – Kirchlicher Dienst für Kriegsdienstverweigerer und Zivildienstleistende: Bei der Christuskirche 4, 20259 Hamburg (Eimsbüttel), Telefon 25 88 81, Mo, Mi 9–17, Do 13–17 Uhr; E-Mail: kdv-zdl@kriegsdienstverweigern.de; www.kriegsdienstverweigern.de
- Ökumenische Arbeitsstelle, Kirchenkreis Storman: Rockenhof 1, 22359 Hamburg (Volksdorf), Telefon 60 31 43 87, Fax 6 03 90 48
- Pax Christi: Bebelallee 7a, 22299 Hamburg (Alsterdorf), Telefon 47 04 10, Fax 47 04 10

## Friedhöfe

Der Fährmann Charon bringt alle Toten über den Schicksalsfluss Styx in den Hades. Laut antiken Mythen irren diese dann durch die Unterwelt, auf der Suche nach Frieden und Ruhe. Suchend herumirren müssen unter Umständen auch Hinterbliebene, wenn sie ein Grab auf dem Parkfriedhof Ohlsdorf finden wollen, denn mit 400 Hektar ist der Friedhof der weltgrößte. Die Ruhe zwischen Tannen und Rhododendronbüschen wird nur gelegentlich von Chorauftritten aus einer der zwölf Kapellen oder die in gesetztem Tempo verkehrenden Busse unterbrochen. Stiefmütterchen und Primeln überwuchern massive Grabsteine, die zwischen den Teich- und Wiesenanlagen mit antiken Skulpturen und Springbrunnen kaum auffallen. Ein Naturlehrpfad zeigt den Unterschied zwischen Berg- und Spitzahorn oder outet die Kleine Schildmotte als Buchen bevorzugendes Insekt. Ein sonntäglicher Spaziergang ist hier auch kultur- und stadtgeschichtlich interessant. Zwischen britischen Soldatengräbern wächst ein Gingkobaum zum Gedenken an die Alliierten-Luftbrückenflieger von 1948/49. Kriegsopfern aus 28 Nationen sind Gedenkstätten und Grabsteine gewidmet. Norddeutschlands einzige Urnenhalle wird durch das moderne umweltfreundliche Krematorium bedient. Romantische Mausoleen reicher Hanseatenclans sind ebenso aufzuspüren wie die letzten Ruhestätten einiger Berühmtheiten (unter anderen Hans Albers, Gustaf Gründgens) oder historische Grabmale, für die Patenschaften übernommen werden können. Drei Museen bergen künstlerisch eindrucksvolle Grabsteine, die Gräber der Handwerkerzünfte und weitere Schätze aus alter Zeit, und vor den Toren des Geländes liegt ein Judenfriedhof. Besucher dürfen hier nur mit Kopfbedeckung eintreten. Die 93 Hektar des Parkfriedhofs Öjendorf liegen inmitten

Vertrauens oft der Erste, der's erfährt. Wir haben eine kleine Auswahl an Aushilfstherapeuten für Sie zusammengestellt:

- Beauty Hair Shop – Friseurbedarf für Jedermann: Heussweg 41b, 20255 Hamburg (Eimsbüttel), Telefon 43 19 79 54, Mo-Fr 9–19, Sa 9.30–16 Uhr, Kreditkarten: alle; EC-Karte
  Friseur zu teuer? Hier bekommt man unter fachkundiger Beratung alle Profi-Frisierprodukte, die fürs Do-it-yourself-Styling von Nutzen sind
- Close up Hair + Make up: Winterhuder Weg 138, 22085 Hamburg (Winterhude), Telefon 2 29 47 93, Fax 22 94 79 59, Di-Fr 9–18, Sa 9–14 Uhr, Kreditkarten: EC-Karte; www.closeup-hair.de
- Cut for friends: Schrammsweg 23, 20249 Hamburg (Eppendorf), Telefon 46 09 39 34, Mo-Fr 9.30–19 Uhr und nach Vereinbarung; www.cut-for-friends.de
  Neben Herren- ( 23–28 Euro) und Damenhaarschnitten (37–43 Euro) hat sich das Team auf Haarfarben spezialisiert. Und damit der neue Schopf nicht à la Pumuckl aussieht, bildet man sich in Weltstädten fort. Im Sommer gibt's den Haircut outdoor auf der Terrasse mit Bar
- Exakt: Friedensallee 22, 22765 Hamburg (Ottensen), Telefon 3 90 48 39, Fax 3 90 48 40, Mo-Fr 9–20, Sa 9–16 Uhr, Kreditkarten: EC-Karte
  Das Team nimmt sich Zeit für den Kunden; neben dem Haareschneiden werden Kosmetikbehandlungen und Massagen angeboten, zum Beispiel Shiatsu (japanische Fingerdruckmassage) ab 10 Euro; viele pflanzliche Ayurveda-Produkte
- Gute Köpfe: Paul-Roosen-Straße 7, 22767 Hamburg (St. Pauli), Mo-Fr 11–20, Sa 11–16 Uhr; www.gute-koepfe.de
  Ob Männchen oder Weibchen, Spitzenschneiden oder neue Frisur, jeder Haarschnitt kostet 12 Euro. Wartezeit von zirka 30 Minuten sollte eingeplant werden
- Hairconcept 1: Holstenstraße 194c, 22765 Hamburg (Altona), Telefon 32 87 18 37, Fax 32 87 18 38, Mo 13–20, Di-Fr 10–20, Sa 10–16 Uhr, Kreditkarten: EC-Karte; E-Mail: salon@hairconcept1.de; www.haiconcept1.de
  Besondere Angebote sind die Farbtypberatung und der Frisuren-Computerservice; Damen bekommen den Schnitt ab 41, Herren ab 25 Euro
- Hauptsache Haare: Neuer Kamp 30, 20357 Hamburg (St. Pauli), Telefon 43 25 21 00, Fax 43 25 21 02, Mo-Fr 10–20, Sa 10–15 Uhr, Kreditkarten: EC-Karte; www.hauptsache-haare.com
  Junges Publikum, beratendes Gespräch vor dem Haareschneiden, selbst föhnen
- Jacques Le Coz: Fehlandtstraße 40, 20354 Hamburg (Innenstadt), Telefon 34 59 92, Fax 35 20 54, Mo geschlossen, doch Terminannahme von 9–17 Uhr, Di-Fr 9–19, Sa 9–14 Uhr, Kreditkarten: EC-Karte; www.jacqueslecoz.de
  Seit 17 Jahren nimmt sich der Bretone Le Coz der Hamburger Haarschöpfe an. Das Motto: Schnitt ist Frisur; der Salon befindet sich im ehemaligen Kino; hochwertige amerikanische und französische Produkte; Kosmetiksalon Ute Braack angeschlossen
- Jörn Frisöre: Große Theaterstraße 41, 20354 Hamburg (Innenstadt), Telefon 34 34 22, Fax 34 24 27, Mo-Fr 8.30–20, Sa 8.30–14 Uhr, Kreditkarten: EC-Karte; www.haarverlaengern.de oder www.morehair.de
  Spezialisiert auf Haarverlängerungen
- Konny Küster: Hofweg 21, 22085 Hamburg (Uhlenhorst), Telefon 2 29 82 07, Fax 2 29 82 07, Mo-Fr 9.30–19, Sa 9.30–14 Uhr, Kreditkarten: EC-Karte
  Farbstil- und Imageberatung, Brautservice: Styling rund um die Braut, Make-up, Computerberatung (verschiedene Frisuren am PC austesten)

Zweite Filiale: Neue ABC-Straße 5–6, 20354 Hamburg (Innenstadt), Telefon 34 00 13, Fax 34 21 85, Mo-Fr 9–19.30, Sa 9–14 Uhr, Kreditkarten: Visa, Eurocard; EC-Karte

- Martz Group: Ferdinandstraße 47, 20095 Hamburg (Innenstadt), Telefon 33 66 36, Fax 32 36 68, Mo 12–18, Di 9–20, Mi, Do 9–18.30, Fr 9–20, Sa 8.30–13 Uhr, Kreditkarten: EC-Karte; www.martzgroup.de
- Mikado: Eimsbütteler Chaussee 37, 20259 Hamburg (Eimsbüttel), Telefon 47 87 75, Mo-Fr 11–21, Sa 11–17 Uhr; www.mikado-haare.de
  Für Damen Haarschnitt ab zirka 40, für Herren ab etwa 25 Euro. Gefärbt und getönt wird mit Begeisterung, innerhalb von vier Wochen wird ein Refresh-Service für Schnitt und Farbe zu einem günstigeren Preis angeboten.
- Mito-Hairgroup: Osterstraße 24, 20259 Hamburg (Eimsbüttel), Telefon 40 19 65 04, Di, Mi 10–19, Do, Fr 10–20, Sa 10–15 Uhr, Kreditkarten: EC-Karte; www.mito-hamburg.de
- NeuBau and Friends: Eppendorfer Landstraße 141, 20251 Hamburg (Eppendorf), Telefon 46 96 14 22, Fax 4 60 56 92, Di 10–18.30, Mi, Do, Fr 10–20, Sa 10–14 Uhr, Kreditkarten: EC-Karte; www.neubau.net
  Wer einmal hier war, weiß, wie Haare durch den richtigen Schnitt und die richtige Farbe aussehen können
- Salon Rosenkilde: Rentzelstraße 4, 20146 Hamburg (Univiertel), Telefon 44 61 50, Fax 4 14 96 92 19, Mo-Fr 9.30–19, Sa 10–16 Uhr, Kreditkarten: Eurocard, Visa; EC-Karte
  Damen- und Herrenhaarschnitte ab 10 Euro
- Super Cut: Gänsemarkt-Passage, Gänsemarkt 50, 20354 Hamburg (Innenstadt), Telefon 35 01 99 45, Mo-Fr 9–20, Sa 9–16 Uhr, Kreditkarten: EC-Karte; www.supercut.de
  Motto: Cut and go; Haare werden gewaschen und geschnitten, föhnen muss/darf der Kunde selbst. Vorteil: wenig Wartezeit und moderate Preise
- Tröndle Hairline: Osterstraße 102, 20259 Hamburg (Eimsbüttel), Telefon 43 27 08 90, Mo-Fr 9–20, Sa 9–16 Uhr, Kreditkarten: alle; EC-Karte
  Promi-Friseur in Hamburg; spezialisiert auf trendige Haarschnitte und aufwändige Farbtechniken

## Frühstück

▶ *Essen +Trinken*

## Fundbüro

Den Sinn des Lebens gibt hier keiner ab. Dafür finden Sie im Fundbüro mit etwas Glück Ihr verlorenes Portmonee wieder. Und falls es zum abgegebenen Stück niemanden gibt, der sein Eigentum zurückhaben möchte, kommt es unter den Hammer. Für chronische Schlüsselsucher bietet die Firma Terschlüsen Sicherheitssysteme einen besonderen Service. Für 3,56 Euro Jahresbeitrag gibt es für jeden Schlüssel eine Kundennummer plus Anhänger mit Anschrift von Terschlüsen Sicherheitssysteme. Falls der Schlüssel abhanden kommt, zahlt die Firma bis zu 10,25 Euro Prämie für den Finder.

- Städtisches Fundbüro: Bäckerbreitergang 73, 20355 Hamburg (Innenstadt), Telefon 35 18 51, Fax 4 28 41 14 85, Mo 8–16, Di, Mi 8–12, Do 8–18 Uhr; E-Mail: zentralesfundbuero@hamburg-mitte.hamburg.de; www.hamburg.de
  Terminansage für Versteigerungen unter Telefon 35 18 53
- Terschlüsen Sicherheitssysteme: Winsbergring 34, 22525 Hamburg (Stellingen), Telefon 85 31 32 26, Fax 8 50 45 59, Mo-Do 7.30–16.45, Fr 7.30–14 Uhr; www.terschlüsen.de

## Fußball

Astra gegen Holsten beziehungsweise St. Pauli gegen HSV – das trennt die Fußballfans dieser Stadt. Ein weiteres heißes Thema ist die Stadionfrage, bei der der HSV mit einem traumhaften Neubau, der selbst vom Kaiser Franz in höchsten Tönen gelobt wurde, die Nase vorn hat. Braun-weiße Fans müssen sich diesbezüglich noch etwas gedulden, denn wann das geplante St.-Pauli-Stadion fertig gestellt wird, darüber wird spekuliert. Außerdem besitzt der HSV ein Fan-Restaurant mit Namen „Raute“ (geöffnet Mo-Sa 11–21 Uhr) in der Nord-Ost-Ecke der AOL-Arena. Ein Museum ist auch in Bau. Die St. Paulianer sollten diese Stätte lieber meiden und sich mit Gleichgesinnten im Fanladen des Kiezclubs vergnügen. Hier können sich die treuen Begleiter mit der neuesten St.-Pauli-Mode eindecken und für die Fahrt zum nächsten Auswärtsspiel einen Platz im Fanbus buchen. Der Weg vom Fan zum Spieler ist nicht weit. Wer die Liebe zum runden Leder einmal entdeckt hat, bleibt am Ball. Nicht umsonst zählt der Hamburger Fußball-Verband mittlerweile 240 eingetragene Vereine. Freizeitkicker sich bei der HFFG (Hamburger Freizeit Fußball Gemeinschaft) melden. Der Verband wurde 1973 aus der ehemaligen Kneipenliga gegründet. Über die schrecklich lange Winterpause helfen übrigens Fußballturniere (im Moment noch der Astra-Herrencup) in der Alsterdorfer Sporthalle hinweg. Und für die Damen der Zunft: Mitkickerinnen sind beim SC Sternschanze herzlich willkommen.

- Alsterdorfer Sporthalle: Krochmannstraße 55,

Städtisches Fundbüro: So mancher Schlüssel oder Schirm findet hier seinen Besitzer wieder

22297 Hamburg (Alsterdorf), Telefon 4 28 00 20, Fax 42 80 02 66, Büro 7–21 Uhr

- AOL-Arena: Sylvesterallee 7, 22525 Hamburg (Stellingen), Telefon 41 55 03, Fax 41 55 10 60, Mo-Fr 9–18 Uhr
- Millerntorstadion: Auf dem Heiligengeistfeld, 20359 Hamburg (St. Pauli), Telefon 3 17 87 40 (Geschäftsstelle), Fax 31 78 74 29, Mo-Do 9–17, Fr 9–15 Uhr; www.fcstpauli.de
- Geschäftsstelle HSV: Sylvesterallee 7, 22525 Hamburg (Stellingen), Telefon 41 55 01, Fax 41 55 10 60, Mo-Fr 9–18 Uhr; www.hsv.de
- City Store – HSV Fanshop: Schmiedestraße 2, 20095 Hamburg (Innenstadt), Telefon 4 22 76 07, Fax 4 22 73 13, Mo-Fr 10–19, Sa 10–16 Uhr, Kreditkarten: Eurocard, Visa; EC-Karte; www.hsv.de und www.hsv-supporters.de
- Fan Store – HSV Fanshop: Sylvesterallee 7, 22525 Hamburg (Stellingen), Telefon 41 55 20 60, Mo-Fr 10–18, Sa 10–14 Uhr sowie an Spieltagen bis nach Spielende, Kreditkarten: Eurocard, Visa; EC-Karte; www.hsv.de und www.hsv-supporters.de
- Team Store – HSV Fanshop: Ulzburger Straße 94, 22150 Norderstedt, Telefon 52 19 31 98, Fax 52 19 31 89, Mo-Fr 10–13, 15–20, Sa 10–14 Uhr, Kreditkarten: Visa, Eurocard; EC-Karte In allen Fanshops Kartenvorverkauf für Heim- und Auswärtsspiele
- Geschäftsstelle FC St. Pauli: Auf dem Heiligengeistfeld, 20359 Hamburg (St. Pauli), Telefon 3 17 87 40, Fax 31 78 74 29, Mo-Do 9–17, Fr 9–15 Uhr; www.fcstpauli.de
- Fanladen FC St. Pauli: Brigittenstraße 3, 20359 Hamburg (St. Pauli), Telefon 4 39 69 61, Fax 4 30 51 19, Di-Fr 15–20 Uhr, E-Mail: fanladen@gmx.de; www.stpauli-fanladen.de
- Kartencenter FC St. Pauli mit Fanshop: Auf dem Heiligengeistfeld, 20359 Hamburg (St. Pauli), Telefon 31 79 61 12, Fax 31 78 74 59, Mo-Fr 10–18 Uhr und bei Spielen drei Stunden vor Anpfiff, Kreditkarten: EC-Karte; www.fcstpauli.de
- Hamburger Freizeit Fußball Gemeinschaft: Jenfelder Allee 70 a–c, 22043 Hamburg (Jenfeld), Telefon 6 72 07 01, Mo 19.30–21.30 Uhr
- Hamburger Fußball-Verband: Jenfelder Allee 70 a-c, 22043 Hamburg (Jenfeld), Telefon 6 75 87 00, Fax 67 58 70 90, Mo, Di 9–16, Mi 7.30–18, Do, Fr 9–12 Uhr; www.hfv.de

## Fußbodenschleifer

Ist die schwere Maschine erst einmal in die Wohnung im fünften Stockwerk geschleppt, sehnt man sich schon nach dem Feierabend. Nur eine kurze Verschnaufpause, dann beginnt die eigentliche Arbeit – auch zur Freude der Nachbarschaft. Denn ausgerüstet mit Ohrenschutz und Staubmaske, spürt man die starke Vibration der rotierenden Walze, und das tun Nachbars Tassen im Schrank auch. Wer eine Stauballergie hat und zudem Ohrenklingeln und Muskelkater verabscheut, gibt die staubige Angelegenheit lieber an einen Fachmann weiter.

- Holz – Die Schleifer, M. Glienke: Bundesstraße 44, 20146 Hamburg (Univiertel), Telefon 4 50 05 20, Fax 4 50 54 12, Mo-Fr 8–18.30, Sa 10–13 Uhr; www.holz-die-schleifer.de Spezialist für optische Aufarbeitung und Verlegung von Holzfußböden; Verleih von Schleifmaschinen
- Holz ist Natur – Meisterbetrieb Frank Bender: Osterloh 32a, 22589 Hamburg (Iserbrook), Telefon 8 70 27 06, Fax 8 70 62 42 Altdielen- und Treppenrenovierung, Unterbauten, Neuverlegung von Holzfußböden; Abschleifen ab 20 Euro/Quadratmeter
- Klaus Dieter Rennhack : Bernstorffstraße 150, 22767 Hamburg (Altona), Telefon 01 72/2 40 76 93, Fax 4 30 23 76 Repariert und schleift Holzböden, berechnet wird nach Quadratmetern, Arbeitsaufwand und Materialwahl für die Nachbehandlung, ab 15 Euro pro Quadratmeter aufwärts
- Schmetterling-Erich Hoyer: Falkenried 18f, 20251 Hamburg (Eppendorf), Telefon 4 22 08 13, Fax 4 22 93 28 Bietet einen Schleifservice von Parkett, Altdielen und Treppen, ab 15 Euro pro Quadratmeter

## G-Move

Hamburgs Raver treffen sich jedes Jahr am Pfingstsamstag. Zwanzig bis dreißig Wagen plus 300 000 Tanzwütige ruckeln und zappeln durch die Stadt. Organisiert wird das Spektakel von der Agentur Work out, die kein Interesse an profanen Mottos wie „Music is the key" (Loveparade) hat. Ihr Anliegen ist es, sich von der Loveparade abzusetzen. So startet 2002 zum ersten Mal ein reiner Mädchenwagen für tanzwütige Girlies – inklusive Fahrerin und DJanes. Nach dem Umzug lockt die offizielle Open-end-After-Party auf der Cap San Diego zum Weiterfeiern. Achtung: Karten bei Work out vorbestellen.

- Work out: Poststraße 33, 20354 Hamburg (Innenstadt), Telefon 34 22 94, Fax 35 71 29 68; www.gmove.de
  Fragen zum G-Move auch unter: 01 72/4 10 81 74; Kartenbestellung und Fragen zur After-Party auf der Cap San Diego unter: 01 72/4 15 15 46

## Gardinen

Fenster auf attraktive Weise zu verhüllen, ist keine leichte Aufgabe. Dabei haben einige Geschäfte so manches zu bieten. Markisen Droste hat sich auf Sicht- und Sonnenschutz spezialisiert und bietet Standard- und Sondermaße samt Montage. Jalousetten, Rollos und Qualitätsjalousien gibt es bei Aktuell Rollo, einem seit 25 Jahren bestehenden Fachgeschäft. Vorhänge und Gardinen einer internationalen Stoffkollektion bietet der Raumausstatter Holger Reiche. Im integrierten Nähatelier wird nach Maß geschneidert.

- Aktuell Rollo: Mundsburger Damm 54, 22087 Hamburg (Winterhude), Telefon 22 69 90 60, Fax 2 20 20 66, Mo-Fr 9.30–18.30, Sa 10–14 Uhr, Kreditkarten: EC-Karte; www.aktuellrollo.de
- Holger Reiche: Bartelsstraße 7–11, 20357 Hamburg (Schanzenviertel), Telefon 4 39 54 58, Mo-Fr 9–17 Uhr und nach Absprache; www.hreiche.de
- Lemm und Gleue – Raumgestaltung nach Maß: Wendlohstraße 13, 22459 Hamburg (Niendorf), Telefon 58 39 11, Fax 58 60 52, Mo-Fr 9–19, Sa 9.30–14 Uhr, Kreditkarten: EC-Karte; www.lemmgleue.onlineshopverbund.de
  Trends für Fenster, Wand und Boden
- Markisen Droste: Esplanade 41, 20354 Hamburg (Innenstadt), Telefon 30 06 07 30, Fax 30 06 07 39, Mo-Fr 9–18, Sa 10–14 Uhr; www.markisen-droste.de

## Garten

... ein beliebtes Hobby für fast jeden, vorausgesetzt er kann ein Stück Land oder Balkon sein Eigen nennen (▶ *Balkonservice*). Tipps und Tricks zum Thema Anbau und Pflege gibt's beim Umwelttelefon der Umweltbehörde. Für besonders ehrgeizige Hobbygärtner bietet das Schulungszentrum für Land- und Gartenbau eine erstklassige Führung. Auf vier Hektar Ackerland wird naturgemäße Bodenbearbeitung demonstriert. Von April bis November wird samstags von 10 bis 13 Uhr das selbst angebaute Obst und Gemüse verkauft. Saatgut, Knolle, Hacke & Co. findet man bei Samen Fahrholz. Wer einen größeren Baum pflanzen will, sollte bei Meyer's Mühle in Norderstedt oder bei Pflanzen-Körner vorbeischauen. Fortgeschrittene Hobbygärtner finden Gleichgesinnte zum Fachsimpeln im Landesbund der Gartenfreunde, dem Dachverband der Hamburger Kleingärtner. Zu einem perfekten Garten gehört selbstverständlich die passende Möbelgarnitur. Eine reiche Auswahl hält Home & Garden bereit. Die Firma Harms fertigt Gartenmobiliar für den ausgefallenen Geschmack und ist nebenbei Sandkastenexperte.

- Harms: Erlenweg 8, 23866 Nahe, Telefon 0 45 35/85 67, Fax 0 45 35/15 86, Mo-Do 7–16, Fr 7–12.30 Uhr
- Home & Garden: Goldbekplatz 1, 22303 Hamburg (Winterhude), Telefon 2 79 50 44, Fax 27 20 98, Mo-Fr 10–19, Sa 10–16 Uhr, Kreditkarten: EC-Karte, Eurocard, Visa
- Landesbund der Gartenfreunde in Hamburg e. V.: Fuhlsbüttler Straße 790, 22337 Hamburg (Fuhlsbüttel), Telefon 5 00 56 40, Fax 59 05 74, Mo-Mi 8–16, Do 8–18, Fr 8–13 Uhr; www.kleingarten-hh.de
  Kostenlose Informationsbroschüre und Vorträge
- Meyer's Mühle: Ohechaussee 20, 22848 Hamburg (Norderstedt), Telefon 52 86 10, Fax 52 86 11 15, Mo-Fr 9–19, Sa 9–16 Uhr, Kreditkarten: EC-Karte; www.meyers-muehle.de
- Pflanzen-Körner: Poppenbütteler Chaussee 92, 22397 Hamburg (Duvenstedt), Telefon 6 07 01 11, Fax 60 76 91 30, Mo-Fr 9–18, Sa 9–16, So 10–13 Uhr,

(April bis Oktober), Mo-Fr 9–18.30, Sa 9–17, So 10–16 Uhr (Mai–September), Kreditkarten: EC-Karte; www.pflanzen-koerner.de
Planung, Bau und Pflege von Gärten

- Samen Fahrholz: Kollaustraße 129–135, 22453 Hamburg (Niendorf), Telefon 5 54 21 70, Fax 58 42 67, Mo-Fr 9–19, Sa 9–16 Uhr, Kreditkarten: EC-Karte; www.samen-farholz.de
- Schulungszentrum für naturgemäßen Land- und Gartenbau: Poppenbüttler Hauptstraße 46, 22399 Hamburg (Poppenbüttel), Telefon 6 02 07 33
Abgabe von Parzellen zum eigenen Anbau von Obst und Gemüse
- Umwelttelefon im Informationszentrum für Umwelt und Entsorgung: Hermannstraße 14, 20095 Hamburg (Innenstadt), Telefon 34 35 36, Fax 4 28 86 42 10, Mo-Do 9–16, Fr 9–14 Uhr; E-Mail: umwelttelefon@bug.hamburg.de, www.hamburg.de

## Gartenlokale

▶ *Essen + Trinken*

## Gedenkstätten

Gedenkstätten sind sichtbare Erinnerung und anschaulicher als mancher Geschichtswälzer. Ein Gang über das Gelände des ehemaligen Konzentrationslagers Neuengamme zwingt zur direkten Auseinandersetzung.

- Der Museumspädagogische Dienst der Kulturbehörde: Telefon 42 82 43 25, Fax 42 82 43 24, Mo-Fr 9–16.30 Uhr
Veranstaltet Führungen in den Gedenkstätten
- Gedenk-und Bildungsstätte Israelitische Töchterschule: Karolinenstraße 35, 20357 Hamburg (Karolinenviertel), Telefon 4 28 43 21 75, Do 14–18 Uhr (Ausstellunge), Di, Do 14–15.30 Uhr (telefonisch)
1883 als Mädchenschule der Deutsch-Israelitischen Gemeinde in Hamburg erbaut, 1989 Einweihung der Gedenk- und Bildungsstätte; eine Dauerausstellung vermittelt ein lebendiges Bild des Schulalltags in einer deutsch-jüdischen Lebenswelt
- Gedenkstätte Bullenhuser Damm/Rosengarten für die Kinder vom Bullenhuser Damm: Bullenhuser Damm 92, 20539 Hamburg (Rothenburgsort), Telefon 78 32 95, Do 14–20, So 10–17 Uhr und nach Vereinbarung; www.hamburg.de/Neuengamme/bullenhuserdamm
Die 1980 eröffnete Gedenkstätte befindet sich im Keller des früheren Schulgebäudes, zwanzig jüdische Kinder wurden hier erhängt, nachdem sie für Tbc-Versuche missbraucht worden waren. Seit 1994 Ausstellung zum Schicksal der Ermordeten; Führungen können unter Telefon 42 82 43 25 gebucht werden
- Gedenkstätte Ernst Thälmann: Tarpenbekstraße 66, 20251 Hamburg (Eppendorf), Telefon 47 41 84, Fax 47 41 84, Mi-Fr 10–17, Sa 10–13 Uhr und nach Vereinbarung; www.thaelmann-gedenkstaette.de
1976 gegründet mit über 600 Ausstellungsstücken, Ernst Thälmanns Lebensweg wird dokumentiert
- Gedenkstätte Konzentrationslager und Strafanstalten Fuhlsbüttel 1933–1945: Suhrenkamp 98, 22335 Hamburg (Ohlsdorf), Telefon 4 28 96 03, Fax 42 82 43 25, So 10–17 Uhr und nach Vereinbarung; www.neuengamme.de
Ausstellung, Dokumentation mit Originalgegenständen; Tafel zum Gedenken der getöteten Gefangenen
- Gedenkstätte Plattenhaus Poppenbüttel: Kritenbarg 8, 22391 Hamburg (Poppenbüttel), Telefon 4 28 96 03, Fax 42 82 43 25, So 15–17 Uhr und nach Vereinbarung; www.neuengamme.de
- KZ-Gedenkstätte Neuengamme: Jean-Dolidier-Weg 39, 21039 Hamburg (Neuengamme), Telefon 4 28 96 03, Fax 42 89 65 25, Di-So 10–17 Uhr, Di-So 10–18 Uhr (April–September); www.neuengamme.de
Anreise: A 25 Richtung Geesthacht, Abfahrt Curslack, S 21 bis S-Bahnhof Bergedorf, Bus 227 bis „KZ-Gedenkstätte“. Ab 1940 wurde Neuengamme als eigenständiges KZ errichtet, hier wurden u. a.

Gedenkstätten: Das ehemalige Kriegerkultmal bei St. Johannis in Altona wurde 1994 zum Mahnmal umgestaltet

Kommunisten, Sinti und Roma sowie Juden aus ganz Europa als interniert und ermordet. Für einen Rundgang sollte man sich mindestens zwei Stunden Zeit nehmen. Seit 1995 zeigt eine Dauerausstellung Originalgegenstände und -dokumente der Überlebenden

- St. Johannis Altona: Bei der Johanniskirche 16, 22767 Hamburg (Altona), Telefon 43 43 34, Fax 4 39 36 37
  1994 wurde das Kriegerkultmal von 1925 umgestaltet: Es soll nie wieder als Ermutigung für militaristisches und nationalistisches Denken in Anspruch genommen werden können;
  Besichtigung der Kirche nach Absprache

## Geflügel und Wild

▶ *Essen +Trinken*

## Geschenke

Der Kinogutschein und eine Flasche Sekt waren's letztes Jahr schon? Da hilft nur ein kleiner Bummel durch Hamburgs Geschenkläden. SZENE HAMBURG hat ein paar für Sie ausgewählt:

- Das Foto: Schulterblatt 85, 20357 Hamburg (Schanzenviertel), Telefon 4 39 37 95, Mo-Fr 11–19, Sa 11–16 Uhr, Kreditkarten: EC-Karte
  Ausgefallenes aus Plüsch und Plastik, Nippes, Fotoarbeiten und vieles mehr
- Grube Dekor: Eppendorfer Baum 13, 20249 Hamburg (Eppendorf), Telefon 48 28 79, Fax 4 60 45 40, Mo-Fr 10–19, Sa 10–16 Uhr, Kreditkarten: EC-Karte
  Kerzen, Bilderrahmen, Kleinmöbel, Gartendeko
- Lindli: Bahrenfelder Straße 129, 22765 Hamburg (Ottensen), Telefon 3 90 51 40, Fax 39 90 57 88, Mo-Fr 11–14 und 15–19, Sa 11–15 Uhr, Kreditkarten: keine; EC-Karte
  Lichterketten, Schlüsselanhänger und aufblasbare Duschhauben



- Pappnase & Co: Grindelallee 92, 20146 Hamburg (Univiertel), Telefon 44 97 39, Mo-Mi 10–18.30, Do, Fr 10–19, Sa 10–15 Uhr, Kreditkarten: EC-Karte; www.pappnase.de
  Alles für große und kleine Kinder: Jo-Jos, Comics, Masken, Schminke
- Richard-Froh-Geschenk-Depot: Grindelallee 147, 20146 Hamburg (Univiertel), Telefon 45 63 61, Fax 45 63 61, Mo-Fr 10–14 und 15–19.30, Sa 10–13.30 Uhr, Kreditkarten: EC-Karte
  Ausgefallenes Geschirr, Kerzenhalter, Schmuck
- Werkstatt für allerlei Eigensinniges: Eppendorfer Landstraße 125, 20251 Hamburg (Eppendorf), Telefon 4 60 50 24, Fax 4 60 50 24, Di-Fr 13–18, Sa 10–13 Uhr, Kreditkarten: EC–Karte
  Maler Michael Pflüger bietet selbst entworfene Schreibgeräte, Pfeffermühlen und anderes aus dem Bereich Design und Kunst

**Verpackung:** Die exzentrische Oma hat Geburtstag, der indische Elefant ist schon im Wohnzimmer geparkt, jetzt fehlt nur noch die passende Verpackung? Hier die Geschäfte, die Ihre Überraschungen geschickt verhüllen:

- Schöner Schenken / Alsterhaus: Jungfernstieg 16–20, 20354 Hamburg (Innenstadt), Telefon 35 90 11 20, Mo–Fr 9.30–20, Sa 9.30–16 Uhr, Kreditkarten: alle
- Schreiben & Schenken: Kleekamp 5, 22339 Hamburg (Fuhlsbüttel), Telefon 50 43 37, Fax 59 50 17, Mo-Fr 7.30–18, Sa 9–12.30 Uhr, Kreditkarten: EC-Karte
  Schreibgeräte von Stypen, Waterman, Lamy; Büro- und Schulbedarf; Karten

## Geschichtswerkstätten

Geschichte spielt sich nicht nur auf der politischen Weltbühne der Bushs, Putins oder Schröders ab. Die Geschichte zeigt, dass Umwälzungen oftmals auf der Straße erkämpft werden. Gerade dieser vernachlässigten „Geschichte von unten“ gilt das Hauptinteresse der Hamburger Geschichtswerkstätten. Sie veranstalten sie zum Beispiel regelmäßige Stadtteilrundgänge und verwalten Fotoarchive und Bibliotheken, die über die Geschichte der Viertel informieren. Der Verein Stadtteilarchiv Ottensen wurde als erste Hamburger Geschichtswerkstatt gegründet. Entstanden ist er 1980 aus einer Projektgruppe des Altonaer Museums. Ursprünglich stammen diese „History Workshops“ aus England; über Berlin kamen sie nach Hamburg. Mittlerweile gibt es 14 Geschichtswerkstätten in der Hansestadt. Literaturtipp: Das Faltblatt „Kiek mol – Stadtteilrundgänge“ liegt jedes Jahr ab Anfang März mit Informationen über die jährlichen Veranstaltun-

Geschenke: Wenn's keine Pralinenmischung sein soll – Hausdrachen gibt's bei „Das Foto"

gen in allen Geschichtswerkstätten aus. Das 456 Seiten starke Buch „Kiek mol" geht in den verschiedenen Stadtvierteln auf Spurensuche und ist für 18 Euro bei allen Geschichtswerkstätten, dem Dölling und Galitz Verlag und in allen Buchhandlungen erhältlich. Übrigens freuen sich alle Geschichtswerkstätten über ehrenamtliche Helfer.

- Galerie Morgenland e. V.: Sillemstraße 79, 20257 Hamburg (Eimsbüttel), Telefon 4 90 46 22, Fax 4 90 46 22, Di, Mi 13–18 Uhr; E-Mail: gweims@t-online.de; www.stadtteil.net/morgenland
- Geschichtsgruppe Dulsberg e. V.: Eulenkamp 41, 22049 Hamburg (Dulsberg), Telefon 68 08 82, Do 17–18 Uhr; www.geschichtsgruppe-dulsberg.hamburg.de
- Geschichtswerkstatt Barmbek e. V.: Wiesendamm 25, 22305 Hamburg (Barmbek), Telefon 29 31 07, Mo-Fr 10–16 Uhr, Mi 14–19 Uhr (telefonisch)
- Geschichtswerkstatt St. Georg e. V. : Stadtteilbüro Koppel 32, 20099 Hamburg (St. Georg), Telefon 2 80 37 31, Do 17–19 Uhr; www.gw-stgeorg.de
  Theater, Chor, Rundgänge, Dia-Präsentationen
- Geschichtswerkstatt Wilhelmsburg/Honigfabrik: Industriestraße 125, 21107 Hamburg (Wilhelmsburg), Telefon 75 88 74, Fax 3 07 83 05, Di 10–15, Do 14–17 Uhr (bitte vorher telefonisch anmelden); www.honigfabrik.de
  Theaterprojekte; Barkassenfahrten
- Jarrestadt-Archiv: Wiesendamm 123, 22303 Hamburg (Winterhude), Telefon 2 79 18 17, Fax 2 79 18 17; bietet Kanalfahrten an
- Jenfeld Museum: Bei den Höfen 2, 22043 Hamburg (Jenfeld), Telefon 6 53 54 07 (Herr Junk), jeden zweiten Do 15–18 Uhr und nach Absprache
  Weitere Ansprechpartnerin Frau Riemenschneider, Telefon 6 53 27 17
- Kultur- & Geschichtskontor der Initiative zur Erhaltung historischer Bauten e. V.: Reetwerder 17, 21029 Hamburg (Bergedorf), Telefon 7 21 28 23, Fax 7 24 43 42, Mo, Di, Fr 10–16, Mi 10–20 Uhr
  Fotoarchiv, Bibliothek, Geschichtsausstellungen, Vorträge, Rundgänge; alles im Bereich um Bergedorf, Lohbrügge und Vierlanden
- Kulturbehörde der Freien und Hansestadt Hamburg Abteilung „Gedenkstätten, Geschichtswerkstätten": Telefon 42 82 42 24; E-Mail: wolfgang.stiller@kb.hamburg.de
  Hier ist per Anruf oder E-Mail das Faltblatt „Kiekmol-Stadtteilrundgänge" zu beziehen
- St. Pauli Archiv e. V.: Wohlwillstraße 28, 20359 Hamburg (St. Pauli), Telefon 3 19 47 72, Fax 3 17 50 12, Mo 17–19 Uhr und nach Vereinbarung; www.st-pauli-archiv.de
- Stadtteilarchiv Bramfeld e. V.: Bramfelder Chaussee 25, 22177 Hamburg (Bramfeld), Telefon 6 91 51 21, Di, Do 10–13, Mi 16–18.30 Uhr; www.stadtteilarchiv-bramfeld.de
  Organisierte Rundgänge und -fahrten durch Bramfeld und Steilshoop; verschiedene Ausstellungen und Veranstaltungen
- Stadtteilarchiv Eppendorf e. V.: Martinistraße 40, 20251 Hamburg (Eppendorf), Telefon 4 80 47 87, Fax 46 31 06, Di 15–18 Uhr; E-Mail: stadtteilarchiv.eppendorf@web.de
- Stadtteilarchiv Hamm e. V.: Carl-Petersen-Straße 76, 20535 Hamburg (Hamm), Telefon 2 51 39 27, Fax 2 51 89 41, Di 10–12 und 17–19, Do 10–12 Uhr; www.hh-hamm.de
  Bietet Barkassenfahrten an
- Stadtteilarchiv Ottensen e. V. : Zeißstraße 28, 22765 Hamburg (Ottensen), Telefon 3 90 36 66, Fax 39 61 74, Mo-Do 9.30–13, Mo-Mi 14–16.30, Do 14–19 Uhr; www.stadtteilarchiv-ottensen.de
  Großes Archiv, u. a. mit Stadtplänen
- Willi-Bredel-Gesellschaft Geschichtswerkstatt e. V.: Im Grünen Grunde 1c, 22337 Hamburg (Ohlsdorf), Telefon 59 11 07, Fax 59 13 58, Di 15-18 Uhr; www.bredelgesellschaft.de
  Ausstellungen und Veranstaltungen historischen Charakters, zum Beispiel die „Fuhlsbütteler Festtage" im November

## Gesundheit

Viele Patienten fühlen sich mit ihren Leiden allein gelassen. Gesundheitsinitiativen geben in solchen Fällen wertvolle Tipps. Bei der Verbraucherzentrale für Patientenschutz kostet ein Beratungsgespräch zwi-

**Cross-Golf: Natural Born Golfers brauchen kein Grün, um glücklich zu sein**

schen 5 und 10 Euro. Die Patienteninitiative e. V. setzt sich primär mit dem Problem von eventuellen Behandlungsfehlern auseinander und darf aus rechtlichen Gründen nur Mitglieder beraten. In einem kostenlosen Gespräch klärt die Informationsstelle für Arbeit und Gesundheit über gesundheitliche Gefährdungen am Arbeitsplatz auf und setzt sich für bessere Arbeitsbedingungen ein. Der Verein demokratischer Pharmazeutinnen und Pharmazeuten engagiert sich für eine patientenorientierte Arzneimittelversorgung.
▶ *Wellness*

- Informationsstelle für Arbeit und Gesundheit: Schanzenstraße 75, 20357 Hamburg (Schanzenviertel), Telefon 4 39 28 58, Fax 4 39 28 18, Mo-Do 10–17 Uhr, Termine nur nach Vereinbarung; www.arbeitundgesundheit.de
  Beratung bei Berufskrankheiten; bei längerfristigen Beratungen wird eine Gebühr erhoben
- Patienteninitiative e. V.: Moorfuhrtweg 9e, 22301 Hamburg (Winterhude), Telefon 2 79 64 65, Fax 27 87 77 18, Mi 13–16 Uhr; www.patienteninitiative.de
- Verbraucher-Zentrale e. V. / Patientenschutz: Kirchenallee 22, 20099 Hamburg (St.Georg), Telefon 24 83 22 30, Fax 24 83 22 90, telefonisch: Di 10–18, Mi 10–14 Uhr; persönlich: Do 10–18 Uhr; www.vzhh.de
- Verein demokratischer Pharmazeutinnen und Pharmazeuten: c/o Flemming-Apotheke, Grindelallee 182, 20144 Hamburg (Univiertel), Telefon 45 87 68, Mo-Fr 8.30–18.30, Sa 8.30–13 Uhr; www.vdpp.de

## Gewalt

Bei Opfern von Gewalttaten reicht selten die fachärztliche Behandlung der physischen Folgen. Oft sind die psychischen Probleme viel schwerwiegender, doch fällt es vielen Betroffenen nicht leicht, den richtigen Ansprechpartner zu finden. Der Weiße Ring hilft Kriminalitätsopfern mit persönlicher Betreuung und/oder Rechtsbeistand. Beratung und Kurztherapie für Frauen und Männer, denen Gewalt angetan wurde, bietet die Opferhilfe-Beratungsstelle. Der Notruf für vergewaltigte Frauen und Mädchen hilft bei aktuellen sowie länger zurückliegenden Vorfällen, ob angezeigt wurde oder nicht. Neben Krisenintervention und Beratungsgesprächen bietet der Notruf auch die Vermittlung von Kontakten zu Ärztinnen und Anwältinnen an. In Hamburg haben sich außerdem Männer gegen Männergewalt zusammengeschlossen. Die Organisation richtet sich an „Täter", die Hilfe bei der Überwindung ihrer Gewalttätigkeit suchen.

- Männer gegen Männergewalt: Mühlendamm 66, 22087 Hamburg (Hohenfelde), Telefon 2 20 12 77, Fax 22 12 60, Mo, Mi 11–15, Di 15–17, Do 17–21 Uhr, nur nach Terminabsprache; www.maennergewalt.de
- Notruf für vergewaltigte Frauen und Mädchen e. V.: Hohenfelder Straße 28, 22087 Hamburg (Hohenfelde), Telefon 25 55 66, Fax 25 55 66, Mo-Fr 9.30–13, Mo, Do 15–19, Di, Mi 15–16 Uhr; E-Mail: notruf-hamburg@t-online.de
  Auf Wunsch auch Prozessbegleitung
- Opferhilfe-Beratungsstelle:

Paul-Nevermann-Platz 2–4, 22765 Hamburg (Altona), Telefon 38 19 93, Fax 3 89 57 86, Mo-Fr 10–13, Di-Do 14–17 Uhr; www.opferhilfe-hamburg.de

- Weißer Ring e. V.: Eiffestraße 38, 20537 Hamburg (Borgfelde), Telefon 2 51 76 80, Fax 2 50 42 67, Mo-Fr 9–15 Uhr; www.weisser-ring.de
  Sieben Außenstellen in Hamburg

## Golf

Braun karierte Hosen, weißes Hemd und Filzkäppi – den prototypischen Golfer trifft man heute nur noch selten. Der Sport liegt im Trend, seitdem die einst elitären Golfclubs ihre Plätze auch für Normalsterbliche geöffnet haben. Golf hält fit, bietet fast ganzjährig Bewegung an der frischen Luft, fordert weite und dabei präzise Schläge über Sand- oder Wasserhindernisse hinweg quer durchs Grün ins Loch. Der übliche Weg auf den Rasen läuft über eine Clubmitgliedschaft mit jährlichem Beitrag, so genannte Greenfee-Spieler dürfen als Gäste mitschlagen. Geübt wird auf Driving Ranges oder „Pitch & Putt"-Plätzen, bis die Platzreife durch die Greencard-Prüfung nachgewiesen ist. Dann kann munter drauflos gegolft werden.

- Golf Club Großensee: Hamburger Straße 29, 22946 Großensee, Telefon 0 41 54/64 73, Fax 0 41 54/6 04 28; www.gc-grossensee.de
  Auf 100 Hektar mit Mischwald und Moorboden liegt ein 18-Loch-Platz
- Golf & Country Club Brunstorf: Am Golfplatz, 21524 Brunstorf, Telefon 0 41 51/9 80 20, Fax 0 41 51/9 80 30, Mo-So 9–19 Uhr; www.golfclub-brunstorf.de
  Neun-Loch-Golfplatz für jedermann mit Platzerlaubnis; eine dreimonatige Schnuppermitgliedschaft inklusive Theorie- und Praxisunterricht sowie Platznutzung kostet 300 Euro;
  Greenfee ab 20 Euro; Winter-Golfschule mit Golf-Simulator (17,50 Euro pro Stunde), zum Üben Driving Range, Putting Green, Bunker; Neuaufnahme von Mitgliedern ab 2500 Euro; Ayurveda, Reiten, Sauna, Kinderbetreuung;
  jeden Sa und So um 14.30 Uhr eine kostenlose Probestunde
- Golf & Country Club Treudelberg: Lemsahler Landstraße 45, 22397 Hamburg (Lemsahl), Telefon 60 82 25 00, Fax 60 82 24 44, Mo-So 7–22 Uhr (April bis Oktober), Mo-So 9–16 Uhr (November bis März), Kreditkarten: alle; EC-Karte; www.treudelberg.com
  18-Loch-Platz, ganzjährig nutzbar; Greenfee 41 Euro, Golfunterricht möglich (41 Euro für 60 Minuten exklusive Driving Range), „Pitch & Putt"-Übungsplätze vorhanden; angeschlossener Country-Club (u. a. Schwimmbad, Sauna, Tennis), jedoch nur für Clubmitglieder
- Golfanlage Gut Wulfsmühle: Gut Wulfsmühle, 25499 Tangstedt, Telefon 0 41 01/58 67 77, Fax 0 41 01/58 67 88, Mo-So 8–20 Uhr (Oktober bis März), Mo-So 9–17 Uhr (April bis September); E-Mail: Golf-Gut-Wulfsmuehle@t-online.de
  Ganzjährig bespielbarer 18-Loch-Golfplatz; keine Aufnahmegebühr bei monatlicher Zahlung; zirka 640 Quadratmeter große Grüns, Driving Range, Golfschule; Gastronomie mit Biergarten; Hotel
- Golfpark am Hockenberg: Am Hockenberg 100,

21218 Helmsdorf, Telefon 0 41 05/5 22 45, Fax 0 41 05/4 20 80, Mo-So 9–20 Uhr (April bis November), Mo-Fr 9–18 Uhr (November bis März); www.hockenberg.de
Hügeliger 18-Loch-Platz in den Harburger Bergen, Driving Range, „Pitch & Putt", Fünf-Loch-Übungsplatz, Trainingskarte für 5 Euro/Tag, Trainerstunde für 45 Euro/Stunde; Jahresbeiträge für Mitglieder: 153 Euro für Schüler bis 18 Jahre, 375 Euro für Studenten bis 27, Erwachsene ab 27 Jahren zahlen 997 Euro

- Gut Waldhof: Am Waldhof 3, 24629 Kisdorferwohld, Telefon 0 41 94/9 97 40, Fax 0 41 94/12 51, Mo-So 9–17 Uhr (April bis November), Mo-Fr 10–16 Uhr (November bis März); www.gut-waldhof.de
  Etwa 15 Kilometer nördlich von Hamburg, leicht wellige Fläche mit altem Baumbestand, 18-Loch-Platz mit 40 Abschlagplätzen; Übungsbunker, „Pitch & Putt"-Plätze; Golflehrer können für 35 Euro (45 Minuten) gebucht werden, Mitgliedsaufnahme möglich; u. a. Restaurant, Kindergarten, Golfcart- und Trolley-Vermietung
- Hamburger Golfverband e. V.: Hofweg 77a, 22085 Hamburg (Uhlenhorst), Telefon 2 27 79 60, Fax 2 27 78 28, Mo-Fr 9–17 Uhr; www.golfverband-hamburg.de
  Koordiniert die Interessen der 21 Verbandsclubs
- Shape Sport & Golf Club Hotel: Osttangente 200, 21423 Winsen/Luhe, Telefon 0 41 71/78 90, Fax 0 41 71/78 91 99, Mo-Fr 7–22, Sa 12–20, So 10–20 Uhr , Kreditkarten: EC-Karte, Eurocard, Visa; www.shape-sport.de
  Europas größte Indoor-Golfanlage bietet auf einer Fläche von 1600 Quadratmetern ideale Trainingsmöglichkeiten. Eine Schnupperpartie gibt es für 79 Euro (180 Minuten)
- VcG – Vereinigung clubfreier Golfer: 65011 Wiesbaden Telefon 06 11/34 10 40, Fax 06 11/3 41 04 10, Mo-Fr 8.30–17 Uhr; www.vcg.de
  Vom Deutschem Golfverband 1993 für Einsteiger gegründet, 12 600 Mitglieder bundesweit, bei 220 Euro Jahresbeitrag (Studierende bis 27 sowie Azubis und Jugendliche unter 21 Jahren zahlen 115 Euro) darf nach Erlangung der Platzreife (Greencard-Prüfung) auf allen 590 Plätzen in ganz Deutschland gespielt werden (18 davon in Hamburg)

**Cross-Golf:** Als Thorsten S. 1992 spät abends auf einem Hotelflur erstmals einen Golfschläger in den Händen hielt, wusste er noch nicht, was er ins Rollen bringen sollte. Nach Feierabend wurde auf irgendwelchen Feldern „herumgedaddelt", und irgendwann hatte Thorsten S. den gesamten Freundes- und Bekanntenkreis mit seiner Golfleidenschaft infiziert. Gespielt wird überall, ob in einer Baugrube oder auf einem privaten Golfplatz im Dunklen und bei Regen. Es gibt keine Regeln, und es reichen zwei Schläger und ein paar alte Bälle vom Flohmarkt. In Sachen Popularität können es die Freistil-Golfer inzwischen mit den Langers und Woods der gediegenen Szene aufnehmen: Im März 2002 feierten sie den 85. Fernsehbericht über ihre etwas andere Art mit Holz und Eisen umzugehen.

- Natural Born Golfers: www.naturalborngolfers.com

## Gondeln

Es gibt ein kleines Stück Venedig im kühlen Hamburg: mit Gondoliera Ina Mierig in einer original venezianischen Gondel über die Kanäle von Hamburg gleiten, den Liebsten im Arm und gute Laune im Herzen. Auf Wunsch gibt's Vorleser, Sänger, Gitarristen und Prosecco dazu.

- La Gondola e. V.: Ina Mierig, Nernstweg 22, 22765 Hamburg (Altona), Telefon 4 90 09 34, Fax 40 18 84 19; www.diegondel.de

## Graffiti

... wird von den einen als Schmiererei abgetan und verfolgt, von den anderen als Kunst und Werbemedium akzeptiert und gut bezahlt. Zusammen mit Breakdance und Rap ist Graffiti, als drittes Standbein der HipHop-Bewegung (▶ *HipHop*), Anfang der Achtziger aus New York nach Deutschland gekommen. Was als Untergrundbewegung begann, hat sich zu einer Szene von vielseitigen legalen und illegalen Künstlern

**Graffiti: Aus Hauswänden werden Kunstwerke**

entwickelt. Einige Sprüher sagen, Graffiti sei nur auf der Straße „real", auf Leinwänden sei es Kunst aus der Dose. Im Atelier von Daim, Tasek und Daddy Cool werden vollendete Leinwände, Plakate sowie Skulpturen angeboten. Diese „Writer" haben schon viele Aufträge erfolgreich ausgeführt, zum Beispiel das höchste Konzeptbild der Welt (Otto-Schuhmann-Weg/Lohbrügge), das einen Eintrag ins „Guinness Buch der Rekorde" brachte. Die legale Seite der Graffitis scheint zwar gut ausgebaut, trotzdem gehen nachts immer noch zahlreiche Kids zum verbotenen „Bomben" auf die Straße. Dem folgen nicht selten Strafanzeigen wegen Sachbeschädigung. Von der Suche nach freigegebenen Graffitiwänden bis zur Unterstützung bei Prozessen finden Sprüher Hilfe beim HipHop Hamburg e. V. Wer Lust auf Graffiti-Kunst hat, kann sich an Hip Hop Hamburg e. V. wenden und sich ein Bild gegen Geld sprühen lassen. Nähere Infos unter www.double-h.org

- Getting up: Billhorner Brückenstraße 40, 20539 Hamburg (Billwerder), Telefon 78 07 36 21, Fax 78 07 36 22, Termin nach telefonischer Absprache; www.getting-up.de
  Wandgestaltung, Leinwandarbeit, Organisation von Ausstellungen, Webdesign
- HipHop Hamburg e. V.: Lippmannstraße 59,

  20679 Hamburg (Schanzenviertel), Telefon 43 25 45 00, Fax 43 25 45 01, Mi, Fr, Sa ab 16 Uhr; www.hiphophamburg.de
  Ansprechpartnerin ist Frau Udowerella

## Grillplätze

Zu einer lauen Sommernacht gehört natürlich das selbst gegrillte Steak mit einem Spritzer Astra oder die geröstete Tofu-Wurst mit gegrillten Auberginen. Damit Sie auch wissen, wo Sie ganz offiziell Barbecue auf Hamburgisch veranstalten können, hat SZENE HAMBURG für Sie die besten Grillplätze der Stadt ausfindig gemacht:

- Alsterwiesen: Wellingsbütteler Landstraße, am Alsterwanderweg gelegen, U1 Klein Borstel
- Grillplatz Langenbeker Weg: Offene Schutzhütte, Bolzplatz, S3/S31 Harburg, dann Bus 145 bis Osterfeldweg
- Grünes Zentrum Lohbrügge: Kurt-Adams-Platz, für Gruppen geeignet, S21 Bergedorf, dann Bus 132 bis Harnackring
- Kuhle Rissen: Sülldorfer Brooksweg, Unterstand, Planschbecken, S1 Blankenese, dann Bus 189 bis Sülldorfer Brooksweg
- Meyers Park: Stader Straße 203, Unterstand mit Grill, Kinderspielplätze, Holztische und Bänke vorhanden, S3/S31 Harburg, dann Bus 141 oder 241 bis Bostelbek
- Öjendorfer See: Barsbütteler Straße, Feuerstelle und Grillplätze, U1 Wandsbek Markt, dann Bus 263 bis Gleiwitzer Bogen und Fußweg
- Rothenhäuser Wettern: Neuhöfer Straße, kleiner Park mit Spielwiese, Spielplatz, Beachvolleyballfeld, Streetballfeld, zwei Grillstellen, S3/S31 Veddel, dann Bus 155 bis Veringstraße
- Stadtpark Winterhude: Jahnring, vier Grillanlagen, Kinderspielgelände, U3 Borgweg, dann Bus 179 bis Jahnring
- Volkspark Altona/Festwiesen: August-Kirch-Straße, Schutzhütte, mehrere Grillstellen; S21/S3 Stellingen, dann Bus 180 bis „Volkspark", S1/S3 Altona, dann Bus 188 bis Stadionstraße
- Wittenberger Leuchtturm: Wittenbergener Weg, idyllisch gelegen, S1/S11 Blankenese, dann Bus 189 bis Tinsdaler Kirchenweg, 15 Minuten Fußweg
- Elbstrand: Neumühlen/Övelgönne; Bus 112 bis Haltestelle Neumühlen; im Sommer inoffiziell Hamburg „hottest spot" in Sachen Lagerfeuerromantik

## Hafen

Das Tor zur Welt. Diesen Beinamen hätte Hamburg nicht ohne ihn. Er ist Deutschlands größter See- und einer der größten Containerhafen der Welt. Schon im 9. Jahrhundert befand sich eine erste Hafenstelle südlich der Hammaburg. Durch die Erschließung nahe gelegener Marschgebiete entstanden erste Hafenanlagen, die Hamburg bereits im Mittelalter zu einer der wichtigsten deutschen Hafenstädte machten. Bis Mitte des 19. Jahrhunderts ankerten die Schiffe allerdings mitten auf der Elbe an Duckdalben, und Schuten und Prahme übernahmen den Warentransport zu den an den Fleeten liegenden Speichern (▶ *Speicherstadt*). Erst später, nach Aufkommen der Dampfschifffahrt, wurde das erste Hafenbecken, der Sandtorhafen, errichtet. Mit Gründung der Hamburgisch-Preußischen Hafengemeinschaft 1928/29, die neu zu erschließende Gebiete gemeinsam verwalteten, entwickelte sich der Hamburger Hafen zum Welthafen. Mitte der 60er Jahre verschwanden kleinere Schiffswerften, und bisherige Hafenbecken wurden zugeschüttet. Neue Flächen für Warenlagerung und Umschlagplätze entstanden, und der Bau erster Containeranlagen begann. Heute ist der Hamburger Hafen ein führender Wirtschaftsfaktor. 2001 wurden 92 Millionen Tonnen Ladung gelöscht. Weitere Infos zum Hafen unter www. hafen-hamburg.de

- HHLA Hamburger Hafen- und Lagerhaus-AG: Bei St. Annen 1, 20457 Hamburg (Speicherstadt), Telefon 3 08 80, Fax 30 88 33 55; www.hhla.de
- Wasser- und Schifffahrtsamt Hamburg: Moorweidenstraße 14, 20148 Hamburg (Innenstadt), Telefon 44 11 00; www.wsa-hamburg.wsv.de

## Hafencity

London hat seine Docklands, Sydney seinen Darling Harbour und Hamburg in gut 20 Jahren seine Hafencity. Viele Metropolen haben sich der Dockland-Entwicklung gewidmet, denn die weltweite Umstrukturierung der Seeschifffahrt in den 60er Jahren erforderte neue städtebauliche Lösungen. Was in London, Rotterdam um 1980 begonnen hat, die Chancen auf

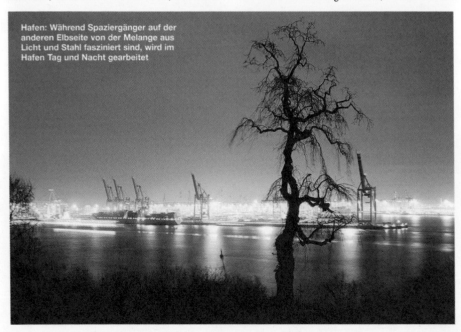

Hafen: Während Spaziergänger auf der anderen Elbseite von der Melange aus Licht und Stahl fasziniert sind, wird im Hafen Tag und Nacht gearbeitet

Stadterweiterung in den Hafen hinein wahrzunehmen, soll auch in Hamburg Realität werden. Der Startschuss für die Hafencity fiel 1997, und in 25 Jahren soll am Hafen, zwischen Kehrwiederspitze und Elbbrücken, ein modernes Stadtviertel entstehen. Mit zirka 5500 Wohnungen, 20 000 Arbeitsplätzen, Freizeit- und Tourismusangeboten wird die Innenstadt um 50 Prozent vergrößert. Wer mehr über dieses Jahrhundertprojekt erfahren möchte, sollte das HafenCity InfoCenter besuchen. Dieses begleitet die HafenCity unter anderem mit Ausstellungen der architektonischen Entwürfe, Informationsveranstaltungen.

- HafenCity InfoCenter: Am Sandtorkai 30 (Speicherstadt), Di-So 10–18 Uhr, Mo geschlossen, Eintritt frei, Telefon 36 90 17 99; www.Hafencity.com

## Hafenrundfahrten

Neben den klassischen Hafenrundfahrten mit großen Pötten und Hamburger Döntjes gibt es die alternativen Touren. Etwa die der DGB-Jugend, die den Hafen aus der Sicht der dort Beschäftigten und der Seeleute zeigt. Während der zweistündigen Rundfahrt werden Strukturwandel, Containerisierung, Hafenerweiterung und Elbvertiefung sowie Billigflaggen und Zweitregister erklärt. Durch die Rundfahrt führen Ehrenamtliche, die hauptberuflich Hafenarbeiter, Seeleute und Werftarbeiter sind. Bereits seit zwanzig Jahren veranstaltet die „Hafengruppe Hamburg 3. Welt“ Rundfahrten. Hier wird erläutert, wie der Welthandel zu Ungunsten der „Dritte Welt“-Länder strukturiert wird, Rohstoffpreise sinken, die Schuldenspirale sich weiter dreht und was die Folgen der Globalisierung sind. Außerdem ist zu erfahren, wie Kolonialismus und Zollpolitik funktionieren (▶ *Solidarität* ). Trauungen der besonderen Art sowie das bekannte Dinnerspektakel finden auf der „Louisiana Star“ statt. Der Mississippi-Dampfer gehört noch immer zu den Attraktionen der großen Flotte von Rainer Abicht, der auch ganzjährig Hafenrundfahrten anbietet.

- Förderkreis „Rettet die Elbe“ e. V.: Nernstweg 22, 22765 Hamburg (Altona), Telefon 39 30 01, Do 17–19 Uhr; www.rettet-die-elbe.de
  Von April bis Oktober Fr um 17 Uhr alternative Hafenrundfahrten ab Anleger „Vorsetzen“, U-Bahn-Station Baumwall; 8 Euro für 90 Minuten
- Rainer Abicht: Elbreederei, Bei den St. Pauli Landungsbrücken (Brücke 1; rechts vom Segelschiff), 20359 Hamburg, Telefon 3 17 82 20, Fax 31 52 11
- DGB-Jugend: Besenbinderhof 60, 20097 Hamburg (Innenstadt), Telefon 2 85 82 25, Fax 2 85 82 09; Für Jugendliche bis 27; Kartenvorverkauf bei der Büchergilde: Besenbinderhof 61 20097 Hamburg (Innenstadt), Telefon 24 60 80; Informationen und Buchungen für Gruppenfahrten gibt Frau Sabine Wille
- Hadag Seetouristik & Fährdienst AG: St.-Pauli-Fischmark 28, 20359 Hamburg (Altona), Telefon 31 17 07 17, Fax 31 17 07 10, Mo-Fr 7.30–16 Uhr; www.hadag.de

## Hagenbecks Tierpark

▶ *Zoo*

## Hamburgensien

Wer sich mit der Geschichte der Hansestadt auseinandersetzen möchte, kann die sehenswerten Ausstellungen des Museums für Hamburgische Geschichte besuchen, wo sich unter anderem angeblich auch der originale Totenschädel Klaus Störtebekers bewundern lässt (▶ *Kunst/Museen*). Bücherfreunde kommen in der Staats- und Universitätsbibliothek (▶ *Bibliotheken*) voll auf ihre Kosten. Die dortige Hamburgensiensammlung bietet eine große Auswahl an Hamburg-Literatur. City-Wanderer sollten sich das Buch „Zu Fuß durch Hamburg“ (Hrsg. Werner Skrentny, Rotbuch, 212 Seiten, 36 Mark) besorgen, das zum Spaziergang auf den Pfaden der Hamburger Geschichte anleitet (▶ *Sehenswürdigkeiten*).

- Hamburgensiensammlung der Staats- und Universitätsbibliothek Carl von Ossietzky: Von-Melle-Park 3, 20146 Hamburg (Univiertel), Telefon 4 28 38 22 33, Mo-Fr 9–21, Sa 10–13 Uhr; www.uni-hamburg.de
- Tourismus-Zentrale Hamburg GmbH: Steinstraße 7, 20095 Hamburg (Innenstadt), Telefon 30 05 13 00, Fax 30 05 13 33, Mo-So 8–20 Uhr; www.hamburg-tourism.de

## Hamburg Dungeon

Feuchter, modriger Geruch steigt auf, und entfernte Schreie sind zu hören. Hamburg im Mittelalter. In den Regalen des Pesthospizes stehen Gefäße mit übel riechenden Flüssigkeiten und undefinierbaren Organen, auf dem OP-Tisch windet sich ein Opfer … Die dunklen Seiten der Hamburger Geschichte wollten die Macher von Hamburg Dungeon erfahrbar machen. Sie schufen eine interaktive Schau, die seit Mai 2000 auf über 1700 Quadratmetern in den „Katakomben“ der Speicherstadt zu sehen ist. Dort erlebt der Besucher den Überfall der Wikinger auf die Hammaburg im Jahre 875, das Leben des Piraten Klaus Störtebeker oder die Flutkatastrophe von 1717. Ein einstündiger Rundgang mit aufwändigen Spezialeffekten.

- Hamburg Dungeon: Kehrwieder 2, 20457 Hamburg (Innenstadt), Telefon 36 00 55 20,
Mo-So 11–19 Uhr; letzter Einlass 18 Uhr;
www.hamburgdungeon.com
Erwachsene 10,25 Euro; Kinder 6 Euro;
ermäßigte Gruppenpreise; geeignet ab 10 Jahren

## Hamburger Tafel

▶ *Solidarität*

## Handball

Wenn ein Boxer der Schwergewichtsklasse so richtig zuhaut, dann ist das in etwa zehnmal schwächer, als mit voller Wucht von einem Handball getroffen zu werden. Richtige Handballer müssen volle Bereitschaft zur Abhärtung haben. Da an dieser Sportart hierzulande trotzdem ungebrochen Bedarf herrscht, ist der Deutsche Handball Verband einer der größten weltweit. Neben der Rüpelkomponente besitzt Handball aber auch einen intellektuellen Anspruch. Denn die Spieler müssen auch komplizierte Spielzüge beherrschen.

- Hamburger Handball Verband e. V.:
Schäferkampsallee 1, 20357 Hamburg (Eimsbüttel),
Telefon 41 90 82 42, Fax 4 10 71 39, Mo 14–17,
Di 9–12 und 14–17, Do 12–18, Fr 9–13 Uhr;
www.hamburgerhv.de

## Handwerker

Es gibt vieles, was das Leben im modernen Eigenheim bequem macht: fließendes Wasser, Fußbodenheizung oder Tiefkühltruhen. Doch wehe, wenn es einen Defekt gibt und die gute Stube erst einmal überflutet ist – dann beginnt die wüste Suche nach dem richtigen Handwerker. Als ungeschickter Großstadtmensch ohne handwerklich begabten Familien-Clan in der Hinterhand, ist man mitunter ewigen Wartezeiten, schlampiger Ausführung oder horrenden Rechnungen ausgeliefert. Kein Grund, aus dem kaputten Fenster zu springen. Der Hamburger Handwerker Service (DHHWS) hilft. Seine Hotline hat täglich von 9 bis 19 Uhr ein offenes Ohr, der Rückruf eines passenden Handwerkers erfolgt spätestens am Ende des darauf folgenden Tages. Der DHHWS sieht sich außerdem Rechnungen und Kostenvoranschläge an. Wer größere Arbeiten hat, kann dem DHHWS gegen Aufpreis Auswahl und Koordination der Betriebe und die Betreuung durch eine Architektin vor Ort überlassen. „Perle“ ist eine Handwerkerinnenagentur, wobei die Handwerker ebenso wie die Kunden auch mal männlich sein können, sich aber auf jeden Fall benehmen. „Perle“ vermittelt kostenlos und auch über die Stadtgrenzen hinaus an über sechzig Handwerkerbetriebe und kontrolliert deren Leistungen. Vom ökologischen Hausbau bis hin zur Bildhauerei ist alles vertreten. Im Streitfall zwischen Handwerker und Kunden vermittelt die Handwerkskammer. In erster Linie versteht sie sich jedoch als Dienstleistungszentrum für Handwerksbetriebe. Außerdem informieren Ausbildungsberater der Handwerkskammer potenziellen Nachwuchs über die Berufsbilder im Handwerk und helfen bei der Suche nach Praktikanten- und Lehrstellen. In der Galerie des Handwerkskammer finden ab und zu Ausstellungen statt, etwa die der Gesellenstücke des Tischlerhandwerks.

- Der Hamburger Handwerker Service (DHHWS):
Telefon 0 18 02/91 19 11, Fax 69 64 32 50,
Mo-Fr 9–19 Uhr; www.handwerker-im-inter.net
- Perle GbR Handwerkerinnenagentur : Stresemannstraße 109, 22769 Hamburg (Altona), Telefon
3 90 61 37, Fax 30 60 35 56, Mo, Mi, Fr 9–15,
Di, Do 9–18 Uhr; www.perle-hh.de
- Handwerkskammer Hamburg: Holstenwall 12,
20355 Hamburg (Innenstadt), Telefon 35 90 50,
Fax 35 90 52 08, Mo-Fr 8–16 Uhr;
www.hwk-hamburg.de

## Hanf

Als Michael Klare 1980 mit „Ganesh Baba“ den ersten Headshop Hamburgs eröffnete, begann für die Hamburger eine Zeit des Rausches – und zwar des Kaufrausches. Endlich konnten Rauchgeräte, Kosmetika und Fachliteratur über eine der begehrtesten und umstrittensten Pflanzen der Welt käuflich erworben werden. Etliche Shops folgten dem Konzept, frequentiert von Hochschullehrern, Junkies oder Polizisten. In seiner „Highway Hanfboutique“ wirbt Sven Meyer mit Spacebar-Elixieren wie den KabaKaba enthaltenden Kräuterlikören und Zauberpflanzenextrakten. Sven Meyer ist zugleich Veranstalter und Gründer der Hamburger Hanfparade, zu der jeden Sommer Hanfbesessene aus ganz Deutschland pilgern. Neben DJ-Acts und Live-Performances gibt es dort alles, was die Republik an Pfeifchen, Sämchen und Wägchen zu bieten hat. Außerdem äußern sich Politiker, Schriftsteller und Wissenschaftler zu Drogenpolitik und der Philosophie des Rausches. Dem einen Dogma sollte allerdings jeder Liebhaber der Hanf- und Headkultur folgen, sagt zumindest Sven Meyer: Genieße die Pflanze stets im Freien, und sei mit dir und deinem Gott im Reinen. Weitere Erleuchtungen erhalten Insider und Neuentdecker der Heilpflanze bei der Lektüre des

Hamburg Dungeon: Die Schauer-Show will Hamburgs dunkle Geschichte erfahrbar machen

Monatsmagazins *Hanfblatt.* Wer sich vorzugsweise über visuelle Medien informiert, ist mit der Sendung „Hanf TV" auf dem Offenen Kanal jeden ersten und dritten Freitag im Monat um 19 Uhr an der richtigen Adresse. BONG THE SHOP, einer der typischen Headshops, hat neben den klassischen Materialien, die ein Kiffer so braucht, als einziger Laden in Hamburg die „Pauli Papers" – für den Gras-affinen St.-Pauli-Fan ein Muss!

- BONG THE SHOP: Wohlwillstraße 49, 20357 Hamburg (St.Pauli), Telefon 4 30 10 98, Fax 4 30 10 98, Mo-Fr 11.30–19, Sa 12–15 Uhr
- Bongbong: Kieler Straße 563c, 22525 Hamburg (Eimsbüttel), Telefon 5 40 21 13, Fax 5 40 21 13, Mo-Fr 11.30–19.30, Sa 12–16 Uhr, Kreditkarte: EC-Karte; www.bongbong.de
- Bum Shanka: Spritzenplatz 6, 22765 Hamburg (Altona), Telefon 3 90 38 47, Fax 3 90 38 47, Mo-Fr 11–19, Sa 10–16 Uhr; Kreditkarten: alle; www.bumshanka.de
- Ganesh Baba: Mundsburger Damm 52, 22087 Hamburg (Uhlenhorst), Telefon 2 27 77 22, Fax 2 27 77 22, Mo-Fr 11–19, Sa 10–19 Uhr; www.ganeshbaba.de
- „Hanf TV" – Offener Kanal: Martinistraße 40, 20251 Hamburg (Eppendorf), Telefon 48 15 48, Di, Do 11–13 und 15–18, Mi 17–19 Uhr; www.karo4tel.de/hanf
- Highway: Hellkamp 60, 20255 Hamburg (Eimsbüttel), Telefon 4 91 19 35, Fax 4 91 27 98, Mo-Fr 11–18, Sa 11–14 Uhr; www.hanffest.de
- Manali Headshop: Lassallestraße 55, 21073 Hamburg (Harburg), Telefon 7 65 04 09, Mo-Fr 12–18.30, Sa 12–14 Uhr
- Udopea: Schanzenstraße 95, 20357 Hamburg (Schanzenviertel), Telefon 39 90 36 61, Fax 39 90 92 92, Mo-Fr 9–12, Sa 11–16 Uhr, Kreditkarte: EC-Karte; www.udopea.de

## Hängematten

Die Zeiten sind vorbei, in denen Hängematten nur als Rückzugsschaukel für gestresste Individuen dienten. Auf die Spielplatzhängematte etwa passt eine ganze Horde Kinder. Und auf anderen Großmodellen können sich Familien oder WGs vor dem Fernseher lümmeln und ihre Chipskrümel verteilen. Sechzig weitere Modelle hat der Hängemattenladen im Angebot.

- Hängemattenladen: Bei der Reitbahn 2, 22763 Hamburg (Altona), Telefon 39 22 23, Fax 3 90 69 88, Mo-Fr 10–18, Sa 10–14 Uhr, Kreditkarten: Eurocard, Visa; EC-Karte www.haengematte.de

## Haushüter

Kevin allein zu Haus – ganz allein, das muss nun auch nicht sein. Denn die Homesitter-Agenturen in Hamburg vermitteln seriöse Hauswächter, die sorgfältig überprüft wurden. Einige erledigen neben dem Haushüten auch kleinere Arbeiten wie Besorgungen oder Gassigehen mit Hasso.

- Homesitter Service: Handweg 51, 21077 Hamburg (Harburg), Telefon 7 60 01 05, Fax 7 60 32 70
- Séniha Demir Haushaltsservice: Glockengießer wall 17, 20095 Hamburg (Innenstadt), Telefon 07 00/42 87 42 58 (Ortsgebühr) Putzen, bügeln, Wäsche waschen, einkaufen: die Haushaltsagentur hilft nicht nur allein gelassenen Männern aus der Patsche

## Headshops

▶ *Hanf*

## Heilpraktiker

Aspirin oder Arnika, Riluzol oder Ringelblume, H2-Blocker oder Homöopathie? Dies ist nicht unbedingt eine Entscheidung zwischen Schulmedizin und Scharlatanerie. Auch wenn man eine Herztransplantation immer noch dem Chirurgen überlassen sollte, bietet die Naturheilpraxis mit ihrem ganzheitlichen Ansatz eine Alternative zur schulmedizinischen Behandlung von Körper, Geist und Seele. Adressen von Praxen gibt es beim Fachverband Deutscher Heilpraktiker. Wer selbst den Heilpraktikerberuf ergreifen möchte, muss heutzutage weder auf höhere Eingebung warten noch einen klangvollen Namen wie Hippokrates, Paracelsus oder Hildegard von Bingen tragen. Die Ausbildung steht prinzipiell jedem offen, der über einen Schulabschluss sowie genügend Geld verfügt. Wer praktizieren möchte, muss jedoch mindestens 25 Jahre alt sein. Je nach Institut dauert die Ausbildung zwischen 26 Monaten und drei Jahren und bereitet auf eine Prüfung vor dem Gesundheitsamt vor.

- Fachverband Deutscher Heilpraktiker Landesverband Hamburg e. V.: Conventstraße 14, 22089 Hamburg (Eilbek), Telefon 25 75 75, Fax 25 75 76, Mo, Di, Do 10–14 Uhr; www.heilpraktikerhamburg.de
- atp Heilpraktikerschule Hamburg: Kuhmühle 7, 22087 Hamburg (Hohenfelde), Telefon 6 08 34 93, Mo-Fr 9–17 Uhr; www.atrium-naturheilkunde.de
- Hamburger Heilpraktiker Fachschule: Menckesallee 17, 22089 Hamburg (Eilbek), Telefon 20 34 40, Fax 20 34 63, Mo-Fr 9–20 Uhr; www.hamburger-heilpraktiker-fachschule.de
- Paracelsus Schule Hamburg: Drosselstraße 1, 22305 Hamburg (Barmbek), Telefon 6 91 11 91, Fax 61 20 70, Mo-Fr 9–19 Uhr; www.paracelsus-hamburg.de
- Praxis für klassische Homöopathie: Heimweg 3, 20148 Hamburg (Harvestehude), Telefon 4 48 08 48, Fax 5 97 82, nach Vereinbarung

## Hexen

Sind Hexen nun die rothaarigen, hässlichen alten Weiber, die laut Volksmund auf dem Blocksberg tanzen? Oder sind sie ein Symbol für den weiblichen Widerstand gegen patriarchalische Strukturen? Solche und andere Fragen können jeden Donnerstag in der Hexensprechstunde zwischen 16 und 19 Uhr im wissenschaftlichen Johann-Kruse-Archiv des Hamburger Museum für Völkerkunde gestellt werden. Die Spezialisten des Archivs werden versuchen, sie zu beantworten. Nach telefonischer Absprache darf auch in Zauberbüchern, nach Enthexungsmitteln und anderer Literatur gestöbert werden – sowie in zahlreichen Zeitungsartikeln, die der Hexenforscher Johann Kruse (1889–1983) im Kampf gegen den Aberglauben zusammengetragen hat. Die Wissenschaftler geben Informationen über das gesellschaftliche Phänomen der neuen Hexenbewegung, die seit den Achtzigern anhält. Führungen über historische Hexenverfolgungen, über „neue“ Hexen und Religionen wie Voodoo und Schamanismus werden ebenfalls vom Völkerkundemuseum veranstaltet. Interessierte wenden sich an den Museumsdienst.

- Johann-Kruse-Archiv im Hamburger Museum für Völkerkunde: Rothenbaumchaussee 64, 20148 Hamburg (Rotherbaum), Telefon 4 28 48 25 53, Fax 4 28 48 22 42, Do 16–19 Uhr
- Museumsdienst der Hamburger Kulturbehörde: Telefon 42 82 43 25, Mo-Fr 9–16.30 Uhr

## Hi-Fi

▶ *Unterhaltungselektronik*

## Himmelsschreiber

Genau das Richtige für Hans Guck-in-die-Luft – aber auch für alle anderen: Himmelsschreiber Jörg Steber schreibt schon für 800 Euro Liebesschwüre an den Himmel. Auch Reklame- und Buchstabenbanner präsentiert er in luftiger Höhe, die Flugstunde für diese Werbung kostet 420 Euro. Auf Wunsch lässt Steber sogar nachts Leuchtbanner über Hamburg erstrahlen.

- Himmelsschreiber Azur Gmbh: Weg beim Jäger, 22335 Hamburg (Fuhlsbüttel), Telefon 50 75 20 09, Di-Fr 10-18 Uhr; www.himmelsschreiber.de

## HipHop

„Sammelbegriff für Aktivitäten und Minoritäten-Subkultur, der Breakdance, Rap und die spontane Straßenkunst der Graffiti-Sprüher wie auch Basketball und Skateboarding einschließt.“ So viel zu dem Versuch, HipHop zu definieren. Jetzt schnell den Rotstift rausholen und das gefährliche Halbwissen zurechtstutzen. Der deutsche HipHop hat sich in den letzten Jahren vom amerikanischen Vorbild emanzipiert; auch hierzulande ist aus der Subkultur längst Mainstream geworden, und Hamburg ist im Rennen um den Titel als deutsche HipHop-Metropole ganz vorn mit dabei. Hamburger Labels wie Eimsbush und Yo-Mama machen durch den kommerziellen Erfolg eine Gratwanderung zwischen Rap und Pop und locken jährlich Menschenmassen zu den Hamburger HipHop-Tagen, an denen neben dem Splash-Festival auch diverse andere Contests („Battle of the year“) und Graffiti-Ausstellungen („Urban Discipline“) stattfinden (▶ *Mode/Clubwear*). Zu Schallplatten & CDs sowie Specials zum Thema: www.yomama.de; www.eimsbush.de; www.hongkongrecordings.de.

- HipHop Hamburg e. V.: Lippmannstraße 59, 22769 Hamburg (Schanzenviertel), Telefon 43 25 45 00, Fax 43 25 45 01, Mi, Fr, Sa ab 16 Uhr

▶ *Graffiti*

## Hochschulen

Studierwillige Hanseaten müssen ihre geliebte Stadt bestimmt nicht verlassen, selbst wenn sie öfter mal das Fach wechseln wollen. Und wer extra einwandert – willkommen in der Studienstadt Hamburg!

- Evangelische Fachhochschule für Sozialpädagogik: Horner Weg 170, 22111 Hamburg (Horn), Telefon 65 59 11 80, Mo-Fr 8–14 Uhr; www.rauheshaus.de/fachhochschule
  Mensa und AStA unter gleicher Adresse. Allgemeine Informationen zum Studium der Sozialpädagogik, wenn gewünscht mit Zusatzabschluss Diakonie, unter Telefon 65 59 11 83 (Anrufbeantworter); Studentensekreteriat Telefon 65 59 12 38, Mo-Fr 10–12.30, Mi, Do 14–14.30 Uhr; AStA-Telefon 6 55 33 45
  BewerberInnen sollten der christlichen Kirche angehören und ihre Studienwahl begründen
- Fachhochschule für angewandte Wissenschaften (FH) Hamburg – Allgemeine Studienberatung : Stiftstraße 69, 20099 Hamburg (St. Georg), Telefon 4 28 59 42 51, Mi 11–12, 14–15 Uhr; www.fh-hamburg.de
  Weitere Beratungstermine unter Telefon 4 28 63 36 24, Mo 10–12, 14–15, Fr 10–12 Uhr; persönliche Beratung Di, Do 10–12 und 14–16 sowie für Berufstätige Do 17–18 Uhr; allgemeine Fragen zur Zulassung und anderem werden beantwortet vom Studentensekreteriat, Telefon 4 28 63 36 44 oder 4 28 63 36 45, Mo-Do 10–12 und 14–16 Uhr
  AStA: Grindelhof 30, Univiertel, Telefon 44 09 22
  Auf vier Standorte verteilt sich die FH Hamburg mit 35 Studiengängen. Neben dem Schwerpunkt Technik stehen die Fachbereiche Ökotrophologie, Sozialpädagogik, Wirtschaft, Gestaltung und Architektur
- Fachhochschule für öffentliche Verwaltung: Schwenckestraße 100, 20255 Hamburg (Eimsbüttel), Telefon 4 28 01 36 30, Fax 4 28 01 25 00, Mo-Do 7–16, Fr 7–14 Uhr; www.hamburg.de
- Fachhochschule Lübeck: Mönkhofer Weg 239, 23562 Lübeck, Telefon 04 51/3 00 50 23, Mo-Fr 8–16 Uhr; , E-Mail: bschor@fh-luebeck.de;

Hochschulen: Im Flügelbau des Hauptgebäudes befindet sich die Juristische Fakultät

www.oncampus.de
Erster Online-Studiengang an einer virtuellen Fachhochschule (VHS), der sich speziell an die berufstätige Bevölkerung richtet, denn man ist nur zu Präsenzphasen und Klausuren vor Ort; Studiengänge sind Medieninformatik (B. A. oder M. A.) und Wirtschaftsingenieurwesen (Diplom)

- Fern-Fachhochschule Hamburg: Holstenwall 5, 20355 Hamburg (Innenstadt), Telefon 35 09 42 52, Fax 35 09 42 29, Mo-Do 7.30–16, Fr 7.30–14 Uhr; www.fern-fh.de
Per Briefkontakt und Software können Sie BWL und Wirtschaftsingenieurwesen mit verschiedenen Schwerpunkten sowie ein Aufbaustudium Wirtschaft und Pflegemanagement absolvieren, allgemeine Studienberatung auch per Telefon 01 80/5 23 52 10 oder Fax 01 80/5 33 96 97
- Hochschule für bildende Künste (HfbK): Lerchenfeld 2, 22081 Hamburg (Hohenfelde), Telefon 4 28 32 32 00, Fax 4 28 32 22 79, Bürozeiten Di, Mi 10–12, 14–16, Do 10–12 Uhr; www.kunsthochschule.uni-hamburg.de
Mensa und AStA unter gleicher Adresse; AStA-Telefon 4 28 48 25 77; bietet die Studiengänge Architektur, Freie Kunst, Industriedesign, Kunstpädagogik und Visuelle Kommunikation an, eine Mappe und Aufnahmeprüfung sind erforderlich, zurzeit studieren dort 1300 Begabte (▶ *Kunst* ▶ *Film*)
- Hochschule für Musik und Theater: Harvestehuder Weg 12, 20148 Hamburg (Harvestehude), Telefon 4 28 48 25 77, Mo-Fr 6.30–15 Uhr; www.musikhochschule-hamburg.de
Mensa und AStA unter gleicher Adresse, AStA-Telefon 4 10 39 03; auf etwa 43 Studiengänge kommen gerade einmal 800 Studierende. Zur Aufnahme ist eine mündlich-praktische Prüfung erforderlich. Die Abschlussprüfung besteht in einer öffentlichen Aufführung, daher wartet die Hochschule mit einem vielfältigen Programm mit bis zu 300 Veranstaltungen pro Saison auf
- HWP – Hamburger Universität für Wirtschaft und Politik: Von-Melle-Park 9, 20146 Hamburg (Univiertel), Telefon 4 28 38 22 03, Fax 4 28 38 41 50, Mo-Do 9–17 Uhr (telefonisch), Mo 10–12.15, Do 14–16.15 Uhr (persönlich); www.hwp-hamburg.de
Bietet den Studiengang Sozialökonomie mit vier unterschiedlichen Abschlüssen sowie ein Teilzeitstudium für Teilzeitberufstätige an, AStA-Telefon 45 71 89
- TU Harburg: Schwarzenbergstraße 98, 21073 Hamburg (Harburg), Telefon 42 87 80, Fax 4 28 79 22 88, Mo-Fr 7.30–18 Uhr; www.tu-harburg.de
Für die zehn Studiengänge sowie elf englischsprachige Master-Programme sind zirka 5000 Studentinnen und Studenten eingeschrieben; AStA-Telefon 76 75 08 00; Mensa Denickestraße 22 (Harburg)
- Universität der Bundeswehr: Holstenhofweg 85,

22043 Hamburg (Marienthal), Telefon 6 54 11, Fax 65 41 20 94, Mo-Do 9–15, Fr 9–14 Uhr; www. unibw-hamburg.de
Mensa und Studentischer Konvent unter gleicher Adresse; Studentischer Konvent, Telefon 65 41 31 31; wer hier einen der acht Studiengänge absolvieren möchte, muss eine Offiziersbewerberprüfung ablegen und sich für mindestens zwölf Jahre als Soldat verpflichten. Die Bibliothek mit einem Bestand von 700 000 Büchern steht allen HamburgerInnen offen

- Universität Hamburg (Verwaltung): Edmund-Siemers-Allee 1, 20146 Hamburg (Univiertel), Telefon 42 83 80; www.uni-hamburg.de
  Automatischer Telefonservice der Studienberatung: Telefon 4 28 38 35 07; AStA: Von-Melle-Park 5, 20146 Hamburg (Univiertel), Telefon 4 50 20 40
  Es gibt etwa 100 Studiengänge von Afrikanistik bis Zahnmedizin. Als fünftgrößte Uni Deutschlands ist sie für einige Studienfächer einziger Standort, so zum Beispiel für Koreanistik, Gebärdensprachdolmetschen und Sprachen und Kulturen Austronesiens
  **Mensen:** Campus: Von-Melle-Park 5, Studentenhaus: Schlüterstraße 7 (Univiertel), UKE: Martinistraße 52 (Eppendorf), Geomatikum: Bundesstraße 55 (Eimsbüttel), Botanischer Garten: Ohnhorststraße 18 (Klein Flottbek), Voght-Kölln-Straße 30 (Stellingen)

## Hochzeit

Es muss ja nicht immer die Traumhochzeit à la Linda de Mol sein. Auch Hamburgs Standesämter und Kirchen geben sich mit ihren Angeboten alle Mühe, die Leute unter die Haube zu bringen. Die Fahrt in den Hafen der Ehe auf Alster und Elbe etwa ist ein Projekt der acht Standesämter in Kooperation mit der Alstertouristik und der Hadag. Neuerdings finden sogar Trauungen im Hamburger Rathaus statt. Romantisch ist bestimmt auch die hochzeitliche Sternstunde im Planetarium, die das Bezirksamt Hamburg Nord im Programm hat. Inspirationen für den schönsten Tag im Leben liefern die Hamburger Hochzeitstage, die am 22. und 23. Januar jeden Jahres auf dem Messegelände (U-Bahn-Station Messehallen, Innenstadt) stattfinden. Dort gibt's aber nicht nur Brautkleider. Der Infostand der Nordelbischen Evangelisch-Lutherischen Kirche etwa berät zu Fragen der Eheschließung. Wer beim Hochzeitswalzer nicht gänzlich versagen will, hat die Möglichkeit, in letzter Sekunde bei einem Hochzeitstanz-Crashkurs die Blamage zu verhindern (▶ *Tanzen*). Für spontane Entscheidungen gibt es „Little Las Vegas" in Hamburgs Standesämtern. Die „rechtliche Prüfung der Ehefähigkeit" wird inzwischen so schnell abgewickelt, dass der Bund fürs Leben innerhalb einer halben Stunde angemeldet und geschlossen werden kann.
▶ *Kutschfahrten*

- ATG – Alster-Touristik GmbH: Anleger Jungfernstieg, 20354 Hamburg (Innenstadt), Telefon 3 57 42 40, Fax 35 32 65, Mo-So 8–18 Uhr, Kreditkarten: Eurocard, Visa; EC-Karte; E-Mail: info@alstertouristik.de; www.alstertouristik.de
- Hadag Seetouristik & Fährdienst AG: St.-Pauli-Fischmarkt 28, 20359 Hamburg (Altona), Telefon 31 17 07 17, Fax 31 17 07 10, Mo-Fr 7.30–16 Uhr; E-Mail: info@hadag.de; www.hadag.de
- Rainer Abicht Elbreederei: Bei den St.-Pauli Landungsbrücken, 20359 Hamburg (St. Pauli), Telefon 3 17 82 20, Fax 31 52 11, Mo-Fr 9–17.30 Uhr; www.abicht.de
- Standesamt Hamburg-Nord: Robert-Koch-Straße 17, 20249 Hamburg (Eppendorf), Telefon 4 28 04 24 75, Fax 4 28 04 36 69
  Das Standesamt Nord hat keine festen Öffnungszeiten

**Beliebte Hochzeitskirchen:**

- Kirche zu Nienstedten: Elbchausse 408, 22609 Hamburg (Nienstedten), Telefon 82 87 44
- St. Johannis Eppendorf: Ludolfstraße 66, 20249 Hamburg (Eppendorf), Telefon 47 79 10, Fax 4 80 06 89, Mo-Fr 9–12, Di, Do 16–18.30 Uhr
- St. Johannis Harvestehude: Heimhuderstraße 92, 20148 Hamburg (Harvestehude), Telefon 44 42 35, Fax 45 78 45, Mo-Fr 10–13 Uhr; www.st-johannis-hh.de
- St. Petri und Pauli zu Bergedorf: Bergedorfer Schloßstraße 2, 21029 Hamburg (Bergedorf), Telefon 7 21 44 60, Fax 7 21 10 87, Mo 9–13, Di 10–13, Do 15–18, Fr 9–13 Uhr; www.stpetriundpauli-bergedorf.de
  Paare, die nicht aus der Kirchengemeinde kommen, dürfen ihren eigenen Pastor mitbringen, um sich trauen zu lassen

## Hockey

Besucht man die Partys eines Hamburger Hockey-Clubs, bestätigen sich oft typische Vorurteile. Golf-Cabrio und Chanel-Tuch scheinen auf den ersten Blick wichtiger als Sportsgeist zu sein. Dabei gerät leicht in Vergessenheit, wie knochenhart das Spiel in Wirklichkeit ist. Ihre vielen Bundesliga-Teams verdankt die Stadt natürlich nicht allein ihrer langen Tradition als

Hockey-Hochburg, denn im Club an der Alster oder bei Klipper wird selbstverständlich hart trainiert. Wer Hockey spielen will, muss in einen Verein eintreten, der die notwendige ebene (Kunst-) Rasenfläche zur Verfügung stellt. Nicht jeder Hockey-Club schreckt mit horrenden Mitgliedsbeiträgen. Erste Informationen erteilt der Hamburger Hockey Verband:

- Hamburger Hockey Verband e. V.: Schäferkampsallee 1, 20357 Hamburg, Telefon 41 90 82 04, Fax 44 98 98, Mo, Fr 9–13, Do 15–19 Uhr; www.hamburghockey.de
- Der Club an der Alster: Hallerstraße 91, 20149 Hamburg (Harvestehude), Telefon 44 32 66, Fax 45 32 35, Mo-Fr 8–16.30 Uhr; www.clubanderalster.de
  Tennisplätze, Schwimmbad, Fitness, Sauna und Gastronomie
- Klipper Tennis- und Hockey- Club e. V.: Heinrich-Hertz-Straße 24, 22085 Hamburg (Uhlenhorst), Telefon 22 28 38, Fax 2 27 76 12, Mo-Fr 10–13 Uhr; www.klipper.de
  31 Mannschaften; ab dem Kindergartenalter kann spielerisch trainiert werden; Mitglieder sind willkommen

## Hörtest

„Was hast du gesagt?" Auch wer Ohren wie ein Elefant hat, ist nicht vor Hörschäden gefeit. „Forum Besser Hören" erteilt Informationen rund um das Ohr, ob über die Anatomie für ein Schulreferat oder über die neueste Hörgerätetechnik.

- Forum Besser Hören: Spadenteich 1, 20099 Hamburg (St. Georg), Telefon 28 40 13 29, Fax 28 40 13 40; www.forumbesserhoeren.de
  Servicestelle für Endverbraucher jeden Alters, die sich mit dem Thema „Hören" beschäftigen
- Gehörtest: Telefon 0 18 05/32 37 54

## Homo-Ehe

Hamburg machte 1999 den ersten Schritt. Schwule und lesbische Paare konnten sich in den Standesämtern in ein Partnerschaftsbuch eintragen lassen. Die „Hamburger Ehe" berechtigte und verpflichtete allerdings zu nichts. Sie war vielmehr ein Bekenntnis gleichgeschlechtlicher Paare, zusammenbleiben zu wollen. Was in Hamburg begann, ist seit August 2001 bundesgesetzlich möglich und bringt nun auch Rechte und Pflichten mit sich. Informationen mit Musterverträgen finden sich in einer kostenlosen Broschüre des Senatsamtes für Gleichstellung sowie im Internet unter www.hamburg.de (Behörden). Der Verband schwuler und lesbischer Paare (SLP) stellt auch ein Musterpaket und Erläuterungen für Privatverträge bereit, die man unter www.lsvd.de abrufen kann. Hierzu gehören Partnerschaftsverträge, Vollmachten und Patientenverfügungen, Testament und Erbschaftsvertrag. Da vieles sich nur für den Einzelfall regeln lässt, vermittelt der SLP auch spezialisierte Rechtsanwälte.

- Senatsamt für Gleichstellung, Referat für gleichgeschlechtliche Lebensweisen: Alter Steinweg 4, 20459 Hamburg (Innenstadt), Telefon 4 28 41 33 16 (Frau Said), Terminabsprache erbeten; www.hamburg.de/fhh/behoerden
  Beratung von homosexuellen Hamburgern in allen Bereichen
- Verband schwuler und lesbischer Paare (SLP): Postfach 53 42, 30053 Hannover, Telefon 05 11/69 40 88; www.lsvd.de

## Homöopathie

„Similia similibus curantur – Ähnliches wird von Ähnlichem geheilt." Dieses Grundprinzip der Homöopathie klingt nicht nur logisch, es ist auch wirksam. Dem voreiligen Griff zu chemischen Pillen setzt die klassische Homöopathie ein für jeden Patienten individuell ausgesuchtes Mittel entgegen. Dessen Wirkung entspricht den Symptomen der zu behandelnden Krankheit. Auf diese Weise wird die Selbstheilungskraft des Körpers in Gang gesetzt. Das Buch „Alternatives Heilen in Hamburg" von Charlotte Bunsen (Christians-Verlag, 143 Seiten, 12 Euro) liefert hilfreiche Adressen und Infos zu Verfahren und Ausbildung.

- Praxis für klassische Homöopathie: Heimweg 3, 20148 Hamburg (Harvestehude), Telefon 4 48 08 48, Fax 5 97 82, nach Vereinbarung
- Schule der Homöopathie: Friesenweg 5d, 22763 Hamburg (Bahrenfeld), Telefon 88 91 33 93, Di, Do 10–13 Uhr; www.sdh-hamburg.de
  Viele Vorträge und Seminare zu aktuellen Themen wie z. B. Impfungen

## Hostessen

Sollten Sie unter diesem Eintrag die Dienste von Prostituierten suchen, müssen wir Sie leider an die entsprechenden Anzeigenseiten der *Hamburger Morgenpost* verweisen. Um eine professionelle Gästebetreuung kümmert sich die Firma CTS, sie vermittelt Hostessen für Messen oder Stadtführungen. Und auch für die Unterbringung von Gästen kann CTS sorgen.

- CTS Congress + Touristik Service GmbH: Werderstraße 43, 20144 Hamburg (Harvestehude), Telefon 4 10 20 33, Fax 4 10 69 05, Mo-Fr 9–17 Uhr; www.cts.de

Hotels: Das „Außen Alster Hotel" in St. Georg ist Hamburgs kleinstes Luxushotel

## Hotels

„Bitte nicht stören!" Dieses Schild an die Tür gehängt, ein Gläschen Schampus im Bett, der Schatz Ihrer Träume neben Ihnen, und das in einem Hotel mit Whirlpool und Panoramablick? Als Touristen- und Messestadt hat Hamburg vom Luxushotel an der Alster bis zur preisgünstigeren Variante im Schanzenviertel viel zu bieten. Neben Hotelbars und Restaurants bieten viele Häuser ihren Gästen auch einen Wellnessbereich. Außerdem lohnt es sich, nach speziellen Wochenendtarifen zu fragen, die häufig auch in Verbindung mit Musicaltickets angeboten werden.

### 1. Kategorie (EZ über 100 Euro):

- Airport Hotel: Flughafenstraße 47, 22415 Hamburg (Fuhlsbüttel), Telefon 53 10 20, Fax 53 10 22 22, Mo-So 24 Stunden, Kreditkarten: alle, EC-Karte; www.airporthh.com
  59 Zimmer und Suiten, Galerie mit wechselnden Ausstellungen internationaler Künstler, direkt am Flughafen, Shuttle-Service, Restaurant, zwölf Veranstaltungsräume EZ ab 135, DZ ab 160 Euro, Frühstück 15 Euro
- Alsterkrug Hotel: Alsterkrugchaussee 277, 22297 Hamburg (Fuhlsbüttel), Telefon 51 30 30, Fax 51 30 34 03, Mo-So 24 Stunden, Kreditkarten: alle, EC-Karte; www.bestwestern.de
  105 Zimmer, Lage zwischen Flughafen und Innenstadt, EZ ab 115, DZ ab 138 Euro inklusive Frühstück
- Crowne Plaza: Graumannsweg 10, 22087 Hamburg (Hohenfelde), Telefon 22 80 60, Fax 2 20 87 04, Mo-So 24 Stunden, Kreditkarten: alle, EC-Karte; www.hamburg.crowneplaza.com
  Komplett neu renovierte EZ und DZ ab 176 Euro; amerikanisches Frühstücksbüfett ab 18,50 Euro; Fitness und Sauna, ruhige und zentrale Lage, Atrium, Tagungsräume; Parkplätze
- Dorint Hotel Alter Wall: Alter Wall 40, 20457 Hamburg (Innenstadt), Telefon 36 95 00, Fax 3 69 50 10 00, Kreditkarten: alle, EC-Karte; E-Mail: info.hamalt@dorint.com, www.dorint.de
  Fünf-Sterne-Hotel in Hamburgs Innenstadt, 241 Zimmer, 3 Restaurants u. a. das („Viehhauser Stadtbistro"), Sauna, Fitness und Schwimmbad für Gäste kostenfrei; EZ 163 Euro, DZ 189 Euro
- Elysée: Rothenbaumchaussee 10, 20148 Hamburg (Rotherbaum), Telefon 41 41 20, Fax 41 41 27 33, Mo-So 24 Stunden, Kreditkarten: alle, EC-Karte; www.elysee-hamburg.de
  Fünf-Sterne-Luxushotel in Alsternähe; 305 Gästezimmer, Bibliothek in englischer Atmosphäre, international ausgerichteter Europaraum und weitere Konferenzräume; französisches Büfett in der „Brasserie" und italienische Küche im Restaurant, großer Wellnessbereich mit Beautyfarm, Kindergarten; EZ ab 129, DZ ab 149 Euro, Frühstück ab 7 Euro
- Gastwerk: Beim Alten Gaswerk 3/Daimlerstraße, 22761 Hamburg (Bahrenfeld), Telefon 89 06 20, Fax 8 90 62 20, Mo-So 24 Stunden, Kreditkarten: alle; EC-Karte; www.gastwerk-hotel.de
  Designhotel, 100 Zimmer mit ISDN-Anschluss; junges Publikum; Fitnessstudio mit Schwimmbad nebenan; italienisches Restaurant „Da Caio"; Parkplätze; Zimmer ab 110 Euro, Frühstück ab 14 Euro
- Hotel Abtei: Abteistraße 14, 20141 Hamburg (Harvestehude), Telefon 44 29 05, Fax 44 98 20, Mo-So 9–24 Uhr, Kreditkarten: alle außer Diners; EC-Karte; www.abtei-hotel.de
  Bekannt unter dem Namen „Stadtvilla", englisches Ambiente, eigener Garten, luxuriöse Bäder, Alsternähe, EZ ab 145, DZ ab 190 Euro inklusive individuellem Frühstück
- Hotel Böttcherhof: Wöhlerstraße 2, 22113 Hamburg (Billbrook), Telefon 73 18 70, Fax 73 18 78 99, Mo-So 24 Stunden, Kreditkarten: alle, EC-Karte; www.boettcherhof.com
  Persönliches Ambiente, individueller Komfort, 155 Zimmer, Studios, Suiten, Apartments, EZ ab 100, DZ ab 121 Euro, 20 Veranstaltungsräume, Sauna, Fitness; Seminaretage (sieben Zimmer auf 700 qm)
- Hotel Inter-Continental: Fontenay 10, 20354 Hamburg (Rotherbaum), Telefon 4 14 20, Fax 41 42 22 99, Mo-So 24 Stunden, Kreditkarten: alle, EC-Karte; www.hamburg.interconti.com
  Direkt an der Alster, internationales Flair, hoher Komfort, EZ und DZ ab 160 Euro, amerikanisches Frühstück ab 19 Euro; Pianobar mit Livemusik; Gourmet-Restaurant „Windows" im neunten Stock – mit Traumblick

- Hotel Louis C. Jacob: Elbchaussee 401–403, 22609 Hamburg (Nienstedten), Telefon 82 25 50, Fax 82 25 54 44, Mo-So 24 Stunden, Kreditkarten: alle, EC-Karte; www.hotel-jacobs.de
  An der Elbchaussee mit direktem Blick auf die Elbe, seit 1791 als Familienhotel geführt, das „Restaurant Jacob" ist ein bekannter Gourmet-Tempel; Weinwirtschaft „Kleines Jacobs" und Jacobs Bar; 85 Zimmer und Suiten, EZ ab 180, DZ ab 225 Euro; Frühstück 20 Euro; Kinderprogramm, Betreuung auf Anfrage; Sauna, Solarium, Whirlpool
- Hotel Prem: An der Alster 9, 20099 Hamburg (St. Georg), Telefon 24 83 40 40, Fax 2 80 38 51, Mo-So 24 Stunden, Kreditkarten: alle, EC-Karte; www.hotel-prem.de
  Familiäres Traditionshaus, 54 verschieden eingerichtete Zimmer, ruhig und idyllisch, hauseigener Hotelgarten, Restaurant „La Mer"; EZ ab 115, DZ ab 125 Euro, spezielle Angebote auf Anfrage; Frühstück 15 Euro; Parkplätze
- Kempinski Hotel Atlantic Hamburg: An der Alster 72–79, 20099 Hamburg (St. Georg), Telefon 2 88 87 70, Fax 24 71 29, Mo-So 24 Stunden, Kreditkarten: alle, EC-Karte; www.kempinski.atlantic.de
  Fünf-Sterne-Luxushotel direkt an der Alster, seit 1909 gehört es zu den ersten Hoteladressen der Welt, Pool, Fitness, frisch renovierte Zimmer; EZ ab 250, DZ ab 285 Euro, Frühstück ab 22 Euro
- Le Meridien: Stillhorner Weg 40, 21109 Hamburg (Stillhorn), Telefon 75 01 52 00, Fax 75 01 54 44, Kreditkarten: alle; E-Mail: lm.resa@t-online.de; www.lemeridien-hamburg.de
  Hotel im englischen Landhausstil mit 146 Zimmern, Elbnähe, EZ 123 Euro, DZ 149 Euro inklusive Frühstück
- Madison Hotel: Schaarsteinweg 4, 20459 Hamburg (Neustadt), Telefon 37 66 60, Fax 37 66 61 37, Kreditkarten: alle, EC-Karte; E-Mail: info@madisonhotel.de; www.madisonhotel.de
  In Michel-Nähe bietet dies Hotel 166 Apartments und Suiten, Nutzung des Wellnessbereichs für Gäste kostenlos, Restaurant, Konferenzräume EZ 133, DZ 153 Euro
- Marriott Hotel: ABC-Straße 52, 20354 Hamburg (Innenstadt), Telefon 3 50 50, Fax 35 05 17 77, Mo-So 24 Stunden, Kreditkarten: alle, EC-Karte; www. marriotthotels.com
  Fünf-Sterne-Hotel, 277 neu renovierte Zimmer, EZ und DZ ab 153 Euro inklusive Frühstück; kabelloser SDSL-Internetzugang; für Gäste kostenfreier Wellnessbereich mit Dominique's Beautyfarm; Kinderprogramm und Babysitter auf Anfrage; schöne Pianobar mit Livegesang
- Marriott Treudelberg: Lemsahler Landstraße 45, 22397 Hamburg (Lemsahl), Telefon 60 82 20,

Hotels: Das YoHo, Young Hotel, bietet günstige Preise für junge Leute

  Fax 60 82 24 44, Kreditkarten: alle, EC-Karte; www.treudelberg.com
  Golf- & Countryclub-Hotel mit 135 Zimmern, ruhig gelegen in Hamburgs Alstertal, verfügt über eigenen 18-Loch-Golfplatz, bietet eintägige Golf-Schnupperkurse, Fitnessstudio, Beautycenter, EZ und DZ ab 125 Euro
- Park Hyatt Hamburg: Bugenhagenstraße 8–10, 20095 Hamburg (Innenstadt), Telefon 33 32 12 34, Fax 33 32 12 35, Mo-So 24 Stunden, Kreditkarten: alle, EC-Karte; www.hamburg.hyatt.com
  252 Zimmer, 31 Apartments, EZ ab 153, DZ ab 178 Euro inklusive Frühstück, großer Wellnessbereich mit Sauna, Solarium, Aerobic, zwanzig Meter langer Pool, Massage und Kosmetik; Restaurants „Apples" und „New York Deli", Club of Hamburg für private Anlässe mietbar
- Queens Hotel: Mexikoring 1, 22297 Hamburg (City Nord), Telefon 63 29 40, Fax 6 32 24 72, Kreditkarten: alle; E-Mail: info.qhamburg@queensgruppe.de; www.queens-hotels.com
  Vier-Sterne-Hotel in Stadtparknähe, 10 Minuten bis zum Flughafen, 182 Zimmer, 2 Restaurants, der „Teddy Club" bietet Rahmenprogramm für Kinder; EZ 116, DZ 139 Euro

- Radisson SAS Hotel: Marseiller Straße 2, 20355 Hamburg (Innenstadt), Telefon 3 50 20, Fax 35 02 35 30, Mo-So 24 Stunden, Kreditkarten: alle, EC-Karte; www.radisson.com/hamburg.de
  Am Park „Planten un Blomen" in Alsternähe gelegen, mit Hamburgs höchstem Nachtclub – Panoramablick; kulinarische Genüsse im „Trader Vic's" mit Südsee-Ambiente, Wellnessbereich; EZ und DZ ab 145 Euro inklusive Frühstück
- Raffles Hotel Vier Jahreszeiten: Neuer Jungfernstieg 9–14, 20354 Hamburg (Innenstadt), Telefon 3 49 40, Fax 34 94 26 00, Mo-So 24 Stunden, Kreditkarten: alle; EC-Karte; www.raffles-hvj.de
  Traditionelle Gastlichkeit und perfekter Service seit 1897, mit dezenter Eleganz, Luxus und Charme ist es mehr als ein Hotel direkt an der Alster; EZ ab 205, DZ ab 255 Euro, Frühstück 22 Euro; euro-asiatisches Restaurant „Doc Cheng's"; Trendbar „Indochine"; Café „Raffles Deli", „Amrita Spa"-Wellnessbereich
- Renaissance Hamburg Hotel: Große Bleichen, 20354 Hamburg (Innenstadt), Telefon 34 91 80, Fax 34 91 89 19, Mo-Fr 24 Stunden, Kreditkarten: alle, EC-Karte; www.renaissancehotel.com
  205 Zimmer und Suiten, Konferenz- und Präsentationsräume; Fitness, Restaurant; EZ ab 140, DZ ab 155 Euro, Frühstück 9 Euro
- Side Hotel: Drehbahn 49, 20354 Hamburg (Innenstadt), Telefon 30 99 90, Fax 30 99 93 99, Kreditkarten: alle, EC-Karte; E-Mail: info@side-hamburg.de, www.side-hamburg.de
  Modern gestaltetes Fünf-Sterne-Design-Hotel auf zwölf Etagen, direkt in der Innenstadt in der Nähe der Binnenalster, Restaurant „Fusion", Spa, EZ/DZ ab 180 Euro
- Steigenberger Hotel: Heiligengeistbrücke 4, 20459 Hamburg (Innenstadt), Telefon 36 80 60, Fax 36 80 67 77, Mo-So 24 Stunden, Kreditkarten: Visa, Eurocard, Amex, Diners; EC-Karte www.steigenberger-hamburg.de
  Sehr zentral auf einer Fleetinsel gelegen, EZ ab 162, DZ ab 188 Euro; zwei Musicalsuiten mit Sauna und Whirlpool

## 2. Kategorie (EZ bis 100 Euro):

- Außen Alster Hotel: Schmilinskystraße 11, 20099 Hamburg (St. Georg), Telefon 24 15 57, Fax 2 80 32 31, Mo-So 24 Stunden, Kreditkarten: alle, EC-Karte; www.aussen-alster.de
  „Hamburgs kleinstes Luxushotel", 27 Zimmer, EZ ab 87, DZ ab 133 Euro inklusive Frühstück; kostenloser Ruder-, Segelboot- und Fahrradverleih; Sauna, Solarium
- Baseler Hof Hotel: Esplanade 11, 20354 Hamburg (Innenstadt), Telefon 35 90 60, Fax 35 90 69 18; E-Mail: baselerhof.hamburg@vch.de; www.baselerhof.de
  Drei-Sterne Hotel inmitten der Innenstadt, nahe der Binnenalster, dem Dammtorbahnhof und der Staatsoper, 153 Zimmer, Konferenzräume, Restaurant und Weinbar; EZ ab 79, DZ ab 109 Euro
- Hotel am Stadtpark: Flüggestraße 6, 22303 Hamburg (Winterhude), Telefon 27 84 00, Fax 27 84 01 10, Do-So 7-24 Uhr, Kreditkarten: Diners, Visa, Eurocard; EC-Karte
  E-Mail: stadtpark@heikotel.de; www.heikotel.de
  Drei-Sterne Hotel in unmittelbarer Stadtparknähe, Wintergarten, Konferenzraum; EZ ab 69, DZ ab 85 Euro
- Hotel Bellevue: An der Alster 14, 20099 Hamburg (St. Georg), Telefon 28 44 40, Fax 28 44 42 22, Mo-So 24 Stunden, Kreditkarten: alle, EC-Karte; www.relexa-hotels.de
  92 Zimmer, zwei Suiten; EZ ab 90, DZ ab 135 Euro inklusive Frühstück
- Hotel Berlin: Borgfelder Straße 1–9, 20537 Hamburg (Borgfelde), Telefon 25 16 40, Fax 25 16 44 13, Mo-So 24 Stunden, Kreditkarten: alle, EC-Karte; www.hotel-berlin-hamburg.de
  Tagungsräume, Restaurant, Bar, Terrasse, 93 Zimmer EZ ab 85, DZ ab 100 Euro inklusive Frühstück, spezielle Angebote für Musical-Touristen
- Hotel Hafen Hamburg: Seewartenstraße 9, 20459 Hamburg (St. Pauli), Telefon 31 11 30, Fax 31 11 37 55, Mo-So 24 Stunden, Kreditkarten: Eurocard, Visa, Diners, Amex; EC-Karte; www.hotel-hamburg.de
  Direkt an den Landungsbrücken, EZ und DZ ab 90 Euro; Frühstück 12 Euro; Restaurant und Bars; toller Blick auf den Hafen; zehn Minuten Fußweg zur Reeperbahn
- Hotel Mittelweg: Mittelweg 59, 20149 Hamburg (Harvestehude), Telefon 4 14 10 10, Fax 41 41 01 20, Mo-So 7–23 Uhr, Kreditkarte: EC-Karte; www.hotel-mittelweg.de
  Alte Villa mit 38 individuell eingerichteten Zimmern, fünf Minuten Fußweg zur Alster; Familienbetrieb seit 25 Jahren; EZ ab 82, DZ ab 118 Euro
- Hotel Vorbach Hamburg: Johnsallee 63–67, 20146 Hamburg (Univiertel), Telefon 44 18 20, Fax 44 18 28 88, Mo-So 24 Stunden, Kreditkarten: Eurocard, Visa, Amex; EC-Karte www.hotel-vorbach.de
  Mitten im Univiertel gelegen; EZ ab 85, DZ ab 93 Euro
- Hotel Wedina : Gurlittstrasse 23, 20099 Hamburg (St. Georg), Telefon 2 80 89 00, Fax 2 80 38 94,

Mo-So 6–24 Uhr, Kreditkarten: Diners, Amex, Visa, Eurocard; EC-Karte; www.wedina.de
Sympathisches Hotel mit Garten, zwei Minuten zur Alster und in die Innenstadt, EZ ab 90, DZ ab 105 Euro inklusive Frühstück; spezielle Tarife bei längerem Aufenthalt; Apartments auf Anfrage

- Landhaus Flottbek: Baron-Voght-Straße 179, 22607 Hamburg (Niendorf), Telefon 8 22 74 10, Fax 82 27 41 51, Mo-Fr 24 Stunden, Kreditkarten: alle, EC-Karte; www.landhaus-flottbek.de
In der Nähe von Jenisch-Park, Elbe und Derby-Park; familiär geführt, individuelle Zimmer, sehr ruhig, schöner Bauerngarten; Hunde willkommen; EZ ab 99, DZ ab 135 Euro inklusive Frühstück; Restaurant mit junger deutscher Küche, ein Bistro mit Kamin und mediterraner Küche
- Maritim Hotel Reichshof: Kirchenallee 34, 20099 Hamburg (St. Georg), Telefon 24 83 30, Fax 24 83 38 88, Mo-So 24 Stunden, Kreditkarten: alle, EC-Karte; www.maritim.de
303 Zimmer, zwischen Kunsthalle und Deutschem Schauspielhaus; EZ ab 97, DZ ab 156 Euro
- Nippon Hotel: Hofweg 75, 22085 Hamburg (Uhlenhorst), Telefon 2 27 11 40, Fax 22 71 14 90, Mo-Fr 24 Stunden, Kreditkarten: Amex, Diners, Visa, Eurocard; www.nippon-hotel-hh.de
Japanisches Ambiente, junges, modernes Publikum, Alsternähe; EZ ab 95, DZ ab 113 Euro; Frühstück 10 Euro

- Parkhotel Ahrensburg: Lübecker Straße 10a, 22926 Ahrensburg, Telefon 0 41 02/23 00, Fax 0 41 02/23 01 00, Mo-So 24 Stunden, Kreditkarten: alle, EC-Karte; www.parkhotel-ahrensburg.de
Schöne Lage gegenüber dem Renaissance-Wasserschloss; Veranstaltungsräume für Tagungen oder Hochzeiten; Catering und Eventservice, Kinderprogramme, Wellnessbereich, in der Nähe das Erlebnisbad „Badlantik" und Golfplätze, mediterrane Küche im „Le Marron"; EZ ab 95, DZ ab 105 Euro inklusive Frühstück
- Strandhotel Blankenese: Strandweg 13, 22587 Hamburg (Blankenese), Telefon 86 13 44, Fax 86 49 36, Mo-So 7–24 Uhr, Kreditkarten: alle, EC-Karte; www.strand-hotel.de
Direkter Blick auf die Elbe, 13 Zimmer, EZ ab 85, DZ ab 120 Euro, Frühstück 9,50 Euro; Restaurant im Haus

### 3. Kategorie (EZ unter 75 Euro):

- Frauenhotel Hanseatin: Dragonerstall 11, 20355 Hamburg (Innenstadt), Telefon 34 13 45, Fax 34 58 25, Einchecken: Mo-So 6–24 Uhr, Kreditkarte: EC-Karte; E-Mail: frauen@hotel-hanseatin.de; www.hotel-hanseatin.de
Exklusiv für Frauen, bei der Musikhalle; EZ ab 49, DZ ab 99 Euro
- Graf Moltke Hotel: Steindamm 1, 20099 Hamburg (St. Georg), Telefon 2 80 11 54, Fax 2 80 25 62, Mo-So 24 Stunden, Kreditkarten: alle; EC-Karte; www.hotel-graf-moltke.de
Garni-Hotel; 97 Zimmer EZ ab 72, DZ 82 Euro inklusive Frühstück (6.30 bis 11 Uhr); spezielle Familien- und Gruppenangebote
- Hotel Ambassador: Heidenkampsweg 34, 20097 Hamburg (Borgfelde), Telefon 2 38 82 30, Fax 23 00 09, Mo-So 24 Stunden, Kreditkarten: alle; EC-Karte; www.ambassdor.de
Restaurant „Focus" mit euro-asiatischer Küche, „Lux" Hotelbar mit Livemusik und Kamin, Schwimmbad, Tagungsräume; 132 Zimmer, EZ ab 51, DZ ab 76 Euro inklusive Frühstück
- Hotel Baurs Park: Elbchaussee 573, 22587 Hamburg (Blankenese), Telefon 8 66 66 20, Fax 86 66 62 20, Mo-So 7–22 Uhr, Kreditkarten: EC-Karte; www.baurspark.de
Direkt am schönen Baurs Park in Blankenese gelegen, wunderbare Spazierwege bis zur Elbe, Familie Franke führt das Haus seit 1968, sehr persönlicher Kontakt, Frühstück wird serviert, Restaurant im Haus; EZ ab 60, DZ ab 85 Euro
- Hotel im Café Keese: Reeperbahn 19–21,

20359 Hamburg (St. Pauli), Telefon 3 19 93 10, Fax 31 99 31 50, Mo-So 24 Stunden, Kreditkarten: alle; E-Mail: info@cafe-keese-hamburg.de; www.cafe-keese-hamburg.de
Kleines, aber feines Hotel direkt im Herzen von Hamburg, 36 Zimmer vis-à-vis vom Operettenhaus und dem Panoptikum, DZ 65 Euro inklusive Frühstücksbuffett

- Privatzimmervermittlung Bed & Breakfast: Müggenkampstraße 35, 20257 Hamburg (Eimsbüttel), Telefon 4 91 56 66, Fax 4 91 42 12, Mo-Fr 9–13, 14–18 Uhr; www.bed-and-breakfast.de
Vermitteln geprüfte private Zimmer seriöser Vermieter zwischen einem Tag und sechs Wochen in verschiedenen Kategorien; EZ 27,30–40,30 Euro; auch Appartments
- Stadthaushotel: Holstenstraße 118, 22767 Hamburg (Altona), Telefon 3 89 92 00, Fax 38 99 20 20, Mo-So 7–20 Uhr, Kreditkarten: alle, EC-Karte; www.stadthaushotel.de
Von Behinderten für Behinderte, sehr persönlicher Service, 13 Zimmer; EZ ab 72, DZ ab 97 Euro inklusive Frühstück
- YoHo – The Young Hotel: Moorkamp 5, 20357 Hamburg (Eimsbüttel), Telefon 2 84 19 10, Fax 28 41 91 41, Mo-So 6–24 Uhr, Kreditkarten: alle, EC-Karte; www.yoho-hamburg.de
Restaurierte Jugendstilvilla; Zimmer mit Bad, Telefon, TV und Internetzugang; Durchschnittsalter 35 Jahre; syrisches Restaurant „Mazza“ von „Saliba“; EZ ab 57, DZ ab 67 Euro (für Leute unter 26 Jahre); kontinental-orientales Frühstück für 9 Euro

## Hunde

„Ein süßer Dackel muss es sein!“, sagte Hansi Müller, kehrte ein in die Zwingerhalle des Tierheims Süderstraße und verließ sie wenig später mit einem Rottweiler an der Backe. Im Tierheim sagen jährlich über 11 500 Tierchen den geräumigen Wartekäfigen Hallo und Tschüss. Bis auf das Personal verweilt hier keiner länger als drei Wochen. Für eine Schutzgebühr ab 103 Euro, die Impfkosten und Beratung enthält, können die Tiere umgehend in ihr neues Protektorat gebracht werden. Wen der eigene Wauzi nach geraumer Zeit bei „Mach sitz!“ immer noch fragend anglotzt, der kann sich bei der Interessengemeinschaft deutscher Hundehalter beraten lassen. Hier werden allgemeine Verständnisprobleme über das Wesen des Hundes erläutert. Frau Purwins ist Vizeeuropameisterin im Hundescheren und verpasst in ihrem Hundesalon „Snoopy“ seit zwanzig Jahren den großen und kleinen Fellträgern mal den geläufigen „Modeschur“ oder den „Puppy Clip“.

- Henry Wehland: Oldershausener Hauptstraße 20, 21436 Marschacht/Oldershausen, Telefon 0 41 33/22 01 86, Fax 0 41 33/22 01 87; www.hundeschule-wehland.de; Hundeschule
- Hundesalon Snoopy: Möllner Landstraße 62, 22117 Hamburg (Oststeinbek), Telefon 7 21 55 51, Mo, Di, Mi, Fr 8–16, Do 10–20 Uhr
- Interessengemeinschaft deutscher Hundehalter e. V.: Auguststraße 5, 22085 Hamburg (Uhlenhorst), Telefon 45 47 61, Mo-Fr 10–12 und 14–18 Uhr
- Tierheim Süderstraße: Süderstraße 399, 20537 Hamburg (Hamm), Telefon 2 11 10 60, Fax 21 11 06 38, Öffnungszeiten für Besucher Mo-Fr 10–16, Sa 9–12, So 9–11 Uhr; www.hamburger-tierschutz.de

## Hypnose

Augen, die ins Leere starren, und ein magischer Satz: „Fortan sind Sie ein Huhn.“ Nicht mehr „Herr im eigenen Haus“ hüpft ein bedauernswertes Ich im hypnotisierten Zustand halsstarrig und krähend herum. Dieses Klischee verbindet sich oft mit dem Begriff Hypnose. Tatsächlich ist Hypnose aber eine Technik, die stress- und angstgeplagten Menschen eine Reise ins Innere ermöglichen kann. Hypnose soll sogar so effektiv sein, dass Zahnärzte sie gegen Schmerzen anwenden. Adressen von entsprechenden Praxen vermittelt die Zahnärztekammer. Und wunderbarerweise soll Hypnose auch beim Abspecken helfen. Nachzulesen im Buch „Moderne Hypnose. Hilfe durch das Unbewusste“ von Wilhelm Gerl (Trias-Verlag, 151 Seiten, zirka 12,70 Euro). Weitere Adressen:

- Deutsche Gesellschaft für medizinische Hypnose: Horner Landstraße 173, 22111 Hamburg (Horn), Telefon 6 51 80 00, Fax 6 55 10 60, Mo-Fr 9–12, Mo, Di, Do 15–18 Uhr; www.traumzahnarzt.de
Therapeutenlisten von Ärzten und Psychologen
- Milton Erickson Institut: Eppendorfer Landstraße 56, 20249 Hamburg (Eppendorf), Telefon 4 80 37 30, Fax 4 80 37 35, Mo, Do 10–12 Uhr; www.mei-hamburg.de;
Fort- und Weiterbildungsmöglichkeiten für in medizinischen Berufen Tätige
- Zahnärztekammer Hamburg: Möllner Landstraße 31, 22111 Hamburg (Oststeinbek), Telefon 7 33 40 50, Fax 7 32 58 28, Mo-Do 7.30–16.30, Fr 7.30–13 Uhr; www.zahnaerzte-hh.de

- Bezirksamt Eimsbüttel – Gesundheits- und Umweltdezernat: Grindelberg 66, 20144 Hamburg (Eimsbüttel), Telefon 4 28 01 33 51, Fax 4 28 01 19 82; www.hamburg.de
- Impfzentrum der Hansestadt Hamburg: Weltgensgarten 2, 20537 Hamburg (Hamm), Telefon 4 28 54 44 20, Fax 4 28 54 44 36, Mo 8–10, 14–17, Mi 14–17, Fr 8–10 Uhr; www.hygiene-institut-hamburg.de
- Reisemedizinisches Zentrum des Bernhard-Nocht-Instituts: Seewartenstraße 10, 20359 Hamburg (St. Pauli), Telefon 42 81 88 00, Fax 42 81 83 40, Mo 8–19, Sa 10–13 Uhr; E-Mail: rmz@gesundes-reisen.de; www.gesundes-reisen.de

## Impfungen

„Unvorbereitetes Reisen bringt unglückliche Wiederkehr" – das wusste schon Goethe in „Wilhelm Meisters Wanderjahren" zu berichten. Um nicht unglücklich mit einem Cholera-Souvenir aus der tropischen Sonne wiederzukehren, ist jedem Globetrotter anzuraten, sich frühzeitig – etwa zwei Monate vor Antritt der Reise – mit den Impfvorschriften vertraut zu machen. Andere Länder, andere Viren: Eine individuelle Reiseberatung inklusive empfohlener Impfungen stellt das Reisemedizinische Zentrum des Bernhard-Nocht-Instituts auf Anfrage gegen 20 Euro zusammen. Auch beim Gesundheitsamt und beim Impfzentrum der Hansestadt Hamburg wird man in Sachen Impfschutz beraten und mit Informationsmaterial versorgt. Die Impfkosten, die jeder Fernsüchtige selbst tragen muss, sind unter Umständen hoch, jedoch kein Grund, auf keimfreies Trinkwasser und ein stabiles Immunsystem zu vertrauen. Bon voyage.

## Inlineskaten

▸ *Skaten*

## Inneneinrichter

▸ *Dekorateure*

## Inseln

„Bitte nicht stören." Echte Eigenbrötler hängen dieses Schild nicht vors Hotelzimmer, sondern vor die eigene Insel. Einmal Robinson Crusoe spielen, auf Wunsch selbst ohne Freitag. Rene Boehm verkauft Inseln und die darauf befindlichen Häuser oder Schlösser. Rendezvous Island in der West-Karibik (135,1698 Hektar) kostet schlappe 1,5 Millionen US-Dollar, Dark Island in den USA inklusive Schloss gute 1,5 Millonen Euro. Für rund 24 000 Euro ist Blue Island vor Irland zu haben.

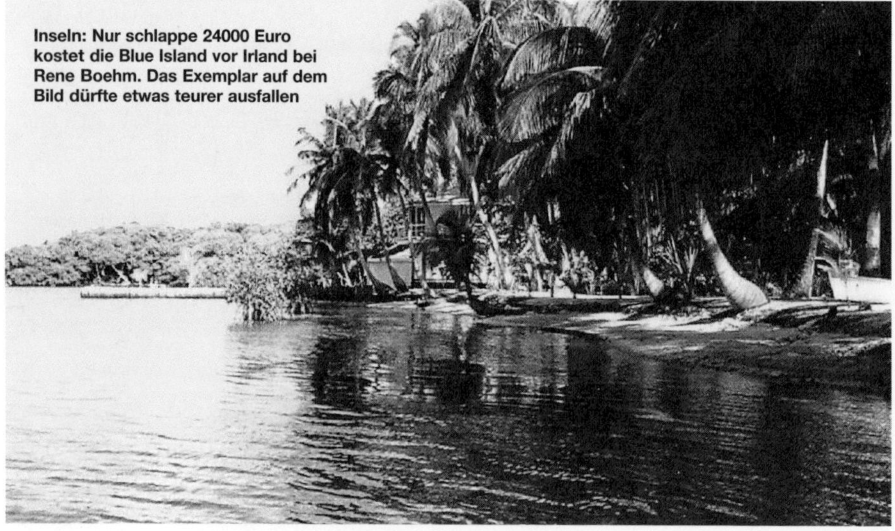

**Inseln: Nur schlappe 24000 Euro kostet die Blue Island vor Irland bei Rene Boehm. Das Exemplar auf dem Bild dürfte etwas teurer ausfallen**

- Rene Boehm – Privatinseln: Isestraße 7, 20144 Hamburg (Eppendorf), Telefon 4 20 28 89, Fax 4 20 28 77, Mo-Fr 9–18 Uhr, Kreditkarten: Diners; E-Mail: Palme333@aol.com

## Internet

Im Zeitalter der globalen Vernetzung ist es zunehmend schwieriger geworden, mit einer Keine-Ahnung-wat-dat-is-'n-Modem-Haltung über die Runden zu kommen. Auf dem Weg in die Sphären internationaler Netzwerke gibt SZENE HAMBURG einen kleinen Überblick:

**Cafés:** Zu Kaffee und Kuchen lässt sich's besser suchen. Surfer können in den geselligen Internetcafés mit High-Speed-PCs von Site zu Site eilen. An den Terminals wird bei satter Bildschirmauflösung gesurft, gemailt, gedruckt, geflirtet, gechattet, geplayed oder gescannt bis die Drähte glühen. Abgerechnet wird in der Regel minutengenau.

- Escape: Osterstraße 50, 20259 Hamburg (Eimsbüttel), Telefon 40 19 70 09, Fax 40 19 70 08, Mo-So 12–24 Uhr; www.mpn.de
  Zwanzig Terminals; 1,50 Euro kostet die erste Viertelstunde, jede weitere 1 Euro; Drucker, CD-Brenner, Webcam, Getränkeautomat und guter Service
- FunClub Internetcafé: Fischers Allee 78, 22763 Hamburg (Altona), Telefon 39 90 10 09, Fax 39 90 12 01, Mo-So 13–24 Uhr; www.icafe-funclub.de
  Neun Terminals; 4 Euro pro Stunde
- Internet-Center: Kohlhöfen 21, 20355 Hamburg (Neustadt), Telefon 35 71 59 12, Fax 35 71 59 13, Mo, Di, Fr 13–19 Uhr;
  E-Mail: Internet-Center@hwk-hamburg.de; www.buecherhallen.de;
  Neun PCs, DVD-Laufwerke, Zip-Laufwerke, CD-Brenner, Scanner und Internetkurse; alles sehr preisgünstig
- Matchgames: Rothenbaumchaussee 61, 20148 Hamburg (Rotherbaum), Telefon 41 49 76 26, Fax 41 49 76 28, Mo-Fr 11–24, Sa 14–24 Uhr, Kreditkarten: EC-Karte; www.matchgames.de
  Fünfundzwanzig Terminals (Pentium 1000–1400), 1,60 Euro für 30 Minuten; Presse-Events, Firmenschulungen, Internet for Beginners, Kalt- und Heißgetränke, kleine Snacks

- Spiele Netzwerk: Kleiner Schäferkamp 24, 20357 Hamburg (Schanzenviertel), Telefon 45 03 82 10, Fax 45 03 82 11, Mo-So 10–3 Uhr; www.spiele-netzwerk.com; E-Mail: spielenetzwerkicafe@hotmail.com
  40 Terminals, 4 Euro pro Stunde; größtes Internetcafé der Stadt; Treffpunkt der Hamburger Spiele-Cracks

**Kurse:** ISDN? E-Mail? Html? www.browser? Hypertextmerkmal? Online-Chats? Sushi? – Ganz ruhig bleiben. Es gibt genügend Kurse, die ausführlich über das Internet-Fachvokabular unterrichten und Schritt für Schritt in die Praxis einführen. In Abend-, Tages- oder Wochenendkursen lüften Computerfirmen und Bildungszentren Anwendergeheimnisse.

- Com Center Hamburg: Mönckebergstraße 11, 20095 Hamburg (Innenstadt), Telefon 30 97 25 16, Fax 30 97 25 19, Mo-Fr 9–18 Uhr; E-Mail: hamburg@com-training.com, www.com-training.com/hamburg
- Hamburger Volkshochschule / EDV- und Berufsbildungszentrum: Mönckebergstraße 17, 20095 Hamburg (Innenstadt), Telefon 2 09 42 10, Fax 20 94 21 44, Mo 9–18.30, Di 9–14, Mi 9–16, Do 9–20, Fr 9–16, Sa 10.30–12.30 Uhr; Mittagspause (geschlossen) Mo-Fr 12.30–13.30 Uhr; E-Mail: hamburg@com-training.com, www.vhs-hamburg.de
  Tages-, Abend-, Wochenkurse, Aufbaukurse; Webdesign, Firmenschulungen
- @mos. Computerschule für Frauen: Friedensallee 62a, 22765 Hamburg (Ottensen), Telefon 39 90 20 06, Fax 39 90 20 07, Mo-Fr 10–12, 16–18 Uhr; E-Mail: computerschule.amos@w4w.net, www.amos-computerschule.de

**Onlinedienste:** Im Unterschied zum Provider bietet der Onlinedienst dem Netzbesucher eine erweiterte Starthilfe unter anderem mit persönlichem Suchmenü, redaktionellen Angeboten und Onlinebanking.

- AOL: Telefon 01 80/5 31 31 64; www.aol.de
- T-Online: Telefon 08 00/3 30 55 00; www.t-online.de

**Provider:** Wer in einem der netten Internetcafés schon einmal das Surfen auf Zeit erprobt hat, der freundet sich schnell mit dem Gedanken an einen eigenen Internetzugang an. Man verbinde einen Computer mit einem Modem oder einem ISDN-Anschluss und wähle sich bei einem Provider ein. Bei der Vielzahl der Anbieter empfiehlt sich allerdings eine ausführliche Preisrecherche, denn der Markt ist ständig in Bewegung. Eine kleine Auswahl:

- Arcor – Internet-by-Call: Telefon 0 10 70/0 19 20 70; www.call.arcor.net
  Man wählt sich über eine Nummer ins Netz ein; Internetzugang für 0,97 Cent pro Minute, inklusive Telefongebühren und rund um die Uhr
- Cable & Wireless Deutschland GmbH: Landsberger Straße 155, 80687 München, Telefon 0 89/92 69 90, Fax 0 89/92 69 91 70; www.ecrc.de
- freenet.de AG: Deelbögenkamp 4c, 22297 Hamburg (Alsterdorf), Telefon 51 30 66 50, Fax 51 30 69 60; www.freenet.de
- Hamburg-Online: Telefon 28 08 24 51; www.hhonline.de
  DSL-Leitungen, Webhosting, Domainbestellung
- Hansenet: Hammerbrookstraße 63, 20097 Hamburg (Hammerbrook), Telefon 08 00/4 11 04 11, Fax 08 00/4 12 04 12; www.hansenet.de

### Webinfos über Providerdienste

▶ *www.provider.info.de*

Internet-Cafés: Die ideale Post-Schul-Entspannung – Rumballern am Computer

## Jagd

Falls Sie beim Waldspaziergang kleine grüne Männchen sehen, keine Panik. Es handelt sich höchstwahrscheinlich nicht um Marsmenschen, sondern um Jäger auf der Pirsch. Wer ebenfalls Jäger werden möchte, wendet sich an den Landesjagd- und Naturschutzverband. Den passenden Ballermann gibt es bei Hartmann & Weiß.

- Hartmann & Weiß: Rahlstedter Bahnhofstraße 47, 22143 Hamburg (Rahlstedt), Telefon 6 77 55 85, Fax 6 77 55 92, Mo-Fr 9–17 Uhr, Kreditkarten: keine
- Landesjagd- und Naturschutzverband Hamburg: Hansastraße 5, 20149 Hamburg (Rotherbaum), Telefon 44 77 12, Fax 44 61 03, Mo-Do 9–17, Fr 9–15 Uhr; E-Mail: ljv-hamburg@t-online.de; www.ljvhamburg.de

## Jalousien

▶ *Gardinen*

## Jo-Jo

Das alte Rauf und Runter zählt beim Jo-Jo längst nicht mehr. Heutzutage muss man Tricks wie den Eiffelturm beherrschen, um auf dem Schulhof zu glänzen. Bei dieser Figur formt der Spieler mit der Schnur bei drehendem Jo-Jo das Pariser Wahrzeichen. Andere halsbrecherische Figuren haben Namen wie „Split the Atom“ und entziehen sich jeglicher Beschreibung. Bis man aber so weit ist, gibt's ein paar Beulen und blaue Flecken. Wer sich davon nicht abschrecken lässt, findet die richtige Ausrüstung bei:

- Pappnase & Co: Grindelallee 92, 20146 Hamburg (Univiertel), Telefon 44 97 39, Mo-Mi 10–18.30, Do, Fr 10–19, Sa 10–15 Uhr, Kreditkarten: EC-Karte; E-Mail: bestellung@pappnase-co.de; www.pappnase.de

## Jogging

Joggen setzt bei genügend Ausdauer Endorphine frei. Die Wirkung der Glücksgefühle lässt sich durch die entsprechende Umgebung sicher noch verstärken. So ist bei Joggern der Ausblick auf die Außenalster besonders beliebt, der sich auch bei erhöhter Geschwindigkeit genießen lässt. Die 7,5 km lange Strecke fordert zu persönlichen Höchstleistungen heraus und verlangt zudem die Fähigkeit, sich auf seiner Umlaufbahn geschickt um die zahlreichen Spaziergänger, Fahrradfahrer und Inlineskater zu manövrieren. Immer neue Wege im Grünen bieten der Stadtpark, der am besten von den U-Bahn-Stationen Borgweg und Saarlandstraße und der S-Bahn-Station Alte Wöhr zu erreichen ist, der Volkspark in der Nähe der S-Bahn-Station Stellingen und der Jenischpark an der Elbchaussee. Wer seine Gelenke auf einem federnden Moosteppich schonen möchte, sollte das Niendorfer Gehege antesten (U-Bahn Niendorf Markt). Den sportlichen Höhenflug können die vielen Wurzeln allerdings schnell zum Sturzflug werden lassen, und insbesondere bei Dunkelheit ist hier Vorsicht geboten. Joggen ist nicht nur eine Sportart für einsame Steppenwölfe, es trabt sich auch gut im Rudel. Bei Wind und Wetter treffen sich Hamburgs gesellige Läufer aller Stadtteile zum gemeinsamen Joggen, Walken und abschließenden Rahmenprogramm. Auskünfte über Adressen, Treffpunkte und Termine vermittelt der Volkslaufwart Wolfgang Timm. Wer sich keiner Gruppe anschließen möchte und auf dem Alleinlauf trotzdem einsam ist, hat über die Kontaktbörse des „Laufwerks“ die Möglichkeit, den idealen Joggingpartner zu finden. Die Kartei des Fachgeschäfts umfasst 900 Adressen, auch persönliche Vorlieben können hier aufgenommen werden.

- Laufwerk: Alsterdorfer Straße 69a, 22299 Hamburg (Winterhude), Telefon 27 80 87 77, Fax 27 80 87 47, Mo-Fr 10–18, Sa 10–14 Uhr; www.laufwerk-hamburg.de
- Volkslaufwart Wolfgang Timm: Holstentwiete 33, 22763 Hamburg (Ottensen), Telefon 39 25 73, Fax 39 25 73, nach 19 Uhr

## Jugend

„We don't need no education …“ – trotz drohender Vergreisung (Durchschnittsalter 23) bildet sich unsere Redaktion ein, immer noch die Sprache der Jugend zu sprechen. Und die will ihre Ruhe – vor Eltern, Lehrern und Beratungsstellen, oder? Dennoch, manchmal ist guter Rat ganz hilfreich, finden wir jedenfalls. Eine Auswahl:

- CVJM: An der Alster 40, 20099 Hamburg (Innenstadt), Telefon 2 84 09 50, Fax 28 40 95 10,

**Jagd: Besser, man hört den Schuss**

Mo-Fr 10–13 Uhr, Café 18–23 Uhr; www.cvjm-hamburg.de
Der größte christliche Jugendverband der Welt bietet Jugendreisen, Sport und Brettspiele. Außerdem vermietet der Verband seine Räumlichkeiten an größere Gruppen

- Evangelische Jugend Hamburg: Schillerstraße 7, 22767 Hamburg (Altona), Telefon 30 62 31 30, Fax 30 62 31 36, Mo-Do 10–16, Fr 10–15 Uhr; www.ejh-online.de
Zentralvermittlung für Freizeit- und Gruppentreffs der evangelischen Kirche, viermal jährlich kommt die Jugendzeitschrift *Tropfen* mit politischen und sozialen Themen heraus
- Jugend hilft Jugend e. V.: Hohenesch 13–17, 22765 Hamburg (Altona), Telefon 3 90 86 40, Fax 3 90 86 11, Mo-Fr 10–17 Uhr; E-Mail: altona@kodrobs.de; www.kodrobs.de
Bietet Beratung bei Suchtproblemen; Akupunktur, Beratung und Vermittlung von Therapieplätzen; Gesundheitsraum
- Jugendinformationszentrum (JIZ) / Kulturring der Jugend: Steinstraße 7, 20095 Hamburg (Innenstadt), Telefon 4 28 54 31 31, Fax 4 28 54 27 18, Mo-Fr 13.30–18 Uhr; E-Mail: jugend@mail.hamburg.com, www.hamburg.de/jiz
Informationsstelle für Jugendliche zu Themen wie Aids, Arbeit oder Schule; außerdem können beim JIZ die Adressen aller Häuser der Jugend erfragt werden. Der Kulturring der Jugend ermöglicht die kostengünstige Teilnahme an kulturellen Veranstaltungen
- Jugendkeller St. Georg: Stiftstraße 15, 20099 Hamburg (St. Georg), Telefon 24 45 31, Fax 24 45 31, Mo 19–22, Di 12–18, Mi 12.30–20, Do 17–22, Fr, So 13–18 Uhr; E-Mail: kirchengemeinde_st.georg@nikocity.de
Ständiger Treffpunkt im Café, außerdem bedürfnisorientierte Freizeitaktivitäten, Gesprächs-, Lern- und Beratungsangebote sowie Computer- und Internetgruppen
- Katholische Jugend Hamburg: Graumannsweg 42, 22087 Hamburg (Uhlenhorst), Telefon 2 27 21 60, Fax 22 72 16 33, Mo, Mi-Fr 10–18, Di 13–18 Uhr; E-Mail: kjh@kjh.de
Unterstützt die Jugendarbeit in katholischen Kirchengemeinden
- Kinder- und Jugendnotdienst: Feuerbergstraße 43, 22337 Hamburg (Alsterdorf), Telefon 42 84 90, Fax 63 20 02 55
Notdienst für Kinder, Jugendliche und Eltern, rund um die Uhr erreichbar
- Pressestelle der Behörde für Soziales und Familie – Amt für Jugend: Hamburger Straße 47, 22083 Hamburg (Uhlenhorst), Telefon 4 28 63 28 89, Fax 4 28 63 38 49, Mo-Fr 9–15 Uhr; E-Mail: servicecenter@aj.hamburg.de; www.hamburg.de
Vermittelt an wichtige Institutionen und Ansprechpartner weiter; allgemeine Informationen auch für Nicht-Presseleute. Servicecenter des Amtes für Jugend, Telefon 4 28 63 24 49 (Infos und Broschüren)

Jungfernstieg: Auf der einen Straßenseite locken exklusive Geschäfte, auf der anderen Cafékultur und Alsterblick

## Jugendherbergen

Ungestört relaxen kann man in Jugendherbergen kaum, dafür sind sie preiswert, und die Atmosphäre ist aktions- und kontaktgeladen. Ab morgens früh um sechs wackeln und quietschen die ersten Etagenbetten, drei Wecker bimmeln gleichzeitig, nachdem erst um halb zwei nachts das Licht endgültig aus war. Schnell unter die Dusche, damit man noch was vom Frühstücksbüfett abbekommt. Die Jugendherberge Auf dem Stintfang trägt Nachkriegs-Kasernenlook, und nachts muss man klopfenden Herzens an dem monumental scheußlichen Denkmal des Eisernen Kanzlers vorbei. Aber die zentrale und schöne Lage auf einem Hügel oberhalb der St.-Pauli-Landungsbrücken (U/S-Bahn-Station) mit Elbblick, vor allem auf der Terrasse, macht so einiges wieder wett. Das Jugendgästehaus Horner Rennbahn ist weiter außerhalb gelegen. Ein Kamin- und Lesezimmer sorgt für eine Atmosphäre wie in einem englischen Internat, und für die künstlerisch Kreativen steht sogar ein Theatersaal mit Flügel bereit. Neben Familienzimmern gibt es auch rollstuhlgerechte Unterbringung. Der Jugendpark Langenhorn verdient seinen Namen. Er ist in einem Parkgelände gelegen, mit Anlagen für Tischtennis, Volleyball, Fußball und Grillhütten.

- Jugendgästehaus Horner Rennbahn: Rennbahnstraße 100, 22111 Hamburg (Horn), Telefon 6 51 16 71, Fax 6 55 65 16, Kreditkarten: EC-Karte; E-Mail: jgh-hamburg@t-online.de; www.djh.de
  Öffnungszeiten: Mo-So 6.30–1, Check-out 7–9.30, Check-in 12–1 Uhr; Sechs-Bett-Zimmer 18,10 Euro für Junioren (unter 27), 20,80 Euro für alle über 27 Jahren, Zwei-Bett-Zimmer 23,75 Euro für Junioren, 26,45 Euro für alle anderen; Rabatt ab dritter Nacht; Billardraum, Internetzugang
- Jugendherberge Auf dem Stintfang: Alfred-Wegener-Weg 5, 20459 Hamburg (Innenstadt), Telefon 3 19 10 37, Fax 31 54 07, Büro Mo-Fr 8–16 Uhr
  Check-out 6.30–9, Check-in 12.30–0.30 Uhr, Jugendliche bis 26 Jahre berappen 16,80 Euro pro Nacht, alles darüber zählt als Senior und ist mit 19,50 Euro dabei
  E-Mail: jh-stintfang@t-online.de; www.djh.de/jugendherbergen/hamburg-stintfang
- Jugendpark Langenhorn: Jugendparkweg 60, 22415 Hamburg (Langenhorn), Telefon 5 31 30 50, Fax 5 32 42 19, Büro Mo-Fr 8–16 Uhr, im Sommer bis 20 Uhr, Kreditkarten: alle; EC-Karte; www.hamburger-jugendpark.de

Preise: 01.01. bis 30.04 für Jugendliche (bis 26) 15 Euro, Erwachsene zahlen 17 Euro; 01.05. bis 31.10. für Jugendliche 16 Euro, für Erwachsene 18 Euro; am Ankunftsabend sollte man bis 22 Uhr einchecken, danach bekommt gibts einen Schlüssel

▶ *Backpackers*

## Jungfernstieg

Neben der Reeperbahn ist der 1665 als Spazierweg angelegte Jungfernstieg die wohl bekannteste Straße in Hamburg. Früher sollen hier Familien am Sonntag ihre unverheirateten Töchter (Jungfern) ausgeführt haben. Heute gilt der Jungfernstieg als eine der exklusivsten Einkaufsadressen der Stadt. Sehenswert ist unter anderem das Alsterhaus, eine Institution in Hamburg und sozusagen die Grande Dame unter den Kaufhäusern. Wer sich vom großen Shoppingbummel erholen möchte, kann direkt gegenüber im Alsterpavillon einkehren. Bevor er 1942 durch Bomben zerstört wurde, traf sich dort die so genannte Swingjugend. Das heutige Gebäude mit Blick auf die Binnenalster entstand 1953 und gilt mit seiner eleganten und offenen Konstruktion als ein Symbol der Wiederaufbaujahre. Nach aufwändiger Sanierung firmiert der Alsterpavillon inzwischen unter dem Namen „Alex" und lockt Touristen und heimisches Jungvolk gleichermaßen an. Ein weiteres Traditionshaus am Jungfernstieg ist das „Streit's Haus". Dort, wo sich heute größtenteils Büros und ein Kino befinden, stand vor 1945 ein renommiertes Hamburger Hotel, dessen Inhaber Chr. D. F. Streit dem Haus seinen Namen gab. Besondere Beachtung erhielt das „Streit's Hotel" im Jahre 1841, als hier zum ersten Mal das „Lied der Deutschen" (vulgo: „Deutschlandlied") öffentlich gesungen wurde. Heute erklingt hier nur noch Filmmusik, denn seit 1956 befindet sich im ehemaligen Speisesaal des Hotels das „Streit's Kino" (▶ *Kino*), Hamburgs Preview-Kino Nummer eins.

- Alsterhaus: Jungfernstieg 16, 20354 Hamburg (Innenstadt), Telefon 35 90 10, Fax 3 50 13 00, Mo-Fr 9.30–20, Sa 9.30–16 Uhr, Kreditkarten: alle; EC-Karte; www.karstadt.de
- „Alex" im Alsterpavillon: Jungfernstieg 54, 20354 Hamburg (Innenstadt), Telefon 3 55 09 20, Fax 35 50 92 20; www.alexgastro.de
- Streit's Filmtheater: Jungfernstieg 38, 20354 Hamburg (Innenstadt), Telefon 34 60 51, www.ufakinos.de

---

Kabarett: Corny Littmann (li.) und Bernhard Hofmann als Rosenverkäufer in Folge 357 der Pension Schmidt

## Kabarett

In Schmidts Tivoli kommen nicht nur Hamburger, um ausgeflippte Revuen, Gastspiele, Comedy und gekonntes Musiktheater zu sehen. Das Tivoli bietet auch anspruchsvolle Bühnenkunst ohne viel Glanz und Glamour. Gerade durch die frühen Erfolge des Schmidts Tivoli, etwa dem Programm von „Frau Jaschke", bekam die Kleinkunst der Hamburger Szene größere Beachtung.

- Alma Hoppes Lustspielhaus: Ludolfstraße 53, 20249 Hamburg (Eppendorf), Telefon 48 66 55, Fax 4 80 39 29, Kasse 11–19 Uhr, Kreditkarte: EC-Karte; www.almahoppe.de
  Größtes festes Kabaretthaus Norddeutschlands, sehr viele Gastspiele
- fools garden: Lerchenstraße 113, 22767 Hamburg (Schanzenviertel), Telefon 43 65 82, Fax 43 65 82; E-Mail: info@foolsgarden-theater.de; www.foolsgarden-theater.de
  Neben Kabarett auch Musik, Zauberei und Improvisationstheater, veranstaltet zweimal im Monat „JeKaMi"-Abende, bei denen jeder die Gelegenheit hat, das eigenen Können zu zeigen
- SchlapplacHHalde: wechselnde Veranstaltungsorte, Telefon 45 61 12, Fax 44 37 71; E-Mail: lutz@rosenberg.de; www.der feminist.de
  Der Name ist Programm: Kabarett bis Comedy, Shows mit Livemusik
- Schmidts Tivoli: Spielbudenplatz 27–28, 20359 Hamburg (St. Pauli), Telefon 31 77 88 99, Fax 31 77 88 74, Kasse Mo-So 12–19 Uhr, telefonische Vorbestellung Mo-So 8–20 Uhr, Kreditkarte: EC-Karte; www.tivoli.de
- Theater Imago: Admiralitätstraße 71, 20459 Hamburg (Innenstadt), Telefon 36 66 63, Fax 36 66 63, Kasse 19.30 Uhr
  Traditionelles literarisches Programm
- Theaterschiff Batavia: Stockbrücke/Brooksdamm 1, 22880 Wedel/Holstein (Wedel), Telefon 0 41 03/8 58 36, Fax 0 41 03/ 90 47 32, Mo-Sa ab 18, Sa ab 15 Uhr; E-Mail: batavia_wedel@t-online.de; www.batavia-wedel.de
  Kindertheater, junge Kabarettisten, im Sommer auch Freilichtbühne. In der Gaststätte gibt es Deftiges aus der Kombüse zum Beispiel die berühmte „Gummihacke"

## Käse

▶ *Essen + Trinken*

## Kaffeerösterei

▶ *Essen + Trinken*

## Kajak und Kanu

Warum nicht mal die Füße hochlegen und sich kraft seiner Arme fortbewegen? Auf einer gemächlichen Spazierfahrt – der Fachmann spricht von Kanu- oder Kajakwandern – kann man sich als sein eigener Navigator durch den Kanal-Dschungel Hamburgs schlagen und von Abenteuer bis Romantik alles erleben. Die meisten Verleiher geben den Paddlern vorausschauend einen wasserdichten Fleetplan mit auf den Weg. (▶ *Boot/Verleih*) Ein Erlebnis besonderer Art ist im Mai das Japanische Kirschblütenfest auf der Außenalster. Denn die beste Sicht auf das Feuerwerk genießt man vom Wasser aus. (▶ *Kirschblütenfest*) Wer organisiert in einem Verein paddeln möchte, kann beim Hamburger Kanuverband die Adressen der insgesamt 27 Vereine erfragen.

- Hamburger Kanuverband: Allermöher Deich 36, 21037 Hamburg (Allermöhe), Telefon 7 37 55 60, Fax 7 37 55 60, Mo 16–18 Uhr; www.kanu.de/ lkv/hamburg

## Kamine

Was früher als Lieferanteneingang für den Weihnachtsmann oder zur Beheizung rustikaler Räume diente, versteht sich heute in erster Linie als Seelenwärmer. Dass davon gerade Städter gern Gebrauch machen, ist einleuchtend: Will es beim romantischen Tête-à-Tête nicht gleich knistern, hilft oft das Knacken eines Kaminfeuers nach. Erwerben kann man Feuerstätten beispielsweise bei Werner Wettering. Hier erhält man auch das entsprechende Zubehör. Die Firma Habenicht kreiert sogar Modelle nach eigenem Entwurf. Keller's Kaminhof hingegen hat sich auf Bio-Kamine spezialisiert. Sind alle Bäume im eigenen Vorgarten bereits gefällt, kann man sein Brennholz bequem bei Carl Hass beziehen.

- Carl Hass: Osdorfer Weg 147, 22607 Hamburg (Groß Flottbek), Telefon 89 20 01, Fax 8 90 45 44, Mo-Fr 8.30–16.30 Uhr, Kreditkarte: EC-Karte
- Habenicht: Müggenkampstraße 18–20, 20257 Hamburg (Eimsbüttel), Telefon 40 68 96, Fax 4 92 26 13, nach Vereinbarung
- Keller's Kaminhof: Dorfstraße 57, 22113 Oststeinbek-Havighorst, Telefon 7 39 60 90, Fax 7 38 80 81, Mo-Fr 10–18, Sa 10–13 Uhr; E-Mail: info@kaminhof.com; www.kaminhof.com
- Werner Wettering: Schleswiger Damm 208a, 22457 Hamburg (Schnelsen), Telefon 5 50 11 41, Fax 5 59 45 83, nach Voranmeldung; E-Mail: wernerwettering@aol.com; www.kaminbau-wettering.de

## Kampfsport

Das wohl wirkungsvollste Instrumentarium zur Friedenserhaltung und -schaffung sind fernöstliche Kampfsportarten. Irgendwann nach fünf bis zehn Jahren intensiven Trainings setzt während der Kampfhandlung der geschulte Instinkt ein und bestimmt die Abwehrtechnik. Danach gilt man als unschlagbar, außer Jackie Chan steht vor der Tür. Beliebt sind diese Sportarten auch aufgrund ihrer Vielseitigkeit und ihrer charakterstärkenden Komponente. Im Folgenden finden Sie Kurzdefinitionen der Kampfsportarten, die in Hamburg angeboten werden, darunter nennen wird Schulen, die sie lehren. Die vollständigen Adressen der Schulen finden Sie am Ende dieser Rubrik.

**Aikido:** Aikido ist ein „Mittel, die Menschheit zu einer Weltfamilie zu vereinigen". Die Philosophie: Man verletze den Angreifer nicht, man neutralisiere lediglich seinen Angriff. Es wird auf eine Stärkung der inneren Substanz und ein Tiefenverständnis vom Wesen des Menschen hingearbeitet.

- Aikido Dojo Rothestraße e. V., Aikido Schule Lothar Darjes, Aikido Trainingsgemeinschaft Hamburg e. V., Breitensport der Universität Hamburg, Juka Dojo Fuhlsbüttel

**Capoeira:** Als Antwort auf die Kultur des Leidens entstand vor 300 Jahren unter den afrikanischen Sklaven in Brasilien der ritualisierte Kampftanz Capoeira. Heute stellt er eine der faszinierendsten Formen der Körpersprache dar. Kampf und Aggression sind mit Poesie und Spiel gleichermaßen Bestandteil dieser Kampfkultur.

- Breitensport der Universität Hamburg, Sportclub Teutonia, Sportspaß e. V., Taiyo Sportcenter

**Escrima:** Bis heute ist Escrima ein unverfälschter philippinischer Waffenkampf geblieben. Auch Regenschirme, Spazierstöcke und Handtaschen funktionieren ausgezeichnet als Abwehrutensilien.

- Jin'ai

**Jiu-Jitsu:** Würgegriffe, Schwitzkasten, Haarzug, Faustschläge, Fußtritte, mit Messer, Flasche, Gürtel oder Waffe – alles erlaubt. Denn das sind Verteidigungstechniken des Jiu-Jitsu (sprich: dschiu dschitsu).

- Breitensport der Universität Hamburg, Budokan Sportcenter, Bujinkan Dojo, Sandokan, Taiyo Sportcenter

**Judo:** Völlige Selbstbeherrschung ist das Ziel von Judo. Nicht die Schwächung des Gegners, sondern die Stärkung der eigenen Kraft steht im Vordergrund. Als Sportart ist Judo auch für Kinder geeignet, da alle lebensgefährlichen Griffe, Schläge und Tritte ausgeschlossen werden.

- Hamburger Judo Verband, Breitensport der Universität Hamburg, Budokan Sportcenter, Juka Dojo Fuhlsbüttel, Taiyo Sportcenter

**Karate:** Karate gehört zu den drei gesündesten Sportarten der Welt und wird auch Senioren häufig als Therapie empfohlen. Die Vielzahl der meditativen Aspekte beim Karate dient zudem der Entspannung und der Charakterbildung.

- Agon – Die Sportschule, Breitensport der Universität Hamburg, Budokan Sportcenter, Hankook Sportcenter, Jin'ai, Juka Dojo Fuhlsbüttel, Karateschule Kyokushinkai, Sandokan, Sportclub Ninja, Sportclub Teutonia, Taiyo Sportcenter, Trainingscenter Saitama

**Kendo:** Brachial geht es bei dem Schwertfechtkampf Kendo zur Sache. Mit einem Bambusschwert und im Panzer-Outfit kämpfen Kendos wie in der Samureizeit.

- Alster Dojo, Bujinkan Dojo

**Kickboxen:** Jean-Claude Van Damme stilisiert in seinen Karatedramen eine übertriebene Form dieser Sportart. Dennoch: Kickboxen vereint die wirkungsvollsten Kampftechniken aus Karate und Boxen. Alle Gliedmaßen sind hier im Einsatz. Vorsicht, konditionsintensives Training!

- Athletik-Sportstudio Langenhorn, Budokan Sportcenter, Hankook Sportcenter, Jin'ai, Juka Dojo Fuhlsbüttel, Sandokan, Sportspaß e. V., Taiyo Sportcenter

**Kung-Fu:** Wörtlich bedeutet Kung-Fu „harte Arbeit", und das ist es wohl auch. Es wird viel gedehnt, Muskelmasse aufgebaut und Selbstverteidigungstechnik erlernt. Deshalb entdecken gerade Frauen diesen Sport zunehmend für sich.

- Budokan Sportcenter, Dacascos Kung Fu, Jin'ai, K'un Ch'ien Kwoon – Lehrinstitut für Kampfkunst und Meditation, Taiyo Sportcenter, Trainingscenter Saitama, TUS Alstertal/Kung-Fu-Abteilung, Wan Fu

**Ninjutsu:** Schon über 1500 Jahre ist die japanische Kampfkunst alt, in der Schlagen, Treten und Bodenkampf erlaubt sind. Das wichtigste Prinzip des Ninjutsu ist die schnelle und flexible Anpassung und Bewältigung neuer Situationen. Im Unterricht werden verschiedene Waffentechniken, deren Handhabung und Gegenwehr geübt.

- Breitensport der Universität Hamburg, Bujinkan Dojo

**Selbstverteidigung für Frauen:** Meist sind es weiche, fließende Bewegungen, mit denen Frauen lernen, den Aggressor effektiv und direkt schachmatt zu setzen. Wem diese Verteidigungstricks schon einmal gegolten haben, der weiß das „schwache Geschlecht" endgültig zu respektieren.

- Hankook Sportcenter, Sportspaß e. V.

**Taekwondo:** Taekwondo ist eine koreanische Karateart, die Körper, Geist und Willenskraft zu einen sucht. Zu 80 Prozent werden Füße und Beine einge-

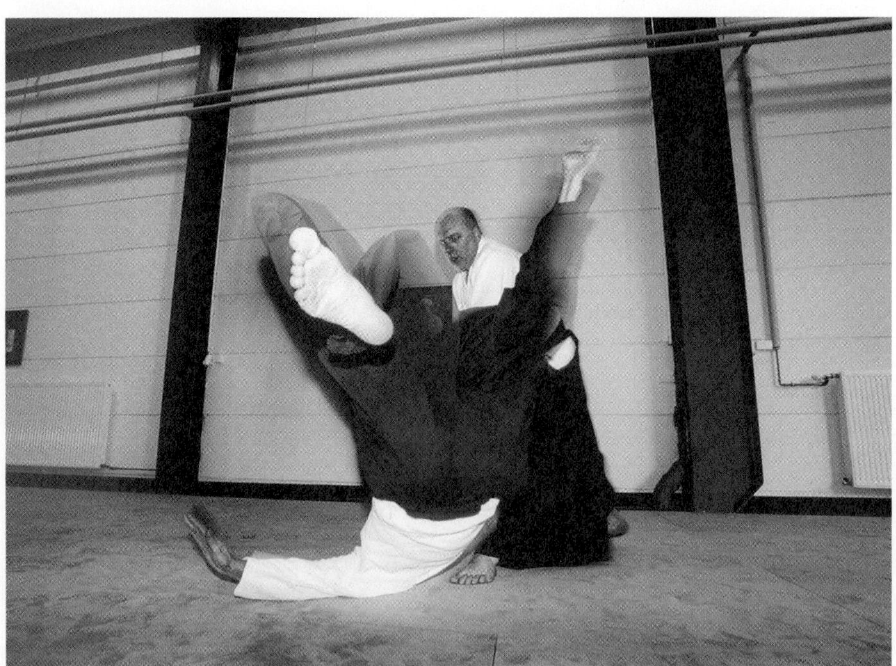

**Kampfsport: Beim Aikido wird der Angreifer nicht verletzt, sondern lediglich sein Angriff neutralisiert**

setzt. Vorwiegend als Vollkontaktform praktiziert, kann beim Taekwondo auch gegen imaginäre Gegner gekämpft werden.

- Breitensport der Universität Hamburg, Hankook Sportcenter, Juka Dojo Fuhlsbüttel, Sandokan, Sportspaß e. V., Taekwon-Do Black Belt Center, Taiyo Sportcenter, Tangun Sport-und Freizeitcenter

**Thai-Boxen:** Blutfluss, Knochenknacks oder Schädelbruch sind beim Thai-Boxsport keine ungewöhnlichen Resultate. Der zusätzliche Knie- und Ellenbogeneinsatz machen ihn zum brutalsten Kampfsport asiatischer Gefilde.

- Athletik-Sportstudio Langenhorn, Budokan Sportcenter, Jin'ai, Sandokan

**Tai-Chi:** Die Tai-Chi-Kampfkunst steht in enger Verbindung zur Lehre des Taoismus. Tai-Chi ist zugleich Kampfkunst, Heilkunst, Gymnastik und Meditation in Bewegung.

- Bujinkan Dojo, K'un Ch'ien Kwoon – Lehrinstitut für Kampfkunst und Meditation, Sportspaß e. V., Tai Chi Schule Ila Braun

### Adressen der Kampfsportanbieter:

- Agon – Die Sportschule: Grasweg 36, 22299 Hamburg (Winterhude), Telefon 46 33 92, Fax 46 36 77, Mo-Fr 10–22, Sa 12–20 Uhr; E-Mail: agon-sportschule@t-online.de; www.agon-sportschule.de
- Aikido Dojo Rothestraße e. V.: Rothestraße 62, 22765 Hamburg (Ottensen), Telefon 41 30 83 92, Fax 41 30 83 93; www.aikido-dojo-seishinkan.de
- Aikido Schule Lothar Darjes: Barnerstraße 16, 22765 Hamburg (Ottensen), Telefon 31 53 99, Fax 3 19 15 52; www.aikido-schule-hamburg.de
- Aikido Trainingsgemeinschaft Hamburg e. V.: Bahrenfelder Straße 73d, 22765 Hamburg (Ottensen), Telefon 4 39 53 95, Mo-Do 19, Fr 18 Uhr; E-Mail: info@aikido-hh.de; www.aikido-hh.de
- Alster Dojo: Veilchenweg 34, 22419 Hamburg (Lokstedt), Telefon 56 00 85 95, Fax 56 00 85 95; www.alster-dojo.de
- Athletik-Sportstudio Langenhorn: Oehleckerring 6, 22419 Hamburg (Langenhorn), Telefon 5 31 53 75, Mo-Fr 11–21, Sa 12–16 Uhr
- Breitensport der Universität Hamburg: Mollerstraße 2, 20148 Hamburg (Rotherbaum), Telefon 4 28 38 72 00, Fax 4 28 38 56 61; E-Mail: hsp@sport.uni-hamburg.de; www.hochschulsport-hamburg.de
- Budokan Sportcenter: Steilshooper Straße 45–47, 22305 Hamburg (Barmbek), Telefon 61 62 20, Fax 04 53 94 09; www.budokan.notrix.de
- Bujinkan Dojo: Hopfensack 14, 20457 Hamburg (Innenstadt), Telefon 2 54 38 39, Fax 2 54 38 39; www.ninjutsu-akademie.de
- Dacascos Kung Fu: Friesenweg 5, 22763 Hamburg (Bahrenfeld), Telefon 8810249, Mo-Fr 15–22, Sa 14–19 Uhr; www.dacascos.de
- Hamburger Judo Verband: Schäferkampsallee 1, 20357 Hamburg (Eimsbüttel), Telefon 41 90 82 61, Fax 41 90 82 69, Mo, Do 9–12 Uhr, Mi 17–20 Uhr; E-Mail: geschaeftsstelle@hamburg-judo.de; www.hamburg-judo.de
- Hankook Sportcenter: Nieland 10, 22525 Hamburg (Stellingen), Telefon 4 90 32 72, Fax 43 18 15 61, Mo-Fr 10–22, Sa 12–18 Uhr; www.hankook-sportcenter.de
- Jin'ai: Basselweg 2, 22527 Hamburg (Stellingen), Telefon 5 40 65 25, Fax 54 22 54; E-Mail: info@jin-ai.de; www.jin-ai.de
- Juka Dojo Fuhlsbüttel: Hummelsbütteler Landstraße 98, 22339 Hamburg (Fuhlsbüttel), Telefon 50 10 41, Fax 59 31 95, Mo-Fr 9–22, Sa, So 10–19 Uhr; www.jukadojo.de
- Karateschule Kyokushinkai: Blomkamp 49, 22549 Hamburg (Osdorf), Telefon 8 00 31 31, Fax 8 00 16 44, Mo-Fr 14.45–21 Uhr; www.kyokushinkaikan.de
- K'un Ch'ien Kwoon – Lehrinstitut für Kampfkunst und Meditation: Außenmühlenweg 10b, 21073 Hamburg (Harburg), Telefon 7 66 44 26, Fax 7 66 44 52; www.plett.org
- Sandokan: Gotenstraße 4, 20097 Hamburg (Hammerbrook), Telefon 23 101 56, Fax 2 36 93 13, Mo-Fr 12–22, Sa 12.30–17 Uhr; E-Mail: sandokan@hansenet.de
- Sportclub Ninja: Stormsweg 8, 22085 Hamburg (Uhlenhorst), Telefon 2 20 61 51, Fax 2 27 36 55; E-Mail: handel-und-service@t-online.de
- Sportclub Teutonia: Max-Brauer-Allee 128, 22765 Hamburg (Altona), Telefon 38 70 52, Fax 38 70 52, Mo 16–21, Do 16–18 Uhr
- Sportspaß e. V./Geschäftsstelle: Westphalensweg 11, 20099 Hamburg (St. Georg), Telefon 4 10 93 70, Fax 41 09 37 11, Mo-Fr 9.45–22.15, Sa, So 9.45–18.15 Uhr; www.sportspass.de
- Taekwon-Do Black Belt Center: Elsässer Straße 4, 22049 Hamburg (Dulsberg), Telefon 69 64 34 22, Fax 69 64 46 96; E-Mail: m.unruh@blackbelt.de; www.blackbeltcenter.de/hamburg

- Tai Chi Schule Ila Braun: Großer Burstah 36–38, 20457 Hamburg (Innenstadt), Mo-So ab 17.30 Uhr
- Taiyo Sportcenter: Holstenstraße 79, 22767 Hamburg (Altona), Telefon 43 64 14, Fax 4 39 23 43, Mo-Fr 10–12, 15–21.30, So 14–16 Uhr; www.taiyosportcenter.de
- Tangun Sport-und Freizeitcenter: Wiekstraße 37–39, 22527 Hamburg (Eimsbüttel), Telefon 4 91 21 04, Fax 49 22 20 54, Mo-Fr 10–22, Sa 13–18 Uhr; www.tangun.de
- Trainingscenter Saitama: Reinfeldstraße 6, 20146 Hamburg (Eppendorf/Rotherbaum), Telefon 44 46 28, Fax 4 50 51 75, Mo, Mi 8–22, Di, Do, Fr 10–22, Sa 11–19, So 11–18 Uhr
- TUS Alstertal, Kung-Fu-Abteilung: Schlehdornweg 10, 22335 Hamburg (Fuhlsbüttel), Telefon 31 21 30, Fax 31 21 30; www.tus-alstertal.de
- Wan Fu: Eimsbütteler Marktplatz 38, 20257 Hamburg (Eimsbüttel), Telefon 85 37 24 72, Fax 85 08 03 10, Kreditkarte: EC-Karte; www.wanfu.de
- Zendojo Hamburg: Virchowstraße 61a, 22767 Hamburg (Altona), Telefon 89 97 00 77, Fax 69 69 55 133

## Kart

High Speed für Kids und die, die es ewig bleiben werden. Die Einsath Speed & Fun Karting Bahn ist die längste Indoor-Kartbahn Norddeutschlands. Mit 700 Metern Strecke und sechzig je 6,8 PS starken Karts ist sie eine der beliebtesten Pisten für Laien-Schumachers und -Häkkinens. Für Frischluft-Fans lädt der Nordseering Büsum mit Meerblick und 900 Metern Outdoor-Strecke ein. Bis zu 11 Euro für zehn Minuten kostet der Spaß. Adrenalinkicks satt gibt's auch auf Schumachers Motodrom in Bispingen und auf dem Schleswig Ring.

- Einsath Speed & Fun Karting GmbH & Co: Nedderfeld 94, 22529 Hamburg (Lokstedt), Telefon 48 00 23 23, Fax 48 00 23 25, Mo-Do 11–23, Fr 11–24, Sa 9–24, So 9–23 Uhr; E-Mail: kartbahn_nedderfeld@online.de; www.kartbahn.de.vu
- Nordseering Büsum: Segeltörn 1, 25761 Büsum, Telefon 0 48 34/ 9 55 50, Fax 0 48 34/95 55 22, ab März nur Sa, So 10–20 Uhr, ab Ostern Mo-Fr 13–20, Sa, So 10–20 Uhr, Kreditkarten: alle; EC-Karte; E-Mail: info @nordseering.de; www.nordseering.de
- Ralf Schumacher Kartcenter: Horstfeldweg 5, 29646 Bispingen (Bispingen), Telefon 0 51 94/68 71, Fax 0 51 94/9 82 05 20, Kreditkarte: EC-Karte; E-Mail: info@rs-kartcenter.de; www.rs-kartcenter.de

## Kartenlegen

Wer kennt das nicht? Die beste Freundin hat mal wieder Liebeskummer, und das auch noch an ihrem dreißigsten Geburtstag. Ratlosigkeit macht sich breit. Vielleicht bewirkt in solchen Fällen ein hoffnungsvoller Blick in die Karten nachhaltige Gemütsaufhellungen. Auch langweilige Betriebsfeiern mit trockenen Buletten können durch eine gekonnte Kartenlegershow belebt werden. Profis dieses Gewerbes vermittelt der Künstlerdienst des Arbeitsamtes.

- Künstlerdienst des Arbeitsamtes: Kurt-Schumacher-Allee 16, 20097 Hamburg (Hammerbrook), Telefon 24 85 13 06, Fax 24 85 14 57, Mo-Fr 8–12.30 Uhr

## Kartons

Ehekrach bei Müllers, der Koffer ist schon gepackt, fürs Porzellan aber fehlt der Platz? In der „Karton-Zentrale" kosten Umzugkartons ab 3,60 Euro. Beklebt und bemalt können sie auch als Billigstauraum oder Geschenkverpackung fungieren. Professionell gefertigt kann man Letztere in der Geschenkboutique der Karton-Zentrale kaufen. Individuelle Wünsche können bei einer Mindestabnahme von fünfzig Stück beim Hahnemann Kartonagenvertrieb erfüllt werden, und das auch noch aus 100 Prozent Recyclingpapier.

- Hahnemann Kartonagenvertrieb: Bredowstraße 33, 22113 Hamburg (Altona), Telefon 4 39 40 71 und 4 39 40 72, Fax 4 39 40 90, Mo-Fr 7.30–17 Uhr; E-Mail: kartongmbh@t-online.de
- Karton-Zentrale: Kaiser-Wilhelm-Straße 9, 20355 (Innenstadt), Telefon 35 24 28, Fax 35 44 44, Mo-Do 9–18, Fr 9–16 Uhr, Kreditkarte: EC-Karte

## Katzen

Die wahre Mutter aller Katzen heißt Ingrid Hagen. Seit 16 Jahren studiert die ehrenamtlich arbeitende Tierliebhaberin die Körpersprache der eigenwilligen Haustiere. Neue Erkenntnisse ihrer Recherchen werden jeweils am ersten Montag im Monat beim Katzenstammtisch weitergegeben. Außerdem betreibt Frau Hagen ein Katzensorgentelefon. Sollten dennoch Verständnisprobleme über die Handhabung der Mieze auftreten, kommt sie auch schon einmal persönlich vorbei. Für Geld- und Sachspenden ist die viel Beschäftigte sehr dankbar, finanziert sie doch nicht selten die Arztkosten von Not-Tieren selbst. Frau Wollesen kümmert sich in der Katzenschutzgruppe Winterhude um misshandelte Kätzchen. Wenn einer der sensiblen Vierbeiner einmal an einem Gummiband vom Balkon baumelt oder skalpiert herumirrt, dann sind das eindeutige Fälle von Tierquälerei.

Kartenlegen: Für einige Lebenshilfe, für andere eine willkommene Ablenkung auf öden Betriebsfeiern

Merke: Rheumadecken lassen sich auch aus Baumwolle herstellen. Tierhotel, -friedhof und -heim (▶ *Tiere*)

- Katzenschutzgruppe Winterhude e. V.: c/o Gabriele Wollesen, Nedderfeld 110a, 22529 Hamburg (Lokstedt), Telefon 46 54 87
- Katzensorgentelefon Ingrid Hagen: Rellinger Straße 29, 20257 Hamburg (Eimsbüttel), Telefon 8 50 15 31, Fax 8 50 15 31 Spendenkonto: Ingrid Hagen, Stichwort: Katzenstammtisch. Kontonummer 13 27 45 48 54, BLZ 200 505 50 (Haspa)
- Katzenstammtisch Ingrid Hagen: Eidelstedter Weg 75, 20255 Hamburg (Eimsbüttel), Telefon 8 50 15 31

## Kaufhäuser

Die meisten Kaufhäuser gleichen sich bis auf den Namen, nicht so diese zwei. Das Alsterhaus lässt an das Berliner KaDeWe denken: Die Hamburger Institution hat ein großes Angebot in gehobenem Ambiente mit entsprechenden Preisen. Manchmal ein wenig unübersichtlich, aber immer gut besucht. Touristen fragen nach den hübschen Tüten oder kaufen Souvenirs, während Hamburger eher die kompetente Beratung schätzen, die guten Angebote oder auch die aufwändige Dekoration. In Hamburgs kleinstem Kaufhaus hingegen finden Kenner des Alten und Schönen von alter Weißwäsche bis zu unzähligen Lampen bestimmt ein Schnäppchen für den eigenen Haushalt.

- Alsterhaus: Jungfernstieg 16, 20354 Hamburg (Innenstadt), Telefon 35 90 10, Fax 3 50 13 00, Mo-Fr 9.30–20, Sa 9.30–16 Uhr, Kreditkarten: alle; EC-Karte; www.karstadt.de
- Brinkmann GmbH: Spitalerstraße 10, 20095 Hamburg (Innenstadt), Telefon 3 00 40, Fax 33 60 05, Mo-Fr 9.30–20, Sa 9–16 Uhr, Kreditkarten: Eurocard, Visa; EC-Karte www.brinkmann.de
- Galeria Kaufhof: Mönckebergstraße 3, 20095 Hamburg (Innenstadt), Telefon 33 30 70, Fax 33 30 71 07, Mo-Fr 9.30–20, Sa 9.30–16 Uhr, Kreditkarten: alle, EC-Karte; www.galeria-kaufhof.de
- Hamburgs kleinstes Kaufhaus: Bahrenfelder Straße 207, 22765 Hamburg (Altona), Telefon 3 90 34 85, Mo-Fr 10–18, Sa 10–14 Uhr
- Karstadt: Mönckebergstraße 16, 20095 Hamburg (Innenstadt), Telefon 3 09 40, Fax 3 09 48 30, Mo-Fr 9–20, Sa 9–16 Uhr, Kreditkarten: alle; EC-Karte; www.karstadt.de
- Saturn: Mönckebergstraße 1, 20095 Hamburg (Innenstadt), Telefon 30 95 83 52, Fax 30 95 81 01, Mo-Fr 9.30–20, Sa 9.30–16 Uhr, Kreditkarte: EC-Karte; www.saturn.de

## Kegeln

Hemdsärmelige Männer mit Bierbäuchen, die in verrauchten Kegelstuben ihrer Kugel auf Abwegen hinterher stieren und ihren Kegelkönig nur küren, um einen erneuten Anlass zum Trinken zu finden. Dieses Image haftet dem Kegelsport noch immer an. Dabei geht es beim Kegeln in erster Linie darum, mit einer Kugel, die aus gebeugter Körperhaltung geschoben wird, möglichst viele Kegel umzuwerfen. Adressen von Kegelbahnen und Vereinen vermittelt der 1866 gegründete Verein Hamburger Kegler. Kegeln in prima Atmosphäre können Sie unter anderem im Keller des vegetarischen Restaurants Suryel (▶ *Essen + Trinken*). Viel Spaß und „Gut Holz"!

- Verein Hamburger Kegler: Adolph-Schönfelder-Straße 49, 22083 Hamburg (Barmbek), Telefon 2 98 65 61, Fax 20 97 47 96
- Suryel: Thadenstraße 1, 22767 Hamburg (St. Pauli), Telefon 4 39 84 22, Fax 43 29 08 45, Mo-So 11–2, Küche bis 23 Uhr, Kreditkarten: keine

Kicker: Im Kick & Company fallen mehr Tore als in der Aol-Arena

## Kicker

Werden Sie als Zuschauer bei Fußballspielen auch immer nervös, wenn Ihre Lieblings-Elf nicht so spielt, wie sie soll? Dann haben Sie am Kickertisch die Chance, Ihr eigenes Team zu führen. Bis zu einem Turniersieg in den speziellen Kicker-Kneipen, etwa dem „Hinkelstein" oder „Kick & Company", bedarf es jedoch des Trainings. Dazu wird etwa im Keller des Local ganz ohne Wettkämpfe fleißig gekurbelt. Schmeckt einem das Pils besser in den eigenen vier Wänden, kann man sich von der Großhandelsfirma Löwen Entertainment sein eigenes Tischfußball-Gerät liefern lassen (knapp 1300 Euro ohne, knapp 1500 Euro mit Münzeinwurf) oder – bei kleinerem Budget- die Avis (▶ *Kleinanzeigen*) zu Rate ziehen.

- Local: Wohlwillstraße 18, 20359 Hamburg (St. Pauli), Telefon 3 19 65 37, Mo-So ab 17 Uhr
- Hinkelstein: An der Verbindungsbahn 10, 20146 Hamburg (Univiertel), Telefon 44 79 49, Mo-Fr ab 17, Sa, Soi ab 18 Uhr, in den Semester ferien Do ab 18, Fr-Mi ab 19 Uhr
- Kick & Company: Klausstraße 1–3, 22765 Hamburg (Ottensen), Telefon 3 90 55 36, Mo-So ab 17 Uhr
- Löwen Entertainment: Weidestraße 120, 22083 Hamburg (Winterhude), Telefon 2 70 93 70, Mo-Do 8.15–17, Fr 8.15–15.30 Uhr; E-Mail: AykurtE@loewen.de

## Kinder

Eltern werden ist nicht schwer, Eltern sein dafür umso mehr. Kein Grund zu verzweifeln, SZENE HAMBURG hat die besten Tipps, um die harten, aber zweifellos auch schönen Jahre, in denen die lieben Kleinen hochgepäppelt werden, durchzustehen.

**Babyaustattung:** Kein Spross ist zu klein, um nicht schon nach den neuesten Modetrends ausstaffiert zu werden. Wer allerdings Geld sparen will, fragt im Bekanntenkreis nach.

- Baby-Dorf Alstertal: Saseler Chaussee 128, 22393 Hamburg (Sasel), Telefon 6 00 19 80, Fax 60 01 98 29, Mo-Fr 10–19, Sa 10–16, Kreditkarte: EC-Karte; E-Mail: info@baby-dorf.de, www.baby-dorf.de
- Baby-Dorf Halstenbek: Gärtnerstraße 150, 25469 Halstenbek (Halstenbek), Telefon 041 01/4 79 90, Fax 041 01/46 22 85, Mo-Fr 10–19, Sa 10–16 Uhr, Kreditkarte: EC-Karte; E-Mail: baby-dorf@t-online.de; www.baby-dorf.de
- Baby-Markt: Osdorfer Landstraße 108, 22609 Hamburg (Osdorf), Telefon 80 78 37 77, Fax 80 78 37 78, Mo-Fr 9.30–19, Sa 9.30–16 Uhr
- Milchzahn: Lehmweg 43, 20251 Hamburg (Eppendorf), Telefon 46 44 26, Mo-Fr 10–13, 14–18.30, Sa 10–14 Uhr, Kreditkarte: EC-Karte
- rundum – H. Fehling Babyausstattungen und Umstandsmoden: Gertigstraße 57, 22303 Hamburg (Winterhude), Telefon 27 87 76 66, Fax 27 87 76 67, Mo-Fr 10–19, Sa 10–14 Uhr; E-Mail: rundum-h.fehling@t-online.de; www.rundum-schwangerschaft.de

**Babybetreuung:** Kind oder Karriere! Zwischen diesen zwei Alternativen müssen gerade Mütter nicht mehr zwangsläufig wählen. Es gibt genügend Einrichtungen, die ihren kleinen Liebling tagsüber sorgsam betreuen, während Sie die berufliche Karriereleiter erklimmen. Hier einige nützliche Adressen:

- Hamburger Tagesmütter und -väter e. V.: Eilbeker Weg 71, 22089 Hamburg (Eilbek), Telefon 2 00 33 77, Di-Do 9–12 Uhr, Fax 2 00 42 98, Di-Do 9–12 Uhr; E-Mail: tagesmuetter-und-vaeter-ev@hamburg.de; www.tagesmuetter-und-vaeter-ev.hamburg.de Vermittlung von Betreuung im Raum Hamburg, nach schriftlicher Bewerbung Liste von Tagesmüttern, Qualifizierungsangebot für Tagesmütter
- Jung und Alt in Zuwendung e. V.: Wandsbeker Stieg 11, 22087 Hamburg (St. Georg), Telefon 2 51 77 33, Fax 2 51 77 34, Mo-Do 9–12, 15–17, Fr 9–12 Uhr; www.jaz-ev.de Die Idee: Förderung des Kontaktes zwischen den Generationen; „Oma-Hilfsdienst": Senioren helfen jungen Familien in vorübergehenden Notsituationen, Entlastung der Eltern, etwa bei Krankheit des Kindes

**Beratung und Therapie:** Die Mathearbeit ging mal wieder voll in die Hose, mit dem Meister in der Werkstatt gibt's ständig Zoff, und die erste Freundin – na ja. Bei solchen und ähnlichen Schwierigkeiten haben Beratungsstellen für Kinder und Jugendliche ein offenes Ohr. Aber auch Eltern finden in den unterschiedlichen Einrichtungen Unterstützung. Ein Team von Psychologen, Ärzten, Pädagogen bieten kostenlose Beratungen und Therapien an. Einen guten Überblick über die verschiedenen Einrichtungen bei Erziehungsfragen bietet ein Verzeichnis von der „Landesarbeitsgemeinschaft für Erziehungsberatung in der Freien und Hansestadt Hamburg". Hier sind die jeweiligen Beratungsstellen der Bezirksämter, der Universität, freier Träger und der Kirchen aufgelistet.

- Kinder- und Jugendtelefon Hamburg:
  Telefon 43 73 73, Mo-Fr 15–19, Sa 14–19 Uhr
  Samstags: „Jugendliche beraten Jugendliche"
- Kinder-und Jugendnotdienst: Feuerbergstraße 43, 22337 Hamburg (Alsterdorf), Telefon 42 84 90, Fax 42 84 92 36, 24 Stunden
- Kinderschutzzentrum Hamburg: Emilienstraße 78, 20259 Hamburg (Eimsbüttel), Telefon 4 91 00 07, Fax 4 91 16 91, telefonische Beratung Mo, Di, Do, Fr 9–11, 13–15, Mi 15–17 Uhr
  Kinderschutzzentrum Harburg:
  Eißendorfer Pferdeweg 40a, 21075 Hamburg (Harburg), Telefon 7 90 10 40
  Hilfe bei Missbrauch, Vernachlässigung und Gewalt an Kindern, telefonische und persönliche Beratung; therapeutische Gruppen
- Landesarbeitsgemeinschaft für Erziehungsberatung in der Freien und Hansestadt Hamburg: Kieler Straße 188, 22525 Hamburg (Stellingen), Telefon 8 50 40 36, Fax 85 87 51, Mo-Do 11–15, Fr 10–15 Uhr

**Ferien:** „Tschüss Schule, hallo Spaß." Schnell den Ferienpass besorgt und ab in den Freizeitspaß. Hamburger Schüler unter 18 Jahren können das riesige Angebot zu Sonderpreisen nutzen. Ferienpässe gibt's in den Sommer- und Herbstferien, Verteiler sind Schulen, Bezirks-, Orts-, Jugendämter, das Jugendinfo-Zentrum und alle Haspa-Filialen. Was hat Hamburg in der schönsten Zeit des Jahres noch zu bieten:

- Hamburger Feriendorf e. V.: Alter Mühlenweg 1a, 29549 Bad Bevensen, Telefon 0 58 21/24 22, Fax 0 58 21/4 30 22, Mo-Fr 8–12, 15–17 Uhr
  Heißer Tipp für kinderreiche Familien, für Kinder bis zwölf Jahren können Zuschüsse beantragt werden, Ausspannen der Familie in Selbstversorger-Waldhäuschen, viel Spielfläche für Kinder
- Jugenderholungswerk Hamburg: Ausschläger Weg 68, 20537 Hamburg (Hamm), Telefon 2 51 20 55, Fax 25 92 24, Mo, Mi, Fr 9–17, Di, Do 8–18 Uhr; E-Mail: info@jugenderholungswerk.de; www.jugenderholungswerk.de
  Für Kinder von 8 bis 15 Jahren, in Frühjahrs-, Sommer- und Herbstferien, tolles Angebot: Schifffahrten auf der Ostsee, Kanutouren in Schweden, Fahrradtouren

**Geburtstagsfeiern:** Ach herrje! Schon wieder steht der Kindergeburtstag an, letztes Jahr ging's zu McDonald's, und auch dieses Mal gibt es keine originellen Ideen? Nicht verzweifeln, SZENE HAMBURG öffnet die Trickkiste:

- Kaifu-Lodge: Bundesstraße 107, 20144 Hamburg (Eimsbüttel), Telefon 40 12 81, Fax 4 90 56 43, Mo, Fr, Sa, So 8–24, Di, Mi, Do 7–24 Uhr; E-Mail: info@kaifu-lodge.de; www.kaifu-lodge.de
  Aufregender Kletterspaß zum Kindergeburtstag an der acht Meter hohen Kletterwand
- Kinderbauernhof Kirchdorf e. V.: Stübenhofer Weg 19, 21109 Hamburg (Stillhorn), Telefon 7 50 84 84, Fax 7 54 78 56; Infos und Anmeldung bei Gerd Horn
- Niklas der Zauberer: Telefon 6 52 83 62, Fax 25 49 48 10; E-Mail: niklassenst@aol.com
- SpielTiger e. V. – Institut für Bewegung, Kultur und Spiel: Jacobsenweg 3–5, 22525 Hamburg (Altona), Telefon 8 50 75 74, Fax 8 51 20 08; E-Mail: spieltiger@t-online.de; www.spieltiger.de
  Den richtigen Kick für jede Party gibt's bei SpielTiger: Hüpfburgen, Rollenrutschen, Pedalos oder den Schokokuss-Wurf-Tiger; auf Wunsch mit Betreuern
- Umweltzentrum Karlshöhe e. V.: Karlshöhe 60d, 22175 Hamburg (Bramfeld), Telefon 6 00 38 60, Fax 60 03 86 20, Mo-Do 9–17, Fr 9–16 Uhr, telefonisch Mo-Fr 10–12, 14–16 Uhr; E-Mail: hamburger.umweltzenrum@bund.net; www.bund.net/hamburg
  Ökologsch feiern für 3- bis 14-Jährige: zwei wertvolle Stunden in Begleitung einer Umweltpädagogin

**Kindergärten und -tagesstätten:** Was Eltern wissen sollten: Seit dem 1. August 1996 gibt es für drei- bis sechsjährige Kinder Rechtsanspruch auf einen Kindergartenplatz. Im Falle eines vierstündigen Angebotes können sich Eltern direkt an die Kindertageseinrichtung oder bei Wunsch nach einem Vorschulplatz an Grundschulen wenden. Ganztagsplätze werden nach Bedarf vom Amt für Soziale Dienste in den jeweiligen Bezirksämtern vergeben. Eltern sollten sich

Kinder: Können sehr lieb sein, wenn sie etwas wollen

dort an die Mitarbeiter und Mitarbeiterinnen des Sachgebietes „Kindertagesheim" wenden. Kinder von allein erziehenden und berufstätigen Müttern und Vätern werden dabei vorrangig berücksichtigt. Es gibt zwei grundsätzliche Arten von Trägerschaft bei Kindergärten und -tagesstätten: öffentliche und freie. Aufgrund der Fülle von Einrichtungen werden die jeweils größten Verbände genannt. Für den Überblick sei die kostenlose Broschüre „Kindertageseinrichtungen und Vorschulklassen in Hamburg" empfohlen, herausgegeben vom Amt für Jugend Hamburg, zu beziehen beim:

- Servicecenter Dokumentation: Hamburger Straße 37, 22083 Hamburg (Barmbek), Telefon 4 28 63 24 49, Fax 4 28 63 38 13; www.hamburg.de
- Kindertagesstätten der Vereinigung Hamburger Kindertagesstätten e. V.: Oberstraße 14b, 20144 Hamburg (Hoheluft), Telefon 42 10 90, Fax 42 10 91 90, Mo-Fr 8–16 Uhr; www.kitas.de
  Vereinigung von 175 Kindertagesstätten der größten Vereine. Wichtig: Hier findet keine Vermittlung von Plätzen statt, sondern nur Beratung und Information

**Freie Kindergarten- und KiTa-Einrichtungen:** Eine Vermittlung findet hier ebenfalls nicht statt, aber die jeweiligen Ansprechpartner können informieren, beraten und an die Einrichtungen weiterleiten:

- Arbeiterwohlfahrt (Geschäftsstelle): Rothenbaumchaussee 44, 20148 Hamburg (Rotherbaum), Telefon 4 14 02 30 und 41 40 23 36, Fax 41 40 23 37, Mo-Fr 8–17 Uhr; www.awo.org
- Caritasverband für das Erzbistum Hamburg: Danziger Straße 66, 22769 Hamburg (St. Georg), Telefon 24 87 72 14, Fax 24 87 71 44; www.caritas.de
- Deutscher Paritätischer Wohlfahrtsverband: Wandsbeker Chaussee 8, 22089 Hamburg (Wandsbek), Telefon 41 52 01 63 (Frau Block), Fax 41 52 01 90, Mo-Do 9–16, Fr 9–13 Uhr
- Deutsches Rotes Kreuz: Behrmannplatz 3, 22529 Hamburg (Lokstedt), Telefon 55 42 00, Fax 58 11 21, Mo-Do 8–17, Fr 8–15 Uhr; www.drk-hh.de
- Diakonisches Werk: Königstraße 54, 22767 Hamburg (Altona), Telefon 30 62 02 92; www.eva-kita.de
- SOAL – Alternativer Wohlfahrtsverband, Landesverband Hamburg e. V.: Eifflerstraße 3, 22769 Hamburg (Altona), Telefon 4 32 58 40; E-Mail: info@soal.de, www.soal.de
  Beratungen für Träger, Elterninitiativen, die eigene KiTa gründen wollen, Rechtsberatung

**Kinderwunsch:** Künstliche Fortpflanzung ist für viele Paare noch ein Tabuthema. Karen Ringeling, selbst betroffene Mutter, gründete einen Verein, um andere an ihren Erfahrungen teilhaben zu lassen und Kontakte herzustellen zwischen Ärzten und Betroffenen. Für 15 Euro Mitgliedsbeitrag im Jahr bekommt man unter anderem eine Liste von Ärzten, die auf dem Gebiet tätig sind.

- Hamburger Informationszentrum Kinderwunschbehandlung e. V.: In de Tarpen 52, 22848 Norderstedt, Telefon 52 87 85 87, Fax 52 87 85 89; www.kinderwunsch-hh.de

**Kreativschulen:** Ob Mal-, Musik-, Tanz- oder Schauspielschulen, es gibt viele Einrichtungen in Hamburg, wo Kinder sich kreativ austoben können:

- Atelier Altonaer Kunstschule: Winterstraße 4–8, 22765 Hamburg (Altona), Telefon 3 90 92 28, Fax 3 90 92 24, Mo-Fr 9–21 Uhr; E-Mail: kunstschule@t-online.de; www.atelier-altona.de
  Vermittlung handwerklicher und künstlerischer Techniken für Jugendliche
- Freie Kinder und Musikatelier: Palmaille 130, 22767 Hamburg (Altona), Telefon 38 61 09 22, Fax 38 61 09 23, Mo-Fr 10–20 Uhr; E-Mail: frank_und_frei@compuserve.com
  Alternative zur staatlichen Musikschule, für Kinder ab drei Jahren, persönlicher Kontakt, integrativer Kurs für behinderte und nichtbehinderte Kinder
- Hamburger Volkshochschule Stadtbereich Mitte und Zentrale: Schanzenstraße 75–77, 20357 Hamburg (Schanzenviertel), Telefon 4 28 41 27 52, Fax 4 28 41 27 88, Mo, Di, Mi 10–13 Mo, Do 14–18.30 Uhr; www.vhs-hamburg.de

Vielfältiges künstlerisches Programm für Kinder und Jugendliche in den sechs VHS-Stadtbereichen

- Junge Mimen: Rappstraße 1, 20146 Hamburg (Univiertel), Telefon 44 29 72
- Kunstschule für Kinder am Institut für Kindesentwicklung: Mexikoring 27, 22297 Hamburg (City Nord), Telefon 6 32 50 25, Fax 63 31 79 27, Mo-Fr 9–18 Uhr; www.ike-kindesentwicklung.de
  Für Kinder von 3–12 Jahren, spielerische Heranführung an Literatur, Malerei, Musik, Theater, Tanz
- Malschule in der Kunsthalle e. V. c/o Hamburger Kunsthalle: Glockengießerwall 1, 20095 Hamburg (Innenstadt), Telefon 42 85 4 31 80, Fax 4 28 54 27 99; www.hamburger-kunsthalle.de
  Programme auch über den Museumsdienst Hamburg (Telefon 42 82 43 25). Kinder ab fünf Jahren können hier gipsen, malen, basteln, kleben, drucken
- O 33 – Studio für Tanz: Oelkersallee 33, 22769 Hamburg (Altona), Telefon 43 43 40, Fax 43 25 45 77; www.koerpertraining.de
  Kindertanzgruppen ab 4 Jahren, Bewegung, Kreativität wird spielerisch vermittelt
- Staatliche Jugendmusikschule: Mittelweg 42, 20148 Hamburg (Eppendorf), Telefon 4 28 01 41 41, Fax 4 28 01 41 33, Mo-Fr 9–16 Uhr; www.jugendmusikschule.hamburg.de
  Für Kinder ab vier Jahren, vielfältiges Angebot von musikalischer Früherziehung bis zum Erlernen von Instrumenten, ein- oder zweijährige Kurse
- Tanzschule Baladin: Stresemannstraße 374, 22761 Hamburg (Altona), Telefon 89 89 08, Fax 88 16 97 06, Mo-So 18.00–22.30 Uhr; E-Mail: info@baladin.de; www.baladin.de
  Merengue, Salsa, Samba und Flamenco für Kinder ab 12 Jahren
- Tanzschule Möller: Klopstockplatz 11, 22765 Hamburg (Altona), Telefon 3 80 62 27, Fax 3 89 33 06, Mo-So 14–23 Uhr; E-Mail: info@tanzschulemoeller.de; Kurszeiten auf der Homepage www.tanzschulemoeller.de
  Die Tanzmäuse (3- bis 6-Jährige) entwickeln beim „Pinguin Cha Cha" spielerisch ihr Körpergefühl, „Dance 4 Kids" (6- bis 12-Jährige) tanzen kleinere Choreografien nach Vorbild der großen Stars
- Wandsbeker Ballettstudio: Kattunbleiche 41, 22041 Hamburg (Wandsbek), Telefon 86 66 37 39, Fax 86 66 37 33; www.klassikballett.de
  Ab zwei Jahren tänzerische Früherziehung, Vermittlung von Raumgefühl, Musikalität, Kinderballett

**Mode:** Es muss ja nicht gleich ein Designeranzug sein, aber kommen sie den kleinen Teufeln bloß nicht mit Billiglabeln oder Markenimitaten. Damit können sie auf keinem Schulhof bestehen.

- Cleo's für Kinder: Bei der Reitbahn 1, 22763 Hamburg (Altona), Telefon 3 90 05 14, Fax 3 90 05 14, Mo-Fr 10–18, Sa 10–14 Uhr, Kreditkarte: EC-Karte
- Hennes & Mauritz: Große Bleichen 30, 20354 Hamburg (Innenstadt), Telefon 35 09 55 64, Mo-Fr 10–20, Sa 10–16 Uhr, Kreditkarte: EC-Karte; www.hm.com
  Einer der günstigsten Anbieter für angesagte Kindermode, Qualität lässt aber manchmal zu wünschen übrig; auch in folgenden Einkaufszentren: Alstertal EKZ, EKZ Farmsen, EKZ Billstedt, EKZ Hamburger Straße, Elbe EKZ, Mercado Altona und Wandsbek Quarree
- Jacadi: Bleichenbrücke 2, 20354 Hamburg (Innenstadt), Telefon 36 44 47, Fax 37 83 40; E-Mail: jacadi@jacadi-hamburg.de; www.jacadi.de
- Jungs & Deerns: Blankeneser Hauptstraße 158, 22587 Hamburg (Blankenese), Telefon 86 99 88, Fax 86 66 35 83, Mo-Fr 9–13, 15–18, Sa 10–18 Uhr, Kreditkarte: EC-Karte
- Junior Vogue: Lehmweg 48, 20251 Hamburg (Eppendorf), Telefon 48 15 16, Fax 48 15 16, Mo-Fr 10–13, 14.30–18, Sa 10–14 Uhr, Kreditkarten: alle außer Diners; EC-Karte
- KIKI Kindermoden: Bramfelder Chaussee 343, 22175 Hamburg (Bramfeld), Telefon 6 41 96 74, Fax 6 42 42 33, Mo-Fr 10–18 Uhr, Kreditkarte: EC-Karte
  Vollsortiment der gängigen Marken
- Pusteblume: Große Bleichen 36, 20354 Hamburg (Innenstadt), Telefon 35 26 21, Mo-Fr 10–20, Sa 10–16 Uhr, Kreditkarten: alle; EC-Karte
- SauseSchritt Kinderschuhe: Klosterallee 67, 20144 Hamburg (Eppendorf), Telefon 4 22 87 93, Mo-Fr 10–18, Sa 10–13 Uhr, Kreditkarte: EC-Karte;
  Freche und klassische Kinderschuhe in den Größen 18 bis 42

- Taca Tuca Kindermoden: Eppendorfer Baum 20, 20249 Hamburg (Eppendorf), Telefon 4 80 34 80, Fax 4 80 34 80, Mo-Fr 9.30–18.30, Sa 10–16 Uhr, Kreditkarte: EC-Karte
- Tausendfüßler Kinderschuhe: Probst-Paulsen-Straße 1, 22587 Hamburg (Blankenese), Telefon 8 66 37 05, Fax 86 64 21 80, Mo-Fr 9–18.30, Sa 9–14 Uhr, Kreditkarten: alle; EC-Karte
  Alle Schuhe, die Kinderfüße brauchen: Hausschuhe, Halbschuhe und Gummistiefel in den Größen 17 bis 42/43
- Wolle und Kindermode: Marienthalerstraße 141, 20535 Hamburg (Hasselbrook), Telefon 2 00 43 31, Fax 2 00 61 56, Mo-Fr 9–18 Uhr; www.kindermode-wolle.de
  Inhaberin Gisela Barczynsky fertigt robuste Wendehosen für Babys bis Schulanfänger in den Größen 50 bis 128 an; außerdem Mützen, Westen

**Ponyreiten:** Der „wilde, wilde Westen" fängt schon in Hamburg Schenefeld an:

- Reitschule Pferdehof: Holtkamp 2, 22869 Hamburg (Schenefeld), Telefon 8 30 41 70, Mo-Fr 15–18, Sa 9–14 Uhr
  Pferdehof speziell für Kleinkinder, Reitunterricht für Kids ab fünf Jahren, reiten auf Shetlandponys mit Westernsattel
- Reit-und Fahrstall „Eichenhof": Puckaffer Weg 14b, 22397 Hamburg (Duvenstedt), Telefon 6 07 08 66, Fax 6 07 16 08, Büro Mo-Fr 8–18 Uhr; E-Mail: info@reitstall-eichenhof.de, www.reitstall-eichenhof.de
  Erfahrene Reiter ab zehn Jahren können ihr Abzeichen „Kleines Hufeisen" erwerben, Kleinkinder ab zwei bis drei Jahren werden auf Ponys geführt; Kutschfahrten, Voltigiergruppen

**Spielplätze:** Die Kinder haben den größten Spaß, nur die Eltern gucken in die Röhre und langweilen sich auf den ewig gleichen Spielplatzbänken. Das muss nicht sein. Wir empfehlen Spielplätze, wo auch die Eltern nicht zu kurz kommen:

- Große Wallanlagen: Glacischaussee/Holstenwall, 20355 Hamburg (Innenstadt)
  Eingang Glacischaussee oder Holstenwall, U-Bahn Messehallen, die Wallanlagen sind für Eltern und Kids gleichermaßen spannend, richtig fetzig geht's auf den Rollschuh- und Eislaufbahnen zu, für das leibliche Wohl ist sorgt ein Kiosk mit Café
- Planten un Blomen: Tiergartenstraße/St. Petersburger Straße/Marseiller Straße, 20355 Hamburg (Innenstadt), Mo-So 7–20 (im Sommer bis 23 Uhr); www.PlantenunBlomen.hamburg.de
  Eingang gegenüber dem Messegelände; der große Abenteuerspielplatz ist nicht zu verachten, riesiges Spielangebot für Kinder, Kioskversorgung für Eltern
- Spielplatz am Café Altamira: Bahrenfelder Straße 331, 22761 Hamburg (Ottensen), Telefon 85 37 16 00, Fax 8 53 24 10, Mo-So ab 18 Uhr; www.cafealtamira.de
  Spanisches Café für die Eltern, angrenzender Spielplatz für die Lütten, die vergnügen sich an Schaukel und Wippe, während die Eltern Kaffee und Kuchen, Eis und spanische Tapas genießen
- Spielplatz in der Hansastraße: (Rotherbaum), Direkt neben dem Tennis-Court, während des Tennisturniers am Rothenbaum kann über den Zaun gelinst werden, zu beobachten sind Agassi und Co. beim Aufwärmtraining
- Stadtpark: Jahnring/Südring/Saarlandstraße, 22299 Hamburg (Winterhude)
  Von der Hindenburgstraße Richtung Alsterdorf, rechts ab in den Spielwiesenweg, klasse Kinderspielplatz, im Sommer ist das Planschbecken das Spaßparadies schlechthin, riesige Sandanlage; Eltern können sich am Kiosk oder Restaurant verköstigen; was fürs Auge wird auch geboten: nachmittags und am Wochenende zeigen die durchtrainierten Beach-Volleyballer Sandkisten-Spitzenleistungen beim Baggern und Pritschen
- Volkspark Altona: August-Kirch-Straße, 22525 Hamburg (Stellingen)
  S 21/S 3 Stellingen, dann Bus 180 bis Volkspark oder: S1/S3 Altona, Bus 188 bis Stadionstraße; auf der großen Wiese mehrere Grillstellen, bei Open-Air-Konzerten auf der benachbarten Trabrennbahn sogar mit Musik

**Spielzeug:** Au Backe, an dem Spielzeugladen müssen wir schleunigst vorbei. Ansonsten drohen Gequengel oder Forderungen nach Taschengelderhöhungen. Welche Eltern kennen das nicht. Falls Sie den lieben Kleinen doch einmal etwas Gutes tun wollen oder ein Geschenk für die Minimonster von Familie oder Freunden suchen, nennen wir die wichtigsten Spielzeugläden der Stadt:

- Buchhandlung im Schanzenviertel c/o Die Druckerei: Schanzenstraße 6, 20357 Hamburg (Schanzenviertel), Telefon 4 30 08 88, Fax 43 38 11, Mo-Do 9.30–18, Fr 9.30–18.30, Sa 10–14 Uhr, Kreditkarten: EC-Karte
  Kinderbücher und Pädagogik
- Harlekin: Alsterdorfer Straße 26, 22299 Hamburg (Winterhude), Telefon 4 80 23 27, Mo-Fr 9.30–13, 14.30–18 Uhr, Kreditkarte: EC-Karte
  Winziger Laden, Schwerpunkt Bücher, auch Hörspiel- und Musikkassetten, Kinderposter, Stofftiere, Jo-Jos, Klebebilder, Würfel, Murmeln
- Kinderparadies: Neuer Wall 7, 20354 Hamburg

Kindertheater: Vielleicht landet so manches Engelchen auf den Brettern, die die Welt bedeuten



(Innenstadt), Telefon 34 39 31, Fax 34 46 93, Mo-Fr 10–19, Sa 10–16 Uhr, Kreditkarte: EC-Karte; www.kinderparadies-hamburg.de
150-jähriges Traditionshaus, über 60 000 Artikel, Spielzeug für Null- bis Sechsjährige, Filialen im Alstertal EKZ, Elbe EKZ

- Lienau: Eppendorfer Baum 13, 20249 Hamburg (Eppendorf), Telefon 45 37 50, Fax 44 86 72, Mo-Fr 10–19, Sa 10–16 Uhr, Kreditkarten: alle außer Diners; EC-Karte
  Für Kinder ein absoluter Volltreffer, das Traditionsgeschäft führt neben einer riesigen Auswahl an Holzspielzeug alles für die Sandkiste und den Strand, Handpuppen, Zauberspiele und Pedalos
- Star Toys: Dammtorstraße 22, 20354 Hamburg (Innenstadt), Telefon 35 71 38 13, Fax 35 71 38 14, Kreditkarten: Eurocard, Visa; EC-Karte; E-Mail: service@startoys.com; www.startoys.com
  Große Auswahl an Action-Spielzeug, „Star Wars"-Comic- oder Computerspiel-Figuren
- Toys „R" Us: Hörgensweg 5, 22523 Hamburg (Eidelstedt), Telefon 77 31 06, Fax 773210, Mo-Fr 9–20, Sa 8.30–16 Uhr; www.toys-r-us.de
  Filiale im Marktkauf Center in Harburg: Seeveplatz 1, 21073 Hamburg, Telefon 77 31 06
- Unser Lädchen: Susannenstraße 6, 20357 Hamburg (Schanzenviertel), Telefon 4 39 06 67, Fax 4 39 06 67, Mo-Fr 10–18, Sa 10–13 Uhr
- Villa Kunterbunt: Osterstraße 19, 20259 Hamburg (Eimsbüttel), Telefon 4 91 30 66, Mo-Fr 10–13, 14–18, Sa 10–14 Uhr, Kreditkarte: EC-Karte; E-Mail: info@villakunterbunt.de; www.villakunterbunt.de

**Theater:** Die Kindertheater-Szene ist in den letzten Jahren stiefmütterlich behandelt worden. Die finanzielle Unterstützung, gerade für freie Gruppen, ist äußerst armselig. Verbände wie der KITSZ, ein Zusammenschluss freier Gruppen, kämpft für mehr Fördermittel.

- KITSZ e. V. – Kindertheater Szene: Wohlersallee 16, 22767 Hamburg (Altona), Telefon 4 39 64 29, Fax 30 61 81 00; E-Mail: christiane.richers@t-online.de
  Zusammenschluss neun freier Schauspielgruppen: Theater Mär, kirschkern & Compes,Theater Zeppelin, Theater Triebwerk, Brekkekekex, Theater Pina Luftikus, Theater am Strom, Theater Funkenflug, Bühne Bumm

**Figurenheater:**
- Arbcitsgemeinschaft für Puppentheater: Alsterdorfer Straße 185, 22297 Hamburg (Alsterdorf), Telefon 5 11 31 16, Fax 5 11 31 16; E-Mail: raeckerhh@aol.com; www.hamburgerpuppentheater.de
- Fundus Theater: Hasselbrookstraße 25, 22089 Hamburg (Eilbek), Telefon 2 50 72 70, Fax 2 50 72 26; E-Mail: post@fundus-theater.de; www.fundus-theater.de
  Schwerpunkt Figurentheater, aber auch Spielstätte für freie Theatergruppen; eigene Inszenierungen, für Kinder ab fünf Jahren
- Hamburger Puppen- und Figurentheater (AHAP): Grasredder 38, 21029 Hamburg (Bergedorf), Telefon 7 21 47 74, Fax 7 21 47 74
- Haus Flachsland: Bramfelder Straße 9, 22305 Hamburg (Bramfeld), Telefon 5 11 31 16, Fax 5 11 31 16; E-Mail: raeckerhh@aol.com; www.hamburgerpuppentheater.de
  1942 gegründet, fördert alle Formen des Figurentheaters: Spiel mit Handpuppen, Marionetten, Tischfiguren, Stab- und Schattenfiguren; Kindervorstellungen von September bis April, So 11 und 15 Uhr, jede Woche neues Programm

**Schauspiel:**
- TASK – Film-und Schauspielschule für Kinder und Jugendliche: Schomburgstraße 50, 22767 Hamburg (Altona), Telefon 38 61 46 46, Fax 38 61 46 48, Mo-Fr 10–19 Uhr; E-Mail: taskhamburg@t-online.de; www.kinderschauspielschule.de
  Unterricht für Kinder ab sechs Jahren, Besuche an Film-Drehorten und Theaterstücken
- Theater für Kinder: Max-Brauer-Allee 76, 22765 Hamburg (Altona), Telefon 38 25 38, Fax 3 89 29 21, Kreditkarte: EC-Karte; E-Mail: info@theater-fuer-kinder.de;

www.theater-fuer-kinder.de
Festes Haus mit Stücken für Kinder ab fünf Jahren, Opern für Kinder, auf Anfrage wird auf Schul-, Stadtteilfesten gespielt, Vormittagsvorstellungen für Schulklassen, Kindergartengruppen

- Theater Zeppelin: Kaiser-Friedrich-Ufer 27, 20253 Hamburg (Hoheluft), Telefon 4 22 30 62, Fax 42 93 59 79, Bürozeiten Di-Do 10–15 Uhr; www.theaterzeppelin.de
  Schauspieler und Theaterpädagogen geben Schauspielkurse für Kinder von 6 bis 14 Jahren, Stücke werden im elterlichen Kreis aufgeführt

**Umwelt:** Es muss ja nicht gleich der todesmutige Einsatz im Greenpeace-Schlauchboot vor der lecken Bohrinsel sein. Kinder und Jugendliche können sich genauso effektiv, aber weniger effektvoll in verschiedenen Gruppen engagieren.

- Bund für Umwelt und Naturschutz Deutschland (BUND) / Kinderhaus: Loehrsweg 13, 20249 Hamburg (Eppendorf), Telefon 4 60 34 32, Fax 4 60 34 32, Mo 14–16, Mi 9–13 Uhr; E-Mail: bundjugend.hamburg@bund.net; www.bund.net/hamburg
  Nisthilfen bauen, Müll sammeln, Beete anlegen für Kinder ab sechs Jahren, „Schnuppernachmittage" täglich 15.30–17.30 Uhr
- Greenpeace e. V., Kinder- und Jugendprojekte: Große Elbstraße 39, 22767 Hamburg (Altona), Telefon 30 61 80, Fax 30 61 81 00, Mo-Do 9–18, Fr 9–16 Uhr; E-Mail: mail@greenpeace.de; www.greenpeace.de/kids
  Kinder- und Jugendgruppen engagieren sich bei Umweltproblemen, Unterstützung durch Greenpeace-Teams
- Umweltzentrum Karlshöhe e. V.: Karlshöhe 60d, 22175 Hamburg (Bramfeld), Telefon 6 00 38 60, Fax 60 03 86 20, Mo-Do 9–17, Fr 9–16 Uhr; E-Mail: hamburger.umweltzenrum@bund.net; www.bund.net/hamburg
  Die Umwelt spielerisch erfahren; Vollkornbrotbacken im Lehmbackofen, telefonische Anmeldung erforderlich
- Waldjugend Hamburg e. V.: Lokstedter Holt 46, 22453 Hamburg (Niendorf), Telefon 58 69 27, Fax 53 05 56 18, Mo-Do 7–15.30, Fr 7–14 Uhr; E-Mail: sdw@wald.de; www.wald.de
  Die Waldjugend engagiert sich für den Schutz und die Erhaltung von Bäumen

**Verkehrserziehung:** Die Schumi-Brüder können sich bald warm anziehen. In echten benzinbetriebenen Mini-Autos pest der Nachwuchs mit zwanzig Stundenkilometern über die Rennstrecken. Das macht nicht nur Spaß, die Kids lernen auch dabei.

Zeise Kinos: Drei nette Säle in aufpolierter Fabrikhalle

- jumicar: Heestweg 1, 22143 Hamburg (Rahlstedt), Telefon 6 77 74 41, Fax 679 23 69, Di-Fr 15–19, Sa, So 12–19 Uhr; E-Mail: jumicar-zentrale@t-online.de; www.jumicar.de
  Von März bis Ende Oktober geöffnet: Kinder ab sieben Jahren unternehmen erste Fahrversuche, für den Erwerb des „jumicar-Führerscheins" ist eine Anmeldung erforderlich

## Kinos

Hollywood-Streifen und Popcorn machen Spaß, ein bisschen Anspruch kann aber auch nicht schaden. Die kleineren und größeren Filmkunsttheater bieten ein angenehmes Kontrastprogramm zu den Kinos der Superlative: Was wann wo läuft, verrät der SZENE AGENT im Dienst von www.szene-hamburg.de. Damit haben Sie auf einen Klick den Überblick über alle Filme der wichtigsten Hamburger Kinos, auswählbar nach den Kriterien Termin, Filmtitel und Kino.

- 3001: Schanzenstraße 75–77, 20357 Hamburg (Schanzenviertel), Telefon 43 76 79, Fax 4 30 31 50; E-Mail: info@3001-kino.de; www.3001-kino.de
  Sehenswerte außereuropäische Filme, das Beste aus dem fernöstlichen Kino
- Abaton: Allende-Platz 3, 20146 Hamburg (Univiertel), Telefon 41 32 03 21, Fax 41 32 03 22; www.abaton.de
  Direkt am Campus, Premieren von Independent-Produktionen, oftmals untertitelte Originalfassungen, drei Säle
- Alabama: Jarrestraße 2, 22303 Hamburg (Winterhude), Telefon 28 80 30 70; www.alabama-kino.com
  Programmkino mit aktuellen Filmen, Klassikern der Moderne, Repertoirefilmen und Filmreihen;

Monday ist „MonGay“: Highlights schwuler und lesbischer Filmkultur

- B-Movie: Brigittenstraße 5, 20359 Hamburg (St. Pauli), Telefon 4 30 58 67; www.b-movie.de
  Hamburgs kleinstes Kino, wechselnde Filmreihen, auch zu politischen Themen, Filmabend für Gehörlose und Hörende jeden ersten Di
- Cinemaxx Dammtor: Dammtordamm 1, 20354 Hamburg (Innenstadt), Telefon 018 05/24 63 62 99, Fax 04 31/3 80 04 65; www.cinemaxx.de
  Acht Säle mit insgesamt 2730 Plätzen, Lasershow in der Abendvorstellung, oftmals Stars bei der Premiere; Filiale in Harburg
- Fama: Luruper Hauptstraße 247, 22547 Hamburg (Lurup), Telefon 8 32 54 41, Fax 43 25 35 56,
  Weit draußen, aber wegen kultiger B-Filmreihen die Reise wert
- Grindel Ufa-Palast: Grindelberg 7, 20144 Hamburg (Eimsbüttel), Telefon 45 03 59 74; www.ufakinos.de;
  Ehemaliges Traditionskino von 1959, seit 1995 komplett modernisiert, zeigt seit dem 1. August 2001 einen Großteil der Filme auch in Originalfassung, Sneakpreview Di 21 Uhr, lustige Tipps dazu unter www.grindelsneak.de
- Holi: Schlankreye 69, 20144 Hamburg (Hoheluft), Telefon 4 22 30 40; www.cinemaxx.de
  Altes Kino mit zwei schönen Sälen; Erstaufführungen europäischer Filme
- Kinopolis: Hamburger Straße 1–15, 22083 Hamburg (Winterhude), Telefon 2 27 04 22; www.kinopolis.de
  Acht Kinos mit Großleinwänden, Digitalsound, Großraumdisco-Atmosphäre
- Lichtmesz: Gaußstraße 25, 22765 Hamburg (Ottensen), Telefon 3 90 76 03
  Experimental-Kino, Low-Budget-Filme, Kunstfilmreihen
- Magazin: Fiefstücken 8a, 22299 Hamburg (Winterhude), Telefon 51 22 34
  Programmkino
- Metropolis: Dammtorstraße 30a, 20354 Hamburg (Innenstadt), Telefon 34 23 53, Fax 35 40 90; E-Mail: info@kinemathek-hamburg.de; www.metropolis-hamburg.de
  Ehemaliges Wochenschau-Kino, seit zwanzig Jahren Kommunales Kino, der Zusatz „Kinemathek Hamburg e. V.“ im Titel verweist auf das umfangreiche Filmarchiv, Werkschauen, Retrospektiven, Filmreihen zu historischen und tagesaktuellen Themen, gelegentlich Stummfilme mit musikalischer Live-Begleitung
- Passage Filmtheater: Mönckebergstraße 17, 20095 Hamburg (Innenstadt), Telefon 32 41 39; www.cinemaxx.de
- Streit's Filmtheater: Jungfernstieg 38, 20354 Hamburg (Innenstadt), Telefon 34 60 51; www.ufakinos.de
  Hamburger Tradtionskino seit 1956, Preview-Kino Nummer eins in Hamburg, Kinosaal mit 463 Plätzen
- Studio: Bernstorffstraße 93–95, 22767 Hamburg (Altona), Telefon 4 39 29 62, Fax 4 39 49 00; www.ufakino.de
  Nettes Stadtteilkino mit Cocktailbar, auch Independent-Produktionen
- UCI Kinowelt: Baurstraße 2, 22605 Hamburg (Othmarschen), Telefon 88 18 21 82; www.uci-kinowelt.de
  Neun Säle mit Komfortsesseln, teilweise Filme in Originalfassung, Special Events
  Filiale: Smart City, Friedrich-Ebert-Damm 134, 22047 Hamburg (Farmsen), Telefon 69 44 24 42
- UFA-Palast: Gänsemarkt 45, 20354 Hamburg (Innenstadt), Telefon 35 71 19 21; www.ufakinos.de
  Zwanzig Meter hohe Glasfassade, zehn Säle auf vier Foyerebenen
- Zeise Kinos: Friedensalle 9, 22765 Hamburg (Ottensen), Telefon 3 90 87 70; www.zeise.de
  Drei nette Sälchen in aufpolierter Fabrikhalle

## Kirchen

Zweifelsohne ist der „Michel“ (▶ *St. Michaelis)* die bekannteste Kirche Hamburgs. Er ist aber nicht das einzige sehenswerte Gotteshaus der Stadt. Auch die folgenden Kirchen sind einen Besuch wert.

- Ali Camii Iranische Moschee: Schöne Aussicht 36, 22085 Hamburg (Uhlenhorst), Telefon 22 12 20, Besichtigung nach Voranmeldung
  Die iranisch-schiitische Moschee, erbaut 1963–69, mit ihren zwei in den Himmel ragenden Minaretten gehört neben dem Hotel Atlantic wohl zu den bekanntesten Gebäuden an der Außenalster
- Merkez Camii Zentralmoschee: Böckmannstraße 40, 20099 Hamburg (St. Georg), Telefon 24 56 29,
  Die Hamburger Zentralmoschee befindet sich in einem ehemaligen Schwimmbad im Herzen St. Georgs. Fünfmal täglich wird nach dem Ruf des Muezzin gebetet. Der blaugekachelte Gebetsraum zeigt Szenen der Pilgerfahrt. Informationen und Führungen werden angeboten
- St. Prokopius Kirche: Hagenbeckstraße 10, 22527 Hamburg (Stellingen), Telefon 40 40 60
  1965 erbaute russisch-orthodoxe Kirche, einziges eigenes Kirchengebäude der orthodoxen Gemeinden in Hamburg, entworfen von russischen

Emigranten nach russischem Vorbild

- St. Jacobi: Jakobikirchhof 1, 20095 Hamburg (Innenstadt), Telefon 3 03 73 70, Fax 30 38 07 66, Mo-Sa 10–17, Büro 9–13 Uhr
  Eine der fünf Hauptkirchen; ursprünglich im 14. Jahrhundert erbaut, 1992 vollständig restauriert, bedeutendste Objekte sind drei Altäre und Bornemann-Kanzel aus Marmor und Arp-Schnitger-Orgel; Kirchenführung mit Turmfahrt April bis Oktober 11+15 Uhr
- St. Johannis Eppendorf: Ludolfstraße 66, 20249 Hamburg (Eppendorf), Telefon 47 79 10, Fax 4 80 06 89, Mo-Fr 9–12, Di, Do 16–18.30 Uhr, Ehemals romanische Feldsteinkirche, bekannt als Eppendorfer Hochzeitskirche
- St. Katharinen: Katharinenkirchhof 1, 20457 Hamburg (Innenstadt), Telefon 30 37 47 41, Fax 30 37 47 59, Mo-So 9–17 Uhr
  Evangelische Hauptkirche, entstand im 14./15. Jahrhundert, Turm gilt als einer der schönsten Norddeutschlands, die vergoldete Spitze des Turmes stammt der Sage nach aus Störtebekers Beutegut
- St. Nikolai Turm: Hopfenmarkt, 20457 Hamburg (Innenstadt); Gemeinde St. Nikolai: Abteistraße 38, 20149 Hamburg (Harvestehude), Telefon 4 41 13 40, Fax 44 11 34 26; E-Mail: nikolai@hauptkirchen.de
  Der mittelalterliche Bau wurde beim großen Brand 1842 zerstört, der Neubau brannte im 2. Weltkrieg aus. Seither ist die Gemeinde in Harvestehude ansässig. Der Turm blieb stehen und ist heute eine Gedenkstätte für die Opfer von Krieg und Verfolgung. Mit seinen 147 Metern ist er der dritthöchste Kirchturm Deutschlands. Im Keller befinden sich eine Weinhandlung und ein Weinmuseum
- St. Petri: Speersort 10, 20095 Hamburg (Innenstadt), Telefon 3 25 74 00, Fax 33 75 97
  Die älteste der fünf evangelischen Hauptkirchen, erstmals urkundlich erwähnt 1195. Beim großen Brand 1842 wurde sie völlig vernichtet. 1844–49 folgte der Wiederaufbau. Der 133 Meter hohe Kirchturm ist besteigbar

**Kirchen: St. Petri ist die älteste der fünf evangelischen Hauptkirchen**

## Kirschblütenfest

Jedes Jahr im Mai dankt die japanische Gemeinde den Hamburgern mit dem traditionellen Kirschblütenfest für ihre Gastfreundschaft. Das Präsent: ein imposantes Feuerwerk über der Außenalster unter der Leitung japanischer Pyrotechniker und das Jokocho Straßenfest der Deutsch-Japanischen Gesellschaft. Eine Kirschblütenprinzessin wird alle zwei Jahre in der Hansestadt gewählt. Weitere Informationen und das genaue Datum der Veranstaltungen gibt es bei:

- Deutsch-Japanische Gesellschaft zu Hamburg e. V., Kontakt Christina Claussen, Gotenstraße 21, 20097 Hamburg, Telefon 23 60 16 25, Fax 23 60 16 10, Mo-Fr 8.30–14.30 Uhr; E-Mail: djg@wga-hh.de
- Japanisches Generalkonsulat: Rathausmarkt 5, 20095 Hamburg (Innenstadt), Telefon 3 33 01 70, Fax 30 39 99 15, Mo-Fr 9.30–12, 14–16.30 Uhr; www.hamburg.de

## Kitesurfen

Wer schon als Kind eine Vorliebe für Drachen hatte und in späteren Jahren am Wochenende gerne windsurfend über die Wellen glitt, wird am Kitesurfing seine helle Freude haben. Dieser neue Trendsport vereint nämlich beides. Der Kitesurfer lässt sich auf einem Surfbrett von einem Lenkdrachen ziehen. Durch den Auftrieb des Drachens sind wesentlich höhere Sprünge möglich als beim normalen Windsurfen. Einige Kitesurfer erreichen Höhen von bis zu 20 und Sprungweiten bis zu 120 Metern. An dieser spektakulären Fun-Sportart Interessierte sollten schleunigst einen Kurs beim Kitesurfing Center auf Fehmarn belegen. Das dazugehörige Equipment gibt es bei M. S. P., Surf Planet, Hai Q oder Wolkenstürmer.

Weitere Informationen rund ums Thema bei der German Kite Surf Association.

- German Kite Surf Association: Stockholmstraße 21, 24109 Kiel, Telefon 04 31/6 59 79 10, Fax 04 31/6 59 79 12; www.gksa.de
- Hai Q: Hegestraße 27, 20249 Hamburg (Eppendorf), Telefon 6 52 41 58, Fax 68 91 28 62, Mo-Fr 12–19, Sa 11–16 Uhr, Kreditkarte: EC-Karte; E-Mail: info@haiq.de; www.haiq.de
- Kitesurfing Center Fehmarn: Osterstraße 45, 23769 Fehmarn (Burg), Telefon 0 43 71/8 77 92, Fax 0 43 71/8 76 00, Mo-Sa 9.30–18, So 11–18 Uhr, Kreditkarten: EC-Karte; E-Mail: info@kitesurfing.de, www.kitesurfing.de
- M. S. P. – Magic Surf Products: Papenreye 22, 22453 Hamburg (Niendorf), Telefon 58 70 71, Fax 58 91 61 85, Mo-Fr 10.30–18.30, Sa 9–16 Uhr, Kreditkarten: alle; EC-Karte; www.msp-trendsport.de
- Surf Planet: Gewerbering 10, 22113 Hamburg (Oststeinbek), Telefon 7 12 20 23, Fax 7 13 46 39, Mo-Fr 9–19, Sa 9–14 Uhr, Kreditkarte: EC-Karte; E-Mail: surf.planet@gmx.de; www.surfplanet-hh.de
- Wolkenstürmer: Osterstraße 20, 20259 Hamburg (Eimsbüttel), Telefon 45 49 71, Fax 4 91 48 34, Mo-Fr 10–19, Sa 10–14 Uhr, Kreditkarten: Amex, Eurocard, Visa; EC-Karte; E-Mail: kontakt@wolkenstuermer.de; www.wolkenstuermer.de

## KlangHaus

Die Idee ist der Weg, und die Interpretation das Ziel. Mit selbst entworfenen Musikinstrumenten, Klangobjekten, Skulpturen und Installationen umreißt der Musiker und Komponist Ferdinand Försch in seinen Ausstellungsräumen das Thema Klang. In begehbaren Räumen kann der Besucher mittels Bewegungssensoren Klänge auslösen. Neben Führungen für Schulklassen organisiert der Künstler auch Klangperformances mit anderen Musikern.

- KlangHaus: c/o Ferdinand Försch, Berzeliusstraße 89, 22113 Hamburg (Billbrook), Telefon 7 36 77 17 93, Fax 7 36 77 17 93; www.klanghaus.de

## Klaviere

„Ebony and Ivory, side by side on my piano …“ – Jetzt haben wir Ihnen aber einen zähen Ohrwurm verpasst, oder? Und das alles nur, weil eine Einleitung her musste. Dabei geht es doch auch so: Steinway & Sons ist mit rund 200-jähriger Unternehmensgeschichte wohl der bekannteste Hersteller von Konzertflügeln und Klavieren. Momentan geben weltweit 800 Pianisten auf Steinways ihre Konzerte. In der Hamburger Fabrik werden jährlich circa tausend Flügel und 200 Klaviere hergestellt. Die Herstellung der Instrumente kann im Rahmen einer zweistündigen Führung bestaunt werden. In der Verkaufsfiliale in den Colonnaden werden neben den eigenen Pianos und Flügeln auch Klaviere der Marken Schimmel, Boston, Hupfeld und Kawai verkauft. Das Pianohaus Hamann in Winterhude bietet eine sehr große Auswahl an exklusiven Bösendorfer-Flügeln und -Klavieren. Falls Sie sich ein so gutes Stück anschaffen, sollte der Transport gesichert sein, und das am besten mit Hilfe von Karl Eggers.

- Karl Eggers: Tegetthoffstraße 8, 20259 Hamburg (Eimsbüttel), Telefon 4 90 48 08, Fax 4 91 67 80, Mo-Fr 8–18 Uhr
  Flügel- und Pianotransporte
- Klavier Knauer: Holstenstraße 167, 22775 Hamburg (Altona), Telefon 4 30 30 22, Fax 4 30 23 25, Mo-Fr 10–18, Sa 10–14 Uhr, Kreditkarte: EC-Karte; www.klavierknauer.de
- Pianohaus Hamann: Dorotheenstraße 116–118, 22301 Hamburg (Winterhude), Telefon 4 20 22 11, Fax 4 20 22 15, Mo-Fr 10–18, Sa 10–14 Uhr
- Steinway & Sons: Colonnaden 29, 20354 Hamburg (Innenstadt), Telefon 34 91 72 25, Fax 34 91 72 22, Mo-Fr 9.30–19, Sa 10–16 Uhr, Kreditkarten: EC-Karte, Eurocard, Visa; E-Mail: klavabt@steinway.de; www.steinway.de

## Kleinanzeigen

Eine Kleinanzeige kann Ihr Leben verändern. Oder das eines anderen. Manche Leute lesen sie nur zur Unterhaltung, andere brauchen dringend Informationen, wo sie beispielsweise ein Secondhand-Brautkleid kaufen können oder ein gebrauchtes Auto für die Reise in den Honeymoon. Im Wesentlichen geht es um die vier Grundsäulen im Leben: Wohnen, Jobben, Autofahren und dazu, quasi als Sinnstifter, eine Muse. Der suchende Hamburger kann am Kiosk unter verschiedenen Zeitungen und Magazinen wählen, um die Rubrik seiner Wahl zu finden. Allerdings: SZENE HAMBURG bietet die umfangreichste Kontaktbörse der Stadt.

- Annoncen-Avis: Eiffestraße 76, 20537 Hamburg (Borgfelde), Telefon 01 90/8 98 88 (Anzeigenaufgabe übers Festnetz), Fax 01 90/0 89 885, Mo-Do 9–17, Fr 9–16 Uhr; E-Mail: info@avis-net.de; www.annoncenavis.de
  Erscheint immer Di und Fr, private Kleinanzeigen

sind kostenlos und bieten neben dem Schwerpunkt Autos + Zubehör alles Mögliche vom Bürostuhl über die Mikrowelle bis zur Mitfahrgelegenheit nach Barcelona

- BILD-Anzeigenabteilung: Axel-Springer-Platz 1, 20350 Hamburg (Neustadt), Telefon 0 18 05/60 01 11, Fax 0 18 05/60 02 22; www.bildwirkt.de
  … dir deine Meinung – wer die Massengazette aus dem Axel Springer Verlag liest, kann täglich suchen – und zwar nach der Wahrheit. Spaß beiseite, jede Rubrik hat feste Tage. Autos: Di+Fr; Jobs: Mo+Mi; Gastro: Di+Do; Immobilien, Reise, Flohmarkt: Sa; Veranstaltungen: Fr; Kontakte: Mi; An- und Verkauf täglich
- Die Welt: Axel-Springer-Platz 1, 20350 Hamburg (Neustadt), Telefon 3 47 24 3 80 (Print), 34 72 73 43 (Online), Fax 34 72 73 44 (Print); E-Mail: online-verkauf@welt.de; www.welt.de
  Anzeigen hauptsächlich am Wochenende: Sa+So erscheint der KFZ-Markt, Unterricht/Fortbildung, Stellenmarkt, Kunst- und Antiquitäten und Heiraten & Bekanntschaften. Immobilien: Sa+So; Reisemarkt: Fr+So; täglich An- und Verkauf
- Die Zeit: Speersort 1, 20095 Hamburg (Innenstadt), Telefon 3 28 00, Fax 3 28 04 72 (Anzeigen); E-Mail: diezeit@zeit.de; www.zeit.de
  Erscheint immer donnerstags; bundesweiter Stellenmarkt für Akademiker
- Hamburger Abendblatt: Axel-Springer-Platz 1, 20350 Hamburg (Neustadt), Telefon 35 10 11 (Anzeigen); E-Mail: anzeigen@abendblatt.de; www.abendblatt.de
  Mi+Sa: Gebrauchtwagen, Stellenbörse, Wohnungsmarkt, Bauen und Renovieren, An- und Verkauf, Veranstaltungen. Heiraten und Bekanntschaften schließen geht nur am Samstag, genau wie Reise und Freizeit. „Flohmarkt" am Dienstag
- Hamburger Morgenpost – Service-Center Anzeigen-Annahme: Große Bäckerstraße 4, 20095 Hamburg (Innenstadt), Telefon 33 72 54, Fax 88 36 32 75; www.mopo.de
  Der tägliche Stellenmarkt der „Mopo" lohnt sich vor allem Mi+Sa; Auto-Markt: Fr; Immobilien, Single-Treff und privater Flohmarkt: Sa; Reisemarkt: Mi+Sa
- Immobilien Avis: Eiffestraße 76, 20537 Hamburg (Borgfelde), Telefon 25 44 98 44 (Inserate), Fax 25 44 98 45, telefonische Annahmezeiten: Mo, Fr 9–17, Di, Mi 9–18, Do 9–16 Uhr; E-Mail: info@avis-net.de; www.immo.avis-net.de
  Jeden Fr Wohnungen und andere Immobilien
- SZENE HAMBURG: Schulterblatt 120–124, 20357 Hamburg (Schanzenviertel), Telefon 4 32 84 20, Fax 43 28 42 30, Mo–Fr 9–18 Uhr; E-Mail: markt@szene-hamburg.de
  Hamburgs umfangreichste Kontaktbörse. Auch kombinierte Schaltung im Infomagazin hamburg:pur möglich; Anzeigenschluss ist jeweils der 16. des Vormonats, 12 Uhr; Sie können Ihre Anzeige auch unter www.szene-hamburg.de aufgeben
- taz: Harkortstraße 81, 22765 Hamburg (Altona), Telefon 38 90 17 11, Fax 38 90 17 10, Mo-Fr 10–17 Uhr; E-Mail: Fischmarkt@taz-hamburg.de; www.taz-hamburg.de
  Bietet ihre Anzeigenmärkte in der Wochenendausgabe und mittwochs an. Rubriken: Jobs, Wohnungsmarkt, Kontakte, An- und Verkauf, Reise, Fortbildungen/Kurse

**Klettern: Für echte Cliffhänger ist Hamburg zu flach**

## Kleinwüchsige Menschen

Die Akzeptanz kleinwüchsiger Menschen in unserer Gesellschaft ist wie eine Knochenröhre bei Hypochondroblessie – stark unterentwickelt. So ist es kaum verwunderlich, dass gerade diese Minderheit oft bemüht ist, selbstbewusster als andere aufzutreten. Der Mangel an Einrichtungen für kleine Menschen ist offenkundig: Kaum ein Schuhgeschäft, das Pumps in Größe 34 verkauft, keine Telefonzelle mit Trittbrett zum Kartenschlitz, schwer erreichbare Theken in Bars, Ausweiskontrollen auch nach dem siebten Doktortitel. Der Bundesverband kleinwüchsiger Menschen und ihrer Familien e. V. kümmert sich seit elf Jahren um zentrale Themen kleiner Menschen. Auf medizinischem und psychosozialem Sektor kann man sich über Krankheitsbilder und Hormonbehandlungen von Kindern informieren. Im Berufsleben haben es kleine Menschen oft schwer, ernst genommen zu werden. Leitende Funktionen und interessante Projekte sind eher den „Großen", „seriös Wirkenden" vorbehalten. So manches Potenzial wird aufgrund von Unwissenheit (Kleinwuchs = Körperbehinderung) verschwendet. Der Bundesverband Kleinwüchsige Menschen und ihre Familien e. V. (BKMF) berät in Sachen Integration Kleinwüchsiger ins Arbeitsleben. Kontakte und Freundschaften entwickeln sich schon seit 25 Jahren zwischen kleinen Menschen dank der Bundesselbsthilfevereinigung von Ines Sperling. Und bei den bundesweiten Treffen aller Verbände referieren Psychologen, Krankengymnasten und Ärzte über den neuesten Stand der Forschung.

- Bundesselbsthilfevereinigung kleinwüchsiger Menschen, Kontakt Ines Sperling: Krohnskamp 2, 22880 Wedel, Telefon 0 41 03/1 85 16, Mo-Fr ab 18 Uhr; E-Mail: ines.sperling@arcor.de; www.kleinwuchs.de
- Bundesverband kleinwüchsiger Menschen und ihrer Familien e. V.: Hillmannplatz 6, 28195 Bremen, Telefon 04 21/50 21 22, Fax 04 21/50 57 52, Mo, Di, Mi 9–12.30, 14–16, Do 14–19, Fr 9–12 Uhr; E-Mail: info@bkmf.de; www.bkmf.de
- Landesverband kleinwüchsiger Menschen und ihre Familien e. V. (BKMF), Landesverband Schleswig-Holstein: Alter Graben 3, 24214 Gettorf, Telefon 0 43 46/47 81, Fax 0 43 46/47 81; www.bkmf.de

## Klettern

Der Berg ruft? In Hamburg fehlen eindeutig die Vertikalen dazu. Wer sich davon nicht aufhalten lassen will, wendet sich an den Alpenverein Hamburg, hier werden Wander-, Kletter- und Bergsteigertouren organisiert. Echte Alpinisten warten aber nicht auf den Urlaub. Beim Alpenverein wird in nächster Zukunft das Projekt „Kletterturm", eine elf Meter hohe Anlage, eingebunden in einen Sportpark, realisiert. Das lässt das Kraxlerherz höher schlagen. Bis dahin klettern Mitglieder beim offenen Treff an den Elbbrücken. Freeclimbing ist im Uni-Sportpark möglich, an der 6,50 Meter hohen Wand können Studis ihre überschüssige Energie abtrainieren. Eine Kletterpartie mit Saunagang steht im Shape-Sportclub in Winsen auf dem Programm. Dort steht Norddeutschlands größte Kletterwand mit einer Höhe von 12 Metern. Topfschlagen oder Plumpsack passé – der ultimative Kindergeburtstag findet in luftiger Höhe statt, an der acht Meter hohen Kletterwand in der Kaifu-Lodge. Das zweieinhalbstündige Vergnügen wird von zwei Klettertrainern betreut. Auch Erwachsene können am „Rock" klettern, was ihre Finger hergeben. 16 verschiedene Kletterrouten in allen Schwierigkeitsgraden stehen zur Verfügung. ▶ *Kinder / Geburtstag*

- Alpenverein Hamburg: Gerhofstraße 32, 20354 Hamburg (Innenstadt), Telefon 35 22 88, Fax 35 43 64, Mo+Mi 10–14, Di+Do 15–18 Uhr; E-Mail: geschäftsstelle@alpenverein-hamburg.de; www.alpenverein-hamburg.de
- Breitensport der Universität Hamburg: Mollerstraße 2, 20148 Hamburg (Rotherbaum), Telefon 4 28 38 72 00, Fax 4 28 38 56 61; E-Mail: hsp@sport.uni-hamburg.de; www.hochschulsport-hamburg.de
- Kaifu-Lodge: Bundesstraße 107, 20144 Hamburg (Eimsbüttel), Telefon 40 12 81, Fax 4 90 56 43, Mo, Fr, Sa, So 8–24, Di, Mi, Do 7–24 Uhr; E-Mail: info@kaifu-lodge.de; www.kaifu-lodge.de
- Shape Sport & Golf Club Hotel: Osttangente 200, 21423 Winsen/Luhe Telefon 0 41 71/78 90, Fax 0 41 71/ 78 91 99, Mo-Fr 7–22, Sa 12–20, So 10–20 Uhr, Kreditkarten: EC-Karte, Eurocard, Visa; www.shape-sport.de

## Kneipen

▶ *Essen + Trinken*

## Knöpfe

Man sollte sich nicht erst für den Knopf interessieren, wenn er ab ist, finden jedenfalls die Betreiberinnen des Knopfladens. Vom Tigerholz- bis zum Goetheknopf fertigt das kreative Team fast alles, auf Wunsch auch Knöpfe mit Stoffen Ihrer Wahl. Nicht ganz so originell,

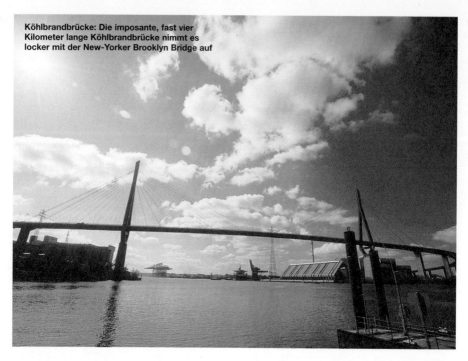

**Köhlbrandbrücke: Die imposante, fast vier Kilometer lange Köhlbrandbrücke nimmt es locker mit der New-Yorker Brooklyn Bridge auf**

aber riesengroß ist die Auswahl an Knöpfen im Alsterhaus, ob aus Kunststoff, Horn oder Metall. Bei Stegmann gibt es handbestickte Modelle, Liebhaber legen dafür schon mal 46 Euro pro Stück auf den Tisch.

- Alsterhaus: Jungfernstieg 16, 20354 Hamburg (Innenstadt), Telefon 35 90 10, Fax 3 50 13 00, Mo-Fr 9.30–20, Sa 9.30–16 Uhr, Kreditkarten: alle; EC-Karte; www.karstadt.de
- Der Knopfladen: Sierichstraße 120, 22299 Hamburg (Winterhude), Telefon 46 88 12 25, Fax 46 88 12 27, Mo-Do 13–18, Fr 10–18 Uhr
- Stegmann: Jungfernstieg 46, 20354 Hamburg (Innenstadt), Telefon 34 03 44 und 34 03 55, Fax 35 34 96, Mo-Fr 10–19, Sa 10–16 Uhr, Kreditkarten: alle außer Diners; EC-Karte

## Köhlbrandbrücke

Vergessen Sie Brooklyn Bridge und Golden Gate Bridge. Hamburg hat die Köhlbrandbrücke, und auch die kann sich sehen lassen. Als Hamburger Wahrzeichen verbindet sie seit 1974 die Freihafenteile Waltershof und Steinwerder. Vorher konnten Eisenbahn, Lastwagen und Personen nur mithilfe einer Fähre zum anderen Ufer gelangen. Mit ihren 3,94 Kilometern und insgesamt 75 Pfeilern überquert die Schrägseilbrücke den so genannten Köhlbrand, den nördlichen Teil der Süderelbe. Das Kernstück der Brücke ist an 88 armdicken Stahlseilen aufgehängt. Die Pylonen sind mit einer Höhe von knapp 130 Metern fast so hoch wie der „Michel". Die Brückenhöhe von 54 Metern ermöglicht selbst bei Niedrigwasser auch großen Schiffen die Durchfahrt.

## Konditorei/Confiserie

▸ *Essen + Trinken*

## Kondome

Um von der Condomerie Hamburg 50 Euro zu kassieren, muss Mann mit 25 Zentimetern Länge und acht Zentimetern Durchmesser ausgestattet sein. Ein Riesenkondom zum Nachweis steht seit Jahren im Schaufenster der Boutique für Mutige bereit. In der einzigen Condomerie Hamburgs gibt es außerdem Happygummis von gerippt bis genoppt und gourmetfreundliche Überzieher der Geschmacksrichtungen Lakritz bis Banane. Lecker soll auch der Tanga aus Esspapier sein.

- Condomerie Hamburg: Spielbudenplatz 18, 20359 Hamburg (St. Pauli), Telefon 3 19 31 00,

Fax 80 03 00 14, 12–24 Uhr, Kreditkarte: EC-Karte; E-Mail: post@condomerie.de; www.condomerie.de

## Kongresse

Ob Zahnärzte oder Physiker, Hamburgs erste Adresse für Kongresse ist das CCH. Sein umfangreiches Angebot an Veranstaltungsräumen und Dienstleistungen, und die zentrale Lage, direkt am Dammtor mit Anbindung an das SAS Radisson Hotel, macht das CCH in Hamburg fast konkurrenzlos. Traditionell geht es auf den Tagungen der Hammaburg GmbH in den Räumlichkeiten der Patriotischen Gesellschaft zu, wo auch Bälle und Bankette veranstaltet werden. Um Planung und Durchführung von Kongressen und Messen kümmert sich die Firma Dirr, außerdem können auch in vielen Hotels (▶ *Hotels*) der Stadt Tagungen abgehalten werden.

- CCH – Congress Centrum Hamburg: Am Dammtor, 20355 Hamburg (Univiertel), Telefon 3 56 90, Fax 35 69 21 83; www.cch.de
- Hammaburg GmbH: Große Bäckerstraße 2, 20095 Hamburg (Innenstadt), Telefon 3 69 66 20, Fax 36 96 62 20; www.hammaburg.de
- Messe- und Congressberatung Dirr: Billstraße 28, 20359 Hamburg (Rothenburgsort), Telefon 78 94 22 90, Fax 78 94 22 20; E-Mail: messeberatung-dirr@t-online.de

## Kontorhausviertel

Hamburg ist die Stadt der Kaufleute und Händler. So kommt es nicht von ungefähr, dass ihre Innenstadt bis heute von der Architektur der Kontorhäuser geprägt ist. Diese funktionalen, zumeist fünfgeschossigen Gebäude wurden Ende des 19. Jahrhunderts errichtet, um vorwiegend Firmen und Geschäfte zu beherbergen. Das gesamte Kontorhausviertel in der östlichen Altstadt zwischen Steinstraße und Meßberg wurde in den 20er Jahren vollends ausgebaut. Früher wohnten hier vorwiegend Hafen- und Gelegenheitsarbeiter, die billige Unterkünfte in Hafennähe brauchten. Gut lebten sie nicht, denn ihre Fachwerkhäuser waren baufällig und eng, zudem war die sanitäre Versorgung unzulänglich. Schnell hatte das Viertel bei den Hamburgern seinen schlechten Ruf als Brutstätte für Kriminalität und Prostitution weg. So machte man sich nach dem Ersten Weltkrieg daran, die Citybildung mit Gewerbeansiedlung voranzutreiben. Das ursprüngliche Wohnquartier wurde von den von dunkelrotem Backstein geprägten Geschäfts- bzw. Kontorhäusern verdrängt. Bedeutende Gebäude sind vor allem das Chilehaus und der Meßberg.

## Konzerte

**Agenturen:** Hinter jedem Konzert steckt eine organisatorische Maschinerie. Ohne Agenturen würde kein Star den Weg nach Hamburg oder überhaupt irgendwohin finden, außer vielleicht aufs stille Örtchen. Die Blindfish Promotion „booked" Rockkünstler im weitesten Sinne, etwa die Ärzte oder die Toten Hosen. Ebenso wie Scorpio, die unter anderem für das Programm vom Hurricane Festival verantwortlich zeichnen. In den Bereichen volkstümliche Musik, Jazz und Klassik engagiert sich die Collien-Konzertdirektion. Auch Sunrise kümmert sich um klassische Musiker, neben seinem anderen Standbein Rock und Pop. Ein alteingesessenes Familienunternehmen mit treuem Abonnentenstamm ist Goette/Funke. Die Klassikabteilung bietet jährlich von Oktober bis Juni eine Veranstaltungsreihe in drei Zyklen: Klavier, internationale Orchester und Orchester mit Solisten, die meist in der Musikhalle aufgeführt werden. Eine zweite Abteilung U-Musik sorgt für die Präsenz schmalzlockiger Zeitgenossen wie André Rieu. Die Karsten Jahnke Konzertdirektion ist die zweite der großen Agenturen in Hamburg. Sie hat die Freilichtbühne im Stadtpark gepachtet, organisiert alles vom Kiez-Konzert mit 500 Besuchern bis hin zu Massenveranstaltungen im Volksparkstadion. Entsprechend unterschiedlich sind auch die Künstler, die Jahnke bucht. Der ehemalige Initiator der Bar „Le Fonque" und Veranstaltungsleiter des Schlachthof, Gideon Schier, verwaltet einen der wohl größten Künstlerpools Hamburgs für den Bereich Funk & Soul, R&B, TripHop, HipHop. Via Internet können Acts wie L-Soul, Soul Society, Silly Walks, Deichkind, Marius No1 oder DJ Mad gebucht werden.

- Blindfish Promotion: Kronprinzenstraße 54, 22587 Hamburg (Osdorf), Telefon 44 13 43, Fax 44 66 36, Mo-Fr 10–19 Uhr; E-Mail: blifi@aol.com
- Karsten Jahnke Konzertdirektion: Oberstraße 14b, 20144 Hamburg (Harvestehude), Telefon 4 14 78 80, Fax 41 47 88 11, Mo-Fr 10–18 Uhr; www.karsten-jahnke.de Kartenservice 11–19 Uhr: Telefon 41 80 68
- Konzertdirektion Collien: Spielbudenplatz 29/30, 20359 Hamburg (St. Pauli), Telefon 31 39 01, Fax 3 19 19 19, Mo-Sa 10–19, So 14–19 Uhr, Kreditkarten: alle; EC-Karte; E-Mail: collien@t-online.de, www.collien.de
- Konzertdirektion Goette/Funke Media: Brahmsallee 6, 20144 Hamburg (Harvestehude), Telefon 45 01 10 10, Fax 45 01 10 20,

Mo-Do 9–18, Fr 9–15 Uhr;
www.funkemedia.de

- Le Fonque-Entertainment/Gideon Schier: Telefon 4 30 69 20; E-Mail: office@lefonque.com, www.lefonque.com
- Scorpio: Rellinger Straße 64a, 20257 Hamburg (Eimsbüttel), Telefon 85 38 88 88, Fax 853 8 89 99, Mo-Fr 10–18 Uhr; www.scorpio-concerts.com

**Konzertkassen:** Tickets für Konzerte erhalten Sie unter anderem bei folgenden Konzertkassen:

- Alsterhaus Konzertkasse: Jungfernstieg 16–20, 20354 Hamburg, Telefon 35 35 55, Fax 34 14 49, Mo-Fr 10–19.30, Sa 10–15.30 Uhr
- Karten Kaiser: Wandsbeker Königstraße 5, 22041 Hamburg (Wandsbek), Telefon 68 50 20, Fax 68 31 20, Mo-Fr 9.30–19, Sa 9.30–14 Uhr, www.karten-kaiser.de
- Kartenhaus Gertigstraße: Gertigstraße 4, 22303 Hamburg (Winterhude), Telefon 2 70 11 69, Fax 2 70 25 26, Mo-Fr 10–18, Sa 10–14 Uhr
- Kartenhaus Schanzenstraße: Schanzenstraße 5, 20357 Hamburg (Schanzenviertel), Telefon 43 59 46, Mo-Fr 9–19, Sa 7–14 Uhr, Kreditkarten: alle; EC-Karte; E-Mail: konzertkasse@konzertkasse.de; www.konzertkasse.de
- Konzertkasse Gerdes: Rothenbaumchaussee 77, 20148 Hamburg (Rotherbaum), Telefon 45 33 26, Mo-Fr 10–18, Sa 10–13 Uhr, Kreditkarten: EC-Karte
- Theater- und Konzertkasse Kurt Collien: Eppendorfer Baum 25, 20249 Hamburg (Eppendorf), Telefon 48 33 90, Fax 47 27 87, Mo-Fr 9.30–18, Sa 9–13 Uhr, Kreditkarte: EC-Karte

**Veranstaltungsorte:** Gediegene Popstars brauchen viel Platz, um richtig rocken zu können. Den bekommen sie jetzt auch in Hamburg. Nach langem Gerangel um die Mehrzweckhalle eröffnet im November 2002 die Color Line Arena im Volkspark. Quasi von hinten durchs Knie ins Auge hat sich währenddessen die Trabrennbahn Bahrenfeld als Spielstätte für gigantomanische Konzerte etabliert, sei es für Westernhagens Abschied oder für die bekanntesten Rockrentner der Welt, die das Rollen nicht sein lassen können. Die Alsterdorfer Sporthalle beherbergt die nächstkleineren Events, von angesagten Boygroups bis hin zu ehemals glorreichen Metal-Bands. Frenetische Stimmung lässt die ungünstige Raumakustik oft vergessen. Anders beim Saal 1 des CCH: Hier sitzen bis zu 3000 Menschen regungslos und genießen das Konzert bei gutem Sound fast wie im eigenen Wohnzimmer. Kein Wunder also, dass selbst alte Haudegen wie B. B. King oder Ruben González sich lieber zum Open-Air-Konzert auf der Freilichtbühne im Stadtpark hinreißen lassen. Vielseitig ist die Auswahl der Künstler, und selbst bei Regen hat man hier schon tolle Konzerte erlebt. Und wer kein Ticket ergattern konnte, lauscht halt von draußen. Der größte Veranstaltungsort unter den Clubs ist das Docks auf dem Kiez. Wenn man Glück hat, entscheidet sich der ersehnte Musiker jedoch für die etwas kleinere Große Freiheit 36, die eine wesentlich bessere Atmosphäre und Akustik hat. Der Schlachthof hat sich mit einem bunten Programm zum anerkannten Konzertveranstalter gemausert. Das Grünspan ist der älteste existierende Rockschuppen Hamburgs. Seit dem Umbau kommt es mit einem etwas gehobeneren Ambiente daher. Die Fabrik in Altona bietet Jazz, Blues, Funk, Weltmusik und auch Punk. Seit seinen Anfängen in den 70er Jahren steht der Altonaer Veranstaltungsort für stilistische Offenheit. Ebenso die Markthalle, wo es von Hardcore über elektronische Musik und Popkonzerte bis hin zur legendären HipHop-Jam alles zu hören gibt – und das bei fast immer gutem Sound. Wer Jazz in allen Spielarten will, geht ins Birdland. Fast ausschließlich klassische Konzerte finden in der Musikhalle statt. Der Downtown Blues Club befindet sich seit 1995 im Landhaus Walter im Stadtpark. Von Jazz, Blues bis Rock bietet der Club ein breites musikalisches Spekt-

Konzerte: Die Zeiten des Wildplakatierens sind vorbei

rum. Im Sommer kann jeden Sonntag ein Jazzfrühschoppen im Freien genossen werden. Auftritte von unbekannteren Gruppen veranstalten hauptsächlich Molotow, Logo und Knust.

▶ *Nightlife*

- Alsterdorfer Sporthalle: Krochmannstraße 55, 22297 Hamburg (Alsterdorf), Telefon 4 28 00 20, Fax 42 80 02 66, Büro 7–21 Uhr
- Birdland Jazzclub: Gärtnerstraße 122, 20253 Hamburg (Eimsbüttel), Telefon 40 52 77; E-Mail: contact@jazzclub-birdland.de; www.jazzclub-birdland.de
- CCH – Congress Centrum Hamburg: Am Dammtor, 20355 Hamburg (Univiertel), Telefon 3 56 90, Fax 35 69 21 83; www.cch.de
- Docks: Spielbudenplatz 19, 20359 Hamburg (St. Pauli), Telefon 3 17 88 30, Fax 31 78 83 77, Konzertbüro: 3 17 78 19, Mo-Fr 10–18 Uhr; www.docks.de
- Downtown Blues Club im neuen Landhaus Walter: Hindenburgstraße 2, 22303 Hamburg (Winterhude), Telefon 27 50 54; E-Mail: kontakt@landhauswalter.de; www.downtown-bluesclub.de
- Fabrik: Barnerstraße 36, 22765 Hamburg (Altona), Telefon 39 10 70, Fax 39 10 71 47, Büro: Mo-Fr 10–18 Uhr, Vorverkauf: 13–17 Uhr; www.fabrik.de
- Freilichtbühne im Stadtpark: Saarlandstraße/ Ecke Jahnring, 22303 Hamburg (Barmbek); www.karsten-jahnke.de S-Bahn-Station S1 Alte Wöhr
- Große Freiheit 36: Große Freiheit 36, 22767 Hamburg (St. Pauli), Telefon 3 17 77 80, Fax 31 77 78 21; Büro: Mo-Fr 10–18 Uhr; www.grossefreiheit36.de
- Grünspan: Große Freiheit 58, 22767 Hamburg (St. Pauli), Telefon 31 36 16, Fax 31 79 69 21; www.gruenspan.de
- Logo: Grindelallee 5, 20146 Hamburg (Univiertel), Telefon 4 10 56 58, Fax 37 13 33; www.logohamburg.de
- Markthalle: Klosterwall 11, 20095 Hamburg (Innenstadt), Telefon 33 94 91, Fax 33 78 54, Mo-Fr 11–16 Uhr; www.markthalle-hamburg.de
- Millerntorstadion: Auf dem Heiligengeistfeld, 20359 Hamburg (St. Pauli), Telefon 3 17 87 40, Fax 31 78 74 29, Mo-Do 9–17, Fr 9–15 Uhr; www.fcstpauli.de
- Molotow: Spielbudenplatz 5, 20359 Hamburg (St. Pauli), Telefon 4 30 11 10, Fax 43 25 45 95, Mo-Fr 11–18 Uhr; E-Mail: www.molotowclub.com
- Musikhalle: Johannes-Brahms-Platz, 20355 Hamburg (Innenstadt), Telefon 3 57 66 60, Fax 3 48 01 68, Büro Mo-Fr 9–16.30 Uhr, Kreditkarten: alle; EC-Karte; www.musikhalle-hamburg.de
- Schlachthof Hamburg: Neuer Kamp 30, 20357 Hamburg (St. Pauli), Telefon 87 97 62 30, Fax 87 97 62 35; www.schlachthof-hh.de Bistro offen bei Konzerten, Halle je nach Veranstaltung, am Wochenende bis 2 Uhr
- Trabrennbahn am Volkspark: Luruper Chaussee 30, 22761 Hamburg (Bahrenfeld), Telefon 8 99 65 80, Fax 89 96 58 30, Mo-Fr 9–17 Uhr; E-Mail: htrg-hamburg@t-online.de; www.trabrennbahn-am-volkspark.de

## Kosmetik

Wer schön sein will, muss leiden – in den hier aufgeführten Schönheitstempeln leidet eher das Portmonee, der Rest ist Zurücklehnen und Luxus spüren. Kosmetik ist ein weites Feld, von der medizinischen Behandlung bis hin zur reinen Körperzierde, vom Profistyling in der Model-, Film- und Theaterszene bis hin zum Privatvergnügen. Dabei können Sie sich aussuchen, ob Kopf, Hand oder Fuß dran glauben sollen. Kosmetik kann die persönlichen Vorzüge dezent unterstreichen oder auch eine identitätsverändernde Maske sein.

▶ *Wellness*

### Behandlungen:

- Beauty Klinik: Böttgerstraße 13, 20148 Hamburg (Harvestehude),Telefon 41 35 56 61, Fax 41 35 63 70, nach Vereinbarung; www.beauty-hamburg.de
- Beauty-Center: Große Bergstraße 249, 22767 Hamburg (Altona), Telefon 3 80 63 37, Fax 3 80 63 37, Mo-Fr 9–20, Sa 10–15 Uhr Naturkosmetik wird hier groß geschrieben: Meeresschlickprodukte für Allergiker, Kräuterbehandlung bei unreiner Haut. Weniger naturbelassen sind natürlich das Make-up und die künstlichen Fingernägel
- Bel Etage: Mittelweg 22, 20148 Hamburg (Harvestehude), Telefon 44 81 80, Fax 44 81 80, Di-Fr 9–18 Uhr, und nach Vereinbarung, Kreditkarten: EC-Karte; www.bel-etage.de Zahlreiche Behandlungsmethoden gegen Falten an Gesicht und Dekolleté, Highlight ist der Hydro-Jet, auf dem Wasserbett von sphärischen Klängen berieselt, lässt frau sich vom Düsenstrahl durchwalken
- Clarins Fachinstitut Cream: Rothenbaumchaussee 3, 20148 Hamburg (Rotherbaum), Telefon 41 85 54, Fax 41 33 88 49,

Mo-Fr 10–18 Uhr
Spezialisiert auf Clarins-Produkte, Masken, Massagen

- Clavus-Institut für Ganzheitskosmetik: Rodigallee 242, 22043 Hamburg (Marienthal), Telefon 65 39 02 10, Di-Fr 9–19 Uhr, Sa nach Vereinbarung, Kreditkarten: EC-Karte
Das Clavus-Institut bietet eine kosmetische Rundumbehandlung von Wirkstoffbehandlung über Fußreflexzonenmassage und Shiatsu bis zu Nagelmodellage und Permanent Make-up
- Cocon Day Spa: Rothenbaumchaussee 76d, 20148 Hamburg (Rotherbaum), Telefon 41 35 47 37, Fax 41 35 47 38, Termine nach telefonischer Vereinbarung, Kreditkarten: EC-Karte; E-Mail: coconds@aol.com; www.cocon-day-spa.de
Neben dem normalen Betrieb rund um die Schönheit bietet Frauke Lenz ein besonderes Schmankerl, Thalassotherapie, was Heilung durch Meeresprodukte bedeutet. Schon die alten Griechinnen wussten, was ein Meersalz-Peeling oder eine Algenschlamm-Packung bewirken kann. In unserem Jahrhundert ging der Trend von den Schönheitsfarmen an den Küsten der Bretagne aus. Auf Meeresbrandung muss man in Hamburg zwar verzichten, aber das Rauschen der Brandungsbadewanne schafft Ersatz



- Cosmetic + Care Wellness Center Eimsbüttel: Lappenbergsallee 10, 20257 Hamburg (Eimsbüttel), Telefon 40 65 53, Fax 40 65 53, Di-Fr 10–12, 14–18.30 Uhr, Kreditkarten: EC-Karte; E-Mail: r.kuban@t-online.de; http://mein.hamburg.de/homepage/Naturkosmetik
Bietet natürliche Faltenbehandlung per Akupressur, Ayurveda-Therapie, Massagen und Fingernagelmodellage
- Cosmetic-Cabine: Hofweg 45, 22085 Hamburg (Uhlenhorst), Telefon 2 20 60 40, Mo-Fr 10–18 Uhr, Termine nach Vereinbarung
Schwerpunkt ist präparative Kosmetik von Gernetic oder Payot für geschädigte und strapazierte Haut, wie etwa von Schuppenflechte- oder Neurodermitis-Patienten. Aber auch normale Gesichtsbehandlung, Maniküre und Fußpflege wird angeboten
- Gaby Scheida: Isestraße 86, 20149 Hamburg (Eppendorf), Telefon 46 77 46 07, Fax 46 06 94 55, Mo-Fr 10–19 Uhr, Kreditkarten: EC-Karte
Hairstyling und Make-up sowie Typberatung; Brautstyling inklusive Generalprobe liegt bei 231 Euro
- Hautnah: Friedensalle 273, 22763 Hamburg (Eimsbüttel), Telefon 85 50 89 47, Mo-Fr 8–18 Uhr und nach Vereinbarung, Kreditkarten: EC-Karte
Nebst klassischer Kosmetikbehandlung stehen auch Gesichtsmodellagen mit Wirkstoffkonzentraten im Angebot. Unter einer ampullengetränkten Gipsmaske kann sich die Haut dabei ab 40 Euro von allen Strapazen erholen. Während so das Gesicht wieder frisch gemacht wird, kann man sich hier auch die Fingernägel auf Vordermann bringen lassen: Gel- beziehungsweise Acrylnägel oder einfach eine Maniküre machen die Hände wieder ansehnlich. Küss' die Hand!
- Kräuter Kosmetik Mistel: Mühlenkamp 52, 22303 Hamburg (Winterhude), Telefon 2 70 11 19, Fax 7 38 89 67, Di-Fr 10–19, Sa 10–14 Uhr, Kreditkarten: EC-Karte; www.mistel.com
- Long Time Liner: Mittelweg 31, 20148 Hamburg (Harvestehude), Telefon 41 35 12 77, Fax 41 35 12 79, Mo-Fr 10–19 Uhr, Kreditkarten: alle; EC-Karte; E-Mail: long-time-liner.conture-makeup@t-online.de; www.long-time-liner.de
Ist man mit Form der Augenbrauen oder Lippen nicht ganz zufrieden, wird hier Abhilfe geboten. Ab 630 Euro kann man ein Conture Make-up erwerben, bei welchem die natürlichen Konturen zum Beispiel der Lippen nachgezeichnet werden. Auf diese Weise lässt sich eine Korrektur der Lippenform herbeiführen, ohne dass sie unnatürlich wirkt. Wer es weniger permanent mag, kann

Kosmetik: Auf diesem Barhocker wird Ihr Teint nicht leiden. In der Puder- und Make-up-Bar von Faces gibt's über 300 Lidschattenfarben

sich hier aber auch einfach die Wimpern färben oder die Augenbrauen zupfen lassen

- Medical Skin Center: Colonnaden 3, 20354 Hamburg (Innenstadt), Telefon 35 53 65 56, Fax 35 53 65 66, Mo-Fr 9–18 Uhr und nach Vereinbarung, Kreditkarten: EC-Karte; www.msc-hamburg.de
Ein Team aus Fachärzten und Kosmetikerinnen knöpft sich Ihre Falten, Besenreißer, Warzen und andere unerwünschte Hautmerkmale vor. Fast alles wird mithilfe von Lasern bewerkstelligt, so auch die Haarepilation. Wer eher zu wenig Haare hat, kann sich einer Eigenhaartransplantation unterziehen
- Merle Essberger: Agnesstraße 2, 22301 Hamburg (Harvestehude), Telefon 47 05 19, Termin nach Vereinbarung
In ihrer Villa mit Alsterblick empfängt Merle Essberger Frauen und Männer zur Gesichtsaufbereitung. Eigens kreierte Cremes sollen dem Teint auf die Sprünge helfen, Lymphdrainage oder Faltenunterspritzung sind da schon ein Stückchen aufwändiger
- Purissima: Hoheluftchaussee 81, 20253 Hamburg (Hoheluft), Telefon 42 91 28 19, Fax 42 91 28 19, Mo-Fr 9.30–18.30, Sa 9.30–14 Uhr, Kreditkarten: EC-Karte; E-Mail: bkarrasch@purissima.de; www.purissima.de
Purissima bietet allesvon der Gesichtsbehandlung über Massage bis zur Beinenthaarung. Eine Allround-Behandlung inklusive Fußbad, Reinigungsmaske und Dekolletémassage liegt bei 73 Euro. Verwendet werden dabei ausschließlich Naturkosmetikprodukte; außerdem auch Braut-Make-up
- Secret Emotion: Bahrenfelder Straße 159–161, 22765 Hamburg (Ottensen), Telefon 3 90 29 30, Fax 3 90 05 86, Mo-Fr 10–20, Sa 10–16 Uhr, Kreditkarten: EC-Karte
Ganzheitliche Kosmetik – das heißt, für jeden Körperbereich die passenden Cremes, Lotionen und Öle parat zu haben, bei Secret Emotion meist auf Naturbasis, also eindecken oder gleich dableiben für eine Verwöhn-Gesichtsbehandlung und Massage
- Skin Biologie Center: Dammtorwall 4, 20354 Hamburg (Innenstadt), Telefon 3 50 90 33, Fax 35 09 03 50, Mo-Fr 8.30–20 Uhr, Kreditkarten: alle; EC-Karte; www.sbc-hamburg.de
Neben klassischer kosmetischer Behandlung auch dermatologische Beratung. Mittels Lasertherapie werden hier rote Äderchen, Altersflecken und ähnlichen unbeliebte Hautveränderungen bekämpft. Außerdem können Hautpflegeprodukte zur heimischen Selbstanwendung erworben werden
- Ute Braak Kosmetik im Salon „Jaques Le Coz“: Fehlandstraße 40, 20354 Hamburg (Innenstadt), Telefon 34 17 21, Mo-Fr 8.30–18.30 Uhr, Kreditkarten: EC-Karte
Dieser Geheimtipp wird hauptsächlich von StammkundInnen genutzt, daher ist es ratsam, zwei bis drei Wochen vorher einen Termin auszumachen. Cellulitis wird unter einer Maschine wegmassiert, Geduld und Geld für zirka zehn Sitzungen muss man mitbringen. Mit Heiß- oder Kaltwachs geht es allzu üppiger Behaarung an die Wurzeln, und eine Lymphdrainage ergänzt die äußerliche Gesichtsbehandlung durch Reinigung von innen

## Make-up-Stilberatung:

- Beauty Is Life: Hermann-Behn-Weg 3, 20146 Hamburg (Rotherbaum), Telefon 34 00 13, Fax 41 35 67 43, Mo-Fr 9–19 Uhr; www.beauty-is-life.de
Bietet ein umfassendes Beratungsangebot zu Farbe, Form, Image und Make-up sowie eine vierwöchige Tagesschulausbildung mit Zertifikat
- faces: Mittelweg 24, 20148 Hamburg (Rotherbaum), Telefon 41 49 75 76, Fax 41 49 75 77, Di-Fr 11–18, Sa 12–16 Uhr, E-Mail: faces@faces-hamburg.de; www.faces-hamburg.de
In der Puder- und Make-up-Bar warten unter

anderem 150 Lippenstift- und 300 Lidschattenfarben auf die ideale Zusammenstellung oder gar individuelle Anmischung auf den Hautton. Make-up-Schulungen für 70 Euro dauern zwei Stunden, Festtags-und Braut-Make-up mit Frisur und Generalprobe 190 Euro. Zeitgemäße Temptoos ergänzen die Gesichtsbemalung, sie halten eine Woche oder drei Jahre. Indisch angehaucht ist das mit Henna gezeichnete Mehndi

- Hamburger Hof Parfümerie: Jungfernstieg 26, 20354 Hamburg (Innenstadt), Telefon 3 49 60 40, Fax 34 96 04 92, Mo-Fr 10–20, Sa 10–16 Uhr, Kreditkarten: alle; EC-Karte; E-Mail: hh.hof.parf@t-online.de; www.h-hof-parf.de
  Widmet sich neben dem Reich der Düfte ebenfalls individueller Make-up-Farbzusammenstellung, Termine nach Vereinbarung
- M.A.C.: Neuer Wall 18, 20354 Hamburg (Innenstadt), Telefon 35 71 98 12, Fax 35 71 98 40, Mo-Fr 10–19, Sa 10–16 Uhr; www.maccosmetics.com
  In den USA schon seit Jahren bekannt und beliebt, gibt es M.A.C. seit 1999 endlich auch in Hamburg. Wer es leid ist, immer in das gleiche Gesicht im Spiegel zu starren, kann sich bei M.A.C. ohne vorherige Anmeldung nach den neuesten Trends kosmetisch verwandeln lassen. Für 40 Euro bekommt man ein erstklassiges Party- oder Braut-Make-up. Wer lieber selber Hand anlegt, kann die nötigen Fertigkeiten in einem 1,5-stündigen Kurs für 75 Euro erlernen
- Make Up – Hamburger Schule für Gesichtsgestaltung: Große Bleichen 21, 20354 Hamburg (Innenstadt), Telefon 34 03 51 52, Fax 34 03 26, Mo-Fr 10–20, Sa 10–16 Uhr; www.grimasse.de
  Die Visagistenschule ist eine der größten Europas und bildet für die Bereiche Fotografie, Werbefilm, Theater und Laufsteg aus. Ihr individuelles Gesichtsstyling erarbeitet ein Visagist in zwei bis drei Stunden für 76 Euro. Danach sind Sie dann in Laune, den zugehörigen Make-up-Laden zu durchstöbern, vielleicht stolpert man über die eine oder andere Berühmtheit? Wem das keinen Spaß macht, der kann sich mit Permanent-Make-up für fünf Jahre aller Probleme entledigen, ab 563 Euro. Camouflage nennt sich das wasserfeste Verstecken von Krampfadern, blauen Flecken und Ähnlichem

**Nagelstyling:** Maniküre und Farblackieren bieten die meisten Kosmetikstudios. Sollen die Nägel perfekt aufgemöbelt werden, bieten sich aber spezialisierte Nagelstudios mit größerer Gestaltungsauswahl an. French Manicure heißt das aktuelle Zauberwort: Der Trend geht zum natürlichen Look. Wenn die eigenen ein paar Millimeter zu kurz sind oder gar abgenagt, kann dem per Fiberglasverfahren abgeholfen werden, wobei der Naturnagel nicht beschädigt wird. Eine Neuanlage kostet bei Beckers 70 Euro, reine Maniküre 25 Euro. Drei Monate halten die teuren Stücke, alle vier Wochen muss das Material aufgefüllt werden. In der Zeit kann man sich das Kauen schon abgewöhnen. Bunte Lacke und Designs werden trotz Natürlichkeitswahns weiterhin angeboten. Auch Art of Nails wendet das Fiberglasverfahren an, sowie Farblackierung, Maniküre und Handpflege. Wer seine Berufung zum Nagelstyling entdeckt hat, kann hier außerdem eine Ausbildung absolvieren.

- Beckers – Perfect Nails: Hindenburgstraße 54a, 22297 Hamburg (Alsterdorf), Telefon 5 11 93 98, nach Terminvereinbarung
- Friseur & Fingernagelstudio Marika Niens: Wandsbeker Marktstraße 146, 22041 Hamburg (Wandsbek), Telefon 68 59 02, Fax 68 59 02, Mo-Do 8.30–18, Fr 8.30–18.30, Sa 8.30–13 Uhr, Kreditkarten: EC-Karte
  Acryl- und Gelnägel, Nagelverstärkung, neues Set 72 Euro
- Spreeberg Nails & Cosmetics: Eppendorfer Baum 39, 20249 Hamburg (Eppendorf), Telefon 48 23 23, Fax 47 90 37, Mo-Fr 9–20 Uhr, Kreditkarten: EC-Karte
  Auch Kosmetikbehandlungen mit Aveda-Produkten

**Produkte:** Unique Perfumes – das sind individuell angefertigte Duftkreationen, ausschließlich aus natürlich belassenen ätherischen Ölen gemixt. Damit das Gebräu optimal zum Typ passt und neben angenehmem Duft auch zu seelischem Wohlbefinden und Stärkung der Körperkräfte beiträgt, sollte man Zeit zu einem Gespräch mitbringen, das unter anderem Lebensmotto und Lieblingskünstler auslotet. Erst danach macht sich die Aromatherapeutin Kim Weisswange an die Arbeit: aus 10 000 Duftstoffen wird das Unikat gefertigt, nach drei bis sechs Wochen ist es ausgegoren und je nach Inhaltsstoffen ab 130 Euro aufwärts abholbereit. Mit schlichtem Logo aber kunterbunten Seifenpyramiden und Präsentpäckchen und nicht zuletzt dem Anspruch, nur Naturprodukte unter Ausschluss von Tierversuchen zu verwenden, hat der Body Shop den richtigen Zeitpunkt der Rückbesinnung auf die Heilkraft der Natur erwischt und fehlt inzwischen in keiner Einkaufszone der Städte von Welt. Auch „Spinnrad" etablierte sich durch einen Trend: Kosmetik zum Selbermachen. Rohstoffe und alle Hobbythekbücher des Fachs stehen bereit, um individuelle Lösungen für jede/n zu ermöglichen. Soll es schneller gehen, kann man trotzdem auf Fertigkosmetik zurückgreifen: Natürliche Inhaltsstoffe und Hautverträglichkeit werden garantiert.

- Kim Weisswange: Preystraße 4, 22303 Hamburg

(Winterhude), Telefon 2 70 57 47, Fax 2 70 56 46, Mo-Fr 9–18 Uhr; www.weisswange.de

- Spinnrad: Grindelallee 116, 20146 Hamburg (Harvestehude), Telefon 4 10 60 96, Mo-Fr 9.30–19, Sa 9.30–15 Uhr, Kreditkarten: alle; EC-Karte; www.spinnrad.de
  Filiale: Ottenser Hauptstraße 10, 22765 Hamburg (Altona), Mo-Fr 9.30–20, Sa 9.30–16 Uhr, Kreditkarten: alle; EC-Karte; www.spinnrad.de
- The Body Shop: Eppendorfer Baum 28, 20249 Hamburg (Eppendorf), Telefon 47 03 96, Fax 47 03 96, Mo-Fr 10–19, Sa 10–16 Uhr, Kreditkarten: Amex, Eurocard, Visa; EC-Karte; www.the-body-shop.de
  Filiale: Gerhofstraße 2, 20354 Hamburg (Innenstadt), Telefon 34 41 00, Fax 34 41 00, Mo, Di, Mi 10–19, Do, Fr 10–20, Sa 10–16 Uhr, Kreditkarten: Amex, Visa, Eurocard; EC-Karte; www.the-body-shop.de

## Kostüme

Besucher von Goa-Partys haben es leicht. Schnell ein Paar neonfarbene Pilze auf Mutters Schlaghose genäht, ein bisschen Polyester auf die Haare gestreut, und schon steht das Outfit. Schwieriger wird es, wenn man sich zur Cocktailparty noch einmal in seinen Konfirmationsanzug zwängt. Möchten Sie im Smoking glänzen, in Tigermaskerade Jagd auf Miezen machen oder im Astronautendress ihre Mitmenschen in höhere Sphären versetzen? Folgende Ausstatter machen es möglich:

- Auryn: Eppendorfer Weg 68, 20259 Hamburg (Eppendorf), Telefon 4 90 37 53, Mo-Fr 14–18 Uhr; E-Mail: rainer_mogwitz@hotmail.com
  Kostüme für die unterschiedlichsten Anlässe, neben Verleih auch Verkauf
- Frenchy's: Valentinskamp 34, 20354 Hamburg (Innenstadt), Telefon 34 44 40, Fax 35 71 96 07, Di-Fr 11.10–18, Sa 11.10–13 Uhr, Kreditkarten: EC-Karte
  Anfertigung von Kostümen und Zubehör nach Kundenwunsch, Konfektionsveredelung
- Habenicht: Rahlau 8–10, 22045 Hamburg (Tonndorf), Telefon 66 10 02, Fax 66 97 67 57, Mo-Fr 9–18.30, Sa 9–14 Uhr
  Auf 1600 qm Fläche Kostüme für Theatergruppen, Film-und Fernsehproduktionen, Privatleute zum Karneval oder Helloween
- Hamburger Brautsalon: Kaiser-Wilhelm-Straße 45, 20355 Hamburg (Innenstadt), Telefon 34 68 55, Fax 34 19 71, Mo-Fr 9–18 Uhr, Kreditkarten: EC-Karte; www.hamburgerbrautsalon.de
  Aus aller Welt stammen die Brautkleider und Abendmoden für Damen und Herren. Das hauseigene Schneiderlein passt das Stück der Wahl maßgenau an
- Henny Hanno: Colonnaden 26, 20354 Hamburg (Innenstadt), Telefon 34 37 74, Mo-Fr 10–18 Uhr
  Gute Adresse für Kostüme und jede Art von festlicher Kleidung
- Theaterkunst GmbH: Rahlau 14, 22045 Hamburg (Tonndorf), Telefon 6 68 65 30, Fax 6 68 65 45, nur nach Vereinbarung, Kreditkarten: EC-Karte; Deutschlands größtes Kostümhaus hat einfach alles. Findet man unter den rund eine Million Kostümteilen wider Erwarten doch nichts Passendes, wird angefertigt. Klar, dass hier nicht nur private Partylöwen einkehren. Filialen der Theaterkunst GmbH gibt es nicht umsonst in allen deutschen Filmhochburgen

## Kräuter und Gewürze

▶ *Essen + Trinken*

**Kostüme: Das barocke Outfit gibt's bei Auryn**

## Krameramtswohnungen 

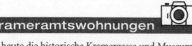

Wo heute die historische Kramergasse und Museumswohnungen am Krayenkamp zu besichtigen sind, lebten im 17. Jahrhundert die Witwen von den so genannten Kramern (später: Krämer) und arbeitsunfähige Amtsbrüder. Die nach ihnen benannten Krameramtswohnungen, zwei Häuserzeilen aus dem Jahr 1676, vermitteln einen authentischen Eindruck, wie viele Hamburger lebten, die aus der Unterschicht stammten. Ab 1866 wurden die Wohnungen zu Altenwohnungen umfunktioniert, da während dieser Zeit die Gewerbefreiheit verkündet und die Zünfte aufgelöst wurden. Heute befinden sich in den Höfen eine Museumswohnung, ein Buchantiquariat, ein Tee- und Kaffeekontor und ein Restaurant im althamburgischen Stil. Die historische Kramergasse kann ganzjährig von 10–22 Uhr kostenlos besichtigt werden. Die Museumswohnung ist geöffnet Di-So 10–17 Uhr.

## Krankenpflege

▸ *Pflege*

## Kriegsdienstverweigerer

Die Entscheidung zwischen dem Dienst an der Waffe und dem zivilen Ersatzdienst ist längst nicht mehr in erster Linie eine Gewissensfrage. Vermehrt wird auf die persönliche Zeitplanung Rücksicht genommen: Manche wählen den Bund mit neunmonatiger Dienstzeit, andere hingegen stellen sich dem zwar etwas längeren, wohl aber Hobby-freundlicheren Zivildienst. Tatsächlich kann jeder den Kriegsdienst schriftlich verweigern, in den seltensten Fällen kommt es noch zu einer mündlichen Anhörung. Auch wenn es scheint, als sei es nur eine Interessenentscheidung zwischen „auf dem Bauch durch den Schlamm kriechen" und „alten Omis den Hintern abwischen", für eine erfolgreiche Verweigerung bedarf es immer noch der Darlegung der Gewissensgründe. Wer nicht einfach den Schrieb eines älteren Kumpels kopieren will – auf die Gefahr hin, dabei abgelehnt zu werden –, findet bei verschiedenen Stellen Hilfe. Gleiches gilt für die, die schon Zivildienstleistende geworden sind und nun zum Beispiel eine Rüstzeit oder Totalverweigerung anstreben.

- Deutsche Friedensgesellschaft – Internationale der Kriegsdienstgegner e. V.: Jungfrauenthal 37, 20149 Hamburg (Harvestehude), Telefon 45 34 33
  Jeden Montag und Mittwoch von 19–21 Uhr gibt es hier Informationen zum Thema
- Diakonisches Werk Hamburg: Königstraße 54, 22767 Hamburg (Altona),

**Krameramtswohnungen: Hier lebten im 17. Jahrhundert die Krämerwitwen und arbeitsunfähige Amtsbrüder**

Telefon 30 62 02 35, Fax 30 62 03 65, ab 8 Uhr; E-Mail: schreiber@diakonie-hamburg.de; www.diakonie-hamburg.de
Herr Schreiber vermittelt Zivildienstplätze, jährlich rund 1300, und bietet Beratung für alle aufkommenden Fragen

- Nordelbische Ev.-Luth. Kirche – Kirchlicher Dienst für Kriegsdienstverweigerer und Zivildienstleistende: Bei der Christuskirche 4, 20259 Hamburg (Eimsbüttel), Telefon 25 88 81, Mo, Mi 9–17, Do 13–17 Uhr; E-Mail: kdv-zdl@kriegsdiensverweigern.de; www.kriegsdienstverweigern.de
  Neben Beratungsgesprächen zur Verweigerung bietet die zuverlässige Institution Rüstzeiten, Sonderurlaubsfahrten, Workshops und Tagungen für Zivildienstleistende an

## Krimi

„Ohne Krimi geht die Mimi nie ins Bett", klingt's einem sofort im Ohr, aber vielleicht können Sie ja auch nicht ohne den richtigen Thrill einschlafen. Die Buchhandlung Heiner K. versorgt mit der richtigen Lektüre: tausende von Krimiklassikern, Frauen- und Kinderkrimis, Thriller und Hardboiled-Storys, Hörspiele auf Kassetten und CDs sowie Videos aus dem Krimi-Genre stapeln sich in dem rot-schwarz dekorierten Geschäft in der Weidenallee. Auch Lesungen im stilechten Ambiente werden von den Ladeninhabern organisiert. Im Speicherstadtmuseum finden einmal im Monat Lesungen von Autoren statt, deren literarischer Tatort Hamburg ist. Die Veranstaltungstermine sind telefonisch zu erfragen. In Hamburg und um Hamburg herum morden auch die Protagonisten der Autoren der „Schwarzen Hefte", die das *Hamburger Abendblatt* neunmal im Jahr herausgibt.

- Heiner K. Krimi & Konsorten: Weidenallee 60, 20357 Hamburg (Eimsbüttel), Telefon 45 62 54, Fax 45 92 59, Mo-Fr 10–18.30, Sa 10–14 Uhr, Kreditkarten: EC-Karte; E-Mail: heiner.k.@nikocity.de
- Speicherstadtmuseum: St. Annenufer 2, 20457 Hamburg (Freihafen/Speicherstadt), Telefon 32 11 91, Fax 32 13 50, Di-So 10–17 Uhr; E-Mail: speicherstmuseum@aol.com; www.speicherstadtmuseum.de

## Küche

**Bedarf:** Wer lebt schon von Luft und Liebe allein? Ist Letztere gescheitert und das Küchenequipment um



die Hälfte reduziert, helfen genügend Geschäfte, in denen Sie Ihre Küchenausstattung auf Vordermann bringen können. Egal, ob es solides Schneidewerkzeug sein soll oder Designerware wie der berühmte Wasserkessel von Michael Graves aus dem Officina Alessi im Stilwerk.

▶ *Design*

- 1000 Töpfe: Ruhrstraße 88, 22761 Hamburg (Altona), Telefon 85 30 30, Fax 85 80 31, Mo-Fr 9.30–19.30, Sa 9.30–16 Uhr, Kreditkarten: alle außer Amex; EC-Karte; www.1000toepfe.de
  Alles rund um den Küchenbedarf, komplette Küchen oder Einzelelemente und diverse Elektrogeräte. Was nicht auf Lager ist, kann bestellt werden
- Cucinaria: Ludwigstraße 12, 20357 Hamburg (Schanzenviertel), Telefon 43 29 07 07, Fax 43 29 07 09, Mo-Fr 11–19, Sa 10–16 Uhr, Kreditkarten: alle, EC-Karte; www.cucinaria.de
  Bieten ein umfangreiches Angebot für eine komplette Kücheneinrichtung und Ausstattung, vierzig verschiedene Espressomaschinen, Asien-Equipment vom Sushimesser bis zum Wok, Geschirr, italienische und deutsche Küchengeräte, Foodprodukte und anbei ein Café
- Gebrüder Jürgens: Mittelweg 125, 20148 Hamburg (Pöseldorf), Telefon 44 31 97, Fax 44 55 87, Mo-Fr 8.30–18, Sa 8.30–13 Uhr, Kreditkarten: Visa, Eurocard; EC-Karte; E-Mail: gbrjuergens@aol.com
  Bräter von Le Creuset, Kupfersauteusen von De Buyer, Alessi-Trüffelhobel, gusseiserne und Edelstahltöpfe, Kupfertöpfe für den Profikoch und ofenfestes Kochgeschirr, hochwertige englische Toaster
- Hans Otto: Feldstraße 26, 20357 Hamburg (Karolienviertel), Telefon 4 39 46 61, Fax 4 39 34 54, Mo-Do 8.30–17, Fr 8.30–15 Uhr, Kreditkarten: EC-Karte
  Den Löwenanteil der Kundschaft bilden Gastronomen und Großkücheninhaber; hat einen Messerschleifservice. Vorsicht: Im Laden sind nur die Nettopreise ausgeschrieben
- Speicher am Fischmarkt: Große Elbstraße 39, 22767 Hamburg (Altona), Telefon 31 42 42, Fax 30 68 64 18, Mo-Fr 10–20, Sa 10–16 Uhr, Kreditkarten: alle; EC-Karte; www.speicher-am-fischmarkt.de
  Internationale Küchenutensilien vom chinesischen Wok bis zur Kaffeekanne aus Italien oder einer amerikanischen Kaffeemaschine, Geschirr, Gläser, Besteck und jede Menge Küchenzubehör

**Küche: Vom Sushimesser bis zur Espressomaschine – Kochutensilien aus aller Welt gibt's bei Cucinaria**

**Einrichtung:** Küche oder Kleinwagen? Eines ist klar, als Neuanschaffung bedeutet das jeweils eine mittelschwere Investition. Wer eine Designküche von bulthaup, eine Musterküche von Miele oder nur ein Einzelelement sucht, hat die Qual der Wahl. Viel Geld sparen kann man beim Erwerb gebrauchter Feuerstellen in einem der zahlreichen An- und Verkaufsläden.

- bulthaup Citytor Kücheneinrichtungs GmbH: Ballindamm 2, 20095 Hamburg (Innenstadt), Telefon 32 69 25, Fax 32 69 47, Mo-Fr 9–18, Sa 10–13 Uhr, Kreditkarten: EC-Karte; E-Mail: city-tor-kuechen-hh@t-online.de, www.hamburg.bulthaup.de
  Familienunternehmen aus Bayern, konzipiert innovatives Küchendesign für individuelle Ansprüche
- Convertino Natursteinbetrieb: Sorthmannweg 21, 22529 Hamburg (Lokstedt), Telefon 5 60 57 83, Fax 56 62 63, Büro 8–16 Uhr
  Der Fachmann für maßgerechte Küchenarbeitsplatten; außerdem spezialisiert auf Fußböden aus Granit und Marmor
- De Facto: Kaiser-Wilhelm-Straße 77, 20255 Hamburg (Innenstadt), Telefon 35 71 08 73, Fax 35 71 08 75, Mo-Fr 10–13, 15–19, Sa 11–16 Uhr; www.defacto-hamburg.de
  Edle italienische Designerküchen und Badezimmer von Boffi
- Die Holzküche: Eimsbütteler Chaussee 79, 20259 Hamburg (Eimsbüttel), Telefon 43 49 17, Fax 43 75 82, Mo-Fr 10–18, Sa 10–13 Uhr; www.die-holzkueche.de
  Inhaber Manfred Rösner berät gern bei der Wahl einer individuellen Vollholzküche aus europäischem und amerikanischem Ahorn, finnischer Birke oder Lärche, auch Erle und Buchenhölzer sind im Sortiment, außerdem italienische Herde
- Küche & Design: Elbchaussee 7, 22765 Hamburg (Ottensen), Telefon 39 30 09, Fax 3 90 30 66, Mo-Fr 10–13, 15–18, Sa 10–13 Uhr; www.kuecheunddesign.de
  Individuelle Küchengestaltung namhafter Fabrikate; Beratung, Planung und Verkauf

## Kultur

**Institute:** Wie war das noch gleich? Italiener essen Pasta, Engländer Fish 'n' Chips, Franzosen Baguette und die Deutschen Eisbein mit Sauerkraut. Wer es etwas genauer wissen möchte, macht sich vor Ort ein Bild oder nutzt das Angebot der Kulturinstitute in Hamburg. Deren zentrales Anliegen ist es, den Dialog der Kulturen zu fördern. Mit ihren Angeboten – Sprachkurse, Vorträge, Filmreihen, Autorenlesungen, Ausstellungen – wenden sie sich an die eigenen Landsleute und die interessierte Öffentlichkeit. Außerdem verfügen die Institute über Medienbibliotheken mit

Büchern, Dokumentar- und Spielfilmvideos, Audiokassetten, Zeitschriften und Zeitungen. Rat und Tat findet man auch in Fragen der Studienberatung und Praktikumsvermittlung in das jeweilige Ausland. Um mit einem anderen Vorurteil aufzuräumen: Japaner posieren nicht nur vor der Pocketkamera, sondern verstehen es auch zu feiern. Neben dem jährlich auf der Außenalster stattfindenden Kirschblütenfest veranstaltet die Deutsch-Japanische Gesellschaft in Hamburg das Fest des „Bonenkai" zum Jahreswechsel und das Neujahrsfest „Schinnenkai".

- Amerikazentrum e. V.: Rothenbaumchaussee 15, 20148 Hamburg (Rotherbaum), Telefon 45 01 04 22, Fax 44 80 96 98, Mo, Mi, Do, Fr 14–17 Uhr; E-Mail: Amerikazentrum-Hamburg@t-online.de; www.amerikazentrum.de
- Deutsch-Japanische Gesellschaft zu Hamburg e. V. (DJG), Kontakt Christina Claussen: Gotenstraße 21, 20097 Hamburg (Hammerbrook), Telefon 23 60 16 25, Fax 23 60 16 10, Mo-Fr 8.30–14.30 Uhr; E-Mail: djg@wga-hh.de
- Institut Français: Heimhuder Straße 55, 20148 Hamburg (Rotherbaum), Telefon 4 13 32 50, Fax 4 10 18 32, Mo-Do 9–12.30, 14–18, Fr 9.30–12.30 Uhr, Bibliothek: Mo, Do 14–18 Uhr; E-Mail: f.foreville@gmx.net; www.kultur-frankreich.de
- Instituto Italiano di Cultura: Hansastraße 6, 20149 Hamburg (Rotherbaum), Telefon 44 04 41, Fax 44 69 84, Mo-Fr 9–16 Uhr; www.iic-hamburg.de

**Stiftung:** Früher war die Sache klar: Auftraggeber und Künstler verstanden sich über das Geld. Unter Berufung auf die „Freiheit der Künste" muss zwar keiner mehr wie Michelangelo den Papst klammheimlich an der Altarwand karikieren, ganz ohne finanzielle Unterstützung nützen aber auch die besten Ideen manchmal nichts. Die Hamburger Kulturstiftung hat sich zur Aufgabe gemacht, die staatliche Kulturförderung durch Partnerschaften zwischen Sponsoren aus der Wirtschaft und kulturellen Projekten zu ergänzen. Sie unterstützt und fördert die Arbeit von Künstlern und Kulturschaffenden, berät Mäzene, Sponsoren und Stifter und organisiert Kunst- und Kulturpreise. Einen programmatischen Schwerpunkt bildet die Förderung der Gegenwartskunst. Neuerdings werden engagierte Hamburger Unternehmen erstmals mit dem Kulturfördererpreis belohnt.

- Hamburgische Kulturstiftung: Burchardstraße 13, 20095 Hamburg (Innenstadt), Telefon 33 90 99, Fax 32 69 58, Mo-Fr 9–18 Uhr; www.kulturstifung-hh.de



## Kunst

Unter den etwa dreißig kommerziellen und zugleich künstlerisch ambitionierten Galerien in Hamburg können einige auf eine über dreißigjährige Geschichte zurückblicken. Dass die erfahrenen Galeristinnen und Galeristen sämtliche Krisen auf dem internationalen Kunstmarkt überstanden, liegt nicht zuletzt an der Bereitschaft eines hanseatischen Käuferstammes, auch in schlechten Zeiten Geld für Kunst auszugeben. Auch für junge Galerien entsteht so ein günstiges Klima, und es kommen im Jahr ein bis zwei Neugründungen hinzu. Dem Mäzenatentum verdankt die Stadt auch ihr neues kulturelles Nebenzentrum im industriellen Süden der Stadt, der nach den New-Yorker Anschlägen so traurige Berühmtheit erlangte: 2001 fand die renommierte Sammlung Falckenberg in den ehemaligen Produktionshallen der Phoenix-Werke in Harburg eine dauerhafte Bleibe. Vom Hauptbahnhof aus ist man mit der S-Bahn in zwanzig Minuten dort. Die größte Konzentration interessanter Galerien befindet sich seit einigen Jahren mitten in Hamburgs City in der Admiralitätstraße. Hier hat man nach einem Bummel einen guten Überblick über das aktuelle Kunstgeschehen. Das Galeriehaus am Klosterwall, mitten auf der Kunstinsel zwischen Galerie der Gegenwart und Deichtorhallen gelegen, bildet einen weiteren Knotenpunkt. Aber auch die dezentral liegenden Galerien wollen entdeckt werden, und vor allem die von Künstlern betriebenen unabhängigen Ausstellungsräume (▸ *Off-Szene*).

▸ *Museen*

### Ausstellungsräume und -institutionen

- Deichtorhallen: Deichtorstraße 1–2, 20095 Hamburg (Innenstadt), Telefon 32 10 32 30, Fax 32 10 32 30,

Di-So 11–18 Uhr; www.deichtorhallen.de
Große Ausstellungen international bekannter Künstler und Fotografen

- Freie Akademie der Künste: Klosterwall 23, 20095 Hamburg (Innenstadt), Telefon 32 46 32, Fax 32 69 29, Di-So 11–18 Uhr; www.akademie-der-kuenste.de
- Hamburger Kunsthalle und Galerie der Gegenwart: Glockengießerwall, 20095 Hamburg (Innenstadt), Telefon 4 28 54 26 12, Fax 4 28 54 24 82, Di-So 10–18, Sa 10–21 Uhr, jeden Sa 14–18 Uhr Betreuungsangebot „Kinderzeit" (4–12 Jahre); www.hamburger-kunsthalle.de
- Kampnagel [k3]: Jarrestraße 20, 22303 Hamburg (Winterhude), Telefon 2 70 94 90, Fax 27 09 49 11, Kasse Mo-Fr 14–19, Sa 16–19 Uhr; www.kampnagel.de
- Kunsthaus Hamburg Berufsverband bildender Künstler Hamburg e. V.: Klosterwall 15, 20095 Hamburg (Innenstadt), Telefon 33 58 03, Fax 32 17 32, Di-So 11–18 Uhr
- Kunstverein Harburger Bahnhof: Hannoversche Straße 85, 21079 Hamburg (Harburg), Telefon 76 75 38 96, Di-So 13–18, Do 13–20 Uhr
Junges internationales Programm
- Kunstverein in Hamburg: Klosterwall 23, 20095 Hamburg (Innenstadt), Telefon 33 83 44, Fax 32 21 59, Di-So 11–18, Do 11–21 Uhr; www.kunstverein.de
Unter dem neuen Direktor Yilmaz Dziewior ist der Kunstverein Ort der Diskussion über aktuelle Kunst
- Phoenix Art / Sammlung Falckenberg: Wilstorfer Straße 71, 21079 Hamburg (Harburg), Telefon 32 50 67 62, Fax 32 50 67 63, nach telefonischer Vereinbarung; E-Mail: phoenixart@gmx.de

## Galerien:

- Agentur für zeitgenössische Kunst: Zöllnerstraße 23, 22761 Hamburg (Ottensen), Telefon 8 99 21 48, Fax 8 99 21 48, Di-Fr 16–19 Uhr; E-Mail: ml-grau@t-online.de
- art agents gallery: Klopstockplatz 9–11, 22765 Hamburg (Altona), Telefon 8 99 75 51, Fax 8 99 75 52, Di-Fr 11–18, Sa 11–14 Uhr; www.artagents.de
Die beiden „art agents" Nasim Weiler und Julia Sökeland bringen New-Yorker Konzeptkünstler der 60er Jahre, belgische Maler und junge Hamburger zusammen. Seit der Gründung im Jahr 2000 sind ihre großzügigen Räume einer der interessantesten Kunst-Treffpunkte der Stadt
- Art & Culture: Wilstorfer Straße 71, 21079 Hamburg (Harburg), Telefon 32 50 67 61, Fax 32 50 67 63
Teilt sich die Räumlichkeiten mit der Galerie artfinder, Ausstellungen abwechselnd alle zwei Monate

**Hamburger Kunsthalle und Galerie der Gegenwart: Den weißen Kubus schuf Oswald Mathias Unger 1997**

- artfinder: Wilstorfer Straße 71, 21079 Hamburg (Harburg), Telefon 32 50 67 61, Fax 32 50 67 63, Di-Fr 14–18, Sa nach Vereinbarung; www.artfinder.de
- Carmen Oberst Kunstraum: Friedensallee 26, 22765 Hamburg (Altona), Telefon 3 90 69 43, Fax 39 16 65, Di-Fr 15–19, Sa 14–18 Uhr; E-Mail: carmenoberst@gmx.de; www.carmenoberst.com
- Cato Jans_artlounge-projects: Lange Reihe 13, 20099 Hamburg (St. Georg), Telefon 28 00 88 41, Fax 28 00 88 88, Di-Do 10–13, 16–18, Fr 10–13, Sa 14–16 Uhr; www.artlounge-projects.com; E-Mail: artlounge-projects@amd.net.de
- Galerie Abrahams: Poststraße 36, 20354 Hamburg Telefon 35 26 57, Fax 34 28 95, Mi-Fr 11–13, Sa 10–14 Uhr; www.galerie-abrahams.de; E-Mail: galerie-abrahams@t-online.de;
- Galerie Anne Moerchen: Dorotheenstraße 53, 22301 Hamburg (Winterhude), Telefon 27 10 28, Fax 27 10 29, Mi-Fr 16–19, Sa 12–15 Uhr; www.galerie-anne-moerchen.de
- Galerie Aplanat: Lippmannstraße 59, 22301 Hamburg (Schanzenviertel), Telefon 43 18 48 00, Di-Fr 11–19; E-Mail: galerieaplanat@aol.com, www.aplanat.de Galerie für internationale Fotografie
- Galerie Ascan Crone/Andreas Osarek: Admiralitätstraße 71, 20459 Hamburg (Innenstadt), Telefon 4 13 44 40, Fax 41 34 44 10, Di-Fr 11–19, Sa 11–15 Uhr; E-Mail: cronegalerie@aol.com Der verstorbene Ascan Crone war eine schillernde Figur. Die Galerie wird von seinem langjährigen Mitarbeiter Andreas Osarek weitergeführt und hat inzwischen eine Filiale in Berlin
- Galerie Barbara Vogt: Hegestraße 8, 20251 Hamburg (Eppendorf), Telefon 30 03 18 81, Fax 30 03 18 91, Di-Fr 14–19, Sa 11–15 Uhr; www.galerie-vogt.de
- Galerie Bebensee: Alsterdorfer Straße 339, 22297 Hamburg (Alsterdorf), Telefon 51 43 03 20, Fax 51 43 03 21, Di-Fr 15–19, Sa 12–15 Uhr; www.galerie-bebensee.de Die Kunsthistorikerin Ivonne Bebensee kehrte 1999 mit einem jungen Programm aus Berlin zurück
- Galerie Brockstedt: Magdalenenstraße 11, 20148 Hamburg (Rotherbaum), Telefon 4 10 40 91, Fax 4 10 14 26, Mo-Fr 10–18, Sa 10–14 Uhr; E-Mail: galerie-brockstedt@t-online.de; www.galeriebrockstedt.de Hauptvertreter für Horst Janssen, Themen der Klassischen Moderne, Figürliches, Realismus-Variationen
- Galerie Dörrie * Priess: Admiralitätstraße 71, 20459 Hamburg (Innenstadt), Telefon 36 41 31, Fax 36 28 77, Di-Fr 14–18, Sa 12–14 Uhr; E-Mail: doerriepriess@t-online.de Aktuelle und zeitgenössische Kunst, national und international; Fotografie, Malerei, Aquarelle, Zeichnungen, Ölgemälde, Skulpturen, Video und Fotografie; seit 1987
- Galerie für Landschaftskunst: Admiralitätstraße 71, 20459 Hamburg (Neustadt), Telefon 37 51 74 45, Fax 37 50 30 69, Mi-Fr 15–18, Sa 12–14 Uhr; E-Mail: landschaftskunst@t-online.de Die Betreiber sind selbst Künstler und haben ein internationales Kollegen-Netzwerk zwischen New York, Reykjavik und Budapest gespannt
- Galerie Gabriele von Loeper: Eppendorfer Landstraße 44, 20249 Hamburg (Eppendorf), Telefon 45 32 92, Fax 44 29 96, Di-Fr 13–18, Sa 11–14 Uhr; www.galerie.de/von-loeper
- Galerie Gardy Wiechern: Graskeller 2, 20457 Hamburg Telefon 36 46 61, Fax 36 46 61, Mo-Fr 12–19, Sa 11–16 Uhr
- Galerie Helga Maria Klosterfelde: Admiralitätstraße 71, 20459 Hamburg (Neustadt), Telefon 37 50 07 54, Fax 37 50 07 53, Mi-Fr 12–18, Sa 12–14 Uhr; www.helgamariaklosterfelde.de Wichtige junge Berliner und Hamburger sowie amerikanische KünstlerInnen. Filiale in Berlin. Von der Galerie produzierte Editionen mit Künstlern wie Rosemarie Trockel oder Dan Peterman
- Galerie Hengevoss-Dürkop: Galeriehaus Hamburg, Klosterwall 13, 20095 Hamburg (Innenstadt), Telefon 30 39 33 82, Fax 30 39 33 83, Mi-Fr 14–19, Sa 13–17 Uhr; www.hengevossduerkop.de
- Galerie Herold: Loogeplatz 1, 20249 Hamburg (Eppendorf), Telefon 47 80 60, Fax 47 38 28, Di-Fr 11–18, Sa 11–14 Uhr; www.galerie-herold.de
- Galerie Hohmann: Magdalenenstraße 44, 20148 Hamburg (Pöseldorf), Telefon 34 35 40, Fax 34 35 50, Mo-Fr 10–18, Sa 11–14 Uhr; www.galeriehohmann.de
- Galerie Jürgen Becker: Admiralitätstraße 71, 20459 Hamburg (Neustadt), Telefon 36 55 44, Fax 36 45 44, Di-Fr 11–18, Sa 11–15 Uhr; E-Mail: becker.galerie.hh@t-online.de Hochkarätiges und Teures, hauptsächlich von der amerikanischen Westküste, Ed Ruscha, Richard Prince, auch heimische Größen wie Sigmar Polke
- Galerie Karin Günther: Admiralitätstraße 71, 20459 Hamburg (Innenstadt), Telefon 37 50 34 50, Fax 37 50 34 51, Mi-Fr 13–18, Sa 12–14 Uhr; E-Mail: k.guenther.galerie@gmx.de, Positionen international bekannter junger KünstlerInnen, seit 1999

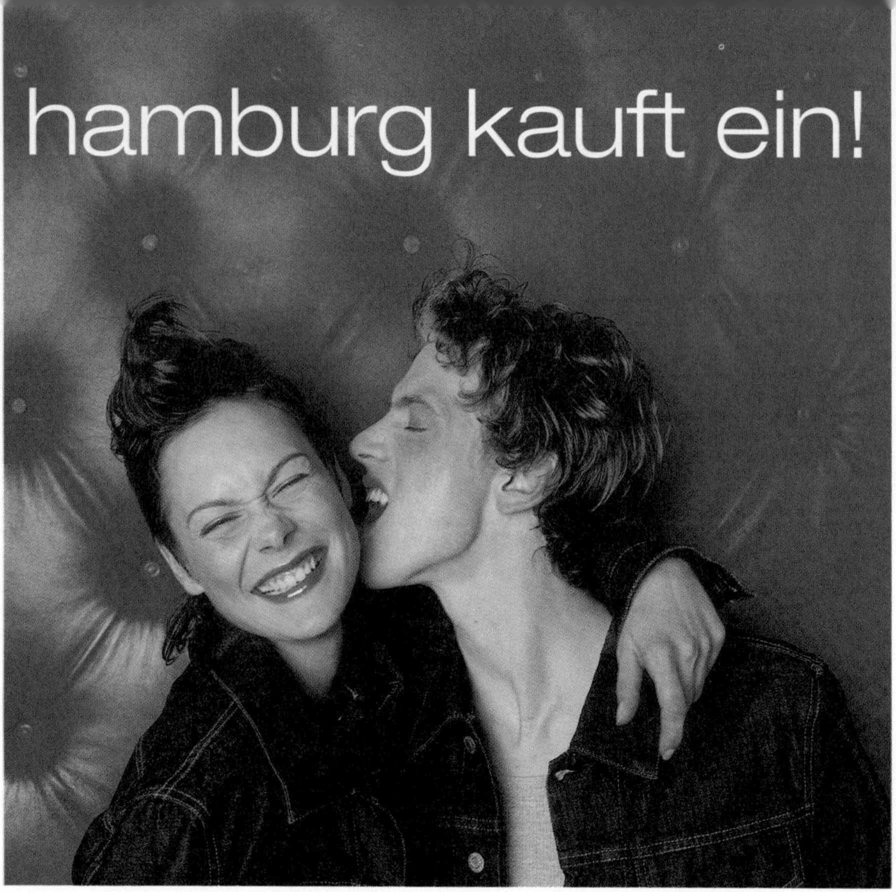

- Galerie Levy: Magdalenenstraße 44, 20148 Hamburg (Rotherbaum), Telefon 45 91 88, Fax 44 72 25, Mo-Fr 10–18, Sa 11–14 Uhr
  Die Galerie existiert seit über dreißig Jahren. Dependancen unter anderem in Madrid. Zusammenarbeit mit Galerie Hohmann in der ehemaligen Jil-Sander-Villa
- Galerie Lochte: Drehbahn 1, 20354 Hamburg (Innenstadt), Telefon 45 78 51, Fax 4 10 83 97, Di-Fr 11–18, Sa 11–14 Uhr, Kreditkarten: EC-Karte; E-Mail: galerielochte@t-online.de
- Galerie Magnus P. Gerdsen: Mittelweg 152, 20148 Hamburg (Harvestehude), Telefon 27 73 89, Fax 27 68 12, Mo-Fr 11–18, Sa 11–14 Uhr
- Galerie Peter Borchardt : Große Elbstraße 68, 22767 Hamburg (St. Pauli), Telcfon 38 89 88, Fax 38 89 87, Di-Fr 12–20, Sa 11–16 Uhr; www.galerie-borchardt.de
- Galerie Pimm van der Donk: Poolstraße 8, 20355 Hamburg (Eimsbüttel), Telefon 85 32 20 07, Fax 85 50 77 91; www.pimmvanderdonk.com
  Gegründet 2001
- Galerie Renate Kammer Architektur und Kunst: Münzplatz 11, 20097 Hamburg (Innenstadt), Telefon 23 26 51, Fax 23 19 07, Di-Fr 12–18, Sa 11–14 Uhr
- Galerie Rose: Großer Burstah 36, 20457 Hamburg (Innenstadt), Telefon 36 56 36, Fax 37 81 79, Di-Fr 11–18, Sa 10–14 Uhr, Kreditkarten: alle
- Galerie Sfeir-Semler: Admiralitätstraße 71, 20459 Hamburg (Altstadt), Telefon 37 51 99 40, Fax 37 51 96 37, Mo 11–15, Di-Fr 14–18, Sa 11–15 Uhr; www.sfeir-semler.de
- Galerie Thomas Gehrke: Martin-Luther-Straße 21, 20459 Hamburg (Neustadt), Telefon 3 74 32 90, Fax 3 74 32 91, Mi-Fr 12–19, Sa 12–15 Uhr; E-Mail: thomas.gehrke@t-online.de
- Galerie Vera Munro: Heilwigstraße 64, 20249 Hamburg (Winterhude), Telefon 48 45 52, Fax 47 25 50, Di-Fr 10–13, 14–18, Sa 11–14 Uhr; www.veramunro.de
  Galerie besteht seit 1977, internationale zeitgenössische Kunst und international durchgesetzte Künstler sowie junge Künstler, Positionen der Gegenwart
- Galerie Xprssns: Bernstorffstraße 148, 22767 Hamburg (Altona), Telefon 4 91 19 30, Fax 43 09 41 39, Di 14–20, Sa 11–16 Uhr und nach Vereinbarung; www.galeriexprssns.de
  Ausstellungen junger Designer
- Kunstraum Falkenstein/Elke Dröscher: Grotiusweg 79, 22587 Hamburg (Blankenese), Telefon 81 05 81, Fax 81 81 66, Di-Fr 11–17, Sa 11–14 Uhr; E-Mail: elke.droescher@t-online.de; www.elke-droescher.de
  Seit 1968 Vintage-Fotografie und radikal-reduzierte Malerei und Skulptur. Das Haus, erbaut von dem Architekten Karl Schneider, steht unter Denkmalschutz
- Multiple Box: Admiralitätstraße 76, 20459 Hamburg (Neustadt), Telefon 37 51 75 10, Fax 37 51 75 11, Di-Fr 11–18, Sa 11–15 Uhr; E-Mail: multiplebox@yahoo.de
  Multiples und Editionen international bekannter KünstlerInnen zu erschwinglichen Preisen
- Osterwalder's Art Office: Isestraße 37, 20144 Hamburg (Hoheluft), Telefon 48 61 09, Fax 46 88 24 25, Di-Fr 14–18, Sa 10–14 Uhr; www.osterwaldersartoffice.com
  Zeitgenössische Kunst, vorwiegend britische Kunst, junge Künstler; seit 1993
- Photography Monika Mohr Galerie: Mittelweg 45, 20149 Hamburg (Eppendorf), Telefon 41 35 03 50, Fax 44 50 62 62, Di-Fr 12–19 Uhr, Sa nach Vereinbarung; www.photographygalerie.de
- Produzentengalerie: Admiralitätstraße 71, 20459 Hamburg (Neustadt), Telefon 37 82 32, Fax 36 33 04, Mo-Fr 11–13, 15–19, Sa 11–16 Uhr; www.produzentengalerie.com

## Kunsthandwerk

- Galerie GEDOK: Koppel 66, 20099 Hamburg (St. Georg), Telefon 2 80 31 24, Fax 2 80 41 73, Di-Fr 11–18, Sa 11–14 Uhr; www.gedok-hamburg.de
- Koppel 66 – Haus für Kunst und Handwerk: Koppel 66, 20099 Hamburg (St. Georg), Telefon 24 82 23 83, Fax 24 82 23 84
  Das Haus ist von 9 bis 23 Uhr geöffnet, die Geschäfte haben jedoch unterschiedliche Öffnungszeiten; 13 Ateliers unterschiedlichster Ausrichtungen befinden sich in der Koppel 66. Schwerpunkte: unter anderem Kunst, Schmuck, Schneiderei, Mode (Schuhe, Strickwaren); zweimal jährlich große Messen im Haus
- M.-Theresia Rodriguez-Silvero: Schrammsweg 13a, 20249 Hamburg (Eppendorf), Telefon 57 00 78 99 und 32 89 56 85, Termin nach Vereinbarung; E-Mail: silkartsia@hotmail.com
  Handbemalte Seidenunikate in individueller Gestaltung (auch nach Wunsch); Organisation von Kunstausstellungen

## Off-Szene

- Art Store: Wohlwillstraße 10, 20359 Hamburg (St. Pauli), Telefon 3 19 19 96, Do-Sa 20–23 Uhr; E-Mail: artstore@freenet.de; www.artstorestpauli.com

Galerie Vera Munro: Seit 1977 präsentiert die Winterhuder Galerie internationale zeitgenössische Kunst wie den Siebdruck auf Plexiglas „Panorama" von Jean-Marc Bustamante

Cheap-Art, Kunst von 20 Euro aufwärts, jeden Monat werden im Art Store wechselnde Einzelausstellungen gezeigt

- Ausstellungsraum Taubenstraße 13: Taubenstraße 13, 20359 Hamburg (St. Pauli), Telefon 68 87 32 49, Sa, So 15–18 Uhr; www.taubenstrasse13.com
  Die HfbK-Studenten Tatjana Greiner und Tjorg Beer zeigen zwei Ausstellungen mit Kollegen pro Monat (jeden zweiten Donnerstag eine Eröffnung), knüpfen internationale Beziehungen und vergeben sogar ein Stipendium.
- Das Wohl: Wohlwillstraße 24, 20359 Hamburg (St. Pauli), Telefon 41 16 56 29, Fax 41 16 56 32, Di-Do und So ab 17, Fr, Sa 20–23 Uhr; www.daswohl.de;
  Dem NEU-Ausstellungsraum benachbart, doch von anderen betrieben. Außer Ausstellungen auch Filmabende und kulturelle Ereignisse
- Galerie Hamburger Kunstprojekt: Gluckstraße 53a, 22083 Hamburg (Winterhude), Telefon 20 97 64 25, Fax 29 82 33 51, Di-Fr 14–18, Sa 11–15 Uhr; www.hamburgerkunstprojekt.de
- Galerie Kunststück: Amandastraße 44, 20357 Hamburg (Schanzenviertel), Telefon 4 39 56 60, Fax 4 39 56 60, Fr-So 17–20 Uhr; www.kunststueck-hamburg.de;
  E-Mail: galerie-kunststueck@gmx.de
- Kampnagel [kX]: Jarrestraße 20, 22303 Hamburg (Winterhude), Telefon 2 79 23 94, Fax 2 79 23 94; www.kx-kampnagel.de
  Wechselnde Projekte und Einzelschauen Hamburger und auswärtiger KünstlerInnen
- Kunstwerk e. V.: Friedensallee 45, 22765 Hamburg (Altona), Telefon 3 90 94 52, Fax 3 90 94 52, Mo-Fr 10–16 Uhr; www.kunstwerk-hamburg.de
  Veranstaltet Kunst-und Kulturprogramme in ganz Hamburg, keine festen Austellungsräume
- NEU-Austellungsraum: Wohlwillstraße 24, 20359 Hamburg (St. Pauli)
  Betreiber SAM ist seit Jahren Garant für günstiges und unterhaltsames Kunsttreiben. Jim Avignon, 4000 und viele andere stellen hier regelmäßig aus.
- Westwerk e. V.: Admiralitätstraße 74, 20459 Hamburg (Neustadt), Telefon 36 39 03, Fax 36 72 29, wechselnde Öffnungszeiten; www.westwerk-hamburg.de
- Y8 – International Sivananda Yoga Center: Kleiner Kielort 8, 20144 Hamburg (Eimsbüttel), Telefon 41 42 45 46, Fax 41 42 45 45, Mo-Fr 16–18 Uhr; Installationen bekannter Künstler, z.B. "Young British Artists" www.artyoga.de

## Bedarf

▶ *Zeichenbedarf*

**Initiativen:** Wer sich als Künstler versteht und seine Lebensphilosophie zum Beruf machen möchte, hat es nicht leicht. Um Kunst und Künstler an die Öffentlichkeit zu bringen, sorgt der Berufsverband Bildender Künstler (BKK) für einen besseren Status der kreativen Geister und setzt sich für deren kulturpolitische Interessen ein. Der BKK betreibt auch das KünstlerInnen Archiv. Der Verein cult e. V. ist bekannt geworden durch seine Ausstellungen an besonderen Locations wie etwa dem alten Elbtunnel. Cult e. V. will einem breiten Spektrum an bildenden Künstlern Ausstellungsforen geben. Die Agentur Bildwechsel bietet einen umfassenden Kunstservice, von dem der Bilderverleih wohl der innovativste ist. Im Angebot sind 600 Bilder, die gemietet werden können, das Ganze ist auch bei wechselnden Werken im Abo möglich. Im Künstlerhaus Hamburg, einem Atelierhaus mit Ausstellungsraum, laufen engagierte Projekte, unter anderem mit KünstlerInnen aus Hamburgs Partnerstädten. In Schaukästen im Hauptbahnhof Nord, Ausgang U2 Richtung Kunsthalle zeigt Weltbekannt e. V. ortsbezogene Kunst. Einmal im Monat werden außerdem Clubabende mit verschiedenen Themen veranstaltet. Menschen, die von der Kunst leben, können sich in den Fleetinsel-Gästewohnungen einquartieren. Der Preis für die möblierten Zwei-Zimmer-Wohnungen liegt zwischen 120 und 140 Mark pro Tag.

- Berufsverband Bildender Künstler: Klosterwall 15,
  20095 Hamburg (Innenstadt),
  Telefon 33 65 14, Fax 32 17 32,
  Mi 10–15, Do 10–17 Uhr
- Bildwechsel: Kirchenallee 25, 20099 Hamburg
  (St. Georg), Telefon 24 63 84, Fax 24 68 56,
  Mi 14–19 Uhr; www.bildwechsel.org
  ▶ *Frauen*
- cult e. V.: Beim Grünen Jäger 25, 20359 Hamburg
  (Schanzenviertel), Telefon 4 30 41 40,
  Fax 4 30 41 46, E-Mail: cult@cult.de; www.cult.de
- Fleetinsel-Gästewohnungen: Michaelisbrücke 1,
  20459 Hamburg (Neustadt), Telefon 36 41 01,
  Fax 36 28 77
- Fundbureau e. V.: Stresemannstraße 114,
  22769 Hamburg (Altona), Telefon 43 25 13 51,
  Bürozeiten Mo-Fr 11–17 Uhr; www.fundbureau.de
  Das ehemalige Fundbüro der Bahn AG fungiert heute als Kunst- und Kulturzentrum mit Livekonzerten, Performances, Theater, Lesungen und Partys
- Künstlerhaus Hamburg: Weidenallee 10b,
  20357 Hamburg (Eimsbüttel), Telefon 4 10 86 93,
  Fax 4 10 71 12, Sa, So 16–20 Uhr;
  www.kuenstlerhaushamburg.de
- Weltbekannt e. V.:
  c/o Christel Burmeier, Hohenesch 52a,
  22765 Hamburg (Altona), Telefon 39 90 57 35,
  Fax 39 55 86; www.weltbekannt.org

**Schulen und Hochschulen:** Jedes Kind ist ein Künstler, sagte einst Pablo Picasso. Die Kunst liegt nur darin, das Kind in sich wieder zu entdecken. Das Spektrum der Hamburger Kunstschulen und Akademien reicht von wöchentlichen Angeboten für Hobbymaler über die Mappenvorbereitung für die Bewerbung an der Hochschule für bildende Künste bis zum eigenständigen Studium. Welche Schule die richtige ist, muss jeder selbst herausfinden, denn Zielsetzung, Lerninhalte und die Auffassung, wie diese zu vermitteln sind, erweisen sich als grundverschieden:

- Atelier Altonaer Kunstschule: Winterstraße 4–8,
  22765 Hamburg (Altona), Telefon 3 90 92 28,
  Fax 3 90 92 24, Mo-Fr 9–21 Uhr; E-Mail:
  kunstschule@t-online.de; www.atelier-altona.de
  Kurse für Freizeit und Beruf; Hochschulvorbereitung
- Atelier Nolden: Rothenbaumchaussee 93,
  20148 Hamburg (Rotherbaum), Telefon 44 46 98
  Schwerpunkt liegt auf Kursen
- Atelier Paulwitz-Matthäi: Kaiser-Friedrich-Ufer 27,
  20253 Hamburg (Hoheluft), Telefon 4 20 47 37,
  Mi 18–20, Do 16–19 Uhr;
  www.atelier-paulwitz-matthaei.de
  Kurse in Akt, Figur, Porträt, Stillleben, Wochenendveranstaltungen und Mappenvorbereitung, Vermietung von Arbeitsplatz im Atelier
- Atelier Sabine Geddert:
  Bahrendfelder Kirchenweg 49, 22761 Hamburg
  (Bahrenfeld), Telefon 89 21 20, Mo-Fr 16–19 Uhr;
  E-Mail: ateliergeddert@web.de
  Neue Techniken, Specksteinbearbeitung, Wochenendkurse
- Atelier Sybille Kreynhop: Fährhausstraße 20,
  22085 Hamburg (Uhlenhorst), Telefon 2 29 54 56,
  Fax 2 20 53 34; www.kunstschule-kreynhop.de
  Zeichnen und Malen für Freizeit und Beruf, Mappenvorbereitung
- Bildkunst Akademie: Mendelssohnstraße 15,
  22761 Hamburg (Groß Flottbek),
  Telefon 89 07 07 37, Fax 89 07 07 39;
  E-Mail: bildkunst_akademie@t-online.de
  Berufsfachschule für Illustrationsdesign, Vollzeitstudium mit berufsqualifizierendem Abschluss, Bafög anerkannt
- Carmen Oberst Art Photographie College:
  Friedensallee 26, 22765 Hamburg (Altona), Telefon
  3 90 69 43, Fax 39 16 65; www.carmenoberst.com
  Verschiedene Themen pro Semester, Einführung in die Schwarzweißfotografie mit Labor
- Freie Kunstschule Hamburg e. V.: Friedensallee 44,
  22765 Hamburg (Ottensen), Telefon 3 90 13 53,

Fax 39 90 00 04, Büro Mo-Fr 9–10 Uhr; www.freie-kunstschule-hh-fiu.de
Malerei, Zeichnen, Skulptur, Studium universale nach Joseph Beuys' erweitertem Kunstbegriff

- Gabriele Fackelmann: Maria-Louisen-Straße 94, 22308 Hamburg (Winterhude), Telefon 2 79 15 54, Fax 2 79 65 57; E-Mail: gabi_fackelmann@gmx.de, www.gabriele-fackelmann.de
Malerei, Zeichnungen, Radierung, Umgang mit fotografischem Material, Aktzeichnen, Naturstudien, auch Kinderkurse
- Hamburger Technische Kunstschule: Adenauerallee 32, 20097 Hamburg (St. Georg), Telefon 24 72 78, Fax 2 80 26 19, Bürozeiten Mo-Fr 9–17 Uhr; www.htk-hamburg.de
Sechssemestriger Studiengang zum Grafikdesigner, von der Idee bis zur fertigen Produktion lernen Studierende alle Phasen der einzelnen Medien; auch Onlinestudium möglich
- Hochschule für Angewandte Wissenschaften Hamburg – Fachbereich Gestaltung: Armgartstraße 24, 22087 Hamburg (Uhlenhorst), Telefon 4 28 63 38 24, Fax 4 28 63 33 74, Mo-Do 8–21, Fr 8–18.30 Uhr; www.haw-hamburg.de
E-Mail: margit.bolduan@pv.haw-hamburg.de; Studiengänge: Illustrations- und Kommunikationsdesign, Textil-, Mode- und Kostümdesign, Bekleidungstechnik
- Hochschule für bildende Künste (HfbK): Lerchenfeld 2, 22081 Hamburg (Hohenfelde), Telefon 4 28 32 32 00, Fax 4 28 32 22 79, Bürozeiten Di, Mi 10–12, 14–16, Do 10–12 Uhr; www.kunsthochschule.uni-hamburg.de
Staatliche Kunsthochschule, Fachbereiche: Visuelle Kommunikation, Freie Kunst, Industriedesign, Architektur und Kunstpädagogik
- Institut für Grafik-Design in Hamburg: Esplanade 30, 20354 Hamburg (Innenstadt), Telefon 34 53 53, Fax 34 49 48, Mo-Fr 9–16 Uhr; E-Mail: ingdhh@mail.hh.de;www.ingd.de
Ausbildung zum Kommunikations- und Grafikdesigner, monatliche Kosten etwa 460 Euro
- Kunstschule Alsterdamm – Schule für Gebrauchsgrafik: Lange Reihe 29, 20099 Hamburg (St. Georg), Telefon 32 71 80, Fax 32 46 15, Mo-Fr 9–16 Uhr; E-Mail: mbusecke@t-online.de; www.alsterdamm.de
128 Euro Aufnahmegebühren, maximal dreißig Neuanfänger, Voraussetzungen: Arbeitsmappe und mittlere Reife, berufsbezogenes Praktikum wünschenswert
- Kunstschule Blankenese: Hasenhöhe 35, 22587 Hamburg (Blankenese), Telefon 86 10 47, Fax 86 20 30, Mo, Do 9–12, 16–19 Uhr, Di, Mi, Fr 9–12 Uhr; E-Mail: kunstschule_blankenese@t-online.de

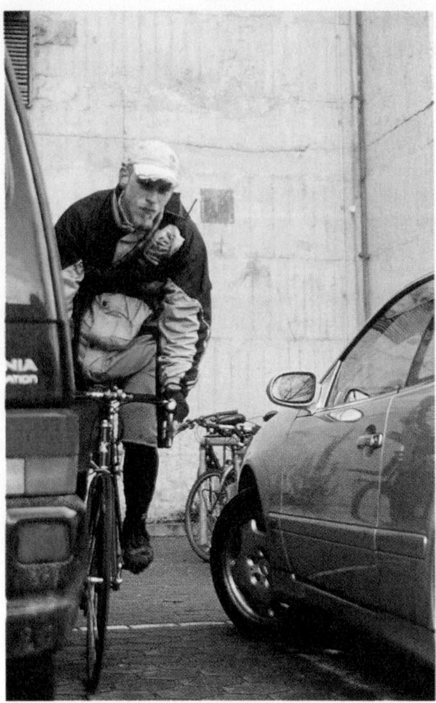
**Kuriere: Gönnen sich selten eine Verschnaufpause**

Künstlerische Weiterbildung, Mappenvorbereitung

- Malschule Ottensen: Donnerstraße 11, 22763 Hamburg (Ottensen), Telefon 3 90 32 31, Mo 12–15, Mi 18–20 Uhr
Grundkurs Zeichnen und Malen, Hochschulvorbereitung und Mappenerstellung
- Malschule Regine Zacharski: Twietenkoppel 1a, 22395 Hamburg (Bergstedt), Telefon 6 04 63 61, individuelle Betreuung, Mappenvorbereitung
- Privatakademie Leonardo: Harkortstraße 81, 22765 Hamburg (Altona), Telefon 8 80 60 16, Fax 88 12 85 02, Mo-Do 11–15 Uhr
Kurse in Malerei und Grafik, Kinderkurse, Berufsfachschule für Illustrationsdesigen
- Shehata Kunstakademie: Harkortstraße 36a, 22765 Hamburg (Altona), Telefon 3 89 45 65, Fax 3 89 52 07; Mo, Mi, Fr 18–21 Uhr, Fr 12–15 und 18–21 Uhr; E-Mail: sheks36@aol.com; www.shehata-kunstakademie.de
Workshops, Kunsttheorie, Mappenvorbereitung

## Vereine:

- Freunde der Kunsthalle e. V: Glockengießerwall, 20095 Hamburg (Innenstadt), Telefon 33 52 44, Fax 30 39 99 76, Di-Do 10–15, Fr 10–14 Uhr; E-Mail: info@freunde-der-kunsthalle.de;

www.freunde-der-kunsthalle.de
Unterstützt und fördert die Hamburger Kunsthalle, Mitglieder haben freien Eintritt zu allen Ausstellungen

## Kuriere

Ob Pittsburgh, Peking, Pauli, Paris – dem Kurierdienst ist kein Weg zu mies. Für Werber, Zahnarzt, Verlag und Labor sind Funker für jegliche Dienste ganz Ohr. So greif' dann zum Hörer und wähle geschwind, dass ja deine Ware den Weg zeitig find'.

- Avanti:
  Spaldingstraße 74, 20097 Hamburg (Hamm), Telefon 2 51 32 54, Fax 2 51 32 59, Mo-Fr 7.30–18.30 Uhr
  Startgeld mit PKW/Kombi 2,05 Euro, 92 Cent pro km, Wartezeit 1,28 Euro pro angefangene fünf Minuten. Bei Stopp 1,03 Euro, Transporter kosten 1,02 Euro pro km und 17,90 Euro die Stunde
- Der Kurier:
  Winterhuder Weg 62, 22085 Hamburg (Winterhude), Telefon 29 19 19, Fax 29 57 77; www.derkurier.de
  Größter Stadtkurier Europas, Anfahrt PKW/Kombi 3 Euro, 1 Euro pro km, Servicezeit oder Stopp 1,2 Euro pro angefangene fünf Minuten, Fahrrad Anfahrt 5,50 Euro, 1 Euro pro km, Stopp 2 Euro
- DHL Worldwide Express:
  Burchardstraße 19–21, 20095 Hamburg (Innenstadt), Telefon 0 80/02 25 53 45; www.dhl.de
  Verschicken weltweit Sendungen zu günstigen Tarifen, besonders billig in die USA, Briefsendung bis 200 gr = 36 Euro mit Abholung
  Tochterfirma „Same Day" mit eigenen Flugmaschinen liefert am selben Tag europaweit, erreichbar ebenfalls unter 0 80 02 25 53 45
- Die Funkpiloten:
  Eimsbütteler Chaussee 21–23, 20259 Hamburg (Eimsbüttel), Telefon 43 19 19 19 (regional) und Telefon 43 19 18 18 (überregional), Fax 43 19 19 43; www.funkpiloten.de
  Grundpreis 6 Euro, 1 Euro pro km, Stopp 2 Euro, Express und Paketdienste, nationale und internationale Versandarten
- Inline Kurierdienst GmbH:
  Sachsenstraße 5–7, 20097 Hamburg (Hammerbrook), Telefon 23 50 05 00, Fax 23 50 05 05, rund um die Uhr; www.inline-kurier.de
  Jeder Kurier ist Teilhaber: Fahrerverein der Inline Kuriere, Mitglieder machen eigene Tarife, diskutieren über Aufnahmepolitik und entscheiden über das neue Budget, Anfahrt 3 Euro, pro km 1 Euro, Stopp 2 Euro
- Profikurier: Steenwisch 21–23, 22527 Hamburg (Eimsbüttel), Telefon 39 83 98, Fax 3 98 39 39, Mo-Fr 7–20 Uhr; www.profi-kurier.de
  Bike/Pkw: 5 Euro, 1 Euro pro km, Warten/Laden je fünf Minuten 2 Euro
- Vereinigung selbständiger Bike-Kuriere e. V. (VSBK) c/o Der Kurier: Winterhuder Weg 62, 22085 Hamburg (Winterhude), Telefon 29 90 65 76; www.vsbk.de

## Kurverwaltung

Der Kiez als Oase der Entspannung? Für die man bezahlt? Das ist soweit bekannt, neu dagegen ist die Kurtaxe, die die Gründer der Vereins „Kurverwaltung St. Pauli" per Couponheftchen zum Preis von 5,10 Euro verkaufen. Der Erlös fließt in soziale und kulturelle Projekte des Viertels. Mit den Coupons gibt es Rabatt in vielen Kneipen und Ladengeschäften St. Paulis. Die Heftchen kann man in einigen Buchhandlungen, dem Schmidt's Tivoli und rund um die Uhr an der Esso-Tankstelle auf der Reeperbahn kaufen. Und wer bei seinem Kiezbesuch etwas Besonderes erleben möchte, kann St. Pauli mit einem Kurschatten kennen lernen, das sind einheimische Fremdenführer. Besonders begehrt sind die Promi-Kurschatten, als die bislang bereits Marlene Jaschke und Jan Fedder aufgetreten sind.

- Kurverwaltung St. Pauli e. V.: Bleicherstraße 3, 22676 Hamburg (Altona), Telefon 31 79 07 47, Fax 31 79 07 48; www.kurort-st-pauli.de

## Kutschfahrten

Zum Tete-à-tete in der Hochzeitskutsche um die Alster. Zu viert mit der Familie durch den Duvenstedter Brook. Zu zwanzigst im Planwagen zum Begießen der Kegeltreffer am Lütjensee. Kutschfahrten sind die romantische Alternative zum Kabriocruise und kosten ab 50 Euro die Stunde.

- Hermann Drechsler: Fasanenweg 54, 22964 Mollhagen, Telefon 0 45 34/82 96
- Horst Kruse: Pankower Straße 20, 21502 Geesthacht, Telefon 0 41 52/7 63 11, Fax 0 41 52/8 10 97
- Reitstall Barca: c/o Katschker, Wiemerskamper Weg 154, 22889 Hamburg (Tangstedt), Telefon 6 07 11 29, Fax 6 07 11 29
- Reit- und Fahrstall „Eichenhof": Puckaffer Weg 14b, 22397 Hamburg (Duvenstedt), Telefon 6 07 08 66, Fax 6 07 16 08, Büro Mo-Fr 8–18 Uhr; www.reitstall-eichenhof.de

## Labskaus

„Das Auge isst mit!“ Beim Zubereiten des traditionellen Seefahrergerichts dürfte diese Volksweisheit wohl schon so manchen Koch in den Wahnsinn getrieben haben. Selbst garniert mit Spiegelei und Salzgurke ist die Spezialität des Nordens wahrlich keine Offenbarung für das Auge. Auch über die richtige Rezeptur streiten sich die Gemüter. Der wahre Smutje benutzt gepöckeltes Rindfleisch, andere nehmen Corned Beef, und weniger kochfreudige Zeitgenossen greifen einfach zu den fertigen Konserven von „Old Commercials Captains Table“ oder besuchen eins der vielen Hamburger Fischrestaurants.

- Alt Hamburger Aalspeicher: Deichstraße 43,
  20459 Hamburg (Altstadt), Telefon 36 29 90,
  Mo-So 12–24 Uhr, Kreditkarten: alle; EC-Karte
- Klopstock: Eppendorfer Landstraße 165,
  20251 Hamburg (Eppendorf), Telefon 47 65 98,
  Fax 48 52 99, Mo-Fr 12–24 , Sa 17–24 Uhr,
  Kreditkarten: Visa
- Old Commercial Handels GmbH: Von-Bargen-Straße 6–8, 22041 Hamburg (Wandsbek),
  Telefon 7 32 44 26, Fax 7 32 47 83, Mo-Fr 10–18,
  Sa 10–13 Uhr; www.oldcommercial.de
  Liefert Labskaus in Dosen
- Old Commercial Room: Englische Planke 10,
  20459 Hamburg (Neustadt), Telefon 36 63 68,
  Fax 36 68 14, Mo-So 12–24 Uhr, Kreditkarten: alle;
  EC-Karte; www.oldcommercialroom.de
  Bekannt für seine traditionelle Labskauszubereitung, für die nach eigener Angabe „nur Verrückte“ Fisch verwenden würden

## Lampen

Nicht nur für Unterbelichtete bietet Hamburg eine große Anzahl von Lampengeschäften. Eine Auswahl:

- d-light – Lichtkunst Alexander Hastreiter:
  Mathildenstraße 4, 20357 Hamburg
  (Karolinenviertel), Telefon 43 18 47 31,
  Fax 43 18 27 40, Di-Fr 13–19, Sa 11.30–15 Uhr;
  www.leucht-objekte.de
  Atelier und Ausstellungsforum eigenwilliger Leuchtobjekte, Spezialität ist die Einarbeitung von Rostpartikelchen und anderen Fundstücken; das alles zu erschwinglichen Preisen
- Kurzschluss: Große Elbstraße 68,
  22767 Hamburg (St. Pauli), Telefon 30 62 13 00,
  Mo-Fr 10–20, Sa 10–16 Uhr
  Großes Angebot an Designerleuchten (Artemide, Maarten van Severen et cetera)
- Ladiges: Susannenstraße 26–28,
  20357 Hamburg (Schanzenviertel),
  Telefon 4 31 66 80, Fax 43 16 68 66, Mo-Fr 9–17 Uhr, Kreditkarten: EC-Karte; www.Ladiges.de
  Technische Beleuchtung, Objektbeleuchtung fürs Büro et cetera
- Lichtkontor: Bramfelder Straße 84 ,
  22305 Hamburg (Barmbek), Telefon 69 70 25 55,
  Fax 69 70 25 57, nach Vereinbarung;
  www.Lichtkontor-hamburg.de
  Termine nur nach Vereinbarung; nach dem Motto „Wir bauen Ihre Leuchten“ werden Lampen nach individuellen Wünschen hergestellt
- Medusa: Gärtnerstraße 48–52,

**Labskaus: Herr Rauch vom Old Commercial Room ist ein Meister im Zubereiten des traditionellen Seefahrergerichts**

20253 (Eppendorf), Telefon 4 91 11 01, Fax 4 90 51 93, Mo-Fr 10–18.30, Sa 10–16 Uhr, Kreditkarten: alle außer Diners; EC-Karte; www.medusa-net.de
Hat hauptsächlich nostalgische Lampen und Antiquitäten im Angebot, fertigt Lampenschirme in allen Ausführungen nach Wunsch der Kunden

- Objekte Licht & Raum GmbH: Mundsburger Damm 51, 22087 Hamburg (Uhlenhorst), Telefon 2 20 80 33, Fax 2 29 90 80, Mo-Fr 10–18.30, Sa 10–14 Uhr, Kreditkarten: EC-Karte; E-Mail: objekte.licht@t-online.de; www.objekte-licht.de
Moderne Leuchten im futuristischen Design, Beratung, Verkauf und Montage
- Paul & Piske: Schanzenstraße 31, 20357 Hamburg (Schanzenviertel), Telefon 43 46 59, Tree-cycle-Lampen, Klamotten und Schmuck im Angebot
- Prediger Leuchten: Mönckebergstraße 25, 20095 Hamburg (Innenstadt), Telefon 3 25 85 90, Fax 32 58 59 15, Mo-Fr 10–19, Sa 10–16 Uhr, Kreditkarten: alle außer Diners; EC-Karte; www.prediger-licht.de
Lampen im Jugend-, Avantgarde- und Antikstil auf 1000 Quadratmetern; die Objektabteilung plant die Beleuchtung von größeren Gebäuden und berät Privatkunden in der Lichtgestaltung
- Schlotfeldt Licht GmbH: Mühlenkamp 31, 22303 Hamburg (Winterhude), Telefon 6 96 56 70, Fax 69 65 67 20, Mo-Fr 9–16 Uhr, Kreditkarten: keine; E-Mail: hamburg@schlotfeldtlicht.de; www.schlotfeldtlicht.de
Spezialisiert auf Leuchtkonstruktionen und Lichtplanungsberatung in Gebäuden und Galerien
- Schlüter & Partner; Lights-on-line: Kleiner Schäferkamp 38 und 52, 20357 Hamburg (Eimsbüttel), Telefon 4 10 85 89, Fax 4 48 07 07, Mo-Fr 10–18, Sa 10–14 Uhr, Kreditkarten: EC-Karte; E-Mail: lights-on-line@t-online.de; www.lights-on-line.de
Designerleuchten, Lichtstudio

## Landei

Auch unter Großstädtern dürfte inzwischen bekannt sein, dass nicht alle Kühe lila sind und dass Hühner zum artgerechten Leben mehr als 50 Zentimeter hohe und breite Drahtkäfige benötigen. Wer sich bei der Auswahl seiner Lebensmittel nicht auf die Kennzeichnungen der Agrarindustrie und auf die Bilder von glücklichen „Nutztieren" verlassen will, kann in Hamburg zwischen zahlreichen Bioläden wählen oder sich seinen grünen Warenkorb direkt vom Hof liefern lassen.

▶ *Essen + Trinken/Bioläden.*

- Die grüne Kiste – Handelsgesellschaft für biologische Lebensmittel: Bornkampsweg 39, 22926 Ahrensburg, Telefon 0 41 02/5 74 31, Fax 0 41 02/5 74 96, Abo-Telefon Mo-So 7–17 Uhr, Hofladen Mo-Fr 9–13, 14.30–18, Sa 8.30–13 Uhr
Abo-Kiste ab 9,20 Euro
- Hof Dannwisch: Dannwisch 1, 25358 Horst/Holstein, Telefon 0 41 26/14 56, Fax 0 41 26/27 48, Hofladen Di 13–18, Fr 10–12, 13–18 Uhr; E-Mail: Hofdannwisch@t-online.de; www.Hofdannwisch.de
Abo-Kiste ab 10 Euro
- Hof Schümann: Wilfried Schümann und Ilse Neurath, Kreuzweg 1, 25346 Brande-Hörnerkirchen, Telefon 0 41 27/8 98, Fax 0 41 27/15 55, Abo-Telefon Mo-Fr 8–17, Sa 9–12 Uhr, Hofladen Di, Fr 13.15–17.30, Sa 9–12 Uhr; E-Mail: wm.schuemann@t-online.de
Abo-Kiste ab 14 Euro

## Landkarten

Wer während der schönsten Tage des Jahres lieber auf eigene Faust Nordspanien, Südtirol, Argentinien, Thailand oder Schweden entdecken möchte, als im Pauschalurlaub an Mallorcas Stränden Handtuch an Handtuch zu braten, braucht für dieses lobenswerte Vorhaben mindestens eine Landkarte. Straßen- und Wegekarten für alle Gelegenheiten zu Wasser, zu Fuß oder auf dem Rad sowie weiteres Reisematerial fürs Überleben in fremden Revieren halten Dr. Götze, die Expeditionskiste und Globetrotter Ausrüstungen bereit.

- Die Expeditionskiste: Rothenbaumchaussee 55, 20148 Hamburg (Rotherbaum), Telefon 4 50 05 81, Fax 4 50 40 92, Mo-Fr 9.30–20, Sa 9–1 Uhr, Kreditkarten: Amex, Visa, Eurocard; EC-Karte; E-Mail: shop-exkiste@globetrotter.de; www.globetrotter.de
- Dr. Götze Land & Karte : Alstertor 14–18, 20095 Hamburg (Innenstadt), Telefon 3 48 03 13, Fax 35 74 63 44, Mo-Fr 10–20, Sa 10–16 Uhr, Kreditkarten: alle außer Diners; EC-Karte; www.drgoetze.com
- Globetrotter Ausrüstungen: Wiesendamm 1, 22305 Hamburg (Barmbek), Telefon 29 12 23, Fax 2 99 23 80, Mo-Fr 9.30–20, Sa 9–16 Uhr, Kreditkarten: alle; E-Mail: shop-hamburg@globetrotter.de; www.globetrotter.de

## Lederwaren

… sind nicht nur etwas für Leute mit dickem Fell. Wer besitzt nicht das eine oder andere Kleidungsstück oder Accessoire aus dem geschätzten Material. Produkte aus Leder haben ihren eigenen Wert und gewinnen mit der Zeit an Ausdruck. SZENE HAMBURG nennt die besten Fachgeschäfte und Reparaturbetriebe.

- Bags & Boxes: Hegestraße 28, 20251 Hamburg (Eppendorf), Telefon 47 38 15, Fax 47 50 99, Mo-Fr 10–19, Sa 10–16 Uhr, Kreditkarten: alle außer Diners
  Vielseitiges Angebot von Taschen und anderen Gepäckstücken, bietet edle Designerstücke von der Schreibutensilie bis zum Reise-Accessoire
- Ferdinand Dettmer: Stresemannstraße 108b, 22769 Hamburg (Altona), Telefon 43 80 40, Fax 43 72 37, Mo-Fr 9–12, 14–17 Uhr
  Umfangreiches Angebot an Lederarten in unterschiedlicher Qualität. Für alle, die selbst in Sachen Lederherstellung aktiv werden wollen
- Lederdschungel: Thadenstraße 6, 22767 Hamburg (St. Pauli), Telefon 4 39 78 09, Fax 4 39 78 09, Mi, Do, Fr 15–18 Uhr und nach Vereinbarung
  Auf Bestellung fertigt Bernd Lipkat alles aus Leder an, zum Beispiel Koffer, Fliegermützen, Hosen, Jacken, Schuhe
- Lederladen: Bergiusstraße 12, 22765 Hamburg (Ottensen), Telefon 39 67 79, Di, Mi, Do 14–18, Fr 14–20, Sa 10.30–14.30 Uhr; www.Lederladen-altona.de
  Restaurierung und individuelle Anfertigungen von Lederbekleidung, Mappen, Taschen, Etuis et cetera Nachbauten und Restaurierung geliebter und ausgedienter Einzelstücke möglich, spezielles Angebot von Elch- und Hirschleder
- Palazzo: Ladenpassage Poststraße 11, 20354 Hamburg (Innenstadt), Telefon 34 17 83, Mo-Fr 11–18.30, Sa 11–16 Uhr, Kreditkarten: Eurocard, Visa
  Eine besondere Adresse für den Erwerb hochwertiger altenglischer Ledertaschen oder -Accessoires



- Pyrate Style: Eppendorfer Weg 237, 20251 Hamburg (Eppendorf), Telefon 47 33 09
  Husarenmäntel und Piratenlook, Motorradkleidung und viele Leder-Accessoires, Gürtel et cetera; Maßanfertigung
- Sattler Lederwarenreparatur: Weidestraße 10, 22083 Hamburg (Barmbek), Telefon 2 99 23 45, Fax 2 99 23 45, Mo-Do 8.30–13, 14–17, Fr 8.30–15, Sa 9–12 Uhr, Kreditkarten: keine
  Fachgerechte Reparatur von Koffern, Taschen und Mappen, spezialisiert auf alte englische Koffer und die Restaurierung von Krokoleder
- Toggery: Mühlenkamp 46, 22303 Hamburg (Winterhude), Telefon 2 70 11 31, Fax 2 70 11 31, Mo-Fr 10–13, 15–20, Sa 10–14; E-Mail: hf@toggery-design.com; www.toggery-design.com
  Neben maßgeschneiderten Hundehalsbändern gibt es hier Ledergürtel aus pflanzlich gegerbtem Leder, handgegossene und hartversilberte Beschläge und Gürtelauflagen; Ledertaschen- und bekleidung oder auch Schuhe können Sie sich hier jederzeit benieten lassen
- Vuitton: Neuer Wall 2–6, 20354 Hamburg (Innenstadt), Telefon 34 47 40, Fax 34 47 56, Mo-Fr 10–19, Sa 10–16 Uhr, Kreditkarten: alle; EC-Karte; www.Vuitton.com
  Taschen und Reisegepäck, Schreibgeräte
- York's: Neue ABC-Straße 10, 20354 Hamburg (Innenstadt), Telefon 35 36 36, Fax 35 45 72, Mo-Fr 10.30–19, Sa 10–16 Uhr, Kreditkarten: alle
  Designerkollektionen, exklusive handgearbeitete Taschen, Accessoires und Aktenkoffer für gehobene Ansprüche

## Leichtathletik

Leicht gesagt – schwer getan. Wer sich in einer leichtathletischen Disziplin erfolgreich austoben möchte, muss genauso hart trainieren, wie die etwas gewichtigeren Kollegen vom Eisenbiegen. Die Kerndisziplinen der Leichtathletik sind Laufen, Springen und Werfen. Auskünfte zu vereinsgebundenen Adressen in und um Hamburg erteilt der Hamburger Leichtathletik-Verband. Die Verwaltungsstelle informiert darüber hinaus auch über Termine und Anmeldungen für geplante Wettbewerbe, Sportfeste und die vielen verschiedenen Lauftreffs.

- Hamburger Leichtathletik-Verband e. V.: Pestalozzistraße 26, 22305 Hamburg (Barmbek), Telefon 69 70 34 15, Fax 69 70 34 06, Mo 14–18, Mi, Fr 9–13 Uhr
  E-Mail: hlv.marathon-hamburg@t-online.de; www.Hamburger-Leichtathletik-Verband.de

## Lesben

Neben den traditionellen Beratungsstellen und Ausgeh-Refugien hat sich die Lesben- und Schwulenkultur inzwischen in verschiedensten Lebensbereichen längst etabliert, daher können an dieser Stelle nur wenige, bunt gemischte Anregungen gegeben werden. Einen übersichtlichen, nahezu umfassenden Überblick über FrauenLesben-Adressen bietet das Frauen-Internetprojekt unter www.internetfrauen.w4w.net („Frauenstadtplan" anklicken).

▶ *Frauen/Homo-Ehe*

### Ausgehen:

- feelgood (ehem. Café Magnus): Borgweg 8, 22303 Hamburg (Winterhude), Telefon 27 87 78 01, Fax 27 88 06 94, Mo-Fr 15–23, So 12–21 Uhr; E-Mail: feelgoodhh@aol.com; www.feelgood.de
  Feste Treffs, aber auch zum entspannten Klönen ist natürlich Raum und Zeit. Jeden 2. Sa findet ab 22 Uhr Disco nur für Frauen statt, jeden letzten Sa wird für ein gemischtes Publikum aufgelegt. Sonntags zwischen 12 und 16 Uhr gibt es Brunch
- Frauencafé endlich im Hotel Hanseatin: Dragonerstall 11, 20355 Hamburg (Innenstadt), Telefon 35 16 16, Fax 34 58 25, Mo-Fr 16–24, Sa 14–24, So 10–24 Uhr; E-Mail: frauen@cafe-endlich.de; www.cafe-endlich.de
  Hier sind nicht nur Hotelgäste (▶ *Hotels)* willkommen, bei schönem Wetter lässt es sich unter schattigen Bäumen entspannen, sonntags wartet ein reichhaltiges Frühstücksbüfett darauf, verzehrt zu werden
- Frauenkneipe: Stresemannstraße 60, 22769 Hamburg (St. Pauli), Telefon 43 63 77, So-Fr ab 20, Sa ab 21 Uhr, Di geschlossen; www.frauenkneipe-hamburg.de
  ▶ *Frauen*
- Kneipe Lotte: Hospitalstraße 107, 22767 Hamburg (Altona), Telefon Frauendezernat 38 61 41 04
  Das Stadtteilkulturzentrum Haus Drei hat sich unter anderem der Frauen- und Lesbenkultur verschrieben. Neben einigen regelmäßigen Gruppen, zum Beispiel Standardtanz, Holzwerkstatt, Kampfsportarten und Alkoholikerselbsthilfegruppe, sind an Dienstagabenden Kulturveranstaltungen wie Dance-Events, Theatervorführungen und Konzerte angesagt. Das Café und Restaurant „Lotte" ist dann von 17 bis 24 Uhr exklusiv für Frauen reserviert

### Beratung und Hilfe:

- FrauenLesben-Rat des AStA der Uni Hamburg: Von-Melle-Park 5, 20146 Hamburg (Univiertel), Telefon 45 02 04 38, Fax 4 10 72 24 (ASta-Fax), Di 12–14 Uhr; E-Mail: flr@Asta.uni-Hamburg.de; www.flr.asta.uni-Hamburg.de
  Der FrauenLesben-Rat des AStA besitzt ein Café und eine Bibliothek – beides ist Do von 14 bis 17 Uhr geöffnet – sowie einen Ausstellungsraum. Für Vorträge oder Projekte werden technische Hilfsmittel bereitgestellt. Bei Initiativen wie zum Beispiel der Frauenhochschulwoche oder der Kampagne gegen sexuelle Gewalt sind aktionsgeladene Studentinnen gern gesehen
- Intervention e. V.: Glashüttenstraße 2, 20357 Hamburg (Karolinenviertel), Telefon 4 30 46 24 (JungLesbenZentrum), Fax 4 30 46 24, Mo 16–19, Di 16–20, Mi 16–18.30 Uhr offene Treffs; www.lesbenverein-intervention.de
  Intervention e. V. ist der einzige Verein in Hamburg, der ausschließlich für Lesben gedacht ist. Es finden dreimal wöchentlich offene Treffs der JungLesben für Mädchen und junge Frauen bis 25 Jahre statt. Eine telefonische Beratung kann am Mo von 16 bis 19 Uhr und Mi von 14 bis 16 Uhr in Anspruch genommen werden.
- Landesarbeitsgemeinschaft SchwuLesben-Politik von Bündnis 90/Die Grünen (GAL): Speersort 1,

Lesben: Auf dem Christopher Street Day feiert die Lesben- und Schwulenszene wild, bunt und laut

20095 Hamburg (Innenstadt), Telefon 4 28 31 22 69 (Vizepräsidentenbüro), Telefon-Kontakt über Farid Müller 4 28 31 19 97 (Abgeordnetenbüro), Fax 4 28 31 26 60, Mo-Fr 10–18 Uhr; E-Mail: FMueller@gal-Fraktion.de; www.gal-Faktion.de; www.farid-mueller.de
Politische Erfolge wie die Homo-Ehe haben hier ihre Ursprünge

- Lesben- und Schwulen-Verband (LSVD) Hamburg e. V. c/o Hein & Fiete: Pulverteich 21, 20099 Hamburg (St. Georg), Telefon 31 79 29 83, Fax 31 79 29 72; E-Mail: Hamburg@LSVD.de; www.LSVD.de
  ▸ *Schwulen-Politik*
- Magnus-Hirschfeld-Centrum (MHC): Borgweg 8 (Winterhude), Telefon 2 79 00 49, Fax 27 87 78 02, Telefonzeiten Di 10–12, Mi 17–19 Uhr; E-Mail: info@lesbentelefon-hh.de

**Medien:**

- Frauen-Internet-Projekt c/o Bildwechsel: Dachverband für Frauen/Medien/Kultur: Kirchenallee 25, 20099 Hamburg (St. Georg), Telefon 24 63 84, Fax 24 68 56; www.bildwechsel.org
  Organisiert Infotreffen sowie Kurse, um Frauen an die neuen Kommunikationstechnologien heranzuführen und dazu anzuregen, aktiv in deren Entwicklung einzugreifen.Teilnahme an Produktion der Internetseiten durch den Internet-Stammtisch, der jeden ersten Montag im Monat im Frauencafé „endlich" tagt
- FunDyke: Leverkusenstraße 13, 22761 Hamburg (Altona), Telefon 28 05 12 90, Fax 28 05 12 91; E-Mail: fundyke@pinkchannel.net; www.pinkchannel.net
  Radio-Magazin von und für Lesben, jeden ersten Samstag im Monat von 20 bis 21 Uhr im offenen Kanal (96.0 und 95.45 über Kabel), offen für Frauen, die mitmachen oder nur zuhören wollen

**Queerbeet:**

- CSD Hamburg e. V. : Rödingsmarkt 14, 20459 Hamburg (Innenstadt), Telefon 41 46 91 22, Fax 41 46 91 23; E-Mail: presse@csd-hamburg.de; www.csd-hamburg.de
  Die Aufstände von Homosexuellen anno 1969 in der New-Yorker Christopher Street haben sich nach dreißig Jahren unter dem Namen „Christopher Street Day" als Homo-Feiertag etabliert. So gibt es auch in Hamburg seit 1980 jedes Jahr im Juni eine Feierwoche mit der bekannten Parade, einem Straßenfest und anderen Veranstaltungen. Pressestelle und Internetseite des CSD Hamburg e. V. halten über die Planung auf dem Laufenden
- Global Village: Lange Reihe 93, 20099 Hamburg (St. Georg), Telefon 28 05 30 05, Fax 28 05 31 91, Mo-Fr 10–19, Sa 11–15 Uhr, Kreditkarten: Eurocard; EC-Karte; E-Mail: gvrhh@aol.com; www.global-village-reisen.de
  Hinter diesem Namen verbirgt sich ein bundesweiter Reiseveranstalter mit schwul-lesbischen Reiseangeboten, besondere Szenetipps Ihres Reiseziels werden ausgegraben und eigens konzipierte Reisen angeboten
- Mysterious Women: Lindenallee 19a, 20259 Hamburg (Eimsbüttel), Telefon 43 18 89 96, Mo-Sa 11–16 Uhr; www.mysterious-women.de
  Laut eigener Aussage findet frau hier alles, was das Lesbenherz begehrt. Bücher, CDs, Videos, Regenbogenartikel, Poster. Des Weiteren Sextoys, Safer-Sex-Artikel und vieles mehr an Tüddelkram; all das kann man auch über den Versandkatalog (zirka 2,50 Euro) bestellen
- Rochlitz & Partner: Hallerstraße 73, 20146 Hamburg (Harvestehude), Telefon 4 10 21 19, Fax 45 19 67; www.vogel-finanz.de
  Im Internet erhalten Sie unter www.lilith.snx.de Informationen und Beratung zur Lila und Rosa Rente und für homosexuelle Singles oder Paare konzipierte Angebote zur Altersvorsorge und Existenzsicherung
- Tanzschule Baladin: Stresemannstraße 374, 22761 Hamburg (Altona), Telefon 89 89 08, Fax 88 16 97 06, täglich 18–22.30 Uhr;

www.baladin.de
Gleichgeschlechtliche Paare lernen hier Standard- und Lateintänze, wenn gewünscht in speziellen Lesben/Schwulen-Kursen, sie sind aber natürlich auch in allen anderen Tanzkursen willkommen; alle Kurse zumfassen acht Termine à 1 1/2 Stunden für 80, ermäßigt 70 Euro. Weitere Angebote sind „Tango Fatal" (jeden 2. Fr) und „Tanzschwoof" (jeden letzten So) sowie zwei Disco-Abende, an denen Lesben und Schwule ihr Tanzbein schwingen können

## Literatur

Obwohl das literarische Leben Hamburgs noch immer nicht so aufregend ist wie das Münchens oder Berlins, wächst das Interesse an der lokalen Literaturszene stetig. Das liegt nicht zuletzt am „Machtclub", der seit Mai 2000 jeden zweiten Dienstag im Monat seine Türen öffnet – im Mojo Club. Der angesagte Literaturklub präsentiert in schummrigem Lounge-Ambiente sowohl Stars der deutschen Literaturszene als auch ambitionierte Lokalmatadore; Veranstalter ist der Verein Macht e. V., ein Konglomerat von Autoren und Verlegern aus der Hamburger Off-Szene. Im Sommer 2002 ist allerdings eine längere Umzugspause geplant, denn da zieht der „Machtclub" zusammen mit den Mojo-Club-Betreibern ins Möbelhaus Brandes am Nobistor. Weiter geht's dann im September. Aber auch das eher großbürgerlich daherkommende Literaturhaus an der Alster bietet nicht minder Interessantes und Avantgardistisches. Ursula Keller, die Anfang 2002 ihr zehnjähriges Jubiläum als Programmleiterin feierte, hatte sich vorgenommen, das Literaturhaus „zu einem Ort zu machen, an dem neue Gedanken entstehen, an dem reflektiert wird über das, was im Augenblick an Fragen, an Problemen, an Krisen, an Konflikten, an tief greifenden Veränderungen in unserem Lebenszusammenhang an der Tagesordnung ist". Zwei- bis dreimal die Woche finden Lesungen, Symposien oder Diskussionsreihen statt, wobei das Programm mitunter ein wenig speziell gerät. Besonders die Literaturreihen für Kinder und Jugendliche erfreuen sich aber wachsender Beliebtheit. Wer möchte, kann sich das Programm des Literaturhauses kostenlos zuschicken lassen. Unter dem Dach der Alster-Villa befinden sich vier weitere Vereine und Betriebe: Die ausgezeichnete Buchhandlung Samtleben bietet eine exzellente Auswahl, auf die der gleichnamige Besitzer persönlich achtet. Das 1973 gegründete Literaturzentrum ist eine Autorenvereinigung, die im Literaturhaus nicht nur ihr Organisationszentrum hat, sondern dort auch Lesungen und Vorträge veranstaltet. Der Norddeutsche Verleger- und Buchhändlerverband vertritt von der Alster aus im norddeutschen Raum die Interessen des herstellenden und verbreitenden Buchhandels. Und in dem stuckverzierten Saal des Literaturhauscafés lässt sich unter riesigen Kronleuchtern bestens speisen. Zum monatlichen Jour fixe lädt der Verband deutscher Schriftsteller ins Literaturhaus ein. Autoren aus Norddeutschland treffen sich jeden ersten Samstag um 11 Uhr in zwangloser Runde, der Eintritt ist frei. Darüber hinaus bietet der gewerkschaftlich organisierte Verband mit Sitz in der Innenstadt Rechtsberatung und -schutz beim Aushandeln von Verlagsverträgen. Spoken-Word-Poetry, oder auch „Poetry-Slam", ist mittlerweile ein fester Bestandteil der Hamburger Literatur-Szene. Seit 1997 findet die monatliche Slam-Veranstaltung „Hamburg ist Slamburg" im Molotow auf dem Kiez statt, wo jeder nach Belieben „mitslammen" kann. In der wärmeren Jahreszeit bietet die monatliche Reihe „Poets on the Beach" die Gelegenheit, sich die neuesten kreativen Ergüsse von Hamburgs Slam-Literaten zu Gemüte zu führen – am Elbstrand, unter freiem Himmel. Beide Veranstaltungen werden von Mitgliedern des 1995 gegründeten Vereins „Writer's Room" organisiert, der

**Literaturhaus: In der Villa mit Alsterblick sind regelmäßig renommierte Schriftsteller zu Gast**

sich im Dachgeschoss einer Dosenfabrik an der Stresemannstraße befindet. Dort steht auch ein mit Macs ausgestatteter Raum dem schreibenden Nachwuchs Tag und Nacht zur Verfügung. Gegen eine geringe Gebühr können angehende Literaten hier Mitglied werden und so leidige Software-Probleme umgehen. Lesungen finden außerdem regelmäßig in Buchhandlungen wie Weiland, Thalia und Heymann statt. Ein besonderer Tipp: In der Buchhandlung Heymann am Eppendorfer Baum stellen Mitarbeiter der Buchhandlung jeden ersten Mittwoch im Monat um 18.30 Uhr interessante Neuerscheinungen vor, das Ganze findet in lockerer Atmosphäre statt, etwa bei einem Gläschen Wein oder Mineralwasser. Literatur zur Sommersonnenwende: Jedes Jahr im September zur Tagundnachtgleiche leuchten Dichter durch die Nacht. Schauplatz ist der Japanische Garten in Planten un Blomen. Schon seit 1991 lesen Hamburger Dichter und Gäste hier aus den Bereichen Literatur, Kunst und Performance aus ihren Werken vor. Dann kann die gemütliche Herbst-Winter-Lesezeit beginnen. Nicht nur zum Erschlagen unbelesener Mitmenschen ist der „Hamburger Ziegel" geeignet. Diese jährlich erscheinende, in rotes Leinen gebundene und über 600 Seiten starke Anthologie gibt einen Einblick in die Schreibstuben Hamburger Schriftsteller. Die Texte setzen sich aus den Bewerbungen für den Literatur-Förderpreis zusammen und aus den persönlichen Favoriten der Herausgeber. Förderpreise für Literatur und Übersetzungen, mit Dotierungen zwischen 2500 und 6000 Euro, vergibt die Kulturbehörde. Die bis Mitte August eingereichten Manuskripte dürfen maximal dreißig Seiten umfassen und werden von einer jährlich wechselnden Jury bewertet. Der mit 10 000 Euro dotierte Verlagspreis geht an einen Hamburger Verlag mit „besonders ambitionierten Programmen". Ein Überblick über die Literaturveranstaltungen der Stadt findet sich im Internet unter www.literaturinhamburg.de, einer Website, die vom Literaturreferat der Kulturbehörde Hamburg regelmäßig aktualisiert wird. Orientierung verschafft außerdem das monatliche Faltblatt „Literatur in Hamburg" der Kulturbehörde, das neben aktuellen literarischer Veranstaltungen auch auf Seminare, Literaturpreise und sonstige Neuigkeiten aus der literarischen Welt hinweist. „Literatur in Hamburg" liegt kostenlos in Bibliotheken, Buchhandlungen und Cafés aus.

▸ *Poetry Slam*
▸ *Buchhandlungen*
▸ *Bibliotheken*

▪ Buchhandlung Kurt Heymann:
Eppendorfer Baum 27, 20249 Hamburg (Eppendorf), Telefon 48 09 30, Fax 4 60 43 68, Mo-Fr 9–20, Sa 9–16 Uhr, Kreditkarten: EC-Karte;

E-Mail: heymann-buecher@t-online.de; www.heymann-buecher.de
- Buchhandlung Samtleben: Schwanenwik 38, 22087 Hamburg (Uhlenhorst), Telefon 2 20 51 45, Fax 2 20 51 45, Mo-Fr 11–19, Sa 11–16 Uhr, Kreditkarten: Eurocard; EC-Karte
- Buchhandlung Weiland/Wandsbeker Buchhaus: Quarree 8–10, 22041 Hamburg (Wandsbek), Telefon 6 89 46 70, Fax 68 94 67 19, Mo-Fr 9.30–20, Sa 9–16 Uhr, Kreditkarten: EC-Karte; E-Mail: service@quarree.weiland.de; www.weiland.de
- Café Schwanenwik: Schwanenwik 38, 22087 Hamburg (Uhlenhorst), Telefon 2 20 13 00, Fax 3 27 37 65, Mo-So 10–24 Uhr, Kreditkarten: alle; E-Mail: mail@iteraturhauscafe.de; www. literaturhauscafe.de
- Forum Junger Autorinnen und Autoren: Martinistraße 40, 20251 Hamburg (Eppendorf), Telefon 48 15 48 (Kulturhaus), Fax 46 31 06, Treffen alle zwei Wochen (jeden 2. und 4. Mi); Teilnahme nur nach Bewerbung! Kontakt über Sascha Sajontz, Telefon 61 50 73
- Hamburger Autorenvereinigung: Kontakt über Rosemarie Fiedler-Winter, Telefon 87 08 20 18, Fax 8 00 82 99
- Hamburger Ziegel c/o Dölling und Galitz Verlag GmbH: Ehrenbergstraße 62, 22767 (Altona), Telefon 3 89 35 15, Fax 38 85 87, Mo-Fr 9.30–18.30 Uhr; E-Mail: doellingugalitz@aol.com; www.Doellingundgalitz.com
  Alle zwei Jahre erscheint ein Doppelband (inklusive CD-ROM), herausgegeben von Jürgen Abel, Robert Galitz, Wolfgang Schömel
- Kulturbehörde Hamburg: Hohe Bleichen 22, 20354 Hamburg (Innenstadt), Telefon 42 82 40, Fax 42 82 42 88; E-Mail: pressestelle@kb.hamburg.de, www.hamburg.de/Behoerden
  Ansprechpartner Dr. Wolfgang Schömel, Literaturreferat
- Literaturhaus e. V.: Schwanenwik 38, 22087 Hamburg (Uhlenhorst), Telefon 2 27 02 00, Fax 2 20 66 12, Mo-Fr 10–18 Uhr; www.literaturhaus-hamburg.de
- Literaturzentrum e. V.: Schwanenwik 38, 22087 Hamburg (Uhlenhorst), Telefon 2 27 92 03 und 20 76 90 37, Fax 2 29 15 01, Mo-Do 10–19, Fr 10–18 Uhr; E-Mail: lit@lit-hamburg.de
- Norddeutscher Verleger-und Buchhändlerverband: Schwanenwik 38, 22087 Hamburg (Uhlenhorst), Telefon 22 55 23, Fax 2 29 85 14, Mo-Do 9–17, Fr 9–15 Uhr; E-Mail: nv.bv@t-online.de
- Verband deutscher Schriftsteller: c/o Ver.di Fachbereich Medien, Besenbinderhof 60, 20097 Hamburg (Innenstadt), Telefon 2 85 85 19 (Ansprechpartnerin Anita Jonak), Mo-Fr 9–15 Uhr; E-Mail: Anita.Jonack@verdi.de; www.verdi.de (unter Fachbereich Medien)
- Writer's Room: Stresemannstraße 374, 22761 Hamburg (Bahrenfeld), Telefon 89 82 33, Fax 89 67 83, Mo, Di, Do 10–13, Mi 13–18 Uhr; www.writersroom.de

## Luftballons

Nicht nur Kindern verschlägt es beim Anblick der Werke des „Ballon Entertainer of the Year 1999", Asif Karim, die Sprache. Spielend formt er zu jedem Anlass alles von einfachen Figuren bis zu aufwändigen Raumdekorationen. Ballons kaufen kann man bei „Ballons über Hamburg", die auch Werbe- und Personenflüge im Heißluftballon anbieten (▶ *Ballon*). Besondere Dekoballons gibt es bei Happy Balloon, vom kleinen Geburtstagselefanten bis zur Geschenkverpackung.

- Asif Karim: Valparaisostraße 10, 22761 Hamburg (Bahrenfeld), Telefon 89 32 07, Fax 0 69/7 91 25 72 80; www.asifkarim.de
- Happy Balloon: Eppendorfer Weg 162, 20253 Hamburg (Eimsbüttel), Telefon 4 22 22 00, Fax 4 22 20 26, Mo-Fr 10–18.30, Sa 9–14 Uhr, Kreditkarten: alle; E-Mail: kglor.happy-balloon@t-online.de; www.happyballoon.de

## Marathon

Der Hamburger Hansaplast-Marathon gehört mittlerweile zu den Klassikern der internationalen Leichtathletikszene. Hechelnd durchqueren tausende von Läufern die Stadt, angefeuert von begeisterten Zuschauern. Und auf Hamburgs Straßen herrscht absoluter Ausnahmezustand. Mitlaufen kann in der Regel jeder, der körperlich gesund und volljährig ist; außerdem steht die Strecke Rollstuhlfahrern und Inlineskatern offen. Start und Ziel sind am Messegelände in der Karolinenstraße. Weitere Infos gibt's beim Marathon Büro vom Hamburger Leichtathletik-Verband. Wer die Langstrecke lieber bei frischer Nordseeluft absolviert, sollte im Mai nach Helgoland fahren. Die Veranstalter des Helgoland-Marathons haben es tatsächlich geschafft, auf der kleinen Insel die erforderliche Distanz abzustecken, ohne dass die Läufer mehr als zweimal an der gleichen Stelle vorbeirennen müssen.

- Hamburger Leichtathletik-Verband e. V.: Pestalozzistraße 26, 22305 Hamburg (Barmbek), Telefon 69 70 34 15, Fax 69 70 34 06, Mo 14–18, Mi, Fr 9–13 Uhr; E-Mail: hlv.marathon-hamburg@t-online.de; www.Hamburger-Leichtathletik-Verband.de
- VfL Fosite Helgoland von 1893 e. V.: 27493 Helgoland, Fax 0 47 25/5 76; www.Helgolandmarathon.de Kontakt & Anmeldung über Fax oder Internet

## Marionetten

Da werden Erinnerungen an die Augsburger Puppenkiste wach, Jim Knopf und Lukas der Lokomotivführer mit ihrer Dampflok Emma auf abenteuerlicher Reise. Schon die alten Griechen benutzten die Marionette zu Unterhaltungszwecken. Außer als Kunstobjekt dient sie auch heute noch dem traditionellen Puppenspiel. In Arbeitsgemeinschaften kann man diese exotische Spielkunst erlernen. Interessierte erhalten Infos hierzu beim Arbeitskreis Hamburger Puppen- und Figurentheater (AHAP) (▶ *Kinder/Theater*). Wer Interesse am Kauf einer Marionette hat, sollte ein Fachgeschäft aufsuchen. „Die Puppenstube" bietet neben Teddybären und Miniaturen ein großes Sortiment an Marionetten.

- Die Puppenstube: Große Bleichen 36,

Der Hansaplast-Marathon ist das Sport-Ereignis im Frühling: Jedes Jahr im April begeben sich Läufer, Inlineskater und Rollstuhlfahrer auf die mörderische Strecke von 42,195 Kilometern

20354 Hamburg (Hanseviertel/Innenstadt),
Telefon 34 41 35, Fax 35 34 14,
Mo-Fr 10–20, Sa 10–16 Uhr,
Kreditkarten: EC-Karte, alle außer Diners

- Hamburger Puppen- und Figurentheater (AHAP): Grasredder 38, 21029 Hamburg (Bergedorf), Telefon 7 21 47 74, Fax 7 21 47 74

## Masken

Wenn die Gurken- oder Avocadomusmaske nicht so richtig gewirkt hat, nehmen Sie doch eine aus Gips, Leder oder Schaumlatex. Die kann man sich bei United Companion anfertigen lassen und das passende Outfit gleich mit dazu. Meistens werden die Masken aus Latexschaum von Schauspielern genutzt, da sie die Mimik des Trägers übernehmen. FahnenFleck bietet das ganze Jahr über skurrile und klassische Modelle von der Promi- bis zur Elefantenmaske, auch die passenden Hüte und Kostüme sind hier zu haben.

- FahnenFleck: Neuer Wall 57, 20354 Hamburg (Innenstadt), Telefon 32 08 57 70, Fax 32 08 57 79, Mo-Fr 10–19, Sa 10–16 Uhr, Kreditkarten: Visa; EC-Karte; www.fahnenfleck.com
- United Companion c/o Klaus Frech: Glashüttenstraße 87, 20357 Hamburg (Karolinenviertel), Telefon 4 30 73 90, Fax 4 37 73 50, Mo-Fr 11–18 Uhr

## Massage

Alle Schreibtischtäter kennen sie. Die Rückenschmerzen nach einem langen Bürotag. Trotz toller Erfindungen – von wirbelsäulenfreundlichen Sitzbällen bis rückenschonenden Kniestühlen – fühlen wir uns wie unsere eigene Großmutter und kriechen auf allen Vieren nach Hause. Was für eine Wohltat, sich dann in die knetenden Hände eines Masseurs zu begeben oder mit einer Fango-Packung den Tag beginnen oder ausklingen zu lassen. Rheumapatienten bekommen Massagen medizinisch verordnet, gestressten Städtern dienen sie zur Steigerung ihrer Wellness. Das Spektrum der Methoden ist breit: klassische Heilmassage, Fußreflexzonenmassage, die japanische Druckpunktmassage Shiatsu, Fango- und Eispackungen, Stäbchenmassage. Aufgrund der Fülle des Angebotes an Masseuren und Praxen stellt der Verband Physikalische Therapie eine hilfreiche erste Anlaufstelle dar.

▶ *Wellness*

- Gesellschaft klassischer Heilmasseure e. V.: Hansastraße 1, 20149 Hamburg (Harvestehude), Telefon 45 73 00
- Massage in der Therme des Holthusenbades: Goernestraße 21, 20249 Hamburg (Eppendorf), Telefon 48 65 00, Fax 48 65 43, Mo-Fr 10–21, Sa, So, feiertags 12–19 Uhr
- Mobiles Massage Team – Uwe Schindwolf: Telefon 69 45 63 66, Fax 69 45 63 77, Mo-So 8–22 Uhr; www.massage-hamburg.de
  Auch abends und am Wochenende
- Praxis A. Akinay: Bahrenfelder Straße 169, 22765 Hamburg (Ottensen), Telefon 3 90 56 32, Fax 3 90 56 32, Mo-Do 8–20, Fr 8–12 Uhr, Termin nur nach Vereinbarung
  Neben den gängigen Massagearten auch Krankengymnastik, Shiatsu und Osteopathie-Behandlung
- Team Sebastian Stoldt: Hansastraße 1, 20149 Hamburg (Harvestehude), Telefon 45 73 00, Fax 45 73 90, Mo-Fr 8–20, Sa 10–15 Uhr; www.tsst.de
- Verband Physikalische Therapie – Vereinigung für die physiotherapeutischen Berufe (VPT) e. V.: Hofweg 15, 22085 Hamburg (Uhlenhorst), Telefon 22 72 32 22, Fax 22 72 32 29; www.vpt-online.de
- Verband Physikalische Therapie (VPT) e.V.: An der Alster, 20099 (St. Georg), Telefon 24 55 90, Fax 2 80 24 63

## Medien

„Für den modernen Menschen ist es nicht mehr wichtig, Lust oder Unlust zu empfinden, sondern angeregt zu werden." Als Friedrich Nietzsche sich zu dieser Äußerung veranlasst sah, ahnte er wohl kaum, dass allein in Hamburg 10 800 Unternehmen der Medienbranche mit rund 60 000 Beschäftigten und Freiberuflern permanent damit beschäftigt sein würden, die Bevölkerung durch Radio, Fernsehen und Gedrucktes mit Anregungen zu versorgen. Damit erwirtschaftet die so genannte vierte Gewalt im Staat in Hamburg jährlich einen Umsatz von zirka 25 Milliarden Euro (Stand Dezember 2001). Das jährlich erscheinende Nachschlagewerk „Medienhandbuch Hamburg" macht über 12 000 Adressen zugänglich („Medienhandbuch Hamburg", 37 Euro). Auf dessen Website findet man seit 1996 auch einen virtuellen Medienmarktplatz mit Adressen-, Jobs-, News-, Service- und Recht-Links.

- Medienhandbuch Publikationsgesellschaft mbH: Bei den Mühren 69, 20457 Hamburg (Innenstadt), Telefon 36 80 98 35, Fax 36 80 98 31; www.medienhandbuch.de

**Journalistenschulen:** Viele möchten sich gern im Gedruckten verewigt wissen, und da sich ein

Artikel schneller schreibt als ein Buch, liegt der Gedanke an eine Journalistenausbildung so fern nicht. Seit den Achtzigern bilden die Journalistenschule Axel Springer und die Henri-Nannen-Schule alle zwei Jahre einen erlesenen Kreis von 45 beziehungsweise 36 Ambitionierten aus. Die Henri-Nannen-Schule stellt ihrer Bewerber vor die Aufgabe, aus jeweils fünf Themen Reportagen und einen Kommentar zu schreiben. Nur Mut: Wenn es mit der Probegeschichte „Ein Tag als Losverkäuferin“ nicht klappt, lässt sie sich immer noch gewinnbringend an eine Lokalredaktion verscherbeln. Alternativ kann man Seminare und Kompaktkurse an der Akademie für Publizistik besuchen.

- Akademie für Publizistik e. V.: Warburgstraße 8–10, 20354 Hamburg (Harvestehude), Telefon 4 14 79 60, Fax 41 47 96 90, Mo-Fr 9–17; E-Mail: info@afp-hh.de; www.akademie-fuer-publizistik.de
- Axel Springer Verlag AG: Axel-Springer-Platz 1, 20350 Hamburg (Innenstadt), Telefon 34 72 23 45, Fax 34 72 59 84, Mo-Fr 9–17 Uhr; www.asv.de/journalistenschule
- Gruner+Jahr AG & Co. – Henri-Nannen-Schule: Schaarsteinweg 14, 20459 Hamburg (Innenstadt), Telefon 3 70 30, Fax 37 03 56 98; www.guj.de

**Printmedien:** „Papier, alles nur Papier“, sagt Marcel Reich-Ranicki. Und hat nicht ganz Unrecht. Bei dem Blätterwald, der in der Hansestadt produziert wird, bewahrheitet sich auch der Satz vom geduldigen Papier so manches Mal. Der Heinrich Bauer Verlag charakterisiert sich durch die *Praline*, die *Neue Revue* und zahlreiche TV-Zeitschriften. Die Verlagsgruppe Milchstrasse publiziert überwiegend Lifestyle-Magazine (*Amica, Fit for Fun, Cinema, Max, TV Spielfilm*). Gruner + Jahr (*Stern, Brigitte, Geo, Eltern, Capital* und *TV Today*) hat sein Hamburger Verlagshaus in postmoderner Architektur an den Hafen verlegt. Axel Springers Verlagsimperium (*Bild, Hamburger Abendblatt, Hörzu*) überragt den gleichnamigen Platz in der Innenstadt. Die dort 1997 als Forum der Kommunikation eingeweihte Passage ist mit den vier installierten Gemälden Frank Stellas einen Besuch wert. Außerdem in Hamburg ansässig: *Die Zeit* und *Der Spiegel*, der sich neben dem Nachrichten-Magazin mit *Spiegel spezial, Manager Magazin* und *Spiegel TV* unternehmerisch ausgeweitet hat. Bei der lokalen Tagespresse hat man nicht die Qual der Wahl, sondern einfach nur die Qual. In der *Bild*-Zeitung lernt man Hamburgs Kellnerinnen via Großaufnahme kennen. Eine bürgerliche Alternative bietet der Springer Verlag seinen Lesern mit dem *Hamburger Abendblatt*. Die Bezeichnung Boulevard trifft auf die 1949 gegründete und von Gruner + Jahr verkaufte *Hamburger Morgenpost* (*Mopo*) im handlichen DIN-A4-Format zu. An überregional erscheinenden Tageszeitungen weisen *die tageszeitung* („taz hamburg“) und *Die Welt* immer noch den umfangreichsten Lokalteil auf. An den monatlichen 2,50 Euro für das Stadtmagazin SZENE HAMBURG sollte niemand sparen. Neben Themen, die Hamburg bewegen, findet sich dort auch ein unentbehrlicher Programmteil. Ohne ihn ist der erste Schritt in die soziale Isolation bereits getan. Konkurrenz? Keine ernst zu nehmende. Das Prinzip der Obdachlosenzeitschrift *Hinz & Kunz(t)* ist einfach: Statt Almosen zu empfangen, verkaufen Obdachlose ein Magazin, das sich mit sozialen und kulturellen Themen beschäftigt. Dadurch wird ein Forum geschaffen, das Menschen miteinander ins Gespräch bringt. Und die Idee funktioniert: Seit 1993 sind die zumeist obdach- und wohnungslosen Verkäufer fest ins Hamburger Stadtbild integriert, und für 1,40 Euro (oder etwas mehr) kann man „Hilfe zur Selbsthilfe“ leisten. Diverse stadtteilbezogene Sub-Blätter – *Eimsbütteler Wochenblatt, Elbe Wochenblatt* et cetera – flattern mit der Werbung in die Hamburger Briefkästen und großenteils von dort aus in den Altpapier-Container. So schließt sich dann der Kreis: Alles nur Papier. Im Multimediazeitalter sind die meisten Zeitschriften inzwischen auch online einzusehen.

- Bild-Zeitung: Axel-Springer-Platz 1, 20350 Hamburg (Innenstadt), Telefon 3 47 00, Fax 34 70 34 72; www.bild.de
- die tageszeitung: Harkortstraße 81, 22765 Hamburg (Altona), Telefon 3 89 01 70, Fax 38 90 17 50, Mo-Fr 10–17 Uhr; www.taz-hamburg.de
- Die Welt: Axel-Springer-Platz 1, 20350 Hamburg (Innenstadt), Telefon 3 47 00, Fax 3 47 00; www.die-welt.de
- Die Zeit: Speersort 1, 20095 Hamburg (Innenstadt), Telefon 3 28 00; www.zeit.de
- Hamburger Abendblatt: Axel-Springer-Platz 1, 20350 Hamburg (Neustadt), Telefon 3 47 00, Fax 34 72 61 10; www.abendblatt.de
- Hamburger Morgenpost: Griegstraße 75, 22763 Hamburg (Bahrenfeld), Telefon 88 30 33 36, Fax 88 30 36 40; www.mopo.de
- Hamburger Stadtillustrierten Verlagsgesellschaft mbH (HSI): Schulterblatt 120, 20357 Hamburg (Schanzenviertel), Telefon 4 32 84 20, Fax 43 28 42 30; www.szene-hamburg.de
  Neben Hamburgs erster Stadtzeitschrift SZENE HAMBURG erscheinen in der Hamburger Stadtillustrierten Verlagsgesellschaft mbH das kostenlose Infomagazin hamburg:pur und renommierte Sonderpublikationen wie SZENE HAMBURG ESSEN + TRINKEN, der Shopping-Guide HAMBURG KAUFT EIN!, HAMBURG von A-Z und „Uni-Extra“; außerdem bietet SZENE HAMBURG ONLINE tagesaktuelle Veranstaltungstipps

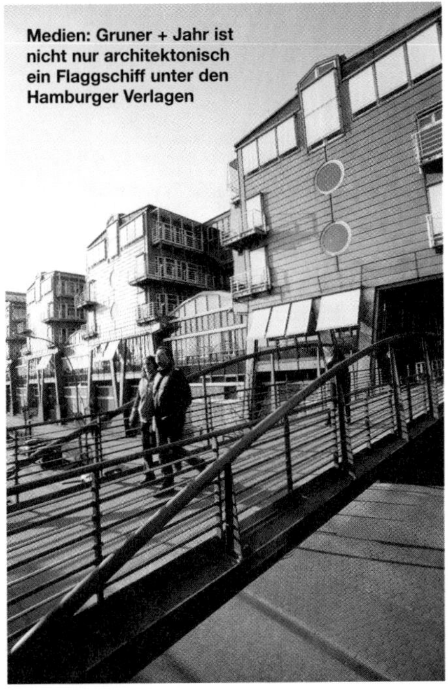
Medien: Gruner + Jahr ist nicht nur architektonisch ein Flaggschiff unter den Hamburger Verlagen

sowie das komplette Kinoprogramm, Gastro-Kritiken und Kontaktanzeigen

- Heinrich Bauer Verlag: Burchardstraße 11, 20077 Hamburg (Innenstadt), Telefon 3 01 90, Fax 3 01 91 04; www.hbv.de
- „Hinz & Kunzt“ gemeinnützige Verlags- und Vertriebsgesellschaft mbH: Altstädter Twiete 1–5, 20095 Hamburg (Innenstadt), Telefon 32 10 83 11, Fax 30 39 96 38, Mo-Fr 9–18 Uhr; www.hinzundkunzt.de; www.hamburg-net.com/hinz&kunzt
- Jahreszeitenverlag: Poßmoorweg 5, 22301 Hamburg (Winterhude), Telefon 2 71 70, Fax 27 17 20 55; www.jalag.de
- Spiegel-Verlag Rudolf Augstein GmbH & Co. KG: Brandstwiete 19, 20547 Hamburg (Innenstadt), Telefon 3 00 70, Fax 30 07 22 47, Mo-Fr 9.30–20 Uhr; www.spiegel.de;
- Verlagsgruppe Milchstrasse: Mittelweg 176/177, Hamburg (Rotherbaum), Telefon 4 13 10, Fax 41 31 20 11, Mo-Fr 9–18 Uhr; www.milchstrasse.de

**Radio:** Elektromagnetische Wellen dringen ans Ohr, beschallen mit Nachrichten, Werbespots und Musik. In Hamburg buhlen mittlerweile fünf private Hörfunksender (*Radio Hamburg, Das neue AlsterRadio, Fun fun Radio 95.0, KlassikRadio, Radio Energy*), zwei nichtkommerzielle, acht *NDR*-Programme sowie zwei Sender mit ihrem Hauptsitz in Kiel und ein niederländischer Sender um die Gunst der Hörer. Nach Angaben der Hamburgischen Anstalt für Neue Medien (HAM) ist die Hansestadt mit 28 bis dreißig empfangbaren UKW-Programmen einer der am dichtesten besetzten Hörfunkmärkte Deutschlands. Primär am Gerangel beteiligt sind die privat-kommerziellen Radiosender. Das Phänomen des „overcrowding“ kennt man aus der Verhaltensforschung und weiß: Stress für alle Beteiligten. In diesem Fall sind Sender und Hörer gleichermaßen gestresst. In Imagekampagnen bemühen sich die Sender, ihr Format zu optimieren. Insgesamt ist Hamburgs Hörfunklandschaft jedoch einfarbig – trübe Aussichten. Branchenexperten prophezeien den Trend zum Pay-Radio: Werbemüde Hörer könnten gegen Bezahlung dann endlich aufhorchen. Der Sender *FSK* (*Freies Sender Kombinat*, 93,0 MHz) tritt als dritte Säule dem dualen Rundfunksystem – öffentlich-rechtlich, privat-kommerziell – zu Seite. Der Zusammenschluss von fünf Radio- und fünf politischen und kulturellen Initiativen wird durch Fördermitgliedschaften seitens der Hörenden finanziert und ist 24 Stunden an sieben Tagen der Woche auf Sendung.

- Das neue AlsterRadio nonstopmusic GmbH & Co.: Rödingsmarkt 29, 20459 Hamburg (Innenstadt), Telefon 3 70 90 70, Fax 37 09 07 20, Mo-Fr 8–20 Uhr; www.Alsterradio.de Frequenz 106.8
- delta radio: Werftstraße 214, 24143 Kiel, Telefon 0 18 05/15 50 00, Fax 04 31/7 02 02 69; www.deltaradio.de Radio für Schleswig-Holstein, Hamburg und Niedersachsen auf den Frequenzen 107.7/107.4/93.4 und 96.5
- Energy Hamburg 97.1, Jazz Welle Plus Hamburg GmbH: Winterhuder Marktplatz 6–7, 22299 Hamburg (Winterhude), Telefon 4 80 01 90, Mo-Fr 9–18 Uhr; www.energy971.de Frequenzen 99.65 und 97.1
- Freies Sender Kombinat (FSK)/AG Radio e. V.: Schulterblatt 23c, 20357 Hamburg (Schanzenviertel), Telefon 43 43 24, Fax 4 30 33 83, Mo-Fr 11.45–17.15 Uhr (telefonisch); www.fsk-hh.org Frequenzen 93.0 MHz und 101.4 im Kabel
- fun fun Radio 95.0: Speersort 10, 20095 Hamburg (Innenstadt), Telefon 23 73 30, Fax 23 73 32 00, Mo-Fr 8–20, Sa 10–18, So 12–18 Uhr; www.funfun95.de; Frequenz 95.0

- Hit-Radio Antenne Niedersachsen City-Studio Hamburg: Altstädter Straße 6, 20095 Hamburg (Altstadt), Telefon 7 65 51 00, Fax 7 65 65 94, Mo-Fr 9–18 Uhr; www.antenne.com
  Frequenz 105.1
- Klassik Radio GmbH & Co: Planckstraße 15, 22765 Hamburg (Altona), Telefon 3 00 50 50, Fax 30 05 05 11, Mo-Fr 9–18 Uhr; www.klassikradio.com
  Frequenz 98.1
- Norddeutscher Rundfunk (NDR): Rothenbaumchaussee 122, 20149 Hamburg (Rotherbaum), Telefon 4 15 60, Fax 44 76 02; www.NDR.de
  NDR 2 auf 87.6
- Offener Kanal Hamburg: Stresemannstraße 375, 22761 Hamburg (Bahrenfeld), Telefon 8 96 90 70, Fax 8 96 90 70 11, Mo-Fr 10–18 Uhr; www.offener-kanal-hamburg.de
  Frequenzen 96.0 und 95.45
- Pink Channel – Radio für Schwule: Leverkusenstraße 13, 22761 Hamburg (Bahrenfeld), Telefon 28 05 12 90, Fax 28 05 12 91; Sa 13–18 Uhr (Sendung ab 18 Uhr); www.pinkchannel.net
- Radio Hamburg GmbH & Co.: Speersort 10, 20095 Hamburg (Innenstadt), Hörertelefon 0 18 05/10 36 00, Fax 0 18 05/10 36 08; www.radiohamburg.de
  Frequenz 103.6
- Radio Nora: Im Saal 2, 24145 Kiel, Telefon 0 18 05/81 86 81, Fax 04 31/7 17 78 03; www.radionora.de
  Frequenz 101.1
- Radio Schleswig-Holstein (RSH): Europaallee 1, 22850 Norderstedt, Telefon 5 23 90 11, Fax 5 28 90 65; www.RSH.de
  Frequenz 102.9
- „Radio-Tele-Commercial", Gesellschaft zur Herstellung kommerzieller Rundfunk- und Fernsehprogramme mbH: Kleine Bahnstraße 8, 22525 Hamburg (Eimsbüttel), Telefon 8 53 35 80, Fax 85 33 58 58, Mo-Fr 9–18 Uhr; www.rtc-hamburg.de

**Fernsehen:** Groß war das Geschrei der Boulevard-Presse, als *SAT.1* den Umzug in die Hauptstadt Berlin ankündigte, und *MTV* verlauten ließ, sein Headquarter Central Europe sogar ins Ausland (München) zu verlegen. Nun müssen wir also auf den Jörg Wontorra vor Ort verzichten. Was noch lange nicht bedeutet, dass die „Medienhauptstadt" Hamburg im Film- und Fernsehbereich zum Dorf verkümmert. Die TV-Dependance des *NDR* liegt in Lokstedt, wo neben dem Regionalprogramm des dritten deutschen Fernsehens auch die „Tagesschau" und die „Tagesthemen" produziert werden. Das *Zweite Deutsche Fernsehen* (*ZDF*) unterhält in Hamburg immerhin jeweils ein Landesstudio, und der Sender N24, der Pro 7 mit Nachrichten versorgt, hat einen Sitz in Hamburg. Mit *HH-1* hat die Hansestadt sogar einen „eigenen" Fernsehsender, der sich nicht zu schade ist, jeden Verkehrsunfall zum Thema seiner Berichterstattung zu machen. Kreative Verwirklichung bietet dagegen der *Offene Kanal* an: Hier kann praktisch jeder einen selbst produzierten Beitrag senden. Im privatwirtschaftlich geführten Studio Hamburg ist es selbst nach dem Weggang von *SAT.1* und Deutschlands erstem Pay-TV-Sender *Premiere* kaum ruhiger geworden. *RTL* realisiert hier nach wie vor Sendungen und unzählige Filmproduktionen. Der Schwerpunkt der Fernsehproduktionsgesellschaft Me, Myself & Eye liegt im Bereich Jugend und Musik. Von hier aus wird die Fernsehlandschaft um Sendungen wie „The Dome" und „Bravo TV" bereichert, und auch *MTV 2 Pop* fand nach dem Untergang von *VH-1* hier seine Produktionsstätte.

**Messe: Ob „Du und Deine Welt", Internorga oder „Quod libet" – Hamburgs Messen ziehen Massen an**

- HH-1: Rothenbaumchaussee 80, 20148 Hamburg (Rotherbaum), Telefon 41 44 24 00 , Fax 41 44 24 44, Mo-Fr 8–20 Uhr; www.hamburg1.de
- MME Entertainment AG: Bramfelder Straße 117, 22305 Hamburg (Barmbek), Telefon 61 15 15, Fax 61 15 16 59; www.MME.de
- MTV 2 Pop: Bramfelder Straße 117, 22305 Hamburg (Barmbek), Telefon 61 15 15, Fax 61 15 16 59; www.mtv.de/mtvpop
- Offener Kanal Hamburg: Stresemannstraße 375, 22761 Hamburg (Bahrenfeld), Telefon 8 96 90 70, Fax 8 96 90 70 11, Mo-Fr 10–18 Uhr; www.offener-kanal-hamburg.de
- RTL Nord: Jenfelder Allee 80, 22039 Hamburg (Wandsbek-Ost), Telefon 66 88 43 50, Fax 66 88 43 70, Mo-Fr 9.30–18.30 Uhr;

www.gutenabendrtl.de

- SAT.1 Norddeutschland GmbH: Rothenbaumchaussee 80c, 20148 Hamburg (Rotherbaum), Telefon 41 99 10, Fax 4 19 91 20, Mo-Fr 9–18 Uhr; www.sat1.de/hamburg und www.sat1.de/regionale
- SPIEGEL TV GmbH: Brandstwiete 19, 20457 Hamburg (Altstadt), Telefon 30 10 80, Fax 30 10 82 22; www.spiegel-tv.de
- Zweites Deutsches Fernsehen, Anstalt des öffentlichen Rechts: Wöschenhof 2, 22045 Hamburg (Tonndorf), Telefon 66 98 50, Fax 66 98 51 23; www.zdf.de
- N24/Pro 7 Studio Hamburg: Rothenbaumchaussee 80c, 20148 Hamburg (Rotherbaum), Telefon 44 19 52 71; www.n24.de

## Meditation

Fällt Ihnen zu Meditation spontan der greise Baghwan mit seinen Jüngern ein? In den 80er Jahren prägten sie mit ihren roten Gewändern und ihrem sanften Lächeln das Stadtbild. Dass der große Meister dann irgendwann mit der gesamten Kohle seiner Schäfchen über den Jordan ging, spielte eher eine untergeordnete Rolle. Hauptsache die innere Ausgeglichenheit stimmt. Heute gibt's den Guru zwar nicht mehr, dafür aber eine Menge anderer Meditations- und Yoga-Angebote. Und der Trend geht eindeutig zur Zweitreligion.

- Astrid Wronsky: Telefon 4 90 58 55, Fax 41 07 20 68; E-Mail: wronsky@aol.com
  Termine nach Vereinbarung, trainiert an verschiedenen Stätten, telefonische Voranmeldung, Power-Yoga, neben Meditation viel Körperarbeit mit Übungen zum Muskelaufbau, Soft-Yoga-Meditation zur Entspannung
- Brahma Kumaris: Lattenkamp 6, 22299 Hamburg (Winterhude), Telefon 47 86 79, Fax 46 39 89; E-Mail: Bkhamburg@compuserve.com
  Schule für Meditation, bietet kostenlose Kurse in der „Kunst des positiven Denkens", Raja-Yoga und Vorträge zu spirituellen Themen an; wechselnde Termine, Monatsprogramm kann per Telefon bestellt werden
- Buddhistisches Zentrum Hamburg: Thadenstraße 79, 22767 Hamburg (Altona), Telefon 4 32 83 80, Fax 43 28 38 10, Mo-Do ab 20, Fr-So ab 19 Uhr; E-Mail: hamburg@diamondway-center.org; www.Buddhismus-Nord.de
  Gemeinnütziger Verein, täglich kostenlose Meditationskurse und Vorträge
- Osho Meditationsclub Hamburg: Karolinenstraße 7–9, 20357 Hamburg (Karolinenviertel), Telefon 4 32 21 40, Fax 0 69/7 91 20 87 28, Mo-So 16.30–20.30 Uhr; 1E-Mail: Rezi@tabaan.de; www.tabaan.de
  Lehre in drei aktiven Meditationsformen, Abend- und Wochenendkurse
- SRM-Center Hamburg Nord – Lehrinstitut für Transzendentale Meditation: Im Ring 21, 22335 Hamburg (Fuhlsbüttel), Telefon 2 20 78 77, Fax 5 31 48 31, Termine nach Vereinbarung
  Tiefenentspannungsmeditation, im viertägigen Kurs zu erlernen, auch regelmäßige Kurse und Seminare
- Transzendentale Meditation – Markus Frerichs: Binderstraße 24, 20148 (Harvestehude), Telefon 45 20 80, Fax 79 00 53 35; www.Frerichs.info
  Aktuelle Termine per Telefon; kostenloser Informationsabend, Lehre der Tiefenentspannungsmeditation; Bezahlung je nach sozialem Status
- Y8 – International Sivananda Yoga Center: Kleiner Kielort 8, 20144 Hamburg (Eimsbüttel), Telefon 41 42 45 46, Fax 41 42 45 45, Mo-Fr 16–18 Uhr; www.artyoga.de,
  Einmal wöchentlich kostenlose Meditationen; Yoga- und Meditationskurse

## Messen

Die Hamburg Messe und Congress GmbH ist Betreiber der Messehallen und gleichzeitig größter Veranstalter in Hamburg. Sie organisiert jährlich über vierzig Messen, darunter „Du und Deine Welt", Internorga oder die Hamburger Modellbautage. Bereits seit 1989 findet einmal jährlich die internationale Antiquariatsmesse „quod libet" statt. Dort zeigen etwa sechzig Aussteller aus Deutschland, Europa, und den USA seltene antiquarische Bücher aus fünf Jahrhunderten, Grafiken sowie zeitgenössische Künstlerbücher. Die Messehallen Hamburg-Schnelsen veranstalten Fachmessen für die Industrie, aber auch populäre Messen, wie „Haus 2000" oder die Hamburger Computertage.

- Hamburg Messe und Congress GmbH: St. Petersburger Straße 1, 20355 Hamburg (Innenstadt), Telefon 3 56 90, Fax 35 69 21 80, Mo-Fr 8–17 Uhr; www.hamburg-messe.de
- Messehalle Hamburg-Schnelsen: Modering 1a, 22457 Hamburg (Schnelsen), Telefon 5 50 60 61, Fax 55 99 81 75, Mo-Fr 8–16 Uhr
- Messe- und Congressberatung Dirr: Billstraße 28, 20359 Hamburg (Rothenburgsort), Telefon 78 94 22 90, Fax 78 94 22 20
- „quod libet" – Luckwaldt Messen und Ausstellungen: Brüchhorststraße 34, 24641 Sievershütten, Telefon 0 41 94/81 01, Fax 0 41 94/6 36; www.quod-libet.com

## Messer

Auch Jack the Ripper würde sich bei Giffhorn für ein leichtes und handliches Utensil entscheiden. Vom klassischen Kochmesser bis zum Designermesser findet hier jeder, was er zum Hacken, Zerkleinern oder Schneiden braucht. Ein vom Hersteller als intelligentes Allzweckmesser angepriesenes Sushimesser kostet zwischen 38 und 50 Euro und ist in jedem Bereich der modernen Küche einsetzbar.

- Giffhorn: Mönckebergstraße 7, 20095 Hamburg (Innenstadt), Telefon 30 39 26 94, Mo-Fr 9.30–20, Sa 9.30–16 Uhr; E-Mail: cut-and-art@levantehaus.com Filiale: Osdorfer Landstraße 131, 22609 Hamburg (Osdorf), Telefon 87 08 04 67, Mo-Fr 9.30–20, Sa 9.30–16 Uhr, Kreditkarten: alle außer Diners; EC-Karte; www.Giffhorn.de

## Mieterinitiativen

Oft ist das Vermieter-Mieter-Verhältnis ein Tauziehen – frei nach dem Motto: „Wer schafft wen zuerst". Um als juristischer Laie nicht den Kürzeren zu ziehen, kann man sich bei Mieterinitiativen Rückhalt verschaffen. Für allgemeine Information vorab: Das Mietertelefon der Baubehörde berät zu allen Fragen rund ums Mieten. Außerdem werden die Broschüren „Hamburger Mietenspiegel" und „Leitfaden für Mieterinnen und Mieter" herausgegeben, sie liegen in allen Bezirks- und Ortsämtern aus oder sind unter www.hamburg.de einzusehen. Bei „Mieter helfen Mietern" werden Sie für einen Jahresbeitrag von 46 Euro durch hauseigene Juristinnen und Juristen beraten, für 73 Euro im Jahr erhält man eine Rechtsschutzversicherung, die im Fall der Fälle für Anwalt, Gerichtskosten und Gutachter aufkommt. Als Mitglied können Sie unangemeldet in eine der neun Beratungsstellen hereinschneien. Der Mieterverein Hamburg von 1890 hat eine Aufnahmegebühr von 15 Euro, im Jahresbeitrag von 63 Euro ist die Rechtsschutzversicherung enthalten. Beim Interessenverband Mieterschutz e. V. ist man mit 38,35 Euro Jahresbeitrag und 32,21 Euro zusätzlich für den Abschluss einer Versicherung dabei. Nur für Personen niedrigen Einkommens erteilt die Öffentliche Rechtsauskunft und Vergleichsstelle (ÖRA) Rechtsberatung, unter anderem in Mietangelegenheiten.

- Interessenverband Mieterschutz e. V.: Fuhlsbüttler Straße 108, 22305 Hamburg (Fuhlsbüttel), Telefon 6 90 74 73, Fax 6 90 36 63, Mo-Do 9–18, Fr 9–13 Uhr; www.mieterschutz.de
- Mieter helfen Mietern (Zentrale): Bartelsstraße 30, 20357 Hamburg (Schanzenviertel), Telefon 4 31 39 40, Fax 43 13 94 44, Mo-Do 9–13, 14–17, Fr 9–13 Uhr; www.mhmhamburg.de Die Beratungszeiten der einzelnen Filialen sind unterschiedlich
- Mieterverein Hamburg von 1890: Glockengießerwall 2, 20095 Hamburg (Innenstadt), Telefon 87 97 90, Fax 87 97 91 10, Mo-Do 9–13, 14–17, Fr 9–13 Uhr; www.mieterverein-hamburg.de
- Öffentliche Rechtsauskunft und Vergleichsstelle (ÖRA): Holstenwall 6, 20355 Hamburg (Innenstadt), Telefon 4 28 43 30 72, Fax 4 28 43 36 58, Mo-Fr 8–13 Uhr; E-Mail: renate.frier@bsf.hamburg.de; www.oera.hamburg.de
- Servicetelefon der Baubehörde für MieterInnen: Telefon 4 28 40 25 45 und 4 28 40 25 46, Mo-Do 9–15, Fr 9–13 Uhr



## Mietköche

▶ *Essen + Trinken*

## Mineralien

Bestandteile der Erdkruste, Meteoriten oder Fossilien … Mineralien und Steine werden hoch geschätzt. Ob in der markanten Rohfassung, amorph oder auf

Miniaturwunderland: 26 Miniwelt-Bewohner sind bereits dem Staubsauger zum Opfer gefallen



Hochglanz poliert. Passionierte Sammler lieben sie ihrer Schönheit wegen, und in Fachkreisen werden sie alternativ für Heilprozesse benutzt. Alte und neue glitzernde Funde kann man auf der jährlichen Mineralienmesse und im Mineralogischen Museum bestaunen. Die meisten Läden bieten neben Mineralien auch Literatur zum Thema Steine, Esoterik und New Age.

- Hamburger Mineralien-Zentrum Andreas Guhr GmbH: Steintwiete 11, 20459 Hamburg (Innenstadt), Telefon 36 90 03 30, Fax 36 90 03 10, Mo-Fr 10–18, Sa 10–14 Uhr; www.mineralienzentrum.de
- Mineralogisches Museum: Grindelallee 48, 20146 Hamburg (Univiertel), Telefon 4 28 38 20 58, Fax 4 28 38 24 22, Mi 15–18 Uhr; www.rrz.uni-hamburg.de/mpi/museum Für Gruppen weitere Termine nach Absprache
- Steinzeit: Steinwegpassage 26, 20355 Hamburg (Innenstadt), Telefon 34 18 09, Fax 34 18 09, Mo-Fr 12–14 und 15–19, Sa 11–14 Uhr

## Miniaturwunderland

Im letzten Jahr hat sich in der Hamburger Speicherstadt das Tor zu einer neuen Welt aufgetan. Mit viel Liebe zum Detail haben die Macher vom „Miniaturwunderland" nicht nur die weltgrößte digital gesteuerte Modellbahnanlage erschaffen, sondern eine eigene kleine Welt, in der der Besucher immer wieder neue Einzelheiten entdecken und per Knopfdruck sogar Einfluss auf den Alltag der Einwohner nehmen kann. Von denen gibt es übrigens 32 422, die ihren Geschäften auf dem Marktplatz nachgehen, auf den nächsten Zug warten, oder das tun, was man als Miniwelt-Bewohner halt so tut. Leider sind schon erste Verluste zu beklagen: bisher sind 26 Einwohner dem Staubsauger zum Opfer gefallen und weitere 502 spurlos verschwunden; von den Entführern fehlt jede Spur. Der Eintritt beträgt für Kinder unter 16 Jahren 5 Euro und für Erwachsene 8 Euro.

- Miniaturwunderland: Kehrwieder 2, 20457 Hamburg (Speicherstadt), Telefon 36 09 11 57, Fax 36 09 11 58, Mo-So 10–18, Di 10–21, Sa, So 9–20 Uhr; www.miniatur-wunderland.de

## Minigolf

Bernhard Langer würde vielleicht lästern: „Das ist was für Kinder". Was echte Minigolfer mit der Retourkutsche: „Und Golfen nur was für Langweiler" quittieren würden. Wir Außenstehende belächeln den Disput und wissen im Stillen, dass in jeder abfälligen Bemerkung ein Korn Wahrheit steckt. Minigolf ist irgendwie volksnah, die ganze Familie kommt mit, hinterher gibt's zur Belohnung Eis, und der Parcours erfordert keine angestrengte Konzentration. Trifft der erste Schlag ins Loch, kann gejubelt und unter den neidischen Blicken der Mitspieler mit stolzgeschwellter Brust zum nächsten Hindernis geschritten werden. So einfach sind Erfolgserlebnisse selten zu bekommen. Diese Ausführungen treffen nicht auf die Vereinsspieler zu. Von März bis Oktober wird in Hamburger Vereinen ernsthaft und hoch konzentriert um Punkte gekämpft, dem Großgolf ebenbürtig, bis hin zu den Weltmeisterschaften. Also Bernhard, mach mal halblang.

- Hamburger Bahnengolf Verband: Moorhof 6a, 22399 Hamburg (Poppenbüttel), Telefon 6 02 49 48, Fax 6 02 49 48 Vertritt sieben Vereine mit zirka 400 Mitgliedern, haben Spielplan der Hamburger Clubs, sind offen für Publikum
- Minigolf Sport Club Neu Wulmstorf: Am Bach 7, 21629 Neu Wulmstorf, Telefon 7 00 91 69, Mo-Fr 13–22, Sa, So 10–22 Uhr Während der Sommerferien in HH und Niedersachsen ist Mo-So bereits ab 10 Uhr geöffnet
- Minigolf Sport Gemeinschaft Hamburg '75: 21256 Handeloh, Telefon 0 41 88/73 10, Mo-So 10–22 Uhr (März bis Oktober)
- Minigolf-Anlage Bergedorf: Schillerufer 20, 21029 Hamburg (Bergedorf), Telefon 7 30 38 98, Mo-So 10–20 Uhr
- Minigolf-Anlage Planten un Blomen: Wallanlagen/

Höhe Museum für Hamburgische Geschichte, 20355 Hamburg (Innenstadt), Mo-So 10–21 Uhr
- Minigolf-Anlage Volkspark: Nansenstraße 82, 22399 Hamburg (Bahrenfeld), Telefon 54 59 67, Fax 8 70 36 75, Mo-Fr 14–20, Sa, So 10–20 Uhr; www.vis.de/minigolf/
- Naturbad Kiwittsmoor: Hohe Liedt 9, 22417 Hamburg (Langenhorn), Telefon 5 37 02 47, Mo-So 11–19 Uhr (Mai bis September) bei schlechtem Wetter geschlossen, bei schönem Wetter eventuell länger geöffnet; www.naturbad-kiwittsmoor.de (▸ *Schwimmen*)
- Niendorfer Miniaturgolf Club: Burgunderweg 23, 22453 Hamburg (Niendorf), Telefon 5 55 22 04, Mo-So 7–19 Uhr
- SV Lurup: Geschäftsstelle Telefon 8 31 55 46; Anlage: Eckhoffplatz, 22399 Hamburg (Lurup), Telefon 83 56 71, Mo-So 14 Uhr bis 1 Stunde vor Dunkelheit, in den Ferien wird früher geöffnet
- TSV Hohenhorst: Sportanlage im Grünzug zwischen Berliner Platz und Köpenicker Straße 74, 22149 Hamburg (Rahlstedt), Telefon 6 72 93 96, April-September täglich von 14 Uhr bis zur Dämmerung; www.TSV-hohenhorst.de

## Mitfahrzentralen

Mitfahrzentralen sind ökologisch und ökonomisch sinnvoll: Billiger als mit der Bahn, umweltfreundlich und bequem für den Mitfahrer, gesellig und betriebskostensenkend für den Fahrer. ADM, die Arbeitsgemeinschaft deutsche Mitfahrzentralen, ist mit einer Rufnummer in allen größeren Städten vertreten. Angebote von Fahrern und Reservierungen von Mitfahrern können telefonisch und am besten ein bis fünf Tage vor dem gewünschten Termin vorgenommen werden. Treffpunkt ist die jeweilige Mitfahrzentrale. Die Kosten sind unterschiedlich gegliedert und betragen beispielsweise für Studenten und Schüler 3 Euro Vermittlungsgebühr und 4 Cent Fahrtkosten pro Kilometer. Begehrtestes Ziel unter Hamburger MFGlern ist Berlin, für 17 Euro ist die Hauptstadt-Tour zu haben. Für weitere, oft befahrene Strecken wie Hamburg–Köln oder Hamburg–München bietet die Mitfahrzentrale günstige Festpreise (24 Euro/41 Euro). Wer beim Mitfahren nicht auch noch die Zentrale mitfinanzieren will, findet im Internet Adressen, bei denen man die Vermittlungsgebühr sparen und die Fahrer direkt kontaktieren kann.

- ADM Mitfahrzentrale am Hauptbahnhof: Ernst-Merck-Straße 8, 20099 Hamburg (St. Georg), Telefon 1 94 40/1 94 44, Fax 28 08 82 27, Mo-So 8–20 Uhr; www.mitfahr2000.de
- www.mitfahrzentrale.de
- www.mitfahrgelegenheit.de

## Mitflugzentrale

▸ *Flüge*

## Mitwohnzentralen

Eine rettende Erfindung für alle, die eine Bleibe auf Zeit suchen oder ihre Wohnung befristet untervermieten wollen: Wohnungsanbieter wie -suchende füllen einen Fragebogen aus, in dem sie ihre persönlichen Wünsche (Kautionsforderungen, Anzahl der Zimmer, Lage et cetera) angeben können. Die Zentrale leitet dann die entsprechenden Angebote weiter. Die Aufnahme ist für den Anbieter kostenlos, er muss jedoch gegebenenfalls nachweisen, dass sein Vermieter mit einer Untervermietung einverstanden ist. Nach erfolgreicher Vermittlung zahlt der Mieter eine Provision an die Zentrale, deren Höhe sich meist nach Mietdauer und -höhe richtet. „Ihre Mitwohnzentrale" im Graumannsweg ist auch in Berlin und Köln vertreten und bietet sogar einen Preisnachlass für Studenten an, dort beträgt die Provision etwa 29 Prozent (inklusive Mehrwertsteuer) bei einer Mietdauer bis 7 Monaten oder zwei Kaltmieten bei längerfristiger Mietdauer. Eine Provision von 25 Prozent (plus Mehrwertsteuer) bei einer Dauer von einem Monat muss man bei der Home Company einplanen. Bis zu einer Mietdauer von 10 Monaten kommen für jeden weiteren Monat 15 Prozent hinzu. Die Angebote der Mitwohnzentrale Wencke & Partner sind zusätzlich alle im Internet abrufbar. Außerdem hat sie als einziger Anbieter einen Versicherungsschutz für den Mieter mit einer Eigenbeteiligung von 380 Euro im Programm.

- Home Company: Schulterblatt 112, 20357 Hamburg (Schanzenviertel), Telefon 1 94 45, Fax 43 13 57 50, Mo-Fr 9–13, 14–18, Sa 9–13 Uhr; E-Mail: Homecompany-hamburg@t-online.de; www.Homecompany.de
- Ihre Mitwohnzentrale: Graumannsweg 6, 22087 Hamburg (Uhlenhorst/Hohenfelde), Telefon 2 20 71 78, Fax 2 27 36 31, Mo-Fr 9–20, Sa 10–16 Uhr; E-Mail: IhreMitwohnzentrale@hotmail.com
- Wencke & Partner: Lobuschstraße 22, 22765 Hamburg (Altona ), Telefon 1 94 30, Fax 39 48 92, Mo-Fr 9–17.30, Sa 10–13.30; www.Mitwohnzentrale/hamburg.de

## Mobbing

Schon mal einen stinkenden Fisch vor der Bürotür gefunden? Oder das Blumenwasser in Ihrer PC-Tastatur? Auch wenn Ihnen Erlebnisse solcher Art bisher

Mode: Schluss mit nackig dank Designerlabel FKK

erspart geblieben sind, können Sie sich an das Mobbing-Beratungstelefon der AOK, DAG und KDA (kirchliche Dienste in der Arbeitswelt) oder den Verein Klima (Konflikt-Lösungs-Initiative-Mobbing-Anlaufstelle) wenden. An jedem 1. Freitag im Monat findet im Universitätskrankenhaus Eppendorf (UKE) eine offene Gesprächsgruppe statt, zu der jeder willkommen ist, der durch Mobbing am Arbeitsplatz gesundheitlich geschädigt, arbeitslos oder auf andere Weise sozial isoliert worden ist.

- Klima e. V.: Mörkenstraße 47, 22767 Hamburg (Altona), Telefon 55 00 99 24, Fax 55 00 99 51, www.mobbing-abwehr.de
  Infotelefon für aktuelle Termine; allgemeine Treffen an jedem 1. Fr im UKE (14.15–16.15 Uhr)
- Mobbing-Beratungstelefon: Telefon 20 23 42 09, Mo 10–14, Di 14–18, Do 17–20 Uhr
- Netzwerk der Mobbing-Selbsthilfegruppen Deutschland: An der Oberhecke 21, 55270 (Sörgenloch), Telefon 0 61 36/7 60 88 35, Fax 0 61 36/7 60 88 36, Mo-Fr 9–18 Uhr; www.netzwerk-der-mobbing-selbsthilfegruppen-Deutschland.org
  Bundesweite Vermittlung von Gruppen und Beratungsstellen
- Udo Möckel – Mobbingexperte, Konfliktberater: Telefon 6 43 70 02, Fax 6 43 99 13, Termine nach telefonischer Absprache
  Ehrenamtliche Beratung und Begleitung von Betroffenen und Firmen, zweimal im Jahr kostenpflichtige Kurse

## Mode

Sie ist sportlich und damenhaft, frivol und bedeckt, futuristisch und retrospektiv, minimalistisch und glamourös – sie ist alles nacheinander, nebeneinander, gleichzeitig. Der Wechsel selbst ist das Wesen der Mode, und dieser wird in den Salons der Couturiers und auf den Straßen in immer kürzeren Zyklen vollzogen. So vielfältig die Mode, so groß ist auch das Angebot an Händlern in Hamburg. Wir haben die besten für Sie sortiert.

▶ *Dessous*

### Accessoires:

- Bialy's: Hegestraße 11, 20251 Hamburg (Eppendorf), Telefon 47 96 30, Fax 47 96 30, Mo-Fr 13–18.30, Sa 11–14 Uhr, Kreditkarte: EC-Karte
  Bietet selbst gefertigte Gürtel im klassischen Stil an
- Boutique Bizarre: Reeperbahn 35, 20359 Hamburg (St. Pauli), Telefon 31 76 96 93, Fax 31 76 96 99, Mo-So 10–24 Uhr, Kreditkarten: alle; EC-Karte; www.boutique-bizarre.de
  Modisches für drunter und drüber, für alle, die sich trauen; für Club, Disco und auch für Zuhause: Highheels, Underwear, Leder-, Lack-, Latexklamotten und Accessoires (▶ *Fetisch*)
- Kaufrausch: Isestraße 74, 20149 Hamburg (Eppendorf), Telefon 47 71 54, Café Mo-Fr 10–19, Sa 10–16 Uhr, Geschäfte Mo-Fr 11–19, Sa 10–16 Uhr, Kreditkarten: alle; EC-Karte
  Federboas, Ketten, Schals, Schmuck und mehr
- Leder Design: Eppendorfer Weg 255, 20251 (Eppendorf), Telefon 4 20 40 41, Fax 4 20 85 69, Mo-Fr 11–19, Sa 10–14 Uhr, Kreditkarte: EC-Karte
  Fertigt eine eigene Kollektion an, die auch in anderen Hamburger Geschäften erhältlich ist. Außerdem: Lederwaren, Reisegepäck, Schals, Handschuhe, Gürtel und – Accessoires
- Paul Hundertmark Western Store: Spielbudenplatz 9, 20359 Hamburg (St. Pauli), Telefon 31 20 54, Fax 3 17 12 15, Mo-Fr 9.30–21, Sa 10–19, So 12–19 Uhr, Kreditkarten: alle; EC-Karte; www.paulhundertmark.de
  Großes Angebot an Westernmode und -accessoires (Westernhüte, Stiefel, Amulette); außerdem Labels wie etwa Doc Martens, Shot-Jacken, Alpha Industries und Lonsdale

- Privatsachen: Schulterblatt 73, 20357 Hamburg (Schanzenviertel), Telefon 43 27 67 50, Fax 43 27 67 60, Mo-Fr 11–19, Sa 10–16 Uhr, Kreditkarten: EC-Karte, Visa, Eurocard; www.c2r.privatsachen.de
  Das „Machwerk“ – raffinierte Accessoires der Hamburger Künstlergruppe – ist hier zu erwerben
- Roeckl: Mönckebergstraße 10, 20095 Hamburg (Innenstadt), Telefon 30 08 77 24, Fax 30 08 77 25, Mo-Fr 10–19, Sa 10–16 Uhr, Kreditkarten: alle; EC-Karte; www.roeckl.de
  Handschuhe aller Art werden hier gefertigt, von sportlich bis klassisch; Filiale: Große Bleichen 36
- Toggery: Mühlenkamp 46, 22303 Hamburg (Winterhude), Telefon 2 70 11 31, Fax 2 70 11 31, Mo-Fr 10–13 und 15–20, Sa 10–14 Uhr; www.toggery-design.com
  Lederwaren, Taschen und Hundehalsbänder
- Werkstatt für Unikatschmuck: Bernstorffstraße 153, 22767 Hamburg (Altona), Telefon 4 39 60 21, Fax 4 39 60 21, Di, Mi, Fr 16–20, Do 11–18, Sa 11–16 Uhr und nach Absprache; www.suse-linke.de und www.locality.de/hamburg-suselinke;
  Viele Einzelstücke, Schmuck und Gürtelschnallen

### Ausbildung:

- Akademie JAK: Friedrich-Ebert-Damm 311, 22159 Hamburg (Dulsberg), Telefon 6 45 29 41, Fax 6 45 25 82, Mo-Fr 8–18, Sa 8.30–15 Uhr; www.jak.de
  Bietet eine hochwertige Ausbildung in den Bereichen Mode- und Textildesign (acht Semester) sowie Mode- und Textilmanagement, (sechs Semester), eine Bafög-Förderung ist möglich
- Akademie Mode Design: Wendenstraße 35c, 20097 Hamburg (City Süd), Telefon 2 37 87 80, Fax 23 78 78 78, Mo-Fr 9–16 Uhr; www.AMDnet.de
  Als einzige Modeakademie bildet die AMD zum Modejournalisten aus. Ausbildung in Modedesign, Textilmanagement und Interieur-Design, bei allen Studiengängen ist Bafög-Förderung möglich

### Clubwear/Streetwear:

- Doubleight – Another Level: Jungfernstieg 51, 20354 Hamburg (Innenstadt), Telefon 35 71 55 10, Fax 35 71 55 20, Mo-Fr 11–20, Sa 10–16 Uhr, Kreditkarten: alle außer Amex; EC-Karte
  Mode von Levi's, Lee, G-Star, Fullcount, CK …
- Easy Rider: Wexstraße 39, 20355 Hamburg (Innenstadt) Telefon 35 39 88, Mo-Fr 11–21, Sa 10–20, So, feiertags 14–20 Uhr, Kreditkarten: Eurocard, Visa; EC-Karte; www.easyrider-fashion.de
  Clubwear und Schuhe, Dessous aus Lack und Leder
- Loonies: Reeperbahn 115, 20359 Hamburg (St. Pauli), Telefon 3 17 43 16, Fax 31 79 17 51, Mo-Do 12–21, Fr, Sa 12–22, So 13–21 Uhr, Kreditkarten: Eurocard, Amex, Visa; EC-Karte
  Günstige Clubwear: Carhartt, Freeman T. Porter Adidas, Puma und natürlich das eigene Label
- Mystery Shop: Steindamm 26, 20099 Hamburg (St. Georg), Telefon 2 80 30 82, Fax 28 05 25 41, Mo-Sa 9.30–1, So 10.30–1 Uhr, Kreditkarten: alle; EC-Karte; www.mysteryshop.de
  Club- und Streetwear für Männer und Frauen
- Ottenhyme (ehem. „Lord of Rings“): Schanzenstraße 1, 20357 Hamburg (Schanzenviertel), Telefon 39 90 36 60, Fax 39 90 36 62, Mo-Fr 12–19, Sa 11–16 Uhr, Kreditkarten: Amex, Eurocard, EC-Karte, Visa; www.ottenhyme.de
  G-Star, Miss Sixty, Energie, Firetrap, Freesoul
- Sisterhood: Bartelsstraße 13, 20357 Hamburg (Schanzenviertel), Telefon 43 33 64, Mo-Fr 12–18.30, Sa 12–16 Uhr, Kreditkarte: EC-Karte; Marken wie Ragwear, Everlast, Fred Perry und Sumo sowie Puma-Schuhe
- Six Ft. Deep: Marktstraße 1, 20357 Hamburg (Karolinenviertel), Telefon 4 30 73 28, Mo-Fr 11.30–19, Sa 10–16 Uhr, Kreditkarte: EC-Karte
  Mode und Workwear
- Walka: Ottenser Hauptstraße 31, 22765 Hamburg (Ottensen), Telefon 39 90 49 20, Mo-Fr 11–20, Sa 11–16 Uhr, Kreditkarte: EC-Karte
  Streetwear für Jungs und Mädels, Oberteile von Miss Sixty, Carhartt-Double-Knee-Jeans; No.L.ita
- Workstation: Gertigstraße 4, 20303 Hamburg (Winterhude), Telefon 2 79 36 08, Fax 2 79 36 08, Mo-Fr 11–19, Sa 11–16 Uhr, Kreditkarte: EC-Karte
  Carhartt, Dickies, Freeman T. Porter und viele andere Marken im Angebot; Schuhe von Converse, Adidas und Puma et cetera

### Hüte:

- Die Hutwerkstatt: Fuhlsbüttler Straße 660, 22337 Hamburg (Fuhlsbüttel), Telefon 4 60 45 95, Fax 48 14 01, Mi, Do 10–14, 16–18, jeden 1. Sa 10–14 Uhr und nach Vereinbarung, Kreditkarte: EC-Karte
  Handgefertigte Damenhüte, Mützen, klassische Herrenhüte aus Filz und Stroh
- Elke Martensen: Milchstraße 24, 20148 Hamburg (Harvestehude), Telefon 4 10 64 63, Fax 4 10 64 63, Mo-Fr 10.30–18.30, Sa 10.30–14 Uhr, Kreditkarte: EC-Karte
  Martensen-Hüte bestechen durch Design und die ausgesuchten feinen Materialien. Die Modelle

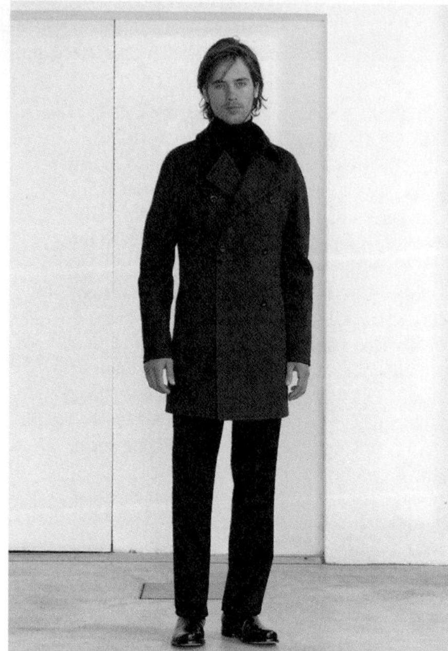

**Internationale Designer: Klare Schnitte von Strenesse**

werden im eigenen Studio nach überlieferter Putzmacher-Handarbeit kunstvoll gefertigt

- Peter de Vries: Geschwister-Scholl-Straße 8, 20251 Hamburg (Eppendorf), Telefon 4 80 38 26, Fax 4 80 3826, Termin nach Absprache, Kreditkarten: Eurocard, Visa; EC-Karte www.hutdevries.de
  Fertigt nicht nur dezent-elegante Hüte, sondern auch Lampen und Taschen aus Filz an
- Sigi Sandfuchs: Löwenstraße 24, 20251 Hamburg (Eppendorf), Telefon 4 20 76 52, Fax 47 87 91, Mo-Fr 11–18.30, Sa 11–14 Uhr und nach Vereinbarung; Eine mexikanische Kirchturmspitze, die Rundung eines Grabsteins, ein Irokesenschnitt, all das sind Inspirationsquellen für die Hutmacherin Sigi Sandfuchs. In ihrem Laden entwickelt sie seit 24 Jahren innovative Hutkreationen. Jil Sander zählt ebenso zu ihren Kunden wie Inge Meysel

## Internationale Designer:

- Armani: Neuer Wall 19, 20354 Hamburg (Innenstadt), Telefon 3 57 63 70, Fax 3 57 63 44, Mo-Fr 10–19, Sa 10–16 Uhr, Kreditkarten: alle; www.giorgioarmani.com
  Zeitlose Eleganz für die Ewigkeit
- Boss: Neuer Wall 19, 20354 Hamburg (Innenstadt), Telefon 41 91 34 01, Fax 41 91 34 20, Mo-Fr 10–20, Sa 10–16 Uhr, Kreditkarten: alle; www.hugoboss.de
  Auf über 1000 Quadratmetern gibt es Herren- und Damenlinien unterteilt in junge Mode („Hugo") und klassische Kollektionen („Boss")
- Calvin Klein: Mönckebergstraße 10, 20095 Hamburg (Innenstadt), Telefon 3 09 53 10, Fax 30 95 31 11, Mo-Fr 10–20, Sa 10–16 Uhr, Kreditkarten: alle außer Diners
  Neben Freizeit- und Denimkollektionen gibt es im Store auch Parfüm und Unterwäsche zu kaufen
- Chanel: Neue ABC-Straße 2–3, 20354 Hamburg (Innenstadt), Telefon 35 43 11, Fax 34 19 66, Mo-Fr 10–19, Sa 10–16 Uhr, Kreditkarten: alle; www.chanel.com
  Seit zwanzig Jahren erfindet Karl Lagerfeld Gabrielle Chanels Modestil von Saison zu Saison neu. Für den Sommer 2002 kreierte er eine Prêt-á-porter-Kollektion, die, „24 Stunden im Leben einer Frau" darstellen soll
- Escada: Neuer Wall 32, 20354 Hamburg (Innenstadt), Telefon 36 32 96, Fax 3 74 24 05, Mo-Fr 10–19, Sa 10–16 Uhr, Kreditkarten: alle; www.escada.com
  Moderne Eleganz mit dem weltweit größten Kollektionsaufgebot im Damen-Luxus-Segment; trendbewusste Angebote für junge Kundinnen
- Gucci: ABC-Straße 1, 20354 Hamburg (Innenstadt), Telefon 3 57 63 30, Fax 3 57 63 39, Mo-Fr 10–19, Sa 10–16 Uhr, Kreditkarten: alle; www.gucci.com
  Cooler Luxus
- Hermès: Neuer Wall 19, 20354 Hamburg (Innenstadt), Telefon 3 51 02 20, Mo-Fr 10–19, Sa 10–16 Uhr, Kreditkarten: alle; EC-Karte
  Traditionelle Elemente des ehemaligen Reitausrüstungslabels umgekehrt in zeitlosen Minimalismus
- Joop!: Neuer Wall 9, 20354 Hamburg (Innenstadt), Telefon 35 76 61 26, Fax 35 76 61 30, Mo-Fr 10.30 –19.30, Sa 10–16 Uhr, Kreditkarten: alle; www.joop.com
  Klassische Mode, hier und da ein paar Kontraste
- Laura Ashley: Neuer Wall 39, 20354 Hamburg (Innenstadt), Telefon 37 11 73, Mo-Mi 10–19, Do, Fr 10–20, Sa 9.30–16 Uhr, Kreditkarten: alle; EC-Karte; www.lauraashley.de
  Englische Einrichtung und klassische Mode
- Marc Cain: Bleichenbrücke 10, 20354 Hamburg (Innenstadt), Telefon 3 55 46 00, Fax 3 55 46 04, Mo-Fr 10–19, Sa 10–16 Uhr, Kreditkarten: alle außer Diners; www.marc-cain.de
  Ars Vivendi: Deutsche Präzision trifft auf italienische Eleganz. Das „Coordinates"-Prinzip ermöglicht das leichte Kombinieren innerhalb der Kollektion, die eine junge, feminine Linie verfolgt
- Max Mara: Neuer Wall 46, 20354 Hamburg (Innenstadt), Telefon 37 50 01 50, Fax 37 50 02 40,

Mo-Fr 10–19, Sa 10–16 Uhr, Kreditkarten: alle; www.maxmara.de
Das Hamburger Haus führt sechs Linien. Von der klassischen Sportmax-Kollektion im trendig-jungen Look bis hin zu den Abendkleidern von Pianoforte

- René Lezard Shop: Jungfernstieg 34, 20354 Hamburg (Innenstadt), Telefon 3 48 04 40, Fax 3 48 04 37, Mo-Mi 10–19, Fr 10–20, Sa 10–16 Uhr, Kreditkarten: alle; www.rene-lezard.com
Die Damen- und Herrenlinie steht für innovativen Style, umgesetzt in hochwertiger Verarbeitung und optimaler Qualität
Der René Lezard Shop ist ab August 2002 am Jungfernstieg ansässig, bis dahin in der ABC-Straße 12
- Polo Ralph Lauren: ABC-Straße 4, 20354 Hamburg (Innenstadt), Telefon 34 53 77, Fax 35 24 10, Mo-Fr 10–19, Sa 10–16 Uhr, Kreditkarten: alle; www.polo.com
Anglo-amerikanischer Country- und Collegestil mit dem berühmten Pferdchen-Emblem
- Prada: Hohe Bleichen 21, 20354 Hamburg (Innenstadt), Telefon 3 51 05 90, Fax 35 71 02 88, Mo-Fr 10-19, Sa 10-16 Uhr, Kreditkarten: alle; www.prada.com
Klare, minimalistische Schnitte, die Materialien, Muster und Details aus den vergangenen Jahrzehnten adaptieren und trotzdem modern wirken
- Sibilla Pavenstedt: Lerchenstraße 106, 22767 Hamburg (Schanzenviertel), Telefon 43 14 69, Fax 43 15 94, Mo-Fr 10–18 Uhr; www.sibilla-pavenstedt.com
Die Designerin spielt mit Kontrasten wie Romantik und Strenge, Empfindsamkeit und Stärke, umgesetzt in ungewöhnlichen Stoffkombinationen und Schnittführungen
- Strenesse: ABC-Straße 2, 20354 Hamburg (Innenstadt), Telefon 35 71 31 13, Mo-Mi 10–19, Fr 10–16, Sa 10–16 Uhr, Kreditkarten: alle, EC-Karte; www.strenesse.com
Ein unverkennbarer Stil, der vermeintliche Gegensätze vereint
- Thierry Mugler: Neuer Wall 41, 20354 Hamburg (Innenstadt), Telefon 34 44 60, Fax 34 03 00, Mo-Fr 10–19, Sa 10–16 Uhr, Kreditkarten: alle; www.thierrymugler.com
Das „Enfant terrible" der französischen Mode fasziniert schon seit dreißig Jahren die Modewelt mit seinem dramatischem Stil
- Toni Gard: Bleichenbrücke 10, 20354 Hamburg (Innenstadt), Telefon 3 48 06 40, Fax 3 48 05 86, Mo-Mi 10–19, Do, Fr 10–20, Sa 10–16 Uhr, Kreditkarten: alle; www.toni-gard.de
Klare, puristische Designlinie, die sich durch raffinierte Reduktion und hochwertige Verarbeitung auszeichnet
- Uli Schneider: Milchstraße 6a, 20148 Hamburg (Pöseldorf), Telefon 4 50 43 07, Mo-Fr 10–19, Sa 11–14 Uhr, Kreditkarten: alle; www.uli-schneider.de
Zeitgemäßer, klarer Look in hochwertiger Qualität, den auch Prominente wie Monika Peitsch oder Hannelore Elsner schätzen
- Versace: Schleusenbrücke 1, 20354 Hamburg (Innenstadt), Telefon 3 74 77 60, Fax 37 47 76 16, Mo-Fr 10–19, Sa 10–16 Uhr, Kreditkarten: alle; www.versace.com
Der prunkvollle Modestil bestimmt auch nach der Übernahme von Donatella Versace die Linie
- Vuitton: Neuer Wall 2–6, 20354 Hamburg (Innenstadt), Telefon 34 47 40, Fax 34 47 56, Mo-Fr 10–19, Sa 10–16 Uhr, Kreditkarten: alle; EC-Karte; www.Vuitton.com
Die verschlungenen Initialen LV stehen für Luxus

## Junge Designer:

- 0190: Bartelstraße 2, 20357 Hamburg (Schanzenviertel), Telefon 43 25 36 65, Mo-Fr 12–19, Sa 11–16 Uhr
Kollektionen für Frauen und Männer, viele unterschiedliche Stilrichtungen und ausgefallene Stücke unterstützen das Motto der vier Designer (Anette Ruseger, Kresse, Silvia Bundschuh, Gonzales), keine Stapelware, sondern individuelle Lieblingsstücke
- Alpenglühen: Marktstraße 108, 20357 Hamburg (Karolinenviertel), Telefon 43 25 23 86, Di-Fr 13–19, Sa 12–16 Uhr
Hinter dem Label „Blutkarpfen" verbirgt sich kreative, witzige und raffinierte Mode für Frauen und Männer; auch Taschen mit Applikationen, Portmonees mit aufgenähten Erdbeeren, Ankern, Schweinen; alles zu fairen Preisen
- Das Modehaus: Hebbelstraße 15, 22085 Hamburg (Winterhude), Telefon 22 71 67 47, Mo-Fr 12–19, Sa 11–16 Uhr, Kreditkarte: EC-Karte
Hier entstehen humorvolle Alternativen zum Trend-Einerlei, neben eigenen Kreationen von Anja Ehlers und Sabine Lettmann werden auch Stücke anderer Designer und Künstler präsentiert
- FKK: Schulterblatt 114, 20357 Hamburg (Schanzenviertel), Telefon 4 30 31 16, Fax 43 18 39 03, Mo-Fr 12–19, Sa 12–16 Uhr, Kreditkarte: EC-Karte; www.FKK-fashion.com
Schlichte, futuristische Mode
- Hello: Weidenstieg 11, 20259 Hamburg (Eimsbüttel), Telefon 40 39 89, Fax 40 39 89, Di 10–18, Mi 11–19, Sa 10–15 Uhr, Kreditkarten: EC-Karte; www.hello-mode.de
Die Modeschöpferinnen Telsche Braun und Susanne Gröhnke lieben klares Design. In ihrem

Ladenatelier entwerfen und verkaufen sie hochwertige Anzüge, Mäntel, Jacken, Röcke und Kleider. Ihr Faible sind ausgefeilte Schnitte, klassische und innovative Stoffe sowie neue Detaillösungen

- Hotel: Marktstraße 6, 20357 Hamburg (Karolinenviertel), Telefon 40 18 65 05, Fax 40 18 65 06, Mo-Fr 12–20, Sa 11–16 Uhr; www.hotel-mo.de
  Außergewöhnliche Modestücke, klassische Elemente wie Tellerröcke, Seemannshosen und Jabotkleider werden durch Kontrastmaterialien, etwa Leder, gebrochen, und die Bomberjacke des Kiez-Türstehers wird mit Nadelstreifen-Print veredelt
- Kleidung 180°: Bundesstraße 32, 20146 Hamburg (Univiertel), Telefon 45 50 98, Fax 45 50 98, Di-Fr 11–19, Sa 11–15 Uhr, Kreditkarte: EC-Karte; www.kleidung180grad.de
  Die Designerin Sabine Arning bietet Schlichtes mit Stil an, die Kleidungsstücke werden im Laden selbst hergestellt
- M39: Markstraße 39, 20354 Hamburg (Karolinenviertel), Telefon 43 25 13 09, Mo-Fr 12–18.30, Sa 11–16 Uhr; www.m39.de
  Bei den Kreationen wird Wert auf witzige Details gelegt, die Stilrichtung wird geprägt von einem spannungsvollen Material- und Mustermix, eventuelle Nachbesserungen sind inbegriffen
- Nymphenfieber: Marktstraße 117, 20357 Hamburg (Karolinenviertel), Telefon 43 09 91 84, Di-Fr 13–19, Sa 12–19 Uhr
  Sabine Henkel macht kreative, eigenwillige Mode für reale Frauen; simple Schnitte kombiniert mit hochwertigen Materialien für Frauen und Männer; auch Accessoires wie Taschen
- Tranzform: Gertigstraße 12, 22303 Hamburg (Winterhude), Telefon 2 20 12 28, Fax 2 20 12 28, Mo-Fr 11–19, Sa 11–15.30 Uhr
  Christine Schmidt bietet hauptsächlich ausgefallene, farbenfrohe Trendmode von Marken wie Freesoul, Miss Sixty und Gang; auch Einzelanfertigungen und Änderungen als Serviceleistung



### Leder:

▶ *Lederwaren*

### Leihkleider:

- Auryn Kostümverleih: Eppendorfer Weg 68, 20259 Hamburg (Eppendorf), Telefon 4 90 37 53, Mo-Fr 14–18 Uhr
  Bietet Fracks und Smokings für Männer an
- Feminin Fashion-Rent: Lehmweg 52, 20251 Hamburg (Eppendorf), Telefon 47 66 93, Fax 47 66 93, Di-Fr 11–18, Sa 10–14 Uhr, Kreditkarten: alle; EC-Karte; www.femininhamburg.de
  Abendkleider, Cocktailkleider, Smokings und Brautkleider werden hier verkauft und auch gern verliehen

### Maßanfertigung:

- Lewin: Rambachstraße 12, 20459 Hamburg (Innenstadt), Telefon 37 50 06 60, Fax 37 51 93 27, Di-Fr 12-20, Sa 11-16 Uhr, Kreditkarten: alle; EC-Karte; www.lewin-hamburg.de
  Vom Inhaber Thorsten Lewin selbst entworfene Maßkonfektion für Männer und Frauen, wie Anzüge, Mäntel, Hemden; Schmuckstücke, Sonderanfertigung von Bettwäsche

### Mode für beide:

- 24 hours, 24 cabins – 5 Steps higher – Allstar classics: Marktstraße 144, 20357 Hamburg (Karolinenviertel), Telefon 4 39 63 09, Mo-Fr 10.30–20, Sa 10–16 Uhr, Kreditkarten: Visa, Eurocard; EC-Karte
  Szeniger Klamottenladen mit guter Beratung
- Bum Shanka: Spritzenplatz 6, 22765 Hamburg (Altona), Telefon 3 90 38 47, Mo-Fr 11–19, Sa 10–16 Uhr; www.bumshanka.de;
  Textilien-Importe aus Indien, Indonesien, Nepal, Thailand, der Laden für Goa-Party-Gänger. Schlaghosen, Tattoo-Aufnäher, große Auswahl an originellen Männerhemden

**Junge Designer: M39 mixt Materialien und Muster**

- Showroom Hamburg: Mittelweg 30, 20148 Hamburg (Pöseldorf), Mo-Fr 11–20, Sa 11–16 Uhr, Kreditkarten: alle; www.showroom-hamburg.de
  Lifestyle-Mix auf drei Ebenen, eine schöne Mischung aus Sport und Eleganz von Marken wie Duffer, RED, Patricia Pepe, New York Industries, Fuji Wara, Plein Sud Jeans und einer hauseigenen Lederkollektion, das integrierte Café ist Szenetreff
- S. P .O. C.-Fashion: Hein-Hoyer-Straße 8, 20359 Hamburg (St. Pauli), Telefon 31 97 67 60, Fax 34 49 83, Mo-Fr 13–20, Sa 12–16 Uhr, Kreditkarten: alle; EC-Karte
  Dessous für heiße Nächte, Hüte wie im wilden Westen, Jeans-Outfits abseits der 08/15-Marke; wer's als Go-go-Tänzerin versuchen möchte, findet die passende Ausstattung, aber auch Bands haben hier schon das etwas Ausgefallenere aufgetan
- Angelo's: Weidenstieg 11, 20259 Hamburg (Eimsbüttel), Telefon 49 50 21, Mo-Mi 10–19, Do, Fr 10–20, Sa 10–16 Uhr, Kreditkarten: EC-Karte; www.angelos-Hamburg.de
  Klassisch-moderne Mode von Guess, Cinque, Drycorn und Toni Gard; weitere Filialen: Eppendorfer Weg 217 und Ottenser Hauptstraße 44
- balcony: Fehlandstraße 41/Ecke Colonnaden, 20354 Hamburg (Innenstadt), Telefon 34 36 06, Mo-Fr 11–20, Sa 11–16 Uhr, Kreditkarten: alle; EC-Karte
  Im 1. Obergeschosse warten extravagante Kleidung und Unikate von Ultra Schall, Hotel, Kresse, Helmut Lang und jungen Designern wie Sonja Schein
- Charmeuse: Alter Steinweg 54, 20459 Hamburg (Neustadt), Telefon 34 21 08, Fax 3 48 06 33, Mo-Fr 13–18.30, Sa 10–15 Uhr, EC-Karte; www.charmeuse-hamburg.de
  Trendmarken aus England, etwa Doc Martens, Fred Perry und Lonsdale, sind hier günstig zu erstehen
- Esprit: Poststraße 14–16, 20354 Hamburg, Telefon 35 76 15 05, Mo–Fr 10–20, Sa 10–16 Uhr; Kreditkaten: alle; EC-Karte; www.esprit.de
  Mehr als ein Modelabel; Taschen, Schirme, Düfte und mehr
- Guys and Dolls: Colonnaden 19, 20354 Hamburg (Innenstadt), Telefon 34 00 62, Fax 35 32 91, Mo-Fr 10–20, Sa 10–16 Uhr; Kreditkarten: alle; EC-Karte
  Streetwear von Carhartt, Spiewalk und Duffer sowie Schuhe von Clark und Camper
- H&M: Große Bleichen 30, 20354 Hamburg (Innenstadt), Telefon 3 50 95 50 (Zentrale), Kreditkarten: Amex, Diners, Visa; EC-Karte
  Mode zu günstigen Preisen, 15-mal in Hamburg
- IPURI: Poststraße 14–16, 20354 Hamburg (Innenstadt), Mo-Fr 10–20, Sa 10–16 Uhr, Kreditkarte: EC-Karte; www.IPURI.de
  Schlichte Eleganz, Lifestyle-Produkte und Accessoires; viermal in Hamburg; in der Filiale in der Poststraße ist ein Café angegliedert
- Karin Walden – Maß nach Mode: Gärtnerstraße 27, 20253 Hamburg (Eimsbüttel), Telefon 4 20 88 08, Mo, Do 7.30–16.30, Di, Mi 7.30-17, Fr 7.30–12 Uhr, Kreditkarte: EC-Karte
  Tages- und Abendmode, Kostüme und Jacken ab 700 Euro, Maßanfertigung für Damen und Herren
- Kaufrausch: Isestraße 74, 20149 Hamburg (Eppendorf), Telefon 47 71 54, Café: Mo-Fr 10–19, Sa 10–16 Uhr, Geschäfte Mo-Fr 11–19, Sa 10–16 Uhr, Kreditkarten: alle; EC-Karte
  Gaultier, Paul Smith, Dolce & Gabbana; unterschiedliche Abteilungen, Accessoires und Dessous
- Kunstkleid & Kleiderkunst: Daimlerstraße 35, 22763 Hamburg (Altona), Telefon 3 90 09 72, Öffnungszeiten nach telefonischer Absprache
  Tanzkleider aller Stile werden hier auf den tanzbegabten Körper geschneidert, und für alle Verzweifelten gibt es einen Lieblingskleider-Rettungsnotdienst
- Lucky Lucy: Marktstraße 137, 20357 Hamburg (Karolinenviertel), Telefon 4 39 00 20, Fax 4 30 34 10, Mo-Fr 11–19, Sa 11–16 Uhr, Kreditkarte: EC-Karte; www.lucky-lucy.de
  Kult-Fashion

- Marlowe nature: Beim Schlump 5, 20144 Hamburg (Eimsbüttel), Telefon 44 80 93 37, Fax 8 51 31 62, Mo-Fr 10–19, Sa 10–16 Uhr, Kreditkarten: alle, EC-Karte; E-Mail: marloweott@t-online.de
Nur Naturtextilien im Angebot, Wolle, Baumwolle, Seide und Leinen
- Petra Teufel: Neuer Wall 43, 20354 Hamburg (Innenstadt), Telefon 37 86 16 0, Mo-Fr 10–19, Sa 11–16 Uhr, Kreditkarten: alle; www.Petra-teufel.de
Hochwertige und avantgardistische Mode, Schwerpunkt auf japanischen und belgischen Jungdesignern, verschiedene internationale Kollektionen, Accessoires wie Schuhe, Hüte, Schals, Schmuck, Designer: Issey Miyake, Paul Smith, Shirin Guild, Dries van Noten und Ann Demeulemeester, Y's Yohji Yamoto und Rundholz
- Thomas i-Punkt: Gänsemarkt 24, 20354 Hamburg (Innenstadt), Telefon 34 20 09, Fax 34 18 38, Mo-Fr 9–20, Sa 9–16 Uhr, Kreditkarten: alle; EC-Karte; www.Thomas-I-Punkt.de
Neben dem eigenen Label wird Kleidung von Comme de Garçon, Paul Smith und vielen anderen angeboten, Taschen von den Designern Freitag (jeweils Unikate) sind ebenfalls zu haben
- Torrox: Lehmweg 54, 20251 Hamburg (Eppendorf), Telefon 47 34 34, Fax 47 09 08 03, Mo-Mi 11–18.30, Do, Fr 11–20, Sa 11–16 Uhr, EC-Karte; www.torrox-hamburg.de
Eigene Kollektion an Abend- und Eventmode, alle Materialien werden individuell angefertigt, vielfach historisch inspiriert
- Zara: Mönckebergstraße 10, 20354 Hamburg (Innenstadt), Telefon 30 96 22 99, Fax 30 96 22 98, Mo-Fr 10–20, Sa 10–16 Uhr, Kreditkarten: Amex, Visa, Diners, EC-Karte; www.zara.com
Internationale Modekette, die aktuelle und elegante Mode zu erstaunlich günstigen Preisen anbietet

## Mode für Frauen:

- Amica: Große Bleichen 21, 20354 Hamburg (Innenstadt), Telefon 34 02 50, Mo-Fr 10–19.30, Sa 10–16 Uhr, Kreditkarten: alle; EC-Karte
Originelle Sachen internationaler Designer
- Anita Hass: Eppendorfer Landstraße 60, 20249 Hamburg (Eppendorf), Telefon 46 59 09, Fax 47 24 29, Mo-Mi, Fr 10–19, Sa 10–16 Uhr, Kreditkarten: alle außer Diners; E-Mail: anita.hass@hamburg.de;
Miu Miu, Gaultier und McQueen und diverse Accessoires, alles auf gehobenen Preisniveau
- Calera: Rentzelstraße 14, 20146 Hamburg (Univiertel), Telefon 44 71 37, Mo-Fr 10.30–18.30, Sa 10–15 Uhr, Kreditkarte: EC-Karte
Neue flippige und szenige Kreationen in jeder Preisklasse; Filiale im „Lagerhaus", Lange Reihe 27 (St. Georg)

**Mode für beide: Y's Yohji Yamamoto und Dries van Noten – Petra Teufel setzt auf Avantgarde**

- Como „Künstler machen Mode": Mühlenkamp 48, 22303 Hamburg (Winterhude), Telefon 27 80 80 84, Mo-Fr 11–19 Uhr, Kreditkarte: EC-Karte
Modekreationen polnischer Künstler, klassisch edle Stücke aus hochwertigen Naturmaterilien, in Kleinserien oder als Unikat
- Essentials: Gertigstraße 9, 22303 Hamburg (Winterhude), Telefon 2 79 10 46, Fax 2 79 10 46, Mo-Fr 11–19, Sa 10–16 Uhr, Kreditkarte: EC-Karte; E-Mail: essentialscsf@aol.com
Führt hauptsächlich die Marken French Connection, CC DK, Replay, PA personal affairs
- Garment : Marktstraße 25, 20357 Hamburg (Karolinenviertel), Telefon 4 10 84 03, Fax 4 10 84 03, Mo-Fr 15–18 Uhr, Kreditkarte: EC-Karte; www.garment-online.de
Klassische Formen dienen als Grundlage für die Kollektionen; sie werden verändert und weiterentwickelt innerhalb der Grenzen dessen, was man als tragbar und selbstverständlich empfindet
- Maze: Eppendorfer Baum 20, 20249 Hamburg (Eppendorf), Telefon 47 48 00, Fax 48 37 21, Mo-Fr 10–19, Sa 10–16 Uhr, Kreditkarten: Eurocard, Visa; EC-Karte
Jugendliche, feminine Kleider im mittleren Preissegment
- Lunatic: Schanzenstraße 3, 20357 Hamburg (Schanzenviertel), Telefon 4 30 32 32, Fax 4 30 32 32, Mo-Fr 11–19, Sa 11–16 Uhr, Kreditkarten: alle, EC-Karte
Junge Partymode, kleine Designerkollektionen aus Frankreich und Italien, alles im mittleren Preissegment
- Marion Hawel Creation GmbH: Maria-Louisen-Straße 8, 22301 Hamburg (Winterhude), Telefon 4 60 45 46, Fax 46 58 77, Mo-Fr 10–18 Uhr und nach Vereinbarung, Kreditkarten: Amex, Diners, Eurocard; EC-Karte; www.Marion-hawel.de;

Auf Maßschneiderei spezialisiert, alles wird selbst hergestellt, große internationale Stoffkollektion

- Modehaus Unger: Neuer Wall 35, 20354 Hamburg (Innenstadt), Telefon 33 44 70, Fax 37 11 80, Mo-Mi 10–19, Do, Fr 10–20, Sa 10–16 Uhr, Kreditkarten: alle; EC-Karte; www.unger.de
  John Galliano, Yves Saint Laurent, Paul Smith, Joop!, Burberry und viele exklusive Accessoires von Fendi, Kieselstein und Tod's
- Orange: Juliusstraße 18, 20357 Hamburg (Schanzenviertel), Telefon 43 65 33, Fax 43 65 33, Mo-Fr 12–18.30, Sa 11–15 Uhr, Kreditkarten: alle; EC-Karte
  Dänisches Design, Schwerpunkt Naturmaterialien
- Noy: Büschstraße 12, 20354 Hamburg (Innenstadt), Telefon 34 54 44, Fax 34 54 31, Mo-Fr 10–19, Sa 10–16 Uhr, Kreditkarten: alle; EC-Karte
  Sportlich attraktive Mode, italienisches Design kombiniert mit edlem Strick, eigene Label zu günstigen Preisen. Hochwertige Qualitäten unter anderem St. Emile, Nusco, Orwell
- SK – Susanne Klindtwordt: Grindelhof 81, 20146 Hamburg (Univiertel), Telefon 45 77 75, Fax 41 70 09, Mo-Fr 11–19, Sa 11–14.30 Uhr, Kreditkarte: EC-Karte
  Kleider, Jacken und Strickwaren aus eigener Kollektion und von Fremdlabels wie Noa Noa und Turnover; außerdem Wohnaccessoires
- Xtra-Art: Fehlandstraße 43, 20354 Hamburg (Innenstadt), Mo-Fr 10–19, Sa 10–16 Uhr, Telefon 35 71 28 27, Fax 35 71 28 29, Kreditkarten: alle; www.xtra-art.de
  Wundervolle Mode, Schmuck und Möbel aus Asien und der ganzen Welt, alles ist authentisch und zu schön, um nicht gekauft zu werden
- Privatsachen: Schulterblatt 73, 20357 Hamburg (Schanzenviertel), Telefon 43 27 67 50, Fax 43 27 67 60, Mo-Fr 11–19, Sa 10–16 Uhr, Kreditkarte: EC-Karte, Visa, Eurocard; www.c2r.privatsachen.de
  Samtige Kompositionen nicht nur für Schlanke

### Mode für Männer:

- Dräger: Mittelweg 130, 20148 Hamburg (Harvestehude), Telefon 44 55 55, Mo-Fr 11–19.30, Sa 11–17 Uhr, Kreditkarte: EC-Karte; E-Mail: renedraeger@ aol.com
  Nicht nur Herrenmode, sondern Kollektionen für Sie und Ihn z.B. von Valentino, Roberto Cavalli, Lawrence Steel und John Galliano, Maßanfertigungen mit feinsten Stoffen von Kiton
- Goodmann Grant: Ballindamm 11, 20095 Hamburg (Innenstadt), Telefon 3 02 34 60, Fax 30 23 46 46, Mo-Fr 9–20, Sa 9–16 Uhr und nach Terminvereinbarung, Kreditkarten: alle; EC-Karte; www.goodmanngrant.de
  Gentleman's Outfitter, Luxury & Classics
- Selbach: Jungfernstieg 41–42, 20354 Hamburg (Innenstadt), Telefon 34 50 08, Mo-Mi 10–19, Do 10–20, Sa 10–16 Uhr, Kreditkarten: alle; EC-Karte
  Prada, Lorenzini und diverse italienische Designer
- Mientus: Neuer Wall 48, 20354 Hamburg (Innenstadt), Telefon 36 34 99, Fax 37 37 16, Mo-Fr 10–20, Sa 10–16 Uhr, Kreditkarten: alle; www.mientus.de;
  Dolce & Gabbana, Hugo, Miou Miou, M-Project, McKenzie
- Braun: Mönckebergstraße 17, 20095 Hamburg (Innenstadt), Telefon 33 44 70, Fax 32 29 25, Mo-Fr 10–20, Sa 9.30–16 Uhr, Kreditkarten: alle; EC-Karte; www.braun-hh.de;
  In beiden Geschäften auf drei Etagen exklusive Männermode, modern ohne modisch zu sein, Armani, Kiton, Helmut Lang, Paul Smith, Zegna, Jil Sander, Dolce & Gabbana; Maßanfertigungen
- Alexander's Collections: Poststraße 39–41, 20354 Hamburg (Innenstadt), Telefon 35 23 92, Fax 3 58 96 33, Mo-Fr 10–19, Sa 10–16 Uhr, Kreditkarten: alle; EC-Karte
  Thierry Mugler, Gianfranco Ferre, Versace, Dolce & Gabbana und jede Menge Accessoires und Schuhe warten auf Kundschaft
- Ansons: Mönckebergstraße 8, 20095 Hamburg (Innenstadt), Telefon 3 28 17 01, Fax 32 15 52, Mo-Fr 10–20, Sa 10–16 Uhr, Kreditkarten: Amex, EC-Karte; www.ansons.de;
  Über vier Etagen Männermode von Schuhen und Socken bis zu Anzug und Mantel, Designermarken wie Armani, Donna Karan und Polo Ralph Lauren
- Hans Ulrich List: Mittelweg 140–141, 20146 Hamburg (Pöseldorf), Telefon 4 10 56 67, Fax 4 50 46 21, Mo-Fr 10–19, Sa 10–16 Uhr, Kreditkarten: alle; EC-Karte

Unter anderem Mode von Versace, Versus, Doris Hartwich, Givenchy

- Hans Mundhenk: Neue ABC-Straße 5, 20354 Hamburg (Innenstadt), Telefon 35 38 74, Fax 35 38 74, Mo-Mi 11–19, Do, Fr 11–20, Sa 11–16 Uhr, Kreditkarte: EC-Karte
  Konfektionen aller Art, Unterwäsche, Strick, Jeans, sportliche Jacken und Schuhe
- Wormland: Jungfernstieg 4–5, 20095 Hamburg (Innenstadt), Telefon 32 62 79, Fax 32 33 15 98, Mo-Fr 10–20, Sa 10–16 Uhr, Kreditkarten: alle außer Eurocard; EC-Karte; www.wormland.de;
  Für den modisch interessierten Mann, eigene Marken wie Theo Wormland, auch Joop! und Boss
- Hamburger Anzug Outlet: Gasstraße 18, 22761 Hamburg (Bahrenfeld), Telefon 8 53 25 62 27, Fax 85 85 49, Mo-Fr 9–19, Sa 10–16 Uhr, Kreditkarten: alle; www.hamburger-anzug-outlet.de
  Fabrikverkauf von Anzügen, Sackos, Krawatten und weitere Herrenaccessoires zu günstigen Preisen

## Mode und mehr

- Lagerhaus: Lange Reihe 27, 20099 Hamburg (St. Georg), Telefon 24 14 16, Mo-Fr 9–20, Sa 10–16 Uhr, Kreditkarte: EC-Karte; lagerhaus@t-online.de;
  Tagesbar, Weinshop, Wohnaccessoires und ausgewählte Mode, Friseur
- Thomas Stoess: Lange Reihe 76, 20099 Hamburg (St. Georg), Telefon 2 80 92 31, Mo-Fr 11–19, Sa 11–16 Uhr, EC-Karte; www.stoess.de;
  Bietet klassische Mode mit sportlichen Details, alles aus eigener Anfertigung, Maßanfertigung
- SO!: Eppendorfer Weg 271, 20251 Hamburg (Eppendorf), Telefon 47 92 33, Fax 52 59 39 45, Mo-Fr 11–19, Sa 11–16 Uhr, www.so-mode.de; Kreditkarten: alle
  Modisch ausgefallene Stücke und Schuhe, Taschen und Accessoires; kleine Bar
- The Roots: Stellinger Weg 15, 20255 Hamburg (Eimsbüttel), Telefon 4 01 40 49, Fax 4 01 40 49, Mo-Fr 12–19, Sa 11–16 Uhr, EC-Karte
  HipHop Mode und Musik, Streetwear von Fat Joe560 Gear, ES DJCO, Wu Wear, Rockerwear, Ruff Raiders und Eimsbush musikalische Untermalung von dem DJ Manystyles
- Rosenbaum Mode: Schlüterstraße 82, (Univiertel); Telefon 45 03 91 20, Fax 45 03 91 46; Mo-Fr 10–18, Sa 10–14 Uhr und nach Vereinbarung, Kreditkarten: alle; EC-Karte, www.rosenbaum-mo.de;
  Eigene Kollektion, spezielle Anfertigungen für Film und Fernsehen, Maßanfertigungen für beide Geschlechter, Lampen von jungen Designern
- Octopus: Grindelhof 7–9, 20146 Hamburg (Univiertel), Telefon 44 63 18, Mo-Fr 10.30–19, Sa 10.30–16 Uhr, Kreditkarten: alle; EC-Karte
  Trendige, szenige Mode für Damen, diverse Wohnaccessoires, selbst produzierte Möbel und Schmuck
- Moneypenny & Schuhsalon Grabbe: Marktstraße 100, 20357 Hamburg (Karolinenviertel), Telefon 43 25 04 84, Fax 43 25 07 41, Mo-Fr 11–19, Sa 11–16 Uhr, EC-Karte, www.schuhsalon.de;
  Ein Mix aus Wohnaccessoires, Lampen, Kissen et cetera, Taschen, Kleidung, von Hello und individuell angefertigten Schuhe
- Maegde und Knechte – Elternhaus: Marktstraße 29, 20357 Hamburg (Karolinenviertel), Telefon 4 30 88 30; E-Mail: www.maegdeundknechte.de;
  Auf ist, wenn auf ist; Komplizierte Konsumgüter; bei Maegde und Knechte-Elternhaus geht es nicht um die simple Zuordnung Mode. Es finden sich tragbare Mittel für die Wiederbelebung des Widerspruchs
- d'or: Eppendorfer Baum 6, 20249 Hamburg (Eppendorf), Telefon 46 88 19 63, Fax 46 88 19 74, Mo-Fr 10–19, Sa 10–16 Uhr, Kreditkarte: EC-Karte
  Bietet Edel-Secondhand, Jil Sander, Prada, Gucci, echten Schmuck von Thomas Wilhelm, allerfeinstes Schuhwerk (Rossi, Ante Prima, Enrico Antinori) und Antiquitäten aus den 30er und 40er Jahren

## Schuhe:

- American Boots: Colonnaden 72, 20354 Hamburg (Innenstadt), Telefon 34 39 25, Mo-Fr 11–19 Uhr, Sa 11–16 Uhr, Kreditkarten: alle; EC-Karte
  Die beste Adresse für Cowboys und solche, die es werden wollen. Cowboystiefel und Zubehör bringen das Texas-Flair nach Hamburg
- Auf leisen Sohlen: Rutschbahn 7, 20146 Hamburg (Univiertel), Telefon 45 12 26, Fax 45 12 26, Mo-Fr 10–18 Uhr, Sa 10–14 Uhr, Kreditkarten: EC-Karte
  Beglückt geschundene und von Schmerzen bedrohte Füße mit modernen Naturlederschuhen; Filiale in Volksdorf (Dorfwinkel 11)
- Casa nuova: Eppendorfer Baum 9, 20249 Hamburg (Eppendorf), Telefon 46 07 26 33, Fax 46 07 26 34, Mo-Fr 10–19, Sa 10–16 Uhr, Kreditkarten: Eurocard, Visa
  Hochwertige italienische Schuhe
- Fußnote „Roots“: Rentzelstraße 6, 20146 Hamburg (Univiertel), Telefon 41 78 53, Fax 41 78 23, Mo-Fr 11–18, Sa 11–15 Uhr, Kreditkarten: EC-Karte, Visa, Amex
  Bequeme modische Schuhe von Roots und Think!
- natürlich gehen: Gertigstraße 35, 22303 Hamburg (Winterhude), Telefon 27 20 86, Fax 27 20 86, Mo-Do 10–13 und 14–18.30, Fr 10–13 und 14–19 Uhr, Kreditkarte: EC-Karte; www.natuerlich-gehen.de
  Schuhe aus ökologischen Materialien
- Odds & Ends: Grindelhof 29, 20146 Hamburg (Univiertel), Telefon 44 47 46, Mo-Fr 11–18.30 Uhr, Sa 11–14 Uhr, Kreditkarte: EC-Karte
  Bietet die größte Auswahl an Arche-Produkten, bequem ist die Devise
- Scarpovino: Susannenstraße 29, 20357 Hamburg (Schanzenviertel), Telefon 4 39 00 43, Fax 41 46 78 32, Mo-Fr 10–19, Sa 9–16 Uhr, Kreditkarte: EC-Karte
  Schuhe und Wein, das ist eine merkwürdige Kombination, die hier aber voll aufgeht, und schließlich kommt beides aus bella Italia
- Schuhhaus Horsch: Ballindamm 35, 20095 Hamburg (Innenstadt), Telefon 32 77 66, Fax 32 52 52 10, Mo-Fr 10–18.30, Sa 9.30–16 Uhr, Kreditkarte: EC-Karte; www.horsch-schuhe.de
  Schuhe in den Größe 32 bis 52 findet man hier

## Weitere Schuhläden:

- Blicker: Reeperbahn 143, 20359 Hamurg (St. Pauli), Telefon 31 42 09, Fax 3193964, Mo-Fr 9–20.30, Sa 9–18 Uhr, Kreditkarten: EC-Karte, alle außer Amex; www.blicker-modeschuhe.de
- Casa delle scarpe: Blankeneser Bahnhofstraße 3, 22587 Hamburg (Blankenese), Telefon 86 86 40, Mo-Fr 10–14.30, 15–18, Sa 9–13 Uhr, Kreditkarten:



Visa, Eurocard; EC-Karte
- Go: Eppendorfer Baum 20, 20249 Hamburg (Eppendorf), Telefon 4 80 32 31, Fax 4 80 38 91, Mo-Fr 10–19, Sa 10–16 Uhr, Kreditkarten: alle; EC-Karte
- Görtz: Spitaler Straße 10, 20095 Hamburg (Innenstadt), Telefon 33 30 00, Mo-Fr 10–20, Sa 10–16 Uhr, Kreditkarte: EC-Karte; www.goertz.de
  Größte Filiale des Schuhimperiums, 30 Filialen in Hamburg
- Pömps: Mittelweg 27, 20148 Hamburg (Harvestehude), Telefon 4 10 51 95, Fax 44 91 39, Mo-Fr 10–18.30, Sa 10–15 Uhr, Kreditkarten: alle außer Diners; EC-Karte
- Prange/Prange Duo: Jungfernstieg 38, 20354 Hamburg (Innenstadt), Telefon 34 31 51, Fax 34 31 53, Mo-Mi 10–19, Do, Fr 10–20, Sa 10–16 Uhr, Kreditkarten: Amex, Eurocard; EC-Karte
- Schuhhaus Gränert-Gundlach: Eppendorfer Baum 30, 20249 Hamburg (Eppendorf), Telefon 48 30 25, Fax 47 63 61, Mo-Fr 9.30–19, Do 9.30–20, Sa 9.30–16 Uhr, Kreditkarten: alle; EC-Karte
- Schuhhaus Messmer: Reeperbahn 77–79,

Mode und mehr: Komplizierte Konsumgüter von Maegde und Knechte – Elternhaus

Secondhand: Von der Skijacke bis zur Kordschlaghose – bei „Beifall" gibt's angesagte, günstige Mode

20359 Hamburg (St. Pauli), Telefon 31 41 82, Kreditkarten: alle; EC-Karte

- Shoes: Hegestraße 21, 20251 Hamburg (Eppendorf), Telefon 47 74 19, Mo-Fr 10–19, Sa 10–16 Uhr, Kreditkarten: Visa, Eurocard; EC-Karte
- Zapatos: Eppendorfer Weg 56, 20259 Hamburg (Eimsbüttel), Telefon 49 33 55, Fax 4 91 63 36, Mo-Fr 10-19, Sa 10-16 Uhr, Kreditkarte: EC-Karte

## Low Budget:

- Kleidermarkt: Heuberg 1, 20354 Hamburg (Innenstadt), Telefon 35 71 08 96, Mo-Fr 10–19, Sa 10–16 Uhr, Kreditkarte: EC-Karte; www.kleidermarkt.de
  Trendige Secondhand- und Neuwaren, vorwiegend Einzelstücke, die schon Modegeschichte geschrieben haben. Von Jeans bis Edellook erfüllen sich alle Stylingwünsche, die sich durch ausgefallene Accessoires ergänzen lassen
- Kleidermarkt: Neuer Kamp 23, 20357 Hamburg, Telefon 43 37 17, Mo-Fr 10.30–19, Sa 10–16, Kreditkarte: EC-Karte
  Das Outfit zur 70er Schlagerparty findet man hier ebenso wie den täglichen Bedarf an Kordhosen, Kleidern und Oberteilen. Immer individuell und sanft zum Portemonee
- Kleidermarkt: Max-Brauer-Allee 174, 22765 Hamburg (Altona), Telefon 4 39 43 28, Mo-Fr 10–19, Sa 10–16 Uhr, Kreditkarten: EC-Karte; www.kleidermarkt.de
  Die größte Kleidermarkt-Filiale in Hamburg bietet von der Pudelmütze aus den Sechzigern über die Siebziger-Jahre-Jogginghose bis zur hochseegeprüften Marinejacke aus den Achtzigern alles aus den letzten vierzig Jahren
- Coco Cigar: Heuberg 1, 20354 Hamburg (Innenstadt), Telefon 35 71 08 94, Mo-Fr 10–19, Sa 10–16 Uhr, Kreditkarten: keine
  Trendige Secondhand- und Neuwaren, das Sortiment besteht überwiegend aus Einzelstücken, von Jeans und Streetwear bis hin zu Accessoires findet der Kunde alles, was das Herz begehrt und das Portemonee nicht belastet
- Reindl Secondhand: Hegestraße 15, 20251 Hamburg (Eppendorf), Telefon 4 60 27 46, Mo-Fr 10–19, Sa 10–16 Uhr, Kreditkarten: Eurocard; EC-Karte; www.stoeberspass.de
  Auch aktuelle Mode zu vernünftigen Preisen; Filiale „Stöberspass" in der Hegestraße 33 (Eppendorf)
- Second Hand Gestöber: Lappenbergsallee 27, 20267 Hamburg (Eimsbüttel), Telefon 8 50 73 60, Mo-Fr 10–18.30, Sa 10–14 Uhr, Kreditkarten: keine; Schlichte Klamotten, Accessoires und Schuhe

## Secondhand:

- Zweite Liebe: Hofweg 1, 22085 Hamburg (Uhlenhorst), Telefon 2 29 56 35, Fax 22 69 53 97, Mo-Fr 11–19, Sa 11–15 Uhr, Kreditkarte: EC-Karte
  Edle Designerstücke zu sehr günstigen Preisen; dass diese secondhand sind, sieht man dank des modernen Ambientes erst auf den zweiten Blick
- Pool 34: Poolstraße 34 (Neustadt), 20355 Hamburg, Telefon 34 62 34, Mo-Fr 12–18 Uhr
  Elegante Mode zu günstigen Preisen. Marken wie Cartoon und Esprit kombiniert mit Stücken von Bogner und Jil Sander
- Secunda Mano: Bleichenbrücke 3, 20354 Hamburg (Innenstadt), Telefon 3 74 26 28, Fax 3 74 26 28; Mo-Fr 11–18.30, Sa 11–16 Uhr, Kreditkarten: alle; EC-Karte; www.lookforlux.de
  Hochwertige Secondhand-Mode und Accessoires von Chanel, Hermès, Jil Sander
- Seconata: Milchstraße 28, 20148 Hamburg (Pöseldorf), Telefon 4 10 25 25, Fax 45 00 03 51, Mo-Fr 11–19, Sa 11–16 Uhr, Kreditkarte: EC-Karte; E-Mail: seconata@aol.com
  Prada, Gucci, Jil Sander, Rena Lange, Armani, Valentino zu 1/3 des Neupreises, Vintage-Ecke mit Kleidung aus den 60ern und 70ern
- Secondella: Hohe Bleichen 5, 20354 Hamburg (Innenstadt), Telefon 35 29 31, Fax 35 71 11 21, Mo-Fr 10–19, Sa 10–16 Uhr, Kreditkarte: EC-Karte; www.secondella.de
  Hochwertige Designermode für Damen und Herren von Klassik bis Avantgarde, hochwertige Accessoires und Abendkleider, Hamburgs ältester und größter Secondhandladen. Im Secondella Depot wird sportlichere Secondhand-Mode verkauft
- Beifall: Marktstraße 136, 20357 Hamburg (Karolinenstraße), Telefon 4 30 15 94, Mo-Fr 12–19, Sa 11–16 Uhr

Existiert seit 1973, ausgestattet mit Dead Stocks aus den Siebzigern, ausgesuchten US-Secondhand-Teilen, Western- und Rüschenhemden, Knastjacken, Kordschlaghosen, Skijacken und vielem mehr

- miss seconda: Oberstraße 1, 20144 Hamburg (Harvestehude), Telefon 4 22 79 35, Mo-Fr 11–18, Sa 10–13 Uhr, Kreditkarte: EC-Karte
  Chanel, Dior, Jil Sander und diverse Hamburger Designer im Angebot, außerdem viel Neuware zum Einkaufspreis und haarige Haut von toten Tieren
- Misuk: Martinistraße 6, 20251 Hamburg (Eppendorf), Telefon 4 60 37 44, Mo-Fr 14–20, Sa 11–16 Uhr, Kreditkarte: EC-Karte
  Originalmode aus den 30er bis 70er Jahren
- Männersache: Johannes-Brahms-Platz 9, 20355 Hamburg (Innenstadt), Telefon 34 44 69, Mo-Fr 11–18.30, Sa 11–15 Uhr, Kreditkarte: EC-Karte
  Hugo Boss, Jil Sander, CP Companny, Ralph Lauren und Schuhe von Tod's und Hogan
- Hot Dogs: Marktstraße 38, 20357 Hamburg (Karolinenviertel), Telefon 43 27 41 57, Fax 43 27 41 57, Mo-Fr 10.30–20, Sa 10–16 Uhr, Kreditkarten: Visa; EC-Karte
  Frisch gewaschene Secondhand-Mode und rare Einzelstücke aus den USA und Europa
- Classen Secondhand: Grillparzerstraße 2b, 22085 Hamburg (Uhlenhorst), Mo-Fr 12–18, Sa 11.30–14 Uhr, Kreditkarte: EC-Karte; www.classen-secondhand.de
  Dolce & Gabbana, Jil Sander auch Schuhe
- Cornelsen Second Hand Laden: Poolstraße 34, 20355 Hamburg (Innenstadt), Telefon 34 62 34, Mo-Fr 12–18 Uhr, Kreditkarten: keine
  Secondhand-Mode querbeet
- Fontelina: Hegestraße 8, 20251 Hamburg (Eppendorf), Telefon 46 09 39 61, Mo-Fr 11–19, Sa 11–15 Uhr, Kreditkarten: alle; EC-Karte
  Hochwertige Designermarken
- Vintage & Rags: Kurze Mühren 6, 20095 Hamburg (Innenstadt), Telefon 33 01 07, Fax 32 52 75 17, Mo-Fr 11–20, Sa 10–16 Uhr, Kreditkarten: alle; EC-Karte
  Schöne und stilechte Klamotten aus den 50er bis 80er Jahren und amerikanische Sportkleidung

## Spezialgrößen:

- EGÜ-Mode: Paulstraße 12, 20095 Hamburg (Innenstadt), Telefon 32 62 01, Fax 32 36 01, Mo-Fr 10–18, Sa 10–16 Uhr, Kreditkarte: Visa; www.egue.de
  Ausschließlich Überlängen (Damen ab 1,80 m, Herren 1,90 m), von klassischer Businessmode bis hin zur sportlichen Kleidung
- High & Mighty: Ferdinandstraße 2, 20095 Hamburg (Innenstadt), Telefon 32 76 63, Mo-Mi 9.30–18, Sa 9.30–14 Uhr, Kreditkarten: alle; www.highandmighty.co.uk
  Mode für außergewöhnlich große, kleine oder kräftige Männer – von der Socke bis zum Mantel
- Lady Rubens: Hamburger Straße 31, 22926 Ahrensburg, Telefon 0 41 02/5 34 50, Fax 0 41 02/8 13 54, Mo-Fr 9–18, Sa 9–14 Uhr, Kreditkarten: alle; EC-Karte
  Von Größe 38 bis 54 ist alles an Abendkleidern, klassischer und sportlicher Kleidung zu haben
- Ladychic OHG: Neuer Wall 41, 20354 Hamburg (Innenstadt), Telefon 36 78 23, Fax 37 17 62, Mo-Fr 10–18.30, Sa 10–16 Uhr, Kreditkarte: EC-Karte;
  Exklusive Mode in den großen Größen 44 bis 54
- Long Fashion: Glockengießerwall 20, 20095 Hamburg (Innenstadt), Telefon 32 77 22, Fax 32 24 96, Mo-Fr 10–18, Sa 10–13 Uhr, Kreditkarte: EC-Karte;
  Damenmode in Überlängen
- Margarete Lenz (ehemals „Rund und Schön"): Sierichstraße 34, 22301 Hamburg (Winterhude), Telefon 49 93 87, Fax 27 80 75 60, Mo-Fr 10–19, Sa 10–14 Uhr, Kreditkarten: alle; EC-Karte
  Sportlich elegante Mode von Persona (Max Mara), Sallie Sahne, Cora in den Größen 42 bis 56, außerdem Schals und Tücher
- Ulla Popken Collection: Speersort 4–6, 20095 Hamburg (Innenstadt), Telefon 30 38 26 03, Mo-Mi 10–19, Do, Fr 10–20, Sa 10–16 Uhr, Kreditkarten: alle; EC-Karte; www.ullapopken.de
  Bietet junge, exklusive Mode und Kombitrends ab Größe 42

## Sportswear:

- International Sports: Bergstraße 26, 20095 Hamburg (Innenstadt), Telefon 32 68 64, Fax 32 68 64, Mo-Fr 11–19.30, Sa 10–16 Uhr, Kreditkarten: Eurocard, Visa; EC-Karte
  Urban Street- und Trendsportwear der Marken Brooklyn Express, Adidas, Vans, Ethnies und Nike; günstiger Tipp, wenn es um Schuhe geht
- Sport Kaap: Gänsemarkt 54, 20357 Hamburg (Innenstadt), Telefon 35 74 91 88, Fax 35 74 91 55, Mo-Fr 10–20, Sa 10–16 Uhr, Kreditkarte: EC-Karte; E-Mail: sporkaap@t-online.de
  Modische und funktionelle Sportkleidung für Ski, Snowboard, Tennis und Gymnastik, auch aktuelle Designerfashion wird angeboten
- Sport-Scheck: Mönckebergstraße 18, 20095 Hamburg (Innenstadt), Telefon 30 29 80, Fax 30 29 82 50, Mo-Fr 10–20, Sa 9.30–16 Uhr,

Kreditkarte: EC-Karte; www.sportscheck.com
Alle gängigen Marken für Skisport, Snowboard, Inline, Bergsport, Golf, Jogging, Fitness, Tennis

- Sporthütte: Mönckebergstraße 22, 20095 Hamburg (Innenstadt), Telefon 3 23 20 10, Fax 32 33 01 11, Mo-Fr 10–20, Sa 9.30–16 Uhr, Kreditkarten: alle; EC-Karte; www.sporthuette.de
Vielseitiges Angebot, Sportmode und Trendbekleidung, Ski und Outdoor
- Tate: Gänsemarkt 24, 20354 Hamburg (Innenstadt), Telefon 3 55 10 30, Fax 35 51 03 10, Mo-Fr 10–20, Sa 10–16 Uhr, Kreditkarten: alle; EC-Karte
Aktuelle Modelle von Nike, Adidas, Freitag-Taschen; viel gute Clubwear
- Warm Sports: Bahrenfelder Straße 199–201, 22765 Hambrg (Ottensen), Telefon 39 67 26, Fax 39 67 31, Mo-Fr 11–19, Sa 10.30–15 Uhr, Kreditkarte: EC-Karte; www.warmsports.de
Hochwertige Outfits für Workouts, HipHop-Hosen, Classic Latzbüx

### T-Shirts:

- Shirtlab: Marktstraße 16, 20357 Hamburg (Karolinenviertel),Telefon 43 09 54 51, Fax 43 09 54 53
Hier findet jeder sein Traum-T-Shirt. Entweder auf den Stangen oder als Anfertigung. Ab zehn Stück kann sich jeder sein individuelles T-Shirt/Sweatshirt in allen erdenklichen Styles, Farben, Drucken, Kragenformen etc. zusammenstellen. (ab 15 Euro)

## Modelagenturen

Reisen an die schönsten Strände der Welt, um sich mit wehendem Haar in den hipsten Outfits fotografieren zu lassen. Und dabei Wahnsinnsgagen verdienen, um anschließend weltweit von allen Titelseiten zu lächeln. Das ist der Wunschtraum vieler Teenager – was einige unseriöse Agenturen schamlos ausnutzen. Am Ende bleiben Schulden und Desillusionierung. Beim Model Team kann das nicht passieren. Dort werden Frauen und Männer ab 16 Jahren gesucht, die sich zunächst mit ganz normalen Bildern bewerben sollten. Die Agentur entscheidet, ob es Sinn macht, den Bewerber oder die Bewerberin in eine Kartei aufzunehmen. Wenn ja, werden auf Kosten des Teams Fotos beim Profi erstellt. Bei Louisa Models kann sich zunächst einmal jeder bewerben. Gesucht werden fotogene „Charakterköpfe" von Jung bis Alt, ruhig auch ohne Vorerfahrung. Generell gibt es keinen Aufnahmestopp, dennoch trifft die Agentur eine gewisse Auswahl. Auch bei Okay Models wird nach harten Kriterien ausgewählt, nicht nur was die Altersgrenze angeht. Dafür werden die schönen Menschen, die es erst einmal so weit geschafft haben, an Fotoshootings und Modelshows im internationalen Rahmen vermittelt. Das Modelwerk nimmt über die eigene Homepage auch online Bewerbungen entgegen. Interessenten sollten hier zwei Fotos und etwas Vorerfahrung mitbringen. Auch Body & Soul übernimmt die Rechnung des Fotografen für erste Testfotos, vorausgesetzt das Model sieht viel versprechend aus.

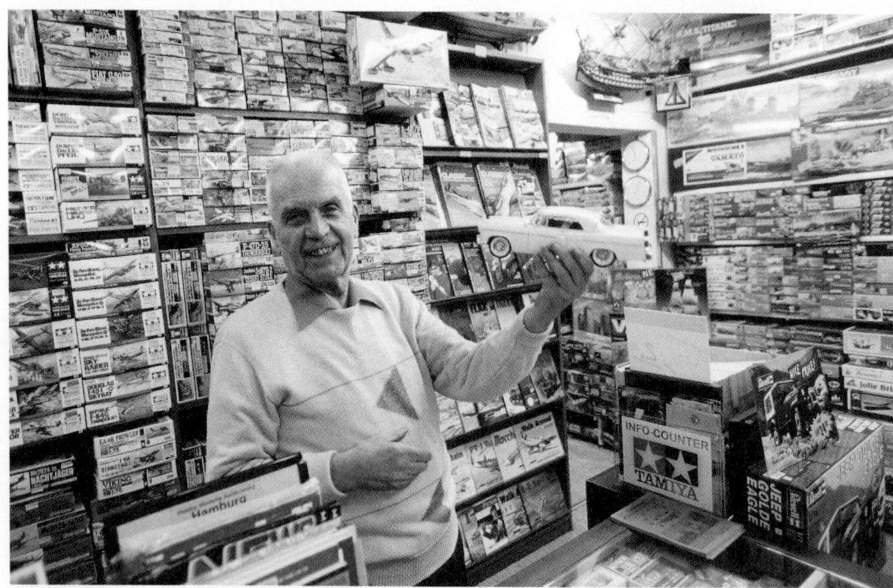


**Modellbau: Heinz Rettkowsky ist nach eigenen Angaben der Älteste in Deutschlands ältestem Modellbauladen**

- Body & Soul: Werderstraße 39, 20144 Hamburg (Harvestehude), Telefon 41 20 91, Fax 4 10 47 48, Mo-Fr 9–18 Uhr; www.bodyandsoul-models.de
- Louisa Models – Fotomodelagentur: Feldbrunnenstraße 24, 20148 Hamburg (Rotherbaum), Telefon 41 44 01 00, Fax 41 44 02 22, Mo-Fr 9–19 Uhr; www.louisa-models.de
- Model Team: Schlüterstraße 60, 20146 Hamburg (Univiertel), Telefon 4 14 10 30, Fax 41 41 03 34, Mo-Fr 9–12, 14–18 Uhr; www.modelteam-hamburg.de
- Modelwerk: Rothenbaumchaussee 1, 20148 Hamburg (Rotherbaum), Telefon 44 79 29, Fax 44 79 10, Mo-Fr 9–18; E-Mail: booking@modelwerk.de; www.modelwerk.de
- Okay Models: Ost-West-Straße 63, 20457 Hamburg (Innenstadt), Telefon 3 78 50 00, Fax 37 85 00 10, Mo-Fr 9.30–18 Uhr; E-Mail: email@okaymodels.de; www.okaymodels.de

## Modellbau

Das Größte in Kleinformat. Sonderbare Väter widmen sich versunken kleinen Miniaturwelten. Zweifellos feindliches Terrain für den Nachwuchs. Die Fertigstellung von Modellobjekten dauert Stunden, Tage oder sogar Jahre. Und Hobbybastler entwickeln sich beim Modellbau zu wahren Koryphäen in Sachen Geduld. Neulinge auf diesem Gebiet seien gewarnt, der spielerische Zeitvertreib ist nicht ganz billig.

- Markscheffel & Lennartz: Esplanade 41, 20354 Hamburg (Innenstadt), Telefon 34 35 61, Fax 35 32 92, nach telefonischer Absprache, www.Markscheffellennartz.de; www.Spur-1.de
  Hier gibt's vor allem originalgetreue Modelle, die in Handarbeit angefertigt wurden, Locks und Waggons aus eigener Herstellung
- Modellbahn Walliser: Denickestraße 92, 21075 Hamburg (Harburg), Telefon 7 90 39 04, Mo-Fr 9.15–13; 14–18, Sa 9–12 Uhr
  Bietet Nachbauten namhafter Fabrikate und Reparaturservice
- Modellbahnkiste: Von-Axen-Straße 1, 22083 Hamburg (Barmbek), Telefon 2 20 64 28, Mo-Fr 10–18 Uhr, Sa 10–14 Uhr, Kreditkarte: EC-Karte; www.modellbahnkiste.de
  An- und Verkauf, über 170 verschiedene Modellbahn-Hersteller und Zubehör, eine Werkstatt erfüllt Sonderwünsche und repariert Modelle; weitere Filialen in Altona (Ehrenbergstraße 72) und St. Georg (Lange Reihe 17)
- Rettkowsky: Paulinenplatz 2, 20359 Hamburg (St. Paui), Telefon 31 33 01, Fax 31 33 01, Mo-Fr 10–13, 14–18, Sa 9–13 Uhr, Kunststoff-Standmodelle: Flugzeuge, Autos, Schiffe, Motorräder, außerdem Anatomiemodelle und fotogeätztes Material

## Möbel

Die Auswahl ist schier unendlich, wir haben uns für Sie durchgesessen und -gelegen.

- Boogi: Große Elbstraße 40, 22767 Hamburg (St. Pauli), Telefon 69 79 43 77, Fax 69 70 24 52, Mo-Fr 10–19 Uhr, Sa 10–16 Uhr, Kreditkarte: EC-Karte; E-Mail: boogishop@aol.com; www.boogi.net
  Neben einem Planungs- und Beratungsservice für eine moderne Wohnraumgestaltung findet man im Ladengeschäft Möbel, Licht und Accessoires aus Italien und den Philippinen. Steh- und Tischleuchten aus einem leichten Lampengestell mit handgeschöpftem Papierschirm ergänzen das Programm. Spezialware: Manila-Mamor zur kreativen Verarbeitung im Wohnbereich
- Cramer Möbel: Schulweg 35–41, 20259 Hamburg Telefon 40 35 08, Fax 4 91 57 39, Mo-Mi 10–19, Do, Fr 10–20, Sa 10–16 Uhr, Kreditkarte: EC-Karte; www.cramer-moebel.de;
  Filiale: Gertrudenkichhof 9, 20095 Hamburg (Innenstadt), Telefon 32 43 66, Fax 32 34 57
  In einem saniertem Stadthaus aus der Jahrhundertwende findet man auf 800 qm feine Wohnideen. Besonders Freunde der großen deutschen Luxus-Wohnmarke Rolf Benz kommen auf ihre Kosten
- Cramer Möbel + Design GmbH: Kieler Straße 301, 22525 Hamburg (Stellingen), Telefon 5 47 37 80, Fax 54 73 78 11, Mo-Fr 10–20, Sa 10–16 Uhr, Kreditkarte: EC-Karte; www.cramer-moebel.de
  Mit 7000 qm das größte der drei Cramer Möbelhäuser
- Der Schaukelstuhl: Ottenser Hauptstraße 39a–41,

**Möbel: Unter den Leuchten und Sesseln bei Wohnen & Design befinden sich echte Klassiker**

22765 Hamburg (Ottensen), Telefon 39 71 30, Fax 3 90 65 20, Mo-Fr 10–19 Uhr, Sa 10–14 Uhr, Kreditkarten: alle außer Diners Club; www.schaukelstuhl.de
Erstellt bei Bedarf ein Konzept für eine individuelle Wohnraumeinrichtung. Im Angebot sind eine große Auswahl an Dekorations- und Bezugsstoffen, Brühl-Bettsofas, Glas- und Holz-Beistelltische und – natürlich – Schaukelstühle. Eine angeschlossene Nähwerkstatt leistet ihren Teil mit klassisch modernen Dekorationsarbeiten

- Die Wäscherei: Jarrestraße 52 58, 22303 Hamburg (Winterhude), Telefon 2 71 50 70, Fax 28 06 74, E-Mail: info@die-waescherei.de, Mo-Fr 10–20 Uhr, Sa 10-16 Uhr, Kreditkarten: alle außer Amex; www.die-waescherei.de
Shop-in-Shop auf 6000 qm, marokkanische Möbel und vieles andere, wie etwa die variablen Jail-House-Modelle, verschiedene Lampen und diverse Wohnaccessoires. Bücher und Zeitungen, eine Weinhandlung, die Akra-Bar und nicht zu vergessen, das hauseigene Klamotten-Label „Klementine"
- Galerie Midi: Große Elbstraße 143, 22767 Hamburg (Altona), Telefon 38 61 91 61, Fax 38 61 91 62, Fr 11–19, Sa 11–16 Uhr und nach Vereinbarung, Kreditkarte: EC-Karte; www.galerie-midi.de
Schönes und Köstliches aus der Provence: neue und alte Landhaustische, Kleinmöbel aus Massivholz, Stühle aus der Camargue, Stoffe im provencalischen Design, winterfestes Terrakotta, mediterrane Keramik und handgeformte Fliesen, leckere Köstlichkeiten für die feine Küche ergänzen das Angebot
- H. Speicher: Mühlenkamp 13 , 22303 Hamburg (Winterhude), Telefon 2 70 32 52;, Fax 2 70 32 52, Di-Fr 13–18.30, Sa 11–14.30 Uhr, Kreditkarte: EC-Karte
Art-déco-Möbel für den Wohnbereich und Büromöbel aus Holz und Stahlrohr.
- Habitat: Neuer Wall 54, 20354 Hamburg (Innenstadt), Telefon 3 57 65 80, Fax 35 76 58 15, Mo-Fr 10–20, Sa 10–16 Uhr, Kreditkarten: alle; EC-Karte; www.habitat.de
▶ *Design*
- Holzconnection: Holstenstraße 160, 22765 Hamburg (Altona), Telefon 38 22 99, Mo-Fr 11–19, Sa 10–14 Uhr, Kreditkarte: EC-Karte; www.holzconnection.de
Bieten Maßanfertigung für massive Holzregale und Kleiderschränke, vertreiben Naturmatratzen und Futons, rollbare Küchen-Stehpulte aus vollholzstabverleimter Buche
- Holzconcept: Osterstraße 175, 20255 Hamburg (Eimsbüttel), Telefon 43 18 00 00, Fax 43 18 00 01, Mo-Fr 11–19, Sa 10–14 Uhr, Kreditkarte: EC-Karte; www.holzconcept.de
Massive Holzregal-Systeme aus Kiefer und Erle, Anfertigung von Sondermaßen und Überhöhen,

Ausliefer- und Montage-Service

- Home & Garden: Goldbekplatz 1 , 22303 Hamburg (Winterhude), Telefon 2 79 50 44, Fax 27 20 98, Mo-Fr 10–19, Sa 10–16 Uhr
  Möbel im Landhaus- und Kolonialstil: Teak-, Palisander- und Eichentische, Stoff- und Lederpolstermöbel, Himmelbetten aus Teak, Gartenmöbel und Accessoires, große Abteilung mit Heimtextilien; die Ausstellung im alten Fabrikgebäude erstreckt sich über drei Etagen (▶ *Garten*)
- Ikea: Wunderbrunnen 1, 22457 Hamburg (Schnelsen), Telefon 01 80/5 35 34 35, Fax 01 80/5 35 34 36, Mo-Fr 9.30–20, Sa 8.30–16 Uhr, Kreditkarte: EC-Karte; www.ikea.de
  Kennen wir alle, großes schwedisches Möbelhaus, A 7, Ausfahrt Schnelsen-Nord
- Julia Korzilius: Magdalenenstraße 26 , 20148 Hamburg (Pöseldorf), Telefon 41 33 94 94, Fax 41 33 94 95, Mo-Fr 10–19 Uhr, Sa 10–16 Uhr, Kreditkarten: alle außer American Express;
  Bietet alles für Möbel nach Maß, exklusiver Service für etwa eine Neugestaltung eines Wohnzimmers bis zur Komplett-Planung und -Einrichtung, schöne Stoffe
- ligne roset: Grindelallee 100, 20146 Hamburg (Univiertel), Telefon 44 39 09, Fax 41 49 84 70, Mo-Fr 11–20Uhr, Sa 11–16 Uhr, Kreditkarte: EC-Karte
  Das Angebot eleganter roset-Wohnmöbel wird begleitet von modernen Leuchten und ansprechenden Accessoires
- Lizzart Living : Lenhartzstraße 1, 20249 Hamburg (Eppendorf), Telefon 48 41 04, Fax 48 37 53, Mo-Fr 10–20 Uhr, Sa 10–16 Uhr, Kreditkarte: EC-Karte; www.lizzartliving.de
  Lizzart Living bietet Lloyd- Loom-Möbel wie etwa Betten und Tische im Originalstil der 20er und 40er Jahre sowie Tische und Stühle aus Teak
- Lotus: Jarresstraße 52-54, 22303 Hamburg (Winterhude), Telefon 27 16 72 70, Fax 27 16 72 70, Mo-Do 12–20, Fr 10–20, Sa 10–16 Uhr
  China-Antiquitäten, exklusive Möbel und Wohnaccessoires aus Asien, ausgefallene Einzelstücke
- M-Extra Design & Einrichtungen: Nedderfeld 24–28, 22529 Hamburg (Lokstedt), Telefon 5 53 20 27, Fax 5 53 68 52, Mo-Fr 10–20, Sa 10–16 Uhr, Kreditkarte: EC-Karte
  Möbel im modernen Design mit Schwerpunkt Polster- und Schlafsofas sowie Stühle und Tische
- Marktex: Neuer Wall 63, 20354 Hamburg

(Innenstadt), Telefon 36 36 63, Fax 37 34 39, Mo-Fr 10–20, Sa 10–16 Uhr
Kompletteinrichtungen und -planungen mit der eigenen Marktex-Kollektion aus Holz-, Eisen-, Polster-, und Geflechtmöbeln; Auch Teppiche, Stoffe, Lampen und Accessoires

- Oktopus Handels GmbH: Lehmweg 10b, 20251 Hamburg (Eppendorf), Telefon 4 20 11 00, Fax 4 20 12 00, Mo-Fr 10–18 Uhr (Do –20 Uhr), Sa 10–16 Uhr, Kreditkarten: Visa; EC-Karte; www.oktopus-versand.de
Möbel mit mediterranem Flair und im lässigen Shaker-Stil wie etwa die gefragten Apothekerschränke, daneben moderne Sofas auch als Multifunktionsmöbel im schlichten Design.
- Refugium: Am Felde 33, 22765 Hamburg (Ottensen), Telefon 46 09 28 01, Fax 46 09 28 02, nach telefonischer Absprache; www.refugium-hamburg.de
Art-déco-Originalmöbel der 20er Jahre, Landhaustische und -stühle aus seltenen Hölzern wie Yellow-Wood und Oregon-Pine, African Art , Maßanfertigungen nach Kundenwunsch
- Saroshi-Design: Gertigstraße 35 und 48, 22303 Hamburg (Winterhude), Telefon 2 70 22 94, Fax 2 70 68 61, Mo-Fr 11–13, 14–19, Sa 10.30–14.30 Uhr, Kreditkarte: EC-Karte; www.saroshi.de
Bietet japanische Interieurs: funktionale Shoji-Elemente, japanische Schiebetüren und Raumteiler aus Hemlock-Holz, bespannt mit Papier oder Kunststoff in Maßanfertigung. Nagucci-Akari-Leuchten und andere Lichtskulpturen, Tatami-Matten, Futons, Keramikwaren, Sushi-Utensilien und alles für eine traditionelle Tee-Zeremonie
- Speicher am Fischmarkt: Große Elbstraße 39, 22767 Hamburg (Altona), Telefon 31 42 42, Fax 30 68 64 18, Mo-Fr 10–20, Sa 10–16 Uhr, Kreditkarten: alle; EC-Karte; www.speicher-am-fischmarkt.de
Im Speicher gibt es neben gängigem Küchenbedarf die Quatro-Schaumstoff-Landschaften und -Elemente von Dieter Lübke sowie verschiedene Betten und andere Möbelstücke. Hier gesellen sich Rattan- und Bambusmöbel zu restaurierten, dunklen Originalen der 30er Jahre sowie Kolonialmöbeln.
- Stilwerk: Große Elbstraße 68, 22767 Hamburg (Altona), Telefon 30 62 11 00, Fax 30 62 11 03, Mo-Fr 11–20, Sa 11–16, Sonntag (=Schautag) 14–18 Uhr, Kreditkarte: EC-Karte; www.stilwerk.de
▶ *Design*
- Treibholz Natürliche Einrichtungen: Völckersstraße 14–20, 22765 Hamburg (Altona), Telefon 3 98 41 00, Fax 39 84 10 20, Mo-Fr 10–19, Sa 10–16 Uhr, Kreditkartn: EC-Karte; www.treibholz-hamburg.de
Möbel für eine komplette Wohneinrichtung, z.B. Küchen- und Kinderzimmer aus Buche, Erle und anderen Qualitätshölzern. Das Mobiliar wird mit umweltfreundlichem Kräuteröl oder Bienenwachs behandelt. Auch Anliefer- und Aufbauservice
- Wohnen & Design: Gertigstraße 18 , 22303 Hamburg (Winterhude), Telefon 27 87 12 66, Di, Mi 11–18, Do, Fr 11–19, Sa 11–14.30 Uhr, Kreditkarte: EC-Karte; E-Mail: office@wohnen-design-kindermann.de; www.wohnenunddesign.de
Leuchten, Möbel und Wohnaccessoires aus den 20er bis 70er Jahren, An- und Verkauf und Verleih, ein 50er-Jahre-Klassiker ist das Chair-Modell „Egg" von Arne Jakobsen oder ein Sessel von Charles & Ray Eames, Designer-Leuchtmodell von Ingo Maurer oder Philippe Starck, technische Raritäten wie funktionsfähige Filmkameras und Kofferradios

## Mosaik

In Pompeji erzählen Mosaike von Lebensart und Reichtum der alten Römer, geometrische Endlos-Muster islamischer Paläste preisen Allah, in Barcelona hat der Jugendstilarchitekt Gaudí lebensfrohe Parkbänke und Dachterrassen gestaltet. Auch die Hamburger Werkstatt Scherben hat genug zu tun, verschönert werden Badezimmer, Restaurants oder ganze Schwimmbäder. Man kann hier alles in Auftrag geben, was sich irgendwie bekleben lässt, kleine Teile finden sich auch vorgefertigt im Laden. Monatlich wird ein Wochenend-Workshop angeboten, für 175 Euro inklusive Material können Sie Ihre eigene kreative Ader ausleben. Spezialität von Kai Kluth von der Firma Stein Pro Form sind aus Porenbeton gemauerte Möbel und die Gestaltung fliesenlastiger Räume wie Bad und Küche. Dabei wird nach Ihrer gewünschten Vorlage gefertigt (allerdings keine Bildmotive). Bei Mortensen erhält man vorgefertigte Bildmotive, wie antike Amphoren oder modern-abstrakte Kreationen, die auch verlegt werden. Oder Sie decken sich zum Do-it-yourself mit Mosaiksteinchen aus Naturstein, Glas und Keramik ein, die in regel- und unregelmäßigen Formen zu haben sind.

- Kunst am Bau (ehem. Stein pro Form): Falckweg 6, 22605 Hamburg (Othmarschen), Telefon 88 91 36 94, Fax 88 91 36 94, nach telefonischer Vereinbarung; www.klein-kunst-am-bau-kk.de
- Mortensen: Ausschläger Weg 38 , 20537 Hamburg (Borgfelde), Telefon 2 50 65 63, Fax 25 84 59, Mo-Fr 8–17.30, Sa 8.30–13 Uhr; www.mortensen-fliesen.de
- Scherben: Hartwig-Hesse-Straße 24, 20257 Hamburg (Eimsbüttel), Telefon 43 76 28, Fax 42 10 62 74, Mo-Fr 12–18 Uhr; E-Mail: kkosmin@t-online.de www.scherben.info.de

## Motels

Bis in alle Ewigkeiten werden Filmregisseure Motels als Kulisse lieben, ermöglichen diese doch die perfekte Umsetzung dreier, immer wiederkehrender Filmsequenzen: 1. Drogen-oder Waffenumschlag 2. Ein Mord oder ein ganzes Massaker in anonymen Räumlichkeiten, nahezu ohne Täterspuren 3. Sobald Person X das Motelzimmer verlässt, ist bei ihrer Wiederankunft mit der Anwesenheit von Person Y zu rechnen. Diese verfolgt meist eine für Person X unerfreuliche Absicht. In Hamburg konzentriert sich Hollywood auf zwei legendäre Motels. Zu den Gästen des Motel Hamburg zählen in erster Linie Geschäftsleute und Promis, die das Ambiente der 50er Jahre kombiniert mit dem Komfort des 21 Jahrhunderts genießen wollen. Im Stil der 60er Jahre wurden die Zimmer des Motel 21 hergerichtet. Die deutschen Produktionen „Black Jack", „Das Dritte Mädchen" und „Die Männer vom K3" wurden hier gedreht.

- Motel 21: Droopweg 21, 20537 Hamburg (Horn), Telefon 21 13 13, Fax 2 10 25 52, rund um die Uhr; E-Mail: motel21@t-online.de; www.motel21.de
- Motel Hamburg: Hoheluftchaussee 119, 20253 Hamburg (Hoheluft), Telefon 4 20 41 41, rund um die Uhr, Kreditkarten: alle; E-Mail: motel@hamburg-hotels.de; www.hamburg-hotels-online.de

## Motorboote

Zu Land, zu Wasser und in der Luft. PS-starke Gefährte machen vor keinem Element Halt, ob zum Protzen oder als Transportmittel – bekanntlich mit verheerenden ökologischen Folgen. Wer es dennoch nicht lassen kann: Den ultimativen Kick zu Wasser bieten Motorboote von Interboat, die Firma repariert und vermietet Sommer- und Winterlager. Bevor die Fahrt losgehen kann, muss eine Prüfung abgelegt werden. Die Vorbereitung darauf bietet Seewolf Yachtschulen. Dann ab zum Prüfungsausschuss – und los geht's.

- Hamburger Prüfungsausschuss: Beim Schlump 2, 20144 Hamburg (Univiertel), Telefon 4 10 14 41, Fax 45 54 33, Mo-Do 8.30–12.30 Uhr
- Interboat: Holzhafenufer 4, (Moorfleet), Telefon 7 80 49 80, Mo-Fr 8.30–12.30, 13–17, Sa 9–12 Uhr
- Seewolf Yachtschulen: Beethovenstraße 59, 22083 Hamburg (Barmbek), Telefon 2 20 60 66, E-Mail: seewolf-yachtschule@t-online.de; www.seewolf-yachtschule.de
  Sportboot-Führerschein See / Binnen; Ukw-GMDSS-Funkerzeugnis; Sporthochseeschein, SKS-Segelschein

## Motorrad

Kaum schickt die Sonne ihre ersten warmen Strahlen, verlässt die ein oder andere Gestalt augenreibend das heimische Sofa, um auf zwei Rädern das ersehnte Freiheitsgefühl oder den Rausch der Geschwindigkeit zu finden. Längst ist das Bild vom bösen Motorradrocker erloschen, und vom spießigsten Spießer bis zum rockigsten Rocker rollen Motorradfahrer der vollen gesellschaftlichen Anerkennung entgegen und machen dabei auch vor der Kirche nicht halt.

**Gottesdienst:** Same procedure as every year. Bis zu 30 000 Biker aus aller Herren Länder kommen jedes Jahr nach Hamburg, um von Pastor Faehling gesegnet zu werden. Pastor Faehling, selbst begeisterter Motorradfahrer, betrachtet den Motorradgottesdienst (Mogo) als zielgruppenorientierte Seelsorge. Organisiert wird das Event vom Verein Hamburger Motorradgottesdienst in der Nordelbischen Kirche e.V. mit der Unterstützung vieler ehrenamtlicher Helfer. Über den Gottesdienst informiert das Programmheft Mogo-News, das bei der Veranstaltung ausliegt.

**Motorradgottesdienst: Biker aller Herren Länder**

- MOGO – Amt für Öffentlichkeitsdienst: Feldbrunnenstraße 29, 20148 Hamburg (Innenstadt), Telefon 4 13 22 40, Fax 41 32 24 18; E-Mail: Pschulze@nordelbien.de; www.Mogo.de

**Initiative:** Frei nach den drei Musketieren: Einer für alle, alle für einen! Dieser Spruch gilt auch für die Biker Union, eine bundesweite Organisation mit 3800 Mitgliedern, die sich für die Rechte von Motorradfahrern einsetzt.

- Biker Union e.V.: Fuchstanzweg 19, 65760 Eschborn, Telefon 0 61/73 60 83 70; E-Mail: hauptverwaltung@bikerunion.de; www.bikerunion.de
  Treffen jeden 3. Mittwoch im Monat im Gasthof „Zum Elbdeich" in Bergedorf und jeden ersten Mittwoch in der Gaststätte „ Rogen & Eisen" in Norderstedt

### Kauf:

- Biker's Galerie: Heideweg 14, Hamburg (Henstedt-Ulzburg), Telefon 0 41 93/9 15 59, Fax 0 41 93/ 9 15 52, nach telefonischer Vereinbarung; www.bikers-galerie.com
  Restaurationsbetrieb für italienische Klassiker, unter anderem Moto Guzzi, Sonderanfertigung für klein- oder großwüchsige Benutzer, Ersatzteile für alle italienischen Motorräder und BMWs
- BMW Group - Motorradzentrum: Offakamp 10–20, 22529 Hamburg (Lokstedt), Telefon 55 30 10, Fax 55 30 11 99, Mo-Fr 8–19, Sa 9–14 Uhr, Kreditkarten: alle; EC-Karte; www.BMWhamburg.de
  Auf einer Fläche von 2000 qm stehen hier alle aktuellen BMW-Modelle, das komplette Sortiment an Fahrer- und Motorradausstattung und über 100 „Gebrauchte" aller Marken zur Verfügung
- Harley-Drugstore of Hamburg: Alsterglacis 17–21, 20354 Hamburg (Rotherbaum), Telefon 44 08 10, Fax 4 10 65 82, Mo-Fr 10–19, Sa 10–13 Uhr, Kreditkarte: EC-Karte; www.harley-drugstore.de
  Bernhard Bigott hat sein Hobby zum Beruf gemacht, großes Repertoire für das Harley-Herz von Ersatzteilen bis zur Kaffeetasse
- Mot-IN: Heidlohstraße 1, 22459 hamburg (Schnelsen), Telefon 5 50 03 33, Fax 5 59 47 97, Mo-Do 9–18, Fr 9–18.30, Sa 9–13 Uhr, Kreditkarte: EC-Karte; www.mot-in.de
  Verkauf von japanischen Maschinen wie Honda, Suzuki, Yamaha, aber auch Anfertigung von Harley Davidson Sonderaufbauten,Verkauf von gebrauchten und neuen Ersatzteilen, Vermietung von Motorrädern und Anhängern
- Moto-Differenza: Schützenstraße 3, 22761 Hamburg (Altona), Telefon 6 52 10 36,

Motorradwerkstatt in der Roten Flora e.V.: Gemeinsam macht das Basteln und Reparieren mehr Spaß

  Fax 6 52 11 43, Mo-Fr 9–18, Sa 10–14 Uhr
  Verkauf italienischer Modelle, Ducati, Aprilia, Moto Guzzi, mit eigener Werkstatt
- Stüdemann: Merkurring 116, 22143 Hamburg (Rahlstedt), Telefon 6 40 43 29, Fax 6 40 74 45, Mo-Fr 8–18, Sa 9.30–14 Uhr, Kreditkarte: EC-Karte; www.Stuedemann.de
  Verkauf von BMW-Motorrädern, Verleih, Werkstatt, Zubehör
- Suck-Motorräder: Altländer Straße 11, 20095 Hamburg (Innenstadt), Telefon 33 77 07, Mo-Fr 9–13, 14–18, Sa 10–13 Uhr, Kreditkarten: alle außer Amex und Diners
  For Harley Davidson Fans only, denn nur diese amerikanischen Modelle werden verkauft
- Winter-Zweiräder: Holstenstraße 109–113, 22767 Hamburg (Altona), Telefon 43 89 90, Fax 4 30 31 31, Mo-Fr 9–18, Sa 9–14 Uhr, Kreditkarte: EC-Karte; www.zweirad-winter.de
  An- und Verkauf von gebrauchten Maschinen und anderen Zweirädern, Mopeds, Mofas, Mokicks, Motorroller und Fahrräder

### Verleih:

- Hamburger Motorradvermietung: Heukoppel 39, 22179 Hamburg (Altona), Telefon 8 50 66 65, Fax 63 31 86 45, Mo-Fr 12–18 Uhr, Auch Trikes im Verleih, ab 30 Euro pro Tag
- Q-Bike: Mühlenhagen 149, 20539 Hamburg

(Hammerbrook), Telefon 78 07 90 03,
Fax 78 07 90 04, Mo-Fr 10–18, Sa 10–13 Uhr,
Kreditkarte: EC-Karte; www.q-bike.de
Hier kann man sich ab 26 Euro am Tag Modelle von Triumph und japanischen Herstellern leihen und darf dann noch 200 km frei verfahren

### Werkstatt:

- Moto-Differenza: Schützenstraße 3,
  22761 Hamburg (Altona), Telefon 6 52 10 36,
  Fax 6 52 11 43, Mo-Fr 9–18, Sa 10–14 Uhr
  Reparatur, Tuning, Sonderumbauten und Rennservice für italienische Motorräder, speziell Ducati, Aprilia und Moto-Guzzi
- Motorrad-Selbsthilfe in der Motte: Eulenstraße 43,
  22765 Hamburg (Altona), Telefon 39 92 62 62,
  Fax 39 92 62 11; E-Mail: info@diemotte.de;
  www.dieMotte.de
  Treffpunkt jeden Donnerstagabend 19–22 Uhr, gegenseitige Hilfe, Tipps, Ratschläge, Werkzeug vorhanden
- Q-Bike: Mühlenhagen 149, 20539 Hamburg
  (Hammerbrook), Telefon 78 07 90 03,
  Fax 78 07 90 04, Mo-Fr 10–18, Sa 10–13 Uhr,
  Kreditkarte: EC-Karte; www.q-bike.de
  Repariert hauptsächlich japanische und BMW-Motorräder
- Rote Flora e.V.: Schulterblatt 71, 20357 Hamburg
  (Schanzenviertel), Telefon 4 39 54 13, je nach Veranstaltung bzw. Gruppe; www.roteflora.de
  im Hof links der Flora, nur dem Motorrad-Schild folgen. Montags von 17 bis 20 Uhr trifft sich die Motorrad-Gruppe zum gegenseitigen Helfen, Fachsimpeln und Basteln
- Motorrad-Selbsthilfe: Stahltwiete 12,
  22761 Hamburg (Altona), Telefon 8 50 89 27,
  Fax 8 50 89 30
  Spezialisiert auf Reparaturen japanischer Motorräder, für 8 Euro/Stunde kann man sich dort einmieten und selbst an seiner Maschine rumbasteln; Schweißgeräte, Drehbänke vorhanden; Bestellung von Ersatzteilen, auch Auftragsarbeiten
- Günther Schroll: Steilshooper Straße 23,
  22305 Hamburg (Steilshoop), Telefon 29 47 69,
  Fax 29 03 87, Mo-Fr 9–13 und 14–18 Uhr;
  www.solarella.de/schroll.html
  Werkstatt für deutsche und japanische Motorräder; auch Inspektionen und Hauptuntersuchungen

### Zubehör:

- Detlev Louis: Süderstraße 83, 20097 Hamburg
  (Hammerbrook), Telefon 2 36 20 20,
  Fax 23 62 02 99, Mo-Fr 9–20, 9–16 Uhr,
  Kreditkarten: alle; EC–Karte; www-louis.de
  Alle Sorten von Ersatzteilen, Helme, Jacken, Hosen und Outdoor-Ausstattungen; weitere Filialen:
  Alsterkrugchaussee 614, Telefon 50 05 31 13,
  Hermann-Wüsthof-Ring 3, Telefon 7 34 19 31 93
- Mot-Shop: Bramfelder Straße 14, 22305 Hamburg
  (Barmbek), Mo-Fr 10–19, Sa 10–14 Uhr,
  Telefon 29 42 01, Fax 2 99 71 93,
  Kreditkarten: Visa; EC-Karte; www.motshop.de
- Profil: Spaldingstraße 210, 20097 Hamburg
  (Hammerbrook), Telefon 23 09 59, Fax 23 01 50;
  Zubehör und Kleidung; auch Maßanfertigungen und Sprech- und Funkanlagen sind zu haben
- Riders Room: Thadenstraße 2–4, 22767 Hamburg
  (Altona), Telefon 4 30 88 36, Fax 4 30 88 37
  Vor allem Bekleidung aus den USA, „Vanson“-Jacken, Aeroleather für 600 bis 800 Euro, Back-Jack-Taschen, Race-Wear von Coop, Lee-Jeans und Red-Wing-Boots; auch restaurierte Motorräder ab 9000 Euro

## Müll

Wem es stinkt, dass der Nachbar mal wieder seinen Dreck in seinem Garten ablagert, kann sich bei der Hamburger Stadtreinigung beschweren. Hier erhält man Informationen darüber, was Sondermüll ist und was nicht. Wer nicht die Möglichkeit hat, seinen Sperrmüll auf einen Recyclinghof zu verfrachten, kann ihn auf Bestellung abholen lassen. Aussortierte Möbelstücke holen auch Möbelhilfe Süderelbe e. V. oder Mook wat e. V. ab, um sie Bedürftigen zur Verfügung zu stellen. Bei schweren Verseuchungen oder Ähnlichem müssen umgehend das Team vom Umwelttelefon oder das nächste Polizeirevier alarmiert werden. Der beste Weg, dem Müllschlamassel aus dem Weg zu gehen, ist und bleibt jedoch die Müllvermeidung. Hilfe zu diesem Thema bietet der Verein Nutzmüll, der den Recyclinghof in Altona betreibt. Neben gebrauchten Rädern und Computern kann man dort auch die aufbereiteten Möbel erstehen, von denen man zuvor noch in der Recyclebar gespeist hat.

- Hotline – Meldestelle für Verschmutzungen:
  Telefon 25 76 11 11, Fax 25 76 11 14,
  Mo-Sa 7–19 Uhr; E–Mail: hotline@srhh.de;
  www.stadtreinigung-hh.de
- Möbelhilfe Süderelbe e. V.: Buxtehuder Straße 9a,
  21073 Hamburg (Harburg), Telefon 7 65 48 01,
  Mo-Do 9–16, Fr 9–14 Uhr
- Mook wat e. V.: Am Hasenberge 52,
  22335 Hamburg (Ohlsdorf), Telefon 5 00 21 80,
  Fax 5 00 21 44, Mo-Fr 10–10.30 (Müllabteilung),
  Mo-Fr 10–16 Uhr (Zentrale)
- Nutzmüll e. V. – Recyclinghof Altona:

Mendelssohnstraße 13, 22761 Hamburg (Altona), Telefon 8 90 66 30, Fax 89 53 97, Mo-Mi 7.30–16, Do 7.30–19, Fr 7.30–13 Uhr; E-Mail: nutzmuell@t-online.de; www.nutzmuell-hh.de

- RecycleBar: Mendelssohnstraße 13, 22761 Hamburg (Altona), Telefon 8 90 66 30, Fax 89 53 97, Mo-Mi 9–17, Do 9–19, Fr 9–15 Uhr; E-Mail: nutzmuell@t-online.de; www.nutzmuell-hh.de
- Sperrmüllabfuhr auf Bestellung: Schnackenburgsallee 100, 22525 Hamburg (Stellingen), Telefon 25 76 25 76, Fax 25 76 25 74, Mo-Do 7–17, Fr 7–15.30 Uhr; www.stadtreinigung-hh.de
- Stadtreinigung Hamburg (Zentrale): Bullerdeich 19, 20537 Hamburg (Hammerbrook), Telefon 2 57 60, Fax 25 76 11 10, Mo-Fr 9–17 Uhr; www.stadtreinigung.de
- Umwelttelefon im Informationszentrum für Umwelt und Entsorgung: Hermannstraße 14, 20095 Hamburg (Innenstadt), Telefon 34 35 36, Fax 4 28 86 42 10, Mo-Do 9–16, Fr 9–14 Uhr; E-Mail: umwelttelefon@bug.hamburg.de; www.hamburg.de

## Museen

Die symbolische Therapie durch Kunst. Iljya Kabakov, international bekannter Installationskünstler, glaubt daran. Schaden wird ein Besuch im Museum jedenfalls keinem, und ob es sich gelohnt hat, lässt sich dann immer noch bei der anschließenden Tasse Kaffee entscheiden. Die ehemaligen staatlichen Museen geben sich, spätestens seit sie als Stiftungen öffentlichen Rechts mit einem kaufmännischen Geschäftsführer eigenverantwortlich wirtschaften müssen, alle Mühe, Besucher in die heiligen Räume von Kunst und Kultur zu locken. Ob sie bei dieser Nicht-Budgetierung überleben werden, und wenn, in welcher Art und Weise, bleibt abzuwarten. Engagiert ist seit Jahren auch der Museumsdienst der Kulturbehörde mit seinem Angebot an Führungen, Workshops, Werkstattkursen und Gesprächen für Schulklassen, Senioren und alle anderen Kunstinteressierten. Neben den sieben großen Museumsstiftungen der Stadt Hamburg erschließen zahlreiche kleinere, private Museen vorrangig stadtteilbezogene Schwerpunkte der Hamburger Kultur- und Kunstgeschichte. Museum online mit aktuellen Terminen zu Sonderausstellungen, Führungen und Lesungen der einzelnen Museen über www.hamburg.de/KultFrei/museenaus.html.

▶ *Kunst*

- Museumsdienst der Kulturbehörde: Telefon 42 82 43 25

**Museumsstiftungen der Stadt:**

- Alte Feuerwache: Hastedtstraße 30–32, 21073 Hamburg (Harburg), Telefon 4 28 71 26 31
  Geschichte Harburgs als ehemalige herzogliche Residenz und als Industriestandort
- Altonaer Museum: Museumsstraße 23, 22765 Hamburg (Altona), Telefon 4 28 11 29 63, Fax 4 28 11 21 22, Di-So 11–18 Uhr; www.hamburg.de/Altona/Museum
  1863 von einer Museumsgesellschaft initiiert und dann durch die damals noch selbständige Stadt Altona übernommen, die Bestände gliedern sich in Kunst- und Kulturgeschichte, Volks- und Landeskunde, Schifffahrt, Fischerei und Stadtgeschichte Hamburgs, Sammlung von Bauernhausmodellen, Spielzeug aus dem 17. und 18. Jahrhundert, Galionsfigurensaal, Vierländerkate von 1745
- Außenstelle des Museum der Arbeit / Schwimmdampfkran „Saatsee“: Museumshafen Övelgönne, Besichtigungszeiten Di-Fr 14–18, Sa, So 10–18 Uhr
  Nach 65 Jahren Fahrt auf dem Nord-Ostsee-Kanal ist der Dampfkran jetzt in Pension im Museumshafen
- Außenstelle des Museum für Hamburgische Geschichte / Kramerwitwenwohnung: Krayenkamp 10, 20459 Hamburg (Innenstadt), Telefon 37 50 19 88, Di-So 10–17 Uhr
  Letzter intakter Rest einer Hofwohnanlage der vorindustriellen Zeit mit museal eingerichteter Wohnung
- Außenstelle des Museums für Hamburgische Geschichte / Museum für Bergedorf und die Vierlande: Schloss Bergedorf, 21029 Hamburg (Bergedorf), Telefon 4 28 91 25 09, Fax 42 89 29 74, Di-Do, Sa, So 10–17 Uhr; www.schloss-bergedorf.de
  Einzige aus dem Mittelalter erhaltene Burg Hamburgs
- Bischofsburg: Speersort 10, 20095 Hamburg (Innenstadt), Telefon 3 25 74 00, Mo-Sa 10–13, Mo-Fr 15–17 Uhr,
  „Steinernes Haus“ des Erzbischofs Bezelin-Alebrand, Steinfundament des befestigten Rundturms aus dem 11. Jahrhundert
- Gartenhaus des Bankiers Salomon Heine: Elbchaussee 31, 22765 Hamburg (Altona), Telefon 39 19 88 23, Sa, So 11–18, Do 14–20 Uhr
  1832 im klassizistischen Stil errichtetes Gartenhaus legt als Außenstelle des Altonaer Museums den Schwerpunkt der Veranstaltungen auf jüdische Geschichte und Kultur in Hamburg
- Hamburger Kunsthalle und Galerie der Gegenwart: Glockengießerwall, 20095 Hamburg (Innenstadt), Telefon 4 28 54 26 12, Fax 4 28 54 24 82, Di-So 10–18, Sa 10–21 jeden Sa 14–18 Uhr „Kinderzeit“ (4–12 Jahre); www.hamburger-kunsthalle.de
  Die Geschichte der Hamburger Kunsthalle beginnt mit dem 1817 gegründeten Kunstverein „Öffentli-

Museum für Völkerkunde: Ethnologie und bunte Rahmenprogramme

che Städtische Gemälde-Galerie", damals stand die vierzig Gemälde umfassende Sammlung „jedem anständig Gekleideten, den Kindern aber nur in Begleitung von Erwachsenen" frei. 1869 wechselt die Sammlung in den Backsteinbau am Hauptbahnhof über, der 1919 nach den Plänen des ersten Direktors Alfred Lichtwarks (1852–1914) durch einen Neubau erweitert wurde, 1997 fand die Kunstmeile zwischen Alster und Elbe durch Oswald Mathias Ungers weißen Kubus den Anschluss an die Gegenwart. In der Kunsthalle sind Exponate vom Mittelalter über das 19. Jahrhundert und die Klassische Moderne bis in die 50er Jahre ausgestellt. Höhepunkte sind unter anderem in der mittelalterlichen Malerei deutscher Meister die Altäre des Meister Bertram und Meister Francke, die Abteilung neuer Meister mit deutscher Romantik (Philipp Otto Runge, Caspar David Friedrich), die Historienbilder (Adoph Menzel), die Deutschrömer (Böcklin, Feuerbach, Marées), die französische Malerei der zweiten Jahrhunderthälfte (Manet, Degas, Monet, Renoir, Courbet, Gaugin, Cézanne), die Kunst des Expressionismus und Max Beckmanns, die Brücke-Kunst (Nolde, Heckel, Kirchner, Schmidt-Rottluff, Mueller). Außerdem sind unter anderem Einzelwerke von Marc, Macke, Klee, Kandinsky, Schlemmer, Picasso, Moore und Arp zu sehen

- Hamburgisches Museum für Völkerkunde: Rothenbaumchaussee 64, 20180 Hamburg (Rotherbaum), Telefon 0 18 05/30 88 88, Fax 4 28 48 22 42, Di-So 10–18, Do 10–21 Uhr; www.voelkerkundemuseum.de
  Aus den ethnografischen Sammlungen, die sich um 1850 im Besitz der Staatsbibliothek und des naturwissenschaftlichen Vereins befanden und dessen Bestände durch die Handelsbeziehungen der Hansestadt angewachsen sind, zum Beispiel die Südsee-Expedition,1908; vereint Objekte aus Afrika, Europa, Asien, Amerika, Indonesien und Australien unter einem Dach
- Helms-Museum – Hamburger Museum für Archäologie und die Geschichte Harburgs: Museumsplatz 2, 21073 Hamburg (Harburg), Telefon 4 28 71 36 93, Fax 4 28 71 26 84, Di-So 10–17 Uhr; www.helmsmuseum.de; 1889 durch den Hamburger Kaufmann und späteren Harburger Senator August Helms gegründet, seit 1972 liegt der Schwerpunkt auf der Vor- und Frühgeschichte des Hamburger Raumes
- Jenisch Haus: Baron-Voght-Straße 50, 22609 Hamburg (Klein-Flottbek), Telefon 82 87 90, Fax 81 97 99 37, Di-So 11–18 Uhr
  Sonntags um 12 Uhr Führungen, um 1830 erbautes klassizistisches Landhaus in dem ersten großen Landschaftsgarten an der Elbe im Westen Hamburgs, erbaut und eingerichtet teilweise nach

Entwürfen von Karl Friedrich Schinkel

- Kastenschute und Ewerführerei: Nicolaifleet, 20459 Hamburg (Innenstadt), jeden ersten So von Mai bis Oktober 11–17 Uhr
  Im Laderaum der 1913 erbauten Schute (Hafenfahrzeuge ) Ausstellung über den Arbeitsraum Ewerführer (Fahrer der Schuten); Eintritt frei, Spenden erwünscht
- Museum der Arbeit: Wiesendamm 3, 22305 Hamburg (Winterhude), Telefon 4 28 32 23 64, Fax 4 28 32 31 79, Mo 13–21, Di-Sa 10–17, So 10–18 Uhr; www.museum-der-arbeit.de
  Im Gebäude der ehemaligen „Hamburg New Yorker Gummiwaren-Fabrik" wird dokumentiert, wie sich das Leben und Arbeiten in der Druck- und Fischindustrie, Kontor- und Hafenarbeit in den letzten 150 Jahren gewandelt hat, auch unter der Frage der „Geschlechterperspektive"
- Museum für Hamburgische Geschichte: Holstenwall 24, 20355 Hamburg (St. Pauli), Telefon 4 28 41 23 80, Fax 4 28 43 31 03, Mo 13–17, Di-So 10–17 Uhr; www.hamburgmuseum.de
  Befindet sich an der Stelle an der ehemaligen Bastion Henricus, einem Teil der barocken Festungsanlagen Hamburgs, in einem imposanten Gebäude des Architekten Fritz Schumacher. Auf vier Stockwerken erhält der Besucher Antworten auf Fragen rund um die Stadtgeschichte Hamburgs. Der historische Rundgang führt vorbei an Kulturgütern aus 1200 Jahren, von der Abteilung für Mittelalter bis zur Abteilung „Hamburg im 20. Jahrhundert"
- Museum für Kunst und Gewerbe: Steintorplatz 1, 20099 Hamburg (Innenstadt), Telefon 4 28 54 27 32, Fax 4 28 54 28 34, Di-So 10–18 Uhr; www.mkg-hamburg.de
  Das Museum wurde 1877 eröffnet und zeigt angewandte Kunst und Plastik Europas vom Mittelalter bis zur Gegenwart, Kunst der Antike, des Nahen und Fernen Ostens, historische Tasteninstrumente, Grafikdesign und Plakatkunst, Fotografie, Mode und Textil sowie Design der Gegenwart. Berühmt ist unter anderem die Jugendstilabteilung mit dem auf der Weltausstellung 1900 erworbenen Pariser-Salon und Henry van Veldes gestaltete Räume aus dem Haus Posehl in Travemünde

Museum für Kunst und Gewerbe: Berühmt für seinen Jugendstil

- Museumsschiff Lühe-Ewer „Elfriede": Museumshafen Övelgönne, Anleger Neumühlen, 22763 Hamburg Telefon 4 28 11 29 63
  Um 1904 erbauter Ewer
- Rieck-Haus: Curslacker Deich 284, 21039 Hamburg (Bergedorf), Telefon 7 23 12 23, April bis September: Di-So 10–17, Oktober bis März: Di-So 10–16 Uhr
  Über 450 Jahre alter Bauernhof als Vierländer Freilichtmuseum im Marschhufendorf Curslack

### Private Museen:

- Afghanisches Kunst- und Kulturmuseum: Am Sandtorkai 32, 20457 Hamburg (Speicherstadt), Telefon 36 33 40, Fax 37 51 95 38, Mo-So 10–17 Uhr; www.Afghanisches-Museum.de
- Alstertalmuseum im Torhaus: Wellingsbüttler Weg 75a, 22391 Hamburg (Wellingsbüttel), Telefon 5 36 66 79, Sa, So 11–13, 15–17 Uhr; www.Alstertal-Museum.de
  Im restaurierten Gebäude des ehemaligen Gutes Wellingsbüttel; Vorgeschichte des Alsterraumes, Heimatkunde der nördlichen Stadtteile, Schifffahrt auf der Oberalster; Eintrtt frei, kostenlose Führungen für Schulklassen
- Brillenmuseum: Bei St. Johannis 4, 20148 Hamburg (Pöseldorf), Telefon 2 79 23 74, Fax 41 35 61 24, Mo-Fr 10–14 und 15–19, Sa 10–14 Uhr; E-Mail: info@brillenhaus-wilke.de; www.brillen-museum.de
  Von der ersten Eisensehhilfe (1680) über 70er-Jahre-Kultbrillen bis zur Brille der Neunziger, Originale von Heinz Erhardt und Greta Garbo

- Buddelship-Museum: Willkomm Höft, 22889 Hamburg (Wedel), Telefon 0 41 03/92 00 16, Fax 0 41 03/92 00 50, Mo-Fr 10–18 Uhr; www.willkommhoeft.de
  Wie kommt das Schiff in die Flasche? Und wie kommt das Mikrobuddelschiff, das man nur durch eine Lupe sehen kann, in eine Computerglühbirne?
- Bunkermuseum: Wichernsweg 16, 20537 Hamburg (Hamm), Telefon 2 51 39 27, Fax 2 51 89 41, Do 10–12 und 15–18 Uhr, Führungen nach Absprache; E-Mail: bunkermuseum@web.de; www.hh-hamm.de
- Deichtorhallen: Deichtorstraße 1–2, 20095 Hamburg (Innenstadt), Telefon 32 10 32 30, Fax 32 10 32 30, Di-So 11–18 Uhr; www.deichtorhallen.de
- Deutsches Maler- und Lackierer-Museum: Billwerder Billdeich 72, 22113 Hamburg (Billwerder), Telefon 7 33 87 06
- Deutsches Zollmuseum: Alter Wandrahm 16, 20457 Hamburg (Speicherstadt), Telefon 30 08 76 10, Fax 30 08 76 20, Di-So 10–17 Uhr; www.Hamburg.de/Stadtpol/zollmuseum/Museum
  Nachhilfeunterricht für Hobbyschmuggler; alles von A wie Agrarabgaben bis Z wie Zollsiegel
- Eidelstedter Heimatmuseum: Alte Elbgaustraße 12, (Eidelstedt), Telefon 5 70 95 99, Fax 5 70 83 63, Do 15–18 Uhr und nach Vereinbarung
- Ernst Barlach Haus: Baron-Voght-Straße 50a, im Jenischpark, 22609 Hamburg (Klein Flottbek), Telefon 82 60 85, Fax 82 64 15, Di-So 11–18 Uhr, an Feiertagen auch montags; www.Barlach-Haus.de
  Flachbau des Architekten Werner Kallmorgen im Jenischpark, Holzskulpturen, Zeichnungen und Druckgrafik Barlachs (1870–1938) aus der Sammlung des Hamburger Fabrikanten Hermann F. Reemtsma, Zentrum der Sammlung ist der neunteilige „Fries der Lauschenden", Blinden ist es ausdrücklich erlaubt, die Plastiken anzufassen, regelmäßig Sonderausstellungen zur Kunst des 19. und 20. Jahrhunderts und Kammermusik-Konzerte
- Ernst Barlach Museum – Ernst Barlach Gesellschaft: Mühlenstraße 1, 22880 Hamburg (Wedel), Telefon 0 41 03/91 82 91, Fax 0 41 03/9 71 35, Di-So 10–18 Uhr; www.Ernst-Barlach.de
  Das Leben Ernst Barlachs als Künstler und Literat und Sonderausstellungen zu dessen Zeitgenossen; jährliche Vergabe des Ernst-Barlach-Preises
- Erotic Art Museum: Nobistor 10a, 22767 Hamburg (St. Pauli), Telefon 31 78 41 26, Fax 3 17 84 10, So-Do 10–24, Sa, So 10–2 Uhr; www.erotic-art-museum.hamburg.de
  „Ein Museum, prickelnd wie Champagner"
- Film- und Fernsehmuseum Hamburg e. V.: Kieler Straße 171, 22525 Hamburg (Stellingen), Telefon 42 80 10
- Freie Akademie der Künste: Klosterwall 23, 20095 Hamburg (Innenstadt), Telefon 32 46 32, Fax 32 69 29, Di-So 11–18 Uhr; www.akademie-der-kuenste.de
- Friedhofsmuseum: Fuhlsbüttler Straße 756, 22337 Hamburg (Ohlsdorf), Telefon 50 05 33 87, Mo, Do, So 10–14 Uhr; www.fof-ohlsdorf.de
- Geologisch-Paläontologisches Museum: Bundesstraße 55, 20146 Hamburg (Eimsbüttel), Telefon 4 28 38 49 99, Mo-Fr 9–18, Sa 9–12 Uhr
- Hamburger Schulmuseum: Seilerstraße 22, 20357 Hamburg (Innenstadt), Telefon 35 29 46 und 34 58 55, Fax 31 79 51 07, Di-Do 8–16, Fr 8–15.30 Uhr; www.hamburgerschulmuseum.de
- Heimatmuseum Wandsbek: Böhmestraße 20, 22041 Hamburg (Wandsbek), Telefon 68 47 86, Fax 68 91 32 68, Di 16–18, jeden 1. So 11–13 Uhr
- Kunsthaus Hamburg Berufsverband bildender Künstler Hamburg e. V.: Klosterwall 15, 20095 Hamburg (Innenstadt), Telefon 33 58 03, Fax 32 17 32, Di-So 11–18 Uhr
- Mineralogisches Museum: Grindelallee 48,

**Museum für Kommunikation: Technik, die begeistert**

20146 Hamburg (Univiertel), Telefon 4 28 38 20 58, Fax 4 28 38 24 22, Mi 15–18 Uhr, für Gruppen auch andere Termine nach Absprache; www.rrz.uni-hamburg.de/mpi/museum
Kristalle, Mineralien, Meteroiten, Bernstein-Inklusien-Sammlung

- Montblanc-Museum: Hellgrundweg 100, 22525 Hamburg (Lurup), Telefon 8 40 018 61, nur nach Terminabsprache
- Museum der Elbinsel Wilhelmsburg: Kirchdorfer Straße 163, 21109 Hamburg (Wilhelmsburg), Telefon 31 18 29 28, Fax 75 49 49 49, So 14–17 Uhr (01. 04. bis 31. 10.), Führungen nach Vereinbarung auch außerhalb der Öffnungszeiten; www.museum-wilhelmsburg.de
- Museum für Kommunikation: Gorch-Fock-Wall 1, 20354 Hamburg (Innenstadt), Telefon 3 57 63 60, Fax 35 76 36 20, Di-So 9–17 Uhr; E-Mail: mk.hamburg@t-online.de, www.museumsstiftung.de
- Museumsdorf Volksdorf / Spiekerhus: Im Alten Dorfe 48, 22359 Hamburg (Volksdorf), Telefon 6 03 90 98, Fax 6 03 90 98, Di-So 8–18 Uhr, Führungen Mo-So 15 Uhr (im Winter nur sonntags); www.volksdorf.net
- Museumshafen Övelgönne: Fähranlager Neumühlen, 22763 Hamburg (Ottensen), Telefon 39 73 83, Fax 39 90 19 51; www.museumshafen-oevelgoenne.de
  Schiffe können jederzeit besichtigt werden, da öffentlich zugänglich; Führungen nach Absprache, rund dreißig originalgetreu restaurierte Schiffe aus der norddeutschen Küstenregion liegen am Anleger oder an Pfählen vertäut und können besichtigt werden
- Museumsschiff Rickmer Rickmers: St. Pauli Landungsbrücken 1 A, Brücke 1, 20359 Hamburg (St. Pauli), Telefon 35 69 32 03, Fax 35 69 31 60, Mo-So 10-17.30 Uhr
- Museumsschiff Cap San Diego: Überseebrücke, 20459 Hamburg (Altstadt), Telefon 36 42 09, Fax 36 25 28, Mo-So 10–18 Uhr; www.capsandiego.de
- Neuer Botanischer Garten: Ohnhorststraße, 22609 Hamburg (Klein-Flottbek), Telefon 42 81 64 76, Mo-Fr 9 Uhr bis etwa eine Stunde vor Sonnenuntergang; www.bghamburg.de
- Panoptikum: Spielbudenplatz 3, 20359 Hamburg (St. Pauli), Telefon 31 03 17, Fax 51 29 63, Mo-Fr 11–21, Sa 11–24, So 10–24 Uhr; www.Panoptikum.de
  Prominente wie Michael Jackson, Lady Di und Fidel Castro in Wachs verewigt (▶ *Panoptikum*)
- Planetarium: Hindenburgstraße 1, 22303 Hamburg (Winterhude), Telefon 5 14 98 50, Fax 51 49 85 10, Di, Do 9.30–15, Mi 9.30–20, Fr 9.30–22, Sa, So 12.30–18 Uhr; www.planetarium-hamburg.de
  Monatlich wechselnde Themen mit Vorstellungen des aktuellen Hamburger Sternenhimmels, Lesungen, Vorstellungen für Kinder, kosmische Lasershows; größter Mondglobus der Welt, ab Mitte August 2002 wegen Umbau für zirka ein Jahr geschlossen
- privartmuseum / Altes Erotic Art Museum: Bernhard-Nocht-Straße 69, 20359 Hamburg (St. Pauli), Telefon 31 78 06 21, Di-Sa 10–20, So 10–15 Uhr
- Schifffahrtsmuseum: Elbchaussee 277, 22605 Hamburg (Othmarschen), Telefon 82 13 41, Fax 8 22 63 00, Öffnungszeiten nach telefonischer Absprache
  Wissenschaftliches Institut für Schifffahrts-und Marinegeschichte GmbH
- Sielmuseum der Hamburger Stadtentwässerung: Bei den St.Pauli Landungsbrücken 49, 20359 (St. Pauli), Telefon 34 98 50 55, Fax 4 28 86 42 10; E-Mail: norbert.wierecky@hhse.de; www.hhse.de
  Gruppenführungen nach Absprache, allerlei Kuriositäten, die mit dem Abwasser über die Gullys, Baustellen und Toiletten den Weg ins Pumpwerk an den Landungsbrücken gefunden haben
- Speicherstadtmuseum: St. Annenufer 2, 20457 Hamburg (Freihafen/Speicherstadt), Telefon 32 11 91, Fax 32 13 50, Di-So 10–17 Uhr; www.speicherstadtmuseum.de
  Öffentliche Führungen jeden Sonntag um 11 Uhr; Kaffeesäcke, Teekisten, Kautschukballen in einem über hundert Jahre alten Lagerhaus der zwischen 1885 und 1927 erbauten Speicherstadt
- Spicy's Museum: Am Sandtorkai 32, 20457 Hamburg (Speicherstadt), Telefon 36 79 89, Fax 36 79 92, Di-So 10-17 Uhr; www.spicys.de
- WasserForum: Billhorner Deich 2, 20539 Hamburg (Rothenburgsort), Telefon 78 88 24 83

## Musicals

Das Phantom hat die Oper verlassen, und auch „Cats" hat sich nach einem fünfzehnjährigen Gastspiel in der Hansestadt einen neuen Standort gesucht. Innerhalb von nur sechs Monaten haben beide Musicals die Bühne geräumt, jedoch keinesfalls leer hinterlassen. In der Neuen Flora hat Regisseur Harry Kupfer zusammen mit Michael Kunze, der sich auch schon für die deutsche Übersetzung der Andrew Loyd Weber Musicals verantwortlich zeigte, „Mozart" wieder auferstehen lassen. Das Musical, das seit September 2001 ein großes Publikum nach Hamburg lockt, basiert auf der Lebensgeschichte des Komponisten und gewann bei der Verleihung des deutschen Musicalpreises 2000 in fünf von sieben Kategorien. Altes geht, Neues kommt, und auch im Theaterzelt im Freihafen schließt sich seit

König der Löwen: Das Musical reizte auch Schauspieler Thomas Fritsch (r.), der schon dem Disney-Film seine Stimme gab

Dezember 2001 der Kreis des Lebens. In Anlehnung an den Disney-Film schafft „Der König der Löwen" den Spagat zwischen künstlerischem Anspruch und farbenfroher Unterhaltung und begeistert die Gäste mit aufwändigen Kostümen und Musik von Elton John und Tim Rice. Weitere Attraktionen der Hamburger Musicalszene sind „Oh what a night" und „Emil und die Detektive", die „Cats" im Operettenhaus abgelöst haben, aber auch bald wieder Platz für neue Produktionen machen werden. Helga Feddersen heißt die populäre Gründerin des Neuen Theater Hamburg. Im Gegensatz zu den Massenarenen der großen Musicals besitzt ihr Theater nur 250 Sitzplätze. Stücke von der „Rocky Horror Picture Show" bis zu „Let's Twist" füllen das junge Theater mit fidelen 60er-Jahre-Nostalgikern. Spätestens seit der deutschen Uraufführug von „Grease" (1994) ist das Imperial-Theater fester Bestandteil der Hamburger Musical-Szene. Unter einem Dach finden sich dort fünf Musiktheater, deren Aufführungen zwischen Musical und Kabarett variieren. So gastiert dort beispielsweise der Quatsch-Comedy-Club, der regelmäßig Stand-up-comedians aus aller Welt versammelt, ebenso wie das Musical „Yesterday", das den Flair der Beat-Generation aufleben lässt.

- Delphi Showpalast: Eimsbütteler Chaussee 5, 20259 Hamburg (Eimsbüttel), Telefon 4 31 86 00 , Fax 43 18 70 29, Mo-Sa 11–20, So 15–19 Uhr, Kreditkarten: alle; EC-Karte; E-Mail: neuestheater@t-online.de; www.kuska-musical.de
- Imperial Theater: Reeperbahn 5, 20359 Hamburg (St. Pauli), Telefon 31 31 14, Fax 3 17 52 34, Mo-Sa 10–18 Uhr, Kreditkarte: EC-Karte; www.imperial-theater.de
- „König der Löwen"-Ticketservice: Telefon 0 18 05/19 97
- Mozart – Neue Flora: Stresemannstraße 159a, 22769 Hamburg (Altona), Telefon 43 16 50, Tickethotline 01 80/5 44 44, Fax 43 17 66 10, Mo, Di, Do, Fr 10–19 , Mi 10–17 ,Sa 10–19, So 10–18 Uhr; www.stella.de
- Neues Theater am Holstenwall: Holstenwall 19, 20355 Hamburg (Innenstadt), Telefon 31 33 03, Fax 3 17 44 68, Mo-Mi 10–18, Do-Sa 10–20, So 15–20 Uhr, Kreditkarte: EC-Karte; www.kuska-musical.de
- Operettenhaus Hamburg: Spielbudenplatz 1, 20359 Hamburg (St. Pauli), Telefon Ticket Hotline 018 05/44 44, Kreditkarte: EC-Karte; www.stella.de

## Musik

**Anlagen:** Disco-Mischpult, Technics, Nebelmaschine, Multi-Effektprozessor oder Karaokeset – mit diesem Wünschen sollte man sich an Amptown wenden. Der größte Musikverleih Deutschlands vermietet alles an Sound- und Lichttechnik, was Profis und Laien sich vorzustellen vermögen. Beim Notdienst ist rund um die Uhr alles kauf- oder bestellbar. Die Jungs von Blue Noise legen Wert darauf, für die spezifischen Bedürfnisse der Kunden die jeweils richtige Zusammenstellung zu finden, ebenfalls mit Notdienst. Bei Totec ist die Beratung nett, und die Tarife liegen relativ niedrig. Im Angebot: Tontechnische Konzepte, Full-Service. Individuelle Lösungen für: Clubsound, Concertsound, Events. Rote Flora und Hafenklang etwa profitieren des Öfteren von der fetten Totec-Beschallung. Bodennebel, Konfettimaschinen und Ölscheibenprojektoren gibt es beim Spezialistenteam Sound Control. Tontechniker behaupten, die Dezent-Beschallung stehe für ein klar abbildendes, bass- und leistungstarkes Klangbild. Das finden auch die Veranstalter vom Mojo Club und Schlachthof. Man hört's. Für angehende DJs oder auch solche, die schon im Geschäft sind, gibt's bei Starpoint DJ-Equipment eine Vielzahl an technischen Geräten wie Plattenspieler, Mischpulte, Boxen, Kopfhörer und Systeme.

- Amptown: Wandsbeker Straße 26, 22179 Hamburg (Bramfeld), Telefon 64 60 04-0, Fax 64 60 04 85, Mo-Fr 10–18.30,, Sa 10–14 Uhr, Kreditkarten: alle außer Amex; www.amptown.de
- Blue Noise: Schnackenburgallee 215, 22525 Hamburg (Eidelstedt), Telefon 5 48 08 50, Fax 54 80 85 20, Mo-Fr 10–18 Uhr;

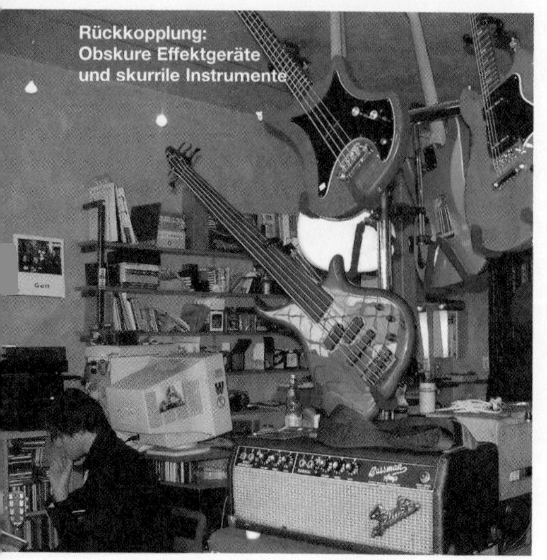
Rückkopplung: Obskure Effektgeräte und skurrile Instrumente

www.bluenoise.de

- Dezent Beschallungs GmbH: Warnholtzstraße 4, 22767 Hamburg (Altona), Telefon 38 61 02 22 , Fax 38 61 02 24, Mo-Fr 10–18, Sa 10–14 Uhr; www.dezent.net
- Sound Control: Wandsbeker Chaussee 108, 22089 Hamburg (Wandsbek), Telefon 2 00 22 21, Fax 2 00 34 34, Mo-Fr 10–13 und 14–18, Sa 10–13 Uhr; www.soundcontrol.de
- Starpoint DJ-Equipment: Hofweg 99, 22085 Hamburg (Uhlenhorst), Telefon 48 11 78, Fax 47 63 70, Mo-Fr 10-19, Sa 10-16 Uhr und nach Vereinbarung auch schon mal länger, Kreditkarten: alle außer Diners Club; www.starpoint.de
- Totec: Harkortstraße 123, 22765 Hamburg (Altona), Telefon 43 25 44 22, Fax 43 25 48 32, Mo-Fr 10–19, Sa 10–16 Uhr, Kreditkarte: EC-Karte; www.totec.de

**DVD und Video:** Man erinnere sich nur an Gordon Parks legendäres Blaxploitation-Movie „Shaft“: Der schwarze James Bond, der im Milieu für Gerechtigkeit sorgt. Oder die „Godmother of them all“ Pam Grier als schlagfertige B-Movie-Protagonistin und Wegbereiterin der weiblichen Black Pride in „Coffy“. Das so genannte „racemovie“ definierte sich nicht unmaßgeblich über seine Soundtracks. Interpreten wie James Brown, Isaac Hayes oder Marvin Gaye unterstrichen mit expressivem Funk den Charakter der Black-Consciousness-Bewegung Ende der 60er Jahre. In der Black-Music-Abteilung des Plattenladens Rekord hat der hiesige Fachmann zahlreiche Videos dieses Genres liebevoll exponiert und bietet sie würdigen Sammlern zum Kauf an. Wohl einer der größten Anbieter für DVDs in Hamburgs ist Ingo’s Plattenkiste. Hier wird nicht nur verkauft, sondern auch angekauft. Bei WOM stehen zirka 1000 DVDs und Videos zur Auswahl, hauptsächlich aus dem Bereich Rock und Pop. Jedes Video, das irgendwo auf der Welt noch vorrätig ist, kann bei WOM auch bestellt werden.

- Ingo’s Plattenkiste: Grindelallee 41, 20146 Hamburg (Univiertel), Telefon 45 18 59, Mo-Fr 10–19, Sa 10–15 Uhr, Kreditkarte: EC-Karte; E-Mail: plattenkiste@onetwomove.de
- Rekord Tonträger: Schanzenstraße 46, 20357 Hamburg (Schanzenviertel), Telefon 43 25 30 08, Fax 43 25 30 09, Mo-Fr 11–20 Uhr, Sa 11–16 Uhr, Kreditkarten: Visa; EC-Karte; www.rekord.net
- WOM (World of Music) im Alsterhaus: Jungfernstieg 16–20, 20354 Hamburg (Innenstadt), Telefon 3 55 14 30, Fax 35 51 43 15, Mo-Fr 9.30-20, Sa 9.30-16 Uhr, Kreditkarten: alle; E-Mail: ham@wom.de; www.wom.de

**Finanz- und Wirtschaftsberatung:** „Normalerweise ist das wirtschaftliche Denken von Musikern nicht sonderlich ausgeprägt,“ weiß Muck D. Giovanett. Der ambitionierte Schlagzeuger ist zwar selbst Musiker, kennt sich aber mit Gesetzestricks und Steuervorteilen in dieser Branche so gut aus, dass er sich mittlerweile als selbständiger Finanz- und Wirtschaftsberater für Künstler, Angestellte und Unternehmer professionell um das Thema Geld und Versicherungen kümmert.

- Muck D. Giovanett Unabhängige Finanz-und Wirtschaftsberatung: Kuhberg 8c, 20459 Hamburg (Neustadt), Telefon 41 32 49 18 oder 01 79/3 91 14 77, Öffnungszeiten: nach Absprache; E-Mail: giovanett@genion.de

**Initiativen:** Die Keimzelle Hamburger Frauennachwuchsbands zwischen „Anaconda“ und „Trude träumt von Afrika“ liegt sicherlich im Frauenmusikzentrum. Proberäume sind hier spottbillig, pro Monat zahlen Frauen zirka 28 Euro und Mädchen 13 Euro. Im Musikerinnen-Archiv können die weiblichen Mitglieder Videos, Tonträger und Lektüre über Musik leihen. „Lasst 1000 Steine rollen“ ist keine Aufforderung zur unkomfortablen Talfahrt in einer Kiesgrube, sondern der Name einer musik- und kulturpädagogischen Einrichtung im Rahmen der Suchtprävention. Jugendliche vom 15. bis zum 25. Lebensjahr haben hier die Möglichkeit, günstig Musikunterricht zu nehmen. In Workshops sollen Programme von HipHop bis Tontechnik die junge Generation vom Drogenkonsum ablenken. Bands finden hier voll ausgestattete Proberäume vor, und im dazugehörigen Trockendock werden Konzerte veranstaltet. Der 1987 gegründete

Verein Rock City hat sich seit über zehn Jahren der Unterstützung semiprofessioneller Musiker und der Entwicklung einer eigenständigen Musikkultur verschrieben .Zur Förderung zeitgenössischer Popularmusik werden Kontakte vermittelt und Bands und Clubs beim Booking und der Realisierung von Events beraten. Als PR-Verstärker für zeitgenössischen Jazz kann man die Arbeit des Jazzbüros verstehen. Das Jazzbüro organisiert Veranstaltungen wie das jährliche Open-Air-Festival „Jazz in Hamburg", die Produktion der jährlich erscheinenden Szene-Sampler-CD sowie die Herausgabe des Infoblattes Jazz Press. Es besitzt ein umfangreiches Schallarchiv und vermittelt Kontakte zu Musikern, Komponisten, Arrangeuren und Veranstaltern via Internet oder übers Büro.

- Frauenmusikzentrum: Große Brunnenstraße 63a, 22763 Hamburg (AltonaOttensen), Telefon 39 27 31, Fax 39 10 98 30, Mo, Do 16–18, Di, Mi 10–12 Uhr, www.espressiva.de
- Jazzbüro Hamburg e. V.: Bernstorffstraße 93–95, 22767 Hamburg (Altona), Telefon 43 25 28 70, Fax 43 45 48 71, Mo, Mi 12–15 Uhr; www.jazzhamburg.de Kontakt über Gabriele Benedix
- Lass 1000 Steine rollen: Spohrstraße 1, 22083 Hamburg (Uhlenhorst), Telefon 27 38 77, Fax 2 78 02 59, Café Di-Do 16–22 Uhr; sonst verschiedene Angebote; E-Mail: lass1000steine@compuserve.de; www.trockendock-hamburg.de
- Rock City: Kleine Freiheit 1, 22767 Hamburg (St. Pauli), Telefon 3 19 60 60, Fax 3 19 60 69, Mo, Di, Do 9–20, Mi, Fr 9–12 Uhr; www.rockcity.de Kontakt über Andrea Rothaug

**Instrumente:** Ein Hund aus dem Tierheim wird dem Interessenten nicht ohne Pflegeanleitung und Herkunftsgeschichte übergeben. Beim Kauf eines Musikinstruments wird ähnlich verfahren. Eine gute Beratung kann schon einmal bis zu zwei Stunden dauern. Den Beratern von Schalloch etwa ist es schnurzpiepe, ob Hobby-Musiker, semi- oder vollprofessioneller Mucker, nach Aussagen des Betreibers „stehen an den Kassen keine Röntgengeräte fürs Portemonnaie". Seit den 60er Jahren hat sich der Musikkeller auf akustische Instrumente aus aller Welt spezialisiert. Caeng, Sitar und Tampura gehören ebenso zum Sortiment wie traditionelle Djembees aus Afrika. Tom Waits stöberte hier schon stundenlang nach schepperig klingenden Blechen und Becken für das Musical „The Black Rider". Die außergewöhnlichen Klangfabrikate reizen besonders Musiktherapeuten und Schulen zur ständigen Erweiterung ihres Instrumentariums. Schier unbegrenzte Möglichkeiten bietet No.1. Auf über tausend Quadratmetern Verkaufsfläche beeindruckt vor



allem die Vintage-Gitarrenabteilung durch ihre zahlreichen Raritäten. Der prominente Kundenstamm von Marcus Miller bis zu den Scorpions bürgt für die Qualität der Ware. Rückkopplung vertreibt skurrile Secondhand-Instrumente, obskure Effektgeräte und Verstärker, dazu eine gemütliche Demotape-Listening-Ecke, in der man sich Singles, Eigen- und Kleinstveröffentlichungen zu Gemüte führen kann. Was bietet die heutige Technik an ungeahnten Möglichkeiten? Ausführlich theoretisch beantworten und praktisch demonstrieren kann das vor allem Amptown, die erste Adresse für PA-Systeme, Monitore, Effektgeräte, Mehrspurtonbandgeräte, Harddiskrekorder, Gitarren, Bässe, Drumsets, Keyboards, Synthesizer, Sampler, Pianos, Computersoftware ... auch zum Ausleihen. Man muss hier schon lange Suchen, um nichts zu finden. Die Gitarre: Männer schätzen sie unter anderem aufgrund ihrer schmalen Taille, dem schlanken Hals und ihrem ausgesprochen individuellen Charakter. Im Guitar-Village pflegen und vergöttern die Betreiber schon seit zehn Jahren die femininen Holzhobeleien von der Gibson bis zur White Falcon (5000 Euro) und helfen gerne bei allen Fragen rund um Gitarre und Verstärker. Seit 27 Jahren bietet George Music Shop das größte Saitenarsenal Norddeutschlands. Im Tante-Emma-Laden für Musiker findet sich neben einer großen Anzahl an Akkustik-, Konzert- und E-Gitarren, Bass, Blockflöten und Software auch eine Riesenauswahl an Musikbüchern, die direkt im kleinen verträumten Laden oder online erworben werden können. In Tittmanns Drum- & Saxophon Studio gibt es neben den gängigen Modellen auch viele Spezialitäten, Zubehör und sehr nette Beratung. Die allererste Geige spielt man bei Mathias Tödtmann. Der renommierte Geigenbauer bietet auch artverwandte Streichinstrumente, etwa Bratschen und Celli. Cello & Co führen alles, was sich streichen lässt. Dabei haben sie sich auf den Schul- und Jugendmusikbereich spezialisiert. Gebrauchte Ware nehmen sie auf Kommission. Kaputte Instrumente können im hauseigenen Reparaturservice von ihrem Leid erlöst werden. Das Saitenaufziehen übernimmt der Inhaber Carsten Friese als gelernter Geigenbauer kostenlos.

▸ *Klaviere*

- Amptown: Wandsbeker Straße 26, 22179 Hamburg (Bramfeld), Telefon 6 46 00 40, Fax 64 60 04 85, Mo-Fr 10–18.30, Sa 10–14 Uhr, Kreditkarten: alle außer Amex; www.amptown.de
- Brasserie Hamburg: Koppel 94, 20099 Hamburg (St. Georg), Telefon 24 37 28, Fax 24 39 92, Di–Fr 12–18, Sa 12–16 Uhr, Kreditkarten: Visa, Eurocard;

EC-Karte; www.brasseriehamburg.de

- Cello & Co.: Rentzelstraße 13, 20146 Hamburg (Rotherbaum), Telefon 4 10 59 62, Fax 4 10 59 62, E-Mail: Mo-Fr 10–13, 14–18 Uhr, Sa 10–13 Uhr und nach Vereinbarung, Kreditkarten: alle; www.celloundco.de
- George Music-Shop: Gärtnerstraße 105, 20263 Hamburg (Eimsbüttel), Telefon 4 91 90 40, Fax 4 91 90 60, Mo-Fr 13–19 Uhr, Sa 10–14 Uhr, Kreditkarte: EC-Karte; www.george-music-shop.de
- Guitar-Village: Talstraße 34, 20359 Hamburg (St. Pauli), Telefon 3 19 54 50, Fax 3 17 44 61, Mo-Fr 11–19 , Sa 11–14 Uhr, Kreditkarte: EC-Karte; www.guitar-village.de
- Musikkeller: Lange Reihe 94, 20099 Hamburg (St. Georg), Telefon 24 77 82, Fax 28 05 41 73, Mo-Fr 11–18.30, Sa 11–14 Uhr, Kreditkarte: EC-Karte; www.musikkeller.de
- No.1: Barnerstraße 42, 22765 Hamburg (Altona), Telefon 39 11 51, Fax 39 11 56, Mo-Fr 10–18.30, Sa 10–14 Uhr, Kreditkarte: EC-Karte; www.no-1.de
- Rückkopplung: Schulterblatt 133, 20357 Hamburg (Eimsbüttel), Telefon 43 81 82, Fax 43 81 82, Mo-Fr 13–19.30, Sa 13–15.30 Uhr, Kreditkarten: keine; www.Rueckkopplung.com
- Schalloch: Karolinenstraße 4–5, 20357 Hamburg (Karolinenviertel), Telefon 43 84 94, Fax 4 30 29 47, Mo-Mi 10–19 Uhr, Do, Fr 10–20, Sa 10–16 Uhr, Kreditkarte: EC-Karte; www.schalloch.de
- Tittmanns Drum- & Saxofon Studio: Eimsbütteler Chaussee 46, 20259 Hamburg (Eimsbüttel), Telefon 4 39 15 00, Fax 4 32 27 52, Mo-Fr 10–18, Sa 10–13 Uhr, Kreditkarten: Visa, Eurocard; EC-Karte; www.Tittmann.de
- Tödtmann Geigenbau: Pilatuspool 15, 20355 Hamburg (Neustadt), Telefon 34 69 37, Fax 34 10 78 81, Di-Fr 12–18 Uhr und nach Vereinbarung

**Schulen:** Es sollen schon Geiger beim Perfektionieren des hohen Cis ums Leben gekommen sein. Musikschulen dosieren den Ehrgeiz virtuoser Melomanen und fördern das Musizieren für Privat- und Profizwecke. Martin Knaden vom Groove House etwa hat eine außergewöhnlich anschauliche Methode, einem das Musizieren näher zu bringen. Zentrale Fragen seines Unterrichts sind: Wie wird Musik gemacht? Aus welchen Komponenten setzt sie sich zusammen? Wenn man bei Herrn Knaden nicht den „Kopf aufmacht", sollte man lieber eine konventionelle Schule besuchen. Hier geht es nicht um Noten und Grifftechnik, sondern um das Wesen der Musik. Disziplin und der Drang zum Komponieren, Arrangieren und Improvisieren sind absolute Voraussetzungen, wenn man bei ihm lernen will. Eckhardt Lindemann vom Musikhaus Wandsbek gibt Instrumentalunterricht und schult, wenn man genug Talent mitbringt, opern- und musicalreif. Das private Ambiente in den Unterrichtsräumen soll den Schülern Vertrauen und Courage geben. „Ein Mensch, der selbst ein Konzert gestaltet", kann mit dem Begriff Recital umschrieben werden. Das Recital Musikforum ist eine multifunktionale Institution, bei der Darstellung, Tanz, Choreografie, Schauspiel, Instrument und Gesang gleichermaßen Bestandteil des Unterrichtprogramms sind. Das so genannte „stageing" wird von Theaterschauspielern, Regisseuren, professionellen Tänzern und Sängern erteilt und schult die Bühnenpräsenz. Auch Bands werden hier trainiert. Bei der Russischen Akademie des Recital Musikforums bekommen junge Talente, die bereit sind, zwei- bis dreimal die Woche theoretisch und praktisch zu pauken, eine fundierte Ausbildung in klassischer Musik. Die Musikschule Borchardt + Unbehauen erteilt Flöten-, Gitarren-, Keyboard- und Zieharmonika-Unterricht für Anfänger und Fortgeschrittene. Ohr M macht Bandprojekte für den Rock-, Pop-, HipHop-, Jazz-, Funk- und Soul-Bereich, mit oder ohne Vorerfahrung. In der Filmmusikgruppe denken sich die Schüler Musik zu Filmen aus, die dann per Videomusik-Life-Performance aufgeführt werden können. Das Hamburger Konservatorium vereint Musikschule, künstlerische und musikpädagogische Berufsausbildung und ein Fortbildungs- und Veranstaltungszentrum unter einem Dach. Für Kinder gibt es elementare Musikpädagogik. Regelmäßig finden Konzerte und Fortbildungsveranstaltungen im Konservatorium statt. Der Musikbereich umfasst die musikalische Früherziehung ab vier Jahren, musikwissenschaftliche und -theoretische Kurse, Vorbereitungskurse auf ein Musikstudium sowie Tanz und Laien-Schauspiel. An der Hochschule für Musik kann man sich nicht nur zum Orchestermusiker oder Musiklehrer ausbilden lassen. (▶ *Hochschulen*). Wer sich zum Popstar berufen fühlt, kann in der Milchstraße den Studiengang Popularmusik belegen, Dozenten sind unter anderem Smudo (Die Fantastischen Vier) und der Gitarrist von der Gruppe Selig.

- Groove House: Martin Knaden, Kleinfeld 38, 21149 Hamburg (Neugraben), Telefon 7 02 48 01
- Hamburger Konservatorium: Sülldorfer Land straße 196, 22589 Hamburg (Sülldorf), Telefon 8 70 87 70, Fax 87 08 77 30, Mo-Fr 8–20 Uhr; www.hamburger-konservatorium.de
- Johannes Brahms Konservatorium: Ebertallee 55, 22607 Hamburg (Othmarschen), Telefon 8 99 18 06, Fax 89 20 98, Mo-Fr 9–18 Uhr; E-Mail: brahmskonservatorium@compuserve.de
- Kontaktstudium Popularmusik: Harvestehuder Weg 12, 20148 Hamburg (Harvestehude), Telefon 4 28 48 25 74, Fax 4 28 48 26 66; www.popkurs.de
- Musikschule Borchardt + Unbehauen: Schenkendorffstraße 33, 22085 Hamburg (Uhlenhorst), Telefon 2 29 30 02, Unterricht findet nachmittags und abends statt; www.peterunbehagen.de
- Musikstudio Wandsbek: Herr Lindemann, Brauhausstieg 30, 22041 Hamburg (Wandsbek), Telefon 68 91 68 11, Fax 68 91 68 01; www.musikstudio-wandsbek.de
- Musikwerkstatt: Behringstraße 97, (Altona), Telefon 8 81 38 83
- Ohr M: Ruhrstraße 12, 22761 Hamburg (Altona), Telefon 8 51 11 01, Fax 8 51 11 01; www.ohr-m.de; Anmeldung Dienstag vormittags 10.30–13 Uhr
- Recital -Musikforum: Wandsbeker Königstraße 50, 22041 Hamburg (Wandsbek), Telefon 68 91 64 91, Fax 68 91 64 90, Mo-Fr 10–19 Uhr; www.recital-musikforum.de

**Verlage:** Man muss schon einen Namen wie George Michael tragen, um nach jahrelangen Auseinandersetzungen mit den Großen der Plattenindustrie erhobenen Hauptes seine Karriere fortführen zu können. Bevor man als Musiker den Karriereschritt wagt, sollte man einen Verlag konsultieren. Verlage beraten den Künstler, sie verwalten Urheber- und Aufführungsrechte, kümmern sich um Gema-Abgaben, erteilen Vorschüsse und vermitteln das jeweilige Projekt an eine passende Plattenfirma, die sich wiederum um das Tonträger-Marketing und die Promotion kümmert. So sollte es jedenfalls sein. Der Freibank Musikverlag zeichnet sich durch seine langfristig angelegte Beratung aus. Manche Bands werden von den Geschäftsführern Markus Linde und Klaus Maeck auch persönlich gemanaged. Ein weites Spektrum von Hardcore, Metal über Avantgarde und Elektro bis zu zeitgenössischem/progressivem HipHop, House und Drum'n' Bass gehören zum Copyright-Katalog von Freibank. Namentlich sind das unter anderem Bands wie Eins Zwo, Fettes Brot und die Einstürzenden Neubauten. Mit der CD-Reihe „For Films“ promotet der Verlag potenzielle Filmmusik der Haus-Bands an die TV- , Film- und Werbebranche. Ähnlich breit gefächert ist die Liste der vertretenen Genres auch bei Warner Chappell Music. Der Hamburger Sitz ist ein Ableger des weltweit agierenden Musikverlags, der aus den eigenen kreativen Resourcen vor Ort schöpft. Die bekanntesten nationalen Signings, die es geschafft haben, in den eine Millionen Titel umfassenden Copyrightkatalog aufgenommen zu werden, sind Xavier Naidoo, Die Sterne, Modern Talking und Die Sportfreunde Stiller. Wenn irgendjemand die Elite des deutschen HipHop unter seinen Fittichen vereint, dann ist das der Sempex Musikverlag. Die Absoluten Beginner, Dynamite Deluxe, Patrice und Doppelkopf fanden in dem Katalog der Drei-Mann-Firma ihren Platz an der Spitze. Ähnlich wie der Freibank Verlag kümmert sich Sempex um Tourneebooking, Videoproduktion, Management, PR und Promotion. Auch der AMV Alster Musikverlag erledigt alle Dienstleistungen, um einen Act langfristig aufzubauen. Dabei kann der Verlag jederzeit auf die Ressourcen der Promotionfirma Public Propaganda zurückgreifen. AMV-Referenzen sind: Cypress Hill, Philip Boa oder Vivid.

- Freibank: Ditmar-Koel-Straße 26, 20459 Hamburg (Neustadt), Telefon 31 00 90, Fax 31 34 11, Mo-Fr 10–18 Uhr; www.Freibank.com
- Warner Chappell Music GmbH Germany: Oberbaumbrücke 1, 20457 Hamburg (Altstadt), Telefon 4 41 80 20, Fax 45 33 27; www.warnerchappell.com
- Sempex Musikverlag: Beim grünen Jäger 26, 20359 Hamburg (Schanzenviertel), Telefon 43 13 86 65, Fax 43 13 86 63, Mo-Fr 11–19 Uhr; www.sempex.de
- AMV Alster Musikverlag/Public Propaganda: Bramfelder Chaussee 238c, 22177 Hamburg (Bramfeld), Telefon 6 42 14 37 00, Fax 64 21 43 47 00; www.amv-alster.de

## Nachtmahl

▶ *Essen + Trinken*

## Nachtwächter

Selbstverständlich gibt es sie auch in Hamburg. Mutige Männer, die nachts über den Besitz ihrer Mitbürger wachen, um Einbrecher und andere dunkle Gestalten abzuschrecken. Zu buchen, mit oder ohne Hund, bei W&R Hanseatische Sicherheitstechnik. Ein Nachtwächter ganz anderer Art ist Volker Roggenkamp. Mit einer Laterne in der Hand führt er durch die Speicherstadt. Bei den Touren gibt's allerlei zu lernen über Leben und Arbeiten am Hamburger Hafen. Und während die Teilnehmer den Döntjes lauschen, dürfen sie sogar mit einer eigenen Fackel leuchten.

▶ *Stadtbesichtigungen*

Nachtwächter der anderen Art: Volker Roggenkamp auf seiner Tour durch die Speicherstadt

- Nachtwächterführung StadtkulTour mit Volker Roggenkamp: Martin-Luther-Straße 1, 20459 Hamburg (Neustadt), Telefon 36 62 69 oder 01 71/9 82 97 58, Mo-Fr 9–18 Uhr
- W&R Hanseatische Sicherheitstechnik: Vogtskamp 2, 22391 Hamburg (Poppenbüttel), Telefon 6 00 34 43, Fax 60 01 33 19, 24-Stunden-Service; www.wr-sicherheit.de
  VdS-Errichter; Installationen von Alarm- und Videoanlagen; Notrufzentrale

## Nähen

Wieder nicht die passende Schlaghose für den Schlagermove gefunden? Früher dienten Nähmaschinen in den meisten Haushalten lediglich zum Ausbessern verschlissener Kinderkleidung oder zur Reparatur von Mamis Lieblingsstück. Heute ist Nähen ein kreatives Hobby. Warum nicht Zeit und Geld in ein paar Schneiderstunden investieren anstatt in teure Shoppingtouren und hektische Fehlkäufe?

**Kurzwaren:** Erste Adresse für Stöffchen und Kurzwaren ist das Alsterhaus, vom Garn bis zum Knopf gibt es alles in fast allen Variationen. Wer eine überschaubare Auswahl bevorzugt, ist bei „Fadenlauf" genau richtig. Außerdem ist die Beratung hier sicherlich ein bisschen persönlicher. Bei Bracker findet sich nicht nur ein ausgewähltes Stoffangebot, sondern auch eine Vielzahl an Knöpfen und Schneidereibedarf, empfehlenswert trotz manchmal etwas ruppiger Bedienung.

- Alsterhaus: Jungfernstieg 16, 20354 Hamburg (Innenstadt), Telefon 35 90 10, Fax 3 50 13 00, Mo-Fr 9.30–20, Sa 9.30–16 Uhr, Kreditkarten: alle; EC-Karte; www.karstadt.de
- Ernst Bracker: Hallerstraße 1b (im Grindelhochhaus), 20146 Hamburg (Univiertel), Telefon 4 22 63 72, Fax 4 22 87 27, Mo-Fr 9–18 Uhr, Kreditkarte: EC-Karte; E-Mail: Bracker-ernst@t-online.de
- Fadenlauf: Schweriner Straße 8–12, 22143 Hamburg (Rahlstedt), Telefon 6 77 15 55, Fax 6 77 15 55, Mo-Fr 9–19, Sa 9–16 Uhr, Kreditkarte: EC-Karte
  Eine große Stoffauswahl sowie Nähmaschinen

**Maschinen:** Im ältesten Haus Hamburgs (anno 1621) befindet sich das Hamburger Nähmaschinenhaus. Auf über 130 Quadratmetern findet man Stick-, Strick- und Nähmaschinen, Bügelgeräte sowie Kurzwaren und gute Beratung. Auch Nähmaschinen-Bruno Schinke bietet Beratung, Verkauf, Reparatur und Inzahlungnahme von Nähmaschinen jeden Fabrikats und Nähmöbel.

- Hamburger Nähmaschinenhaus
  O. H. Schwidrowski: Lange Reihe 61,
  20099 Hamburg (St. Georg), Telefon 24 70 25,
  Fax 2 80 30 51, Mo-Fr 9.30–18.30, Sa 10–15 Uhr,
  Kreditkarte: EC-Karte; www.naehmaschinen.de
- Nähmaschinen-Bruno Schinke: Wendlohstraße 84,
  22459 Hamburg (Niendorf), Telefon 5 51 07 60,
  Fax 5 51 04 40, Mo-Fr 9–13 und 14.30–18,
  Sa 9–12 Uhr, Kreditkarte: EC-Karte
  Parkplätze vor der Tür

**Schulen:**
- Der Knopfladen: Sierichstraße 120,
  22299 Hamburg (Winterhude), Telefon 46 88 12 25,
  Fax 46 88 12 27, Mo-Do 13–18, Fr 10–18 Uhr
- Viking Pfaff: Vertriebs GmbH: Hermannstraße 46,
  20095 Hamburg (Innenstadt), Telefon 33 87 82,
  Mo-Fr 9.30–18, Sa 9.30–15 Uhr,
  Kreditkarte: EC-Karte
- Hamburger Volkshochschule Stadtbereich Mitte
  und Zentrale: Schanzenstraße 75–77,
  20357 Hamburg (Schanzenviertel),
  Telefon 4 28 41 27 52, Fax 4 28 41 27 88,
  Mo, Di, Mi 10–13, Mo, Do 14–18.30 Uhr;
  www.vhs-hamburg.de

## Naturbaustoffe

PVC und Glaswolle ade! Längst nicht mehr sind Käufer alternativer Baustoffe ausschließlich Allergiker oder Träger von Birkenstocksandalen. Das Interesse, wenigstens den Wohnraum einigermaßen lösungsmittelfrei zu gestalten, nimmt stetig zu.

- Baubiologische Handels- und Beratungsgesellschaft
  mbH: Eckerkoppel 4, 22159 Hamburg (Farmsen),
  Telefon 6 45 57 60, Fax 6 45 57 6 20
  Beratung und Verkauf für eine ökologische Innenraumausstattung, Bodenbeläge wie Parkett, Kork und Linoleum, alternative Dämmstoffe, Fugenmasse, alternative Klebstoffe, Auro-Farben
- Das Baubüro: Waterloostraße 9, 22769 Hamburg
  (Altona), Telefon 4 39 81 40, Fax 4 30 30 77,
  Mo-Fr 10–18, Sa 10–13 Uhr, Kreditkarte:
  EC-Karte; www.baubuero-hamburg.de
  Fachhandel für Naturbaustoffe, Beratung, Verkauf und Verarbeitungsservice, Farben und Bodenbeläge

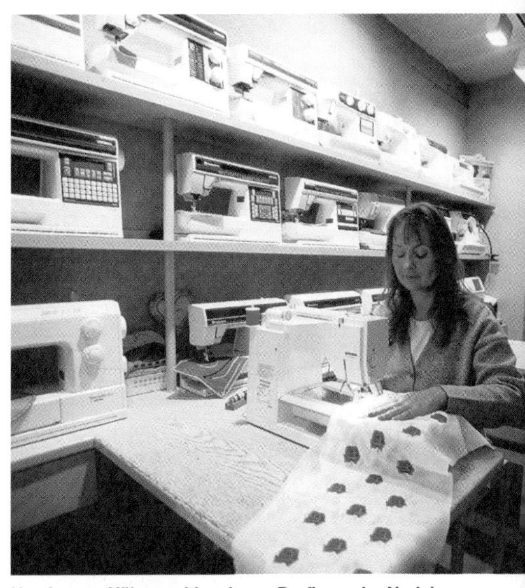

**Hamburger Nähmaschinenhaus: Profis an der Nadel**

- Natur-Depot und Finlandia Sauna:
  Kieler Straße 623, 22525 Hamburg (Eidelstedt),
  Telefon 57 26 18 05, Fax 57 26 18 05, Mo-Fr 10–18,
  Sa 10–14 Uhr, Kreditkarte: EC-Karte;
  www.natur-depot.de
  Alternative Trockendämmstoffe für Fußboden bis Dach, Wand- und Abtönfarben, Grundierungen und Holzlasuren, Wachse, fungizitfreie Tapeten, Schafschurwoll-, Sisal- und Kokos-Teppiche, unbehandeltes Linoleum, Naturharz-gebundenes Korkparkett, finnische Blockbohlen-Massivholz-Saunen; Naturkostabteilung mit Trockenwaren; Beleutungen; Wasch-und Reinigungsmittel; Lieferservice

## Naturschutz

Naturschutzgebiete sind nicht nur notwendig, um gefährdete Flora und Fauna zu erhalten. Für stressgeplagte Großstädter sind sie ein wichtiges Naherholungsgebiet. Im Südosten Hamburgs befinden sich die Kirchwerder Wiesen, eine typische Landschaft der Vierländer Marsch, die neben den Boberger Niederungen mit der Naturbesonderheit des Elbe-Urstrom-Tals zu den größten Naturschutzgebieten im Stadtgebiet zählt. Der Duvenstedter Brook im Nordosten der Stadt ist mit 780 Hektar das zweitgrößte Naturschutzgebiet Hamburgs. Wanderfreunde können hier ausgedehnte

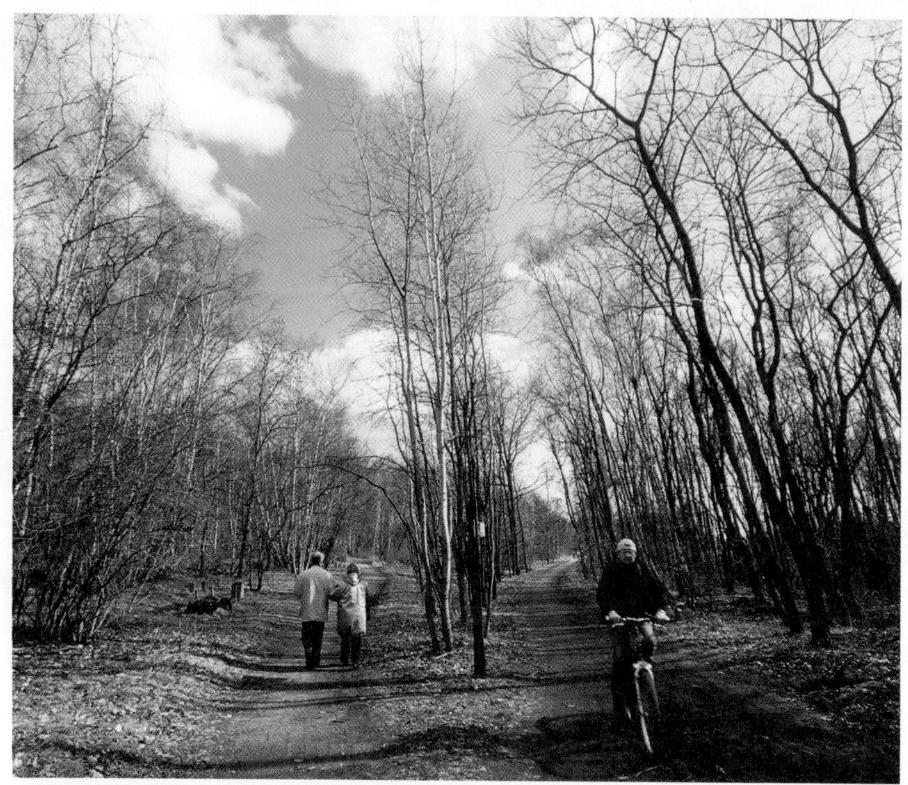

**Naturschutz: Viele Wege führen durch die Boberger Niederung im Südosten von Hamburg**

Spaziergänge durch Birken-und Erlenbruchwälder unternehmen. Vor Ort gibt es ein Informationshaus, Ortsfremde können sich hier eine Übersicht über das Gelände verschaffen und erhalten Informationen über typische Pflanzen- und Tierarten des Gebietes. An den Südwesten des Duvenstedter Brooks angrenzend, beginnt der Wohldorfer Wald, dessen östlicher Teil, überwiegend bestehend aus Eichen-Buchen-Mischwald, ebenfalls unter Naturschutz steht. Jüngstes Naturschutz-Territorium ist das ehemalige Kasernengelände Höltigbaum im Nordosten Hamburgs – ein Skater-Paradies. Südlich der Elbe liegt die Fischbeker Heide, ein weit gefasstes Gebiet verschiedener Heidearten, Waldformen und Moore. Eine traditionelle Heidewirtschaft durch Schafe und Heidschnucken allein reicht keinesfalls aus, um diese Landschaftsform zu erhalten. Auch hier gibt es als Anlaufort ein Informationshaus. Die großen Moorgebiete, die überwiegend am Stadtrand liegen, stehen ebenfalls unter Naturschutz. Von jeher gehören Moore zum typischen Landschaftsbild des Nordens. In Fachkreisen werden Moore als Bodenentwicklungswelten bezeichnet, denn dort verbergen sich seltene, komplexe Lebensräume, die ein empfindliches biologisches Gleichgewicht haben und von daher mit Vorsicht zu betreten sind. Am nördlichen Stadtrand von Hamburg befindet sich das Wittmoor, ein Hochmoorgebiet mit nährstoffarmem Boden, der das Wachstum von fleischfressenden Pflanzen begünstigt, etwa dem Sonnentau. Der Hamburger Landesverband des Naturschutzbundes (NABU) betreut zudem folgende Naturschutzgebiete und gibt entsprechende Auskünfte: Stellmoorer Tunneltal, Finkenwerder Süderelbe, Zollenspieker, Hainesch Iland, Westerweiden, Volksdorfer Teichwiesen, Wittenbergener Heide, Kiebitzbrack, Raakmoor, Eppendorfer Moor, Stapelfelder Moor sowie das Naturschutzgebiet Moorgürtel. Wer eine Wanderung durch Hamburgs Naturschutzgebiete machen will, sollte unbedingt die erforderlichen Verhaltensregeln einhalten. Der Touristenverband „Die Naturfreunde“ gibt Vorschläge, etwa für Moorwanderungen. In den großen Gebieten gibt es Informationshäuser (siehe unten), in den kleinen helfen Schautafeln und Hinweisschilder. Ratsam ist auch die Beschaffung einer topografischen Karte für das gewählte Gebiet. Wer eine geführte Moorwanderung in einer Gruppe anvisiert,

findet Termine im zweimonatlich herausgegebenen Mitteilungsblatt der „Naturfreunde"-Ortsgruppe Hamburg. Die Geschäftsstelle erteilt auch telefonische Auskünfte: Fachkräfte informieren und beantworten Besucherfragen. Vor Ort gibt es Fachliteratur und Broschüren. Außerdem werden Wandertermine mit Führungen bekannt gegeben. Schulklassen, Fortbildungskurse und andere Gruppen aller Altersstufen können Termine für themenspezifische und allgemeine Führungen nach telefonischer Absprache erhalten.

- Botanischer Verein zu Hamburg e. V.: Op de Elg 19a, 22393 Hamburg (Sasel), Betreuung von Schutzgebieten; Beteiligung an Planungen, welche die Natur betreffen
- Informationszentrum der Umweltbehörde: Hermannstraße 14, (Innenstadt), Telefon 34 35 36
- Naturfreunde Hamburg e. V.: Adenauerallee 48, 20097 Hamburg (St. Georg), Telefon 24 78 58, Fax 24 39 11, Mo, Do 16–18, Di 11–14 Uhr
- Naturschutz-Informationshaus „Boberger Niederung": Boberger Furt 50, 21033 Hamburg (Boberg), Telefon 73 93 12 66, Fax 73 93 12 68, Mi-Fr 9–13, Sa 12–17, So und Feiertage 11–17 Uhr; www.stiftung-naturschutz-hh.de/boberg/index.htm Von November bis Februar ist das Haus samstags geschlossen; Veranstaltungstermine zu Diavorträgen und öffentlichen Führungen; Führungen auch nach Vereinbarung; Eintritt frei
- Naturschutz-Informationshaus Duvenstedter Brook: Duvenstedter Triftweg 140, 22397 Hamburg ( Duvenstedt), Telefon 6 07 24 66, Fax 6 07 24 66 Gruppenführungen nur Mo-Fr. Anfahrt: U1 bis Ohlstedt und dreißig Minuten Fußweg oder Buslinie 276 Haltestelle Wohldorf und zwanzig Minuten Fußweg. Wer mit dem Auto fährt, findet direkt am Haus einen Parkplatz; halbjährliches Veranstaltungsprogramm
- Naturschutz-Informationshaus „Schafstall" Fischbeker Heide: Fischbeker Heideweg 43, 21149 Hamburg (Fischbek), Telefon 7 02 66 18, Fax 7 02 66 79, Di-Fr 14–17, Sa 12–18, So 10–18 Uhr; E-Mail: fischbeckerheide@compuserve.de S-Bahnhof Neugraben, weiter mit dem 250er Bus und 500 Meter Fußweg; Führungen nach Vereinbarung; Eintritt frei
- Naturschutzbund Deutschland (NABU), Landesverband Hamburg e. V.: Habichtstraße 125, 22307 Hamburg (Barmbek), Telefon 6 97 08 90, Fax 69 70 89 17, Mo-Do 8.30–13 und 13.30–17, Fr 8.30–13 und 13.30–15.30 Uhr; www.nabu-hamburg.de Verschiedene Infozentren und Stadtteilgruppen; Projekte: Kranichschutz in Lüchow-Dannenberg, Vogelkunde in der Wedeler Marsch (Hermann-Kroll-Haus), Vogelberingungsstation in der Reit; Ein angeschlossener Laden bietet Infomaterial, Nistkästen, Bücher, Geschenkartikel und Naturkosmetik zum Kauf an; Adresse und Öffnungszeiten wie oben, Telefon 69 70 89 13

## Neuengamme

▶ *Gedenkstätten*

## Notdienste

Es wäre schön, sie nicht zu benötigen, aber da dem nicht so ist, bleibt es doch eine Beruhigung, dass sie so zahlreich und für alle Lebenslagen existieren. Hier ein Bündel Rufnummern und Adressen, die wichtig werden könnten:

- Abflussdienst: Telefon 47 30 09
- ADAC-Pannenhilfe: Telefon 01 80/2 22 22 22
- Ärztlicher Notdienst: Telefon 22 80 22
- AIDS-Beratungstelefon: Telefon 4 28 63 63 63
- Anonyme Alkoholiker: Saarlandstraße 9, 22303 Hamburg (Barmbek), Telefon 2 71 33 53, täglich 10–13 und 18–21 Uhr, außerhalb dieser Zeiten gibt ein Band Auskunft zu anderen Kontaktstellen; www.anonyme-alkoholiker.de
- Arbeitslosen-Telefonhilfe e. V.: Telefon 08 00/1 11 04 44
- Aufnahmebüro für einen Drogenentzug im Klinikum Nord Ochsenzoll: Telefon 52 71 28 76
- Bahnhofsmission: Steintorwall 20, 20099 Hamburg (St. Georg), Telefon 39 18 44 00, Fax 39 18 44 50, rund um die Uhr; www.stadtmission-hamburg.de
- Computernotruf: Telefon für PC 2 50 65 17, für Mac 28 05 51 76
- Drogeninformationstelefon: Telefon 2 80 32 04 (20–8 Uhr), 4 19 23 80 (8–20 Uhr)
- Elektro-Notdienste: Telefon 21 55 11
- Euroscheck- und Bankkundenkartensperrung: Telefon 0 69/74 09 87
- Feuerwehr: Telefon 1 12
- Gift-Informationszentrale: Telefon 05 51/1 92 40; www.giz-nord.de
- Glaser-Notdienst: Telefon 8 30 06 60
- Haushaltshilfe-Notdienst für Krankenpflege, Senioren, Schwangere und Mütter: Telefon 4 22 91 16
- HEW-Störungsdienst: Telefon 63 96 31 11
- HGW-Störungsdienst: Telefon 23 66 23 66
- HWW-Störungsdienst: Telefon 78 19 51

- Kinder- und Jugendnotdienst: Feuerbergstraße 43, 22337 Hamburg (Alsterdorf), Telefon 42 84 90, Fax 63 20 02 55
- Klempner-Notdienst: Telefon 2 99 94 90
- Krankenpflege-Notruf: Telefon 1 92 12
- Krankenwagen: Telefon 1 92 23 und 1 92 25
- Notruf für vergewaltigte Frauen und Mädchen e. V.: Hohenfelder Straße 28, 22087 Hamburg (Hohenfelde), Telefon 25 55 66, Fax 25 55 66, Mo-Fr 9.30–13, Mo, Do 15–19, Di, Mi 15–16 Uhr; E-Mail: notruf-hamburg@t-online.de
- Pflege-Telefon Hamburg: Telefon 28 05 38 22, Mo-Fr 9–13 Uhr
- Polizei: Telefon 1 10
- Privatärztlicher Notdienst: Telefon 1 92 46 und 0 18 05/30 45 05
- Privatzahnärztlicher Notdienst: Telefon 1 92 46 und 33 11 55
- Rettungsdienst der Feuerwehr (für Notfallmedizin!): Telefon 1 12
- Schlüsselnotdienste: Telefon 40 40 12 sowie 69 79 38 88 und 29 18 12 34
- Störungsannahme der Deutschen Telekom: Telefon 08 00/3 30 20 00
- Studentische Telefonseelsorge: Telefon 41 17 04 11, täglich 20–24 Uhr
- Telefonseelsorge: Telefon 08 00/1 11 01 11
- Tierärztlicher Notdienst: Telefon 43 43 79
- Tischler-Notdienst: Telefon 6 68 19 29
- Umwelttelefon im Informationszentrum für Umwelt und Entsorgung: Hermannstraße 14, 20095 Hamburg (Innenstadt), Telefon 34 35 36, Fax 4 28 86 42 10, Mo-Do 9–16, Fr 9–14 Uhr; E-Mail: umwelttelefon@bug.hamburg.de, www.hamburg.de
- Unfallhilfe der Johanniter: Telefon 65 05 40, Für 34,77 (ermäßigt 18) Euro im Monat bietet die Johanniter-Unfallhilfe die Installation eines Hausnotrufgerätes, das ans Telefon gekoppelt und mit einem tragbaren Sender verbunden ist. Über den Sender, der bis zu 190 Meter vom Telefon entfernt funktioniert, kann man sich in Notlagen mit dem „Schutzengel auf Knopfdruck“ in Verbindung setzen; Informationen über die Wahlgeräte unter Telefon 5 40 72 72
- Verwaiste Eltern Hamburg e. V.: Telefon 35 50 56 43
- Wasserschaden-Notdienst: Telefon 4 22 07 44
- Zahnärztlicher Notdienst: Telefon 0 18 05/05 05 18
- Zahnärztlicher Notdienst des UKE: 4 28 03 32 60

## Obdachlose

Hinter jedem Obdachlosen steht eine eigene, meist traurige Geschichte. Nicht selten folgen dem Verlust der letzten sozialen Bindung Suchtkrankheiten wie Alkoholismus, die von Außenstehenden oft als selbst verschuldeter Auslöser der Notlage angesehen werden. Mit dem Verlust der Wohnung beginnt ein Teufelskreis: Wer sich erst einmal an die Anonymität der Obdachlosigkeit gewöhnt hat, bekommt massive Schwierigkeiten, sich wieder an ein soziales Umfeld anzupassen. Eine wichtige Anlaufstelle für Obdachlose ist die Bahnhofsmission, hier wird beraten und an spezialisierte Institutionen weitervermittelt, etwa Kemenate-Frauen-Wohnen e. V. oder das KidS für wohnungslose Jugendliche am Hauptbahnhof. Die „Hilfestellung für allein stehende wohnungslose Menschen in sozialen Schwierigkeiten" unterstützt bei Geldverwaltung, Arbeitslosigkeit oder Schulden sowie bei Wohnungsbeschaffung und -erhaltung. Die Zeitung *Hinz & Kunzt* (▶ *Medien/Print*) leistet Hilfe zur Selbsthilfe für Obdachlose.

- Ambulante Hilfe – Beratungsstelle Altona: Schomburgstraße 108, 22767 Hamburg (Altona), Telefon 38 97 32, Fax 3 89 43 35, Mo-Fr 9–13 Uhr
- Bahnhofsmission: Steintorwall 20, 20099 Hamburg (Innenstadt), Telefon 39 18 44 00, Fax 39 18 44 50, rund um die Uhr; www.stadtmission-hamburg.de
- Beratungsstelle Barmbek: Poppenhusenstraße 1, 22767 Hamburg (Barmbek), Telefon 2 71 30 41, Fax 2 70 67 95, Mo-Fr 9–13 Uhr; E-Mail: BSBarmbek@aol.com
- Herz As e. V.: Norderstraße 66, 20097 Hamburg (St. Georg), Telefon 23 26 22, Fax 23 36 36, Mo-Do 13–18, Fr 12–15 Uhr; E-Mail: herzas@bigfoot.de; www.herzashamburg.de Tagesaufenthaltsstätte für Wohnungslose
- Hilfestellung für allein stehende wohnungslose Menschen in sozialen Schwierigkeiten: Am Hasenberge 52, 22335 Hamburg (Ohlsdorf), Telefon 5 93 92 90, Mo, Do, Fr 9–12, Di 16–19 Uhr, Di 9–12 Uhr nur für Frauen
- Kemenate-Frauen-Wohnen e. V. (Tagesaufenthaltsstätte für Frauen): Charlottenstraße 30, 22257 Hamburg (Eimsbüttel), Telefon 4 30 49 59, Fax 40 17 09 40, Mo, Do, Sa, So 14–19 Uhr, Mi 10–15 Uhr; E-Mail: kemenate-tagestreff@t-online.de; www.kemenate-hamburg.de
- KidS – Kinder in der Szene: Hachmannplatz 2, 20099 Hamburg (St. Georg), Telefon 2 80 16 06, Mo, Mi, Do, Fr 13–16, Mi-Mo 16.30–21.30 Uhr; www.basis-projekt.de
  Der Förderverein kann unter www.strassenkids.de kontaktiert werden; vor allem wegen der Streichungen im Haushaltsplan ist man dankbar für jede Art von Spenden: Ob abgetragende Kleider, Spielzeug oder Geldspenden, die Kinder danken es Ihnen
- Soziale Beratung für Personen mit Wohnungsproblemen: Möllner Landstraße 154, 22117 Hamburg (Billstedt), Telefon 7 13 67 21, Mo, Di 9.30–12, Do 14–17, Fr 9.30–12 Uhr
- Soziale Beratungsstelle für Personen mit Wohnungsproblemen: Weidenbaumsweg 19, 21029 Hamburg (Bergedorf), Telefon 7 24 81 10, Fax 72 10 65 96, Mo, Di, Do 9.30–13 Uhr
- Soziale Beratungsstelle Hamburg Mitte: Repsoldstraße 49, 20097 Hamburg (Hammerbrook), Telefon 2 54 13 40, Fax 25 41 34 29, Mo, Di, Do, Fr 9.30–12.30 Uhr; E-Mail: BS-Repsoldstr@t-online.de

## Obst + Gemüse

▶ *Essen + Trinken*

## Övelgönne

Früher war Övelgönne ein überschaubares Fischer- und Lotsendorf am Fuße des Elbgeesthanges. Heute pilgern nicht nur Touristen gen Museumshafen, auch Hamburger wissen Övelgönne als eines der attraktivsten Ausflugsziele der Stadt zu schätzen. Im 16. und 17. Jahrhundert gehörten die Bewohner des Fischerdorfes zunächst noch zu Pinneberg. Erst 1937 wurde Övelgönne durch das Groß-Hamburg-Gesetz endgültig eingemeindet. Die Herkunft der Namens ist unklar. Eine Theorie besagt, aufgrund von Streitigkeiten habe es sich um „übel gegönntes" Land gehandelt. Vor etwa 25 Jahren wurde der Museumshafen e. V. gegründet, ein Anziehungspunkt für Liebhaber alter Schiffe. Hier sind unter anderem deutsche und holländische Plattschiffe, Dampfschlepper und die „Stettin", ein ehemaliger Eisbrecher, zu besichtigen. Da sie aber noch fahrtüchtig sind, liegen sie nicht immer alle im Hafen! Nach einem ausgiebigen Spaziergang lädt die alte, umgebaute Barkasse „MS Bergedorf" zu selbst gebackenem Kuchen und einem herrlichen Pott Tee ein, aber – man sollte seefest sein!

- Museumshafen Övelgönne e. V.:
  Anleger Neumühlen, 22605 Hamburg (Övelgönne); www.museumshafen-oevelgoenne.de
  Der Hafen ist frei zugänglich; Innenbesichtigungen möglich, wenn Crew an Bord ist; Führungen nach Absprache; Buslinien 36, 183 und 112 vom Altonaer Bahnhof bis Övelgönne

## Oldtimer

Noch sind Oldies chromglitzernd und mit Scheinwerfer-Kugelaugen ausgestattet, aber wer weiß, vielleicht wird irgendwann die Rostlaube VW Jetta oder Opel Kadett, mit der man den ersten Urlaub in die Bretagne gewagt hat, auch zum musealen Ausstellungsstück oder zum Sammelobjekt pflegeeifriger Fans.

**Clubs/Treffs:** Auf dem Gelände des Landesbetriebs-Verkehrsamtes in der Süderstraße finden gut 300 Oldies Platz. Ein guter Markt für Ersatzteile, so manches Unikum steht auch zum Verkauf. Kontakt über den Initiator Wilfried Lenz (▶ *Vermietung*). In



der ersten Juli-Hälfte jeden Jahres steht ein großes Event an: zwischen 800 und 1000 Cars und Bikes, überwiegend aus den USA, machen auf dem Heiligengeistfeld ihre Aufwartung. Wer in einem Oldie einfährt, zahlt keinen Eintritt, dafür zirka 15 Euro Standgebühr. Händler sollten sich mindestens eine Woche vorher anmelden und blechen pro Längenmeter 75 Euro. Der Eintritt für Unmotorisierte beträgt für Kinder ab 14 Jahre 3,50 Euro, für Erwachsene zirka 7,50 Euro. Geboten wird ein Rahmenprogramm mit American Food, Musik und dem Bühnenwettbewerb um die schönste Karosse. Veranstalter ist das *Street Magazine*.

- Street Magazine: Osterstraße 26, 30159 Hannover, Telefon 05 11/32 80 61

**Reparatur/Ersatzteile/Verkauf:** Die Autosattlerei G. Weinhold geht Ihrem Liebling ans Leder. Kognac und Rot sind die Zauberfarben der Oldtimer-Epoche, das Lenkrad inbegriffen. Eine Adresse für US-Schlitten ab den Zwangzigerjahren

**Övelgönne: Im Museumshafen liegen holländische Plattbodenschiffe und andere alte Pötte**

und Ersatzteile ab dem zwanzigsten Jahrhundert ist Route 66. Eine zweite Adresse ist Carmania, das sich auf Mustangs spezialisiert hat und den Import aus den USA organisiert. Mögen Sie lieber Royal British, aber mit Schwerpunkt auf Morgan und HMC, versorgt Sie Lutz Leberfinger. Morgans werden als Neuwagen wie eh und je gebaut, Original-Outfit ohne Altersmacken ist also möglich – ansonsten hilft die Werkstatt weiter. Auch die Skandinavier, zum Beispiel Volvo, haben gelackte Karossen fabriziert. Solche finden sich bei Scan Cars, Modelle ab den Sechzigerjahren, neu und gebraucht, einschließlich Volvo-Werkstatt. 24 Mercedes Benz der Baujahre 1900 bis 1971 zieren den Bestand der Thiesen KG, an Porsche oder Jaguar herrscht aber auch kein Mangel. Modelle wie die „Isotta Fraschini, Elfenbein, Leder schwarz, 1926" lassen nicht nur Männerherzen höher schlagen.

- Autosattlerei G. Weinhold: Bernstorffstaße 100, 22767 Hamburg (Altona), Telefon 43 84 84, Fax 4 39 76 24, Mo-Do 7.30–16.30, Fr 7.30–15 Uhr; www.autosattler.de
- Carmania GmbH: Maimoorweg 60a, 22179 Hamburg (Bramfeld), Telefon 6 42 42 72, Fax 6 42 05 44, nach Vereinbarung
- Lutz Leberfinger: Kiebitzhörn 31, 22885 Hamburg (Barsbüttel), Telefon 6 70 30 20, Mo-Fr 8–18 Uhr, Sa nach Vereinbarung; www.morganpark.de
- Route 66: Kieler Straße 271, 22525 Hamburg (Stellingen), Telefon 54 10 95 96, Mo-Fr 9–13 und 14–18, Fr bis 16.30 Uhr; www.route66-hh.de
- Scan Cars: Stiftstraße 29, 20099 Hamburg (St. Georg), Telefon 2 80 00 10, Fax 2 80 00 82, Mo-Fr 7.45–18 Uhr; www.scan-cars.de
- Thiesen KG: Mittelweg 46, 20149 Hamburg (Harvestehude), Telefon 4 50 34 30, Fax 45 03 43 30, Mo-Fr 9–18, Sa 10–13 Uhr und nach Vereinbarung; www.thiesen-kg.de

**Vermietung:** Für Skandinavien-Fans bieten sich die Stretch-Limousine oder ein Kabriolet-Einzelstück des Volvo-Händlers Scan Cars an. Carmania GmbH verleiht unter anderem Ford Mustang Cabrios aus den Sechzigerjahren mit Chauffeur, ein halber Tag ab 200 Euro. Vorkriegs- sowie Nachkriegskreuzer aller Art vermietet Wilfried Lenz für zirka 75 Euro pro Stunde, Chauffeur ist Pflicht. Der tritt dann in passender Originalkleidung auf.

- Wilfried Lenz Oldtimer-Vermietung: Rellinger Straße 70, 20257 Hamburg (Eimsbüttel), Telefon 8 50 43 41, Fax 8 50 43 41
- Carmania GmbH ▶ *Oldtimer/Reparatur*
- Scan Cars ▶ *Oldtimer/Reparatur*

## Oper

Oper ist beides: ein bisschen nostalgisch und antiquiert und trotzdem zeitlos aktuell. Dafür spricht jedenfalls das rege Opernleben Hamburgs. Die Hamburgische Staatsoper entstand 1678 als erstes öffentliches Opernhaus Deutschlands. Seitdem hat sie viele Höhen und Tiefen durchlebt und verschiedene Namen getragen. Händel wirkte hier als Geiger und Cembalist, Lessing als Dramaturg, und Gustav Mahler hatte die musikalische Leitung inne. Heute lenkt das Dreigestirn Direktor Detlef Meierjohann, Intendant Louwrens Langevoort und Künstlerischer Leiter Ingo Metzmacher die Geschicke der ehrwürdigen Bühne. 1671 Zuschauer fasst das große Haus, die Opera Stabile nebendran mit 150 Plätzen gilt als Experimentierbühne, vor allem für zeitgenössische Werke. John Neumeiers Ballettkompanie gehört ebenso zum festen Bestandteil des Hamburger Operngeschehens wie das Philharmonische Staatsorchester. In der Musikhalle veranstaltet die Konzertante Oper Hamburg nichtszenische Aufführungen von Opern- und Operettenmusik. Dadurch wird der Musikgenuss zu erschwinglichen Preisen ermöglicht, und junge Solisten auf dem Karrieresprungbrett erhalten die Chance, sich vorzustellen. An der Hochschule für Musik und Theater beweisen in jährlich acht bis zehn Opern oder, seltener, Operetten angehende OpernregisseurInnen und -sängerInnen ihr Können, begleitet von ebenfalls angehenden Orchester-MusikerInnen. Als bisher einzige private Kammeroper Europas wurde 1996 das Allee Theater eröffnet. Es hat sich zur Aufgabe gemacht, unbekannte Werke bekannter Komponisten darzubieten. Schwerpunkte bilden das 16. bis 18. Jahrhundert, daher prunken Kulisse und Zuschauerraum auch in barockem Rot-Gold. Seinen Sitzplatz findet man unter den 226 Stühlen anhand der einzigartigen Schnitzereien wieder.

- Allee Theater – Hamburger Kammeroper: Max-Brauer-Allee 76, 22765 Hamburg (Altona), Telefon 38 29 59, Fax 3 89 29 21, Kasse Mo-Fr 10–18, Sa, So 11–16 Uhr, Kreditkarten: EC-Karte; E-Mail: alleetheater@gmx.de; www.alleetheater.de
- Hamburgische Staatsoper: Dammtorstraße 28, 20354 Hamburg (Innenstadt); www.hamburgische-staatsoper.de
  Tageskasse Mo-Sa 10–18.30 Uhr, ermäßigte Karten nur an der Abendkasse ab neunzig Minuten vor Vorstellungsbeginn, telefonischer Kartenvorverkauf: Telefon 35 68 68, Mo-So 10–18.30 Uhr, Abo-Büro: Große Theaterstraße 34, 20354 Hamburg (Innenstadt), Telefon 3 56 88 00 Mo-Do 10–18.30 Uhr
  Opera Stabile: Büschstraße 11, 20355 Hamburg (Innenstadt)
- Hochschule für Musik und Theater: Harvestehuder Weg 12, 20148 Hamburg (Harvestehude), Telefon 4 28 48 25 77, Mo-Fr 6.30–15 Uhr; www.musikhochschule-hamburg.de
- Konzertante Oper Hamburg: Winterhuder Weg 136, 22085 Hamburg (Uhlenhorst), Telefon 22 11 86, Kartenservice 6 53 17 83; E-Mail: info@karten-kaiser.de; www.hamburg-ticket.de

## Optiker

Sie sitzen im Café, und der Tischnachbar ist kaum noch zu erkennen. Oder Ihr Arm ist nicht mehr lang genug, um das Buch so zu halten, dass die Buchstaben zu entziffern sind. Ab zum Optiker – unsere Auswahl:

- Alster Optik: Rolfinckstraße 22, 22391 Hamburg (Wellingsbüttel), Telefon 5 36 21 90, Fax 5 39 21 90, Mo-Fr 9–13 und 14.30-18.30, Sa 9–13 Uhr, Kreditkarten: alle; EC-Karte; www.alsteroptik.de
  Filiale in Bramfeld
- Brillenhaus Wilke: Bei St. Johannis 4, 20148 Hamburg (Harvestehude), Telefon 2 79 23 74, Fax 41 35 61 24, Mo-Fr 10–14 und 15–19, Sa 10–14 Uhr, Kreditkarten: EC-Karte; www.brillenhaus.com
  Designerkollektionen von Alain Mikli bis Lunor; in der ersten und zweiten Etage befindet sich Norddeutschlands einziges Brillenmuseum mit Brillen ab dem 17. Jahrhundert aus der ganzen Welt
- Die Sehleute: Mittelweg 152, 20148 Hamburg (Pöseldorf), Telefon 08 00/4 52 77 37, Fax 41 49 86 29, Mo-Fr 10–20, Sa 10–16 Uhr, Kreditkarten: alle; EC-Karte; www.sehleute.de
  Die Sehleute haben eine eigene Vintage-Kollektion, in der Brillenklassiker nachgebaut werden
- Fielmann: Mönckebergstraße 29, 20095 Hamburg (Innenstadt), Telefon 3 00 50 60, Fax 3 00 50 60 32, Mo-Fr 9.30–20, Sa 9.30–16 Uhr, Kreditkarten: Eurocard, Visa; EC-Karte; www.fielmann.de
  Weitere 15 Filialen
- In Optik: Hudtwalckerstraße 22, 22299 Hamburg (Winterhude), Telefon 46 07 34 64, Fax 46 07 34 65, Mo-Fr 10–19.30, Sa 10–15 Uhr, Kreditkarten: Eurocard; EC-Karte
- VIVA!: Wandsbeker Marktstraße 24, 22041 Hamburg (Wandsbek), Telefon 68 68 71, Fax 68 91 16 36, Mo-Fr 10–20, Sa 10–16 Uhr, Kreditkarte: EC-Karte; www.viva-brillenmode.de
  Avantgarde-, Designer- und preiswertige Trendbrillen; Kontaktlinsen; große Auswahl an modischen Sonnenbrillen

## Paintball

Dieser Sport, besser bekannt als „Gotcha", bietet immer wieder genügend Gesprächsstoff in Sachen Gewaltverherrlichung und böse Jugend. Gern wird auch mit der Keule „Nazisport" auf Paintball eingedroschen. Mit Sicherheit begeistern sich auch einige Brutalos für diese Art der Freizeitgestaltung. Fakt ist jedoch: Beim Paintball gibt es, abgesehen von Schürfwunden und blauen Flecken, keine Verletzungen. Es wird nicht geschossen, sondern mit roter Farbe markiert, man trainiert jeden Muskel und das Reaktionsvermögen. Alljährlich gibt es sogar eine Weltmeisterschaft. Informationen zu Austragungs- und Ausrüstungsmöglichkeiten über:

- Deutscher Paintball Verband: Lottenhammer 70, Telefon: 0 68 94/38 52 13

## Panoptikum

Dracula, Heinz Rühmann und Julia Roberts, die jüngst enthüllt wurde, in einem Raum? Das Wachsfigurenkabinett bietet ein informatives und kurioses Sammelsurium bekannter, berüchtigter und skurriler Persönlichkeiten aus allen Lebensbereichen. Der Eintritt beträgt für Jugendliche bis 18 Jahren 2,50 Euro, Erwachsene zahlen 4 Euro und Gruppen ab 15 Personen 3 Euro für Erwachsene und 2 Euro für Kinder.

- Panoptikum: Spielbudenplatz 3, 20359 Hamburg (St. Pauli), Telefon 31 03 17, Fax 51 29 63, Mo-Fr 11–21, Sa 11–24, So 10–24 Uhr; www.Panoptikum.de

## Pantomime

Eine zartgliedrige, weiße Harlekin-Gestalt, zwischen Melancholie und schelmischem Witz balancierend, so spielt Jean-Luis Barreau in „Kinder des Olymp" den Pantomimen Baptiste. Pantomime ist Teil der Ausbil-

**Panoptikum: Der King of Pop in Wachs verewigt**

dung an Schauspielschulen, in Reinform auf der Bühne kann man diese Kleinkunst selten erleben, aber es gibt sie noch, auch außerhalb von Zirkuszelten. Die meisten Pantomime-Künstler touren durch Innenstadtzonen und/oder die Theater Europas und lassen sich für Galas, Privatfeste oder Messen anheuern. Einer von ihnen ist Bastian, der neben der Pantomime Jonglier- und Luftballkünste zeigt. Silver Bobby ist inzwischen seit 22 Jahren in der Mönckebergstraße aktiv. Wenn er da nicht anzutreffen ist, tritt er als Empfangsherr bei Neueröffnungen auf. Jörg Lemke zeigt seine Mimografien in internationalen Schauspielhäusern und bei Bühnengalas. Die Agentur Happening vermittelt Künstler aus dem Bereich Pantomime. Pantomime lernen kann man im Pantomime Studio von Ahmad Bargh oder bei der Volkshochschule, die regelmäßig Wochenend-Workshops bei der gelernten Pantomimin Julia Plückebaum anbietet.

▶ *Artisten*
▶ *Clowns*

- Agentur Happening: Habichtstraße 115, 22307 Hamburg (Barmbek), Telefon 6 90 21 03, nach telefonischer Absprache
- Bastian: Burgstraße 45, 20535 Hamburg (Borgfelde), Telefon 2 50 63 53, Fax 2 50 63 52; www.komik.de

- Hamburger Volkshochschule Stadtbereich Mitte und Zentrale: Schanzenstraße 75–77, 20357 Hamburg (Schanzenviertel), Telefon 4 28 41 27 52, Fax 4 28 41 27 88, Mo, Di, Mi 10–13, Mo, Do 14–18.30 Uhr; www.vhs-hamburg.de
- Jörg Lemke: Eimsbütteler Straße 110, 22769 Hamburg (Eimsbüttel), Telefon 4 30 08 31, Fax 4 30 08 31
- Pantomime Studio Ahmad Bargh: Schlüterstraße 54a, 20146 Hamburg (Rotherbaum), Telefon 45 88 47, Fax 45 88 47
- Silver Bobby: Fuhlsbüttler Straße 37, 22337 Hamburg (Fuhlsbüttel), Telefon 59 62 37, Fax 59 62 37; www.mr-silverman.de

## Parkhäuser

Es gibt ja nichts Schöneres, als sich über den wieder einmal nicht vorhandenen Parkplatz aufzuregen. Suche und Ärger gibt's gratis, für einen Platz im Parkhaus muss man 2 Euro pro angefangene Stunde berappen, entgeht aber auf jeden Fall dem gefürchteten Knöllchen. Ein Parkhaus hat so gut wie jedes größere Kaufhaus, wer da keinen Platz findet, wird bei den folgenden Adressen fündig:

- Michel Garage: Schaarmarkt, 20459 Hamburg (Innenstadt), Telefon 36 49 80, Fax 33 07 54, Mo-Do 7–1, Fr 9.30–2, Sa 9.30–2, So 9.30–1 Uhr; E-Mail: parkhaus@spriag.de
- Parkhaus am Hauptbahnhof: Baumeisterstraße/Borgesch 1, 20099 Hamburg (Innenstadt), Telefon 36 49 80, Fax 33 07 54, Mo-So 24 Stunden; E-Mail: parkhaus@spriag.de
- Parkhaus Bleichenhof: Große Bleichen 35, 20354 Hamburg (Innenstadt), Telefon 35 08 41 35, Fax 35 08 41 40, Mo-Sa 6–24 Uhr; www.bleichenhof.com
- Parkhaus CCH: Tiergartenstraße, 20355 Hamburg (Innenstadt), Telefon 34 46 70, Fax 34 46 70, Mo-Fr 24 Stunden
- Parkhaus Große Reichenstraße: Große Reichenstraße 14, 20457 Hamburg (Innenstadt), Telefon 36 49 80, Fax 33 07 54, Mo-Fr 7–21, Sa 7–17 Uhr
- Parkhaus Kunsthalle: Ferdinandstor 1, 20095 Hamburg (Innenstadt), Telefon 36 49 80, Fax 33 07 54, Mo-Mi 7–21, Do 7–22, Fr 7–21, Sa 7–19, So 9.30–18.30 Uhr; E-Mail: parkhaus@spriag.de
- Parkhaus Oper: Drehbahn 15, 20354 Hamburg (Innenstadt), Telefon 35 60 10, Fax 35 60 13 58, Mo-So 24 Stunden
- Parkhaus Rödingsmarkt: Rödingsmarkt 14, 20459 Hamburg (Innenstadt), Telefon 36 49 80, Fax 33 07 54, Mo-Fr 7–21 Uhr

## Parks

Grün ist die Farbe der Hoffnung und beruhigt. Die Wirkung, die von einem Rhododendron- oder Hortensienblatt ausgeht, wissen gerade gestresste Großstädter zu schätzen. Würdigend bevölkern sie in Scharen die Grünflächen, sobald die Arbeitszeiten eine Pause zulassen – durchatmen, auftanken, entspannen und genießen. Die Liste der Vorteile ist lang: weite Strecken in aller Ruhe zu Fuß zurücklegen, sich am Kiosk erfrischen, dem Verlauf der plätschernden Bäche folgen oder den Vögeln beim Nestbau zusehen… Auf insgesamt 1700 Hektar pumpt Hamburgs „grüne Lunge" Frischluft in die Städter-Seelen. Zwischen Winterhude und Barmbek breitet sich auf 151 Hektar der **Stadtpark** aus (U3 Saarlandstraße und Borgweg). Auf den weitläufigen Grünflächen trifft sich ein breiter Querschnitt Hamburgs zum Liegen, Flirten und Grillen. Die Aktiveren joggen auf den Wegen dazwischen oder schwimmen im Natursee-Freibad. Von da aus kann man die im Sommer auf der Freilichtbühne stattfindenden Open-Air-Konzerte zumindest akustisch verfolgen. Für den Blick in die Sterne empfiehlt sich das Planetarium (▶ *Planetarium*). Wer sich langweilt, wird im zentral gelegenen Park **Planten un Blomen** an der S-Bahn Dammtor unterhalten. Im Sommer erwarten Meere von Pflanzen und Blumen die Erholungssüchtigen. Die Wege schlängeln sich vom Rosen- zum Apothekergarten, vom Alten Botanischen bis in den Japanischen Garten, der von den Elementen Wasser und Stein dominiert wird. Im Tropenhaus können Bananen- oder Kaffeebäume außerhalb ihrer karibischen Heimat besichtigt werden. Von Mai bis September wird das Parkleben musikalisch begleitet, wechselnd von Klassik, Flamenco oder Jazz, sowohl im Musikpavillon als auch am See, wo angeleuchtete Wasserfontänen unter dem klangvollen Namen „Wasserlichtspiele" zu Musikbegleitung in die Luft geschossen werden. Jedes Jahr im September lesen Dichter in einer geheimnisvollen nächtlichen Inszenierung in Planten un Blomen ihre Werke vor (▶ *Literatur*). Entlang der Elbe in Richtung Blankenese kann auf wenigstens zwanzig Kilometern nahtlos durchs Grün gewandert werden. In der Kette der 16 **Elbparks** fällt vor allem eines auf – der Blick auf Hamburgs wunderschöne Elbe. Schröder's Elbpark, Jenischpark, Baurs Park, Schinkels Park, Römischer Garten, und wie sie alle heißen. Außerdem sind sie durch ihre Hanglage im Winter günstiges Rodelterrain. Das Schanzenviertel spiegelt seine bunte Individualität im **Schanzenparkt** (S-Bahn Sternschanze) wider. Ein alter Wasserturm thront über der

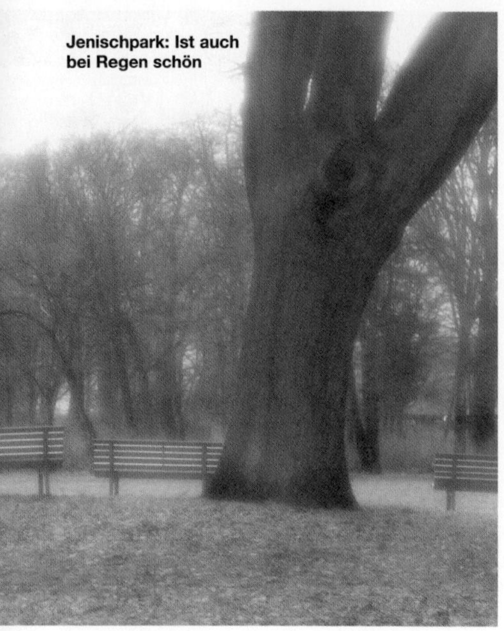
Jenischpark: Ist auch bei Regen schön

Grünfläche. Im Sommer lädt das Open-Air-Kino zu lauschigen Filmnächten im Schanzenpark ein. Im **Niendorfer Gehege** (U-Bahn Niendorf-Markt) kann man auf Wanderwegen durch den Wald streifend die Natur genießen. Kinder können Ponys reiten und das Wildgehege besuchen. Der **Hammer Park** (U-Bahn Hammer Kirche) ist mit 15 Hektar Grünfläche die wichtigste Oase des Ostens und bietet eine der besten Minigolfbahnen der Stadt. Im Westen dient der angenehm saubere **Klövensteen** (S-Bahn Rissen) mit Wildgehege und Ponyreiten der Familienerholung. Der **Altonaer Volkspark** (S-Bahn Stellingen) ist aufgrund seiner Lage neben der AOL-Arena an Heimspieltagen des HSV nicht zu empfehlen. Ansonsten locken große Wiesen haufenweise Griller, Jogger und Hundebesitzer an. Südlich der Elbe wartet der **Harburger Stadtpark** am Außenmühlenteich (S-Bahn Harburg, dann Bus 145 oder 245 bis Marmstorfer Weg) mit Biergarten, Bootsverleih und Freibad auf Besucher. Der Uferbereich des Teichs beherbergt seltene Pflanzenarten. Auch die Grünanlagen rund um die **Alster** sind nicht zu verachten, vor allem wenn man dem beliebten hanseatischen Sehen-und-gesehen-werden-Spiel etwas abgewinnen kann. Die **Moorweide** gegenüber vom Bahnhof Dammtor ist eine der traditionsreichsten Freiflächen der Hamburger Innenstadt. Sie lag anno 1800 noch außerhalb der Stadtbefestigung und diente ehemals als Gänse- und Kuhweide. Während des ersten Weltkriegs wurde auf der Moorweide ein Rundbunker erbaut, der heute als Café/Bar genutzt wird. Um 1941 diente das 50 000 Quadratmeter große Areal als Notlager für ausgebombte und obdachlos gewordene Hamburger. Dort türmten sich damals Brot und Butter in Fässern und wurden verteilt. Im zynischen Gegensatz dazu stand die Nutzung einer kleinen seitlich gelegenen Partie als Sammelstelle für die Deportationen der jüdischen Bewohner Hamburgs. Anfang der Achtzigerjahre wurde die Moorweide für „Kunst im öffentlichen Raum" genutzt, so auch für die berühmte Plastik „Ruhende Figur" von Henry Moore. Das weit im Norden Hamburgs gelegene **Wohldorfer Gut** (U1 Ohlstedt, dann rechts vom Bahnhof in nördlicher Richtung durch den Wald) wurde 1712 neu errichtet und war früher der Verwaltungssitz des Hamburger Staatsgutes. Alster und Ammersbek durchfließen das Gebiet. Neben dem Herrenhaus findet man an weiteren historischen Gebäuden das Mühlengebäude am großen Teich, die Instenhäuser des Gutes oder das Forsthaus am Kupferredder. Westlich des Bahnhofs Volksdorf liegt der Marktplatz mit dem alten Bahnhofsgebäude der Walddörfer Bahn. Folgt man der Bahnlinie nach Ohlstedt, gelangt man zum **Katthorstpark**. Er wird von drei Wegen erschlossen, die eine Wiese und ein kleines Gehölz einrahmen, ist aber nur eine der zahlreichen idyllischen Grünflächen Volksdorfs. Eine weitere Attraktion bilden die **Volksdorfer Teichwiesen** (U1 Volksdorf, nach dem Bahnhofsplatz rechts, Erläuterungstafel zur Regenwasserauffanganlage). Dieses eiszeitliche Tunneltal ist eine der wenigen geologisch interessanten Formationen, die heute noch im Stadtgebiet deutlich zu erkennen sind. Ein kleines Moor im Zentrum und die im Herbst bis Frühjahr häufig überfluteten angrenzenden Wiesen sind heute wieder ein wertvolles Biotop für viele Pflanzen und Tierarten. Deshalb wurden die Teichwiesen 1993 als Naturschutzgebiet ausgewiesen. Erholsam und ruhig ist auch der **Eichtalpark** (U1 Wandsbek Markt, dann Metrobus 9 oder Bus 262 bis Holzmühlenstraße West, Eichtalpark/Eichtalstraße). In den Zwanzigerjahren entstand an der sich hier malerisch schlängelnden Wandse der Eichtalpark aus einem ehemaligen privaten Park: Er liegt auf dem Gebiet des ehemaligen Gutes Wandsbek, zu dem verschiedene Mühlenbetriebe an der Wandse gehörten. Die Ufer der an Anglervereine verpachteten Teiche im Park sind von Weiden und Erlen umstanden sowie von sich stark ausbreitendem Pestwurz und anderen Sumpf- und Wasserpflanzen. Ein weiterer Bestandteil des Wandse-Grünzuges ist der **Botanische Sondergarten** in Wandsbek (Mo-Do 8–15, Fr 8–14 , Sa, So Februar bis Juni 8–14 Uhr, ab Juli je nach Veranstaltung). Auf Anregung des Wandsbeker Lehrervereins entstand Ende der Zwanzigerjahre in einer stillgelegten Hartsteingrube im Wandsetal ein Schulgarten. Auf 1,5 Hektar wurden für die städtischen Anlagen Blumen und

Stauden gezogen. Für den Schulunterricht wurden die heimischen Pflanzen im „System“ nach Abteilungen eingeteilt: Neben den Moor-, Sumpf- und Wasserpflanzen sind Nutz-, Gift-und Heilpflanzen zu finden. Die Anlage sollte sowohl wirtschaftlichen als auch gartenkünstlerischen Ansprüchen gerecht werden. In den Jahren 1944–48 wurde der Garten für die Versorgung der Bevölkerung genutzt und dabei stark geschädigt. Die alte Struktur wurde 1951 aber wiederhergestellt und die Fläche in den Achtzigerjahren auf 5,5 Hektar erweitert. Der **Öjendorfer Park** (U1 Wandsbek Markt, dann Metrobus 10 bis Bruhnrögenredder) entstand ab 1958 in einer ehemaligen Sandgrube. Das Kernstück des Parks ist ein fünfzig Hektar großer See, der mit einem Badeplatz ausgestattet ist. Auch ein Rodelhügel wurde angelegt, der von Gehölzsäumen umgeben ist. Ein Rundweg erschließt den Park und führt zwischen See und Schleemer Bach durch einen Niederwald entlang den Wiesenbiotopen und einem Vogelschutzgebiet. Direkt an der Elbe, auf der Halbinsel Entenwerder im Stadtteil Rothenburgsort, ist ein öffentlicher Park entstanden. Er heißt **Elbpark Entenwerder** (S 2/ S 21 Rothenburgsort; südlich über Billhorner Deich, Ausschläger Elbdeich, Entenstieg) und soll zusätzliche Spiel- und Freizeitflächen für den mit Grün unterversorgten Südosten der Hamburger Innenstadt schaffen. Das besondere an diesem Park ist die Lage im Außendeichbereich: Überschwemmungen bei Sturmfluten inklusive. Der Gehölzbestand mit Weiden und Erlen ist flussauenspezifisch. Durch seine Landverbindung zum Stadtkern von Rothenburgsort hat der Stadtpark eine örtliche Bedeutung, als Teil des geplanten „erlebbaren Ufers der Elbe“ von Wedel bis zum Wasserpark im Osten Hamburgs eine überörtliche Bedeutung. Der in unmittelbarer Nachbarschaft zum Elbpark Entenwerder gelegene **Trauns Park** (S1 Rothenburgsort. Südlich über Billhorner Deich – Ausschläger Elbdeich) zählt zu den ältesten Relikte Parkanlagen Stadt. Im 18. Jahrhundert bildete er den Anfang einer Kette von Landhäusern und Gärten südöstlich der Innenstadt. Nach seiner Instandsetzung soll der Park wieder zu einem besonderen Anziehungspunkt werden.

▸ *Botanik*
▸ *Friedhöfe*
▸ *Naturschutz*

## Parteien

Wenn Sie nicht nur vom Fernsehsessel oder Stammtisch aus am politischen Leben teilnehmen wollen, reicht ein Griff zum Telefonhörer:

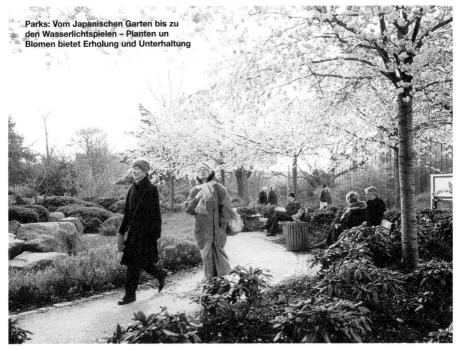

**Parks: Vom Japanischen Garten bis zu den Wasserlichtspielen – Planten un Blomen bietet Erholung und Unterhaltung**

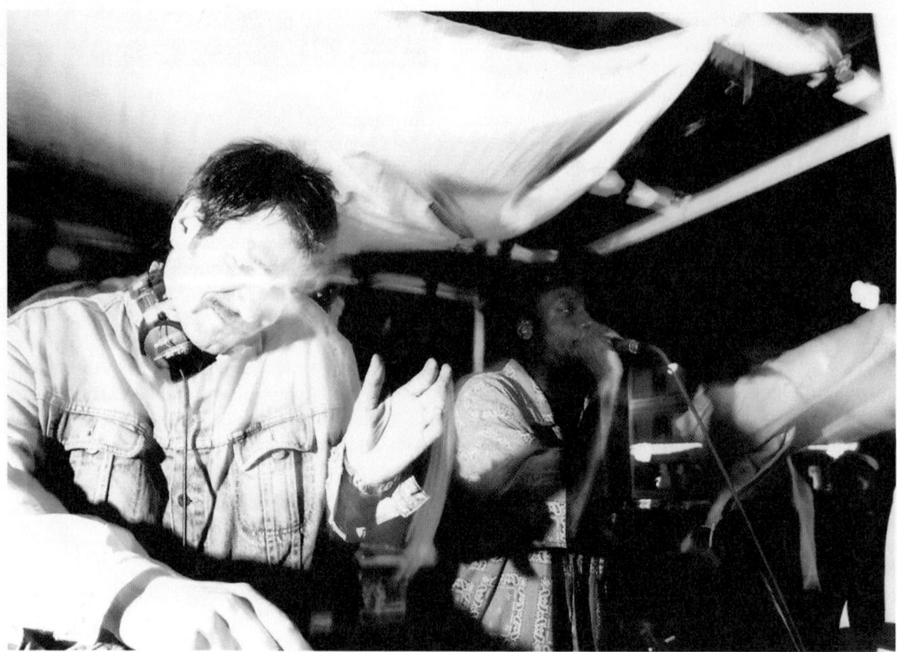

**Party: Wenn DJ Ingo Schepper (li.) von Lovetank Sound System auf Ihrer Party auflegt, ist Jamaika ganz nah**

- CDU Landesverband Hamburg: Leinpfad 74, 22299 Hamburg (Winterhude), Telefon 46 85 46, Fax 46 35 10, Mo-Do 8.30–17, Fr 8.30–16 Uhr; www.cduhamburg.de
- Die Grauen – Graue Panther Landesverband: Postfach 53 02 73, Hamburg, Telefon 6 56 45 44, Fax 6 56 45 44; www.graue-panther-online.de
- DKP Bezirksvorstand: Lindenallee 72, 20259 Hamburg (Eimsbüttel), Telefon 4 80 49 00, Fax 4 80 42 19, Mo-Fr 15–18 Uhr; www.dkp-hamburg.de
- FDP Landesverband Hamburg: Ost-West-Straße 63, 20457 Hamburg (Innenstadt), Telefon 36 63 63, Fax 37 51 82 10, Mo-Fr 9–15 Uhr; www.FDP-hh.de
- GAL Landesverband Hamburg: Curienstraße 1, 20095 Hamburg (Innenstadt), Telefon 3 99 25 20, Fax 39 92 52 99, Mo-Do 10–13 und 15–17 Uhr, in den Ferien nur vormittags
- Partei Rechtsstaatlicher Offensive: Gotenstraße 12, 20097 Hamburg (Borgfelde), Telefon 23 68 60 01, Fax 23 68 60 03, Mo-Fr 10–17 Uhr; www.schill-partei.de
- PDS/Linke Liste: Neuer Kamp 25, 20359 Hamburg (St. Pauli), Telefon 3 89 21 64, Fax 43 09 70 28, Mo, Mi, Fr 16–19 Uhr; E-Mail: PDSlvhamburg@aol.com; www.pds-hamburg.de
- Regenbogen: Koppel 30, 20099 Hamburg (St. Georg) Telefon 43 28 07 33, Fax 43 28 07 37; www.regenbogen-hamburg.de
- SPD Landesorganisation Hamburg: Kurt-Schumacher-Allee 10, 20097 Hamburg (Innenstadt), Telefon 28 08 48 21, Fax 28 08 48 18, Mo-Fr 8.30–17 Uhr; www.spd-hamburg.de

## Partnerschaftsberatung

Eine Krise muss nicht gleich zum „Rosenkrieg" führen. Die wichtigsten Anlaufstellen für krisengeschüttelte Paare:

- Arbeitskreis für Paar- und Psychotherapie e. V.: Bahnhofstraße 26a, 25474 Hamburg (Bönningstedt), Telefon 55 69 38 08, Fax 55 69 39 00, Mo-Fr 8–16 Uhr, www.paar-psychotherapie.de
  Bietet unter anderem Partnerschaftsseminare und Seminare für das Familienstellen; telefonische und E-Mail-Beratung möglich
- Evangelisch Freikirchliche Beratung: Grindelallee 101, 20146 Hamburg (Univiertel), Telefon 41 75 04, Fax 71 14 26 92, Mo 10–12, Mi 18–20 Uhr; www.efb-hamburg.de
  Bietet neben Familientherapie auch Paartherapie unter professioneller Leitung sowie Kommunikationtraining an. Die Kosten richten sich nach der sozialen Situation der Paare

- Lichtpunkt e. V.: Zur Seehafenbrücke 12, 21073 Hamburg (Harburg), Telefon 7 66 62 62, Fax 76 75 30 63, Mo-Do 13-22 Uhr; www.partnerberatung.de
  Paar- und Familienberatungsstelle

## Party

Das Stimmungsniveau einer Party hängt in erster Linie von der Konstellation der geladenen Gäste ab. Neben dem gelangweilten Schwiegersohn sollte man nicht unbedingt seine verhasste Stiefmutter platzieren, einen HSV-Fan nicht neben einen St.-Paulianer setzen, den Veganer nicht neben den Metzger und so weiter und so fort. Damit man sich als Gastgeber voll und ganz auf das Zwischenmenschliche konzentrieren kann, empfiehlt es sich, einen der zahlreichen Partyprofis der Stadt zu konsultieren. SZENE HAMBURG hat für Sie eine Auswahl zusammengestellt:

**Bands:** Falls die Zusammenstellung der Gästeliste mal wieder völlig misslungen ist, sollten Sie versuchen, das Augenmerk der Festgemeinschaft auf einen Punkt zu konzentrieren. Eine gute Liveband kann bei psychosozialen Party-Diskrepanzen effektiv Abhilfe schaffen. Standardtanz oder handelsübliche Stimmungsmusik findet man in den „Hamburger Branchen" unter dem Stichwort „Musikgruppen". Vor dem Booking lohnt es sich in jedem Fall, ein Demotape anzufordern, das Niveau einer Combo ist nicht unbedingt abhängig von ihrer Preislage.

- 1/2 Couch: Telefon 44 42 69
  Passt in die kleinste Küche und teilt jedes Partyvolk innerhalb von Sekunden in frenetische Anhänger und Country-Flüchtlinge; stilistisch irgendwo zwischen Krautrock und Johnny Cash; Verhandlungsbasis 600 Mark
- Michow Concerts: Pogwischrund 13f, 22149 Hamburg (Rahlstedt), Telefon 39 90 77 88, Fax 39 90 77 89; E-Mail: s.anowski@cover-concerts.com; www.michow-concerts.de
  Ex-Große-Freiheit-36-Booker Stefan Anowski, eigentlich promovierter Chemiker, hat den Draht zu Cover-Kapellen. Im Programm: Westernhagen, ZZ Top, Status Quo, Beatles, Abba, AC/DC und viele andere aus Disco, Soul und Schlager. Die Gagen gehen bei 1000 Euro los
- Soul Society Band: c/o Longhorn Studio, Ulzburger Straße 34, 22850 Hamburg (Norderstedt), Telefon 52 98 38 50, Fax 52 98 38 51; www.soulsociety.de
  Bobby Byrd nennt sie „The funky Hamburgers". Nicht nur Mr. Sexmachine, auch funksouljazzy Superstars wie Roy Ayers, Lalomie Washburn, Eddi Bo, Plunky und Vickie Anderson kamen schon in den begleitenden Genuss der „Soul Society – live und im Studio. Auch in eigener Sache reißen die Rhythmiker, Bläser und Sänger der „besten Partyband der Hansestadt" das Dach vom Sauger
- Stumble Records: Hohenesch 76, 22765 Hamburg (Altona), Telefon 37 50 01 84, Fax 37 50 01 85, Mo-Fr 10–18 Uhr; www.stumble.de
  Das Hamburger Blues-Label Stumble bucht nicht selbst, rückt aber gern die Telefonnummern der jeweiligen Agenturen heraus. Im Programm: Abi Wallenstein, The Chargers, B. B. & The Blues Shacks, Tom Shaka, Memo Gonzalez & The Blues Casters und Nick Katzman. Unter 750 Euro Gage läuft wenig bis gar nichts
- Tropimusic – Vicky Koke: Riester Straße 10, 29553 Rieste, Telefon 0 58 23/79 67; Fax 0 58 23/60 76, Mo-Fr 10–18 Uhr; E-Mail: tropimusic@t-online.de; www.tropimusic.de
  Musik und Tanz aus Kuba, Brasilien und Lateinamerika: Klimax, Havana Flow, Canela; Habana Show Dance, Arnold y su Son, Pipoca, Jorge Degas Trio; Preise zwischen 1000 und 5000 Euro; Workshops

**Catering:** Eine frisch garnierte Sahnetorte löst optische und olfaktorische Impulse im menschlichen Nervensystem aus. Das Signal gelangt direkt ins Appetitzentrum des Gehirns, um dort unter „lecker" oder „eklig" verbucht zu werden. Gegebenenfalls signalisiert der Reiz dem Haferbunker: „Magensäfte produzieren!" Wenn der Gastgeber bei seinem Partyvolk genau dieses Signal aktivieren kann, ist sein Fest gelungen. Wenn nicht – nächstes Mal die Profis machen lassen.

▶ *Essen + Trinken/Mietköche/Direkt ins Haus*

- Brunckhorst: Jacobsenweg 3–11, 22525 Hamburg (Stellingen), Telefon 54 50 88, Fax 5 40 66 17, Mo-Fr 8–17, Sa 8–12 Uhr; www.brunckhorst-partyservice.de
  Brunckhorst ist darauf spezialisiert, jeden Anlass in eine Feier und jeden Tisch in eine festliche Tafel zu verwandeln. Kleine private Feste organisieren sie genauso professionell wie große Galaveranstaltungen – mit allem was dazu gehört: Speisen und Getränke, Dekoration und Rahmenprogramm, Personal und Ausstattung. Preise auf Anfrage
- Der Blaue Hummer: Große Elbstraße 212, 22767 Hamburg (Altona), Telefon 39 90 67 96, Fax 38 69 97 73, Mo-Fr 9–17 Uhr; www.der-blaue-hummer.de
  Das Team vom Blauen Hummer übernimmt Ihre

gesamte Partyorganisation vom Essen bis zum Abräumen. Besonders gutes Fingerfood

- Kochsalon: Bernhard-Nocht-Straße 95, 20359 Hamburg (St. Pauli), Telefon 31 79 60 70, Fax 25 32 87 87, Mo-Fr 13–24, Sa, So 15–24 Uhr; www.kochsalon.de
  Catering ab acht Personen, große Fingerfood-Auswahl, Filmcatering, Büfetts für Privatevents, wenig Standards, alles nach Absprache
- Kyti Voo: Lange Reihe 82, 20099 Hamburg (St. Georg), Telefon 28 05 55 65, Fax 28 05 55 64, Mo-Fr 9–18, Sa 11–16 Uhr; www.kytivoo.de
  „Coffee to go"-Konzept mit hochwertigen Snacks. Panini, Suppen, Muffins & Co; das gesamte Angebot auch als Catering
- La Cantinetta: Lagerstraße 19, 20357 Hamburg (Eimsbüttel), Telefon 43 19 02 76, Fax 43 19 02 77, Mo-Fr 9–17, Sa 10–14 Uhr, Kreditkarte: EC-Karte; www.lacantinetta.de
  Italienische Spezialitäten
- Mario Ganzoni: Eppendorfer Landstraße 61, 20249 Hamburg (Eppendorf), Telefon 47 38 55, Fax 4 80 13 82, Mo-Fr 12–20, Sa 12–16 Uhr
  Raffinierte italienische Spezialitäten, von der kalten Antipasti-Platte bis zum geschmorten Zicklein. Besonderheit: Nicht nur Servicepersonal, sondern auch Bankettleiter, Küche und Küchenchefs können geordert werden
- Marriott Hotel: ABC-Straße 52, 20354 Hamburg (Innenstadt), Telefon 3 50 50, Fax 35 05 17 77, Mo-So 24 Stunden, Kreditkarten: alle, EC-Karte; www. marriotthotels.com
  Catering-Service vom Empfang im privaten Rahmen bis hin zur Galaveranstaltung; gute Versorgung von 200 bis zu 2000 Personen möglich
- Party-Service Böttger & Strobl: Moltkestraße 31, 20253 Hamburg (Hoheluft), Telefon 4 22 80 08, Fax 42 01 84 2, Mo-Fr 9–18 Uhr; E-Mail: info@boettger-strobl.de
  Neben den Speisen und Getränken kann von der Tischwäsche bis zum Servicepersonal alles geliefert werden. Die Speisekarte umfasst Kanapees, kalte Snacks und warme Dips sowie eine Vielzahl an warmen Gerichten. Besonderheit: Spezialitätenbüfetts, italienisch, bayerisch oder hamburgisch, ab 17 Euro pro Person
- Traiteur Wille Brass: Gottschedstraße 13, 22301 Hamburg (Winterhude), Telefon 27 49 66, Fax 27 36 93, Mo-Fr 10–18 Uhr, Kreditkarte: EC-Karte; www.traiteur-wille.de
  Kleines Delikatessengeschäft, Wein- und Feinkost. Kostproben vom Traiteur sind bei aufwändigen Bestellungen selbstverständlich. Besonderheit: der auf schwedische Art selbst gebeizte „Gravlax", der am besten fingerdick serviert wird
- Viehhausers Stadtküche: Thadenstraße 164, 22767 Hamburg (Altona), Telefon 4 39 37 67, Fax 4 39 08 20, Mo-Fr 9–17 Uhr; www.viehhauser.de
  Die Speisen werden frisch aus der Region bezogen und saisonal zusammengestellt. Zwei bis 10 000 Personen können bewirtet werden, geliefert wird innerhalb weniger Tage, Preise werden pro Person berechnet. Besonderheit: neben internationaler Küche allerlei Spezialitäten aus Österreich: Tafelspitz, Topfenrahmstrudel, Marillenknödel

Catering: Viehhausers Stadtküche macht Ihre Party zum Erlebnis, Sie müssen nur noch für die Gäste sorgen

**Deko und Ausstattung:** Papiergirlanden, Luftschlangen und Häschen-Ballons sorgen bestenfalls auf einer Rheinländischen Singleparty für die passende Atmo. Wer seinen Gästen etwas Außergewöhnliches bieten möchte, dem stehen schier unbegrenzte Möglichkeiten offen. Von der „Raumschiff Enterprise"-Party im Tunnelgewölbe bis zur Versailler Schlosskulisse für die Schampus-Vernissage sind Ihrer Fantasie keine Grenzen gesetzt.

- Alles Klar! Veranstaltungsservice: Bornkampsweg 2, 22761 Hamburg (Bahrenfeld), Telefon 8 90 81 20, Fax 89 08 12 22, Mo-Fr 9–18 Uhr, Sa nach Vereinbarung, Kreditkarte: EC-Karte; www.allerleih.de
  Verleih von Festausrüstung, auf Wunsch mit Service; außerdem im Verleih: luxuriöses Porzellan, Besteck, Tischwäsche, Mobiliar und Accessoires

- Concept Veranstaltungsservice: Spaldingstraße 41, 20097 Hamburg (Hammerbrook), Telefon 23 80 84 40, Fax 23 80 84 43, Mo-Fr 8–18 Uhr; www.concept-vs.de
  Verleih von Inventar, Ausstattung und Zelten in verschiedensten Ausführungen
- FahnenFleck: Neuer Wall 57, 20354 Hamburg (Innenstadt), Telefon 32 08 57 70, Fax 32 08 57 79, Mo-Fr 10–19, Sa 10–16 Uhr, Kreditkarten: EC-Karte, Visa; E-Mail: fahnen@t-online.de; www.fahnenfleck.com
  Girlanden, Ballons etc.
- Gerresheim Festausstattung: Bargkoppelweg 56, 22145 Hamburg (Meiendorf), Telefon 6 78 09 11, Fax 67 82 34 0, Mo-Fr 9–18 Uhr; www.feste-erleben.de
  Hilfe bei Festplanung und Organisation, Verleih von Geschirr, Besteck, Küchenequipment, Mobiliar und Zelten; Crushed Ice für 6 Euro/10 kg; Folie, Kerzen und Fackeln
- Sun Palms GmbH: Rentzelstraße 36–48, 20146 Hamburg (Univiertel), Telefon 45 39 81, Fax 45 41 90, Mo-Fr 10–18 Uhr, Kreditkarten: EC-Karte; www.sunpalms-hamburg.de
  Von Kunstpflanzen über Bambus, Ahorn, Bananenpflanzen mit Stauden und eine Vielzahl an Palmen bis hin zu übergroßen Blumen

**Discjockeys:** Für eine gute Party braucht man aus drei Gründen einen noch besseren DJ. Erstens: Die eigene Plattensammlung ist selten so umfangreich, dass sie über eine Dauer von zehn Stunden abwechslungsreich unterhalten könnte. Zweitens: Ein guter Kumpel mit Discjockey-Ambitionen schert sich eventuell einen feuchten Kehricht um die Musikwünsche der Gäste. Drittens: Die karibische Palmen-Deko verträgt sich weniger gut mit altdeutscher Marschmusik.

- Fatbacksound Hamburg: www.fatbacksound.de
  Ein Name, der seit 1995 für fette Bässe mit hohem Spaßfaktor steht. Dirk, Omo, Johnsen und Hasi H, sind die vier Jungs aus Hamburg die den reinen Vinylsound mit dem Livesound der Gastmusiker zu einem Groove zusammenfügen.
  Auftritte mal im Mojo, mal im Golden Pudel Klub, mal in der Roten Flora, mal überall; auch in Köln und Berlin haben sie bereits zugeschlagen. Der Preis ist Verhandlungssache
- Female Funk Attack und Miss Leema: Telefon 01 77/3 85 44 88
  Rare Funk und integrierter R&B-Sound. Das afro-

Party: Auf Kampnagel finden regelmäßig Partys statt, Sie können die Hallen aber auch für Ihr eigenes Fest mieten

allemanische DJane-Duo Female Funk Attack und Miss Leema arrangieren James Brown, Ohio Players, Bohannon, Commodores, Bar Keys, Zap et cetera mit modernem Soul. Bekannt aus der Bar Le Fonque, sorgen die Sisters auf exzessiven Plateauschuh-Partys für Siebziger/Achtziger-Nostalgie. Mit Schlaghose und original Afrohairstyle bilden die Ladys auf Wunsch den nötigen Blickfang. Verhandlungsbasis 400 Euro pro Abend

- Le Fonque-entertainment/Gideon Schier: Telefon 4 30 69 20; www.lefonque.com
  DJ- und Liveact-Booking im Bereich HipHop, Siebziger/Achtziger-Funk, Soul, R&B, Reggae
- Lovetank Sound System: Bartelsstraße 11, 20357 Hamburg (Schanzenviertel), Telefon 4 30 88 39, Fax 4 30 88 49, Mo-Fr 12–19, Sa 12–16 Uhr, Kreditkarte: EC-Karte; E-Mail: selecta-shop.de; www.lovetank.de
  Lovetank ist ein Gesamtkonzept. Während Lord Schepper und Franky Dee aktuelle Songs aus Jamaika, eigene Dubplates und Alltime Favorites auflegen, mischt Operator Ommes Effekte und Samples dazu. Komplett sind Lovetank allerdings erst mit den Jungs am Mikrofon. Beliebt ist die Kombination mit Mystik Dan, Reggae-Sänger und HipHop-Shouter, die auf der Bühne improvisieren. Der Preis ist Verhandlungssache
- Shelterclub (Molotow): Spielbudenplatz 5, 20359 Hamburg (St. Pauli), Telefon 4 30 11 10, Fax 43 25 45 95; www.soulsville.de
- Spellbound: Bahrenfelder Steindamm 87, 22761 Hamburg (Altona), Telefon 42 91 33 90; E-Mail: spellboundinfo@aol.com,
  Spellbound bedeutet, „von etwas gefangen, verzaubert" zu sein. Wer immer dasselbe hören will, der ist bei Spellbound an der falschen Adresse. Von Motown bis zu Nothern Soul können Spellbound jede Menge Soulraritäten, aber auch Beat und Pop aus dem Hut zaubern. Preis auf Anfrage

**Fotograf:** Wer sich mit seinen Enkelkindern über die Hochzeitsfotos mit den Lebensabschnittspartnern amüsieren oder die peinlichen Annäherungsversuche seines Chefs beim letzten Betriebsfest in Form von Fotos oder Videobändern dokumentiert haben möchte, wendet sich an:

- Agentur Fotopress: Borndeel 20, 22453 Hamburg (Niendorf), Telefon 58 50 50, Fax 58 70 07, Mo-Fr 9–18 Uhr, Kreditkarten: alle; www.foto-fpi.de

**Gartenpartys/Grillpartys:** Zugegeben, eine Grillparty in nördlichen Gefilden fällt meistens nicht ganz so variationsreich und kreativ aus, wie ihr amerikanisches Barbecue-Pendant. Aber welcher Grillmeister kann schon in den sechs Wochen grillkompatiblen Wetters seine Fleischfantasien voll ausleben? Beim Schlachter (▶ *Essen + Trinken/ Schlachter*) kann man vorgewürztes Grillfleisch bestellen. Das erspart einem zumindest ratlose Blicke und zynische Kommentare. Außerdem gibt es ja noch die Wurst, um die uns selbst US-amerikanische Grillfanatiker beneiden. Die und Fleisch aller Varianten gibt's bei:

- Krögers-Fleisch GmbH: Sternstraße 68, 20357 Hamburg (Schanzenviertel), Telefon 43 10 88, Fax 43 63 68, Mo-Fr 5–13 Uhr; E-Mail: Ehsn@aol.com, www.kroeger-gmbh.de

**Getränke und Eis:** Damit Sie nicht als notorischer Geizknochen abgestempelt werden, weil der letzte Schluck Smirnoff um 6 Uhr morgens schon weggebechert ist, sollte immer für reichlich flüssige Spaßmacher gesorgt sein. Ein Getränkeservice liefert kistenweise und meistens auf Kommission. Manchmal können sogar einzelne Flaschen wieder zurückgegeben werden.

- Bier Shop: Grindelallee 143, 20146 Hamburg (Univiertel), Telefon 4 10 27 76, Fax 45 74 76, Mo-Fr 9–18.30, Sa 8.30–14 Uhr, Kreditkarte: EC-Karte
  Gute Konditionen, Abholpreise auf Kommissionsbasis, selbst einzelne Flaschen werden zurückgenommen. Lieferservice ab 10 Euro, Besonderheiten: 250 verschiedene Weine und 25 Sorten Sekt
- Caipi-Colada Bar: Kanalstraße 2, 22085 Hamburg (Uhlenhorst), Telefon 2 29 63 29, Fax 2 29 63 29, Di-Sa ab 21Uhr; www.caipi-colada.de
  Günstiger Mobilcocktailservice, Shaker, Gläser und Früchte werden mitgebracht. (1 Euro Pfand pro Glas). Der Barkeeper kommt mit kompletter Bar ins Haus, oder die bestellten Cocktails werden vorgemixt und vor Ort mit Früchten und Eis geschüttelt. Drei bis vier Tage vorher bestellen. Besonderheit: alle Caipirinha- und Colada-Varianten
- Haus der 131 Biere: Karlshöhe 27, 22175 Hamburg (Bramfeld), Telefon 6 40 50 70, Fax 6 40 20 71, Mo-Do 8–18, Fr 8–18.30 Uhr, Kreditkarte: EC-Karte; E-Mail: 131biere@bier.de; www.biershop.de
  Lieferservice, Preise sind abhängig von der Entfernung, nur auf Kommissionsbasis, wenn weniger als 50 Prozent der bestellten Ware zurückgeht. Besonderheiten: Biere aus Peru, Neuseeland, Nigeria, Trinidad und anderswo
- KGB Getränkeservice: Grootmoortwiete 17, 22175 Hamburg (Bönningstedt), Telefon 8 51 10 35, Fax 8 51 44 36
  Getränke und Zubehör für jedermann zu jedem Zweck zu jeder Zeit; Kosten ja nach Aufwand und verbrauchter Menge

**Live-Party-Acts:** Wer seine Partygäste auf Kommando in tiefen Schlaf versetzen will, der ordere einen Allround-Unterhalter mit Bontempi-Rhythmus-Orgel und Wendehals-Humor. Wenn die Gäste jedoch noch lange von Ihrer Party schwärmen sollen, sorgen Sie für extravagantere Showeinlagen. Wie wäre es mit einem knackigen Torten-Strip von sexy Günter? Oder einer Lolli-verteilenden Transe in Rokokorobe? Eine Literatur-Performance mit experimenteller Jazzbegleitung? Das Josephine-Baker-Double im Bananenröckchen?

- LeS ArT: Neuer Kamp 30c, 20357 Hamburg (Schanzenviertel), Telefon 43 20 94 05, Fax 43 20 92 71, Mo-Fr 8–20 Uhr; E-Mail: info@les-art-literaturevents.de
  Die Literaturwissenschaftlerin Paula Kuhn konzipiert themenorientierte Lese-Events für Anspruchsvolle. LeS ArT wurde '98 mit dem „Auslese Preis“ der Stiftung Lesen ausgezeichnet. Die Lesungen der professionellen und zum Teil prominenten Schauspieler werden mit experimenteller Livemusik oder auch jazzig untermalt. Die Agentur übernimmt auch Catering, Buchung, PR und Konzeption
- Magischer Zirkel: Gerhart-Hauptmann-Straße 8, 25421 Hamburg (Pinneberg), Telefon 04 10 1/6 73 84; E-Mail: Reggers195@aol.com; www.mz-hamburg.de
  „Wunder“ geschehen hier ohne Distanz zum Publikum mit interaktiven Zauberkünsten, Illusionen, Mentalmagie (Hellseherei); Preise nach Vereinbarung
- Show- und Veranstaltungsservice Hamburg: Klaus-Groth-Straße 9, 21465 Hamburg (Reinbek), Telefon 7 28 17 00, Fax 72 81 70 33; www.goldgala.de
  Vermittlung von ehemals populären Unterhaltungskünstlern oder bekannten Doubeln für spendabel

ausgerichtete Festivitäten. Einige Beispiele aus dem anzufordernden Katalog: Akkordeonspieler, Alleinunterhalter, Brasiltänzerinnen, Bungee-Run, Comedy-Künstler, Feuerschlucker, Stehgeiger. Na dann, fröhliches Betriebsfest

- Showcenter Eric Emmanuele: Rothestraße 62, 22765 Hamburg (Ottensen), Telefon 3 90 77 61, Fax 39 37 66, Mo-Fr 14–18 Uhr; E-Mail: eemmanuel@aol.com; www.showcenter.de Stelzenläufer, Flamencotänzer, Hase, Fisch, Papst oder Gorilla – Choreograf, Regisseur und Showspezialist Eric Emmanuele hat immer eine Idee; Kostümfundus mit über tausend historischen Kleidern

**Personal:** Wohin nur mit all den Jacken, Taschen und Knirpsen der geladenen und ungeladenen Festgesellschaft? Wer organisiert den fließenden Übergang zwischen ratzekahler Lachshäppchen-Platte und frischem Kaviar-Tablett? Der Gastgeber ist nahezu den ganzen Abend damit beschäftigt, Frau A mit Herrn B bekannt zu machen, die dann unbedingt noch Frau C kennen lernen will. Gutes Personal sorgt für die gastronomischen Voraussetzungen Ihres ausgedehnten Gelages, leert rechtzeitig die Aschenbecher und hilft beim Heraustragen der Schnapsleichen.

- Gastro Personal Service: Mönckebergstraße 19, 20095 Hamburg (Innenstadt), Telefon 30 38 00 26, Fax 30 38 00 53, Mo-Fr 9–17 Uhr; www.GPS-schmidtKG.de

**Sound und Licht:** Natürlich steht die Größe der Boxen manchmal auch invers proportional zum Grad der Stimmung. Eine dem Raum angemessene Anlage ist aber keineswegs ein Fehler. In Hamburg gibt es genügend Verleihfirmen, die auch unerfahrene und technikfremde Gastgeber gut beraten. Alle Firmen verleihen natürlich auch die passende Anlage für die Live-Band. Ein guter Service lässt sich daran erkennen, ob die Jungs im Lager auf die Fragen der Kunden eingehen, ob es einen Notdienst gibt, der die ausgefallene Bassbox auch um 3 Uhr morgens noch repariert und wie teuer der Auf- und Abbau ist.

▶ *Musik/Anlagen*

**Wo feiern:** Man kann, man muss aber nicht immer im eigenen Wohnzimmer feiern. Tatsächlich bieten auch spannendere Lokalitäten die Möglichkeit, grenzenlos herumzusauen. Die meisten Catering-Services bieten neben der Verköstigung einen Allround-Service, der sich um Partyzelte, Bestuhlung, Bühne und Unterhaltung kümmert (▶ *Catering*). Falls Ihnen dafür der eigene Garten fehlt, mieten Sie sich doch ein bei:

- Kampnagel: Jarrestraße 20, 22303 Hamburg (Winterhude), Infos zur Vermietung: Telefon 27 09 49 15, www.kampnagel.de, großzügige Theatersäle, Foyer, Casino eignen sich z.B. gut für Fortbildungsveranstaltungen von Firmen, auch Privatpersonen können sich auf Kampnagel für Partys einmieten, abhängig vom Theaterbetrieb
- Kasematten 6: Altländer Straße 6, 20095 Hamburg

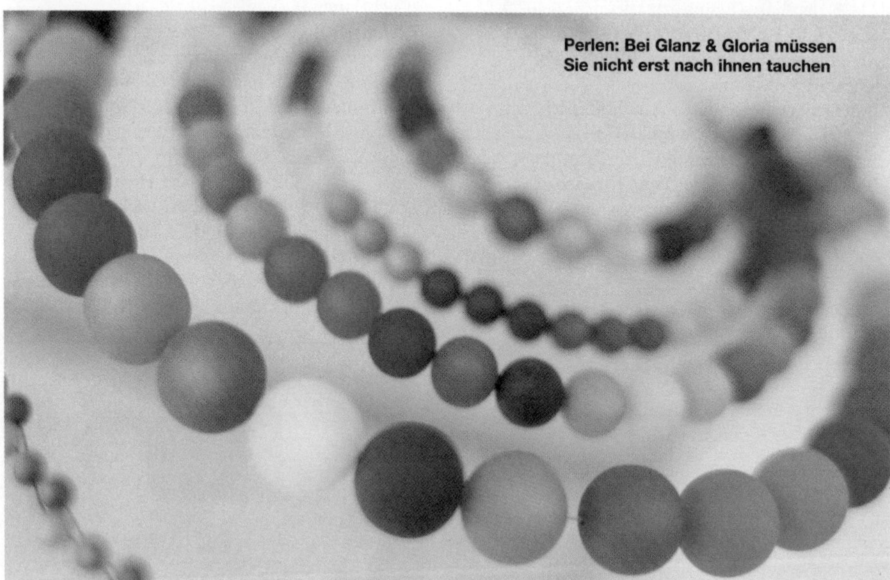

**Perlen: Bei Glanz & Gloria müssen Sie nicht erst nach ihnen tauchen**

(Altstadt), Telefon 30 39 90 99, Fax 32 15 53
Tunnelgewölbeambiente auf 220 Quadratmetern für Partys ab 150 Gästen. Der Vermieter lässt Sie Ihre Dekorationsfantasien voll ausleben

- Magischer Zirkel: Gerhart-Hauptmann-Straße 8, 25421 Hamburg (Pinneberg), Telefon 0 41 01/6 73 84; E-Mail: Reggers195@aol.com; www.mz-hamburg.de
  Nostalgisches Theater mit 50 Plätzen. Wer sich eine Zaubervorstellung ansehen möchte, sollte Herrn Gundlach kontaktieren
- Schiffsvermietung Meyer: Landungsbrücken, Brücke 2 und 6, 20359 Hamburg (St. Pauli), Telefon 3 17 73 70, Fax 31 77 37 37, Mo-So 9–18 Uhr; www.barkassen-meyer.de
  Eine Barkasse für zirka fünfzig Personen kostet ab 105 Euro/Stunde, ein Fahrgastschiff gibt es ab 275 Euro in der Stunde
- Tanzstudio La Yumba: Kastanienallee 9, 20359 Hamburg (St. Pauli), Telefon 7 21 21 19, Fax 72 69 86 73, Mo 16–18, Do 9.30–11.30 Uhr; www.layumba.de
  Zwei Räume, einer für bis zu 60, der andere für bis zu 200 Personen; Gastronomie möglich
- Toulouse Institut: Beerenweg 1d, 22761 Hamburg (Altona/Ottensen), Telefon 3 90 59 91, Fax 3 90 10 27, Di, Fr 10.30–13 Uhr; www.toulouse.de
  Stellen drei verschieden große Veranstaltungsräume mit Musikanlagen zur Verfügung, allerdings nur für Nichtraucher-Partys; Parkplätze vor Ort

## Perlen

Selbst gemachter Schmuck besticht durch seine Einzigartigkeit. Wer den winzigen Laden „Tautropfen" betritt, dem öffnet sich eine reiche Schatztruhe: Perlen aller Art. Den Schwerpunkt bilden Glasperlen aus unterschiedlichsten Ländern, es finden sich aber auch selbst hergestellte und Steinperlen, separat oder in ein Schmuckstück eingearbeitet. Dazu gibt's alles, was man zur Herstellung von Armbändern, Ketten und Ohrringen braucht. Auch Everglaze hält Perlen und Zubehör in allen Farben und Formen für eigene Kreationen parat. Ebenso wie Glanz & Gloria, das außerdem eine Auswahl an Naturknöpfen und keltischem Schmuck bietet. Fehlt am Ende noch der passende Verschluss fehlt, hilft der hobby-treff weiter. Wer echte Perlen sucht, kann mit dem Austernessen aufhören, denn die hat Ben-Trading im Sortiment.

- Ben-Trading GmbH: Raboisen 101, 20095 Hamburg (Innenstadt), Telefon 3 33 01 90, Mo-Fr 9–17 Uhr, Kreditkarten: Diners, Eurocard, Visa; E-Mail: info@bentrading.com; www.uebermass-teppiche.de
- Everglaze: Grindelallee 164, 20146 Hamburg (Univiertel), Telefon 45 84 61, Fax 4 50 05 30, Mo-Fr 10–18.30 Uhr, Sa 10–15 Uhr, Kreditkarten: alle; E-Mail: everglaze@web.de; www.everglaze.de
- Glanz & Gloria: Dammtorstraße 22, 20354 Hamburg (Innenstadt), Telefon 34 68 02, Fax 34 68 45, Mo-Fr 10–20, Sa 10–16 Uhr, Kreditkarten: alle
- hobby-treff Lechler: Duvenstedter Damm 62a, 23397 Hamburg (Duvenstedt), Telefon 64 53 67 77, Mo-Fr 10–18, Sa 10–14 Uhr, Kreditkarten: Visa; EC-Karte; www.hobby-treff-lechler.de
- Tautropfen: Brüderstraße 14, 20355 Hamburg (Innenstadt), Telefon 34 43 51, Fax 35 71 44 04, Mo-Fr 11–19 Uhr, Kreditkarten: alle; www.tautropfen.net

## Perücken

Für die nächste Bad-Taste-Party ist eine Perücke Pflicht. Bei manchen hat der Haarersatz allerdings einen anderen Grund. Im Haarhaus Hamburg gibt es für jeden Geschmack die passende Perücke in sämtlichen Größen und Farben. Für Echthaarperücken müssen angehende Glatzköpfe tief in die Tasche greifen. Bis zu 2000 Euro kann ein handgeknüpftes Stück kosten. Allerdings gibt es auch maschinell angefertigte Kunsthaarperücken ab 150 Euro. Ingo Klimmet bietet neben Toupets und Perücken auch Hair Weaving an: Hier wird noch vorhandenes Haar mit neuem verknüpft. Die Preise liegen zwischen 115 und 1900 Euro.

- Haarhaus Hamburg: Hopfenmarkt 33, 20457 Hamburg (Innenstadt), Telefon 36 52 38, Fax 36 52 38, Mo 9–13 und 14–18.30, Di-Fr 9–13 und 14–18, Sa 9–13 Uhr, Kreditkarten: Amex, Visa, EC-Karte; www.adelmann-kg.de
- Hair Weaving Studio Ingo Klimmet: Neuer Wall 34, 20354 Hamburg (Innenstadt), Telefon 36 52 88, Fax 36 72 71, Mo-Fr 9–18, Sa 9–13 Uhr, Kreditkarte: EC-Karte

## Pfadfinder

Beim Fähnlein Fieselschweif gibt's mehr zu erleben, als ein Feuer mit zwei Hölzchen zu entfachen oder Eichhörnchenfährten zu lesen. Bei den Pfadfindern lernen Kinder und Jugendliche soziales Verhalten und das Leben in der Natur. Das stärkt die Kleinen, aber auch die Großen, nur dass Erwachsene für derartige Abenteuertrips auf so genannten Erlebnisreisen meist viel Geld bezahlen müssen. Bei den Kleinen zwischen acht und achtzehn Jahren sollte der Eintritt in eine Pfadfindergruppe nicht an den Kosten von etwa 15 Euro pro Quartal scheitern. Alexa Dräger von der Arbeitsgemeinschaft Hamburger Pfadfinderverbände vermittelt an den passenden Pfadfinderverband.

- Arbeitsgemeinschaft Hamburger Pfadfinderverbände: c/o Alexa Dräger, Lauensteinstraße 6, 22307 Hamburg (Barmbek), Telefon 63 97 60 20

## Pfeifen

„Ceci n'est pas une pipe." Mit dieser Bildunterschrift versah der Surrealist René Magritte seine Pfeifenskizze. Ein echter Pfeifenraucher lässt sich von derartigen Spielchen natürlich nicht aus der Ruhe bringen. Er beherzigt lieber das dritte Gebot der Pfeifenraucher: Du sollst mehrere Pfeifen besitzen. Denn eine benutzte Pfeife muss nach dem Gebrauch erst einmal das Restkondensat verarbeiten. Dafür braucht sie Ruhe. Und da ein richtiger Paffer sein Pfeifchen lediglich zum Parlieren absetzt, muss gleich das nächste Exemplar angefacht werden. Seitdem Kolumbus den Tabak für uns Europäer entdeckt hat, ist Pfeife rauchen nicht mehr nur ein indianisches Friedensritual, sondern längst zu Käpt'n Iglos größter Sünde und Sherlock Holmes wichtigstem Denkanstoß mutiert. Folgende Fachgeschäfte führen jede Form von Paff-Utensilien.

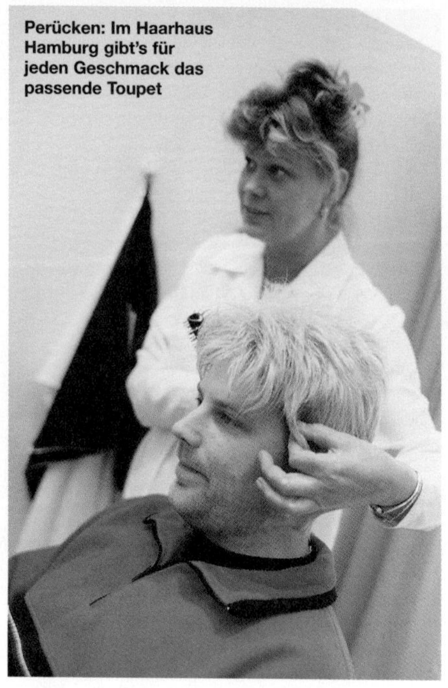
**Perücken: Im Haarhaus Hamburg gibt's für jeden Geschmack das passende Toupet**

- Holger Haettich: Kirchenallee 5, 21244 Buchholz, Telefon 0 41 86 82 10, Fax 0 41 86 82 10
  Herstellung von Bruyere-Unikaten. Vertrieb von Meerschaumpfeifen, Tonpfeifen, Secondhand-Pfeifen; historische Pfeifen; Reparaturen
- Pfeifen-Tesch: Colonnaden 10, 20354 Hamburg (Innenstadt), Telefon 34 25 84, Fax 3 58 94 98, Mo, Di, Mi Fr 9–18.30, Do 9–20, Sa 9–16 Uhr, Kreditkarten: alle;
  E-Mail: pfeifen-tesch@t-online.de
  Besteht seit 1880; größtes Spezialgeschäft für Pfeifen und Zubehör, hier gibt es auch Humidore, Feuchtigkeit spendende Kästen für karibische Zigarren
- Pfeifendepot und Werkstatt: Methfesselstraße 86, 20255 Hamburg (Eimsbüttel), Telefon 40 90 49, Di-Fr 10–18, Sa 10–13 Uhr
  Absoluter Liebhabertipp mit 19 (sic!) Geschäftsräumen, darin befinden sich unter anderem das Tabakmuseum „Priemhökers Probierstuv", eine Bibliothek zum Thema, Sets zum Selbstbauen von Pfeifen und die kleinste Teeküche Hamburgs
- Pipe & Tobacco Shop Hermann Schröder: Rahlstedter Bahnhofstraße 21, 22143 Hamburg (Rahlstedt), Telefon 6 77 29 60, Fax 6 77 71 61, Mo-Fr 6–18.30, Sa 6–14 Uhr, Kreditkarten: alle
- Tabak- und Pfeifenhaus Timm: Gerhart-Hauptmann-Platz 48d/Landesbankgalerie, 20095 Hamburg (Innenstadt), Telefon 33 80 24,

Fax 32 12 21, Mo-Fr 9.30–19.30, Sa 10–16 Uhr,
Kreditkarten: Visa, Master; EC-Karte
Handgemischte Tabake, edle englische und dänische Pfeifenmodelle, Zigarrenklimaraum; fachkundige Beratung

## Pferderennen

Mondän wie in Ascot geht's auf der Horner Galopprennbahn mitnichten zu, obwohl sich auch die hanseatischen Pferdeliebhaber gern mit pompösen Hüten schmücken. Wenn großer Derbytag in Horn ist, fühlt man sich aber eher an einen Abschlussball auf dem Gymnasium erinnert, auch wenn betuchtere Hamburger im Tragen der hohen Nase bekanntlich so ungeübt ja nicht sind. Nur gehört zum aristokratischen Stil dann doch etwas mehr. Das ändert jedoch nichts daran, dass hier ein attraktives Sport- und Wettprogramm geboten wird. Besonders hervorzuheben sind die regelmäßigen Auftritte der Araberpferde. Die Trabrennbahn Bahrenfeld hingegen ist die unumstrittene Domäne der Zocker. Es ist immer wieder faszinierend zu beobachten, wie agil besonders auch die älteren Damen und Herren von ihren Sitzen aufspringen können, wenn ihr Favorit mal wieder in den Keller geht und die Rente für den nächsten Monat gleich mitnimmt.

▶ *Reiten*

- Galopprennbahn Horn: Rennbahnstraße 96, 22111 Hamburg (Horn), Telefon 6 51 82 81; www.galopp-derby.de
- Trabrennbahn am Volkspark: Luruper Chaussee 30, 22761 Hamburg (Bahrenfeld), Telefon 8 99 65 80 , Fax 89 96 58 30, Mo-Fr 9–17 Uhr; www.trabrennbahn-am-volkspark.de

## Pflege

Es geht nicht mehr ohne Unterstützung bei den Großeltern? Jemandem aus der Familie müssen nach einer Operation die Fäden gezogen werden? Oder man benötigt aufgrund einer Behinderung Hilfe beim Waschen und Anziehen? Nicht umsonst gibt es über 400 Pflegedienste in Hamburg. Fast alle haben sich auf ein Gebiet spezialisiert. Von der Sterbebegleitung über HIV- bis hin zur Kinderbetreuung ist alles zu finden. In Notfällen sind sie 24 Stunden erreichbar, viele haben verschiedensprachige Mitarbeiter und organisieren Vorträge und Klönschnack-Kaffeerunden für ältere Mitbürger.

- Carena Soziale Dienste GmbH: Gärtnerstraße 109, 20253 Hamburg (Eimsbüttel), Telefon 43 18 11 75, Fax 43 18 11 83, Mo-Fr 9–16 Uhr; E-Mail: carena-hh@t-online.de; www.carena-sozial.de
  Spezialisierung auf geistig verwirrte Patienten
- Deutsche Muskelschwundhilfe e. V.: Alstertor 20, 20095 Hamburg (Innenstadt), Telefon 3 23 23 10, Fax 32 32 31 31, Mo-Fr 9–17 Uhr; www.muskelschwund.de
  Betreut nur an Muskelschwund erkrankte Kinder und Erwachsene, berät bundesweit und organisiert alle zwei Monate Treffen für Eltern von erkrankten Kindern
- Garant Pflegedienst GmbH: Klaus-Groth-Straße 92, 20535 Hamburg (Borgfelde), Telefon 25 49 19 19, Fax 25 49 19 15, Mo-Fr 9–17 Uhr; www.garant-pflegedienst.de
  Schwerpunkt postoperative Pflege; zwei Senioren-Cafés, regelmäßige Vorträge
- Hamburger Gesundheitshilfe e. V.: Wandsbeker Chaussee 8, 22089 Hamburg (Wandsbek), Telefon 2 09 88 20, Fax 20 88 03, Mo-Fr 9–17 Uhr; www.hamburger-gesunheitshilfe.de
  HIV-Infizierte werden betreut
- Hamburger Gesundheitshilfe e. V.: Rübenkamp 148, 22307 Hamburg (Barmbek), Telefon 63 97 32 30, Fax 63 97 32 10, Mo-Fr 8–16 Uhr; www.hamburger-gesunheitshilfe.de
  Pflege von schwerstkranken und sterbenden Menschen zu Hause
- kisenio, Kinder-und Seniorenpflege GmbH: Rahlstedter Straße 167, 22143 Hamburg (Rahlstedt), Telefon 6 77 50 89, Fax 6 75 30 09, Mo-Fr 9–17 Uhr; www.kisenio.de
  Bietet Kurse für pflegende Angehörige an und übernimmt die Betreuung Ihrer Kinder in ganz Hamburg, auch während des Opernbesuchs
- Optimal – Mobile Hilfe GbR : Hufnerstraße 53, 22305 Hamburg (Barmbek), Telefon 27 14 88 47, Fax 27 14 88 53, Mo-Fr 9–15 Uhr
  Betreut Behinderte jeden Alters
- Thomas Battling Pflegedienstleistungen: Barmbeker Markt 34, 22081 Hamburg (Barmbek), Telefon 29 82 05 15, Fax 20 97 76 75, Mo-Fr 8–16 Uhr; www.pflegedienste-hamburg.de
  Übernimmt spezielle Intensivpflege zu Hause

## Piercing

▶ *Tätowierungen*

## Pilze

▶ *Botanik*

## Planetarium

Falls es mal wieder bewölkt ist und die romantische Nacht unterm Sternenhimmel flachfällt, kann ein Besuch im Planetarium vielleicht den Tag retten. In der großen Projektionskuppel gibt es den naturgetreuen Sternenhimmel zu bestaunen und nicht nur Hamburger Gestirne zu interpretieren. Vorführungen mit wechselnden Themen wie Planetendarstellungen, Galaxien, Raumsonden oder Wolkenformationen sind dem Programm zu entnehmen.

- Planetarium: Hindenburgstraße 1, 22303 Hamburg (Winterhude), Telefon 5 14 98 50, Fax 51 49 85 10, Di, Do 9.30–15, Mi 9.30–20, Fr 9.30–22, Sa, So 12.30–18 Uhr; www.planetarium-hamburg.de

## Poetry Slam

Woher kommt eigentlich der Begriff „Poetry Slam"? Zu slamen gibt's so allerhand – Türen, Wangen untreuer Ehemänner und auch Tennisprofis slamen um die Welt. Warum also nicht auch Poeten. Der Poetry Slam stammt ursprünglich aus Chicago, bevor die Welle der offenen Literatur-Performance vor fünf Jahren Hamburger Clubs erreichte. Bei der Mischung aus Boxkampf und Lesung kann das Publikum sich offen äußern und darüber abstimmen, ob der literarische Fünfminüter ge- oder missfallen hat. Nach Aussagen von Kennern der Szene ist die Hamburger Untergrund-Literatur im Umbruch begriffen. Einige Gruppen entwicklen sich etwas weg vom ursprünglichen Poetry Slam, die Events werden kleiner. Einmal im Monat findet die Veranstaltung „Hamburg is Slamburg" im Molotow statt. Mitslamen kann hier jeder, abgestimmt wird wie beim Eislauf. Highlight in jedem Sommer sind die „Poets On The Beach"-Lesungen am Strand von Övelgönne, organisiert vom Writer's Room. In der Untergrund-Literaturszene von Bedeutung ist der Verlag „Edition 406", der neben der Herausgabe von Büchern, die sonst kein Verlag herausbringen würde, Lesungen und andere Events veranstaltet. Der No-Budget-Verlag erhielt 1998 den Verlagsförderpreis von der Kulturbehörde der Freien und Hansestadt Hamburg.

- Edition 406: Stresemannstraße 103 (Altona), Telefon 3 17 27 14, Fax 3 17 27 14; E-Mail: edition406@firemail.de; www.edition406 Jeden letzten Di im Molotow
- Writer's Room: Stresemannstraße 374, 22761 Hamburg (Bahrenfeld), Telefon 89 82 33, Fax 89 67 83, Mo, Di, Do 10–13, Mi 13–18 Uhr; www.writersroom.de Jährlich am letzten Sonntag im Juli und August findet die Lesung „Poets on the beach" am Strand in Övelgönne statt (Höhe „Strandperle")

**Planetarium: Den Sternen näher sein**

## Politische Bildung

Es gibt tatsächlich Leute, die nicht wissen, dass Helge Schneider Bundes … Sehen Sie, da fängt es an: Politische Bildung tut Not! Die Politikverdrossenheit nimmt zu, und die Ausrede, dass man sich nicht genügend informieren könne, ist eine schlechte. Die Neue Gesellschaft bietet für alle Altersstufen Studienreisen ins Ausland an, außerdem Bildungsurlaub und Seniorenseminare zu politischen Themen aller Art. Bei der „Landeszentrale für Politische Bildung" kann man sich kostenlos Broschüren und Bücher zu sämtlichen Themen besorgen. In Zusammenarbeit mit anderen Bildungsgesellschaften werden regelmäßig Informationsblätter veröffentlicht. Das Politische Bildungswerk der Heinrich-Böll-Stiftung, umdenken e. V., bietet Kurse, Seminare sowie praxisorientierte Veranstaltungen der politischen Erwachsenenbildung an. Wer Bildungsurlaub oder eine Studienreise machen möchte, kann sich bei der Staatspolitischen Gesellschaft melden.

- Die Neue Gesellschaft: Rothenbaumchaussee 19, 20148 Hamburg (Rotherbaum), Telefon 44 75 25, Fax 45 35 94, Mo-Mi 9–15, Do, Fr 9–12 Uhr; www.die-neue-gesellschaft.de
- Landeszentrale für Politische Bildung: Große Bleichen 23, 20354 Hamburg (Innenstadt), Telefon 4 28 31 21 42, Fax 4 28 31 20 50, Mo-Mi

11–13, 15–16, Do, Fr 11–13, 14.30–15.30 Uhr; www.politische-bildung.de

- Staatspolitische Gesellschaft: Ohlsdorfer Straße 37, 22299 Hamburg (Winterhude), Telefon 4 60 10 26, Fax 47 92 67, Mo-Do 9–17 Uhr; www.sghamburg.de
- umdenken e. V. – Politisches Bildungswerk Heinrich-Böll-Stiftung Hamburg e. V.: Max-Brauer-Allee 116, 22765 Hamburg (Altona), Telefon 3 89 52 70, Fax 3 80 93 62, Mo-Fr 10–14 Uhr; E-Mail: umdenken@t-online.de; www.umdenken-boell.de

## Polo

Polo hat in Hamburg Tradition. Schließlich gründeten hier 1898 Heinrich Hasperg Jr., Eduard Eggers und Baron von Heintze den ersten Poloclub Deutschlands. Polo ist Ballspiel und Mannschaftssport. Nicht zu vergessen die Pferde, die hier eine wichtige Rolle spielen. Die Polospieler des Hamburger Polo Clubs (HPC) stellten in der Vergangenheit auch das Deutsche Nationalteam. Höhepunkte des Jahres ist der High Goal, die Internationale Deutsche Meisterschaft. Wer sich fürs Reiten, Wiehern, Galoppieren und Schnaufen begeistert und lokale Polo-Berühmtheiten wie Thomas Winter oder Atti Darboven sehen will, sollte die Poloturniere Hamburgs besuchen.

- Hamburger Polo Club: Jenischstraße 26, 22609 Hamburg (Klein Flottbek), Telefon 82 06 81,

Fax 82 06 89, Di-Fr 9.30–12, Mi 18–19 Uhr; www.hamburgerpoloclub.de
Viermal wöchentlich wird gespielt: Di, Do, Sa, So. Besucher sind immer willkommen; die Verwaltungsstelle informiert über Kurse

## Polsterer

Die Möbel im Rathaus werden von Schierhorns Polsterwerkstatt restauriert, Schierhorn kümmert sich aber auch um die guten Stücke einfacher Bürger. Innenausstatter-Meister Hans-Peter Hinz übernimmt neben Polster- auch Sattlerarbeiten.

- Hans-Peter Hinz: Hegestraße 4, 20251 Hamburg (Eppendorf), Telefon 4 80 37 07, Fax 46 34 60, Di-Fr 11–18.30, Sa 10–14, Mo 14–18.30 Uhr; E-Mail: hphinz@otello-online.de,
- Schierhorns Polsterwerkstatt: Schäferstraße 16, 20357 Hamburg (Eimsbüttel), Telefon 44 88 64, Fax 44 88 64, Mo-Do 8–17, Fr 8–14 Uhr

## Porträts

Wer sitzt schon gern vor der Linse, um ein Bildchen von sich machen zu lassen? Entweder sind die Augen zu, oder das Grinsen sitzt schief im Gesicht. Bewer-

Poetry Slam: Im Molotow können Nachwuchsliteraten einmal im Monat zum Mikro greifen

bungsgespräch ausgeschlossen! Nicht, wenn Sie sich bei Hans W. Wulff und Marcus Renken porträtieren lassen. Die Fotografen lösen auch hartnäckige Verkrampfungen und schießen ganz nebenbei während einer einstündigen Sitzung dreißig bis vierzig Fotos. Im St. Pauli Studio fertigt Dorle Bahlburg ab 400 Euro inszenierte Porträts, Mode- und Platten-Fotografien an. Für erotische Fotos im besonderen Licht ist Irene Margil zuständig, sie lässt allerdings nur Frauen, auch Schwangere, vor ihre Linse. Falls Sie sich malerisch porträtieren lassen möchten, ist Erwin M. Kraft der Richtige. Zeichnung oder Ölbild kosten 750 bis 1500 Euro. Porträts der besonderen Art fertigt Erwin Ross an. Früher verantwortlich für fast alle Pin-up-Malereien auf dem Kiez, malt er nun nach Absprache Privataufträge, die Preise liegen zwischen 175 und 500 Euro.

- Erwin M. Kraft: Hohenberne 48, 22159 Hamburg (Berne), Telefon 6 44 42 14, Fax 6 44 42 14, nach Vereinbarung
- Erwin Ross, Pin-up-Maler: Schulweg 20, 20259 Hamburg (Eimsbüttel), Telefon 01 72/4 06 60 18, Fax 40 18 82 77, nach Vereinbarung; www.einneubau.de
- Foto Carl: Winterhuder Marktplatz 10, 22299 Hamburg (Winterhude), Telefon 4 68 85 40, Fax 46 88 54 27, Mo-Fr 8–19 Uhr, Kreditkarten: alle; E-Mail: office@konferenztechnik-carl.de; www.foto-carl.de
- Hans W. Wulff und Marcus Renken: Mittelweg 171, 20184 Hamburg (Rotherbaum), Telefon 45 02 40 10, Termin nach Vereinbarung; E-Mail: studio@marcusrenken.de
- Irene Margil: 20357 Hamburg (Eimsbüttel), Telefon 43 27 06 87, Fax 43 27 06 88, Termin nach Vereinbarung; E-Mail: irenemargil@hotmail.com; www.frauenfotografie.de
- Jens Pölkner: Telefon 01 73/8 15 54 81, Termin nach Vereinbarung; www.diephotographie.de Spezialisiert auf Porträt- und Hochzeitsfotografie
- St. Pauli Studio : Clemens-Schultz-Straße 53a, 20359 Hamburg (St. Pauli), Telefon 3 19 62 28, Termin nach Absprache; E-Mail: Dorlebahlburg@web.de

## Post

Der Brief gilt immer noch als das romantische Kommunikationsmittel schlechthin. Diese Boten der Leidenschaft, leider aber auch der Rechnungen und Mahnungen, sollen innerhalb Hamburgs binnen 24 Stunden ankommen, verspricht die Post jedenfalls, die immer noch das Monopol für die Briefzustellung hat. Fragen zu Diensten und Produkten beantwortet das Post-Kundentelefon, dort kann man auch seine

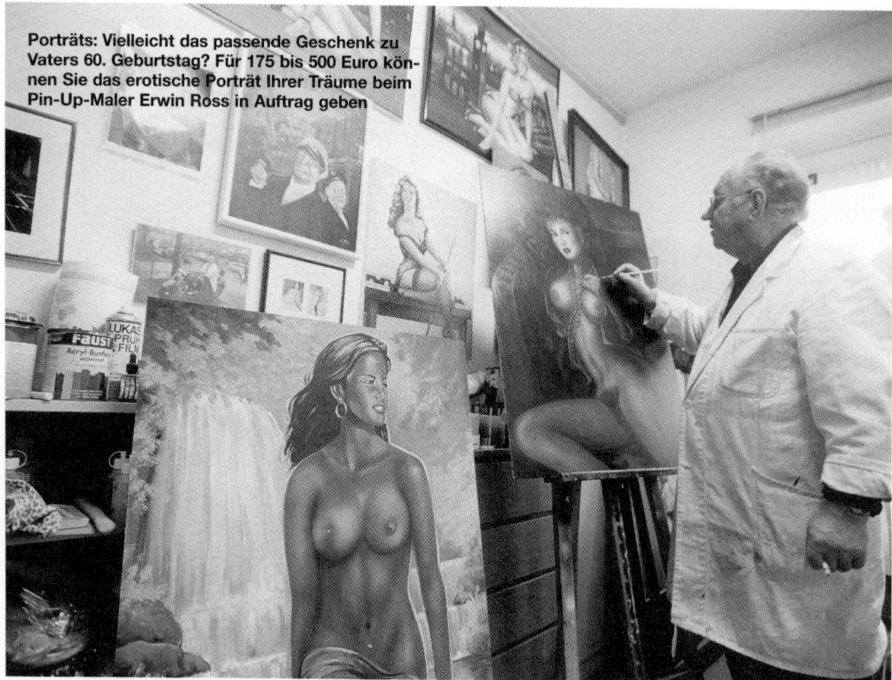

**Porträts: Vielleicht das passende Geschenk zu Vaters 60. Geburtstag? Für 175 bis 500 Euro können Sie das erotische Porträt Ihrer Träume beim Pin-Up-Maler Erwin Ross in Auftrag geben**

Beschwerden loswerden. Genaue Auskünfte über Frankierung, Gewicht und Format von Postsendungen erteilt außerdem das nächste Postamt.

- Post-Kundentelefon Hamburg: Telefon 01 80/2 33 33, Mo-Fr 7–20, Sa 8–14 Uhr, Kreditkarte: EC-Karte; www.deutschepost.de

## Poster und Postkarten

Nackte Wände erinnern an Behörden oder Wartezimmer, und die sind langweilig. Abhilfe schafft ein Weg in die Postergalerie mit ihrem Sortiment moderner Grafik des 19. und 20. Jahrhundert. Neben 5000 Kunstdrucken, die auf Wunsch individuell gerahmt werden, findet man Kunstaccessoires, Geschenkartikel und eine große Auswahl an Postkarten. Plakate und Poster sämtlicher Kunstepochen bietet die Galerie Tobien art & book, Maßrahmungen und Sonderanfertigungen gehören zum Service. Ebenfalls im Sortiment: Postkarten aller Art. Christian Klüver hat sich im Kulturbuch auf Filmplakate spezialisiert. Nahezu jedes Filmplakat ist hier erhältlich oder kann bestellt werden. Außerdem gibt's eine große Auswahl an Starfotos und Postkarten. Und falls Sie Ihren Lieblingsölschinken im Postkartenformat suchen, sollten Sie sich auf den Weg in die Kunsthalle machen.

- art & book Galerien Tobien: Grindelallee 130, 20146 Hamburg (Univiertel), Telefon 44 79 36, Fax 4 10 29 06, Mo-Fr 10–18.30, Sa 10–15 Uhr, Kreditkarte: EC-Karte; www.artundbook.de
- Hamburger Kunsthalle und Galerie der Gegenwart: Glockengießerwall, 20095 Hamburg (Innenstadt), Telefon 4 28 54 26 12, Fax 4 28 54 24 82, Di-So 10–18, Sa 10–21 Uhr; www.hamburger-kunsthalle.de
- KulturBuch: Grindelallee 83, 20146 Hamburg (Univiertel), Telefon 45 25 25, Mo-Mi 10.35–18.30, Sa 11–15 Uhr, Fax 41 35 38 12; www.kulturbuch-hh.de
- Postergalerie: Große Bleichen 31, 20354 Hamburg (Innenstadt), Telefon 34 37 57, Fax 3 57 29 12 11, Mo-Fr 10–20, Sa 10–16 Uhr, Kreditkarten: alle; www.postergalerie.de

## Prostitution

Ficken, Bumsen, Blasen, alles auf'm Rasen. Muss nicht sein. Die Damen arbeiten auch im Auto, Hotel oder Puff. Um die Bequemlichkeit braucht man sich also keine Gedanken zu machen. Aber wie war das noch mit den Hintergründen? Die meisten Huren machen es unfreiwillig, viele müssen ihre Drogensucht mit Prostitution finanzieren. Und die Zahl derer, die den „Job" aus freien Stücken als gut bezahlte Alternative zur Ausbeutung im Büro wählt, ist verschwindend gering. Hier ein paar Stellen, die den Damen des ältesten Gewerbes Hilfe bieten:

- 4. Hamburger Frauenhaus e. V.: 20327 Hamburg, Telefon 1 97 04
  Im vierten Frauenhaus erhalten ehemalige Prostituierte bevorzugt einen Platz
- BASIS Projekt e. V./Anlaufstelle für Stricher: St. Georgs Kirchhof 26, 20099 Hamburg (St. Georg), Telefon 2 80 16 07, Fax 28 05 18 37, Mo 12–17, Mi 15–19, Di, Do Fr 12–16 Uhr; E-Mail: basisprojekt@t-online.de; www.basis-projekt.de
  Beratung und Hilfe beim Umgang mit Behörden, Gerichten, Ämtern und bei persönlichen Problemen; Relaxen, Klönen, Duschen, Freizeitgestaltung; kostenlose Übernachtungsmöglichkeit
- Café Sperrgebiet: Rostocker Straße 4, 20099 Hamburg (St. Georg), Telefon 24 66 24, Fax 24 07 50 83, Mo 17–20, Di 17–22, Do, Fr 11–16 Uhr
  Treffpunkt und Beratungsstelle für junge drogenabhängige weibliche Beschaffungsprostituierte; Mo-Do, Sa 22–1 Uhr Nachtcafé mit anschließender Übernachtungsmöglichkeit
- Kaffeeklappe: Seilerstraße 34, 20359 Hamburg (St. Pauli), Telefon 31 64 95, Fax 31 99 37 02, Mo-Do 11–15 Uhr; E-Mail: kaffeklappe-sarah@t-online.de
  Treffpunkt für Prostituierte und Ehemalige, zum Klönen, Kaffeetrinken, Waschen und so weiter
- Ragazza e. V.: Brennerstraße 81, 20099 Hamburg (St. Georg), Telefon 24 46 31 und 24 46 45, Fax 28 05 50 33, Mo, Mi 8–14, Mi, Do, Fr So 21–2, Di, Sa geschlossen; E-Mail: ragazza@w4w.net
  Für Drogen konsumierende Prostituierte, Stammtisch zum Essen, Trinken und Reden, freizeit-

**Puppen: Geduldige Spielgefährten für Kinder, Sammelobjekte für Erwachsene**

pädagogisches Arbeiten, Streetwork, Gefängnis- und Krankenhausbesuche; Fördermitglieder gesucht

- Zentrale Beratungsstelle für sexuell übertragbare Krankheiten: Max-Brauer-Allee 152, 22765 Hamburg (Altona), Telefon 4 28 11 21 94, Fax 4 28 11 16 44, Mo 12–16, Di 8–14, Mi, Do 11–16 Uhr; E-Mail: zentrale.Beratungstelle@t-online.de, Kostenlose und anonyme Untersuchung, Beratung und Behandlung; Schwangerschaftskonfliktberatung und Beratung bei persönlichen Problemen. Alle Angebote sind freiwillig

## Psychotherapie

Der Gang zum Therapeuten ist nicht leicht. Mal streiken die Krankenkassen bei der Anerkennung der ausgewählten Therapieform, oder der mühsam gefasste Entschluss, einen Psychotherapeuten aufzusuchen, wird kurz vor dem ersten Termin wieder aufgegeben. Da sind starker Wille und Durchhaltevermögen gefragt. Vor allen Dingen sollte man wissen, was man von der Therapie erwartet. Die Verbraucherzentrale hat die Broschüre „Chance Psychotherapie" (200 Seiten, 9,80 Euro, bei der Verbraucherzentrale Hamburg) herausgegeben, die Hilfestellung bei der Suche nach nach einem geeigneten Therapeuten gibt, und darüber informiert, wie eine Therapie ablaufen sollte. Außerdem gibt es bei der Verbraucherzentrale für 2,56 Euro die Broschüre „Psychotherapie" mit Infos zu Finanzierung, Vertragsbedingungen und Schutz vor Missbrauch. Die Behörde für Umwelt und Gesundheit gibt alle drei Jahre die Broschüre „Therapieführer" heraus, die diagnostische, therapeutische und rehabilitative Angebote im Bereich Psychatrie und Psychotherapie aufführt. Sie kann gegen einen mit 0,77 Euro frankierten Din A4-Rückumschlag angefordert werden oder über die Homepage (Behörde für Umwelt und Gesundheit in die Suchmaske eingeben) runtergeladen werden. Bei Beratungsstellen kann man sich an verschiedene Therapeuten, Selbsthilfegruppen oder Kliniken weitervermitteln lassen. Beim Psychotherapeutischen Bereitschaftsdienst des Bundesverbandes der Vertragspsychotherapeuten e. V. können freie Therapieplätze bei niedergelassenen und von den Kassen anerkannten Psychotherapeuten erfragt werden. Der Arbeitskreis für Paar- und Psychotherapie ist ein gemeinütziger Verein, dessen Zielsetzung die Vermittlung und Vernetzung von Ratsuchenden und Beratern ist. Sie bieten ein schulenoffenes Branchenverzeichnis im Internet, in dem Therapeuten die Möglichkeit haben, sich mit Foto und weiterführenden Informationen vorzustellen. Für Männer gibt es leider weniger Anlaufstellen als für Frauen, sie sind aber statistisch gesehen genauso häufig psychisch „krank" wie Frauen. Eine Hilfe bietet die zweimonatlich erscheinende Zeitschrift *Switchboard* vom Verlag Männerwege, sie infor-

miert über Veranstaltungen, Fernsehsendungen, Seminare und Reisen zum Thema „der Mann in unserer Gesellschaft".

▶ *Gewalt*

- Behörde für Umwelt und Gesundheit, Fachabteilung Versorgungsplan: Tesdorpfstraße 8, 20148 Hamburg (Rotherbaum), Telefon 42 84 80, Fax 4 28 48 24 21; www.hamburg.de
- Verbraucherzentrale Hamburg: Kirchenallee 22, 20099 Hamburg (St. Georg), Telefon 24 83 20, , Info-Zentrum Mo-Do 10–18, Fr 10–14 Uhr
  Hier kann man die Broschüren abholen

### Ausbildung:

- Paracelsus Schule Hamburg: Drosselstraße 1, 22305 Hamburg (Barmbek), Telefon 6 91 11 91, Fax 61 20 70, Mo-Fr 9–19 Uhr; www.paracelsus-hamburg.de
  Private Ausbildung zum psychologischen Berater (HPG) oder psychologischen Management-Trainer mit Diplom; die Ausbildung dauert zwischen 14 und 18 Monaten

### Beratungsstellen:

- Arbeitskreis für Paar- & Psychotherapie: Bahnhofstraße 26a, 25474 Hamburg (Bönningstedt), Telefon 55 69 38 08, Fax 55 69 39 00, Mo-Fr 8–16 Uhr; www.paar-psychotherapie.de
- BIFF/Psychosoziale Beratung und Information für Frauen e. V.:
  Rothestraße 68, 22765 Hamburg (Altona), Telefon 39 67 62, Fax 39 90 25 80, Mo 13–15, Do 15–17 Uhr; www.bifff.de
  Moorfuhrtweg 9b, 22301 Hamburg (Winterhude), Telefon 2 80 79 07, Fax 2 80 75 20, Di 17–19, Do 15–17, Fr 10–12 Uhr; www.bifff.de
  Neue Straße 59, 21073 Hamburg (Harburg), Telefon 77 76 02, Fax 77 76 02, Di 14–16, Do 10–12 Uhr; www.bifff.de
  Eimsbütteler Straße 53, 22769 Hamburg (Eimsbüttel), Telefon 43 63 99, Fax 43 18 83 06, Di 16–18, Mi 18–20, Do 10–12 Uhr; www.bifff.de
  Für Probleme aller Art wie Krisen, Trennung, Scheidung, Ängste; Einzel-, Familien- und Paartherapien
- Evangelische Beratungsstelle für Erziehungs-, Lebens- und Familienfragen: Königstraße 54, 22767 Hamburg (Altona), Telefon 30 62 02 49, Fax 30 62 03 11, Mo 17.30–19, Mi 14–15 30 Uhr (offene Sprechstunde); www.diakonie-hamburg.de
- Frauenberatungsstelle e. V.: Kattunbleiche 31, 22041 Hamburg (Wandsbek), Telefon 6 52 77 11, Fax 68 91 57 37, Mo 17–19, Di 11–13, Do 15–17 Uhr; www.bifff.de
- Männerwege: Paul-Nevermann-Platz 2–4, 22374 Hamburg (Ohlstedt), Telefon 38 19 07, Fax 38 19 07; www.switchboard-online.de
- Psychotherapeutischer Bereitschaftsdienst Hamburg: Telefon 22 80 27 77, Fax 72 69 27 78, Mo-Fr 13–15 und 19–20 Uhr; www.bvvp.de

## Puppen

Puppen sind nicht nur geduldige Spielgefährten für Kinder, sondern auch beliebte Sammelobjekte so genannter Erwachsener. In der Schnelsener Puppenecke findet man schöne Stücke unter anderem von Annette Himstedt, Sigikid, Schildkröt, aber auch Porzellanpuppen aus eigener Herstellung. Eine absolute Besonderheit ist der Teddy „Poldi" (Polizei im Dienst), der aus dem Innenfutter von Polizeijacken angefertigt wird. 10 Prozent des Kaufpreises gehen an den Förderverein unfallgeschädigter Kinder. Daneben gibt es ein großes Angebot an Naturholz- und Nostalgie-Spielzeug, Puppenbastelkurse und eine Puppen- und Teddywerkstatt. Die Hamburger Puppenklinik repariert und restauriert jede Puppe, egal wie alt oder aus welchem Material. Traditionelle handgeschnitzte Kasperle-Puppen kann man bei der Hohnsteiner Werkstatt bestellen. Die Preise liegen um die 120 Euro. Im Puppenmuseum in Rissen gibt es über 300 Puppen und sechzig Puppenhäuser aus drei Jahrhunderten zu bewundern. Eine außergewöhnliche Sammlung zeigt alte Stuben. Der Eintrittspreis beträgt 4 Euro für Erwachsene, Kinder zahlen 2 Euro und Gruppen ab zehn Personen 3 Euro.

- Die Puppenstube: Große Bleichen 36, 20354 Hamburg (Hanseviertel), Telefon 34 41 35, Fax 35 34 14, Mo-Fr 10–20, Sa 10–16 Uhr, Kreditkarten: alle außer Diners
- Hamburger Puppenklinik: Münstermannsweg 6, 22309 Hamburg (Barmbek), Telefon 6 30 91 98, Di-Fr 10–18 Uhr, Kreditkarten: alle
- Hohnsteiner Werkstatt: Merowingerweg 4, 22143 Hamburg (Rahlstedt), Telefon 6 77 74 30, Fax 6 77 61 98, Mo-Fr 9.30–18.30 Uhr; www.hohnsteiner-werkstatt.com
- Puppenmuseum Falkenstein/ Sammlung Elke Dröscher: Grotiusweg 79, 22587 Hamburg (Blankenese), Telefon 81 05 82, Fax 81 81 66, Di-So 11–17 Uhr; www.elke-droescher.de
- Schnelsener Puppenecke: Frohmestraße 75a, 22459 Hamburg (Schnelsen), Telefon 5 50 53 20, Fax 5 50 53 20, Di-Fr 10–18, Sa 10–13 Uhr; www.puppenecke.d-regional.de

## Radsport

Jenseits des mühseligen Ich-will-mein-Ziel-erreichen-und-dabei-Bauch-Beine-Po-Trainieren wollen wir hier auf ein paar Besonderheiten des Radsports hinweisen. Etwa auf das Kunst- und Einradfahren für Jugendliche zwischen 5 und 17 Jahren im Sportclub der Schule Tieloh oder auf Radball – bislang leider eine reine Männerdomäne. Hier wird mit Vorder- oder Hinterrad gekickt, was die Speiche hergibt. Mountainbiken oder Radrennsport werden von 16 Hamburger Vereinen angeboten, nähere Auskünfte erteilt der Radsportverband Hamburg e. V.

▶ *Fahrrad*

- Radsportverband Hamburg c/o Alexander Jaeger: Im Grünen Grunde 4a, 22337 Hamburg (Ohlsdorf), Telefon 63 96 23 76, Fax 63 96 51 82; E-Mail: alexander.jaeger@t-online.de; www.Radsport-hh.de
- Sportclub der Schule Tieloh: Alsterdorfer Straße 82b, 22299 Hamburg (Winterhude), Telefon 5 11 99 01, Fax 5 11 99 01, Büro Mo-Fr 14–15 Uhr; E-Mail: delkeskamp@t-online.de

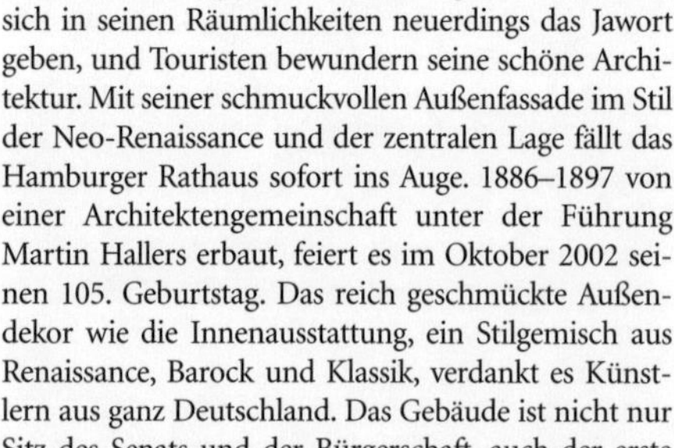

## Rathaus

Ole von Beust regiert hier, Hamburger Paare können sich in seinen Räumlichkeiten neuerdings das Jawort geben, und Touristen bewundern seine schöne Architektur. Mit seiner schmuckvollen Außenfassade im Stil der Neo-Renaissance und der zentralen Lage fällt das Hamburger Rathaus sofort ins Auge. 1886–1897 von einer Architektengemeinschaft unter der Führung Martin Hallers erbaut, feiert es im Oktober 2002 seinen 105. Geburtstag. Das reich geschmückte Außendekor wie die Innenausstattung, ein Stilgemisch aus Renaissance, Barock und Klassik, verdankt es Künstlern aus ganz Deutschland. Das Gebäude ist nicht nur Sitz des Senats und der Bürgerschaft, auch der erste Bürgermeister pflegt dort seine Amtstuben. Außerdem sind Fraktions- und Repräsentationsräume darin beherbergt. Mit seinen 647 Räumen übertrumpft es sogar den Buckingham Palace. Wenn nicht gerade der Senat tagt, werden Kulturinteressierten Führungen angeboten. Der Rathaus-Innenhof ist bis 23 Uhr hell erleuchtet und ebenfalls für Besichtigungen geöffnet.

- Rathaus Hamburg: Rathausmarkt 1, 20095 Hamburg (Innenstadt), Telefon 4 28 31 20 09, Fax 4 28 31 21 80, Führungen in Deutsch Mo-Do 10–15, Fr-So 10–13 Uhr; Führungen in Englisch und Französisch Mo-Do 10.15–15.15, Fr-So 10.15–13.15 Uhr; www.hamburg.de Gruppenanmeldungen (ab 15 Personen), Telefon 4 28 31 20 63 und 4 28 31 20 64; bei offiziellen Veranstaltungen keine Führungen, Auskünfte unter der Info-Bandansage 4 28 31 24 70

## Raumgestaltung

Wer die Aufgabe der Raumgestaltung lieber einem Fachmann überlässt, sollte sich an folgende Unternehmen wenden:

- Aida: Magdalenenstraße 18, 20148 Hamburg (Pöseldorf), Telefon 42 26 75, Fax 42 29 75, Mo-Fr 11–18 Uhr; www.aida-hamburg.de
  Moderne hochwertige Planung und Ausstattung für den Wohn- und Ladenbereich
- Eric Jacobson: Mittelweg 162, 20148 Hamburg (Eppendorf), Telefon 35 71 81 23, Fax 35 71 81 38, Mo-Fr 10–18 Uhr; E-Mail: ecj@eric-jacobson.de; www.eric-jacobson-design.de
  Der Designer und Innenarchitekt Eric Jacobsen erstellt komplette Wohnkonzepte für ein individuelles Interieur in zeitlosem Design
- Peter Preller: Hansastraße 13, 20149 Hamburg (Eppendorf), Telefon 44 49 45, Fax 44 76 58, Mo-Fr 9–17 Uhr, Showroom nach Vereinbarung
  International anerkannter Interieur-Designer
- Uhrbrock: Bahrenfelder Chausee 70a, 22761 Hamburg (Bahrenfeld), Telefon 89 67 44, Fax 8 90 37 41, Mo-Fr 9–13, 15–18 Uhr, Kreditkarten: Visa; EC-Karte; www.uhrbrock.de
  Bietet neben den herkömmlichen Produkten vor allem Naturprodukte zur Raumgestaltung
- Venzmer: Steendiek 2, 21129 Hamburg (Finkenwerder), Telefon 7 45 78 81, Fax 7 45 78 71, Di-Fr 10–13, 14.30–18 Uhr, Kreditkarten: alle; EC-Karte; E-Mail: viktoria.venzmer@t-online.de
  Die Innenarchitektin macht sowohl Privat- als auch Objektgestaltung

## Recht

Alles, was Sie sagen, kann gegen Sie verwendet werden. Spätestens, wenn man diesen Satz zu hören bekommt,

**Rathaus: Hinter dieser Fassade wird Politik gemacht**

sollte man schweigen, bis der Anwalt eintrifft. Anwälte vermittelt die Hanseatische Rechtsanwaltskammer, je nach Rechtsgebiet und auf Anfrage im gewünschten Stadtteil. Bei Anruf gibt es drei Advokaten zur Auswahl. Wer sich lieber erst informieren will, kann sich bei der Öffentlichen Rechtsauskunft und Vergleichsstelle (ÖRA) ausführlich beraten lassen, im Regelfall muss man dafür 10 Euro berappen, im Einzelfall ist jedoch eine Ermäßigung möglich. Bedingung ist, dass noch kein Anwalt eingeschaltet wurde.

- Hanseatische Rechtsanwaltskammer: Bleichenbrücke 9, 20354 Hamburg (Innenstadt), Telefon 34 53 98, Fax 35 74 41 41, Mo-Do 9–17, Fr 9–14.30 Uhr; www.rechtsanwaltskammerhamburg.de
- Öffentliche Rechtsauskunft und Vergleichsstelle (ÖRA): Holstenwall 6, 20355 Hamburg (Innenstadt), Telefon 4 28 43 30 72, Fax 4 28 43 36 58, Mo-Fr 8–13 Uhr; E-Mail: renate.frier@bsf.hamburg.de, www.oera.hamburg.de

## Recycling

Das Infotelefon des Dualen Systems gibt Auskunft über alles, was mit dem grünen Punkt zu tun hat, auch darüber, wo man Produkte aus recycelten Materialien wie Taschen, Schreibtische oder Stifthalter erhält. Außerdem erfährt man, wo die nächsten Altglas-, Altpapier oder Altkleidersammelstellen sind, oder kann gelbe Säcke bestellen. Die 15 Recyclinghöfe in Hamburg nehmen außer alten Möbeln auch Altöl, Batterien und andere Problemstoffe an. Auskunft darüber, wo was abgegeben werden kann, gibt die Zentrale der Hamburger Stadtreinigung. Und wer Glück hat, findet beim Wegbringen gleich noch etwas Neues für die eigene Bude, denn gut erhaltene Stücke werden eine Zeit lang aufbewahrt und können kostenlos mitgenommen werden. Alle Recyclinghöfe sind zu erreichen über das zentrale Info-Telefon 2 57 60. Geöffnet sind sie Mo 8–16, Di 9–19, Mi-Fr 9–16, Sa 8–14 Uhr.

▶ *Müll*
▶ *Umwelt*

- Infotelefon Duales System: Waidmannstraße 16, 22769 Hamburg (Altona), Telefon 1 94 43, Mo-Fr 8–16 Uhr; E-Mail: duales-system@hamburg.de; www.gruener-punkt.de
- Stadtreinigung Hamburg Zentrale: Bullerdeich 19, 20537 Hamburg (Hammerbrook), Telefon 2 57 60, Fax 25 76 11 10, Mo-Fr 9-17 Uhr; E-Mail: info@srhh.de; www.stadtreinigung.de

## Reeperbahn

Dass man sich auf Hamburgs berühmtester Meile nach Mitternacht auch ohne weibliche Begleitung blendend amüsieren kann, sollte dank Herrn Albers über Hamburgs Stadtgrenzen hinaus bekannt sein. Und der blonde Hans wusste, wovon er sprach. Wer auf der Reeperbahn in puncto Amüsement nicht fündig wird, dem ist nicht zu helfen. Vom Musical über Peepshows bis zum Szene-Club oder der miefigen Eck-Spelunke bietet die Reeperbahn alles (▶ *Nightlife*). Ihren Namen erhielt die Straße von den Seilern, die sich im 17. Jahrhundert hier niedergelassen hatten, um Schiffstaue, auf Norddeutsch: Reepe, herzustellen. Wo sich bis 1800 noch Bretterbuden im Jahrmarktstil befanden, entwickelte sich im Laufe des 20. Jahrhunderts eines der größten Amüsierviertel der Welt. Lange Zeit als Tummelplatz der Halbwelt verschrien, verlustiert sich hier heute vor allem das Hamburger Jungvolk.

## Regale

Regale sind schlichtweg praktischer Stauraum und werden mehr denn je für ein „offenes" und funktionell ausgerichtetes Wohnambiente genutzt. Lang genug wurden sie in Kellern versteckt oder zu Buch- und Aktenträgern reduziert. Neben Fachgeschäften und Einrichtungsläden mit soliden form- und materialschönen Ausführungen, sind günstige Regalmodelle in entsprechender Qualität bei Ikea oder im Baumarkt erhältlich.

▶ *Möbel*
▶ *Baumärkte*

- Lundia Einrichtungen: Rentzelstraße 34, 20146 Hamburg (Univiertel), Telefon 41 33 93 10,

Fax 41 33 93 12, Di-Fr 10–18, Sa 10–16 Uhr, Kreditkarte: EC-Karte; www.lundia.de
Professionelle Systemvielfalt für Wohnraum, Büro, Laden, Archiv und Lager. Die Vollholz-Regalsysteme werden aus skandinavischer Fichte hergestellt, standardmäßig formaldehydfrei lackiert, GS-geprüft und mit fünf Jahren Garantie

- Regale Bettenstudio GmbH: Hamburger Straße 207, 22083 Hamburg (Barmbek), Telefon 29 13 09, Fax 2 98 61 89, Mo-Fr 9–19, Sa 9–16 Uhr, Kreditkarten: alle; EC-Karte; www.regalecenter.de
Auf 800 Quadratmetern diverse massive Kiefer-Regalsysteme für Wohnraum und Büro; bieten einen Beratungs-, Liefer- und Montageservice

## Reisen

Der Ballermann ruft, wenn Hamburg wieder mal im Regen versinkt. Ab in die Sonne und den Astralkörper bei einem Kübel Sangria bräunen? Kontaktprobleme ausgeschlossen – Deutsche unter sich? Nein danke! Sardinenliegen mit den eigenen Landsleuten ist nicht jedermanns Sache. Augen und Ohren auf, es gibt auch noch andere Menschen auf diesem Planeten. Wer seinen Horizont erweitern will, wird bei folgenden Reisebüros fündig:

- Apropos Reisen: Grindelhof 81, 20146 Hamburg (Univiertel), Telefon 44 25 82, Fax 44 76 79, Mo-Fr 10–18.30, Kreditkarte: EC-Karte; E-Mail: team@apropos-reisen.de
Für Reisen nach Neuseeland oder in die Südsee, Insel-Hopping, Package-Touren und Segeltörns
- Cockpit: Gertigstraße 67–69, 22303 Hamburg (Winterhude), Telefon 2 79 59 71, Fax 2 79 36 53, Mo-Fr 9–18 Uhr, Kreditkarten: alle; www.cockpit-flugreisen.de
Günstige Flug- und Pauschalangebote, nur Flugreisen, weltweit
- Fair Lines: Kleiner Schäferkamp 32, 20357 Hamburg (Eimsbüttel), Telefon 44 14 56, Fax 44 05 70, Mo-Fr 9–13, 14–18, Sa 10–13 Uhr, Kreditkarten: alle; EC-Karte; www.fairlines.de
Jugend- und Studententarife, Reisen aller Art, spezielle Flüge innerhalb Deutschlands und Mitflugzentrale (▶ *Fliegen*)
- First Reisebüro: Alter Wall 67–69, 20457 Hamburg (Innenstadt), Telefon 37 64 74 00, Fax 37 64 71 00, Mo-Fr 9–18, Sa 10–13 Uhr, Kreditkarte: EC-Karte; www.firstreisebuero.de
Eines der renommiertesten Reisebüros der Hansestadt, schickt Sie in alle Länder der Welt
- Flugbörse: Grindelallee 138, 20146 Hamburg (Univiertel), Telefon 4 14 77 20, Fax 4 10 77 45, Mo-Fr 9.30–18, Sa 10–13 Uhr, Kreditkarte: EC-Karte; www.flugboerse.de
Für Studis konzipierte Individualreisen, freundlich und mit geradezu detektivischem Spürsinn werden hier die garantiert günstigsten Flüge vermittelt

**Kiez: Auf Reeperbahn und Großer Freiheit (Foto) wird Amüsement groß geschrieben**

- High-Fly: Karolinenstraße 7–9, 20357 Hamburg (Karolinenviertel), Telefon 43 11 70, Fax 43 43 45, Mo-Fr 9–18.30, Sa 10–13 Uhr, Kreditkarten: alle; EC-Karte; www.high-fly.de
  Günstige Reiseangebote für überwiegend junge Kundschaft
- Island Erlebnisreisen: Susannenstraße 23, 20357 Hamburg (Schanzenviertel), Telefon 43 18 80 26, Fax 43 18 80 27, Mo-Fr 10–13, 14–19 Uhr; www.islanderlebnis.de
  Wie der Name schon sagt
- Karow Sportreisen GmbH: Bramfelder Chaussee 97d, 22177 Hamburg (Bramfeld), Telefon 61 81 61, Fax 61 81 65; www.karow-reisen.de
  Skireisen im Angebot, Schneespaß in Italien, Österreich, Schweiz, Norwegen, Kanada
- Lifetime Sport: Heimfelder Straße 1, 21075 Hamburg (Harburg), Telefon 2 70 50 55, Fax 2 70 37 03, Mo-Fr 9.30–18 Uhr; www.lifetime-sport.de
  Spezialisiert auf Skireisen
- Planquadrat: Hochallee 126, 20149 Hamburg (Eppendorf), Telefon 46 40 46, Fax 48 90 00, Mo-Fr 9–18, Sa 10–13 Uhr, Kreditkarten: alle, EC-Karte; www.planquadrat-reisen.de
  Haufenweise Schnäppchen, Wochenendtrips, aber auch exklusivere Reisen in die Karibik
- Reisebüro Norden: Große Bäckerstraße 3, 20095 Hamburg (Innenstadt), Telefon 3 60 01 50, Fax 36 64 83, Mo-Fr 9.30–18 Uhr; E-Mail: reisebuero-norden@t-online.de; www. reisebuero-norden.de
  Spezialisiert auf Städte-, Kurz- und Skireisen nach Norwegen und Schweden, Buchungen weltweit
- Reisefieber : Lehmweg 42, 20251 Hamburg (Eppendorf), Telefon 48 06 30 10, Fax 48 61 01, Mo-Fr 9–18, 10–13 Uhr, Kreditkarten: alle; www.reisefieber.de
  Flugverbindung, Unterkunft und alles Weitere wird individuell zusammengestellt, aber auch fertige Pauschalangebote sind im Angebot
- Senzaparole: Lange Reihe 117, 20099 Hamburg (St. Georg), Telefon 24 37 39, Fax 24 31 22, Mo-Do 15.30–19.30, Fr 14.30–18.30; www.senzaparole.de
  Sprachreisen nach Italien mit ein-bis vierwöchigen Kursen, Unterkunft vom Campingplatz bis zur Villa, auch Italienischkurse in Hamburg
- Ski- und Kanureisen Elvers: Pinneberger Straße 46, 25436 Tornesch, Telefon 0 41 22/99 91 90, Fax 0 41 22/99 91 92, Mo-Fr 13–18 Uhr; www.ski-kanu-reisen.de
  Wie der Name schon sagt, Angebot für Aktiv-Reisende
- Ticket Kontor: Feldstraße 37, 20357 Hamburg (Karolinenviertel), Telefon 4 30 10 76, Fax 4 30 34 58, Mo-Fr 10–19, Sa 10–14 Uhr, Kreditkarten: alle, EC-Karte; E-Mail: ticketkontor@hansenet.de; www.ticketkontor.com
  Großes Flugreisen-Angebot, außerdem ist man spezialisiert auf günstige Preise für Studenten und junge Leute sowie Südafrika-Reisen
- Travel Overland: Eppendorfer Landstraße 49, 20249 Hamburg (Eppendorf), Telefon 4 80 02 40, Fax 47 48 60, Mo-Fr 9.30–18.30 Uhr, Kreditkarten: alle außer Diners; www.travel-overland.de
  Flugreisen, Internet-Flugbüro
- Zackita Reisen: Marktstraße 38, 20357 Hamburg (Karolinenviertel), Telefon 43 29 01 88, Fax 43 29 01 87, Mo-Fr 10–13, 14–18.30, Sa 10–14 Uhr; www.zackita.de
  Der offizielle Reiseveranstalter des FC St. Pauli organisiert Reisen nach Kuba, Venezuela und Gomera, auch preisgünstige Flüge und Pauschalreisen insbesondere für junge Leute und Studenten durch STA-Travel

**Alternativreisen:** Gruppendynamik, schmutzige Socken und Dosenbier – Alternativreisen sind nicht nur preisgünstig, sondern oft auch spannend:

- Clipper – Deutsches Jugendwerk zur See e. V.: Jürgensallee 54, 22609 Hamburg (Nienstedten), Telefon 82 27 81 03, Fax 82 27 81 04; www.clipper-djs.org
  Segeltörns für junge Menschen und Junggebliebene, hauptsächlich auf der Ostsee, jedes zweite Jahr zu den Kanarischen Inseln oder den Balearen
- CV – Aktiv zu Hamburg e. V.: Güntherstraße 4, 22087 Hamburg (Hohenfelde), Telefon 2 29 79 80, Fax 2 29 68 75, Mo-Fr 10–18 Uhr; E-Mail: cvaktiv@yahoo.de,

www.jugend-kinder-verreisen.de
Reisen in die Sonne für Leute von zehn bis 27 Jahren, mit und ohne Sportprogramm, auch Skireisen. Für Jugendliche von zehn bis 18 Jahren werden pädagogisch betreute Reisen angeboten

- Die Falken – Sozialistische Jugend Deutschland: Güntherstraße 34, 22087 Hamburg (Hohenfelde), Telefon 31 05 52, Fax 31 79 63 28, Mo-Fr 10–18 Uhr; www.falken-hamburg.de
  Betreute Zeltlager für Kinder und Jugendliche bis 18 Jahren, innerhalb Deutschlands und europaweit
- Stattreisen Hamburg e. V.: Bartelsstraße 12, 20357 Hamburg (Schanzenviertel), Telefon 4 30 34 81, Fax 4 30 74 29, Mo-Fr 9–13 Uhr; www.stattreisen-hamburg.de
  Organisiert die etwas anderen Stadtrundfahrten oder -gänge

**Busreisen:** Wann ist die nächste Pinkelpause? Kann mal einer durchlüften? Busreisen sind nicht besonders komfortabel, dafür aber die billigste Variante, in die Ferne zu schweifen. Viele Reiseveranstalter bieten Wochenendtrips zu extra günstigen Tarifen an:

- Alternativ Bus Reisen: Behringstraße 42–44, 22763 Hamburg (Altona), Telefon 39 33 93, Fax 3 90 05 89, Mo-Fr 10–18 Uhr, www.aber.de
  Familien-, Ski-, Camping- und Städtereisen europaweit mit dem Bus, Wochenendtrips nach Paris oder London ab 120 Euro, Extratarife für Schüler und Studenten
- Globetrotter-Busreisen: Harburger Straße 20, 21224 Rosengarten, Telefon 01 80/2 32 36 46, Fax 0 41 08/43 03 95, Mo-Fr 9–17, Sa 9–12 Uhr, Studien- und Städtereisen europaweit, Ermäßigungen für Studenten und Schüler
- Gullivers Reisen : Adenauerallee 74, 20097 Hamburg (Innenstadt), Telefon 25 32 89 78, Fax 25 32 89 81, Mo-Fr 8–21.30 Uhr; www.gullivers.de
  Keine Pauschalreisen, Linienfahrten wie mit der Bahn, europaweit und nach Russland, außerdem tägliche Fahrten nach Amsterdam, Brüssel und London

**Last Minute:** Gerade noch mitten im Alltag, ein paar Stunden später in Griechenland, der Türkei oder doch auf Mallorca? Hauptsache weg, mit anderen Vorstellungen sollte man nicht per Last Minute reisen. Im Reisebüro, direkt am Flughafen oder auch übers Internet kann der Flieger mit oder ohne Hotel gebucht werden.

- Last Minute Line: Flughafenterminal 4, 22335 Hamburg (Fuhlsbüttel), Telefon 50 02 40 33, Fax 50 02 40 90, Mo-So 9–21 Uhr; www.lastminuteline.de
  Angebote weltweit, Flug- und Pauschalangebote

**Reisebedarf:** Den Mount Everest bezwingen? Über den Atlantischen Ozean mit dem Paddelboot? Nicht ohne die richtige Ausrüstung. Und manche Leute starten selbst zur Campingtour in die Lüneburger Heide nicht ohne einen arktistauglichen Schlafsack und ultraleichtes Kochgeschirr. Folgende Geschäfte haben sich auf Reisebedarfsartikel aller Art spezialisiert:

- Camping- und Trekking-Treff: Paul-Nevermann-Platz 1, 22765 Hamburg (Altona), Telefon 3 89 32 32, Fax 3 89 23 81, Mo-Fr 10–19, Sa 10–14 Uhr, Kreditkarte: EC-Karte;
  Alles, was man für Camping und Trekking braucht,

Reisen: Nicht jeder träumt vom Ballermann

Reparaturservice für Zelte

- Die Expeditionskiste: Rothenbaumchaussee 55, 20148 Hamburg (Rotherbaum), Telefon 4 50 05 81, Fax 4 50 40 92, Mo-Fr 9.30–20, Sa 9–16 Uhr, Kreditkarten: Amex, Visa, Eurocard, EC-Karte; www.globetrotter.de
  Schlafsäcke für alle Temperaturen, Spezialausrüstungen wie Wasserentkeimungsgeräte oder Satellitennavigatoren, dazu kompetente Beratung
- Globetrotter Ausrüstungen: Wiesendamm 1, 22305 Hamburg (Barmbek), Telefon 29 12 23, Fax 2 99 23 80, Mo-Fr 9.30–20, Sa 9–16, Kreditkarten: alle; www.globetrotter.de
- Max Gronau & Sohn GmbH: Rödingsmarkt 39, 20459 Hamburg (Innenstadt), Telefon 36 66 50, Fax 37 82 31, Mo-Fr 9.30–18, Sa 10–14 Uhr, Kreditkarten: alle, EC-Karte; www.gronaushop.de
  Riesenauswahl an Schlafsäcken, Segelbekleidung, irische und englische Strickwaren, Trekking-Jacken von Tenson

**Singlereisen:** Allein Reisen? Für einige eine Herausforderung, für andere die absolute Frustration. Die richtige Gruppe oder den richtigen Partner für erholsame Urlaubstage zu finden, ist oft nicht einfach.

- City Airport Reisebüro: Friedensallee 251, 22763 Hamburg (Altona), Telefon 3 17 77 31, Fax 31 77 73 29, Mo-Fr 9.30–18.30, Sa 10–13 Uhr; www.cityairport.de
  Erlebnis- und Badeurlaub speziell für Singles
- Freundeskreis Alleinreisender e. V.: Droysenstraße 12, 22605 Hamburg (Othmarschen), Telefon 8 80 74 21, Fax 8 81 16 62, Mo-Fr 10–15 Uhr; E-Mail: barbara@harms-wichmann.de
  Verein für Menschen, die ohne Partner in Gruppen verreisen; anspruchsvolle Reisen nach Australien, Dubai, Bali, 600 Mitglieder, meist ab vierzig Jahren, aber auch Jüngere sind willkommen
- Single Tours: Alsterdorfer Straße 279, 22297 Hamburg (Alsterdorf), Telefon 51 81 81, Fax 51 49 84 14, Mo-Fr 9.30–18.30, Sa 10–13 Uhr
  Schickt einsame Herzen rund um die Welt: von Abenteuer- und Städtereisen bis zum erholsamen Strandurlaub ist für jeden etwas dabei
- Solos-Single-Reisen Saskia Lorenzen: Telefon 2 51 89 44, Fax 25 89 41, Mo-Do 20–21 Uhr; E-Mail: solos-singlereisen@web.de, www.solos-singlereisen.de
  Reisen für Singles weltweit, nur telefonische Buchung möglich
- Studiosus Reisen: Riesstraße 25, 80976 München, Telefon 0 89/50 06 00, Fax 0 89/50 06 01 00, Mo-Fr 8.30–19, Sa 8.30–14 Uhr; www.studiosus.de
  Andere Kulturen, Landschaften und Menschen kennen lernen

**Sport- und Erlebnisreisen:** 14 Tage am Strand liegen, ein nettes Buch lesen und schlafen, so viel wie möglich … gähn! Wie langweilig. Einen Berg zu bezwingen oder Skipisten runterzubrettern bringt Adrenalin ins Blut, macht glücklich und entspannt. Hier eine Auswahl an Reisebüros und Veranstaltern, die für den ultimativen Kick im Urlaub sorgen:

- BusKollektiv Unterwegs GmbH: Schanzenstraße 75, 20357 Hamburg (Eimsbüttel), Telefon 43 67 31, Fax 43 83 45; www.unterwegs-reisen.de
  Wandern, Kanu, Rad, Segeln, Ski, Urlaub für Leute über 30
- Island Erlebnisreisen: Susannenstraße 23, 20357 Hamburg (Schanzenviertel), Telefon 43 18 80 26, Fax 43 18 80 27, Mo-Fr 10–13, 14–19 Uhr; www.islanderlebnis.de
  Alles rund um Island, Gruppen- und Individualtrips
- Lifetime Sport: Heimfelder Straße 1, 21075 Hamburg (Harburg), Telefon 2 70 50 55, Fax 2 70 37 03, Mo-Fr 9.30–18 Uhr; www.lifetime-sport.de
- Nordic Holidays GmbH: Marie-Curie-Straße 5, 25337 Elmshorn Telefon 0 41 21/7 91 10, Fax 0 41 21/73 11 41, Mo-Fr 10–17 Uhr; www.nordic-holidays.de
  Aktivurlaub in Skandinavien inklusive Hundeschlittenfahrt und Übernachtung im Eishotel
- Reisebüro Norden: Große Bäckerstraße 3, 20095 Hamburg (Innenstadt), Telefon 3 60 01 50, Fax 36 64 83, Mo-Fr 9.30–18 Uhr; www. reisebuero-norden.de

- Sunwave: Töpfertwiete 19, 21029 Hamburg (Bergedorf), Telefon 7 25 85 70, Fax 7 21 42 55, Mo-Fr 9–18 Uhr; www.sunwave.de
- Trekking Tours Hoffmann: Am Rissener Bahnhof 11, 22559 Hamburg (Rissen), Telefon 81 96 21 29, Fax 81 96 21 30, Mo-Fr 9–17 Uhr; www.trh-reisen.de
  Körperliche Bewegung und Naturerlebnis stehen im Vordergrund – bei der Trekking-Karawane durch die tunesische Wüste oder die Mongolei, ebenso bei der Hundeschlittentour durch Lappland

**Veranstalter:** Nicht nur Neckermann macht's möglich! Komplettpakete zur Linderung des akuten Fernwehs schnüren auch:

- DFDS Seaways: Van-der-Smissen-Straße 4, 22767 Hamburg (Altona), Telefon 38 90 30, Fax 38 90 31 20, Mo-Fr 9–18, Sa 9–14 Uhr; www.dfdsseaways.de
  Pauschalreisen, Autorundreisen, Drei-Tage-Kurztrips nach England und zurück; Abfahrtshafen ist immer Cuxhaven
- Rainbow Tours: Gänsemarkt 45, 20354 Hamburg (Innenstadt), Telefon 32 09 33 09, Fax 32 09 30 99, Mo-Mi 9–21, Do, Fr 9–23, Sa 10–23 Uhr, Kreditkarten: EC-Karte; www.rainbowtours.de
  Programm reicht vom Wochenendtrip nach Paris bis zur Reise nach Ecuador, speziell für junge Leute
- STA-Travel: Grindelallee 35, 20146 Hamburg (Univiertel), Telefon 45 03 86 30, Fax 4 10 36 55, Mo-Fr 10–18, Sa 10–13 Uhr, Kreditkarten: Visa, Eurocard; EC-Karte; www.statravel.de
  Extra günstige Tarife für Studenten und junge Leute
- Vamos Eltern-Kind-Reisen: Eichstraße 57a, 30161 Hannover Telefon 05 11/4 00 79 90, Fax 05 11/31 31 09, Mo-Fr 10–13, 14.30–18 Uhr; www.vamos-reisen.de
  Ausschließlich Familienreisen oder für Alleinerziehende mit Kind

## Reiten

Hamburg ist eine Stadt der hippologischen Spitzenereignisse: Hier finden so bekannte Veranstaltungen wie das „Deutsche Spring- und Dressur-Derby", das „Galopp-Derby" oder die Ausstellung „Hansepferd" statt. In den über siebzig Reit- und Fahrvereinen sind fast 8000 Pferdesportler organisiert. Es gibt drei Rennbahnen, 120 Kilometer Reitwege und einen internationalen Poloplatz. Bei der Suche nach der nächstgelegenen Reitschule oder dem richtigen Verein sowie bei allen sonstigen Fragen hilft der Landesverband der Reit- und Fahrvereine, an den 54 Vereine und 24 Reitschulen angeschlossen sind. Wer mit seinem eigenen Pferd verreisen oder auf einem Reiterhof Urlaub machen möchte, sollte sich an „Pferd & Reiter" in Tangstedt wenden. Dort kann man Reisen rund ums Pferd, von Dänemark bis Grönland, für Kinder wie Erwachsene, buchen. Das therapeutische Reitzentrum bietet Hippotherapie für neurologisch Kranke sowie heilpädagogisches Reiten an. Außerdem haben Behinderte und Nichtbehinderte hier die Möglichkeit, an integrativem Reit- oder Voltigierunterricht teilzunehmen.

- Landesverband der Reit- und Fahrvereine Hamburg e. V.: Schützenstraße 107, 22761 Hamburg (Altona), Telefon 8 50 30 06, Fax 8 51 42 33 Mo-Fr 9–17 Uhr; www.pferdesport-hamburg.de
- Pferd & Reiter: Rader Weg 30a, 22889 Tangstedt, Telefon 60 76 69 19, Fax 60 76 69 31, Mo 9–19, Di-Do 9–16, Fr 9–14 Uhr; www.pferdreiter.de
- Therapeutisches Reitzentrum: Hegenredder 34, 22117 Hamburg (Billstedt-Öjendorf), Telefon 7 12 05 56, Fax 7 12 05 56

## Requisiten

Wer schon immer mal mit einem Privathubschrauber Eindruck schinden oder beim nächsten Rollenspielabend so richtig auftrumpfen wollte, der sollte sich an einen Requisitenverleih wenden. Frenchy's beschafft auf Anfrage Requisiten sowie Kostüme jeder Art. Auch Frau Heeß von Suspekt Bühnenmalerei hilft bei der Requisitenbeschaffung, ihr eigener Schwerpunkt ist die Bühnenmalerei.

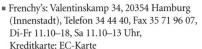

- Frenchy's: Valentinskamp 34, 20354 Hamburg (Innenstadt), Telefon 34 44 40, Fax 35 71 96 07, Di-Fr 11.10–18, Sa 11.10–13 Uhr, Kreditkarte: EC-Karte
- Suspekt Bühnenmalerei: Warnholzstraße 4, 23767 Hamburg (Altona), Telefon 3 80 60 76, Fax 3 80 60 76; E-Mail: suspektbuehnenmalerei@gmx.de; www.suspekt-buehnenmalerei.de

## Restaurants

▶ *Essen + Trinken*

## Restaurierung

Neben den Restaurierungsprojekten der Stadt zur Erhaltung und Pflege von Gebäuden und anderem Kulturgut besteht auch bei vielen Privatleuten das Interesse, nicht nur das eigene Gebiss zu sanieren. Im Bereich der Möbelrestaurierung handelt es sich oftmals um Reparaturarbeiten und die Entfernung von Farbschichten.

- Anton Rötger: Pinneberger Weg 22–24, 20257 Hamburg (Eimsbüttel), Telefon 8 50 85 12, Fax 8 50 18 30, Mo-Fr 9–17 Uhr
  Vergoldermeister Anton Rötger vergoldet alles von der Ikone bis zur Kirchturmspitze, der Betrieb besteht seit 1842 in der fünften Generation
- Betina Roß GmbH: Reichsbahnstraße 76, 22525 Hamburg (Eidelstedt), Telefon 5 47 35 30, Fax 54 73 53 33, Büro 9–13 Uhr; E-Mail: hallo@betinaross.de; www.betinaross.de
  Ein Metallrestaurierungsbetrieb für sämtliche Gegenstände aus Metall: Leuchter, Gefäße, Schmuck, Skulpturen, außerdem Schadenskartierung und Gutachten sowie Restaurierungsarbeiten an technischem Kulturgut der Stadt und bundesweit
- Hans Martin Burchard: Stresemannstraße 375, 22761 Hamburg (Altona), Telefon 8 90 43 91, Fax 8 19 50 30; E-Mail: restauratorhamburg@hotmail.com
  Professionelle Restaurierung und Konservierung von Möbeln und Holzobjekten, Erstellung von Schadensgutachten
- Phönix Abbeizbetrieb & Antikmarkt: Ruhrstraße 158, 22761 Hamburg (Altona), Telefon 8 50 40 41, Fax 8 50 67 93, Mo-Fr 9–18, Sa 10–14 Uhr; www.phoenix-abbeizbetrieb.de
  Möbelrestaurierung, speziell Abbeizen von Möbeln, Nachbauten von Möbeln aus Kiefer, Fichte und Pitchpine; im Antikmarkt kann man auch alte Holzmöbel kaufen
- Vergolderei Reinecke: Eppendorfer Weg 231–233 , 20251 Hamburg (Eppendorf), Telefon 48 45 08, Fax 4 60 54 83, Mo-Fr 9–13, 14–18, Sa 10–13 Uhr, Kreditkarte: EC-Karte
  Vergoldung- und Neufertigung von Bilderrahmen, Restaurierung

**Reiten: Pferd und Reiter sind oft unzertrennlich**

## Rhetorik

Sie fangen an zu stottern und Ihr Herz rast, wenn Sie vor größeren Menschengruppen sprechen sollen? Ihnen fehlt die Fähigkeit, selbst einfachste Dinge zu formulieren? Dann fangen Sie doch in unserer Redaktion an. Ansonsten können Sie beim Fromm-Institut für Rhetorik und Kommunikation in Tages-, Wochenend- oder Dauerseminaren verbale Kommunikationsfähigkeiten trainieren. Dabei wird ein Schwerpunkt auf psychologische Gesichtspunkte, wie etwa die Vermeidung von Stress, die eigene Wirkung auf andere oder die richtige Atemtechnik gelegt. Außerdem auf dem Lehrplan: Argumentationsstrategien, bildhaftes Sprechen und „auf den Punkt kommen". Die PAW-Rhetorik-Schule bietet neben firmeninternen Seminaren auch Privatstunden an, die ganz auf die Bedürfnisse des Kunden zugeschnitten werden. Die Kosten liegen bei 60 Euro pro Stunde, wobei meistens eine Mindestzahl von zehn Stunden erforderlich ist. Wesentlich preiswerter kann man seine Kommunikationsfähigkeiten bei der Volkshochschule trainieren. Das SprechForum Sanne bietet Einzelcoaching und Gruppentraining, zum Beispiel für gelungene Präsentationen, für freies und selbstsicheres Reden und, und, und, … alles in Abend- und Wochenendkursen.

- Fromm Management Seminare: Stadtdeich 5, 20097 Hamburg (Klostertor), Telefon 32 72 92, Fax 30 37 64 64; Mo-Fr 9–17 Uhr; www.fromm-seminare.de
- Hamburger Volkshochschule Stadtbereich Mitte: Schanzenstraße 75–77, 20357 Hamburg (Schanzenviertel), Telefon 4 28 41 27 55, 4 28 41 27 53, Fax 4 28 41 27 88; Mo, Di, Mi 10–13, Mo, Do 14–18.30 Uhr; www.vhs-hamburg.de
- SprechForum Sanne: Oelkersallee 29a, 22769 Hamburg (Altona), Telefon 43 25 44 80, Fax 43 25 44 81, Mo-Do 9.30–14 Uhr; www.sprechforum.de
- PAW-Rhetorik-Schule: Lilienstraße 36, 20095 Hamburg (Innenstadt), Telefon 33 03 09, Fax 32 35 45, Mo-Fr 9–18.30 Uhr; www.paw-rhetorikschule.de

## Rikschas

In Indien ist die Fahrradrikscha gleich nach dem Laufen das preiswerteste Mittel der Fortbewegung. Anders in Hamburg. Das Vergnügen, jemand anderen für sich strampeln zu lassen, kostet beim hanse mobil 3rad dienst 48 Euro/Stunde, kürzere Strecken sind Verhandlungssache. Auf vier Strecken – Binnen- und Außenalster, Hafenrand und Mönckebergstraße – sind die mit 21 Gängen ausgestatteten stahlblitzenden Hightech-Rikschas unterwegs. Die außergewöhnliche Tour zum Standesamt bietet Heiko Stebbe: Seine farbenfrohen Rikschas aus Indonesien kutschieren vornehmlich Brautleute in Richtung ehelichen Hafen.

- hanse mobil 3rad dienst: Holstenstraße 114, 22767 Hamburg (Altona), Telefon 38 61 52 86, Fax 38 61 52 86; E-Mail: hansemobil@web.de; www.rikscha.com
- Heiko Stebbe event: Waterloohain 3, 22769 Hamburg (Eimsbüttel), Telefon 4 39 53 23, Fax 43 25 21 91; www.rikscha-online.de

## Rodeln

Obwohl Hamburg ausgesprochenes Flachland ist, gibt es in den zahlreichen Parks und Wäldern der Stadt viele Möglichkeiten, das Winterwetter rodelnd zu genießen – falls es denn mal schneit. In den Harburger Bergen, dem Öjendorfer Park oder dem Altonaer Volkspark, dem Sternschanzenpark am Wasserturm oder dem Eppendorfer Park, findet man nur einige der vielen guten Rodelhügel. Bei der Hamburger Umweltbehörde liegt ein Plan der wichtigsten Rodel- und Skihänge aus.

- Umwelttelefon im Informationszentrum für Umwelt und Entsorgung: Hermannstraße 14, 20095 Hamburg (Innenstadt), Telefon 34 35 36, Fax 4 28 86 42 10, Mo-Do 9–16, Fr 9–14 Uhr; E-Mail: umwelttelefon@bug.hamburg.de; www.hamburg.de

## Rote Flora

Über zehn Jahre ist es nun schon her, dass die Besetzer der Roten Flora den Musical-Plänen von Großinvestor Kurz im ehemaligen Floratheater ein nichtkommerzielles Ende bereiteten. Die Rote Flora versteht sich als Stadtteilzentrum für Politik und Gegenkultur und ist über die Grenzen Hamburgs hinaus bekannt. Daran änderte auch die fast vollständige Zerstörung des Obergeschosses durch einen Brand 1995 und etliche Befriedungsversuche von Seiten der Stadt nichts. Dem Drängen auf eine vertragliche Bindung konnte bisher erfolgreich Widerstand geleistet werden, und der Verkauf des Gebäudes an den Immobilienkaufmann Kretschmer stellte sich für die Floristen als Glück im Unglück heraus. Trotz der massiven Kritik, die Flora habe teil an einem Aufwertungsprozesses des Standorts Schanzenviertel, der auf Kosten benachteiligter Gruppen stattfindet, sind dem Senat durch die Privatisierung vorerst die Hände gebunden. Dabei bleibt zu hoffen, dass der neue Eigentümer sich nicht der Sauberkeits- und Sicherheitspolitik des neuen Innensenators verpflichtet fühlt, sondern den Erhalt in seiner bisherigen Struktur ermöglicht. Bisher wird hier jedenfalls nach wie vor autonom getanzt, getagt, polemisiert und organisiert. Die Beteiligten ackern in der Roten Flora ehrenamtlich und aus idealistischen Motiven. Position: links außen.

▶ *Nightlife*

- Rote Flora e. V.: Schulterblatt 71, 20357 Hamburg (Schanzenviertel), Telefon 4 39 54 13; www.roteflora.de

## Rudern

„C'est la galère!", sagt der Franzose heute noch, wenn ihn eine anstrengende Tätigkeit total überfordert. In solchen Momenten fühlt er sich wie ein Galeerensträfling im Bauch eines Kriegsschiffes, angetrieben von Peitschenschlägen und dem Takt der Trommel. Heutzutage greift beim Rudern niemand mehr zur Peitsche. Schnelligkeit und Teamgeist machen das Rudern zu einer der gesündesten Sportarten der Welt. Der „Hamburger und Germania Ruder Club", der „Ruder-Club Alemannia von 1866" und der „Ruder-Club Favorite Hammonia" gehören zu den alten und patriarchalischen Hamburger Vereinen. Hier können nur Männer Mitglieder werden und das auch nur, wenn sie einen

**Rikschas: Andere für sich strampeln lassen**

Bürgen vorweisen können oder alle Mitglieder mit dem Neuzugang einverstanden sind. In der Ruder-Gesellschaft Hansa ist auch das weibliche Geschlecht herzlich willkommen. Schüler und Studenten zahlen die Hälfte des Mitgliedsbeitrags. Die Boote stehen allen Mitgliedern ganzjährig den ganzen Tag über zur Verfügung. Und wenn Eisschollen auf der Alster treiben, sorgen Ruderkasten und Kraftraum dafür, dass die Muskeln nicht verkümmern. Ausschließlich Frauen werden in den Hamburger Ruderinnen Club aufgenommen, bei dem es sogar eine Kinderbetreuung gibt.

- Hamburger und Germania Ruder Club e. V.: Alsterufer 21 , 20354 Hamburg (Innenstadt), Telefon 44 87 94, Fax 45 03 54 65; www.der-club.de
- Hamburger Ruderinnen-Club von 1925 e. V. c/o Britta Warner: Krokusstieg 4, 22297 Hamburg (Alsterdorf), Telefon 5 11 40 30, Fax 5 11 40 30; E-Mail: britta_warner@gmx.de; www.www.hamburger-ruderinnen.de
- Ruder Gesellschaft Hansa e. V.: Schöne Aussicht 39, 22085 Hamburg (Uhlenhorst), Telefon 2 29 01 22, Fax 22 71 64 51; www.rghansa.de
- Ruder-Club Alemannia von 1866 e. V.: An der Alster 47a, 20099 Hamburg (Innenstadt), Telefon 24 66 00, Fax 24 93 88, Mo-Fr 9–17 Uhr; www.rc-allemannia.hamburg.de
- Ruder-Club Favorite Hammonia e. V.: Alsterufer 9, 20354 Hamburg (Innenstadt), Telefon 41 77 47, Fax 4 10 29 71, Do 9–17 Uhr; www.favorite-hammonia.de

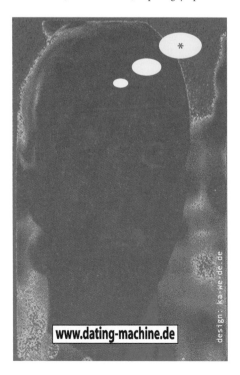

## Rugby

Mündliche Überlieferung aus der Mittelstadt Rugby in der Grafschaft Warwickshire um 1823: „Der Schüler Webb Ellis lief heute beim Fußballspiel quer übers Feld, schnappte sich den Ball mit den Händen und lief, was das Zeug hielt, gen Gegnertor. Dabei wurde er von seinen Mitschülern gerempelt und zu Fall gebracht. Die Schüler stürzten sich auf ihn, und eine Rauferei entstand. Seit heute existiert eine neue Sportart in unserer Grafschaft. Sie nennt sich Rugby. Werfen, treten, fangen und tragen des Balles sind erlaubt." Als Sportdisziplin ist Rugby bis in die heutige Zeit bei Jung und Alt beliebt. Ein eiförmiger, luftgefüllter Rugbyball aus Leder oder Kunststoff ersetzt heutzutage den ehemals runden Fußball. Obwohl Tackeln, Blocken und Drängeln zur Rugbytechnik gehören, sind leichte Prellungen und Schürfwunden das Höchstmaß an Verletzungen in diesem Sport

- Hamburger Rugby-Verband e. V:. c/o FC St. Pauli: Heiligengeistfeld, 20359 Hamburg (St. Pauli), Telefon 31 79 45 36, Fax 31 79 45 38; http://rugby.stpauli.de

S

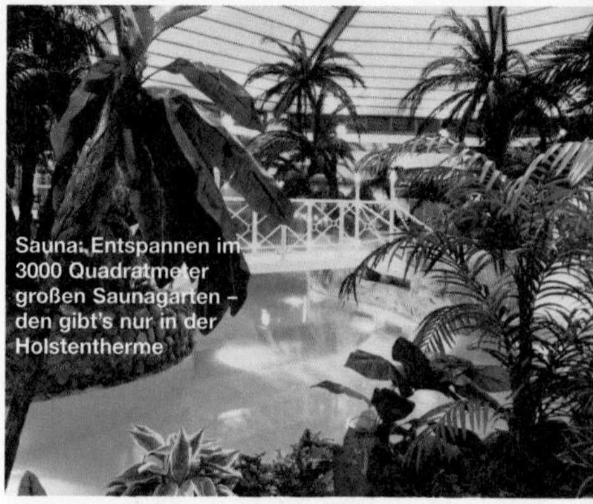
Sauna: Entspannen im 3000 Quadratmeter großen Saunagarten – den gibt's nur in der Holstentherme

## Sauna

Giftstoffe ausschwitzen, ätherische Öle inhalieren, ein paar überflüssige Pfunde loswerden und sich aus dem Großstadtdschungel fortträumen. Wir sagen wo:

- Alster-Schwimmhalle: Ifflandstraße 21, 22087 Hamburg (Hohenfelde), Telefon 22 30 12, Mo-Fr 6.30–23, Sa, So 8–23 Uhr, Kreditkarte: EC-Karte; www.baederland.de
  Di ist Frauentag, Saunanacht einmal im Monat (Sa); zentrale Lage
- Aqua-Fit Wellness Resort: Paul-Ehrlich-Straße 2, 22763 Hamburg (Othmarschen), Telefon 8 80 26 11, Fax 88 90 55 56, Mo-So 9–24 Uhr; www.sportlife.de
  Ist auch für anspruchsvolle Saunisten eine Offenbarung. Von der Kräutersauna bis zur Blockhaussauna findet man immer den passenden Ort zum Schwitzen oder Relaxen – und zum Abkühlen geht's in den Eisraum
- Arriba: Am Hallenbad 14, 22850 Norderstedt, Telefon 5 21 98 40, Fax 52 19 84 17, Sauna: Mo-Mi 11–22, Do 11–23, Fr 9–23, Sa, So, Feiertag 9–22 Uhr; www.arriba-erlebnisbad.de
  Saunastraße in Felsgrotten (50°C-Biolicht-Sauna, 70°C und 90°C-Dampfbad), eine finnische Blockhaussauna und eine Erdsauna befinden sich im Außenbereich mit Schwimmbecken, Tauchbecken, beheiztem Whirlpool
- Bartholomäus-Therme: Bartholomäusstraße 95, 22083 Hamburg (Uhlenhorst), Telefon 22 12 83, Sommer: Mo 15–22, Di-Fr 10–22, Sa 12–20, So 10–20 Uhr; Winter: Mo 15–22, Di, Mi, So 10–22, Do, Fr 10–23, Sa 12–23 Uhr, Kreditkarte: EC-Karte; www.baederland.de
  Lange Saunanacht (September bis April: jeden 1. Sa im Monat bis 2 Uhr), Do ist Frauentag, hier herrscht Kleiderordnung (in Badekleidung in die Dampfbäder)
- Bismarckbad: Hahnenkamp 1, 22765 Hamburg (Ottensen), Telefon 39 26 63, Mo-So 8–22 Uhr, Kreditkarte: EC-Karte; www.baederland.de
  Mittwochs ist Saunen nur für Frauen angesagt, lange Saunanächte
- Freizeitbad Volksdorf: Rockenhof 7, 22359 Hamburg (Volksdorf), Telefon 6 03 93 49, Mo-So 8–22 Uhr; www.baederland.de
  Lange Saunanächte: von September bis April jeden 3. Sa im Monat bis 1 Uhr; Frauentag: Mo bis 12 Uhr; Sole-Dampfbad und kaminbefeuerte Erdsauna
- Holstentherme: Norderstraße 8, 24568 Kaltenkirchen, Telefon 0 41 91/9 12 20, Fax 0 41 91/91 22 22, So-Do 10–22, Fr, Sa 10–22.30 Uhr, Kreditkarte: EC-Karte; www.holstentherme.de
  Fünf verschiedene Saunen von 60°C bis 90°C, Dampfbad mit Sternenhimmel, Regenmacher und Entspannungsmusik, 3000 Quadratmeter großer Saunagarten mit Erdsauna (110°C) und Außenpool; jeden 1. Freitag im Monat textilfreies Baden von 21.30–1.30 Uhr
- Holthusenbad: Goernestraße 21, 20249 Hamburg (Eppendorf), Telefon 47 47 54, Mo, Di, So 9–22, Mi-Sa 9–23 Uhr, Kreditkarte: EC-Karte; www.baederland.de
  Von September bis April ist die Sauna jeden 2. Sa im Monat bis 1 Uhr geöffnet, Mo und Mi Frauentag; Heusauna
- Kaifu-Lodge: Bundesstraße 107, 20144 Hamburg (Eimsbüttel), Telefon 40 12 81, Fax 4 90 56 43, Mo, Fr 8–24, Di, Mi, Do 7–24, Sa, So 8–23 Uhr; www.kaifu-lodge.de
  Vier finnische Saunen, Dampfbad, Eisraum, Kneippzonen, Außenhöfe, Kamin- und Ruheräume, Schlafraum
- MeridianSpa City: Schaarsteinweg 6, 20459 Hamburg (Innenstadt), Telefon 6 58 90, Fax 65 89 11 99, Mo-Fr 7–23, Sa, So 9–22 Uhr; www.meridianspa.de
  Luxus pur, alles und mehr ist die Devise;

mit Glaskuppel, orientalischem Ruheraum und Salatbüfett im Restaurant. Allerdings sollte man am Wochenende ein bisschen Wartezeit für die Liegen mit einplanen

- MeridianSpa: Quickbornstraße 26, 20253 Hamburg (Eimsbüttel), Telefon 6 58 90, Fax 6 58 92 13 99, Mo, Di, Do 9–23, Mi, Fr 7–23, Sa, So 9–22 Uhr; www.meridianspa.de
  Großer Wellness- und Saunabereich; ein Special ist der japanische Garten
- MeridianSpa: Wandsbeker Zollstraße 87–89, 22041 Hamburg (Wandsbek), Telefon 6 58 90, Fax 65 89 10 99, Mo, Mi, Fr 9–23, Di, Do 7–23, Sa, So 9–22 Uhr; www.meridianspa.de
- Osho Sauna: Karolinenstraße 7–9, 20357 Hamburg (Karolinenviertel), Telefon 43 15 21, Juni bis September: Mo-So 17–23 Uhr, Oktober bis Mai: Mo-Do 17–23, Fr-So 15–23 Uhr
  Hat durch eine sehr persönliche Atmosphäre und Masseure, die nach Ihren Wünschen kneten, unseren Bonuspunkt verdient; Sauna und Dampfbad
- Plaza Pool Sauna im Hotel Radisson SAS: Marseiller Straße 2, 20355 Hamburg (Innenstadt), Telefon 34 56 76, Fax 5 53 69 20, Mo-Fr 9–23, Sa 8–20, So, Feiertag 9–20 Uhr, Kreditkarte: EC-Karte; E-Mail: plazapool@hotmail.com
  Mit Blick auf Planten un Blomen; bietet nettes Saunen mit günstigem Studententarif für Fitness und Schwimmen
- Salü Salztherme Lüneburg: Uelzener Straße 1–5, 21335 Lüneburg, Telefon 0 41 31/72 31 10, Fax 0 41 31/72 31 23, Mo-Sa 10–23, So, Feiertag 8–21 Uhr; Kassenschluss eine Stunde vor Schließung des Bades, Kreditkarte: EC-Karte; www.salue-lueneburg.de
  Erlebnisbad mit Sole-Wasser, ganzjährig beheiztem Außenpool und sechs Saunen; jeden 1. Freitag im Monat Mitternachtssauna von 22–2 Uhr
- Sauna Flottbek: Urnenfeld 3, 22607 Hamburg (Bahrenfeld), Telefon 82 89 90, Fax 82 27 83 19, Mo-Fr 8–23, Sa, So, Feiertag 10–23 Uhr, Kreditkarte: EC-Karte; www.sauna-flottbek.de
  Persönliche Atmosphäre: zwei finnnische Saunen, Dampfraum, Außenpool; außerdem Massage, Kosmetik und Fußpflege, Solarium

## Schach

Sport oder doch „nur“ Denksport? In jedem Fall aber das Spiel der Könige. „Schach und Spiel“ ist schon seit Jahren eine führende Adresse, wenn es um Schach oder andere Spiele geht, die für Erwachsene geeignet sind. F. C. Jensen bietet Schachzubehör aus verschiedenen Materialien, aber auch hochwertige Schreibwaren an. Im Schachcafé trifft man sich zu Speis, Trank und Brettspiel. Und wer Schwierigkeiten hat, neue Gegner zum Duell der Gehirnzellen zu finden, wendet sich an den Hamburger Schachverband und lässt sich an einen der 44 Hamburger Schachclubs weitervermitteln.

- F. C. Jensen: Spitalerstraße 2, 20095 Hamburg (Eimsbüttel), Telefon 32 26 01, Fax 33 67 90, Mo-Fr 10–20, Sa 10–16 Uhr, Kreditkarten: alle außer Diners; EC-Karte
- Hamburger Schachverband: Schäferkampsallee 1, 20357 Hamburg (Schanzenviertel), Telefon 41 90 82 45, Fax 44 71 27, Di 16–18 Uhr; www.hamburger-schachverband.de
- Schach und Spiel: Mundsburger Damm 56, 22087 Hamburg (Mundsburg), Telefon 2 20 97 79, Fax 2 20 97 79, Mo-Fr 10–19, Sa 10–14 Uhr, Kreditkarte: EC-Karte;
- Schachcafé: Rübenkamp 227, 22307 Hamburg (Winterhude), Telefon 6 31 04 31, Fax 6 31 42 58, Mo-Fr 8–4 Uhr, am Wochenende durchgehend von Fr 8 bis So 4 Uhr geöffnet

## Schädlingsbekämpfer

Kammerjäger gibt es nicht mehr. Die ehemaligen Leibjäger von Fürsten haben sich längst zu allgemeinen Schädlingbekämpfern emporgearbeitet. Technisch innovative Bekämpfungsmethoden machen heutzutage leider auch die Raumanzugkluft Marke Ghostbusters entbehrlich. Wen der Floh im Bette kneift, der sollte sich an das Kill Team wenden. An sieben Tagen die Woche und 24 Stunden am Tag geht es auf Jagd nach Wespen, Ameisen und Küchenschaben – die den Insektendesperados schon mal von der Decke in den Nacken fallen.

- Kill Team: Heidberg 34, 22301 Hamburg (Winterhude), Telefon 2 70 00 02, Fax 2 70 43 59, 24-Stunden-Service; www.kill-team.de

## Schallplatten und CDs

Man sagt, das Schanzenviertel habe die größte Schallplattenladendichte der Welt. Auch in Uni-Nähe gibt es einige gute Adressen, wobei sich die Preise oftmals am knappen Bafög-Überschuss der Studenten orientieren. Nicht nur die Tatsache, dass amerikanische DJs in Hamburg mehr altes Soul-Vinyl finden als in ihrer Heimat, auch die gemütliche Atmosphäre vieler kleiner Shops machen die Mainstream-Giganten ersetzbar. Und billiger als bei WOM sind die Tonträger allemal. Das Mekka für Sammler ist die regelmäßige Schallplattenbörse in der Uni-Mensa, die seit Jahrzehnten von vielen internationalen Anbietern besucht wird. Daneben gibt es noch eine Reihe anderer Plattenmärkte, aktuelle Termine und Informationen sind der SZENE HAMBURG zu entnehmen.

### Mainstream:

- Brinkmann GmbH: Spitalerstraße 10, 20095 Hamburg (Innenstadt), Telefon 3 00 40, Fax 33 60 05, Mo-Fr 9.30–20, Sa 9–16 Uhr, Kreditkarten: Eurocard, Visa; EC-Karte; www.brinkmann.de
- Makro Markt: Kieler Straße 433, 22525 Hamburg (Stellingen), Telefon 54 74 20, Fax 54 74 21 87, Mo-Fr 9.30–20, Sa 9–16 Uhr, Kreditkarte: EC-Karte; www.makromarkt.de
- Media Markt: Nedderfeld 70, 22529 Hamburg (Lokstedt), Telefon 48 09 90, Mo-Fr 10–20, Sa 9.30–16 Uhr, Kreditkarte: EC-Karte; www.mediamarkt.de
- Michelle: Gertrudenkirchhof 10, 20095 Hamburg (Innenstadt), Telefon 32 62 11, Mo-Fr 11–19.30, Sa 11–16 Uhr, Kreditkarte: EC-Karte; www.michelle-records.de
  Neuheiten aus den Bereichen Rock, Pop und Alternative, häufig Sonderangebote; regelmäßige Schaufenster-Konzerte
- Saturn: Mönckebergstraße 1, 20095 Hamburg (Innenstadt), Telefon 30 95 83 52, Fax 30 95 81 01, Mo-Fr 9.30–20, Sa 9.30–16 Uhr, Kreditkarte: EC-Karte; www.saturn.de
- Schaulandt: Nedderfeld 98, 22529 Hamburg (Lokstedt), Telefon 4 80 01 30, Fax 48 00 13 44, Mo-Fr 10–20, Sa 9.30–16 Uhr, Kreditkarten: Eurocard, Visa; EC-Karte; www.schaulandt.de
- WOM (World of Music) im Alsterhaus: Jungfernstieg 16–20, 20354 Hamburg (Innenstadt), Telefon 3 55 14 30, Fax 35 51 43 15, Mo-Fr 9.30–20, Sa 9.30–16 Uhr, Kreditkarten: alle
  Große Auswahl, Vinyl ist kaum noch im Sortiment, große DVD- und Videoabteilung
- Zweitausendeins: Colonnaden 9, 20354 Hamburg (Innenstadt), Telefon 35 71 84 36, Fax 35 71 84 31, Mo-Fr 10–20, Sa 10–16 Uhr, Kreditkarte: EC-Karte; www.zweitausendeins.de
  Filiale: Grindelallee 71, 20146 Hamburg (Univiertel), Telefon 44 78 88, Fax 44 54 31, Mo-Mi 10–19, Do, Fr 10–20, Sa 10–16 Uhr, Kreditkarte: EC-Karte; www.zweitausendeins.de
  Vor allem Rock, Folk, Jazz und Blues vergangener Dekaden sowie Klassik stehen in den Regalen, nur CDs

### Raritäten, Spezielles und Secondhand:

- Baseline: Sierichstraße 148, 22299 Hamburg (Winterhude), Telefon 46 07 00 95, Fax 46 07 00 94, Mo-Fr 12–19, Sa 10–16 Uhr, Kreditkarten: alle außer Diners; EC-Karte; www.baseline-records.de
  DJ Michael M. B. bedient und verwöhnt Techno-, Trance-, Hardcore- und Underground-liebende Ohren mit Hörstoff; im Glasvorbau ist ein Equip-

**Schallplatten: Vinyl-Freunde finden bei Scratch Records vor allem Elektronik, HipHop und Independent**

ment-Verleih für DJs eingerichtet

- Borgweg-Records: Borgweg 5, 20253 Hamburg (Winterhude), Telefon 2 70 36 93, Mo-Fr 14–18, Sa 11–14 Uhr (▶ *Comics*)
- Burnout! Recordstore: Wohlwillstraße 27, 20359 Hamburg (St. Pauli), Telefon 31 97 74 90, Fax 31 97 74 91, Mo-Fr 11–19, Sa 11–15 Uhr; www.burnoutrecords.de
  Hier wird die in Hamburg wohl breiteste Palette an Punkrock, Hardcore und Emo auf Schallplatte angeboten
- Checkpoint Charly: Gärtnerstraße 31, 20355 Hamburg (Hoheluft), Telefon 4 22 45 07, Mo-Fr 11–19, Sa 11–15 Uhr, Kreditkarte: EC-Karte; E-Mail: checkpointcharly@gmx.de
  Riesenauswahl an hochwertigen Secondhand-Schallplatten und -CDs, alle Musikrichtungen
- Danza Y Movimiento: Neanderstraße 41, 20355 Hamburg (Innenstadt), Telefon 34 03 28, Fax 34 03 17, Mo-Fr 15–19, Sa 12–16 Uhr, Kreditkarten: Eurocard, Visa; EC-Karte; www.dym.de
  Konkurenzloser CD-Experte in Sachen Merengue, Salsa, Bachata, Cumbia, Karibik und argentinischer Tango; Direktimporte
- Groove City: Rathausstraße 12, 20095 Hamburg (Innenstadt), Telefon 4 30 21 49, Fax 4 30 25 08, Mo-Fr 12–20, Sa 11–16 Uhr, Kreditkarte: EC-Karte
  Den Namen muss man wörtlich nehmen. Ausgezeichnetes Programm für HipHop, bekannte Samples findet man als Original in der Soul- oder Jazzabteilung
- Ingo's Plattenkiste: Grindelallee 41, 20146 Hamburg (Univiertel), Telefon 45 18 59, Mo-Fr 10–19, Sa 10–15 Uhr, Kreditkarte: EC-Karte; E-Mail: plattenkiste@onetwomove.de
  20 000 CDs (Neuware und gebraucht), eine kleine Auswahl an Vinyl und eine sehr viel größere an DVDs. Der Schwerpunkt liegt auf Klassik, Rock und Pop
- Nusound: Schanzenstraße 95, 20357 Hamburg (Schanzenviertel), Telefon 43 21 69 00, Fax 43 21 69 00, Mo-Fr 12–20, Sa 11–16 Uhr; www.nusound.de
  TripHop, Drum & Bass, HipHop, New Soul, New Jazz, House, Techno; Vinyl und CDs
- Otaku: Feldstraße 45, 20357 Hamburg (Karolinenviertel), Telefon 43 53 15, Fax 43 53 35, Mo-Fr 11–20, Sa 11–16 Uhr, Kreditkarten: alle außer Diners; EC-Karte; www.otaku-records.de
  Bizarres Vinyl aus den Bereichen Elektro, Drum & Bass, Minimal Techno; auch Mangas
- Plastik: Schulterblatt 84, 20357 Hamburg (Schanzenviertel), Telefon 43 27 40 05, Mo-Fr 12–20, Sa 11–16 Uhr, Kreditkarte: EC-Karte
  Schwerpunkt: Independent, Elektronik, Avantgarde; das meiste auf Platte, es gibt aber auch CDs
- Plattenladen Reis – Mailorderversand: E-Mail: reis.schallplatten@gmx.net; www.reis-schallplatten.de
  Bei Reis kann man schwarze wie silberne Scheiben (neu und gebraucht) ordern
- Plattenrille: Grindelhof 29, 20146 Hamburg (Univiertel), Telefon 4 10 62 99, Fax 41 35 15 00, Mo-Fr 11–19, Sa 10–14 Uhr, Kreditkarten: alle; EC-Karte; www.plattenrille.de
  Sorgfältig geführter Laden, existiert seit zwanzig Jahren. Gerade im Rockbereich eine wahre Raritäten-Fundgrube. LPs werden vor dem Verkauf genauestens geprüft
- Play it again Sam: Stresemannstraße 130, 22769 Hamburg (Altona), Telefon 4 30 15 67, Fax 4 39 30 90, Di-Fr 13.30–18, Sa 11–14 Uhr; www.play-it-again-sam.de
  Das Sortiment ist breit gefächert, besonders angezogen fühlen sich in letzter Zeit Freunde von Schlager, Swing, Kabarett und Kleinkunst
- Rekord Tonträger: Schanzenstraße 46, 20357 Hamburg (Schanzenviertel), Telefon 43 25 30 08, Fax 43 25 30 09, Mo-Fr 11–20 Uhr, Sa 11–16 Uhr, Kreditkarten: Visa; EC-Karte; www.rekord.net
  HipHop, Independent Rock, Elektro, House bis hin zu Abstrakterem; viele seltene Funk-/Soul-Scheiben
- Schallplatten, CDs & Comics: Barmbeker Straße 13, (Winterhude), Telefon 2 70 36 93
  Ein echtes Original, zudem eine gute Tauschbörse ▶ *Comics*
- Scratch Records: Schanzenstraße 79, 20357 Hamburg (Schanzenviertel), Telefon 4 39 52 83, Fax 4 30 14 78, Mo-Fr 11–20, Sa 11–16 Uhr; www.scratchrecords.de
  Alle Musikrichtungen, gut in Elektronik, Techno, HipHop und Independent-Material

- Selekta Reggae Shop: Bartelsstraße 11, 20357 Hamburg (Schanzenviertel), Telefon 4 30 88 39, Fax 4 30 88 49, Mo-Fr 12–19, Sa 12–16 Uhr, Kreditkarte: EC-Karte; www.selekta-shop.de
  Die Nummer eins für Off-Beat von Ska bis Dancehall, auch die Preise gehen Richtung Jamaika
- Slam Records: Schulterblatt 104, 20357 Hamburg (Schanzenviertel), Telefon 4 30 20 93, Fax 38 94 75, Mo-Fr 11–19.30, Sa 10–16 Uhr, Kreditkarten: Visa; EC-Karte; www.slamrecords.de
  Filiale: Bahrenfelder Straße 98, 22765 Hamburg (Altona), Telefon 39 90 39 90, Fax 38 94 75, Mo-Fr 11–19.30, Sa 10–16 Uhr
  Die beiden Slam-Filialen zählen zu den günstigsten Secondhandläden der Stadt
- Starpoint Records: Sierichstraße 148, 22299 Hamburg (Winterhude), Telefon 46 07 00 95, Fax 46 77 73 81, Mo-Mi 12–19, Do 12–20, Fr 12–19, Sa 10–16 Uhr, Kreditkarten: alle außer Diners; EC-Karte; E-Mail: dedl@starpoint.de; www.starpoint-records.de
  Black Music und House; der Laden befindet sich in der Werkhalle einer ehemaligen Tankstelle
- Stash Records: Schulterblatt 78, 20357 Hamburg (Schanzenviertel), Telefon 4 39 21 55, Mo-Fr 11–18, Sa 11–16 Uhr
  Hier gibt's alles außer Klassik und Techno
- Subsound Records: Susannenstraße 21, 20357 Hamburg (Schanzenviertel), Telefon 43 18 31 26, Fax 43 18 31 26, Mo-Fr 12–19, Sa 11–16 Uhr; www.subsoundrecords.de
  Klein, aber fein, hauptsächlich Vinyl
- Tarantula Records: Pilatuspool 7, 20355 Hamburg (Innenstadt), Telefon 35 35 11, Fax 34 34 07, Mo-Fr 10–18, Sa 10–14, Kreditkarten: alle außer Diners; EC-Karte; E-Mail: tarantular@aol.com; www.tarantula-records.com
  Der Spezialist für Filmmusik. Neben über 6000 vorrätigen Titeln auf CD und Vinyl gibt es einen hauseigenen Bestellkatalog, abrufbar übers Internet
- Text und Töne: Grindelallee 80, 20146 Hamburg (Univiertel), Telefon 45 03 64 67, Fax 45 03 64 68, Mo-Fr 10–20, Sa 10–16 Uhr, Kreditkarten: Eurocard, Visa; EC-Karte; E-Mail: textundtoene@t-online.de
  Guter Aufenthaltsraum nicht nur für Uni-Freistunden, führt Bücher, Platten und CDs
- Unterm Durchschnitt: Durchschnitt 15, 20146 Hamburg (Univiertel), Telefon 44 91 59, Fax 4 60 61 60, Di-Fr 12–18.30 Uhr; E-Mail: donnersperg@web.de
  Unkommerzielle Klänge von Jazz über Filmmusik und Dub bis zu Elektro
- Zardoz: Paul-Nevermann-Platz 1, 22765 Hamburg (Altona), Telefon 38 51 20, Fax 3 80 97 07,

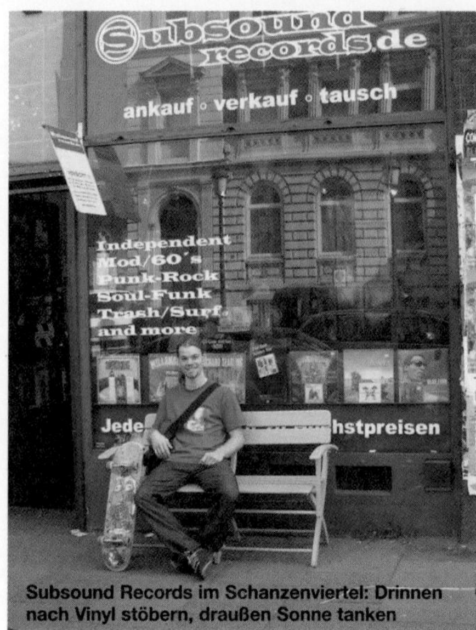

Subsound Records im Schanzenviertel: Drinnen nach Vinyl stöbern, draußen Sonne tanken

  Mo-Fr 10–20, Sa 10–16 Uhr, Kreditkarten: alle; EC-Karte
  Filiale: Lange Reihe 32, 20099 Hamburg (St. Georg), Telefon 2 80 32 30, Fax 2 80 32 28, Mo-Fr 10–20, Sa 10–16 Uhr, Kreditkarten: alle; EC-Karte
  Alle Stilrichtungen auf Vinyl und CD in neuem und gebrauchtem Zustand, viele Singles
  Weitere Filiale: Ottenser Hauptstraße 19, 22765 Hamburg (Ottensen), Telefon 39 90 11 63, Fax 39 90 11 75, Mo-Fr 10–20, Sa 10–16 Uhr, Kreditkarten: alle; EC-Karte
  Neben neuen und gebrauchten CDs gibt's Secondhand-Bücher: nicht nur Literatur zur Musik, sondern auch Romane, Reisebücher und Lyrik

## Schamanen

Ein Zauber, der den Auserwählten willig stimmt – oder den Konkurrenten aus dem Weg räumt? Nichts ist unmöglich im Reich der Schamanen. Mithilfe psychoaktiver Substanzen können Körper und Seele zu einer Einheit verschmelzen. Bei dieser Art von Séance ist der Tanz mit Elfen und Waldgeistern nicht ausgeschlossen. Im schamanischen Beratungszentrum wird man über die alten Riten und Gebräuche aufgeklärt und kann sie bei Bedarf gleich umsetzen.

- Schamanisches Beratungszentrum c/o Zaubertrank: Winterhuder Weg 24, 22085 Hamburg (Uhlenhorst), Telefon 2 20 06 04, Fax 22 75 91 29, Mo-Sa 10–24, So 18–24 Uhr

## Schauspiel

Früh übt sich, wer ein Gründgens werden will. Eine professionelle Laufbahn als SchauspielerIn ist nicht nur aufgrund der harten Aufnahmeprüfung eine schweißtreibende Angelegenheit. Auch die Ausbildung selbst erfordert absoluten Einsatz und Hingabe. Wer sich davon jedoch nicht abschrecken lässt, für den bieten die unten genannten Adressen vielleicht das Sprungbrett zur großen Karriere. Auch Laien finden hier ein breites Angebot, um ihre Lust, in andere Rollen zu schlüpfen, zu befriedigen.

- Bühnenstudio der darstellenden Künste: Hansastraße 35, 20144 Hamburg (Rotherbaum), Telefon 44 58 14, Fax 45 77 97, Bürozeiten: Mo-Do 10–14 Uhr
Drei Jahre dauert die Ausbildung für Schauspiel, Stimme und Bewegung an der privaten Schule, Aufnahmeprüfungen finden jeweils im August und September beziehungsweise Februar und März statt; unter der Leitung von Doris Kirchner wird hier als Grundlage ein ganzheitliches Bewusstwerden durch das „Essentielle Lehrkonzept – Die Kunst der Perzeption" gelehrt
- Die Andere Clownschule, Büro: Wrangelstraße 97a, 20253 Hamburg (Hoheluft), Telefon 4 20 46 99, Termine nach Vereinbarung; bitte nur telefonische Anfragen oder postalische Anfragen; www.andere-clownschule.de
Das Angebot richtet sich an Menschen, die psychischen Ausgleich suchen und/oder berufliche Zusatzqualifikationen erwerben möchten; Inhalte: Improvisation, Bewegungstraining, Atem- und Stimmarbeit; eine Ausbildung zum professionellen Clown wird ebenso angeboten
- European Entertainment School of the Performing Arts: Karpfangerstraße 22, 20459 Hamburg (Innenstadt), Telefon 3 17 17 22, Fax 3 17 17 23, Bürozeiten Mo-Fr 10–17 Uhr; www.entertainment-school.de
Die Performance-Ausbildung von Isis Chi Gambatté hilft Künstlern, ihren authentischen Selbstausdruck zu finden und ihn in Gesang, Tanz und medienspezifischen Fertigkeiten auszudrücken („Image-Design"); Gruppenunterricht oder Einzelcoaching
- Hamburger Schauspielstudio Frese: Harkortstraße 81, 22765 Hamburg (Altona), Telefon 38 61 05 40, Fax 38 61 05 34, Mo, Mi, Fr 10–13 Uhr; E-Mail: schauspielstudio@t-online.de; www.schauspielstudio.de
Die staatlich anerkannte private Berufsfachschule für darstellende Kunst bildet in sechs Semestern bis zur Bühnenreife aus, auch Film- und Fernsehorientierung; Studienbereiche: Darstellung, Atem-, Stimm-, Sprech- und Bewegungstraining; Seminare zur Theater- und Kulturgeschichte; Kooperation mit Regie-Studenten der Uni Hamburg
- Hochschule für Musik und Theater: Harvestehuder Weg 12, 20148 Hamburg (Harvestehude), Telefon 4 28 48 25 77, Mo-Fr 6.30–15 Uhr; www.musikhochschule-hamburg.de
Bafög-anerkanntes, achtsemestriges Schauspielstudium mit Diplomabschluss; Anmeldeschluss für die Aufnahmeprüfung zum Sommersemester ist der 1. August
- Schule für Schauspiel Hamburg: Oelkersallee 33, 22769 Hamburg (Altona), Telefon 4 30 20 50, Fax 43 12 63, Mo-Fr 9–13 Uhr; www.schauspielschule-hamburg.de
Zum dreijährigen Vollstudium an der staatlich anerkannten Berufsfachschule gehören die Bereiche Basistraining, „Körper", „Sprache", „Gesang" und „Darstellung", die Altersgrenze liegt bei 26 Jahren (Bafög-Förderung möglich); es werden regelmäßig zweimonatige Orientierungskurse sowie sechsmonatige Fortbildungen angeboten
- Stage School of Music, Dance and Drama: Poolstraße 21, 20355 Hamburg (Innenstadt), Telefon 35 54 07 76, Fax 35 54 07 11, Mo-Fr 10–17 Uhr; www.stageschool.de
Staatlich anerkannte Berufsfachschule für Schauspiel, Tanz und Gesang mit internationalem Dozententeam
- Stars unlimited: Poolstraße 21, 20355 Hamburg (Innenstadt), Telefon 35 54 07 40, Fax 35 54 07 44; www.starsunlimited.de
Künstlervermittlung, zu deren Klientel nicht nur Schauspieler, die ihr Können unter Beweis stellen, zählen, sondern auch Schüler der Stage School Hamburg, hochkarätige Musiker und Artisten
- Studio 1: Langenfelder Damm 14, 20257 Hamburg (Eimsbüttel), Telefon 40 94 37, Fax 40 17 21 52; www.schauspieltraining.de
Mike Webb bietet Kurse für Anfänger und Fortgeschrittene in Form von Einzel- oder Gruppentraining; Rollenarbeit und Übungen zur eigenen Ausdrucksfähigkeit stehen im Vordergrund, außerdem Vorbereitung für die Aufnahmeprüfung an staatlichen Theaterschulen, Jugendschauspielkurse (ab 10 Jahren) und Workshops
- TASK – Film- und Schauspielschule für Kinder und Jugendliche: Schomburgstraße 50, 22767 Hamburg (Altona), Telefon 38 61 46 46, Fax 38 61 46 48, Mo-Fr 10–19 Uhr; E-Mail: taskhamburg@t-online.de; www.kinderschauspielschule.de

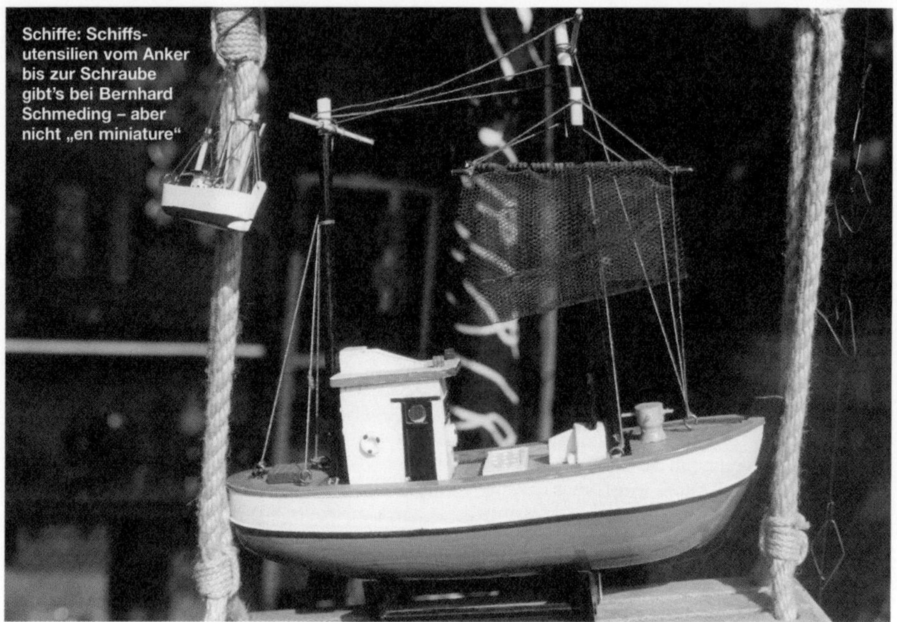

Schiffe: Schiffsutensilien vom Anker bis zur Schraube gibt's bei Bernhard Schmeding – aber nicht „en miniature"

In den nachmittäglichen Kursen lernen die Kinder „spielend" alle Bereiche der Schauspielkunst kennen; Rollenspiele, Körperbeherrschung, Textarbeit; Praxisnähe durch Drehort-, Theater- und Musicalbesuche; Talente werden zu Film, Fernsehen und Theater weitervermittelt

- TV Tom: Kaiser-Wilhelm-Straße 47, 20355 Hamburg (Innenstadt), Telefon 34 39 08, Fax 34 40 63, Mo-Fr 9–14 Uhr; E-Mail: tomsendnix@freenet.de; www.tvtom.de
  Thomas Knab vermittelt film- und fernsehspezifisches Know-how für das Agieren vor der Kamera; Demobanderstellung, Videoeinzelpräsentationen, Kamerapraxis, Schauspielcoaching und Videobandherstellung stehen auf dem Programm; außerdem erstellt er Filmpräsentationen fürs Internet
- ZBF (Zentrale Bühnen-, Film- und Fernseh-Vermittlung), Agentur Hamburg: Jenfelder Allee 80, 22045 Hamburg (Jenfeld), Telefon 66 88 54 01, Fax 66 88 54 08, Mo-Mi 9–17, Do 10–18, Fr 9.30–16 Uhr; www.arbeitsamt.de/ZAV
  Hier werden Film- und FernsehschauspielerInnen sowie in künstlerisch-technischen Berufen Tätige vermittelt
- ZBF (Zentrale Bühnen-, Film- und Fernseh-Vermittlung), Agentur Hamburg: Kreuzweg 7, 20099 Hamburg (St. Georg), Telefon 2 84 01 50, Fax 28 40 15 99
  Vermittlung von BühnenschauspielerInnen und OpernsängerInnen

## Schiffe

▶ *Boote*

**Antiquitäten:** Wolfgang Fuchs bietet eine große Auswahl an nostalgischen Schiffsfotos, Büchern, Schiffsplänen und -modellen. Alte nautische und geodätische Instrumente sowie Schiffschronometer findet man bei Antiquitäten Eismann. Unter den maritimen Geschenkartikeln dürfen natürlich auch die berühmten Buddelschiffe von Buddel Bini nicht fehlen, bei denen sich immer wieder die Frage stellt: Wie kommt das Schiff eigentlich in die Flasche?

- Antiquitäten Eismann: Mörkenstraße 8, 22767 Hamburg (Altona), Telefon 3 80 02 92, Fax 38 61 47 90, Mo-Fr 11–18, Sa 10–13 Uhr; www.nautic-eismann.de
- Buddel Bini: Lokstedter Weg 68, 20251 Hamburg (Eppendorf), Telefon 46 28 52, Fax 47 40 03, Mo-Fr 10–18, Sa 10–16 Uhr, Kreditkarten: alle; www.buddel.de
- Wolfgang Fuchs Maritime Literatur: Johannisbollwerk 19, 20459 Hamburg (Innenstadt), Telefon 3 19 35 42, Fax 3 19 25 52, Mo-Fr 9.30–13 und 14–18, Sa 9.30–15 Uhr, Kreditkarten: Eurocard, Visa; EC-Karte (▶ *Buchhandlungen*)

**Beschläge:** Beim Anblick des Sortiments der Firma Meyer, Otto & Co schlägt das Herz jedes

Schiffsbauers höher, angeboten werden Schrauben, Werkzeuge, Schiffs- und Industriebedarf. Auch bei Bernhard Schmeding findet man alles, was zur technischen Boots- und Yachtausstattung gehört: Schrauben, Beschläge, Anker, Ketten und andere Schiffsutensilien.

- Bernhard Schmeding: Vorsetzen 2, 20459 Hamburg (Innenstadt), Telefon 37 36 46, Fax 36 73 73, Mo-Fr 8.30–17 Uhr, Kreditkarten: alle; EC-Karte
- Otto Meyer & Co: Neuhöfer Straße 25, 21107 Hamburg (Wilhelmsburg), Telefon 7 56 06 70, Fax 75 60 67 28, Mo-Do 7–17, Fr 7–16.30 Uhr, Kreditkarten: keine E-Mail: info@otto-meyer.de

**Touren:** Die Kasse ist leer, und es schmerzt das Fernweh? Schiffstouren auf der Elbe mit Nah- und Fernzielen können Abhilfe schaffen. Max Jens und die Hadag bieten Ober- und Unterelbfahrten an, etwa nach Lauenburg, Glückstadt, Boizenburg oder ins Alte Land. Wollen Sie lieber ein Schiff mieten? Kein Problem. Ab 160 Euro die Stunde kann man die eigene Elbfahrt auf einer Barkasse veranstalten. Auch auf der „Mississippi Queen" von Kapitän Prüsse wird jede Party ein Erfolg, ganz im Southern-Comfort-Stil. Außerdem ein Geheimtipp: Sonderfahrten durch die beleuchtete Speicherstadt (nachts), 12 Euro/Erwachsene, 6 Euro/Kinder. Außerdem werden Hafenrundfahrten und Barkassen-Charter (Preise auf Anfrage) angeboten. Drei-Tage-Kurzseereisen nach Harwich (Abfahrtshafen ist Cuxhaven) bietet die DFDS Seaways ab 80 Euro inklusive Programm an.
▶ *Reisen*

- DFDS Seaways: Van-der-Smissen-Straße 4, 22767 Hamburg (Altona), Telefon 38 90 30, Fax 38 90 31 20, Mo-Fr 9–18, Sa 9–14 Uhr; www.dfdsseaways.de
  ▶ *Reisen*
- Hadag Seetouristik & Fährdienst AG: St. Pauli Fischmarkt 28, 20359 Hamburg (St. Pauli), Telefon 31 17 07 17, Fax 31 17 07 10, Mo-Fr 7.30–16 Uhr; www.hadag.de
- Kapitän Prüsse: Bei den St. Pauli Landungsbrücken, 20359 Hamburg (St. Pauli), Telefon 31 31 30, Fax 31 55 88, Mo-Fr 9–18, Sa, So 10–16 Uhr; www.kapitaen-pruesse.de
- Max Jens: Hohe Brücke 2, 20459 Hamburg (Innenstadt), Telefon 36 66 81, Fax 36 67 34

## Schlachter

▶ *Essen + Trinken*

## Schlafsäcke

Schlafsack ist nicht gleich schlafender Sack. Schlafsäcke sind vielseitig einsetzbar, ob beim Campen, Trampen oder wenn der beste Freund mal wieder bei Ihnen versackt. Twen's Shop hat neue und gebrauchte Bundeswehrschlafsäcke, aber auch Rucksäcke und Bekleidung. Bei der „Expeditionskiste" gibt es von Baumwollschlafsäcken für 19,95 Euro bis hin zu Minus-29°C-tauglichen Modellen (613,50 Euro) für jeden den passenden Sack zum Knacken.

- Die Expeditionskiste: Rothenbaumchaussee 55, 20148 Hamburg (Rotherbaum), Telefon 4 50 05 81, Fax 4 50 40 92, Mo-Fr 9.30–20, Sa 9–16 Uhr, Kreditkarten: Amex, Visa, Eurocard; EC-Karte; www.globetrotter.de
- Twen's Shop: Am Steintorplatz 3, 20099 Hamburg (St. Georg), Telefon 24 30 91, Mo-Fr 10–19, Sa 10–16 Uhr, Kreditkarten: alle

## Schlagermove

Was haben Singles und backenbärtige, schlaghosentragende Seventies-Fans gemeinsam? Sie schmelzen dahin bei: „Ich fand sie irgendwo, allein in Mexiko. Anita-Anita". Die Freunde der Siebziger verbinden damit jedoch meist nicht ihre Gemütslage, sondern ihren Hang zum Schlager. Zehntausende farbenfroh gekleidete Menschen pilgern alljährlich an einem Samstag Mitte des Jahres – 2002 zum sechsten Mal – durch St. Pauli und begleiten erinnerungsselig die dreißig Schlager- und Karnevals-Trucks. Mehr oder weniger textsichere Zuschauer versuchen, die Schlagerjünger zu übertönen, und wanken auf noch nie getragenen Plateausohlen aus Mamas Kleiderschrank über die Straßen. Zwei Runden fahren die Trucks, bis der Karneval des Nordens am Heiligengeistfeld, dem Startpunkt, wieder endet. Egal, wenn dann die Föhnwelle nicht mehr sitzt; den passenden Ausklang findet das Festival der Liebe auf den Aftermove-Partys. Dort kann sich noch der letzte Besucher bewusstlos schaukeln. Nun denn: Hossa! Hossa! Hossa!

- Hossa Hossa Veranstaltungs-GmbH: Große Elbstraße 145c, 22767 Hamburg (Altona), Telefon 38 02 36 50, Fax 38 02 36 51, Mo-Fr 10–18 Uhr; www.schlagermove.de
  Die Route steht fest: Heiligengeistfeld–Glacischaussee–Helgoländer Allee–Hafenstraße–Fischmarkt-Pepermölenbek–Reeperbahn–Heiligengeistfeld

## Schmuck

Dauergewellte Frauen eher älteren Kalibers, oftmals mit Pudel, scheinen ein merkwürdiges Geschmacksgen in sich zu tragen. Oder wie kommt's, dass sie sich mit Vorliebe dicke Klunker an Hals und Ohren hängen. Und der männliche Begleiter trägt das obligate Goldkettchen. Wir sind uns einig: Frauen und Männer von Welt setzen auf individuellen Schmuck aus ebensolchen Läden:

- Bluespirit: Osdorfer Landstraße 131, 22609 Hamburg (Osdorf), Telefon 82 24 10 70, Fax 82 24 10 71, Mo-Fr 9.30–20, Sa 9.30–16 Uhr, Kreditkarten: alle außer Amex; EC-Karte
  Gold- und Silberschmuck im italienischen Design zu günstigen Preisen
- Don't Look!: Wandelhalle im Hauptbahnhof, 20095 Hamburg (Innenstadt), Telefon 33 19 32, Fax 30 39 34 49, Mo-So 8.30–21 Uhr, Kreditkarten: Visa, Eurocard; EC-Karte; www.dontlook.de
  Neben einer großen Auswahl an Markenuhren schönes Angebot an Silber-, Designer-, Piercing- und Modeschmuck; weitere Filiale in St. Pauli mit Piercingstudio, Informationen unter oben genannter Rufnummer
- Kuntztstück! Annette Kutz: Koppel 94, 20099 Hamburg (St. Georg), Telefon 28 05 19 91, Fax 28 05 19 91, Mo-Fr 12–18 Uhr und nach Vereinbarung
  Origineller Unikat-Schmuck unter anderem aus Silber, Kupfer, Kunst- oder Schaumstoff. Besonderheit: die „Kresse-Kollektion", Ringe, Anhänger werden nach Belieben mit Moosen oder Kresse „bepflanzt"; außerdem „Netzwerkstücke", Schmuck mit geknüpften Steinen und Sonderanfertigungen
- Laatzen: Wedeler Landstraße 53, 22559 Hamburg (Rissen), Telefon 81 30 97, Fax 81 46 32, Mo-Fr 9–13, 15–18, Sa 10–12.30 Uhr und nach Vereinbarung, Kreditkarten: Visa, Eurocard; EC-Karte; www.laatzen.com
  Hier steht Kundenbetreuung an erster Stelle; Anfertigung von individuellen Schmuckstücken in eigener Werkstatt; der Familienbetrieb zählt zu den renommiertesten Schmuckgeschäften der Elbvororte; besonderes Design
- Liquid: Mottenburger Twiete 8, 22765 Hamburg (Ottensen), Telefon 3 90 77 63, Fax 41 91 27 12, Di-Fr 10–17, Sa 10–16 Uhr; www.liquidhamburg.de
  Von Goldschmiedemeisterin gefertigte Kollektion; Anfertigungen aller Art in allen Materialien; Uhren und Edelstahlschmuck der Firma M&M
- Nana Hellwege: Große Elbstraße 68, 22767 Hamburg (Altona), Telefon 38 61 04 40, Fax 38 61 04 41, Mo-Fr 11–20, Sa 11–16 Uhr, Kreditkarten: alle; E-Mail: nana-hellwege@t-online.de
  Einzelstücke mit Edelsteinen in Gold, Platin oder Silber, gefertigt von Nana und Katrin Hellwege; Sonderanfertigungen und Silberschmuck

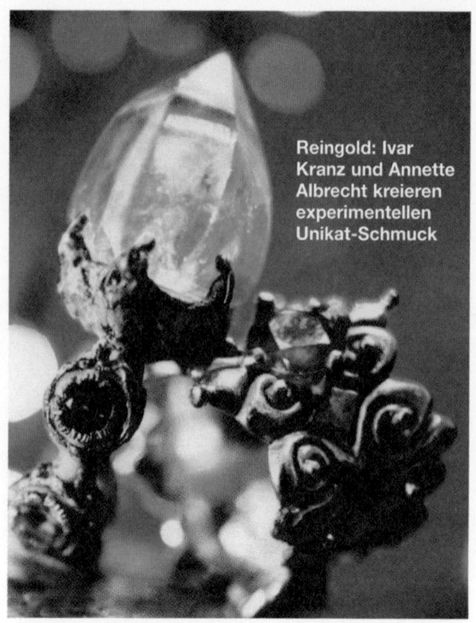

Reingold: Ivar Kranz und Annette Albrecht kreieren experimentellen Unikat-Schmuck

- Reingold: Schulterblatt 78, 20357 Hamburg (Schanzenviertel), Telefon 43 18 87 49, Fax 43 18 40 96, Di-Fr 12–19, Sa 11–16 Uhr
  Experimentelle Unikat-Ringe, -Ohrringe, -Ketten und -Anhänger mit ausgefallenen Oberflächen (emailliert etc.); teilweise werden Steine selbst geschliffen; Besonderheit: große Ringe, die sich über die ganze Hand erstrecken
- Schmuckatelier: Schanzenstraße 41, 20357 Hamburg (Schanzenviertel), Telefon 43 25 42 79, Fax 43 25 42 79, Di-Fr 10–18.30, Sa 10.30–15 Uhr
  Schwerpunkt: Schmuck mit Symbolen aus der ostasiatischen Lebensphilosophie; Ringe, Kopf-, Hals- und Ohrschmuck
- Thomas Becker Schmuckwerkstatt: Grindelhof 37, 20146 Hamburg (Univiertel), Telefon 44 80 92 92, Fax 44 80 92 92, Di-Fr 10–19, Sa 10–16 Uhr, Kreditkarte: EC-Karte; www.thomas-becker-schmuck.de
  Der Goldschmiedemeister hat sich auf Partnerschaftsringe der besonderen Art spezialisiert, bringt klassische Materialien in neue Formen, fertigt Ringe, Ohrringe und Ketten nach Kundenwunsch oder eigenen Entwürfen

### Weitere originelle Schmuckläden:

- Bijou Brigitte: Spitalerstraße 9, 20095 Hamburg (Innenstadt), Telefon 60 60 90 (Zentrale), Fax 6 02 64 09, Mo-Fr 10–20, Sa 9.30–16 Uhr;

www.bijou-brigitte.com
Elf weitere Filialen in Hamburg

- Jungbluth: Marktstraße 108, 20357 Hamburg (Karolinenviertel), Telefon 4 30 40 04, Fax 4 30 40 04, Mo-Fr 12–19, Sa 11–16 Uhr, Kreditkarten: Visa, Eurocard; EC-Karte; www.jungbluth-design.de
Piercingschmuck aus Titan und Chirurgenstahl
▶ *Fetisch*
▶ *Tätowierungen*
- Navajo-Galerie: Mittelweg 22, 20148 Hamburg (Rotherbaum), Telefon 45 92 68, Fax 45 92 68, Di-Fr 11–18, Sa 11–14 Uhr, Kreditkarten: alle außer Amex; EC-Karte
Indianischer Silberschmuck u. a. mit Türkisen
- Schmuckwerkstatt Heißmangel: Schäferstraße 24, 20357 Hamburg (Schanzenviertel), Telefon 41 35 36 99, Fax 41 35 36 99, Di-Fr 12–20, Sa 12–16 Uhr; www.schmuckwerkstattheissmangel.com
Junger, moderner, bunter, großer, selbst gefertigter Schmuck
- Tautropfen: Brüderstraße 14, 20355 Hamburg (Innenstadt), Telefon 34 43 51, Fax 35 71 44 04, Mo-Fr 11–19 Uhr, Kreditkarten: alle; www.tautropfen.net
▶ *Perlen*
- Tendenzen: Schmuggelstieg 2, 22848 Norderstedt, Telefon 5 29 67 76, Fax 5 29 29 75, Mo, Di, Do, Fr 10–18, Mi, Sa 10–13 Uhr und nach Vereinbarung, Kreditkarten: alle; EC-Karte; www.tendenzen-goldschmiede.de
Goldschmiede mit eigener Werkstatt; individuelle Anfertigung
- Uli Glaser Design: Stresemannstraße 374, 22761 Hamburg (Altona), Telefon 8 99 30 60, Fax 8 99 13 75, Mo-Fr 9–18 Uhr, Sa nach Absprache; www.uliglaserdesign.de
Titanschmuck, Einzelanfertigung

## Schneiderei

Ratsch, die elegante Verbeugung wird zum Fiasko, denn die enge Hose gibt nicht nach, sondern alles preis. In solchen und anderen Fällen hilft eine Änderungsschneiderei. Eine Auswahl an Maßschneidereien:
▶ *Mode für Damen/Mode für beide*

- Maßatelier Kathrin Breuer: Neuer Wall 18, 20354 Hamburg (Innenstadt), Telefon 37 13 17, Mo-Fr 9–18 Uhr, Kreditkarten: EC-Karte
Änderungen höchster Qualität für Damen- und Herrenmode; Maßanfertigung
- Schneiderei Eroglu: Poststraße 12, 20354 Hamburg (Innenstadt), Telefon 34 16 56, Mo-Fr 9.30–19, Sa 9.30–14.30 Uhr
Damen- und Herrenumarbeitungen aller Art, auch Lederarbeiten
- Tintin: Große Bergstraße 261, 22767 Hamburg (Altona), Telefon 38 36 60, Mo-Fr 9–19, Sa 9–14 Uhr
Änderungen aller Art, auch von Lederwaren und Taschen; Anfertigung von Lederhosen und -jacken

## Schreiben

Wer auf den kreativen Schub nicht (vergeblich) warten möchte, kann es mit einem Schreibcoaching versuchen und erkennen: Jeder ist mal blockiert, aber das wird schon wieder. Die als Redakteurin, Texterin und Lektorin erfahrene Kulturpädagogin Anke Fröchling hilft Verzweifelten in Einzelstunden oder während eines zehnstündigen Coaching-Programms, bei dem kreatives Schreiben oder wissenschaftliches Arbeiten im Vordergrund steht. Wem das auch nicht weiterhilft, der kann sich seine Texte auch redigieren lassen. Bei Ghostwriter kann man ebenfalls Reden, Referate, Korrespondenzen oder Sachtexte schreiben lassen und anschließend die Lorbeeren selbst ernten. Außerdem im Angebot: Web- und Medienservice. Schreiben als ästhetischer Ausdruck, berufsqualifizierend oder als

Poesie und Bibliotherapie bietet Kerstin Hof von SchreibZeit an. Hergen Hillen hilft Studierenden und Doktoranden beim Verfassen wissenschaftlicher Arbeiten, begleitend oder in Form des Abschlusslektorats.

- Anke Fröchling: Mottenburger Straße 5, 22765 Hamburg (Ottensen), Telefon 39 90 20 50, Fax 39 90 69 20; www.schreibcoaching.de
- Ghostwriter: Telefon 07 00/44 67 89 74, Fax 07 00/44 67 89 74; www.ghostwriter-media.de
- Hergen Hillen, Wissenschaftsberatung und Lektorat: Rutschbahn 33, 20146 Hamburg (Univiertel), Telefon 41 46 99 47, Fax 41 46 99 41; E-Mail: hergen.hillen@web.de; www.lektorenfabrik.de
- SchreibZeit: Wincklerstraße 4, 20459 Hamburg (Innenstadt), Telefon 37 50 22 44, Fax 37 50 22 46; www.SchreibZeit.de



## Schreibwaren

Ohne Schreibutensilien gerät auch der schönste Reim in Vergessenheit. Schreibwaren aller Art und Preiskategorien finden Schreiberlinge bei Schacht & Westerich, ob führende Füllermarken oder edle und bunte Mappen und Hefte. Besonders schön ist das Angebot von Notiz- und Tagebüchern. Auch im Büromarkt Hansen findet sich vom Bleistift bis zum Computer alles, was in Schreibstuben gebraucht wird. „Papierwelt“ hat vor allem Schreibwaren für Schüler und Studenten im Angebot. Neben Collegemappen, Füllern und Schulranzen gibt es auch Kartonagen, Karten und Timer in allen Variationen und Preiskategorien. Ein großes Sortiment an preisgünstigen Computern, Möbeln und Schreibwaren aller Art gibt es bei Staples, das mit mehreren Filialen in Hamburg vertreten ist. MC Paper vertreibt Papier-, Büro- und Schreibwaren und ist ebenfalls mit einigen Filialen in Hamburg vertreten.

- Bethge Hamburg: ABC-Straße 9, 20354 Hamburg (Innenstadt), Telefon 3 07 05 70, Fax 30 70 57 99, Mo-Fr 10.30–19, Sa 10–16 Uhr; www.bethge-hamburg.de
  Hamburgs edelster Schreibwarenladen, weitere Filiale in Eppendorf
- Büromarkt Hansen: Schulterblatt 7–9, 20357 Hamburg (Schanzenviertel), Telefon 43 37 35, Fax 4 39 79 78, Mo-Fr 9–18.30, Sa 9–13 Uhr, Kreditkarte: EC-Karte; www.bueromarkthansen.de
- F. C. Jensen: Spitalerstraße 2, 20095 Hamburg (Innenstadt), Telefon 32 26 01, Fax 33 67 90, Mo-Fr 10–20, Sa 10–16 Uhr, Kreditkarten: alle außer Diners; EC-Karte
- MC Paper: Grindelallee 104a, 20146 Hamburg (Univiertel), Telefon 41 80 11, Mo-Fr 9–19, Sa 9–14 Uhr, Kreditkarte: EC-Karte; www.mcpaper.de
- Papierwelt: Schweriner Straße 8–12, 22123 Hamburg (Rahlstedt), Telefon 44 41 19, Fax 67 56 36 33, Mo-Fr 9–19, Sa 9–16 Uhr, Kreditkarte: EC-Karte
  Filiale in Billstedt, Infos unter Telefon 44 41 19
- Schacht & Westerich: Große Bleichen 36, 20354 Hamburg (Innenstadt), Telefon 34 00 76, Fax 34 33 30, Mo-Fr 10–20, Sa 10–16 Uhr, Kreditkarten: alle außer Diners; EC-Karte
  Drei weitere Filialen in Hamburg: Wandsbek, Osdorf, Poppenbüttel; Auskünfte erteilt die Zentrale

- Staples: Kieler Straße 336, 22525 Hamburg (Stellingen), Telefon 5 47 60 60, Fax 54 76 06 11, Mo-Fr 9–20, Sa 9–16 Uhr, Kreditkarten: alle Weitere Filialen in Bergedorf, Hammerbrook, Poppenbüttel, Harburg, Osdorf, Langenhorn: Auskünfte unter Telefon 5 47 60 60

## Schrottplatz

▶ *Auto*

## Schuhe

▶ *Mode*

## Schulauer Fährhaus

▶ *Willkomm Höft*

## Schuldnerberatung

Über 60 000 Haushalte in der Hansestadt Hamburg sind verschuldet, Tendenz steigend. Der klassische Schuldner ist durch Trennung oder Jobverlust finanziell stark überlastet, und dann gibt es noch solche, die einfach nicht mit Geld umgehen können. Die meisten Banken gewähren Kontoinhabern schon in jungen Jahren großzügige Kredite, was frühzeitige Verschuldung forcieren kann. Großer Schuldenverursacher bei Jugendlichen ist etwa das Handy, die Anschaffung ist fast umsonst, dafür killen die Gebühren das Taschengeld. Die Stadt Hamburg hat unentgeltliche Schuldnerberatungsstellen eingerichtet. Hier werden Musterschreiben an Gläubiger erstellt, Schuldenerlass beantragt oder Informationen über das Pfändungsgesetz erteilt. Das Resultat ist für viele nicht zuletzt eine neue Selbstachtung.

### Schuldnerberatungsstellen der Freien und Hansestadt Hamburg:

- Schuldnerberatungsstelle Hamburg-Altona: Alte Königstraße 29–39, 22758 Hamburg (Altona), Telefon 4 28 11 39 48
- Schuldnerberatungsstelle Hamburg-Bergedorf: Alte Holstenstraße 46, 21031 Hamburg (Lohbrügge), Telefon 4 28 91 26 08
- Schuldnerberatungsstelle Hamburg-Eimsbüttel: Grindelberg 66, 20139 Hamburg (Eimsbüttel), Telefon 4 28 01 32 93
- Schuldnerberatungsstelle Hamburg-Harburg: Harburger Ring 33, 21073 Hamburg (Harburg), Telefon 4 28 71 24 55
- Schuldnerberatungsstelle Hamburg-Mitte: Kurt-Schumacher-Allee 4, 20097 Hamburg (St. Georg), Telefon 4 28 54 22 12
- Schuldnerberatungsstelle Hamburg-Nord: Flachsland 23, 22083 Hamburg (Barmbek), Telefon 4 28 32 36 24
- Schulnderberatungsstelle Hamburg-Wandsbek: Wandsbeker Allee 73, 22041 Hamburg (Wandsbek), Telefon 4 28 81 24 02

### Sonstige Beratungsstellen:

- Diakonisches Werk: Königstraße 54, 22767 Hamburg (Altona), Telefon 30 62 03 85, Fax 30 62 03 11, telefonische Sprechzeiten: Mo, Di, Do 10–12, Mi 11–13 Uhr; E-Mail: schnettler@diakonie-hamburg.de
- Verbraucher-Zentrale Hamburg e. V. – Konto, Kredit, Schulden: Kirchenallee 22, 20099 Hamburg (St. Georg), Telefon 01 90/77 54 42, telefonische Beratung Di-Do 10–18 Uhr, persönliche Beratung (Kosten: 12,50 Euro) nach telefonischer Terminvereinbarung unter Telefon 24 83 20 E-Mail: kredit@verbraucherzentralehamburg.de; www.vzhh.de

## Schulen

Ohne Fleiß kein Preis. Doch nicht nur deswegen geht man in Deutschland zur Schule. Seit über achtzig Jahren gibt es hier die allgemeine Schulpflicht. Dass alle Kinder der Hansestadt dieser nachkommen, darum kümmert sich die Behörde für Bildung und Sport. Sie versteht sich nicht nur als Verwalter, sondern auch als

Dienstleister für den Bereich Schule. Das Schulinformationszentrum ist eine Serviceeinrichtung der oben genannten Behörde. Verschiedene Teams bieten Infos von A wie Abendschule bis Z wie Zeugnis sowie Beratung in allen Fragen rund um das Thema „Schulen in Hamburg" an. In der International School Hamburg – einer privaten englischsprachigen Schule – treffen Kids aus über vierzig Ländern zusammen. Die Betreuung beginnt bereits im Alter von drei Jahren im international besetzten Kindergarten, daran schließt die Schulausbildung bis zur 12. Klasse an. Hier pauken die Schüler nicht nur Mathe oder Biologie, sie tragen gleichzeitig auch aktiv zur Völkerverständigung bei. Dies alles lassen sich die Eltern was kosten: Das Schulgeld beträgt zwischen 6000 und 13 000 Euro im Jahr. Das Lycée français de Hambourg steht deutschen und französischen Kindern offen. Über 500 Pennäler steuern hier ihren Abschluss an, der zum Studium an den Universitäten beider Länder berechtigt. Für den Kindergartenplatz zahlen die Eltern 2500 Euro jährlich, für die Grundschule 2338 Euro/Jahr, für die gymnasiale Unterstufe 2674 Euro/Jahr und für die Oberstufe 3163 Euro/Jahr. Über fremde Kulturen etwas lernen und sich auf fantasievolle Weise entwicklungs-, sozial- und umweltpolitischen Themen nähern, das können Schulklassen aller Altersstufen in den Veranstaltungen des Werkstatt 3 Bildungswerks; das Programm wird auf Anfrage an Schulen geschickt.

- Behörde für Bildung und Sport: Hamburger Straße 31, 22083 Hamburg (Barmbek), Telefon 42 86 30; www.hamburg.de
- Beratungsstelle Gewaltprävention im Amt für Schule: Grabenstraße 32, 20357 Hamburg (Karolinenviertel), Telefon 4 28 89 61 00, Fax 4 28 89 61 70, Mo-Fr 9–16 Uhr; E-Mail: schuelerhilfe.boehm@t-online.de
  Bietet Unterstützung bei Gewaltprävention, akute Krisenintervention bei massiven Gewalttaten und Lehrerfortbildungen; der Zuständigkeitsbereich ist „Schule", beraten werden Schüler, Eltern und Lehrer. Bei gravierenden Einzelfällen gehen die Mitarbeiter auch in die Schulen. Seit 13 Jahren gibt es auch eine telefonische Sofortberatung
- Büro für Kultur- und Medienprojekte Bettina Kocher und Ralf Classen: Gaußstraße 25, 22765 Hamburg (Ottensen), Telefon 3 90 14 07, Fax 3 90 25 64, Mo-Fr 9–17 Uhr; www.kultur-und-medien.com
  Das Büro für Kultur und Medienprojekte vermittelt den Kontakt zu dem Pantomimen und Schauspieler Rudi Rhode, der Workshops zum Thema Körpersprache und Gewalt anbietet. Ein Workshop schult Lehrer, wie anders mit Gewalt in Schulen umgegangen werden kann. Weiteres Angebot: Vermittlung von Projekten im Rahmen des internationalen Kulturaustauschs

Ida Ehre Gesamtschule: Seit Juli 2001 trägt die ehemalige Jahnschule den Namen der Gründerin der Hamburger Kammerspiele

- International School Hamburg: Holmbrook 20, 22605 Hamburg (Othmarschen), Telefon 8 83 00 10, Fax 8 81 14 05, Mo-Fr 8–16.30 Uhr; www.international-school-hamburg.de
- Lycée français de Hambourg e. V.: Hartsprung 23, 22529 Hamburg (Lokstedt), Telefon 58 27 68, Fax 58 24 98, Mo-Fr 8–13 Uhr; www.lfh.de
- Regionale Beratungs- und Unterstützungsstellen (Rebus) im Amt für Schule: Eiffestraße 664b, 20537 Hamburg (Borgfelde), Telefon 4 28 58 18 54 und 4 28 58 18 58, Fax 4 28 58 18 50, Mo-Fr 8–16 Uhr
  Psychologen, Pädagogen und Sozialpädagogen beraten telefonisch bei allen Problemen, die bei Eltern, Schülern und Schulen auftreten, zu Zeugnisvergabezeiten wird ein Sonderdienst eingerichtet. Es gibt 15 regionale Beratungsstellen in Hamburg und eine überregionale für den berufsbildenden Bereich
- Rudolf Steiner Schulen in Hamburg, Büro der Landesarbeitsgemeinschaft: Hufnerstraße 18, 22083 Hamburg (Barmbek), Telefon 2 98 30 40, Fax 2 98 30 40, Mo-Fr 9–13 Uhr; E-Mail: lag@waldorfseminar.de; www.waldorfschulen-hamburg.de
  Berät und informiert über die sechs allgemeinbildenden Rudolf Steiner Schulen, die drei Sonderschulen, die 14 Waldorfkindergärten sowie über Ausbildungen und weiteres Wissenswertes
- Schulinformationszentrum (SIZ): Hamburger Straße 35, 22083 Hamburg (Barmbek), Telefon 4 28 63 19 30, Mo-Mi 9–17, Do 10–18, Fr 9–13 Uhr; telefonisch Mo-Fr ab 8 Uhr; www.hamburg.de
- Studienkreis-Zentrale: Postfach 10 24 04, 44724 Bochum, Telefon 02 34/97 60 01, Fax 02 34/9 76 02 00, Mo-Fr 8–17.30 Uhr;

www.studienkreis.de
Der Studienkreis betreibt im Hamburger Stadtgebiet zehn Niederlassungen; Unterricht in Gruppen von drei bis fünf Kindern oder Jugendlichen. Preisstaffelung nach Alter, Unterrichtsdauer und -häufigkeit

- Werkstatt 3 Bildungswerk: Nernstweg 32–34, 22765 Hamburg (Ottensen), Telefon 39 21 91, Fax 3 90 98 66, Mo-Do 11–17, Fr 11–13 Uhr; E-Mail: Werkstatt3-Bildungswerk@t-online.de; www.werkstatt3-bildungswerk.de

**Schüleraustausch:** Mal ein Jahr lang im Ausland zur Schule zu gehen, ist sicherlich nicht nur den Sprachkenntnissen dienlich. Wenn auch nicht immer einfach, man denke nur an das schmerzliche Heimweh, sammeln die Kids dabei Erfahrungen, die oft den weiteren Lebensweg mitbestimmen. Spaß macht es allemal, für eine Zeit in einem fremden Land zu leben.

- AFS – Interkulturelle Begegnungen e. V.: Friedensallee 48, 22765 Hamburg (Ottensen), Telefon 3 99 22 20, Fax 39 92 22 99; www.afs.de
Vermittelt Schüler zwischen 15 und 17 Jahren zu Gastfamilien in über vierzig Ländern weltweit; die Kosten liegen zwischen 4400 Euro (für osteuropäische Länder) und 6900 Euro (Australien/Neuseeland), außerdem bietet AFS für junge Menschen zwischen 18 und 30 Jahren Freiwilligendienste im ökologischen und sozialen Bereich
- Behörde für Bildung und Sport: Telefon 4 28 63 20 60, Mo-Fr 9–15 Uhr; www.auslandsschulwesen.de
Für allgemeine Nachfragen zu Austauschangelegenheiten zuständig und verantwortlich für Lehrer-Austauschprogramme, die ihre Stelle mit Kollegen im Ausland tauschen oder zeitweise an deutschen Schulen im Ausland arbeiten möchten. Seit zwei Jahren gibt es werden Schüleraustausche gefördert. Infos dazu sind an der eigenen Schule zu erfragen!
- Der Deutsche Bundestag: Platz der Rebublik 1, 11011 Berlin, Telefon 0 30/26 99 93 95 (Frau Graumann), Mo, Fr 9–14, Di, Mi, Do 12.15–17 Uhr; E-Mail: vorzimmer.pb4@bundestag.de
Bietet für Schüler und junge Berufstätige (mit Eigenbeitrag) die Möglichkeit, am parlamentarischen Patenschaftsprogramm teilzunehmen, das zwischen dem Bundestag und dem US-Kongress vereinbart wurde; Vollstipendien sind möglich
- Deutsches Youth For Understanding Komitee e. V.: Averhoffstraße 10, 22085 Hamburg (Uhlenhorst), Telefon 2 27 00 20, Fax 22 70 02 27, Mo-Fr 9–16 Uhr; www.yfu.de
Vermittelt jährlich über 1000 Schüler im Alter von 15 bis 17 Jahren, davon allein über 800 in die USA, etwa siebzig nach Lateinamerika, achtzig innerhalb Europas und sechzig in andere Länder, Bewerbungen im Sommer vor dem geplanten Austausch, die Preise in den Ländern differieren, für ein Jahr USA muss mit 6100 Euro gerechnet werden, einkommensabhängige Teilstipendien sind möglich. Das Komitee vermittelt auch Gastfamilien in Deutschland, etwa 100 Jugendliche kommen jährlich aus den USA, fast 350 aus anderen Ländern, die Gastfamilien bekommen kein Geld, im Vordergrund steht der Kulturaustausch
- GLS Sprachenzentrum – Regionales Beratungsbüro: Seestraße 18, 24306 Plön, Telefon 0 45 22/78 93 53, Fax 0 45 22/78 93 52; E-Mail: gls-kiel@t-online.de, Kostenlose und unverbindliche Beratung über Schulbesuche weltweit, Schüler- und Erwachsenen-Sprachreisen, Praktikum, Studium und Ausbildung im Ausland, Au Pair in den USA, Sprachferiencamp in Deutschland, Volunteer-Programme, Business-Sprachreisen, Bildungsurlaub

## Schwimmen

Schwimmen ist gesund, hält den Körper fit und sorgt für eine schlanke Linie, das wusste auch Mao Tse-tung. Sie brauchen aber nicht in den Jangtse zu springen, um dem großen Vorsitzenden nachzueifern. Fast in jedem Stadtteil Hamburgs gibt es genügend Möglichkeiten, um sich vor oder nach getaner Arbeit, am Wochenende oder in den Ferien in Bewegung zu bringen. Im Sommer locken Freibäder, die von Mitte Mai beziehungsweise Anfang Juni bis Ende August ihre Tore öffnen. Naturfreunde können sich in Hamburgs Badeseen oder Naturschwimmbädern erfrischen. Wer bei winterlichen Temperaturen dem Schwimmsport im Freien nicht widerstehen kann, hat die Möglichkeit, in einigen der Kombibäder in beheizte Außenbecken zu hüpfen. Ideal für den Kurzurlaub mit oder ohne Familie sind die Freizeitbäder, die alles rund um den Badespaß bieten. Wasserrutsche, Kinderbecken, Saunaparadies – da erholt sich auch der gestresste Familienpapa. Einige der Bäderland-Hallenbäder sind werktags von 6.15 bis 9 Uhr für Mitglieder des Frühschwimmclubs reserviert.

**Badeseen und Naturschwimmbäder:** Alle Badeseen und Naturschwimmbäder werden regelmäßig auf ihre Sauberkeit hin geprüft. Neben einer großen Schwimmfläche gibt es hier Liegewiesen, kleine Sandstrände, Kinderbecken, Spielplätze und den Imbiss mit Terrasse oder Garten.

- Naturbad Kiwittsmoor: Hohe Liedt 9, 22417 Hamburg (Langenhorn), Telefon 5 37 02 47,

Anfang Mai bis Ende September: Mo-So 11–19 Uhr (bei schlechtem Wetter geschlossen, bei schönem Wetter eventuell länger geöffnet); www.naturbad-kiwittsmoor.de
4,8 Hektar Grünfläche, großes Schwimmbecken mit Sprungbrett und Strand, Beachvolleyball- und Beachfußballanlage, Freiluftbillard und -schach, Minigolf

- Naturbad Stadtparksee: Südring 5b, 22303 Hamburg (Winterhude), Telefon 78 88 37 37, Mo-So 10–18 Uhr (bei schönem Wetter eventuell bis 20 Uhr); www.baederland.de
  Langer See mit kleinem Sandstrand; FKK-Bereich
- Sommerbad Altengamme: Horster Damm 76, 21039 Hamburg (Altengamme), Telefon 7 23 61 18, Mai bis Anfang September: Mo-So 11–19 Uhr
  13 000 qm großes Gelände, künstlich angelegtes Schwimmbecken mit Sandstrand, Fußballplatz, Tischtennisplatten
- Sommerbad Farmsen: Neusurenland 63, 22159 Hamburg (Farmsen), Telefon 6 43 44 10, Mitte Mai bis Mitte September: Mo-So 11–19 Uhr
  49-Meter-Rutsche, 200 Meter langer Sandstrand, sehr große Liegewiese

**Freibäder:** In allen Freibädern gibt es Fünfzig-Meter-Becken, teilweise auch Sprunganlagen mit bis zu fünf Metern Höhe, Plansch- oder Kinderbecken, Liegewiesen, Spielplätze für Ballspiele, Tischtennisplatten und Kioske.

- Freibad Aschberg: Rückersweg, 20537 Hamburg (Hamm), Telefon 78 88 37 37, Mo-So 10–18 Uhr (bei schönem Wetter eventuell bis 20 Uhr); www.baederland.de
  111-Meter-Rutsche
- Freibad Dulsberg: Am Dulsbergbad 1, 22049 Hamburg (Dulsberg), Telefon 78 88 37 37, Mo-So 10–18 Uhr (bei schönem Wetter eventuell bis 20 Uhr); www.baederland.de
  Sprungbretter bis fünf Meter
- Freibad Marienhöhe: Luzerneweg 1–3, 22589 Hamburg (Sülldorf), Telefon 78 88 37 37, Mo-So 10–18 Uhr (bei schönem Wetter eventuell bis 20 Uhr); www.baederland.de
  Größte Liegefläche Hamburgs, zwei Wasserrutschen, Sauna
- Freibad Rahlstedt: Wiesenredder 85, 22149 Hamburg (Rahlstedt), Telefon 78 88 37 37, Mo-So 10–18 Uhr (bei schönem Wetter eventuell bis 20 Uhr); www.baederland.de
  Planschbecken mit Kinderwasserrutsche, Volleyballfeld, Tischtennisplatten, Minigolfplatz

Holthusenbad: Eines der ältesten Bäder Hamburgs mit „Kuschel-Therme" und beheiztem Außenpool

**Freizeitbäder:**

- Alster-Schwimmhalle: Ifflandstraße 21, 22087 Hamburg (Hohenfelde), Telefon 22 30 12, Mo-Fr 6.30–23, Sa, So 8–23 Uhr, Kreditkarte: EC-Karte; www.baederland.de
  Schwimmworkshops und -kurse, Themenbahnen, große Rutsche, Sprunganlage bis 10 Meter, Fitnessstudio (Nutzung ist im Bad/Sauna-Eintritt ab 3-Stunden-Tarif für Erwachsene enthalten), 50-Meter-Becken
- Aqua-Fit Wellness Resort: Paul-Ehrlich-Straße 2, 22763 Hamburg (Othmarschen), Telefon 8 80 26 11, Fax 88 90 55 56, Mo-So 9–24 Uhr; www.sportlife.de
  Ein Fernsehraum, Saunen verschiedener Art, Dampfbad, Schneehöhle, Kosmetik- und Massagestudio, Tagesschönheitsprogramme, Restaurant
  ▶ *Sauna*
- Bartholomäus Therme: Bartholomäusstraße 95, 22083 Hamburg (Uhlenhorst), Telefon 22 12 83, Sommer: Mo 15–22, Di–Fr 10–22, Sa 12–20, So 10–20 Uhr; Winter: Mo 15–22, Di, Mi, So 10–22, Do, Fr 10–23, Sa 12–23 Uhr, Kreditkarte: EC-Karte; www.baederland.de
  Nur für Erwachsene, Kurs „Pfundiges Schwimmen" (Sa 10 Uhr), „Candle-Light-Therme" (im Winter)
- Bismarckbad: Hahnenkamp 1, 22765 Hamburg (Ottensen), Telefon 39 26 63, Mo-So 8–22 Uhr, Kreditkarte: EC-Karte; www.baederland.de
  Wasserfitness-Angebot, Wasserspielplatz „Biba-Drollix", zwei Mehrzweckbecken, 33-Meter-Rutsche, Blockhaussauna mit Terrasse, besonders familien- und kinderfreundlich
- Holstentherme: Norderstraße 8, 24568 Kaltenkirchen, Telefon 0 41 91/9 12 20, Fax 0 41 91/91 22 22, So-Do 10–22, Fr, Sa 10–22.30 Uhr, Kreditkarte: EC-Karte; www.holstentherme.de
  Karibisches Flair: Pool-Landschaft mit „Geysiren",

Wildwasserkanal und 92-Meter-Rutsche; Außenbereich mit Strandambiente

- Holthusenbad: Goernestraße 21, 20249 Hamburg (Eppendorf), Telefon 47 47 54, Mo, Di, So 9–22, Mi-Sa 9–23 Uhr, Kreditkarte: EC-Karte; www.baederland.de
  Eines der ältesten Bäder in Hamburg, wunderschöne Anlage mit großem Thermenbereich und beheiztem Außenpool, Wellenbad sowie Massagepraxis; Kursangebot, „Candle-Light-Therme“ und „Kuschel-Therme“
- MidSommerland: Gotthelfweg 2, 21077 Hamburg (Wilstorf), Telefon 7 63 18 27, Mo-So 10–23 Uhr, Kreditkarte: EC-Karte; www.baederland.de
  Sehr schöne Anlage im Stil eines skandinavischen Bade- und Saunaparadieses, Wildwasserkanal, Außenbecken, Saunadorf; Kursangebote (Aqua-Stepping etc.)

**Hallenbäder:** Der größte Teil der Hallenbäder bietet 25-Meter-Bahnen und Nichtschwimmerbecken, die meisten eine Sprunganlage mit bis zu drei Metern Höhe und ein vielfältiges Kursprogramm. Weitere Informationen gibt es bei den Bädern direkt.

- Hallenbad Blankenese: Simrockstraße 45, 22589 Hamburg (Iserbrook), Telefon 86 01 79, Di-Do 10–20, Fr 8.30–21, Sa, So 10–18 Uhr, Kreditkarte: EC-Karte; www.baederland.de
  Italienisches Ambiente und harmonisch angelegter Innenhof; Frühschwimmclub, Erwachsenen-Schwimmkurse, Fitnessangebot im Wasser
- Hallenbad des Vereins Aktive Freizeit e. V.: Bertrand-Russell-Straße 4, 22761 Hamburg (Bahrenfeld), Telefon 8 90 60 10, Fax 89 06 01 60, Mo 15–21, Di–Fr 14–20, Sa 13–18, So 9–14 Uhr; E-Mail: vafev@hamburg.de; www.vafev.de
  Nur für Mitglieder, auch mit Sauna; Kursprogramm für jedermann; Frühschwimmclub Mo-Fr 6.15–9 Uhr
  ▶ *Fitnessclubs*
- Hallenbad Rahlstedt: Rahlstedter Bahnhofstraße 52, 22143 Hamburg (Rahlstedt), Telefon 78 88 16 31, Di-Do 14–20, Fr 8.30–20, Sa 10–18 Uhr, Kreditkarte: EC-Karte; www.baederland.de
  Erwachsenen-Schwimmclub, Frühschwimmclub
- Hallenbad St. Pauli: Budapester Straße 29, 20359 Hamburg (St. Pauli), Telefon 78 88 25 81, Di-Do, Sa 14–18, Fr 10–18 Uhr, Kreditkarte: EC-Karte; www.baederland.de
  Frühschwimmclub, Babyschwimmen, Mini-Club
- Hallenbad Süderelbe: Neugrabener Markt 9, 21149 Hamburg (Neugraben), Telefon 78 88 38 31, Di-Do 10–20, Fr 8.30–21, Sa, So 10–18 Uhr, Kreditkarte: EC-Karte; www.baederland.de
  Frühschwimmclub, Aqua-Jogging (Do 19 Uhr), Spielplatz im Nass „Krokoka“
- Hallenbad Wandsbek: Wendemuthstraße 14, 22041 Hamburg (Wandsbek), Telefon 78 88 15 31, Di-Do 10–20, Fr 8.30–21, Sa, So 10–18 Uhr, Kreditkarte: EC-Karte; www.baederland.de
  Frühschwimmclub, Kursangebote, Grünpflanzenanlage, Außenbereich
- Private Schwimmschule Fiedler: Nedderfeld 110, 22529 Hamburg (Lokstedt), Telefon 46 30 00, Fax 48 21 10, Di-Do 8.30–12, Sa 8.30–10 Uhr; E-Mail: schwimmfiedler@t-online.de; www.schwimmschulefiedler.de
  Zweiter Eingang: Tarpenbekstraße 107; Schwerpunkt: Schwimmkurse für Kinder, Babyschwimmen, Fortgeschrittenen-Workshops für Kinder, Angebote für Jugendschwimmer (Bronze, Silber, Gold), am Ende eines jeden Schwimmkurses steht das „Klamottenschwimmen“

**Kombibäder (Frei- und Hallenbäder):** Neben einem umfangreichen Kursangebot von Aqua-Fitness, Rheumagymnastik und Babyschwimmen bis hin zum Erwachsenen- oder Kinderschwimmkurs sind die Kombibäder mit Planschbecken, Sprunganlagen, Liegewiesen und Spielplätzen ausgestattet.

- Bille-Bad: Reetwerder 25, 21029 Hamburg (Bergedorf), Telefon 7 21 44 23, Sommer: Mo, Di, Mi, Do, Sa, So 10–20, Fr 8.30–20 Uhr; Winter: Di-Do 14–20, Fr 8.30–20, Sa, So 10–18 Uhr, Kreditkarte: EC-Karte; www.baederland.de
  Solarbeheiztes Freibad, finnische Blocksauna, Freiluftterrasse, Frühschimmerclub, Kursangebot (unter anderem Schwangeren-Schwimmen), Sprungbretter bis 5 Meter Höhe
- Kaifu-Bad: Hohe Weide 15, 20259 Hamburg (Eimsbüttel), Telefon 40 58 23, Hallenbad: Mo-Fr 9–24, Sa, So 10–23 Uhr (Einlass bis 20 Uhr), Freibad: Mo-Fr 9–21, Sa, So 10–21 Uhr, Kreditkarte: EC-Karte; www.baederland.de
  Frühschwimmclub (September bis März im Hallenbad, April bis August im Freibad), Sprunganlage bis 10 Meter Höhe (nur im Sommer), 50-Meter-Bahnen, ganzjährig beheiztes Außenbecken
- Kombibad Bondenwald: Friedrich-Ebert-Straße 71, 22459 Hamburg (Niendorf), Telefon 5 51 86 29, Mo-So 8–22 Uhr, Kreditkarte: EC-Karte; www.baederland.de
  „Rent a Lane“, Schwimmworkshops und -kurse (auch Mother-&-Child-Kurs), Wasserspielplatz „Babalu“, Großrutsche, Sportangebote (wie Yoga, Rückengymnastik) im Trockenen, japanische Saunalandschaft mit Gartenanlage, Freibad

Seegerichtshof: Schlichtet internationale Streitfälle um Schifffahrt, Fischerei und Meeresbodennutzung

- Kombibad Finkenwerder: Finksweg 82, 21129 Hamburg (Finkenwerder), Telefon 7 42 86 11, Sommer: Mo-Do 10–20, Fr 8.30–20, Sa, So 10–18 Uhr (im Winter 14–18 Uhr), Kreditkarte: EC-Karte; www.baederland.de Frühschwimmclub (Mo, So nur im Sommer), Elbblick, Wasserrutsche, Tischtennisplatten, Anreise ab Landungsbrücken mit den Fähren 62 oder 64
- Kombibad Ohlsdorf: Im Grünen Grunde 1, 22337 Hamburg (Ohlsdorf), Telefon 59 52 03, Sommer: Mo-Do, Sa, So 10–20, Fr 8.30–20 Uhr; Winter: Di-Do 14–20, Fr 8.30–20, Sa, So 10–18 Uhr, Kreditkarte: EC-Karte; www.baederland.de Volleyball- und Streetballanlage, Torwand, Boccia-Bahn, Grillbereich, Frühschwimmclub, Erwachsenen-Schwimmkurse (außerhalb der Freibadsaison), Schwangerenschwimmen (Do 13 Uhr)

**Vereine und Schulen:** Beim Hamburger Schwimmverband sind alle Schwimm- und Wasserballvereine, die an Wettkämpfen und Breitensportaktivitäten teilnehmen, organisiert. Ebenfalls dazugehörig: der Altonaer Turn- und Sportverein mit dem exotischen Synchronschwimmen. Die Hauptaktivitäten des Arbeiter Wassersportvereins sind Schwimmen, Wasserball, Springen, Senioren- und Synchronschwimmen. Schwimmkurse bieten neben Vereinen und privaten Schwimmschulen auch die Badeanstalten der Bäderland GmbH.

- Altonaer Turn- und Sportverein: Trainerin Frau Michalsky, Telefon 8 99 35 21; E-Mail: dagmar.michalsky@vtg-lehnkering.de
- Arbeiter Wassersportverein für Hamburg und Umgegend e. V.: Frau Jagemann (Geschäftsstelle), Telefon 6 93 89 38, Fax 6 93 93 40; www.awv09.de
- Bäderland Hamburg GmbH Hamburg: Telefon 78 88 37 37, Fax 78 88 27 01, Telefonzeiten: Mo-Mi 9–17, Do 9–18, Fr 9–14 Uhr, jeden 1. Sa im Monat 9–14 Uhr; www.baederland.de
- Hamburger Schwimmverband: Schäferkampsallee 1, 20357 Hamburg (Eimsbüttel), Telefon 41 90 82 51, Fax 41 75 35, Mi 9–12 und 14–18 Uhr; www.hamburger-schwimmverband.de
- Private Schwimmschule Fiedler: Nedderfeld 110, 22529 Hamburg (Lokstedt), Telefon 46 30 00, Fax 48 21 10, öffentliche Schwimmzeiten: Di-Do 8.30–12, Sa 8.30–10 Uhr; www.schwimmschulefiedler.de
  ▶ *Hallenbäder*
- Schwimmschule Delphin im Le Meridien Hotel: Stillhornerweg 40, 21109 Hamburg (Stillhorn), Telefon 7 92 49 20, Fax 7 92 31 12, Bürozeiten: Mo-Fr 9–13 und 15–17 Uhr; www.schwimmschule-delphin.de

## Schwule

Hamburg bietet eine breite Palette an Beratungs-, Kultur- und Freizeitangeboten für Homosexuelle. Deswegen können wir nur eine Auswahl der wichtigsten Adressen anführen und verweisen auf den Stadtführer „Hamburg, Hannover und Sylt von hinten“ von Lothar Andree (Bodo Gmünder Verlag, 11,95 Euro, 223 Seiten).

▶ *Buchhandlungen*

**Freizeit:** Neben Events wie dem Christopher Street Day, der einmal im Jahr stattfindet, gibt es unzählige Bars, Cafés und Discos für Schwule (▶ *Nightlife*). Wer in schwule Literatur reinschnuppern will, ist bei „Männerschwarm“ oder „Blendwerk“ genau richtig. Hier gibt es auch Poster, Kalender und Postkarten. An zirka 300 Stellen in und um Hamburg liegt das kostenlose Monatsmagazin *hinnerk* aus, mit Informationen zu Szene, Gay Business und Kultur. Im Sexshop Mystery Hall gibt’s (um nur einiges zu nennen:) DVDs, Toys, Kondome und Gleitgel in den verschiedensten Geschmacksrichtungen, mit dabei ist auch ein Kino mit Großbildleinwand und Kabinen. Fußball spielen Schwule beim Sportverein Startschuss, zu dem über „Hein & Fiete“ Kontakt aufgenommen werden kann. Insgesamt hat „Startschuss“ 15 Sportarten im Programm. Bei „Hein & Fiete“ kennt man schwule Rechtsanwälte, Apotheker, Schuhverkäufer und gibt dieses Wissen gern weiter. In der Dragon Sauna treffen sich die schwitzwütigen Homos, dort werden auch Massagen angeboten.

- Blendwerk: Lange Reihe 73, 20099 Hamburg (St. Georg), Telefon 24 00 03, Fax 24 00 03, Mo-Fr 11–19, Sa 11–16 Uhr, Kreditkarten: alle außer Amex; EC-Karte

- Dragon Sauna: Pulverteich 37, 20099 Hamburg (St. Georg), Telefon 24 05 14, Mo-Do 13–24, Fr ab 13 Uhr bis So 24 Uhr nonstop, Kreditkarten: alle außer Amex; EC-Karte; www.dragonsauna.de
- Hein & Fiete: Pulverteich 21, 20099 Hamburg (St. Georg), Telefon 24 03 33, Fax 24 06 75, Mo-Fr 16–21, Sa 16–21 Uhr; www.heinfiete.de
- hinnerk: Koppel 97, 20099 Hamburg (St. Georg), Telefon 24 06 45, Fax 24 06 50, Mo-Fr 9–18 Uhr; www.hinnerk.de
- Männerschwarm: Neuer Pferdemarkt 32, 20359 Hamburg (St. Pauli), Telefon 43 60 93, Fax 43 02 29 32, Mo-Fr 10–19, Sa 10–16 Uhr, Kreditkarten: alle außer Diners; EC-Karte; www.maennerschwarm.de
  ▶ *Buchhandlungen*
- Mystery Hall: Talstraße 3–5, 20359 Hamburg (St. Pauli), Telefon 31 79 05 70, Fax 31 79 05 69, 24-Stunden an sieben Tagen der Woche, Kreditkarten: alle; E-Mail: mystery.com@gmx.de; www.mysteryhall.de
- Startschuss c/o Hein & Fiete: Pulverteich 21, (Innenstadt), Telefon 24 03 33
- Tanzschule Baladin: Stresemannstraße 374, 22761 Hamburg (Altona), Telefon 89 89 08, Fax 88 16 97 06, Mo-So 18–22.30 Uhr; www.baladin.de
  Gleichgeschlechtliche Paare lernen hier Standard- und Lateintänze, auf Wunsch in Lesben-/Schwulenkursen, sie sind aber natürlich auch in allen anderen Tanzkursen willkommen; alle Kurse mit acht Terminen à 1 1/2 Stunden für 80 Euro (ermäßigt 70 Euro). Weitere Angebote: „Tango Fatal" (jeden 2. Fr), „Tanzschwoof" (jeden letzten So), zwei Disco-Abende

**Information:** Bei der Lesben- und Schwulen-Beratung St. Petri wird seit Jahren zu allen Lebensbereichen beraten – von Homos für Homos (nach telefonischer Terminvereinbarung). „Hein & Fiete" informiert über alles, was das schwule Leben schöner macht. Im Magnus-Hirschfeld-Centrum (MHC) findet ein attraktives Freizeit- und Beratungsangebot statt.

- Beratungs- und Seelsorgezentrum an der Hauptkirche St. Petri: Kreuslerstraße 6–8, 20095 Hamburg (Innenstadt), Telefon 32 50 38 70, Fax 32 50 38 80, Mo-Mi, Fr 11–18, Do 11–19, Sa 11.30–15 Uhr; E-Mail: bsz@sankt-petri.de
- Magnus-Hirschfeld-Centrum (MHC): Borgweg 8, 22303 Hamburg (Winterhude), Telefon 2 79 00 69, Fax 27 87 78 02, Mo-Fr 14–18, Di, Mi 19–22 Uhr, E-Mail: mhc-beratung@gmx.de; www.hamburg.gay-web.de/mhc
  Rechtsberatung jeden dritten Mittwoch im Monat 19–22 Uhr

**Politik:** Der Lesben- und Schwulenverband in Deutschland (LSVD) ist auf landes- und bundespolitischer Bühne tätig. Zu seinen Projekten zählen die Beratung binationaler schwul/lesbischer Paare und die Zusammenarbeit mit der Hamburger Polizei gegen anti-schwul/lesbische Gewalt. Wer über schwulenpolitische Themen in Kenntnis gesetzt sein will, sollte zur *tageszeitung* greifen. Im Hamburger Regionalteil der *taz* wird regelmäßig berichtet – und natürlich in SZENE HAMBURG.

- die tageszeitung: Harkortstraße 81, 22765 Hamburg (Altona), Telefon 3 89 01 70, Fax 38 90 17 50, Mo-Fr 10–17 Uhr; www.taz-hamburg.de
- Lesben- und Schwulenverband in Deutschland (LSVD), Landesverband Hamburg e. V. c/o Hein & Fiete: Pulverteich 21, 20099 Hamburg (St. Georg), Telefon 31 79 29 83, Fax 31 79 29 72; www.LSVD.de
- Schwusos – Arbeitsgemeinschaft Lesben und Schwule in der SPD: Kurt-Schumacher-Allee 10, 20097 Hamburg (Hammerbrook), Telefon 28 08 48 27, Fax 28 08 48 18, E-Mail: Schwusos.HH@gmx.de; www.spd-hamburg.de/Schwusos

## Seegerichtshof

Seit dem Jahr 2000 residiert der Internationale Seegerichtshof (ITLOS) in einem Neubau in Hamburg-Nienstedten. Gegründet wurde er 1982 aufgrund der Seerechtskonvention, die von 139 Vertragsstaaten unterschrieben wurde. Sie soll in Fragen der Schifffahrt, der Meeresbodennutzung, der Fischerei und der marinen Umwelt schlichten. Im Streitfall können die 21 gewählten Richter angerufen werden. Verhandelt wurde zum Beispiel die Freigabe eines von Guinea festgehaltenen Schiffes und eine Fischereistreitigkeit zwischen Japan und Australien/Neuseeland.

- Internationaler Seegerichtshof: Am Internationalen Seegerichtshof 1, 22609 Hamburg (Nienstedten), Telefon 35 60 70, Fax 35 60 72 45; www.itlos.org

## Seelsorge

Sind Probleme erst zur Sprache gebracht, können sie meist besser kontrolliert werden. Dabei fällt das Reden mit einem anonymen Gesprächspartner häufig leichter. Das Gespräch, das einst der Pastor nach dem Kirchgang führte, wird heute von den kirchlichen Organisationen angeboten, telefonisch und persönlich. Das Diakonische Werk gibt die Broschüre „Psychologische Beratungsstellen der Evangelischen Kirche in Hamburg“ mit allen kirchlichen Seelsorgeadressen heraus.

- Beratungs- und Seelsorgezentrum an der Hauptkirche St. Petri: Kreuslerstraße 6–8, 20095 Hamburg (Innenstadt), Telefon 32 50 38 70, Fax 32 50 38 80, Mo-Mi, Fr 11–18, Do 11–19, Sa 11.30–15 Uhr; E-Mail: bsz@sankt-petri.de
  Bietet täglich allgemeine Sprechstunden an, die, kostenlos und anonym, ohne vorherige Terminabsprache besucht werden können
- Diakonisches Werk: Königstraße 54, 22767 Hamburg (Altona), Telefon 30 62 02 49, Fax 30 62 03 11; www.diakonie-hamburg.de

**Telefonseelsorgen:**
- Evangelische Kirche: Telefon 08 00/1 11 01 11, täglich 24 Stunden
- Katholische Kirche: Telefon 08 00/1 11 02 22, täglich 24 Stunden
- Kinder- und Jugend-Telefonseelsorge: Telefon 08 00/1 11 03 33, Mo-Fr 15–19, Sa 14–19 Uhr
- Studentische Telefon- und E-Mail-Seelsorge der Evangelischen StudentInnengemeinde: Telefon 41 17 04 11, Mo-So 20–24 Uhr; E-Mail: hilfe@stems.de; www.stems.de

## Segelfliegen

Der Hamburger Aero Club hat 300 Mitglieder, 17 clubeigene Segelflugzeuge und bietet ein vielseitiges Ausbildungsprogramm. Beim Hamburger Verein für Luftfahrt gibt es für 180 Euro einen Schnupperkurs (zehn Segelflugstarts und einen Motorseglerstart). Auch beim Segelflug-Club Fischbek kann man lautlos in die Luft gehen und eine Ausbildung absolvieren.

- Hamburger Aero Club / H.A.C. e. V.: Weidemoor 21, 21033 Hamburg (Lohbrügge), Telefon 7 39 43 34, Fax 7 39 43 37; www.hac-boberg.de
- Hamburger Verein für Luftfahrt: Weidemoor 23, 21033 Hamburg (Lohbrügge), Telefon 7 39 48 49 (an Wochenenden und Feiertagen); E-Mail: HVL-Boberg@gmx.de; www.segelflug.de/vereine/hamburg
- Segelflug-Club Fischbek e. V.: Scharlbargstieg 15, 21149 Hamburg (Neugraben), Telefon 7 01 89 30 (an Wochenenden und Feiertagen); www.segelflugclub-fischbek.de
  Flugplatz im Naturschutzgebiet Fischbeker Heide

## Segeln

Mit der Yacht vor Monte Carlo ankern, davon träumen sogar erklärte Landratten. Doch auch der kleinste Törn auf der Alster will gelernt sein. Hier die wichtigsten Adressen der Anbieter von Segel- und Motorbootausbildungen und/oder -reisen:

- Hamburger Segler-Verband: Neumühlen 21, 22763 Hamburg (Ottensen), Telefon 8 80 44 24, Fax 8 80 73 41, Di, Mi 10–13, Do 10–12 Uhr; www.hamburger-segler-verband.de
  Zusammenschluss von zirka achtzig Segelvereinen Hamburgs, kümmert sich um Fachfragen der Segler und Revierangelegenheiten, vermittelt weiter an Vereine, die eine Seglerausbildung anbieten
- Käpt’n Pieper & Sohn: An der Alster / Atlanticsteg, 20099 Hamburg (St. Georg), Telefon 24 75 78, Fax 2 80 46 87, Mo-So 10–21 Uhr; www.segelschule-pieper.de
  Auch Bootsvermietung (Segel-, Ruder- und Tretboote) vom 1. April bis 1. Oktober
- Käpt’n Prüsse: An der Alster 47a, 20099 Hamburg (St. Georg), Telefon 2 80 31 31, Fax 24 70 95, Bürozeiten Mo-Fr 10–19 Uhr, am Wochenende Auskunft bei der Stegaufsicht; www.pruesse.de
- Segelreise: Biernatzkistraße 28, 22767 Hamburg (Altona), Telefon 3 80 07 60, Fax 32 87 15 31; www.willow-wren.de
  Die „Willow Wren“ (kleiner eleganter Zaunkönig) ist eine viktorianische Rennyacht von 1886; wer mit ihr auf Segelreise gehen möchte, braucht keine Segelerfahrung, die Bereitschaft zu lernen reicht
- Segelschule YSA Reinhard Schölz: Gurlittstraße 40, 20099 Hamburg (St. Georg), Telefon 24 66 61, Fax 24 71 23, Anfang April bis Ende Oktober Mo-Sa 11–18 Uhr
  Auch Fortgeschrittenenkurse

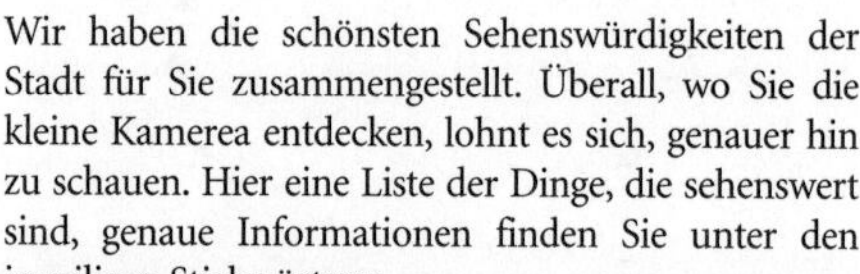

## Sehenswürdigkeiten

Wir haben die schönsten Sehenswürdigkeiten der Stadt für Sie zusammengestellt. Überall, wo Sie die kleine Kamerea entdecken, lohnt es sich, genauer hin zu schauen. Hier eine Liste der Dinge, die sehenswert sind, genaue Informationen finden Sie unter den jeweiligen Stichwörtern:
▶ *Alsterarkaden* ▶ *Alter Elbtunnel* ▶ *Altonaer Rathaus* ▶ *Bäckerbreitergang* ▶ *Blankenese* ▶ *Börse* ▶ *Chilehaus* ▶ *Dammtorbahnhof* ▶ *Deichstraße* ▶ *Dialog im Dunkeln* ▶ *Elbchaussee* ▶ *Fernsehturm* ▶ *Gedenkstätten* ▶ *Hafen* ▶ *Hafencity* ▶ *Hafenrundfahrten* ▶ *Hamburg Dungeon* ▶ *Jungfernstieg* ▶ *Kirchen* ▶ *Kirschblütenfest* ▶ *Köhlbrandbrücke* ▶ *Kontorviertel* ▶ *Krameramtswohnungen* ▶ *Hagenbecks Tierpark* ▶ *Miniaturwunderland* ▶ *Neuengamme* ▶ *Övelgönne* ▶ *Parks* ▶ *Planetarium* ▶ *Rathaus* ▶ *Reeperbahn* ▶ *Speicherstadt* ▶ *St. Michalis* ▶ *Willkomm Höft* ▶ *Zoo*

Segeln auf der Außenalster: Sieht sutje aus, ist aber eine schweißtreibende Angelegenheit

## Selbsthilfe

Schon wieder sinnlos eingekauft, drei Parfüms statt der benötigten Perlonstrümpfe, abends frustriert und hilflos wegen des leeren Geldbeutels. Am nächsten Morgen aus Angst vor Mobbing am Arbeitsplatz lieber noch mal ins Kaufhaus schleichen, diesmal in die Haushaltsabteilung zu den Scheren und Messern. Stopp! Um die gedanklichen Teufelskreise zu durchbrechen, die solche Kurzschlusshandlungen hervorrufen, schließen sich Betroffene zu Selbsthilfegruppen zusammen, um sich und anderen durch Erfahrungsaustausch zu helfen. Rund 1500 Gruppen widmen sich Themen von A wie Angst vor Arztbehandlungen bis Ü wie Übergewicht. Die Behörde für Umwelt und Gesundheit gibt ein Adressenverzeichnis „Selbsthilfegruppen im Gesundheitswesen – Raum Hamburg" heraus, das man persönlich abholen oder sich gegen einen mit 0,77 Euro frankierten DIN-A5-Rückumschlag zuschicken lassen kann. Das Verzeichnis ist auch bei KISS zu bekommen.

- Behörde für Umwelt und Gesundheit, Amt für Gesundheit, Fachabteilung Gesundheitsberichterstattung und Gesundheitsförderung: Tesdorpfstraße 8, 20148 Hamburg (Rotherbaum), Telefon 4 28 48 21 01, Fax 4 28 48 26 24, Mo-Fr 9–16 Uhr
- KISS (Kontakt-und Informationsstelle für Selbsthilfegruppen): Gaußstraße 21, 22765 Hamburg (Altona), Telefon 39 57 67, Fax 39 60 98, Beratungszeiten persönlich und telefonisch: Mo, Do 10–12, 16–19, Mi 10–12, 15–17 Uhr; E-Mail: altona@kiss-hh.de; www.kiss-hh.de

## Senioren

Menschen, die das sechzigste Lebensjahr überschritten und die Wechseljahre sowie das Büro hinter sich gelassen haben, müssen nicht auf der Parkbank vor dem Ententeich herumsitzen. Sie können zum Beispiel Richtung Uhlenhorst spazieren gehen. Die dort ansässige Behörde für Soziales und Familie hält die umfassend informierende Broschüre „Aktiv im Alter" bereit. Mit Tipps und Adressen von der Rente bis zum Tode, von betreutem Wohnen und Altentagesstätten bis hin zu sportlichen Aktivitäten wie Wandern oder Wassergymnastik. Außerdem ist bei der genannten Behörde das Infoheft „Ich sorge vor" zu beziehen, das über Vorsorgevollmacht, Betreuungs- und Patientenverfügung informiert – nicht nur für Senioren.

- Behörde für Soziales und Familie, Abteilung Altenpolitik und Altenhilfe: Hamburger Straße 47, 22083 Hamburg (Uhlenhorst), Telefon 4 28 63 39 35 (Frau Gottschalk), Fax 4 28 63 46 08, Mo-Fr 9–16 Uhr; www.hamburg.de
  Broschüre oder Infoheft kann abgeholt oder unter Postfach 76 01 06, 22051 Hamburg bestellt werden (mit 1,53 Euro frankierten Rückumschlag beilegen)

## Setzereien

Die Zeit der Handarbeit mit Metalllettern ist vorbei, die meisten Firmen und Privatpersonen haben inzwischen ihre eigene Grafik- und Layoutabteilung auf der Festplatte. Dennoch, für besondere Aufgaben sind Setzereien immer noch gefragt. Außerdem gibt es immer noch Leute, die keinen eigenen Computer besitzen.

- Die Druckvorlage: Eppendorfer Landstraße 163, 20251 Hamburg (Eppendorf), Telefon 46 17 56, Fax 4 80 31 81, Mo-Do 9.30–17.30, Fr 9.30–16 Uhr; www.druckvorlage.de
  Druckvorstufe
- H&G Herstellung GmbH: Schanzenstraße 75–77, 20357 Hamburg (Schanzenviertel), Telefon 43 83 46, Fax 4 30 28 24, Mo-Fr 10–17.30 Uhr; www.hug-herstellung.de
  Setzerei, Buchherstellung, elektrische Medien
- Type & Picture: Anckelmannplatz 1, 20537 Hamburg (Hammerbrook), Telefon 2 27 26 80, Fax 22 72 68 27, Mo-Fr 7–19 Uhr; www.typepic.de

## Sexualität

Wer keine Großfamilie mit sieben Kindern gründen und seine Gesundheit nicht gefährden möchte, sollte sich vor der intensiven Tuchfühlung mit Partnern jedweden Geschlechts informieren. Die wichtigste Beratungsinstitution dürfte hier die Pro Familia sein, die den Austauschprozess vorher und nachher betreut, mit allen Folgen, ob erwünscht oder unerwartet. In Verhütungs- und Schwangerschaftsfragen oder in Krisengesprächen mit frisch gebackenen Eltern wird vertraulich und unverbindlich beraten und geholfen. Die Behörde für Umwelt und Gesundheit, Amt für Gesundheit und Verbraucherschutz, gibt einen „Beratungsführer Sexualität" mit Adressen von Beratungsstellen in Hamburg heraus, den man sich auch zuschicken lassen kann (mit 1,53 Euro frankierten Rückumschlag beilegen).

- Behörde für Umwelt und Gesundheit, Amt für Gesundheit und Verbraucherschutz: Tesdorpfstraße 8, 20148 Hamburg (Rotherbaum), Telefon 4 28 48 24 28, Fax 4 28 48 26 24, Mo-Fr 9–15 Uhr; www.hamburg.de
- Pro Familia: Kohlhöfen 21, 20355 Hamburg (Innenstadt), Telefon 34 11 10, Fax 34 33 63, offene Sprechstunde Mo, Mi 16–18.30 Uhr, Fr 10–12 Uhr Schwangerschaftskonfliktberatung; www.profamilia-hamburg.de; www.sextra.de
  Vier Beratungsstellen in Hamburg

## Shop-in-Shop

Die in London geborene Idee, mehrere Anbieter in einem Laden zu vereinen, ist zwar nicht neu, in Hamburg aber relativ selten anzutreffen. Bei „Kaufrausch" gibt es Taschen, Schuhe, Kleidung, Deko und Schmuck für Haare und Dekolletee (▶ *Mode*). Alles von edlen Herstellern. Beim Friseur ein neues Porzellanservice aussuchen? Kein Problem im „Lagerhaus", und bevor die endgültige Kaufentscheidung fällt, kann man bei einem Espresso oder Wein (bei Mess-Wein) in Ruhe überlegen.

- Kaufrausch: Isestraße 74, 20149 Hamburg (Eppendorf), Telefon 47 71 54, Café: Mo-Fr 10–19, Sa 10–16 Uhr, Geschäfte: Mo-Fr 11–19, Sa 10–16 Uhr, Kreditkarten: alle; EC-Karte
- Lagerhaus: Lange Reihe 27, 20099 Hamburg (St. Georg), Telefon 24 14 16, Mo-Fr 9–20, Sa 10–16 Uhr, Kreditkarten: EC-Karte; E-Mail: lagerhaus@t-online.de

## Shopping

▶ *Mode/Einkaufsberatung*

Wo Hamburg einkauft, erfahren Sie außerdem in Hamburgs großem Shopping-Guide HAMBURG KAUFT EIN!. Das Sonderheft von SZENE HAMBURG nennt die besten Läden der Stadt. Egal ob sie am Neuen Wall oder in der Marktstraße liegen. HAMBURG KAUFT EIN! ist im Zeitschriften- und Buchhandel erhältlich.

## Siebdruck

Diesen wirklich wahnsinnig spaßigen Shirts à la: „Bier schuf diesen wohlgeformten Körper" begegnet man fast täglich auf der Straße. Wer einen weniger ausgelatschten Spruch durch die Gegend tragen möchte, dem sei ein Siebdruck-Atelier ans Herz gelegt. Siebdruck ist ein Schablonen-Druckverfahren, vorrangig für edles Briefpapier, Visitenkarten oder Geschenkpapier. Mit Siebdruck lässt sich aber auch jedes andere Medium verschönern, wie die Firma Neumann & Hinze beweist. Dort werden Folien bedruckt, die später als Aufkleber oder Banner ihren Einsatz finden.
▶ *Schreibwaren*

- Bethge Hamburg: ABC-Straße 9, 20354 Hamburg (Innenstadt), Telefon 3 07 05 70 (Zentrale), Fax 30 70 57 99, Mo-Fr 10.30–19, Sa 10–16 Uhr; www.bethge-hamburg.de
  ▶ *Schreibwaren*
- City-Text: Neumann-Reichardt-Straße 27–33, 22041 Hamburg (Wandsbek), Telefon 6 57 07 02, Fax 6 57 21 31, Mo-Fr 8–17 Uhr; E-Mail: info@printprodukte.de
  Weitere Filiale in der Innenstadt
- Neumann & Hinze GmbH: Essener Straße 4, 22419 Hamburg (Langenhorn), Telefon 5 34 35 30, Fax 53 43 53 43, Mo-Fr 8–17 Uhr

## Singles

Wer samstags an der Supermarktkasse nur einen Liter frische Vollmilch, Miracoli und Tiefkühlpizza im Wagen hat, outet sich als Single. Dieser Zustand ist teilweise selbst gewählt, oft aber unfreiwillig. Und die Frustrierten würden fast alles tun, um ihren Status zu verändern. Das ist leichter gesagt als getan. Nicht immer hebt den heruntergefallenen O-Saft eine hübsche, kommunikativ gestimmte Schönheit mit laszivem Augenaufschlag oder ein Latin Lover auf. Menschen mit ernsten Absichten lassen sich davon nicht entmutigen. Sie nehmen Nachhilfe in Sachen Dating und kontakten Agenturen, die mehr oder weniger anspruchsvoll verkuppeln wollen. Als beliebte Methode bewährt sich der Treff zur gemeinsamen Nahrungsaufnahme. Auch bei Wanderungen und Theaterbesuchen werden gern Kontakte geknüpft. Erfolglose verziehen sich ins stille Kämmerlein und lesen Susan Pages Ratgeber: „Ich finde mich toll – warum bin ich noch Single? Zehn Strategien, die Ihr Solo-Dasein dauerhaft beenden" (Knaur, 8,90 Euro). Oder Sie suchen ihr Glück auf den Fisch-sucht-Fahrrad-Partys der

Skateboarden: Menschen mit Rollbrett-Passion sind bei Support goldrichtig

SZENE HAMBURG. Nicht alle Singles-Veranstaltungen haben allerdings den Zweck, zum Topf den richtigen Deckel zu vermitteln:

### Clubs:

- Dating Café GmbH: Weidenbaumsweg 107, 21035 Hamburg (Bergedorf), Telefon 73 58 98 00, Fax 73 58 98 06, Mo-Fr 9–15 Uhr; www.datingcafe.de
  Internet-Kennenlerncafé für Singles, Alleinerziehende, Paare (zur Freundeskreiserweiterung), Kontaktsuchende können eine Selbstbeschreibung (mit Foto) an das Dating Café schicken oder Anzeigen aufgeben. Kosten: für Frauen kostenlos, für Männer maximal 8 Euro; Extraservice: Blinddate-Events, Blinddate-Reisen, Blinddate-Partys und Singleseminare
- Die Brücke 85 e. V.: Pfenningsbusch 30, 22081 Hamburg (Barmbek), Telefon 6 32 69 21, Fax 24 39 04
  Kultur- und Freizeitverein für alle Altersgruppen, Angebote: gemeinsame Abende (Klönen, Spiele, Sport, Sprachen, Kreatives, Kulturbesuche), Wanderungen, Reisen, Radtouren. Kosten: 5 Euro/Monat
- Fisch-sucht-Fahrrad-Partys: jeden zweiten Freitag im Monat ab 21 Uhr im Curio-Haus, Rothenbaumchaussee 15, 20148 Hamburg (Rotherbaum)
  Der Klassiker unter den Flirtpartys, auf zwei Tanzflächen balzen fast 2000 Leute von zwanzig bis sechzig um die Gunst des anderen Geschlechts; veranstaltet von SZENE HAMBURG und Mix Concepts, AK: 8 Euro
- merlin.design: Mexikoring 27–29, 22297 Hamburg (City Nord), Telefon 63 30 48 40, Fax 63 30 48 45, Mo-Fr 10–17 Uhr; www.style-it-up.de
  Wer trotz Blinddate-Dinner und Singleausflügen immer noch als Alleinstehender durchs Leben irrt, klebt sich ein großes rotes Herz von merlin.design (7,50 Euro) mit seiner Handynummer an die Autotür. So können balzbereite Singles bei der Autofahrt durch die Stadt angelockt werden. Oder geben Sie eine Kontaktanzeige in der SZENE HAMBURG auf (▶ *Kleinanzeigen*)
- Single Club Hamburg und Club Alternative e. V. c/o Barthold Olbers: Mildestieg 28a, 22307 Hamburg (Barmbek), Telefon 65 39 00 63, Fax 65 39 00 21; www.singleclub-hh.de.vu; www.club-alternative.de.vu
  Beide Clubs bieten verschiedene Aktivitäten, Stammtische, Wanderungen und Ausflüge an, für alle Altersgruppen, ohne festes Clubhaus

### Essen:

- Dinner for Fun c/o Karin Reipschläger: Julius-Vosseler-Straße 107a, 22527 Hamburg (Lokstedt), Telefon 54 76 66 00, Fax 54 76 66 02, Mo-Fr 9–18 Uhr; www.dinner-for-fun.de
  Aufnahmegebühr 115 Euro (gilt für ein Jahr), das Drei-Gänge-Dinner kostet 56 Euro; aufgeschlossene Singles treffen sich zum Sechser-Blinddate im gehobenen Restaurant zu interessanten Gesprächen

## Skateboarden

Wer die Passion fürs Skateboardfahren verspürt oder dieser schon länger frönt, sollte sich auf den Weg zu Mantis machen. Der Laden sieht sich als Treffpunkt für alle Menschen mit Rollbrett-Leidenschaft. Bei Support gibt es alles rund ums Board sowie Videos und Magazine zum Thema.

- Mantis Skateboardshop/Trap Skateboards/Plattform Events: Große Theaterstraße 7, 20354 Hamburg (Innenstadt), Telefon 20 94 39 10, Fax 20 94 39 11, Mo-Fr 12–19, Sa 11–16 Uhr, Kreditkarten: alle; www.mantisshop.de
- Support: Bartelsstraße 15, 20357 Hamburg (Schanzenviertel), Telefon 43 25 31 49, Fax 32 51 84 21, Mo-Fr 12–19, Sa 11–16 Uhr, Kreditkarten: EC-Karte

**Hallen und Spots:** Der ulimative Treffpunkt der Skaterszene ist und bleibt der Jungfernstieg. Andere Spots zum Skaten sind nicht klar abgesteckt und bestehen nur, bis der erste Anwohner meckert. Zum Rollen auf glattem Untergrund bieten sich beispielsweise Parkplätze und -decks an, etwa der von Ikea in Schnelsen. Zum Rampen und Grinden in Halfpipe oder Bowl führt der Weg am Skateland nicht vorbei. Der Eintritt ist kostenlos, eine kleine Spende ist erwünscht (für

„Skaters' Ballroom"). Auch in der Trendsporthalle in Bergedorf gibt es einen Parcour, der es in sich hat. Dort kann man zudem Skateboardkurse und Standard-Fitnesskurse belegen. Außerdem gibt es ein Beachvolleyballfeld. Tageseintrittpreis: 2,10 bis 6,20 Euro.

- I-Punkt Skateland: Spaldingstraße 131,
  20097 Hamburg (Hammerbrook), Telefon 23 44 58,
  Fax 23 40 60, Mo-Fr 15–20, Sa, So 13–20 Uhr;
  www.i–punktskateland.de
- TSG Trendsport-Center-Wentorf: An der Wache 11,
  21465 Hamburg (Wentorf), Telefon 72 97 78 87,
  Fax 72 97 77 90, Mo 15–21, Mi 16–21,
  Di, Do 14–18, Fr 16–22, Sa, So 13–19 Uhr;
  www.tsc-wentorf.de

## Skaten

Seit der großen Inline-Welle müssen die Skateboarder um alles kämpfen. Die Hallen und öffentlichen Plätze müssen sie mit Inlinern teilen, und selbst die Kleidung wurde von ihnen kopiert. Dabei sehen doch die halsbrecherischen Stunts auf Brettern nach wie vor cooler aus. Den überwiegenden Teil der Hamburger Rollenfanatiker interessiert das jedoch herzlich wenig, zählen sie doch zu den so genannten Recreation-Läufern, die auf acht Rollen spazieren fahren, Konditions- oder Fitnesstraining absolvieren oder durch die Stadt kurven. Als Freizeit-Inliner findet man gute Ausrüstung und Beratung bei Sport-Scheck. Bevor es so richtig los geht, sollte man allerdings lernen, wie man richtig fällt und abbremst. Die Hamburger Inline-Skating-Schule (H.I.S.) bietet Kurse aller Schwierigkeitsgrade und auch so Exotisches wie Inline-Basketball oder Sicherheitstraining mit Kinderwagen. Bei der H.I.S. erhält man auch einen Tourenatlas (6,50 Euro) mit Streckenempfehlungen von 5 bis 35 Kilometern, Szenetreffs und weniger bekannten Orten. Der Eimsbütteler Turnverband bietet Kindern, Jugendlichen und Junggebliebenen, die Spaß am Inlineskating haben und keine Anfänger mehr sind. Trainingsmöglichkeiten jeden Mittwoch ab 17 Uhr. ETV-Mitglieder zahlen nur 2 Euro zusätzlich zum monatlichen Grundpreis (▶ *Fitnessclubs*), Nichtmitglieder können Einer- oder Fünfer-Karten erwerben. Außerdem gibt's Wochenend-Workshops für Einsteiger und Fortgeschrittene.

- Altonaer Schlittschuhläufer-Verein: Appuhnstraße 4,
  22609 Hamburg (Nienstedten), Telefon 82 05 48,
  E-Mail: asv.w.beier@t-online.de; www.altonaer-sv.de
  Im Sommer sehr beliebt: Skater-Hockeymannschaft; Auskunft erteilt Frau Faber
- Eimsbütteler Turnverband (ETV): Bundesstraße 96,
  20144 Hamburg (Eimsbüttel), Telefon 4 01 76 90,
  Fax 40 17 69 69, Mo-Fr 9–22, Sa, So 9–19 Uhr;
  www.etv-hamburg.de
- H.I.S.: Mollerstraße 2, 20146 Hamburg (Univiertel),
  Telefon 4 28 38 36 05, Fax 4 28 38 68 61,
  Mo-Fr 13–18 Uhr; www.inline-skating-schule.de
- Sport-Scheck: Mönckebergstraße 18,
  20095 Hamburg (Innenstadt), Telefon 30 29 80,
  Fax 30 29 82 50, Mo-Fr 10–20, Sa 10–16 Uhr,
  Kreditkarte: EC-Karte; www.sportscheck.com

## Skifahren

Damit das Skivergnügen in Hamburg vor der Haustür liegt und (potenzielle) Skifahrer sich nicht nur dem Après-Ski-Training widmen, wird in Wittenburg, siebzig Kilometer östlich von Hamburg, der Snow Fun Park errichtet. Spätestens ab Sommer 2003 können sich (Kunst-)Schneehungrige Hamburger an 30 000 Quadratmetern Pistenfläche, Ski- und Snowboardschule, Sportgeräteverleih, Sportshops, Reisebüro und Übernachtungsgelegenheiten erfreuen. Der Eintritt ist frei, eine Stunde Skifahren wird für Kinder 7 Euro, für Erwachsene 10 Euro kosten. Familientarife gibt's im überdachten Schneeparadies ebenfalls. Ausführliche Informationen rund um den Skisport (Alpin, Langlauf, Snowboard) erhält man beim Verband der Hamburger Skivereine. Dieser vertritt auch die 24 Skivereine beziehungsweise die Ski- und Snowboardabteilungen der Sportvereine. Adressen und Ansprechpartner erhält man beim Verband der Hamburger Skivereine. Studierende und Angestellte der Universität können sich beim Hochschulsport-Team nach Skigymnastikkursen und speziellen Reisen erkundigen.

- Hochschulsport Hamburg: Mollerstraße 2,
  20148 Hamburg (Univiertel), Telefon 4 28 38 72 00,
  Fax 4 28 38 56 61, Bürozeiten: Mo-Fr 13–19 Uhr;
  E-Mail: hsp@sport.uni-hamburg.de;
  www.hochschulsport-hamburg.de
- Snow Fun Park Wittenburg: 19243 Wittenburg,
  Telefon 6 79 08 00, Fax 6 79 08 01 00,
  Mo-So 9–24 Uhr, Kreditkarten: Eurocard, Visa;
  EC-Karte; www.snowfunpark.com
  Direkt an der A24 Hamburg–Berlin
- Verband der Hamburger Skivereine: Lerchenhöhe 5,
  22359 Hamburg (Volksdorf), Telefon 6 03 40 75,
  Fax 60 95 08 60; www.vhsv.de

## Solidarität

... geht auch durch den Magen. Im Lokal Zum kleinen Zinken werden Speisen und alkoholfreie Getränke in zwei Preisstufen angeboten: Normalpreis und 50 Prozent Ermäßigung. Besserverdienende subventionieren auf diese Weise sozial schwächere Gäste und sitzen mit ihnen am selben Tisch. Die Zinken-Card, die zum Zinkentarif-Essen berechtigt, kann man gegen einen Bescheid vom Sozial- oder Arbeitsamt oder einem

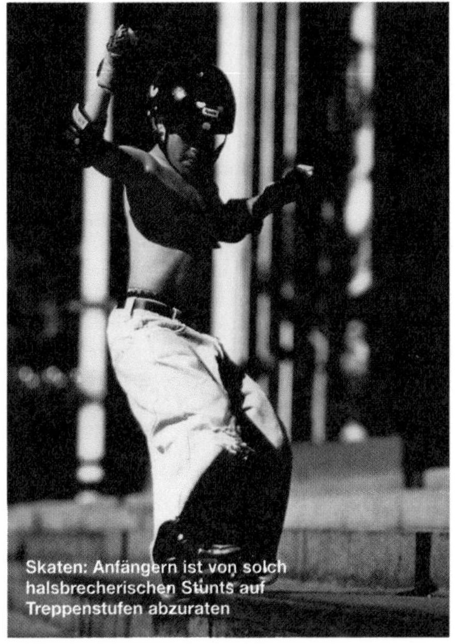
Skaten: Anfängern ist von solch halsbrecherischen Stunts auf Treppenstufen abzuraten

Rentenbescheid während der Öffnungszeiten im Zinken bekommen. Die Tatsache, dass etwa 20 Prozent aller Lebensmittel in Hamburg nicht verzehrt, sondern weggeworfen werden, veranlasste Annemarie Dose dazu, 1994 nach dem Vorbild der Berliner Tafel Essen für Obdachlose und andere Hilfsbedürftige zu organisieren. Der Verein liefert Überschüsse noch verwertbarer Lebensmittel von Firmenkantinen, Supermärkten und Schlachtereien an Einrichtungen für Bedürftige und Obdachlose, zum Beispiel an Kirchenküchen und Obdachloseneinrichtungen. Mittlerweile setzt die Hamburger Tafel e. V. im Monat etwa sechzig, in Spitzenzeiten mehr als achtzig Tonnen Lebensmittel um. Dank der tatkräftigen Unterstützung von Sponsoren und Spendern stiegen die Qualität und Quantität der Ware. Dank der Hamburger Tafel e. V. kann „Die Mission", eine Begegnungsstätte für Obdachlose und sozial abgesicherte Leute, Tee und belegte Brote ausgeben. Durch Veranstaltungen wie Lesungen, Theater oder Konzerte will „Die Mission" die Menschen in drogenfreien Räumen zusammenbringen (▶ *Obdachlose*). Die Arbeitsloseninitiative Wilhelmsburg e. V. – Initiator der Wilhelmsburger Tafel – gibt donnerstags Lebensmittel an Bedürftige wie Rentner und Arbeitslosen ab. Ebenso am Dienstag, dann aber im Gemeindehaus St. Raphael, Jungnickelstraße 21, 21109 Hamburg (Kirchdorf), wo dienstags von 11–13 Uhr außerdem eine Sozialberatung stattfindet. Darüber hinaus öffnet die Arbeitsloseninitiative mittwochs und samstags ihren „Deichladen" mit Dritte-Welt-Produkten.

- Annemarie-Dose-Stiftung, Spendenkonto für die Hamburger Tafel e. V.: Dresdner Bank AG Frankfurt, BLZ 50 08 00 00, Konto: 1 01 92 59 00
- Wilhelmsburger Tafel: c/o Arbeitsloseninitiative Wilhelmsburg e. V., Vogelhüttendeich 55, 21107 Hamburg (Wilhelmsburg), Telefon 7 53 42 04, Fax 7 53 42 04, Di ab 12 Uhr Kaffee und Kuchen; Do ab 12.30 Uhr Lebensmittelausgabe; Do ab 12 Uhr gemeinsames Mittagessen; Sozialberatung: Do 13–16 Uhr
- Die Mission: Kaiser-Wilhelm-Straße 81, 20355 Hamburg (Neustadt), Telefon 28 05 14 62, Fax 35 71 62 98, Di-So 15–22 Uhr im Winter, Di-So 17–22 Uhr im Sommer; E-Mail: diemission-kunstundsuppe@gmx.de
- Hamburger Tafel e. V.: Beim Schlump 84, 20144 Hamburg (Eimsbüttel), Telefon 44 36 46, Fax 44 36 76, Mo-Fr 9–17 Uhr; www.hamburger-tafel.de
- Zum Kleinen Zinken: Rothestraße 50, 22765 Hamburg (Ottensen), Telefon 39 90 61 36, Fax 39 88 84 44, Mo-Fr 12.30–1 Uhr; E-Mail: zinken@gmx.ch

## Speicherstadt

Der Bau der Speicherstadt 1885 bis 1927 forderte seinen Tribut: über 20 000 Menschen wurden nach Hammerbrook und Barmbek umgesiedelt, zirka 1000 Häuser, darunter barocke Bürgerhäuser, abgerissen. Die sieben- bis achtstöckigen Gebäude, teilweise im Stil der Gründerzeit mit Türmchen, Giebeln und Simsen verziert, stellten weitere Lagerflächen für den neu eröffneten Freihafen dar. An der Nutzung hat sich heute nicht einschneidend viel geändert. Nur zirka ein Zehntel der denkmalgeschützten Speicher werden als Büro-, Wohn- oder Veranstaltungsraum genutzt. Der Rest dient immer noch als Lagerstätte für empfindliche und hochwertige Güter wie Kaffee, Tee, Gewürze, Tabak, Rohseide, elektronische und optische Geräte. Außerdem befindet sich dort der weltgrößte Teppichspeicher. Die Speicherstadt ist auf dem Wasserwege (▶ *Schiffe/Touren*) und auf dem Landwege zu erkunden. Tagsüber ebenso eindrucksvoll wie in der Nacht (▶ *Nachtwächter*), denn tausende Lichter beleuchten die neugotischen Backsteinfassaden.

- Speicherstadtmuseum: St. Annenufer 2, 20457 Hamburg (Speicherstadt), Telefon 32 11 91, Fax 32 13 50, Di-So 10–17 Uhr; www.speicherstadtmuseum.de

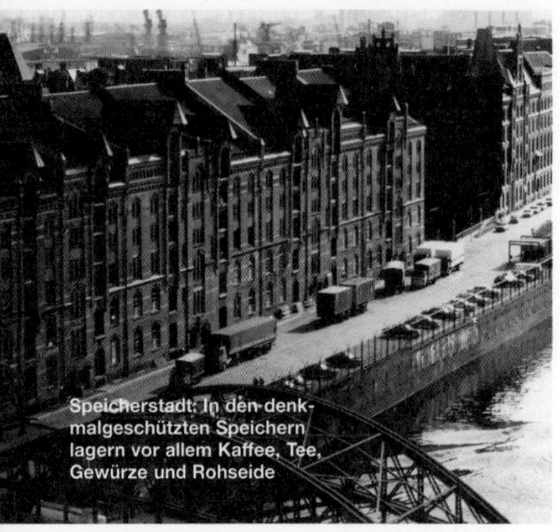

Speicherstadt: In den denkmalgeschützten Speichern lagern vor allem Kaffee, Tee, Gewürze und Rohseide

Speicher-Flair von damals im authentischen Raum eines 100-jährigen Lagerhauses

- Tourismus-Zentrale Hamburg GmbH: Steinstraße 7, 20095 Hamburg (Innenstadt), Telefon 30 05 13 00, Fax 30 05 13 33, Mo-So 8–20 Uhr; www.hamburg-tourism.de
  Vom 1. April bis 31. Oktober wird jeden Di von 14.30 bis 16.30 Uhr (Treffpunkt U-Bahn Baumwall, Ausgang Speicherstadt) der Rundgang „Speicherstadt und Hafencity" angeboten

## Spiegel

… verschaffen uns eine Begegnung mit autistischem Charakter, die wir mehr oder weniger dosiert konsumieren; der Beigeschmack reicht von bittersüß bis herb. Neben seiner Kontrollfunktion ist der Spiegel, ob groß oder klein, eckig, oval oder prunkvoll umrahmt, ein Glanzspender fürs Ambiente. Wer einen einfachen Spiegel nach Standardmaß sucht, findet günstige Ausführungen auch im Baumarkt (▶ *Baumärkte*).

- Glassworx: Gertigstraße 46, 22303 Hamburg (Winterhude), Telefon 2 79 70 11, Fax 2 79 15 64, Mo-Mi 10–18, Do, Fr 10–19, Sa 10–15 Uhr, Kreditkarte: EC-Karte; www.glassworx.de
  Bietet Spiegel im modernen Design, ebenfalls moderne Leuchten, Glasmöbel und Zubehör; Spezialanfertigungen; Duschverglasung
- Heimwerkerbedarf: Rentzelstraße 20, 20146 Hamburg (Univiertel), Telefon 44 08 13, Fax 44 80 98 58, Mo-Fr 12–18, Sa 11–15 Uhr
  Neben Heimwerkerbedarf und alten Möbeln hat der Laden Spiegel aus England mit besonderem Schliff; weiterer Schwerpunkt ist der An- und Verkauf von alten und neuen Lüstern
- Medusa: Gärtnerstraße 48–52, 20253 (Eppendorf), Telefon 40 03 04, Fax 4 90 51 93, Mo-Fr 10–18.30, Sa 10–16 Uhr, Kreditkarten: alle außer Diners; EC-Karte; www.medusa.de
  Spiegel im nostalgischen Stil, Originale und Reproduktionen, Antiquitäten und Lampen

## Spiele

Aufwändigen Computeranimationen zum Trotz lässt sich das gute alte Gesellschaftsspiel nicht kleinkriegen, gerade auch bei so genannten Erwachsenen. Bei denen avancierte das Spiel „Die Siedler von Catan" in Brettform zum absoluten Renner mit weltweitem Fanclub. Das Kinderparadies Hamburg lässt mit drei Filialen das Spielerherz von 0–99 höher schlagen. Im Café des Veranstaltungszentrums Zinnschmelze findet jeden dritten Samstag im Monats von 14–18 Uhr ein Spieletag statt. Zwei Spielsammler bringen dann ausgewählte Brett- und Kartenspiele mit, die nach Herzenslust ausprobiert werden dürfen – alles für umsonst.

- Kinderparadies: Neuer Wall 7, 20354 Hamburg (Innenstadt), Telefon 34 39 31, Fax 34 46 93, Mo-Fr 10–19, Sa 10–16 Uhr, Kreditkarte: EC-Karte; www.kinderparadies-hamburg.de
- Zinnschmelze – Barmbeker Verein für Kultur und Arbeit: Maurienstraße 19, 22305 Hamburg (Barmbek), Telefon 2 99 20 21, Fax 2 99 24 61; www.zinnschmelze.de

## Spielkasinos

„Rien ne va plus – nichts geht mehr!" Jetzt hilft nur noch beten, während die Kugel ihre letzte Runde rollt. Mit 2,50 Euro sind Sie in der Spielbank Hamburg dabei. An 16 Tischen kann hier Poker, Black Jack und Roulette gespielt werden, auf gepflegte Kleidung wird Wert gelegt. Die brauchen Sie auch im Casino Schenefeld. Nach einer Einführung des Croupiers sind auch Anfänger am Roulettetisch willkommen. Legerer geht's im Kasino Reeperbahn zu. Hier dürfen Sie die Stöckelschuhe gegen Turnschuhe tauschen und so den Daddelautomaten füttern oder am grünen Tisch auf die richtige Zahl setzen. Wer ganz ohne Plüsch-Pomp-Flair das große Geld machen will, kann sich in der Automaten-Spielbank reich spielen.

- Automaten-Spielbank: Steindamm 1, 20099 Hamburg (St. Georg), Telefon 2 84 08 70, Fax 2 80 33 82, Mo-So 10–24 Uhr, Kreditkarten: EC-Karte; www.spielbank-hamburg.de
- Casino Schenefeld: Industriestraße 1, 22869 Schenefeld, Telefon 8 39 00 20, Fax 83 90 02 20, Automaten: Mo-So 10–3 Uhr,

großes Spiel: Mo-So 15–3 Uhr, Kreditkarte: EC-Karte; www.casino-sh.de

- Kasino Reeperbahn: Reeperbahn 94–96, 20359 Hamburg (St. Pauli), Telefon 3 11 70 40, Fax 31 17 04 40, Mo-So 16–4 Uhr, Kreditkarten: alle; www.spielbank-hamburg.de
- Spielbank Hamburg: Fontenay 10, 20354 Hamburg (Harvestehude), Telefon 44 70 44, Fax 44 03 80, Mo-So 15–3 Uhr, an 360 Tagen im Jahr geöffnet, Kreditkarten: alle; www.spielbank-hamburg.de
- Spielbank Harburg: Lüneburger Tor 9, 21073 Hamburg (Harburg), Telefon 77 13 15, Fax 7 67 66 07, Mo-Fr 11–19, Sa 11–15 Uhr, Kreditkarte: EC-Karte; www.spielbank-hamburg.de

## Spieluhren

Früher war alles besser. Spieluhren sind nicht etwa Uhren zum Spielen, sondern solche zum Abspielen schöner Melodien. Besonders Erwachsene können sich für diese klingenden Kostbarkeiten erwärmen, lässt es sich doch bei ihrem Klingklang so schön über alte Zeiten sinnieren. Das Kinderparadies verkauft klingende Schmuckkästen, Handdrehorgeln sowie hochwertige Rekonstruktionen von Musikuhren aus dem Erzgebirge für 102 bis 204 Euro. Melodien wie „Lalelu" oder Brahms' „Wiegenlied" ertönen aus Plüsch- oder Baumwollspieluhren (35–51 Euro) speziell für Kinder. Dr. Schmoller bietet neben normalen Uhren klingende Souvenirdosen oder Zigarettenspender. Ein echtes Sammlerstück ist ein Plattenpolyphon, der Vorläufer des Plattenspielers, aus der Gründerzeit.

- Dr. Schmoller – Antike Uhren: Poststraße 36, 20354 Hamburg (Innenstadt), Telefon 34 47 35, Mo-Fr 10.30–18.30, Sa 10.30–14 Uhr, Kreditkarte: EC-Karte
- Kinderparadies: Neuer Wall 7, 20354 Hamburg (Innenstadt), Telefon 34 39 31, Fax 34 46 93, Mo-Fr 10–19, Sa 10–16 Uhr, Kreditkarte: EC-Karte; www.kinderparadies-hamburg.de

## Spirituosen

▶ *Essen + Trinken*

## Sport

Ob Trimm-dich-Lauf, Gewichtheben oder Schwimmen wie ein Fisch im Wasser, Informationen zu allen Sportarten von A wie American Football bis W wie Wasserski finden Sie unter dem jeweiligen Stichwort.

## Sportgeschäfte

Auch der absolute Couchpotato kleidet sich heute sportlich. Lang, lang ist's her, dass Sportkleidung mit Campingplatz assoziiert wurde, wenn man einmal von den sportiven Zweiteilern aus Fliegerseide absieht. Neben sportlicher Young Fashion wird aber auch ganz „normaler" Sportbedarf in Hamburger Sportgeschäften angeboten.

### Allgemeine Sportgeschäfte:

- Karstadt Sporthaus: Lange Mühren 14, 20095 Hamburg (Innenstadt), Telefon 3 09 40, Mo-Fr 9–20, Sa 9–16 Uhr, Kreditkarten: alle; www.karstadt.de
  Europas größtes Sporthaus, nahezu alles an Ausrüstungen und Bekleidung
- Sport Kaap: Gänsemarkt 54, 20357 Hamburg (Innenstadt), Telefon 35 74 91 88, Fax 35 74 91 55, E-Mail: sporkaap@t-online.de, Mo-Fr 10–20, Sa 10–16 Uhr, Kreditkarte: EC-Karte;
  Ski, Snowboard, Laufen, Jogging … Sportfashion aller Art
- Sport-Scheck: Mönckebergstraße 18, 20095 Hamburg (Innenstadt), Telefon 30 29 80, Fax 30 29 82 50, Mo-Fr 10–20, Sa 10–16 Uhr,

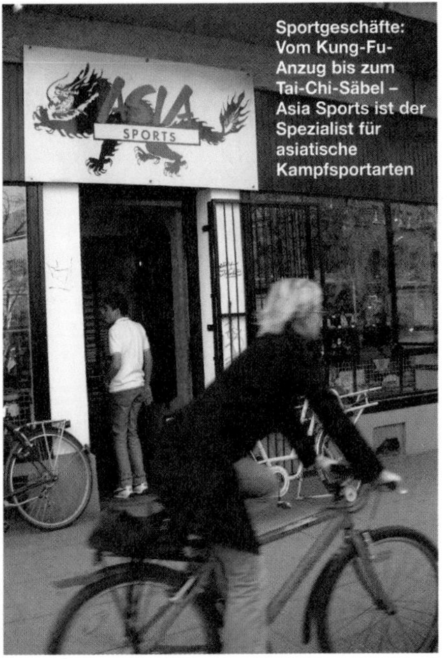

Sportgeschäfte: Vom Kung-Fu-Anzug bis zum Tai-Chi-Säbel – Asia Sports ist der Spezialist für asiatische Kampfsportarten

Kreditkarte: EC-Karte; www.sportscheck.com
Riesenauswahl an Sportfashion

- Sporthütte: Mönckebergstraße 22, 20095 Hamburg (Innenstadt), Telefon 3 23 20 10, Fax 32 33 01 11, Mo-Fr 10–20, Sa 10–16 Uhr, Kreditkarten: alle; www.sporthuette.de
  Sport- und Freizeitbekleidung, alles für den Wintersport, Outdoor-Bekleidung und Zubehör, Sport- und Wanderschuhe

## Spezialsportgeschäfte:

- American Sports and Casuals: Wandsbeker Chaussee 10, 22089 Hamburg (Wandsbek), Telefon 71 89 96 96, Fax 73 67 07 21, Mo-Fr 10–18.30, Sa 10–16 Uhr, Kreditkarten: Visa, Eurocard; EC-Karte
  E-Mail: americansports-and-casuals@t-online.de
  Basketball- und American-Football-Equipment, Young Fashion
- Asia Sports: Schanzenstraße 81, 20357 Hamburg (Schanzenviertel), Telefon 4 39 50 41, Fax 4 39 50 42, Mo-Fr 10–18.30, Sa 10–16 Uhr, Kreditkarte: EC-Karte; www.asiasports.de
  Bekleidung, Geräte und Zubehör für asiatische Kampfsportarten
- Contra-Sport Tischtennis-Service: Beim Schlump 55, 20144 Hamburg (Eimsbüttel), Telefon 45 42 32, Fax 45 03 65 26, Mo-Mi,Fr 10–18, Sa 10–13 Uhr, Kreditkarte: EC-Karte; www.contra.de
  Alles rund ums Tischtennis: Schläger, Platten, Bekleidung, Schuhe, Taschen, Bälle für Anfänger ebenso wie für Profis
- Eissport Neumaier : Hagenbeckstraße 124 , 22527 Hamburg (Stellingen), Telefon 54 68 66, Fax 5 40 62 72, Winterzeit Di-So 10–13 und 15–18, Kreditkarte: EC-Karte
  Inlineskates-Verkauf und -Verleih, Schlittschuhverkauf und -verleih, Eishockey- und Streethockey-Ausrüstung
- Extra Tour: Schlankreye 73, 20144 Hamburg (Hoheluft), Telefon 4 22 60 22, Fax 4 22 60 62, Mo-Fr 10–19, Sa 10–16 Uhr, Kreditkarten: alle; www.extra-tour.com
  Outdoor-Ausstatter; Ausrüstung und Kleidung für Campingtouren, Expeditionssport (vom Schlafsack über die Isomatte bis zur Funktionsunterwäsche)
- Garlic: Große Bleichen 36, 20354 Hamburg (Innenstadt), Telefon 34 27 42, Fax 34 27 42, Mo-Fr 10–20, Sa 10–16 Uhr, Kreditkarten: alle
  Internationale Tanz- und Ballettmode
- Hamburger Dartservice: Geschwister-Scholl-Straße 37, 20251 Hamburg (Eppendorf), Telefon 4 80 12 07, Fax 47 38 65, Mo-Fr 14–18, jeden 1. Sa 10.30–16 Uhr; www.alfadarts.de
  Darts und Zubehör
- Kribic Sport GmbH: Hoheluftchaussee 2, 20253 Hamburg (Hoheluft), Telefon 4 20 05 16, Fax 4 20 72 62, Mo-Fr 9.30–18, Sa 9.30–13 Uhr, Kreditkarte: EC-Karte;
  Ausrüster für Teamsport (speziell für Fußball), Bekleidung für Aerobic und Tennis
- Lunge Lauf- & Sportschuhe: Lämmersieth 1, 22305 Hamburg (Barmbek), Telefon 29 77 28, Fax 29 79 98, Mo-Fr 10.30–19, Sa 10–14 Uhr, Kreditkarte: EC-Karte; www.lunge.de
  Alles, was zum Laufsport gehört, für den Indoor- und den Outdoorbereich; zwei weitere Filialen in der Innenstadt
- Natural Born Golfers: Kreditkarten: alle; www.naturalborngolfers.com
  Die etwas andere Golfwear und zwar speziell für Cross-Golfer: T-Shirts, Windbreakerjaken, Hosen und Kappen (mit dem Logo der Natural Born Golfers), Streetwear aus eigener Kollektion, Bestellungen nur übers Internet (▶ *Golf*)
- Peco-Sport: Schulterblatt 110, 20357 Hamburg (Schanzenviertel), Telefon 4 39 73 30, Fax 4 32 28 15, Mo-Fr 9–18, Sa 9–13 Uhr, Kreditkarten: alle; www.peco.de
  Speziell für Tennis, Hockey, Squash, Badminton
- Runners Point: Spitalerstraße 1, 20095 Hamburg

(Innenstadt), Telefon 33 54 65, Fax 33 54 65, Mo-Fr 10–20, Sa 10–16 Uhr, Kreditkarten: alle; www.runnerspoint.de
Alles rund ums Laufen, kostenlose Laufband-Analyse; weitere Filialen in Osdorf (EKZ), Wandsbek und Norderstedt

- Sport Eggerstedt: Georg-Bonne-Straße 94, 22609 Hamburg (Nienstedten), Telefon 82 04 61, Fax 82 63 97, Mo-Fr 9–13 und 15–18, Sa 9–12 Uhr, Kreditkarten: keine
Alles rund um den Reitsport
- Sport Peterson Teamsport: Von-Graffen-Straße 10, 20537 Hamburg (Borgfelde), Telefon 25 68 34, Fax 25 90 15, Mo-Fr 9–13 und 15–18, Sa 9–12 Uhr
Bekleidung und Zubehör für Teamsport (Handball und Fußball)
- Warm Sports: Bahrenfelder Straße 199/201, 22765 Hambrg (Ottensen), Telefon 39 67 26, Fax 39 67 31, Mo-Fr 11–19, Sa 10.30–15 Uhr, Kreditkarte: EC-Karte; www.warmsports.de
Hochwertige Sportbekleidung und diverses Zubehör; eigenes Label „Warm Sports!"

### Wassersport:

- Berhard Schmeding: Vorsetzen 2, (Neustadt), Telefon 37 36 46, Mo-Fr 8–17, Sa 9–12 Uhr, Spezialisiert auf Yacht- und Seglerbekleidung, sämtliches Schiffszubehör
- Big Blue Tauchbasis: Gärtnerstraße 48, 20253 Hamburg (Eimsbüttel), Telefon 4 01 49 41, Fax 4 01 49 42, Mo, Di, Mi, Fr 11–19, Do 11–19.30, Sa 9–15 Uhr, Kreditkarte: EC-Karte; www.bigblue.de
Tauchzubehör, Verleih, Tauchreisen und -kurse
► *Tauchen*
- Crack-Surfshop: Kieler Straße 306, 22525 Hamburg (Stellingen), Telefon 5 40 64 65, Fax 5 40 64 66, Di-Fr 10–18.30, Sa 10–14 Uhr, Kreditkarte: EC-Karte; www.crack-surfshop.de
Ausrüstung und Bekleidung für Windsurfen, Wellenreiten, Snowboarding und Wakeboarden, Kiten; Surf-Fashion
- Gorch von Bloomberg, Bootswerft: Am Überwinterungshafen 6, 21079 Hamburg (Harburg), Telefon 3 29 08 60, Fax 32 90 86 11, Mo-Fr 8–18 Uhr, Sa 10–17 Uhr; www.ecoboot.de
Einzelbau von Booten und Bootsverkauf
- Taucher-Zentrum Babel: Papenhuder Straße 40, 22087 Hamburg (Uhlenhorst), Telefon 2 20 60 64, Mo-Fr 9.30–18, Do 9.30–19, Sa 10–14 Uhr, Kreditkarte: EC-Karte; www.taucher-zentrum.de
Tauchartikel, Tauchschule; großes Sortiment an Tauchanzügen; Flaschenfüllungen und Reparaturservice
- Yacht Canel: Rödingsmarkt 47, 20459 Hamburg (Neustadt), Telefon 36 64 90, Fax 36 79 21, Mo–Fr 9–18.30, Sa 10–13.30 Uhr, Kreditkarten: alle außer Diners; EC-Karte; www.bootswelt.de
Ausrüstung und Bekleidung für Wassersport (außer Tauchen und Surfen)

**Sprachschulen: Sprachfix bietet Deutschunterricht in kleinen Gruppen**

## Sprachschulen

Hello, Bonjour, Bongiorno… In Hamburg können diese und etliche andere Sprachen erlernt werden. Einige der Schulen bieten neben Unterricht auch Ausbildungen an, etwa zur Fremdsprachenkorrespondentin. Auch bei den Kulturinstituten (► *Kultur*) kann man die jeweiligen Sprachen lernen. Und wer all der konventionellen Sprachen müde ist, geht zum Esperanto Verein. Eine kleine Auswahl:

- Anglo English School: Gänsemarkt 43, 20354 Hamburg (Innenstadt), Telefon 3 50 90 90, Fax 35 09 09 50, Bürozeiten: Mo-Do 8–19.30, Fr 8–18 Uhr; www.anglo.de
Kurse für verschiedene Leistungsstufen (Communication English, Specialized English) in Einzel- und Gruppenunterrricht, im Gruppenunterricht wird auf die Cambridge-Sprachprüfung vorbereitet
- Arbat: Sternschanze 1, 20357 Hamburg (Schanzenviertel), Telefon 39 32 03, Fax 39 32 03; E-Mail: kornhocke@freenet.de
Russisch für Anfänger und Fortgeschrittene, Veranstaltungen (Literatur, Dia-Abende) über Russland
- Berlitz Sprachschulen GmbH: Kurze Mühren 2, 20095 Hamburg (Innenstadt), Telefon 32 70 24, Fax 32 38 31, Bürozeiten: Mo-Fr 8–20 Uhr; www.berlitz.de
Verschiedene Sprachen und eine Ausbildung zur Fremdsprachenhostess
- Colón Fremdspracheninstitut: Colonnaden 96,

20354 Hamburg (Innenstadt), Telefon 34 58 50, Fax 34 68 54, Fremdspracheninstitut: Mo-Do 8–20, Fr 8–19 Uhr, Buchhandlung: Mo-Fr 9–18.30, Sa 10–14.30 Uhr; www.colon.de
18 Sprachen, Deutsch für Ausländer, Ausbildung zur Fremdsprachensekretärin in Teil-/Vollzeit, Intensivkurse und Sprachreisen– auch als Bildungsurlaub anerkannt; angegliedert ist eine internationale Fremdsprachenbuchhandlung
▸ *Buchhandlungen*

- Die Sprachenspezialisten: Klärchenstraße 9, 22299 Hamburg (Winterhude), Telefon 46 12 69, Termin nach Vereinbarung
Neben den gängigen europäischen Sprachen auch Ungarisch, Niederländisch, Griechisch, Serbokroatisch und brasilianisches Portugiesisch
- Esperanto Verein Hamburg e. V.: Klaus-Groth-Straße 95, 20535 Hamburg (Borgfelde), Telefon 2 50 30 65, Do ab 19.30 Uhr und nach Vereinbarung; www.esperanto.hamburg.de
Jeweils im Herbst und im Frühjahr finden Kurse für Anfänger und Fortgeschrittene statt, sie dauern ein Vierteljahr und kosten zirka 50 Euro, jeden Donnerstag ab 19.30 Uhr Programm in Form von Vorträgen, Spielen, Infos o. Ä. in Esperanto und Deutsch; außerdem gibt es eine Bibliothek mit 4000 Bänden
- Hamburg School of English: Eppendorfer Landstraße 93, 20249 Hamburg (Eppendorf), Telefon 4 80 21 19, Fax 46 06 90 76, Bürozeiten: Mo-Do 9–19.30, Fr 9–17 Uhr; www.hamburg.school-of-english.de
Englisch für Anfänger, Mittelstufe und Fortgeschrittene, Business English in Intensiv-, Tages- und Abendkursen
- Hamburger Fremdsprachen- und Wirtschaftsschule & Euro Business College Hamburg: Hühnerposten 12, 20097 Hamburg (St. Georg), Telefon 3 23 37 00, Fax 32 33 70 20, Mo-Do 8–19.30, Fr 8–17 Uhr; www.ebc-hamburg.de; www.hfs-hamburg.de
Ausbildung zum internationalen Betriebswirt, zur IAM-geprüften Managementassistent (IAM = international administration and management), Englisch-, Französisch- und Spanischkurse, Einzelunterricht in allen Sprachen
- Inlingua: Spitalerstraße 1, 20095 Hamburg (Innenstadt), Telefon 3 25 88 70, Fax 32 58 87 70, Bürozeiten: Mo-Fr 7.30–21, Sa 8.30–12.30 Uhr; www.inlingua.de
14 verschiedene Sprachen in Einzel- oder Gruppenunterricht; Schwerpunkt Englisch
- Institut Français: Heimhuder Straße 55, 20148 Hamburg (Rotherbaum), Telefon 4 13 32 50, Fax 4 10 18 32, Mo-Do 9–12.30 und 14–18, Fr 9.30–12.30 Uhr, Bibliothek Mo, Do 14–18 Uhr; E-Mail: f.foreville@gmx.net; www.kultur-frankreich.de
Sprachkurse in verschiedenen Schwierigkeitsstufen und Kulturprogramm mit Lesungen, Filmen und Theater etc.
- Instituto Italiano di Cultura: Hansastraße 6, 20149 Hamburg (Rotherbaum), Telefon 44 04 41, Fax 44 69 84, Mo-Fr 9–16 Uhr; www.iic-hamburg.de
Italienischkurse aller Stufen, außerdem Konzerte, Theater, Ausstellungen, Filmabende und Vorträge
- pro linguis: Rothenbaumchaussee 97, 20148 Hamburg (Rotherbaum), Telefon 4 10 71 57, Fax 4 10 71 59, Bürozeiten Mo-Do 16–20 Uhr; www.prolinguis.de
Sprachenclub für multikulturell interessierte Menschen, die Aufnahmegebühr beträgt 60 Euro, 32 Euro Monatsbeitrag, 13 verschiedene Sprachen sind vertreten, neben dem Sprachunterricht gibt es Veranstaltungen wie Film- und Tanzabende
- Senzaparole: Lange Reihe 117, 20099 Hamburg (St. Georg), Telefon 24 37 39, Fax 24 31 22, Mo-Do 15.30–19.30, Fr 14.30–18.30 Uhr; www.senzaparole.de
Anfänger- und Fortgeschrittenenkurse in Italienisch, auch Italienisch für Kinder und Feriensprachkurse im Angebot, außerdem thematische Treffen zu Literatur, Musik, Oper, Politik und Reise
- Skandinavische Schule Hamburg: Brahmsallee 99, 20144 Hamburg (Harvestehude), Telefon 4 20 88 29, Fax 4 20 39 44; www.skanskol.de
Die Schule wird von Schweden, Norwegen und Finnland unterstützt, Unterricht nach skandinavischem Lehrplan für Kinder von der Vorschule bis zur neunten Klasse; außerdem Schwedischunterricht für Erwachsene (Anfänger und Fortgeschrittene)
- Sprachfix: Bogenstraße 45a, 20144 Hamburg (Eimsbüttel), Telefon 4 22 13 45, Fax 4 22 13 54, Mo-Fr 9–19 Uhr; www.sprachfix.com
Deutschunterricht für Ausländer in kleinen Gruppen mit maximal zwölf Teilnehmern
- SprechForum Sanne: Oelkersallee 29a, 22769 Hamburg (Altona), Telefon 43 25 44 80, Fax 43 25 44 81, Mo-Do 9.30–14 Uhr; www.sprechforum.de (▸ *Rhetorik*)
- Tandem Hamburg: Schmarjestraße 33, 22767 Hamburg (Altona), Telefon 3 89 58 42, Fax 3 89 26 24, Mo-Do 10–19, Fr 10–15 Uhr; www.tandem-hamburg.de
Intensivkurse in unter anderem Deutsch, Englisch, Französisch, und Italienisch. Tandem bringt Menschen zusammen, die einander gegenseitig ihre

jeweilige Muttersprache beibringen wollen. Für Kursteilnehmer ist die Vermittlung kostenlos, für Externe beträgt sie 15 Euro. Im europäischen und weltweiten Raum werden Sprachkurse inklusive Rundreisen angeboten

## Squash

Squash ist effektiv und zeitsparend. Bereits nach wenigen Minuten im Court tropft der Schweiß und knacken die Gelenke. Was will man mehr, das entspannt.

- FitFire Club Ritterstraße: Eilbeker Weg 30, 22089 Hamburg (Eilbek), Telefon 20 11 63, Fax 20 81 33, Mo-Do 10–22, Fr 10–21, Sa, So 10–20 Uhr, Kreditkarten: Eurocard, Visa; EC-Karte; www.fitfire.de
  Zwölf Squashcourts, an heißen Tagen kann das Dach geöffnet werden
- Happy Sport: Kieler Straße 561–565, 22525 Hamburg (Stellingen), Telefon 5 40 42 44, Fax 5 40 37 86, Mo-So 9–23 Uhr
  Drei Squash- und vier Badmintoncourts, Sauna, Fitnessraum, Sonnenbank, und Aerobic-Kurse; Squashcourts für 9–14 Euro, je nach Tageszeit
- Kaifu-Lodge: Bundesstraße 107, 20144 Hamburg (Eimsbüttel), Telefon 40 12 81, Fax 4 90 56 43, Mo, Fr 8–24, Di, Mi, Do 7–24, Sa, So 8–23 Uhr; www.kaifu-lodge.de
  Neben 15 Squashplätzen besonders ausgedehntes Rahmenprogramm, Squashschnupperkurse, regelmäßige Turniere; auch für Nichtmitglieder
  ▶ *Fitnessclubs*
- Racket Inn: Königskinderweg 200, 22457 Hamburg (Schnelsen), Telefon 5 50 10 53, Fax 5 50 02 68, Mo-Fr 8–23, Sa, So 8–22 Uhr; www.racketinn.de
  Austoben auf fünf Courts, 9,70–15,40 Euro für zwei Personen, Schwimmbad- und Saunabenutzung inklusive
- Sportlife: Berner Chaussee 10, 22175 Hamburg (Bramfeld), Telefon 6 41 02 02, Fax 6 41 02 03, Mo-So 9–24 Uhr, Kreditkarte: EC-Karte; www.sportlife.de
  Sechs Courts; Preise beginnen bei 5,50 Euro; Fitness, Kardiotraining, Sauna (auf dem Dach)
- Sportline: Am Neugrabener Bahnhof 34 , 21149 Hamburg (Neugraben), Telefon 7 01 60 68, Fax 70 12 12 43, Mo-So 8–23 Uhr, Kreditkarte: EC-Karte; www.sportline2000.de
  Sehr preisgünstig, die Preise liegen zwischen 5 und 10 Euro, vier Courts; Multifunktionsanlage mit Fitnessbereich und Tennisplätzen; Ballett, Solarium
- Sportpark Hamburg Öjendorf: Koolbargenredder 31, 22117 Hamburg (Billstedt), Telefon 7 14 86 87, Fax 71 48 68 88, Mo-So 8–22 Uhr; E-Mail: sportparkoejendorf@web.de
  Sechs Courts, Squashtraining auf Anfrage; Preise ab 8 Euro, ermäßigt ab 6 Euro

**Der „Michel": *Das* Wahrzeichen Hamburgs ist mindestens so bekannt wie die Reeperbahn**

- Sportwerk: Hagenbekstraße 124a, 22527 Hamburg (Stellingen), Telefon 54 60 74, Fax 54 30 35, Mo-Fr ab 8.30 Uhr, Sa, So 9–22 Uhr, Kreditkarte: EC-Karte; www.sportwerk-hamburg.de
  Elf Courts; Hauptspielzeit (16.30–20.45 Uhr) 11 Euro, Nebenspielzeit 8,50 Euro; Schläger sind leihbar, der Ball muss gekauft werden
- Squash Point: Eimsbütteler Chaussee 63 , 20259 Hamburg (Eimsbüttel), Telefon 43 11 15, Fax 43 25 24 12, Mo-Fr 9.30–22, Sa, So 11–19 Uhr; www.squash-point.de
  In der Woche von 17.15 bis 20.30 Uhr kostet der Court 9 Euro pro Person, sonst 7 Euro, ermäßigt 6 Euro; Mo-Fr 10–12 Uhr Spartarif (4 Euro)
- Squash-Land Jenfeld: Barsbütteler Straße 33, 22043 Hamburg (Jenfeld), Telefon 6 53 00 17, Fax 6 53 00 49, Mo, Mi, Fr 10–22, Di, Do 14–22, Sa, So 10–21 Uhr, Kreditkarten: Visa, Eurocard; EC-Karte; www.fitfire.de
  16 Squashcourts, weitere Clubs in Eilbek und Wandsbek

## St. Michaelis

Die imposante, nordische Barockkirche, als „Michel" und Wahrzeichen Hamburgs bekannt, zieht jährlich tausende Besucher an. Denn die evangelische Kirche – eigentlich ist sie ein mehrfach erneuerter Nachbau –

hat weit mehr zu bieten als Gottesdienste und sakrale Gesänge. Die auf 82 Metern gelegene Aussichtsplattform bietet Ausblick auf Stadt und Hafen und begrüßt einfahrende Schiffe schon von weitem. Außerdem sehenswert: der Innenraum mit 2500 Sitzplätzen, das Gruftgewölbe mit der Ausstellung „Michaelitica“ und die Diashow auf dem zweiten Turmboden über Hamburg. Auch die 300 Jahre alte Tradition des Turmbläsers wird nach wie vor gepflegt. Er bläst einen Choral in alle Himmelsrichtungen (Mo-Fr 10 und 21 Uhr, So 12 Uhr). Es ist möglich, den „Michel“ im Rahmen einer Führung kennen zu lernen oder ihn auf eigene Faust zu erkunden. Ein Kirchenführer beantwortet täglich zwischen 10 und 17 Uhr die Fragen interessierter Besucher.

- St. Michaelis: Krayenkamp 4c, 20459 Hamburg (Innenstadt), Telefon 37 67 81 00, Fax 37 67 81 53, Öffnungszeiten von Kirche und Turm Mai bis Oktober: Mo-Sa 9–18, So 11.30–17.30 Uhr, November bis April: Mo-Sa 10–16.30, So 11.30–16.30 Uhr, Gruftgewölbe mit Ausstellung: Mai bis Oktober: Mo-Sa 11–17, So 11.30–17 Uhr, November bis April: Sa, So 11–16.30 Uhr, Multivision: Do, Sa, So 12.30, 13.30, 14.30, 15.30 Uhr; www.st-michaelis.de

## Stadtbesichtigungen

Zur Rechten sehen Sie den Fernsehturm und links das Rathaus, erbaut in der Vergangenheit ... Gääääähn! Wie wäre es mit einem wagemutigen Helikopterflug? Für 60 Euro fliegen Sie die Piloten des Helikopter-Service jeden Sonntag ab 11 Uhr zwanzig Minuten lang über die Stadt (Voranmeldung erbeten). Oder lieber eine Stadtbesichtigung via Automobil? Bequem, individuell und mit persönlichem Führer kutschiert „das taxi“ Neugierige durch die Hansestadt. Die Preise sind Verhandlungssache. Beim Landesjugendring Hamburg stehen Reisen mit geschichtlichen Themen auf dem Programm. Für Jugendliche ab 15 Jahren wird zum Beispiel ein Fahrt zur KZ-Gedenkstätte nach Neuengamme (▶ *Gedenkstätten*) angeboten. Die Initiative zur Erhaltung historischer Bauten offeriert Stadtrundgänge ab 3 Euro. Die Staatspolitische Gesellschaft veranstaltet Stadtspaziergänge unter verschiedenen Gesichtspunkten, etwa zum Thema „Wie funktioniert die moderne Energieversorgung einer Großstadt?“. Am Wochenende finden Exkursionen in die Natur, etwa in die Wittenbergener Heide, zu den Elbwiesen oder an die Alsterauen, statt. Nicht nur zur mitternächtlichen Stunde brummt der Kiez. Auch am Tage ist in St. Pauli gehörig was los. Stattreisen Hamburg führt samstags ab 17 Uhr unter dem Motto „Kaschemmen, Neonlicht und Katholiken – ein Streifzug durch St. Pauli“ durchs gesamte Viertel, Treffpunkt sind die St. Pauli Landungsbrücken (beim Uhrturm), eine Voranmeldung ist nicht nötig. Außerdem werden viele andere thematische Stadtrundgänge angeboten. Besondere Stadtführungen verspricht der Fackelträger Volker Roggenkamp (▶ *Nachtwächter*). Die nächtliche Tour durch die Speicherstadt ist ein Erlebnis! Tagsüber führt der Hamburg-Kenner durch die Stadt und ihre Museen, bei seinen literarischen Spezialführungen ist manches über Heinrich Heine und Joachim Ringelnatz lernen.

- das taxi e. G.: Humboldtstraße 75, 22083 Hamburg (Barmbek), Telefon 22 11 21, Fax 22 42 48, Kreditkarten: alle; www.das-taxi.de
- Helicopter-Service Wasserthal GmbH: Weg beim Jäger, 22335 Hamburg (Fuhlsbüttel), Telefon 6 40 10 81, Fax 50 09 03 51, Mo-Fr 8–17 Uhr; www.wasserthal.com
- Kultur- & Geschichtskontor der Initiative zur Erhaltung historischer Bauten e. V.: Reetwerder 17, 21029 Hamburg (Bergedorf), Telefon 7 21 28 23, Fax 7 24 43 42, Mo, Di, Fr 10–16, Mi 10–20 Uhr
- Landesjugendring Hamburg e. V.: Güntherstraße 34, 22087 Hamburg (Uhlenhorst), Telefon 31 79 61 14, Fax 31 79 61 80, Mo-Do 10–17, Fr 10–16 Uhr; www.ljr-hh.de
- Staatspolitische Gesellschaft: Ohlsdorfer Straße 37, 22299 Hamburg (Winterhude), Telefon 4 60 10 26, Fax 47 92 67, Mo-Do 9–17 Uhr; www.sghamburg.de
- Volker Roggenkamp c/o StadtkulTour: Martin-Luther-Straße 1, 20459 Hamburg (Neustadt), Telefon 36 62 69, Fax 36 62 69, Mo-Fr 9–18 Uhr
- Stattreisen Hamburg e. V.: Bartelsstraße 12, 20357 Hamburg (Schanzenviertel), Telefon 4 30 34 81, Fax 4 30 74 29, Mo-Fr 9–13 Uhr; www.stattreisen-hamburg.de

## Stadtplanung

Wer schon einmal ein Haus bauen wollte, hat festgestellt, dass dabei die Finanzierung nicht das einzige Problem ist. „Bitte füllen Sie das blaue Formular sorgfältig aus, lassen Sie die Kopie vom Durchschlag Nr. 3771 beglaubigen und reichen Sie beides im Nebengebäude, Zimmer 13a, zweiter Stock, hinten rechts, ein!“ Alles klar? Freizeit ade! Bis alle Behördengänge erledigt und die notwendigen Anträge dann auch noch bearbeitet sind, können Monate vergehen. Richtig kompliziert wird die Prozedur, wenn man ein Großbauprojekt in einer Stadt wie Hamburg plant. Da geht es dann darum, die eigenen Bebauungsvorstellungen mit den Flächennutzungsplänen der Stadt abzugleichen, und diese auch noch sinnvoll in das bestehende Stadtbild einzufügen. Jeder Bezirk ist darum bemüht, das eigene Ansehen als Wohn- und Wirtschaftsstandort zu verbessern. Dass solche Pläne auch auf Kosten der Anwohner gemacht werden, ist in Stadtteilen wie St. Georg oder der Schanze allgemein bekannt. Durch die Sanierung von Altbaugebieten steigt zwar deren Attraktivität als Wirtschaftsstandort für kleinere Unternehmen, die Miete aber meistens auch. Schlagworte wie „natürliche Entwicklungsdynamik“ und „sozialer Wohnungsbau“ nehmen diesem Prozess etwas von seinem negativen Beigeschmack, machen billigere Wohngegenden wie zum Beispiel Wilhelmsburg aber nicht attraktiver. Aktuelle Mammutprojekte der Hamburger Baubehörde sind die Hafencity (▶ *Hafencity*) und die Bewerbung Hamburgs als Veranstaltungsort für die Olympischen Spiele 2012.

- Behörde für Bau und Verkehr, Amt für Landesplanung: Alter Steinweg 4, 20459 Hamburg (Neustadt), Telefon 4 28 41 30 18, Fax 4 28 41 30 69; www.hamburg.de

Stadtteilzentrum Kulturpalast Billstedt: Bietet Kultur von Comedy bis zur Senioren-Salsa

## Stadtteilzentren

Hamburg hat viele Gesichter und unterliegt einem ständigen Wandlungsprozess. Jedes Stadtviertel hat seine eigene Identität. Das Lebensgefühl in Othmarschen ist ein anderes als das auf dem Kiez. Es gibt 25 von der Kulturbehörde geförderte und 55 nicht geförderte Stadtteilkulturzentren in der Hansestadt. Deren Belange vertritt der 1977 gegründete Dachverband „Landesverband Soziokultur“ gegenüber Behörden, politischen Parteien und Gremien, der Presse und der übrigen Öffentlichkeit. Bei dem Verein kann man die Adressen der Zentren erfragen, telefonisch oder über das Internet.

▶ *Clubs und Diskotheken*

- Brakula e. V. (Bramfelder Kulturladen): Bramfelder Chaussee 265, 22177 Hamburg (Bramfeld), Telefon 6 42 17 00, Fax 64 21 70 22, Di-Fr 16–19 Uhr; www.brakula.de
  Altes Bauernhaus; Konzerte, Theater, Kino, Puppentheater, Lesungen, Café und Kneipe („Fenske“), wöchentliche Kurse und Gruppen, Jugendprojekte, Stadtteilfeste und Flohmärkte; Saal und Räume auch für private Feiern
- Fabrik: Barnerstraße 36, 22765 Hamburg (Altona), Telefon 39 10 70, Fax 39 10 71 47, Büro Mo-Fr 10–18 Uhr, Vorverkauf: 13–17 Uhr; www.fabrik.de (▶ *Clubs und Diskotheken)*
- Goldbekhaus e. V.: Moorfuhrtweg 9, 22301 Hamburg (Winterhude), Telefon 2 78 70 20, Fax 27 87 02 20, Bürozeiten: Di-Do 15–18 Uhr; www.goldbekhaus.de
  Kinder-, Jugend-, Erwachsenen- und Senioren-Programm von Kreativangeboten bis Sport- und Sprachkursen, monatliches Kindertheater und Kinderkino, jeden 3. Samstag im Monat Tanznacht; offene Gruppen, Raumvermietung
- Haus Drei – Stadtteilzentrum: Hospitalstraße 107, 22767 Hamburg (Altona), Telefon 38 89 98, Programmansage unter Telefon: 38 61 41 08, Fax 3 89 30 63, Bürozeiten Mo 11–13, Di 15–17, Mi–Fr 10–13 Uhr, Raumvergabezeiten Di 16–18, Do 9–13 Uhr; www.haus-drei.de
  Kultur-, Werkstatt- und Freizeitangebote; Kinderkulturprogramm, aktiver Frauen/Lesbenbereich, offene Kindernachmittage Mo-Do 14–17 Uhr (Mi nur für Mädchen); zwei Säle für 50 bis 180 Personen, die zu mietet sind; Park-Café-Restaurant „Lotte“

- Honigfabrik Kommunikationszentrum Wilhelmsburg e. V.: Industriestraße 125–131, 21107 Hamburg (Wilhelmsburg), Telefon 75 88 74, Fax 3 07 83 05, Bürozeiten Di-Fr 10–16 Uhr; www.honigfabrik.de
  Kurse und Werkstätten für die Arbeit mit Holz und Metall; Weberei, Töpferei und Fotografie, Segelwerkstatt, KFZ-Selbsthilfe, Kneipe und Teestube, eigene Geschichtswerkstatt, Volvo-Oldtimer-Club
- Kulturpalast im Wasserwerk: Öjendorfer Weg 30a, 22119 Hamburg (Billstedt), Telefon 73 17 27, Bürozeiten Mo-Do 17–19, Fr 10–12 Uhr; www.kultur-palast.de
  Stadtteilkulturzentrum im ehemaligen Wasserwerk, umfangreiches Kulturprogramm (Comedy, Theater, Konzerte etc.), das Kursangebot reicht von autogenem Training für Kids bis zu Salsa für Senioren, Flohmarkt jeden ersten So ab 10 Uhr, Gastronomie; Veranstaltungshalle, die auch gemietet werden kann
- Landesverband Soziokultur Hamburg e. V.: Neuer Kamp 25, 20359 Hamburg (St. Pauli), Telefon 43 29 00 90, Fax 43 29 00 92, E-Mail: info@soziokultur-hamburg.de; www.schatz-von-hamburg.de
- Lola Kulturzentrum: Lohbrügger Landstraße 8, 21031 Hamburg (Bergedorf), Telefon 7 24 77 35, Fax 7 24 44 38, Bürozeiten Mo-Mi 16–19, Do 11–13 Uhr; Café-Bar „Lola" Mo-Do ab 17, Fr, Sa ab 18, So ab 15 Uhr; www.lola-hh.de
  Regelmäßige Veranstaltungsprogramme in der ehemaligen Polizeiwache Lohbrügge, Konzerte, Kabarett, Ausstellungen etc.
- Motte e. V. – Stadtteilkulturzentrum: Eulenstraße 43, 22765 Hamburg (Altona), Telefon 3 99 26-20, Jugendbereich -24, Veranstaltungen -40/-41/-42, Fax 39 92 62 11, Bürozeiten Mo-Do 10–13, 14–17, Fr 10–13 Uhr; www.diemotte.de
  Seit 1976 Zentrum für Kinder- und Jugendarbeit, großer Werkstattbereich mit u. a. Töpferei, Buchdruck, Foto, Metallwerkstatt, PC-Werkstatt für Kinder und Erwachsene
- Rieckhof Kulturzentrum: Rieckhofstraße 12, 21073 Hamburg (Harburg), Telefon 7 66 20 20, Fax 76 62 02 10, Mo-Fr 9–17 Uhr; www.rieckhof.de
- Rote Flora e. V.: Schulterblatt 71, 20357 Hamburg (Schanzenviertel), Telefon 4 39 54 13, geöffnet je nach Veranstaltung bzw. Gruppe; www.roteflora.de
  Unter anderem jeden Mi ab 19.30 Uhr Workshops wie Malen, Trommeln, Jonglieren, Bildhauerei; Vorträge über Kunst und Politik (▶ *Rote Flora)*

### Weitere Kulturveranstaltungsorte:

- Schlachthof Hamburg: Neuer Kamp 30, 20357 Hamburg (St. Pauli), Telefon 87 97 62 30, Fax 87 97 62 35; www.schlachthof-hh.de
- SternChance e. V. – Café und Kulturhaus: Schröderstiftstraße 7, 20146 Hamburg (Eimsbüttel), Telefon 43 28 18 94, Fax 43 28 18 95, Bürozeiten Mo-Fr 9–11, Mo-Do 16–20, Sa 14–18 Uhr; www.sternchance.de
  Vielfältige Kurse wie Sport, Trommeln, Gebärdensprache, Deutsch für Ausländer; Raumvermietung, Alleinerziehendentreff, Jamsessions; Programm spricht Klein wie Groß gleichermaßen an
- Werkstatt 3 – Kommunikations- und Informationszentrum für Entwicklung, Frieden und Menschenrechte: Nernstweg 32–34, 22765 Hamburg (Ottensen), Telefon 39 21 91, Fax 3 90 98 66, Mo-Do 11–13, 14–17, Fr 11–13, 14–16 Uhr; www.werkstatt3.de
  Etablierte sich als „Das Dritte-Welt-Zentrum in Hamburg", interkultureller Programmbereich mit Lesungen internationaler Autoren, Konzerten, Filmreihen, afrikanischen und lateinamerikanischen Tanznächten; entwicklungspolitische Öffentlichkeitsarbeit mit Seminaren und Diavorträgen etc.
- Zinnschmelze – Barmbeker Verein für Kultur und Arbeit: Maurienstraße 19, 22305 Hamburg (Barmbek), Telefon 2 99 20 21, Fax 2 99 24 61,

Mo-Sa ab 19 Uhr; www.zinnschmelze.de
Theater, Kabarett, Kinderprogramm; Disco, Autorenlesungen, Kunstausstellungen, Musik von Jazz über Folk bis Funk; Open-Air-Kino im Sommer; Café-Kneipe Mo-Sa ab 19 Uhr geöffnet

## Ständchen

Immer wieder zwingen uns Geburtstage zum Intonieren eines grausam schrägen „Häppi Börsdey tuuujuuu …" Von den Besungenen erfordert das nach der Parole: „Lächeln, lächeln, nur nicht aufhören" das Äußerste an Durchhaltevermögen. Und die Peiniger brauchen viel Sauerstoff und kräftige Stimmbänder. „Warum nur diese Quälerei?", fragten sich Oswin Lohss und Christian Rau und gründeten den Hamburger Geburtstagslieder Service. Sie komponieren ein ganzes Lied mitsamt gedichtetem Text nach den Angaben des Kunden. Dieser Song wird danach professionell im Tonstudio auf CD produziert. Vorlauf mindestens eine Woche, Preis ab zirka 300 Euro.

- Hamburger Geburtstagslieder Service: Telemannstraße 46, 20255 Hamburg (Eimsbüttel), Telefon 40 19 60 28, Fax 43 27 12 35; www.liederservice.de

## Start-up

▶ *Existenzgründung*

## Steinmetze

Was für den Pädagogen das Kind, ist für den Steinmetz der Naturstein: das Material, das täglich durch mal sanfte, mal harte Schläge bearbeitet werden muss. Der Steinmetzbetrieb Max Schramm fertigt Steinplatten für Fußböden und Bäder, Arbeitsplatten oder Grabsteine an. Naturstein Münzt fertigt auch Grabsteine, ebenso Küchenarbeitsplatten und Waschtische.

- Naturstein Münzt GmbH: Beerentalweg 56, 21077 Hamburg (Eißendorf), Telefon 7 90 72 23, Fax 79 14 31 68, Mo-Fr 7–18 Uhr
- Steinmetzbetrieb Max Schramm: Sootbörn 14a, 22453 Hamburg (Niendorf), Telefon 58 29 48, Fax 58 46 01, Mo-Fr 8–13 und 14–17 Uhr; www.max-schramm.de

## Stoffe

In Hamburg wird nicht nur Seemannsgarn gesponnen. Die hanseatischen Stoffgeschäfte führen exotisches und edles Tuch und sorgen für ein Flair vom sagenhaften Morgenland an der Waterkant.
▶ *Mode/Internationale Designhäuser*

- Alsterhaus: Jungfernstieg 16–20, 20354 Hamburg (Innenstadt), Telefon 35 90 10, Fax 3 50 13 00, Mo-Fr 9.30–20, Sa 9.30–16 Uhr, Kreditkarten: alle; www.karstadt.de
  Große Auswahl diverser Stoffe, schöne Seiden-, Baumwoll- und Wollmaterialien in allen erdenklichen Farben, zeitweise sehr günstige Angebote; Nähgarn, Schnittmuster; Näh- und Patchworkkurse
- Der Stoff: Ulzburger Straße 186, 22850 Norderstedt, Telefon 5 25 10 85, Fax 5 21 87 80, Mo-Fr 9.30–18, Sa 9.30–13 Uhr, Kreditkarte: EC-Karte
  Alles von Kurzwaren bis zu hochwertigen Kaschmirstoffen
- Die Beduinen: Nobistor 37, 22767 Hamburg (Altona), Telefon 3 19 34 57, Fax 31 08 80, Mo-Fr 11–19, Sa 11–15.50 Uhr, Kreditkarte: EC-Karte; www.die-beduinen.de
  Das orientalische Einrichtungshaus führt nicht nur Stoffe wie aus „Tausendundeine Nacht", handgewebte Baumwolle und Leinen aus Ägypten, sondern auch Antiquitäten und Möbel
- Karl Etoffe & Max Tessuti: Eppendorfer Landstraße 54, 20249 Hamburg (Eppendorf), Telefon 46 30 86, Fax 46 30 86, Mo-Fr 10–18, Sa 11–15 Uhr, Kreditkarte: EC-Karte;
  Edle Kleider- und Designerstoffe, Brokat und Perlenstickerei werden ausgestellt und können auch direkt auf den Leib geschneidert werden
- Laura Ashley: Neuer Wall 39, 20354 Hamburg (Innenstadt), Telefon 37 11 73, Mo-Mi 10–19, Do, Fr 10–20, Sa 9.30–16 Uhr, Kreditkarten: alle; www.lauraashley.de
- Ostasiatischer Seidenimport Lieselotte Roloff: Sperberhorst 9, 22459 Hamburg (Niendorf), Telefon 5 51 37 15, Fax 5 51 92 29, Mo, Mi, Fr 9–14, Di, Do 9–16 Uhr; E-Mail: roloffseide@t-online.de
  Hauptsächlich Seidenstoffe aus dem asiatischen Raum
- Panama: Große Elbstraße 68, 22767 Hamburg (Altona), Telefon 30 62 13 11, Fax 30 62 13 03, Mo-Fr 11–20, Sa 11–16 Uhr, Kreditkarte: EC-Karte; www.stilwerk.de
  Druck und Verkauf unterschiedlichster Dekostoffe
- Stoff-Boutique: Gerhofstraße 2, 20354 Hamburg (Innenstadt), Telefon 34 61 25, Fax 34 61 25, Mo-Fr 10–18, Sa 10–14 Uhr, Kreditkarte: EC-Karte; www.stoff-boutique.de
  Hochwertige Haute-Couture-Stoffe für Kleider, Kostüme und Anzüge
- Vossberg: Isestraße 87, 20149 Hamburg (Eppendorf), Telefon 48 15 86, Fax 4 60 19 29, Mo-Fr 11–18.30, Sa 11–16 Uhr, Kreditkarte: EC-Karte; www.vossbergversand.de
  Kleines Familienunternehmen. Die schönen

Stoffe: Vossberg stattet auch die Dekoseiten der Brigitte aus

Textilien wie Steppdecken, Vorhänge und Teppiche sind regelmäßig auf den Dekoseiten der *Brigitte* zu sehen

## Stuck

Stuck steht für anspruchsvolle Raumgestaltung. Bei Stuck Werner dreht sich alles um die Kunst der Decken-, Wand- und Fassadendekoration. Der Meisterbetrieb restauriert Altbau-Stuck und verziert Neubauten stilgerecht. Ob innen oder außen, als romantische Zierde oder schlichte Gesimse – O. Werner & Söhne verstehen ihr Handwerk.

- Stuck Werner – O. Werner & Söhne: Kegelhofstraße 71–73, 20251 Hamburg (Eppendorf), Telefon 48 30 53, Fax 47 03 64, Mo-Do 7–16, Fr 7–15 Uhr; E-Mail: StuckdekorWerner@aol.com; www.stuck-werner.de

## Studentinnen und Studenten

Studierende gibt es wie Sand am Meer. Das ist manchmal frustrierend, aber zum Glück existieren genug Anlaufstellen, die helfen, sich im Uni-Leben zurechtzufinden. Außerdem erscheint zweimal im Jahr das SZENE HAMBURG UNI-EXTRA, der Wegweiser für Hamburger Studierende. Es liegt zu Semesterbeginn in den Gebäuden der Uni, im Zeitschriftenfachhandel und den Cafés und Kneipen rund um den Campus aus – selbstverständlich kostenlos.



### Allgemeine Adressen:

- Campusrad: Von-Melle-Park 8, 20146 Hamburg (Univiertel), Telefon 41 33 95 59, Fax 41 33 95 59, Mo-Fr 9–17 Uhr
  Auch in den Semesterferien geöffnet!
  Bewachung und Verleih von Fahrrädern. Für einen Tag kostet der Drahtesel nur 2 Euro Leihgebühr zuzüglich 5 Euro Pfand. Die Werkstatt leistet Hilfe zur Selbsthilfe
- Diplomarbeiten-Agentur: Hermannstal 119k, 22119 Hamburg (Horn), Telefon 6 55 99 20, Fax 65 59 92 22, Mo-Fr 9–16 Uhr; www.diplom.de
  Hier wird Ihre mühsam erstellte Abschlussarbeit an den Mann oder die Frau gebracht. Die Aufnahme in das Lieferprogramm ist kostenlos, bei Kaufabschluss erhält der Autor 50 Prozent vom Kaufpreis. Unternehmen zahlen zwischen 150 und 300 Euro für eine Diplomarbeit, Studierende müssen nur die Hälfte zahlen (der Autor erhält dann nur 30 Prozent des Kaufpreises). Im Internet finden sich Inhaltsangaben zu über 5000 verfügbaren Titeln
- Hochschulsport Hamburg: Mollerstraße 2, 20148 Hamburg (Univiertel), Telefon 4 28 38 72 00, Fax 4 28 38 56 61, Bürozeiten Mo-Fr 13–19 Uhr; www.hochschulsport-hamburg.de
  Unter den zirka 120 angebotenen Sportarten und weit über 500 Kursen findet sich garantiert etwas, von dem Sie noch nie gehört haben, Anmeldung über die Postkarten in den Programmheften, die in der Mollerstraße und in allen HASPA-Geschäftsstellen ausliegen
- Hochschulteam des Arbeitsamtes: Nagelsweg 9, 20097 Hamburg (Hammerbrook), Telefon 24 85 22 33, Fax 24 85 20 10, Mo, Di 9–16, Do 10–18 Uhr; E-Mail: Hamburg@arbeitsamt.de; www.arbeitsamt.de/hamburg/index.html
  Hilft beim Spagat zwischen Hochschule und Arbeitsleben durch persönliche Einzelberatung für Studierende und Absolventen. Das Hochschulteam organisiert außerdem Veranstaltungen zu den Themen „Berufschancen für Studienabbrecher", „Praxisorientiertes Studieren" und „Bewerbung"
- Studentenwerk, Allgemeine Sozialberatung: Grindelallee 9, 20146 Hamburg (Univiertel), Telefon 41 90 21 50, Fax 41 90 21 80, Mo, Di, Do 10–12 Uhr; telefonisch auch außerhalb dieser Sprechzeiten
  Gibt eine Informationbroschüre heraus, in der Wohnanlagen, Mensen, Kindertagesstätten etc. aufgelistet sind
- VHS-Sprachkurse für Studenten: Von-Melle-Park 5 („WiWi-Bunker", FB Sprachlehrforschung),

20146 Hamburg (Univiertel), Telefon 4 28 41 30 98 (Frau Cathy Le-Port), Fax 4 28 41 27 88, Telefonzeiten: Mo, Di, Do 10–13 Uhr; Anmeldungen persönlich zu Semesterbeginn Mo-Fr 11–17 Uhr im Raum 3015; E-Mail: c.leport@vhs-hamburg.de; www.rrz.uni-hamburg.de/sprachkurse-vhs
Fremdsprachenkurse für Studierende aller Fachbereiche bietet die Uni in Kooperation mit der Volkshochschule, der Hochschule für Wirtschaft und Politik (HWP) und der Fachhochschule für Gestaltung. Angeboten werden Englisch, Französisch, Russisch, Spanisch, Portugiesisch und Italienisch für 107 Euro (40 Unterrichtsstunden)

## Ausländische Studierende:

- Akademisches Auslandsamt: Edmund-Siemers-Allee 1, 20146 Hamburg (Univiertel), Fax 4 28 38 21 42; www.uni-hamburg.de
  Das Studentensekretariat für ausländische Studierende ist unter der Telefonnummer 4 28 38 38 84 zu erreichen; das Akademische Auslandsamt klärt die Bewerbungsmodalitäten für AusländerInnen und betreut ausländische Studierende (Telefon 4 28 38 44 72 und 4 28 38 33 10), berät aber auch Anwärter für Auslandsaufenthalte (Telefon 4 28 38 33 06)
- Ausländerbeauftragte des Hamburger Senats, Prof. Dr. Ursula Neumann: Osterbekstraße 96, 22083 Hamburg (Barmbek), Telefon 4 28 63 57-50/-54, Fax 4 28 63 58 40, Mo, Mi 9–11.30, Do 14–16 Uhr; www.hamburg.de/behoerden/auslaenderbeauftragter/welcome.htm
  ▶ *Ausländer*
- AusländerInnen-Referat des AStA der Uni: Von-Melle-Park 5, 20146 Hamburg (Univiertel), Telefon 45 02 04 36, Fax 4 10 72 24, Mo 16–18, Di 14–16 Uhr; www.asta.uni-hamburg.de
  Rechtsberatung durch einen Anwalt: Mi 16–18 Uhr, Anmeldung erforderlich
- ESG-International: Königstraße 54, 22767 Hamburg (Altona), Telefon 30 62 03 82, Fax 30 62 03 83, Di-Do 10–12 Uhr; E-Mail: ESG@Diakonie-Hamburg.de, www.AA-HA.com/esg-international, www.esg-hamburg.de
  Die Evangelische Studierendengemeinde in den Räumen der Diakonie (4. Stock) berät ausländische Studierende; außerdem Studienbegleitprogramm für Ausländer
  ▶ *Ausländer*
- PIASTA: Von-Melle-Park 5, 20146 Hamburg (Univiertel), Telefon 4 28 38 38 39, Di 14–17 Uhr; E-Mail: piasta@uni-hamburg.de; www.student.org.uni-hamburg.de/piasta
  Jeden Mittwoch im Semester ist PIASTA-Café in der ESG (Schlüterstraße 16) – mit Kulturprogramm von 18 bis 21 Uhr und allgemeiner Beratung

StudentInnen: Lässiges Lernen auf dem Rasen vor dem Audimax

## Bafög, Krankenkasse und Soziales:

- AOK Hamburg „extra" – Studentenservice: Grindelallee 100, 20146 Hamburg (Univiertel), Telefon 20 23 22 10, Fax 20 23 22 13, Mo-Mi 8–16, Do 8–18.30, Fr 8–14 Uhr und nach Vereinbarung; www.aok.de
- AStA Sozialreferat: Von-Melle-Park 5, 20146 Hamburg (Univiertel), Telefon 45 02 04 33, die Öffnungszeiten sind telefonisch oder übers Internet zu erfahren und hängen an der Tür des Sozialreferats aus; www.asta.uni-hamburg.de
  Bafög-, Sozial- und Rechtsberatung
- Bafög-Amt: Grindelallee 9, 20146 Hamburg (Univiertel), Telefon 41 90 21 07, Fax 41 90 21 26, Informationsschalter: Mo, Mi 9–15, Di, Do 9–17, Fr 9–13 Uhr; Beratung: Di, Do 9–12, 14–17 Uhr; E-Mail: bafoeg@studentenwerk.hamburg.de; www.studentenwerk-hamburg.de
- Behindertenbeauftragter der Uni Hamburg im Institut für Behindertenpädagogik: Sedanstraße 19, 20146 Hamburg (Univiertel), Telefon 4 28 38 37 64, Fax 4 28 38 37 09, offene Sprechstunde: Mo 10–13 Uhr, Termin nach telefonischer Vereinbarung; E-Mail: behinderte.studierende@erzwiss.uni-hamburg.de; www.uni-hamburg.de
  Studieninformation und -beratung für Behinderte oder chronisch Erkrankte mit Schwerpunkt „Nachteilsausgleich" im Studium und bei Prüfungen
- Interessengemeinschaft behinderter und chronisch kranker Studenten (AStA Sozialreferat): Von-Melle-Park 5, 20146 Hamburg (Univiertel),

Telefon 45 02 04 31, Fax 4 10 72 24, Do 14–16 Uhr und nach Vereinbarung; E-Mail: igbc@asta.uni-hamburg.de; www.asta.uni-hamburg.de

- Studentenwerk, Allgemeine Sozialberatung: Grindelallee 9, 20146 Hamburg (Univiertel), Telefon 41 90 21 50, Fax 41 90 21 80, Mo, Di, Do 10–12 Uhr; telefonisch auch außerhalb dieser Sprechzeiten
  Die Broschüre des Studentenwerks führt u. a. Wohnanlagen und Mensen auf, informiert zu Bafög und Krankenkasse. In der Broschüre befinden sich spezielle Infos für Behinderte. Jeweils zum Semesterbeginn findet ein Orientierungstag zum Studienalltag mit Behinderung statt
- Zentrum für Studienberatung und psychologische Beratung (ZSPB): Edmund-Siemers-Allee 1, 20146 Hamburg (Univiertel), Telefon 4 28 38 25 22, Mo-Mi 10–12 und 14–16, Do 14–16 und 18–19 Uhr; E-Mail: studienberatung@uni-hamburg.de, www.uni-hamburg.de/PSV/Verw
  Beratung für Behinderte; Einzelsprechstunden für psychologische Beratung und Gruppenberatung für StudienanfängerInnen nach telefonischer Vereinbarung (Telefon 4 28 38 25 10)
- Arbeitsstelle Frauenförderung: Moorweidenstraße 18, 20148 Hamburg (Rotherbaum), Telefon 4 28 38 68 09 (Sekretariat), Fax 4 28 38 71 54, Mo-Fr 9–13 Uhr; E-Mail: frauenfoerderung@uni-hamburg.de; www.uni-hamburg.de/PSV/PR/Frauen/index.html
  Setzt sich für die Erhöhung des Frauenanteils im Lehrbetrieb ein

## Frauen:

▶ *Frauen*
▶ *Lesben*

- FrauenLesben-Rat des AStA der Uni Hamburg: Von-Melle-Park 5, 20146 Hamburg (Univiertel), Telefon 45 02 04 38, Fax 4 10 72 24 (AStA-Fax), Di 12–14 Uhr; www.flr.asta.uni-hamburg.de
- Koordinationsstelle für Frauenstudien/-forschung: Binderstraße 34, 20146 Hamburg (Univiertel), Telefon 4 28 38 59 66, Fax 4 28 38 67 63, Bürozeiten Mo-Fr 9–17 Uhr, Öffnungszeiten der Bibliothek: Di, Mi, Do 10–12, 13–15 Uhr; www.frauenforschung-hamburg.de
  Bringen Seminare mit Gender-Themen auf den Campus, vergeben Förderprogramme für Absolventinnen, gibt „Frauenvorlesungsverzeichnis" heraus
- Vertrauensrat der Uni Hamburg: Moorweidenstraße 18, 20148 Hamburg (Rotherbaum), Telefon 4 28 38 38 83, telefonische Sprechzeit: Do 14–16 Uhr; www.rrz.uni-hamburg.de/Vertrauensrat
  Beratung in Fällen von sexueller Belästigung

## Gemeinden:

- Evangelische Studierendengemeinde (ESG): Schlüterstraße 16, 20146 Hamburg (Univiertel), Telefon 41 17 04 12, Fax 4 11 17 04 15, Bürozeiten Mo-Fr 10–13 Uhr; www.esg-hamburg.de
  Mit Semesterbeginn startet das ESG-Programm (liegt im Büro und in den Gemeinden aus) mit Workshops, Gottesdiensten, Diskussionsabenden und mehr; nach Religionszugehörigkeit wird nicht gefragt; Mo-Do 11–17 Uhr ist das Café geöffnet
- Katholische Hochschulgemeinde: Sedanstraße 23, 20146 Hamburg (Univiertel), Telefon 45 22 59, Fax 44 87 71, Mo, Mi, Do, Fr 10–12, Di 10–12, 14–17 Uhr; www.khg-hamburg.de
  Das Angebot umfasst heilige Messen (Mi 19 Uhr, So 11 Uhr), Vorträge und Gesprächsrunden sowie Gemeindefeste und -fahrten, das aktuelle Programm ist im Internet zu finden; Infos zum internationalen Studentenwohnheim Franziskus-Kolleg

## Internet:

- Regionales Rechenzentrum der Uni Hamburg (RRZ): Schlüterstraße 70, 20146 Hamburg (Univiertel), Telefon 4 28 38 77 90 (Mo-Fr 9–21 Uhr), Fax 4 28 38 62 70, Anmeldung: (Raum 19) Mo 9–22.30, Di–Fr 8–22.30 Uhr; Benutzerräume: Mo 8.45–22.45, Di–Fr 8–22.45, Sa 10–18 Uhr; E-Mail: rrz.serviceline@rrz.uni-hamburg.de www.rrz.uni-hamburg.de/RRZ
  Kostenlose Internetnutzung und Computerkurse für Studierende aller Fachbereiche

## Jobs:

- Studenten-Job-Vermittlung des Arbeitsamtes: Kurt-Schumacher-Allee 16, 20097 Hamburg (Hammerbrook), Telefon 24 85 21 51, Fax 24 85 15 93, Mo-Fr 7–11 Uhr
  Tagesjobs und langfristige Studentenjobs; Studierende benötigen einen Vermittlungsausweis, der vor der Erstvermittlung vor Ort ausgestellt wird
- Zentralstelle für Arbeitsvermittlung – Internationale Arbeitsvermittlung, Bereich Jobs und Praktika im Ausland: Villemomblerstraße 76, 53123 Bonn, Telefon 02 28/7 13 13 13, Fax 02 28/7 13 14 99; E-Mail: bonn-zav.jobs-und-praktika-im-ausland@arbeitsamt.de; www.arbeitsamt.de/ZAV
  Für Studierende und junge Arbeitsuchende werden hier Jobs und Praktika weltweit vermittelt

## Lesben/Schwule:

▶ *Lesben*
▶ *Schwule*

- AStA Schwulenreferat: Von-Melle-Park 5, 20146 Hamburg (Univiertel), Telefon 45 02 04 37, Fax 4 10 72 24, Café-Zeiten Do 15–18 Uhr
- FrauenLesben-Rat des AStA: Von-Melle-Park 5, 20146 Hamburg (Univiertel), Telefon 45 02 04 38, Fax 4 10 72 24 (AStA-Fax), Di 12–14 Uhr; www.flr.asta.uni-hamburg.de

### Medien:

- Medien-Labor für elektronische Medienkommunikation, Medieninformatik und Medienkunst (LEM): Lerchenfeld 2, 22081 Hamburg (Uhlenhorst), Telefon 4 28 32 25 86; www.hfbk.uni-hamburg.de/lem
  Ein Modellversuch des Fachbereichs Informatik und der Hochschule für bildende Künste (HfbK), ist aber für Interessierte aller Fachbereiche offen, aktuelle Projekte stehen im Vorlesungsverzeichnis
- Uni-Radio beim *Freien Sender Kombinat* (*FSK*): Schulterblatt 23c, 20357 Hamburg (Schanzenviertel), Telefon 43 43 24 (Mo-Fr 11.45–17.15 Uhr), Fax 4 30 33 83; www.fsk-hh.org
  Frequenz 93,0 MHz, 101,4 im Kabel
  Gesendet wird jeden 2. und 4. Mittwoch im Monat von 20 bis 22 Uhr, Wiederholung jeden 2. und 4. Donnerstag von 14 bis 16 Uhr. Neueinsteiger sind jederzeit willkommen, die Crew tagt jeden 3. Montag im Monat ab 21 Uhr
- Uni-Zeitung *Mellow*: Allende-Platz 1, 20146 Hamburg (Univiertel), Telefon 44 61 10 (Michael Pröpper)
  Erscheint viermal jährlich; Studierende, die in der Redaktion oder bei PR oder Anzeigenakquise mitarbeiten möchten, sind herzlich willkommen

**Praktika:** Manche Fachbereiche vermitteln Praktika für ihre Studis, aber lange nicht alle. Da hilft nur Vitamin B oder Eigeninitiative. Wem good old Germany nicht spannend genug ist, der sollte den Gang ins Akademische Auslandsamt tun (▶ *StudentInnen und Studenten/Ausländische Studierende*) oder aber zu Interswop. Da muss man zwar einen guten Batzen Geld auf einmal hinlegen, aber was tut man heutzutage nicht alles für Referenzen und den Duft der großen weiten Welt. Ein dreimonatiges Komplettpaket (ab 3900 Euro) enthält Sprachkurs, Visum, Flug, Unterkunft und zum Teil Verpflegung. Praktika aller Art, die Platzierungsquote liegt über 90 Prozent. Stark vertreten ist vor allem der englischsprachige Raum, häufiger wird auch nach Lateinamerika vermittelt.

- Interswop e. V.: Bornstraße 16, 20146 Hamburg (Univiertel), Telefon 4 10 80 28, Fax 4 10 80 29, Mo-Do 10–18, Fr 10–16 Uhr; E-Mail: interswop@compuserve.com; www.interswop.de
- Pädagogischer Austauschdienst (PAD) der Kultusministerkonferenz in Bonn: Postfach 22 40, 53113 Bonn, Telefon 02 28/50 14 06, Fax 02 28/50 13 01, Mo-Fr 9–16 Uhr; E-Mail: pad.roehl@kmk.org; www.kmk.org/pad/home.htm
  Informationen und Bewerbungsunterlagen sind beim Akademischen Auslandsamt erhältlich, Bewerbungsschluss ist jeweils der 1. Dezember für den darauf folgenden Herbst. Der PAD vermittelt Lehramts-Sprachstudenten zum Deutschunterricht à zwölf Stunden pro Woche in verschiedene Länder, auch Studenten anderer Fachrichtungen haben gute Chancen, vermittelt zu werden, der Unterhaltszuschuss beträgt zirka 600–700 Euro monatlich
- Siemens AG: Lindenplatz 2, 20099 Hamburg (St. Georg), Telefon 28 89 58 08 (Ansprechpartner Herr Ginczig), Mo-Do 8–16, Fr 8–14 Uhr; www.siemens.de/career
  Praktikumsplätze für Informatik, Elektro-Ingenieurwesen und Wirtschaftsingenieurwesen mit 200–615 Euro Vergütung monatlich. Wer seine Diplomarbeit in der Firma absolvieren will, bekommt insgesamt 1500 Euro

### Seelsorge:

▶ *Seelsorge*

- Studentische Telefon- und E-Mail-Seelsorge der Evangelischen Studierendengemeinde: Telefon 41 17 04 11, Mo-So 20–24 Uhr; E-Mail: hilfe@stems.de; www.stems.de
- Zentrum für Studienberatung und psychologische Beratung (ZSPB): Edmund-Siemers-Allee 1, 20146 Hamburg (Univiertel), Telefon 4 28 38 25 22, www.uni-hamburg.de/PSV/Verw
  Einzelsprechstunden nach telefonischer Vereinbarung, Gruppenberatung für StudienanfängerInnen

**Stipendien:** Der Deutsche Akademische Austauschdienst (DAAD) gibt jährlich die Broschüre „Studium, Forschung und Lehre im Ausland. Förderungsmöglichkeiten für Deutsche" heraus, in der die eigenen Stipendienangebote erklärt werden, aber auch andere Stiftungen und deren Förderungen verzeichnet sind. Zu beziehen ist sie über das Akademische Auslandsamt der Universität, per E-Mail (auslandsstudium@ daad.de) und im Internet unter www.daad.de (Rubriken: „Studieren und Forschen im Ausland", „Lehre im Ausland"). Auch in der Broschüre, die vom Studentenwerks herausgegeben wird, finden sich entsprechende einschlägige Adressen.

### Studieren mit Kind:

▶ *Kinder*

- Anna-Rebecca-Kinderstuben im Studentinnenwohnheim: Ölmühlenweg 33, 22047 Hamburg (Wandsbek), Telefon 6 95 98 68,

Stühle: Die Thonet-Möbel sind gesuchte Raritäten – zu finden bei „Der Stuhl“ in Eppendorf

Mo-Do 7.30–17, Fr 7.30–16 Uhr
Kinder zwischen fünf Monaten und zwölf Jahren werden hier betreut, es werden Kinder aus dem Wohnheim und aus dem Stadtteil aufgenommen; Acht-Stunden-Betreuung!

- AStA Sozialreferat: Von-Melle-Park 5, 20146 Hamburg (Univiertel), Telefon 45 02 04 33, Öffnungszeiten sind telefonisch oder übers Internet zu erfahren und hängen an der Tür des AStA Sozialreferats aus; www.asta.uni-hamburg.de
  Im AStA-Trakt des „WiWi-Bunkers“ befindet sich ein Wickelraum

**Wohnen:** In Hamburg existieren zurzeit 32 Studentenwohnheime, die größtenteils vom Studentenwerk geführt werden (Mieten ab 163 Euro). Dort wird eine Info-Broschüre mit einem komplettem Verzeichnis aller Studi-Bunker herausgegeben. Einen Aufnahmeantrag holt man sich im „Info-Zentrum Wohnen“ oder über das Internet. Wer keinen Platz bekommt, landet auf der Warteliste. Für Erstsemester findet vor Semesterbeginn eine Verlosung statt. Der Glaskasten im Info-Zentrum hält außerdem Angebote privater Vermieter bereit (Miete 209–300 Euro). In den Hausverwaltungen der einzelnen Wohnheime kann man sich nach Ferienzimmern für Stippvisiten in Hamburg erkundigen (ab 193 Euro).
▶ *Wohnraumvermittlung*

- Info-Zentrum Wohnen: Von-Melle-Park 2, 20146 Hamburg (Univiertel), Telefon 41 90 22 63, Fax 41 90 22 65, Mo-Fr 9.30–12, Mo-Do 14–15 Uhr; E-Mail: wohnen-infozentrum@studentenwerk-hambug.de; www.studentenwerk-hamburg.de

## Stühle

Nehmen Sie Platz! Eine Sitzprobe ist kostenlos und entscheidend. Moderne Stuhlkonstruktionen sind raffiniert konzipiert, bieten einen hohen Sitzkomfort und präsentieren ein schlichtes Design. Für Stühle und Hocker der Extraklasse von dem Designer Philippe Starck braucht man das nötige Kleingeld. Zu finden sind diese Schmuckstücke im Stilwerk. Stuhlobjekte zu erschwinglicheren Preisen findet man natürlich bei dem schwedischen Riesenkonzern. Also: „Entdecken Sie schleunigst die Möglichkeiten.“ Hier eine Auswahl an hilfreichen Adressen:

- Der Stuhl: Eppendorfer Weg 2 , 20259 Hamburg (Eimsbüttel), Telefon 4 39 89 57, Fax 4 39 89 57, Mo-Fr 14–18.30, Sa 11–14 Uhr,
  Ist ein Spezialgeschäft für Thonet-Antiquitäten; Verkauf und Verleih alter Bugholzmöbel und Stuhlklassiker von Kohn und Mundus. Die Werkstatt mit Stuhlflechterei restauriert Stuhlmodelle
- Ergo: Burchardstraße 6, 20095 Hamburg (Innenstadt), Telefon 3 09 69 20, Fax 30 96 92 92, Mo-Fr 10–18, Sa 11–16 Uhr, Kreditkarte: EC-Karte; www.ERGOweb.de
  Hier gibt's Sitzmöbel nach dem „Ergo“-Sit-Balance-Prinzip und der frei fließenden Wipptechnik, Balance-Stuhlmodelle von Stokke für Wohnraum und Büro aus Holz und Metall; Stehpulte
- Ikea: Wunderbrunnen 1, 22457 Hamburg (Schnelsen), Telefon 01 80/5 35 34 35, Fax 01 80/5 35 34 36, Mo-Fr 9.30–20, Sa 8.30–16 Uhr, Kreditkarte: EC-Karte; www.ikea.de
- Stilwerk: Große Elbstraße 68, 22767 Hamburg (Altona), Telefon 30 62 11 00, Fax 30 62 11 03, Mo-Fr 11–20, Sa 11–16, Sonntag (=Schautag) 14–18 Uhr, Kreditkarte: EC-Karte; www.stilwerk.de
  ▶ *Design*
- Stuhlrohrfabrik: Stuhlrohrstraße 10 , 21029 Hamburg (Bergedorf), Telefon 7 21 20 41, Fax 7 21 48 79, Mo-Fr 10–18, Sa 10–14 Uhr, Kreditkarte: EC-Karte; www.rattan-sieverts.de
  Ein Großhandel und Hersteller-Importeur von Stuhl-Halbfabrikaten und Rohmaterialien wie Sehgras (chinesische Elha-Schnur); Rattan- und Teakmöbel im Verkauf

## Suchthilfe

Leben macht süchtig nach mehr, Meer, und noch mehr Mär. Was märchenhaft klingt, ist manchmal eher ein Albtraum. Sucht nach Drogen, Medikamenten, anderen Menschen oder Zuständen veranlasst die Betroffenen dazu, zu betrügen, sich zu prostituieren oder zu Schlimmerem. Wer davon loskommen will, findet bei Suchthilfeeinrichtungen Rat und Tat:

- Büro für Suchtprävention der Hamburgischen Landesstelle gegen die Suchtgefahren e. V.: Brennerstraße 90, 20099 Hamburg (St. Georg), Telefon 28 49 91 80, Fax 2 84 99 18 19, Mo-Do 9–17 Uhr, Fr nach Vereinbarung; E-Mail: bfs@suchthh.de; www.ecstacy-project.de; www.suchthh.de
  Informiert unter anderem über Praxisprojekte und Fortbildungen zur Suchtprävention; außerdem sind hier zu bekommen: die *Zeitung für Suchtprävention* und das *Kursbuch Sucht* mit erläuterten Adressen von stationären, teilstationären und ambulanten Hilfen, Vereinen und Selbsthilfegruppen

### Weitere hilfreiche Adressen:

- Die Boje Eimsbüttel: Laufgraben 37, 20146 Hamburg (Univiertel), Telefon 44 40 91, Fax 44 40 92, Mo-Fr 10–18 Uhr; www.dieboje.de
  Das Angebot richtet sich an junge Erwachsene zwischen 18 und 35, die Probleme mit Alkohol, Cannabis, Medikamenten haben, und solche mit Spiel- und Essstörungen; Terminvergabe telefonisch oder persönlich; Vermittlung stationärer Therapien; weitere Einrichtung in Billstedt. Die Beratung ist kostenlos und anonym
- Geschäftsstelle Palette e. V. – Beratung und Therapie für substituierte Drogenabhängige: Schillerstraße 47–49, 22767 Hamburg (Altona), Telefon 3 89 26 91, Fax 3 89 31 60, Mo-Fr 10–18; E-Mail: GS@palette-hamburg.de; www.palette-hamburg.de
  Bietet überwiegend psychosoziale Betreuung und Therapie für Substituierte an. Dazu zählt Beratung (auch für HIV-Positive), Arztvermittlung, Sozial- und Schuldnerberatung, Freizeitangebote, Akupunktur für Heroin-/Kokskonsumenten, Unterstützung für Kinder von Substituierten und Drogenkonsumenten sowie Familienhilfe. Betreut insbesondere Schwangere, junge Mütter und Väter
- Jugend hilft Jugend e. V.: Hohenesch 13–17, 22765 Hamburg (Altona), Telefon 3 90 86 40, Fax 3 90 86 11, Mo, Di, Do, Fr 10–16 Uhr; www.kodrobs.de
  Verschiedene Projekte wie „Kodrobs“ (Arbeit und Ganztagsbetreuung), „Hida“ (Hamburger Fortbildungsinstitut Drogen und Aids); Therapie für Abhängige mit Kindern, teilstationäre Drogenlangzeittherapie; Hilfe bei sozialer Orientierung; Wohngemeinschaften

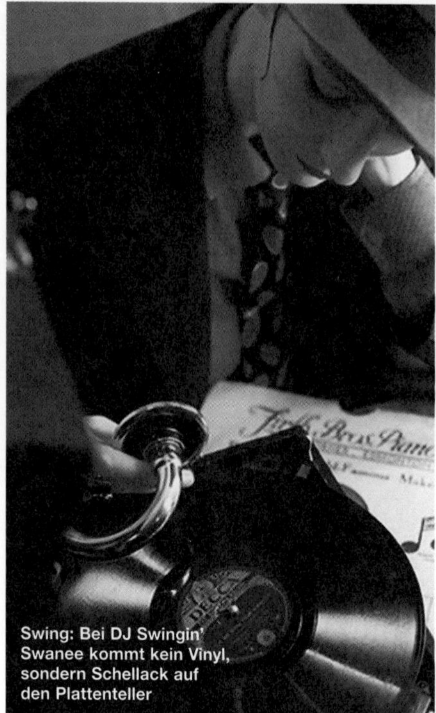

Swing: Bei DJ Swingin' Swanee kommt kein Vinyl, sondern Schellack auf den Plattenteller

- Jugendhilfe e. V.: Pinneberger Weg 22–24, 20257 Hamburg (Eimsbüttel), Telefon 8 51 73 50, Fax 85 17 35 10, Mo-Fr 8.30–16 Uhr; www.jugendhilfe.de
  Zwölf Einrichtungen in Hamburg, Übergangseinrichtungen und Wohnprojekte, ambulante Therapien, Streetworker, Kontakt- und Beratungsstellen
- „Quit Smoke System“ c/o Werner Kuhlmann, Diplom-Psychologe: Abendrothsweg 44a, 20251 Hamburg (Hoheluft), Telefon 4 22 09 09
  Mit Einzelbehandlung von fünf Sitzungen à 45 Minuten innerhalb von zwei Wochen geht's der Fluppe an den Filter: Mit Entwöhnungsarbeit im Tiefenentspannungszustand soll das Raucherbewusstsein in der Vorstellungsebene aufgelöst werden; Stressresistenz-Training, therapeutische Anleitung

## Süßigkeiten

▶ *Essen + Trinken*

## Suizidgefährdete

Menschen, die verzweifelt sind, handeln oft mit unwiderrufbarer Konsequenz. Zwischenmenschliche Konflikte, Trennungen, schwere Erkrankungen, Depressionen, Einsamkeit und Selbstwertverlust sind häufig die Gründe dafür, nicht mehr weiterleben zu wollen. Gespräche und Therapien können Wege aus der Krise aufzeigen. Professionelle Hilfe ist in den psychosozialen Ambulanzen der Krankenhäuser, den sozialpsychiatrischen Diensten der Gesundheitsämter sowie kirchlichen und freien Beratungsstellen zu finden.

▶ *Kinder*
▶ *Notdienste*
▶ *Psychotherapie*
▶ *Seelsorge*

- Behörde für Umwelt und Gesundheit, Fachabteilung Versorgungsplanung: Tesdorpfstraße 8,
  20148 Hamburg (Rotherbaum),
  Telefon 42 84 80, Fax 4 28 48 24 21;
  www.hamburg.de
  Gibt den „Therapieführer“ mit allen wichtigen Adressen heraus (▶ *Psychotherapie)*
- Universitätsklinikum Eppendorf (UKE)/Klinik für Psychiatrie und Psychotherapie/Therapiezentrum für Suizidgefährdete (TZS): Martinistraße 52,
  20246 Hamburg (Eppendorf),
  Telefon 4 28 03 41 12 (Mo-Fr 8.30–16.30 Uhr),
  Fax 4 28 03 49 49;
  E-Mail: tzs@uke.uni-hamburg.de;
  www.uke.uni-hamburg.de/tzs
  Schwerpunkt ist die ambulante psychoanalytisch fundierte Kurzpsychotherapie bei akuter Suizidalität im Umfang von durchschnittlich 25 Gesprächen

## Surfen

Surfen: Everybody goes surfin' in the USA. Oder nach Feierabend auf dem Oortkatener See in good old Hamburg. Es muss ja nicht immer der Weltcup auf Sylt mit Björn Dunckerbeck sein. Das eigentliche Surfmekka der Nord- und Ostseeküsten liegt vor Fehmarn. Und dorthin laufen Connections über die Surfschule am Oortkatener See, die auf der Ostseeinsel eine Surfstation betreibt.

▶ *Kitesurfen*

- Windsurfing Hamburg: Oortkatenufer 12,
  21037 Hamburg (Bergedorf),
  Telefon 7 37 20 43, Fax 7 37 21 31,
  Bürozeiten Do, Fr 13–18.30, Sa,
  So 11–17 Uhr, Kreditkarte: EC-Karte;
  www.windsurfing-hamburg.de
  Shop, Schule, Testzentrum, Café, Verleih;
  Schnupperstunden sind möglich, ganzjährig Kurse
  (auch für Kinder; Anfängerkurs 126 Euro für
  12 Stunden). Anfahrt Oortkatener See: Autobahnausfahrt Moorfleet, Richtung Ochsenwerder;
  Kontakt zur Surf-, Kitesurfing- und Katamaranstation auf Fehmarn über Telefon 0 43 71/59 88

## Swing

Das elegante, dandyhafte Auftreten der Swingjugend war den Nazis immer ein Dorn im Auge, denn die Swingster galten als snobistisch und waren am völkischen Gedankengut offensichtlich nicht interessiert. Mit ihrer Liebe zum „Nigger-Jazz“ trugen Swing-Liebhaber das Zeichen der Opposition frei sichtbar nach außen. Auf einem Koffergrammofon hörte man Lionel Hampton, Duke Ellington, Louis Armstrong und Ella Fitzgerald. In jüngster Zeit erlebt der Swing in den USA mit Bands wie dem Brian Setzer Orchestra ein großes Revival, und auch in Hamburg etablierte sich eine Szene. In einigen Tanzschulen wird wieder Lindy-Hop (ursprünglicher Swing-Tanz) unterrichtet. Der Paartanz imitiert das Abheben und Landen eines Flugzeugs, wobei die Frau das fliegende Flugzeug darstellt. Der Hamburger Günter Discher ist mit seinen 77 Jahren wohl der älteste DJ für Swing in Deutschland. Kostproben seines enormen Wissens und Hörproben seiner 25 000 Tonträger (zum größten Teil Schellackplatten) umfassenden Musiksammlung gibt DJ Discher in der *NDR* 90,3 Livesendung „Das gab's nur einmal“. Zu den themenbezogenen Sendungen veröffentlicht das Label Ceraton die „Edition Günter Discher“ auf CD. Günter Discher und DJ Swingin' Swanee kann man über Ceraton buchen. Die New Swing Generation veranstaltet in unregelmäßigen Abständen und an verschiedenen Orten den „Tuxedo Junction Club“; außerdem findet regelmäßig samstags der „Saturday Swing out“ in der Astoria Dancehall statt.

▶ *Tanzen*

- Ceraton: Hermannstal 43, 22119 Hamburg (Horn),
  Telefon 65 99 13 93, Fax , 65 99 96 32
  Mo-Fr 10–18 Uhr; www.ceraton.com
- Astoria Dancehall: Kleine Freiheit 42,
  22767 Hamburg (St. Pauli), Telefon 31 24 64
  „Tuxedo Junction Club“ (jeden 1. und 3. Sa)
- Tanzschule La Yumba: Kastanienallee 9,
  20359 Hamburg (St. Pauli), Telefon 3 17 32 24
- New Swing Generation e. V.: Veilchenweg 9,
  22529 Hamburg (Lokstedt), Telefon 56 78 92;
  www.newswinggeneration.de

## Tätowierungen

Wer seiner Mutter eine Ehrung schenken und sie nicht nur im Herzen tragen möchte, kann sie auf der eigenen Haut verewigen. Wie wäre es etwa mit „M-a-m-a" quer über die Finger, oder lieber doch „Love" und „Hate"? Längst vorbei sind die Zeiten, als Tätowierungen hauptsächlich etwas für Knastologen und Seemänner waren. Vor allem in Form von keltischen Ornamenten sind Tattoos ungemein trendy. Aber auch alles andere ist erlaubt. Die älteste Tätowierstube Deutschlands erfüllt jedem Kunden individuelle Wünsche. Chef Günther Götz legt besonders viel Wert auf Sauberkeit, damit keine Infektionen auftreten können. Nicht nur mit Farbe geht man Ihnen hier unter die Haut. Auch Piercings bieten Günther und sein Team an. In der Freien Manufaktur können Sie sich ebenfalls von Kopf bis Fuß piercen lassen. Keine Körperstelle ist für Herrn Totto, der übrigens auch gern tätowiert, ein Hindernis. Daneben betreibt er einen Großhandel für Körperschmuck.

- Älteste Tätowierstube Deutschlands: Hamburger Berg 8, 22359 Hamburg (St. Pauli), Telefon 31 30 33, Fax 3 19 48 97, Mo-So 11–20 Uhr
- Endless Pain Tattoo & Piercing: Erichstraße 1, 20359 Hamburg (St. Pauli), Telefon 31 01 70, Fax 3 19 62 92, Di-Do 13–21, Fr, Sa 13–23 Uhr; www.endlesspain.de
- Freie Manufaktur: Beim Grünen Jäger 25, 20359 Hamburg (St. Pauli), Telefon 4 39 18 39, Fax 43 83 64, Di-Fr 12–20, Sa 12–16 Uhr, Kreditkarten: alle; EC-Karte; E-Mail: fm@body-jewel.com; www.freie-manufaktur.de
  Filiale in der Bahrenfelder Straße 216, Telefon 39 90 24 88, Mo-Fr 12–20, Sa 12–16 Uhr
- Jungbluth: Marktstraße 108, 20357 Hamburg (Karolinenviertel), Telefon 4 30 40 04, Fax 4 30 40 04, Mo-Fr 12–19, Sa 11–16 Uhr, Kreditkarten: Visa, Eurocard; EC-Karte www.jungbluth-design.de
  Tattoos und Piercings

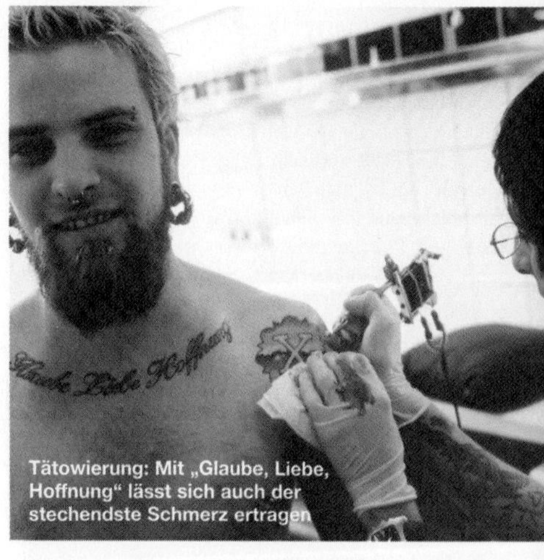

Tätowierung: Mit „Glaube, Liebe, Hoffnung" lässt sich auch der stechendste Schmerz ertragen

## Tantra

Tantra ist der einzige spirituelle Weg, der die Sexualität mit einbezieht. Was die Schmutzfinken unter Ihnen aber nicht missdeuten sollten in Richtung stundenlanges Stehvermögen nach Tantrakurs oder dergleichen. Die tantrischen Rituale versuchen die Beziehung zum eigenen Körper zu heilen, um die eigene Schönheit zu erfahren. Das liest sich doch schon viel besser, oder? Orgoville bietet außerdem Therapie, Massage und Seminare rund ums Wohlbefinden.

- Orgoville Institut Hamburg: Barckhusendamm 24, 22117 Hamburg (Billstedt), Telefon 7 12 53 18, Fax 7 13 26 38, Di, Do 9–14 und 16–19 Uhr; www.orgoville-hamburg.de
- Toulouse Institut : Beerenweg 1d, 22761 Hamburg (Altona), Telefon 3 90 59 91, Fax 3 90 10 27, Di, Fr 10.30–13 Uhr; www.toulouse.de

## Tanzen

Immer den zur Jahreszeit passenden Tanz üben, das wäre eine Möglichkeit, unter den vielen tanzbaren Angeboten das richtige herauszufinden. Im Frühling beswingt, im Sommer Salsa kochen, den Herbst im Zeichen des Tango und im Winter steppen. Die vollständigen Adressen der Studios finden Sie am Ende dieser Rubrik.

▶ *Ballett*

**Afrikanischer Tanz:** Afrikanisches Tanzen ist pulsierende Lebendigkeit und genussvolles Bewegen und bietet einen Einblick in die afrikanische Kultur.

- Tanzstudio Billie's

**Ballett/Jazz/Modern/Stepp/HipHop:** Auch für den coolen HipHop-Dancer oder die Tänzerin einer modernen Sasha-Waltz-Choreografie ist das klassische Ballett die tänzerische Grundlage. Spannung, Haltung, Musikalität und Disziplin werden hier trainiert. Für das Steppen à la Fred Astaire braucht man eher ein lockeres Knie. Da sage noch einer, Tanzen sei nur Spaß und Zeitvertreib.

- Club-Tanzschule Hädrich (Harburg)
- Dance and Move (Altona)
- Die Roten Schuhe (Borgfelde)
- O 33 – Studio für Tanz (Altona)
- On stage Studio (Innenstadt)
- Step by Step (Eimsbüttel)
- Triade Tanzinitiative Hamburg e. V. (St. Pauli)
- Tanzkult: Mühlenkamp 63 (Winterhude)
- Tanzparterre (Winterhude)e
- Tanzschule Bartel (Uhlenhorst)
- Tanzschule Melfsen (Osdorf)
- Tanzschule Möller (Altona)
- Tanzschule Wendt (Innenstadt)
- Tanzstudio Billie's (Altona)
- Tanzstudio Marie Cougul (Ottensen)
- Wandsbeker Ballettstudio (Wandsbek)

**Flamenco:** Der temperamentvolle Tanz andalusischer Roma und Sinti vereinigt arabische und indische Einflüsse mit Elementen der höfischen Sevillanas, einem fröhlichen Gruppentanz. Diese Mischung der Kulturen äußert sich in weichen Arm- und Hüftbewegungen und dabei harten Schrittfolgen. Der Ursprung liegt im oft melancholisch gestimmten Einzeltanz.

- Dance and Move (Altona)
- Die Roten Schuhe (Borgfelde)
- Fandango (St. Pauli)
- On stage Studio (Innenstadt)
- Tanzparterre (Winterhude)
- Tanzschule Baladin (Altona)
- Tanzstudio Marie Cougul (Ottensen)
- Sportspaß e. V.

**Kreativer Tanz:** Hier wird der Fantasie freier Lauf gelassen. Kreativer Tanz verbindet verschiedene Musikstile und Bewegungsabläufe in angeleiteter Improvisation. Zum Ausprobieren, Träumen und Grenzen Überschreiten.

- Triade Tanzinitiative Hamburg e. V. (St. Pauli)

**Mambo:** Die Kubaner nannten ihn „Diabolo" und tanzten ihn Anfang des letzten Jahrhunderts zu religiösen Festen. Nach dem Zweiten Weltkrieg importierten kubanische Musiker den Tanz ins kapitalistische Nachbarland. Für die Europäer brach die Mambo-Mania spätestens mit dem Pubertäts-Rührstück „Dirty Dancing" los. Mit einem feurigen Tanzpartner wie Patrick Swayze tanzt sich der Teufelstanz am besten.

- Casa de Cuba (Altona)
- Tanzschule Bartel (Uhlenhorst)
- Tanzschule Melfsen (Osdorf)
- Tanzstudio La Yumba (St. Pauli)

**NIA:** Sag doch einfach: „Nie ja". Kein ständiger Neinsager, sondern ein ganzheitliches Fitnessprogramm verbirgt sich hinter dem Begriff NIA. Bewegungen aus dem Jazz- und Modern Dance verschmelzen mit Tai-Chi, Aikido, Yoga und vielem mehr. Bei diesem Tanz werden Körper, Geist und Seele in gleichem Maße angesprochen.

- On stage Studio (Innenstadt)
- Tanzwerkstatt (Altona)

**Orientalischer Tanz:** Der Bauchtanz war im Orient ursprünglich ein Geburtstanz, mit dem sich die Frauen durch gezielte Hüft- und Beckenbewegungen auf das Gebären vorbereiteten. Später wurde dieser zu Folkloretänzen weiterentwickelt. Der Tanz ist nicht nur Faszination und Erotik, sondern auch anspruchsvolles Fitnesstraining.

- Dance and Move (Altona)
- Die Roten Schuhe (Borgfelde)
- Studio Amar (Altona)
- Tanzoase (Barmbek)
- Tanzparterre (Winterhude)
- Wandsbeker Ballettstudio (Wandsbek)
- Sportspaß e. V.

**Salsa/Merengue:** Diese feurige Sauce ist der aktuelle Gassenfeger Numero Uno in Hamburg. Dahinter verbergen sich eine Reihe von Schritten und Bewegungen. Um einen Grundrhythmus herum werden ganz locker aus der Hüfte neue Drehungen, Verschlingungen und heiße Schritte entwickelt. Ein schwieriges Unterfangen gerade für die steiferen Nordeuropäer. Es geht eben nicht nur um das ehrgeizige Erlernen von Schrittkombinationen, sondern um ein gesamtes Lebensgefühl. Salsa eben.

- Club-Tanzschule Hädrich (Harburg)
- Tanzkult (Winterhude)
- Tanzschule Baladin (Altona)
- Tanzschule Bartel (Uhlenhorst)
- Tanzschule Fennel (Eimsbüttel)
- Tanzschule Melfsen (Osdorf)
- Tanzschule Möller (Altona)
- Tanzschule Wendt (Innenstadt)
- Tanzstudio Billie's
- Sportspaß e. V.
- Casa de Cuba (Altona)
- Danza Y Movimiento (Innenstadt)
- Mangoo (Winterhude)
- Salsa Yes! (Groß Flottbek)
- Tanzstudio La Yumba (St. Pauli)
- Zentrum für Tanz (Eppendorf)
- Zinnschmelze – Barmbeker Verein für Kultur und Arbeit (Barmbek)



**Standard/Latein:** Der Allgemeine Deutsche Tanzlehrer Verband (ADTV) ist den deutschen Tanzbeinen aus Tradition verpflichtet. Seit 1968 gibt es das Deutsche Tanzabzeichen, von Bronze bis zum Gold-Star. Jive, Fox und Co. können aber natürlich auch in einer nicht im ADTV organisierten Schule gelernt werden. Neben den üblichen Standard- und Lateinkursen bieten die Hamburger Tanzschulen Kurse für Freunde temperamentvoller Latino-Rhythmen an, wie Salsa, argentinischen Tango oder Mambo.

**ADTV-Schulen:**

- Club-Tanzschule Hädrich (Harburg)
- Tanzschule Bartel (Uhlenhorst)
- Tanzschule Fennel (Eimsbüttel)
- Tanzschule Möller (Altona)
- Tanzschule Wendt (Innenstadt)

**Nicht ADTV-organisiert:**

- Tanzkult (Winterhude)
- Tanzschule Baladin (Altona)
- Tanzschule Melfsen (Osdorf)
- Tanzstudio Billie's (Altona)
- Sportspaß e. V.

**Swing/Rock 'n' Roll:** Swing ist eigentlich gar kein Tanz, sondern ein Musikstil der Zwanziger- und Dreißigerjahre, der von schwarzen Jazzern im New-Yorker Stadtteil Harlem entwickelt wurde. Der ursprüngliche Swing-Tanz heißt Lindy Hop nach dem amerikanischen Atlantiküberquerer Charles Lindbergh und imitiert das Abheben und Landen eines Flugzeugs. Im Zuge des gegenwärtigen Swing-Revivals wird auch der Lindy Hop verstärkt in Tanzschulen angeboten:

- Club-Tanzschule Hädrich (Harburg)
- Hädrich-Hörmann-Hesse (Harburg)
- Tanzschule Bartel (Uhlenhorst)
- Tanzschule Fennel (Eimsbüttel)

Ballett-Zentrum Hamburg: Der Traum vom Tänzersein hält schon die Kleinen bei der Stange

- Tanzschule Melfsen (Osdorf)
- Sportspaß e. V.
- New Swing Generation e. V. (Eppendorf)
- Tanzschule Baladin (Altona)
- Tanzschule Wendt (Innenstadt)

**Tango:** Der Spannungsmoment im Tango Argentino ist die Nullstelle. Das Paar hat ein Tanz-Element beendet, lauscht der Musik und erspürt, welche Figur jetzt gut passen würde. Der Reiz des Tangos liegt in dem kreativen Spiel mit den Grundelementen. Kein Abspulen von Schritten, sondern das sinnliche Leben und Leiden im spielerischen Tanz.

- Academia Tango Gotan (St. Pauli)
- Club-Tanzschule Hädrich (Harburg)
- Tanzschule Baladin (Altona)
- Tanzschule Möller (Altona)
- Tanzschule Wendt (Innenstadt)
- Tanzstudio Billie's (Altona)
- Tanzstudio La Yumba (St. Pauli)
- Universo Tango (Schanzenviertel)
- Sportspaß e. V.

**Workshops:** Seit vier Jahren treffen sich monatlich etwa 70 Menschen mit dem Entspannungstherapeuten Herrn Ehlert in der AGMA-Zeitbühne in Altona, um zu entspannen und zu genießen. Ob Powertanz, Gesprächskreise oder kleine Massagen. Die sehr verschiedenen Leute gehen abends mit geweckten Lebensgeistern und guter Laune nach Hause. Informationen gibt Herr Ehlert:

- Leicht und Lebendig: Telefon 76 41 13 21,
  Fax 76 47 01 17; www.leicht-und-lebendig.de

## Ausbildung:

- Ballett-Zentrum Hamburg:
  Caspar-Voght-Straße 54, 20535 Hamburg (Hamm),
  Telefon 2 11 18 80, Fax 21 11 88 88,
  Mo-Fr 9.30–17 Uhr; www.hamburgballett.de
  Internationales, staatlich anerkanntes Ausbildungsinstitut für klassischen Bühnentanz: Vorschule (7–11 Jahre), ab 11 Jahren acht Klassen (nur nachmittags), die letzten zwei Jahre ganztägige Berufsschulklassen unter anderem mit den Fächern Anatomie, Kultur- und Tanzgeschichte, klassisches Bühnenrollen-Repertoire, Kosten: 50 bis 200 Euro pro Monat
- Erika Klütz Schule für Theatertanz und Tanzpädagogik: Herbert-Weichmann-Straße 39,
  22085 Hamburg (Uhlenhorst), Telefon 2 20 32 97,
  Fax 46 09 52 83; www.kluetzschule.de
  Dreijährige Ausbildung (jeweils ab Oktober), Unterrichtsfächer Freier und Klassischer Tanz, Jazzdance, Folklore, Improvisation, Methodik, Anatomie, Tanzgeschichte, Musik, Pädagogik/-Psychologie, Praktikum
- Lola-Rogge-Schule: Landwehr 11–13,
  22087 Hamburg (Barmbek), Telefon 44 45 68,
  Fax 4 10 33 41, Mo-Do 9–20, Fr 9–19 Uhr;
  www.lolaroggeschule.de
  Dreijährige Ausbildung (ab Oktober), Unterrichtsfächer, Freier und Klassischer Tanz und Technik, Tänzerische Improvisation, Jazztanz, Tänzerische Folklore und Gemeinschaftstänze, Methodik, Musik, Pädagogik/Psychologie, Rhythmik, Akrobatik (im ersten Jahr), Anatomie, Tanzgeschichte, Schulpraktikum, Kosten: 315 Euro; auch diverse Kursangebote für Laien
- Lola-Rogge-Schule: Elbchaussee 499,
  22587 Hamburg (Blankenese), Telefon 86 33 44,
  Fax 86 05 43, Mo-Do 15.30–19 Uhr;
  www.lolaroggeschule.de
  Y-O-P – Year of Performance einjährige projektbezogene Zusatzqualifikation in Tanz, Schauspiel, Performance mit Zertifikat; Pilotprojekt der EU mit einer Vernetzung durch ganz Europa

## Adressen:

- Casa de Cuba: Bernstorffstraße 118,
  22767 Hamburg (Altona), Telefon 46 88 10 32,
  Fax 46 88 70 31; www.casadecuba.de
  Juan „Petit" Ortiz bietet alles rund um die kubanische Kultur, regelmäßig Veranstaltungen und Tanzkurse
- Club-Tanzschule Hädrich: Paul-Gerhard-Straße 12,
  21077 Hamburg (Harburg), Telefon 7 63 13 86,

Fax 7 63 73 07, Mo-Fr 10–14 und 15–22, Sa, So ab 17 Uhr; www.tanzschulehaedrich.de
Videoclip-Dancing; Breakdance; HipHop; Jazzdance; Show and Performance ab 12 Jahren; Irish Stepp; Kindertanz ab 3 Jahren; Thai Bo

- Dance and Move: Friedensallee 48, 22765 Hamburg (Altona), Telefon 39 34 18, Mo 15–18, Di 16–19.30, Mi 15–16 Uhr, www.dance-move.de
Auch Kindertanz (ab 4 Jahre), Qigong, kein Modern Dance
- Danza Y Movimiento: Neanderstraße 41, 20355 Hamburg (Innenstadt), Telefon 34 03 28, Fax 34 03 17, Mo-Fr 15–19, Sa 12–16 Uhr, Kreditkarten: EC-Karte, Eurocard, Visa; www.dym.de
- Die Roten Schuhe: Bürgerweide 62a, 20535 Hamburg (Borgfelde), Telefon 2 54 20 76, Fax 2 54 20 76
Stepp auch für Senioren, Jazz-Fitness, HipHop; Laien- und Profitraining ab 14 Jahren
- Fandango: Bleicherstraße 4, 22767 Hamburg (St. Pauli), Telefon 3 19 41 00, Fax 3 19 41 00; www.fandango-studio.de
- Hädrich-Hörmann-Hesse: Paul-Gerhardt-Straße 12, 21077 Hamburg (Harburg), Telefon 7 63 13 86
- Mangoo: Osterfeldstraße 11, 22529 Hamburg (Winterhude); Salsa/Merengue immer samstags



- Museum für Völkerkunde: Rothenbaumchaussee 48, 20148 Hamburg (Rothenbaum), Telefon 4 28 48 25 24
Jeden Do findet hier ab 21.30 Uhr ein Tangoball statt; Informationen gibt auch die Academia Tango Gotan unter Telefon 8 51 39 66
- O 33 – Studio für Tanz: Oelkersallee 33, 22769 Hamburg (Altona), Telefon 43 43 40, Fax 43 25 45 77; www.koerpertraining.de
Auch Bewegungstraining, Kindertanz, kein HipHop
- On stage Studio: Poolstraße 21, 20355 Hamburg (Innenstadt), Telefon 35 43 54 , Fax 35 54 07 11, Mo-Fr 10–22, Sa, So 12–18 Uhr; www.stageschool.de
Auch Latin und HipHop-Jazz, Sonny, Fitnesskurse, Breakdance, Junior-Programme (Schauspiel, Tanz und Gesang), kein Stepp
- Salsa Yes!: Jaksteinweg 17, 22607 Hamburg (Groß Flottbek), Telefon 45 03 90 43, Fax 45 03 90 43; E-Mail: salsa@salsayes.de; www.salsayes.de
- Sportspaß e. V.: Westphalensweg 11, 20099 Hamburg (St. Georg), Telefon 4 10 93 70, Fax 41 09 37 11, Mo-Fr 9.45–22.15, Sa, So 9.45–18.15 Uhr; E-Mail: sportberatung@sportspass.de; www.sportspass.de
- Step by Step: Schulweg 26, 20259 Hamburg (Eimsbüttel), Telefon 40 19 70 36
Auch Kindertanz, Teenie-Jazz, Body-Workout, HipHop, Videoclip-Dance
- Studio Amar: Virchowstraße 12, 22767 Hamburg (Altona), Telefon 3 89 54 03, Mo-Fr 17–20 Uhr; www.amar-bauchtanz.de
- Tanzkult: Mühlenkamp 63, 22303 Hamburg (Winterhude), Telefon 2 80 65 65, Fax 2 80 65 67, www.tanzkult.de
Ballett (nur für Kids), HipHop-Videoclip-Dancing; Steppen; Hochzeits-Crashkurse; So 19.30–22 Uhr Tanzparty
- Tanzoase: Wasmannstraße 5b, 22307 Hamburg (Barmbek), Telefon 6 90 10 63, Fax 6 90 10 63
Orientalisches Tanzstudio mit vielen Tanzstilrichtungen und Workshops; Lehrer aus aller Welt
- Tanzparterre: Buchenstraße 3, 22299 Hamburg (Winterhude), Telefon 47 58 65, Fax 47 58 65, Mo, Do 11–13, Mi 9–13 Uhr (telefonisch); www.tanzparterre.de
Auch Charaktertanz und osteuropäische Folkloretänze
- Tanzschule Baladin: Stresemannstraße 374, 22761 Hamburg (Altona), Telefon 89 89 08, Fax 88 16 97 06, Mo-So 18.00–22.30; www.baladin.de
Merengue; Lindy Hop
- Tanzschule Bartel: Ulmenau 23, 22087 Hamburg (Uhlenhorst), Telefon 2 20 33 00, Fax 2 27 94 11,

Mo-So 16–20 Uhr; www.tanzschule-bartel.de
HipHop-Videoclip-Dancing für Jung und Alt

- Tanzschule Fennel: Hoheluftchaussee 38, 20253 Hamburg (Eimsbüttel), Telefon 4 20 45 45, Fax 4 20 06 45, Mo-Fr 14–19, So 11–22 Uhr; www.tanzschule-fennel.de
  Hauptsächlich Single-Tanzkurse, auch Wiener-Walzer-Kurse
- Tanzschule Melfsen: Brandstücken 21, 22549 Hamburg (Osdorf), Telefon 8 00 55 66, Fax 80 01 03 50; www.mantis.de/TSMHamburg
  Dance 4 Kids, Breakdance HipHop; Videoclip-Dancing für Kinder und Erwachsene; Dance 4 Kids; Breakdance-HipHop; Hochzeitstanz-Crashkurse; Tanzkreis für Senioren
- Tanzschule Möller: Klopstockplatz 11, 22765 Hamburg (Altona), Telefon 3 80 62 27, Fax 3 89 33 06; www.tanzschulemoeller.de
  Auf 900 qm alle möglichen Tanzkurse; HipHop-Clip-Dancing
- Tanzschule Wendt: Hühnerposten, 20099 Hamburg (Innenstadt), Telefon 45 38 51, Fax 44 41 57, Mo-Fr 15–19 Uhr; www.ts-wendt.de
  Unter dieser Adresse erst ab 01.09.2002!
  Stepptanz, Jazz und Fitness, Kindertanz; Videoclip-Dancing; Hochzeitstanz-Crashkurse
- Tanzstudio Billie's: Leverkusenstraße 54, 22761 Hamburg (Altona), Telefon 8 50 54 40, Fax 8 50 54 46, Di, Do 17–19, Mi 11–13 Uhr, www.billies.de
  Afro-Caribe-Aerobic ist eine Art afrikanischer Frauentanz; Jazzdance
- Tanzstudio La Yumba: Kastanienallee 9, 20359 Hamburg (St. Pauli), Telefon 7 21 21 19, Fax 72 69 86 73, Mo 16–18, Do 9.30–11.30 Uhr; www.layumba.de
  Tango-Club; jeden Fr ab 21 Uhr Tanznacht im „Tango Salon", davor Tango-Practica; Salsa- und Merengue-Workshops; Swing-Club; Showtanz für private Anlässe mietbar; Organisation von Mambo-Veranstaltungen; Infos unter Telefon 7 21 21 19
- Tanzstudio Marie Cougul: Bahrenfelder Straße 201a, 22765 Hamburg (Ottensen), Telefon 3 90 46 16, Fax 3 90 46 16
  Großes Angebot für Kinder; Jazzdance; klassisches und modernes Ballett
- Tanzwerkstatt: Eifflerstraße 1, 22769 Hamburg (Altona), Telefon 41 49 87 86
- Triade Tanzinitiative Hamburg e. V.: Bernstorffstraße 117, 22767 Hamburg (St. Pauli), Telefon 4 39 38 48, Fax 4 39 38 48, Di 14–16, Fr 16–18 Uhr; E-Mail: triade-hh@arcor.de
  Kindertanz ab sechs, HipHop ab neun Jahren
- Universo Tango: Beim Grünen Jäger 6a, 20359 Hamburg (Schanzenviertel), Telefon 4 30 61 68, Fax 4 30 61 68, Mo-Fr ab 18 Uhr; www.universotango.de
  Tango-Club; jeden Di + So ist ab 21 Uhr Tangoabend; jeden ersten und letzten Sa findet ab 21 Uhr eine Übungsstunde mit zwei Lehrerpaaren und danach ab 22.30 Uhr ein Tanzabend statt
- Wandsbeker Ballettstudio: Kattunbleiche 41, 22041 Hamburg (Wandsbek), Telefon 86 66 37 39, Fax 86 66 37 33; www.klassikballett.de
  Klassisches Ballett und Stepp für Kinder und Erwachsene
- Zentrum für Tanz: Martin-Luther-King Platz 1, 20146 Hamburg (Eppendorf), Telefon 44 07 28; www.sorichtignet.de
- Zinnschmelze – Barmbeker Verein für Kultur und Arbeit: Maurienstraße 19, 22305 Hamburg (Barmbek), Telefon 2 99 20 21, Fax 2 99 24 61; www.zinnschmelze.de
  Jeden 3. Sa von 22–23 Uhr Salsa-Unterricht, danach Salsa-Nacht; Unterricht und Workshops
- New Swing Generation e. V.: Veilchenweg 9, 22529 Hamburg (Eppendorf), Telefon 56 78 92; www.newswinggeneration.de
  Der Verein mit etwa 90 Mitgliedern besteht seit 1998 und veranstaltet regelmäßig „Saturday Swing-out" im La Yumba; Newsletter unter swinginfo@gmx.de
- Academia Tango Gotan: Lerchenstraße 16b, 22767 Hamburg (St. Pauli), Telefon 8 51 39 66, Fax 40 93 37, Mo-So ab 18 Uhr; www.tango-gotan.de
  Jeden 2. + 4. Sa ab 20 Uhr Practica-Tangoabend
- Museum für Völkerkunde: Rothenbaumchaussee 48, 20148 Hamburg

**Sportspaß: So klappt's auch mit dem Hüftschwung**

(Rothenbaum), Telefon 4 28 48 25 24
Do ab 21.30 Uhr Tangoball; Infos gibt auch die Academia Tango Gotan, Telefon 8 51 39 66

## Tauben

Unter ihrem nach Kfz-Emissionen miefenden Federkleid verbirgt sich eine mutierte Zeckenart, die sich locker auf den Menschen übertragen lässt. Zivilisationskranke Stadttauben fressen alte Pommes, picken im Fixerpark auf alten Spritzen herum und kosten in Bäckereien Mandelhörnchen, Apfelkuchen und Kirschtorte. Zudem fördert die Überpopulation der Taube in Großstädten Degenerierungserscheinungen. Täubchen mit fehlendem Flügel, nur einem Bein oder starren Glotzaugen sorgen bei Kindern für farbenfrohe Albträume im Hitchcock-Format. Mit dem Einsatz von Blausäurekapseln und Antibabypillenpulver versuchte die Stadt bereits in den Achtzigern vergeblich, ihre Territorialansprüche gegen Taubenkolonien geltend zu machen. Die verhasste Brut blieb. Tatsächlich gibt es heute noch Sonderlinge, die dieser Tatsache zum Trotz die Taube für ein Symbol des Friedens halten. Und Tierschützer kämpfen vehement um die Existenzberechtigung der schmarotzenden Flattermänner und verfüttern Brotkrumen an sie. Bis heute scheint sich nur ein Mittel effektiv gegen die Plage durchgesetzt zu haben: Die Rabenkrähe aus Plastik. Im wunderschönen Gewürzladen „Kräuterhaus" gibt es abschreckende Plastikdummies dieser Sorte. Zur Bekämpfung einer größeren Taubenpopulation empfehlen sich Palisardenmaßnahmen, die das städtischen Bauamt vornimmt, oder die Dienste eines konsequenten Schädlingsbekämpfers.

▸ *Schädlingsbekämpfer*

- Kräuterhaus: Lange Reihe 70, 20099 Hamburg (St. Georg), Telefon 24 93 56, Fax 24 31 37, Mo-Fr 9–18, Sa 9–16 Uhr; www.kraeutermayer.de
  Gut sichtbar angebrachte Krähenimitate (15 Euro) vertreiben Tauben im Umkreis von drei Metern
- Terminix – Taubenabwehrsysteme: Havighorster Weg 8d, 21031 Hamburg (Bergedorf), Telefon 08 00/2 33 04 00; www.anticimex.de
  Verhindern den Taubenzuflug durch Edelstahlkonstruktionen, ohne die Optik eines Gebäudes zu verändern

## Tauchen

Mal so richtig abtauchen? Auch in Hamburg kann man den Rausch der Tiefe genießen. Neben 15 Vereinen, die im Verband deutscher Sporttaucher zusammengeschlossen sind, gibt es mehrere private Tauchschulen, die Kurse mit abschließender Urkunde für Anfänger und Profis anbieten. Bei „Big Blue" finden

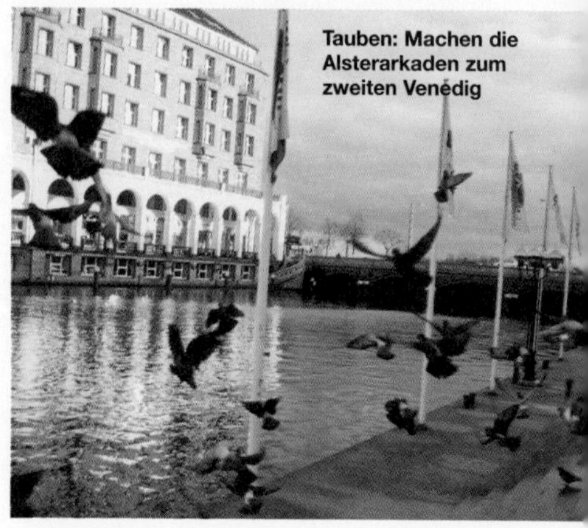

Tauben: Machen die Alsterarkaden zum zweiten Venedig

die ersten Tauchversuche im Pool oder in der Ostsee statt. Fast jedes Wochenende werden Aktivitäten für Tauch-Hungrige angeboten, wie zum Beispiel Wracktauchen. Auch in etwas angenehmeren Breiten wie auf der karibischen Insel Curacao können Tauchkurse absolviert werden.

▸ *Sportgeschäfte*

- Barakuda Tauchcenter Dieter Hagemann: Kieler Straße 383, 22525 Hamburg (Stellingen), Telefon 54 48 44, Fax 5 40 58 58
  Taucherausbildungen nach DADI, SSI, CMAS
- Big Blue Tauchbasis: Gärtnerstraße 48, 20253 Hamburg (Eimsbüttel), Telefon 4 01 49 41, Fax 4 01 49 42, Mo, Di, Mi, Fr 11–19, Do 11–19.30, Sa 9–15 Uhr, Kreditkarte: EC-Karte; www.bigblue.de
  Tauchzubehör, Reparatur, Verleih, Tauchreisen; Tauchausbildung weltweit in drei Wochen
- Down Under Tauchsport: Weidenallee 6, 20357 Hamburg (Schanzenviertel), Telefon 4 10 20 02, Fax 41 07 90 87, Mo-Fr 10–14 und 14.30–18.30, Sa 10–14 Uhr, Kreditkarte: EC-Karte; www.downunder-tauchsport.de
  Verleih, Service, Reisevermittlung, Tauchkurse
- Tauch Depot Hagemann und Ton GmbH: Kieler Straße 383, 22525 Hamburg (Stellingen), Telefon 5 40 29 80, Fax 5 40 58 58, Mo-Fr 10–18.30, Sa 9.30–13 Uhr, Kreditkarte: EC-Karte
  Verkauf, TÜV, Tauchreisen; Tauchen in Norddeutschland; kostenloses Schnuppertauchen
- Taucher-Zentrum Babel: Papenhuder Straße 40, 22087 Hamburg (Uhlenhorst), Telefon 2 20 60 64, Mo-Fr 9.30–18, Do–19, Sa 10–14 Uhr, Kreditkarte: EC-Karte; www.taucher-zentrum.de

Auf 250 qm gibt's ein großes Sortiment an Tauchanzügen, Flaschenfüllung und Reparaturservice

- Verband deutscher Sporttaucher:
  Tannenstraße 25, 64546 Mörfelden-Walldorf,
  Telefon 0 61 05/96 13 02, Fax 0 61 05/96 13 45,
  Mo, Di, Do 9–16.30, Mi 9–18, Sa 9–15.30 Uhr;
  www.vdst.de

## Tauschen

Geld regiert die Welt? Nicht überall. Bei den TauschTaktikerInnen werden in Anspruch genommene Dienste mit geleisteten Diensten vergütet, aber nur Mitglieder können davon profitieren. Im Umsonstladen bleibt es einem selbst überlassen, ob man für die mitgenommenen Gegenstände auch etwas zurücklässt. Bei allen Tauschgeschäften zählt die erweiterte Nachbarschaftshilfe, und es gilt nach wie vor: Geben ist seliger denn nehmen.

- TauschRausch Winterhude/Eppendorf e. V.:
  Winterhuder Marktplatz 6, 22299 Hamburg
  (Winterhude), Telefon 46 09 05 00,
  Fax 46 09 05 01, Do 17–19 Uhr
  E-Mail: tauschrausch-winterhude@gmx.de;
  www.hamburgertauschringe.de
- TauschTaktikerInnen e. V.: Stresemannstraße 144,
  22769 Hamburg (Altona),
  Telefon 8 50 43 23, Fax 8 50 43 23,
  jeden 1. Mi und 3. Do 18.30–19.30 Uhr;
  www.hamburgertauschringe.de
- Umsonstladen: Stresemannstraße 150,
  22769 Hamburg (Altona), Telefon 39 90 64 88,
  Di 18.30–20.30, Mi 16–20, Fr 10.30–16 Uhr;
  www.neue-arbeit-hamburg.de

## Taxi

Seit 1997 kann man ein original Londontaxi bei Guido Dillenberger ordern. Leider musste er sein schwarzes Original gemäß dem deutschen Standard elfenbeinfarben lackieren. Statt vier fahren hier fünf Personen zum üblichen Tarif mit. Wer auf britisches Flair verzichten kann, ruft bei den üblichen Taxiunternehmen an. Etwa bei das taxi, einer Fahrervereinigung mit 130 Wagen, die sich selbst verwaltet. Einen Großraumwagen für maximal acht Personen kann man bei den Gebrüdern Stambula zum Normaltarif bestellen, ab der fünften Person plus 3 Euro Zuschlag. Außerdem im Angebot: behindertengerechte Fahrzeuge und Kleinbusse (16–50 Personen).

- A bis Z Jumbo Großraumtaxi GmbH:
  Telefon 08 00/3 33 99 90, Mo-So 8–22 Uhr
  Neben zwei eigenen Großraumtaxen vermitteln sie in der ganzen Stadt große Taxen, die Platz für bis zu acht Personen, viel Gepäck oder Kleinmöbel bieten
- Das lustige Taxi, Inhaber Martin Paasch:
  Taxi-Vermittlungszentrale Telefon 66 66 66
  Sucht ständig TaxifahrerInnen und bildet auch aus,
  Informationen unter Telefon 37 29 21
- das taxi e. G.: Humboldtstraße 75,
  22083 Hamburg (Barmbek),
  Telefon 22 11 21, Fax 22 42 48,
  24 Stunden täglich,
  Kreditkarten: alle; EC-Karte; www.das-taxi.de
- Gebrüder Stambula: Telefon 20 00 11 11
- Hansa-Funktaxi: Telefon 21 12 11

## Telefon

**Kauf und Gebühren:** Auch nach der großen Privatisierungswelle im Bereich der Telekommunikation ist und bleibt die Deutsche Telekom wohl der erste Ansprechpartner. Bei der Verbraucher-Hotline bleibt kaum eine Frage offen, egal ob es sich um Produkte, Gebühren oder den Standort des nächstgelegenen T-Punkts handelt. Seit es Call-by-Call gibt, herrscht Chaos im Gebührendschungel. Unter der Webadresse www.clever-phone.de findet man eine Übersicht über Anbieter, bei denen keine Anmeldung nötig ist. Wer in die große weite Welt telefonieren will, ist bei www.billiger-telefonieren.de richtig.

- Hutchison Telecom-Shop: Große Bleichen 12,
  20354 Hamburg (Innenstadt),
  Telefon 35 71 15 33, Fax 35 71 15 34,
  Mo-Mi 10–19, Do, Fr 10–20, Sa 10–16 Uhr,
  Kreditkarten: alle; EC-Karte;
  www.hutchison.de
- Deutsche Telekom: Hotline 08 00/3 30 10 00
- Internet-Sites für Call-by-Call:
  www.clever-phone.de
  www.billiger-telefonieren.de

**Training:** Ihre Telefonstimme hört sich immer gleich an? Oder gar langweilig? Sie wollen dieses ändern? Dann hilft Ihnen Sabin Bergmann von Contelle Telefontraining. Seit 1992 lehrt sie serviceorientiertes und freundliches Verhalten am Telefon. Angeboten wird Training für Firmen und für Einzelpersonen, die ihr Telefonverhalten optimieren wollen. Das Seminar „Bei Anruf Erfolg" dauert 1,5 Tage, kostet 815 Euro pro Person und findet angenehmerweise auf Mallorca statt. Übrigens: Frau Bergmann hört sich am Telefon deutlich und melodiös an.

- Contelle Telefontraining: Karolinenstraße 6,

20357 Hamburg (Karolinenviertel), Telefon 2 84 03 00, Fax 28 40 30 40; www.contelle.de

## Telegramme

Auch wenn Anruf, Fax oder E-Mail sehr viel billiger sind, ein Telegramm hat Stil. Ob Liebeserklärung, Dankeschön oder Glückwunsch, für 14,83 Euro kann man bis zu zehn Wörter (an Sonn- und Feiertagen 10,23 Euro Zuschlag) an jeder Postfiliale, per Telefon, Fax oder Internet aufgeben. Zur besonderen Zierde gibt's für 4,09 Aufschlag ein Schmuckblatt dazu. Telegramme ins Ausland kann man nicht mehr verschicken!

- Telegrammaufgabe:
  Telefon 0 18 05/21 21 01, Fax 0 18 05/12 12 11,
  Mo-Fr 7–22, Sa 9–11 Uhr;
  www.telegramme.de

## Tennis

Auch wenn Bobbele und Steffi sich vom aktiven Tenniszirkus verabschiedet haben: Tennis avanciert immer mehr zum Volkssport. Wer zusätzlich zum Jahresbeitrag eine höhere Aufnahmegebühr nicht scheut, kann im Club an der Alster den absoluten Luxus genießen, mit eigenem Freibad sowie angeschlossenem Fitnessstudio. Die neun Hallen- und 15 Außenplätze der Sportlepp-Plätze kann man fast rund um die Uhr mieten, die Preise variieren zwischen 17 und 22 Euro. In der Tennisschule Witthöft erhält man eine kostenlose Trainingsstunde. Der TuS Alstertal bietet sowohl Kurse als auch freies Spielen gegen eine geringe Aufnahmegebühr an. Allgemeine Informationen über Klubs in und um Hamburg erteilt der Hamburger Tennisverband. Die *Hamburger Tenniszeitung* informiert über Turniere, Ranglisten und den neuesten Klatsch aus dem gesamten Vereinsleben.

- Der Club an der Alster: Hallerstraße 91,
  20149 Hamburg (Harvestehude), Telefon 44 32 66,
  Fax 45 32 35, Mo-Fr 8–16.30 Uhr;
  www.clubanderalster.de
- Hamburger Tennisverband: Bei den Tennisplätzen 77,
  22119 Hamburg (Horn), Telefon 6 51 29 73,
  Fax 6 51 08 42, Mo-Fr 10–14 Uhr;
  www.hamburger-tennisverband.de
- Hamburger Tenniszeitung: c/o Horst Kerkhoff,
  Gellertstraße 31 , 22301 Hamburg (Winterhude),
  Telefon 27 66 74, Fax 2 79 74 43;
  E-Mail: hokerkhoff@aol.com
  Erscheint sechsmal im Jahr; liegt aus in den Vereinen und kann abonniert werden
- Sportlepp-Plätze: Papenreihe 1a, 22770 Hamburg
  (Niendorf), Telefon 58 53 59, Fax 58 53 50,
  Mo-Fr 6.30–0.30, Sa, So 6.30–23 Uhr,
  Kreditkarte: EC-Karte; www.sportlepp.de
- Tennisschule Witthöft: Eichenlohweg 26,
  22309 Hamburg (Bramfeld), Telefon 6 39 09 80,
  Fax 63 90 98 98, Mo-So 6–23 Uhr;
  www.witthoeft.de
  Sechs Hallen- und 12 Außenplätze
- TuS Alstertal Tennis und Trendsport:
  Wittekopsweg 41, 22415 Hamburg (Langenhorn),
  Telefon 5 31 40 44, Fax 53 16 96 72,
  Mo-So 10–22 Uhr; www.tus-alstertal.de
  Fünf Außen- und drei Hallenplätze; Bistro

## Teppiche

Es muss ja nicht gleich ein Originalstück alter persischer Meister sein. Vielleicht eher ein modernes Stück aus New York oder eine nordische Variante aus Skandinavien? Und wer lieber über reine Naturmaterialien spaziert, bekommt neben angenehmen Wollteppichen auch Sisalmodelle von glatt bis kratzig.

- Ben-Trading GmbH: Raboisen 101,
  20095 Hamburg (Innenstadt), Telefon 3 33 01 90,
  Mo-Fr 9–17 Uhr, Kreditkarten: Diners, Eurocard,
  Visa; E-Mail: info@bentrading.com;
  www.uebermass-teppiche.de
  In einer Datenbank katalogisierte, fotografierte und abrufbar gemachte neue und antike Orientteppiche aus den Teppichzentren der Welt
- Eichtal: Walddörferstraße 285, 22047 Hamburg
  (Wandsbek), Telefon 6 94 20 40, Fax 69 42 04 51,
  Mo-Fr 9.30–19, Sa 9.30–16 Uhr, Kreditkarte:
  EC-Karte; www.eichtal.de
  Riesenauswahl an Teppichen und Teppichböden; neben industriell gefertigten Teppichen handgeknüpfte, persische Gebbeh, original Nepal-Teppiche und Modelle aus Belgien.
- Galerie Azadi: Deichstraße 24, 20459 Hamburg
  (Innenstadt), Telefon 36 36 20, Fax 37 12 08,
  Mo-Fr 9–13, 15–18 Uhr, Sa nach Vereinbarung;
  E-Mail: suazadi@t-online.de
  Eine besondere Adresse, ausgesuchte antike Teppiche und Sammlerstücke, daneben werden auch Manufakturteppiche geboten
- Moussalli: Bleichenbrücke 10,
  20354 Hamburg (Innenstadt),
  Telefon 35 20 01, Fax 35 20 01,
  Mo-Fr 10.30–19, Sa 10.30–16 Uhr,
  Kreditkarten: alle; EC-Karte
  Große Auswahl antiker und neuer Teppiche, China- und Perserteppiche sowie kaukasische

Stücke, Aupisson (Blumenmuster-Teppiche) und Kelims, ein Flachgewebe, das auch als Wandbehang und (Sitz-)Kissen genutzt wird. Besonderer Service: Der ausgewählte Teppich kann für ein „Probeliegen" ein bis zwei Tage mit nach Hause genommen werden

- Nils Borstelman Teppichboden International GmbH: Eppendorfer Landstraße 62,
  20249 Hamburg (Eppendorf),
  Telefon 47 80 91, Fax 48 29 08,
  Mo-Fr 10–18.30, Sa 10–14 Uhr,
  Kreditkarten: EC-Karte;
  www.nils-borstelmann.de
  Außergewöhnliche und exklusive Teppichböden. Schwerpunkt: Naturfasern wie Kokos, Papier, Wolle und Jute als Auslegeware und/oder nach individuellem Maß eingefasst mit feinster Bordüre
- Wollinger Carpets: Große Elbstraße 68,
  22767 Hamburg (Altona), Telefon 30 62 14 56,
  Fax 30 62 14 57, Mo-Fr 11–20, Sa 11–16,
  So Schautag 14–18 Uhr; www.wollinger.com
  Handgearbeite Teppiche für Privatwohnungen oder Objekte werden individuell angefertigt, Farbe, Design und Form bestimmt der Kunde selbst

## Terre des Hommes

Terre des Hommes ist in über 150 Städten Deutschlands vertreten. Gegründet wurde der ehrenamtliche Verein während des Vietnam-Krieges, als sich eine Gruppe von Menschen zusammentat, um verletzte und Not leidende Kinder in Deutschland zu pflegen. Heute setzt Terre des Hommes sich für die Rechte von Kindern in der ganzen Welt ein. Die Hamburger Arbeitsgruppe trifft sich einmal im Monat in der Ottensener Werkstatt 3. Infos über Bärbel Fraak.

- Terre des Hommes Arbeitsgruppe Hamburg c/o
  Bärbel Fraak: Eichenalle 49, 21220 Seevetal,
  Telefon 0 41 05/8 53 73, Fax 0 41 05/8 53 73;
  E-Mail: b.fraak.tdh@freenet.de

## Theater

**Staatstheater:** In den neun Jahren seiner legendären Intendanz führte Frank Baumbauer das **Deutsche Schauspielhaus** zu phänomenalen Erfolgen: Viermal wurde das Schauspielhaus zum Theater des Jahres ('94, '96, '97, '00) gekürt, acht Aufführungen wurden insgesamt zum Berliner Theatertreffen eingeladen. Sein Nachfolger hatte es dementsprechend schwer: Seit Herbst 2000 leitet Tom Stromberg, ehemaliger Kulturchef der Expo, das Schauspielhaus und fing sich mit seinem avantgardistischen Ansatz sogleich jede Menge Ärger seitens des Publikums und der Presse ein. Die Folge war ein deutlicher Zuschauerschwund in Deutschlands größtem Sprechtheater. Unglücklicherweise fiel Strombergs erste Spielzeit außerdem in die Aufwärmphase des Hamburger Wahlkampfs, sodass die Springer-Presse aus den Startschwierigkeiten des neuen Intendanten schnell ein Politikum machte. Im Laufe der Spielzeit 2001 konnte das Schauspielhaus aber mithilfe von mehreren erfolgreichen Produktionen seinen ärgsten Kritikern den Wind aus den Segeln nehmen. Seit Strombergs Intendanz gibt es außerdem eine zusätzliche Spielstätte: das Neue Cinema am Steindamm. Als zweites großes Haus erfreut das **Thalia Theater** seit vielen Jahren einen großen Abonnentenstamm mit modernen Interpretationen ernster Klassiker, Autoren der klassischen Moderne und nun auch den Werken junger Autoren. Seit 2000 leitet der ehemalige Hannoveraner Schauspielleiter Ulrich Khuon das Programm und schaffte mit seinem jungen Team in kürzester Zeit einen geschickten Spagat zwischen dem künstlerischen Zeitgeist und den etwas konservativeren Ansprüchen des Abonnenten-Publikums. Mit Erfolg: die Thalia-Produktion „Liliom" von Michael Thalheimer wurde sogar zum Berliner Theatertreffen 2001 eingeladen. Auch Khuon eröffnete eine zweite Spielstätte: das kleine aber feine Thalia Theater in der Gaußstraße (Bahrenfeld) ist vornehmlich den Werken junger Autoren vorbehalten. Das ehemalige Fabrikgelände **Kampnagel** wurde 1981 vom Schauspielhaus im Zuge von Renovierungsarbeiten als Ausweichquartier entdeckt und entging dem drohenden Abriss später dank einer regelrechten „Besetzung" durch alternative Theatermacher. Seit 1989 ist Kampnagel nun als städtische GmbH ein „viertes Staatstheater". Intendantin Gordana Vnuk bietet in der ehemaligen Kranfabrik seit 2001 ein avantgardistisches, aber dennoch einem breiten Publikum zugängliches Programm aus internationalen Gastspielen und Arbeiten der freien Szene. Gern präsentiert sie Gastspiele aus den Bereichen Tanz, Performance und Theater in thematischen Reihen („Themenblöcken"), wobei sie ihren Blick oft über Europa hinaus richtet. Das Sommertheater-Festival „Laokoon" ist ein echtes Highlight in dem sonst eher kulturarmen Hamburger Sommer.

▶ *Oper*
▶ *Kabarett*

- Deutsches Schauspielhaus: Kirchenallee 39,
  20099 Hamburg (St. Georg),
  Telefon 24 87 10, Fax 24 87 14 14,
  Mo-Sa 10–18, So 10–13 Uhr;
  www.schauspielhaus.de
- Hamburgische Staatsoper: Dammtorstraße 28,
  20354 Hamburg (Innenstadt),
  Mo-Sa 10–18.30 Uhr;
  www.hamburgische-staatsoper.de
- Thalia Theater: Alstertor 1,

20095 Hamburg (Innenstadt),
Telefon 32 81 44 44, Fax 32 81 42 12,
Mo-Fr 10–18, Sa 12–18, So 14–18 Uhr;
www.thalia-theater.de
Thalia Theater in der Gaußstraße:
Gaußstraße 190 (Bahrenfeld), Telefon 32 81 40

- Kampnagel Hamburg: Jarrestraße 20,
22303 Hamburg (Winterhude), Telefon 27 09 49 49,
Fax 27 09 49 62, Mo-Fr 14–19, Sa, So 16–19 Uhr;
www.kampnagel.de

**Privattheater:** Von den zahlreichen privaten Theatern, die nach dem Krieg entstanden, gelang es trotz staatlicher Subventionen nur wenigen, sich zu halten. Einst waren die Privaten die Erneuerer der hanseatischen Theaterkultur. Durch die Entwicklung einer freien Szene veränderte sich ihre Struktur, und heute gelten sie eher als Bewahrer der Tradition. Im Repertoire haben sie meist Klassisches, aber auch zeitgenössische oder unterhaltende Autoren. Unter den Privattheatern haben sich vor allem die **Hamburger Kammerspiele** einen sehr guten Ruf erworben. 1945 von der Schauspielerin Ida Ehre gegründet, war das Haus lange Zeit ein Ort für Erstaufführungen aus dem anglo-amerikanischen Raum. Seit der Neueröffnung 1995 unter dem Intendanten-Duo Ulrich Waller und Ulrich Tukur stehen vor allem Kabarett und Kammerspiel, aber auch Lesungen und Liederabende auf dem erfolgreichen Spielplan. Nicht viel jünger ist das **Ernst Deutsch Theater**, das traditionell politisch engagiertes Theater zeigt, oft allerdings mit Unterhaltsamem durchmischt. Nach wie vor achtet Intendantin Isabella Vértes-Schütter dabei auf konsequente Werktreue. Das **Altonaer Theater** ging aus dem Harburger Theater hervor. Bis 1994 leitete der damals 91-jährige Intendant Hans Fitze die Ausstatterbühne, dessen vorwiegend älteres Publikum besonders werkgetreue Aufführungen liebte und seine „Klassiker pur" erlebte. 1995 hat Axel Schneider hier die Leitung und weit gehend auch das Konzept seines Vorgängers übernommen. Bewegte Zeiten hat die zweitälteste Privatbühne Hamburgs hinter sich. Seit 1936 bespielt die traditionsreiche „Gesellschaft für dramatische Kunst" die Bühne des **Ohnsorg Theater** mit Volksstücken in niederdeutschem Platt, aber auch mit hochdeutschen Stücken, die ins Niederdeutsche übertragen wurden. Vor allem die seit 1954 im abgeschwächten Missingsch aufgenommenen Fernsehübertragungen verhalfen dem unumstrittenen Star Heidi Kabel zu bundesweitem Ruhm. Nach kurzer Experimentierphase brachte Christian Seeler das Haus wieder auf treu niederdeutschen Volksstückkurs. Eine Institution

**Aufatmen im Schauspielhaus: Langsam füllen sich die Plätze in Deutschlands größtem Sprechtheater wieder**

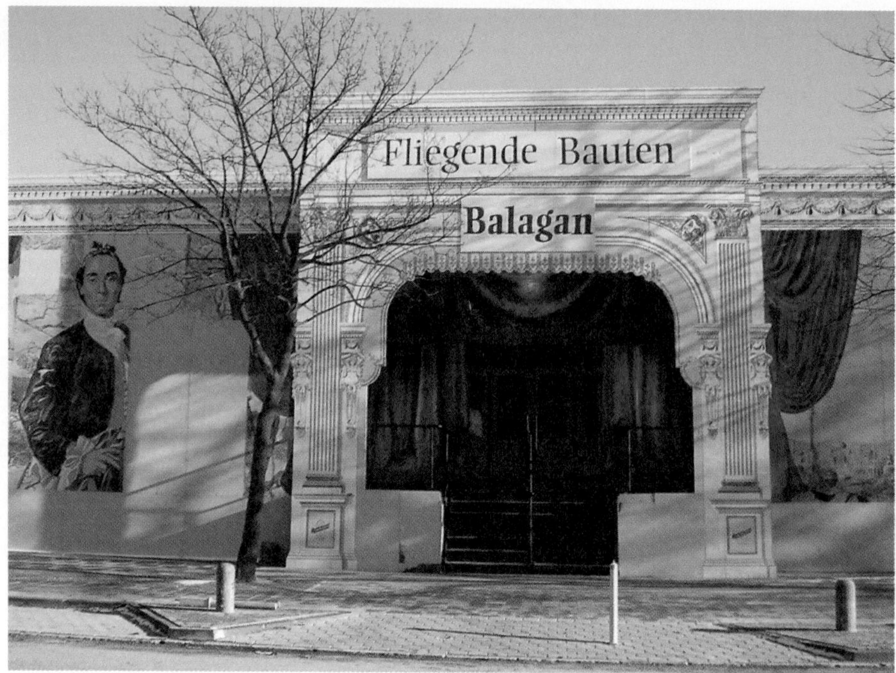


**Fliegende Bauten: Das Tor zur Welt der Gaukler, Musiker und Artisten**

ist seit Jahren das **English Theatre**, das mit Komödien und Kriminalstücken in naturalistischen Inszenierungen die britische Bühnenkultur auf den Kontinent bringt. Es spielen fast ausschließlich SchauspielerInnen von der Insel. Viel Bewegung gibt es bei den Häusern nicht, aber hin und wieder sind Neueröffnungen zu begrüßen. Seit Oktober 1999 gibt es ein neues Theater im Osten. Die mutige Schauspielerin Angelika Landwehr eröffnete hier mit dem **Theater in der Washingtonallee** eine neue Bühne für Autorenstücke, Uraufführungen und Bearbeitungen. Kinderliteratur bieten seit mittlerweile über zwanzig Jahren Uwe Deeken und sein **Theater für Kinder** in Hamburg-Altona, ausgerichtet auf ein Publikum zwischen vier und zwölf Jahren. Daneben sind hier auch Musicals und Literaturbearbeitungen, darunter Uraufführungen von Paul Maar, Otfried Preußler oder James Krüss, und eine Oper im Jahr zu sehen. Im Jahre 1996 gründete das rege Ehepaar Deeken in den Räumen des Theaters für Kinder zusätzlich eine Kammeroper für Erwachsene, das **Allee Theater**, das mit selten zu hörender, meist heiterer oder romantischer Opernkost und Theatergastspielen aufwartet. Das älteste Theater der Stadt ist das **St. Pauli-Theater**. Seit 150 Jahren ist es direkt neben der Davidwache am Spielbudenplatz angesiedelt. Die Theaterleiter Michael und Thomas Collien spielen in dem reinen Gastspielhaus alles von klassischen Opern und Operetten über Lustspiele, Hamburger Lokalpossen auf Missingsch und Varieté. Charmante Unterhaltung will die seit 1988 bestehende **Komödie Winterhuder Fährhaus** dem Publikum bescheren. Im großen Saal gibt es Boulevardkomödien mit prominenten SchauspielerInnen aus dem Fernsehserien-Umfeld, daneben lockt das Haus mit engagierten Ein- oder Zwei-Personen-Stücken und Lesungen. Michael Lang, seit 1999 Direktor, will die Tradition des langjährigen Leiters Rolf Mares fortführen. Einen ähnlichen Ansatz verfolgt auch das **Neue Theater am Holstenwall**. Es steht bis heute in der Tradition von Gründerin Helga Feddersen. Horst Kuska bringt vor allem Gastspiele aus dem Comedy- und Entertainermilieu. Alma Hoppe ist in diesem Fall kein Name für einen Fruchtsaft, sondern ein saftiges Satire-Doppel. Jan-Peter Petersen und Nils Loenicker haben vor 14 Jahren mit **Alma Hoppes Lustspielhaus** das Forum für politisch-satirisches Kabarett in Hamburg geschaffen. Zu sehen sind zum großen Teil Hausproduktionen, aber auch Gastspiele namhafter Schauspieler und Kabarettisten von Hüsch bis Hildebrandt. Das Forum der Musikhochschule zeigt die Diplominszenierungen seiner Studenten – von Oper bis Konzert. Auch in Hamburg geht seit Jahren die Musicalitis um. Im **Operettenhaus** am Spielbudenplatz läuft seit

Anfang 2002 „Oh What a Night" mit Kid Creole. In der **Neuen Flora** läuft seit September 2001 das Musical „Mozart" (▶ *Musical/Neue Flora)*. Comedy- und Musical, aber auch Theater mit Strip bietet Frank Thannhäuser in seinem 285-Plätze-Haus **Imperial Theater** auf dem Kiez. Aus der ehemals mit Eigenproduktionen bekannt gewordenen Zirkustruppe **Fliegende Bauten** ging das gleichnamige Produktionsbüro um Sebastiano Toma und Matthias Craemer hervor. Nach drei Jahren an der Simon-von-Utrecht-Straße steht das „Blaue Zelt", in dem fantasievoller alternativer Zirkus und Varieté zu sehen sind, seit Anfang 2002 an der Glacischaussee. Für den besonderen Geschmack bringt das **Pulverfass** von Heinz-Diegos Leer allabendlich Travestie-Theater auf die Bühne.

- Allee Theater Hamburger Kammeroper: Max-Brauer-Allee 76, 22765 Hamburg (Altona), Telefon 38 29 59, Fax 3 89 29 21, Mo-Fr 10–18, Sa, So 11–16 Uhr, Kreditkarte: EC-Karte; E-Mail: alleetheater@gmx.de; www.alleetheater.de
- Alma Hoppes Lustspielhaus: Ludolfstraße 53, 20249 Hamburg (Eppendorf), Telefon 48 66 55, Fax 4 80 39 29, Mo-So 11–19 Uhr, Kreditkarte: EC-Karte; www.almahoppe.de
- Altonaer Theater: Museumstraße 17, 22765 Hamburg (Altona), Telefon 39 90 58 70, Fax 39 90 55 94, Mo-Fr 10–18, Sa 10–15 Uhr; Kreditkarte: EC-Karte; E-Mail: tickets@altonaer-theater.de; www.altonaer-theater.de
- Delphi Showpalast: Eimsbütteler Chaussee 5, 20259 Hamburg (Eimsbüttel), Telefon 4 31 86 00, Fax 43 18 70 29, Mo-Sa 11–20, So 15–19 Uhr, Kreditkarten: alle; EC-Karte; E-Mail: neuestheater@t-online.de; www.kuska-musical.de
- English Theatre: Lerchenfeld 14, 22081 Hamburg (Winterhude), Telefon 2 27 70 89, Fax 2 29 50 40, Mo-Fr 10–14 und 15.30–19.30, Sa 15.30–19.30 Uhr; E-Mail: ethamburg@onlinehome.de; www.englishtheatre.de
- Ernst Deutsch Theater: Friedrich-Schütter-Platz 1, 22087 Hamburg (Uhlenhorst), Telefon 22 70 14 20, Fax 22 70 14 48, Mo-Sa 10–18.30, So 15–18 Uhr; www.ernst-deutsch-theater.de
- Fliegende Bauten: Glacischausee 4, 20359 Hamburg (St. Pauli), Telefon 39 90 72 66, Fax 39 88 14 15; www.fliegende-bauten
- Hamburger Kammerspiele: Hartungstraße 9–11, 20146 Hamburg (Rotherbaum), Telefon 41 33 44 44, Fax 44 19 69 15, Mo-Fr 12–19, Sa 12–16 Uhr; E-Mail: tickets@hamburger-kammerspiele.de; www.hamburger-kammerspiele.de
- Imperial Theater: Reeperbahn 5, 20359 Hamburg (St. Pauli), Telefon 31 31 14, Fax 3 17 52 34, Mo-Sa 10–18 Uhr, Kreditkarte: EC-Karte; www.imperial-theater.de
- Komödie Winterhuder Fährhaus: Hudtwalkerstraße 13, 22299 Hamburg (Winterhude), Telefon 48 06 80 80, Fax 48 06 80 91, Mo-Sa 11–18, So 14–17 Uhr; www.komoedie-winterhuder-faehrhaus.de
- Monsun Theater: Friedensallee 20, 22765 Hamburg (Ottensen), Telefon 3 90 31 48, Fax 3 90 64 41; www.monsuntheater.de
- Neue Flora: Stresemannstraße 159a, 22769 Hamburg (Altona), Ticket-Hotline 01 80/5 44 44, Fax 43 17 66 10, Mo, Di, Do, Fr 10–19, Mi 10–17, Sa 10–19, So 10–18 Uhr; www.stella.de
- Neues Theater am Holstenwall: Holstenwall 19, 20355 Hamburg (Innenstadt), Telefon 31 33 03, Fax 3 17 44 68, Mo-Mi 10–18, Do-Sa 10–20, So 15–20 Uhr, Kreditkarte: EC-Karte; E-Mail: neuestheater@t-online.de; www.kuska-musical.de
- Ohnsorg Theater: Große Bleichen 23,

20354 Hamburg (Innenstadt), Telefon 35 08 03 21, Fax 35 08 03 43, Mo-Sa 10–19, So 14–18 Uhr (Tageskasse); www.ohnsorg.de

- Operettenhaus Hamburg: Spielbudenplatz 1, 20359 Hamburg (St. Pauli), Ticket-Hotline 01 80/5 44 44, Kreditkarte: EC-Karte; www.stella.de
- Pulverfass: Reeperbahn 147, 20359 Hamburg (St. Pauli), Telefon 24 97 91, Fax 2 80 23 47, Mo-So telefonische Reservierung ab 15 Uhr, Abendkasse ab 18 Uhr;www.pulverfass.de
- Schmidt Theater: Spielbudenplatz 24, 20359 Hamburg (St. Pauli), Telefon 3 17 78 80, Kartentelefon 31 77 88 99, Fax 31 77 88 74; www.schmidts.de
- Schmidts Tivoli: Spielbudenplatz 27–28, 20359 Hamburg (St. Pauli), Telefon 31 77 88 99, Fax 31 77 88 74, Mo-So 12–19 Uhr, telefonische Vorbestellung 8–20 Uhr, Kreditkarte: EC-Karte; www.tivoli.de
- St. Pauli-Theater: Spielbudenplatz 29, 20359 Hamburg (St. Pauli), Telefon 31 43 44, Fax 3 19 19 19, Mo-Sa 10–19, So 14–19 Uhr, Kreditkarte: EC-Karte; www.st-pauli-theater.de
- Theater für Kinder: Max-Brauer-Allee 76, 22765 Hamburg (Altona), Telefon 38 25 38, Fax 3 89 29 21; Kreditkarte: EC-Karten; www.theater-fuer-kinder.de
- Theater Imago: Admiralitätstraße 71, 20459 Hamburg (Innenstadt), Telefon 36 66 63, Fax 36 66 63; www.hamburg.de
- Theater in der Washingtonallee: Washingtonallee 42, 22111 Hamburg (Horn), Telefon 65 99 11 68, Fax 65 99 11 68; E-Mail: zimmertheater@aol.com
- Theater Schachar („Morgenröte"): Hospitalstraße 107, 22767 Hamburg (Altona), Telefon 38 89 60; www.schachar.de
  Das jüdische Theater bietet Gastspiele und Eigenproduktionen; auch Schauspielunterricht

### Freie Gruppen:

- Kellertheater: Johannes-Brahms-Platz 1, 20355 Hamburg (Innenstadt), Telefon 30 05 17 40, Fax 84 57 47; www.kellertheater.de
- Theater an der Marschnerstraße: Marschnerstraße 46, 22081 Hamburg (Barmbek), Telefon 29 26 65, Tickethotline: 7 13 13 99, Fax 29 82 05 42, Mo, Di, Do 10–17, Fr 10–16 Uhr, E-Mail: mail@kai-wagner.de; www.tadm.de
- Theater in der Basilika: Borselstraße 16, 22765 Hamburg (Altona), Telefon 3 90 46 11, Fax 3 90 48 36, Mo-Fr ab 13, Sa ab 14, So ab 16 Uhr

## Tickets

▸ *Konzertkassen*

## Tiere

Es gibt kaum einen Service, auf den Hamburgs Haustierbesitzer nicht zurückgreifen können: vom Hotel über Psychotherapie bis hin zur stilvollen Beerdigung.

**Betreuung:** Susis Haustierservice ist das Rettungsboot für alle Urlaubswaisen. Zur Tierklientel zählen Nager, Vögel und Katzen. Das Einsatzgebiet ist Hamburg, die Tierbetreuung findet im Eigenheim statt. Die Tagespflege-Pauschale beginnt bei 11 Euro plus Anfahrtkosten. Auf Wunsch werden Blumen und Briefkasten mitbetreut. In der Tierklinik Sasel werden kleinere Tiere medizinisch behandelt. Daneben existieren auf dem Gelände eine Tierpension und eine Hundepflegestation.

- Dr. Schneider Tierkliniken GmbH – Tierklinik Sasel: Saseler Markt 11, 22393 Hamburg (Sasel), Telefon 6 01 60 51, Fax 6 01 18 99, Mo-Fr 10–12, 16–18 Uhr; E-Mail: dr.j.schneider@t-online.de
- Dr. Schneider Tierkliniken GmbH – Tierklinik Volksdorf: Eulenkrugstraße 1, 22359 Hamburg (Volksdorf), Telefon 6 03 47 75, Fax 6 03 50 75, Mo-Fr 8–12, 15–19, Sa 9–11 Uhr, Wochenendnotdienst: Sa 17–18, So 11–12, 17–18 Uhr; E-Mail: dr.juergen.schneider@web.de
- Susis Haustierservice: Pommernweg 28h, 22952 Lütjensee, Telefon 0 41 54/74 10 20 oder 01 72/7 06 47 74; www.susis-haustierservice.de

**Friedhöfe:** Wenn eines Tages ein schwarzer Jeep vor Ihrer Hundehütte halten sollte, heißt es Abschied nehmen. Dann nämlich bringt Hundepastor Wigward Terzenbach einen der Plutos und Idefixe zu seiner letzten Ruhestätte. In Hamburg hat er 1997 den Haustierfriedhof Jenfeld eröffnet. Seitdem wurden dort über 300 Tiere von der Hausratte Susi bis zum Ziegenbock Paul begraben. Ein Einzelgrab mit Pflegepflicht kostet für drei Jahre ab 200 Euro. Das Begräbnis mit Grabschmuck, grünem Teppich und Zeremonie kostet 30–40 Euro. Eine weitere Adresse für eine Tiergrabstätte ist der große Tierfriedhof Nord. Eine anonyme Beerdigung oder Einäscherung kostet hier 200 Euro. Derselbe Preis gilt auch für ein sichtbares Einzelgrab. Wer nach dem Ableben seines treuen Freundes alle Emotionen ausblendet und nur nach praktischen Werten vorgeht, wendet sich an das Veterinäramt. Das Fleischzentrum agiert im Rahmen des Seuchenschutzgesetzes und transportiert Tierleichen zu den Tierkörperverarbeitungs-Anstalten.

- Haustierfriedhof Jenfeld: Barsbütteler Straße 77–81, 22043 Hamburg (Jenfeld), Telefon 2 00 89 59, nach Vereinbarung
- Tierfriedhof Nord: Willstedter Weg 133,

Tierfriedhof: Würdevoll vor die Hunde gehen

22851 Hamburg (Norderstedt),
Telefon 01 71/6 43 20 26; www.tierfriedhof-nord.de

- Veterinäramt Fleischzentrum: Lagerstraße 36, 20357 Hamburg (Altona), Telefon 4 28 41 29 35, Fax 4 28 41 29 44, Mo-Do 7.30–16, Fr 7.30–14.30 Uhr

**Futter:** Der „Fressnapf" bietet neben den gewöhnlichen Futter-und Pflegeprodukten auch Tierspielzeug und Leinen. Der Bioladen für Vierbeiner läuft unter dem Namen „Petnatur". Das Geschäft bietet ökologische Vollwert-Tiernahrung und Zubehör für Hund, Katze, Pferd und Nager an. Die Futtermittel sind frei von Farb-, Konservierungs-, Lock- und Füllstoffen. Außerdem werden keine Mehle verendeter oder eingeschläferter Tiere verarbeitet. Zum Thema Ernährung und Gesundheit werden Sie hier gut und gern beraten. Die Heilpraktikerin Imke Michahellis ist eine der beiden Inhaberinnen. Ans Ladengeschäft angrenzend hat sie einen kleinen Behandlungsraum, wo sie nach den Methoden der Naturheilkunde praktiziert. Termine nach Absprache.

- Fressnapf: Bramfelder Chaussee 215, 22177 Hamburg (Bramfeld), Telefon 6 42 65 47, Fax 6 42 65 47, Mo-Fr 9–19, Sa 8–16 Uhr, Kreditkarte: EC-Karte
- Petnatur: Weidenallee 2a, 20357 Hamburg (Schanzenvierteil), Telefon 41 35 67 11, Fax 41 35 67 10, Mo-Fr 10–13, 15–19, Sa 11–14 Uhr, Kreditkarte: EC-Karte; www.petnatur.de
  Hunde-, Katzen- und Nagerfutter; Pferdefutter auf Anfrage; ausschließlich Bioprodukte im Angebot
- Akademie für Tiernaturheilkunde: Bimöhlerstraße 32, 24576 Bad Bramstedt Telefon 0 41 92/89 95 58, Fax 0 41 92/82 09, Mo-Fr 8–12 Uhr; www.atm.de
- Hamburger Tierärztekammer: Lagerstraße 36,

20357 Hamburg (Schanzenviertel), Telefon 4 39 16 23, Fax 43 25 05 77, Mo, Di, Mi, Fr 9–12 Uhr; www.tieraerzte-hamburg.de
Die Tierärztekammer gibt Auskünfte über niedergelassende Tierärzte in und um Hamburg
- Imke Michahellis/Kathleen Malchow: Halstenbeker Straße 66, 22457 Hamburg (Schnelsen), Telefon 55 00 99 92 und 5 29 67 20, Fax 55 00 99 92, Mo, Fr, Sa 10–13, Mi 15–19 Uhr, Termine nach Vereinbarung
  Zweite Praxis: Weidenallee 2a; klassische Homöopathie
- Tierheilpraxis Brück: Große Brunnenstraße 17, 22763 Hamburg (Altona), Telefon 39 32 11, Fax 3 90 82 39, Mo-Fr 10–13, 16.30–17 Uhr
  Frau Stampa bietet Physiotherapie für Tiere an

**Psychologie:** Pinkelt ihre Katze plötzlich in die Küchenecke statt ins Katzenklo? Der Welpe will einfach nicht stubenrein werden? Oder ist Ihr Hund auf einmal aggressiv und zerfetzt die Wohnzimmergarnitur? Keine Panik, auch für die geliebten Vierbeiner gibt's mittlerweile Seelenklempner. Nicole Nowak kommt direkt ins Haus, um bei Verhaltens- und Erziehungsproblemen von Hunden, Katzen und Pferden zu beraten.

▶ *Katzen*
▶ *Hunde*

- Nicole Nowak: Hoisdorfer Weg 21, 22964 Steinburg (Sprenge), Telefon 0 45 34/21 05 49, Termine nach Vereinbarung

**Schutz:** Der Hamburger Tierschutzverein hat 8000 Mitglieder. Regelmäßige Fernsehbeiträge auf *N3* und *HH1* sind neben Zeitungsberichten und Info-Ständen Teil seiner Öffentlichkeitsarbeit. Für heimatlose und andere traurige Tiere sind die Pforten seines Tierheims 24 Stunden geöffnet. Ein Rettungswagen ist ständig im Einsatz, um etwa verirrte Kuhherden von der Autobahn zu retten oder entlaufene Affen einzufangen. Auch der „Bund gegen Missbrauch der Tiere e. V." betreibt ein Heim für Vierbeiner. Die „Bürger gegen Tierversuche e. V." bekämpfen den Missbrauch von Tieren zu klinischen Forschungszwecken. Aktionen wie Unterschriftensammlungen und Demos vor den Toren des UKE gehören zur Öffentlichkeitsarbeit des Vereins. Das europäische Einwohnermeldeamt für Tiere ist die „Haustier-Zentralregisterstelle Tasso e. V." in Frankfurt/Hattersheim. Rund 900 000 Tiere vom Ziegenbock bis zur Katze sind dort registriert. Das

Trödel: Bei Kreuzberg bekommen nicht nur Lampen-Sammler leuchtende Augen

Erkennungszeichen – ein tätowierter Zahlen- oder Buchstabenkode – ist meist im Ohr oder Innenschenkel des Tieres zu finden. Herrenlose Tiere werden auf diesem Wege erfolgreich zurückvermittelt. Außerdem dient das Tattoo zum Schutz vor Tierfängern, denn registrierte Tiere sind für Versuchslabore tabu. Eine Registrierung ist kostenlos und erfolgt über den Tierarzt. Die Gesellschaft zum Schutz der Meeressäugetiere (GSM) kämpft für die Erhaltung von Walen und anderen Meerestierarten und deren Lebensraum. Die GSM wurde in Hamburg gegründet, heute agiert sie auf internationaler Ebene.

- Bürger gegen Tierversuche e. V.: Bartelsstraße 11, 20357 Hamburg (Schanzenviertel), Telefon 4 39 11 11, Mo-Fr 9.30–13 Uhr; www.buerger-gegen-tierversuche.de
- Bund gegen Missbrauch der Tiere e. V. / Franziskus-Tierheim: Lokstedter Grenzstraße 7, 22527 Hamburg (Lokstedt), Telefon 5 89 46 15
- Gesellschaft zum Schutz der Meeressäugetiere: Kieler Straße 1, 25451 Quickborn (Blankenese), Telefon 0 41 06/62 06 01, Fax 0 41 06/62 09 07; www.gsm-ev.de
- Hamburger Tierschutzverein von 1841 e. V.: Süderstraße 399, 20357 Hamburg (Hamm), Telefon 2 11 10 60, Fax 21 11 06 38, Mo-Fr 8–12 Uhr; E-Mail: htv1841@t-online.de; www.hamburger-tierschutz.de
  Tierrettung herrenloser Tiere unter Telefon 22 22 77
  Fundtieraufnahme erfolgt 24 Stunden
- Tasso Haustier-Zentralregister für die BRD e. V.: Frankfurter Straße 20, 65795 Hattersheim, Telefon 0 61 90/93 22 14, Fax 0 61 90/59 67, Mo-Fr 8–20; www.tiernotruf.org
  Tiernotruf 24 Stunden

## Tischtennis

Wer beim Tischtennis nicht ordentlich schmettern lernt, wird wohl bis in alle Zeiten den Ball holen. Konzentration und Reaktionsschnelligkeit sind gleichermaßen Bestandteil des Tisch-Sports. Im Turniersport werden sowohl Doppel als auch Einzel gespielt. Jeweils im September können sich Freizeitsportler in den Hamburger Meisterschaften in den Klassen B bis E messen. Und wer wirklich gut schnippeln und schupfen kann, schafft dann den Sprung in die A-Klasse.

- Hamburger Tischtennis Verband e. V.: Schäferkampsallee 1, 20357 Hamburg (Schlump), Telefon 45 03 70 90, Fax 45 03 70 91, Mo, Di, Do 15–17, Mi 12–18 Uhr; E-Mail: tischtennis.verband@hamburg.de

## Töpfern

In der Töpferschule im Keramik Art Studio kann man alles über das Kunsthandwerk lernen: keramische Bildhauerei, das Drehen auf der Scheibe und die Herstellung von Glasuren. Die Grund- und Aufbaukurse finden jeweils wöchentlich statt und kosten 80 beziehungsweise 85 Euro. Bei der Töpfertreff GmbH gibt es neben den üblichen Utensilien, die auch im Kreativ Markt zu finden sind, die Möglichkeit, Selbstgetöpfertes brennen zu lassen. Eine große Auswahl an Töpferkursen bieten die Volkshochschulen in den einzelnen Stadtteilen. Wer sich selbst die Finger nicht schmutzig machen möchte, der kann im Töpferhaus handgefertigtes Geschirr und Terracotta aus Italien erstehen.

- Hamburger Volkshochschule Stadtbereich Mitte und Zentrale: Schanzenstraße 75–77, 20357 Hamburg (Schanzenviertel), Telefon 4 28 41 27 52, Fax 4 28 41 27 88, Mo, Di, Mi 10–13, Mo, Do 14–18.30 Uhr; www.vhs-hamburg.de
- Kreativ Markt: Königsreihe 4, 22041 Hamburg (Wandsbek), Telefon 6 82 90 77, Fax 6 82 90 04, Mo-Fr 9–20, Sa 9–16 Uhr, Kreditkarte: EC-Karte; www.kreativmarkt.com
- Töpferhaus: Osterstraße 149, 20255 Hamburg (Eimsbüttel), Telefon 49 35 33, Fax 4 91 34 28, Mo-Do 10–18, Fr 10–19, Sa 10–16 Uhr, Kreditkarte: EC-Karte
- Töpferschule im Keramik Art Studio: Humboldtstraße 126, 22083 Hamburg (Barmbek), Telefon 2 29 80 27, Di, Mi, Do 10–12.30, 15–17 Uhr, Di, Do 19–21.30 Uhr
- Töpfertreff: Spaldingstraße 152, 20097 Hamburg (Hammerbrook), Telefon 23 80 81 85, Fax 23 93 79 92, Di-Fr 10–18, Sa 10–14 Uhr; www.toepfertreff.de

## Tonstudios

Schier endlos sind die Aufnahmemöglichkeiten in Hamburg. Doch ab wann kann man von einem Tonstudio sprechen? Auf Grund der wachsenden Anzahl an Home-Studios – Cubase, Sampler und PC machen's möglich – gerät diese Frage leicht ins Philosophische. Für das gewünschte Resultat garantiert nicht allein die 48-Spur-Bandmaschine. Lange Erfahrung, ein gutes Händchen und vor allem Vorstellungsvermögen bezüglich des Projektes sind Tugenden eines Tontechnikers, die man dann auch auf vier Spuren zu schätzen lernt. „Das gewisse Etwas" ist das Thema der folgenden kleinen Auswahl.

- Boogie Park: Eulenstraße 70a, 22763 Hamburg (Altona), Telefon 3 90 49 48, Fax 3 90 64 37, Mo-Fr 10–18 Uhr; www.boogie-park.de
  Mit Udo und den H-Blockxx fing es an, es folgten chartträchtige Dancefloor-Projekte. Heute ist das auf 64-Spur-Harddisc spezialisierte Studio erste Adresse für HipHop und Black Music. Spätestens seit der Produktion von Bootsy Collins wissen das alle lokalen Rapper
- Cut five GmbH – audio creative studios: Hoheluftchaussee 95, 20253 Hamburg (Eppendorf), Telefon 4 22 33 34, Fax 4 20 90 20, E-mail: info@cut-5.de; www.cut-5.de
  Schwerpunkte sind Radiowerbung, Hörspiele, Werbe- und Filmmusik .
- Eco-Park: Conventstraße 14, 20089 Hamburg (Wandsbek), Telefon 6 06 69 29, Fax 6 06 93 28, Mo-Fr ab 9 Uhr; E-Mail: edu@chemusic.de; www.chemusic.de
  Die Latino-Connection hat es nicht nur Nena angetan. Viele junge Acts wenden sich an das freundliche Studio. Hier steht sogar das Original-Mischpult, mit dem die Eagles „Hotel California" aufgenommen haben
- Full Service Tonstudio: Hasenstieg 14, 22043 Hamburg (Jenfeld), Telefon 65 68 37 38, Fax 65 68 37 39, Mo-Fr 9–17 Uhr; www.tonstudio-fs.de
- Hastings-Musik: Ruhrstraße 13, 22761 Hamburg (Bahrenfeld), Telefon 8 53 28 90, Fax 8 50 21 56; www.hastings.de
  Produziert hauptsächlich Rundfunkwerbung
- JazZSoul : Budapester Straße 38, 20359 Hamburg (St. Pauli), Telefon 33 39 91 33, Fax 33 30 01 00, Mo-Fr 10–18 Uhr; www.jazzsoul.de
  Tonstudio, Platten-Label, Künstler- und Event-Agentur in einem; Unternehmen mit verschiedenen Labels unter einem Dach; JazZSoul Club ist Talentforum, für Begabte aus Jazz, Soul, Funk, Pop, Rock
- Soundgarden: Ost-West-Straße 45, 20457 Hamburg (Innenstadt), Telefon 32 28 88, Fax 32 48 43; www.soundgarden.de
  Bevorzugte Adresse für Künstler der Hamburger Schule wie die Sterne, Blumfeld und Tocotronic. Ein Mastering-Studio gesellt sich zu den klassischen Aufnahmeräumen, die sich trotz Verwendung neuester Digitaltechnik auch durch hervorragendes Analog-Equipment auszeichnen
- Studio Funk: Eimsbütteler Chaussee 69, 20259 Hamburg (Eimsbüttel), Telefon 43 20 43, Fax 43 20 44 00; www.studiofunk.de
  Eines der größten und ältesten Tonstudios Hamburgs. In vier Studios werden Hörfunkspots produziert, in drei weiteren wird für *RTL* synchronisiert
- White Noise: Gasstraße 12, 22761 Hamburg (Bahrenfeld), Telefon 8 96 90 80, Fax 89 69 08 20, Mo-Fr 10–18 Uhr; www.white-noise.de
  Realisiert Musik-, Hörspiel- und Sprachaufnahmen sowie Synchronisation. Die Abteilungen sind jeweils mit 24-Spur-analog- und 64-Spur-Harddisc ausgestattet, wunderbare Raumakustik

## Trödel

Stöber, stöber… auf der Suche nach Dingen, die die Welt nicht braucht. Im Trödelladen vertreiben sich auf diese Weise sich Sammler und „normale" Menschen gleich gern die Zeit. Denn wer freut sich nicht über eine kleine Besonderheit oder schöne Scheußlichkeit, die man dem besten Freund als Bad-Taste-Geschenk unterjubeln kann. Stöberparadiese mit Schnäppchengarantie finden Sie unter folgenden Adressen:

- Altes und Neues: Susannenstraße 20, 20357 Hamburg (Schanzenviertel), Telefon 4 39 41 14, Fax 44 18 33 64, Mo-Fr 10.30–19.30 Uhr
- Hamburgs kleinstes Kaufhaus: Bahrenfelder Straße 207, 22765 Hamburg (Altona), Telefon 3 90 34 85, Mo-Fr 10–18, Sa 10–14 Uhr
- Jonas: Rosenhofstraße 24, 20357 Hamburg (Schanzenviertel), Telefon 43 18 21 48, Mo-Fr 13–18.30, Sa 12–15 Uhr
- Kaufbar: Schulterblatt 83, 20357 Hamburg (Schanzenviertel), Telefon 43 28 20 10, Mo-Fr 13–19, Sa 11–16 Uhr
- Trödelkaufhaus: Tangstedter Landstraße 182, 22415 Hamburg (Langenhorn), Telefon 5 20 03 44, Fax 5 20 84 44, Do 10–20, Fr 10–18, Sa 10–15 Uhr; www.troedelkaufhaus.de
- X-Kreuzberg-X: Schulterblatt 83, 20357 Hamburg (Schanzenviertel), Telefon 01 70/5 37 82 30, Mo-Fr 13–18.30, Sa 12–16 Uhr; E-Mail: x-kreuzberg-x@freenet.de

## Überraschungseifiguren

Und was machen Sie mit der Schokolade? Die schmeiß' ich weg, oder der Hund kriegt sie. Überraschungseifigurensammler sind keineswegs übergewichtige Gesellen, sondern schlichtweg groß gebliebene Kinder, die sich an der ersten Serie der Biene Maja ergötzen und im Supermarkt mit entrücktem Blick „Ü-Eier" (Szene-Jargon) schütteln. Bei Werner Knüppel finden sie ihr Mekka: Im Comic Laden Kollektiv gibt es zigtausend Figuren, die zwischen 50 Cent und 500 Euro kosten. Außerdem veranstaltet Knüppel zweimal im Jahr in der Markthalle eine große Ü-Eier-Börse mit fast tausend Teilnehmern.

- Comic Laden Kollektiv: Fruchtallee 130, 20259 Hamburg (Eimsbüttel), Telefon 40 77 81, Fax 4 90 83 63, Mo-Fr 10–18.30, Sa 10–14 Uhr; www.comic-antiquariat.de

## Übersetzungen

Die Sprache der Liebe hilft nicht in jeder Situation. Beim Geschäftsessen mit den japanischen Kollegen etwa muss dann doch der Dolmetscher her. Ein Anruf beim Fix Übersetzer- und Dolmetscherdienst genügt. Seit über 50 Jahren wird hier in insgesamt 40 Sprachen simultan gedolmetscht, und Texte zu rund 130 Fachgebieten werden beglaubigt übersetzt. Die Diplomarbeit auf Chinesisch und dann noch als Datei? Kein Problem für die Spezialisten von Anglobe, die auf Wunsch per E-Mail die Übersetzung direkt auf Ihre Festplatte schicken. In fast allen Sprachen werden Texte fertig gestellt, wenn es sein muss sogar über Nacht oder am Wochenende. Und Dolmetscher mit Simultananlagen übersetzen Gespräche in jede gewünschte Sprache. Kontakte mit dem arabischen Sprachraum lassen sich problemlos über Dr. Ali Emari bewältigen.

- Anglobe: Max-Brauer-Allee 190, 22765 Hamburg (Altona), Telefon 43 25 05 55, Fax 35 09 50 50, Mo-Fr 9–18 Uhr; www.anglobe.com
- Dr. Ali Emari: Eppendorfer Landstraße 44, 20249 Hamburg (Eppendorf), Telefon 47 80 41, Fax 48 99 86, Termin jederzeit nach Absprache
- Fix Übersetzer- und Dolmetscherdienst: Ruhrstraße 90, 22761 Hamburg (Bahrenfeld), Telefon 3 25 52 50, Fax 32 55 25 20, Mo-Fr 8–18 Uhr; www.fix-betriebe.de

## Uhren

Obwohl Zeit eine Uhr ohne Ziffern ist, guckt man doch ständig auf das gute Stück. Warum also nicht damit Geschmack und Lebensart ausdrücken? Wer diese Ansicht teilt, ist bei Dr. Schmoller an der richtigen Adresse. Es stehen antike Uhren aus den 1910er bis 1980er Jahren, Taschenuhren für Sammler und Investoren, Chronografen, Mondphasen- und Großuhren zur Auswahl. Antike Uhren, insbesondere englische Stand- und französische Kaminuhren, finden Sie bei Heinz Sternberg. Neben dem Verkauf übernimmt er in seiner Werkstatt jede Art von Reparatur. Moderner geht's im Swatch Shop zu, mit den neuesten Modellen wie etwa der Beat-Internet-Uhr. Für Sammler hängt außerdem eine Pinwand mit Gesuchen, Angeboten und Börseninformationen im Shop. Die zwei Filialen von Don't Look! in der Wandelhalle und auf der Reeperbahn 95 bieten alle gängigen Marken wie Tissot, Festina, Fossil, Esprit oder Calvin Klein. Becker bietet neben Uhren von 40 bis 60 000 Euro auch ein breites Markenschmuck-Angebot, auf sieben Stockwerken, Kundenservice inklusive.

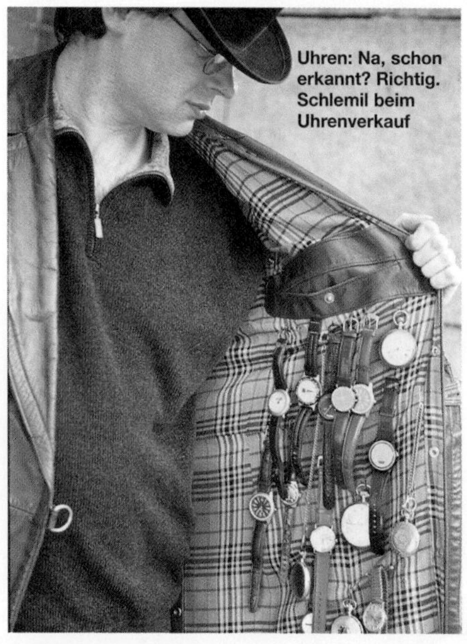

**Uhren: Na, schon erkannt? Richtig. Schlemil beim Uhrenverkauf**

- Becker Juweliere und Uhrmacher: Ida-Ehre-Platz 12, 20095 Hamburg (Innenstadt), Telefon 33 40 91 49, Fax 33 78 50, Mo-Fr 10–19, Sa 10–16 Uhr, Kreditkarten: alle; EC-Karte; www.juwelier-becker.de
  ▶ *Schmuck*
- Don't Look!: 20095 Hamburg (Innenstadt), Telefon 33 19 32, Fax 30 39 34 49, Mo-So 8.30–21 Uhr, Kreditkarten: Visa, Eurocard; EC-Karte; www.dontlook.de
  ▶ *Schmuck*
- Dr. Schmoller – Antike Uhren: Poststraße 36, 20354 Hamburg (Innenstadt), Telefon 34 47 35, Mo-Fr 10.30–18.30, Sa 10.30–14 Uhr, Kreditkarte: EC-Karte
- Heinz Sternberg: Maria-Louisen-Straße 5, 22301 Hamburg (Winterhude), Telefon 48 62 14, Fax 48 62 14, Di-Fr 11–18, Sa 10–13 Uhr, Kreditkarte: EC-Karte
- Swatch Shop: Mönckebergstraße 7, 20095 Hamburg (Innenstadt), Telefon 32 52 59 23, Fax 32 52 59 24, Mo-Fr 10–20, Sa 10–16 Uhr, Kreditkarten: Visa, Eurocard, Amex; EC-Karte; E-Mail: post@24uhr.de; www.3Uhr.de

## Umwelt

Luft, Wasser und Erde stehen schon längst nicht mehr unbegrenzt zur Verfügung, Schutz und Pflege der natürlichen Ressourcen sind nicht erst seit gestern unumgänglich geworden.

- Umwelttelefon im Informationszentrum für Umwelt und Entsorgung: Hermannstraße 14, 20095 Hamburg (Innenstadt), Telefon 34 35 36, Fax 4 28 86 42 10, Mo-Do 9–16, Fr 9–14 Uhr; E-Mail: umwelttelefon@bug.hamburg.de; www.hamburg.de

**Aktion:** Als Aktivist Dinge tun, die die Welt bewegen, und dafür auch noch ins Fernsehen kommen? Die medienwirksamen Aktionen von Greenpeace haben so manchen Jugendtraum geprägt. Freudig begrüßt werden Freiwillige bei „Rettet den Regenwald", sie werden für Protestaktionen oder Unterschriftensammlungen gebraucht. Auch Greenpeace ist ständig auf der Suche nach neuen Fördermitgliedern und Aktivisten, um weiter in den Bereichen Gentechnik, Energie, Fischerei, Wälder und Klima arbeiten zu können. Bei Nutzmüll e. V. werden Gebrauchsgegenstände gesammelt und nach Gambia transportiert, wo sie aufgearbeitet werden. So wird der Müllberg reduziert, und es entstehen Arbeitsplätze. Die NaturFreunde bieten Freizeitangebote wie Wandern und Radfahren unter Berücksichtigung ökologischer Gesichtspunkte: So wird etwa die Anreise ohne Auto organisiert.

- Greenpeace – Gruppe Hamburg: Lattenkamp 13, 22299 Hamburg (Winterhude), Telefon 4 10 49 42, Fax 4 10 49 19, Di, Mi, Do 15–18 Uhr; E-Mail: sp-grhamburg@gaia.de; www.greenpeace-gruppe-hamburg.de
- NaturFreunde Hamburg e. V.: Adenauerallee 48, 20097 Hamburg (St. Georg), Telefon 24 78 58, Fax 24 39 11, Mo, Do 16–18, Di 11–14 Uhr
- Nutzmüll e. V. – Recyclinghof Altona: Mendelssohnstraße 13, 22761 Hamburg (Altona), Telefon 8 90 66 30, Fax 89 53 97, Mo-Mi 7.30–16, Do 7.30–19, Fr 7.30–13 Uhr; www.nutzmuell-hh.de
- Rettet den Regenwald e. V.: Pöseldorfer Weg 17, 20148 Hamburg (Rotherbaum), Telefon 4 10 38 04, Fax 4 50 01 44; www.Regenwald.org

**Behörden:** Die Umweltbehörde hat für den Endverbraucher zwei Anlaufstellen. Beim Umwelt-Telefon können Informationen rund um das Thema Umwelt in Hamburg erfragt werden, unter anderem zu Veranstaltungen, Messergebnissen oder Entsorgungsmöglichkeiten. Im Informationszentrum für Umwelt und Entsorgung können Broschüren zum Thema kostenlos abgeholt und persönliche Beratungsgespräche in Anspruch genommen werden.

- Informationszentrum für Umwelt und Entsorgung: Hermannstraße 14, 20095 Hamburg (Innenstadt), Telefon 34 35 36, Mo-Fr 10-18 Uhr; www.hamburg.de
- Umwelt-Telefon: 34 35 36, Mo-Do 9–16, Fr 9–14 Uhr; www.hamburg.de

**Bildung:** Abgesehen von der Volkshochschule, die auch den Bereich Umwelt mit diversen Kursen abdeckt, gibt es Institutionen, die sich auf Umwelterziehung spezialisiert haben. Das Zentrum für Schulbiologie & Umwelterziehung etwa trainiert Lehrer und Schüler auf mehr Umweltverständnis. Umwelt hautnah erleben können Kinder, Jugendliche und ganze Schulklassen im Umweltzentrum Karlshöhe.

- Hamburger Volkshochschule Stadtbereich Mitte und Zentrale: Schanzenstraße 75–77, 20357 Hamburg (Schanzenviertel), Telefon 4 28 41 27 52, Fax 4 28 41 27 88, Mo, Di, Mi 10–13, Mo, Do 14–18.30 Uhr; www.vhs-hamburg.de
- Umweltzentrum Karlshöhe e. V.: Karlshöhe 60d, 22175 Hamburg (Bramfeld), Telefon 6 00 38 60, Fax 60 03 86 20, Mo-Fr 10–12, 14–16 Uhr;

E-Mail: hamburger.umweltzenrum@bund.net; www.bund.net/hamburg

- Zentrum für Schulbiologie & Umwelterziehung: Hemmingstedter Weg 142, 22609 Hamburg (Klein Flottbek), Telefon 8 23 14 20, Fax 82 31 42 22, Mo-Do 8–15.30, Fr 8–14 Uhr

## Umziehen

Den gesamten Hausstand von A nach B zu transportieren kostet Kraft, Nerven und manchmal den Freundeskreis. Ob von Hamburg nach München, vom Schanzenviertel nach Blankenese oder von Büro zu Büro, hier kommen die wichtigsten Umzugs-Adressen:

- Hans Seemann GmbH & Roepke 2000: Ruhrstraße 112, 22761 Hamburg (Altona), Telefon 8 50 77 77, Fax 8 50 70 34, Kreditkarte: EC-Karte; www.seemann-verpackung.de
- Hendriks Transporte: Friesenweg 5e, 22763 Hamburg (Bahrenfeld), Telefon 8 80 35 59, Fax 8 81 06 29, Mo-Fr 9–17 Uhr
- Huckepack: Schnackenburgallee 47–51, 22525 Hamburg (Stellingen), Telefon 39 16 33, Fax 39 57 62, Mo-Fr 8–18 Uhr; www.huckepack.de
- Manager Mobil: Saselbergweg 29a, 22395 Hamburg (Poppenbüttel), Telefon 22 71 64 99, Fax 22 71 64 98, Mo-Fr 9–18 Uhr; www.managermobil.de

## Uniformen

Vorbei sind die Zeiten, wo man Postbote werden wollte wegen der schicken Uniform. Uniformen hinterlassen heute eher einen schlechten Beigeschmack, und Hunde beißen durch jeden Stoff. Wer's dennoch nicht lassen kann: Ernst Brendler hat ein großes Sortiment an Marineuniformen und Tropenausrüstungen. Auch bei Steinmetz & Hehl werden Sie in Sachen Marinebekleidung fündig. Den sonstigen Bedarf deckt H. Heinemann, der hauptsächlich Bühnen- und Musikerbekleidung anbietet.

- Ernst Brendler: Große Johannisstraße 15, 20457 Hamburg (Innenstadt), Telefon 37 34 25, Fax 37 50 21 39, Mo-Fr 9–18, Sa 9–16 Uhr, Kreditkarten: EC-Karte; www.ernst-brendler.de
- H. Heinemann – Show-und Entertainment-bekleidung: Kastanienallee 31, 20359 Hamburg (St. Pauli), Telefon 3 19 31 91, Fax 3 19 31 46, Mo-Fr 10–18, Sa 10–12 Uhr, Kreditkarte: EC-Karte;
  E-Mail: post@heinemann-hamburg.de; www.heinemann-hamburg.de
- Steinmetz & Hehl: Rödingsmarkt 20, 20459 Hamburg (Innenstadt), Telefon 36 46 52, Fax 37 14 88, Mo-Fr 9–18, Sa 9–16 Uhr, Kreditkarten: alle, EC-Karte;
  E-Mail: fph@steinmetz-hehl.de; www.steinmetz-hehl.de

## Universität

▶ *Hochschulen*
▶ *Studentinnen und Studenten*

## Unterhaltungselektronik

Der große Boom der Digitaltechnik im Bereich der Unterhaltungselektronik ist etwas abgeflaut: 100-Hertz-Fernseher sind den meisten Leuten doch zu teuer, die Neuigkeit Mini-Disc hat sich zwar auf Skateboards als praktisch erwiesen, die CD sich als Medium der Normalverbraucher etabliert, doch im audiophilen Wohnzimmer steht häufig doch ein Thorens- und im WG-Zimmer ein Technics-Plattenspieler. Auch bei den Elektro-Supermärkten Media Markt und Schaulandt trifft man die totgeglaubte Spezies wieder an, die Verkäufer können einem bloß nichts über sie erzählen. Wenn Sie nicht gerade zum Verstärker einen Eierkocher oder Tischstaubsauger brauchen, empfehlen wir den wunderbaren Fachhandel dieser Stadt.

- ABT Bild- und Tontechnik: Schwanenwik 35, 22087 Hamburg (Innenstadt), Telefon 2 27 43 00, Fax 22 74 30 30, Mo-Fr 8.30–17 Uhr, Kreditkarte: EC-Karte
  Geräte der Oberklasse
- Ampere: Herderstraße 30, 22085 Hamburg (Uhlenhorst), Telefon 2 27 84 01
  Verkauf und Verleih von restaurierten Musikmöbeln und Ersatzteilen aus den Jahren 1945 bis 1970
- Brinkmann GmbH: Spitalerstraße 10, 20095 Hamburg (Innenstadt), Telefon 3 00 40, Fax 33 60 05, Mo-Fr 9.30–20, Sa 9–16 Uhr, Kreditkarten: Eurocard, Visa; EC-Karte; www.brinkmann.de
  Technisches Kaufhaus und mehr
- Conrad Electronic Center: Wandsbeker Zollstraße 67–69, 22041 Hamburg (Wandsbek), Telefon 6 57 29 70, Fax 65 72 97 10, Mo-Fr 9–20, Sa 9–16 Uhr, Kreditkarten: Eurocard, Visa; EC-Karte; www.conrad.de
  Neben dem üblichen Hi-Fi-Angebot findet man hier eine breite Palette an Bastlersätzen, Zubehör und Spezialsortimenten
- Hamburger Hi-Fi Center: Heydornweg 6, 22587 Hamburg (Blankenese), Telefon 3 99 29 10, Fax 3 99 29 90, Mo-Fr 10–18 Uhr und nach Vereinbarung; E-Mail: Hifi-center@t-online.de

**Uniformen: Ernst Brendler macht Sie fit für die Tropen**

Planung, Aufbau, Wartung und Reparatur hochwertiger Musikanlagen; kein Verkauf

- Heimann: Wandelhalle im Hauptbahnhof, 20095 Hamburg (Innenstadt), Telefon 32 12 41, Fax 32 79 32, Mo-Fr, So 9.30–20.30, Sa 9.30–16 Uhr, Kreditkarte: EC-Karte; www.heimann.de
  Viele reduzierte CDs im Angebot
- Makro Markt: Kieler Straße 433, 22525 Hamburg (Stellingen), Telefon 54 74 20, Fax 54 74 21 87, Mo-Fr 9.30–20, Sa 9–16 Uhr, Kreditkarte: EC-Karte; www.makromarkt.de
  „Gute Preise, gute Auswahl, guten Tag!“
- Media Markt: Nedderfeld 70, 22529 Hamburg (Lokstedt), Telefon 48 09 90, Mo-Fr 10–20, Sa 9.30–16 Uhr, Kreditkarte: EC-Karte; www.mediamarkt.de;
  Gibt eine wöchentlich aktualisierte Schnäppchen-Liste heraus
- Open Air: Rentzelstraße 34, 20146 Hamburg (Univiertel), Telefon 44 58 10, Fax 4 10 78 12, Mo-Fr 10–19, Sa 10–14 Uhr, Kreditkarte: EC-Karte; www.openair-speaker.de
  Lautsprecher-Shop; Spezi für Selbstbauboxen
- Reifenrath Audio-Medien-Center: Colonnaden 9, 20354 Hamburg (Univiertel), Telefon 4 20 48 26, Fax 4 20 78 45, Mo-Fr 11–19, Sa 11–16 Uhr, Kreditkarten: alle; EC-Karte; www.reifenrath.org
  Neue und gebrauchte Hi-Fi-Anlagen und Homekino-Systeme für 8000 bis 250 000 Euro (!)
- Saturn: Mönckebergstraße 1, 20095 Hamburg (Innenstadt), Telefon 30 95 83 52, Fax 30 95 81 01, Mo-Fr 9.30–20, Sa 9.30–16 Uhr, Kreditkarte: EC-Karte; www.saturn.de
  Größtes Kaufhaus der bundesweiten Kette
- Schaulandt: Nedderfeld 98, 22529 Hamburg (Lokstedt), Telefon 4 80 01 30, Fax 48 00 13 44, Mo-Fr 10–20, Sa 9.30–16 Uhr, Kreditkarten: Eurocard, Visa; EC-Karte; www.schaulandt.de
  Die Kette mit dem Gespenst spukt auch andernorts in der Stadt. Öffnungszeiten, Kreditkarten und URLs der folgenden Filialen siehe oben:
  Mercado/Ottenser Hauptstraße 10, 22765 Hamburg (Altona), Telefon 3 98 89 80, Fax 39 88 98 30
  Wandsbeker Marktstraße 103, 22041 Hamburg (Wandsbek), Telefon 6 58 78 80, Fax 68 91 21 45
- System Shop: Lilienstraße 32, 20095 Hamburg (Innenstadt), Telefon 33 86 16, Fax 33 83 32, Mo-Fr 10.30–18, Sa 10–14 Uhr, Kreditkarte: EC-Karte; www.system-shop.de
  Der Phonospezialist, fast alles zum Plattenspieler samt fachgerechter Beratung
- Thomas-Electronic: Osdorfer Landstraße 11, 22607 Hamburg (Osdorf), Telefon 41 00 45 45, Fax 41 00 45 46, Mo-Fr 9–13, 14–18, Sa 9–13 Uhr, Kreditkarte: EC-Karte; www.thomas-electronic.de
  Eine breite Palette an Neuteilen zu fairen Preisen
- Wiesenhavern: Mönckebergstraße 11, 20095 Hamburg (Innenstadt), Telefon 3 33 01 00, Mo-Fr 9.30–20, Sa 9.30–16 Uhr, Kreditkarte: EC-Karte
  Traditionsreiches und gut sortiertes Geschäft, kompetente Bedienung im Hi-Fi-, Foto-, Video- & TV-Bereich

## Unternehmensberatung

Kommunikation mit NLP (Neurolinguistisches Programmieren) ist das Geschäft des Eine-Frau-Unternehmens von Johanna Busmann. Firmen und vor allem Anwaltskanzleien hören auf ihren Rat und lassen sich in Sachen Zielmanagement, Teamarbeit und Umgang mit Kunden schulen. Für Führungskräfte organisiert sie NLP-Business-Ausbildungen in Hamburg und auf Sylt. Putz & Partner berät Unternehmen aller Art von der Konzeption bis zur Realisierung durch insgesamt fünfundachtzig erfahrene Mitarbeiter.

- Johanna Busmann: Menzelstraße 11, 22607 Hamburg (Othmarschen), Telefon 89 27 22, Fax 8 90 51 88, E-Mail: jobusmann@aol.com; www.busmannn-training.de
- oose.de: Oberstraße 14b, 20144 Hamburg (Eppendorf), Telefon 4 14 25 00, Fax 41 43 50 50, Mo-Fr 8.30–17 Uhr; www.oose.de
- Putz & Partner: Mittelweg 176, 20148 Hamburg (Rotherbaum), Telefon 3 50 81 40, Fax 35 08 14 80, Mo-Fr 8–17 Uhr; www.putzundpartner.de

Geborene Hamburger: Wenn dat mol kien echter Hamborger Jung is

## Ventilatoren

Mal wieder dicke Luft? Ventilatoren schaffen Abhilfe auf diesem Gebiet Vorsorge, zumindest was die klimatischen Bedingungen im Raum angeht. Die Preise für Ventilatoren richten sich nach Größe, Flügelanzahl, Beleuchtung, Material des Wunschgerätes. Ein Deckenventilator aus Metall mit 132 Zentimetern Durchmesser und Holzflügeln kostet zwischen 150 und 175 Euro, den einfachen Kunststoffventilator gibt's ab 20 Euro. Ventilatoren führen unter anderen:

- Korrekt Delta-Fan und Komfort:
  Ahrensburger Straße 138, 22045 Hamburg (Tonndorf), Telefon 66 09 74 , Fax 66 00 23, Kreditkarten: alle; EC-Karte; www.delta-fan-hamburg.de
  Versand, sonst nach Vereinbarung
- Speicher am Fischmarkt: Große Elbstraße 39, 22767 Hamburg (Altona), Telefon 31 42 42, Fax 30 68 64 18, Mo-Fr 10–20, Sa 10–16 Uhr, Kreditkarten: alle; EC-Karte; www.speicher-am-fischmarkt.de

## Veranstaltungszentren


▶ *Konzerte*
▶ *Stadtteilzentren*


## Verbraucherberatung

Die Verbraucher-Zentrale Hamburg hat Servicetelefone für alle Facetten von Konsumärger eingerichtet. Persönliche Beratung ist ebenfalls möglich. Außerdem gibt es zu vielen Themen Broschüren. Engagierte - Verbraucherinnen und Verbraucher gründeten 1986 gemeinsam mit Landwirten und Gärtnern aus der Region den gemeinnützigen Verein Ökomarkt. Er berät bei der Versorgung mit Lebensmitteln aus ökologischem Landbau, organisiert Ökomärkte und arbeitet mit anderen Verbraucherverbänden zusammen.


▶ *Beschweren Sie sich*


- Ökomarkt Verbraucher- und Agrarberatung e. V.:
  Kurfürstenstraße 10, 22041 Hamburg (Marienthal), Telefon 6 56 50 42, Fax 65 72 00 20; www.oekomarkt-hamburg.de
- Verbraucher-Zentrale Hamburg e. V./
  Altersvorsorge/Geldanlage: Kirchenallee 22, 20099 Hamburg (St. Georg), Telefon 01 90/77 54 42, Di-Do 10–18 Uhr (telefonisch); www.vzhh.de
  Telefonische Beratung 1,24 Euro/Min., persönliche Beratung nach Vereinbarung (102 Euro)
- Verbraucher-Zentrale Hamburg e. V./
  Energie + Bauen: Kirchenallee 22, 20099 Hamburg (St. Georg), Telefon 24 83 22 50, Di-Do 10–14 Uhr (telefonisch); www.vzhh.de
  Telefonische und persönliche Beratung unentgeltlich, persönliche Beratung nach Vereinbarung
- Verbraucher-Zentrale Hamburg e. V./Ernährung:
  Kirchenalle 22, 20099 Hamburg (St. Georg), Telefon 24 83 22 40, Di-Do 10–14 Uhr (telefonisch), Di, Mi 14–18 Uhr persönlich; www.vzhh.de
  Telefonische Beratung 5–12 Euro, persönliche Beratung 5–15 Euro
- Verbraucher-Zentrale Hamburg e. V./
  Gesundheit und Patientenschutz: Kirchenallee 22, 20099 Hamburg (St. Georg), Telefon 24 83 22 30,

Fax 24 83 22 90, Di 10–18, Mi 10–14 Uhr (telefonisch), Do 10–18 Uhr (persönlich); www.vzhh.de
Telefonische Beratung 5–12 Euro, persönliche Beratung 5–25 Euro

- Verbraucher-Zentrale Hamburg e. V./ Konto, Kredit, Schulden: Kirchenallee 22, 20099 Hamburg (St. Georg), Telefon 01 90/77 54 42, Di-Do 10–18 Uhr (telefonisch), Di, Mi 14–18 Uhr (persönlich); www.vzhh.de
  Telefonische Beratung 1,24 Euro/Min., persönliche Beratung 12,50 Euro
- Verbraucher-Zentrale Hamburg e. V./ Produktberatung: Kirchenallee 22, 20099 Hamburg (St. Georg), Telefon 01 90/77 54 43, Mo, Fr 10–14 Uhr (telefonisch), Mo-Do 10–18, Fr 10–14 Uhr (persönlich);
- Verbraucher-Zentrale Hamburg e. V./ Umwelt: Kirchenallee 22, 20099 Hamburg (St.Georg), Telefon 24 83 22 60, Di-Do 10–13 Uhr (telefonisch); www.vhzz.de
  Telefonische Beratung unentgeltlich, persönliche Beratung nach Vereinbarung, 5–12 Euro
- Verbraucher-Zentrale Hamburg e. V./ Versicherungen: Kirchenallee 22, 20099 Hamburg (St. Georg), Telefon 01 90/77 54 42, Di-Do 10–18 Uhr (telefonisch), Di 10–18, Mi, Do 10–14 Uhr (persönlich); www.vzhh.de
  Telefonische Beratung 1,24 Euro/Min., persönliche Beratung 15 Euro

## Verein geborener Hamburger

Aus Mecklenburg, Hannover und Schleswig-Holstein strömten am Ende des 19. Jahrhunderts Quidjes zur Arbeit in die Hansestadt Hamburg. Ein Grund für gebürtige Hamburger, aus Angst vor Überfremdung einen Verein zu gründen, der sich um die Pflege der typisch hanseatischen Art, Geschichte und niederdeutschen Sprache kümmert. In den Fünfzigerjahren zählte der Verein mehr als 3000 Mitglieder, heute sind es, trotz seiner 1977 erfolgten Öffnung für Frauen, nur noch rund 600. Neben den plattdeutschen Theaterstücken der „Faxenmoker“ unterhält der Verein einen Seemannschor und ein Akkordeonorchester. Außerdem unternehmen die Mitglieder auch Bildungsreisen, um den eigenen Horizont mal über Hamburg hinaus zu lenken.

- Verein geborener Hamburger e. V.: Herr Trestin, Graf-Anton-Weg 10, 22459 Hamburg (Niendorf), Telefon 5 51 76 53, Fax 5 51 76 53

## Verlage

▶ *Medien*

## Vermögensberatung

Das eigene Geld nicht einfach verpulvern, sondern in etwas Sinnvolles investieren? Einige Beratungsinstitute bieten ihren Kunden ökosoziale Projekte zur Anlage an. Die seriösen Unternehmen gewähren stets Transparenz bezüglich der Geldanlagen. Aber leider gibt es neben seriösen Vermögensberatern auch solche, die die Depots ihrer Kunden in die roten Zahlen wirtschaften oder gar mit dem Geld verschwinden. Sachverständige raten den Anlegern, sich mit speziellen Vereinbarungen abzusichern, zum Beispiel durch konkrete Anlagerichtlinien und Informationspflicht bei Kurseinbrüchen. Gut beraten sind Sie bei folgenden Unternehmen:

- GLS Gemeinschaftsbank: Mittelweg 147, 20148 Hamburg (Rotherbaum), Telefon 4 14 76 20, Fax 41 47 62 44, Mo-Do 8.30–17, Fr 8.30–16 Uhr; www.gemeinschaftsbank.de
  Arbeitet nicht gewinnorientiert und finanziert seit 25 Jahren Projekte aus den Bereichen Umwelt, Soziales und ökologische Landwirtschaft; die enge Zusammenarbeit mit der gemeinnützigen Treuhandstelle und der GLS Beteiligungs AG machen vielseitige Gestaltungen und Initiativen möglich, Beteiligungsfonds im Bereich regenerative Energien, Spendenfonds wie zum Beispiel Saatgutfonds und Entwicklungshilfefonds; regelmäßig wird den Anlegern in Bezug auf die Verwendung ihrer Gelder Rechenschaft abgelegt
- Trion Geldberatungsgenossenschaft eG: Große Straße 133, 21075 Hamburg (Harburg), Telefon 38 70 60, Fax 76 10 19 90, nach Terminvereinbarung
  Berät seit 1989 bei der Finanzierung und der Geldanlage in sozialen und ökologischen Projekten

## Versicherungen

Freundlich sehen sie aus, die Herren Kaiser & Co. Locker im Umgang mit dem Kunden, charmant das Lächeln. Kein Wunder, denn bei riesigen Provisionen lässt es sich gut leben. Schlimm ist, wenn der Kunde die Versicherung ans Herz gelegt bekommt, die auf das Portmonee des Dealers und nicht auf seine persönlichen Bedürfnisse zugeschnitten ist. Dass es auch bei unabhängigen Vermittlungsgesellschaften um den Profit geht, lässt sich natürlich nicht bestreiten. Da solche Büros nicht an einzelne Gesellschaften gebunden sind, kann man sich dort vom Fachmann Durchblick im Branchen-Dschungel verschaffen lassen. Und das ist sehr hilfreich.

**Vögel: Im Vogelpark Walsrode fressen sogar Raubvögel aus der Hand**

- Dollereder & Partner: Erich-Kästner-Ring 71, 22175 Hamburg (Bramfeld), Telefon 6 40 00 41, Fax 6 49 40 920, nach Vereinbarung
- Fairsicherungsladen Hamburg GmbH: Curschmannstraße 24, 20251 Hamburg (Eppendorf), Telefon 42 93 03 10, Fax 42 93 03 19, Mo-Do 8–19 Uhr; www.fairsicherungsladen.de

## Videos

Muskeln wie Arnie, Sharon Stones IQ und Kim Basinger zur Freundin? Alles möglich, die Welt liegt einem zu Füßen – jedenfalls wenn der Videorekorder unter dem Couchtisch steht. Zu Hause fallen die Pickel nicht so auf, und die Getränke sind billiger. Von „Titanic" bis „Shrek" gibt's die Tophits ins Wohnzimmer. Wir haben die Geheimtipps der über hundert Videotheken in Hamburg für Sie durchgezappt. Webtipp: Unter www.video.de finden Heimkino-Freunde neben einem Filmarchiv den Videotheken Club Online: Er bietet die Möglichkeit, DVDs und VHS-Kassetten bundesweit bei angeschlossenen Videotheken vorzumerken.

▸ *Film*

- Film- und Videobibliothek in den Zeise Hallen: Friedensallee 7–9, 22765 Hamburg (Ottensen), Telefon 3 90 88 71, Fax 3 90 39 99, Mo, Di, Mi, Fr 12–18, Do 12–20 Uhr; www.buecherhallen.hamburg.de
- Fox-Videorent: Schauenburger Straße 49, 20295 Hamburg (Innenstadt), Telefon 37 51 96 14, Fax 37 51 96 14, Mo-Sa 10–24 Uhr, Kreditkarte: EC-Karte; www.foxhome.de
  Zentrales Telefon 0 48 21/8 00 50, elf Filialen, zirka 8000 Filme, die Hälfte davon englisch, auch französisch, italienisch; einen Schwerpunkt bilden die Klassiker: „Frühstück bei Tiffany", „Ben Hur" et cetera; etwa 1500 DVDs
- Hard to Get: Landwehr 25, 22087 Hamburg (Hohenfelde), Telefon 2 50 92 14, Fax 2 50 80 22, Mo-Fr 14–20, Sa 12–18 Uhr, Kreditkarte: EC-Karte; www.hardtoget.de
  Zirka 300 englischsprachige Videos und rund 1000 DVDs; neben aktuellen Titeln Erotik, Mondo- und Kannibalenstreifen, Horror, Hongkong; Russ Meyer
- Interessenverband des Video- und Medienfachhandels in Deutschland e. V. (IVD)/Landesverband Nord: Berndt Düsing c/o Düsing Videotheken, Heegbarg 24a, 22175 Hamburg (Poppenbüttel), Telefon 5 36 87 23, Fax 5 36 88 23; www. ivd-online.de
- The First: Beim Schlump 13, 20144 Hamburg (Eimsbüttel), Telefon 4 50 49 19, Fax 4 50 49 19, Mo-Do 12–22, Fr 12–24, Sa 10–24, So 13–18 Uhr; www.upsetter.com
  5000 bis 6000 englischsprachige Videos aller Genres: Filmrenner wie „Star Trek", TV-Serien („Friends", „Akte X"), British Comedy à la Monty

Python, japanische Mangas, Specials

- Venal Virulent: Rappstraße 15, 20146 Hamburg (Univiertel), Telefon 4 50 57 26, Fax 5 50 57 28, Mo-Fr 14–20, Sa 12–18 Uhr, Kreditkarte: EC-Karte
  Nur Verkauf, Bestellung möglich, eine Auswahl im Shop, fast nur DVDs (zirka 10–30 Euro), auch Videos (ab 10 Euro); Spezialist für Asien, Japan-Underground
- Video Aktuell: Lange Reihe 29, 20090 Hamburg (St. Georg), Telefon 28 05 25 57, Mo-Sa 10–24, So 13–23 Uhr
  Sechs Filialen mit je etwa 4000 Videos
- Videoland: Luruper Hauptstraße 107–111, 22547 (Lurup), Telefon 83 63 87, Fax 83 63 87, Mo-Sa 10–24, So 13–21 Uhr, Kreditkarten: EC-Karte; www.videoland.de
  Etwa 5000 Filme; Spezialität: 1500 Computerspiele, 1000 DVDs (auch Musik), An- und Verkauf (auch von Musik-CDs, DVDs und Spielen)
- Videopalast: Winterhuder Marktplatz 8, 22299 Hamburg (Winterhude), Telefon 48 52 85, Fax 48 52 75, Mo-Fr 10–24, Sa 13–22 Uhr, Kreditkarte: EC-Karte; www.videopalast-hh.de
  6000 Titel, 2200 DVDs, CD-ROMs (Spiele), PlayStation 1 & 2, X-Box und CDs



## Vögel

Auch wenn einem Tauben mal wieder den Fahrradsattel versaut haben, die Faszination für Vögel bleibt ungebrochen. Neidisch blickt der Mensch gen Himmel, möchte genauso durch die Lüfte schweben. Kann er aber nicht – also muss das Tier eben am Boden bleiben und sprechen lernen. Der Naturschutzbund Deutschland (▶ *Naturschutz*) kümmert sich im Rahmen des Natur- und Artenschutzes selbstverständlich auch um das Wohl fliegender Genossen. Neben Aufklärungsarbeit wie kostenlosen Führungen zur Vogelwelt, besonders auch für Schulklassen, werden Biotope gepflegt, so zum Beispiel in Form des Brutschutzes für Kraniche. Der NABU tritt zudem auch an Wohnungsbaugesellschaften heran, damit etwa bei der Planung und Verwirklichungen von Bauprojekten die Nistmöglichkeiten für Mauersegler berücksichtigt werden. Das Vogelschutzkomitee richtet sich weniger gegen schießwütige Rentner als gegen das Verbrechen auf breiter Ebene. Mit Erfolg: Die EG-Vogelschutzrichtlinie von 1979 untersagt das massenhafte Fangen von Zugvögeln in Mittelmeerländern, und 1990 wurde eine Vereinbarung mit der Lufthansa getroffen, die beim Import von Käfigvögeln weniger grausame Transportmethoden gewährleisten soll. So wird verhindert, dass die Tiere qualvoll verenden. Artgerechte Unterbringung von knapp 4500 Exemplaren auf 24 Hektar Fläche verspricht der Vogelpark Walsrode. Bei einer Wanderung durch Schilf und Sumpf lässt sich im Vogelpark und Eulengarten Niendorf die weltweit größte „Sammlung" der nachtaktiven Gattung beobachten. Weitere Mitbewohner der Vogel-WG sind Kondore, Geier, Adler, Kraniche, Flamingos und Störche. In den EG-Vogelschutzgebieten Duvenstedter Brook, Hainesch-Iland und der Reit (▶ *Naturschutz*) kann man Vögel in freier Wildbahn erleben.

- Naturschutzbund Deutschland (NABU), Landesverband Hamburg e. V.: Habichtstraße 125, 22307 Hamburg (Barmbek), Telefon 6 97 08 90, Fax 69 70 89 17, Mo-Do 8.30–13 und 13.30–17, Fr 8.30–13 und 13.30–15.30 Uhr; www.nabu-hamburg.de
- Vogelpark und Eulengarten Niendorf: An der Aalbek, 23669 Timmendorfer Strand/Niendorf, Telefon 0 45 03/47 40, Fax 0 45 03/87 332, Mo-So 9–18 Uhr
- Vogelpark Walsrode: Am Rieselbach, 29664 Walsrode, Telefon 0 51 61/20 15 und 0 51 61/82 10, Mo-So 9–19 Uhr (März bis Oktober), zwischen dem 1.3. und 31.10 9–19 Uhr (bzw. bis Dämmerung); November bis Februar 10–16 Uhr; www.vogelpark-walsrode.de
- Vogelschutzkomitee e. V.: Parkallee 4, 20144 Hamburg (Harvestehude), Telefon 41 78 50, Fax 45 71 36; E-Mail: vogelschutz-komitee@t-online; www.vogelschutz-komitee.de

## Volkshochschulen

Sie können nicht an ihr vorübergehen: Die VHS ist einfach überall in der Stadt zu finden. Das Volk kann sich weiterbilden in 24 Sprachen (dabei: Japanisch), EDV-Anwendungen, Musik, Kunst, Sport, Politik oder den Schulabschluss nachholen. Es gibt Kurse für Behinderte, für Senioren und extra Frauenprogramme sowie Bildungsurlaube und Gesundheitskurse. Damit das Image nicht verstaubt, werden Flirt-Workshops angeboten, wer ein Faible für Fledermäuse verspürt, belegt den Wochenend-Kurs „Fledermäuse in Hamburg". Für Menschen, die lieber nachts unterwegs sind, anstatt Schäfchen zu zählen, gibt es Exkursionen durch Hamburger Betriebe, hier sind Nachtarbeiter kennen

**Volkshochschule: Flirt-Workshops und Fledermäuse**

zu lernen, denen die Augen nicht zufallen dürfen. Semesterbeginn ist jeweils im Frühjahr und Herbst. Vorlesungsverzeichnisse sind in den Stadtteilbüros, in Bibliotheken und Buchhandlungen erhältlich (Kosten: 2,30 Euro, jeder Stadtbereich hat sein eigenes Programmheft). Ermäßigungen für Schüler, Studenten, Wehr- und Zivildienstleistende, Azubis, Rentner, Arbeitslose und Sozialhilfeempfänger.

- Hamburger Volkshochschule EDV- und Berufsbildungszentrum: Mönckebergstraße 17, 20095 Hamburg (Innenstadt), Telefon 2 09 42 10, Fax 20 94 21 44, Mo 9–18.30, Di 9–14, Mi 9–16, Do 9–20, Fr 9–16, Sa 10.30–12.30 Uhr; Mittagspause (geschlossen) Mo-Fr 12.30–13.30 Uhr; www.vhs-hamburg.de
- Hamburger Volkshochschule/Region Bergedorf: Leuschnerstraße 21, 21031 Hamburg (Lohbrügge), Telefon 7 25 40 80, Fax 72 54 40, Mo 9–18.30, Di, Mi 9–13, Do 14–18.30 Uhr; www.vhs-hamburg.de
- Hamburger Volkshochschule/Region Harburg: Eddelbüttelstraße 47a, 21073 Hamburg (Harburg), Telefon 7 67 34 70, Fax 76 73 30, Di, Mi, Fr 9–13, Do 14–18 Uhr; www.vhs-hamburg.de
- Hamburger Volkshochschule/Region Mitte: Schanzenstraße 75–77, 20357 Hamburg (Schanzenviertel), Telefon 4 28 41 27 52, Fax 4 28 41 27 88, Mo 10–13, 14–18.30, Di, Mi 10–13, Do 14–18.30 Uhr; www.vhs-hamburg.de
- Hamburger Volkshochschule/Region Nord: Wiesendamm 22b, 22305 Hamburg (Barmbek), Telefon 4 28 32 20 34, Fax 4 28 32 20 44, Mo, Do 14–18.30, Di, Mi 9–13 Uhr; www.vhs-hamburg.de
- Hamburger Volkshochschule/Region Ost: Berner Heerweg 183, 22159 Hamburg (Farmsen), Telefon 64 55 84 11, Fax 64 55 84 84, Mo 9–18.30, Di, Mi 9–13, Do 14–18.30 Uhr; www.vhs-hamburg.de
- Hamburger Volkshochschule/Region West: Waitzstraße 31, 22607 Hamburg (Othmarschen), Telefon 8 90 59 10, Fax 89 05 40, Mo 9–13, 14–18.30, Di, Mi 9–13, Do 14–18.30 Uhr; www.vhs-hamburg.de

## Volleyball und Beachvolleyball

Was sportlich im Bereich Volleyball passiert, verkündet die „City Map Trendsport" vom Hamburger Sportbund (HSB). Hier ist zu erfahren, wann die nächsten Hamburger Beachvolleyball-Meisterschaften und die Saison für Volleyballturniere starten. Außerdem gibt es Informationen rund um Volleyball natürlich beim Hamburger Volleyball-Verband. Jeden Sommer laden etliche Laster tonnenweise feinsten Sand vor die Deichtorhallen, damit die Elite der deutschen Beachvolleyball-Szene hier um die Teilnahme am Turnier der Lipton Masters am Timmendorfer Strand pritschen und baggern kann. Die genauen Termine entnehmen Sie bitte der SZENE HAMBURG.

- Hamburger Volleyball-Verband e. V. – Fachverband für Beach-, Leistungs- und Freizeitvolleyball: Schäferkampsallee 1, 20357 Hamburg (Eimsbüttel), Telefon 41 90 82 40, Fax 45 21 90, Mo 14–16, Di 11–18, Do 9–12 Uhr; www.hvbv.de
- Hamburger Sportbund (HSB): Schäferkampsallee 1, 20357 Hamburg (Eimsbüttel), Telefon 41 90 81 11, Mo-Do 9–15 Uhr; www.hamburger-sportbund.de

## Vermietungen

▶ *Auto*

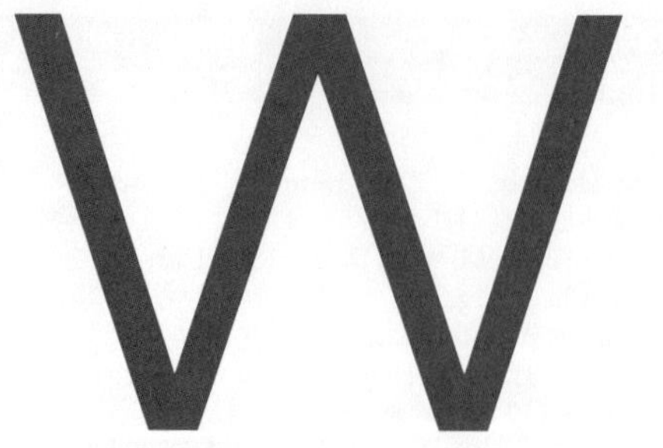

## Wälder

Die Schutzgemeinschaft Deutscher Wald setzt sich für den Erhalt der Wälder ein, etwa durch den Aufkauf von Brachflächen und durch standortgerechte Wiederbepflanzung. Für Kinder und Jugendliche werden umweltpädagogische Projekte veranstaltet. Ebenfalls von der Schutzgemeinschaft organisiert ist die Waldjugend Hamburg e. V., ein Verein für junge Menschen, die sich für die Natur einsetzen. Im Westen Hamburgs, bei Rissen, befindet sich der zwanzig Hektar große Forst Klövensteen, ein wunderschönes, weitläufiges Mischwaldgebiet. Aufgelockert wird diese Landschaft durch Wiesen und Teiche. Im Südwestteil befindet sich ein 200 Meter langer See mit einer vielfältigen Pflanzen- und Tierwelt. Aufmerksame Beobachter können im Forst Rehwild, Hasen und vielleicht auch Füchse und Wiesel sehen. In luftiger Höhe sind Habichte, Sperber und Bussarde zu bewundern. Reiter finden im Klövensteen 25 Kilometer Reitwege vor. In der Nähe von Wedel befinden sich die Holmer Sandberge. Charakteristisch für sie sind die Dünenhügel an der Geestkante, die meistens bewaldet sind. Zur Elbe hin geht die Landschaft in weite Marschgebiete über. Im idyllischen Sachsenwald östlich von Hamburg herrscht Mischwald vor. Das Gebiet ist noch so unberührt, dass der Besucher mitunter tanzende Elfen und Gnome hinter den Bäumen erwartet.

- Schutzgemeinschaft Deutscher Wald: Lokstedter Holt 46a, (Niendorf), Telefon 58 69 27
- Weitere Naturparadiese: ▸ *Naturschutz*

## Wandern

Über Stock und über Stein, ganz allein, ist nicht fein. Wer Gleichgesinnte sucht, findet sie im Alpenverein Hamburg oder bei den Naturfreunden. Fast wöchentlich wird in und um Hamburg gewandert, in Gruppen von etwa zehn Leuten. Auch Wanderreisen werden organisiert. Bei den Naturfreunden wird nur nach streng ökologischer Ausrichtung die Natur genossen, das bedeutet, die Routen werden so ausgewählt, dass eine Anfahrt mit dem Auto entfällt und nur mit Bus und Bahn gereist wird.

▸ *Klettern*

- Alpenverein Hamburg: Gerhofstraße 32, 20354 Hamburg (Innenstadt), Telefon 35 22 88, Fax 35 43 64, Mo, Mi 10–14, Di, Do 15–18 Uhr; www.alpenverein-hamburg.de
- Naturfreunde Hamburg e. V.: Adenauerallee 48, 20097 Hamburg (St. Georg), Telefon 24 78 58, Fax 24 39 11, Mo, Do 16–18, Di 11–14 Uhr

## Wasserblick

▸ *Essen + Trinken*

## Wasserski

Wer zum ersten Mal auf Wasserskiern steht, landet schnell kopfüber im kühlen Nass. Es sind also Kraft und Ausdauer gefragt. Rund um Hamburg gibt es vier Wasserski-Lifts. Neoprenanzüge können dort ausgeliehen werden. Auch den neuesten Trendsport Wakeboarding kann man auf diesen Anlagen betreiben.

- Wasserski-Anlage Süsel: Lehmkamp 3, 23701 Süsel (Lübecker Bucht), Telefon 0 45 24/17 77, vom 1. Mai bis 26. September: Mo-Fr 16–18.30, Sa,

**Hamburgs Wälder: Ein Paradies für Reiter, tanzende Elfen und Gnome**

So 12–18.30 Uhr; www.wasserski-suesel.de
Camping möglich, Anfängerkurs 25 Euro

- Wasserski-Lift Neuhaus: Dingwörden 32, 21784 Geversdorf Telefon 0 47 52/12 60, Fax 0 47 52/12 60, Mai bis August Mo-So 10–20 Uhr, September bis Oktober Mo-So ab 14 Uhr; www.wsno.de
  Anfängerkarte 15 Euro
- Wasserski-Lift Zachun: Am Badesee 1, 19230 Zachun, Telefon 03 88 59/60 10, Fax 03 88 59/60 15, April bis Ende September Mo-So 10 Uhr bis es dunkelt; www.wasserskilift.de
  Im Oktober nur am Wochenende (ab 9 Uhr), Gruppen ab 17 Personen zahlen für den ganzen Tag 15 (11,50) Euro; Schnupperkarte 15 Euro

## Webdesign

Heutzutage sind ja nicht nur alle großen Warenhäuser im Netz vertreten, auch die heiligen drei Könige und Familie Wacker aus Ulm haben ein bescheidenes Plätzchen gefunden, um sich der Welt mitzuteilen. Webauftritte sind mittlerweile auch für kleine und mittlere Unternehmen interessant und (einigermaßen) erschwinglich. Eine umfassende Übersicht an Agenturen ist unter www.hamburg-newmedia.de zu finden.

## Weben

Sich selbst den passenden Stoff fürs Kleidungsstück zu weben, ist nicht jedermanns Hobby. Christa Richter webt, was das Zeug hält: Trachtenstoffe für Volkstanzgruppen und Chöre sowie Paramente, das sind Tücher, die für Gottesdienste benötigt werden.

- Christa Richter Handweberei: Wördemannsweg 26, 22527 Hamburg (Stellingen), Telefon 54 59 50, Mo-Fr 9–16 Uhr
  Aufträge werden nur nach telefonischer Absprache entgegengenommen

## Weihnachten

Keine Lust auf Konsumschlacht, Lametta und Fressorgien? Wer die Weihnachtszeit fürchtet, kann in vielen Hamburger Clubs gegen den traditionellen Weihnachtsmuff anfeiern. Das Programm gibt SZENE HAMBURG jeweils in der Dezemberausgabe bekannt. Bei absoluter Christfest-Antipathie helfen Reisebüros mit einem Flug in weihnachtsfreie Gefilde (▶ *Reisen*). Leute, die sich auf das „stille Fest" freuen, wollen vielleicht selbst einmal im Gewand vom Nikolaus stecken? Kein Problem, die Weihnachtsmannzentrale hilft mit Kostüm und den passenden Requisiten wie Schlitten und Rentieren (die sind aber nicht lebendig). Professionell ausgebildete Weihnachtsmänner können über Manuel Habenicht gebucht werden. Bis zu 15 Meter hohe Weihnachtsbäume findet der Traditionalist beim Tannenhof Bornholdt. Bei Lorenz von Ehren bekommt man nicht nur Weihnachtsbäume, sondern findet auch einen Weihnachtsmarkt vor. Beliebt sind die Weihnachtsbasare der drei skandinavischen Seemannskirchen, die jeweils im November stattfinden: bei der finnischen und schwedischen ein Wochenende vor dem ersten Advent, bei der norwegischen zwei Wochenenden vor dem ersten Advent (die dänische bietet keinen Weihnachtsmarkt an). Wem das alles noch nicht genügt, der kann ganzjährig Weihnachtsartikel vornehmlich aus dem Erzgebirge und Herrenhuter-Sterne bei Kerzen-Keller bekommen.

- Die Weihnachtsmannzentrale/Kostümverleih Manuel Habenicht: Rahlau 8–10, 22045 Hamburg (Tonndorf), Telefon 66 10 02, Fax 66 97 67 57, Mo-Fr 9–18.30 Uhr
- Kerzen-Keller: Neue ABC-Straße 10, 20354 Hamburg (Innenstadt), Telefon 34 47 66, Fax 34 47 47, Mo-Fr 10–19, Sa 10–16 Uhr, Kreditkarte: EC-Karte
- Lorenz von Ehren: Maldfeldstraße 2, 21077 Hamburg (Marmstorf), Fax 76 10 82 70, Mo-Fr 9–18, Sa 9–16 Uhr, Kreditkarten: EC-Karte; www.garten-von-ehren.de
- Finnische Seemannskirche: Ditmar-Koel-Straße 6, 20459 Hamburg (Innenstadt), Telefon 31 69 71, Fax 3 19 56 92, Mo 15–20, Di-Fr 15–22 Uhr; E-Mail: Hampurin.Merimieskirkko@t-online.de
- Norwegische Seemannskirche: Ditmar-Koel-Straße 4, 20459 Hamburg (Innenstadt), Telefon 37 12 72
- Schwedische Gustav-Adolf-Kirche: Ditmar-Koel-Straße 36, 20459 Hamburg (Innenstadt), Telefon 31 27 75 , Fax 3 19 47 62, Mo-Do, So 16–22, Fr, Sa 16–20 Uhr;

E-Mail: svky-hamburg@compuserve.com

- Tannenhof Bornholdt: Im Dorf 15, 25335 Lutzhorn bei Barmstedt Telefon 0 41 23/77 34, Fax 0 41 23/8 51 31, Mo-Sa 9–18 Uhr; www.tannenhof-bornholdt.de

## Wein und Weinstuben

▶ *Essen + Trinken*

## Weißwurst

▶ *Essen + Trinken*

## Weiterbildung

Ob Haupt-, Realschulabschluss oder Abitur, die Suche nach der richtigen Berufsausbildung oder dem passenden Studiengang ist nicht leicht. Was will ich werden? Wo liegen meine individuellen Begabungen? Gibt es heutzutage noch krisensichere Berufe? Um diese Fragen kommt niemand herum. Dabei haben es Wieder- und Quereinsteiger oft besonders schwer, beruflich Fuß zu fassen. Für diese wie jene gibt es in Hamburg eine Vielzahl an Informations-, Beratungs-, Aus- und Weiterbildungmöglichkeiten.



### Beratung:

- Berufsinformationszentrum (BIZ): Kurt-Schumacher-Allee 16, 20097 Hamburg (Hammerbrook), Telefon 24 85 20 99, Fax 24 85 23 33, Mo, Di 8.30–17, Mi, Fr 8.30–12.30, Do 8.30–18 Uhr; E-Mail: Hamburg.BIZ@arbeitsamt.de Infos und Beratung für Ausbildungssuchende, Berufsein- und Wiedereinsteiger; Zugriff auf WISY
- Weiterbildung Hamburg e. V.: Lange Reihe 81, 20099 Hamburg (St. Georg), Telefon 2 80 84 60, Fax 28 08 46 99, Mo-Do 9–18, Fr 9–12, Beratungszeiten: Mo-Do 13–18, Fr 9–12 Uhr; www.weiterbildung-hamburg.de Informationen über Bildungsanbieter durch den Zugriff auf die größte Datenbank Hamburgs (WISY) mit über 12 000 Weiterbildungsangeboten, zuständig für Teilnehmerschutz und Qualitätssicherung, am Weiterbildungstelefon werden unter der Nummer 28 08 46 66 kurze Fragen direkt beantwortet (Mo-Fr 9–15 Uhr)
- Wissensbörse Hamburg: Waitzstraße 31, 22607 Hamburg (Othmarschen), Telefon 8 90 72 58, Fax 8 90 72 58, Di 15–18, Do 10–13 Uhr Vermittlung von Lernpartnerschaften, die von den Teilnehmern selbst organisiert werden und unentgeltlich zum Wissenserwerb und Weitergabe dienen

### Institute:

- Akademie Werbung, Grafik, Druck, Bildungszentrum für elektronische Medien: Heinrich-Grone-Stieg 4, 20097 Hamburg (Hammerbrook), Telefon 23 70 36 00, Fax 23 70 36 10, Mo-Fr 8–16.30 Uhr; www.awgd.de Umschulungen, Fortbildungen und Seminare für alle Bereiche des elektronischen Publizierens
- Arbeit und Leben Bildungswerk GmbH: Besenbinderhof 60, 20097 Hamburg (Innenstadt), Telefon 28 40 16 31, Fax 28 40 16 16, Mo, Di, Do 9–12, 14–16, Fr 9–12 Uhr; www.hamburg.arbeitundleben.de Schulungen für Betriebs- und Personalräte
- Arbeit und Leben Hamburg e. V.: Besenbinderhof 60, 20097 Hamburg (Innenstadt), Telefon 2 84 01 60, Fax 28 40 16 16, Mo-Do 9–12, 13–17 Uhr; www.hamburg.arbeitundleben.de Bildungsurlaube im In- und Ausland, berufliche Weiterbildung, Sprachkurse, EDV-Kurse, Praktikantenaustausch innerhalb Europas
- Deutsche Angestellten Akademie: Hammer Landstraße 12–14, 20537 Hamburg (Hamm), Telefon 2 51 52 90, Fax 25 15 29 37, Mo-Do 8–18.30, Fr 8–15.30 Uhr; www.daa-hamburg.de Erwachsenenbildung, beruflich orientierte Bildung und Weiterbildung, Tages- und Abendunterricht; speziell EDV-Lehrgänge

Weiterbildung Hamburg e.V.: Bietet die meisten Weiterbildungsangebote der Stadt

- Fernfachhochschule Hamburg, Studienzentrum Hamburg: Hammer Landstraße 12–14, 20537 Hamburg (Hamm), Telefon 25 15 29 19, Fax 25 15 29 37, Mo-Do 8–18.30, Fr 8–15.30 Uhr; www.fern-fh.de
  Staatlich anerkannte Hochschule, berufsbegleitende Hochschulstudien mit akademischen Abschlüssen (teilweise auch ohne Abitur)
- Gronesche Fachschule für Wirtschaft und Datenverarbeitung GmbH: Heinrich-Grone-Stieg 2, 20097 Hamburg (Hammerbrook), Telefon 23 70 34 00, Fax 23 70 34 10, Mo-Do 8–18, Fr 8–15.30 Uhr; E-Mail: info.fawida@grone.de; www.grone-schule.de
  Weiterbildung für Berufstätige
- Hamburger Volkshochschule, Region Mitte: Schanzenstraße 75–77, 20357 Hamburg (Schanzenviertel), Telefon 4 28 41 27 52, Fax 4 28 41 27 88, Mo 10–13, 14–18.30, Di, Mi 10–13, Do 14–18.30 Uhr; www.vhs-hamburg.de
  Zentrum für Weiterbildung und Kultur, über 5000 Kurse; die stadtteilspezifischen VHS-Programmhefte liegen jeweils zu Semesterbeginn im Frühjahr und Herbst in den öffentichen Bücherhallen aus oder sind im Buchhandel und bei der VHS selbst zu bekommen
  ▶ *Volkshochschule*
- Hanseatische Akademie für Marketing + Medien: Conventstraße 14, 22089 Hamburg (Hamm), Telefon 2 53 01 30, Fax 25 30 13 98, Mo-Do 8.30–18.30, Fr 8.30–16 Uhr; www.hhamm.de
  Privates Weiterbildungsinstitut, Abendstudiengänge und Seminare im Marketing- und Medienbereich
- Institut für Weiterbildung an der Hamburger Universität für Wirtschaft und Politik (HWP): Rentzelstraße 7, 20146 Hamburg (Univiertel), Telefon 4 28 38 41 52, Fax 4 28 38 64 79; www.hwp-hamburg.de/weiterbildung
  Bieten drei berufsbegleitende Kontaktstudiengänge an: Kultur- und Bildungsmanagement, Sozial- und Gesundheitsmanagement, Medienmanagement; Weiterbildungsmöglichkeiten im Bereich Management in Vereinen, Verbänden und Verwaltung
- Kunstwerk e. V.: Friedensallee 45, 22765 Hamburg (Altona), Telefon 3 90 94 52, Fax 3 90 94 52, Mo-Fr 10–16 Uhr; www.kunstwerk-hamburg.de
  Zentrum für Kunst und Kulturprojekten
- Medien und Kulturarbeit: Friedensallee 7, 22765 Hamburg (Ottensen), Telefon 39 90 99 31, Fax 3 90 95 00, Mo-Do 10–16, Fr 10–15 Uhr; www.medienundkultur.hamburg.de
  ▶ *Film/Ausbildung*
- Schulinformationszentrum (SIZ): Hamburger Straße 35, 22083 Hamburg (Barmbek), Telefon 4 28 63 19 33 (Team C), Fax 4 28 63 46 20, Mo-Mi 9–17, Do 10–18, Fr 9–13 Uhr; telefonisch Mo-Fr ab 8 Uhr; www.hamburg.de
  Außerschulische Weiter- und Berufsausbildung (mit und ohne Schulabschluss), speziell für Jugendliche, die keinen Ausbildungsplatz bekommen
- Seminar für Waldorfpädagogik in Hamburg e. V.: Hufnerstraße 18, 22083 Hamburg (Barmbek), Telefon 2 98 30 30, Fax 20 97 86 07, Mo-Fr 8–16 Uhr; www.waldorfseminar.de
  Ausbildung von Waldorflehrern
- Stiftung Berufliche Bildung: Wendenstraße 493, 20537 Hamburg (Hamm), Telefon 21 11 20, Fax 21 11 21 11, Mo-Fr 8–17 Uhr; www.sbb-hamburg.de
  Berufsvorbereitung, Umschulungen und Fortbildungen in gewerblich-technischen und Dienstleistungsberufen
- Stiftung Grone Schule/Bildungszentrum Hammerbrook: Heinrich-Grone-Stieg 1, 20097 Hamburg (Hammerbrook), Telefon 23 70 30, Fax 23 70 31 60, Mo-Do 8–15.30, Fr 8–14 Uhr, www.grone-schule.de
  Umschulungen in 15 kaufmännischen Berufen, sämtliche Fachrichtungen der IT-Berufe, Kaufmann/-frau für audiovisuelle Medien, Fachkraft für Veranstaltungstechnik
- Stiftung Grone Schule/Grone Altenpflegeschule: Hammerbrookstraße 93, 20097 Hamburg (Hammerbrook), Telefon 23 05 91, Fax 23 80 99 59, Bürozeiten: Mo-Fr 9–11 Uhr;

E-Mail: altenpflege.hamburg@grone.de; www.grone-schule.de
Umschulung, Ausbildung, Fachfortbildung

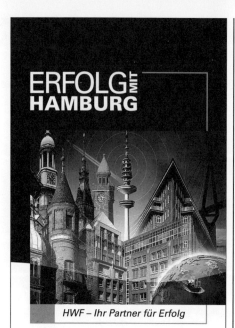

- Stiftung Grone Schule/Grone Bildungszentrum für Gastronomie und Ernährung: Heinrich-Grone-Stieg 2, 20097 Hamburg (Hammerbrook), Telefon 23 70 32 00, Fax 23 70 32 18, Mo-Fr 8–12 Uhr und nach Vereinbarung; E-Mail: info.gastro@grone.de; www.grone-schule.de
  Aus- und Weiterbildung in allen Bereichen der gastronomischen Berufe
- Stiftung Grone Schule/Grone Bildungszentrum für Gesundheit und Sozialberufe: Überseering 5–7, 22297 Hamburg (City Nord), Telefon 6 39 05 30, Fax 63 90 53 19, Mo-Fr 9–15 Uhr; E-Mail: geso.hamburg@grone.de; www.grone-schule.de
  Ausbildung zum Ergo- und Physiotherapeuten
- Stiftung Grone Schule/Grone Jugendlichen-Ausbildungszentrum: Hammerbrookstraße 75, 20097 Hamburg (Hammerbrook), Telefon 23 88 56 12, Fax 23 88 56 14, Mo-Do 8–16.30, Fr 8–15 Uhr; E-Mail: jaz@grone.de; www.grone-schule.de
  Jugendlichen wird mit individuellen Angeboten und Förderungen geholfen, einen betrieblichen Ausbildungsplatz oder einen Arbeitsplatz zu finden
- Tandem Hamburg: Schmarjestraße 33, 22767 Hamburg (Altona), Telefon 3 89 58 42, Fax 3 89 26 24, Mo-Do 10–19, Fr 10–15 Uhr; www.tandem-hamburg.de
  Fremdsprachenkurse für Anfänger und Fortgeschrittene, Deutsch als Fremdsprache
- Texterschmiede Hamburg e. V.: Hammerbrookstraße 93, 20097 Hamburg (Hammerbrook), Telefon 23 68 83 84, Fax 23 68 83 85, Geschäftszeiten Mo-Do 14–21 Uhr; www.texterschmiede.de
  Nach bestandener Aufnahmeprüfung für Deutschlands erstes Vollstudium zum „ausgebildeten Texter“ stehen sieben Monate Praktikum in einer Werbeagentur und vier Mal wöchentlich je drei Stunden in der Texterschmiede bevor
- Weiterbildungszentrum WINQ der Hochschule für Angewandte Wissenschaften Hamburg: Berliner Tor 5, 20099 Hamburg (Hammerbrook), Telefon 4 28 59 42 66, Fax 4 28 59 28 48; www.winq.de
  Berufsbegleitende Weiterbildung in 20 verschiedenen Fachrichtungen, Seminare von vier bis 550 Unterrichtsstunden am Wochenende oder abends

## Wellness

Wer schön sein will, muss leiden? Die Zeiten sind vorbei. Heute gilt: Wer es sich gut gehen lässt, wird schön. „Day Spa“, „Wellness“ oder „Ayurveda“ sind die

Zauberworte, hinter denen sich ganzheitliche Schönheits-, Entspannungs- und Ernährungsprogramme verbergen.

▶ *Kosmetik*

- Amrita Spa im Raffles Hotel Vier Jahreszeiten: Neuer Jungfernstieg 9–14, 20354 Hamburg (Innenstadt), Telefon 34 94 31 90, Fax 34 94 26 00, Mo-Fr 6.30–22.30, Sa, So 7–21 Uhr, Kreditkarten: alle; EC-Karte; E-Mail: amrita-spa.hvj@raffles.com; www.raffles-hvj.de
  Erstklassige Therapeuten, Trainer, ein Sportarzt, eine Ernährungsberaterin und eine Kosmetikerin kümmern sich um das Wohl des Gastes
- Ayurveda Gesundheitspraxis: Iserbrooker Weg 56, 22589 Hamburg (Iserbrook), Telefon 45 20 80, Fax 44 76 97, Mo-Fr 9–12 und nach Vereinbarung; www.ayurveda.de
  Kuren zum Entschlacken, Entgiften und Regenerieren unter ayurvedischen Gesichtspunkten
- Baihui-Zentrum für ganzheitliche Medizin: Brehmweg 81, 22527 Hamburg (Lokstedt), Telefon 40 75 88, Fax 8 51 47 63, Termine nach Vereinbarung; E-Mail: helmutrothweiler@baihui.de; www.baihui.de
  Großes Angebot an Qigong-Kursen
- Beauté et Santé im Kempinski Hotel Atlantic: An der Alster 72–79, 20099 Hamburg (Innenstadt), Telefon 2 88 88 19, Mo-Fr 10–19, Sa 10–17, So 11–15 Uhr, Kreditkarten: alle; EC-Karte; www.kempinski.atlantic.de
  Hier erhält die Dame zum Beispiel für 150,83 Euro eine Kaviar-Regenerationsbehandlung; der Herr zahlt für seine Anti-Stress-Behandlung 99,70 Euro
- Dominique Visagiste Day Spa: ABC-Straße 52, 20354 Hamburg (Innenstadt), Telefon 34 34 77, Fax 34 00 60, Mo-Fr 6.30–22, Sa,So 8–22 Uhr, Kreditkarten: alle; EC-Karte
  Wellness vom Kopf bis zu den Füßen; Sauerstofftherapie, Massagen, Nagelverlängerung; Beauty-Tage
- Jutta Trautmann: Jungfernstieg 4, 25348 Glückstadt, Telefon 0 41 24/93 76 98, Fax 0 41 24/21 47
  Bietet Qigong-Kurse in Hamburg und Schleswig Holstein sowie Guolin-Qigong für Tumorpatienten; nähere Infos unter Telefon 89 05 91 24
- Side Spa im Side Hotel: Drehbahn 49, 20354 Hamburg (Innenstadt), Telefon 30 99 90, Fax 30 99 93 99, Mo–So 6–23 Uhr für Hausgäste und Mitglieder, Körperbehandlungen Mo–Sa 8–22 Uhr, So 8–16 Uhr, Kreditkarten: alle; EC Karte
  Der Spa-Bereich des 5 Sterne Design-Hotels glänzt neben Pool, Sauna, Dampfbad und Fitnessräumen mit Verwöhnprogrammen wie Lymphdrainage, Sportmassage oder Peelings

## Wetterdienst

Ob man am Wochenende eher die Badehose oder den Regenschirm einpacken sollte, verrät der Deutsche Wetterdienst. Hier erfährt man alles über das aktuelle See- und Festlandwetter, Wetterwarnungen sowie Überseewetterberichte. Wer hoch hinaus will, informiert sich am besten bei der Flugwetterwarte in Fuhlsbüttel.

- Deutscher Wetterdienst: Bernhard-Nocht-Straße 76, 20359 Hamburg (St. Pauli), Telefon 6 69 00, Fax 66 90 12 61, Mo-Fr 7–16 Uhr; www.dwd.de
  Allgemeine Wetter- und Seewetterauskünfte: Telefon 66 90 17 00 (24-Stunden-Service), Seeauskünfte am Wochenende: Telefon 66 90 17 00 (24-Stunden-Service), vergangene Wetterberichte der Klimastation: Telefon 66 90 28 12, Wetterberichte von Übersee: Telefon 66 90 18 45, Luftfahrtsberatungszentrum und Flugwetterwarte: Telefon 50 05 04 44

## Wildparks

Hinter Gittern einen gelangweilten Elefanten hin und her schaukeln zu sehen, ist keine Freude. Wenn die Tiere jedoch frei umhertollen können, ist das nicht nur für die Vierbeiner das Größte. Einen afrikanischen Hauch bringt der Serengeti Park in die norddeutsche Tiefebene. Die Tiere leben hier weitgehend frei und ungezähmt. Eingeteilt ist der Park in vier „Erlebnisländer": Das „Affenland" beherbergt verschiedene Arten von Primaten. Viele exotische Tiere aus Afrika, Asien, Amerika und Australien sind im „Tierland" kennen zu lernen. Wer den Wildpark Lüneburger Heide durchstreift, fühlt sich mitunter ganz klein gegenüber den teilweise riesigen tierischen Freunden, den Moschusochsen, Mufflons oder Elchen. Der Wildpark Eekholt beherbergt über 700 heimische Wildtierarten. Täglich außer freitags werden Flugvorführungen (Adler, Uhus, Falken) angeboten. Im Wildpark Schwarze Berge gibt es neben europäischem Wild auch exotische Hängebauchschweine zu bestaunen. Zum Grillen sollte man jedoch eigenes Proviant mitbringen.

- Serengeti Park Hodenhagen GmbH:
  Am Safaripark 1, 29691 Hodenhagen,
  Telefon 0 51 64/5 31, Fax 0 51 64/24 51,
  Mo-So 10–18 Uhr; Einlass bis 17 Uhr, Kreditkarten: Visa; EC-Karte; www.serengeti-park.de
  Der Eintritt für Erwachsene kostet 18 Euro, für Kinder (3–12 Jahre) 16 Euro. Gruppen ab zwanzig Personen zahlen pro Person 13,50 Euro, Kinder 11,50 Euro, Schulklassen pro Person 9,50 Euro
- Wildpark Eekholt:
  Eekholt 1, 24623 Großenaspe,
  Telefon 0 43 27/9 92 30, Fax 0 43 27/12 32,
  Mo-So 9–18 Uhr, im Winter bis Einbruch der Dunkelheit, Kreditkarte: EC-Karte;
  www.wildpark-eekholt.de
  Erwachsene zahlen 5,50 Euro, Kinder (4–9 Jahre) 3,50 Euro, Schüler (10–18 Jahre) 4 Euro; Ermäßigungen möglich; Jahreskarte 26 Euro
- Wildpark Lüneburger Heide:
  Wildpark 1, 21271 Hanstedt-Nindorf,
  Telefon 0 41 84/8 93 90, Fax 0 41 84/82 40,
  März bis Oktober 8–17.30 Uhr, November bis Februar 9–16.30 Uhr, Kreditkarte: EC-Karte;
  www.wild-park.de
  Der Eintritt für Erwachsene kostet 7 Euro, für Kinder 5 Euro, bei Gruppen ab zwanzig Personen gibt es Ermäßigungen (Erwachsene/Kinder 4 Euro)
- Wildpark Schwarze Berge:
  Am Wildpark 1, 21224 Rosengarten,
  Telefon 7 96 42 33, Fax 79 68 82 67, April bis Oktober Einlass 8–18 Uhr, November bis März Einlass 9–17 Uhr; www.wildpark-schwarze-berge.de
  Erwachsene zahlen 6 Euro, Kinder 4,50 Euro. Ermäßigung gibt es ab zwanzig Personen, dann zahlen Klein und Groß je 1,50 Euro weniger

## Willkomm Höft

Wenn Hamburg sich als „Tor zur Welt" versteht, sind sie dessen „Pförtner". Von einer etwa acht Quadratmeter kleinen Kabine vor der Terrasse der Gaststätte „Schulauer Fährhaus" in Wedel lassen die Begrüßungskapitäne, zumeist Schiffsliebhaber und Kapitäne betagteren Alters, für jedes Schiff, das mehr als 500 BRT auf dem Buckel hat, ein Begrüßungsstück aus dem „Fliegenden Holländer" von Richard Wagner erschallen. Danach wird die jeweilige Nationalhymne gespielt und zum Gruß die Hamburger Flagge gedippt (Absenken und Aufziehen der Flagge). Diesem Happening, das 1952 zur Völkerverständigung von Otto Friedrich Behnke initiiert wurde, können Besucher der Schiffsbegrüßungsanlage mit bestem Blick und bei Kaffee und Sahnetorte beiwohnen. Die Begrüßungskapitäne jedoch brauchen einen scharfen Blick: Die Hymne muss passen, und aus einer Kartei mit 17 000 registrierten Schiffen muss die Karte mit den richtigen Schiffsinformationen gefunden werden. In dem Sortiment von 150 Nationalhymnen ist für jede noch so weit gereiste Besatzung die vaterländische

**Willkomm Höft: Für jedes Schiff über 500 BRT erklingt die jeweilige Nationalhymne**

Melodie vorhanden. Alle auslaufenden Schiffe werden mit der „Hammoniale", mit echt hanseatischem Liedgut, verabschiedet.

- Willkomm Höft: 22880 Wedel, Telefon 0 41 03/9 20 00, Fax 0 41 03/92 00 50, Schiffsbegrüßung: Mo-So Sonnenaufgang bis Sonnenuntergang (nicht vor 8, nicht nach 20 Uhr), Restaurant: Mo-So 9 Uhr bis mindestens Sonnenuntergang (im Hochsommer bis 22 Uhr)

## Windhundrennen

Es ist wie mit der Geschichte von dem Hasen und dem Igel. Wenn Windhunde über die Rennbahn jagen, tun sie das nur in der Hoffnung, irgendwann einmal den verflixten Stoffhasen zu erwischen. Der aber wird ihnen immer ein Stückchen voraus sein, dafür sorgen die Veranstalter schon. Während des Rennens zittern Hundebesitzer und Zuschauer dann um den Sieg ihres schnellen Lieblings beziehungsweise ihres persönlichen Greyhound-Favoriten; Wetten dürfen dabei allerdings nicht abgeschlossen werden. In Hamburg erteilt Günther Schultze, Mitglied des deutschen Windhundzucht- und Rennverbands, Auskunft zu diesem ungewöhnlichen Hobby. Eine Hunderennbahn befindet sich auf dem ehemaligen Truppenübungsplatz Höltigbaum in Rahlstedt.

- Günther Schultze (Mitglied des Deutschen Windhundzucht- und Rennverbands): Anderheitsallee 33, 22175 Hamburg (Bramfeld), Telefon 6 41 04 61, Fax 6 41 04 61

## Wochenmärkte

▶ *Essen + Trinken*

## Wohnraumvermittlung

Home, sweet home: Wer eins besitzt, kann sich glücklich schätzen. Wer kurzfristig oder nur für begrenzte Zeit ein Heim sucht, kann es beim Hamburger Zimmer Schnelldienst versuchen, dort werden bereits seit über 38 Jahren Zimmer und Wohnungen vermittelt. Gute Chancen auf eine günstige Wohnung hat man durch den Kauf eines Anteilscheins einer Wohnungsbaugenossenschaft. Die Adressen der Genossenschaften finden Sie in den „Hamburger Branchen" unter der Rubrik „Wohnungsbaugenossenschaften". Die Wohnungsabteilungen der Bezirksämter (▶ *Bezirksämter*) stellen sozial Schwächeren nach eingehender Prüfung der Einkommensverhältnisse den Paragraf-5-Schein aus, welcher zum Wohnen in Sozialwohnungen berechtigt. Außerdem versuchen sie, in Notfällen (▶ *Obdachlose)* Wohnungen zu vermitteln.

▶ *Studentinnen und Studenten*
▶ *Kleinanzeigen*
▶ *Jugendherbergen*
▶ *Mieterinitiativen*
▶ *Mitwohnzentralen*

- Hamburger Zimmer Schnelldienst: Schlüterstraße 22, 20146 Hamburg (Univiertel), Telefon 44 84 56, Mo-Fr 9–15 Uhr

## Wolle

Stricken soll ja wieder im Trend sein. Vielleicht können die folgenden Geschäfte zum Selbstmachen motivieren, sodass die Oma nicht wieder allein zu den Nadeln greifen muss.

- Bestrickend Schön: Kleekamp 1, 22339 Hamburg (Fuhlsbüttel), Telefon 59 06 55, Fax 59 04 64, Mo-Fr 9.30–13, 14.30–18, Sa 9–12 Uhr, Kreditkarte: EC-Karte
- Gaarnhuus+Stoffe: Ottenser Hauptstraße 26, 22765 Hamburg (Ottensen), Telefon 39 47 94, Fax 39 90 90 11, Mo-Fr 11–20, Sa 10–16 Uhr, Kreditkarte: EC-Karte
- Purpur Wolle: Heußweg 41b, 20255 Hamburg (Eimsbüttel), Telefon 4 90 45 79, Fax 4 91 26 56, Mo-Fr 10–19, Sa 10–14 Uhr, Kreditkarten: EC-Karte, Visa, Eurocard; www.purpurwolle.de
- Strick und Stick GmbH: Rahlstedter Bahnhofstraße 11, 22143 Hamburg (Rahlstedt), Telefon 6 77 55 54, Fax 6 77 12 09, Mo-Fr 9–18, Sa 9–13 Uhr, Kreditkarten: alle

# Z

## Zaubern

Wie kommt das Kaninchen unter den Zylinder? Die Tricks werden nicht verraten, das ist oberstes Zauberergebot. Der Magische Zirkel Hamburg e. V. gehört der großen Interessenvereinigung Magischer Zirkel Deutschland an. Nach einer theoretischen und praktischen Prüfung darf man der magischen Gemeinschaft, die in Hamburg derzeit 55 Mitglieder hat, beitreten und an den regelmäßigen Zirkelabenden im „Magiculum" teilnehmen. Hier finden monatlich auch die leider nicht-öffentlichen Zauberveranstaltungen statt. Der Magische Zirkel vermittelt aber auch Zauberkünstler. Im regionalen Verein Magische Nordlichter haben sich Berufs- und Hobbyzauberer zusammengeschlossen, um sich auszutauschen und neue Tricks zu lernen. Nicolai Brandt ist mit seinen 2,05 Meter der größte Zauberer Deutschlands. Er „bezaubert" die Leute auf Tagungen, Messen und privaten Veranstaltungen mit seiner „Close-up Magic", einem hautnahen Programm. Wer nach so viel Simsalabim selbst einmal sein Talent ausprobieren möchte, wird im Zauberzentrum rund um die magische Kunst beraten und kann jede Menge Zauber- und Scherzartikel erstehen.

- Magische Nordlichter e. V.: c/o Klaus-Joachim Schröder, Slebuschstieg 12, 20537 Hamburg (Hamm), Telefon 21 84 90, Fax 21 84 90
- Magischer Zirkel: Max-Brauer-Allee 116, 22765 Hamburg (Altona), Telefon 87 30 11; www.mz-hamburg.de
- Nicolai Brandt: Lyserstraße 14, 22761 Hamburg (Bahrenfeld), Telefon 01 72/4 31 37 88, 07 00/92 82 37 34, Fax 01 72/5 04 31 37 88; E-Mail: ndp@0700zauberei.de; www.0700zauberei.de

## Zeichenbedarf

Wenn Sie es bunt mögen und sich gern künstlerisch betätigen, halten die folgenden Läden den geeigneten Pinsel bereit:

Zeichentrick: Bis die Bilder laufen lernen, ist viel Handarbeit gefragt

- Art Service & Tube: Randstraße 87, 22525 Hamburg (Stellingen), Telefon 4 50 19 90, Fax 44 85 43, Mo-Fr 9–18, Sa 10–14 Uhr, Kreditkarten: alle; E-Mail: artservice-tube.hh@t-online.de; www.artservice-tube.de
- Boesner Künstlerbedarf: Biedenkamp 15, 21509 Glinde, Telefon 7 10 05 40, Fax 71 00 54 27, Mo, Di, Do, Fr 9.30–19, Mi 9.30–20, Sa 10–16 Uhr, Kreditkarten: EC-Karte; www.boesner.com
- Hinrich Zieger: Haidenstraße 11, 22761 Hamburg (Bahrenfeld), Telefon 89 08 20 11, Fax 89 08 20 41, Mo-Fr 8–17 Uhr, Kreditkarte: EC-Karte; E-Mail: info@zieger-online.de; www.zieger-online.de
  Führt Artikel aus den Bereichen Architektur und Grafik. Im Austellungsraum sind Zeichenmaschinen und Büromöbel zu bewundern
- Jerwitz: Kleiner Schäferkamp 29, 20357 Hamburg (Eimsbüttel), Telefon 44 64 54, Fax 44 04 22, Mo-Fr 10–17, Do 10–18.30 Uhr, Kreditkarte: EC-Karte
  Der Insidertipp unter den Künstlern liegt versteckt im Hinterhof; sehr große Auswahl an Acrylfarben, Gouachen oder Farbpigmenten
- Maltuche und Künstlerbedarf: Bahrenfelder Straße 49, 22765 Hamburg (Ottensen), Telefon 39 54 54, Fax 3 90 76 29, Mo-Fr 10.30–18.30, Sa 10–14 Uhr, Kreditkarten: EC-Karte; www.maltuche.de
  Große Auswahl, Leinwände werden nach persönlichen Vorstellungen gespannt; Keilrahmen

- Persiehl, Schreyer & Co: Lerchenfeld 7, 22081 Hamburg (Uhlenhorst), Telefon 22 70 80, Fax 22 70 82 27, Mo-Fr 9–19, Sa 9–14.30 Uhr, Kreditkarte: EC-Karte; E-Mail: service@persiehl.com; www.persiehl.com
  Besonders als Kunststudent kann man hier günstig einkaufen, 30 Prozent Rabatt gegen Vorlage eines gültigen Studentenausweises, allerdings nur auf Zeichen-, nicht auf Büroartikel
- Schacht & Westerich: Große Bleichen 36, 20354 Hamburg (Innenstadt), Telefon 34 00 76, Fax 34 33 30, Mo-Fr 10–20, Sa 10–16 Uhr, Kreditkarten: alle außer Diners; EC-Karte
  Großes Angebot an Büro- und Zeichenbedarf, beeindruckende Grafik- und Schreibgeräteabteilung

## Zeichentrick

Der Trickfilm boomt. In Deutschland pöbeln „Werner" und „Das Kleine Arschloch" um die Wette und begeistern die Zuschauer vor der Leinwand. Dahinter steckt die harte Arbeit vieler Trickfilmzeichner, die ihre Figuren zum größten Teil immer noch per Hand zeichnen. Und diese sind gesuchte Leute. In Hamburg eröffnete deshalb 1998 Deutschlands erste Schule für Animationsdesign. In der 14-monatigen Ausbildung werden alle Arbeitsschritte einer Trickfilmproduktion gelehrt: vom Umsetzten des Drehbuchs in ein Storyboard bis hin zur eigentlichen Animation, in der die Bilder laufen lernen. Die Zusammenarbeit mit dem Animationsstudio Ludewig und der Hamburger Trickompany, die auch mal Zeichenlegenden wie Walter Moers in die Schule schicken, ermöglichen den Schülern einen frühen Einstieg in die Filmpraxis. Der Leiter der animation school hamburg, Manfred Behn, setzt bei den Bewerbern nicht auf formale Zulassungskriterien, sondern auf Kreativität und eigenes Profil. Deshalb sollte die Bewerbungsmappe neben Zeichenproben auch den Entwurf einer eigenen Comicfigur enthalten.

- animation school hamburg: Wendenstraße 493, 20537 Hamburg (Hamm), Telefon 21 11 21 19, Fax 21 11 21 11, Mo-Do 10–15 Uhr; E-Mail: info@animation-school-hamburg.de; www.animation-school-hamburg.de

## Zeitarbeit

Noch immer keinen Job? Wenden Sie sich an eine Zeitarbeitsfirma, denn die wollen nur das eine: Ihnen einen Job vermitteln. Schon manch einer hat über die Zeitarbeit seinen Traumjob gefunden. Denn haben Sie sich bei einem Unternehmen erst unentbehrlich gemacht, wird man sich überlegen, Sie abzuwerben.
▶ *Arbeitsvermittlung*

- AdCom GmbH Personalmanagement: Brandstwiete 1, 20457 Hamburg (Innenstadt), Telefon 3 23 39 70, Fax 32 33 97 66, Mo-Fr 8–18 Uhr; E-Mail: susanne.rameken@adcom-personal.de; www.adcom-personal.de
  Spezialist für Personaldienstleistungen im Bereich von Banken und Versicherungen
- Adecco Personal: Rathausstraße 12, 20095 Hamburg (Innenstadt), Telefon 3 23 27 40, Fax 32 70 84, Mo-Fr 8–18 Uhr; www.adecco.de
  Schwerpunkt kaufmännische Berufe
- Hanseaten Zeitarbeit: Große Bäckerstraße 3, 20095 Hamburg (Innenstadt), Telefon 3 74 77 70, Fax 37 47 77 88
  Mo-Fr 8–18 Uhr; www.hanseaten-zeitarbeit.de; E-Mail: info@hanseaten-zeitarbeit.de
  Vermittelt in kaufmännisch und gewerblich technische Berufe, kompetente Beratung für Unternehmen und Arbeitsuchende
- Heidrun Jürgens: Alstertor 17, 20095 Hamburg (Innenstadt), Telefon 3 25 45 50, Mo-Fr 8–18 Uhr; www.heidrunjuergens.de
  Vermittelt und überlässt Fach-und Führungspersonal aus dem kaufmännischen Bereich
- Randstad: Dammtorstraße 13, 20354 Hamburg (Innenstadt), Telefon 34 91 20, Fax 34 91 29 99, Mo-Do 8–18, Fr 8–16 Uhr; www.randstad.de
  Bietet einen Tarifvertrag an

## Zeitschriften

Ein verregneter Sonntag in Hamburg? Der soll ja bekanntlich öfter mal vorkommen. Hier ein Tipp, wie man sich die Zeit vertreiben kann: Ein gemütliches Café, eine Tasse Cappuccino, und zusammen mit einer interessanten Zeitschrift ist die Welt schnell wieder in Ordnung. Im „Café Unter den Linden" können sich Lesewütige an zehn Tageszeitungen und vielen Zeitschriften von *Maxi* bis *Kicker* erfreuen. Musikfreaks kommen im „R & B" auf ihre Kosten, denn hier liegen vornehmlich englischsprachige Musikmagazine von *Mojo* bis *Blue Rhythm* aus. Im „Gloria" schlürft man seinen Milchkaffee am besten zusammen mit einer Designerzeitschrift. Wer lieber in Bibliotheksatmosphäre schmökert, kann im Lesesaal der Staatsbibliothek wissenschaftliche Publikationen aus den letzten zehn Jahren einsehen beziehungsweise Zeitschriften aus dem Magazin bestellen. In der Zentrale der Hamburger Öffentlichen Bücherhallen liegen alle großen überregionalen Tageszeitungen aus. Außerdem kann man im Archiv in älteren Ausgaben stöbern. Das Hamburgische Welt-Wirtschafts-Archiv (HWWA) hat sich die Dokumentation und Aufbereitung wirtschaftlicher Entwicklungen für Wissenschaft, Wirtschaft und Politik zur Aufgabe gemacht. Die Bibliothek verfügt über mehr als 3000 Fachzeitschriften. Das Amerikazentrum Hamburg bietet eine große Auswahl an US-Zeitschriften.

- Amerikazentrum Hamburg e. V.: Rothenbaumchaussee 15, 20148 Hamburg (Rotherbaum), Telefon 45 01 04 22, Fax 44 80 96 98, Mo, Mi, Do, Fr 14–17 Uhr; E-Mail: Amerikazentrum-Hamburg@t-online.de; www.amerikazentrum.de
- Café Unter den Linden: Juliusstraße 16, 22769 Hamburg (Schanzenviertel), Telefon 43 81 40, Fax 40 18 67 52, Mo-Sa 11–1, So 10–24 Uhr
- Gloria: Bellealliancestraße 31, 20259 Hamburg (Eimsbüttel), Telefon 43 29 04 64, Fax 43 25 20 75, Mo-Fr ab 10, Sa, So ab 11 Uhr; www.gloriabar.de
- Hamburgisches Architekturarchiv: Bramfelder Straße 138, 22305 Hamburg (Barmbek), Telefon 6 91 38 36, Fax 6 91 38 23, Mo-Do 10–13, 14–17, Fr 10–13 Uhr; E-Mail: hakarchiv@aol.com; www.architekturarchiv.de
  Mehr als 300 Architektur-Zeitschriften im Bestand
- Lesesaal der Staats- und Universitätsbibliothek: Von-Melle-Park 3, 20146 Hamburg (Univiertel), Telefon 4 28 38 22 33 sowie 4 28 38 22 52, Mo-Fr 9–21, Sa 10–13 Uhr; www.sub.uni-hamburg.de
- R & B: Weidenallee 20, 20357 Hamburg (Eimsbüttel), Telefon 44 10 44, Fax 4 50 54 58, Mo-Fr 11.30 –2, Sa, So 18.30–2 Uhr, Kreditkarten: alle
- Zentrale der Hamburger Öffentlichen Bücherhallen: Große Bleichen 25, 20354 Hamburg (Innenstadt), Telefon 42 60 60, Di-Fr 11–19, Sa 10–13 Uhr, Kreditkarten: alle; www.buecherhallen.de

## Zelte

Falls es keins von der Stange sein soll: Das Traditionsunternehmen Apfelstedt & Hornung hat sich auf die Fertigung von Zelten und Segeln spezialisiert. Aber auch Messebau und der Verleih von Mobiliar und Fahnen für größere Veranstaltungen gehören zum Service. Bremer & Co. vermieten Zelte und reparieren Segel, Planen und Markisen.

- Apfelstedt & Hornung: Schnackenburgallee 16, 22525 Hamburg (Bahrenfeld), Telefon 52 90 50, Fax 52 90 51 18, Mo-Fr 8–17 Uhr, Kreditkarten: keine; E-Mail: info@mais.de; www.mais.de
- Bremer & Co.: Am Pflug 6, 22765 Hamburg (Altona), Telefon 3 90 01 25, Fax 39 64 87, Mo-Fr 7.30–15 Uhr, Kreditkarten: keine; E-Mail: Bremerundco@t-online.de

## Zigarren

Wir wollen an dieser Stelle nicht mit dem abgeschmackten Praktikantinnen-Witz langweilen. Für die Indianer ist Tabak eine heilige Pflanze. Jeder, der einmal eine handgerollte Zigarre genossen hat, kann den göttlichen Funken erahnen. In Deutschland sind zurzeit etwa 500 verschiedene Zigarrenmarken im Handel erhältlich. Bei den Glimmstängeln handelt es sich um ein empfindliches Gut, sie bedürfen der richtigen Luftfeuchtigkeit und Temperatur, um ihr Aroma bis zum Zeitpunkt des Genusses zu bewahren. Eine Auswahl erstklassiger Zigarren aus aller Welt gibt es bei Behique. Hier kann man per Mausklick, Fax oder Telefon das Vergnügen zu sich nach Haus bestellen. Pfeifen Timm bietet eine gute Auswahl und Beratung. Bei J. A. Luhmann werden seit 157 Jahren Zigarren in Handarbeit produziert. Rund 38 Sorten verlassen die Werkstatt, darunter die echte Luhmann. Bei Otto Hatje, Zigarrenmacher seit 1922, kann man nicht nur Zigarren kaufen, sondern auch jeden ersten Samstag im Monat von 10 bis 14 Uhr miterleben, wie sie hergestellt werden.

- Behique Tabakwaren: Pulverhofsweg 66, 22159 Hamburg (Farmsen), Telefon 64 55 44 00, Fax 64 55 44 01; E-Mail: pedido@behique.com
- J. A. Luhmann: Caspar-Voght-Straße 86, 20535 Hamburg (Hasselbrook), Telefon 20 49 91, Fax 20 10 65, Mo-Fr 9–17 Uhr
- Otto Hatje Zigarrenmacher seit 1922: Alte Königstraße 5, 22767 Hamburg (Altona), Telefon 38 54 09, Fax 3 80 69 82, Di-Fr 10–18.30, Sa 10–14 Uhr
- Pfeifen Timm: Jungfernstieg 26/Hamburger Hof, 20354 Hamburg (Innenstadt), Telefon 34 51 87, Fax 34 51 87, Mo-Fr 10–20, Sa 10–16 Uhr, Kreditkarten: alle
- Tabacallera Hanseatica: Große Bleichen 36/Hanseviertel, 20354 Hamburg (Innenstadt), Telefon 35 27 47, Fax 35 01 53 70, Mo-Fr 10–20 Uhr, Kreditkarten: alle; www.tabaccoworld-hamburg.de

## Zirkus

Gaukler, lebendige Pyramiden oder sausende Einradfahrer – Zirkus fasziniert und macht Spaß. Die „Rot(z)nasen“ und „Rot(z)näschen“ präsentieren ihre Show oder auch einzelne Galanummern. Im Angebot sind außerdem Workshops für Kids und Erwachsene und die Zirkusschule mit regelmäßigem Training in festen Gruppen. Requisiten aller Art, besonders auch für Artisten, findet man bei Pappnase & Co. Der Spieltiger e. V. bietet Workshops und Kurse für alle diejenigen, die Lust auf neue Bewegungserfahrung haben oder die vorhandene vertiefen möchten. Das Alter spielt dabei keine Rolle. Abrax Kadabrax ist der Zirkus der evangelischen Jugend Hamburg. Rund fünfzig Kinder und Jugendliche nehmen an dem Projekt der Ansgar Kirchengemeinde teil und treten häufig auf Stadtteil- oder Straßenfesten auf. Circus Mignon ist ein Mitmachzirkus für Kinder. Die Vorstellungen finden in den Ferien oder am Wochenende statt.

- Ansgar Kirchengemeinde: Griegstraße 1a, 22763 Hamburg (Othmarschen), Telefon 8 80 28 73, 3 90 79 43, Fax 8 81 36 0, 3 90 79 43, Mo, Di, Do, Fr 9–11 Uhr; E-Mail: circus@abraxkadabrax.de; www.circus-abraxkadabrax.de
- Circus Mignon: Christian-F.-Hansen-Straße 5, 22609 Hamburg (Nienstedten), Telefon 32 08 28 02, Fax 32 08 28 03; www.circus-mignon.de
- Die Rot(z)nasen: Thadenstraße 147, 22767 Hamburg (Altona), Telefon 43 25 12 55, Fax 43 25 12 55, Bürozeiten Mo-Fr 10–13 Uhr; E-Mail: team@circusschule-Rotznasen.de; www.circusschule-Rotznasen.de
- Pappnase & Co: Grindelallee 92, 20146 Hamburg (Univiertel), Telefon 44 97 39, Mo-Mi 10–18.30, Do, Fr 10–19, Sa 10–15 Uhr, Kreditkarte: EC-Karte; www.pappnase.de
- Spieltiger e. V. – Institut für Bewegung, Kultur und Spiel: Jacobsenweg 3–5, 22525 Hamburg (Altona), Telefon 8 50 75 74, Fax 8 51 20 08; E-Mail: spieltiger@t-online.de; www.spieltiger.de

## Zoo

Eine 27 Hektar große, denkmalgeschützte Parkanlage, mitten in Hamburg ... Carl Hagenbeck hatte die Idee, die Tiere nicht mehr hinter Käfiggittern, sondern Bären, Leoparden oder Kamele durch unsichtbare Gräben von den Besuchern zu trennen. 1896 ließ Hagenbeck seine Idee patentieren. Durch zahlreiche Umbauten und viel Geld wurde der Traum wahr. Er erschuf einen wunderschönen Park mit altem Baumbestand, künstlichen Seen und Felsanlagen, und 1907 öffneten sich die Pforten des Tierparks. Trotz fast kompletter Zerstörung 1943 lebte der Traum weiter, und mittlerweile ist der Tierpark in der Hand der sechsten Generation der Familie Hagenbeck. Durch prominente Paten wie Tobi Schlegel und Spenden hält sich der Park finanziell über Wasser, denn Hagenbeck erhält keine Subventionen von der Stadt.

- Hagenbecks Tierpark: Hagenbeckallee 31, 22527 Hamburg (Stellingen), Telefon 5 40 00 10, Fax 54 00 01 32, Mo-So ab 9 Uhr; www.hagenbeck.com Ganzjährig geöffnet; Erwachsene zahlen 11,50, Jugendliche bis 16 8,50, Kinder bis 6 Jahre 3 Euro

**Hagenbeck: Hier kommen sich Mensch und Tier trotz Zaun und Graben näher**

# ESSEN + TRINKEN

## Bier

Man könnte froh sein, wenn die Luft so rein wäre wie das Bier, so weit Richard von Weizsäcker zum Thema Bölkstoff. Seit über 800 Jahren ist das Bierbrauen in Deutschland gesetzlich geregelt, eine lange Tradition, die bis heute für alle deutschen Brauer bindend ist. Bier ist mehr als ein urwüchsiges und bekömmliches Getränk. Dahinter steht das Brauereiwesen als bedeutender Wirtschaftsfaktor. Bier wird in fast 150 Länder exportiert, und mit 5000 bis 6000 Biermarken bieten die Braustätten der Bundesrepublik eine Vielfalt, wie sie der Bierliebhaber sonst nirgendwo findet. Hamburg braut mit, und das schon seit dem Mittelalter. Um 1500 wurden in der Stadt allein 600 Brauereien gezählt. Die Hopfenkaltschale von der Waterkant hat bis heute nicht an Ruf und Bedeutung eingebüßt, wenn auch das besonders in den USA bekannte St. Pauli Girl leider nicht aus unserer Stadt stammt. Aber Fosters trinkt in Australien ja auch kein Schwein. Gebraut und über die Grenzen der Stadt hinaus vertrieben werden unter anderem Holsten, Ratsherren, Astra und Grenzquell. Die Holsten-Brauerei kann kostenlos besichtigt werden, montags bis mittwochs jeweils 9.30 bis 11.30 und 13 bis 15.30 Uhr, donnerstags 9.30 bis 11.30 Uhr – Bierprobe und Imbiss eingeschlossen. Frisch Gebrautes direkt von der Quelle gibt es auch im Brauhaus Johann Albrecht, zu den zwei Hausmarken kann man gutbürgerliches Essen genießen. Das Brauhaus Hanseat ist die erste Weizenbrauerei mit Ausschank in Hamburg, dazu können sich die Gäste an ihrem Platz das Fleich selbst grillen.

- Bierspezi Hoheluft: Hoheluftchaussee 117,
  20253 Hamburg (Hoheluft), Telefon 4 22 02 54,
  Fax 4 22 02 12, Mo-Fr 8–19, Sa 8–16 Uhr,
  Kreditkarte: EC-Karte
  Seit 13 Jahren bietet der Bierspezi 150 Biersorten an, unter anderem Ducksteiner in der Flasche, auch Gläser, Fässer, Lieferungen auf Kommision, für jede Feier geeignet
- Glashütte Getränkeservice: Glashüttenstraße 85,
  20357 Hamburg (Eimsbüttel), Telefon 4 30 32 58,
  Fax 4 39 02 78, Mo-Fr 10–20, Sa 10–16 Uhr,
  Kreditkarte: EC-Karte; www.glasshuette85.de
  Über fünfzig auch ausgefallene Biersorten
- Graeff Getränke: Am Osdorfer Born 28,
  22549 Hamburg (Osdorf), Telefon 8 07 88 70,
  Fax 80 78 87 17, Mo-Fr 8–19, Sa 8–14 Uhr,
  Kreditkarten: alle Kreditkarten, EC-Karte;
  www.graeff-getraenke.de
  Herr Graeff selbst spricht von seinem Geschäft als einem „Getränke-Erlebnispark“, erleben kann man 250 Biersorten unter 135 Neonleuchten

**Bier: Hier tanzt keine Flasche aus der Reihe. In der Holsten Brauerei läuft die Produktion computergesteuert**

**Brauereien:**

- Brauerei Hanseat: Zippelhaus 4, 20457 Hamburg (Innenstadt), Telefon 32 25 52, Fax 32 38 40, Mo-Sa ab 17 Uhr, Kreditkarten: Amex, Visa; E-Mail: groeninger-hamburg@t-online.de, www.groeninger-hamburg.de
- Brauhaus Johann Albrecht: Adolphsbrücke 7, 20457 Hamburg (Innenstadt), Telefon 36 77 40, Fax 32 38 40, Mo-Sa 11–1, So 10.30–23 Uhr; E-Mail: hamburg@brauhaus-joh-albrecht.de, www.brauhaus-joh-albrecht.de
- Haus der 131 Biere: Karlshöhe 27, 22175 Hamburg (Bramfeld), Telefon 6 40 50 70, Fax 6 40 20 71, Mo-Do 8–18, Fr 8–18.30 Uhr, Kreditkarte: EC-Karte; E-Mail: 131biere@bier.de; www.biershop.de Führt neben allen gängigen deutschen Bieren auch seltene deutsche Marken und 300 Sorten aus über fünfzig Ländern, Versand von ausgewählten Bierpräsenten und -postern
- Holsten Brauerei: Hopfenstraße 224, 22765 Hamburg (Altona), Telefon 38 10 17 82, Fax 38 10 17 51, Besichtigungen: Mo-Mi 9.30 und 13 Uhr, Do 9.30 Uhr; www.holsten.de

## Bioläden

BSE, Dioxin, Salmonellen und genmanipulierte Nahrungsmittel haben bei immer mehr Menschen die Skepsis gegenüber konventionellen Lebensmittelprodukten geweckt. Tägliche Skandalmeldungen geben genügend Anlass für den Nummer-sicher-Einkauf im Bioladen. Die Verbraucherzentrale informiert über Öko-Fachtage, Läden mit vegetarischer und Biokost; gegen eine Gebühr gibt es Broschüren zu den einzelnen Themen.

▶ *Ernährung*

- Verbraucher-Zentrale Hamburg e. V./Ernährung: Kirchenalle 22, 20099 Hamburg (St. Georg), Telefon 24 83 22 40, Di-Do 10–14 Uhr (telefonisch), Di, Mi 14–18 Uhr (persönlich); E-Mail: ernaehrung@verbraucherzentralehamburg.de, www.vzhh.de
- BioMarkt Barmbek: Fuhlsbütteler Straße 164, 22305 Hamburg (Barmbek), Telefon 69 79 51 12, Fax 69 79 51 13, Mo-Fr 8.30–18.30, Sa 8.30–14 Uhr, Ist von A bis Z auf Natur eingestellt: Das Sortiment reicht von Backwaren über Tiefkühlkost bis hin zu ätherischen Ölen und Körperpflegeprodukten
- Blankeneser Naturkost: Hasenhöhe 6, 22587 Hamburg (Blankenese), Telefon 86 52 08 , Fax 86 05 15, Mo-Fr 8–19, Sa 8–14 Uhr, Kreditkarten: alle; EC-Karte; www.blankenese.de/naturkost Naturkost-Vollsortiment, Lieferservice auf Anfrage, große Kosmetikabteilung
- Der andere Weg: Moorende 29, 20535 Hamburg (Hamm), Telefon 21 51 00, Mo-Mi 9–13 und 15–18, Do, Fr 9–18.30, Sa 9–13 Uhr; E-Mail: webmaster@derandereweg.de, www.derandereweg.de Macht schon mit seinem Namen und durch sein breit gefächertes Angebot auf die Notwendigkeit des Umdenkens aufmerksam
- Erdkorn Bio Discount: Rentzelstraße 36–48, 20146 Hamburg (Univiertel), Fax 41 42 87 91, Mo-Fr 9–19, Sa 9–16 Uhr; www.erdkorn.de Großer Öko-Supermarkt
- EssKapaden: Arnkielstraße 15, 22769 Hamburg (Altona), Telefon 4 39 98 03, Fax 43 27 69 51, Mo-Fr 9–19, Sa 9–14 Uhr, Kreditkarte: EC-Karte; www.esskapaden-naturkost.de
- Grüner Laden: Isestraße 20, 20144 Hamburg (Eppendorf), Telefon 4 20 05 50, Fax 4 20 83 77, Mo-Fr 9–19, Sa 9–14 Uhr, Kreditkarte: EC-Karte Großes Frischsortiment, gute Parkmöglichkeiten
- Hochgenuß – Bio Feinkost: Hochallee 127, 20149 Hamburg (Eppendorf), Telefon 46 77 70 76, Fax 46 77 70 74, Mo-Fr 9–19.30, Sa 9–14 Uhr, Kreditkarte: EC-Karte Bioprodukte für den Feinschmecker: Antipasti, Weine, Convenience-Gerichte
- Kornmühle: Weidenallee 61, 20357 Hamburg (Eimsbüttel), Telefon 4 39 83 21, Fax 4 39 83 21,

Mo-Fr 9–19, Sa 9–13.30, Kreditkarte: EC-Karte;
E-Mail: kornmühle.hh@aol.com
Naturkost-Vollsortiment

- Kürbiskern: Wilstorfer Straße 110, 21073 Hamburg (Harburg), Telefon 77 38 46, Fax 77 38 46, Mo-Fr 9–18, Sa 9–13 Uhr
  Biofisch und hochwertiges Fleisch stellen neben dem klassischen Naturkostprogramm das „Kürbiskern"-Angebot
- Mensch und Erde: Weiße Rose 3, 22359 Hamburg (Volksdorf), Telefon 6 03 76 03, Mo-Fr 9–18, Sa 9–13 Uhr
- Naturkostladen Fröhlicher Reisball: Schulweg 22, 20259 Hamburg (Eimsbüttel), Telefon 40 44 18, Fax 4 91 87 67, Mo, Di 11–18.30, Mi 11–14.30, Do, Fr 11–18.30, Sa 10–13.30 Uhr
  Makrobiotische Lebensmittel, Kochkurse und Ernährungslehre in hauseigener Bio-Kitchen
- Naturkostmarkt: Friedensallee 275, 22763 Hamburg (Bahrenfeld), Telefon 85 50 88 70, Fax 85 50 88 71, Mo-Fr 9–19, Sa 9–14 Uhr, Kreditkarte: EC-Karte;
  Großer Bio-Supermarkt
- Öko Weindepot: Peter-Marquard-Straße 11, 22303 Hamburg (Winterhude), Telefon 27 69 80, Fax 2 70 52 99, Mo-Fr 9–18.30, Sa 9–14 Uhr, Kreditkarte: EC-Karte
  Weine aus kontolliert biologischem Anbau, der angrenzende Weinkeller ist Sa 11–14 geöffnet
- Schulungszentrum für naturgemäßen Land- und Gartenbau Hohenbuchen: Poppenbütteler Hauptstraße 46, 22399 Hamburg (Poppenbüttel), Telefon 6 02 07 33, Hofladen: Sa 10–13 Uhr
  Allerlei Obst und Gemüse aus eigenem Anbau; hier finden Sie außerdem Hilfe bei Schwierigkeiten mit dem eigenen Biogarten
- Schwarzbrot Naturkost: Rutschbahn 5, 20146 Hamburg (Univiertel), Telefon 45 40 54, Fax 44 80 96 45, Mo-Fr 8.30–19.30, Sa 8.30–15 Uhr; www.schwarzbrot-naturkost.de
  Hamburg ältestes Naturkostgeschäft: Möhre-Gurke mit Tofu, Panda-Erdnuss-Tofu-Pastete, Senf mit Kräutern der Provence, Sodasan Regeneriersalz…
- Senfkorn-N@turko.st Lieferservice: Weißenburger Straße 1–3, 22049 Hamburg (Dulsberg), Telefon 61 22 96, Fax 61 41 06, Mo–Fr 9–13, 14.30–18, Sa 9–13 Uhr; E-Mail: senfkorn-n@turko.st, www.senfkorn-naturkost.de
  Mitglied im Bundesverband Naturkost Naturwaren (BNN); der Kunde kann eine Gemüsekiste im Abo bestellen, die einmal wöchentlich für 19,90 Euro frei Haus geliefert wird

- Sommer-Sprossen: Hellkamp 52, 20255 Hamburg (Eimsbüttel), Telefon 40 46 96, Fax 4 90 81 72, Mo-Fr 9–18, Sa 9–13 Uhr, Kreditkarte: EC-Karte; Mitglied im Bundesverband Naturkost, Säfte, Kosmetika und Biobrot aus kontrolliert biologischem Anbau, besonderer Verkaufsschlager sind die Getreidemühlen, für die sogar Kunden von außerhalb in die Hansestadt kommen
- Vasco Nuevo: Schulterblatt 98, 20357 Hamburg (Schanzenviertel), Telefon 4 30 26 83, Fax 4 39 56 71, Mo-Fr 9–18, Sa 9–14 Uhr, Kreditkarte: EC-Karte; www.vasco-nuevo.de Bio-Kosmetik und -Lebensmittel aller Art
- Vitalien: Dorotheenstraße 180, 22299 Hamburg (Winterhude), Telefon 46 77 69 01, Fax 46 77 69 03, Mo-Fr 9–19.30, Sa 9–14 Uhr, Kreditkarte: EC-Karte Naturkost-Vollsortiment, Kosmetik

## Brot

Für Freunde guten Brotes ist ein Besuch in der Bleichen Bäckerei ein Erlebnis. Das riesige Backwarensortiment ist international: Muffins, Bagels, Ciabatta und Flutes bis hin zu Rundstücken. Spezialitäten des Hauses sind neben verschiedensten Brotsorten die kreativen Hochzeitstorten. Bestellungen sind über Telefon und Fax möglich. Die Bleichen-Bäckerei beliefert die Spitzenhotels Hamburgs und arbeitet für Food-Designer. Die Effenberger Vollkornbäckerei hat sieben Filialen in Hamburg und arbeitet ausschließlich mit Produkten aus kontrolliert biologischem Anbau. 15 Brotsorten und 13 Brötchenarten, darunter Rosinen-, Früchte- und drei hefefreie Brötchen, sorgen für abwechslungsreich gesunden Essgenuss. Für Hamburgs reinste Backkultur steht seit Generation der Familienbetrieb Springer Bio Backwerk, der inzwischen mit der Bäckerei Effenberger kooperiert. Das Besondere und Neue liegt hier in den reinen Weizenprodukten, die auch aus kontrolliert biologischem Anbau stammen. Eine der ältesten Bäckerein Hamburgs ist Wilhelm Oertel. In den 14 Filialen gibt es 15 Sorten Brot und 25 verschiedene Brötchensorten. Spezialitäten des Hauses sind Zimtfranzbrötchen und das Roggenvollkornbrot. Sehr zu empfehlen sind die „Krausen Klöben“, Weizenteig mit Korinthen in verschiedenen Lagen geblättert.

- Backland: Peter-Marquard-Straße 16, 22303 Hamburg (Winterhude), Telefon 2 70 55 77, Fax 2 78 02 40, Mo-Fr 7–18, Sa 8–13 Uhr

**Brot: Die Bleichen Bäckerei beliefert auch Hamburger Spitzenhotels und Food-Designer**

**Café Solo: Treffpunkt im Univiertel – nicht nur für vorlesungsmüde Studenten**

Weitere Filiale: Eppendorfer Weg 105, Telefon 40 62 52

- Bäckerei Wilhelm Oertel: Esplanade 29, 20354 Hamburg (Innenstadt), Telefon 34 02 75, Fax 34 02 75, Mo-Fr 6.30–18.30, Sa 6.30–14 Uhr; www.w-oertel.de
- Bleichen Bäckerei von Holdt GmbH: Eppendorfer Weg 178, 20253 Hamburg (Eppendorf), Telefon 4 20 03 28, Fax 4 20 06 35, Mo-Fr 6–18, Sa 6–12 Uhr
- Effenberger Vollkornbäckerei: Rutschbahn 18, 20146 Hamburg (Univiertel), Telefon 45 54 45, Fax 45 49 01, Mo-Fr 9–18, Sa 9–13 Uhr



Weitere Filialen: Mühlenkamp 37 (Winterhude), Landesbank Galerie (Innenstadt), Altonaer Straße (Altona), Alsterdorfer Straße 17 (Winterhude), Bahrenfelder Straße 115 (Ottensen); auch auf verschiedenen Öko- und Wochenmärkten vertreten

- Hansebäcker: Grindelallee 104, 20146 Hamburg (Univiertel), Telefon 41 84 85, Fax 45 03 84 15, Mo-Fr 7–18.30, Sa 7–14, So 8–12 Uhr; www.hansebaecker.de
  Weitere Filialen: Osterstraße 128 (Eimsbüttel), Mönckebergstraße 19 (Innenstadt), Fuhlsbütteler Straße 142 (Barmbek)
- Pritsch: Papenhuder Straße 39, 22087 Hamburg (Uhlenhorst), Telefon 22 22 98, Fax 2 29 73 60, Mo-Fr 6–18, Sa 6–13 Uhr; www.baeckerei-pritsch.de
- Springer Bio Backwerk: Horner Weg 192, 22111 Hamburg (Horn), Telefon 6 55 99 30, Fax 65 59 93 99, Mo-Fr 6–18, Sa 6–12, So 8–11 Uhr
  Weitere Filialen: Jungfernstieg 16 (Innenstadt), Mozartstraße 16 (Winterhude), Grindelalle 88 (Eimsbüttel)
- Stadtbäckerei: Am Gänsemarkt 44, 20354 Hamburg (Innenstadt), Telefon 3 55 25 00, Fax 35 52 50 90
  Besonderheit ist der Brötchen-Lieferservice: Nach einmaliger Registrierung kann man bequem unter www.das-broetchen.de seine belegten Hälften fürs Büro ordern

## Cafés

Das Schlürfen des Kaffees kann schon beinahe zur Glaubensfrage werden. Solls a bisserl Wien sein, mit einer Melange, oder lieber mediterrane Lebensfreude mit einem portugiesischen Galão oder italienischen Espresso, oder bevorzugt man einen türkischen Mokka? Vielleicht steht der eine oder andere doch eher auf die deutsche Variante und trinkt den guten Bohnenkaffee oder ist überzeugter Teetrinker und zieht eine stilvolle „british cup of tea" vor. Die Auswahl an Cafés in der Elbstadt ist groß, sodass man sich theoretisch bis zum Herzinfarkt durchschlürfen kann.

- Bey's: Ottenser Hauptstraße 64, 22765 Hamburg (Ottensen), Telefon 3 90 55 52, Fax 3 90 76 59, Mo-Sa ab 11, So ab 15 Uhr
  Das Großraumbistro lockt mit einer überschaubaren Karte, wechselnden Tages-und Wochenangeboten und günstigen Preisen
- Bodega del Puerto – Café Elbterrassen: Övelgönne 1, 22605 Hamburg (Övelgönne), Telefon 3 90 34 43, Fax 6 57 11 79, Mo-So 10–24 Uhr, Kreditkarte: EC-Karte
  Bei schönem Wetter ist das Strandcafé ein beliebtes Ausflugsziel. Nach einem Spaziergang entlang der Elbe gönnt man sich hier gern ein Päuschen. Bei einem Milchkaffee (3 Euro) kann man entspannt gen Museumshafen blicken. Außerdem gibt es zwei Frühstücksvarianten und Kuchen
- Borchers: Geschwister-Scholl-Straße 1–3, 20251 Hamburg (Eppendorf), Telefon 46 26 77, Fax 46 77 93 28, Mo-So ab 10.30 Uhr, Kreditkarte: EC-Karte
  „Eppendorf findet im Borchers statt", lautet hier das Motto. Von Wraps bis Pasta ist hier alles zu bekommen, Tagesgerichte ab 5,50 Euro
- Café Bar: Ludwigstraße 12a, 20357 Hamburg (Schanzenviertel), Telefon 43 18 87 41, Fax 3 80 05 91, Mo-Fr 10–19, Sa 10–16 Uhr, Kreditkarte: EC-Karte
  In der großzügigen Säulenhalle eines alten Fabrikgebäudes kann man leicht vergessen, dass man sich in Hamburg befindet. Das internationale Ambiente der Café Bar erinnert eher an New York. Große Fenster und kugelige Lampen sorgen für reichlich Licht. Ein Platz auf der Lederbank, auf dem Schoß ein Magazin und dazu das Schlürfen eines Orzo (Getreide-Espresso), das vermittelt kosmopolitisches Flair. Angeboten werden unter anderem lecker belegte Panini, verschiedene Blätterteig-Quiches (ab 2,80 Euro) und ein komplettes Frühstück (8,50 Euro). Antipasti gibt es in drei Portionsgrößen (4,30–7,20 Euro)
- Café Breitengrad: Gefionstraße 3, 22769 Hamburg (Altona), Telefon 43 18 99 99, Fax 43 18 99 97, Mo 12–15, 18–24 Uhr, Di-So 12–24 Uhr, Kreditkarten: alle; EC-Karte; www.breitengrad-hh.de
  Nach einem temperamentvollen Flamenco-Abend in der Agma-Zeitbühne erspart man sich langes Café-Gesuche: direkt nebenan liegt das Café Breitengrad, ein nettes Café-Restaurant mit ceylonesischen Gerichten, das gerade im Sommer lockt wegen seiner Open-Air-Sitzplätzen
- Café Canale: Poelchaukamp 7, 22301 Hamburg (Winterhude), Telefon 2 70 01 01, Fax 22 73 83 03, Mo-So 10–19 Uhr, Kreditkarten: keine
- Café Gnosa: Lange Reihe 93, 20099 Hamburg (St. Georg), Telefon 24 30 34, Fax 24 34 90, Mo 18–1, Di-Do 11–1, Fr-So 11–2 Uhr, Kreditkarten: keine
  Die Einrichtung ist angenehm altmodisch, mit nicht zu übersehendem lesbisch-schwulen Touch. Beeindruckend ist die umfangreiche Getränkekarte; in der alkoholfreien Abteilung fallen diverse Mineralwasser und rund 15 Teesorten angenehm auf
- Café Jerusalem: Hartungstraße 9–11, 20146 Hamburg (Univiertel), Telefon 44 62 85, Mo-Fr ab 12, Sa, So 16–2 Uhr, Kreditkarten: keine
  Wenn nicht vor oder nach einem Theaterbesuch, dann vielleicht für ein Treffen. Der Besuch lohnt sich in jedem Fall. Das Café befindet sich in den Räumlichkeiten der Kammerspiele und bietet neben Antipasti auch warme Gerichte. Wände in Orange, Marmortische und Holzfußboden sorgen für eine warme Atmosphäre
- Café Katelbach: Große Brunnenstraße 60, 22763 Hamburg (Ottensen), Telefon 3 90 55 11, Fax 3 90 67 17, Mo-So ab 15 Uhr; E-Mail: cafe-katelbach@gmx.de
  Der viel zitierte Kaffeehaus-Charme umgibt das Katelbach: Wen nachmittägliche Kaffee- und

Kuchengelüste umtreiben, der findet hier neben manch heimlichem K.-u.-k.-Nostalgiker auch eine liebevolle Auswahl feinen Gebäcks. Abends lockt die Speisekarte einer delikaten Küche mit leckeren Holzofenpizzen

- Café Schotthorst: Eppendorfer Weg 58, 20259 Hamburg (Eimsbüttel), Telefon 4 91 81 21, Fax 4 00 01 27, So-Do 10–2, Fr, Sa ab 10 Uhr
  Zu eng wird es hier auf keinen Fall, denn die verspiegelten Wände und hohen Decken verbreiten eine einladene Großzügigkeit. Im Sommer lädt das Eckrestaurant direkt am Eppendorfer Weg zum Draußensitzen ein. Der eine oder andere beobachtende Blick auf flanierende Fußgänger bleibt also nicht aus. Die Tapas sind hier besonders gut
- Café Schwanenwik: Schwanenwik 38, 22087 Hamburg (Uhlenhorst), Telefon 2 20 13 00, Fax 3 27 37 65, Mo-So 10–24 Uhr, Kreditkarten: alle; www. literaturhauscafe.de
  Auf knarrendem Parkett betritt man einen Saal von hanseatischer Gediegenheit: Kronleuchter so groß wie Kleinwagen, polierte Marmorsäulen und vergoldeter Stuck. Einst ein Durchgangsheim für „schwer erziehbare" Mädchen, warten im heutigen Literaturhauscafé exzellente Speisen in elegant-legerer Atmosphäre – und die Alster ist in der Nähe
- Café Solo: Heinrich-Barth-Straße 14, 20146 Hamburg (Univiertel), Telefon 41 35 27 44, Fax 41 35 27 55, Mo-So 10–13 Uhr
  Kleines schickes Wohlfühl-Café im Univiertel, nicht nur für vorlesungsmüde Studenten ein Anziehungspunkt. Die Speisekarte bietet täglich wechselnde Tapas, Enchiladas und auch Pasta und Salate. In der wunderschön restaurierten alten Metzgerei gibt es auch spanische Kaffeespezialitäten
- Café Unter den Linden: Juliusstraße 16, 22769 Hamburg (Schanzenviertel), Telefon 43 81 40, Fax 40 18 67 52, Mo-Sa 11–1, So 10–24 Uhr, Kreditkarten: keine
  Das bekannte Szenecafé hält, was der Name verspricht: Hier bei schönem Wetter einen Milchkaffee (2,70 Euro) und ein Stück Kuchen im Schatten der Linden verzehren – dem ist nur schwer zu widerstehen. Empfehlenswert sind die Crumbles, Obststücke, die mit einem Streuselkuchen überbacken werden. Wechselnde Speisekarte mit einfachen und guten Gerichten zwischen 3,50 und 7,50 Euro
- Caffe 42: Mühlenkamp 42, 22303 Hamburg (Winterhude), Telefon 27 88 06 42, Fax 27 88 06 41, Mo-Fr 11.30–24, Sa 10–23.30 Uhr, Kreditkarte: EC-Karte

**Café Unter den Linden: Alle Hände voll zu tun hat das Team vor allem bei schönem Wetter**

Darüber ist man sich im Caffe 42 einig: „presto con gusto"– frei nach der italienischen Lebensart: „schnell und mit Genuss"– schmeckt immer und erfreut sich wachsender Beliebtheit. Auf der Karte stehen Köstlichkeiten wie Bruschetta und Crostini (3,80–4,90 Euro), Caprese (Tomate-Mozzarella 6,50 Euro) und schmackhafter Parmaschinken. Daneben werden auch Muffins, Brownies, Caffe Latte und Butterhörnchen angeboten. Im eleganten Ambiente können Gäste mit mehr Zeit auf Ledersofas ein gemütliches Plätzchen finden. Hochtische laden zum Beobachten des Geschehens auf dem Mühlenkamp ein

- caffè latte: Wohlwillstraße 49, 20359 Hamburg (St. Pauli), Telefon 43 18 21 12, Fax 43 18 21 12, Mo-Fr ab 8, Sa ab 11 Uhr; www.caffe-latte.de
  Frühstücken kann man im Caffe latte auch noch zu späterer Stunde - hinter riesigen Schaufenstern einen wunderbaren Kaffee schlürfen und dabei in einer der ausliegenden Zeitschriften blättern. So ein Müßiggang kann wunderbar sein. Neben einem Frühstück nach eigener Wahl werden vier verschiedene Frühstücksvarianten angeboten. Es gibt Ciabatta mit frischem, italienischem Aufschnitt (ab 2,80 Euro), ein Tagesgericht (ab 4,10 Euro) und hausgemachte Antipasti. Für die nötigen Vitamine sorgt ein frischer Obstcocktail oder Obstsalat.
- Filmhauskneipe: Friedensallee 7, 22765 Hamburg (Ottensen), Telefon 39 90 80 25, Fax 3 80 94 62, Mo-So 12–2 Uhr;
  E-Mail: filmhauskneipe@t-online.de
  Die Lage ist ideal: Direkt neben den Zeise Kinos angesiedelt, zieht die Filmhauskneipe Publikum an, das sich vor oder nach dem Kino ein Bierchen oder eine Mahlzeit gönnt. Das Ambiente ist schlicht bis rustikal. Ebenso die häufig wechselnde Karte. Warme Küche bis 23 Uhr
- Fritz Bauch: Bartelsstraße 6, 20357 Hamburg (Schanzenviertel), Telefon 4 30 01 94, Mo-Sa ab 12, So ab 11 Uhr, Kreditkarte: EC-Karte; E-Mail: webmaster@fritzbauch.de, www.fritzbauch.de
  In lockerer Atmosphäre lassen sich hier entspannte Nachmittage verbringen. Bei schönem Wetter sind die einfachen Bänke vorm Lokal begehrte Plätze. Knurrt der Magen, bietet die Speisekarte besonders für Vegetarier eine reiche Auswahl. Nur Geduld muss man haben, denn mitunter dauert es eine Weile, bis das Essen serviert wird
- La Tazza d'Oro: Ottenser Hauptstraße 53, 22765 Hamburg (Ottensen), Telefon 36 90 15 05, Di-Fr 8–24, Sa, So 9.30–24 Uhr,
  An warmen Sommertagen verbreitet sich italienisches Flair mitten in Ottensen. Das Eckbistro bietet eine wechselnde Speisekarte und selbst gebackenen Kuchen. Dazu verschiedene italienische Softdrinks wie etwa Aranciata
- Le Bistro Glashaus: Bahrenfelder Straße 130, 22765 Hamburg (Ottensen), Telefon 39 74 95, Mo-So 18–24 Uhr, Kreditkarte: EC-Karte
  Das Glashaus, ein wintergartenähnlicher Anbau, ist in jedem Falle einen Besuch wert. Die Absicht, nur einen Wein oder Kaffee zu trinken, revidiert. Neben anderen Köstlichkeiten ist der Flammekueche ein Klassiker auf der täglich wechselnden Karte. Mittagstisch in der Woche von 12–14 Uhr
- Linde: Dockenhudener Straße 12, 22587 Hamburg (Blankenese), Telefon 86 66 38 01, Fax 86 66 38 03, Mo-Sa 17–2, So 10–2 Uhr, Kreditkarte: EC-Karte;
  Ein modernes Bar-Restaurant, auf der Speisekarte stehen unter anderem Pasta, vegetarische Gerichte und Salate. Sonntags von 10 bis 15 Uhr wird ein Brunch mit wechselnden warmen Speisen (14,30 Euro) inklusive Kaffee, Tee und Orangensaft angeboten. Abends herrscht Barbetrieb bei einem Musikmix aus Pop und Jazz. Die Cocktails kosten während der Happy Hour (18 bis 20 Uhr) nur 5,10 Euro
- Lühmanns Teestube: Blankeneser Landstraße 29, 22587 Hamburg (Blankenese), Telefon 86 34 42, Fax 86 43 16, Mo-Fr 9–23, Sa 9–18, So 10–23 Uhr; E-Mail: monika.luehmann@blankenese.de
  How charming! Gemütlich ein Tässchen Tee trinken, dazu ein Stückchen Torte verzehren, und das alles auf einer beschaulichen Veranda bei klassischer Musik. Eine gute Wahl ist Cornish Cream

**Saal II: Leere Barhocker sind abends eine Seltenheit, dann drängelt sich im „Saal" das Schanzen-Volk**

Tea" für 6,80 Euro: ein Kännchen Tee mit zwei Scones (traditionelles englisches Teegebäck) und einer sehr leckeren Clotted Cream aus eigener Herstellung sowie Konfitüre. Sonntags wird von 10 bis 15 Uhr ein Frühstücksbüfett angeboten. Es empfiehlt sich, einen Tisch reservieren zu lassen

- Maddalena Bar: Winterhuder Weg 146, 22085 Hamburg (Winterhude), Telefon 2 20 90 10, Mo-Sa 10–23 Uhr, Kreditkarten: keine; E-Mail: hansen@maddalena.de; www.maddalena.de
  Das Ambiente ist so authentisch, dass man meint, man befände sich mitten in Rom, Neapel oder Palermo. Blau-weiß gefliester Boden und Bistrotische präsentieren ein schlichtes Interieur. Das Essen steht dem in nichts nach
- Mar y Sol: Ottenser Hauptstraße 36, 22765 Hamburg (Ottensen), Telefon 3 90 77 74, Mo-Fr 7–22, Sa 9–22 Uhr
  Mit leerem Magen muss in Ottensen niemand in den Tag stolpern, denn im „Mar y Sol" kann man frühstücken (ab 4 Euro), und das nicht nur gut, sondern auch früh, wer später kommt, findet Tapas, Kuchen – aber womöglich keinen Sitzplatz mehr
- Max & Consorten: Spadenteich 7, 20099 Hamburg (St. Georg), Telefon 24 56 17, Fax 24 48 17, Mo-So ab 10 Uhr
  Die Kneipe direkt beim Hauptbahnhof suchen nicht nur Reisende, sondern auch St. Georger für ein schmuckes Bierchen auf. Die urig-gemütliche Atmosphäre des Max & Consorten ist genau das Richtige für üppige Bratkartoffelgerichte. Aber auch das Frühstücksbüfett lockt mit einer schönen Auswahl
- Maybach: Eppendorfer Weg 287, 20251 Hamburg (Eppendorf), Telefon 46 27 41, Mo-Do 10–2, Fr, Sa ab 10, So 10–1 Uhr, Kreditkarten: alle; E-Mail: maybach_eppendorf@arcor.de
  Im Eppendorfer Lokal trifft man auf Szenegäste, die am Wochenende gern selbst gebackenen Kuchen naschen. Das Besondere hier ist ein in Naturstein gebettetes Piranha-Aquarium, das alle Blicke auf sich zieht. Ansonsten ist die Einrichtung holzig und ein wenig mager. Wer die Songs der Achziger liebt, kommt aber nicht zu kurz. Leichte bis deftige Speisen sowie Saisonklassiker bestimmen das Angebot. Ein Mittagstisch bietet Gerichte ab 5,50 Euro
- Museumshafen-Café Oevelgönne: Auf dem Ponton Neumühlen, 22605 Hamburg (Övelgönne), Telefon 39 73 83, Fax 34 37 77, Mi-Sa 12–22, So 10–22 Uhr; E-Mail: bergedorf@museumshafen-cafe.de, www.museumshafen-cafe.de
  Ein bisschen seetauglich muss man schon sein,

wenn man auf der alten Hadag-Fähre in Neumühlen speisen will, es kann hier schaukelig zugehen. Dafür gibt's einen wunderbaren Blick auf große Pötte und historische Kähne. Die Speisekarte verzeichnet Frühstück, kleinere Mittagstisch-Gerichte und deftige kleine Snacks. Empfehlung: Bratapfel mit Vanillesauce. Angesichts der Traumlage sind die Preise moderat

- Noodles: Schanzenstraße 2–4, 20357 Hamburg (Schanzenviertel), Telefon 4 39 28 40, So-Do 10–1, Fr–So 10–15 Uhr; E-Mail: noodles@hotmail.com, www.noodles-online.de
  Das angenehm schlicht eingerichtete Kneipenlokal lädt nicht nur zum Nudelessen ein. Wem nicht nach Pasta zumute ist, der kann sich von der Tageskarte inspirieren lassen, die überwiegend auf deutsche Küche setzt. Die Abendkarte wechselt wöchentlich, und sonntags kann gebruncht werden. Ob drinnen oder an der bunten Schanzenstraße, dem Treiben im Viertel kann man von hier aus gut zuschauen
- R & B: Weidenallee 20, 20357 Hamburg (Eimsbüttel), Telefon 44 10 44, Fax 4 50 54 58, Mo-Fr 11.30–2, Sa, So 18.30–2 Uhr, Kreditkarten: alle
  Im vorderen Teil befindet sich eine Bar, dahinter ein geräumiger, fein gestylter Restaurantbereich. An den Wänden hängen Bilder von Jazz- und Bluesmusikern, womit sich die Frage nach der Musikrichtung erübrigt. Das Publikum ist gemischt von kreativ ambitioniert bis hin zum Status „Künstler". Neben guter deutscher Küche sind einige wenige Gerichte aus New Orleans auf der Speisekarte zu finden. Zwischen 23 und 24 Uhr gibt es einen „Late"-Tisch mit kleinen Snacks
- Saal II: Schulterblatt 83, 20357 Hamburg (Schanzenviertel), Telefon 4 39 28 28, Mo-Fr ab 12, Sa, So ab 11; www.saal2.de
  Eine Cafébar mit lässiger Atmosphäre mitten im Schanzenviertel. Und, wie sollte es auch anders sein, hier trifft man auf junges Szenevolk. Ab 12 Uhr (Sa, So ab 11 Uhr) stehen drei Frühstück-Standards, benannt nach den „Saal"-Betreibern, Auswahl. Zudem gibt es ein täglich wechselndes Tagesgericht sowie Kaffee, selbst gebackenen Kuchen, kleine Snacks und Salate
- Stadtcafé Ottensen: Behringstraße 42, 22763 Hamburg (Ottensen), Telefon 39 90 36 03, Fax 39 90 36 05, Mo-So ab 10 Uhr, Kreditkarten: alle; EC-Karte; E-Mail: cafe@aber-online.de, www.stadtcafe.de
  „Mit hundert Wassern gewaschen", lautet hier die Devise. Das Café-Restaurant garantiert jedem Besucher einen Blickfang. Nach Entwürfen von Friedensreich Hundertwasser wurde hier kräftig gekachelt, gerade Linien hat man sich gespart.

Besonders beliebt sind die Plätze im Turm. Als Austria-Hommage gibt's hier den „Schümli". Dazu hausgemachten Kuchen oder Torte. Außerdem werden vier Mittagstischgerichte (ab 5 Euro) angeboten

## Coffeeshops

Halt, stopp, es geht hier nicht um roten Libanesen, sondern um braune Bohnen, die allenfalls einen Kaffeerausch versprechen. Traditioneller Filterkaffee ist schön und gut, aber er ist nicht unbedingt die Krönung. Nichts geht über einen guten Cappuccino am Morgen, ganz zu schweigen von einem ordentlichen Espresso in der Mittagspause. Wer sich davon überzeugen will, was echten Kaffeegenuss ausmacht, muss nicht erst nach Österreich oder gar Italien fahren. Ein Besuch in der Innenstadt genügt. Dort gibt es das Balzac, einen Coffeeshop im amerikanischen Stil. Sehr zu empfehlen ist auch Die Rösterei, ein Wiener Caféhaus und Eiscafé. Das Kaffeekontor im Schanzenviertel bietet neben dem klassischen Sortiment mit italienischem Espresso und Co. auch besondere

**Grab & Go: Der Name des Coffeeshops ist Programm**

Röstungen, zum Beispiel mit Erdbeer- oder Pfefferminzaroma. Nicht zu verachten sind auch die Sirupzusätze aus Haselnuss, Vanille oder Zimt.

- Balzac: Große Theaterstraße 39, 20354 Hamburg (Innenstadt), Telefon 34 36 22, Fax 30 30 97 73, Mo-Fr 7.30–19.30, Sa 8.30–17.30 Uhr, www.balzac.de
- Black Bean – the coffee company: Colonnaden 39, 20354 Hamburg (Innenstadt), Telefon 35 01 99 44, Fax 35 01 99 55, Mo-Fr 7.30–22, Sa 9–22 Uhr; www.black-bean.de
  Diese Coffee-Bar im amerikanischen Stil hat leckere frische New-York-Bagels und bietet ständig wechselnde Mittagssnacks
- Die Rösterei: Mönckebergstraße 7, 20095 Hamburg (Innenstadt), Telefon 30 39 37 35, Fax 32 52 63 64, Mo-Fr 8–21 Uhr, E-Mail: info@presto-cafe.de
- Grab & Go: Valentinskamp 20, 20354 Hamburg (Innenstadt), Telefon 34 99 49 00, Fax 34 99 49 01, Mo-Fr 7.30–19, Sa 10–17 Uhr; www.grab-and-go.de
- Kaffeekontor: Schanzenstraße 14, 20357 Hamburg (Schanzenviertel), Telefon 43 18 30 50, Mo-Fr 8.30–18.30, Sa 10–16 Uhr
- Kyti Voo: Bartelstraße 26, 20357 Hamburg (Schanzenviertel), Telefon 43 17 96 36, Fax 28 05 55 64, Mo-Fr 9–18, Sa 10–16 Uhr, www.kytivoo.de
  Beim Verzehr eines Panino können hier Kurzfilme und Kunstvideos bestaunt werden. Das zweite Café in der Langen Reihe 82 hat außerdem eine bestuhlte Terrasse, auf der im Sommer bis spät in die Nacht Cocktails geschlürft werden können
- Oh it's fresh!: Großer Burstah 1, 20354 Hamburg (Innenstadt), Telefon 37 51 00 76, Mo-Fr 8–19, Sa, So 11–17 Uhr; www.ohitsfresh.de
  Bagels, Muffins, Wraps, Salate, „coffee of the week", Sandwiches – gibt es hier alles und natürlich superfrisch. Ideal um sich vor oder nach der Shoppingtour zu entspannen.
  Weitere Filialen: Gänsemarkt 24 (Essen-&-Trinken-Passage/Innenstadt) und Sachsenfeld 7 (Hamm)

## Direkt ins Haus

Bei plötzlichen Hungerattacken gibt es unzählige Möglichkeiten, die eigene Herdplatte fettfrei zu lassen und trotzdem ein ausgezeichnetes Menü auf den Esstisch zu zaubern. Man wähle einfach die Nummer eines guten Lieferservice oder bestelle seine Pizza direkt übers Internet. Aber bei aller Liebe zur Pizza, es muss nicht immer Italienisch sein. Wem einmal der Sinn nach einem orientalischen Fernsehabend steht, der lasse sich von Salibas Orient Express verköstigen. Ob Mazza, Lamm nach arabischer Art, Hefeteigspezialitäten oder andere Köstlichkeiten: Saliba hat alles, und bis auf persische Bauchtänzerinnen wird auch alles geliefert. Oder Sie wagen sich einmal an Sushi. Eine Rolle Sushi kostet bei Mr. Sushi ab 3,60 Euro. Und in den eigenen vier Wänden merkt Gott sei Dank auch kein Mensch, ob sie auch wirklich aufgegessen haben. Lunchboxen gibt es ab 7,70 Euro. Mr. Sushi liefert ab 10 Euro frei Haus. Für den rustikaleren Snack nach der Arbeit auf dem Bau sorgt Crazy Croque. Ab 3,85 Euro zahlt man für die satt belegten französischen Weißbrothälften. Außerdem sind Crêpes ab 1,60 Euro, Desserts, Salate und Milchshakes im Lieferangebot.

- Mr. Sushi: Knauerstraße 21, 20249 Hamburg (Eppendorf), Telefon 47 44 41, Fax 47 22 99, So-Do 11–14, 17–22, Fr, Sa 11–14 und 17–23 Uhr; www.mrsushi.de
  Empfehlenswerte Auswahl japanischer Spezialitäten. Mindestbestellwert 10 Euro
- Salibas Orient Express: Leverkusenstraße 54, 22761 Hamburg (Bahrenfeld), Telefon 85 80 71, Fax 85 80 82, Mo-Fr 12–15 und ab 18 Uhr, Sa ab 18 Uhr, Kreditkarte: EC-Karte; www.saliba.de

### Asien:

- Asia Imbiss Bok: Bartelsstraße 28, 20357 Hamburg (Schanzenviertel), Telefon 4 30 33 01, Mo-So 12–22 Uhr
- Chinaman Sushi & Co.: Beim Schlump 30, 20259 Hamburg (Eimsbüttel), Telefon 45 82 12, Mo-Fr 11.30–14.30 und 17.30–22.30, Sa, So 12–15 und 17.30–22.30 Uhr; www.sushico.de
  Großes Angebot an chinesischen Gerichten: Huhn, Rind, Schwein und Ente in großer Menge, Fisch und Meeresfrüchte sowie vegetarische Speisen (ab 7,70 Euro). Die große Sushi-Auswahl ist nur bei den Filialen am Schlump, Farmsen und Bergedorf erhältlich; Mindestbestellwert 6,70 Euro,
  Weitere Filialen:
  Winterhude: Telefon 2 80 63 94
  Farmsen: Telefon 6 45 16 11
  Harburg: Telefon 7 90 50 12
  Wandsbek: Telefon 20 13 17
  Bergedorf: Telefon 7 39 73 94
  Schnelsen: Telefon 83 29 38 86
- Japan Sushi Dorasi: Erikastraße 81a, 20251 Hamburg (Eppendorf), Telefon 46 37 55, Fax 4 60 24 22, Mo-So 18–24 Uhr, Kreditkarten: alle; EC-Karte
  Japanisch-koreanische Küche, ab 16 Euro Lieferung frei Haus in Eppendorf, Winterhude, Alsterdorf, Hoheluft, Groß Borstel, Harvestehude, Eimsbüttel

### Croque:

- Crazy Croque: Fabriciusstraße 93, 22177 Hamburg (Bramfeld), Telefon 61 03 30, Mo-So 11.30–22.30 Uhr; www.crazy-croque.de,
  Weitere Filialen:
  Horn: Telefon 6 53 22 11, Mo-So11–22 Uhr
  Rahlstedt: Telefon 6 77 33 08, Mo-So 11.30–22 Uhr
  Wandsbek: Telefon 6 93 99 00, Mo-So 11–22.30 Uhr
- Croque Laden: Bahrenfelder Straße 175, 22769 Hamburg (Ottensen), Telefon 39 60 22, Fax 28 80 29 92, Mo-Fr 12–22.30, Sa, So12–22
  Große Auswahl an Croques, Pizza, Pasta, Crêpes, Salaten, Eis und Milchshakes
- Happy Croque: Waterloostraße 19, 22769 Hamburg (Altona), Telefon 4 30 38 60, Mo-Fr 11.30–14.30 und 18–22, Sa 18–22, So 17–22 Uhr;
  E-Mail: happycroque@t-online.de, www.happy-croque.de
  Weitere Filialen:
  City: Telefon 23 68 63 68
  Eidelstedt: Telefon 5 71 24 31
  Wandsbek: Telefon 68 91 42 50
  Fuhlsbüttel: Telefon 50 04 90 66
- Monsieur Croque: Müggenkampstraße 43a, 20257 Hamburg (Eimsbüttel), Telefon 4 91 77 41, Mo-So 12–22 Uhr

### Feinkost:

- Broders: Mittelweg 172, 20148 Hamburg (Pöseldorf), Telefon 44 53 55, Fax 4 10 43 83, Mo-Fr 8.15–18.30, Sa 8–13.30 Uhr, Kreditkarten: alle; EC-Karte; www.broders.de
  Einer von Hamburgs renommiertesten Feinkosthändlern liefert seine Delikatessen auch nach Haus
- Kruizenga: Maria-Louisen-Straße 11–13, 22301 Hamburg (Winterhude), Telefon 46 09 97 77, Fax 46 09 97 47, Mo-Fr 8–18.30, Sa 8–13.30 Uhr, Kreditkarten: Amex, Diners, EC-Karte;
  E-Mail: service@kruizenga.de, www.kruizenga.de
  Fachmann für Delikatessen und Weine. Der hauseigene Partyservice bietet alles vom Frühstück für zwei bis zur „Speisung der Fünftausend"
- La Fattoria: Isestraße 16, 20144 Hamburg (Harvestehude), Telefon 4 20 02 55, Fax 4 20 94 49, Di-Fr 10–18.30, Sa 8–15 Uhr; www.lafattoria-hamburg.de
  Die im Laden erhältliche, große italienische Spezialitätenauswahl ist komplett auch über den hauseigenen Lieferservice zu bestellen, geliefert wird ab 15 Euro
- Mario Ganzoni: Eppendorfer Landstraße 61, 20249 Hamburg (Eppendorf), Telefon 47 38 55, Fax 4 80 13 82, Mo-Fr 12–20, Sa 12–16 Uhr
  Lieferung von Delikatessen, Fisch- und Fleischplatten und hausgemachter Pasta; auch Spirituosen
- Schlemmermeyer: Gänsemarktpassage 50, 20354 Hamburg (Innenstadt), Telefon 34 41 76, Fax 34 66 03, Mo-Fr 9–20, Sa 9–16 Uhr,
  Großes Wurst- und Schinkenangebot, auf Wunsch Lieferung nach Hause
- Traiteur Wille Brass: Gottschedstraße 13, 22301 Hamburg (Winterhude), Telefon 27 49 66, Fax 27 36 93, Mo-Fr 10–18 Uhr, Kreditkarte: EC-Karte;
  E-Mail: willebrass@freenet.de, www.traiteur-wille.de
  Graved Lachs, auf milde schwedische Art gebeizt, ist die Spezialität des Hauses. Ansonsten hauptsächlich italienische und französische Küche. Auch seltene Weine, Essige und Öle im Angebot

▶ *Party, Rubrik „A–Z"*

### Party:

- A'Shamra: Rentzelstraße 50, 20146 Hamburg (Univiertel), Telefon 45 49 75, Fax 6 57 07 62, Mo-So ab 18 Uh; www.ashamra.de
  Leckere Mazza-Platten mit Fladenbort werden ab zehn Personen geliefert, verschiedene Gemüse-

sorten, nach Absprache auch warme Gerichte wie gefülltes Lamm mit Reis

- Alles aus einer Hand – Party- Veranstaltungsservice: An der Bahn 6, 22844 Hamburg (Norderstedt), Telefon 5 26 84 40, Fax 52 68 44 18, Mo-Fr 9–17 Uhr, E-Mail: aaeham@wf.de
  Außer Party-Ausrichtungen kann auch ein komplettes Sektfrühstück bestellt werden (175 Euro inklusive Blumen, Kerzenständer, Tischdecke etc.); Verleih von Geschirr, Gläsern und anderem
- Boa Vista: Wandsbeker Chausee 6, 22089 Hamburg (Wandsbek), Telefon 2 53 01 00, Fax 25 30 10 10, Mo-Fr 9–18 Uhr; E-Mail: lecker@boavista-partyservice.de, www.boavista-partyservice.de
  Je nach Wunsch des Kunden wird alles angerichtet: deutsche, asiatische oder italienische Kücke sind für Boa Vista kein Problem; geliefert wird ab vierzig Personen
- Brunckhorst: Jacobsenweg 3–11, 22525 Hamburg (Stellingen), Telefon 54 50 88, Fax 5 40 66 17, Mo-Fr 8–17, Sa 8–12 Uhr; www.brunckhorst-partyservice.de
  Das Angebot reicht von Cocktailhäppchen ab vier Personen über mehrgängige Menüs (ab acht Personen) bis zu großen kalten und warmen Büfetts für bis zu 2000 Personen
- Concept Veranstaltungsservice: Spaldingstraße 41, 20097 Hamburg (Hammerbrook), Telefon 23 80 84 40, Fax 23 80 84 43, Mo-Fr 8–18 Uhr; www.concept-vs.de
  Konzeption kompletter Events aller Art einschließlich Partyservice, Inventar, Zeltverleih und sonstiger Ausstattung. Preise auf Anfrage, die Beratung ist kostenlos
- Der Blaue Hummer: Große Elbstraße 212, 22767 Hamburg (Altona), Telefon 39 90 67 96, Fax 38 69 97 73, Mo-Fr 9–17 Uhr; www.der-blaue-hummer.de
  Catering-Agentur, die eine gesamte Feier von Organisation über die Planung und Zubereitung des Essens bis zum Abräumen übernimmt, in einer modernen Showküche kann den Köchen in die Töpfe geschaut werden
- Gourmetro: Celsiusweg 13–15, 22761 Hamburg (Altona), Telefon 23 46 66, Fax 23 44 84, Mo-Fr 9–17 Uhr; www.gourmetro.de
  Liefert außer Büfetts und Menüs auch Zelte, Zäune, Mobiliar und alles, was man für kleine oder große Feste braucht
- Mess Mobil Party Service: Turnerstraße 9, 20357 Hamburg (Karolinenviertel), Telefon 43 41 23, Fax 43 25 01 53, Mo-Fr 10–18 Uhr; www.mess.de
  Partyservice für größere Angelegenheiten, stellt das nötige Equipment zur Verfügung und sucht auch den angemessenen Raum für Feierlichkeiten. Das Speisenangebot wird nach individuellem Wunsch gestaltet

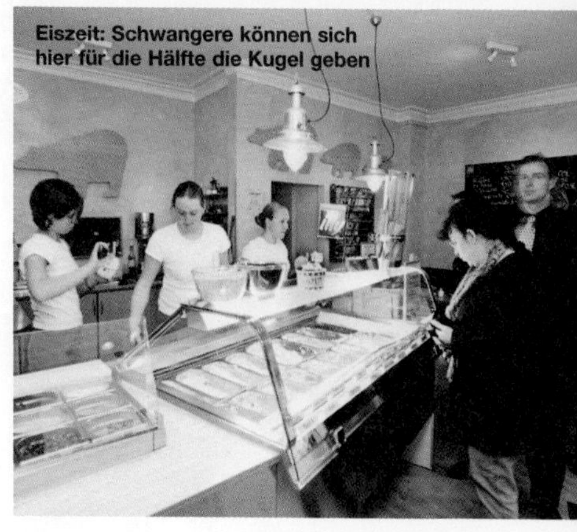
Eiszeit: Schwangere können sich hier für die Hälfte die Kugel geben

- Müller's Partyservice: Spandauer Weg 14, 22045 Hamburg (Hohenhorst), Telefon 66 36 95, Fax 66 20 73, Mo-Fr 9–18 Uhr; E-Mail: müllerpartyservice@t-online.de, www.müllerspartyservice.de
  Von Käse-Igel und Spanferkel bis zur Riesenpfanne und Fischplatte ist alles zu haben
- Partyservice Dwenger: Merkurring 38–40, 22143 Hamburg (Rahlstedt), Telefon 6 72 66 30, Fax 67 59 86 66, Mo-Fr 7–17 Uhr; E-Mail: partyservice@dwenger.de, www.dwenger.de
  Kleine und große Partyausrichtungen
- Viehhauser Stadtküche: Thadenstraße 164, 22767 Hamburg (Altona), Telefon 4 39 37 67, Fax 4 39 08 20, Mo-Fr 9–17 Uhr; E-Mail: stadtkueche@viehhauser.de, www.viehhauser.de
  Hochwertige und individuell ausgerichtete Speisen, auch Catering-Service

## Pizza:

- Call a Pizza: Dorotheenstraße 140, 22301 Hamburg (Winterhude), Telefon 27 10 25, Mo-Do 11–23, Fr 11–24 Uhr, www.call-a-pizza.de
  Weitere Filialen:
  Barmbek: Telefon 6 30 60 51
  Fuhlsbüttel: Telefon 50 09 07 90
  Niendorf: Telefon 5 59 20 47
  Altona: Telefon 8 10 05 10
  Auch Onlinebestellung
- Casa Firenze: Hammer Steindamm 28, 22089 Hamburg (Hamm), Telefon 20 84 41, Fax 2 00 28 93, Mo-Fr 11–14.30, 17–23,

Sa, So 12–23 Uhr
Pizza und Pasta kosten durchschnittlich 6 Euro, Casa Firenze liefert ab 5,10 Euro

- City Pizzaservice: Ruhrstraße 60, 22761 Hamburg (Bahrenfeld), Telefon 8 50 82 00, Mo-Fr 11–14.30 und 17–22.30, Sa 16–23, So 12–23 Uhr
  Liefergebiete: Altona, Bahrenfeld, Eimsbüttel, Othmarschen, St. Pauli, Stellingen, Lurup, Flottbek, Osdorf; Mindesbestellwert 6 Euro
- Joey's Pizza Service: Blücherstraße 3, 20357 Hamburg (Rotherbaum), Telefon 3 99 0036, Mo-Do 11–23, Fr, Sa 11–1, So 12–23 Uhr, www.joeys.de
  Weitere Filialen:
  Barmbek: Telefon 64 60 44 60
  Eimsbüttel: Telefon 4 90 00 80
  Winterhude: Telefon 2 29 40 10
  Rahlstedt: Telefon 6 73 60 70
  Auch Onlinebestellung
- Smiley's Pizza Profis: Hoheluftchaussee 118, 20253 Hamburg (Hoheluft), Telefon 4 80 69 00, Mo-So 11–24 Uhr; www.smileys.de
  Weitere Filialen:
  Barmbek: Telefon 6 41 12 70
  Niendorf: Telefon 5 51 22 21
  Altona: Telefon 3 06 87 50
  Rahlstedt: Telefon 6 47 25 20
  Auch Onlinebestellung

### Sonstige:

- Al Arabi – Arabische Spezialitäten: Barnerstraße 42, 22765 Hamburg (Altona), Telefon 39 28 21, Fax 0 48 92/89 03 44, Mo-So 9–20 Uhr; www.al-arabi-partyservice.de
  Der Fachmann für arabische Leckereien auf die Schnelle. Besondere Empfehlung: der „Damaskus Teller" für 7 Euro. Viele vegetarische Gerichte im Angebot, zum Beispiel Mazza- oder Humus-Teller (ab 16 Euro), außerdem frische Falafel; ab 70 Euro wird frei Haus geliefert
- Maharaja: Detlev-Bremer-Straße 25–27, 20359 Hamburg (St. Pauli), Telefon 3 17 49 28, Fax 31 97 67, Mo-Fr 12–15 und 17–24, Sa, So 12–24 Uhr, Kreditkarten: keine; E-Mail: oshomaharaja@web.de
  Lecker indisch-ayurvedische Speisen, beliefert St. Pauli und Umgebung, bei größeren Bestellungen wird auch in andere Stadtteile geliefert; Mindestbestellwert: 10 Euro

## Eisdielen

Hamburgs Eisdielen sind zahlreich in der Stadt verteilt und geben Schleckermäulern ausreichend Gelegenheit, sich von März bis Oktober durch die Eiskarte zu schlemmen. Wer neue, fantasievolle Kreationen im Eisgeschäft sucht, ist bei „Eiszeit" an der richtigen Adresse. In eigener Herstellung kreiert der Inhaber Lars Reiprich, wovon Schokomäuler und Eisfanatiker schon immer geträumt haben: weiße Schokolade mit Schokosauce und Milkyway-Stückchen, genannt „Milchstraße", sowie Lebkuchen- und Rocher-Eis zur Spätsaison. Daneben sind andere Eissorten mit frischen Früchten wie etwa „Birne Hélène" besonders im Sommer heiß begehrt. Bekanntlich hat Qualität seinen Preis, in diesem Sinne seinen Preis Wertes bietet das Traditionscafé Andersen. Neben erstklassigem Gebäck gibt es hier ein kleines, aber feines Eisangebot aus eigener Herstellung. Ein echter Gaumenschmaus ist das Vanilleeis mit Tahiti-Vanille.

- Adda Eis seit 1924: Osterstraße 135, 20255 Hamburg (Eimsbüttel), Telefon 4 91 22 83, Fax 4 91 22 83, März–Oktober: Mo-So 10–23 Uhr, Eiscafé im gutbürgerlichen Stil, buntes Publikum; 24 Sorten im Angebot, 60 Cent pro Kugel,
- Café Andersen: Axel-Springer-Platz, 20355 Hamburg (Innenstadt), Telefon 6 89 46 40, Fax 68 94 64 40, Mo-Fr 7.30–19, Sa, So 9–18 Uhr, Kreditkarten: alle; EC-Karte; E-Mail: post@andersen-hh.de, www.cafe-andersen.de
  Erstklassiges Eis vom Konditor, 85 Cent pro Kugel; Eistorte und Diäteis
- Casanova: Hofweg 22, 22085 Hamburg (Uhlenhorst), Telefon 2 20 56 22, Fax 41 92 95 14, Mo-Fr 11–23.30, Sa 17–24, So 12–23 Uhr
- Costa: Gertigstraße 63, 22303 Hamburg (Barmbek), Telefon 2 70 83 61, Februar–Oktober: Mo-So 10–22 Uhr
  Zwanzig Sorten, 50 Cent pro Kugel
- Das Eiscafé: Rodigallee 167, 22043 Hamburg (Jenfeld), Telefon 6 53 08 71, Fax 65 39 09 29, Februar–Oktober: Mo-So 11–22 Uhr
  Zwölf Sorten wechselnd, 60 Cent pro Kugel
- Eis-Gondel: Bramfelder Straße 89a, 22305 Hamburg (Barmbek), Telefon 61 89 25, Fax 61 89 25, April–September: Mo-So 11–22 Uhr
  18 Sorten, 50 Cent pro Kugel
- Eisboutique: Blankeneser Bahnhofstraße 46, 22587 Hamburg (Blankenese), Telefon 86 62 38 38, Mo-So ab 10 Uhr
  Zwanzig Sorten, 60 Cent pro Kugel
- Eiscafé Kaifu: Bismarckstraße 51, 20259 Hamburg (Eimsbüttel), Telefon 4 91 18 19, März–Oktober: Mo-So 10–23 Uhr
  26 bis 28 Sorten, 60 Cent pro Kugel, eigene

Kompositionen wie Nugat-Rum

- Eiscafé Kolschen: Pflugacker 7, 22523 Hamburg (Eidelstedt), Telefon 57 83 77, März-April: Mo-So 12–20 Uhr, April–Oktober: Mo-So 11–22 Uhr
  18 Sorten, Kugel 50 Cent
- Eiscafé Triboli: Lange Reihe 47, 20099 Hamburg (St.Georg), Telefon 28 05 05 05, Fax 28 05 05 06, März–November: Mo-So 11–22 Uhr
  Typisch italienische Eisdiele, außerdem Eigenkreationen wie Zimt-Krokant-Rum oder „Bignolata"(mit knusprigen Mini-Windbeuteln und Nugatcreme)
- Eiscafé Weidenallee Rico: Weidenallee 27, 20357 Hamburg (Eimsbüttel), Telefon 40 90 20, Fax 40 90 20, April–Oktober: Mo-So 13–22 Uhr; E-Mail: ricoeis@aol.com,
  198 verschiedene Sorten, aus frischen Früchten zubereitet, zum Beispiel Limone, Tamarille; 60 Cent pro Kugel
- Eisdiele am Poelchaukamp: Poelchaukamp 3, 22301 Hamburg (Winterhude), Telefon 27 25 17, Fax 27 09 28 72, März–September: Mo-So 11–22 Uhr,
  17 verschiedene Sorten; besonder beliebt: Käse-Sahne- und Mohneis, 60 Cent pro Kugel
- Eiszeit: Müggenkampstraße 45, 20257 Hamburg (Eimsbüttel), Telefon 40 44 34, Fax 40 18 99 75, Februar–April: Mo-So 12–20 Uhr, ab Mai 12–22 Uhr; E-Mail: eiszeithamburg@t-online.de, www.yumi-yumi-eiszeit.de
  Fünfzig wechselnde Sorten, 60 Cent pro Kugel, köstlich und gehaltvoll, Schwangere zahlen nur die Hälfte, für sonnige Tage gibt es solide Holzbänke vorm Café
  Weitere Filialen:
  Mittelweg 46 (Harvestehude) und
  Mühlenkamp 46 (Winterhude)
- Jacobs: Immenhöven 23, 22417 Hamburg (Langenhorn), Telefon 5 20 55 99, März–April: Mo-Fr 10.30–20 Uhr, April–Oktober: Mo-Fr 10.30–22 Uhr
  24 Sorten, 50 Cent Pro Kugel; Sitzgelegenheiten im Café und draußen
- Janny's Eis: Millerntorplatz 1, 20359 Hamburg (St. Pauli), Telefon 31 18 18 02, Februar–Oktober: Mo-So 12–22 Uhr; E-Mail: millerntoreis@yahoo.de
  14 Sorten, zwei neue Sorten im Vierteljahr, während der Happy Hour (Mo-Fr 12–18 Uhr) kostet die Kugel 65 Cent, sonst 75 Cent
  Weitere Filiale: Kriegkamp 2 (Berne), Kugel 50 Cent
- La Serenissima: Ifflandstraße 92, 22087 Hamburg (Hohenfelde), Telefon 2 20 49 08, Mo-So 10–22 Uhr
  19 Sorten, 60 Cent pro Kugel; vierzig Sitzplätze drinnen und draußen; außerdem kleinere warme Gerichte wie Spaghetti und Pizza
- Lenchens Eis: Poppenbütteler Weg 175, 22399 Hamburg (Poppenbüttel), Telefon 6 02 64 32, März–April: Mo-So 11–20 Uhr, April–Oktober: Mo-So 11–22 Uhr
  18 Sorten, eigene Herstellung (keine Eispasten, keine Konservierungsstoffe), 60 Cent pro Kugel
- Livotto Luigi: Am Jungfernstieg 8, 20354 Hamburg (Innenstadt), Telefon 34 44 37, März–Oktober: Mo-So 10–22 Uhr
  23 Sorten, 60 Cent pro Kugel
- Venezia: Fuhlsbüttler Straße 116, 22305 Hamburg (Barmbek), Telefon 61 02 00, Dezember–März: Mo-Sa 10–20.30, April–Dezember Mo-Sa 10–22 Uhr
  26 Sorten, zwei Sorten Diäteis (Erdbeer, Vanille), 55 Cent pro Kugel

## Fast Food

Was wäre das Leben ohne Fast Food? Gäb's das „schnelle Essen" nicht, könnte der Heißhunger um 4 Uhr morgens nicht gestillt werden, das preiswerte Mittagessen würde ausfallen oder, viel schlimmer, alle Mädels würden ihre Diät durchziehen. Deshalb: Danke an alle Fast-Food-Läden. Bei euch schmeckt es immer noch am leckersten. Ungesund? Fettig? Vitaminarm? Muss nicht sein. Schließlich gibt es neben den für weiche Brötchen mit fadem Hackklops berüchtigten Ketten noch andere Schnellimbisse. Das Angebot in der Stadt ist riesig, wir nennen Ihnen ein paar Highlights: Im Schanzenviertel ist das Angebot wohl in jeglicher Hinsicht am vielfältigsten. Der Asia Imbiss Bok überzeugt mit frischer Zubereitung zum Zugucken. Für Liebhaber scharfer Speisen sind besonders die Kokosnuss- und die Zitronensuppe zu empfehlen. Eine Ecke weiter wird im Fischimbiss Schabi von Calamari fritti bis zum einfachen Schollenfilet alles frisch zubereitet, und wer nicht im Stehen essen will, kann am Schulterblatt auf den Holzbänken Platz nehmen. Die einfachere Variante, einen Snack zu sich zu nehmen, ist das belegte Brötchen. Im Café Stenzel gibt es neben den Rundstücken Quiche und gefüllte Bagels. Bei Transmontana kann man Törtchen und belegte Baguettes zum leckeren Milchkaffee genießen. Raus aus dem Schanzenviertel, rauf auf den Kiez. Hier lässt sich im „Mini-Grill", dem kleinsten Laden auf St. Pauli, typisch deutsche Küche genießen. Der Renner sind die gegrillten Hähnchen. Zum festen Bestandteil jeder Kieztour gehört ein Besuch beim „Amsterdamer" mit seinen „America's Very Best Hamburgers". Wer einen riesigen Manhattan-Special-Burger oder einen Westernburger probiert, erfährt, wie gut dieser Imbiss schmecken kann. Südländische Küche gibt's bei Onkel Chaplin im Univiertel. Pizza, Pasta und verschiedene Salate werden täglich frisch zubereitet. Noch nicht satt? Auf zu Monsieur Croque in Eimsbüttel. 16 verschiedene Langbrote stehen in unterschiedlichen Größen zur Auswahl. Zum Nachtisch ist ein Crêpe mit Nutella oder Zimt und Zucker zu empfehlen.

- Asia Imbiss Bok: Bartelsstraße 28, 20357 Hamburg (Schanzenviertel), Telefon 4 30 67 80, Mo-So 23–23.30 Uhr
- Café Stenzel: Schulterblatt 61, 20357 Hamburg (Schanzenviertel), Telefon 43 43 64, Fax 4 39 70 33, Mo-Fr 6–18, Sa 7–18, So 8–18 Uhr
- Der Amsterdamer: Friedrichstraße 5a, 20359 Hamburg (St. Pauli), Telefon 5 53 74 00
- Galerie Midi: Große Elbstraße 143, 22767 Hamburg (Altona), Telefon 38 61 91 61, Fax 38 61 91 62, Fr 11–19, Sa 11–16 Uhr und nach Vereinbarung, Kreditkarte: EC-Karte; www.galerie-midi.de
  Direkt am Fischereihafen Altona gelegen, bietet die Galerie Midi Spezialitäten aus der Provence für die feine Küche: Weine, Pastis, Essige & Öle, Fischsuppen, Tapenaden, Honige, Konfitüren
- Imbiss „Mini-Grill": Clemens-Schultz-Straße 79, 20359 Hamburg Telefon 3 17 17 18, Fax 6 40 46 18, Mo-So 10–22 Uhr,
- Monsieur Croque: Müggenkampstraße 43a, 20257 Hamburg (Eimsbüttel), Telefon 4 91 77 41, Mo-So 12–22 Uhr
- Onkel Chaplin: Grindelhof 58, 20146 Hamburg (Univiertel), Telefon 4 10 35 70, Mo-So 12–22 Uhr
- Schabi Fischimbiss: Schulterblatt 60, 20357 Hamburg (Schanzenviertel), Telefon 43 29 09 40, Mo-Fr 11–22, Sa 12–21 Uhr
- Transmontana: Schulterblatt 86, 20357 Hamburg (Schanzenviertel), Telefon 4 39 74 55, Fax 4 3 18 40 05, Mo-Fr 7.15–19, Sa 9–18 Uhr

## Feinkost

An Austern, Leberpasteten, Trüffeln, Käse- und Weinspezialitäten fehlt es in Hamburgs Gourmetgeschäften nicht. Viele führen außerdem ein Restaurant mit entsprechend luxuriösem Ambiente. Wer bei Freunden oder Kollegen auf dicke Hose machen möchte, kann die Delikatessen direkt nach Hause bestellen oder den Spitzenkoch für ein paar Stunden mieten. Man gönnt sich ja sonst nichts.

- Alsterhaus: Jungfernstieg 16–20, 20354 Hamburg (Innenstadt), Telefon 35 90 10, Fax 3 50 13 00, Mo-Fr 9.30–20, Sa 9.30–16 Uhr, Kreditkarten: alle; EC-Karte; www.karstadt.de
  Die neue Weinabteilung im Alsterhaus bietet kulinarische Genüsse aus aller Welt, von Käse- und

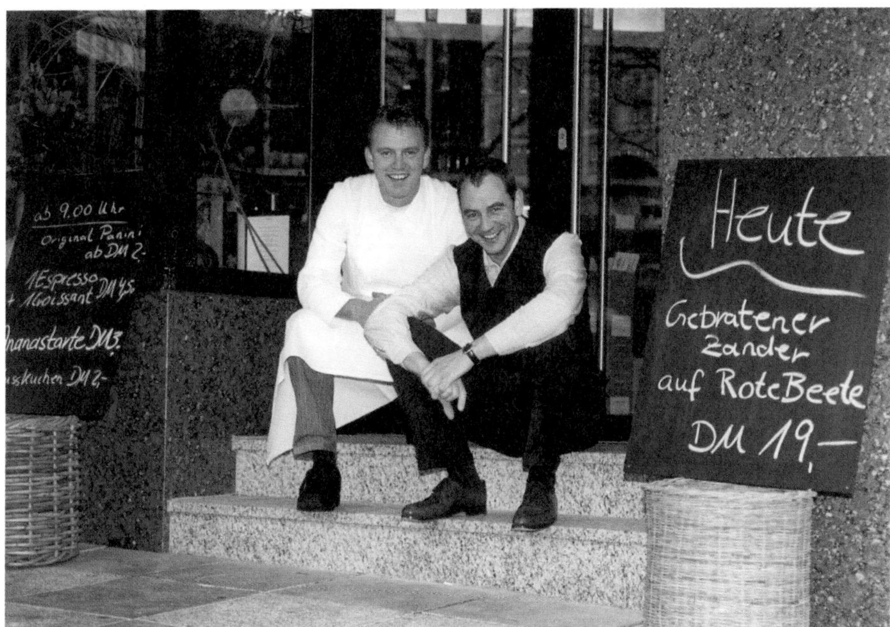


**Heuer Feine Kost: Neben Delikatessen bieten Kay Lederer (l.) und Karl-Ulrich Heuer auch leichte Bistroküche**

Wurstspezialitäten bis zu italienischen Antipasti; über 800 internationale Weinsorten

- Broders: Mittelweg 172, 20148 Hamburg (Pöseldorf), Telefon 44 53 55, Fax 4 10 43 83, Mo-Fr 8.15–18.30, Sa 8–13.30 Uhr, Kreditkarten: alle; EC-Karte; www.broders.de Internationale Spezialitäten aller Art, Weine, Partyservice, zwei Restaurants, Kochkurse
- Calpesa: Schützenstraße 91, 22761 Hamburg (Altona), Telefon 85 60 27, Fax 8 50 88 83, Mo-Fr 8.30–18, Sa 9–13.30 Uhr, Kreditkarte: EC-Karte Riesensortiment spanischer und portugiesischer Spezialitäten
- Christl's Comestibles: Grindelallee 146–148, 20146 Hamburg (Hoheluft), Telefon 4 10 63 22, Fax 45 52 29, Mo-Fr 9.30–19.30, Sa 9.30–15 Uhr Aufschnitte, Salate, Wein, wechselnder Mittagstisch
- Dagate Vincenzo: Mühlenkamp 14, 22303 Hamburg (Winterhude), Telefon 2 79 04 67, Mo-Fr 8–20, Sa 8–16 Uhr Italienische Feinkost
- Delices de France: Nordalbingerweg 101, 22455 Hamburg (Niendorf), Telefon 45 03 96 76, Fax 45 03 96 76, E-Mail: dedelice@aol.com Der Franzose Khatir Sayad bietet wunderbare, direkt aus Frankreich importierte Delikatessen wie Mousse in allen Variationen (Gänse-, Geflügelmousse etc.) Pasteten und „Foie gras de canard" (Entenleber) Außerdem auf folgenden Wochenmärkten zu finden: Isemarkt (Di, Fr), Goldbekmarkt (Sa), Blankenese (Fr, Sa)
- Fromagerie Française: Dorotheenstraße 188, 22299 Hamburg (Winterhude), Telefon 46 55 58, Fax 4 80 36 30, Di-Fr 9–19, Sa 8.30–13.30 Uhr, Kreditkarte: EC-Karte; www.fromagerie.de Jede Menge Käse, Wurstwaren, Salate und Weine
- Galerie Midi: Große Elbstraße 143, 22767 Hamburg (Altona), Telefon 38 61 91 61, Fax 38 61 91 62, Fr 11–19, Sa 11–16 Uhr und nach Vereinbarung, Kreditkarte: EC-Karte; www.galerie-midi.de Direkt im Fischereihafen Altona gelegen bietet die Galerie Midi Spezialitäten aus der Provence für die feine Küche: Weine, Pastis, Essige & Öle, Fischsuppen, Tapenaden, Honig, Konfitüren
- Heuer Feine Kost: Große Bleichen 68, 20354 Hamburg (Innenstadt), Telefon 34 96 00 17, Fax 34 96 00 18, Mo-Fr 9–20, Sa 11–16 Uhr, Kreditkarte: EC-Karte; www.heuerfeinekost.de Bietet mitten in Hamburgs City außer Feinkost auch eine Cafébar und ein Bistro, wo man sich schlemmenderweise vom Shoppingbummel erholen kann
- Köstlich – Catering & ausgesuchte Weine: Anberg 1, 20459 Hamburg (Neustadt), Telefon 36 36 98, Fax 37 25 78, Mo-Fr 11–19 Uhr, Kreditkarte: EC-Karte; Wie der Name schon sagt; Antipasti, Weine, Catering-Service
- Kruizenga: Maria-Louisen-Straße 11–13, 22301 Hamburg (Winterhude), Telefon 46 09 97 77, Fax 46 09 97 47, Mo-Fr 8–18.30, Sa 8–13.30 Uhr, Kreditkarten: Amex, Diners, EC-Karte; www.kruizenga.de Ein Klassiker unter Hamburgs Feinkostgeschäften, Delikatesssen aller Art, eigene Konditorei, Weinkeller, Partyservice
- La Cantinetta: Lagerstraße 19, 20357 Hamburg (Eimsbüttel), Telefon 43 19 02 76, Fax 43 19 02 77, Mo-Fr 9–17, Sa 10–14 Uhr, Kreditkarte: EC-Karte; www.lacantinetta.de Italienische Feinkost, frische Pasta, großes Weinangebot, Partyservice
- Mario Ganzoni: Eppendorfer Landstraße 61, 20249 Hamburg (Eppendorf), Telefon 47 38 55, Fax 4 80 13 82, Mo-Fr 12–20, Sa 12–16 Uhr, Hausgemachte italienische Spezialitäten mit verschiedenen Füllungen, Partyservice, „Restaurant zu Hause" (Koch kommt ins Haus), italienische Weine, Schinken- und Käsespezialitäten, Restaurant mit Terrasse
- Schlemmermeyer: Gänsemarktpassage 50, 20354 Hamburg (Innenstadt), Telefon 34 41 76, Fax 34 66 03, Mo-Fr 9–20, Sa 9–16 Uhr Bayerische und internationale Spezialitäten, Lieferungen ins Haus
- Weidemann: Wexstraße 38, 20355 Hamburg (Innenstadt), Telefon 35 28 36, Fax 34 38 40, Mo-Fr 8.30–18, Sa 8.30–13 Uhr Delikatessen, 15 verschiedene Lachssorten, Leberpasteten, Trüffeln, Snacks, kalte Büfetts, Partyservice

**Krustentiere: Die kneifen nicht mehr**

## Fisch

Das kalte Meeresgetier ist dank seines hohen Eiweißgehalts, der Mineralstoffe und Spurenelemente als hochwertiges Nahrungsmittel geschätzt. Frische Fische erkennt man an den hellroten Kiemen, ihren klaren Augen, dem festen Fleisch, den festsitzenden Schuppen und nicht zuletzt am Geruch. Hamburg hat nach Rotterdam den zweitgrößten Hafen Europas, da ist es doch klar, dass das Angebot an frischem Fisch hier größer ist als anderswo. Es gibt viele gute Adressen in der Stadt, um Fisch zu kaufen. Wir nennen Ihnen die besten:

- Atlantik Fisch: Große Elbstraße 139, 22767 Hamburg (Altona), Telefon 39 11 23, Fax 3 90 62 15, Mo-Fr 6–16, Sa 7–13 Uhr, Kreditkarten: alle; EC-Karte; E-Mail: verkauf@atlantik-fisch.de, www.atlantik-fisch.de
  Internationale Fischspezialitäten, lebende Hummer, Wild- und Biolachs; Lieferung frei Haus
- Delikatessen des Meeres: Colonnaden 104, 20354 Hamburg (Innenstadt), Telefon 34 63 14, Mo-Fr 10–19, Sa 10–16 Uhr
  Bietet ein Bistro und jeden Tag zwei bis drei warme Fischgerichte, auch Antipasti und Fischsalate
- E+K Geissen: Eppendorfer Weg 180, 20253 Hamburg (Eimsbüttel), Telefon 4 20 18 56, Fax 4 22 50 84, Di-Fr 8–18, Sa 8–12 Uhr, Kreditkarte: EC-Karte
  Führt außer Nordseefischen auch modische Exoten, bietet außerdem einen Lieferservice
- Essmann & Co.: Große Elbstraße 212, 22767 Hamburg (Altona), Telefon 38 19 31, Fax 3 80 93 43, Mo-Fr 8–16, Sa 8–10 Uhr, Kreditkarte: EC-Karte; E-Mail: essmann-hamburg@t-online.de
  Den frischesten Fisch aller Art und den billigsten Hummer in der ganzen Stadt findet man bei Essmann & Co., der Großhandel führt Meeresgetier aus den Gewässern aller Länder. Vorher anrufen!
- Hummer Pedersen: Große Elbstraße 152, 22767 Hamburg (Altoona), Telefon 38 16 17, Fax 3 89 26 63, Mo-Fr 6–16, Sa 6–12 Uhr, Kreditkarte: EC-Karte; www.hummer-pedersen.de
  Beliefert die gehobene Gastronomie in ganz Deutschland und auch Privathaushalte, hauptsächlich Hummer, aber auch Fischwaren im Angebot
- Karsten Hagenah: Schnackenburgallee 8, 22525 Hamburg (Bahrenfeld), Telefon 85 37 24 02, Fax 85 70 37, Mo-Fr 7–16, Sa 7–11.30 Uhr, Kreditkarte: EC-Karte
  Führt über 350 Sorten Fisch und anderes Meeresgetier
- Schlüter: Stellinger Weg 26, 20255 Hamburg (Eimsbüttel), Telefon 40 88 02, Fax 4 91 97 69, Mo 8–13, Di-Fr 8–18, Sa 8–13 Uhr, Kreditkarte: EC-Karte; E-Mail: schlueter-fischhandel@t-online.de,
  Das Geschäft von Käthe und Julia Schlüter besticht durch ein erstklassiges, täglich frisches Angebot an Fischwaren aus Nordsee, Ostsee und dem Mittelmeer; Büfetts und Salate sind Hauskreationen

### Weitere Fischgeschäfte:

- Hülsen: Erikastraße 68, 20251 Hamburg (Eppendorf), Telefon 4 60 29 40, Fax 4 60 29 40, Di-Fr 8.30–13 und 14.30–18, Sa 8–12 Uhr
- Lerch Hummer & Co.: Große Elbstraße 178–210, 22767 Hamburg (Altona), Telefon 3 86 90 82, Fax 3 80 67 85, Mo-Fr 8–16, Sa 8–12 Uhr

## Frühstück

Kurz den zu heißen Kaffee runtergewürgt – und raus aus der Tür. Eigentlich hat es das Frühstück nicht verdient, zur nervigen Nebensache degradiert zu werden. Leider geht der Genuss im morgendlichen Stress allzu oft flöten und wird der rein funktionalen Nahrungs- und Getränkeaufnahme untergeordnet. Dabei kann es viel mehr sein. So sollte man auf jeden Fall in der Witthüs-Teestube vorbeischauen. Das „weiße Haus", vor über hundert Jahren als Bauernhaus erbaut, liegt wunderschön in einem englischen Garten der Elbvororte. Vor der gastronomischen Nutzung lebte hier bis 1959 der berühmte Dichter, Komponist und Orgelbauer Hans Henny Jahnn. Eine Büste an der Sommerterrasse und der Namenszug an einem Findling am Mühlenberg erinnern an ihn. Ein Besuch gestaltet sich als nostalgischer Ausflug in die gute alte Zeit. In der hauseigenen Bäckerei werden täglich nach überlieferten Rezepten Kuchen und Brötchen gebacken. Das Brötchensortiment reicht von süßen Quark- und Milchbrötchen bis zu den körnigen Vollkornexemplaren. Brunch gibt es Sonn- und Feiertags von 10 bis 14 Uhr für 14,50 Euro. Eine etwas eigenwillige Mischung bietet die Bar Tabac: Espresso-Bar mit Italo-Flair, die ein zünftiges bayerisches Frühstück mit Weißwurscht und Brezen anbietet – und das in der Stadt der Fischköpfe –, hat schon was. Frühstück wird in der Woche den ganzen Tag serviert: Zu haben sind Croissants mit selbst gemachter Marmelade für 1,70 Euro, portugiesisches Gebäck (Stück 1 Euro), Fruchtsalat mit Mascarpone (3,50 Euro), kleine Panini mit Parmaschinken und Rucolasalat oder Mozzarella mit Pesto (2,50 Euro). Fast so schön wie in Italien: Kaffee gibt's in allen Variationen. In einem Café in Eimsbüttel lassen superlange Straußenbeine von der Decke bis zum Boden keine Spekulationen zu, wo man sich befindet: Nicht in dem eigentlichen Lebensraum des Federviehs in den Trockengebieten Afrikas und Arabiens, sondern im Café Strauss. Die Ausstattung ist eher schlicht und holzig, was nicht vom Service gesagt werden kann. Dieser glänzt mit Charme und Umsichtigkeit. Im Sommer lockt der Biergarten zum gemütlichen kühlen Blonden. Frühstücken kann man hier jeden Tag: Montags bis samstags von 10 bis 14 Uhr, samstags gibt's außerdem das „Amerikanische Frühstück" für 7,40 Euro und „Ham & Eggs" für 6,90 Euro. Den Höhepunkt bildet der Brunch an Sonn- und Feiertagen: Antipasti, Salate, Müslis, zwei warme Speisen, vier Desserts und einiges mehr für 11,70 Euro. Legendär ist Erikas Eck im Schanzenviertel. Treffpunkt für Nachtschwärmer, Taxifahrer oder planlose Frühaufsteher zum Plausch oder Frühstück ab 1 Uhr. Zu Zeiten, in denen sich die meisten eigentlich in der REM-Phase befinden, laufen bei Erika schon die härtesten Wetten: Wer schafft es, sich bis zu drei Frikadellen reinzutun? Ist die Karbonade von einem Einzelnen zu schaffen? „Das Roastbeef mit Bratkartoffeln (8,20 Euro) läuft besonders gut", so die Inhaberin. Auch das deftige Bauernfrühstück für 5,50 Euro kommt nach viel Bierkonsum sehr ordentlich. Bis 14 Uhr wird Frühstück angeboten, darunter auch ganz simple Brötchenhälften mit Wurst, Käse oder Marmelade plus einem Ei und einem Kännchen Kaffee für nur 3,50 Euro. Solche Preise gibt's halt nur bei Erika. Von ganz anderem Kaliber ist ein Frühstück in der Alstervilla am Schwanenwik. Beinahe fürstlich werden hier Besucher empfangen: Man betritt einen prunkvollen Saal mit Stuck und Kristallleuchtern. Dieses feudale Ambiente bildet sonst auch die Kulisse für Lesungen und Diskussionen des Literaturhauses. Fünf Varianten stehen zur Auswahl. Das „Rohmilch-Käse-Frühstück" kostet 9,50 Euro. Für 8,50 Euro kann man sich das „Große Frühstück" schmecken lassen: italienische Wurst, Schinken, Käse, Früchte, verschiedene Brote, Honig und Marmelade. Als Extras können etwa Eier oder Honigquark bestellt werden.

- Bar Tabac: Große Bleichen 21, 20354 Hamburg (Innenstadt), Telefon 35 71 98 51, Mo-Fr 9–21, Sa 9–18 Uhr
- Bodega del Puerto – Café Elbterrassen: Övelgönne 1, 22605 Hamburg (Övelgönne), Telefon 3 90 34 43, Fax 6 57 11 79, Mo-So 10–24 Uhr, Kreditkarte: EC-Karte Frühstück kostet 5–11 Euro; So 10–14 Uhr großes Büfett für 14,50 Euro inklusive Getränke
- Bolero: Rothenbaumchaussee 78, 20148 Hamburg (Rotherbaum), Telefon 41 49 77 00, Fax 41 49 72 37, Mo-So ab 11 Uhr, Kreditkarten: alle; EC-Karte; E-Mail: rothenbaum@bolerobar.de, www.bolerobar.de Sonntags Brunch für 11,90 Euro
- Borchers: Geschwister-Scholl-Straße 1–3, 20251 Hamburg (Eppendorf), Telefon 46 26 77, Fax 46 77 93 28, Mo-So ab 10–30 Uhr, Kreditkarte: EC-Karte; Frühstück à la carte 3,80–12,50 Euro, Sonntags Büfett für 11 Euro
- Café Andersen: Axel-Springer-Platz, 20355 Hamburg (Innenstadt), Telefon 6 89 46 40, Fax 68 94 64 40, Mo-Fr 7.30–19, Sa, So 9–18 Uhr, Kreditkarten: alle; EC-Karte; E-Mail: post@andersen-hh.de, www.cafe-andersen.de Verschiedene Frühstücksangebote von 4–24 Euro
- Café Backwahn: Grindelallee 148, 20146 Hamburg (Univiertel), Telefon 4 10 61 41, Fax 4 10 61 41, Mo-So 10–19 Uhr; E-Mail: cafebackwahn@hamburg.de, www.cafebackwahn.de Sechs Frühstücksvariationen (1,60–6,50 Euro)
- Café Fees: Holstenwall 24 (im Museum für Hamburgische Geschichte), 20355 Hamburg (Innenstadt), Telefon 3 17 47 66, Fax 35 31 55, Mo 12–17, Di-Do 10–2, Fr, Sa 10–4, So 9.30–24 Uhr, Kreditkarten: Amex Sonntags Brunch von 9.30–15 Uhr für 18 Euro
- Café Gnosa: Lange Reihe 93, 20099 Hamburg (St. Georg), Telefon 24 30 34, Fax 24 34 90, Mo 18–1 Uhr, Di-Do 11–1, Fr-So 11–2 Uhr, Kreditkarten: keine Sieben Varianten zur Auswahl; die Preise reichen von 5,40 bis 24,50 Euro (für zwei Personen)
- Café Koppel: Koppel 66, 20099 Hamburg (St. Georg), Telefon 24 92 35, Fax 2 80 48 05, Mo-So 10–23 Uhr Vier vegetarische Frühstücksvarianten

von 2,50 bis 12,90 Euro (inklusive Sekt)

- Café Lindtner: Eppendorfer Landstraße 88, 20249 Hamburg (Eppendorf), Telefon 4 80 60 00, Fax 48 06 00 20, Mo-Sa 8.30–20, So 10–19 Uhr, Kreditkarten: alle; EC-Karte; www.lindtner-konditorei.de
  Fünf Variationen (2,70–19,80 Euro) und Büfett am Wochenende (9,50 Euro) von 8.30–13.30 Uhr
- Café Miller: Detlev-Bremer-Straße 16, 20359 Hamburg (St.Pauli), Telefon 31 57 19, Fax 31 00 72, Mo-So ab 10 Uhr, Kreditkarte: EC-Karte; E-Mail: cafe-miller@gmx.de, www.cafe-miller.de
  Frühstück täglich von 10–18 Uhr, fünf Variationen (1,80–8,60 Euro), veganes Frühstück 6,90 Euro
- Café Schotthorst: Eppendorfer Weg 58, 20259 Hamburg (Eimsbüttel), Telefon 4 91 81 21, Fax 4 00 01 27, So-Do 10–2, Fr, Sa ab 10 Uhr
  Verschiedene Varianten ab 3,50 Euro, Sa 10.30–15 Uhr Länderfrühstück (ab 3,50), So 10–14 Uhr Büfett für 12,50 Euro
- Café Schwanenwik: Schwanenwik 38, 22087 Hamburg (Uhlenhorst), Telefon 2 20 13 00, Fax 3 27 37 65, Mo-So 10–24 Uhr, Kreditkarten: alle; www. literaturhauscafe.de
- Café Stenzel: Schulterblatt 61, 20357 Hamburg (Schanzenviertel), Telefon 43 43 64, Fax 4 39 70 33, Mo-Fr 6–18, Sa 7–18, So 8–18 Uhr,
  Frühstück ab 3 Euro, selbst gekochte Marmelade
- Café Strauss: Wiesenstraße 46, 20255 Hamburg (Eimsbüttel), Telefon 49 31 31, Fax 49 32 02, Mo-Fr 10–1, Sa, So 10–3 Uhr, Kreditkarte: EC-Karte
  Sonntags 10–15 Uhr Brunchbüfett für 11,70 Euro
- Café Unter den Linden: Juliusstraße 16, 22769 Hamburg (Schanzenviertel), Telefon 43 81 40, Fax 40 18 67 52, Mo-Sa 11–1, So 10–24 Uhr, Kreditkarten: keine
  Französisches Frühstück mit Kaffee (4,20 Euro), Großes Frühstück (6,70 Euro), Käsefrühstück (16 Euro); dazu Baguette, Vollkornbrot
- Conditorei Christiansen: Hoheluftchaussee 99, 20253 Hamburg (Hoheluft), Telefon 4 22 67 85, Fax 4 22 97 75, Café: Mo-Sa 9–18, So 10–18 Uhr, Kreditkarte: EC-Karte; E-Mail: conditorei-christiansen@t-online.de, www.conditorei-christiansen.de
  Frühstück in acht Variationen (3,95–9,95 Euro), So 10–15 Uhr Brunch mit handgemachtem Frühstücksgebäck und Sekt (14,95 Euro)
- Destille: Steintorplatz 1, 20099 Hamburg

**Lühmanns Teestube: Das Frühstück ist gut, die Scones zum Tee sind einmalig**

(Innenstadt), Telefon 2 80 33 54, Di-So 11–17 Uhr
Großes Frühstücksbüfett Di-So von 11–16 Uhr (individuelle Abrechnung)

- Eisenstein: Friedensallee 9, 22765 Hamburg (Ottensen), Telefon 3 90 46 06, Fax 3 90 74 51, Mo-So 11–1.30 Uhr, Kreditkarte: EC-Karte; www.restaurant-eisenstein.de
Riesiges Büfett für 15,10 Euro inklusive Tee und Kaffee satt; ab 12 Uhr ist auch ein warmes Gericht zu haben
- Erikas Eck: Sternstraße 98, 20357 Hamburg (Schanzenviertel), Telefon 43 35 45, Mo-Fr 1–14, Sa 1–11 Uhr; www.erikas-eck.de
- Frank & Frei: Schanzenstraße 39, 20357 Hamburg (Schanzenviertel), Telefon 4 30 05 73, Mo-So ab 11 Uhr
Sechs Varianten von 2,45–9,25 Euro
- Glace Haus: Hamburger Straße 150, 23843 Bad Oldesloe, Telefon 0 45 31/8 62 38, Fax 0 45 31/8 83 99, Mo-Fr 12–1, Sa 11–2, So 9–1 Uhr; E-Mail: glacehaus@t-online.de, www.glacehaus.de
Am Wochenende (Sa 11–14, So 9–14 Uhr) Frühstücksbrunch für 10 Euro
- Gloria Cafébar/Plus: Bellealliancestraße 31, 20259 Hamburg (Eimsbüttel), Telefon 43 29 04 64, Fax 43 25 20 75, Mo-Fr ab 10, Sa, So ab 11 Uhr; www.gloriabar.de
Wochentags von 10–15 Uhr Frühstück à la carte; sonntags 11–15 Uhr Brunch für 11,90 Euro
- Hotel Bellevue: An der Alster 14, 20099 Hamburg (St. Georg), Telefon 28 44 40, Fax 28 44 42 22, Mo-So 24 Stunden, Kreditkarten: alle; EC-Karte; www.relexa-hotels.de
Amerikanisches Büfett für 12 Euro (Mo-Fr 6.30–11, Sa, So 6.30–12 Uhr)
- Joker: Reeperbahn 153, 20359 Hamburg (St. Pauli), Telefon 3 17 48 07, Fax 3 17 48 09, Mo-Fr ab 11, Sa, So ab 12 Uhr, Kreditkarten: alle; www.gastro-joker.de
Frühstücksvarianten von 5,10–8 Euro, mit Lachs und mehr

Literaturhaus: Hier gibt's das wohl beste Frühstück der Stadt

- Kempinski Hotel Atlantic Hamburg: An der Alster 72–79, 20099 Hamburg (St. Georg), Telefon 2 88 87 70, Fax 24 71 29, Mo-So 24 Stunden, Kreditkarten: alle; EC-Karte; www.kempinski.atlantic.de
Reichhaltiges Büfett im Alstersalon für 25 Euro, So 12–15 Uhr Brunch für 36 Euro
- La Caffetteria: Abendrothsweg 54, 20251 Hamburg (Eimsbüttel), Telefon 46 77 75 33, Mo-Fr 10–23, Sa, So 10–19 Uhr, Kreditkarte: EC-Karte; www.la-caffeteria.de
Frühstück à la carte den ganzen Tag (3–9 Euro); fünf verschiedene Variationen
- Lühmanns Teestube: Blankeneser Landstraße 29, 22587 Hamburg (Blankenese), Telefon 86 34 42, Fax 86 43 16, Mo-Fr 9-23, Sa 9–18, So 10–23 Uhr; E-Mail: monika.luehmann@blankenese.de
Fünf erlesene Frühstücksvariationen, sonn- und feiertags 10–14 Uhr umfangreiches Büfett für 14,50 Euro, warme Getränke nicht inbegriffen
- Machwitz: Schanzenstraße 121, 20357 Hamburg (Schanzenviertel), Telefon 43 81 77, Fax 43 58 17, Mo-Fr ab 12, Sa ab 11 Uhr
Frühstück kostet 2,30–6,70 Euro
- Marriott Hotel: ABC-Straße 52, 20354 Hamburg (Innenstadt), Telefon 3 50 50, Fax 35 05 17 77, Mo-So 24 Stunden, Kreditkarten: alle; EC-Karte; www. marriotthotels.com
Frühstück für 9 bis 17 Euro; amerikanisches Frühstück für 17 Euro, So 12–15 Uhr Brunch für 27,50 Euro inklusive aller Getränke
- Max & Consorten: Spadenteich 7, 20099 Hamburg (St. Georg), Telefon 24 56 17, Fax 24 48 17, Mo-So ab 10 Uhr
Ab 3 Euro, Büfett für 5,50 Euro (ohne Getränke)
- Meisenfrei: Eppendorfer Weg 75, 20257 Hamburg (Eimsbüttel), Telefon 4 91 91 21 und 40 94 33, Mo-Fr 11–3, Sa, So 11–4 Uhr, Kreditkarte: EC-Karte; E-Mail: tresen@meisenfrei.com, www.meisenfrei.com
Mo-Fr Frühstück von 11–15 Uhr (3,60–7,20 Euro), Sa, So von 10–15 Uhr, zum Beispiel vegetarisches Frühstück „Greenpeace" für 6,90 Euro
- Museumshafen-Café Oevelgönne: Auf dem Ponton Neumühlen, 22605 Hamburg (Övelgönne), Telefon 39 73 83, Fax 34 37 77, Mi-Sa 12–22, So 10–22 Uhr; E-Mail: bergedorf@museumshafen-cafe.de, Sonntags Brunch für 14,50 Euro
- Petit Café: Hegestraße 29, 20249 Hamburg (Eppendorf), Telefon 4 60 57 76, Fax 4 60 57 76,

Mo-Fr 9.30–19, Sa 10–19, So 11–19 Uhr,
Ein festes Frühstücksangebot (zwei Brötchen, Aufschnitt, Konfitüre, Getränke) für 8,50 Euro und Lachsfrühstück für 5,50 Euro

- Raffles Hotel Vier Jahreszeiten: Neuer Jungfernstieg 9–14, 20354 Hamburg (Innenstadt), Telefon 3 49 40, Fax 34 94 26 00, Mo-So 24 Stunden, Kreditkarten: alle; EC-Karte; www.raffles-hvj.de
  Umfangreiche Auswahl zum Selbstzusammenstellen für 22 Euro inklusive Getränke (Mo-Sa 6.15–10.30; So 7.15–11 Uhr)
- Saal II: Schulterblatt 83, 20357 Hamburg (Schanzenviertel), Telefon 4 39 28 28, Mo-Fr ab 12, Sa, So ab 11 Uhr; www.saal2.de
  Drei verschiedene Standards für 4,50 Euro
- September: Feldstraße 60, 20357 Hamburg (St. Pauli), Telefon 43 76 11, Fax 46 09 02 23, Mo-Fr ab 9.30, Sa, So ab 10 Uhr, Kreditkarte: EC-Karte; www.cafe-september.de
  Zwölf Frühstücksvarianten (3,60–20,40 Euro), So 10–15 Uhr Brunch (12,50 Euro), ab drei Personen Reservierung empfohlen
- Witthüs: Elbchaussee 499a, 22587 Hamburg (Blankenese), Telefon 86 01 73, Fax 86 75 80, Café: Mo-Sa 14–18, So 10–18 Uhr, Restaurant: Di-So 19–23 Uhr, Kreditkarten: alle; EC-Karte; E-Mail: witthues@blankenese.de, www.witthues.de
  Sonn- und feiertags von 10 bis 13.30 Uhr warm-kaltes Brunchbüfett (▶ *Gartenlokale*)
- Zars: Heinrich-Hertz-Straße 102, 22083 Hamburg (Uhlenhorst), Telefon 2 29 01 04, Fax 2 29 01 20, Mo-Do 17–0.30, Fr, Sa 17–1.30, So 10–0.30 Uhr; www.zars-hamburg.de
  Sonntags 10–15.30 Frühstücksbüfett für 8,50 Euro
- Zur Alten Mühle: Eppendorfer Landstraße 176, 20251 Hamburg (Eppendorf), Telefon 51 78 20, Fax 5 14 16 00, Mo-Sa ab 11, So ab 10 Uhr, Kreditkarten: Visa; E-Mail: zuraltenmuehle@profimail.de, www.zur-alten-muehle.de
  Frühstück für 5,40 bis 18 Euro (für zwei Personen); samstags Büfett für 8,50 Euro, sonntags großes Büfett mit Tee und Kaffee satt für 12,80 Euro (▶ *Gartenlokale*)

## Gartenlokale

Nach Feierabend an der frischen Luft sein Bierchen trinken und über das Tagewerk sinnieren. Dabei das Lächeln der Bedienung als Kompliment verstehen und zufrieden die letzten Sonnenstrahlen genießen. Nicht alle unsere Gartenlokaltipps liegen in der Stadt, aber alle lohnen den Weg. Auch als Wochenendausflug zum Brunchen, falls der Kühlschrank mal wieder leer ist.



- Alsterpalais: Alsterdorfer Straße 523, 22337 Hamburg (Alsterdorf), Telefon 50 04 99 11, Fax 50 04 99 12, Mo-Sa ab 17, So 11–20 Uhr, Kreditkarten: alle; www.alsterpalais.de
  Innen chromig-kühl mit Cocktailbar, draußen gediegenes Ambiente auf großer Terrasse mit bodenständiger Speisekarte; zu Laugenbrezel und Weißwurst gibt's Paulaner vom Fass
- Alte Mühle: Alte Mühle 34, 22395 Hamburg (Bergstedt), Telefon 6 04 91 71, Fax 60 44 91 72, Mi-So 12–23 Uhr, warme Küche bis 21.30 Uhr, Mo, Di Ruhetag
  Historisches Gebäude am Flusszulauf mit Biergarten unter Kastanien und Blick auf Karpfenteich, ordentliche Auswahl Schoppenweine, gemischte Küche, Leberkäs mit Krautsalat ebenso wie Matjes
- Beese Biergarten am Jenisch Park: Hochrad 56, 22605 Hamburg (Klein Flottbek), Telefon 82 07 71, Fax 82 43 75, Mo-Fr 11–15 und ab 17 Uhr, Sa 11–18 Uhr, Mittwoch Ruhetag
  Rustikaler Gasthof mit Blick auf den Parksee im Jenischpark; deftige Hausmannskost und Bier ohne bayerische Biergartenstimmung; Hauptgerichte kosten 7–15 Euro
- Café Fees: Holstenwall 24 (im Museum für Hamburgische Geschichte), 20355 Hamburg (Innenstadt), Telefon 3 17 47 66, Fax 35 31 55, Mo 12–17, Di-Do 10–2, Fr, Sa 10–4, So 9.30–24 Uhr, Kreditkarten: Amex
  Schöner exotischer Innnenhof
- Café im Ehrenhof: Rathausmarkt 1, 20095 Hamburg (Innenstadt), Telefon 36 41 53, Fax 37 22 01, Mo-So 11.30–22 Uhr
  Die Lage im Innenhof des Rathauses verbreitet einen Hauch von Florenz; wetterabhängig!
- Das Neue Landhaus Walter: Hindenburgstraße 2, 22303 Hamburg (Winterhude), Telefon 27 50 54, Fax 2 79 84 93, Biergarten: Mo-Sa 16–24, So 12–24 Uhr; www.landhauswalter.de
  Hamburgs größter Biergarten im Stadtpark, im Angebot: Würstchen, Brezeln, Räucherlachs u. a., sonntag ab 12 Uhr Livemusik, Frühschoppen
- Gasthaus Waldesruh: Forstweg 2, 23863 Bargfeld-Stegen, Telefon 0 45 32/2 21 92, Mo-Fr ab 16, Sa, So ab Uhr, Dienstag Ruhetag
  Familiärer Betrieb mit großem Biergarten, am Wochenende Ponyreiten für Kinder, Hausmannskost
- Horster Mühle: Zur Wassermühle 4, 21220 Seevetal, Telefon 0 41 05/8 26 43, Fax 0 41 05/66 00 73, Mo, Do, Fr 16–23, Sa, So 10–23 Uhr,

**Asia Food: Neben Glasnudeln und Glückskeksen geht hier auch Plastikschmuck über den Tresen**

Di, Mi Ruhetag; www.horstermuehle.de
Wassermühle mit offenem Wintergarten und Blick auf die Seeve, traditionsreiches Ausflugslokal; Hausmannskost, hausgeschlachtete und -geräucherte Speisen, Steinbackofen-Gerichte

- Hotel Waldesruh am See:
Am Mühlenteich 2, 21521 Aumühle,
Telefon 0 41 04/30 46, Fax 0 41 04/20 73,
Mo-Fr 11.30–23, Sa, So 6.15–23 Uhr, Di Ruhetag;
www.waldesruh-am-see.de
Grillabende; am Mühlenteich im Aumühler Forst gelegenes Traditionslokal mit Seeterrasse und regionaler Küche (Hauptgerichte 11,60–23 Euro), Weinen und Torten, Minigolf und Tretbooten
- Kalenbach: Moorfuhrtweg 9, 22301 Hamburg (Winterhude), Telefon 27 59 09, Fax 2 78 05 72, Mo-Fr 12–0.30, Sa 11–1.30, So 10–1.30 Uhr, Kreditkarte: EC-Karte
Im Sommer lockt eine großzügige Terrasse mit einem Biergarten, Alster-Kanuten können am „hauseigenen" Bootsanleger festmachen und ins Restaurant stiefeln
- Landhaus Dill: Elbchaussee 94, 22763 Hamburg (Ottensen), Telefon 3 90 50 77, Fax 3 90 09 75, Di-Sa 12–15, 17.30–22, So 12–22 Uhr, Mo Ruhetag
Traditionsreich mit nettem Biergarten (von Mai bis September), regionale Küche, wunderbare Spezialitäten wie Flusskrebse im Weißweinsud; ideal für Feierlichkeiten
- Louis C. Jacob: Elbchaussee 401–403, 22609 Hamburg (Nienstedten), Telefon 82 25 50, Fax 82 25 54 44, Restaurant: Mo-Sa 12–14.30 und 18.30–22, So 12–15 und 18–21 Uhr, Di Ruhetag, Kreditkarten: alle; EC-Karte;
E-Mail: jacob@hotel-jacob.de, www.hotel-jacob.de
Wunderschöne Lindenterrasse mit Elbpanorama, viel Hamburger Geldadel (Hauptgerichte ab 18 Euro); man kann dort aber auch gut zum Kuchenessen hingehen
- Red Dog Bar & Café: Krugkoppel 1, 20149 Hamburg (Harvestehude), Telefon 44 49 26, Fax 44 49 26, Mo-Fr 17–2, Sa 15–2, So 12–24 Uhr;
www.red-dog-hamburg.de
Ruhig und familiär, direkt an der Alster
- Restaurant Randel: Poppenbüttler Landstraße 1, 22391 Hamburg (Poppenbüttel), Telefon 6 02 47 66, Fax 6 06 52 98, Di-So 11.30–22 Uhr, Kreditkarten: Visa, Amex, Eurocard; EC-Karte
Am Alsterwanderweg gelegen, große Sommerterrasse und privater Park mit Springbrunnen, traditionell deutsche Küche mit mediterranem Einschlag
- Rodenbecker Quellenhof: Rodenbecker Straße 126, 22395 Hamburg (Bergstedt), Telefon 6 04 92 28, Mo-So 11–20 Uhr

Am Alsterlauf im Rodenbeker Quellental gelegenes, reetgedecktes altes Haus mit 60er-Jahre-Mobiliar und skurrilem Ambiente, großer Garten mit Teich, Hausmannskost wie Leberwurstbrote, Bratkartoffelgerichte oder Rote Grütze, alles unter 5 Euro

- Röperhof: Agathe-Lasch-Weg 2, 22605 Hamburg (Othmarschen), Telefon 8 81 12 00, Fax 8 81 22 00, Mo-So 12–15 und 18.30–23 Uhr
  Gourmetrestaurant mit österreichischem Einschlag (Hauptgerichte 11–18 Euro) und lauschigem Garten hinter reetgedecktem Bauernhaus; der Sonntagsbrunch ist mit 22 Euro recht teuer, dafür gibt's aber von Lachs bis Scampi alles, was lecker ist
- Sander Dickkopp: Richard-Linde-Weg 21f, 21033 Hamburg (Lohbrügge), Telefon 7 30 36 76, Mo-Sa 18–1, So 15–18 Uhr
  In renoviertem Wasserturm mit großem, schattigem Garten gelegen; hier gibt's Tagesgerichte nach Rezepten aus dem 18. Jahrhundert und den „Dickkopp" (überbackenes Fladenbrot mit Beilagen)
- Witthüs: Elbchaussee 499a, 22587 Hamburg (Blankenese), Telefon 86 01 73, Fax 86 75 80, Café: Mo-Sa 14–18, So 10–18 Uhr, Restaurant: Di-So 19–23 Uhr, Kreditkarten: alle; EC-Karte; E-Mail: witthues@blankenese.de, www.witthues.de
  Idyllisch im Hirschpark gelegen, mit knisterndem Kamin und klassischer Musik (▶ *Frühstück*)
- Zur Alten Mühle: Eppendorfer Landstraße 176, 20251 Hamburg (Eppendorf), Telefon 51 78 20, Fax 5 14 16 00, Mo-Sa ab 11, So ab 10 Uhr, Kreditkarten: Visa; E-Mail: zuraltenmuehle@profimail.de, www.zur-alten-muehle.de
  Restaurant und Biergarten mit Alsterblick (Mai bis Oktober), deutsche Küche, auch vegetarisch, Mittagstisch für 5,90 Euro, Samstags ab 18 Uhr eine Portion Pasta umsonst (▶ *Frühstück*)

## Geflügel und Wild

Wer wilde Natur gern auf dem Teller liegen hat, ist bei Kreienborg an der richtigen Adresse. Von Wachteln über Hirschfleisch bis zur Heidschnucke, ob frisch oder aus der Tiefkühltruhe, das Geschäft bietet alles, was zu einem erlesenem Mahl gehört. Weidler hat ein üppiges Angebot an Geflügel und Wild aus der Region und berät bei Auswahl und Zubereitung. Gastronomen und Gourmets wenden sich gern an Roderian. Neben Hasenkeulen, Roastbeef, Tauben und vielen anderen Spezialitäten gibt es feine Essige und Öle. Das geschossene Wild kommt vorrangig aus Niedersachsen.

- Kreienborg: Goernestraße 1, 20249 Hamburg (Eppendorf), Telefon 46 13 71, Mo-Fr 9–18, Sa 8–13 Uhr
- Roderian: Stellinger Weg 38a, 20355 Hamburg (Eimsbüttel), Telefon 40 92 93, Fax 40 92 93, Di-Do 9–13 und 15–18, Fr 9–18, Sa 8–12 Uhr
- Weidler: Osterstraße 150, 20255 Hamburg (Eimsbüttel), Telefon 4 91 25 42, Fax 4 91 25 58, Mo-Fr 8–18, Sa 8–13 Uhr

## Internationale Lebensmittel

Nach einem kräftigen Biss in Evas Golden Delicious stand eines für den Homo sapiens fest: Der Schöpfer musste ihn mit einem Gen versehen haben, welches die Gattung Mensch zu ewigem Genuss verdammt. Im Laufe der Jahrtausende entwickelten Erdenbewohner überall auf dem Globus ihre ganz persönlichen kulinarischen Vorlieben und gaben ihnen Namen wie Mundvorrat, leibliches Wohl, Speis und Trank, Futterage oder Fressen. Hamburg bietet, seiner bunten Bevölkerung entsprechend, eine große Auswahl an internationalen Lebensmittelgeschäften. Wir nennen Ihnen die besten:

**Afrikanisch:** Man muss nicht erst nach Ghana reisen, um Fufu mit Okra zu essen. Yams, Plantains, Okraschoten, Fufu-Mehl und landestypische Konserven finden sich auch in den Afroshops unserer Stadt. Mit einem guten Afro-Kochbuch und der Hilfe eines kulinarisch bewanderten Freundes lässt sich jedes afrikanische Gericht originalgetreu umsetzen. Da die Nahrungsmittel direkt aus Afrika importiert werden, braucht man beim Kauf nicht mit Taiwan-Importen rechnen.

▶ *Afroshops, Rubrik „A–Z"*

- African Collections GmbH: Wandsbeker Marktstraße 167, 22041 Hamburg (Wandsbek), Telefon 68 41 81, Fax 68 30 05, Mo-Fr 9.30–18, Sa 9.30–16 Uhr, Kreditkarten: alle; EC-Karte;
- Afro Shop International Hair: Adenauerallee 2, 20097 Hamburg (St. Georg), Telefon 24 03 23, Fax 24 04 23, Mo-Fr 9–16, Sa 9–14 Uhr, Kreditkarten: alle

**Asiatisch:** Für viele Feinschmecket steht es schon lange fest: Ein Leben ohne die asiatische Küche wäre schlichtweg unvorstellbar. Mit mentalitätstypischer Höflichkeit beraten die Profis in den zahlreichen Asia-Fachläden den Hobbykoch gern in Sachen asiatischer Kochkunst. Eine Seetangsuppe, Washinabe, Maismousse mit Kokossauce, Wappanabe oder Chopsuey können endlich in anspruchsvolle Hausmannskost

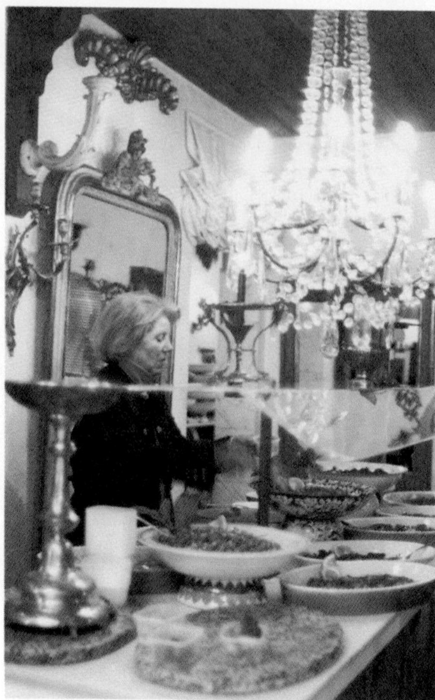

La Fattoria: Wein, Öle und reichlich Antipasti

umgesetzt werden. Nicht selten haben Asia-Läden ein Zusatzangebot an Postkarten, Plastikschmuck, Hennaschablonen oder indischen Hauslatschen. Klassiker unter den „Asias" bleiben aber nach wie vor Glückskekse, Ingwerbonje und die bei Studenten so beliebten günstigen Nudelgerichte.

- Asia Food: Susannenstraße 13, 20357 Hamburg (Schanzenviertel), Telefon 4 30 54 51, Fax 43 29 18 17, Mo-Fr 9–19, Sa 9–16 Uhr, Kreditkarte: EC-Karte; E-Mail: asiaaround@cometosurf.de, www.locality.de/hamburg/es/lebensm/asia/seite1/1_html/1_0.htm
- Dong-Yang: Baumeisterstraße 15, 20099 Hamburg (St. Georg), Telefon 24 62 81, Fax 7 20 52 05, Mo-Fr 9.30–18.30, Sa 9–16 Uhr
- Mahtabi Indian Store: Lange Reihe 9, 20099 Hamburg (St. Georg), Telefon 24 49 65, Fax 24 17 63, Mo-Fr 9–19, Sa 9–16 Uhr
- Pauksztat „Esha Asia Lebensmittel": Stellinger Weg 8, 20255 Hamburg (Eimsbüttel), Telefon 40 19 65 42, Fax 40 19 65 42, Mo-Fr 10–19, Sa 10–16 Uhr Kleiner Imbiss im Laden (Nasigoreng, Frühlingsrollen)
- Sakai-Shoten: Grindelberg 4, 20144 Hamburg (Univiertel), Telefon 4 22 19 14, Fax 4 22 19 11, Mo-Fr 9–18.30, Sa 9–14 Uhr, Kreditkarte: EC-Karte; E-Mail: japan-feinkost@t-online.de, www.japan-feinkost.de
- Vinh-Loi: Klosterwall 2a, 20095 Hamburg (Eppendorf), Telefon 32 23 90, Fax 32 58 89 99, Mo-Fr 9–19, Sa 9–16 Uhr; www.vinhloi.de

**Englisch:** „Strictly British" lautet das Motto bei Sandy's in der Lübecker Straße. In den Regalen stapelt sich alles, was man auf dem Kontinent vermisst. Von diversen Baked-Beans-Variationen bis hin zu Walker Chips im Lunchformat. Was nicht im Regal steht, wird per Special Order importiert. Nicht nur Essbares, sondern auch spezielles Klopapier oder ein UK-made Fußballtrikot kann bestellt werden. Hinzu kommen diverse Bücher und Videos in Originalversion. Die drei Tageszeitungen *The Sun, Daily Mail* und *The Mirror* erhält man hier bereits am Erscheinungstag.

- Sandy's – English food and other goods: Lübecker Straße 95, 22087 Hamburg (Hohenfelde), Telefon 27 14 57 19; www.sandys-food.com

**Griechisch:** Ob schon Sokrates in den Genuss eines saftigen Souflaki gekommen ist? Wenn ja, hat er garantiert hinterher noch Gyros mit Zaziki und Krautsalat verdrückt, um dann endlich mit einem Ouzo die Verdauung anregen zu dürfen. Selbstversorgern bieten die griechischen Lebensmittelläden Hamburgs Weine, Oliven, Gewürze, Spirituosen sowie Gebäck und andere Süßspeisen.

- Thraki (Bäckerei/Konditorei): Eppendorfer Weg 163, 20253 Hamburg (Eppendorf), Telefon 40 02 65, Fax 4 90 06 62, Di-Sa 7–18, So 10–15 Uhr, Konditormeister Oglu beliefert ganz Norddeutschland mit Spezialitäten aus Walnuss und Pistazie; original griechische Hochzeitstorten und Geburtstagstorten. Eine Torte mit dem Motiv „griechische Meeresbucht" kostet zirka 50 Euro und reicht für 25 Personen. Außerdem gibt's Blätterteig mit Schafskäse und Spinat, Bugazza-Nugatpralinen, griechische Kekse mit Walnuss-Baklava (spaghettiartiger Teig mit Walnüssen, Zimt und Zucker)

**Holländisch:** „Frau Antje gibt es nicht, und es hat sie auch nie gegeben", behauptet Marja Hassebroek aus dem Geschäft De Hollandse Winkel. Die Dame muss es wissen. Welcher andere Feinkosthändler der Stadt vermag einsame Holländerherzen derart in Heimatnostalgie zu versetzen und Amsterdam-Pendlern den Unterschied zwischen hier und dort zu verschleiern. Außer den indonesischen Kolonialgewürzen Gado

Gado, Stroopewafels, original Spekulatius, Pannenkoeken-Mischungen und Poffertjes bekommt man hier Weichgummi und Lakritz in allen erdenklichen Formen und Konsistenzen.

- De Hollandse Winkel: Semperstraße 2, 22303 Hamburg (Winterhude), Telefon 27 80 03 71, Fax 27 80 03 72, Di-Fr 11–19, Sa 10–15 Uhr; www.hollandwinkel.de

**Italienisch:** Pomodori con mozzarella e basilico, pasta con pesto, fettuccine con spinaci, tagliatelle, lasagne, tortellini, pizza, prosciutto, mortadella, salame, tiramisu, gelato, biscotti, espresso, vino, grappa, limoncello. Appetit bekommen? Wenn der Süden schon nicht in den verregneten Norden kommt, muss man ihn sich eben in den heimischen Kochtopf holen. In solchen Fällen wende man sich an Hamburgs italienische Feinkostläden. Etwa an den Supermercato Italiano im Schanzenviertel, der unter anderem hausgemachte Pasta zu kleinen Preisen anbietet. Hinterher kann man einen fantastischen Cappuccino schlürfen. In Altona pflegt Gino Carone die italienische Esskultur. Er ist nicht nur Besitzer eines Restaurants mit Bröckelcharme und musikalischer Untermalung durch Verdi-Arien, sondern verkauft für den Hausgebrauch auch eine Auswahl an toskanischen Olivenölen, Kaffees und Likören. Buon appetito!

- Gino Carone: Ruhrstraße 60, 22761 Hamburg (Bahrenfeld), Telefon 8 50 66 88, Fax 8 51 21 12, Mo-Fr 12–15, 19–24, Kreditkarte: EC-Karte; www.carone.de
- La Fattoria: Isestraße 16, 20144 Hamburg (Harvestehude), Telefon 4 20 02 55, Fax 4 20 94 49, Di-Fr 10–18.30, Sa 8–15 Uhr; www.lafattoria-hamburg.de
  Italienische Weine und Antipasti, mittags wechselnde landestypische Gerichte
- Ronaldi – Italienische Feinkost und Weine: Osterstraße 163, 20255 Hamburg (Eimsbüttel), Telefon 40 90 48, Fax 4 91 45 66, Mo-Fr 8–20, Sa 8–16 Uhr; www.ronaldi.de
- Supermercato Italiano: Schulterblatt 82, 20357 Hamburg (Schanzenviertel), Telefon 43 41 14, Fax 4 39 89 12, Mo–Fr 8–18.30, Sa 8–14.30

**Spanisch / Portugiesisch / Lateinamerikanisch:** Noch machen nordeuropäische Zungen kaum einen Unterschied zwischen iberischer und ibero-amerikanischer Kost. Dabei ist es doch gerade die Einfachheit, mit der Portugiesen den Fisch nur mit etwas Salz zubereiten, oder mit der die Spanier ihre Paella in ein mediterranes Erlebnis aus Fleisch, Fisch und Reis verzaubern. Was hingegen einen Sombrero aus Übersee erst richtig glücklich macht, sind weiche Tortillas, deftiges Bohnenmousse, knackiger Mais und ordentlich Chili.

- Calpesa: Schützenstraße 91, 22761 Hamburg (Altona), Telefon 85 60 27, Fax 8 50 88 83, Mo-Fr 8.30–18, Sa 9–13.30 Uhr, Kreditkarte: EC-Karte;
  Der Discount für spanische und portugiesische Lebensmittel. In der Lagerhalle treffen Sie fast alle Hamburger Restaurantbesitzer, aber auch Privatleute dürfen Rioja, Scampi, Chorizo, Jamon und die vielen anderen Leckereien spuckebillig einkaufen. Tipp: Nur hier gibt es die kanarische Mojo-Sauce
- Casa Latina: Bahrenfelder Straße 86, 22765 Hamburg (Altona), Telefon 3 90 91 39, Fax 3 90 91 39, Mo-Fr 10–13 und 14–19, Sa 10–16 Uhr
  Spanische und portugiesische Lebensmittel: Turrón und Mantacados, Cocido Madrileno und Fabada Asturiana, Flan und Crema Catalana, Manchego, Longaniza und Jamón Serrano …
- Mexico Trading: Ruhrstraße 158, 22671 Hamburg (Bahrenfeld), Telefon 85 33 88 00, Fax 85 32 24 63, Mo-Do 9–17, Fr 9–15 Uhr, wwww.mexicotrading.de
  Original mexikanische Küchenzutaten
- Transmontana: Schulterblatt 86, 20357 Hamburg (Schanzenviertel), Telefon 4 39 74 55, Fax 43 18 40 05, Mo-Fr 7.15–19, Sa 9–18 Uhr
  Szene-Stehimbiss mit Aufschnitttheke: Chorizo, Käse, roter Dão, aber auch viel Gebäck: Natas, Croissants und Pastel de Nata

**Türkisch:** Würde man in diesem Buch alle türkischen Lebensmittelhändler der Stadt auflisten, dann bliebe wohl kaum noch Platz für andere Rubriken. Überall in Hamburg haben türkische Lebensmittelhändler den traditionellen Gang über den Wochenmarkt längst entbehrlich gemacht. In den Läden findet man während der exorbitant langen Öffnungszeiten Milchprodukte, frisches Gemüse, Obst, Oliven, Fladenbrot sowie ein breites Angebot an Gries, Reis, Nudeln, türkischen Süßwaren und Getränken.

- Arkadas im Mercado Ottensen:
  Ottenser Hauptstraße 10, 22765 Hamburg (Altona), Telefon 39 90 52 99, Mo-Fr 10–20, Sa 10–16 Uhr, Exklusive türkische Spezialitäten, 120 täglich frisch zubereitete Antipasti und Käsecremesorten, gegrillte Artischocken und Auberginen, mit Reis gefüllte Weinblätter, Meeresfrüchte

**Kaffeerösterei: In den Kellerräumen des Katelbach wird feinster Kaffee hergestellt, im Café wird er serviert**

- Kara Deniz: Bahrenfelder Straße 231, 22765 Hamburg (Bahrenfeld), Telefon 3 90 33 7, Mo-Fr 7–20, Sa 7–16 Uhr
  Rote, grüne, gelbe, hellgrüne, kleine, weiße, längliche Paprika in bester Qualität; Bulgur, zehn Sorten Oliven sowie Schafs- und Ziegenkäse
- Obst & Gemüse Feinkost Özdemir: Eppendorfer Weg 249, 20251 Hamburg (Eppendorf), Telefon 4 20 54 36, Mo-Fr 7–20, Sa 6–16 Uhr,
  Außer frischem Gemüse und Obst gibt es jede Menge Spezialitäten aus der Türkei und aus den europäischen Mittelmeerländern. Neben Börek, türkischer Lammwurst und Fladenbrot sind ein erweitertes Angebot an griechischen, spanischen, portugiesischen und italienischen Weinen sowie Antipasti und Bioprodukte zu haben

## Käse

Käse ist Milch auf dem Weg zur Unsterblichkeit; und so zeigt er sich uns in einem wahren Facettenreichtum. Ob weich oder hart, mild oder würzig, französisch oder holländisch: Käse bietet garantiert für jeden Gaumen etwas, und zusammen mit einem guten Tropfen Wein und der richtigen Umgebung kann er glatt zu einem romantischen Erlebnis werden:

- Fromagerie Française: Dorotheenstraße 188, 22299 Hamburg (Winterhude), Telefon 46 55 58, Fax 4 80 36 30, Di-Fr 9–19, Sa 8.30–13.30 Uhr, Kreditkarte: EC-Karte; www.fromagerie.de
  Um das Angebot der Fromagerie Française kennen zu lernen, braucht man vor allem Zeit. Sage und schreibe 200 verschiedene Käsesorten sowie französische Weine, Salate und Wurstwaren warten hier auf Genießer
- Holland Kaas Import: Schulterblatt 60, 20357 Hamburg (Schanzenviertel), Telefon 4 30 02 01, Mo-Fr 9–18.30, Sa 9–14 Uhr
  Klein, aber fein ist der Holland Kaas Import; trotzdem finden rund 150 Sorten aus Holland, Belgien, Frankreich, Italien und der Schweiz hier ihren Platz
- Käse, Wein & mehr: Erikastraße 58, 20251 Hamburg (Eppendorf), Telefon 46 24 25, Fax 46 24 25, Di-Fr 9–13 und 15–19, Sa 9–14 Uhr
  Wer in den Genuss von möglichst vielen landestypischen Käsesorten kommen möchte, der ist bei „Käse, Wein & mehr" genau richtig. Das Sortiment umfasst Spezialitäten aus zehn europäischen Ländern und wird um passende Weine und Feinkost ergänzt
- Käsekeller Altona: Max-Brauer-Allee 192, 22765 Hamburg (Altona), Telefon 43 65 42, Fax 43 25 07 44, Mo, Fr 8–13 und 14–18 Uhr, Di-Do, Sa 8–13 Uhr

Spezialisiert auf französische Fermier-Sorten, die man im gemütlichen Ambiente probieren kann

- Karola Möller: Lange Reihe 57–59, 20099 Hamburg (St.Georg), Telefon 24 36 30, Fax 24 36 30, Mo-Fr 9–14 und 15–18.30, Sa 9–14 Uhr, Führt etwa hundert naturgereifte Käsespezialitäten aus allen Regionen, bekannt ist Karola Möller vor allem für ihren lange gereiften Gouda
- La Fattoria: Isestraße 16, 20144 Hamburg (Harvestehude), Telefon 4 20 02 55, Fax 4 20 94 49, Di-Fr 10–18.30, Sa 8–15 Uhr; www.lafattoria-hamburg.de Hier kommen Italien-Liebhaber auf ihre Kosten, gut dreißig verschiedene Käsesorten, darunter der delikate Trüffelkäse, gehören zum Sortiment des Antipasti-Spezialisten
- Lemitz-Weinstuben: Faberstraße 21, 20357 Hamburg (Eimsbüttel), Telefon 8 50 26 68, Fax 8 50 43 06, Mi-So ab 17 Uhr Hier kann man für nur 9 Euro ein exklusives Käsefondue genießen
- Mohr Fromage: Grindelhof 6, 20146 Hamburg (Univiertel), Telefon 44 74 66, Fax 44 74 66, Mo-Do 8–13.30 und 14.30–18, Fr 8–18.30, Sa 8–13.30 Uhr
- Nordisches Weinhaus: Eulenstraße 83–85, 22763 Hamburg (Ottensen), Telefon 39 44 29, Mo 16–19, Di-Do 10–15 und 16–19, Fr 10–19, Sa 10–14 Uhr, Kreditkarte: EC-Karte Käse aus aller Herren Ländern; Käse, Frischkäse, Joghurt und Butter stehen auf der (Land-)Karte

## Kaffeerösterei

Um 1000 nach Christi Geburt entwickelten die Araber die Urform des heutigen Kaffees, doch im 16. Jahrhundert musste erst noch das Rösten erfunden werden, ehe das Getränk seinen Siegeszug um die Welt antreten konnte. Lange Zeit waren die braunen Bohnen ein Luxusartikel, glücklicherweise ist das heute anders. Wo Sie die nächste Tchibo-Filiale finden, brauchen wir Ihnen nicht zu sagen. Dafür empfehlen wir einen Besuch in Burg's Kaffeerösterei und Museumsladen. Der Laden wurde 1924 gegründet und ist heute eines der wenigen nostalgischen Kaffeegeschäfte in Hamburg. In der alten Einrichtung werden jeden Tag vor den Augen der Kundschaft verschiedenste Kaffeesorten frisch geröstet. Neben den fast dreißig Sorten klassischen Kaffees hat Jens Burg in seiner kleinen Kaffeerösterei sieben Espressomarken und 47 verschiedene aromatisierte Kaffees im Programm, etwa mit Vanille-, Sahne- oder Kokosgeschmack. Alle Kaffees werden in traditionellen Verfahren und in kleinen Mengen geröstet. Das garantiert eine hohe Qualität, gute Bekömmlichkeit durch extrem niedrigen Säuregehalt und ein unverwechselbares Aroma. Die Preise liegen zwischen 4 und 50 Euro pro Pfund. Kaffeeabstinenzler finden hier über 150 Teesorten, Gewürze, Geschenke und vieles andere mehr. Wie es in einer großen Kaffeerösterei zugeht, kann man auf einer Betriebsführung bei Darboven sehen. Kaffee für den Privatverzehr kann man dabei allerdings nicht kaufen. Im Café Katelbach wird seit neun Jahren in den Kellerräumen in einer privaten Kaffeerösterei feinster Kaffee hergestellt. Die verschiedenen Sorten werden nicht nur in den eigenen vier Wänden genossen, sondern auch diversen Hotels und Gastronomen angeboten.

- Burg's Kaffeerösterei und Museumsladen: Eppendorfer Weg 252, 20251 Hamburg (Eppendorf), Telefon 4 22 11 72, Fax 4 20 57 08, Mo-Fr 9–19, Sa 8–16 Uhr, Kreditkarte: EC-Karte; www.kaffeeroesterei-burg.de
- Café Katelbach: Große Brunnenstraße 60, 22763 Hamburg (Ottensen), Telefon 3 90 55 11, Fax 3 90 67 17, Mo-So ab 15 Uhr; E-Mail: cafe-katelbach@gmx.de,
- J. J. Darboven GmbH & Co: Pinkertweg 13, 22113 Hamburg (Billbrook), Telefon 7 33 35 0, Fax 73 33 51 93, Mo-Fr 8–17 Uhr, Führungen nach Vereinbarung; www.darboven.com

## Konditorei/Confiserie

Wer bleibt nicht stehen vor diesen Schaufenstern, die mit schönen Törtchen und Pralinen geschmückt sind? Hier die besten der vielen Konditoreien und Confiserien unserer Stadt:

- Andersen-Konditorei: Wandsbeker Markt 153, 22041 Hamburg (Wandsbek), Telefon 68 94 64 11, Fax 68 94 64 40, Mo-Fr 7.30–18.30, Sa 7.30–18.30, So 9–18 Uhr; www.andersen-hh.de Großes Sortiment an Diabetikerkuchen und -torten
- Conditorei Christiansen: Hoheluftchaussee 99, 20253 Hamburg (Hoheluft), Telefon 4 22 67 85, Fax 4 22 97 75, Café: Mo-Sa 9–18, So 10–18 Uhr, Kreditkarte: EC-Karte; E-Mail: conditorei-christiansen@t-online.de, www.conditorei-christiansen.de Konditorei und Café; täglich etwa zwölf verschiedene Sahnetörtchen, außerdem viele verschiedene Obsttorten, Marzipan, Pralinen und Teegebäck
- Konditorei Fastert: Alsterdorfer Straße 292, 22297 Hamburg (Alsterdorf), Telefon 51 88 00, Fax 5 11 12 43, Mo-Fr 6–18, Sa 6–13, So 7.30–11.30 Uhr; www.konditorei-fastert.de

Hier werden die Hochzeits- und Geschenktorten nach persönlichen Wünschen gestaltet

- Lehfeldt Konditorei: Schulweg 45, 20259 Hamburg (Eimsbüttel), Telefon 40 75 45, Fax 40 75 45, Mo-Fr 8.30–18, Sa 12–17, So 11–18 Uhr; E-Mail: sweet-art-bakery@hamburg.de
  In der Woche bis zu 18, sonntags bis zu dreißig verschiedene Torten im Angebot, außerdem Frühstücksgedecke und täglich wechselndes Tagesgericht
- Leysieffer Confiserie: Große Bleichen 36, 20354 Hamburg (Innenstadt), Telefon 34 68 99, Mo-Fr 10–20, Sa 10–16 Uhr, Kreditkarten: Amex, EC-Karte, Eurocard, Visa; www.leysieffer.de
  200 Sorten Trüffeln und Pralinen, außerdem Torten und Baumkuchen, Sonderwünsche können auch telefonisch geordert werden
  Weitere Filiale im Alstertal Einkaufszentrum, Heegbarg 31 (Poppenbüttel)
- Sweet Dreams Confiserie: Lehmweg 41, 20251 Hamburg (Eppendorf), Telefon 46 88 10 45, Fax 46 69 33 10, Di-Fr 7.30–18, Sa 7.30–16, So 13–16 Uhr; E-Mail: sweetdrHH@aol.com, www.sweet-dreams-confiserie.de
  Die Schokolade wird hier noch selbst gemacht, große Auswahl an französischen, englischen und amerikanischen Pralinen und Gebäck; zum Beispiel Brownies und Cookies

## Kräuter und Gewürze

Die Ginsengwurzel verbessert die Potenz, gegen Prostataerkrankungen helfen Kürbiskerne, Huflattich und Spitzwegerich wirken gegen Erkältung. Das wusste man im Kräuterhaus in der Langen Reihe schon vor hundert Jahren. Mittlerweile wurde das Warensortiment auf über 400 Kräuterteesorten erweitert. Hinzu kamen zahlreiche Monogewürze (Thymian, Majoran, Curry, Fenchel…) und getrocknete Früchte. Im Spicy's in der Speicherstadt, dem einzigen Gewürzmuseum der Welt, werden die sechzig weltweit existierenden Monogewürze ausgestellt. Mit historischen Rundgängen durch die Speicherstadt illustriert der Inhaber Uwe Paap den Begriff „Fofftain machen" oder die Herkunftsgeschichte der Vanilleschote. Der Eintrittspreis beinhaltet eine Tüte Nelken. Die Galerie Midi bietet neben Stühlen aus der Camargue auch Köstliches aus der Provence: Essige, Öle, Kräuter, Gewürze und ausgesuchte Senfsorten.

- Galerie Midi: Große Elbstraße 143, 22767 Hamburg (Altona), Telefon 38 61 91 61, Fax 38 61 91 62, Fr 11–19, Sa 11–16 Uhr und nach Vereinbarung, Kreditkarte: EC-Karte; www.galerie-midi.de
- Kräuterhaus: Lange Reihe 70, 20099 Hamburg (St. Georg), Telefon 24 93 56, Fax 24 31 37, Mo-Fr 9–18, Sa 9–16 Uhr; www.kraeutermayer.de
- Spicy's Gewürzmuseum: Am Sandtorkai 32, 20457 Hamburg (Speicherstadt), Telefon 36 79 89, Fax 36 79 92, Di-So 10–17 Uhr; www.spicys.de
- Viola's Gewürze & Delikatessen: Eppendorfer Baum 43, 20249 Hamburg (Eppendorf), Telefon 46 07 26 76, Fax 46 88 12 78, Mo-Fr 10–19 Sa 10–16, Kreditkarte: EC-Karte; E-Mail: vf@violas.de, www.violas.de

Gewürzmuseum: Sechzig Monogewürze zum Anfassen und Riechen

## Mietköche

Nicht nur das Speisen an sich, sondern der ganze Rahmen um die Küchenkunst herum machen ein Essen zum Erlebnis. Mietköche sind das Spektakel schlechthin. Wenn sie vor den Augen Ihrer Gäste schneiden, braten, kochen und jonglieren, schlüpfen sie in die Rolle des Zauberkünstlers und sorgen somit nicht nur für kulinarische Höhepunkte.

- Das spanische Mahl – Kochen für Anlässe: Methfesselstraße 8, 20257 Hamburg (Eimsbüttel), Telefon 8 50 83 14, Fax 8 50 83 14; E-Mail: spanisches-mahl@hamburg.de,
  Für eine authentische spanische Verköstigung vor Ort sorgt der Catering-Service „Das spanische Mahl". Fast alle Köche haben die spanische Kochkunst in ihrem Heimatland erlernt und kennen sich vor allem mit den Raffinessen der soliden Haus-

mannskost aus. Neben den zahlreichen Tapas-Spezialitäten bereiten sie auch regionale Gerichte zu. Die katalanische „Gebirge und Meer“-Küche etwa, „Mar y Montana“ genannt, ist eine Mixtur aus Hummer, Krabben und Kaninchen. Die Navarra-Küche hingegen definiert sich vorwiegend über Eintopfgerichte aus ganzen Bestandteilen wie Kartoffeln und Hühnerbeinen. Auch Festtagsgerichte, wie Perlhuhn mit Schokolade, traditioneller mallorquinischer Mandelkuchen oder Crema Katalana übersteigen nicht die Möglichkeiten des „spanischen Mahls“. Ein Menü bekommt man ab 40 Euro pro Person, für den Koch werden 25 Euro pro Stunde berechnet, die Hälfte davon kostet das Servicepersonal in der Stunde. Eine spanische Dekoration wird bei Bedarf mitgebracht und extra abgerechnet

- Stephan Vogl: Zimmerstraße 33, 22085 Hamburg (Uhlenhorst), Telefon 2 20 14 98, Fax 58 69 82; E-Mail: stephan.vogl@privatkochservice.de, www.tischfreuden.de
Welcher Koch vermag es schon, die Qualität vom „Scherrer“ in Ihre vier Wände zu transportieren? Stephan Vogl heißt der Küchenmagier samt Meisterbrief. Der im Münchner Vier Jahreszeiten ausgebildete Koch kann am Fremdherd für bis zu fünfzehn Personen perfekte Luxusgastronomie für den Privatgebrauch umsetzen. Italienische, französische, euro-asiatische und vegetarische Speisen gehören zu den Menüvorschlägen des viel beschäftigten Mannes. Man sollte möglichst zwei Wochen im Voraus bestellen. Dann bleibt ihm nämlich genügend Zeit, Ideen für eine passende Deko zu entwickeln. Geschirr, Besteck, Kochutensilien, Blumen et cetera liefert er auf Wunsch mit. Mehrgängige Menüs zaubert Vogl für 40 bis 60 Euro pro Person. Fachkompetentes Servicepersonal berechnet er mit 17 Euro die Stunde. Und für Wissbegierige gibt er sogar Kochlehrkurse zu Hause
- Torsten Tesch: Lehmweg 26, 20151 Hamburg (Eppendorf), Telefon 42 91 38 55, Fax 42 91 83 31, www.guter-wein-torsten-tesch.de
Der gelernte Koch Torsten Tesch besitzt einen eigenen Weinladen im Eppendorfer Lehmweg. Für eine private Weinprobe bringt er zehn Sorten der 500 verschiedenen Weine aus seinem Geschäft mit. Der fachkundige Weinkenner erzählt dann etwas über die Winzer, die Traube, Anbaumethoden und den Weinkult an sich. Dazu reicht er Schweizer Hobelkäse und luftgetrockneten Schinken und berechnet die Stunde mit 25 Euro pro Person. Ab zehn Personen lohnt es sich, Teschs Küchenkünste in Anspruch zu nehmen. Für zwölf Personen kostet ein Abend mit zehn verschiedenen Leckereien oder ein Menü rund 50 Euro pro Gast. Torsten Tesch hat sich auf exquisites Fingerfood spezialisiert: Datteln im Speckmantel, Scampi mit rotem Curry, Blini mit Lachs und Crème fraîche, Truthahnfilet mit Salbei und Speck. Professionelle Bedienung beschafft Tesch für 15 Euro pro Stunde
- Viehhauser Stadtküche: Thadenstraße 164, 22767 Hamburg (Altona), Telefon 439 37 67, Fax 4 39 08 20, Mo-Fr 9–17 Uhr; E-Mail: stadtkueche@viehhauser.de, www.viehhauser.de
Küchenkunst bedeutet bei Viehhauser Full-Service-Gastronomie. Alle Speisen richten sich nach den Wünschen der Kunden, es muss jedoch für einen Starkstromzugang gesorgt sein. Die Viehhausers arbeiten routiniert und professionell und wissen im Allgemeinen auch immer umgehend, welchen Bedarf sie beim Kunden decken müssen. Dabei spielt es keine Rolle, ob für einen afrikanischen Konsul oder einen französischen Kindergeburtstag gekocht werden soll. Ein Vier-Gänge-Menü gibt es ab 30 Euro. Die Köche erhalten 28 Euro die Stunde, die Bedienung wird mit 23 Euro pro Stunde berechnet

## Nachtmahl

… steht nicht unbedingt auf der Empfehlungsliste von Weight Watchers. Aufgrund alkoholbedingter Mineralmangelerscheinungen vor, während oder nach einer Kneipentour lässt sich die Kalorienzufuhr zu fortgeschrittener Stunde manchmal aber nicht vermeiden. Und wenn schon gesündigt werden muss, dann wenigstens ausgiebig und gut. In der Alex Brasserie gibt es bis spät in die Nacht endlos lange Baguettes mit Pute, Krevetten, Schinken oder vegetarisch belegt (5,20–7,70 Euro). Beliebt sind auch die „Pommes de Luisiana“, köstliche Kartoffelspalten mit Sour Cream und Barbecue-Sauce, auf einem gigantischen Teller für 4,60 Euro. Wer die Küche der Restaurantkette „Schweinske“ tagsüber schätzt, ist hier nach 24 Uhr auch nicht falsch. Die Preise für Schweine und Flügeltiere aller Art bewegen sich zwischen 2,90 und 8,30 Euro. „Schweinske“-Renner: der Schweini-Burger. Bei Günter's wird eine Fischpfanne (10,20 Euro) auch nach 23 Uhr noch frisch zubereitet. Das gilt auch für alle anderen Gerichte auf der Speisekarte. Der Geheimtipp des Inhabers ist das tschechische Bier „Bruno“, das sei besonders süffig und lieblich und gehe „runter wie Öl“.

- Alex Brasserie: Osterstraße 45, 20259 Hamburg (Eimsbüttel), Telefon 4 01 44 22, Fax 4 01 44 24, So-Do 9–1, Fr, Sa 9–3 Uhr, Kreditkarte: EC-Karte; www.alexgastro.de

- Arkadasch: Grindelhof 17, 20146 Hamburg (Univiertel), Telefon 44 84 71, Fax 41 35 22 47, Mo-So 10–2 Uhr, Kreditkarten: alle, EC–Karte; Zum Beispiel Kebab für 8 Euro oder Lammfilet für 10 Euro
- Bar Hamburg: Rautenbergstraße 6–8, 20099 Hamburg (St. Georg), Telefon 28 05 48 80, Fax 28 05 48 81, Mo-So ab 19 Uhr, Kreditkarten: Visa, Eurocard, EC-Karte; E-Mail: bar.hamburg@t-online.de, www.barhamburg.com Zum Beispiel Vorspeisen für 6–12 Euro; Fisch- und Fleischgerichte
- Bolero: Rothenbaumchaussee 78, 20148 Hamburg (Rotherbaum), Telefon 41 49 77 00, Fax 41 49 72 37, Mo-So ab 11 Uhr, Kreditkarten: alle; EC-Karte; E-Mail: rothenbaum@bolerobar.de, www.bolerobar.de Zum Beispiel Tacos, Burritos, Fajitas ab 4,50 Euro
- Café Uhrlaub: Lange Reihe 63, 20099 Hamburg (St. Georg), Telefon 2 80 26 24, Fax 0 47 85/58 14 56, Mo-So 8–2 Uhr; E-Mail: cafeuhrlaub@web.de, www.cafeuhrlaub.de Zum Beispiel Grüne Bandnudeln mit Lachs-Sahne-Sauce für 7,40 Euro, Baguettes für 4,90–6,40 Euro
- Eisenstein: Friedensallee 9, 22765 Hamburg (Ottensen), Telefon 3 90 46 06, Fax 3 90 74 51, Mo-So 11–1.30 Uhr, Kreditkarte: EC-Karte; www.restaurant-eisenstein.de Mo-So gibt es Pizzen bis 1 Uhr
- Factory: Hoheluftchaussee 95, 20253 Hamburg (Hoheluft), Telefon 4 20 37 11, Fax 4 20 65 39, Mo-So 10–1 Uhr, Küche bis 24 Uhr, Kreditkarten: alle; EC-Karte; Zum Beispiel California-Salat mit Pute (9,40 Euro), montags Chicken Wings und Potato Wedges satt für 7,70 Euro
- Günter's: Beerner Heerweg 54, 22159 Hamburg (Farmsen), Telefon 66 97 76 69, Mo-Sa 8–24, So 8–22 Uhr
- Hollywood Canteen: Ottenser Hauptstraße 52, 22765 Hamburg (Ottensen), Telefon 3 90 39 90, So-Do 11.30–1, Fr, Sa 11.30–4, So 12–1 Uhr; www.hollywoodcanteen.de Nicht nur zur späten Stunde sollte man die leckeren saftigen Rindfleisch-Burger probieren, sie gehören zu den besten der Stadt
- Joker: Reeperbahn 153, 20359 Hamburg (St. Pauli), Telefon 3 17 48 07, Fax 3 17 48 09, Mo-Fr ab 11, Sa, So ab 12 Uhr, Kreditkarten: alle; www.gastro-joker.de Fr, Sa bis 1 Uhr warme Küche, zum Beispiel Nudelgerichte von 5–8 Euro, sonst ab 24 Uhr Kleinigkeiten
- Man Wah: Spielbudenplatz 18, 20359 Hamburg (St. Pauli), Telefon 3 19 25 11, Fax 6 43 93 31, Mo-So 12–2.30 Uhr, Kreditkarten: Amex, Eurocard, Visa; Zum Beispiel gedämpfte Krabbenklößchen (3,80 Euro), Ente „Canton Art“ (13,50 Euro)
- Max & Consorten: Spadenteich 7, 20099 Hamburg (St Georg), Mo-So ab 10 Uhr Croques (ab 3 Euro) und andere Köstlichkeiten sind hier bis 1 Uhr zu bekommen
- News: Kaiser-Wilhelm-Straße 51–53, 20355 Hamburg (Neustadt), Telefon 34 63 39, Fax 35 71 12 51, Mo-Do 11–1, Fr 11–2, Sa 18–2 Uhr, Kreditkarten: Eurocard, Visa; Zum Beispiel Hähnchenbrust mit Blattspinat für 8,20 Euro
- Noodles: Schanzenstraße 2–4, 20357 Hamburg (Schanzenviertel), Telefon 4 39 28 40, So-Do 10–1, Fr-So 10–15 Uhr; E-Mail: noodles@hotmail.com, www.noodles-online.de Zum Beispiel Fettuccine mit Lachs für 8 Euro
- Peking: Lincolnstraße 10, 20359 Hamburg (St. Pauli), Telefon 31 08 33, Mo-Sa 17–2, So 12–2 Uhr, Kreditkarte: EC-Karte, Eurocard, Visa; Ente für 12 Euro oder Bratnudeln mit Rindfleisch für 8,45 Euro
- Pizzeria Piccoletto: Holstenstraße 22, 22767 Hamburg (Altona), Telefon 31 03 45, Mi-Fr 17–12.30, So 12–14.30 und 17–11.30 Uhr, Kreditkarten: keine Zum Beispiel Grüne Lasagne und Gemüse für 8 Euro
- Schlachterbörse: Kampstraße 42, 20357 Hamburg (Schanzenviertel), Telefon 4 30 13 34, Fax 4 30 13 34, Mo-Fr 11–1, Sa 17.30–1 Uhr, Kreditkarten: alle; EC-Karte; www.schlachterboerse.de Von 10–25 Euro, zum Beispiel Rumpsteak (200g) für 17,30 Euro
- Schweinske 2: Grindelallee 117, 20146 Hamburg (Univiertel), Telefon 44 91 03, Mo-Fr 8–1, Sa 9–1, So 9–1 Uhr; www.schweinske.de
- Williamine: Kleiner Schäferkamp 16, 20357 Hamburg (Eimsbüttel), Telefon 44 44 97, Fax 0 41 05/63 68 08, Di-Sa ab 18 Uhr, Kreditkarte: EC-Karte Zum Beispiel viergängiges „Schnuppermenü“ für 24 Euro, Fischgerichte 17–22 Euro
- Zars: Heinrich-Hertz-Straße 102, 22083 Hamburg (Uhlenhorst), Telefon 2 29 01 04, Fax 2 29 01 20, Mo-Do 17–0.30, Fr, Sa 17–1.30, So 10–0.30 Uhr; www.zars-hamburg.de Salate, Pasta, „Leckereien“

Obst: Hier lassen Sie Ernährungsberater gern Zugreifen

## Obst und Gemüse

Kein Zweifel, wir brauchen Vitamine und Nährstoffe, um unser Immunsystem auf Trab zu halten. Da helfen keine Pillen, das Zeug muss im Ganzen runter. Bescherer beliefert namhafte Hotels und Restaurants, aber auch Privatpersonen. In Rohde's Markhalle gibt es nicht nur fast jedes Obst und Gemüse, sondern auch eine reichhaltige Saft- und Salatbar. Früchte, schön wie aus dem Bilderbuch, gibt es bei Hohmann. Der Experimentierfreudigkeit der Inhaber hat man es zu verdanken, dass immer wieder neue Exoten wie Karambolas oder Nashis ins Sortiment aufgenommen werden. Selbst im Winter bietet das Fruchthaus nach eigenen Angaben „die besten Kirschen", und zwar aus Chile stammende. Die frischen Kräuter sind aus Israel, und als Salatöl empfiehlt man hier Limonen- oder Basilikumöl. Eine Besonderheit sind die Trüffel vom Pariser Großmarkt. Sommerfrüchte im Winter gibt es auch bei Früchte Gleitzmann. Lecker ist hier auch die hausgemachte Rote Grütze.

- Feine Früchte Hohmann: Grindelberg 81, 20144 Hamburg (Univiertel), Telefon 4 20 19 66, Fax 4 20 19 66, Di-Do 8–13 und 15–18, Fr 8–18, Sa 8–13 Uhr
- Fruchthaus: Hellkamp 22, 20255 Hamburg (Eimsbüttel), Telefon 40 69 34, Fax 4 90 58 58, Mo-Fr 8–19, Sa 8–14 Uhr, Kreditkarte: EC-Karte
- Fruchthaus Bescherer: Winterhuder Weg 57, 22085 Hamburg (Uhlenhorst), Telefon 22 38 85, Fax 22 73 82 20, Mo-Fr 7–18, Sa 7–12.30 Uhr; E-Mail: fruchthaus.bescherer@t-online.de; www.fruchthausbescherer.de
- Früchte Gleitzmann: Eppendorfer Baum 4, 20249 Hamburg (Eppendorf), Telefon 47 86 44, Fax 46 09 37 84, Mo-Fr 7.30–18.30, Sa 8–14 Uhr, Kreditkarte: EC-Karte; www.fruechte-gleitzmann.de
- Rohde's Markthalle: Hamburger Straße 33, 22303 Hamburg (Mundsburg), Telefon 2 20 65 50, Mo-Fr 9.30–20, Sa 9.30–16 Uhr

## Obstservice

Die Äpfel im eigenen Garten faulen vor sich hin? „Zaubertrank" hilft bei der Verarbeitung zu Essig, Sirup, Saft oder gar schamanischen Getränken (▶ *Schamanen*). Auch Schaumwein in Champagnerqualität kann hergestellt werden. Und wer nicht selbst ernten mag, für den steht ein Pflück- und Abholdienst zur Stelle. Selbstverständlich kann man die Produkte von Zaubertrank auch kaufen, ohne eigenes Obst zur Verfügung gestellt zu haben. Abends mutiert der Laden zu einer Kneipe, wo nach Herzenslust probiert und geklönt wird. Gäste in mittelalterlicher Kleidung erhalten 15 Prozent Nachlass auf alle Getränke (sic!). Übrigens: Wer am ausgewiesenen Alkoholanteil der Produkte zweifelt, kann bei Zaubertrank auch eine Brennanlage borgen, um die Herstellung nachzuvollziehen. Allerdings darf man die dabei gewonnenen Getränke laut Gesetzgeber nicht konsumieren, sondern muss sie mit 50 Prozent Wasser vermischt in den Ausguss kippen. Verstanden?

- Zaubertrank: Winterhuder Weg 24, 20085 Hamburg (Winterhude), Telefon 2 20 06 04, Fax 22 75 91 29, Verkauf: Mo-Fr 10–20, Sa 10–16, Ausschank: Mo-So 16–24 Uhr; www.zaubertrank-hamburg.de

## Pizza

Pizza und „Lindenstraße" mögen für manche Leute untrennbar miteinander verbunden sein. Andere hingegen schätzen beim Vertilgen italienischer Teigplatten das gediegene Ambiente eines Restaurants. Der Gastronom sei also gewarnt: Ein halbroher Pizzateig, lieblos mit Funghi beworfen, verliert bei einer spannenden Filmszene womöglich an dramatischer Bedeutung. Der konzentrierte Gast zu Tisch hingegen bemerkt geschmackliche Defizite umgehend. Er will schließlich für seine Anwesenheit mit erstklassigem Schmaus belohnt werden. Und dass Pizza nicht gleich Pizza ist, ließ sich auf unserer kritischen Recherchetour eindeutig feststellen. Hamburgs Elite-Pizzen fanden wir in folgenden Restaurants:

- Café Katelbach: Große Brunnenstraße 60, 22763 Hamburg (Ottensen), Telefon 3 90 55 11, Fax 3 90 67 17, Mo-So ab 15 Uhr; E-Mail: cafe-katelbach@gmx.de
  Durch die Zubereitung im Holzofen erhält die Pizza diesen typisch krossen, leicht rauchigen Ofengeschmack. Frische Zutaten runden das Ganze dann zu einem geschmacklichen Italienurlaub ab. Die Ottenser Klientel favorisiert die „Oslo"-Pizza mit Räucherlachs und roten Zwiebeln. Sehr lecker
- La Bottega Lentini: Eppendorfer Weg 267, 20251 Hamburg (Eppendorf), Telefon 46 96 02 63, Fax 46 96 02 63, Mo-Sa 10–24 Uhr, Kreditkarte: EC-Karte
  Ungeschlagener Meister der Pizza-Kunst. Hier backen italienische Pizzabäcker italienische Pizzen wie in Napoli. Im Schickeria-freien Ambiente isst man hier täglich wechselnde Kreationen oder wählt eigene Zusammenstellungen. Der geeignete Servierzeitpunkt wird vom Koch persönlich erfragt. In der Bottega zieht die Mozzarella-Gouda-Mischung besonders gut!
- Mamma Mia: Barner Straße 42, 22765 Hamburg (Ottensen), Telefon 3 90 03 86, Mi-Mo 11.45–14.45 und 17.45–23.45 Uhr, Kreditkarten: Visa, Eurocard
  Der Service ist fix, bei Stoßzeiten tendiert er leicht zur Hektik. Die Pizzen belohnen das lange Warten auf einen Sitzplatz. Im Allgemeinen kann man dann auch fast sofort mit dem Essen beginnen. An den Mamma-Mia-Pizzen schmeckt selbst der Rand nicht langweilig. Die Belag-Zutaten sind zwar nicht gerade penibel arrangiert, dafür wird man von den Tellerrand überlappenden Größen satt, bis „nix geht mehr"!
- Pizzeria Piccoletto: Holstenstraße 22, 22767 Hamburg (Altona), Telefon 31 03 45, Mi-Fr 17–12.30, So 12–14.30 und 17–11.30 Uhr, Kreditkarten: keine
  Die virtuos vor den Augen der Gäste gekneteten Pizzen sind ausgesprochen groß und schmackhaft, jeweils schlicht und übersichtlich belegt. Der Service des Familienbetriebs ist tadellos aufmerksam. Frische Zutaten, erlesene Olivenöle und Gewürze verleihen den Pizzen eine typische Piccoletto-Note
- Ristorante Rocco: Wohlwillstraße 29, 20359 Hamburg (St. Pauli), Telefon 43 55 05, Fax 22 31 35, Di-So 15–1 Uhr, Kreditkarten: Eurocard, Amex; www.ristorante-rocco.de
  Die Pizzeria trägt wohl nicht mit Absicht den Namen einer italienischen Porno-Ikone. Optische Parallelen lassen sich zwischen „Rocco" und den Hauspizzen dennoch ziehen: Sie sehen toll aus, obwohl ihr Belag schwungvoll zusammengeworfen wurde, sind riesig im Format, im Charakter ausgeprägt italienisch, knusprig und individuell im Geschmack. Pizza con fuego eben!

**Annam: Es spricht sich herum – was die vietnamesischen Teufelskerle hier servieren, ist außergewöhnlich**

## Pubs

Groß ist die britische und irische Gemeinde in Hamburg. So groß, dass im Stadtpark sogar schon Hurlingspieler gesichtet wurden. Aber nicht der irische Nationalsport, eine Mischung aus Gaelic Football, Hockey und Baseball, ist das verbindende Element für Fans der Grünen Insel, sondern der Zapfhahn. Entsprechend vielfältig sind die Möglichkeiten, sich ein gepflegtes Pint Guinness mit Shamrock (das Kleeblatt im Schaum) und dazugehöriger Folk-Musik zu Gemüte zu führen. Die wichtigsten Pubs der Stadt:

- Finnegans Wake: Börsenbrücke 4, 20457 Hamburg (Altstadt), Telefon 3 74 34 33, Fax 37 50 14 78, Mo-Mi ab 16, Do-Sa ab 11.30, So ab 12 Uhr; E-Mail: finnegans@compuserve.com www.finnegans.com
- Froggy's: Eimsbütteler Chaussee 29, 20259 Hamburg (Eimsbüttel), Telefon 4 30 27 35, Fax 43 77 17, Mo-So 17–2 Uhr

## Restaurants

### Asien:

- Annam: Hoheluftchaussee 86, 20253 Hamburg (Hoheluft), Telefon 48 90 90, Fax 48 90 90, Mo-Fr 17–24, Sa, So 12–24 Uhr, Kreditkarten: alle
  Das Annam hält klar den Hamburger Rekord in der Kategorie unscheinbare Spitzen-Asiaten. Noch vor einem Jahr fragte man sich angesichts des immer dürftig besetzten Restaurants, wie in aller Welt es diese vietnamesischen Teufelskerle schaffen, trotz augenfälliger Unrentabilität ihre Frühlings-, Sommer-, Herbstrollen und sonstigen Spezialitäten so liebevoll, originell und frisch zuzubereiten. Aber so langsam spricht es sich herum: Was in der Küche dieses vietnamesischen Restaurants vor sich geht, ist außergewöhnlich
- Bok: Schulterblatt 3, 20357 Hamburg (Schanzenviertel), Telefon 43 18 35 97, Fax 43 18 42 45, Mo-So 12–24 Uhr, Kreditkarte: EC-Karte
  Ehemalige Pickenpack-Besucher werden sich wundern, was aus den schummrigen Räumlichkeiten geworden ist. Der verborgene Stuck und die Holzverkleidungen wurden liebevoll und aufwändig restauriert. Die große Speisekarte ist aufgeteilt nach den die Länderküchen Koreas, Japans und Thailands, die Teesorten reichen von Jasmin-, Ingwer-, Perle-Gersten- bis hin zu Ginseng-Tee. Fleischgerichte werden hier originell mit Hummerkrabben und Tintenfisch kombiniert. Außerdem gibt es üppige Portionen
- Comon: Kaiser-Wilhelm-Straße 89, 20355 Hamburg (Innenstadt), Telefon 30 70 37 77, Fax 30 70 37 77, Mo-Fr 12–14.30 und 18.30–23, Sa 16–23 Uhr, Kreditkarten: alle; EC-Karte
  In der Nähe der hohen Justiz und der Musikhalle liegt das kleine Restaurant, benannt nach einem Festtagskimono-Muster. Gute japanische Küche und eine tiefe Verbeugung zum Abschied
- Galerie Tolerance: Lerchenstraße 103, 22767 Hamburg (Schanzenviertel), Telefon 43 73 30, Di-So 17.30–24 Uhr, Mittagstisch Di-Fr 11.30–14.30 Uhr, Kreditkarten: Eurocard, EC-Karte; E-Mail: piropr@galerie-tolerance.de; www.galerie-tolerance.de
  Der Thailänder im Schanzenviertel ist stets gut besucht, denn das Essen ist hier ausgezeichnet. In diesem Lokal muss die Bezeichnung „scharf" hinter einem Gericht ernst genommen werden, aber der Geschmack hat darunter nicht zu leiden
- Hot Pot: Hummelsbütteler Hauptstraße 35, 22339 Hamburg (Hummelsbüttel), Telefon 53 88 80 63, Di-So 18-23 Uhr, Kreditkarten: Eurocard, Visa
  Das kleine, gelb gestrichene Restaurant soll das einzige „Hot Pot"-Restaurant Europas sein. „Hot Pot" ist eine Art asiatisches Fondue, bei dem Fleisch, Fisch und Gemüse in Töpfe mit heißer Bouillon getaucht und anschließend in einem speziellen Dip gelöscht werden. Ein geselliges und erschwingliches Vergnügen
- IndoChine Waterfront Restaurant: Neumühlen 11, 22763 Hamburg (Altona), Telefon 39 80 78 80, Fax 39 80 78 82, Mo–So 12–23 Uhr; www.indochine.de
  Unter der Leitung des Laoten Michael Ma entstand am Elbufer der erste Ableger der in Singapur beheimateten IndoChine-Gruppe. Phänomenaler Hafenblick, edles, modernes Ambiente und klassische Küche des ehemaligen kolonialen Indochinas zeichnen dieses Luxus-Restaurant aus. In der Bar SáVánh serviert Barkeeper Marc Krüger Cocktails wie den berühmten „Bombay Crushed"
- Japan-Sushi Dorasi: Erikastraße 81a, 20251 Hamburg (Eppendorf), Telefon 46 37 55, Fax 4 60 24 22, Mo-So 18–24 Uhr, Kreditkarten: alle
  Zwei rote Laternen weisen schon von weitem den Weg in das nach einer edlen Blüte benannte Restaurant im Herzen Eppendorfs. Die umfangreiche Karte hält neben diversen japanischen Spezialitäten auch einige koreanische Gerichte bereit. Wenn man Glück hat, wetzt der aus Japan stammende, in Kimono und weiße Kochmütze gewandete Herr Nah die Messer und bereitet die Hauptgerichte zu

- Matsumi: Colonnaden 96, 20354 Hamburg (Innenstadt), Telefon 34 31 25, Fax 34 42 19, Mo-Sa 12–14.30 und 18.30–23 Uhr, Kreditkarten: alle; www.matsumi.de
  Das Matsumi bietet klassische japanische Kochkunst. Vielleicht ist das der Grund dafür, dass hier so viele Japaner verkehren. Schade ist nur, dass der Kugelfisch nicht in Deutschland serviert werden darf. Denn die Köche im „Matsumi" besitzen die fernöstliche Erlaubnis für das Zubereiten dieses Fisches mit der hochgiftigen Leber
- Peking-Enten-Haus: Rentzelstraße 48, 20146 Hamburg (Univiertel), Telefon 45 80 96, Fax 5 11 38 13, Mo-So 18–23 Uhr, Kreditkarten: alle
  Hier wird die kulinarische Entscheidung leicht gemacht, denn die Speisekarte des nach deutschem China-Standard eingerichteten Restaurants bietet im Wesentlichen zwei Gerichte: Peking-Ente mit einer Vorspeise und Peking-Ente mit zwei Vorspeisen. Nachtisch und Kaffee sind inklusive
- Phuket Thai Restaurant: Taubenstraße 23, 20359 Hamburg (St Pauli), Telefon 31 58 54, Di-So 17–24 Uhr , Kreditkarten: alle; EC-Karte
  Der Klassiker unter den Thai-Restaurants liegt mitten auf dem Kiez. Der Eingang ist jedoch nicht für große Europäer konstruiert, sie laufen Gefahr, eine Beule davonzutragen. Ist diese Hürde erst einmal genommen, kann das Schlemmen bedenkenlos beginnen
- Saigon: Martinistraße 14, 20251 Hamburg (Eppendorf), Telefon 46 09 10 09, Fax 46 09 10 08, Mo-Sa 12–15 und 17–23, So 12–24 Uhr, Kreditkarten: alle
  Typisch vietnamesisch. Alle Utensilien sind aus Bambus. An der Wand: Bilder von Reisfeldern und malerischen Fischerdörfern am Mekong. Die südostasiatische Küche spart nicht mit Gewürzen, und das Tolle an der vietnamesischen Küche ist, dass man am Gemüse richtig etwas zu kauen hat: Es bleibt schön knackig und schmeckt ähnlich süß wie das deutsche Hefeweizen
- Sala Thai: Brandsende 6, 20095 Hamburg (Innenstadt), Telefon 33 50 09, Fax 32 67 38, Mo-So 12–23.30 Uhr, Kreditkarten: alle; EC-Karte; www.salathai.de
  Sonntagabends tobt in der Innenstadt nicht gerade das pralle Leben. Umso erstaunlicher, dass in der Hamburger Zentrale der Restaurantkette Sala Thai fix was los ist. Könnte an der Einrichtung liegen: Einem interessanten Stilmix aus Hotellobby- und Tropenwald-Einflüssen, in dem sich die bunten Longdrinks besonders gut machen. Garnelensuppe mit Kafirblättern und Limette schmeckt hier vorzüglich. Ebenfalls eine feine Sache ist das Horsd'œuvre „Sala Thai": allerlei Gebackenes, schön garniert. Auch die Hauptgänge sind sehr

**Odysseus: Beste mediterrane Küche**

  ordentlich und ganz schön feurig
- So Na Mu I: Grindelallee 89, 20149 Hamburg (Hoheluft), Telefon 41 30 88 84, Fax 41 30 88 84, Mo-Fr 11.30–21.30 Sa 17–24, So 13–22 Uhr, Kreditkarten: alle außer Diners
  Jetzt gibt es auch in der Grindelallee koreanische Küche. Die Suppen sind gut und günstig. Bei Hauptgerichten dürfen Sie ruhig die scharfe Version wählen, sonst könnten Sie etwas zu mild ausfallen – und das wäre doch langweilig!
- Sushi Factory: Dammtorstraße 32, 20354 Hamburg (Univiertel), Telefon 35 71 81 58, Fax 35 71 81 59, Mo-Sa 12–24, So 18– 24 Uhr, Kreditkarten: alle; EC-Karte; www.sushi-factory.de
  Fließband oder Service. Hier hat man die Qual der Wahl. Neben dem üblichen Fischangebot gibt es auch Aal oder Jacobsmuscheln. Die Sushi-Köche leisten saubere Arbeit
- Tao: Poststraße 37, 20354 Hamburg (Innenstadt), Telefon 34 02 30, Mo-Sa 12–15 und 18–24 Uhr, Kreditkarten: alle
  „Tao" ist ein Begriff aus der chinesischen Philosophie und bedeutet „Weg". Passend ist dieser Name für das asiatische Restaurant in zweierlei Hinsicht: Zum einen ist der profane asphaltierte Weg dorthin ein Muss für Liebhaber der asiatischen

Küchen, zum anderen ist der Weg durch die einzelnen Gänge bis zur gratis servierten Vanilleeiskugel mit verschiedenen heimischen und exotischen Früchten einer, der zur kulinarischen Erkenntnis führt. Die Küche ist wahrhaft asiatisch, das heißt, sie umfasst hervorragend zubereitete Spezialitäten aus den unterschiedlichen asiatischen Ländern

- Tibet: Harkortstieg 4, 22765 Hamburg (Altona), Telefon 38 61 16 62, Fax 38 61 16 63, Mo-Fr 17–23, Sa, So 12–23 Uhr, Kreditkarten: Eurocard; EC-Karte; www.tibet-restaurant.de
Wanderer, die sich auf den Weg ins Altonaer „Tibet" machen, werden am Ziel von einer wohligen, fast höhlenartigen Atmosphäre empfangen, die nicht allein den Wandbehängen zu verdanken ist, sondern auch den entspannten Servicekräften in ihren schönen Trachtengewändern. Hier erhält man einen köstlichen Einblick in die Küche des Himalaya mit ihren indischen und tibetischen Einflüssen
- Wa-Yo: Hofweg 75, 22085 Hamburg (Uhlenhorst), Telefon 2 27 11 40, Fax 22 71 14 90, Di-So 18–23 Uhr, Kreditkarten: alle; www.nippon-hotel-hh.de
Wo „Nippon" draufsteht, ist auch „Nippon" drin. Im gleichnamigen Hotel mit der schönen weiß getünchten Fassade verbirgt sich ein hochkarätiger Genusstempel. So dezent wie die Fassade, so freundlich und hell ist auch die Inneneinrichtung. Sie sorgt für Entspannung, lässt genügend Raum zum Nachbarn. Die Atmosphäre ist gedämpft, animiert aber durchaus zu heiterer Plauderei

**Balkan:**

- Athina: Abendrothsweg 55, 20251 Hamburg (Hoheluft), Telefon 4 20 44 59, Mo-So 17–24 Uhr
Dieser Eppendorfer Grieche hat Stil. Kenner bezeichnen das Athina als eines der schönsten griechischen Restaurants in Hamburg. Ein hoher Raum, dem glücklicherweise billiger Tavernen-Schnickschnack fehlt, wird von Kerzen beleuchtet. Die Karte bietet die üblichen Spezialitäten wie Pastizio und Bifteki, aber auch Ausgefallenes wie Putenfleisch in Metaxasauce und verschiedene vegetarische Gerichte
- Baris: Lerchenfeld 48, 22081 Hamburg (Hohenfelde), Telefon 2 29 90 55, Fax 5 55 24 08, Mo-So 12–24 Uhr, Kreditkarten: Visa, Eurocard;
Dieses Restaurant bietet gute anatolische Küche. Leider ist die Bedienung nicht immer freundlich und aufmerksam. Aber gerade um die Mittagszeit oder für eine Kleinigkeit zwischendurch geht das Baris in Ordnung. Vorspeisen und Hauptgerichte sind gut und reichlich. Man kann sich auch nur zum Teetrinken reinsetzen
- Dionysos: Eppendorfer Weg 67, 20259 Hamburg (Eimsbüttel), Telefon 49 88 00, Fax 49 88 00, Mo-So ab 17.30 Uhr, Kreditkarte: EC-Karte
Das „Dionysos" kocht in einer anderen Liga als die zünftige Nachbarschaftstaverne. Die terrakottafarbenen Räume und die stilvolle Einrichtung überraschen angenehm. Alle Gerichte halten, was sie versprechen
- Harran: Eppendorfer Weg 9, 20259 Hamburg (Eimsbüttel), Telefon 4 39 39 53, Di-So 18–1 Uhr, Kreditkarten: Visa, Eurocard
Dieses Restaurant bietet typisch ostanatolische Küche, die insgesamt etwas schwerer im Geschmack ist als die westtürkische. Durch die Eingangstür führt der Weg zunächst in den Keller, dessen Atmosphäre sehr orientalisch und angenehm ist. Einige Speisen werden im Lehmofen gebacken. Der Harran-Kebab ist sehr großzügig portioniert. Die Kellner tragen hier schwarze, türkische Pluderhosen, sind freundlich, aber nicht selten etwas im Stress
- Irodion: Winterhuder Marktplatz 12, 22299 Hamburg (Winterhude), Telefon 46 12 01, Mo-Fr 17–24, Sa, So 12–24 Uhr, Kreditkarten: keine
Heimische Gemütlichkeit am Winterhuder Marktplatz. Die Speisekarte ist umfangreich, das Personal strahlt Gelassenheit aus. Fazit: Falls Sie Ihren „Griechen um die Ecke" noch nicht gefunden haben: einfach an den Winterhuder Marktplatz ziehen
- Kalligas: Harburger Schloßstraße 2, 21079 Hamburg (Harburg), Telefon 77 44 22, Fax 7 65 82 94, Di-So 12–15 und 17–23.30 Uhr, Kreditkarten: keine
Griechisches Restaurant mit moderner Einrichtung im Harburger Zentrum. Im Mittelpunkt stehen wilder Fisch und Meeresgetier vom Grill: Dorade, Goldbarschfilet, Calamares, Octopus – alles, was sich im Wasser wohl fühlt, aber nicht gezüchtet wird. Im Sommer lockt ein Garten mit Terrasse. Herr Kalligas bietet auch morgens einen Lieferservice mit belegten Brötchen fürs Büro an!
- Kouros: An der Alster 28, 20099 Hamburg (St. Georg), Telefon 24 45 40, Fax 28 05 53 86, Mo-So 18–24 Uhr, Kreditkarten: keine
Der Grieche an der Alster ist sehr beliebt. Und das nicht ohne Grund. Unbedingt auch in der Woche einen Tisch reservieren
- Lale: Lübecker Straße 119, 22087 Hamburg (Hohenfelde), Telefon 24 82 75 10, Fax 24 82 75 12, Mo-So 11.30–24 Uhr, Kreditkarten: Visa, Eurocard
Das Lale besticht sofort durch seine orientalische Einrichtung. Die Tische sind nicht zu eng gestellt, und die Kellner mit ihrer höflichen und ruhigen Art tragen wesentlich dazu bei, dass man sich sehr wohl

fühlt. Das Lale bietet eine ausgezeichnete türkische Küche, auf Extrawünsche wird gerne eingegangen

- Mangal: Eppendorfer Weg 270, 20251 Hamburg (Eppendorf), Telefon 4 60 38 25, Fax 46 96 10 48, Mo-Fr und So 12–24, Sa 17–24 Uhr, Kreditkarten: Eurocard, Visa
  Ein sehr gepflegtes und sauberes Restaurant in Eppendorf. Von außen wirkt es sehr klein, bietet im Inneren aber viel Platz. Das Personal ist freundlich. Köstlich ist zum Beispiel die Gambas-Pfanne, die noch brutzelnd serviert wird. Sehr angenehm in diesem Restaurant ist, dass Knoblauch sparsam verwendet wird. Zu viel Knoblauch ist in der türkischen Küche nämlich nicht so üblich, wie gemeinhin angenommen
- Odysseus: Hellkamp 1, 20255 Hamburg (Eimsbüttel), Telefon 40 17 25 99, Mo-So 17–0.30 Uhr, Kreditkarte: EC-Karte, Eurocard, Visa
  Das „Odysseus" bietet südländische Spezialitäten an, und nicht, wie der Name vermuten lassen könnte, allein griechische. Das geschmackvolle terrakottafarbene Ambiente klärt Verunsicherte diesbezüglich schnell auf, und der Blick in die Karte tut das Übrige. Das Restaurant speist seine Gäste mit dem Besten, was die mediterrane Küche zu bieten hat, und das ist nicht gelogen
- Sotiris: Barnerstraße 42, 22765 Hamburg (Ottensen), Telefon 3 90 10 97, Mo-So 18–24 Uhr, Kreditkarten: keine
  Zünftiger Grieche mit rustikalen Holztischen und preiswerten, großen Mahlzeiten. Besonders zu empfehlen ist der Scampispieß in Zitronensauce
- Taverna Manolis: Altonaer Straße 6, 20357 Hamburg (Schanzenviertel), Telefon 43 77 75, Di-Fr 12–14.30 und Di-So 17.30–24 Uhr, Kreditkarten: keine
  Seit Generationen in Händen der Familie Manolis. Hier wird griechische Kost hausgemacht serviert – der Klassiker Gyros origineller Weise mit Porree. Sehr schmackhaft sind die gemischten Vorspeisen



**Deutschland:**

- Ahrberg: Strandweg 33, 22587 Hamburg (Blankenese), Telefon 86 04 38, Fax 86 82 42, Mo-So 11–23 Uhr, Kreditkarten: alle
  Englische Stilmöbel, Spitzendeckchen, Wanduhren. Das Ahrberg am Elbhang bietet norddeutsche Küche wie Maischolle, Matjes und Krabben. Bei gutem Wetter auch auf der Terrasse mit fantastischem Elbblick. Hier fühlen sich leger gekleidete Elbausflügler und distinguierte Blankeneser in Abendgarderobe gleichermaßen wohl. Dank Einrichtung, Elbblick und nicht zuletzt wegen der typisch hanseatischen Hausmannskost wird das Ahrberg sicher auf ewig der Lieblingsplatz aller Bridge-Kränzchen westlich der Alster bleiben
- Alt-Hamburger Aalspeicher: Deichstraße 43, 20459 Hamburg (Altstadt), Telefon 36 29 90, Mo-So 12–24 Uhr, Kreditkarten: alle; EC-Karte
  Allein die exzellente Auswahl deutscher Weine lohnt den Besuch im Alt-Hamburger Aalspeicher. Man sitzt gemütlich mit Blick auf den Nikolaifleet, bei gutem Wetter auch draußen am Wasser. Das Hamburger Traditionsgericht Aalsuppe mit Backobst wird hier herzhaft zubereitet. Und das heißt vor allem, es wurde auf Schinkenknochen gekocht. Das ist das richtige Essen, wenn man der Tante aus Kassel mit der Deichstraße ein schönes Stück altes Hamburg zeigen und ihr dabei eine Vorstellung von traditioneller Hamburger Küche geben will
- Anno 1905: Holstenplatz 17, 22765 Hamburg (Altona), Telefon 4 39 25 35, Fax 4 39 25 35, Di-Fr 16–23, Sa, So 12–23 Uhr, Kreditkarten: keine
  Das „Anno 1905" gibt sich auch 2002 als das, was es stets war: eine Gastwirtschaft im besten Sinne. Hier essen Hanseaten neben Musical-Touristen an rustikalen Eichentischen ihr Lotsenfrühstück oder Matjesfilet mit Bratkartoffeln
- Boetticher: Schauenburgerstraße 40, 20095 Hamburg (Innenstadt), Telefon 32 67 07, Mo-Fr 11.30–23 Uhr, Kreditkarten: keine
  Berühmt ist das Boetticher für seine leichte regionale Küche. Mittags bei Geschäftsleuten beliebt. Aber auch abends lassen sich die mit wenig Fett und vielen Kräutern zubereiteten Gerichte genießen. Jeder Gast bekommt einen kleinen Nachtisch gratis
- Deichgraf: Deichstraße 23, 20459 Hamburg (Altstadt), Telefon 36 42 08, Fax 36 42 68, Mo-Fr 11–15, 18–23, Sa 18–23 Uhr, Kreditkarten: Amex, Diners, Eurocard, Visa
  Es muss wohl ein französischer Küchenchef sein, damit das Labskaus richtig schmeckt. Wahrscheinlich bringt gerade er den nötigen Respekt vor den lokalen Küchentraditionen mit. Der „Deichgraf" jedenfalls ist eine der ersten Adressen, wenn es um

Herzblut: Der FC St. Pauli und Astra standen Pate für dieses Stück Erlebnisgastronomie

regionale Esskultur geht. Große Gemälde sorgen für ein opulentes Ambiente, unterstützt von Silberbesteck und silbernen Platztellern. Auch die übersichtliche Weinkarte bietet eine gute Auswahl

- Franziskaner: Große Theaterstraße 9, 20354 Hamburg (Innenstadt), Telefon 34 57 56, Fax 34 50 57, Mo-Sa 11.30–24 Uhr, Kreditkarten: Visa, Eurocard
  Weißwürste mit süßem Senf, Käsespätzle mit Salat, Radi mit Bauernbrot. Beim „Franziskaner" geht's bayerisch zu. Wer das Original, den „Ratskeller" oder den „Donsil" in München, kennt, kommt hier allerdings nicht immer auf seine Kosten
- Freudenhaus: Hein-Hoyer-Straße 7–9, 20359 Hamburg (St. Pauli), Telefon 31 46 42, Fax 31 79 46 97, Mo-So 18–24 Uhr, Kreditkarte: EC-Karte; www. stpauli-freudenhaus.de
  Still vergnügt schaut der Engel von der Decke auf das überwiegend junge Publikum. Locker geht es an den Holztischen zu. Die Leute sind hungrig, die Portionen groß. Großes Lob verdient der Sauerbraten „Marlene" vom Hirsch. Hier wird eine Besonderheit der Küche überdeutlich: Sie liebt das Süße, in bester norddeutscher Tradition. Richtigen Schokopudding mit Vanillesauce gibt es auch
- Herzblut: Reeperbahn 50, 20359 Hamburg (St. Pauli), Telefon 33 39 69 33, Fax 33 39 69 34, Mo-So ab 17 Uhr, Kreditkarte: Eurocard, Diners, Visa; EC-Karte; www.herzblut-st-pauli.de
  In enger Zusammenarbeit mit dem FC St. Pauli und Astra wurde dieses Stück Erlebnisgastronomie entwickelt. Abgesehen vom FC St. Pauli heißt das Motto im „Herzblut" allerdings ganz nach Churchill: „No Sports". Die Preise bewegen sich im mittleren bis oberen Tabellendrittel. Die Getränkekarte enthält neben Astra vom Fass auch ausgefallene Cocktails und Absinth. Ideenreich auch die Speisekarte. Neben riesigen Salaten und Kartoffelpizza gibt es Fischeintopf zum Selberschöpfen, Currywurst und Steak mit Astra-Schmorzwiebeln
- Old Commercial Room: Englische Planke 10, 20459 Hamburg (Neustadt), Telefon 36 63 68, Fax 36 68 14, Mo-So 12–1 Uhr, Kreditkarten: alle; www.oldcommercialroom.de
  Der in direkter Nachbarschaft liegende „Michel" spült Scharen von Busreisenden an die Gestade des Old Commercial Room. Der präsentiert sich als Hamburger Institution. „Labskaus, Labskaus", schreit es von den dunkelbraun getäfelten Wänden
- Restaurant Randel: Poppenbüttler Landstraße 1, 22391 Hamburg (Poppenbüttel), Telefon 6 02 47 66, Fax 6 06 52 98, Di-So 11.30–22 Uhr, Kreditkarten: Visa, Amex, Eurocard; EC-Karte
  Von außen betören die schlossähnliche Fassade und der Privatpark. Innen herrscht hanseatische Clubatmosphäre. Der richtige Ort, um sich nach einem Alsterspaziergang von den Eltern zum Essen einladen zu lassen
- Schlachterbörse: Kampstraße 42, 20357 Hamburg (Schanzenviertel), Telefon 4 30 13 34, Fax 4 30 13 34, Mo-Fr 11–1, Sa 17.30–1 Uhr, Kreditkarten: alle; www.schlachterboerse.de
  Fleisch nicht nur auf den Tellern: Fröhliche Schweine zieren in Form getöpferter Keramikfiguren die Tische und die „Ölschinken" an den Wänden der fünf Gasträume. Die Kombination aus reeller gutbürgerlicher Küche und rustikalem Ambiente für gehobene Ansprüche vermittelt einen ganz eigenen Charme. Gerade diese Atmosphäre scheint den Ruf der „Schlachterbörse" als Prominentenlokal zu begründen. Hier fühlt sich wohl, wer auf Schnecken, Hummer und Austern nicht verzichten möchte, gleichzeitig aber solide Fleischportionen ohne Schnörkel schätzt
- Zum alten Senator: Neanderstraße 27, 20459 Hamburg (Innenstadt), Telefon 34 55 38
  Mit seinen Senatorenporträts an den Wänden einer der Lieblingsplätze hanseatischer Kaufleute. Serviert werden gediegene Speisen. Wo bekommt man sonst noch einen klassischen Brotpudding mit heißer Pflaumensauce?

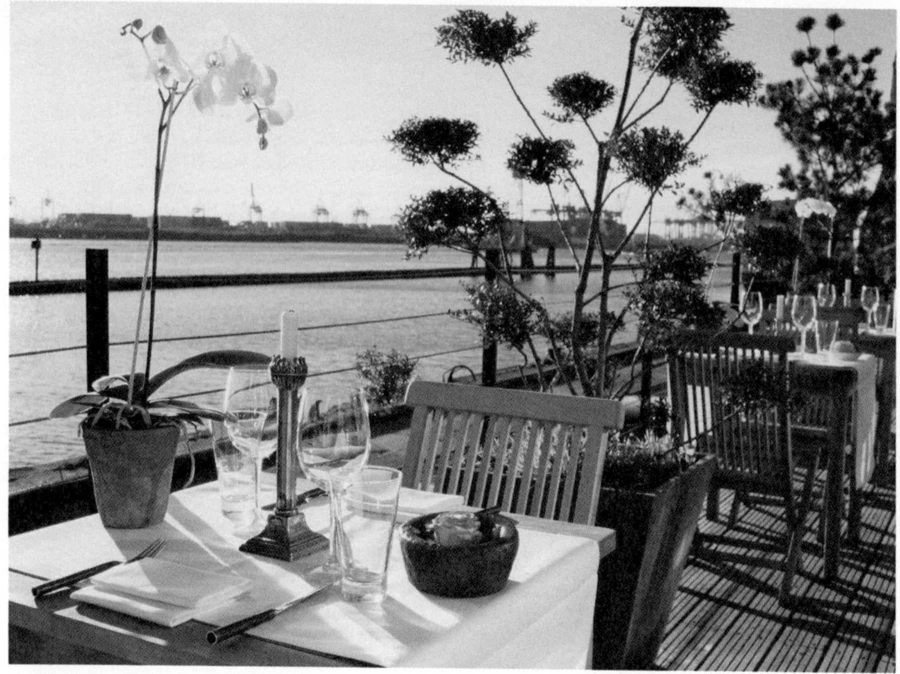

**Au Quai: Besticht durch eine Traumlage und exzellente Küche**

## Frankreich:

- Alfred: Hemmingstedter Weg 2, 22607 Hamburg (Groß Flottbek), Telefon 3 90 85 69, Fax 81 99 23 90, Di-So 17–23.30 Uhr, Kreditkarten: alle
  Neue Location, ähnliches Ambiente. Mit sehr viel Charme wird auch nahe der Reitanlage in Klein Flottbek traditionelle französische Küche serviert. Auf der Tageskarte stehen frische Salate, knusprige Entenbrust oder originelle Fischgerichte, wahlweise auch ein viergängiges Menü. Mit Bistrobereich
- Bar Cassis: Grindelhof 39, 20146 Hamburg (Univiertel), Telefon 45 00 03 00, Mo-Fr 12–15 und 18–23.30, Sa 18–23.30 Uhr, Kreditkarte: EC-Karte; www.brasserie-cassis.de
  Daniel Palikucin, der ehemalige Betreiber des Abaton-Bistro hat mit der Bar Cassis allen Frankophilen der Stadt einen nostalgischen Zufluchtsort geschaffen: mit Stuck und Kronleuchtern, alten Spiegeln und original französisch möbliert – charmante Bedienung, gute Küche
- Bistrot le Souterrain: Ferdinand-Beit-Straße 7, 20099 Hamburg (St. Georg), Telefon 24 93 62, Fax 24 93 62, Mo-Fr 12–14, 18–24, Sa 18–24 Uhr, Kreditkarten: keine
  Echt französische Küche – vom Omelette, über Couscous bis zum Crêpe – in einfachem Ambiente. Madame Lausdat kocht alles selbst, und ihr Mann bedient die Gäste
- Chez Jacques: Gertigstraße 42, 22303 Hamburg (Winterhude), Telefon 2 79 29 38, Fax 27 87 93 44, Mo-Sa ab 18 Uhr, Kreditkarten: alle; E-Mail: chez.jacques@t-online.de
  Über die Jahre hinweg verlieren auch französische Klischees ihren Charme. Wer also das von außen schon biedere Restaurant betritt, darf sich nicht wundern, wenn ihm eher der Muff der Jahre als das berühmte Savoir-vivre entgegenströmt. Doch das soll den Besucher nicht davon abhalten, sich von der Küche und den Weinempfehlungen des freundlich plaudernden Kellners verwöhnen zu lassen
- Dominique: Johannes-Brahms-Platz 11, 20355 Hamburg (Neustadt), Telefon 34 45 11, Fax 41 78 49, Mo-Sa 18–22.30, Mittagstisch Di-Fr 12–15 Uhr, Kreditkarte: EC-Karte
  Der höfliche Patron Dominique Lemercier geleitet seine Gäste gern zum Tisch und gibt beim Aperitif und Kartenstudium seine Empfehlung. Meister seines Fachs ist der Patron nicht nur in der Küche, er ist auch ein guter Sommelier. Vorbei die Zeit der langen, unübersichtlichen Karte, ein Abendmenü mit drei Gängen, mit je drei Wahlmöglichkeiten, macht hier die Planung einfacher
- Im Elsaß: Colonnaden 3, 20354 Hamburg

(Innenstadt), Telefon 35 71 02 09, Fax 35 71 02 54, Mo-Sa 11–24 Uhr, Kreditkarten: alle; EC-Karte; E-Mail: im_elsass@gourmetguide.com; www.gourmetguide.com/im_elsass
Schnecken, Flammkuchen, Straßburger Wurstsalat – die einzige elsässische Küche der Stadt befindet sich an den Colonnaden. Zu den vielen deftigen Fleisch- und Fischgerichten wird hier das berühmte milde Sauerkraut gereicht. Alle Portionen sind üppig, die Bedienung ist geradeheraus

- La Mirabelle: Bundesstraße 15, 20146 Hamburg (Univiertel), Telefon 4 10 75 85, Fax 4 10 75 85, Mo-Sa 18–23 Uhr, Kreditkarten: Amex, Visa; EC-Karte
  Das Restaurant liegt ein wenig unauffällig abseits vom Trubel des Univiertels. Doch es ist schon lange kein Geheimtipp mehr, an einem Dienstag sind alle Tische belegt, dennoch ist Inhaber Pierre Moissionier sofort zur Stelle, um zu beraten und zu erklären. Die Küche des La Mirabelle mit ihren französischen Wurzeln und den fantasievollen Ergänzungen ist hervorragend, und der Service schafft das angenehme Gefühl der Geborgenheit
- Le Plat du Jour: Dornbusch 4, 20095 Hamburg (Innenstadt), Telefon 32 14 14, Mo-Sa 12–22.30 Uhr, Kreditkarten: alle; EC-Karte
  Alles ist hier im Stil eines typisch französischen Bistros: die große Fensterfront ebenso wie die langen Sitzbänke mit den kleinen Tischen davor. Die Gäste sitzen dicht beieinander. Die überschaubare Karte bietet Klassiker der französischen Bistroküche, ohne Ausschweifungen anständig gekocht
- Le Provençal: Lattenkamp 8, 22299 Hamburg (Winterhude), Telefon 5 13 38 28, Fax 5 13 38 28, Di-Sa 18–22 Uhr, Kreditkarten: Eurocard, Visa
  Überraschungen findet der Genießer der französischen Küche immer auf dieser Speisekarte. Unbedingt probieren: die „Boudin blanc truffeé", eine mit Trüffeln gefüllte Weißwurst nach einem Rezept aus den Ardennen. Aber auch die Standards schmecken hier
- Le Relais de France: Poppenbüttler Chaussee 3, 22397 Hamburg (Duvenstedt), Telefon 6 07 07 50, Fax 6 07 26 73, Restaurant: Di-Sa 18.30–22, Bistro: Mi-Sa 12–14, 18.30–22 Uhr, Kreditkarte: EC-Karte; E-Mail: lerelais@web.de
  Die Küche will hoch hinaus. In der Eingangshalle hängen Bilder der Großmeister Bocuse und Witzigmann Seite an Seite mit dem Koch des Hauses. Der bietet täglich aufwändige Menüs mit typisch französischen Gerichten
- Ti Breizh: Deichstraße 39, 20459 Hamburg (Innenstadt), Telefon 37 51 78 15, Fax 37 51 78 16, Di-Fr 12–15, 18–22, Sa 12–22, So 12–18 Uhr, Kreditkarte: EC-Karte; E-Mail: ti-breizh@t-online.de; www.ti-breizh.de
  Das „Haus der Bretagne", auf bretonisch „Ti Breizh", versetzt den Gast atmosphärisch sofort von der Deichstraße an den Atlantik. Der Unterschied zwischen „Crêpes" und „Galettes" ist schnell gelernt. Letztere werden aus Buchweizen gebacken und mit deftigen Zutaten kombiniert, während die Crêpes aus Weizenmehl sind und süß serviert werden. Beides gibt es hier in den verlockendsten Varianten
- Voltaire: Friedensallee 14–16, 22765 Hamburg (Ottensen), Telefon 39 70 04, Mo-Sa 18–24, So 17–23 Uhr, Kreditkarte: EC-Karte
  Das geräumige Bistro in der Friedensallee hält allerhand rustikale Klassiker von Linsen mit Lyoner Wurst bis hin zu Couscous bereit. Auch wenn die Küche manchmal schwächelt, ist der Laden immer voll

**Gourmandie:**

- Allegria: Hudtwalckerstraße 13, 22299 Hamburg (Winterhude), Telefon 46 07 28 28, Fax 46 07 26 07, Di-Sa 17–23, So 12–22 Uhr, Kreditkarte: EC-Karte; www.allegria-restaurant.de
  Deftige österreichische Speisen beherrschen die Küche, daran ändern auch einige asiatisch angehauchte Gerichte auf der Karte nichts. Räumlich ist das Allegria der Komödie Winterhuder Fährhaus angeschlossen. Wer mag, kann das Menü nach dem zweiten Gang unterbrechen, ins Theater gehen und danach weitertafeln
- Atlas: Schützenstraße 9a, 22761 Hamburg (Bahrenfeld), Telefon 8 51 78 10, Fax 8 51 78 11, Mo-Fr 12–16 und 18.30–23.30, Sa 12–15 und 18.30–23.30, So 10.30–15 und 18–22 Uhr, Kreditkarte: EC-Karte; www.atlas.at
  In der griechischen Sage trägt Atlas die Welt. Im gleichnamigen Restaurant in Ottensen ist der Himmel zum Greifen nah. Das ist insbesondere dem schönen Ambiente und dem aufmerksamen Service zu verdanken. Hier hofieren die Kellner die Gäste wie in einem Fünf-Sterne-Hotel. Aber auch die Küche muss sich nicht verstecken. Ganz im Gegenteil!
- Au Quai: Große Elbstraße 145 b–d, 22767 Hamburg (Altona), Telefon 38 03 77 30, Fax 38 03 77 32, Mo-So 12–14.30 und 19–2.30 Uhr; www.au-quai.com
  Das Rezept ist so einfach wie genial: Man nehme einen schönen Platz, richte mit Liebe ein und eröffne ein Restaurant der Luxusklasse. Das Au Quai besticht durch seine Traumlage mit

**Lambert: Hier trinkt und tafelt die Elbvorort-Schickeria**

Elbblick und durch eine exzellente Küche

- Bereuther: Klosterallee 100, 20144 Hamburg (Eppendorf), Telefon 41 40 67 89, Fax 41 40 67 88, Mo-So 18–24 Uhr, Kreditkarten: Eurocard, Visa, Master; EC-Karte; www.bereuther.de
Kann diese Stadt schön sein! Schnell lenkt der Blick auf den Isebekkanal von der Bussi-Gesellschaft ab, die sich auch im Restaurant des Bereuther tummelt. Der schmale, dezent gestaltete Raum erinnert ein wenig an eine Offiziersmesse. Nur wird dort mit Sicherheit nicht so gut gekocht
- Clasenhof: Große Brunnenstraße 61a, 22763 Hamburg (Ottensen), Telefon 2 80 76 98, Fax 39 80 61 26, Mo-Fr 12–23, Sa 18–23 Uhr, Kreditkarte: EC-Karte
Dort wo früher ein gewisser Alfred werkelte, wirkt nun Michael Weißenbruch, einstiger Chef des „A table" hinterm Herd seiner Showküche. Für sein neues Restaurant Clasenhof gab Weißenbruch das „A table" auf und zog von Winterhude nach Ottensen. Für sein Entenleberparfait à la maison mit Cranberries und Butterbrioche (9 Euro) wären wir ihm nicht nur bis nach Ottensen, sondern bis ans Ende der Welt gefolgt
- Cox: Greifwalder Straße 43, 20099 Hamburg (St. Georg), Telefon 24 94 22, Fax 28 05 09 02, Mo-Do 16–18 Uhr, Kreditkarte: Amex
Das Cox ist spätabends ein zauberhafter Ort und nicht mehr so voll. Die Küche ist bis kurz vor Mitternacht aktiv. Empfehlenswert ist der Mittagstisch: köstlich und im Preis-Leistungs-Verhältnis perfekt. Holger Dankenbring hat einen beliebten Szenetreffpunkt mit neudeutscher Küche geschaffen
- Curio: Rothenbaumchaussee 11, 20148 Hamburg (Rotherbaum), Telefon 4 13 34 80, Mo-Fr 12–14.30 und 18–23, Sa 18–23 Uhr, Kreditkarte: EC-Karte; www.curiohaus.de
Die Tische sind großzügig angeordnet, und über das knarrende Parkett wieselt eine ansehnliche Zahl Kellner. Die sind zwar nett, leider aber nicht sonderlich kompetent. Die Küche ist es umso mehr. Küchenchef Thorsten Wallbaum setzt auf anspruchsvolle und zugleich schlichte Kreationen
- Darling Harbour: Neumühlen 17, 22763 Hamburg (Altona), Telefon 3 80 89 00, Fax 38 08 90 44, Mo-Sa 11.30–24, So 18–24 Uhr; E-Mail: darling@darling-harbour.de; www.darling-harbour.de
Mit dem Darling Harbour hat sich ein weiterer Schlemmertempel in die Gourmetmeile am Hafen eingereiht. Nach Au Quai und Henssler und Henssler eröffnete „Tafelhaus"-Chef Christian Rach seinen Elbblick-Traum. Neben dem spektakulären Blick auf den Hafen überrascht vor allem die Speisekarte. Unter der Rubrik „Land und Meer" werden Fleisch und Fisch in einem Gericht miteinander kombiniert, unter der Überschrift „Spicy" findet sich Hamburgs teuerste Currywurst
- Deckman's Ellerbek: Hauptstraße 1, 25474 Ellerbek, Telefon 0 41 01/3 77 70, Fax 0 41 01/3 77 29, So-Fr 12–15, Di-So ab 18 Uhr, Kreditkarten: alle; EC-Karte; www.deckmans.com
Heiko Stock erkochte Ellerbek einen Namen auf der kulinarischen Landkarte. In den Räumen des bekannten Fischrestaurants Stock's zaubert nun der amerikanische Sternekoch Drew Deckman. Ein Ausflug ins Hamburger Umland, der sich lohnt
- Fischereihafen Restaurant: Große Elbstraße 143, 22767 Hamburg (Altona), Telefon 38 18 16, Fax 3 89 30 21, So-Do 11.30–22, Fr, Sa 11.30–22.30 Uhr, Kreditkarten: alle; www.fischereihafen-restaurant-hamburg.de
Gediegenes Ambiente und ein schöner Blick auf den Containerhafen kennzeichnen dieses Traditionshaus, das gern mit seinen prominenten Gästen prahlt. Ansonsten kommen Hamburger und internationale Fischgerichte auf den Tisch
- Jena Paradies: Klosterwall 23, 20095 Hamburg (Innenstadt), Telefon 32 70 08, Fax 32 75 98, Mo-So 11–21 Uhr, Kreditkarte: EC-Karte;
Das Personal kommt angenehm „hemdsärmelig" daher und nicht im uniformierten Einheitslook. Die Speisen rangieren zwischen gut und köstlich. Es empfiehlt sich, einen Tisch zu reservieren
- Lambert: Osdorfer Landstraße 239, 22549 Hamburg (Osdorf), Telefon 80 77 91 66, Fax 80 77 91 64, Di-So 18–24 Uhr, Kreditkarten: alle; EC-Karte; E-Mail: buero.lambert@t-online.de;

**El Toro: Vorzügliche spanische Küche für den etwas üppigeren Geldbeutel**

www.lambert-hamburg.de
Im ersten Stock über der Weinhandlung „Jacques" liegt das geschmackvolle Lambert. Hier trinkt und tafelt vornehmlich die Elbvorort-Schickeria – und das recht anständig

- Mess: Turnerstraße 9, 20357 Hamburg (Karolinenviertel), Telefon 43 41 23, Fax 43 25 01 53, Mo-Fr 12–15, 18–24, Sa, So 18–24 Uhr, Kreditkarten: Amex; EC-Karte; www.mess.de
Eine entspannte Unterhaltung oder gar genießen und schweigen? Dafür ist das Mess der falsche Ort. Doch das stört das überwiegend junge, hippe Publikum kaum: Das Restaurant ist immer gut besucht. Was die Speisen anbelangt, verständlich – zumindest zum Teil. Zum Beispiel das „Mille Feuilles" mit pikantem Matjestartar mit Papaya und Koriander-Crème-fraîche ist ein Hochgenuss. Die Küche ist insgesamt ambitioniert und kreativ, für ihre Leistung aber überteuert. Der Service ist nett, aber manchmal etwas kumpelig – das muss man mögen
- Rexrodt: Papenhuder Straße 35, 22087 Hamburg (Uhlenhorst), Telefon 2 29 71 98, Fax 22 71 51 89, So-Do 18.30–23, Fr, Sa 18.30–23.30 Uhr, Kreditkarte: EC-Karte
Pariser Flair in Uhlenhorst. Das In-Bistro besticht vor allem durch sein wunderschönes Ambiente. Die Jugendstilkacheln und Deckendekorationen in der ehemaligen Schlachterei sind einen Besuch wert
- Stocker: Max-Brauer-Allee 80, 22765 Hamburg (Altona), Telefon 38 61 50 56, Fax 38 61 50 58, Di-Fr 11.30–14.30 und 18–22.30, Sa, So 18–22.30 Uhr, Kreditkarten: alle außer Eurocard; www.manfred-stocker.de
Im heimeligen Rokoko-Interieur serviert Spitzenkoch Manfred Stocker den köstlichen österreichischen Schmankerlteller. Das sind mehrere Gerichte in Miniportionen. Neben dem sympathischen Wiener Schmäh weht einem hier auch französisches Flair entgegen. Besonders bei schönem Wetter auf der Sommerterrasse
- Ventana: Grindelhof 77, 20146 Hamburg (Univiertel), Telefon 45 65 88, Fax 45 58 82, Mo-Sa 18–23.30 Uhr, Kreditkarten: Amex, Diners; EC-Karte
Modernes Ambiente, üppiger Blumenschmuck und rote Wände. Das Ventana ist schick und überzeugt mit ausgezeichneter euro-asiatischer Küche
- Vienna: Fettstraße 2, 20357 Hamburg (Eimsbüttel), Telefon 4 39 91 82, Fax 4 39 91 82, Di-So 14–2 Uhr, Küche 19–23 Uhr, Kreditkarte: EC-Karte
Reservierungen sind im Vienna nicht möglich. Glücklich wird, wer früh kommt und einen der begehrten Plätze ergattert. Über die Jahre hat es sich die Vienna-Crew nicht nehmen lassen, auch Gerichte wie Züngerlsalat mit frischem Meerettich

und Bratkartoffeln oder geschmorte Lammkutteln mit Steinpilzen und weißen Bohnen anzubieten

- Williamine: Kleiner Schäferkamp 16, 20357 Hamburg (Eimsbüttel), Telefon 44 44 97, Fax 0 41 05/63 68 08, Di-Sa ab 18 Uhr, Kreditkarte: EC-Karte
Der einstige Schauspieler Arthur Richelmann, Koch und Besitzer der „Williamine“, berichtet zuweilen mit seiner wohl tönenden Stimme von den Mühen und Nöten in der winzigen Küche. Er steht nicht nur am Herd, sondern kümmert sich auch persönlich um das Wohl seiner Gäste. Die Karte zeigt italienische Anklänge, die Preise sind nicht ganz ohne
- Zeik: Oberstraße 14a, 20144 Hamburg (Harvestehude), Telefon 4 20 40 14, Fax 4 20 40 16, Mo-Fr 12–15 und 18–23, Sa, So 18–23 Uhr, Kreditkarten: Amex; EC-Karte; www.zeik.de
Küchenchef Axel Henkel streckt die Hand über den Tresen seiner offenen Showküche und begrüßt die Stammgäste. Das Zeik in den Grindel-Hochhäusern hat sein festes Publikum. Auf Freischwingern und an schwarzen Marmortischen sitzen vornehmlich Menschen um die fünfzig. Jeweils ein Dutzend Vorspeisen und Hauptgerichte bietet die Küche, darunter wechselndeTagesempfehlungen. Die Palette reicht von regionalen deutschen Spezialitäten über japanische Vorspeisen bis zu asiatischen Gerichten
- Zum Wattkorn: Tangstedter Landstraße 230, 22417 Hamburg (Langenhorn), Telefon 5 20 37 97, Fax 5 20 90 44, Di-So 12–14.30 und 18–21.30 Uhr, Kreditkarten: keine; www.viehhauser.de
Man kann das „Wattkorn“ ohne Auto besuchen. Man sollte das sogar, obwohl der Weg von der U-Bahn-Station Langenhorn-Markt durch eine Gegend führt, die als Drehort für „Aktenzeichen XY ungelöst“ geeignet wäre. Andernfalls aber dürfte man nicht genug trinken, und das ist besonders außerhalb der Terrassensaison sehr wichtig. Schränkchen und Vitrinen, Glasblumen in Glasvasen, Porzellanfiguren – die Einrichtung ist recht bieder. Nicht nur gut, sondern herausragend sind dagegen die marinierten Scheiben vom Octopus sowie der Topfenknödel mit Sauerrahmeis und Rhabarberkompott

## Iberien:

- Beira Rio: Reimarusstraße 13, 20459 Hamburg (Altstadt), Telefon 31 36 26, Fax 31 38 36, Mo-So 12–24 Uhr, Kreditkarten: Eurocard, Visa; EC-Karte
Die „Tapas Casa“ sind ein gemischter Fischspeisen-Teller, und auch die von der Decke hängenden Netze inspirieren zu einem Hauptgang mit Fisch. Gegrillter Lachs und Steinbeißerfilet in Knoblauchsauce sind hier köstlich und reichlich. Gäste schätzen im Beira Rio nicht nur die Meerestiere, sondern auch den zuvorkommenden Service. Dank der Lage in Wassernähe, bietet sich nach dem Essen ein Spaziergang über die Landungsbrücken an
- Café Central: Große Bäckerstraße 4, 20095 Hamburg (Innenstadt), Telefon 37 51 82 80, Fax 37 51 82 80, Mo-Sa ab 11 Uhr, Kreditkarte: EC-Karte
Dieses portugiesische Restaurant in Rathausnähe ist ein schöner Zufluchtsort nach einer Shoppingtour durch die Innenstadt. Es bietet eine ruhige Atmosphäre in geschmackvoll eingerichteten Räumen, dazu feine Speisen auf der Tageskarte, die sich überwiegend aus Meeresgetier zusammensetzen. Die Preise bewegen sich allerdings auf Innenstadtniveau
- Casa Algarve: Hofweg 63, 22085 Hamburg (Uhlenhorst), Telefon 2 27 70 33, Fax 22 75 98 60, So-Fr 12–24, Sa 16–24, Mo-Fr 12–15 Uhr, Kreditkarten: Eurocard, EC-Karte; www.casa-algarve-hamburg.de
Ein besonderer Genuss sind hier die Fischgerichte und Schalentiere. Verblüffend ist die Vielzahl der auf der Karte angebotenen Saucen. Dieses schummrige, laute und gemütliche iberische Lokal ist wohl eines der wenigen, das koffeinfreien Kaffee anbietet
- Casa Angel: Humboldtstraße 41, 22083 Hamburg (Uhlenhorst), Telefon 2 27 88 73, Mo-Fr 12–15 und 18–23, Sa 18–23 Uhr, Kreditkarten: alle
Sofort ergibt sich ein kleines Gespräch mit Senior Barroso aus Kastilien, der dieses Lokal mit viel Liebe führt. Und nichts wie hinein in die Welt der kulinarischen Reize. Vom Tapas-Teller bis zur Spezialität des Hauses: drei Salatherzen mit Piquillo und Sardellen „Cogollos de Tudela“: die Küche hier ist erstklassig

- Casa de Aragon: Eppendorfer Weg 240, 20251 Hamburg (Eppendorf), Telefon 4 20 29 03, Fax 4 20 29 03, Mo-So 17–1 Uhr, Kreditkarte: EC-Karte; E-Mail: j-pepe@t-online.de; www.casadearagon.de
Von dem schlichten Äußeren sollte man sich nicht abschrecken lassen. Drinnen ist es um einiges heimeliger, und dann gibt es ja noch dieses Essen! Wirklich hervorragende iberische Küche
- Casa Maria: Juliusstraße 6, 22769 Hamburg (Schanzenviertel), Telefon 43 87 83, Fax 43 87 83, Di-So 16–24 Uhr, Kreditkarten: keine
Der freundliche Empfang im Casa Maria kommt von Herzen. Das Angebot umfasst neben der normalen Karte diverse Tagesgerichte mit sehr frischen Zutaten. Prima Küche zu angemessenen Preisen sowie vorbildlicher Service in gemütlicher Atmosphäre
- El Toro: Kleiner Schäferkamp 21, 20357 Hamburg (Eimsbüttel), Telefon 45 95 51, Fax 41 49 71 72, Mo-So 18-23.30 Uhr, Kreditkarte: EC-Karte
Das spanische Restaurant, in dem man mit einem Martini begrüßt wird, befindet sich am Rande des belebten Schanzenviertels. Hier speist ein gemischtes Publikum mit Tendenz zum etwas üppigeren Geldbeutel. Zwei Riesenkerzen vor der Eingangstür heißen den Besucher willkommen. Einrichtung und Hintergrundmusik sind nicht zwingend spanisch

- La Cabana: Flachsland 44, 22083 Hamburg (Barmbek), Telefon 29 53 42, Fax 29 53 42, Di-Fr 12–14.30 und 17–23.30, Sa-Mo 17–23.30 Uhr, Kreditkarte: EC-Karte
Dieser Iberer erinnert ein wenig an eine spanische Bodega, etwas provisorisch eingerichtet und mit funzeliger Beleuchtung. Dafür ist der Raum reich dekoriert mit spanischem Kunsthandwerk. Die Speisekarte bietet eine umfangreiche Auswahl an Vorspeisen, Tapas und Hauptgerichten, auch den Klassiker schlechthin: Paella
- La Rioja: Schanzenstraße 72, 20357 Hamburg (Schanzenviertel), Telefon 43 42 96, Mo-Sa 18–24 Uhr, Kreditkarten: Eurocard
In dem Restaurant von Nicolas Ballester Martinez kommt zur Begrüßung sofort eine süffige Eigenkreation auf den Tisch. Eine Tageskarte sorgt für Überraschungen, die nicht nur den Gästen, sondern auch dem Koch Spaß macht. Die Qualität der Gerichte ist hoch, der obligatorische Flan rundet auch hier das Menü ab
- Madrid: Grindelberg 69, 20144 Hamburg (Rotherbaum), Telefon 4 22 81 03, Di-So 18–24 Uhr, Kreditkarten: keine
Rustikaler Spanier im alten Stil. Pastete vorweg, danach dunkles Fleisch in schwerer Sauce, dazu einfachen, guten Tinto de Mesa – so ist die kastilische Ordnung im Kampf gegen die moderne Fit-for-Fun-Ära wieder hergestellt.
- Marbella: Dorotheenstraße 104, 22301 Hamburg (Winterhude), Telefon 27 57 57, Fax 27 57 57, Di-So 18–24 Uhr, Kreditkarten: Eurocard, EC-Karte; E-Mail: koester@aol.com
Hübsch, klein, schlicht, mit weiß getünchten Wänden. Wenig erinnert an den exklusiven Ferienort an der Costa del Sol, der diesem Winterhuder Restaurant seinen Namen gegeben hat. Die Auswahl an Gerichten ist nicht überwältigend, aber es gibt gelungene Vorspeisen und ein gutes Angebot an offenen Weinen
- Mesón Galicia: Maretstraße 60, 21073 Hamburg (Harburg), Telefon 7 66 63 15, Fax 7 66 63 15, Mo, Mi, Fr, Sa 17–24, So 12–15 und 17–24 Uhr, Kreditkarten: Eurocard, Diners, Visa; E-Mail: j.barreiro@t-online.de
In diesem galizischen Landhaus serviert Familie Barreiros Tapas und Paella sowie trockenen Sherry und Portwein. Probieren sollte man die Spezialitäten des Hauses – etwa Truthahnpastete oder Knoblauchpilze. Mit seinem mediterranen Ambiente ist das Harburger Lokal der beste Spanier der Stadt
- Picasso: Rathausstraße 14, 20095 Hamburg (Innenstadt), Telefon 32 65 48, Fax 32 28 77, Küche Mo-Sa 12–23 Uhr; Kreditkarten: alle
Hervorragende Gerichte werden hier im Angesicht

Apples: Der Elsässer Küchenchef Michel Rinkert kocht gern auf dem Lavastein

der Druckgrafiken des genialen spanischen Malers serviert. Dabei wird laut auf Spanisch palavert. Jede in Picassos Muttersprache formulierte Bestellung wird vom Personal mit großer Freude aufgenommen, und sei sie auch noch so radebrechend. Authentizität der Küche und das Preis-Leistungs-Verhältnis stimmen

- Porto: Ditmar-Koel-Straße 15, 20459 Hamburg (Neustadt St. Pauli), Telefon 3 17 84 80, Fax 31 78 48 48, Mo-So 11.30–24 Uhr, Kreditkarten: Eurocard, Diners, Amex; www.restaurante-porto.de
Bunte Scheiben machen jede Tageszeit zur Schummerstunde. Ins Porto sollte man gehen, wenn's draußen düster ist oder der Tag sich sowieso dem Ende zu neigt. Aber der klassische Einstimmer Caipirinha vertreibt alle dunklen Stimmungswolken. Die Tapas kommen zwar als Augenschmaus daher, nur leider halten so manche diesem Eindruck nicht stand
- Taparia con Carvalho: Brauerknechtgraben 45, 20459 Hamburg (Innenstadt), Telefon 37 51 98 75, Fax 37 51 98 75, Mo-Fr 16.30–24, Sa 18–1 Uhr, Kreditkarte: EC-Karte;
E-Mail: webmaster@taparia-con-carvalho.com; www.taparia-con-carvalho.de
Privatdetektiv Pepe Carvalho aus dem Roman von Manuel Vázqez Montalbán trifft man hier nicht. Nach ihm ist das Lokal nur benannt. Besucht wird es vor allem von Deutschen, die ihren Urlaub gern auf Mallorca verbringen. Hamburger können sich hier wie Iberer fühlen, einen Rioja aus dem umfangreichen Weinangebot trinken und ungeniert mit dem Zahnstocher leckere Mandeln im Speckmantel, pikante eingelegte Paprikaschoten, Scheiben von spanischem Manchego-Käse oder knusprige Gambas aufspießen

## International:

- Alsterpalais: Alsterdorfer Straße 523, 22337 Hamburg (Alsterdorf), Telefon 50 04 99 11, Fax 50 04 99 12, Mo-Sa ab 17, So 11–20 Uhr, Kreditkarten: alle außer Diners; www.alsterpalais.de
Im ehemaligen Krematorium des Ohlsdorfer Friedhofs erwartet die Gäste kein morbider Charme, sondern freundliche Kellner, ein herrlicher Blick auf das Alstertal und eine feine Karte.
Im Sommer lockt die schöne Terrasse
- Apples: Bugenhagenstraße 8–10, 20095 Hamburg (Innenstadt), Telefon 33 32 17 71, Fax 33 32 12 35, Mo-Fr 6.30–10.30 und 18–23, Sa, So 6.30–11.30 und 18–23 Uhr, Kreditkarten: alle; www.hyatt.de
Spätestens seit Adam und Eva wissen wir, dass der Apfel den Sündenfall verkörpert. Aber kann denn Essen Sünde sein? Machen Sie im Apples, im zweiten Stock des Park Hyatt Hotels, die Probe aufs Exempel, und spätestens nach dem Dessert wissen Sie: Die Speisen, die Küchenchef Michel Rinkert in der großen Showküche zubereitet, sind auf jeden Fall eine Sünde wert
- Cap: Friesenweg 1, 22763 Hamburg (Bahrenfeld), Telefon 85 50 88 12, Fax 85 50 88 12, Mo-Fr 7–22, Sa, So 10–22 Uhr, Kreditkarten: EC-Karte; www.cap-restaurant.de
„Cap" sei Dank, ist amerikanische Esskultur nun auch in Bahrenfeld präsent. Morgens um sieben öffnet das Restaurant-Café im American-Deli-Style seinen To-go-Bereich. Spätaufsteher und Frühspeiser finden ab 11.30 Uhr zum Mittagstisch zusammen. Abends lässt sich à la carte speisen
- Cuba Mia: Rentzelstaße 54, 20146 Hamburg (Univiertel), Telefon 44 32 62, Mo-Sa ab 18 Uhr, Kreditkarte: EC-Karte
Im kleinen, schönen und schlichten Cuba Mia stehen Fisch- und Fleischgerichte auf der Speisekarte. Die Küche bewährt sich in der typischen Kombination von deftig und stärkehaltig
- Doc Cheng's: Neuer Jungfernstieg 9–14, 20354 Hamburg (Innenstadt), Telefon 3 49 43 33, Fax 34 94 26 00, Di-Fr 12–14.30 und 18–23, Fr,

Sa 18–0.30, So 18–23 Uhr, Kreditkarte: EC-Karte; www.hjv.de
Eine Frage, die im Doc Cheng's die Gemüter bewegt: Womit haben sich vor Mao die reichen Europäer und Chinesen in Schanghai den Bauch vollgeschlagen? Die Antwort: mit internationalen Nobel-Speisen. Ein Viertel China, ein Viertel Rest-Asien, ein Viertel Europa, ein Viertel schiere Dekadenz. Das „Doc Cheng's" ist das ideale Restaurant, um mal die Eltern zum Essen einzuladen und ihnen zu zeigen, dass man es geschafft hat

- Dos Amigos: Sillemstraße 74, 20257 Hamburg (Eimsbüttel), Telefon 40 19 72 83, Fax 40 19 72 84, Mo-So 17–3 Uhr, Kreditkarten: Visa; www.dos-amigos.de
Zwei Freunde können sich in diesem folkloristisch eingerichteten Restaurant sicher nett unterhalten, mit pfiffigem mexikanischem Essen – von Tacos, Nachos und Burritos bis zu Hähnchenflügeln mit Guacamole oder gemischten Salaten. Im Sommer ist es besonders lauschig auf der Terrasse
- Elbe 76: Bismarckstraße 60, 20259 Hamburg (Eimsbüttel), Telefon 40 02 35, Fax 43 09 94 06, E-Mail: welcome@elbe76.de, Mo-Sa ab 12, So ab 11 Uhr, Kreditkarte: EC-Karte; www.elbe76.de
In einem Hinterzimmer mit Kaminofen kann von 18 bis 23 Uhr gut gegessen werden, tagsüber gibt's die kleine Karte mit Snacks. In stilvollem Ambiene schön abhängen
- Fischmarkt: Ditmar-Koel-Straße 1, 20459 Hamburg (Neustadt), Telefon 36 38 09, Fax 36 21 91, Mo-Fr, So 12–15, Sa 18–23 Uhr , Kreditkarten: alle; EC-Karte; www.restaurant-fischmarkt.de
Wo ließe sich frischer Fisch authentischer verspeisen als am Hafenrand? Doch nicht nur Hamburger Kreationen, sondern auch Sushi stehen auf der Karte. Große Auswahl an Obstbränden
- Graceland: Stresemannstraße 374, 22761 Hamburg (Bahrenfeld), Telefon 89 96 31 00, Fax 89 96 31 02, Mo-So 17–23 Uhr, Kreditkarten: Eurocard; www.graceland.de
Hier ist alles You-Ess-Ey. Von der geradezu verwirrend zuvorkommenden Bedienung über die gute Parkplatzsituation bis zu den etwas groß geratenen Portionen. Angeboten werden traditionelle Südstaaten-Gerichte aus Louisiana und Florida sowie eigene „Fusion"-Kreationen. Das Bier „Red Stripe" sollte der nordeuropäische Gast probieren
- Jamaican Spicie Kitchen: Beethovenstraße 14, 22083 Hamburg (Winterhude), Telefon 22 69 81 17, Fax 22 69 81 17, Di-Sa ab 16, So ab 14.30 Uhr, Kreditkarten: keine
Ein Schnellimbiss ist das hier nicht! Wer über das kleine Winterhuder Souterrainlokal den Besonderheiten jamaikanischer Kochkunst nachsteigen möchte, sollte Zeit mitbringen. Denn das lohnt sich

Schlößchen: Der rot getünchte Salon mit schweren Vorhängen macht seinem Namen alle Ehre

- Markgraf: Borsteler Chaussee 1, 22453 Hamburg (Groß Borstel), Telefon 5 11 78 77, Fax 5 11 93 99, Di-Fr 12–14.30 und 18–23, Sa 18–23, So 12–22 Uhr, Kreditkarten: Eurocard; E-Mail: markgrafhamburg@aol.com
Monika Mohr hat zusammen mit Ilan Mizrahi das ehemals gutbürgerliche Restaurant umgestaltet. Küche und Ambiente bilden eine Wohlfühleinheit. Die kreativen Köche schaffen es, ganz ohne Geschmacksverstärker oder Chemie frische Gerichte zu kochen, die nicht nur lecker, sondern auch gesund sind: mal als Trennkost, mal ayurvedisch oder echt vegetarisch – das heißt ohne versteckte Rinderbrühe – zubereitet
- Lilienthal: Kaiser-Wilhelm-Straße 71, 20355 Hamburg (Neustadt), Telefon 35 29 93, Fax 35 29 93, Mo-Fr 12–15 und 18–1, Sa 18–1 Uhr, Kreditkarten: keine
Die Musikhalle ist ums Eck, und so füllt sich das schöne Restaurant auch zur späten Stunde noch mit Konzertgängern. Tagsüber speisen hier hauptsächlich Axel-Springer-Mitarbeiter: der Mittagstisch ist empfehlenswert
- Luxor: Max Brauer Allee 251, 22769 Hamburg (Altona), Telefon 4 30 01 24, Fax 4 30 01 22, Mo-Mi 12–15 und 19–23, Do-Fr 12–15 und 19–23.30, Sa 19–23.30, So 19–23 Uhr, Kreditkarte: EC-Karte; E-Mail: info@bar-luxor.de; www.restaurant-luxor.de
Die Küche ist super, die Weinberatung ebenfalls. An der Bar lässt es sich bei ein paar Drinks herrlich plaudern. Drinnen speist man in künstlerischem Ambiente, umgeben von roten Wänden und modernen Ölmalereien, im Sommer lässt es sich gemütlich auf der Terrasse schlemmen. Leider ist es abends oft etwas voll – unbedingt vorher reservieren

- Madame Hu: Bei der Schilleroper 6, 22767 Hamburg (St. Pauli), Telefon 4 30 82 73, Fax 4 39 42 99, Di-Fr 16–23, Sa, So 18–24 Uhr, Kreditkarten: keine
  Französisch-asiatisch könnte die Küche von Madame Hu genannt werden, oder einfach nur hervorragend. Hinter den Kochtöpfen steht die charmante Kit Hu. Sie betreibt eindeutig eines der besten Restaurants im szenigen Schanzenviertel
- Marinehof: Admiralitätstraße 77, 20459 Hamburg (Innenstadt), Telefon 36 76 55, Fax 37 25 30, Mo 11.30–0.30, Di-Do 11.30–1, Fr 11.30–1.30, Sa 12.30–1 Uhr, Kreditkarte: EC-Karte
  Delikate neudeutsch/euroasiatische Gesundküche. Gut gekleidete Entscheider aus der Neustadt nehmen hier ihren Lunch. Abends brummt der Laden von Medienmachern
- Parkhaus: Ölmühle 30, 20357 Hamburg (Karolinenviertel), Telefon 43 27 47 63, Mo-Fr 12–2, Sa, So ab 10 Uhr, Kreditkarte: EC-Karte
  Noch nie war parken im Karoviertel so schön: Im „Parkhaus" kann man sich tagsüber an einer riesigen, hellen Fensterfront bei Flavoured Coffee, Kuchen und Tagespresse vom Flohmarktbummel erholen und abends lecker dinieren oder an der Bar abhängen. Die Küche ist international, die Speisekartentafel wartet auf mit einer übersichtlichen, täglich wechselnden Auswahl an bezahlbaren Vor-, Haupt- und Nachspeisen
- Rialto: Michaelisbrücke 3, 20459 Hamburg (Neustadt), Telefon 36 43 42, Fax 36 77 01, Mo-Sa 12–15, 18.30–23 Uhr. Kreditkarten: alle; www.rialto-hh.de
  Der prominente Gastronom Werner Geyer (Café Geyer) hat mit viel Geschmack Bar, Lounge und Restaurant renoviert. Lichter und klarer wirkt der Raum. Die stilvolle Mischung aus altem Holz und Granit erhält mittels neuer Lichttechnik schöne Akzente. Auch die Küche muss sich nicht verstecken. Achtung: montags kein Sushi!
- Roatan: Alter Steinweg 11, 20459 Hamburg (Innenstadt), Telefon 35 71 92 50, Mo-So 12–15, 17.30–24 Uhr, Kreditkarten: keine; E-Mail: max@roatan.de; www.roatan.de
  Die Wände sind mit Palmen bemalt, und um die Bar hängt allerhand Kitsch. Die Kellner sind freundlich und geben zur Begrüßung gern mal einen Tagescocktail aus. Lecker: die „Empanaditas de Pollo", knusprige Maistaschen mit Hähnchenfüllung, ein typisch lateinamerikanisches Gericht
- Schlößchen: Kastanienallee 32, 20359 Hamburg (St. Pauli), Telefon 31 77 88 17, Fax 31 77 88 74, Di-Sa 18-24 Uhr, Kreditkarten: alle
  Das Theaterrestaurant im Hinterhaus des Schmidt's Tivoli empfängt den Gast in einem gemütlichen rot getünchten Salon, der durch seine Kronleuchter, aufgepolsterten Stühle und schweren Vorhänge dem Namen „Schlößchen" alle Ehre macht. Das Straußensteak auf Süßkartoffelrösti mit Buttergemüse wird wie alle Gerichte ansprechend dekoriert serviert und besticht durch vollen Geschmack und Frische
- The Locks: Marienhof 6, 22399 Hamburg (Poppenbüttel), Telefon 6 11 66 00, Fax 61 16 60 38, Mo-Sa 12–1, So 11–1 Uhr, Kreditkarten: alle außer Diners
  Direkt an der Alsterschleuse gelegen, bietet das Gasthaus in Poppenbüttel Landhausidylle. Schön sitzt es sich auf der Terrasse, drinnen herrscht rustikale Gemütlichkeit. Bunt gemischte Speisen bestimmen die Karte
- Vesper's: Osterstraße 10, 20259 Hamburg (Eimsbüttel), Telefon 4 91 73 55, Fax 4 91 73 55, Mo-Fr 12–23, Sa, So 15–23 Uhr, Kreditkarten: keine; E-Mail: vespers@web.de
  Mittlerweile hat sich das Vesper's als attraktiver kulinarscher Treffpunkt in Eimsbüttel etabliert. Das

puristisch-stilvoll eingerichtete Lokal bietet junge deutsche Küche mit italienischem Einfluss. Besondere Spezialitäten sind hausgemachte Nudeln, wechselnde Abendkarte und leckere Pizzen

## Italien:

- Alfredo: Ruhrstraße 6, 22761 Hamburg (Bahrenfeld), Telefon 85 96 93, Fax 85 96 93, Di-Sa 12–15 und 18–22 Uhr, Kreditkarte: EC-Karte; E-Mail: info@tanya-viviani.de
  Ein hutzeliges Häuschen im tiefen Bahrenfeld, draußen ein dekorierter Tisch – irgendjemand in der dreiköpfigen Betreiberfamilie Viviani scheint wirklich eine künstlerische Ader zu haben: An den Wänden hängen überdimensionale Spiegel und kaum minder große (selbst gemalte) Bilder, dazu dürfen sich die Gäste an allerlei Kerzen und Blumengestecken erfreuen. Am Herd wird hingegen Zurückhaltung geübt. Die Kreativität kommt bei Padrone Alfredo trotzdem nicht zu kurz
- Come Prima: Eppendorfer Weg 210, 20251 Hamburg (Eppendorf), Telefon 4 20 25 99, Fax 4 20 49 16, Mo-Sa 18–24, Bistro Mo-Sa 11–18 Uhr, Kreditkarte: EC-Karte
  Das Come Prima ist der „Italiener um die Ecke" auf Eppendorfer Art. Schlichter Schick mit eher kühlem Charme herrscht sowohl bei den Räumlichkeiten als auch beim Personal vor, wobei Letzteres viel italienische Herzlichkeit zu geben hat, wenn man es etwas auflockert. Ein guter Tipp ist der Vorspeisenteller: Raffiniert gewürzte Auberginen-Röllchen mit Mozzarella und Tomaten
- Cuneo: Davidstraße 11, 20359 Hamburg (St. Pauli), Telefon 31 25 80, Fax 57 12 87 53, Mo-Sa 18–1.30 Uhr, Kreditkarten: keine
  Promi-Italiener auf dem Kiez. Seit Jahrzehnten eine Institution. Der Service lässt allerdings manchmal zu wünschen übrig, zumindest bei normalsterblichen Gästen
- Cuore Mio: Rothestraße 38, 22765 Hamburg (Ottensen), Telefon 39 90 60 29, Di-So 18–24 Uhr, Kreditkarte: EC-Karte
  Das Souterrainrestaurant ist übersichtlich klein. Die Wände sind in freundlichem Gelb gestrichen. Die Qualität der Speisen zeigt Höhen und Tiefen
- Da Carlo: Hudtwalckerstraße 37, 22299 Hamburg (Winterhude), Telefon 46 09 20 44, Fax 46 09 20 55, Mo-Fr 12–15 und 18–23, Sa 18–23 Uhr, Kreditkarte: EC-Karte
  Das Da Carlo zählt zu den besten Italienern in Hamburg, das bestätigen Geschäftsmänner vom Kiez (wie Neger-Kalle) und Staatsmänner aus Berlin (wie der Bundeskanzler). Der Service und der Koch haben schon in Hochform begonnen und sich jede Saison noch ein bisschen gesteigert. Das zeigten zuletzt besonders die Risotto-Variationen, die Vorspeisen mit Gemüse, die Edelfische und die Wachtel
- Etna: Damm 39, 25421 Pinneberg, Telefon 0 41 41/2 42 96, Mo, Mi, Sa 12–15, 18–24,

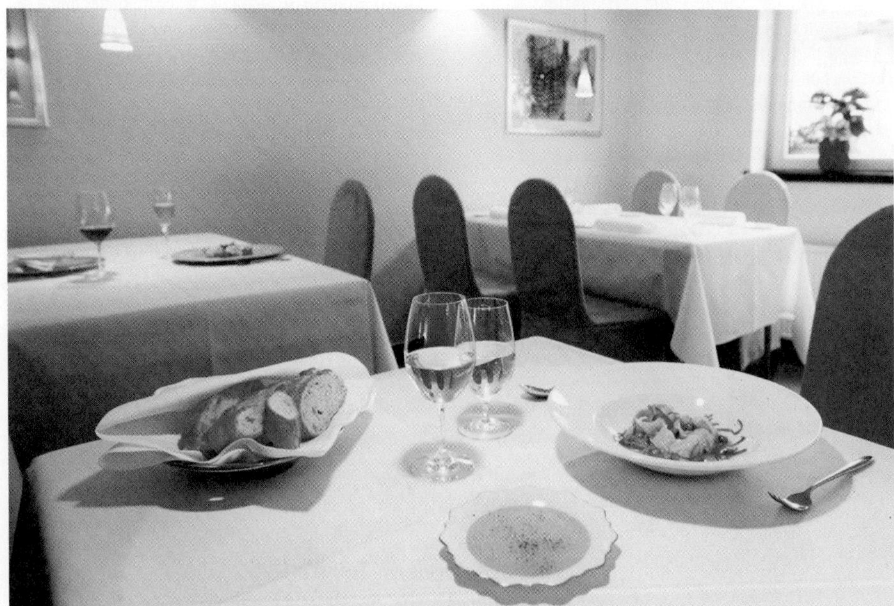

**Poletto: Was im eleganten Ambiente in Eppendorf serviert wird, ist erstklassig**

So 12–15, 17–24 Uhr, Kreditkarte: EC-Karte, Visa
Wer nach schmackhaft italienisch-sizilianischer Küche Ausschau hält, sollte einen Abstecher nach Pinneberg wagen. Seit vielen Jahren bekocht hier Küchenchef Filippo seine Gäste

- Il Buco: Zimmerpforte 5, 20099 Hamburg (St. Georg), Telefon 24 73 10, Fax 7 39 89 45, Di-So 18–24 Uhr, Kreditkarten: Visa; EC-Karte
Von außen ein unscheinbares Souterrainlokal, von innen ein sympathischer Nachbarschaftsitaliener. Holzgetäfelte Keller-Trattoria. Die Kellnerinnen fungieren als wandelnde Speisekarten und tragen die Gerichte am Tisch vor
- Il Sole: Nienstedter Straße 2d, 22609 Hamburg (Nienstedten), Telefon 82 31 03 30, Fax 82 31 03 36, Di-Fr 12–14, 18–22, Sa 18–22, So 12–14, 18–22 Uhr, Kreditkarten: Amex, Eurocard; EC-Karte;
Aus jeder Ecke leuchten einem die warmen Farben des Tagesgestirns entgegen: gelb gestrichene Wände, rote Vorhänge und Spiegel, gerahmt in goldenen Sonnen aus Holz. Auch Padrone Guido Morganti strahlt – und serviert uns vorzügliche Gerichte, die Erinnerungen an laue Sommerabende am Mittelmeer wecken
- La Bruschetta: Dorotheenstraße 35, 22301 Hamburg (Winterhude), Telefon 27 66 61, Fax 2 70 33 50, Mo-So 11.30–1 Uhr, Kreditkarten: alle außerDiners
Wer zu zweit ins La Bruschetta geht, wird unweigerlich mit zwei weiteren Gästen am Tisch daneben sitzen, der eigentlich derselbe ist, denn die Spalte dazwischen, die zählt nicht wirklich. Doch das Essen im La Bruschetta ist ausgezeichnet
- La Luna: Neuer Kamp 13, 20359 Hamburg (St. Pauli), Telefon 43 36 66, Di-So 18–23.30 Uhr
Das Essen besticht durch eine wohltuende Kombination aus Bewährtem und Experimentellem
- La Scala: Falkenried 54, 20251 Hamburg (Eppendorf), Telefon 4 20 62 95, Fax 42 91 31 04, Di-So 19–23.30 Uhr, Kreditkarten: keine
Rustikale Landhausfenster, liebevoll zusammengetragene Kuriositäten und eine Ecke mit Ferrari-Devotionalien. Und dazu eine einzige, aber prima gelaunte Bedienung, die mit viel Freundlichkeit und Umsicht das gut gefüllte Restaurant im Griff hat. Die Speisekarte wechselt und verbindet österreichische mit italienischer Kochkunst
- La Strada: Geschwister-Scholl-Straße 8, 20251 Hamburg (Eppendorf), Telefon 48 91 66, Fax 4 60 58 60, Kreditkarten: Amex
Hier sitzen viele Winterhuder Stammgäste und schwelgen in der Lust an der italienischen Küche. Es ist meistens gut gefüllt, und man parliert schon mal ausgiebiger mit dem Kellner. Das kann zur Folge haben, dass auf der *strada* zwischen den Tischen ein kleiner Stau entsteht
- La Traviata: Alsterkrugchaussee 589, 22335 Hamburg (Fuhlsbüttel), Telefon 59 36 04 49, Fax 59 36 04 49, Mo-Fr 12–15 und 18–24, Sa 17.30–24, So 17–23 Uhr, Kreditkarten: Eurocard, Visa
Ein roter Klinkerbau an einer endlos langen Ausfallstraße – von außen macht das La Traviata nicht allzu viel her. Drinnen versprüht das Ecklokal den Charme eines klassischen Nachbarschaftsitalieners, und zwar eines durchaus niveauvollen. Fest steht: Ins La Traviata ist es aus keinem Stadtteil zu weit
- La Vite: Heimhuder Straße 5, 20148 Hamburg (Rotherbaum), Telefon 45 84 01, Fax 45 42 53, Mo-Fr 12–15 und 18.30–22.30 Uhr, Kreditkarten: alle; www.lavitc.dc
Seit 1979 steht das La Vite im vornehmen Harvestehude für gehobene italienische Küche. In einem urigen Kellergewölbe werden hausgemachte Nudeln, Wild- und Trüffelspezialitäten serviert, der Service ist zuvorkommend und umsichtig. Dennoch empfiehlt sich die eher konservative, ein wenig steife Atmosphäre des Ristorante weit mehr fürs Geschäftsessen als fürs romantische Tête-à-tête
- Latini: Friesenweg 5, 22763 Hamburg (Ottensen), Telefon 89 06 28 82, Fax 89 06 28 83, Mo-Fr 12–15 und 18–23 Uhr, Kreditkarten: Amex, EC-Karte;
Das Latini residiert im ehemaligen Brauhaus der Friesenbrauerei: Ein hoher Saal, prächtige Kandelaber und repräsentative Blumenarrangements geben ihm eine sehr stilvolle Atmosphäre. Auch die feine Küche verdient großes Lob
- Little Italy: Osterstraße 22, 20259 Hamburg (Eimsbüttel), Telefon 40 17 14 87, Fax 40 17 14 87, Mo-Fr 12–15, 18–23.30 Uhr, Kreditkarten: Visa; EC-Karte
Selbst am Montagabend sind hier alle Tische mit Eimsbütteler Jungfamilien, modebewussten Cliquen oder turtelnden Pärchen besetzt. Für uns findet Neffe Ruccia immer ein nettes Plätzchen und trägt sogleich, in atemberaubender Geschwindigkeit, die Gerichte der täglich wechselnden Abendkarte vor
- Opera: Dammtorstraße 7, 20354 Hamburg (Innenstadt), Telefon 34 12 00, Fax 35 01 58 73, Mo-Sa 11.30–24, So 10–24 Uhr, Kreditkarten: alle
Wenn in der Oper der Vorhang fällt, füllt sich das Lokal mit jenen Gästen, denen es seinen Namen und wohl auch sein Überleben verdankt. Die Tafel mit den Gerichten des Tages werden von den Kellnern von Tisch zu Tisch getragen
- Osteria Due: Badestraße 4, 20148 Hamburg (Rotherbaum), Telefon 4 10 16 51, Fax 4 10 16 58, Mo-So 12–24 Uhr, Kreditkarten: Amex

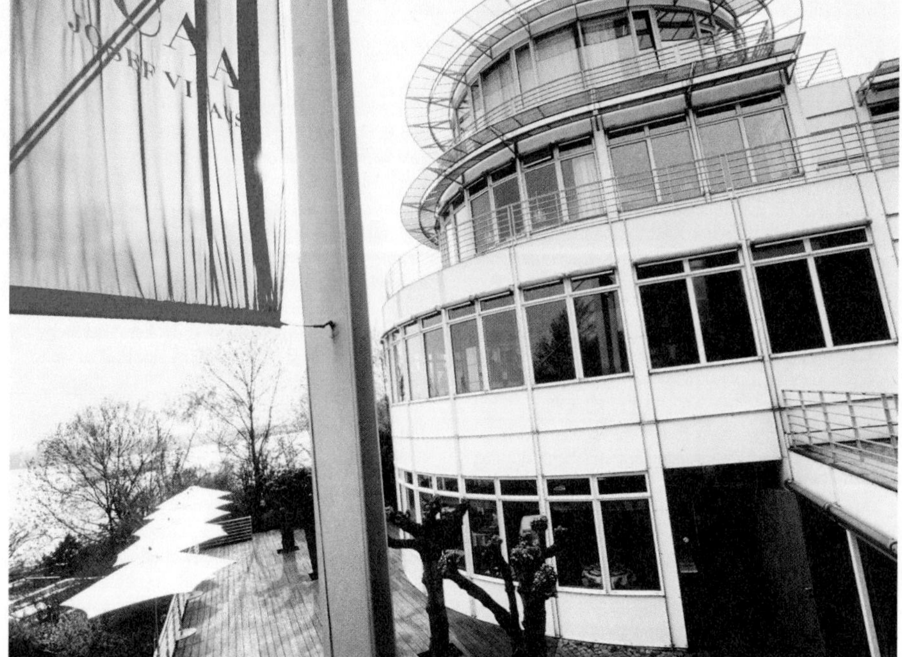

**Le Canard: Seit 1978 ist das weiße Gourmet-Schiff an der Elbchaussee Wirkungsstätte von Starkoch Viehhauser**

Direkt neben Interconti und Spielbank liegt die Osteria Due. Ein gehobener Italiener mit sehr guter Küche. Hier treffen sich die Pöseldorfer Schickeria und die eine oder andere bekannte Nase. Im Sommer auch auf der Terrasse

- Piazza: Eppendorfer Marktplatz 21, 20251 Hamburg (Eppendorf), Telefon 48 41 14, Fax 47 59 38, Mo-So 18–24 Uhr, Kreditkarte: EC-Karte; www.piazza-hamburg.de
Eine exzellente Weinkarte, gute Küche und ein sehr zuvorkommender Service zeichnen diesen Italiener in Eppendorf aus
- Poletto: Eppendorfer Landstraße 145, 20251 Hamburg (Eppendorf), Telefon 4 80 21 59, Fax 41 40 69 93, Di-Fr 12–15 und 19–23, Sa ab 19 Uhr, Kreditkarten: Visa; EC-Karte
Im ehemaligen Il Gabbiano. Effektvolle Beleuchtung, elegante Stühle mit weißen Stoffbezügen, Cornelia und Remiggio Poletto versetzen ihre Gäste in Hochstimmung. Dies nicht nur durch ein stimmiges Ambiente, sondern vor allem mit schmackhaften, sehr feinen Speisen
- Ristorante Sabatini: Semperstraße 78, 22303 Hamburg (Winterhude), Telefon 2 79 38 50, Mo-So 18–24 Uhr, Kreditkarten: Visa, Amex, Eurocard; EC-Karte
Hervorragender Eck-Italiener. Zahlreiche Stammkunden sorgen auch in der Woche für volle Tische. Kein Wunder: Das Essen stimmt froh, und Padrone Luciano Sabatini ist ein geselliger Gastgeber
- Ristorante San Michele: Englische Planke 8, 20459 Hamburg (Innenstadt), Telefon 37 11 27, Fax 37 81 21, Mo-So 12–24 Uhr, Kreditkarten: alle; www.san-michele.de
Hier im Schatten des Michels pflegt man Hamburger Understatement. Der Service ist unaufgeregt und die Atmosphäre entspannt. Die Speisekarte ist übersichtlich. Jeder kann etwas Spezielles zubereitet bekommen oder ein Menü zusammenstellen. Und der Koch kann was. Schon die Antipasti sind hervorragend, die Hauptgerichte nicht minder
- Roma: Hofweg 7, 22085 Hamburg (Uhlenhorst), Telefon 2 20 25 54, Fax 2 27 92 25, Mo-Fr 12–15 und 18.30–23, Sa, So 18.30–23 Uhr, Kreditkarten: alle außer Eurocard, EC-Karte; www.rist-roma.de
Die altehrwürdige Fassade im noblen Uhlenhorst verspricht einiges. Ein wenig fühlt es sich wie im elterlichen Wohnzimmer an. Die Speisen sind eher mild als wild gewürzt
- Santa Lucia: Juliusstraße 18, 22769 Hamburg (Schanzenviertel), Telefon 43 54 15, Mo-Fr 12–15 und 18–23, Sa 18–24 Uhr, Kreditkarten: keine;
Nein, Signore Gilio ist keiner jener beflissenen, neudeutschen Dienstleistungs-Padrone, die ihren

Gästen um jeden Preis den Hof machen. Wer allen Ernstes zu Spaghetti Marinara Parmesan verlangt, dem hält der resolute Chef eine gepfefferte Standpauke. Seien Sie also klug und fragen Sie ihn, was er Ihnen empfehlen kann. Einfache Gerichte nach kalabresischer Art, Pasta mit selbst gepflückten Steinpilzen, Fisch und Fleisch mit frischen Kräutern, Ravioli mit Trüffeln und ausgezeichnete Pizzen, die eben gerade nicht einen bis zur Unerkennbarkeit dünn ausgewalzten Boden haben

- Schmilinsky im Außen Alster Hotel: Schmilinskystraße 11, 20099 Hamburg (St. Georg), Telefon 24 15 57, Fax 2 80 32 31, Mo-So 24 Stunden, Kreditkarten: alle; EC-Karte; www.aussen-alster.de
  Italienische Küche, klares Ambiente, schöner Garten
- Vero: Domstraße 17–21, 20095 Hamburg (Innenstadt), Telefon 33 90 51, Fax 33 90 52, Di-Fr 12–15 und 18–22, Sa 18–22 Uhr, Kreditkarten: alle außer Diners; EC-Karte
  „Anna Sgroi kocht ganz Italien – rauf und runter", erklärt die aufmerksame Bedienung stolz. Die kleine Karte verspricht Erlesenes aus den verschiedensten Regionen mit gelegentlichen Grenzübertritten. Als Antipasti finden sich Wachteln mit Schikoree oder Linsen aus der Toskana. Alles sehr bodenständig, aber äußerst frisch und auf höchstem Niveau. Nicht weniger verlockend nehmen sich die Hauptgerichte aus
- Vito: Bleickenallee 41, 22763 Hamburg (Ottensen), Telefon 8 80 07 46, Fax 88 91 32 95, Mo-So 12–24 Uhr, Kreditkarten: Amex, Eurocard, Visa; www.ristorante-vito.de
  Dort wo Ottensen grüner und luftiger wird, befindet sich das Vito. Im Sommer lässt es sich prima auf der Terrasse speisen

### Lukullien:

- Anna: Bleichenbrücke 2, 20354 Hamburg (Innenstadt), Telefon 36 70 14, Fax 37 50 07 36, Mo-Sa 12–14.30, 18–22.30 Uhr, Kreditkarten: alle
  Die im Eingangsbereich aufgehängten Fotos dokumentieren: Dieses Lokal ist eine Anlaufstelle für Prominente. Im mit Pflanzenarrangements, Kronleuchtern und schweren Gardinen aufwändig dekorierten Restaurant am Fleet finden sich nicht nur Geschäftsleute zum Business-Lunch ein, sondern nach Feierabend auch viele Freunde des Hauses. Die Karte verzeichnet eine Vielzahl italienisch inspirierter Gerichte. Die Portionen sind großzügig, allerdings auch mit stolzen Preisen versehen
- Atlantic Restaurant : An der Alster 72–79, 20099 Hamburg (St. Georg), Telefon 2 88 88 60, Fax 24 71 29, Mo-Sa 12–15, 17.30–23.30, So 17.30–23.30 Uhr, Kreditkarten: alle; www.kempinski.atlantic.de
  Eines der nobelsten Häuser der Stadt! Erstklassiger Service und erstklassige Küche von Küchenchef Alfred Kargoll – zu vergleichsweise preiswerten Konditionen: fein und detailverliebt, aber ohne unnötige Schnörkel, berücksichtigt sie regionale und saisonale Produkte, deren Aromen genügend Raum gelassen wird
- La Mer: An der Alster 9, 20099 Hamburg (St. Georg), Telefon 24 83 40 40, Fax 2 80 38 51, Mo-Fr 12–14 und 18–23, Sa, So 18–23 Uhr, Kreditkarten: alle; www.hotel-prem.de
  Am schönsten ist es im Sommer im Garten des Restaurants. Die frische Luft scheint auch dem Service besser zu bekommen als der etwas steif eingerichtete, nicht selten überfüllte Innenraum. Küchenchef Jochen Kempf gelingen geschmackvolle Kreationen – sehr verwöhnte Gaumen klagen bei den Speisen zuweilen über fehlende Raffinesse. Dennoch: Bei den Menüs stimmt das Preis-Leistungs-Verhältnis, und die Weinkarte ist gut sortiert
- Landhaus Scherrer: Elbchaussee 130, 22763 Hamburg (Ottensen), Telefon 8 80 13 25, Fax 8 80 62 60, Mo-Sa 12–14.30, 18.30–22.30 Uhr, Kreditkarten: alle; www.landhausscherrer.de
  Dank der meisterlichen Kochkünste von Heinz Wehmann lässt es sich im Landhaus Scherrer, direkt an der Elbchaussee in einem Bauernhaus gelegen, vorzüglich speisen. Schon eine Kleinigkeit wie das Räucherfischtörtchen ist eine Lobeshymne wert. Genauso wie beispielsweise die wunderbare Salatkreation mit Haselnussvinaigrette
- Le Canard: Elbchaussee 139, 22763 Hamburg (Othmarschen), Telefon 8 80 50 57, Fax 88 91 32 59, Mo-Sa 12–14.30, 19–22.30 Uhr, Kreditkarten: alle;

EC-Karte; E-Mail: lecanard@viehhauser.de; www.viehhauser.de/lecanard
Hier liegt die Quelle der Viehhauser'schen Kochkünste in Hamburg. Seit 1978 steht das weiße Gourmet-Schiff bereits an der Elbchaussee, und Starkoch Viehhauser serviert nach wie vor exzellente Gerichte. Insgesamt ist die Küche ein wenig exotischer geworden, ohne sich jedoch am Mainstream namens Crossover zu beteiligen

- Louis C. Jacob: Elbchaussee 401–403, 22609 Hamburg (Nienstedten), Telefon 82 25 50, Fax 82 25 54 44, Restaurant: Mo-Sa 12–14.30, 18.30–22, So 12–15, 18–21 Uhr, Di Ruhetag, Kreditkarten: alle; EC-Karte; E-Mail: jacob@hotel-jacob.de; www.hotel-jacob.de
Thomas Martin kocht klassisch. Gerichte und Menüfolgen knüpfen an die ehrwürdige Haute Cuisine an, aus der Nouvelle Cuisine wird das Prinzip aufgenommen, dass der Eigengeschmack des Produkts im Vordergrund stehen muss. Die Küche im „Jacob" ist leicht, nicht gravitätisch. Die Weinkarte des Sommeliers Hendrik Thoma ist zu Recht stadtbekannt, ebenso seine Beratung. Besonders schön ist's im Sommer auf der Terrasse. Übrigens: Der Gastro-Führer „Gault Millau" wählte Thomas Martin zum Koch des Jahres 2002
- Marinas: Schellerdamm 26, 21079 Hamburg (Harburg), Telefon 7 65 38 28, Fax 7 65 14 91, Mo-Fr 12–15 und 18–23, Sa 18–23 Uhr, So Ruhetag, Kreditkarten: alle; EC-Karte; www.marinas.de
Seit Jahren hat Michael Wollenberg sein Restaurant für maritime Küche auf Topniveau gehalten. Bisher haben seine Gäste deshalb den Weg ins etwas unwirtliche Harburger Hafengebiet mit schickem Yachtclub-Ambiente nicht gescheut. Das Personal ist manchmal etwas überlastet (▶ *Wollenberg*)
- Stock's Fischrestaurant: An der Alsterschleife 3, 22399 Hamburg (Poppenbüttel), Telefon 6 02 00 43, Fax 6 02 28 26, Mo-So 18–23 Uhr, So 11–14 Brunch, 12–15 Uhr à la carte, Kreditkarten: alle außer Diners; www.stocks.de
Das Restaurant Stock's ist umgezogen. Von Ellerbek nach Poppenbüttel ging die Reise. Im Gepäck Patron Michael Bolte und Koch Heiko Stock. Ihrer Liebe zur Fischküche mit ausgesuchten Zutaten sind sie treu geblieben. Auch Ambiente und Einrichtung erinnern an ihre alte Wirkungsstätte. Hier wie dort ließen sie sich in einem schön renovierten Bauernhaus nieder. Lampen und Bilder setzen einen modernen Akzent in die ländlich-bürgerliche Atmosphäre
- Tafelhaus: Holstenkamp 71, 22525 Hamburg (Bahrenfeld), Telefon 89 27 60, Fax 8 99 33 24, Di-Sa 12–14 und 19–21, Sa 19–21 Uhr, Kreditkarten: alle; www.tafelhaus.de
Was haben „Tafel-" und Hexenhaus gemein? Richtig, ihre Bewohner können zaubern: Hexen Zaubertränke, Christian Rach feinste Speisen. Das

**Shalimar: Freundliche Bedienung und indische Gewürze im Märchenland**

beweist er bereits seit über zehn Jahren. Nach wie vor ist sein rotes Haus an dieser uncharmanten Ecke Bahrenfelds Anlaufstelle für Gourmets

- Top Air: Flughafen Hamburg, 22335 Hamburg (Fuhlsbüttel), Telefon 50 75 33 24, Fax 50 75 18 42, Mo-Fr 12–21, So 12–20 Uhr, Sa Ruhetag, Kredit-karten: alle; EC-Karte; E-Mail: top-air.hamburg@woellhaf-airport.de; www.woellhaf-airport.de
  Was die Lage betrifft, ist dieses Restaurant eindeutig top: Es liegt über dem Terminal 4 in der futuristischen Kuppel des Flughafengebäudes in Fuhlsbüttel. Nicht nur für reisende Geschäftsleute ist das Top Air ein Glücksfall, auch den Feinzungen ohne Tickets sei ein Ausflug dorthin empfohlen. Die Karte bietet eine Riesenbandbreite von Deftigem bis zu Mediterranem nebst Ausflügen ins Asiatische und Saisonale
- Wollenberg: Alsterufer 35, 20354 Hamburg (Pöseldorf), Telefon 4 50 18 50, Fax 45 01 85 11, Mo-Sa 18–24 und 19–21, Sa 19–21 Uhr, Kreditkarten: alle; www.michael-wollenberg.de
  Michael Wollenberg eröffnete 1998 sein Luxus-Restaurant Wollenberg in einer schicken weißen Villa am Alsterufer. Aber Obacht: die Angst isst hier mit. Im Wollenberg läuft man Gefahr, Hamburgs selbst gebackener Prominenz zu begegnen. Am besten konzentriert man sich ganz auf die kulinarischen Künste von Sternekoch Michael Wollenberg

### Orient:

- A'Shamra: Rentzelstraße 50, 20146 Hamburg (Univiertel), Telefon 45 49 75, Fax 6 57 07 62, Mo-So ab 18 Uhr; www.ashamra.de
  Ins A'Shamra sollte man vor allem eines mitbringen: Zeit. Erstens weil auf der Karte ausdrücklich darauf hingewiesen wird, zweitens schwören Freunde der syrisch-libanesischen Küche besonders auf die gemischten Vorspeisen, die Mazza. Und die sind derart lecker, dass es ein Jammer wäre, sie so schnell zu verputzen
- Ashoka: Budapester Straße 25, 20359 Hamburg (St. Pauli), Telefon 31 28 34, Fax 3 17 12 73, Mo-So 17–24 Uhr, Kreditkarten: Visa, Eurocard, Amex
  Die Inhaberin hat das Ashoka eigenhändig mit indischen Malereien und Skulpturen gestaltet. Ihre Gäste führt sie gern mit einem Sari bekleidet zu ihren Plätzen. Ihr Mann stammt aus Nordindien, ebenso wie die Köche, das Essen schmeckt daher sehr authentisch und ist kaum an den westlichen Geschmack angepasst
- Calcutta Stuben: Papenhuderstraße 30, 22087 Hamburg (Uhlenhorst), Telefon 22 39 04, Fax 22 69 80 59, Mo-So 18.30–23 Uhr, Kreditkarten: keine; E-Mail: annagmbh@compuserve.com
  Die Calcutta Stuben verkaufen Kitsch und Kunst und sonstige Waren aus Indien. Nach Ladenschluss wird im Hinterzimmer serviert. Seit 1968 platziert der inzwischen ergraute Herr Samanta seine Gäste auf weichen Sofas zwischen Krempel, Aquarium und Räucherstäbchenduft und übernimmt die Zusammenstellung des Menüs selbst. Widerspruch ist zwecklos. Es ist kein Ort für intime Zweisamkeit, aber ideal für Neugierige, die gut und deftig indisch essen wollen
- Gobinda: Lange Reihe 7, 20099 Hamburg (St. Georg), Telefon 28 05 16 32, Fax 28 05 16 32, Mo-Sa 11.30–24, So 12–24 Uhr, Kreditkarten: alle außer Eurocard; EC-Karte
  Freundlicher Service und eine abwechslungsreiche Karte mit typisch indischen Gerichten lassen über die etwas kühle Einrichtung hinwegsehen. Sowohl die verschiedenen indischen Brote als auch die pikant gewürzten Hauptspeisen sind ein Erlebnis
- Jaipur: Lerchenfeld 14, 22081 Hamburg (Uhlenhorst), Telefon 2 20 94 75, Fax 22 69 20 58, Mo-So 12–24 Uhr, Kreditkarten: alle; EC-Karte
  Betritt man das Indian-Tandoori-Restaurant, fühlt man sich in die britische Kolonialzeit zurückversetzt. Hochlehnige, mit holzgeschnitzten Elefanten verzierte Stühle, gold gerahmte Spiegel und alte Kronleuchter verleihen dem Lokal eine festliche Atmosphäre. Das Jaipur bietet ein großes Repertoire an traditionellen Gerichten, auch Vegetariern wird die Wahl nicht leicht gemacht
- Layali: Eppendorfer Baum 41, 20249 Hamburg (Eppendorf), Telefon 47 19 51 17, Mo-So 12–24 Uhr
  Der Koch, ein Ägypter, scheint wirklich Spaß an seiner Arbeit zu haben. Und weil auch sonst alles stimmt, das gemütliche Ambiente und gedämpft orientalische Musik, singen wir ein Loblied auf das Layali – und schauen Freitag oder Samstag noch mal rein: zum Bauchtanz
- Madras: Bellealliancestraße 44, 20259 Hamburg (Eimsbüttel), Telefon 4 39 70 86, Fax 4 39 70 79, Mo-So 11–14.30, 17–23 Uhr, Kreditkarte: Visa
  Beim Madras handelt es sich um ein kleines Restaurant für knapp dreißig Personen. Nach dem Umbau kann man dort neuerdings auch an kleinen Tischen auf dem Boden essen. Das Lokal ist trotz des engen Raumes hübsch dekoriert, mit Saris und allerlei Kunsthandwerk
- Maharaja: Detlev-Bremer-Straße 25–27, 20359 Hamburg (St. Pauli), Telefon 3 17 49 28, Fax 31 97 67, Mo-Fr 12–15 und 17–24, Sa, So 12–24 Uhr, Kreditkarten: keine
  Ein Schild am Eingang verspricht einen Ort, „where food functions as a bridge to meditation“. Die hier

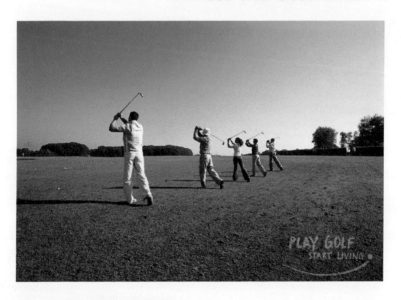

**Suryel: Mosaik am Tresen, Kegelbahn im Keller**

praktizierte ayurvedische Küche soll sogar heilende Wirkung haben. Essen als Weg zur Heilung und Meditation – das zeigt seine Wirkung nicht nur beim beseelt lächelnden Personal. Das Gesundheitsbewusstsein ist sofort geweckt

- Medded: Bahrenfelder Chaussee 140, 22761 Hamburg (Bahrenfeld), Telefon 89 28 70, Mo-So 17–24 Uhr, Kreditkarten: keine
  Im Beduinenzelt genießt man im ältesten nahöstlichen Restaurant Hamburgs wahlweise auf Kissen oder Stühlen die Vielfalt der Küche. Für Neulinge empfiehlt sich als Hauptgericht die ägyptische Platte, die einen Überblick darüber verschafft, was es alles Leckeres gibt
- Saliba: Leverkusenstraße 54, 22761 Hamburg (Altona), Telefon 85 80 71, Fax 85 80 82, Mo-So 9–15 und 18–24 Uhr, Kreditkarte: EC-Karte; www.saliba.de
  Pfefferminztee und Datteln zur Begrüßung – ein netter Einstieg. Der Highlight des Hauses ist die syrische Vorspeisenplatte Mazza. Das sind 16 kleine Schüsseln mit verschiedensten Leckerbissen, die den Tisch fast bis zum Rand füllen – ein Muss
- Shalimar: Dillstraße 16, 20146 Hamburg (Rotherbaum), Telefon 44 24 84, Fax 44 65 46, Mo-So 18–24 Uhr, Kreditkarten: alle
  Wie in einem Märchenland. Freundliche Bedienung, schmackhafte indische Gerichte (sehr zu empfehlen: Chicken Tikka Massala) in indisch anmutender Atmosphäre. Der Inhaber Herr Washington plaudert gern mal mit seinen Gästen
- Shikara: Bahrenfelder Straße 241, 22765 Hamburg (Bahrenfeld), Telefon 4 80 89 59, Mo-So 12–24 Uhr, Kreditkarte: EC-Karte
  E-Mail: shikara@t-online.de; twww.shikaraa.com
  Umgeben vom warmen Orange der Wände und Antiquitäten des Subkontinents werden köstliche Speisen gereicht: in Zitrone eingelegte Riesengarnelen mit noch brutzelndem Gemüse oder die milde Joghurtspeise Raita zum Beispiel
- Teheran: Ernst-Merck-Straße 9, 20099 Hamburg (St. Georg), Telefon 24 17 40, Fax 2 27 68 38, Mo-So 12–23 Uhr, Kreditkarten: keine
  Hier sollten Sie unbedingt mariniertes Lamm und gehacktes Lamm auf Spießen probieren. Dieses landestypische Gericht haben die Iraner schließlich bis nach Indien getragen. Alle Gerichte sind sehr reichhaltig und wohl schmeckend. Eine schöne Sitte: Das Mahl wird immer mit traditionellem persischen Tee beendet



## Vegetarien:

- Gesund Essen: Bundesstraße 6, 20146 Hamburg (Univiertel), Telefon 45 13 24, Fax 45 13 24, Mo, Di 12–15, Mi-Fr 12–15 und 18–23, Sa, So 18–23 Uhr, Kreditkarten: keine; www.gesundessen-hamburg.de
  Nicht-Vegetarier rümpfen oft die Nase, wenn es um vegetarische Gerichte geht. Das Wort „gesund" kommt in eine Schublade mit „fad". Die vegetarischen Speisen in diesem Restaurant sind meistens delikat und betätigen dieses Vorurteil nicht. Nicht nur für Kinder gibt es hier auf Wunsch kleinere Gerichte, sondern auch für Senioren. Unser Tipp: Möglichst nicht in der Nähe der Küche sitzen, da die Geräusche recht laut sind
- Laska's: Geschwister-Scholl-Straße 44, 20251 Hamburg (Eppendorf), Telefon 4 60 61 15, Fax 4 60 61 15, Mo-So 11.30–24 Uhr, Kreditkarten: keine
  Untertitelt ist dieses indisch-vegetarische Restaurant mit „Café-Kneipe". Mit einem Café hat es weniger zu tun, und an eine Kneipe erinnert die Getränkewerbung auf der Speisekarte. Die Speisen sind nicht gerade typisch indisch. Die Atmosphäre in dem gut gefüllten Lokal ist angenehm ruhig
- Suryel: Thadenstraße 1, 22767 Hamburg (St. Pauli), Telefon 4 39 84 22, Fax 43 29 08 45, Mo-So 11–2, Küche bis 23 Uhr, Kreditkarten: keine
  Ein vorwiegend junges, gemischtes Publikum sucht dieses nette Restaurant am Neuen Pferdemarkt auf. Geschmackvoll eingerichtet, bis hin zum Kachelmosaik am Tresen, wirkt es eher wie ein Café. Die Suppen von Steckrüben- und Kresse- bis Coconut-Curry-Suppe schmecken köstlich
- Tassajara: Eppendorfer Landstraße 4, 20249 Hamburg (Eppendorf), Telefon 48 38 01, Fax 41 30 37 45, Mo-So 11.30–24 Uhr
  Das geschmackvolle Interieur kann die kalte Atmosphäre eines In-Lokals nicht richtig erwär-

men. Die Bedienung ist zwar freundlich, aber leider manchmal überfordert, wenn das Tassajara gut besucht ist – und das ist oft der Fall. Die Rohkostplatte „Shakti“ hört sich viel versprechend an, geradezu köstlich mundet der gebackene Kürbis. Von der Getränkekarte sind besonders „Gingerpower“ und „Cassis Cooler“ zu empfehlen

- Zorba The Buddha: Karolinenstraße 7–9, 20357 Hamburg (Karolinenviertel), Telefon 4 39 47 62, Fax 43 81 10, Mo-Sa 12–24, So 11–24 Uhr, Kreditkarten: keine
  Der Name bedeutet, dass Meditation die Lebensfreude nicht ausschließt, sondern beinhaltet. Die lustige Buddhafigur am Eingang bestätigt das: Sie schwingt die Arme vor Freude in die Höhe. Das färbt auf das humorvolle Personal ab. Der weiträumige, helle Raum sorgt für private Atmosphäre. Die vegetarische Küche erreicht Spitzenqualität, auch die Auswahl an biologischen Weinen ist erfreulich

## Schlachter

Skandale über Skandale. Erst die Kuh, dann das Schwein, schließlich die Hühner. Nichts ist mehr sicher. Wem soll man noch sein Vertrauen schenken. Die Alternativen: Entweder dem Fleisch entsagen und sich den Vegetariern anschließen, in der Hoffnung, nicht nur Kartoffeln mit Sauce essen zu müssen. Oder nur deutsches Fleisch aus dem Stall des persönlich bekannten Landwirts in die Pfanne lassen

- Beisser: Ottenser Hauptstraße 9, 22765 Hamburg (Altona), Telefon 3 90 20 57, Fax 3 90 19 43, Mo-Fr 9–18.30, Sa 9–14 Uhr, Kreditkarte: EC-Karte; www.beisser-hamburg.de
  Zartes Fleisch von Jungtieren aus artgerechter Haltung und eine besondere Weiterverarbeitung zu Spezialitäten – deshalb zählen neben Prominenz auch viele Köche zu Beissers Kunden; Partyservice
- Bioland Frischfleisch: Rudolf-Klug-Weg 9, 22455 Hamburg (Niendorf), Telefon 5 55 36 46, Fax 55 26 00 11, Di-Do 9–13 und 14–18, Fr 8.30–13 und 14–18, Sa 8.30–12.30 Uhr; www.bioland-frischfleisch.de
  Seit über zehn Jahren kontrolliertes Bioland-Fleisch aus deutschen Landen, auch auf den Hamburger Ökomärkten anzutreffen; Partyservice
- Fleischer-Innung: Marktstraße 57, 20357 Hamburg (Karolinenviertel), Telefon 4 32 20 42, Fax 43 74 14, Mo-Fr 8-16 Uhr; www.fleischer-hamburg.de
  Die Hälfte der Hamburger Fleischer sind hier organisiert
- Handwerkskammer Hamburg: Holstenwall 12, 20355 Hamburg (Innenstadt), Telefon 35 90 50, Fax 35 90 52 08, Mo-Fr 8–16 Uhr; www.hwk-hamburg.de
  In der „Handwerksrolle“ sind alle Hamburger Fleischermeister verzeichnet
- Radbruch: Diekweg 14, 22549 Hamburg (Osdorf), Telefon 80 12 09, Fax 80 13 19, Di-Fr 7–13 und 14.30–18, Sa 6–12 Uhr, Kreditkarte: EC-Karte
  Schlachtet selbst, viel Wurst; einmal jährlich Tag der offenen Tür, bei dem Landwirte über Aufzucht und Fütterung des Viehs berichten
- Schlachterei Wagner: Methfesselstraße 51, 20257 Hamburg (Eimsbüttel), Telefon 40 83 26, Fax 40 19 65 98, Mo-Fr 7.30–18, Sa 7.30–13 Uhr
  Eigene Züchtung und Schlachtung in Schleswig-Holstein; viele Gourmetköche als Kunden

## Spirituosen

Nun mal ehrlich. Geschmacksverirrungen wie Pernod-Cola, Bacardi-Fanta oder Wodka-Apfelsaft (bäh!) hat jeder von uns schon einmal erlebt. Heikel wird die Angelegenheit erst dann, wenn man nach derartigen Magensäurestudien den roten Aufgesetzten aus der nächsten Eckkneipe immer noch für bekömmlicher hält als einen fein destillierten schottischen Malt. Vor dem Schritt zum Seelsorgetelefon oder dem Besuch bei den Anonymen Alkoholikern ist eine Lektion in Sachen Hart-Alk (Bar-Jargon) angesagt. Äußerungen wie: „Ich leide seit einiger Zeit unter akutem Bananenlikör-Entzug“, kann man sich dann nämlich sparen. SZENE HAMBURG hat trinkfeste Mitarbeiter in ehrenamtlicher Mission (hicks!) auf Recherchetour geschickt.

- Jack Daniels Mail Order Catalogue: www.jackdaniels.com
  Die richtige Adresse für St.-Pauli-Fans, Keith-Richards-Verehrer oder eben Jack-Daniels-Nostalgiker. Über die Website kann man die original Jack-Daniel's-Replica-Flasche von 1895 bestellen und dazu gleich die Originalgläser mit Destillerie-Logo. Wenn man den Jack-Kult von Kopf bis Fuß zelebrieren möchte, bieten sich die ebenfalls bestellbaren Halstücher, Socken, Baseballkappen und Holzfällerhemden an
- Karstadt: Mönckebergstraße 16, 20095 Hamburg (Innenstadt), Telefon 3 09 40, Fax 3 09 48 30, Mo-Fr 9–20, Sa 9–16 Uhr, Kreditkarten: alle; EC-Karte; www.karstadt.de
  Wenn Urlaubsnächte à la Ballermann mal in den eigenen vier Wänden zelebriert werden sollen, bietet sich der mallorquinische Kräuterlikör „Hierbas“ oder „Pisang Gambon“ mit Jungle-Power an. Feiern lässt sich auch mit den Neukreationen von Absolut Vodka („Citron“ und „Black Currant“). Exklusiv und unter Verschluss steht der „Mortlach“-Scotch für rund 500 Euro (ein nettes Präsent, oder?). Profanere Geschmackserlebnisse bescheren dem gemei-

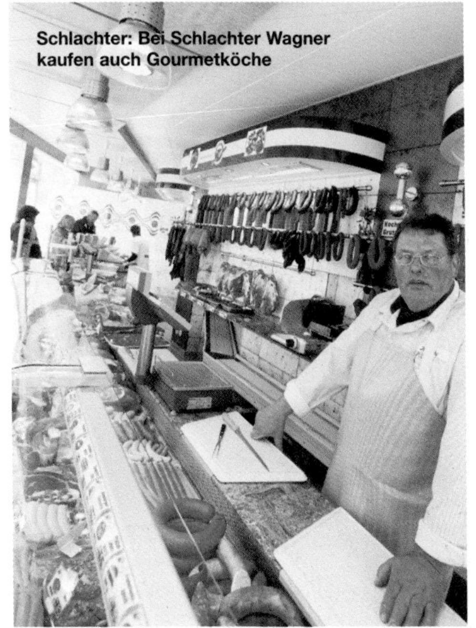
Schlachter: Bei Schlachter Wagner kaufen auch Gourmetköche

nen Volk dann „Busengrabscher", „Möwenschiss" und „Kleiner Feigling" gleich neben der Kasse

- Sigvald Hansen: Hein-Hoyer-Straße 13, 20359 Hamburg (St. Pauli), Telefon 31 41 74, Mo-Fr 10–18, Sa 8–12 Uhr, Kreditkarten: keine
  Bei über hundert Sorten Rum, Whisky und anderen alkoholischen Getränken aus allen Regionen der Welt sowie 15 Sorten Absinth lässt sich hier sicherlich (nicht nur) ein geeignetes Geschenk für die Schwiegermutter finden
- The Maltmill – Das Whisky-Fachgeschäft: Neuer Kamp 30, 20357 Hamburg (St. Pauli), Telefon 43 25 41 14, Fax 43 25 41 15, Do, Fr 17–19.30 Uhr, Sa nach Vereinbarung; www.maltmill.de
  „The Maltmill is definitely one of the most beautiful whisky shops I've ever seen!", behauptet der ehemalige Chairman von Chivas Regal, Harold J. Currie. In den denkmalgeschützten Räumen vom Whiskyfachhandel betreiben Christian Lang und Hartmut Heller eine Art kulturhistorischer Landschaftspflege. Rund 440 Wasser-Gerstenmalz-Destillate warten darauf, sich mit einem Käufer zu vermählen. Die Singles heißen unter anderem „Auchentoshan", „Craigellachie" und „Lagavulin" und schmecken ziemlich anders als Jim, Jack und Johnny. Eine Kostprobe lohnt sich
- Weinquelle Lühmann: Lübecker Straße 187, 22087 Hamburg (Hohenfelde), Telefon 25 63 91, Fax 2 51 25 76, Mo-Fr 9–13 und 14–18, Sa 9–12 Uhr, Kreditkarten: alle; EC-Karte; www.weinquelle.com
  Wie man auf 80 Quadratmetern Ladenfläche 3000 Artikel, davon 2200 Spirituosen, unterbringen kann, bleibt für den Besucher wohl ein ewiges Rätsel. Beim Familienbetrieb Lühmann gibt es das wohl größte Sortiment an Spirituosen in der Hansestadt. Hier findet man nahezu alle außergewöhnlichen Tropfen. Beispielsweise den Obstbrand von Ziegler. Dieser wird aus fein mazerierten seltenen Wildkirschen gebrannt (122 Euro). Noch edler in Geschmack und Preisklasse ist aber der Armanac „Duc de Maravat" von 1895 (1010 Euro). Bei Lühmann stehen übrigens rund vierzig Sorten Whisky, Rum und Kognak immer offen zur Probe bereit

## Süßigkeiten

Bonbons, Schokokekse und Pralinees. Tauchen Sie ein in die Welt der süßen Verführungen! Godiva und Leysieffer zaubern Sahnetrüffel und andere Luxusleckereien für Genießerzungen. Bei Candy & Company ist das Angebot vielfältig und farbenfroh: Lila Schaumgummitorten, Raketen-Weingummis in Regenbogenfarben, giftgrüne Lollis mit integriertem Bubblegum. Pralinen-Whisky-Torten und Baumkuchenpastete gibt's in der „Kleinen Konditorei". Neben frischen Backwaren und feinsten Konditoreiprodukten werden seit hundert Jahren traditionell Pralinen, Sahnetorten und saisonabhängig Obstschnitten hergestellt.

- Candy & Company: Große Bleichen 36, 20354 Hamburg (Innenstadt), Telefon 34 26 88, Mo-Fr 10–20, Sa 10–16 Uhr
- Die Kleine Konditorei: Lutterothstraße 9–11, 20255 Hamburg (Eimsbüttel), Telefon 40 60 60, Fax 40 60 44, Mo-Fr 6–18.30, Sa 6–13, So 9–16 Uhr; www.kleine-konditorei.com
- Godiva: Alsterarkaden 12, 20354 Hamburg (Innenstadt), Telefon 34 37 09, Fax 3 58 97 99, Mo-Fr 10–19, Sa 10–16 Uhr, Kreditkarten: alle, EC-Karte; www.godiva.be (noch keine deutsche Website vorhanden)
- Leysieffer Confiserie: Große Bleichen 36, 20354 Hamburg (Innenstadt), Telefon 34 68 99, Mo-Fr 10–20, Sa 10–16 Uhr, Kreditkarten: Amex, Eurocard, Visa; EC-Karte; www.leysieffer.de

## Tee

Teekochen kann ein zeitaufwändiges Hobby sein, für manche ist es gar eine Wissenschaft. Man kann es dabei belassen, sich den Teebeutel aus dem Supermarkt

Hanseatic Tea: Die Transportkisten aus Übersee sind nicht nur schön anzusehen, sie erhalten auch das Aroma

aufzugießen, oder man beschäftigt sich mit komplizierten Aufgussritualen, Kannenkonstruktionen, Anbauformen und natürlich Teesorten aus aller Herren Länder. Ob man an die heilige Teezeremonie glaubt oder nicht: Ein stilechter Teenachmittag, ergänzt um ein Stückchen Gebäck, ist nicht zu verachten.

- Burg's Teeladen: Eppendorfer Weg 206, 20251 Hamburg (Eppendorf), Telefon 4 20 06 10, Mo-Fr 9–19, Sa 9–16 Uhr, Kreditkarte: EC-Karte; 550 Teesorten sowie Teezubehör decken die Wünsche des Teeliebhabers. Der Tee kann kostenlos probiert und in kleinen Mengen abgenommen werden
- Gschwendner: Gerhofstraße 27, 20354 Hamburg (Innenstadt), Telefon 3 48 06 20, Fax 35 71 82 30, Mo-Fr 10–19, Sa 10–16 Uhr, Kreditkarte: EC-Karte; www.der-teeladen.de
- Hanseatic Tea: Bei den Mühren 70, 20457 Hamburg (Innenstadt), Telefon 37 84 28, Fax 37 84 20, Mo-Fr 9.30–19, Sa 10–16 Uhr, Kreditkarte: EC-Karte; www.hanseatic-tea.de Hier findet man über 250 ausgesuchte Teesorten bester Qualität, insbesondere exquisite Grüntees
- Tee Art: Mühlenkamp 48, 22303 Hamburg (Winterhude), Telefon 27 80 86 60, Fax 27 80 86 60, Mo-Fr 10–19, Sa 9.30–14 Uhr, Kreditkarte: EC-Karte; www.tee-art.com 200 Teesorten aus aller Welt; Honig, Marmelade, Gebäck; eigene Teemischungen
- Tee Bakker GmbH: Bismarcksrtaße 75, 26382 Wilhelmshaven, Telefon 0 44 21/3 32 10, Fax 0 44 21/3 14 36; www.tee-bakker.de Dreißig verschiedene ostfriesische Teemischungen und alles, was der klassische Teemarkt zu bieten hat; auch das entsprechende Zubehör können Sie hier bestellen
- Tee–Gewürze–Kräuter: Lange Reihe 97, 20099 Hamburg (St. Georg), Telefon 2 80 34 23, Fax 24 70 40, Mo-Fr 9–19, Sa 9–16 Uhr Neben dem Teesortiment warten selbst gebackenes Vollkorngebäck, Gewürze, getrocknete Kräuter und Kerzen auf ihren Einsatz beim Plauderstündchen am Nachmittag; Versand der Leckereien auf Wunsch auch ins Haus
- Teefachgeschäft Birgit Habermann: Frohmestraße 40, 22457 Hamburg (Schnelsen), Telefon 5 50 71 96, Fax 5 50 71 96, Mo-Fr 9.30–13 und 15–18, Sa 9–13 Uhr, Kreditkarte: EC-Karte Eigene Mischungen neben klassischem Teeangebot
- Teehandelskontor: Große Bleichen 21, 20354 Hamburg (Innenstadt), Telefon 35 37 84, Fax 34 70 40, Mo-Fr 10–20, Sa 10–16 Uhr, Kreditkarten: alle; EC-Karte; www.thk.de Neben internationalem Teeangebot findet man hier eine große Auswahl an Teeservicen von internatio-

nalen Designern, welche unter anderem auch in New-Yorker Museen ausgestellt sind; Gebäck, Honig, Marmelade; kleinere Filiale auf dem Flughafen im Terminal 4, Telefon 59 35 09 87

- Teehandlung Ernst Zwanck: Kattrepelsbrücke 1, 20095 Hamburg (Innenstadt), Telefon 32 66 02, Fax 33 52 47, Mo-Do 9–17, Fr 9–16 Uhr; E-Mail: tee-zwack@tiscalinet.de
  Das Traditionsunternehmen vertritt seit 1796 die Teegärten der Welt, außerdem ist es auch eine gute Adresse für Kaffeetrinker und Liebhaber englischen Gebäcks; betreibt vorwiegend Versand; Teeliste wird auf Wunsch zugeschickt
- Teekiste: Mohlenhofstraße 8, 20095 Hamburg (Innenstadt), Telefon 32 43 11, Fax 32 69 13, Mo-Fr 10–18, Sa 10–14 Uhr, Kreditkarten: EC-Karte; www.teekiste.com
  Teekenner schwören auf die Wichtigkeit exakter Zubereitung. In der Teekiste gibt es russische Samoware, japanische gusseiserne Kannen oder die englische Patentkippkanne eines Earls. Allein der Anblick dieser originellen Gerätschaften lässt jeden Tee edler schmecken. Darüber sollten Sie hier den Kauf von einer der 200 Teesorten nicht vergessen; Versand der verschiedenen Teekannen ist bundesweit möglich

## Wasserblick

Reizüberflutend ist sie, die Großstadt mit ihrer ewigen Massenhektik; für innere Einkehr bleibt alltagsgestressten Hanseaten nur wenig Zeit. Buddha sei Dank gibt es aber doch die eine oder andere Erholungsmöglichkeit. In den zahlreichen Lokalen an Elbstrand und Alsterufer lässt es sich hervorragend entspannen. Dort gelingt es Gastronomen erfolgreich, dem Gast Urlaubsgefühle zu verschaffen, denn die Lokale liegen vorwiegend im Grünen und verfügen meist über einen exquisiten Blick aufs Wasser.

- Dock 14: Fischmarkt 14, 22767 Hamburg (St. Pauli), Telefon 31 45 67, Mo-Fr 11–24, Sa 11–2, So 6–24 Uhr; www.dock14.de
  Von hier hat man den ganzen Tag einen unverstellten Blick auf Barkassen und das Hafenareal Steinwerder. Videovorführungen und Bilderausstellungen junger Künstler unterhalten im „Dock 14" bei Geflügelsalat und indonesischen Spaghetti die junge Werbe- und Medienszene des neuen Trendwohngebietes. Man achte auf die täglichen Angebote auf der Speisekarte, einzelne Gerichte sind dann bis zu 50 Prozent billiger als sonst
- Fidel C: Jungfernstieg 56-58, 20354 Hamburg (Innenstadt), Telefon 32 08 28 20, Fax 32 08 28 21, Mo-Do 8–1, Fr-Sa 8–3, So 9–1 Uhr, Kreditkarten: Visa, Eurocard, EC-Karte; www.fidel-c.de
  Es sitzt sich schön hier draußen direkt am Jungfernstieg. Die gut gelaunten Bedienungen servieren Speisen mit Namen wie „Caipipollo", Huhn mit einer Marinade aus Limetten, die sonst ja eher im Caipirinha zu Hause sind. Dazu trinkt man einen kubanischen Wein und schaut den flanierenden Leuten zu
- Finnegans Wake: Börsenbrücke 4, 20457 Hamburg (Altstadt), Telefon 3 74 34 33, Fax 37 50 14 78, Mo-Mi ab 16, Do-Sa ab 11.30, So ab 12 Uhr; www.finnegans.com
- Kaffeegarten Schuldt: Süllbergterrasse 30, 22587 Hamburg (Blankenese), Telefon 86 24 11, Mai bis Oktober Di-So 14–22 Uhr
  Der Kaffeegarten Schuldt am Süllberg liegt so, dass ihn nicht findet, wer nicht ausgiebig nach ihm sucht. Wer die Gässchen lange genug auf- und abwandert, wird dafür irgendwann auf ein wild wucherndes Unkraut-Biotop stoßen, das sich wohltuend zwischen den gepflegten Hecken und Vorgärten hervorhebt. Vom Kaffeegarten blickt man über das Blankeneser Treppenviertel auf die Elbe hinab und fühlt sich dabei schlichtweg inspiriert
- Kajüte Frau Timm: An der Alster 10a, 20099 Hamburg (Innenstadt), Telefon 24 30 37, Mo-Sa 11–23, So 11–22 Uhr, Kreditkarten: alle; E-Mail: kajuete@t-online.de; www.kajuete.de
  Von den Strapazen eines Alsterspaziergangs können Sie sich im gehobenen Ambiente des Restaurants „Kajüte" erholen. In der östlich der Alster gelegenen schwimmenden Lokalität lassen sich laut Inhaberin Frau Timm die schönsten Sonnenuntergänge Hamburgs beobachten. Romantisch kann man dies am besten bei einer „Kajüte Maischolle" erforschen. Eine überdimensional große Markise überdacht bei Regenwetter den gemütlichen Schmaus
- Sagebiels Fährhaus: Blankeneser Hauptstraße 107, 22587 Hamburg (Blankenese), Telefon 86 15 14 , Fax 86 82 85, Mo-So 12–23 Uhr, Kreditkarten: alle
  Am Strandweg von Blankenese wimmelt es zwar von netten Terrassenlokalen, der Aufstieg über „Sagebiels Treppe" zum Fährhaus lohnt aber die Mühe. Das Gartenlokal liegt wie ein Balkon über dem östlichen Teil des Treppenviertels und eröffnet einen spektakulären Blick über die Elbe. Neben gehobener deutscher Küche wird seit einiger Zeit auch chinesisch gekocht

### Weitere Lokale mit Wasserblick:

- „Alex" im Alsterpavillon: Jungfernstieg 54, 20354 Hamburg (Innenstadt), Telefon 3 55 09 20, Fax 35 50 92 20, Mo-Do 8–1, Fr, Sa 8–3, So 9–1 Uhr

**Cliff: Warten auf ein helleres Grau – dann sieht man auch die Alster wieder**

- Bavaria Blick: Bernhard-Nocht-Straße 99, 20359 Hamburg (St.Pauli), Telefon 31 16 31 16, Fax 31 16 31 99, Mo-So 11.30–24 Uhr, Kreditkarten: alle; EC-Karte; www.bavaria-blick.de
- Bodega del Puerto/Café Elbterrassen: Övelgönne 1, 22605 Hamburg (Övelgönne), Telefon 3 90 34 43, Fax 6 57 11 79, Mo-So 10–24 Uhr, Kreditkarte: EC-Karte
- Bodo's Bootssteg: Harvestehuder Weg 1b, 20148 Hamburg (Harvestehude), Telefon 44 06 54, Fax 22 71 51 61, Ende März bis Oktober Mo-Sa 11–21, So 10–21 Uhr; www.bodosbootssteg.de
- Café Canale: Poelchaukamp 7, 22301 Hamburg (Winterhude), Telefon 2 70 01 01, Fax 22 73 83 03, Mo-So 10–19 Uhr, Kreditkarten: keine
- Café Leinpfad: Bootsanleger Winterhuder Fährhaus, 22301 Hamburg (Winterhude), Telefon 46 48 56, Mo-So 10–24 Uhr
- Café Wien: Ballindamm, 20354 Hamburg (Innenstadt), Telefon 33 63 42, Mo-Do ab 11, Fr-So ab 10.30 Uhr
- Cliff: Fährdamm 13, 20148 Hamburg (Harvestehude), Telefon 44 27 19, Fax 45 03 87 88, Mo-Fr ab 11, Sa, So ab 10 Uhr, Kreditkarten: EC-Karte
- Fiedler's: Hofweg 103, 22085 Hamburg (Uhlenhorst), Telefon 2 27 74 03, Fax 2 79 54 02, im Sommer Mo-So ab 11, im Winter 16–23 Uhr; E-Mail: anton.fiedler@t-online.de
- Paolino: Alsterufer 2, 20354 Hamburg (Innenstadt), Telefon 41 35 56 55, Fax 41 35 56 55, Di-So 12–15 und 18–24 Uhr, Kreditkarten: alle
- Petit Delice: Große Bleichen 21, 20354 Hamburg Telefon 34 34 70, Fax 35 71 26 63, Mo-Sa 11.30–23 Uhr, Kreditkarten: alle außer Diners
- Strandhotel Blankenese: Strandweg 13, 22587 Hamburg (Blankenese), Telefon 86 13 44, Fax 86 49 36, Mo-So 12–23 Uhr, Kreditkarten: alle; EC-Karte; www.strand-hotel.de
- Strandperle: Am Schulberg, 22605 Hamburg (Övelgönne), Telefon 8 80 11 12, Mo-So 12–23 Uhr (Frühjahr bis Herbst)

## Wein

Falls ein Mafioso die letzte Schutzgeldverweigerung eines Sizilianers nicht mit einem Kopfschuss quittiert, ist dessen Lebenserwartung überdurchschnittlich hoch – dank seines regelmäßigen Weinkonsums. Auch die Biertrinkernation Deutschland kommt nach und nach auf den kultivierten Geschmack der herzinfarktpräventiven Traube. Um die Mannigfaltigkeit von Wein zu begreifen, bedarf es ausgiebiger Fachlektüre und ebenso intensiver Kostproben. Die meisten Fachgeschäfte bieten Themenabende und Weinproben in ihren Verkaufsräumen an. Oder meinen Sie etwa wirklich, dass Sie Ihr Weinglas bisher fachgerecht in der Hand gehalten haben?

**Lokale:** Gegen das „Sauffen“ hatte selbst Luther offenbar nichts einzuwenden – wer früher sein Glas nicht innerhalb eines Vaterunsers hinunterstürzen konnte, war blamiert. Heutzutage kultiviert man das Weintrinken in den Weinstuben und -kellern wettkampffrei und wesentlich entspannter. Und da sich immer mehr Hamburger für Wein begeistern, bieten auch Weinlokale zunehmend Seminare und Weinproben an. Die Fertigkeit, drei verschiedene Sorten Chianti und vier Sorten Bordeaux voneinander zu unterscheiden, ist ja noch kein Kunststück. Ein wahrer Weinkenner erprobt die erlesenen Rebsäfte mit der hohen Kunst der Degustation. Auge, Nase und Gaumen kommen dabei gleichermaßen zum Einsatz. Des Kenners Sinne kombinieren mit der ersten Wahrnehmung über den Geschmack die 40 000 Geruchsmöglichkeiten der Nase. Das Auge entscheidet anhand der Farbe, ob der Wein jung, alt, kräftig oder leicht ist. Ein umfassendes Seminar über diese spannende Thematik bietet der mobile Weinfachmann Torsten Fenz im privaten Rahmen für 46 Euro pro Person (inklusive acht bis zwölf Weinen und kleinem Imbiss). Außerdem wird er Ihnen verraten, warum ein Schluck Wein bei der Verkostung nicht zwangsläufig wieder ausgespuckt werden muss.

- Cremon – Der Weinkeller: Cremon 33–34, 20457 Hamburg (Altstadt), Telefon 36 21 90, Fax 36 21 90, Mo-Fr 11–22, Sa, So nach Vereinbarung, Kreditkarten: alle; EC-Karte; www.cremon.de „Heutzutage suchen die Leute nach immer neuen Inspirationen um den Wein herum“, sagt Cremon-Inhaber Herr Danker. Deshalb bietet der Weinkeller jetzt auch Weinproben an, bei denen der Gast sich ausgiebig über die Weinsorten und Winzer informieren kann. Im Weinkeller sind bei der Auswahl von dreißig offenen Weinen nahezu alle Sinne auf den Rebsaft gerichtet. Bis auf die kalten Schinken und die Käsespezialitäten lenken nur die Blicke des Gegenübers von konzentrierter Weinwahrnehmung ab. Cremon bietet 200 Personen Platz, auf der schönen Sommerterrasse zum Nikolaifleet können sechzig Personen sitzen
- Gino Carone: Ruhrstraße 60, 22761 Hamburg (Bahrenfeld), Telefon 8 50 66 88, Fax 8 51 21 12, Mo-Fr 12–15 und 19–24 Uhr,

Kreditkarten: EC-Karte; www.carone.de
Dass der alteingesessene Restaurantbetreiber ein Intimus von Pavarotti ist, wirkt sich nicht nur auf die Beschallung des Lokals aus: Opernmusik gehört bei Gino Carone zum Programm. Auch das Weinangebot ist voll auf Italien eingestellt. Die Kunden können hier italienische Weine genießen, die preislich zwischen 4 und 25 Euro liegen. Bei regelmäßigen Weinproben kann getestet werden

- Lemitz-Weinstuben: Faberstraße 21, 20357 Hamburg (Eimsbüttel), Telefon 8 50 26 68, Fax 8 50 43 06, Mi-So ab 17 Uhr
Hätte der Weingott Bacchus ein Zuhause gesucht, er hätte es wohl in diesen Weinstuben gefunden. Seit 75 Jahren schenkt das freundliche Ehepaar Lemitz nun schon den herrlichen Rebensaft aus deutschen Landen aus und kann sich über mangelnde Kundschaft nicht beklagen. Dass Wein hier im Mittelpunkt des Geschehens steht, ist schwer zu übersehen. Es gibt kaum ein Utensil aus der Weinbranche, welches nicht zu Kerzenständer, Tresen, Lampe oder Sitzecke umfunktioniert wurde. Ein ausgebautes Weinfass dient als lauschiges Plätzchen für romantische Heiratsanträge. Im Weinhof befinden sich ein Sommergarten und drei Weinstöcke. Im Herbst dürfen die Gäste dann bei der Weinlese die Trauben ernten, mahlen, pressen, wiegen und den frischen Most trinken. Traditioneller geht es kaum mehr
- Restaurant Kleinhuis: Fehlandstraße 26, 20354 Hamburg (Innenstadt), Telefon 35 33 99, Fax 35 90 69 18, Mo-So 12–24 Uhr (Bar länger geöffnet), Kreditkarten: alle; EC-Karte; www.weinrestaurant-kleinhuis.de
Das Weinrestaurant im Baseler Hof verköstigt nicht nur Geschäftsleute und Hotelgäste, sondern alle, die eine reiche Auswahl schätzen. Bei einem umfangreichen Sortiment an Weinen aus allen erdenklichen Regionen des Erdballs, davon über 200 Spitzenweine und 50 offene, ist das auch kein Wunder. Ein nostalgisches Kaminzimmer mit Glas-Kronleuchter, wechselnde Ausstellungen internationaler Gegenwartskünstler, die Galerie mit Wintergarten und ein Weinkeller im süditalienischem Winzerstil zählen zu den Attraktionen der Lokalität
- Torsten Fenz: Högenstraße 32, 22527 Hamburg (Eimsbüttel), Telefon 49 33 39, Fax 36 03 01 79 74, E-Mail: tfenz@aol.com
- Uhlenhorster Weinstuben: Papenhuder Straße 29, 22087 Hamburg (Uhlenhorst), Telefon 2 20 02 50, Mo-Fr ab 17, So ab 18 Uhr, Samstag Ruhetag
Das rustikale Eichenholz-Ambiente ist mit seiner gutbürgerlichen deutschen Küche ein beliebter Treffpunkt für Promis und Spitzenverdiener aus dem wohl situierten Uhlenhorst. Am gemütlichen Kachelofen oder unter der sechs Meter langen Renoir-Imitation erholt sich auch Johannes B.

La Cantinetta: Jens Höner führt neben Weinen auch frische Pasta

Kerner gern von strapaziösen TV-Talks. Die Weinkarte ist trendgemäß schwerpunktfrei und umfasst vierzig internationale Flaschenweine sowie dreißig offene Sorten. Sonderwünsche werden dem schwer liquiden Publikum natürlich auch umgehend erfüllt. Der Weinhändler Clausen, gleich um die Ecke, stellt auch nachts noch außergewöhnlich gute Tropfen für die Weinstuben-Betreiber Knopp und Ehlers bereit. Die beiden sind schließlich seine besten Kunden
- Wein-Hexe: Burchardstraße 13c, 20095 Hamburg (Innenstadt), Telefon 33 75 61, Fax 33 74 10, Mo-Fr 11–24 Uhr, Kreditkarten: alle außer Amex
Die Wein-Hexe liegt etwas abseits der Mönckebergstraße, hier duzen sich die Kellner mit *Spiegel*-Redakteuren und Mitarbeitern des Bauer Verlags. Bei französischem und italienischem Rebensaft erzählt man sich die neuesten Redaktions-Schoten. Im italienischen Terrakotta-Ambiente des Zwei-Etagen-Restaurants serviert man zu den zahlreichen Weinsorten italienische Antipasti, internationale Gerichte und *fromage en masse*
- Weinbistro: Papenhuder Straße 23, 22087 Hamburg (Uhlenhorst), Telefon 22 10 06, Fax 22 51 38, Mo-Fr 11–22, Sa 10–14 Uhr, Kreditkarten: alle
Das Weinbistro von Herrn Clausen führt 1200 internationale Weine und ist spezialisiert auf französische Rebsorten. Nicht zuletzt die Liebe zu Frankreich und seinen Weinregionen bedingen das große Angebot an hochwertigen Bordeaux (bis 300 Euro). Im Weinbistro gibt es eine kleine Auswahl an französischen und italienischen Tagesgerichten (Portion 7,50–15 Euro). Herr Clausen stattet sein Antipasti-Büfett täglich frisch aus und kocht traditionelle Fisch-, Geflügel- und Fleischgerichte. Für interessierte Gäste bietet er private Weinproben an
- Weinlokal Schoppenhauer: Reimerstwiete 20–22,

20457 Hamburg (Altstadt), Telefon 37 15 10, Mo-Fr 12–14 Uhr, Sa, So nach Vereinbarung, Kreditkarten: alle; EC-Karte
Nur für geschlossene Gesellschaften; aus einem 350 Jahre alten Speicher entstand vor zwanzig Jahren das Weinlokal Schoppenhauer. Im rustikalen Ambiente gegenüber der Speicherstadt gesellen sich heute Geschäftsleute zu Reedern und konsumieren einige der dreißig offenen Weine. Die Speisen sind fein auf die Weinsorten abgestimmt, im Sommer ist der Weingarten eine beliebte grüne Oase abseits vom Stress und Lärm der Innenstadt

- Zur Traube: Karl-Theodor-Straße 4, 22765 Hamburg (Ottensen), Telefon 3 90 93 47, Fax 39 90 11 36, Mo-So 18–1 Uhr, Kreditkarte: EC-Karte
Achtzig Jahre ist die „Traube“ nun schon alt, und damit ist sie das älteste Weinlokal am Platze. Mit ihrer unverwechselbaren Holzvertäfelung und den dreißig Zunftfiguren des Holzschnitzers Otto Wessel steht die „Traube“ als Gesamtkunstwerk unter Denkmalschutz. Neben italienischen, französischen, österreichischen und deutschen Kreszenzen gibt es dreißig Weine im offenen Ausschank. Die neue internationale Küche bietet weinbegleitende Speisen und den „Traubenteller“ aus deutsch-italienischen Antipasti-Kreationen – vom Küchenchef persönlich

## Weinhandlungen:

- Alsterhaus Weinabteilung: Jungfernstieg 16, 20354 Hamburg (Innenstadt), Telefon 35 90 14 83, Fax 35 90 13 92, Mo-Fr, Kreditkarten: alle; E-Mail: wein@alsterhaus.de; www.karstadt.de
Die riesige Weinabteilung des Alsterhauses verfügt außer einem reichhaltigen Angebot an Weinen aus aller Welt über eine Feinkost-Theke und eine Degustations-Lounge. Wein wird auf Wunsch frei Haus geliefert
- Badisches Weinhaus Michael: Klaus-Groth-Straße 84, 20535 Hamburg (Borgfelde), Telefon 25 49 73 26, Fax 08 00/1 05 20 01, Do, Fr 14–18, Sa 10–14 Uhr, Kreditkarten: alle; www.badischesweinhaus.de
Michael Danner und Michael Werner bieten in ihrem Weinhaus 1500 Badische Weine an. Zweimal im Jahr wird eine große Weinprobe veranstaltet, bei der über 400 verschiedene Weine, Sekte und Edelbrände probiert werden können. Es ist aber auch möglich, private Weinproben ab zehn Personen zu vereinbaren. Auf Bestellung werden die Weine direkt ins Haus geliefert
- Ca Vino: Ottenser Hauptstraße 10, 22765 Hamburg (Ottensen), Telefon 39 90 55 98, Fax 3 90 95 46
- Calpesa: Schützenstraße 91, 22761 Hamburg (Altona), Telefon 85 60 27, Fax 8 50 88 83, Mo-Fr 8.30–18, Sa 9–13.30 Uhr, Kreditkarte: EC-Karte
Calpesa bietet neben einer umfangreichen Auswahl spanischer und portugiesischer Spezialitäten auch jede Menge Wein der Region
- Enoteca: Große Bleichen 36, 20354 Hamburg (Innenstadt), Telefon 35 71 43 93, Fax 35 71 43 95, Mo-Fr 10–20, 10–16 Uhr, Kreditkarten: alle; EC-Karte; www.enoteca-hamburg.de
Spezialisiert auf italienische Weine, bietet die Enoteca auch eine große Auswahl an Weinen aus Übersee sowie verschiedene Malt Whiskeys und Champagnersorten. Weinraritäten ab dem Jahre 1943 gibt es ebenfalls. Außerdem können jede Menge Weinaccessoires erstanden werden
- Euro Wein Kontor: Danziger Straße 37–39, 20099 Hamburg (St.Georg), Telefon 49 22 26 00, Fax 49 22 25 99, Mo-Fr 11.30–20, Sa 10–16 Uhr; www.euroweinkontor.de
Bietet außer etwa 600 verschiedenen französischen, italienischen, spanischen und deutschen Weinen auch Weinseminare an. Das „Weinwissen 1“ kostet 41 Euro, „Weinwissen 2“ 51 Euro pro Person
- Grüner Veltliner: Hudtwalckerstraße 28, 22999 Hamburg (Winterhude), Telefon 46 07 37 74, Fax 46 07 37 75, Mo-Fr 10.30–19.30, Sa 10–15 Uhr, Kreditkarten: Amex, Eurocard, Visa; EC-Karte; www.gruener-veltliner.de
Weine & Spezialitäten aus Österreich. Signifikant für die österreichischen Weine des Grünen Veltliner ist, dass sie aus Familienweingütern zweiter Liga von den Gütern junger Winzer mit Auslandserfahrungen stammen. Freilich sind unter diesen Anbietern anständige Trauben vorhanden, die sich mit Gütern aus der ersten Liga messen können. Hausempfehlung ist, wie sollte es anders sein, einer der über 30 grünen Veltliner (ab 5 Euro)
- Hamburger Weinhaus: Heußweg 37a, 20255 Hamburg (Eimsbüttel), Telefon 42 10 63 54, Fax 42 10 63 55; www.hamburgerweinhaus.de
- Keßlers erlesene Weine: Frankenstraße 35, 20097 Hamburg Telefon 23 14 26, Fax 2 36 93 76, Mo-Fr 9-17 Uhr
Frau Keßler bietet über hundert verschiedene, vor allem italienische und französische Weinsorten. Weinprobe nach Anmeldung
- La Cantinetta: Lagerstraße 19, 20357 Hamburg (Eimsbüttel), Telefon 43 19 02 76, Fax 43 19 02 77, Mo-Fr 9–17, Sa 10–14 Uhr, Kreditkarte: EC-Karte; www.lacantinetta.de
Neben italienischer Feinkost und frischer Pasta auch ein großes Sortiment italienischer Weine
- La Fattoria: Isestraße 16, 20144 Hamburg

**Messwein: Bietet etwa 600 verschiedene Wein- und Sektsorten sowie Literatur zum Thema**

(Harvestehude), Telefon 4 20 02 55, Fax 4 20 94 49, Di-Fr 10–18.30, Sa 8–15 Uhr; www.lafattoria-hamburg.de
Italienische Weine. Da der Ladeninhaber vom toskanischen Weingut seines Vaters importieren kann, gibt es seit einiger Zeit auch die günstigen Hausmarken Dolcetto, Barbera und Gavi. Einen „Bricco dell Uzzellone" aus dem Piemont vom Weingut „Bologna" findet man hier für 150 bis 200 Euro

- Messwein: Lange Reihe 27, 20099 Hamburg (St. Georg), Telefon 28 80 48 75, Fax 28 80 48 76; www.mess.de
Bietet etwa 600 verschiedene Wein- und Sektsorten von Deutschland bis Südafrika. Außerdem gibt es zahlreiche Delikatessen sowie Literatur und Zubehör rund um das Thema Wein
- Öko Weindepot: Peter-Marquard-Straße 11, 22303 Hamburg (Winterhude), Telefon 27 69 80, Fax 2 70 52 99, Mo-Fr 9–18.30, Sa 9–14 Uhr, Weinkeller Sa 11–14 Uhr, Kreditkarte: EC-Karte
- Pinot Gris : Altonaer Straße 70, 20357 Hamburg Telefon 4 39 97 01, Fax 4 39 97 01, Mo-Fr 11–19, Sa 10–14 Uhr, Kreditkarte: EC-Karte; www.pinotgris.de
Ökologische Winzer benutzen für den Weinanbau weder Pestizide noch andere toxische Spritzmittel. Bei Pinot Gris kann man davon ausgehen, dass jede Sorte ein Zertifikat nach der entsprechenden EU-Richtlinie für ökologische Weinherstellung besitzt. Trotz des Einsatzes von Schachtelhalmsud, Wasserglas und Pflanzenöl sind die erlesenen Öko-Tropfen erstaunlicherweise nicht teurer als konventionell erzeugte Produkte (südfranzösischer Landwein ab 4 Euro). Als absoluter Dauerbrenner gilt wohl der '94er „Clos Syrah Léone" von der Domaine Peyre Rose der Erzeugerin Marlène Soria. Über den einzigartigen Geschmack dieser Rebsorte ein Kommentar aus dem Fachblatt *Vinum*: „opulent und lasziv wie ein orientalischer Harem. Dieser Wein schreit nach Freiheit und Luft." Wenn das nichts ist
- Ronaldi – Italienische Feinkost und Weine: Osterstraße 163, 20255 Hamburg (Eimsbüttel), Telefon 40 90 48, Fax 4 91 45 66, Mo-Fr 8–20, Sa 8–16 Uhr; www.ronaldi.de
Italienische Weine zeichnen sich durch ihre vielfältigen Geschmacksrichtungen aus, da die Anbaugebiete klimatisch und bodenmäßig stark variieren. Neben den 200 Sorten italienischer Weine jeder Preiskategorie gibt es bei Ronaldi auch eine beachtliche Anzahl an Grappas
- Scarpovino: Susannenstraße 29, 20357 Hamburg (Schanzenviertel), Telefon 4 39 00 43, Fax 41 46 78 32, Mo-Fr 10–19, Sa 9–16 Uhr, Kreditkarte: EC-Karte
Wein und Schuhe, Schuhe und Wein. Was hat das denn miteinander zu tun? Bei „Scarpovino", der Name verrät's, eigentlich alles. Der alteingesessene Wein- und Schuhladen im Schanzenviertel ist nun

in das neue Loft auf der anderen Straßenseite gezogen und vergrößert sich somit nicht nur, sondern gibt sich auch etwas schicker. Angebot und Preise bleiben gleich, jedoch schließt sich in der zweiten Etage jetzt noch eine Vinothek an. Hermann Dreyer ist Inhaber von Scarpovino und zugleich gelernter Pfälzer. Auf stolze 800 Weine bringt er sein Sortiment. Frei nach dem Motto „Ein guter Wein muss nicht teuer sein" führt er ein Riesenabgebot an Weinen unter 5 Euro. Aber auch Grappa, Balsamico und verschiedene Öle werden zu erschwinglichen Preisen angeboten. Scarpovino bietet ein Angebot, das seinen Schwerpunkt auf Produkte aus Italien, Spanien, Deutschland und Frankreich legt
▸ *Mode/Schuhe*

- Torsten Tesch: Lehmweg 26, 20151 Hamburg (Eppendorf), Telefon 42 91 38 55, Fax 42 91 83 31; www.guter-wein-torsten-tesch.de
  Neben ausgesuchten Weinen bietet Torsten Tesch regelmäßig Weinproben und Weinseminare. Die Seminare gehen über acht Abende und kosten 204 Euro inklusive Wein und Lektüre. Auch Kochkurse kann man bei Maestro Tesch belegen
- Vineyard: Eppendorfer Weg 64, 20259 Hamburg (Eimsbüttel), Telefon 43 21 32 30, Fax 43 21 32 31, Mo-Fr 12–20, Sa 10–16 Uhr, Kreditkarten: alle; www.vineyard.de
  Ist spezialisiert auf australische Weine, bietet aber auch gute Tropfen aus anderen Gegenden. Bei Vineyard können außerdem Weinseminare für Anfänger (45 Euro) und Fortgeschrittene (70 Euro) belegt werden
- Vinsole: Eppendorfer Weg 176, 20253 Hamburg Telefon 42 91 07 65, Fax 42 91 07 66, Mo-Fr 15–20, Sa 10–16 Uhr, Kreditkarten: EC-Karte; www.vinsole.de
  Spezialisiert auf italienische Weine, bietet jedoch auch eine Auswahl an deutschen, spanischen und französischen Weinen. Weinproben ab fünf bis sechs Personen nach Vereinbarung; Lieferservice
- Wein und Anderes: Mühlenkamp 13, 22303 Hamburg (Winterhude), Telefon 27 87 17 15, Fax 27 87 17 15, Mo-Fr 10–19.30, Sa 10–16 Uhr, Kreditkarten: alle; EC-Karte; E-Mail: weinundanderes@qqruqq.de
- Weinkellerei von Have: Sachsentor 32, 21029 Hamburg (Bergedorf), Telefon 7 21 30 61, Fax 7 21 26 30, Mo-Fr 9.30–18.30, Sa 10–16 Uhr, Kreditkarte: EC-Karte; www.weinkellerei-von-have.de
  Bietet eine große Auswahl an Weinen von Rheinhessen über Chile bis Australien
- Weinland: Saarlandstraße 23, 22303 Hamburg (Barmbek), Telefon 2 79 40 79, Fax 2 79 77 87, Mo-Fr 9–18.30, Sa 10–12 Uhr, Kreditkarte: EC-Karte; E-Mail: weinland@t-online.de
  Mit 1500 Artikeln beherbergt „Weinland" das größte Sortiment an italienischen Weinen in Hamburg. Da fällt selbst dem Betreiber kein Spezialtipp mehr ein. Dennoch: Ornelaia und Sasikaia sind die besten bekannten Weine aus der Toskana. Diese stehen zusammen mit feinen Olivenölen und Aceto Balsamico in den Regalen und warten darauf, italophile Gaumen zu erfreuen

## Weißwurst

Ob man's glaubt oder nicht: Der Oscar für die beste Weißwurst ging mehrmals nach Hamburg und zwar zu Norbert Fruntke. Der musste seinen Laden aus Altersgründen kürzlich aufgeben, sehr zum Leidwesen seiner Kunden. Die Bayern haben aber deshalb noch lange nicht das Monopol zurückerobert, denn Fruntke hat das Rezept weitergegeben und mit der Neuland-Fleischerei einen würdigen Nachfolger gefunden. Hier gibt es rund 61 prämierte Wurstsorten. Nur die Weißwurst fehlte noch, bis jetzt. Also, gebt's Obacht!

- Neuland-Fleischerei: Sillemstraße 38, 20257 Hamburg (Eimsbüttel), Telefon 40 94 24, Mo-Fr 8–13 und 14.30–18, Sa 7–13 Uhr

## Wochenmärkte

Es muss schon etwas ganz Besonderes sein, was Menschen noch vor der Arbeit aus der Wohnung treibt. Mit einem Lächeln der Vorfreude schwingen sie sich zum schönsten und buntesten Markt Hamburgs: dem Isemarkt. Genau genommen ist es eine mediterrane Spezialitäten-Meile, geschützt gemütlich unter U-Bahn-Gleisen gelegen. Schauen, schlendern, schäkern und kaufen – und das zu netter Straßenmusik. Obst und Gemüse, Fleisch und Käse sind wunderbar frisch und üppig. Daneben bieten die Händler ein zusammengewürfeltes Sortiment feil: Bücher, Putzlappen, Halbedelsteine zur Steigerung der persönlichen Vibes. Gehen Sie selbst auf Entdeckungstour.

- Wochenmarkt Allermöhe: Fleetplatz, 21035 Hamburg, Sa 8–13 Uhr
- Wochenmarkt Altona: Neue Große Bergstraße, 22769 Hamburg, Mi, Sa 8–13 Uhr

**Wochenmarkt: Der Isemarkt, Eppendorfs „Grand Marché", ist der schönste der Stadt**

- Wochenmarkt Barmbek: Wiesendamm/Bahnhof Barmbek, 22307 Hamburg, Di, Do, Sa 8.30–13 Uhr
- Wochenmarkt Bergedorf: Chrysanderstraße, 21029 Hamburg, Di, Fr 8–13 Uhr Friedrich-Franke-Bogen Do 8–13 Uhr
- Wochenmarkt Billstedt: Möllner Landstraße, 22115 Hamburg, Di 9–13, Fr 9–18 Uhr
- Wochenmarkt Blankenese: Blankeneser Bahnhofstraße, 22587 Hamburg, Di 8–14, Fr 8–18, Sa 8–13 Uhr
- Wochenmarkt Bramfeld: Herthastraße, 22179 Hamburg (Bramfeld), Di, Fr 8–13 Uhr
- Wochenmarkt Eidelstedt: Alte Elbgaustraße, 22523 Hamburg, Mi, Sa 8.30–13, Fr 8.30–18 Uhr
- Wochenmarkt Eimsbüttel: Grundstraße, 20257 Hamburg, Mi, Sa 8.30–13 Uhr
- Wochenmarkt Farmsen: Berner Heerweg, 22159 Hamburg, Di, Do 14–18 Uhr
- Wochenmarkt Finkenwerder: Am Finksweg, 21129 Hamburg, Di, So 7–12 Uhr
- Wochenmarkt Fuhlsbüttel: Ratsmühlendamm, 22335 Hamburg, Mi, Fr 8.30–13 Uhr
- Wochenmarkt Groß Flottbek: Osdorfer Landstraße, 22607 Hamburg, Mi, Sa 8–13 Uhr
- Wochenmarkt Hamm: Bei der Vogelstange, 20535 Hamburg, Di 9–13, Fr 12.30–18 Uhr
- Wochenmarkt Harburg: Sand/Schlossmühlendamm, 21073 Hamburg, Mo-Sa 8–13 Uhr
- Wochenmarkt Harvestehude/„Isemarkt": Isestraße, 20144 Hamburg, Di, Fr 8.30–14 Uhr
- Wochenmarkt Horn: U-Bahn Horner Rennbahn, 22111 Hamburg, Do 9–13 Uhr
- Wochenmarkt Jenfeld: Bei den Höfen, 22043 Hamburg, Mi 14–18, Fr 14–18.30 Uhr
- Wochenmarkt Langenhorn: Langenhorner Markt, 22415 Hamburg, Di 13.30–18, Sa 8–13 Uhr
- Wochenmarkt Lohbrügge: Lohbrügger Marktplatz, 21031 Bergedorf (Lohbrügge), Mi, Sa 8–13 Uhr
- Wochenmarkt Lokstedt: Grelckstraße, 22529 Hamburg, Mi 8.30–13 Uhr
- Wochenmarkt Lurup: Eckhoffplatz, 22547 Hamburg, Do 8–13 Uhr
- Wochenmarkt Neustadt: Großneumarkt, 20459 Hamburg, Mi, Sa 8.30–13.30 Uhr
- Wochenmarkt Niendorf: Tibarg, 22459 Hamburg, Do, Sa 8.30–13 Uhr
- Wochenmarkt Ohlstedt: Brunskrogweg, 22397 Hamburg, Fr 8–13 Uhr
- Wochenmarkt Ottensen: Spritzenplatz, 22765 Hamburg, Di 8–13, Fr 8–18.30 Uhr
- Wochenmarkt Poppenbüttel: Moorhof, 22399 Hamburg, Fr 14–18.30 Uhr
- Wochenmarkt Rahlstedt: Rahlstedter Bahnhofstraße, 22143 Hamburg, Mi, Sa 8–13 Uhr
- Wochenmarkt Rissen: Wedeler Landstraße,

22559 Hamburg (Wedel), Di 7–18, Sa 7–14 Uhr
- Wochenmarkt Rothenburgsort: Rothenburger Marktplatz, 20539 Hamburg, Mi, Sa 8–13 Uhr
- Wochenmarkt Rotherbaum: Turmweg, 20148 Hamburg, Do 8.30–14 Uhr
- Wochenmarkt Sasel: Saseler Markt, 22393 Hamburg, Do, Sa 8–13 Uhr
- Wochenmarkt Schnelsen: Wählingsallee, 22459 Hamburg, Di, Fr 8.30–13 Uhr
- Wochenmarkt St. Georg: Carl-von-Ossietzky-Platz, 20099 Hamburg, Do 10–14.30 Uhr
- Wochenmarkt St. Pauli: Fischmarkt, 22767 Hamburg, So 5–9.30 Uhr
- Wochenmarkt Steilshoop: Scheyerring, 22305 Hamburg, Di, Fr 14–18.30 Uhr
- Wochenmarkt Uhlenhorst: Immenhof, 22087 Hamburg, Di 14–18, Fr 8.30–13 Uhr
- Wochenmarkt Veddel: Slomanstraße, 20539 Hamburg, Fr 9–14 Uhr
- Wochenmarkt Wandsbek: Wandsbek Quarree, 22041 Hamburg, Mo 9–14, Di-Sa 8–13 Uhr
- Wochenmarkt Wellingsbüttel: Rolfinckstraße, 22391 Hamburg, Di, Fr 8–13 Uhr
- Wochenmarkt Winterhude: Goldbekufer, 22303 Hamburg, Di, Do, Sa 8.30–13 Uhr Winterhuder Marktplatz Mi 12–18, Sa 8–13 Uhr



## Ökomärkte:

- Ökomarkt Blankenese: Blankeneser Bahnhofstraße, 22587 Hamburg, Mi 9–13 Uhr
- Ökomarkt Eimsbüttel: Bei der Apostelkirche, 20255 Hamburg, Do 14–18 Uhr
- Ökomarkt Harburg: Sand, 21073 Hamburg, Mi 15–18 Uhr
- Ökomarkt Niendorf: Tibarg, 22459 Hamburg (Niendorf), Fr 9–12.30 Uhr
- Ökomarkt Nienstedten: Nienstedtener Marktplatz, Hamburg, Fr 9–12.30 Uhr
- Ökomarkt Ottensen: Spritzenplatz, 22765 Hamburg, Mi 15–18, Sa 9.30–14 Uhr
- Ökomarkt Rahlstedt: Bahnhofsvorplatz, 22143 Hamburg, Do 9–13 Uhr
- Ökomarkt Schenefeld: Stadtzentrum Vorplatz, Hamburg, Di 14–18 Uhr
- Ökomarkt St. Georg: Lange Reihe, 20099 Hamburg, Fr 9–13 Uhr
- Ökomarkt Wandsbek: Marktfläche Quaree, 22041 Hamburg, Do 15–18 Uhr
- Ökomarkt Winterhude: Winterhuder Marktplatz, 22303 Hamburg, Fr 14.30–18.30 Uhr

# NIGHT LIFE

## Bars und Kneipen

- Amphore: St.-Pauli-Hafenstraße 140, 20359 Hamburg (St. Pauli), Telefon 31 79 38 80, Fax 31 79 13 63, Mo-Fr ab 11, Sa ab 10, So ab 10 Uhr; Kreditkarten: keine
  Erst legendärer Puff, dann hipper Nachtclub – jetzt ist die Amphore eine Mischung aus Café und Nachtbar. Tagsüber gibt es einen täglich wechselnden Mittagstisch und Torten vom Konditor. Nachts locken die gut sortierte Bar und der Elbblick an die Bistrotische
- Astra-Stube: Max-Brauer-Allee 200, 22769 Hamburg (Schanzenviertel), Telefon 43 25 06 26, Fax 43 29 07 69, Mo-Sa ab 21.30 Uhr; www.astra-stube.de
  Besonders gemütlich ist es unter der Sternbrücke nicht. Wenig Stühle und der Blick auf eine triste Kreuzung. Aber egal: Hier geht's um Musik. DJs und Livebands setzen neue Trends und experimentieren mit den Hörgewohnheiten des Publikums
- Aurel: Bahrenfelder Straße 157, 22765 Hamburg (Altona), Telefon 3 90 27 27, Fax 39 90 96 98, Mo-So ab 12 Uhr
  Walgesänge auf der Toilette, eine Happy Hour nach der anderen und im Sommer der Catwalk vor der Tür. Wenn es zum Draußensitzen zu kalt ist, können sich die Gäste immer noch in die Postsackstühle fallen lassen oder sich an der großzügigen Bar ausgiebig betrinken
- Bar Centrale: Clemens-Schultz-Straße 66, 20359 Hamburg (St. Pauli), Telefon 3 19 26 57, Mo-Fr 19.30–4, Sa, So 19.30–6 Uhr, Kreditkarten: alle außer Eurocard
  Seit sich die Betreiber entschlossen haben, zwei Plattenspieler auf der Galerie zu postieren, lohnt sich der Besuch wieder. Manchmal zumindest. Das Publikum ist eher über 25 und gepflegt gekleidet. Guter Flipper
- Bar Kuthe: Hindenburgstraße 2, 22303 Hamburg (Winterhude), Telefon 2 70 80 83, Fax 2 70 80 83, Mo-Do 11–1, Fr, Sa ab 11 Uhr, Kreditkarte: EC-Karte; E-Mail: Dagmarvielyans@bkh-online.de
  Tagsüber eher Restaurant, ist die Bar Kuthe – unter Insidern „BKH" genannt – abends besonders am Wochenende eine der nettesten Kneipen in Winterhude: schlicht, schick und freundlich
- Bar Rossi: Max-Brauer-Allee 279, 22769 Hamburg (Schanzenviertel), Telefon 43 25 46 39, Fax 43 35 22, So-Do 18–3, Sa, So 18–4 Uhr, www.inteldrink.de
  Seitdem das ehemalige Kurbad Rossi zu einer aufwändig renovierten Bar umfunktioniert wurde, herrscht hier in den späten Abendstunden reges Treiben. Am Wochenende wird das Gedränge besonders groß, denn da zieht man sich schick an und kommt zum Klamottenvorführen her. Wer es sich bequem machen möchte, sollte etwas früher kommen, um einen Sitzplatz auf den schönen Ledersesseln im hinteren Teil der Bar zu ergattern

Astra-Stube unter der Sternbrücke: Drüber rattert die U-Bahn, drinnen basteln DJs und Bands an neuen Trends

- Bereuther: Klosterallee 100, 20144 Hamburg (Eppendorf), Telefon 41 40 67 89, Fax 41 40 67 88, Mo-So 18–24 Uhr, Kreditkarten: Eurocard, Visa, Master, Amex, Comfort-Card, EC-Karte; www.bereuther.de
  Man ist schick und parkt gerne das entsprechende Auto vor der Tür. Am Tresen ist gelegentlich Hamburgs Lokal- und Luder-Prominenz anzutreffen, was aber nicht davon abhalten sollte, einfach nur ein Getränk in nettem Ambiente zu genießen
- Blauer Peter IV: Hamburger Berg 19, 20359 Hamburg (St. Pauli), Telefon 3 19 46 85, Mo, Di 14–2 Uhr, Mi-So 24 Stunden
  Fr, Sa ab 22 Uhr DJs; einst eine Seemannskneipe, ist die kleine Sumpfhöhle heute mit alternativem Publikum zwischen 18 und 30 gefüllt. In gemütlicher Atmosphäre läuft Indie-Pop über Reggae bis zu Easy Listening mit engagierten Hobby-DJs. Manchmal gibt's recht spezielle Mottos wie „Brit-Pop 86–87". Als lockerer Ausklang der Samstagnacht durchaus zu empfehlen
- Blaues Barhaus: Große Brunnenstraße 55, 22763 Hamburg (Altona), Telefon 39 90 58 42, Fax 39 90 96 98, Mo-So ab 21 Uhr
  Die Caipirinhas kommen in riesigen Gläsern, die DJs auf den offenen Dachboden und die Gäste aus schickeren Kreisen Altonas. Auch wenn's schubsig wird, amüsieren sich alle. Vielleicht liegt es an den leckeren Cocktails
- Borchers: Geschwister-Scholl-Straße 1–3, 20251 Hamburg (Eppendorf), Telefon 46 26 77, Fax 46 77 93 28, täglich ab 10.30 Uhr, Kreditkarte: EC-Karte

Eppendorfer wissen, was sie an ihrem Borchers haben. Eine ausgesuchte Getränkekarte mit diversen Bieren vom Fass sowie eine große Auswahl an kleinen und großen Gerichten. Da ist es den Bedienungen zu verzeihen, dass sie in der Hektik hin und wieder mal pampig werden

- BP 1: Schulterblatt 74, 20357 Hamburg (Schanzenviertel), Telefon 4 32 29 96, Mo-So 21–open end
  Klein, orange und am Wochenende beschlagen: Das BP 1 sticht ins Auge. Drinnen ist es sehr schnell überfüllt, doch zum Glück bietet das Schulterblatt noch ausreichend Platz, um sich unters größtenteils hippe Publikum zu mischen. Um einen kleinen oder großen Drink zu nehmen, ist diese Bar eine nette Alternative zur Daniela Bar oder zum Saal II. Vor allem für Menschen, die funky Musik oder soften Drum & Bass mögen
- Café Absurd: Clemens-Schultz-Straße 84, 20359 Hamburg (St. Pauli), Telefon 3 17 11 22, Fax 38 61 92 74, Mo-Fr ab 10 Uhr, Sa, So 10–4 Uhr; E-Mail: D_Sanlier1@hotmail.com
  Hier trifft sich, wer entspannt auf Korbstühlen sitzen und sich unterhalten will. Im Sommer kann man vor dem Laden extrem gesund frühstücken. Passabler Hang-out im ruhigeren Teil St. Paulis
- Café Altamira: Bahrenfelder Straße 331, 22761 Hamburg (Ottensen), Telefon 85 37 16 00, Fax 8 53 24 10, Mo-So ab 18 Uhr; www.cafealtamira.de
  Am Wochenende brummt der Laden – aus den Boxen tönt Salsa. Deswegen verständigt man sich am besten laut und mit wilden Gesten. Die Kellner tun das auch, das soll lateinamerikanische Lebensfreude ausdrücken. Im Sommer können Tapas und Rotwein auch im Garten verzehrt werden
- Café Gnosa: Lange Reihe 93, 20099 Hamburg (St. Georg), Telefon 24 30 34, Fax 24 34 90, Mo 18–1, Di-Do 11–1, Fr-So 11–2 Uhr, Kreditkarten: keine
  Bis spät in die Nacht werden die besten Kuchen der Stadt serviert. In dem schwul-lesbischen Café mit Originaleinrichtung aus den Vierzigern entgeht den Gästen nichts: Das Gnosa ist ein Laufsteg. Wer es geschafft hat, unter den kritischen Blicken der anderen einen Platz zu finden, darf naschen und mitlästern
- Café Miller: Detlev-Bremer-Straße 16, 20359 Hamburg (St.Pauli), Telefon 31 57 19, Fax 31 00 72, täglich ab 10 Uhr, Kreditkarten: EC-Karte; www.cafe-miller.de
  Nach St.-Pauli-Heimspielen werden hier noch mal die wichtigsten Szenen des Spiels durchgekaut. In fußballfreien Zeiten eine gehobene Eckkneipe mit reichhaltiger Getränkekarte und gut gelaunter Bedienung
- Café Oriental: Marktstraße 21, 20357 Hamburg (Karolinenviertel), Telefon 43 27 44 70, Mo-So ab 10 Uhr
  Alles wird immer stylischer – nur das „Oriental" ändert sich nicht. Keine hippen DJs, keine hippe Deko. Dafür grüner Tee und gesundes Essen in Räucherstäbchen-Nebel und marokkanischem Ambiente
- Cliff: Fährdamm 13, 20148 Hamburg (Harvestehude), Telefon 44 27 19, Fax 45 03 87 88, Mo-Fr ab 11, Sa, So ab 10 Uhr, Kreditkarte: EC-Karte
  Hier treffen Berufssöhne auf Hanseatentöcher, um sich bei einer Weinschorle über die zukünftige Eigentumswohnung auszutauschen. Eigentlich schade, da sowohl die Lage als auch das in der Bar integrierte Aquarium einzigartig sind. Die inhumanen Getränkepreise werden bereitwillig vom Publikum akzeptiert
- Clochard: Reeperbahn 29, 20359 Hamburg (St. Pauli), Telefon 31 51 12, Fax 31 79 69 00, Mo-So 24 Stunden; www.derclochard.de
  Nicht ohne Grund lobt die Website Billigsaufen.de den Clochard in höchsten Tönen. In der billigsten Kneipe auf dem Kiez kommen Koma-Säufer und Schaulustige voll auf ihre Kosten. Die Terrasse ermöglicht einen idealen Blick auf den Sonnenaufgang – wenn man noch so viel erkennen kann. Fachmännisch festgezurrter Maschendraht schützt vorm Sturz auf die Straße

- Das Neue Landhaus Walter: Hindenburgstraße 2, 22303 Hamburg (Winterhude), Telefon 27 50 54, Fax 2 79 84 93, Biergarten Mo-Sa 16–24, So 12–24 Uhr, www.landhauswalter.de
  Wenn das Wetter gut ist, brummt der Laden. Kein Wunder, schließlich liegt das Landhaus Walter mitten im Stadtpark und darf seit letztem Sommer sogar Norddeutschlands größten Biergarten sein Eigen nennen. Am Freitag finden im angeschlossenen Downtown Blues Club Livekonzerte statt
- Die Brücke: Innocentiastraße 82, 20144 Hamburg (Eppendorf), Telefon 4 22 55 25, Mo-Sa 12–2, So 19–1 Uhr, Kreditkarte: EC-Karte
  Gegen 23 Uhr verschwinden die Tische und Stühle, und das Restaurant wird zur Bar umfunktioniert. Ob die Klientel tatsächlich in Bausch und Bogen der Werbebranche zuzurechnen ist, wie allgemein vermutet wird? Schick genug dafür ist sie jedenfalls
- Die Welt ist schön: Neuer Pferdemarkt 4, 20359 Hamburg (St. Pauli), Telefon 40 18 78 88, Fax 40 18 78 89, Mo-So ab 20 Uhr; E-Mail: dieweltistschoen@hansenet.de,
  Die Welt ist auf zwei Ebenen schön: Unten verruchtes Blau; oben heimeliges Orange. Hier ist alles stilvoll und sauber: Einrichtung, Musik und Gäste. Sie können außerdem die Dachterrasse und den Garten der Bar genießen
- Dschungel: Schanzenstraße 27, 20357 Hamburg (Schanzenviertel), Telefon 43 25 14 23, Fax 85 50 02 35, Mo-So ab 20 Uhr; E-Mail: tomfort@gmx.de
  Es ist, als betrete man ein umgestülptes Plattencover von Peter & The Test Tube Babies aus den Achtzigern. Gemütlich, eng, süffig, und das Bier schmeckt zu Normalpreisen einfach besser. Aus den Boxen reminiszieren vergangene Punkrock-Zeiten. Trotzdem prosten sich hier nicht nur Altpunks zu: Die Klientel ist gemischt. Jeden Sonntag gibt's Reggae und HipHop
- Dualbar: Schanzenstraße 53, 20357 Hamburg (Schanzenviertel), Telefon 43 20 88 29, Fax 43 20 88 41, Mo-So ab 11 Uhr, Kreditkarte: EC-Karte; www.dualbar.de
  Frühstück von 11–16 Uhr; „Dual" steht für die zwei Seiten: vorne Café – hinten Kneipe. Im Sommer kann man draußen sitzen und die Bauarbeiten in der Schanze beobachten. Abends sollte man sich das Gesicht seiner Begleitung gut einprägen – das orange-braune Licht führt dazu, dass irgendwie alle gleich aussehen. Oder liegt das gar nicht am Licht?
- Duschbar: Bahrenfelder Straße 168, 22765 Hamburg (Altona), Telefon 39 90 40 06, Fax 39 90 40 06, Mo-So im Sommer ab 13 Uhr, Winter ab 18 Uhr; www.duschbar.de
  Das Styling ist Geschmackssache, die Enge allerdings nicht. Der dünne Schlauch ist Durchgang zur Tanzfläche und Bar in einem. Das bedeutet: Körperkontakt ist unumgänglich
- Egal Bar: Marktstraße 131, 20357 Hamburg (Karolinenviertel), Telefon 43 29 07 68, Fax 43 29 07 69, Mo-So ab 9 Uhr; E-Mail: egalbar@zone-hamburg.com
  Wenn der Barkeeper grad nicht hinterm Tresen steht – am Kicker ist er bestimmt. Für Medienkünstler und Hobbyfotografen: Dia- und Super-8-Projektor stehen bereit. Weil sich hier jeder Hobby-DJ zum Plattenauflegen in das „grüne Buch" eintragen kann, ist die Musik oft denkwürdig skurril
- Ex-Sparr: Hamburger Berg 4, 20359 Hamburg (St. Pauli), Telefon 31 79 38 33, Fax 43 27 87 13, Mo-So ab 21 Uhr; www.ex-sparr.de
  Treffpunkt für Studenten der ersten Semester und Menschen, die keine Lust auf Schnickschnack haben. Die DJs legen amtlichen Rock-Pop auf; das Publikum wippt dazu in Jeans und Turnschuhen
- Familieneck: Friedensalle 2–4, 22765 Hamburg (Ottensen), Telefon 3 90 74 97, Mo-So ab 18 Uhr; www.familieneck.de
  Die Kneipe macht ihrem Namen alle Ehre: Hier trifft sich die große, bunte Altonaer Familie an Murmeltischen zum Parlieren, Trinken oder Baggern. Die DJs (Do-Sa) stehen in der kleinen, beschaulichen Bar quasi auf dem Tresen. Gespielt wird House, HipHop, Big Beat, Drum & Bass, Techno, Funk und Soul
- Frauenkneipe: Stresemannstraße 60, 22769 Hamburg (St. Pauli), Telefon 43 63 77, So-Fr ab 20, Sa ab 21 Uhr, Di geschlossen; www.frauenkneipe-hamburg.de
  Hamburgs erste Kneipe, die ihre Pforten ausschließlich für Frauen öffnet; hier trifft frau sich vornehmlich zum Klönen, zwischenzeitlich gibt's Ausstellungen und andere Kulturveranstaltungen; jeden Fr Tanzparty, jeden Sa Musik-Specials
  ▶ *Frauen*
- Gazoline: Bahrenfelder Straße 132, 22765 Hamburg (Ottensen), Telefon 39 90 47 95,

**Hadley's: Die Plätze auf der Empore sind heiß begehrt**

Fax 3 90 87 46, Mo-Sa ab 10, So ab 15 Uhr; E-Mail: gazoline-bar@gmx.net
Bei Jazz à la Saint Germain und Easy Listening beobachten verkappte Philosophen und schriftstellerisch ambitionierte Nerds, wie der Barmann den nächsten Longdrink mixt. Ungestört können die Gäste ihren Gedanken nachhängen oder sich in Plaudereien ergehen

- Geyer: Hein-Köllisch-Platz 4–5, 20359 Hamburg (St. Pauli), Telefon 31 03 18, Mo-So 11–3 Uhr
  Im Geyer kann es schon mal vorkommen, dass die Gäste das laute Lieblingstape der jeweiligen Tresenkraft ertragen müssen. Was im Sommer, wenn alle auf dem schönen Hein-Köllisch-Platz sitzen, getrost ignoriert werden kann. Und die kleine Speisekarte sollte nicht übersehen werden
- Gloria Cafébar/Plus: Bellealliancestraße 31, 20259 Hamburg (Eimsbüttel), Telefon 43 29 04 64, Fax 43 25 20 75, Mo-Fr ab 10, Sa und So ab 11 Uhr; www.gloriabar.de
  Im Sommer sitzt es sich vor der Tür unter den Schatten spendenden Bäumen besonders schön. Für den mittelgroßen Hunger gibt es Snacks und Suppen. So können geneigte Gäste bis zu vorgerückter Stunde verweilen. Denn dann verwandelt sich das Café in einen beliebten Eimsbütteler Szenetreff, in dem sich Nachtschwärmer tummeln, um Johnny oder Jack zu ordern
- Golden Pudel Klub: St. Pauli Fischmarkt 27, 22767 Hamburg (St. Pauli), Telefon 3 19 53 36, Mo-So im Sommer ab 21 Uhr, im Winter ab 22 Uhr
  Im Sommer ist die Treppe vor dem kleinen Haus zwischen Fischmarkt und Hafenstraßen-Häusern die bestgefüllte Hamburgs. Bei kalter Witterung lümmeln sich hier auch unter der Woche die Bekannten der Plattenaufleger. Am Wochenende schickeres Volk – auf der Suche nach einer „schrillen" Bar. Viele gute und manche nervige DJs spielen alles von cheesy Disco bis Punkrock
- Hadley's: Beim Schlump 84, 20144 Hamburg (Univiertel), Telefon 4 50 50 75, Fax 4 50 50 97, Mo-So ab 11 Uhr; E-Mail: hadleys@hadleys.de; www.hadleys.de
  Schöner Laden, um in Ruhe den Abend zu verquatschen. Am besten sichert man sich dazu einen Platz auf der Empore, denn am Wochenende wird's an der Bar gerne etwas pöbelig
- Hefner: Beim Schlump 5 (Univiertel), Telefon 41 35 24 08, So-Do 20–3, Fr und Sa 20–4 Uhr, Happy Hour 20–21 Uhr
  Die Bar Hefner ist genau die richtige Anlaufstätte für Leute, die sehen und gesehen werden wollen: Perfektes Styling, teure Klamotten und Gute-Laune-Mimik, die gern mal mit einem „El Diabolo" aufgefrischt wird. Auf den braunen Sofas nehmen die Herren einen „White Russian" zu sich, während das schön hergerichtete andere Geschlecht demonstrativ auf Weiblichkeit setzt
- Insbeth: Bahrenfelder Straße 176, 22765 Hamburg (Altona), Telefon 3 90 19 24, Fax 39 32 80, Mo-So ab 10 Uhr; www.insbeth.de
  Eine der letzten Kneipen, an der die Stylingwut in Altona und Ottensen spurlos vorübergegangen ist. Dem Publikum scheint die bunte Achtziger-Fantasy-Deko lieber zu sein als Stahl und Glas. Hier ein Bier zu bestellen, ist mitunter eine langwierige Operation. Aber egal, die meisten Gäste haben sowieso noch eine Menge Zeit bis zur Rente rumzukriegen
- Joker: Reeperbahn 153, 20359 Hamburg (St. Pauli), Telefon 3 17 48 07, Fax 3 17 48 09, Mo-Fr ab 11, Sa, So ab 12 Uhr, Kreditkarten: alle; www.gastro-joker.de
  Mitten auf der Reeperbahn gelegen, befriedigt die Joker-Crew zügig und freundlich die kulinarische Notdurft der Kiezbesucher. Dazu läuft Funk, Soul, HipHop, House oder Jazz. Außerdem jeden Donnerstag Livemusik von der Hausband Rivers
- Kalenbach: Moorfuhrtweg 9, 22301 Hamburg (Winterhude), Telefon 27 59 09, Fax 27 80 57 2, Mo-Fr 12–0.30, Sa 11–1.30, So 10–1.30 Uhr, Kreditkarte: EC-Karte
  Das Kalenbach ist in den Sommermonaten die Anlaufadresse in Winterhude. Mit dem kühlen Weizenbier unter freiem Himmel kann kein Trendschuppen St. Paulis konkurrieren. Und wer schon mal Hamburgs Kanäle mit dem Kanu erkundet hat, weiß den kleinen Bootsanleger des Kalenbach am Goldbekufer zu schätzen

- Kochsalon: Bernhard-Nocht-Straße 95, 20359 Hamburg (St. Pauli), Telefon 31 79 60 70, Fax 25 32 87 87, Mo-So 12–1 Uhr; E-Mail: outbiss@kochsalon.de; www.kochsalon.de
Obwohl keine harten Alkoholika verkauft werden, geht das Konzept der Imbissbar auf. Von wechselnden Köchen – manchmal auch prominenten Gästen – werden exzellente Gerichte von fein bis deftig zubereitet. Außerdem vegetarische und nichtvegetarische Tagesgerichte. Der Kochsalon ist nicht nur die Alternative zu ortsüblichen Fettpuffs, sondern auch Ausstellungsraum für Hamburgs Jung-und-hip-Künstler
- Komet: Gerhardstraße 18, 20359 Hamburg (St. Pauli), Telefon 3 19 63 56, Fax 3 19 11 61, So-Do 21–4, Fr, Sa ab 21 Uhr
Kleine Bar mit großer Stimmung, am Wochenende zu später Stunde prallvoll. Weil Wirt Timo Finne ist, gibt's hier den schmackhaften „Schwarzen", einen finnischen Lakritzlikör, und allerlei Landsleute zwitschern sich einen an. Der passende Ort für dicht gedrängte Abstürze
- Kurhaus: Beim Grünen Jäger 1, 20359 Hamburg (Schanzenviertel), Telefon 4 39 66 75, Mo-Fr ab 12, Sa, So ab 11 Uhr; www.kurhaus.mal.2.de
Die wohl kleinste Bar Hamburgs ist mit fünf Leuten gut besucht, und wenn ein Dutzend Gäste da sind, quillt sie über. Um keine Langeweile aufkommen zu lassen, wird der Raum am Neuen Pferdemarkt ständig umdekoriert und neu gestrichen. Nachmittags eines der angenehmsten Cafés der Stadt. Dem nächtlichen Ansturm im Sommer hält das Kurhaus nur stand, weil der Bürgersteig zur Bank umfunktioniert wird
- La Paloma: Friedrichstraße 11, 20359 Hamburg (St. Pauli), Telefon 31 45 12, Di-So ab 19 Uhr
In den Achtzigern mal trendy, als der Düsseldorfer Künstler Jörg Immendorf den Laden pachtete und ein paar Bilder aufhängte. Heute ein bumsvoller Schunkel-, Bagger- und Abstürzschuppen, in dem zu Gassenhauern wie „Auf der Reeperbahn nachts um halb eins" oder „Y. M. C. A." gejohlt wird, bis der Arzt kommt
- Le Fonque: Juliusstraße 33, 22769 Hamburg (Schanzenviertel), Telefon 4 30 75 15, Fax 4 60 44 34, Mo-So ab 22 Uhr; www.fonque.de
Betreiber Gideon Schier hat hier die Idee weiterentwickelt, die schon im legendären Kellerclub Soul Kitchen Pate stand. Die Ausstattung dezent cheesy, die Barfrauen nett und aufmerksam, die Getränkepreise zivil
- Legendär: Lehmweg 44, 20251 Hamburg (Eppendorf), Telefon 47 32 07, Mo-So 10–2 Uhr, Kreditkarten: alle
Das ehemalige Onkel Pö ist ein typisches Kneipen-Restaurant. Zum Feierabendbierchen oder zum Glas Wein trifft sich hier halb Eppendorf und lässt den Tag ruhig ausklingen. Nicht außergewöhnlich, aber gut kann man im Legendär speisen. Wer auf richtig hausgemachte Bratkartoffeln mit Sauerfleisch steht, ist an der richtigen Adresse

Kurhaus: Volles Haus bei sechs Gästen – aber draußen schmeckt derJägermeister nicht minder gut

- Lehmitz: Reeperbahn 22, 20359 Hamburg (St. Pauli), Telefon 31 46 41, Mo-So 24 Stunden
Eine der verwarzteren Pinten auf der Reeperbahn. Die Getränkepreise sind günstig, die Mucke rockt, die Klos sind beschissen. An dem langen Hufeisentresen treffen traurige Kiezgestalten auf trinkfestes Jungvolk und gestandene Kuttenträger
- M & M Bar (Hotel Reichshof): Kirchenallee 34, 20099 Hamburg (St. Georg), Telefon 24 83 30, Fax 24 83 38 88, Mo-So 20–2 Uhr, Kreditkarten: alle; www.maritim.de
Honigfarben fällt das Licht auf die schilfgrünen Ledergarnituren an den schwarzen Marmortischen. Der Martini ist trocken wie Staub. Es herrscht Geborgenheit, milde Düsternis, erhabene Eleganz, und über allem perlen leise Pianoklänge. Malt-Whisky-Freunde können unter mehr als hundert Sorten wählen. Happy Hour: 20–21 Uhr
- Mai Tai Bar: Marseiller Straße 2, 20355 Hamburg (Neustadt), Telefon 35 02 34 40, Fax 35 02 35 30, Mo-Sa 17–2 Uhr, Kreditkarten: alle; www.radissonsas.com
Die Bar verwöhnt mit den besten Cocktails und leckersten Appetizern der Stadt. Zirka 65 Plätze, Happy Hour: 17–20 Uhr

- Mandalay: Neuer Pferdemarkt 13, 20359 Hamburg (Schanzenviertel), Telefon 4 30 46 16, Fax 43 21 49 23, Mi-So ab 20 Uhr
  Der Geist der Mojo-Mandarin Lounge füllt die Räume des ehemaligen Stairways mit neuem Leben. Am Wochenende hat damit nun auch die Schanze einen schicken House-Club. Unter der Woche bleibt die Tanzfläche meist leer. Macht aber nichts – auf roten Sofas in gedämpftem Licht lassen sich prima Gespräche führen
- Max Bar: Paul-Roosen-Straße 35, 22767 Hamburg (St. Pauli), Telefon 31 79 65 76, Mo-Fr 21–4, Sa, So ab 21 Uhr; E-Mail: denwirt@max-bar.de; www.max-bar.de
  Von der Idee bis zur Eröffnung der Max Bar hat es gerade mal dreißig Tage gedauert. Mitinhaber Arno will das Programm möglichst flexibel gestalten: „Unser Konzept ist es, ohne Konzept zu sein." So bleibt dem Kneipenbetrieb viel Raum für verschiedenste Aktionen. Von Kickerturnieren bis hin zu südamerikanischen Nächten ist alles drin
- Max & Consorten: Spadenteich 7, 20099 Hamburg (St. Georg), Telefon 24 56 17, Fax 24 48 17, Mo-So ab 10 Uhr
  Das Interieur ist dunkel, das Ambiente urig gemütlich. St. Georgs klassische Kneipe ist nichts für Schnösel. Hier wird Gerstensaft getrunken, und dazu gibt's deftige Gerichte. Die Einrichtung erinnert an das Hamburg der 70er Jahre, als Udo Lindenberg noch ein heißer Hund und die Gebrüder Blattschuss noch lustig waren
- Maybach: Heußweg 66, 20255 Hamburg (Eimsbüttel), Telefon 4 91 23 33, Fax 4 90 54 53, Mo-So ab 10 Uhr, Kreditkarten: alle; E-Mail: maybach-eppendorf@acor.de
  Selbst in Segeberg oder Winsen an der Luhe sind die beiden Maybachs ein Begriff. In der Eimsbütteler Dependance ist der Sound deftig laut, die Stimmung ausgelassen und die Bedienung freundlich
- Meisenfrei: Eppendorfer Weg 75, 20257 Hamburg (Eimsbüttel), Telefon 4 91 91 21 oder 40 94 33, Mo-Fr 11–3, Sa, So 11–4 Uhr, Kreditkarte: EC-Karte; E-Mail: tresen@meisenfrei.com; www.meisenfrei.com
  Das freundlich unaufdringliche Personal ahnt den Getränkewunsch oftmals schon im Vorfeld. Originelle Einrichtung. Für den kleinen Hunger werden Snacks serviert. Warme Küche täglich bis 1 Uhr
- Milk Bar: Mittelweg 130, 20148 Hamburg (Neustadt), Telefon 44 86 50, Fax 44 86 50, Mo-So ab 18 Uhr, Kreditkarten: alle außer Diners; www.milkbar.de
  Lange Zeit stand die alte Polizeiwache von 1879 gegenüber dem Cinemaxx leer. Heute präsentiert das Interieur der Milk Bar jenen Grad hanseatischer Zurückhaltung, der in Hamburg leider viel zu selten anzutreffen ist. Rote Lederbänke, klassische Bistrotische und Barhocker mit genau der richtigen Höhe zum Tresen. Im Souterrain gibt's außerdem noch eine Champagnerbar (geöffnet ab 20.30 Uhr)
- Mutter: Stresemannstraße 11, 22769 Hamburg (Schanzenviertel), Telefon 43 18 21 06, Mo-So ab 21 Uhr
  Hier geht immer noch was: Hamburgs Hipster schießen sich hemmungslos die Lichter aus. Zu später Stunde ähneln die einzelnen Wohnzimmer-Nischen Diskussionsforen, in denen eifrig über Musik und Beziehungen debattiert wird
- Nouar: Max-Brauer-Allee 275, 22769 Hamburg (Schanzenviertel), Telefon 4 30 89 49, Fax 4 30 89 49, Mo-So ab 19 Uhr–open end
  Was unter der Woche aussieht, wie ein Gebrauchtmöbelladen, mutiert am Wochenende zu einer Art Ballermann 6. Chart-Kracher, Bizeps-Präsentation und Go-go-Girls inklusive. Guter Laden für angehende Pärchen: Riesen Auswahl an Sofas, in denen man gut kuscheln und gemeinsam lästern kann. Rein darf man schon um 14 Uhr, wenn ein wichtiges Fußballspiel läuft
- Pension Alsenkrug: Waterloostraße 48, 22769 Hamburg (Eimsbüttel), Telefon 43 28 07 90
  Gemütlich ist es im Alsenkrug, und trotz des Namens alles andere als bieder: rote Polsterecken, Schummerbeleuchtung und musikalische Themenabende schaffen eine familiäre Atmosphäre in dieser sonst eher toten Ecke von Eimsbusch. Der Alsenkrug ist mietbar für Partys
- Piano Bar: ABC-Straße 52, 20354 Hamburg (Neustadt), Telefon 3 50 50, Fax 35 05 17 77, Mo-So 12–2 Uhr, Kreditkarten: alle; E-Mail: mhrs.hamdt.info@marriott.com; www.marriott.com/marrriott/hamdt
  Die Cocktails sind fein: Der Martini verdient das Attribut „dry", der nichtalkoholische Cocktail erfrischt und belebt. Dazu lümmelt es sich in den gemütlichen Sesseln ganz ausgezeichnet. Nur die riesigen Schaufenster trüben das Vergnügen
  Happy Hour 19.30–21.30 Uhr
- Q-Bar: Silbersacktwiete 6, 20359 Hamburg (St. Pauli), Telefon 31 79 20 46, Mo-Fr ab 20 Uhr
  Leckere Tapas, charmante Bedienung und lateinamerikanische Musik ohne Ricky-Martin-Appeal. Schöner Ort für einen gepflegten Kiez-Einstieg
- R & B: Weidenallee 20, 20357 Hamburg (Eimsbüttel), Telefon 44 10 44, Fax 4 50 54 58, Mo-Fr 11.30–2, Sa und So 18.30–2 Uhr, Kreditkarten: alle
  Ab 22 Uhr setzt in dem Bar-Restaurant der Run auf

Schilleroper: Club-Betreiber Martin Mross steht mitunter selbst hinter den Turntables

den Tresen ein. In kitschigem Ambiente stürzt hier die Eimsbütteler In-Crowd Bier der Marke Radeberger und vergnügt sich bei den souligen Grooves, die der Lokalname bereits verspricht

- Red Dog Bar & Café: Krugkoppel 1, 20149 Hamburg (Harvestehude), Telefon 44 49 26, Fax 44 49 26, Mo-Fr 17–2, Sa 15–2, So 12–24 Uhr; www.red-dog-hamburg.de
Nette Stehbar mit Terrasse zur Außenalster. Weil keine Anwohner meckern, kann es draußen bis zum Schluss hoch hergehen. Wer beim Ausgehen auf seinen Kläffer nicht verzichten möchte: Hier steht Hundekuchen auf der Speisekarte
- Roschinsky's: Hamburger Berg 19, 20359 Hamburg (St. Pauli), Telefon 31 95 68 6, Mo-So ab 21 Uhr
Am Wochenende ist die Mitsing-Kneipe genauso voll wie die Gäste. Was nicht nur daran liegt, dass der Wirt bei guter Laune schon mal ein paar Saure ausgibt. Am Wochenende legt ein DJ Rock- und Danceclassics auf, die man schon von der Straße aus hören kann. Halligalli!
- Saal II: Schulterblatt 83, 20357 Hamburg (Schanzenviertel), Telefon 4 39 28 28, Mo-Fr ab 12, Sa, So ab 11 Uhr; www.saal2.de
Tagsüber ein schönes Café mit hohen Decken und sutjer Atmosphäre, abends wird's voller und lauter. Viele Twentysomethings in Sozialhilfeschick, viel B-Prominenz aus dem Hamburger Musik-Underground. Für ausgedehnte Gespräche ein guter Ort, denn die Musik bleibt im Hintergrund, und ein Tisch wird irgendwann immer frei
- Scandia: Gerhardstraße 7, 20359 Hamburg (St. Pauli), Telefon 41 16 59 82, Fax 3 19 11 61, Mo-So 14–2 Uhr, Kreditkarten: alle; www.scandia-bar.com
In Hamburgs erster Sauna-Kneipe kann man sein Bier bei 120 ° zischen. Das ist typisch finnisch und nichts für Weicheier. Bier ohne Saunen ist aber auch erlaubt – genau wie Tanzen. Der Laden sieht zwar aus wie ein 80er-Jahre-Jugendzentrum – aber die DJs sind gut und experimentierfreudig; gelegentlich Livekonzerte
- Schilleroper: Bei der Schilleroper 14, 22767 Hamburg (Schanzenviertel), Mo-So ab 21 Uhr; www.schilleroper.de
Hier treffen sich die coolsten Säue der Uni: Anglistik-Studenten. Die trinken viel Bier und hören niemals Brit-Pop, sondern schräge B-Seiten auf wackligen Plattenspielern, die auch schon Mal umfallen, wenn sich der Wirt selbst als DJ versucht. Das wilde Studentenleben wird durch musikalische Themenabende, charmante Livekonzerte oder Lesungen bereichert
- Sorgenbrecher: Hamburger Berg 23, 20359 Hamburg (St. Pauli), Telefon 3 17 57 80, Mo-Do 22–4, Fr, Sa ab 22 Uhr
Wenn der Tresen voll besetzt ist, ist der Laden schon gut gefüllt – wie das eben so ist bei den St.-Pauli-Trinkerkaschemmen, die zu Szenetreffs geworden sind. Hier zecht es sich in gemütlicher Enge. Die Qualität des Abends hängt allerdings empfindlich davon ab, welche Tresenkraft gerade die Kassettensammlung diktiert
- The Chinese-Mandarin-Lounge: Reeperbahn 1, 20359 Hamburg (St. Pauli), Telefon 31 79 56 44, Fax 43 93 82 2, Mi-Sa ab 20 Uhr; E-Mail: mojo@mojo.de; www.mojo.de
Die Besucher werden mit HipHop und Soul-Scheiben empfangen und können in dem ehemaligen Chinarestaurant ungestört chillen. Moderne Clubkultur vermischt sich hier mit asiatischem Ambiente. Hinter den verwinkelt aufgestellten Trennwänden kann man sich wunderbar ein paar nette Stunden machen. Allerdings nicht mehr lange – wie über dem Mojo Club und dem Phonodrome pendelt auch hier die Abrissbirne. Wann sie endgültig zuschlägt, stand bei Redaktionsschluss noch nicht fest
- Toast Bar: Wohlwillstraße 54, 20359 Hamburg (Schanzenviertel), Telefon 43 18 23 39, Mo-So ab 20 Uhr; E-Mail: nr.1@toast-bar.de
Vis-a-vis vom Suryel gibt es die Toast Bar. Toast steht zwar nicht auf der Karte, dafür aber knackt es unter den Füßen. Zu jedem Getränk wird eine große Portion Erdnüsse gereicht, deren Schalen die Gäste ungehemmt auf den Boden werfen dürfen. Ansonsten ist die Einrichtung so schlicht wie der Service aufmerksam
- Top of Town: Marseiller Straße 2, 20355 Hamburg (Neustadt), Telefon 3 50 20, Fax 35 02 35 30, Mo-Sa ab 21.30 Uhr, Kreditkarten: alle; www.radissonsas.com
Im Radisson SAS Hotel am Dammtor gibt's zwei

Alternativen: Entweder sich im Nightclub Top Of Town (26. Stockwerk) dem Nachtleben ergeben oder in die Mai Tai Bar, wo im Südseeambiente von kompetenter Hand karibische Drinks gemixt werden. Hamburgs höchster Nachtclub

- U-Bar: Große Freiheit 30, 20359 Hamburg (St. Pauli), Telefon 53 69 51 46, Do, Fr, Sa ab 22 Uhr
  Livemusik und verschiedene DJ-Sets von House bis Pop sorgen dafür, dass sich die noch recht neue Kneipe aus dem Einheitsbrei abhebt. Wegen der unterschiedlichen Veranstaltungen nach dem Tagesprogramm Ausschau halten
- Washington Bar: Bernhard-Nocht-Straße 79, 22765 Hamburg (St. Pauli), Telefon 3 17 46 64, Di-So ab 21 Uhr;
  E-Mail: washbar@triquart-partner.de;
  www.reeperbahn.de/washingtonbar
  Kleiner Laden nach typischer Kiez-Machart: Such' einen plüschigen Expuff, stell' ein paar Kisten Bier und andere Alkoholika hinter den Tresen, leg' gute Musik auf, und das Kiezpublikum wird es dir danken. Kleine Tanzfläche, anständige Getränkepreise und fast immer großes Gedränge
- Weiße Maus: Taubenstraße 13, 20359 Hamburg (St. Pauli), Telefon 31 74 31 8, Do-So ab 20 Uhr
  Wenn der Kiez zu stressig wird – nur einen Steinwurf von der Reeperbahn entfernt liegt die Weiße Maus. Hier geht's gemütlicher zu. Auch wenn die Musik eher der Untermalung dient: Die DJs sind oft ausgezeichnet
- Wunderbar: Talstraße 14, 20359 Hamburg (St. Pauli), Telefon 3 17 44 44, Mo-So ab 21 Uhr;
  www.wunderbar-hamburg.de
  Hinter der unscheinbaren schwarzen Holztür versteckt sich Hamburgs schönste schwule Bar. Glutrote Wände, Kronleuchter und Glitzerdecke zaubern eine intim kitschige Atmosphäre. Am Wochenende wird auch der zweite Tresen geöffnet, dann treffen sich hier die Fans von Guildo, Madonna & Co., um auf der Minitanzfläche bis in den frühen Morgen zu feiern
- Yoko Mono Bar (Molotow): Marktstraße 41, 20357 Hamburg (Karolinenviertel), Telefon 43 18 29 91, Fax 43 25 45 95, Mo-So ab 12 Uhr;
  www.molotowclub.com
  Nachmittags ruhiges Café mit sommerlicher Draußen-Sitz-Möglichkeit und leckerem Kuchen. Abends legen DJs Elektro, Reggae und zum Teil recht eigenwillige Mischsorten auf
- Zu den drei Hufeisen (Rosi's): Hamburger Berg 7, 20359 Hamburg (St. Pauli), So-Do 21–4, Fr, Sa ab 21 Uhr
  Rosi ist eine Kiezlegende, deren Erinnerungen bis zu Star-Club-Zeiten zurückreichen. In ihrer engen Kaschemme trifft bodenständiges Szenevolk auf professionelle Trinker, am Wochenende bringen DJs die Gäste zur Raserei
- Zur Alten Mühle: Eppendorfer Landstraße 176, 20251 Hamburg (Eppendorf), Telefon 51 78 20, Fax 5 14 16 00, Mo-Sa ab 11, So ab 10 Uhr, Kreditkarten: Visa, Master;
  E-Mail: zuraltenmuehle@profimail.de;
  www.zur-alten-muehle.de
  Eppendorfer Schicki-Restaurant, das seinen Ruf als Szenemagnet wohl vor allem seiner netten Lage am Alsterlauf verdankt. Das ganzjährig braungebrannte Publikum nippt am reichen Wein- und Grappa-

Sortiment. Am Wochenende wird an beiden Tagen jeweils bis 16 Uhr zum Brunchen geladen

- Zur Traube: Karl-Theodor-Straße 4, 22765 Hamburg (Ottensen), Telefon 3 90 93 47, Fax 39 90 11 36, Mo-So 18–1 Uhr, Kreditkarte: EC-Karte
  Die traubenförmige Lampe über der Eingangstür lässt keinen Zweifel aufkommen: Dies ist ein Weinlokal. Vom Schoppen bis zur teuren Rarität umfasst das Angebot über hundert Weine. Im ersten Stock ist das Restaurant, im Erdgeschoss sinnieren Freunde guter Tröpfchen in schummrigen und gemütlichen Separees den Weingeistern nach

## Clubs

- Absolut: Hans-Albers-Platz 15b, 20359 Hamburg (St. Pauli), Telefon 3 17 34 00, Fr, Sa ab 23 Uhr; E-Mail: absolut.house-frau@t-online.de; www.absolut-disco.de
  Frühes Kommen sichert die besten Plätze am Tresen – mit Blick auf die tiefergelegte Tanzfläche. Jeden ersten Freitag im Monat toben hier die Ladies vom Amantes Club; samstags nutzen vor allem Schwule die Pump-House-Beats – Heteros sind immer willkommen
- After Shave: Spielbudenplatz 7, 20359 Hamburg (St. Pauli), Telefon 3 19 32 15, Do-Sa 23–6 Uhr; www.after-shave-hh.de
  Schon ganze zwanzig Jahre auf dem Buckel, und noch immer drängt das angeschickte Volk am Wochenende in die Edeldisse am Kiez. Trotzdem: Türsteher und Gesichtskontrolle versprechen mehr, als der Laden hält. Die Drinks sind teuer und die Grooves (R & B, Funk & Soul) seicht
- Angies Nightclub im Tivoli: Spielbudenplatz 27, 20359 Hamburg (St. Pauli), Telefon 31 77 88 16, Fax 31 77 88 74, Mi-Sa ab 22 Uhr, Kreditkarten: alle; E-Mail: gastro@tivoli.de; www.tivoli.de
  Nachdem sich Angie aus dem künstlerischen Leben zurückgezogen hat, wurde die Leitung Anfang '99 an Floy, die „White Queen of Soul" abgegeben. Diese geleitet das Publikum unterhaltsam durch den Abend und präsentiert Gastbands sowie die Resident-Musiker aus den Bereichen Jazz, Soul und Funk. Wer nicht mitgrooven will, kann es sich in einer der Sofanischen gemütlich machen und sich an einem der hundert Cocktails laben. Durch die sehr gesellige Atmosphäre entsteht am Wochenende immer ein stilvolles Flirtambiente. Es lohnt sich also auch mal, alleine zu erscheinen. Angie's Primetime ist zwischen 1 und 3 Uhr morgens
- Astoria Dancehall: Kleine Freiheit 42, 20099 Hamburg (St. Pauli), Telefon 31 24 64, Do-Mo ab 22, Sa, So auch ab 5 Uhr
  Längliche Tanzhalle etwas abseits vom Kiezrummel. Die Frühclubs mit Trance und Techno am Wochenende sind eine Hamburger House-Institution. Ansonsten regiert hier die beliebte cheesy Melange aus House, Disco und – immer noch beliebt – Bad-Taste-Partys
- Atisha: Heineckestraße 2–6, 20249 Hamburg (Eppendorf), Telefon 4 10 82 83, Mo, Di ab 20, Do ab 23, Fr, Sa ab 22 Uhr
  Im Oshos-Traumland ist es vielseitig: dienstags wird zu Salsa-Rhythmen geschwoft, donnerstag gibt's Trance Dance. Am Wochenende tanzen Menschen über dreißig zu Danceclassics und „Fresh Tracks"
- Baluga Bar: Lincolnstraße 6, 20359 Hamburg (St. Pauli), Telefon 01 79/1 35 91 14, Fax 37 51 71 82, Mo-Mi 22–6, Do 22–8, Fr und Sa 22–10, So 13–10 Uhr
  Schräger Miniclub mit Alufolie an den Wänden. Vor 2 Uhr ist hier so gut wie nichts los, später aber kann bei Discokugel- und Blubberblasen-Licht ordentlich die Post abgehen
- Banque Nationale: Schauenburger Straße, 20095 Hamburg (Innenstadt), Fr, Sa ab 23 Uhr, Kreditkarte: EC-Karte
  Edler House-Club im stylischen Ambiente der ehemaligen französischen Nationalbank. Getanzt wird im Empfangssalon, geknutscht in den alten Tresorräumen. Für den Sound sorgen DJ Cajuan und Kid Alex, verschiedene Gast-DJs variieren das Programm
- Better Days Project („Livingroom"): Hopfenstraße 34, 20359 Hamburg (St. Pauli), Telefon 31 79 25 12, Fr, Sa ab 22 Uhr; www.betterdaysproject.de
  In künstlerisch stilvollem Ambiente tanzen Menschen mit abgeschlossenem BWL-Studium zu elektronischer Musik. Entspannte Atmosphäre für Gespräche in leider etwas unvorteilhaftem Licht. „Livingroom" heißt die Lounge, die im gleichen Haus im Keller situiert ist
- Big Apple: Barmbeker Markt 37, 22081 Hamburg (Dulsberg), Telefon 29 57 80, So-Do 23–5, Fr, Sa 23–7 Uhr
  Die Geschmäcker sind ja bekanntlich verschieden, aber wer in Barmbek wohnt und ohne viel Rumfahrerei unter Leute kommen möchte, der dankt seinem Schöpfer, dass es das Big Apple gibt. Der Laden ist eine Institution, nicht nur für notorische Mähneschüttler. Die Getränkepreise sind fair, und unter der Woche ist das Publikum angenehm gemischt
- Bunker: Feldstraße 66, 20357 Hamburg (St. Pauli), Telefon 31 79 43 76, Fr, Sa ab 22 Uhr; www.bunker-hamburg.de

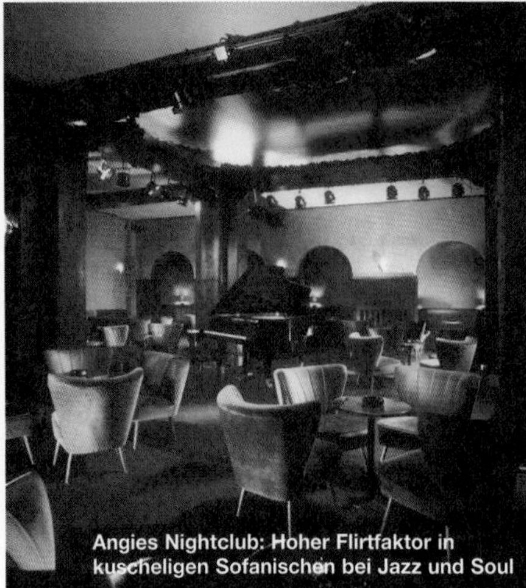

Angies Nightclub: Hoher Flirtfaktor in kuscheligen Sofanischen bei Jazz und Soul

Rechts vom Eingang thronen zwei riesige Bar-Etagen, in der Mitte ragt die DJ-Kanzel empor, überall Treppchen und Veranden. Trotzdem schaffen es die Sugardaddys, Sonnenbanker und Fitnesstucken immer, sich pausenlos mit Küsschen und Umarmungen zu versehen. Geschwoft wird zu R & B, Vocal House und Danceclassics. Da so eine Mischung auch aggressiv machen kann, musste schon häufiger das Sicherheitspersonal einschreiten

- Café Keese: Reeperbahn 19–21, 20359 Hamburg (St. Pauli), Telefon 3 19 93 10, Fax 31 99 31 50, Mo-Fr 7–2, Sa, So ab 7 Uhr, Kreditkarten: alle; EC-Karte; www.café-keese-hamburg.de
  „Bei uns wird Nostalgie noch groß geschrieben", rühmt sich der renovierte Traditionsladen: unter der Woche ab 20 Uhr verschiedene Tanzveranstaltungen, die einsame Herzen zusammenbringen; am Wochenende Disco- und House-Partys
- Café Schöne Aussichten: Gorch-Fock-Wall 4, 20354 Hamburg (Innenstadt), Telefon 34 01 13, wechselnde Öffnungszeiten
  Das Café Schöne Aussichten mit seiner großartigen Terrasse, einst schönster Brunchtreff der Stadt, ist nur noch exklusiv als Veranstaltungsort für private und geschäftliche Feierlichkeiten zu mieten
- Cave: Reeperbahn 48, 20359 Hamburg (St. Pauli), Telefon 3 17 25 23, Fax 3 17 25 24, Fr, Sa ab 10, Do, So 10–4 Uhr; www.cave.purespace.de
  Techno- und House-Schwitzhöhle in bester Lage, für gut gebaute Macker und netzbestrumpfte Ischen. Bei der „Ladys Night" am Donnerstag dürfen die Damen Freigetränke zwitschern; so manches Make-up wurde schon auf diese Weise ruiniert. Am Wochenende House- und Trance-Partys
- China Club: Nobistor 10, 20359 Hamburg (St. Pauli), Fr, Sa ab 23 Uhr
  Eigentlich hat sich das ehemalige Chinarestaurant kaum verändert: rote Lampignons baumeln von der Decke, Drachenfiguren spucken Feuer. In gemütlicher Kitsch-Atmosphäre wippt man zu loungigen Elektro-Grooves oder Dance- und House-Klassikern
- Chocolate City: Heidenkampsweg 32, 20097 Hamburg (Hammerbrook), Telefon 23 25 23, Fr, Sa ab 23 Uhr
  Der Ort hat Tradition: Dies waren einst die Hallen des Front, in denen in Hamburg der Acid- und Techno-Boom begann. Heute liegt der Schwerpunkt klar auf der so genannten Black Music. DJ-Namen wie Kenny-B und Eddy-T, D-One oder Flava V weisen die Richtung: Hier geht es um HipHop, Swingbeat, aktuellen R & B, Funk und Soul
- Club Ziro: Mittelweg 141, 20148 Hamburg (Pöseldorf), Telefon 41 35 59 06, Fr, Sa ab 22 Uhr
  DJ Germán Mercado feiert die „Fusion Latina" mit Salsa, Merengue und Latin-Pop. Latino-Gockel mit passender Begleitung balzen dazu temporeich und inbrünstig
- Cult: Große Freiheit 2, 22767 Hamburg (St. Pauli), Telefon 29 82 21 80, Fax 29 82 21 81, Mo-Do 22–3, Fr, Sa ab 23 Uhr; E-Mail: cult-hh@t-online.de; www.cult-hh.de
  Fans des 80er-Jahre-Sounds kommen in dem Club am Anfang der geilen Meile voll auf ihre Kosten. Die Deko ist aufwändig, der Barbereich großzügig angelegt, und die Getränkepreise sind akzeptabel
- Curiohaus : Rothenbaumchaussee 11, 20148 Hamburg (Rotherbaum), Telefon 4 13 34 80, Mi ab 19 Uhr, Fr, Sa ab 21 Uhr, Kreditkarten: EC-Karte, Visa, Eurocard; www.curiohaus.de
  Für schnöden Mensabetrieb war dieses Schmuckstück von Saal schon immer zu schade. Jetzt finden hier bestuhlte Jazz- und Latinkonzerte statt, mittwochs kann sich im Paartanz geübt werden. Am Wochenende verschiedene Flirt- und Tanzpartys
- Docks: Spielbudenplatz 19, 20359 Hamburg (St. Pauli), Telefon 3 17 88 30, Fax 31 78 83 77, Konzertbüro: Telefon 3 17 78 19, Büro: Mo-Fr 10–18 Uhr; www.docks.de
  Das Docks hat was getan, um Clubatmosphäre zu schaffen: Bei kleineren Konzerten wird der Saal zum lauschigeren „Doxx" umgerüstet. Wenn allerdings richtige Rocker wie Motörhead ihren Gig absolvieren, ist Klaustrophobie angesagt, weil sich das Publikum durch zwei enge Flure in den Zuschauerraum quetschen muss. Die Clubabende sind auf Teenager ausgerichtet, die sich gern heftig betrinken und Partymucke hören

- Downtown Blues Club im Neuen Landhaus Walter: Hindenburgstraße 2, 22303 Hamburg (Winterhude), Telefon 27 50 54, wechselnde Öffnungszeiten, Freitag ab 20 Uhr; E-Mail: kontakt@landhauswalter.de; www.downtown-bluesclub.de
  Der Down Town Blues Club ist im Neuen Landhaus Walter integriert. Von hier aus moderiert Kuno seine Musiksendung für *HH 1*. Von den New Beat Brothers über Udo Lindenberg bis zu Inga Rumpf kamen hier auch schon andere namhafte Größen aus den Bereichen Jazz, Blues, Pop und Rock auf die kleine Bühne
- Ebert's Disco: Friedrich-Ebert-Allee 3–11, 22869 Hamburg (Schenefeld), Telefon 8 39 33 30, Fr, Sa ab 21.30 Uhr; www.eberts.de
  Großraumdisco à la Mic Mac Moisburg, dennoch verkehren hier nicht nur Bäckerei-Verkäuferinnen und Schlosser. Auf 600 Quadratmetern beschallen die Discjockeys die eingezäunte Tanzfläche mit *Radio HH*-Partybrüllern – die Masse johlt. Der traditionsgemäß hohe Konsum an Black Russians und Zombies wirkt sich nicht zuletzt begünstigend auf die Romantik im Stil „Schmuse-Dance-Party" oder „Lust-Objekt-Party" aus. Dabei ist natürlich das totale „Fun & Feeling" angesagt
- EDK: Gerhardstraße, 20359 Hamburg (St. Pauli), Telefon 3 19 56 45, Fax 3 19 56 45, Sa, So 2–9 Uhr; www.edk-hamburg.de
  Wer gern House-Besuche tätigt, sollte hier schon mal gewesen sein. Die DJs Heiko Franz, Florian Basel und Jan Fehtisch verwöhnen das vorwiegend schwule/lesbische Publikum mit feinstem Vocal und Progressive House. Die nette Atmosphäre lässt vergessen, dass die Türpolitik arg selektiv, und die Luft in dem kleinen Club oft zum Schneiden dick ist.

Richtig los geht's meist erst in den frühen Morgenstunden

- Fabrik: Barnerstraße 36, 22765 Hamburg (Altona), Telefon 39 10 70, Fax 39 10 71 47, Büro: Mo-Fr 10–18 Uhr, Vorverkauf: 13–17 Uhr; www.fabrik.de
  Partys meist Fr, Sa ab 22 Uhr, Mo-Do oft Konzerte
  Die gute alte Tante unter den Hamburger Konzertschuppen. Alte Plakate auf der Galerie zeugen von den zahllosen Stars und Legenden, die das Gebälk des Industriedenkmals erzittern ließen. Für Jazz, Latin, brasilianische und afrikanische Musik ist die Fabrik immer noch der Liveclub Nummer eins
- Fundbureau e. V.: Stresemannstraße 114, 22769 Hamburg (Altona), Telefon 43 25 13 51, Büro: Mo-Fr 11–17 Uhr, Club: meist Fr, Sa ab 22 Uhr; E-Mail: fundbureau@gmx.de; www.fundbureau.de
  Das ehemalige Bahn-Fundbüro ist in den letzten vier Jahren zur Sammelstelle für verschiedenste Kulturprogramme geworden. Neben Konzerten und Ausstellungen laufen am Wochenende verschiedene Club-Events von Reggae über Country bis Salsa
- Große Freiheit 36: Große Freiheit 36, 22767 Hamburg (St. Pauli), Telefon 3 17 77 80, Fax 31 77 78 21, Büro: Mo-Fr 10–18 Uhr, Club: Fr, Sa ab 22 Uhr; www.grossefreiheit36.de
  Mo-Do oft Livekonzerte; schöner Saal an traditionsreichem Ort: Hier stand früher der Star Club. Heute spielt in der Freiheit alles, was Rang und Namen hat. Bei den Wochenendclubs fürs Laufpublikum ist von Mainstream-Fetenmucke bis zu Crossover alles drin (siehe auch Kaiserkeller)

- Grünspan: Große Freiheit 58, 22767 Hamburg (St. Pauli), Telefon 31 36 16, Fax 31 79 69 21, Fr, Sa ab 22 Uhr; www.gruenspan.de
Der älteste existierende Rockschuppen Hamburgs leuchtet in sattem Bordeaux, und an der Garderobe werden Süßigkeiten feilgeboten. Dem gehobenen Ambiente zum Trotz wird am Wochenende das Stammpublikum mit Alternative- und Biker-Rock bedient. Für gepflegte Konzerte von angesagtem Post-Rock bis zu argentinischem Tango der passende Saal
- Gum Club: Hamburger Berg 13, 22767 Hamburg (St. Pauli), Telefon 01 79/1 37 55 54, So-Do keine festen Öffnungszeiten, Fr, Sa ab 22 Uhr; www.gum-club.de
Am Wochenende feiern meist House-Veranstalter euphorische Partys mit angenehm gemischtem Publikum. Der Donnerstag variiert zwischen HipHop- und Elektro-Grooves. Netter Laden zum Tanzen und Chillen
- Hafenklang: Große Elbstraße 184, 22767 Hamburg (St. Pauli), Telefon 38 87 44, keine festen Öffnungszeiten; www.hafenklang.org
Schöner Veranstaltungsraum mit Schmuddelcharme. Bei den Konzerten ist viel deutscher Underground dabei, die Clubabende stehen im Zeichen elektronischer Beats oder Reggae-Riddims. Der Laden ist heiß und voll, die Cerveza ist lauwarm, aber preiswert. Notorisch vom Abriss bedroht, ist das Hafenklang eine der letzten Bastionen des Hamburger Musik-Undergrounds. Am Wochenende oft Club-Events
- Hans-Albers-Eck: Hans-Albers-Platz 20, 20359 Hamburg (St. Pauli), Telefon 3 17 59 60, Mi-Sa ab 23 Uhr
Wie viele Menschen passen auf einen Quadratmeter? In langen Nächten im Hans-Albers-Eck kann nachgezählt werden. Dann geht nichts mehr. Wer noch Bodenkontakt hat, versucht ihn zu halten. Trotzdem: Die Partylöwen, die hier bei Schlager, Dancefloor und Achtziger-Hits die Kuh fliegen lassen, haben jede Menge Spaß
- Headbanger's Ballroom: Große Elbstraße 14, 22767 Hamburg (St. Pauli), Telefon 31 59 74, Mo, Fr, Sa ab 21 Uhr, im Sommer Di-Do, So ab 18, sonst ab 21 Uhr; www.headbangers-ballroom.de
Der Laden hat nichts mit der beliebten Metalsendung auf *MTV* zu tun – aber die Zielgruppe ist dieselbe, nämlich: Kuttenträger und Crossover-Kids, die hart auf die Ohren brauchen – live oder aus der Dose. Im Sommer treffen sich Biker zum Rockcafé und Gedankenaustausch (Fr-So ab 15 Uhr)
- Kaiserkeller: Schmuckstraße 5, 22767 Hamburg (St. Pauli), Telefon 3 17 77 80, täglich ab 22 Uhr; www.grossefreiheit36.de

Kellerclub der Großen Freiheit 36 und populärster Melting Pot auf dem Kiez. Am Wochenende treibt eine Mischung aus Alternative-Rock, HipHop, Big Beat und Achtziger-Klassikern das Jungvolk von den Barhockern auf die Tanzfläche

- Kampnagel Hamburg: Jarrestraße 20, 22303 Hamburg (Winterhude), Telefon 27 09 49 49, Fax 27 09 49 62, Tageskasse Mo-Fr 14–19, Sa, So 16–19, Fr ab 23 Uhr; E-Mail: tickets@kampnagel.de; www.kampnagel.de
  Tanznagel heißt die Party-Institution im Kampnagel-Foyer, bei der es auch Menschen über dreißig regelmäßig krachen lassen. Geschwoft wird zu Danceclassics und Hits aus den Siebzigern
- Kir: Max-Brauer-Allee 241, 20357 Hamburg (Schanzenviertel), Telefon 43 80 41, Fax 4 39 53 13, Do-Mo ab 23 Uhr, Mi ab 22 Uhr; www.kir-hamburg.de
  Die Indie-Disco wird hauptsächlich von Teenies frequentiert. Seit jedoch donnerstags geschmackvolle Alternativen aus Pop und Elektro aufgelegt werden, gibt sich auch wieder studentisches Publikum die Ehre. Mittwochs läuft „Love-Pop" für Schwule und Lesben, die nicht auf House stehen, Freitag wird den guten alten Soul-Zeiten gehuldigt
- Location I / Location II : Große Freiheit 27, 22767 Hamburg (St. Pauli), Telefon 31 79 36 30, Fax 31 79 36 30, Do, Fr, Sa ab 22, So 5–11 Uhr; E-Mail: music@location1.de; www.location1.de
  Die beiden Locations buhlen mit einem Rundumschlag aus R & B, House, Techno und Danceclassics um die Gunst des Laufpublikums auf der Großen Freiheit. Zum Ausruhen für die in Pfennigabsatz-Trittchen wund gesteppten Füße gibt es seit kurzem die Location-Bar
- Lounge: Gerhardstraße 16, 20359 Hamburg (St. Pauli), Telefon 31 25 47, Fax 43 35 22, Do-Sa ab 23 Uhr; www.inteldrink.de
  Smarter Kellerclub an der Ecke zur Herbertstraße. Schöne Visuals unterstützen den zeitgemäßen, tendenziell seichten Elektrosound. Markenparfüm liegt in der Luft, die Ladys treten in knappem Schick an, die Gents in engen Jackets
- Lunacy: Hamburger Berg 25, 20359 Hamburg (St. Pauli), Telefon 31 79 27 26, Mi-So ab 22 Uhr
  Vorne Barbetrieb, hinten Dancefloor: Die ehemalige Kiez-Kaschemme wurde zu einem netten kleinen Club umgebaut, in dem es sich gut rocken lässt. Die DJs wecken Jugenderinnerungen
- Madhouse: Valentinskamp 47, 20355 Hamburg (Innenstadt), Telefon 35 71 32 90, Do-Sa ab 22 Uhr
  Das Madhouse ist eine Hamburger Institution, die in den letzten Jahren etwas zu kämpfen hatte. Mit R & B, Danceclassics und verschiedenen Sonderveranstaltungen wie dem „MadLove"-Frauenclub hat der Laden die Herzen der 18- bis 28-Jährigen zurückerobert. Wer beim Tanzen Kontakt aufgenommen hat, kann oben im Bistro entspannt weiterflirten oder an der drängeligen Bar auf Tuchfühlung gehen
- Mangoo: Mühlenkamp 43, 22529 Hamburg (Winterhude), Fr, Sa ab 22 Uhr; www.club-mangoo.de
  Salsa, Samba, Merengue – hier sind die Könner des lateinamerikanischen Paartanzes am Start. Tanzunkundige bekommen gerne Hilfestellung, werden allerdings am späteren Abend wegen des gesteigerten Tempos auf die Zuschauerränge verwiesen
- Markthalle: Klosterwall 11, 20095 Hamburg (Innenstadt), Telefon 33 94 91, Fax 33 78 54, Büro 11–16 Uhr, geöffnet bei Konzerten und Clubs, Beginn meistens 21 Uhr; www.markthalle-hamburg.de
  Liveclub auf zwei Ebenen: In der Markthalle spielen bekanntere Acts, oft HipHop-Jams und Metalbands. Das kleinere MarX ist mit 200 Leuten schon gut besucht, hier gibt's oft härtere Metal-Spielarten und Gothic-Bands, aber auch ausgezeichnete Underground-Konzerte von Hamburger Schule bis Chicago. Im Upper Level stehen am Wochenende öfters hervorragende Drum&Bass-, Techno- und House-DJs an den Decks; einmal im Monat wird

Kampnagel: Das Party-Volk über 30 gehört auf Tanznagel noch lange nicht zum alten Eisen zur „Return Of the Living Dead“- oder Depeche-Mode-Party gepilgert

- Mojo Club: Reeperbahn 1,
20359 Hamburg (St. Pauli),
Telefon 3 19 19 99, Fax 4 39 38 22,
Fr, Sa 22–6 Uhr; www.mojo.de
Immer noch füllt der traditionsreiche Mojo-Sound zwischen Acid-Jazz und Soul am Samstag den Saal am Millerntor. Wegen der vielen DJ-Gastspiele ist der Mojo Club eine gute Adresse für groovigen Elektro-Sound und Breakbeats – wie lange der Beat allerdings noch in der ehemaligen Bowling-Bahn wummern wird, stand bei Redaktionsschluss nicht fest
- Molotow: Spielbudenplatz 5, 20359 Hamburg (St. Pauli), Telefon 4 30 11 10, Fax 43 25 45 95, Büro Mo-Fr 11–18 Uhr, Kreditkarte: EC-Karte; www.molotowclub.com
In dem dunklen Kellergewölbe gibt es teilweise hochkarätige Konzerte aus den Bereichen US-Punk, Garage, Rock und Lo-Fi. Außerdem jede Menge originelle Mottopartys und Club-Events von House bis Reggae. Seitdem das Klo renoviert ist, kann man auch wieder bedenkenlos Bier trinken
- Orange Club: Große Freiheit 34, 20359 Hamburg (St. Pauli), Telefon 31 42 36, Fr, Sa ab 23 Uhr, www.orange-hamburg.de
Helle Sofas, Milchglas und eine arty Deckeninstallation machen das Orange zu einem der elegantesten Clubs auf dem Kiez. Das adrette Publikum bewegt sich am Wochenende zu angesagten Grooves der harmloseren Sorte
- Phonodrome: Beim Trichter 1, 20359 Hamburg (St. Pauli), Telefon 31 79 43 76, Fax 39 90 52 67, Fr, Sa ab 23 Uhr; www.phonodrome.de
In den ehemaligen Werkhallen des Autohauses Brammer wurden kräftig Tresen und DJ-Pulte gemauert, um diesen Club entstehen zu lassen. Fragt sich nur, wie lange er noch bleibt. Vom Abriss bedroht, stand das endgültige Todesurteil des Clubs bei Redaktionsschluss noch nicht fest. Hoffentlich dauert das noch ein bisschen – sonst verliert Hamburg seinen populärsten Techno/House-Club – und die Gast-DJs müssen woanders auflegen
- Planet Subotnik: Große Brunnenstraße 55a, 22763 Hamburg (Altona), Telefon 39 77 14, Mo-So ab 10 Uhr; E-Mail: subotnik@hansenet.de
Wenn's im Blauen Barhaus zu voll wird, ist es auf dem Hinterhof des „Planet“ immer noch gemütlich. Innen geräumig, ein Kicker in der Ecke: Weil die Tanzfläche abgetrennt ist, bleibt es hier auch erholsam, wenn hinten die Bands rocken. Verschiedene DJs beschallen den Planeten mit Reggae, HipHop oder Sixties-Beat
- Prinzenbar: Kastanienallee 20, 20359 Hamburg (St. Pauli), Telefon 31 78 83 11, Mi, Fr, Sa ab 22 Uhr, www.docks.de
Unter der Woche manchmal Konzerte und Special Events. Die Schmuckschatulle unter den Kiezclubs: Hohe Kuppeldecke mit Putten und Stuck, Treppchen mit schmiedeeisernen Geländern führen auf die Galerie, alles in schummriges Licht getaucht. Seit die Bühne in der Mitte des Raumes steht, gehen auch die Konzerte wieder ab. Am Wochenende meist Achtziger-Partys
- Purgatory: Friedrichstraße 8, 20359 Hamburg (St. Pauli), Telefon 31 58 07, Mo-So ab 22 Uhr
Die House-Bar ist am besten zum frühmorgendlichen Mitwippen geeignet. Die Tanzbedingungen sind nämlich durch den riesigen Pfeiler im Eingangsbereich extrem erschwert – die wohl dämlichste Kneipenkonstruktion Hamburgs. Die tapfere Crowd auf der Mini-Tanzfläche merkt das allerdings sowieso nicht mehr
- Quer: Hans-Albers-Platz 8, 20359 Hamburg (St. Pauli), Telefon 3 19 64 99, Fax 31 79 50 90, Mo-So ab 18 Uhr; www.querclub.de
Die ganze Nacht lang trudeln alle möglichen Kiezbummler ein, um sich in dem Café am Hans-Albers-Platz zu stärken. Zu später, respektive zu sehr früher Stunde sind auch die Schönen und Verschwitzten aus den umliegenden Clubs dabei

Rubin: Draußen aufgeregtes Rumgepose, drinnen viel nackte Haut

- Rote Flora e. V.: Schulterblatt 71, 20357 Hamburg (Schanzenviertel), Telefon 4 39 54 13, Öffnungszeiten je nach Veranstaltung; www.roteflora.de
  Partys ab 22 Uhr, es riecht nicht besonders gut, und eine Garderobe gibt es auch nicht. Trotzdem und gerade deshalb: Die Flora ist immer noch der alternative Veranstaltungsort für Clubabende (mit Musik von Electronica bis Ragga) und Konzerte. Am Wochenende läuft immer was; dienstags kann ab 18 Uhr zum Dub-Café gechillt werden
- Rubin: Große Freiheit 10, 20359 Hamburg (St. Pauli), Telefon 4 31 33 97, Fr, Sa 23 Uhr; www.rubin-club.de
  Nein, Sie sind nicht versehentlich in ein *MTV*-Casting geraten, sondern in die – Scheinwerfer, roter Teppich – Schlange vorm Rubin. Draußen aufgeregtes Rumgepose, drinnen zahmer House, der manchmal etwas zu Techno-lastig ist.
- Schallwerk: Gasstraße 12, 22761 Hamburg (Bahrenfeld), Fr, Sa ab 22 Uhr; www.schallwerk.com
  Die große Halle im Bahrenfelder Gewerbegebiet lockt mit massenwirksamen Mottopartys und Techno-Trance-Raves. Feste Termine gibt's nicht, aber die nächsten Schaumpartys und Sexmessen kommen bestimmt
- Schlachthof Hamburg: Neuer Kamp 30, 20357 Hamburg (St. Pauli), Telefon 87 97 62 30, Fax 87 97 62 35, Clubs Fr, Sa ab 23 Uhr, Konzerte meist ab 20 Uhr; www.schlachthof-hh.de
  Günstig gelegen zwischen Kiez und Schanze, hat sich die ehemalige Rinderschlachthalle als Veranstaltungszentrum etabliert. Viele nette Livekonzerte und Reggae-, Trance-, und Brit-Pop-Clubs. In der angeschlossenen Cocktailbar (Rokka Bar) werden heftige Drinks gemixt und Platten aufgelegt
- Schmidt Theater: Spielbudenplatz 24, 20359 Hamburg (St. Pauli), Telefon 3 17 78 80 und 31 77 88 99 (Karten), Fax 31 77 88 74, Mo-So 8–20 Uhr, Karten: Mo-So 12–20 Uhr, Kreditkarten: Eurocard, Visa, Amex; E-Mail: info@schmidts.de; www.tivoli.de
  Corny Littmanns Schmidt Theater hat Revue und Kabarett wieder als Volksvergnügen etabliert. Viel Chanson, Travestie, Comedy, oft in hochkarätiger Besetzung. Im Tivoli nebenan schwingt das studentische und etwas gesetteltere Publikum bei „Tanz die Mitternacht“ die Hüften
- Sounds: Holzmühlenstraße 12, 22041 Hamburg (Wandsbek), Telefon 6 56 36 75
  Nachtschwärmer haben in Hamburgs Club-Diaspora Wandsbek eigentlich nichts verloren. Einzig der Rockschuppen The Sounds bietet eine Alternative zu Imbissbuden und Rentnerkneipen. Regelmäßig auch Kinderdisco (3–13 Jahre)
- Tanzhalle St. Pauli: Silbersackstraße 27, 20359 Hamburg (St. Pauli), Telefon 34 05 71 20
  Hier geht alles: von Livekonzerten bis zu filigranen Elektro-Klüngeleien. Manchmal auch beides an einem Abend. Dann wird's besonders lustig
- Tanzstudio La Yumba: Kastanienallee 9, 20359 Hamburg (St. Pauli), Telefon 7 21 21 19, Fax 72 69 86 73, Mo 16–18, Do 9.30–11.30 Uhr; www.layumba.de
  Ein großer Saal mit Spiegelwänden und Parkettboden lädt zu „basses“ und „ochos“: In der Tanzschule auf St. Pauli trifft sich freitags die Tangoszene. Platz zum Tanzen ist genug, manchmal widmet der DJ den Abend einem legendären Bandoneonspieler oder Tangodichter
- Titty Twister: Reeperbahn 136, 20359 Hamburg (St. Pauli), Telefon 31 79 04 81, Fax 32 17 77, Di-Do 22–4, Fr-Sa 22–5 Uhr, Kreditkarten: alle; E-Mail: info@platinum-enterprises.de; www.tittytwister.de
  Das ehemalige La Cage heißt jetzt wie der Club aus Tarantinos Film „From Dusk Till Dawn“. Statt Nylon-Ricken räkeln sich seit der Umbenennung Schlangenfrauen ums Gebälk. Die Musik bleibt bodenständig: Danceclassics für Disco-Schieber
- Universo Tango: Beim Grünen Jäger 6a, 20359 Hamburg (Schanzenviertel), Telefon 4 30 61 68, Fax 4 30 61 68, Mo-Fr ab 18 Uhr; www.universotango.de
  Di, So ab 21 Uhr Tangoabend; für Anfänger sind die mittig platzierten Säulen des Tanzsaales am Neuen Pferdemarkt eine echte Herausforderung. KönnerInnen in Sachen Tango, Vals oder Milonga

wissen sie zu umrunden: sportlich oder leidenschaftlich, aufgedonnert oder leger, immer aber möglichst elegant

- Valentino's: Valentinskamp 4042, 20355 Hamburg (Innenstadt), Telefon 34 10 51 05, Fr, Sa ab 22 Uhr
  Feiern mit Michi Ammer. Gucci-Embleme raus, dickes Make-up rauf – auf zur freitäglichen Brunft. „Scene Seen" nennt der Michi das, wenn man sich zu Hit-House mit Schampus zuknallt. Für Samstag gilt dasselbe: Die „Hamburger Modelnacht" lockt alte Männer, junge Mädels bleiben besser zu Hause, wenn sie schlau sind
- Viva Wentorf: Südring 62, 21465 Wentorf, Telefon 7 20 36 01, Fr, Sa ab 22 Uhr; www.viva-wentorf.de
  Gigantische Großraumdisco mit kleinerem Club anbei. Neben den Flirtpartys (Nummer ziehen und an Computerterminals seine Nachrichten abfragen) gibt es Männer-Strips für wilde Frauen, aber auch Veranstaltungen, wie die „Titty-Twister-Party" als Hommage an den Film „From Dusk Till Dawn"
- Voilà: Conventstraße 8–10c, 20089 Hamburg (Barmbek), Telefon 2 50 53 86, Fax 25 19 89 89, Mi, Fr, Sa ab 22 Uhr; E-Mail: voila@voila.de; www.voila.de
  Mittwochs Devil Mania mit amtlichen Flur-Schiebern. Die Ladys bekommen zum Anschieben gerne mal Erdbeer-Lime verabreicht. Am Wochenende House- und Techno-Konsens zum Abfeiern, jawoll
- Werkstatt 3: Nernstweg 32–34, 22765 Hamburg (Ottensen), Telefon 39 53 47, Café: Mo-Fr 11–24, Sa, So, Feiertag 18–1 Uhr
  Durch diese Multikulti-Kneipe weht noch ein Hauch linker Alternativbewegung. Die African Nights sind beliebt und die einzigen ihrer Art in Hamburg. Weniger bekannte Musiker aus dem afrikanischen, arabischen und karibischen Raum gastieren hier
- Westwerk e. V.: Admiralitätstraße 74, 20459 Hamburg (Neustadt), Telefon 36 39 03, Fax 36 72 29, wechselnde Öffnungszeiten; E-Mail: someone@westwerk-hamburg.de; www.westwerk-hamburg.de
  Nicht ohne Grund eilt dem Westwerk der Ruf voraus, Treffpunkt avantgardistischer Kunstakademiker zu sein. Macht aber nichts. Hier treten die Legenden der New-Yorker Knitting Factory ebenso auf wie die wilde Partymeute des Lovetank Sound System. Ein Refugium für Nischenmusik, Lesungen, Ausstellungen und gelegentliche Clubabende



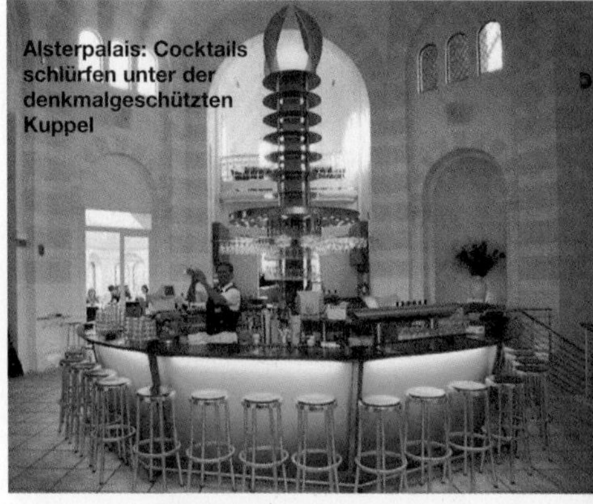
Alsterpalais: Cocktails schlürfen unter der denkmalgeschützten Kuppel

## Cocktailbars

- Alsterpalais: Alsterdorfer Straße 523, 22337 Hamburg (Alsterdorf), Telefon 50 04 99 11, Fax 50 04 99 12, Mo-Sa ab 17, So 11–20 Uhr, Kreditkarten: alle außer Diners; www.alsterpalais.de
  Das restaurierte Krematorium von 1891 fungiert heute als Restaurant und Cocktailbar mit Biergarten. Die Bar mit ihrer Auswahl an hundert verschiedenen Cocktails lockt Szenegänger und Eltern mit ihren erwachsenen Kindern. Unter dem denkmalgeschützten Kuppelbau befindet sich der weitläufige Cocktailtresen. Happy Hour: täglich von 17–19 Uhr
- Atrium Bar im Hotel Atlantic: An der Alster 72–79, 20099 Hamburg (St. Georg), Telefon 2 88 80, Fax 24 71 29, Mo-Do 9–1, Fr-So 9–2 Uhr, Kreditkarten: alle; E-Mail: hotel.Atlantic@kempinski.com; www.kempinski.atlantic.de
  Die Barkeeper der Atrium Bar im Hotel Atlantic mixen überwiegend „Fancy Drinks". Hier kann man stilvoll abhängen
- Bambus Cocktailbar: Brüderstraße 15, 20355 Hamburg (Neustadt), Telefon 34 68 58, Fax 35 17 53, Fr, Sa ab 20 Uhr; E-Mail: picdisc@t-online.de
  Seit 1979 ist die Südsee-Insel wie Urlaub in Hamburgs City! Die klassische Cocktailbar wird

zum Geheimtipp, wenn staunende neue Gäste von Kennern des Stammpublikums beraten werden. Spontane Partys entstehen, aber die ganze Bar ist auch zu mieten. Einmal Südsee und zurück – und das in einer einzigen Nacht

- Bar du Nord: Dorotheenstraße 33, 22301 Hamburg (Winterhude), Telefon 2 79 43 54, Mo-So ab 21 Uhr; Kreditkarten: Amex, EC-Karte
  Die Bar du Nord in Winterhude ist sehr sparsam eingerichtet, die Cocktails sind aber Spitze. Das zeigt nicht nur das große Angebot an Klassikern, auch die Auswahl der Eigenkreationen ist sehr facettenreich. Für frisch Verliebte gibt es Jumbo-Versionen für zwei Personen. Bezaubernd ist auch der „Malibu Night" mit Malibu, Grenadine, Grapefruit und Orangensaft
- Bar Hamburg: Rautenbergstraße 6–8, 20099 Hamburg (St. Georg), Telefon 28 05 48 80, Fax 28 05 48 81, Mo-So ab 19 Uhr, Kreditkarten: Visa, Eurocard, EC-Karte; E-Mail: bar.hamburg@t-online.de; www.barhamburg.com
  Die Bar Hamburg gehört zu den Barklassikern der Stadt. Vor fünf Jahren war sie die erste Lounge-Bar in Hamburg und ist nach wie vor angesagt. Über siebzig verschiedene Whiskeysorten und hundert Cocktails sind im Angebot. Prominente wie Mick Jagger fühlen sich hier genauso wohl wie Kreative oder Nachbarn aus St. Georg
- Citrus – californian bar & restaurant: Neuer Wall 77, 20354 Hamburg (Innestadt), Telefon 37 50 06 13, Fax 37 51 94 49, Mo-Sa 12–23 Uhr, Kreditkarten: alle; www.citrus.de
  In der riesigen Szene-Bar, die gleichzeitig als Restaurant fungiert, verkehren Wirschaftsstudenten und Geschäftsmänner aus der Neustadt. Wochentags wird man bei Speis und Trank mit softem Funk & Soul berieselt. Am Wochenende läuft dann trendiger Vocal House. Dienstags ab 18 Uhr kosten Frucht-, Sahne- und Champagnercocktails nur 4,60 Euro
- Ciu's: Ballindamm 14–15, 20095 Hamburg (Innenstadt), Telefon 32 52 60 60, Fax 32 50 88 56, Mo-Sa ab 15, So ab 18 Uhr, Kreditkarten: Amex; EC-Karte
  Hamburgs „Rich and Beautiful" treffen sich jetzt am Ballindamm. Ledersofas, goldgerahmte Spiegel und dunkle Holztische sorgen für eine gediegene hanseatische Atmosphäre. Von den klassischen Cocktails über neunzig verschiedene Whiskysorten bis hin zu Zigarren bietet die Karte alles, was Speiseröhre und Magen wärmt
- Die Welt ist schön: Neuer Pferdemarkt 4, 20359 Hamburg (St. Pauli), Telefon 40 18 78 88, Fax 40 18 78 89, Mo-So ab 20 Uhr; E-Mail: dieweltistschoen@hansenet.de
  Die Welt kann besonders schön sein – lässt einen Barbara Bresser erst einmal durch die Tür. Der Shaker schüttelt mit viel Gespür für die richtige Show und sehr viel Fachwissen. Leider ist er der Einzige im wasserblau beleuchteten Barbereich, der zu den lauten Drum & Bass-, Bossa-Nova- oder auch TripHop-Klängen tanzt
- Meyer Lansky's: Gänsemarkt 36, 20354 Hamburg Telefon 35 71 31 75, Fax 35 01 58 73, Mo-Do 12–3, Fr, Sa ab 12, So 16–3 Uhr, Kreditkarte: EC-Karte
  Bars kommen und gehen. Meyer Lansky's bleibt. Klein, gemütlich und übersichtlich ist diese typisch amerikanische Bar direkt am Gänsemarkt. Leider erinnert die im Background der Bar dargestellte Snackauflistung nur noch an vergangene Zeiten. Es mangelt an Platz für die Zubereitung
- Mushi Bar: Thielbek 3–5, 20355 Hamburg (Innenstadt), Telefon 23 68 78 26, Di-Do ab 20, Fr, Sa ab 21 Uhr, Kreditkarten: alle; www.mushibar.de
  Cocktailbar in der Neustadt mit regelmäßigem Partyprogramm. Kann auch für private Feiern genutzt werden. Happy Hour: Di-Do 20–22 und Fr, Sa 21–23 Uhr
- Thomas Read: Nobistor 10–10a, 22767 Hamburg (St. Pauli), Telefon 41 35 42 29, Fax 41 35 42 29, Mo-So ab 15 Uhr; E-Mail: office@thomas-read.de; www.thomas-read.de
  Echte Irish Lads und solche, die es noch werden wollen, treffen sich im hier, um beim Genuss eines Pint Livebands zu lauschen. Jeden Mittwoch findet hier die „Peanuts Party" statt, bei der das Motto „pay one, take two" lautet
- Tranquillo: Holstenstraße 190, 22765 Hamburg (Altona), Telefon 38 14 61, Mo-Do 18–2, Fr, Sa 20–4, So 14–22 Uhr; E-Mail: sergio.sequeira@web.de; www.cafe-bar-tranquillo.de
  Kleine gemütliche Cocktailbar mit südländischem Ambiente. Neben Cocktails kann hier tagsüber auch ein leckerer Milchkaffee geschlürft werden
- Turmbar: Rothenbaumchaussee 2, 20148 Hamburg (Rothenbaum), Telefon 44 45 67, Fax 8 99 38 39, So-Do 19–2, Fr, Sa 19–4 Uhr, Kreditkarten: Eurocard; E-Mail: turmbar@web.de, www.turmbar.de
  Der alte Wasserturm auf der Moorweide ist von außen unscheinbar. Umso mehr überrascht das Ambiente, wenn man ihn betritt. Der schneckenförmige Aufgang ist das erste Erlebnis, ein zwar weiter, aber sehr schöner Weg. Die Cocktails sind frisch und schmackhaft. So wird ein Abend im Inka-Turm zu einer guten Alternative zum Kurztrip nach Südamerika

# AUSFLÜGE

Wie Sie zu Ihrem Kleingarten finden, brauchen wir Ihnen nicht zu erklären. Wo aber sind die Oasen, in denen nicht die Heckenscherenmafia regiert? Eine kleine Rundreise durchs Hamburger Umland:

Warum bei einem Ausflug nicht einmal in die Luft gehen? Das kann man bestens vom Sportflugplatz Hartenholm aus. Dank seiner zentralen Lage – er befindet sich am südwestlichen Zipfel des Staatsforstes von Bad Segeberg – ist er idealer Ausgangspunkt für luftige Kurztrips durch Schleswig-Holstein oder Niedersachsen. Von Hartenholm aus kann man die norddeutschen Landschaften aus der Höhe betrachten. Ein dreißigminütiger Rundflug kostet für zwei Personen 120 Euro.

Kaum in den Lüften, erblickt man in der Tiefe den Wildpark Eekholt. In dieser Naturerlebnisstätte sind nicht nur heimische Wildtierarten zu sehen, auch das Umweltpädagogikzentrum und die Vogelpflegestation laden zum Besuch ein.

Weiter geht die Reise in Richtung Nordwesten. Schon bald sieht man die Küste und Inselwelt Nordfrieslands. Das Städtchen Husum ist Ausgangspunkt für lohnende Schiffsfahrten zu den Halligen. Sehenswert sind auch die alten Kaufmannshäuser am Marktplatz. Einen Besuch des Schifffahrtsmuseums Nordfriesland sollte man nicht versäumen, dort dreht sich alles um die friesische Seefahrt. Für das Zuckerschiff von Uelvesbüll, ein vor 300 Jahren gesunkener Frachtsegler, wurde eigens ein neuer Anbau erstellt. Seinen Namen bekam das Schiff aufgrund der ungewöhnlichen Konservierung: Mehrere Wochen wurde der Rumpf in einer Zuckerlösung eingelegt.

Zu langen Spaziergängen lädt der endlose Sandstrand von St. Peter-Ording ein. Mitten im Nationalpark Schleswig-Holsteinisches Wattenmeer können die Ausflügler wandern, baden und sich den Nordseewind um die Ohren blasen lassen. Wie aus vergangenen Zeiten muten die Pfahlbauten an, die sich in der Weite des Strandes wie kleine Punkte verlieren. Und wer nach langer Wanderung ausruhen möchte, dem sei der Besuch des Ausflugslokals „Arche Noah“ empfohlen. Auf einem der Pfahlbauten stehend, lässt sich hier bei Kaffee, Grog oder frischer Nordseescholle der Blick über die Weite der Wattenmeers genießen.

Ganz anders zeigt sich die „grüne Insel“ Pellworm. Rundum ist sie von einem acht Meter hohen Seedeich umgeben. Auf Pellworm stehen Wattwanderungen zur Hallig Süderoog, Radtouren und Reitausflüge auf dem Freizeitprogramm. Nicht zu vergessen ist ein Besuch der Kirche St. Salvator aus dem 11./12. Jahrhundert. Hier finden regelmäßig Konzerte auf einer der berühmten Arp-Schnitger-Orgeln (erbaut 1711) statt. In weitem Bogen geht die Reise nun Richtung Osten und führt nach Schleswig ins Reich der Wikinger.

Das Schloss Gottorf beherbergt das Schleswig-Holsteinische Landesmuseum und das archäologische Museum. Neben Königshalle, Schlosskirche und Bauernstube lockt vor allem die vor- und frühgeschichtliche Abteilung: echte Moorleichen und das Wikinger-Nydam-Boot. Noch mehr zur Wikinger-Geschichte gibt im Wikinger-Museum in Haitabu zu sehen.

Lohnend ist auch ein Ausflug ins Schleswig-Holsteinische Freilichtmuseum Molfsee. Auf dem sechzig Hektar großen Gelände können Besucher ländliche Baukunst der letzten Jahrhunderte bestaunen: Bauernhäuser, Katen, Scheunen, Windräder und Werkstätten des dörflichen Handwerks. Bauwerke aus ganz Schleswig-Holstein wurden in Molfsee originalgetreu wiederaufgebaut. Und überall wird gearbeitet: gedrechselt, Körbe geflochten, getöpfert und gewebt. Fürs leibliche Wohl ist auch gesorgt. Wie wär's mit einem Picknick mit Brot aus dem Backhaus, Schinken und Würsten aus der Räucherei und Käse aus der Meierei auf dem Gelände?

Gestärkt geht es weiter über Kiel in Richtung Lübeck. Durch die Hügel- und Seenlandschaft der Holsteinischen Schweiz, die zu allen Jahreszeiten ein grandioses Farbenspiel bietet. Wenn am Horizont die Küstenlinie der Ostsee glitzert, ist es nicht mehr weit zu den touristischen Highlights Travemünde, Timmendorfer Strand und Grömitz. Viel Spaß für die Jüngeren bietet der am Rande von Sierksdorf gelegene Hansa Park (▶ *Freizeitparks*).

Doch es gibt auch stille Fleckchen in der Nähe. So kann man im Landesinneren durch lichte Buchenwälder und hügelige Weidelandschaften streifen. Zu stundenlangen Spaziergängen lädt die Steilküste Brodauer Ufer südlich von Grömitz ein. Nah bei liegt das 1530 erbaute Gut Brodau, das älteste Herrenhaus Schleswig-Holsteins.

Auch Gut Hasselburg mit seinem schönen Torhaus ist nicht weit. Die Scheune dieses Herrenhauses, eine der größten in Schleswig-Holstein, wurde extra für Musikveranstaltungen restauriert. Das jährlich im Juli und August stattfindende Schleswig-Holstein Musikfestival ist hier zu Gast. Regelmäßig wird die Halle des Hasselburger Herrenhauses zum Konzertsaal. Nur dann hat man Gelegenheit, die über zwei Stockwerke reichende Halle mit ihrem Rokoko-Stuck zu bewundern.
Auch das Schloss in Plön und das Glücksburger Schloss sind Spielstätten für klassische Konzerte. Ein besonderes Erlebnis sind die alljährlichen Eutiner Freilichtspiele. In den Sommermonaten kommen hier Operetten, Opern, aber auch Popkonzerte zur Aufführung.
Kultur pur bietet auch die alte Hansestadt Lübeck, die außer dem weltberühmten Mandelbrot eine Vielzahl von Kirchen, das Holstentor und das Buddenbrook Haus vorzeigen kann. Im Holstentor ist das stadtgeschichtliche Museum beheimatet, das über die Vergangenheit der Hansestadt informiert. Nicht verpassen sollte man einen Besuch im Haus der Schiffergesellschaft, das 1535 als Versammlungsgebäude der Schiffer errichtet wurde. Durch das Portal des traditionsreichen Hauses traten schon Adolph von Menzel, Gerhart Hauptmann und Otto von Bismarck. Heute kann man dort auf harten Bänken an langen Holztischen hervorragend speisen. Auf der Karte stehen landestypische Spezialitäten von Fisch über Labskaus bis hin zu Hasenkeulen mit Rotkohl.

Südlich vom Holstentor liegen die ehemaligen Salzspeicher aus dem 16. bis 18. Jahrhundert. Hier lagerte das für die Haltbarmachung von Fisch so wertvolle Salz. Es wurde über den vor 600 Jahren erbauten Stecknitzkanal von Lüneburg aus nach Lübeck getreidelt. Der Kanal ist die älteste künstliche Wasserstraße Nordeuropas, er wurde erst Ende des vergangenen Jahrhunderts durch den Elbe-Lübeck-Kanal abgelöst. Die letzte heute noch erhaltene Stauschleuse der ehemaligen „Stecknitzfahrt", die Dückerschleuse, kann man sich im Dorf Witzezee bei Büchen ansehen. Ein Abstecher zum Elbschifffahrtsmuseum in Lauenburg zeigt dem Besucher, wie stark Elbe und Stecknitzkanal früher frequentiert wurden.

Von Lauenburg aus befährt der älteste Raddampfer Deutschlands, die „Kaiser Wilhelm", noch immer die Elbe. Der Oldtimer, der auch gechartert werden kann, befördert bis zu 300 Passagiere. Ein aktueller Fahrplan ist über das Fremdenverkehrsamt Lauenburg erhältlich.
In Ratzeburg lohnt neben den landschaftlichen Reizen des Ratzeburger Sees ein Spaziergang durch die Altstadt. Man sollte sich den Dom und die beiden Museen der Stadt, das Ernst Barlach Museum und die A. Paul Weber Sammlung, ansehen.
Auf den Spuren der Hanse geht es nach Wismar. Schon von weitem grüßt in der im Jahre 1200 gegründeten Stadt ein Wahrzeichen der neuen Zeit: die Dockhalle der Meerestechnikwerft, früher VEB Mathias Thesen Werft. Im Zentrum bewahrt die einstige Hansestadt ihren Charme: Der restaurierte Stadtkern mit dem alten Markt. Die „Wasserkunst" im Renaissance-Stil, der ehemalige Stadtbrunnen, versorgte die Stadt bis 1897 mit Wasser. Sehenswert sind auch das Heimatmuseum Schabbelthaus und die Terrakottafliesen des Fürstenhofes, damals wie heute Herberge der städtischen Gerichtsbarkeit. Die Nikolaikirche im Norden der Stadt hat mit 37 Metern Höhe eines der höchsten Kirchenschiffe Deutschlands. Im Hafen von Wismar sind Reste der alten Stadtmauer zu sehen, etwa das imposante Wassertor. Wer an Einkehr denkt, ist in einer der urigen Kneipen ringsherum gut aufgehoben.

Auf der nahe gelegenen Halbinsel Poel lockt der Strand beim Örtchen Schwarzer Busch zum Baden. Oder man spaziert zum Leuchtturm in Timmendorf. Im Fischereihafen in Kirchdorf ist täglich frischer Fisch direkt von den einlaufenden Kuttern zu erwerben. Auf Poel gibt es eine Reihe schöner Campingplätze und Privatunterkünfte. Die Halbinsel ist mit Schiff oder Buss von Wismar aus zu erreichen.

Eine weitere Perle hanseatischer Baukunst ist Rostock. Das 700 Jahre alte Rathaus, ein Ensemble von drei herrschaftlichen Bürgerhäusern, beherbergt noch heute die Stadtverwaltung. Eine Besonderheit ist die Nikolaikirche. Im Kirchendach befinden sich zwanzig Wohnungen. Die Verwaltungsbüros der Kirche liegen im Turmkomplex. Hungrigen sei die Kogge direkt am Hafen empfohlen. Hier wird herzhaft norddeutsch gespeist. Dazu gibt's Rostocker Pils. Einen herrlichen Rundblick über Warnemünde und die Hafeneinfahrt genießt man von dem 37 Meter hohen Leuchtturm.
Lohnend ist auch ein Besuch der Stadt Schwerin. Hier sollte man sich das am Rande der Altstadt auf einer Insel gelegene Schloss ansehen. In den 1973 restaurierten Teilen des Gebäudes sind mehrere Museen untergebracht. Weitere Besonderheiten: das Mecklenburgische Stadttheater und der mittelalterliche Dom mit seinem 117 Meter hohen Turm.

Die Reise geht weiter zum Schaalsee. Das ehemalige Grenzgebiet bietet unberührte Idylle. Bei Zarrentin kann man sich am Paalhuus-Infostand über den Naturpark Lauenburgische Seen in Kenntnis setzen. Und die schöne Badestelle genießen. Oder man wandert von Lassahn über einen Kopfsteinpflasterweg zur Stintenburg. Bei dem Schaalseefischer Hans Drostatis gibt es frisch geräucherte Maränen direkt an der Räuchertonne.

Zurück nach Hamburg führt die Reise am Naherholungsgebiet Sachsenwald vorbei. Nur wenige Minuten von der S-Bahn-Station Friedrichsruh entfernt, ist er gut mit öffentlichen Verkehrsmitteln zu erreichen. Im 450 Quadratmeter großen Glashaus der Schlossgärtnerei Friedrichsruh, dem „Garten der Schmetterlinge", wohnen über 500 tropische Schmetterlingsarten. Eisenbahninteressierte sollten den Lokomotivschuppen Aumühle besuchen und die in mühsamer Kleinarbeit von den Mitgliedern des Vereins Verkehrsamateure und Museumsbahn e. V. restaurierten alten Bahnen bewundern.

Südwestlich vom Sachsenwald liegen die Vier- und Marschlande, das Blumen- und Gemüseanbaugebiet Hamburgs. Unweit der ländlichen Idylle befindet sich das Gelände der KZ-Gedenkstätte Neuengamme. Das Lager wurde 1938 nahe einer Ziegelei angelegt, in der die Arbeitssklaven Klinker herstellen mussten, der für das „neue Hamburg" gebraucht wurde. Ab 1942 wurde dann auch für den Krieg produziert. Mehr als 100 000 Menschen waren hinter den Stacheldrähten des Lagers Neuengamme gefangen. Mehr als 55 000 kamen ums Leben. Auf dem Gelände befindet sich heute eine Justizvollzugsanstalt. Man sollte sich die Zeit für den sehr informativen, beschilderten Rundweg über das weitläufige Gelände nehmen. (▶ *Gedenkstätten*)

Die Salz- und Bierstadt Lüneburg lockt ihre Besucher mit fünf Museen. Über die Bedeutung des Salzes, das früher über den Stecknitz-Kanal zur Ostsee getreidelt wurde, kann man sich im deutschen Salzmuseum informieren. Und in alten Salinen-Siedepfannen sein eigenes Speisesalz produzieren.

Wer anschließend Bierdurst verspürt, ist bestens im Brauereimuseum aufgehoben. Dort lässt sich viel über 500 Jahre lüneburgische Braukunst lernen. Rund sechzig Kilometer vor den Toren Hamburgs liegt die von Hermann Löns besungene Lüneburger Heide. Zur Blütezeit ziehen die Heideflächen tausende von Besucher an. Im Naturschutzgebiet rund um den 169 Meter hohen Wilseder Berg bleibt das Auto stehen. Hier wird die Gegend per pedes erkundet. Im Heidemuseum Wilsede kann man sich ein Museumsdorf ansehen, dessen Höfe erstmals 1287 erwähnt wurden.

Mehr Rummel ist im Heide-Park Soltau (▶ *Freizeitparks*), der ganz in der Nähe liegt. Etwas weniger Rummel bietet der Vogelpark Walsrode, in den riesigen Parkanlagen befinden sich Freiflugvolieren, Tropenhallen und unzählige Gebäude mit seltenen Vögeln.

Die Stadt Celle, die sich nicht zu Unrecht „Charming-City" nennt, wartet mit mehr als 500 restaurierten Fachwerkhäusern, dem Renaissance-Schloss und dem ältesten bespielbaren Theater Deutschlands auf.

Von Celle aus führt auch eine Museumsbahn bis zum Elbufer gegenüber von Geesthacht. Celle zählt zu den schönsten Städten im norddeutschen Raum.

Ein Abstecher in die Wingst lohnt sich nicht nur wegen der landschaftlichen Reize. Besonders für die Kleinen ist der Besuch des Baby-Zoos in Wingst interessant, wo Orang-Utans, Kängurus und 200 weitere Tierarten zu sehen sind.

Auch das Städtchen Stade ist mit seiner gemütlichen Altstadt ein schönes Ausflugsziel in Niedersachsen. Im Schwedenspeicher-Museum, das sich in einem 1705 fertig gestellten Provianthaus am Alten Hafen befindet, erfährt der Besucher alles zur Kulturgeschichte der Stadt. Vor den Toren Stades wartet der älteste Atommeiler Deutschlands auf seine Abschaltung.

Ebenfalls sehenswert ist das mehr als 700 Jahre alte Buxtehude. Die ehemalige Hansestadt zählt zu den Schmuckstücken nahe der Elbe. In den engen Gassen finden die Besucher viele historische Fachwerkhäuser. Teile der alten Stadtbefestigung sind noch erhalten. In einem der vielen Straßencafés lässt es sich gut verweilen, denn Buxtehude führte als eine der ersten deutschen Städte eine flächendeckende Verkehrsberuhigung ein.

Vor den Toren Hamburgs liegt das Alte Land, die Obst- und Gemüsequelle der Hansestadt. Bereits im 12. Jahrhundert wurde das Sumpfland eingedeicht und dadurch fruchtbarer Ackerboden gewonnen. Noch heute ist der Einfluss der Niederlande, die in Sachen Eindeichung richtungsweisend waren, auch an der Architektur sichtbar.

Mit der Fähre bei Wischhafen geht es über den Elbe-strom nach Glückstadt. Elbabwärts zeigt sich die Silhouette des Atomkraftwerks Brokdorf. Vor den Toren Brokdorfs entstand in den 70er Jahren die Anti-Atomkraft-Bewegung. Von Glückstadt aus lohnt sich ein Abstecher nach Brunsbüttel, um den mächtigen Schleusen des hundertjährigen Nord-Ostsee-Kanals einen Besuch abzustatten. Hier, nahe der Mündung, weitet sich die Elbe so, dass das Fernweh erwacht. In kleinem Rahmen kann man es in den Sommermonaten stillen: Dann fährt jeden Samstag von den Hamburger Landungsbrücken aus ein Schiff nach Helgoland.

## Adressen:

- A. Paul Weber Sammlung: Domhof 5, 23909 Ratzeburg, Telefon 0 45 41/86 07 20, Di-So 10–13 und 14–17 Uhr; www.weber-museum.de
- Abteilung Touristik und Kultur: Amtsplatz 6, 21481 Lauenburg, Telefon 0 41 53/5 90 92 20, Fax 0 41 53/5 90 91 99; www.lauenburg.de
- Baby Zoo Wingst: Am Olymp 1, 21789 Wingst, Telefon und Fax 0 47 78/2 55, Mo-So 10–17.30 Uhr; www.baby-zoo-wingst.de
- Brauereimuseum Lüneburg: Heiligengeiststraße 39, 21335 Lüneburg, Telefon 0 41 31/4 48 04, Fax 0 41 31/71 32 00, Di-So 13–16.30 Uhr; www.lueneburg.de
- Der maritime Törn nach Helgoland: Telefon 01 80/3 20 20 25, Mo-Fr 7.30–19, Sa 8–18, So 8–14 Uhr; www.frs.de
- Deutsches Salzmuseum: Sülfmeisterstraße 1, 21353 Lüneburg, Telefon 0 41 31/4 50 65, Mai bis September Mo-So 9–17, Oktober bis April 10–17 Uhr; www.salzmuseum.de; Eintritt kostet für Erwachsene 4 Euro, für Schüler 2,50 Euro
- Elbschifffahrtsmuseum: Lauenburger Elbstraße 59, 21481 Lauenburg, Telefon 0 41 53/5 12 51, 1. März bis 31. Oktober: Mo-Fr 10–13 und 14–17, Sa, So 10–17 Uhr; November bis Februar: Mi, Fr, Sa, So 10–13 und 14–16.30 Uhr; www.lauenburg.de
- Ernst Barlach Museum: Mühlenstraße 1, 22880 Wedel, Telefon 0 41 03/91 82 91, Fax 0 41 03/9 71 35 Di-So 10–18 Uhr; www.Ernst-Barlach.de
- Flughafen Hartenholm: 24640 Hasenmoor, Telefon 0 41 95/9 97 90, Fax 0 41 95/99 79 79, Oktober bis April: Mo-So 9 Uhr bis Sonnenuntergang, Mai bis September 9–21 Uhr; www.flugplatz-hartenholm.de
  Vom Helikopter über Segelflieger bis zum Fesselballon ist alles ausprobierbar, je nach Wetter
- Garten der Schmetterlinge im Schlossgarten Friedrichsruh: Telefon 0 41 04/60 37, Fax 0 41 04/69 08 78, Mitte März bis Ende Oktober: Mo-So 9–18 Uhr; E-Mail: garten-der schmetterlinge@t-online.de
  Erwachsene zahlen 4,50 Euro, Kinder 3 Euro, Schulklassen 2,50 Euro pro Person, Senioren 3,80 Euro
- KZ-Gedenkstätte Neuengamme: Jean-Dolidier-Weg, 21039 Hamburg, Telefon 4 28 96 03, Fax 42 89 65 25, Di-So 10–17 Uhr, von April bis September am Wochenende bis 18 Uhr; www.neuengamme.de
- Gut Hasselburg: 23730 Altenkrempe bei Neustadt/Ostholstein, Telefon 4 48 07 57
- Hansa Park Sierksdorf: Am Fahrenkrug 1, 23730 Sierksdorf, Telefon 0 45 63/47 40, vom 28.03. bis 20.10. Mo-So 9–18 Uhr, Kassenschluss 16 Uhr; Eintritt für Kinder von 4 bis 14 Jahren: 17 Euro, Erwachsene ab 15 Jahren zahlen 19 Euro; Anfahrt per Auto über die A1, Ausfahrt Neustadt Süd
- Haus der Schiffergesellschaft: Breite Straße 2, 23552 Lübeck, Telefon 04 51/7 67 76, Fax 04 51/7 32 79, Mo-So 10–14 Uhr; www.schiffergesellschaft.de
- Landesmuseum für Kunst und Kulturgeschichte: Schloss Gottorf, 24837 Schleswig, Telefon 0 46 21/81 32 22 oder 0 46 21/81 30, Fax 0 46 21/81 35 35, November bis Februar: Di-So 9.30–16 Uhr; www.schloss-gottorf.de
- Rathaus Lüneburg: Am Markt, 21335 Lüneburg, Telefon 0 41 31/30 92 30, Di-So 10–16.30 Uhr, Führungen um 11, 12.30 und 15 Uhr
- Schifffahrtsmuseum Nordfriesland: Zingel 15, 25813 Husum, Telefon 0 48 41/52 57, Mo-So 10–17 Uhr; www.schiffahrtmuseum-nf.de
- Schleswig-Holsteinisches Freilichtmuseum: Hamburger Landstraße 97, 24113 Molfsee, Telefon 04 31/65 96 60, Fax 04 31/6 59 66 25, Mo-So 9-17 Uhr; www.freilichtmuseum-sh.de
- Schwedenspeicher-Museum Stade: Wasser West 39, 21682 Stade, Telefon 0 41 41/32 22, Fax 0 4141/4 57 51; Di-Fr 10–17, Sa, So 10–18 Uhr; www.schwedenspeicher.de
- Tourismus Agentur Schleswig-Holstein: Walkerdamm 17, 24103 Kiel, Telefon 0 18 05/60 06 04, Fax 0 18 05/60 06 44, Mo-So 8-22 Uhr; www.sh-tourismus.de
- Tourismusverband Lüneburger Heide e. V.: Barckhausenstraße 35, 21335 Lüneburg, Telefon 0 41 31/7 37 30, Mo-Fr 9–17 Uhr
- Vogelpark Walsrode: Am Rießelbach, 29664 Walsrode, Telefon 0 51 61/20 15, Fax 0 51 61/82 10, März bis Ende Oktober: Mo-So 9–19 Uhr, ab November: 10–16 Uhr; www.vogelpark-walsrode.de
- Wildpark Eekholt: Eekholt 1, 24623 Großenaspe, Telefon 0 43 27/9 92 30; Fax 0 43 27/12 32, Mo-So 9–18 Uhr, im Winter nur bis Dämmerung
  Für Erwachsene kostet der Eintritt 5 Euro, Kinder von 4 bis 9 Jahren zahlen 3,50 Euro, die Jahreskarte kostet 26 Euro

Pellworm
HUSUM
SCHLESWIG
MO
Husum
Schleswig
KIEL
Eekholt
St. Peter-Ording
Hattenholm
Glücksbu
Brunsbüttel
BABY-ZOO WINGST
Glückstadt
HAMBURG
Stade
Buxtehude
FRIEDRICHSRUH
ALTES LAND
Lüneburg
Soltau
LÜNEBUR HEIDE
WALSRODE
Sulinge
Celle

SEE
WARNEMÜNDE
LÜBECK
ROSTOCK
Wismar
LÜBECK
WISMAR
Ratzeburg
SCHWERIN
UMÜHLE
SCHWERIN
uenburg
Lauenburg
Elbe

# Stichwortverzeichnis

## A



## B



## C



## D



## E



## F

# Namensverzeichnis

## C

# D

# E

## F

## G

# H

# I

# L

## M

# O



# P

## Q



## R

# S

# U

# V

## W

## X



## Y



## Z

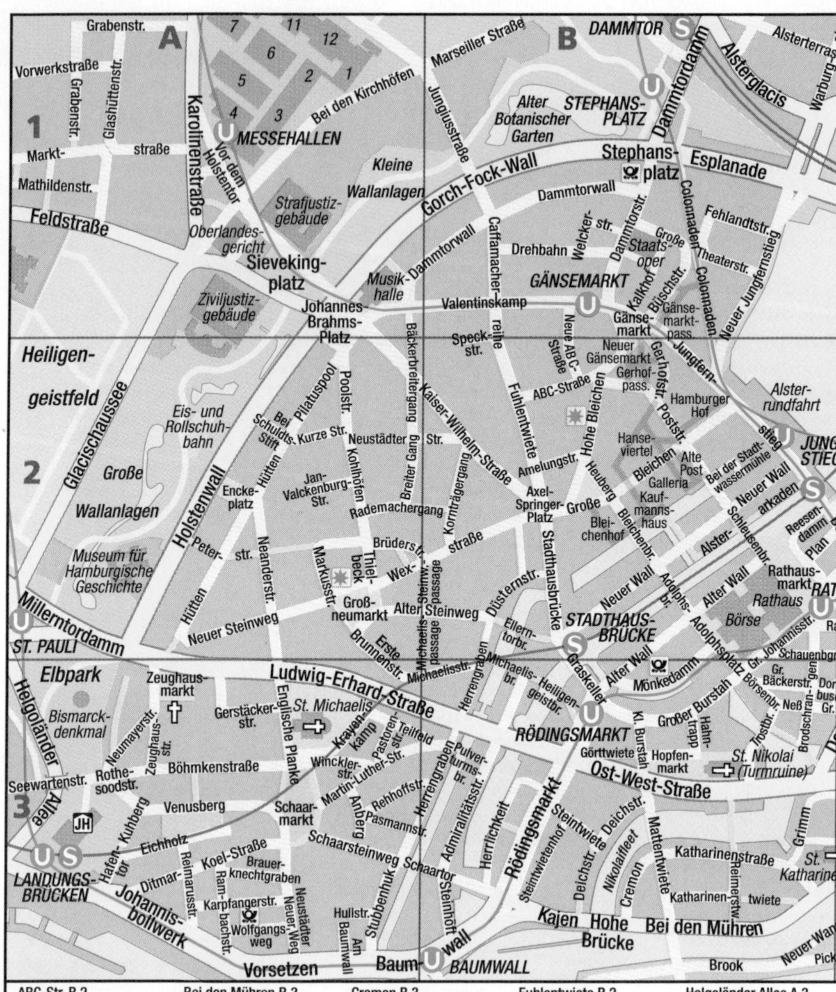
A
B
1
2
3
Grabenstr.
Vorwerkstraße
Glashüttenstr.
Markt-
straße
Mathildenstr.
Feldstraße
Karolinenstraße
MESSEHALLEN
Vor dem Holstentor
Bei den Kirchhöfen
Marseiller Straße
Jungiusstraße
DAMMTOR
Dammtordamm
Alsterglacis
Alsterterrass
Warburg-str.
Alter Botanischer Garten
STEPHANS-PLATZ
Stephans-platz
Esplanade
Gorch-Fock-Wall
Kleine Wallanlagen
Strafjustiz-gebäude
Oberlandes-gericht
Sieveking-platz
Ziviljustiz-gebäude
Johannes-Brahms-Platz
Musik-halle
Dammtorwall
Caffamacher-reihe
Drehbahn
Welcker-str.
Dammtorstr.
Colonnaden
Fehlandtstr.
Große Theaterstr.
Staats-oper
Neuer Jungfernstieg
GÄNSEMARKT
Valentinskamp
Kalkhof
Büschstr.
Gänse-markt
Gänse-markt-pass.
Jungfern-
Speck-str.
Neue ABC-Straße
Neuer Gänsemarkt
Gerhofstr.
Gerhof-pass.
ABC-Straße
Hohe Bleichen
Hamburger Hof
Alster-rundfahrt
Poststr.
JUNG STIEG
Heiligen-geistfeld
Glacischaussee
Eis- und Rollschuh-bahn
Große Wallanlagen
Bei Schuldts Stift
Pilatuspool
Poolstr.
Kurze Str.
Neustädter Str.
Bäckerbreitergang
Kaiser-Wilhelm-Straße
Fuhlentwiete
Hanse-viertel
Alte Post
Galleria
Bei der Stadt-wassermühle
Neuer Wall
arkaden
Hütten
Encke-platz
Jan-Valckenburg-Str.
Kohlhöfen
Breiter Gang
Kornträgergang
Amelungstr.
Heuberg
Bleichen
Kauf-manns-haus
Axel-Springer-Platz
Große Blei-chenhof
Bleichenbr.
Alster-
Schleusenbr.
Reesen-damm
Plan
Holstenwall
Rademachergang
Museum für Hamburgische Geschichte
Peter-str.
Neanderstr.
Markusstr.
Thiel-beck
Brüderstr.
Wex-straße
Stadthausbrücke
Rathaus-markt
Rathaus
Börse
Millerntordamm
ST. PAULI
Hütten
Neuer Steinweg
Groß-neumarkt
Alter Steinweg
Michaelis-passage
Düsternstr.
Ellern-torbr.
STADTHAUS-BRÜCKE
Adolphsbr.
Alter Wall
Adolphsplatz
Gr. Johannisstr.
Schauenburger
Erste Brunnenstr.
Michaelisstr.
Herrengraben
Michaelis-br.
Heiligen-geistbr.
Graskeller
Mönkedamm
Gr. Bäckerstr.
Börsenbr.
Neß
Elbpark
Helgoländer Allee
Zeughaus-markt
Ludwig-Erhard-Straße
Englische Planke
St. Michaelis
Gerstäcker-str.
Krayen-kamp
Pastoren-str.
Teilfeld
Bismarck-denkmal
Neumayerstr.
Zeughaus-str.
RÖDINGSMARKT
Kl. Burstah
Großer Burstah
Hahn-trapp
Trostbr.
Brodschrangen
Böhmkenstraße
Winckler-str.
Martin-Luther-Str.
Pulver-turms-br.
Görttwiete
Hopfen-markt
St. Nikolai (Turmruine)
Ost-West-Straße
Seewartenstr.
Rothe-soodstr.
Venusberg
Schaar-markt
Anberg
Rehhoffstr.
Pasmannstr.
Herrengraben
Admiralitätsstr.
Herrlichkeit
Rödingsmarkt
Steintwiete
Deichstr.
Mattentwiete
Grimm
Kuhberg
JH
Eichholz
Hafen-tor
Koel-Straße
Brauer-knechtgraben
Schaarsteinweg
Schaartor
Katharinenstraße
St. Katharine
LANDUNGS-BRÜCKEN
Ditmar-
Reimarusstr.
Ram-bachstr.
Karpfangerstr.
Neustädter Neuer Weg
Stubbenhuk
Steinhöft
Steintwietenhof
Nikolaifleet
Cremon
Reimerstw.
Katharinen-twiete
Johannis-bollwerk
Wolfgangs-weg
Hullstr.
Am Baumwall
Kajen
Hohe Brücke
Bei den Mühren
Neuer Wandrahm
Vorsetzen
Baum-wall
BAUMWALL
Brook

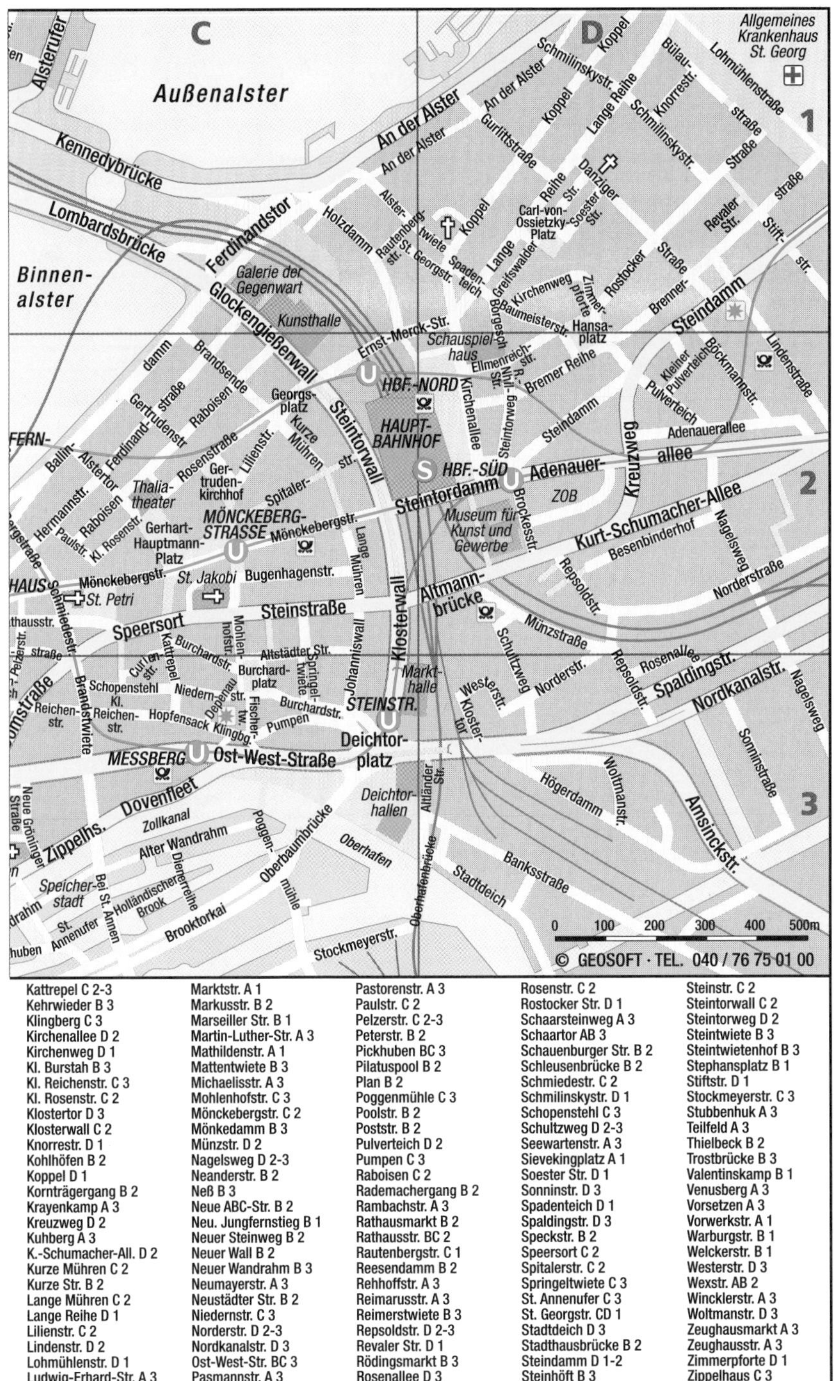


Kattrepel C 2-3
Kehrwieder B 3
Klingberg C 3
Kirchenallee D 2
Kirchenweg D 1
Kl. Burstah B 3
Kl. Reichenstr. C 3
Kl. Rosenstr. C 2
Klostertor D 3
Klosterwall C 2
Knorrestr. D 1
Kohlhöfen B 2
Koppel D 1
Kornträgergang B 2
Krayenkamp A 3
Kreuzweg D 2
Kuhberg A 3
K.-Schumacher-All. D 2
Kurze Mühren C 2
Kurze Str. B 2
Lange Mühren C 2
Lange Reihe D 1
Lilienstr. C 2
Lindenstr. D 2
Lohmühlenstr. D 1
Ludwig-Erhard-Str. A 3

Marktstr. A 1
Markusstr. B 2
Marseiller Str. B 1
Martin-Luther-Str. A 3
Mathildenstr. A 1
Mattentwiete B 3
Michaelisstr. A 3
Mohlenhofstr. C 3
Mönckebergstr. C 2
Mönkedamm B 3
Münzstr. D 2
Nagelsweg D 2-3
Neanderstr. B 2
Neß B 3
Neue ABC-Str. B 2
Neu. Jungfernstieg B 1
Neuer Steinweg B 2
Neuer Wall B 2
Neuer Wandrahm B 3
Neumayerstr. A 3
Neustädter Str. B 2
Niedernstr. C 3
Norderstr. D 2-3
Nordkanalstr. D 3
Ost-West-Str. BC 3
Pasmannstr. A 3

Pastorenstr. A 3
Paulstr. C 2
Pelzerstr. C 2-3
Peterstr. B 2
Pickhuben BC 3
Pilatuspool B 2
Plan B 2
Poggenmühle C 3
Poolstr. B 2
Poststr. B 2
Pulverteich D 2
Pumpen C 3
Raboisen C 2
Rademachergang B 2
Rambachstr. A 3
Rathausmarkt B 2
Rathausstr. BC 2
Rautenbergstr. C 1
Reesendamm B 2
Rehhoffstr. A 3
Reimarusstr. A 3
Reimerstwiete B 3
Repsoldstr. D 2-3
Revaler Str. D 1
Rödingsmarkt B 3
Rosenallee D 3

Rosenstr. C 2
Rostocker Str. D 1
Schaarsteinweg A 3
Schaartor AB 3
Schauenburger Str. B 2
Schleusenbrücke B 2
Schmiedestr. C 2
Schmilinskystr. D 1
Schopenstehl C 3
Schultzweg D 2-3
Seewartenstr. A 3
Sievekingplatz A 1
Soester Str. D 1
Sonninstr. D 3
Spadenteich D 1
Spaldingstr. D 3
Speckstr. B 2
Speersort C 2
Spitalerstr. C 2
Springeltwiete C 3
St. Annenufer C 3
St. Georgstr. CD 1
Stadtdeich D 3
Stadthausbrücke B 2
Steindamm D 1-2
Steinhöft B 3

Steinstr. C 2
Steintorwall C 2
Steintorweg D 2
Steintwiete B 3
Steintwietenhof B 3
Stephansplatz B 1
Stiftstr. D 1
Stockmeyerstr. C 3
Stubbenhuk A 3
Teilfeld A 3
Thielbeck B 2
Trostbrücke B 3
Valentinskamp B 1
Venusberg A 3
Vorsetzen A 3
Vorwerkstr. A 1
Warburgstr. B 1
Welckerstr. B 1
Westerstr. D 3
Wexstr. AB 2
Wincklerstr. A 3
Woltmanstr. D 3
Zeughausmarkt A 3
Zeughausstr. A 3
Zimmerpforte D 1
Zippelhaus C 3

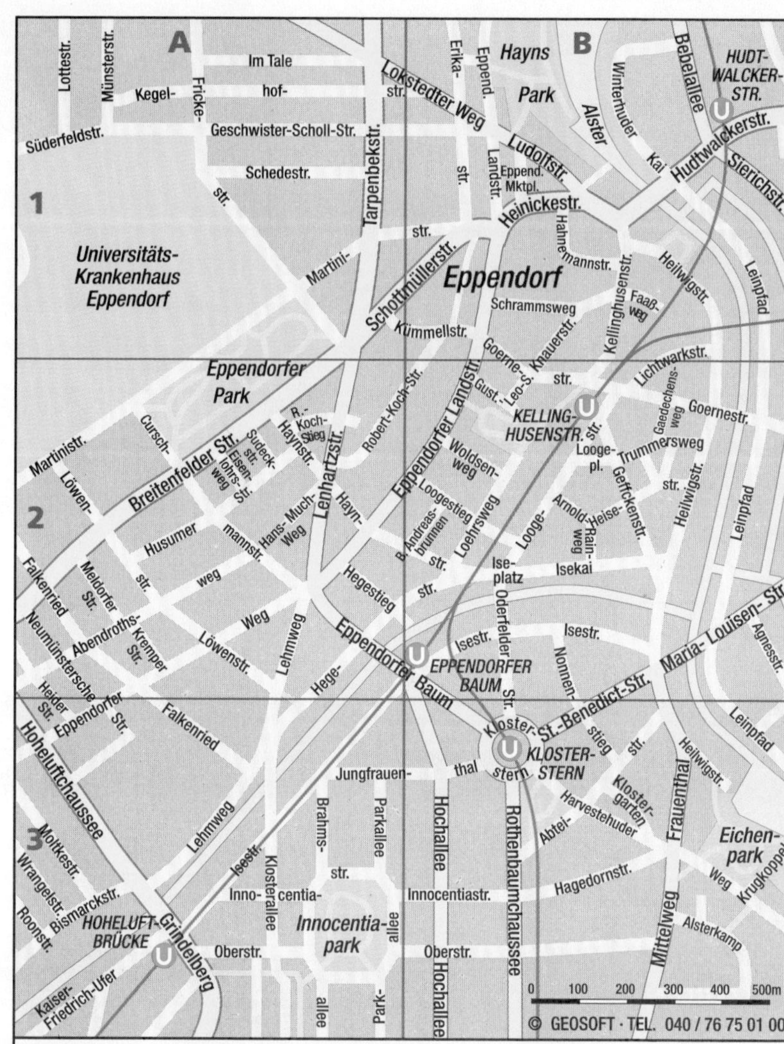
A
B
1
2
3
Lottestr.
Münsterstr.
Im Tale
Kegel-
hof-
Fricke-
str.
Süderfeldstr.
Geschwister-Scholl-Str.
Schedestr.
Tarpenbekstr.
Lokstedter Weg
Erika-
Eppend.
Hayns
Park
Alster
Winterhuder
Kai
Bebelallee
HUDT-
WALCKER-
STR.
Hudtwalckerstr.
Sierichstr.
Ludolfstr.
Landstr.
Eppend.
Mktpl.
Heinickestr.
Hahnemannstr.
Universitäts-
Krankenhaus
Eppendorf
Martini-
Schottmüllerstr.
Eppendorf
Schrammsweg
Kellinghusenstr.
Faaß-
weg
Heilwigstr.
Leinpfad
Kümmellstr.
Knauerstr.
Goerne-
Gust.-Leo-S.
Lichtwarkstr.
Eppendorfer
Park
R.-
Koch-
Stieg
Robert-Koch-Str.
Eppendorfer Landstr.
KELLING-
HUSENSTR.
Gaedechens-
weg
Goernestr.
Trummersweg
Looge-
pl.
Martinistr.
Cursch-
Breitenfelder Str.
Sudeck-
str.
Eisen-
lohrs-
weg
Haynstr.
Lenhartzstr.
Woldsen-
weg
Loogestieg
Loehrsweg
Geffckenstr.
Arnold-Heise-
Rain-
weg
Löwen-
Husumer
mannstr.
Hans-Much-
Weg
Hayn-
B. Andreas-
brunnen
Looge-
Ise-
platz
Isekai
Falkenried
Meldorfer
Str.
weg
Hegestieg
Oderfelder
Maria-Louisen-Str.
Agnesstr.
Neumünstersche
Abendroths-
Kremper
Str.
Weg
Löwenstr.
Lehmweg
Eppendorfer Baum
Isestr.
EPPENDORFER
BAUM
Nonnen-
stieg
Heider
Str.
Eppendorfer
Falkenried
Hege-
Kloster-
stern
KLOSTER-
STERN
St.-Benedict-Str.
Heilwigstr.
Hoheluftchaussee
Jungfrauen-
thal
Brahms-
Parkallee
Hochallee
Rothenbaumchaussee
Kloster-
garten
Harvestehuder
Abtei-
Frauenthal
Eichen-
park
Krugkoppel
Moltkestr.
Wrangelstr.
Lehmweg
Isestr.
Klosterallee
Inno-
centia-
Innocentiastr.
Hagedornstr.
Mittelweg
Bismarckstr.
Roonstr.
HOHELUFT-
BRÜCKE
Grindelberg
Innocentia-
park
allee
Alsterkamp
Oberstr.
Kaiser-
Friedrich-Ufer
Park-
0 100 200 300 400 500m
© GEOSOFT · TEL. 040 / 76 75 01 00

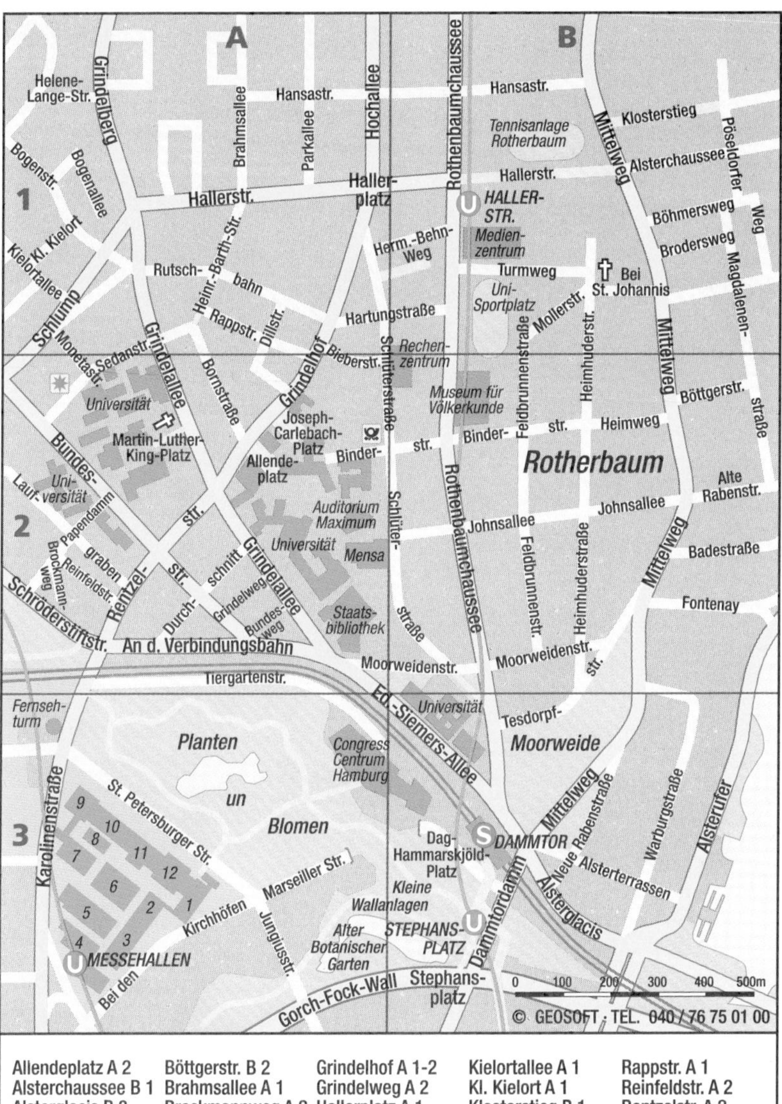


| | | | | |
|---|---|---|---|---|
| Allendeplatz A 2 | Böttgerstr. B 2 | Grindelhof A 1-2 | Kielortallee A 1 | Rappstr. A 1 |
| Alsterchaussee B 1 | Brahmsallee A 1 | Grindelweg A 2 | Kl. Kielort A 1 | Reinfeldstr. A 2 |
| Alsterglacis B 3 | Brockmannweg A 2 | Hallerplatz A 1 | Klosterstieg B 1 | Rentzelstr. A 2 |
| Alsterterrassen B 3 | Brodersweg B 1 | Hallerstr. AB 1 | Laufgraben A 2 | Rothenbaumch. B 2 |
| Alsterufer B 3 | Bundesstr. A 2 | Hansastr. AB 1 | Magdalenens. B 1 | Rutschbahn A 1 |
| Alte Rabenstr. B 2 | Bundesweg A 2 | Hartungstr. AB 1 | Marseiller Str. A 3 | St. Petersb. Str. A 3 |
| Badestr. B 2 | Dammtordamm B 3 | Heimhuder S. B 1-2 | M.-Lut.-King-P. A 2 | Schlump A 1 |
| B. d. Kirchhöfen A 3 | Dillstr. A 1 | Heimweg B 2 | Mittelweg B 1-3 | Schlüterstr. AB 1-2 |
| B. St. Johannis B 1 | Durchschnitt A 2 | Heinr.-Barth-Str. A 1 | Mollerstr. B 1 | Schröderstiftstr. A 2 |
| Bieberstr. A 1-2 | E.-Siemers-All. B 3 | Hel.-Lange-Str. A 1 | Monetastr. A 1-2 | Sedanstr. A 1-2 |
| Binderstr. AB 2 | Feldbrunnens. B 2 | H.-Behn-Weg AB 1 | Moorweidens. AB 2 | Stephansplatz B 3 |
| Bogenallee A 1 | Fontenay B 2 | Hochallee A 1 | Neue Rabenstr. B 3 | Tesdorpfstr. B 2-3 |
| Bogenstr. A 1 | G.-Fock-Wall A 3 | Johnsallee B 2 | Papendamm A 2 | Tiergartenstr. A 2 |
| Böhmersweg B 1 | Grindelallee A 1-2 | Jungiusstr. A 3 | Parkallee A 1 | Turmweg B 1 |
| Bornstr. A 2 | Grindelberg A 1 | Karolinenstr. A 3 | Pöseld. Weg B 1 | Warburgstr. B 3 |

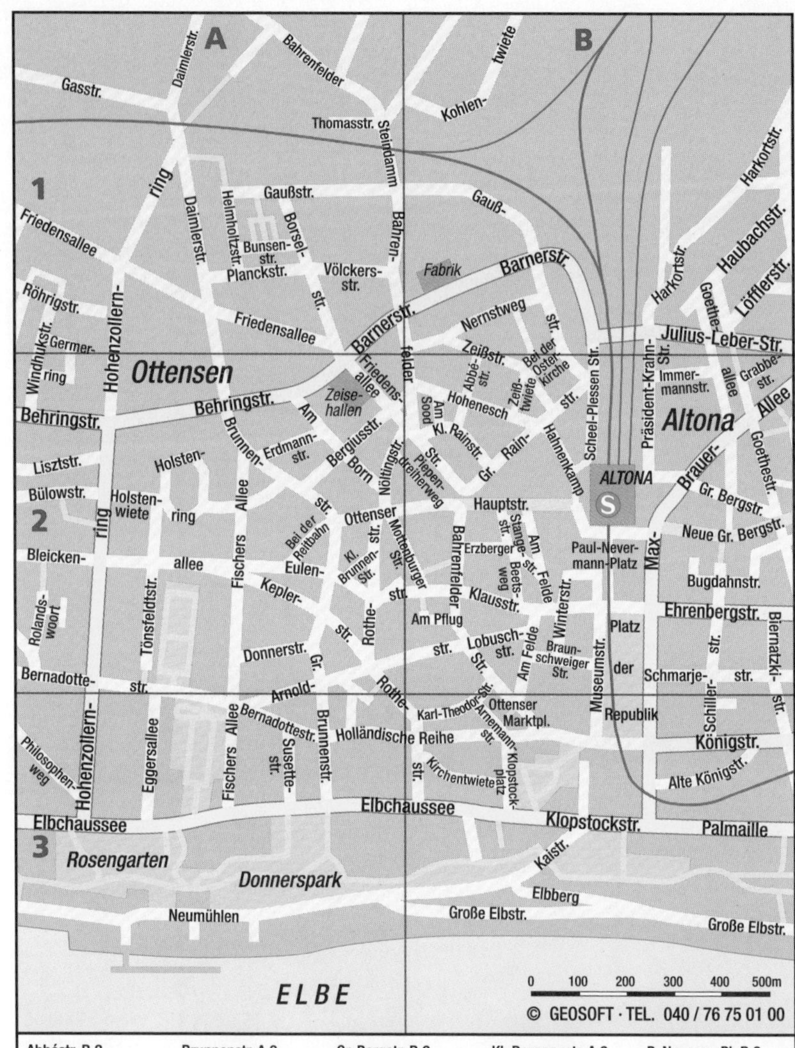


Abbéstr. B 2
Alte Königstr. B 3
Am Born A 2
Am Felde B 2
Am Sood B 2
Arnemannstr. B 3
Arnoldstr. AB 2-3
Bahrenf. Steind. A 1
Bahrenf. Str. AB 1-2
Barnerstr. AB 1
Beetsweg B 2
Behringstr. A 2
B. der Osterkirche B 1
B. der Reitbahn A 2
Bergiusstr. A 2
Bernadottes. A 2-3
Biernatzkistr. B 2
Bleickenallee A 2
Borselstr. A 1
Braunschw. Str. B 2
Brunnenstr. A 2
Bugdahnstr. B 2
Bülowstr. A 2
Bunsenstr. A 1
Daimlerstr. A 1
Donnerstr. A 2
Eggersallee A 3
Ehrenbergstr. B 2
Elbberg B 3
Elbchaussee AB 3
Erdmannstr. A 2
Erzbergerstr. B 2
Eulenstr. A 2
Fischers All. A 2-3
Friedensallee A 1-2
Gasstr. A 1
Gaußstr. AB 1
Germerring A 1-2
Goetheallee B 1-2
Goethestr. B 2
Gr. Bergstr. B 2
Gr. Brunnens. A 2-3
Gr. Elbstr. B 3
Gr. Rainstr. B 2
Grabbestr. B 2
Hahnenkamp B 2
Harkortstr. B 1
Haubachstr. B 1
Helmholtzstr. A 1
Hohenesch B 2
Hohenzollernrg. A 1-3
Holländ. Reihe AB 3
Holstenring A 2
Holstentwiete A 2
Immermannstr. B 2
Julius-Leber-S. B 1
Kaistr. B 3
Karl-Theodor-S. B 3
Keplerstr. A 2
Kirchentwiete B 3
Kl. Brunnenstr. A 2
Kl. Rainstr. B 2
Klausstr. B 2
Klopstockplatz B 3
Klopstockstr. B 3
Kohlentwiete B 1
Königstr. B 3
Lisztstr. A 2
Lobuschstr. B 2
Löfflerstr. B 1
Max-Brauer-All. B 2
Mottenbg. Str. AB 2
Museumstr. B 2-3
Nernstweg B 1
Neue Gr. Bergs. B 2
Neumühlen A 3
Nöltingstr. A 2
Ottens. Haupts. AB 2
Ottens. Marktpl. B 3
Palmaille B 3
P.-Neverm.-Pl. B 2
Philosophenw. A 3
Piependreiherw. B 2
Planckstr. A 1
Präsid.-Krahn-S. B 2
Rohrigstr. A 1
Rolandswoort A 2
Rothestr. A 2-3
Sch.-Plessen-S. B 2
Schillerstr. B 2-3
Schmarjestr. B 2
Stangestr. B 2
Susettestr. A 3
Thomasstr. A 1
Tönsfeldtstr. A 2
Völckersstr. A 1
Windhukstr. A 1-2
Winterstr. B 2
Zeißstr. B 1
Zeißtwiete B 2

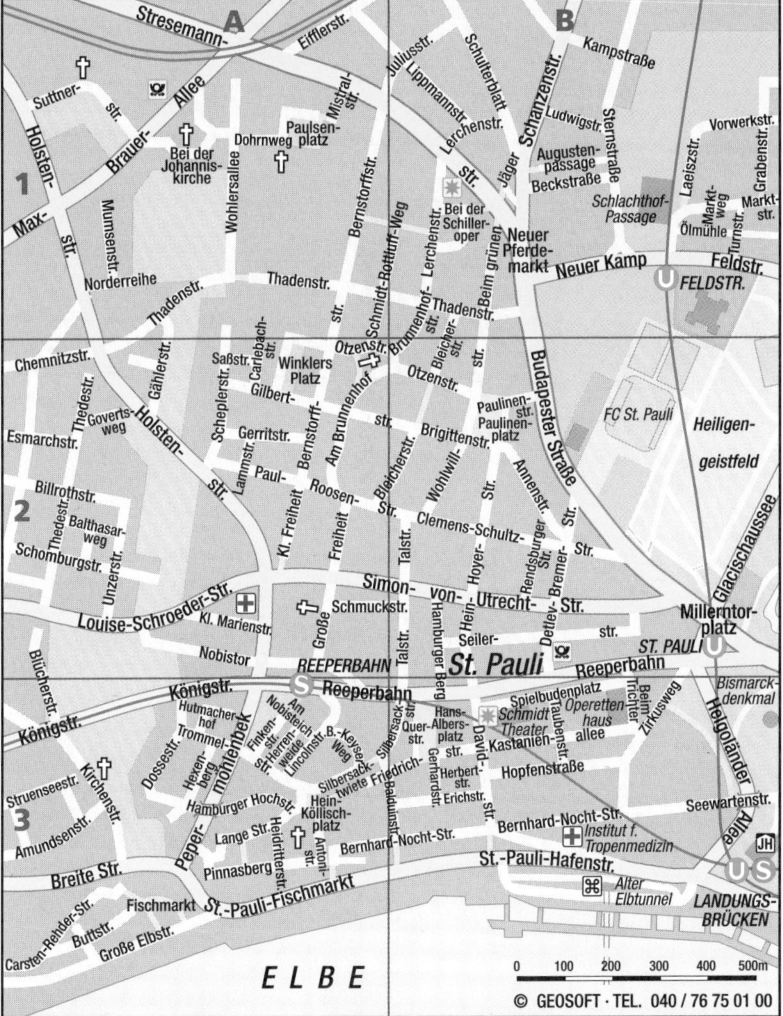


Am Brunnenhof A 2
Amundsenstr. A 3
Annenstr. B 2
Antonistr. A 3
Balduinstr. B 3
Balthasarweg A 2
Beckstr. B 1
Beim grünen Jäger B1
Beim Trichter B 3
Bernhard-Nocht-Str. AB 3
Bernstorffstr. A 1-2
Billrothstr. A 2
Bleicherstr. B 2
Blücherstr. A 2
Breite Str. A 3
Brigittenstr. B 2
Brunnenhofstr. B 1
Budapester Str. B 2
Buttstr. A 3
Carlebachstr. A 2
Chemnitzstr. A 2
Clemens-Schultz-Str. B 2
Davidstr. B 3
Detlef-Bremer-Str. B 2
Dohrnweg A 1
Dossestr. A 3
Eifflerstr. A 1
Erichstr. B 3
Esmarchstr. A 2
Feldstr. B 1
Finkenstr. A 3
Fischmarkt A 3
Friedrichstr. B 3
Gählerstr. A 2
Gerhardstr. B 3
Gerritstr. A 2
Gilbertstr. A 2
Gr. Elbstr. A 3
Gr. Freiheit A 2
Grabenstr. B 1
Hamburger Berg B 2
Hamburger Hochstr. A 3
Hans-Albers-Platz B 3
Heidritterstr. A 3
Hein-Hoyer-Str. B 2
Hein-Köllisch-Platz A 3
Herbertstr. B 3
Herrenweide A 3
Hexenberg A 3
Holstenstr. A 1.2
Hopfenstr. B 3
Juliusstr. B 1
Kampstr. B 1
Kastanienallee B 3
Kirchenstr. A 3
Kl. Freiheit A 2
Kl. Marienstr. A 2
Königstr. A 3
Laeiszstr. B 1
Lammstr. A 2
Lange Str. A 3
Lerchenstr. B 1
Lincolnstr. A 3
Lippmannstr. B 1
Louise-Schröder-Str. A 2
Ludwigstr. B 1
Marktstr. B 1
Max-Brauer-Allee A 1
Mistralstr. A 1
Mumsenstr. A 1
Neuer Kamp B 1
Neuer Pferdemarkt B 1
Nobistor A 2
Norderreihe A 1
Ölmühle B 1
Otzenstr. AB 2
Paul-Roosen-Str. A 2
Paulinenstr. B 2
Pepermöhlenbek A 3
Pinnasberg A 3
Querstr. B 3
Reeperbahn AB 2-3
Rendsburger Str. B 2
Schanzenstr. B 1
Scheplerstr. A 2
Schmuckstr. A 2
Schomburgstr. A 2
Schulterblatt B 1
Seewartenstr. B 3
Seilerstr. B 2
Silbersackstr. B 3
S.-von-Utrecht-Str. AB 2
Spielbudenplatz B 3
St.-Pauli-Fischmarkt A 3
St.-Pauli-Hafenstr. B 3
Sternstr. B 1
Stresemannstr. A 1
Struenseestr. A 3
Suttnerstr. A 1
Talstr. B 2
Taubenstr. B 3
Thadenstr. AB 1
Thedestr. A 2
Trommelstr. A 3
Turnstr. B 1
Unzerstr. A 2
Vorwerkstr. B 1
Wohlersallee A 1
Wohlwillstr. B 2
Zirkusweg B 3

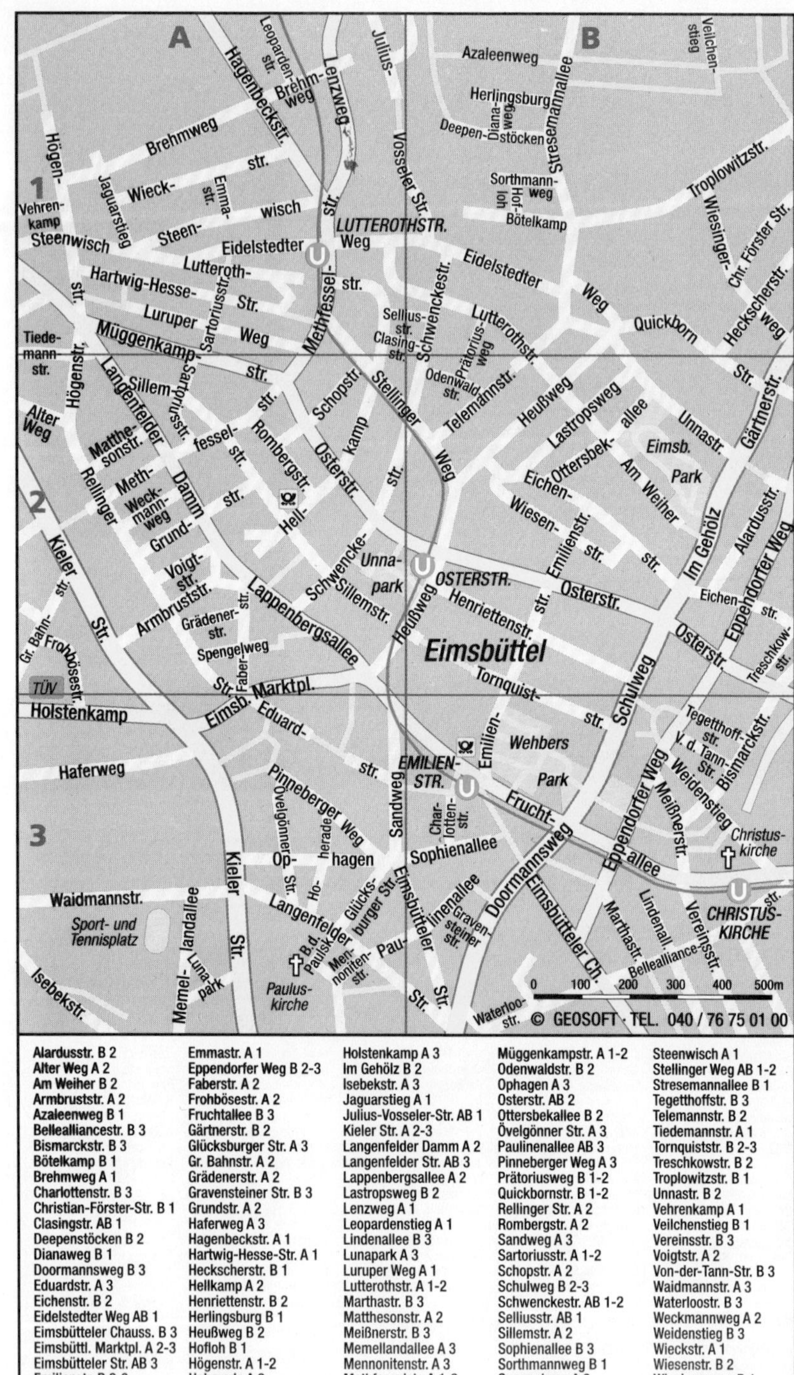


Alardusstr. B 2
Alter Weg A 2
Am Weiher B 2
Armbruststr. A 2
Azaleenweg B 1
Bellealliancestr. B 3
Bismarckstr. B 3
Bötelkamp B 1
Brehmweg A 1
Charlottenstr. B 3
Christian-Förster-Str. B 1
Clasingstr. AB 1
Deepenstöcken B 2
Dianaweg B 1
Doormannsweg B 3
Eduardstr. A 3
Eichenstr. B 2
Eidelstedter Weg AB 1
Eimsbütteler Chauss. B 3
Eimsbüttl. Marktpl. A 2-3
Eimsbütteler Str. AB 3
Emilienstr. B 2-3
Emmastr. A 1
Eppendorfer Weg B 2-3
Faberstr. A 2
Frohbösestr. A 2
Fruchtallee B 3
Gärtnerstr. B 2
Glücksburger Str. A 3
Gr. Bahnstr. A 2
Grädenerstr. A 2
Gravensteiner Str. B 3
Grundstr. A 2
Haferweg A 3
Hagenbeckstr. A 1
Hartwig-Hesse-Str. A 1
Heckscherstr. B 1
Hellkamp A 2
Henriettenstr. B 2
Herlingsburg B 1
Heußweg B 2
Hofloh B 1
Högenstr. A 1-2
Hoherade A 3
Holstenkamp A 3
Im Gehölz B 2
Isebekstr. A 3
Jaguarstieg A 1
Julius-Vosseler-Str. AB 1
Kieler Str. A 2-3
Langenfelder Damm A 2
Langenfelder Str. AB 3
Lappenbergsallee A 2
Lastropsweg B 2
Lenzweg A 1
Leopardenstieg A 1
Lindenallee B 3
Lunapark A 3
Luruper Weg A 1
Lutterothstr. A 1-2
Marthastr. B 3
Matthesonstr. A 2
Meißnerstr. B 3
Memellandallee A 3
Mennonitenstr. A 3
Methfesselstr. A 1-2
Müggenkampstr. A 1-2
Odenwaldstr. B 2
Ophagen A 3
Osterstr. AB 2
Ottersbekallee B 2
Övelgönner Str. A 3
Paulinenallee AB 3
Pinneberger Weg A 3
Prätoriusweg B 1-2
Quickbornstr. B 1-2
Rellinger Str. A 2
Rombergstr. A 2
Sandweg A 3
Sartoriusstr. A 1-2
Schopstr. A 2
Schulweg B 2-3
Schwenckestr. AB 1-2
Selliusstr. AB 1
Sillemstr. A 2
Sophienallee B 3
Sorthmannweg B 1
Spengelweg A 2
Steenwisch A 1
Stellinger Weg AB 1-2
Stresemannallee B 1
Tegetthoffstr. B 3
Telemannstr. B 2
Tiedemannstr. A 1
Tornquiststr. B 2-3
Treschkowstr. B 2
Troplowitzstr. B 1
Unnastr. B 2
Vehrenkamp A 1
Veilchenstieg B 1
Vereinsstr. B 3
Voigtstr. A 2
Von-der-Tann-Str. B 3
Waidmannstr. A 3
Waterloostr. B 3
Weckmannweg A 2
Weidenstieg B 3
Wieckstr. A 1
Wiesenstr. B 2
Wiesingerweg B 1

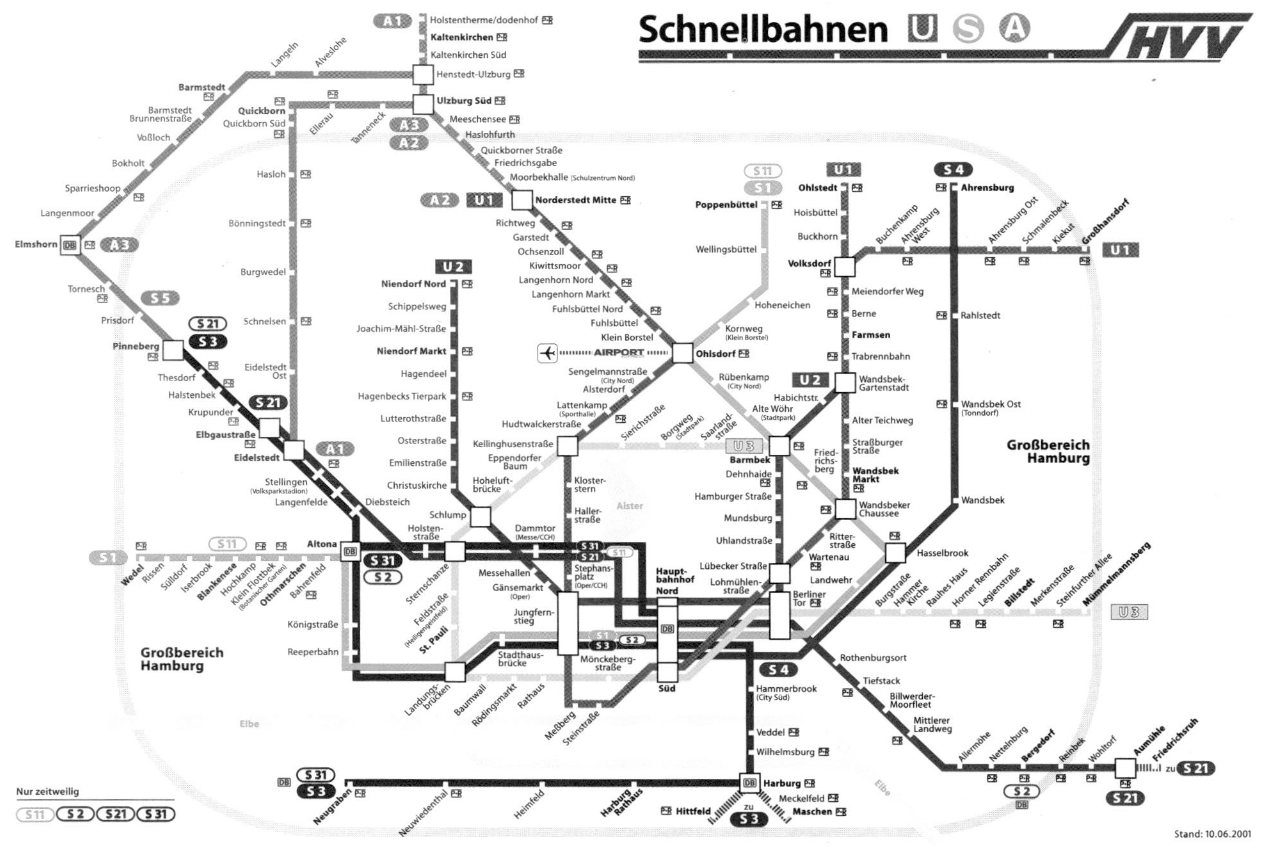

Schnellbahnen U S A
HVV
Stand: 10.06.2001
Nur zeitweilig
S11 S2 S21 S31
Großbereich Hamburg
A1 A2 A3 U1 U2 U3 S1 S11 S2 S21 S3 S31 S4 S5
Holstentherme/dodenhof
Kaltenkirchen
Kaltenkirchen Süd
Henstedt-Ulzburg
Ulzburg Süd
Meeschensee
Haslohfurth
Quickborner Straße
Friedrichsgabe
Moorbekhalle (Schulzentrum Nord)
Norderstedt Mitte
Richtweg
Garstedt
Ochsenzoll
Kiwittsmoor
Langenhorn Nord
Langenhorn Markt
Fuhlsbüttel Nord
Fuhlsbüttel
Klein Borstel
Ohlsdorf
AIRPORT
Sengelmannstraße (City Nord)
Alsterdorf
Lattenkamp (Sporthalle)
Hudtwalckerstraße
Kellinghusenstraße
Eppendorfer Baum
Hoheluftbrücke
Schlump
Langeln
Alveslohe
Barmstedt
Barmstedt Brunnenstraße
Voßloch
Bokholt
Sparrieshoop
Langenmoor
Elmshorn
Tornesch
Prisdorf
Pinneberg
Thesdorf
Halstenbek
Krupunder
Elbgaustraße
Eidelstedt
Eidelstedt Ost
Schnelsen
Burgwedel
Bönningstedt
Hasloh
Quickborn
Quickborn Süd
Ellerau
Tanneneck
Stellingen (Volksparkstadion)
Langenfelde
Diebsteich
Altona
Holstenstraße
Sternschanze
Dammtor (Messe/CCH)
Stephansplatz (Oper/CCH)
Jungfernstieg
Messehallen
Gänsemarkt (Oper)
Feldstraße (Heiligengeistfeld)
St. Pauli
Landungsbrücken
Baumwall
Rödingsmarkt
Rathaus
Stadthausbrücke
Mönckebergstraße
Steinstraße
Meßberg
Hauptbahnhof Nord
Süd
Königstraße
Reeperbahn
Bahrenfeld
Othmarschen
Klein Flottbek (Botanischer Garten)
Hochkamp
Blankenese
Iserbrook
Sülldorf
Rissen
Wedel
Niendorf Nord
Schippelsweg
Joachim-Mähl-Straße
Niendorf Markt
Hagendeel
Hagenbecks Tierpark
Lutterothstraße
Osterstraße
Emilienstraße
Christuskirche
Poppenbüttel
Wellingsbüttel
Hoheneichen
Kornweg (Klein Borstel)
Rübenkamp (City Nord)
Alte Wöhr (Stadtpark)
Barmbek
Dehnhaide
Hamburger Straße
Mundsburg
Uhlandstraße
Lübecker Straße
Lohmühlenstraße
Berliner Tor
Saarlandstraße
Borgweg (Stadtpark)
Sierichstraße
Klosterstern
Hallerstraße
Alster
Ohlstedt
Hoisbüttel
Buckhorn
Volksdorf
Meiendorfer Weg
Berne
Farmsen
Trabrennbahn
Wandsbek-Gartenstadt
Alter Teichweg
Straßburger Straße
Wandsbek Markt
Wandsbeker Chaussee
Ritterstraße
Wartenau
Landwehr
Habichtstr.
Friedrichsberg
Buchenkamp
Ahrensburg West
Ahrensburg
Ahrensburg Ost
Schmalenbeck
Kiekut
Großhansdorf
Rahlstedt
Wandsbek Ost (Tonndorf)
Wandsbek
Hasselbrook
Burgstraße
Hammer Kirche
Rauhes Haus
Horner Rennbahn
Legienstraße
Billstedt
Merkenstraße
Steinfurther Allee
Mümmelmannsberg
Rothenburgsort
Tiefstack
Billwerder-Moorfleet
Mittlerer Landweg
Allermöhe
Nettelnburg
Bergedorf
Reinbek
Wohltorf
Aumühle
Friedrichsruh
zu S21
Hammerbrook (City Süd)
Veddel
Wilhelmsburg
Harburg
Harburg Rathaus
Heimfeld
Neuwiedenthal
Neugraben
Meckelfeld
Maschen
Hittfeld
zu S3
Elbe

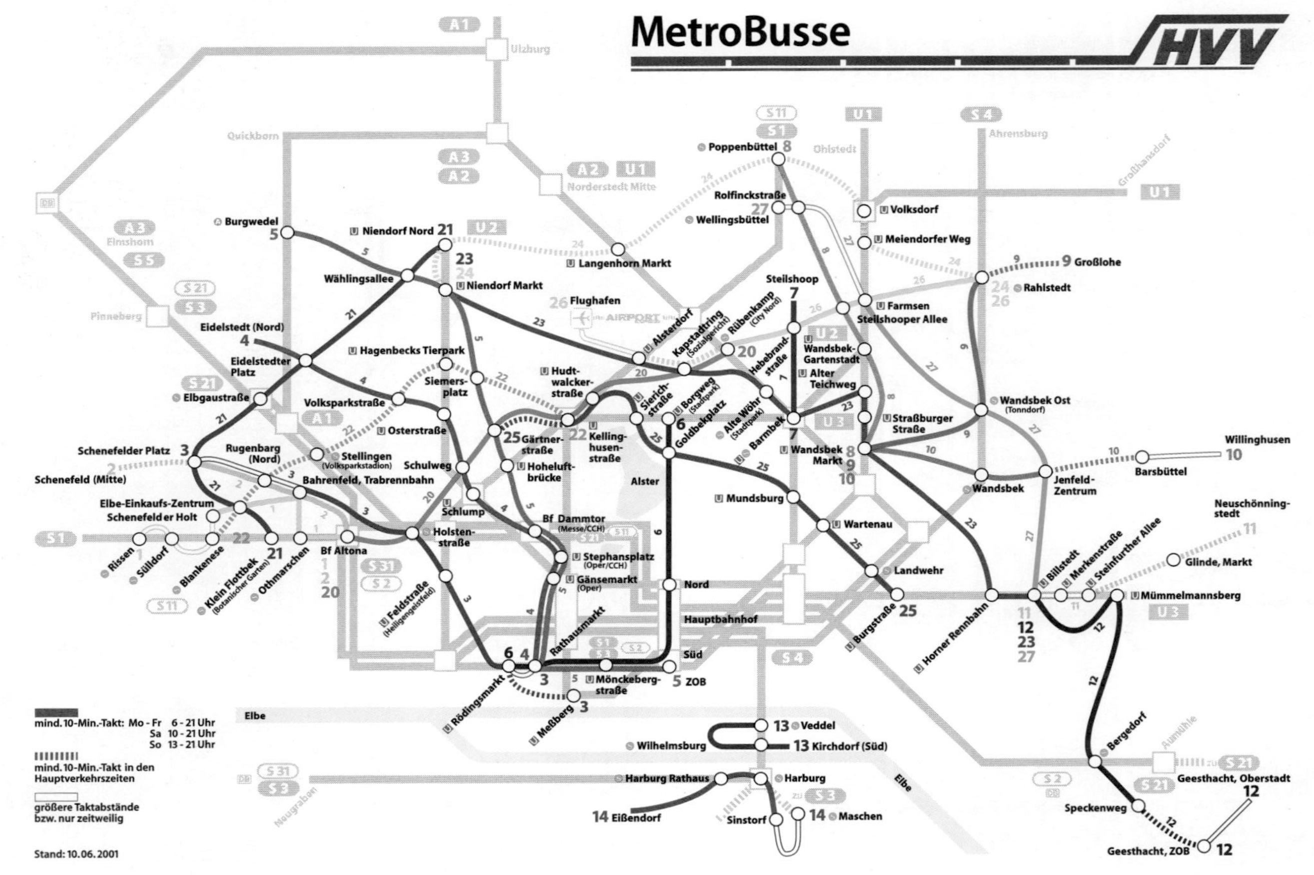
MetroBusse
HVV
Poppenbüttel
Rolfinckstraße
Wellingsbüttel
Volksdorf
Meiendorfer Weg
Farmsen
Stellshooper Allee
Großlohe
Rahlstedt
Wandsbek Ost (Tonndorf)
Wandsbek
Straßburger Straße
Wandsbek Markt
Jenfeld-Zentrum
Barsbüttel
Willinghusen
Neuschönningstedt
Glinde, Markt
Mümmelmannsberg
Steinfurther Allee
Merkenstraße
Billstedt
Horner Rennbahn
Bergedorf
Speckenweg
Geesthacht, ZOB
Geesthacht, Oberstadt
Steilshoop
Wandsbek-Gartenstadt
Alter Teichweg
Barmbek
Hebebrandstraße
Rübenkamp (City Nord)
Alte Wöhr (Stadtpark)
Borgweg (Stadtpark)
Kapstadtring (Sozialgericht)
Alsterdorf
Goldbekplatz
Sierichstraße
Mundsburg
Wartenau
Landwehr
Burgstraße
Hauptbahnhof
Nord
Süd
ZOB
Alster
Langenhorn Markt
Flughafen
Hudtwalckerstraße
Kellinghusenstraße
Gärtnerstraße
Hoheluftbrücke
Bf Dammtor (Messe/CCH)
Stephansplatz (Oper/CCH)
Gänsemarkt (Oper)
Mönckebergstraße
Rathausmarkt
Meßberg
Rödingsmarkt
Niendorf Markt
Niendorf Nord
Siemersplatz
Hagenbecks Tierpark
Osterstraße
Schulweg
Schlump
Holstenstraße
Feldstraße (Heiligengeistfeld)
Wählingsallee
Volksparkstraße
Stellingen (Volksparkstadion)
Bahrenfeld, Trabrennbahn
Bf Altona
Burgwedel
Eidelstedt (Nord)
Eidelstedter Platz
Elbgaustraße
Rugenbarg (Nord)
Schenefelder Platz
Schenefeld (Mitte)
Elbe-Einkaufs-Zentrum
Schenefelder Holt
Othmarschen
Klein Flottbek (Botanischer Garten)
Blankenese
Sülldorf
Rissen
Veddel
Kirchdorf (Süd)
Wilhelmsburg
Harburg
Harburg Rathaus
Eißendorf
Sinstorf
Maschen
Elbe
mind. 10-Min.-Takt: Mo - Fr 6 - 21 Uhr
Sa 10 - 21 Uhr
So 13 - 21 Uhr
mind. 10-Min.-Takt in den Hauptverkehrszeiten
größere Taktabstände bzw. nur zeitweilig
Stand: 10.06.2001